Berufe, Berufswissenschaft und Berufsbildungswissenschaft

Jörg-Peter Pahl

Jörg-Peter Pahl

Berufe, Berufswissenschaft und Berufsbildungswissenschaft

© W. Bertelsmann Verlag GmbH & Co. KG
Bielefeld 2017

Gesamtherstellung:
W. Bertelsmann Verlag, Bielefeld
wbv.de

Bestellnummer: 6004602
ISBN: 978-3-7639-5843-6

Printed in Germany

Das Werk einschließlich seiner Teile ist urheberrechtlich geschützt. Jede Verwertung außerhalb der engen Grenzen des Urheberrechtsgesetzes ist ohne Zustimmung des Verlags unzulässig und strafbar. Insbesondere darf kein Teil dieses Werkes ohne vorherige schriftliche Genehmigung des Verlages in irgendeiner Form (unter Verwendung elektronischer Systeme oder als Ausdruck, Fotokopie oder unter Nutzung eines anderen Vervielfältigungsverfahrens) über den persönlichen Gebrauch hinaus verarbeitet, vervielfältigt oder verbreitet werden.

Für alle in diesem Werk verwendeten Warennamen sowie Firmen- und Markenbezeichnungen können Schutzrechte bestehen, auch wenn diese nicht als solche gekennzeichnet sind. Deren Verwendung in diesem Werk berechtigt nicht zu der Annahme, dass diese frei verfügbar seien.

Bibliografische Information der Deutschen Nationalbibliothek
Die Deutsche Nationalbibliothek verzeichnet diese Publikation in der Deutschen Nationalbibliografie; detaillierte bibliografische Daten sind im Internet über http://dnb.d-nb.de abrufbar.

INHALTSVERZEICHNIS

BERUFSFÖRMIGE TÄTIGKEITEN UND BERUFE AUS BERUFS- UND BERUFSBILDUNGSWISSENSCHAFTLICHER PERSPEKTIVE – VORWORT ... 13

1 ENTWICKLUNG DER BERUFE IM GESCHICHTLICHEN VERLAUF – EIN GEGENSTAND DER BERUFS- UND BERUFSBILDUNGSWISSENSCHAFT ... 17

1.1 Berufe, Berufsgeschichte und Berufsforschung ... 17
1.1.1 Berufe als Gegenstand geschichtlichen Interesses ... 17
1.1.2 Berufsgeschichte – Entwicklung der Berufe in historischer Forschungsperspektive ... 19
1.2 Prähistorische und frühgeschichtliche berufsförmige Tätigkeiten - Aufgaben und Arbeitsteilung ... 22
1.2.1 Ursprünge der prähistorischen Entwicklung von vorberuflichen Tätigkeiten ... 22
1.2.2 Differenzierung von spezifischen berufsförmigen Tätigkeiten bei Nomaden und Sesshaften in der Jungsteinzeit ... 25
1.2.3 Entstehung von berufsförmigen Tätigkeiten und Berufen im Übergang von der Urgeschichte zur Frühgeschichte ... 29
1.3 Differenzierungen bei den berufsförmigen Arbeitstätigkeiten in den antiken Hochkulturen – Einflüsse auf die europäische Berufsgeschichte ... 33
1.3.1 Differenzierung der Berufe im Alten Orient unter besonderer Berücksichtigung Babyloniens ... 33
1.3.2 Differenzierung der Berufe im antiken Griechenland ... 44
1.3.3 Berufsförmige Tätigkeiten im Imperium Romanum ... 51
1.4 Tätigkeitsbezogene und berufsförmige Spezialisierung im Mittelalter ... 59
1.4.1 Berufsvorstellungen der Antike und Neuformierung der Arbeits- und Berufswelt im frühen Hochmittelalter ... 59
1.4.2 Ständische Gesellschaft ... 61
1.4.3 Berufe der Zünfte und der Gilden ... 65
1.4.4 Gehobene und gelehrte Berufe ... 69
1.4.5 Berufsausbildung im Mittelalter ... 70
1.4.6 Ende der Arbeits- und Berufstätigkeiten im Mittelalter ... 75

1.5	**Stände und Berufe in der frühen Neuzeit**	77
1.5.1	Allgemeine Entwicklungen in der frühen Neuzeit	77
1.5.2	Zünftige und nicht-akademische Berufe in der frühen Neuzeit	80
1.5.3	Berufserziehung in der frühen Neuzeit	84
1.5.4	Höhere Berufe und Ämter	86
1.5.5	Ausbildung der höheren und gelehrten Stände in der frühen Neuzeit	88
1.5.6	Ende der Arbeits- und Berufstätigkeit in der frühen Neuzeit	93
1.6	**Entwicklung der berufsförmigen Tätigkeiten und Berufe vom Ende des Heiligen Römischen Reiches Deutscher Nation bis zum zweiten Deutschen Kaiserreich**	96
1.6.1	Allgemeine Entwicklungen im Bereich der Berufe und der Berufswelt im neunzehnten Jahrhundert	96
1.6.2	Nicht-akademische Berufe	102
1.6.3	Ausbildung zu den nicht-akademischen Berufen	104
1.6.4	Akademische Berufe und höhere Berufe	109
1.6.5	Ausbildung für die höheren und akademischen Berufe im neunzehnten Jahrhundert	113
1.6.6	Ende der Arbeits- und Berufstätigkeit im neunzehnten Jahrhundert	117
1.7	Entwicklung der berufsförmigen Tätigkeiten und Berufe vom Zweiten Deutschen Kaiserreich bis zur Wiedervereinigung Deutschlands	119
1.7.1	Allgemeine Entwicklungen im Bereich der Berufe und der Berufswelt im zwanzigsten Jahrhundert	119
1.7.2	Differenzierung der nicht- akademischen Berufe	131
1.7.3	Ausbildung zu den nicht-akademischen Berufen	142
1.7.4	Differenzierungen bei den akademischen Berufen	156
1.7.5	Ausbildung zu den höheren und akademischen Berufen im zwanzigsten Jahrhundert	162
1.7.6	Ende der Arbeits- und Berufstätigkeit im zwanzigsten Jahrhundert	174
1.8	**Entwicklung des Begriffs „Beruf" im geschichtlichen Verlauf**	176
2	**BERUFSFÖRMIGE TÄTIGKEITEN UND BERUFE DER GEGENWART**	188
2.1	**Bedeutung der berufsförmigen Arbeit und der Berufe**	188
2.1.1	Gegenwärtiger Begriff des Berufs in der Diskussion	188
2.1.2	Berufsbeschreibungen und Berufsbilder zwischen Abstraktheit und Konkretheit	196
2.1.3	Job, Beruf und Profession im allgemeinen gesellschaftlichen und wissenschaftlichen Diskurs	200
2.1.4	Lebensläufe von Jobs, Berufen und Professionen	213

2.1.5	Berufe und Beruflichkeit	218
2.1.6	Dimensionen von Berufen und Beruflichkeit	222
2.1.7	Beruflichkeit in nicht-akademischen Tätigkeitsbereichen	225
2.1.8	Beruflichkeit und Professionalität in akademischen Tätigkeitsbereichen	227
2.1.9	Konzepte zum Erhalt von Beruflichkeit – Notwendigkeiten und Möglichkeiten	231
2.1.10	Relevanz der berufsförmigen Arbeit, der Berufe und der Professionen für die Menschen und das Gesellschafts- sowie Beschäftigungssystem	238
2.2	**Einordnung, Arten und Ausformungen der Berufe**	**243**
2.2.1	Grundlegende Differenzierung, Arten und Ausformungen der Berufe	243
2.2.2	Berufsbenennungen und -bezeichnungen	244
2.2.3	Ausbildungs- und Studienberufe	246
2.2.4	Reglementierte Berufe und Berufsbezeichnungen	248
2.2.5	Erwerbsberufe	250
2.2.6	Ungeschützte Berufsbezeichnungen und -benennungen	253
2.2.7	Einordnung der Berufe durch Qualifikationsrahmen	254
2.2.8	Einordnung der Berufe und Ordnungen durch Berufsklassifikationen	256
2.3	**Nicht-akademische Berufe und Ausbildungsvoraussetzungen**	**265**
2.3.1	Anerkannte Ausbildungsberufe des nicht-akademischen Bereichs	265
2.3.2	Nicht-akademische Berufe des Schulberufssystems	266
2.3.3	Nicht-akademische Freie Berufe	268
2.3.4	Nicht-akademische Fortbildungsberufe	269
2.3.5	Nicht-akademische Erwerbsberufe	273
2.4	**Akademische Berufe und Ausbildungsvoraussetzungen**	**275**
2.4.1	Berufe akademischer Erstausbildung	275
2.4.2	Freie akademische Berufe	278
2.4.3	Akademische Weiterbildungsberufe	282
2.4.4	Akademische Erwerbsberufe	287
2.5	**Verschiedenartigkeit und Vielzahl von Berufsarten**	**289**
2.5.1	Zur Verschiedenartigkeit und Vielzahl von nicht-akademischen Berufsarten	289
2.5.2	Zur Verschiedenartigkeit und Vielzahl von akademischen Berufsarten	294
2.6	**Strukturlinien berufsgeschichtlicher Entwicklung – Zusammenfassung**	**298**
2.6.1	Zunahme der Anzahl der Berufe sowie Veränderung des Arbeits- und Berufsbegriffs	298
2.6.2	Entwicklung der Berufsausbildung im geschichtlichen Verlauf	303
2.6.3	Gestaltungsmöglichkeiten zum Ende der Arbeits- und Berufstätigkeit	305

3	**BERUFE UND BERUFLICHE TÄTIGKEITEN ALS GEGENSTAND DER BERUFSWISSENSCHAFT**	307
3.1	**Ausgangslage zur Entwicklung der Berufswissenschaft – Entstehungszusammenhänge, wissenschaftliche Bestände und Ergebnisse**	307
3.1.1	Von der Berufskunde zur Berufswissenschaft	307
3.1.2	Singuläre Berufsforschungen – Ausgangspunkte berufswissenschaftlicher Ansätze	315
3.1.3	Veränderungen der Berufswelt als Auslöser der Berufsforschung	319
3.1.4	Berufswissenschaftliche Ansätze und Diskurse zu den nicht-akademischen Berufen	322
3.1.5	Berufswissenschaftliche Ansätze – Diskurse zu akademischen Berufen	327
3.1.6	Aufgaben einer auf Berufe bezogenen Forschung	330
3.1.7	Von fragmentierter Berufsforschung zur Berufswissenschaft – Problemfelder	331
3.2	**Berufswissenschaft und Berufstheorie – Ausformungen, Aufgaben und Perspektiven**	337
3.2.1	Zum Begriff „Berufswissenschaft"	337
3.2.2	Berufswissenschaft als Wissenschaft der Berufe – Annäherungen an den Untersuchungsgegenstand „Beruf"	349
3.2.3	Berufstheorie – Ein wichtiger Arbeitsbereich der Berufswissenschaft	351
3.2.4	Berufswissenschaftsentwicklung – Rahmengebung für die berufswissenschaftliche Forschung	359
3.3	**Allgemeine und spezifische Berufsforschung**	368
3.3.1	Allgemeine Berufsforschung	368
3.3.2	Spezifischen Berufsforschung	370
3.4	**Merkmale von Berufen sowie berufsförmigen Tätigkeiten – Beispiele für Untersuchungsthemen der allgemeinen und spezifischen Berufswissenschaft**	374
3.4.1	Berufsbezeichnungen – Begrifflichkeiten und Datenlage	374
3.4.2	Merkmale von berufsförmiger Arbeit und von Berufen	375
3.4.3	Beruflichkeit als Gegenstand der Berufswissenschaft und Berufsforschung	381
3.4.4	Verberuflichungs- und Entberuflichungstendenzen – Berufswissenschaftliche Untersuchungsgegenstände	385
3.5	**Berufswissenschaftliche Methoden**	392
3.5.1	Methoden berufswissenschaftlicher Arbeit	392
3.5.2	Methodenproblematik bei der berufswissenschaftlichen Forschung	394
3.5.3	Vergleichsmethoden in der Berufsforschung	406
3.5.4	Fallstudien in der berufswissenschaftlichen Forschung	418

3.5.5	Berufswissenschaftliche Sektoranalysen	431
3.5.6	Zur Bedeutung von Methoden berufswissenschaftlicher Forschung - Ausblick	439
3.6	**Berufswissenschaftliche Untersuchungssystematik**	**442**
3.6.1	Ausformungen und Richtungen der berufswissenschaftlichen Forschung	442
3.6.2	Allgemeine Berufsforschung	444
3.6.3	Spezifische Berufsforschung	447
3.6.4	Ebenen berufswissenschaftlicher Forschung	452
3.6.5	Forschungsprozesse	455
3.6.6	Einordnung der Berufsforschung in das Wissenschaftssystem	462
3.6.7	Berufswissenschaftliche Forschungssystematik im Zusammenhang von Aufgaben, Zielen, Gegenständen und Methoden	465
3.6.8	Grundlagenforschung und Anwendungsforschung	468
3.7	**Studien zu berufswissenschaftlichen Forschungsvorhaben – Ein Beispiel zur Frage der Substituierbarkeit von Berufen oder Berufsteilqualifikationen durch den Rechnereinsatz**	**478**
3.7.1	Aussagen im Vorfeld der Studie	478
3.7.2	Forschungsziel der Studie	478
3.7.3	Forschungsansatz der Untersuchung	479
3.7.4	Auswertung der Materialien und Einzelergebnisse der Studie	479
3.7.5	Einzelbefunde der Studie	480
3.7.6	Berufswissenschaftliches Gesamtergebnis der Studie	486
3.8	**Berufswissenschaftliche Forschungslücken und Perspektiven**	**487**
3.8.1	Lücken und Problem im Bereich der Berufsforschung	487
3.8.2	Anstöße zur berufswissenschaftlichen Forschung in wenig behandelten Bereichen	488
3.8.3	Aussichten und Aspekte der Berufswissenschaft in der Gegenwart in ihrer gesamtgesellschaftlichen Bedeutung	495
3.8.4	Zukunftsbedeutung berufswissenschaftlicher Arbeit	498
3.8.5	Entwicklungsperspektiven berufswissenschaftlicher Arbeit	499
4	**BERUFLICHES LERNEN UND STUDIEREN ALS GEGENSTAND DER BERUFSBILDUNGSWISSENSCHAFT**	**502**
4.1	**Ausgangslage zur Entwicklung der Berufsbildungswissenschaft – Entstehungszusammenhänge, wissenschaftliche Bestände und Ergebnisse**	**502**
4.1.1	Von der Berufs- und Wirtschaftspädagogik zur Berufsbildungswissenschaft	502
4.1.2	Bisherige Berufs- und Wirtschaftspädagogikpädagogik – Wesentliche Ausgangspunkte von Berufsbildungswissenschaft und Berufsforschung	509

4.2	**Zum Stand der berufsbildungswissenschaftlichen Diskurse zu den nicht-akademischen und akademischen Berufen**	519
4.2.1	Curriculare Überlegungen zum Berufsbildungsgesamtsystem	519
4.2.2	Bedingungen für berufsbildungswissenschaftliche Diskurse und Untersuchungen bei den nicht-akademischen Berufen	521
4.2.3	Bedingungen für berufsbildungswissenschaftliche Diskurse und Untersuchungen bei den akademischen Berufen	543
4.2.4	Ausgangslage für die berufsbildungswissenschaftlichen Arbeiten zu Funktionen und Aufgaben des Berufsbildungsgesamtbereichs	560
4.3	**Vergleichende Betrachtungen, Vorstudien und Untersuchungsansätze zu den wesentlichen Berufsbildungsmerkmalen und Ausbildungskonzepten des akademischen und nicht-akademischen Bereich**	569
4.3.1	Analogien bei wesentlichen Berufsbildungsmerkmalen im nicht-akademischen und akademischen Berufsbildungssystem	569
4.3.2	Untersuchungsansatz: Analogien zwischen der curricularen Organisation im nicht-akademischen und akademischen Berufsbildungsbereich	570
4.3.3	Untersuchungsansatz: Analogien zwischen den didaktisch-methodischen und lernorganisatorischen Konzeptionen im nicht-akademischen und akademischen Berufsbildungsbereich	573
4.3.4	Untersuchungsansatz: Grobstrukturelle Übereinstimmungen im nicht-akademischen und akademischen Subsystem	575
4.3.5	Analyse und Bewertung der Gemeinsamkeiten und Unterschiede des nicht-akademischen und akademischen Berufsbildungssystems	579
4.3.6	Betrachtungen und Ansätze zum Berufsbildungsgesamtsystem – Ein wachsendes Forschungsfeld	581
4.4	**Berufsbildungswissenschaft und Theorie beruflichen Lehrens und Lernens**	588
4.4.1	Relevanz, Bedeutung und Wirkung berufsbildungswissenschaftlicher Forschungen	588
4.4.2	Rahmengebungen für die Berufsbildungswissenschaft	592
4.4.3	Zusammenhänge von Berufsbildungstheorie und Berufsbildungswissenschaft	600
4.4.4	Kritisch-systemische Berufsbildungstheorie als Überbau	605
4.5	**Methoden berufsbildungswissenschaftlicher Tätigkeiten – Ein Assortiment**	614
4.5.1	Berufsbildungswissenschaftliche Forschungsschwerpunkte und einsetzbare Methoden	614
4.5.2	Methoden zentraler berufswissenschaftlicher Bedeutung	619
4.5.3	Wissenschaftliche Methodenansätze für randständige Felder der Berufsbildung	627
4.6	**Berufsbildungsforschung**	630
4.6.1	Historische Entwicklung der Berufsbildungsforschung	630
4.6.2	Arbeitsfelder der Grundlagen- und Anwendungsforschung	642

4.6.3	Forschungsdesign und Forschungsabläufe	648
4.6.4	Institutionen berufsbildungswissenschaftlicher Forschung	656
4.6.5	Berufliche Fachrichtungen als spezifischen Orte berufswissenschaftlicher Forschung und Lehre	662
4.7	**Ausgewählte berufsbildungswissenschaftliche Forschungsfelder**	67
4.7.1	Grundlagenforschungsfeld: Allgemein- und Berufsbildung im nicht-akademischen Bereich	672
4.7.2	Grundlagenforschungsfeld: Allgemein- und Berufsbildung im akademischen Bereich	674
4.7.3	Forschungsfeld: Ausbildung und Unterricht im nicht-akademischen Bereich	676
4.7.4	Forschungsfeld: Lehre im akademischen Bereich	679
4.7.5	Forschungsfeld: Berufsbildung und Arbeitsmarkt	682
4.8	**Berufsbildungswissenschaftliche Forschung – am Beispiel „Szenarien zur Weiterentwicklung der Berufsbildung im Rahmen von Industrie 4.0"**	685
4.8.1	Ausgangshypothesen und Untersuchungsmethoden	685
4.8.2	Szenarien zu Berufsbildern bei Industrie 4.0	685
4.8.3	Studienergebnis: Schlussfolgerungen aus den Szenarien	691
4.8.4	Empfehlungen zur weiteren Gestaltung von Berufsbildern	695
4.9	**Perspektiven für das gesamte Berufsbildungssystem und die Berufsbildungswissenschaft**	697
4.9.1	Berufsbildungswissenschaftliche Forschungsaufgaben im Gesamtberufsbildungssystem	697
4.9.2	Weiterentwicklung des gesamten Berufsbildungssystems durch vermehrte Forschungsaktivitäten	700
4.9.3	Theorieentwicklung für das gesamte Berufsbildungssystem als Zukunftsaufgabe	703
4.9.4	Zukünftige Aufgaben der Berufsbildungswissenschaft – Ausblick	704

5 ZUSAMMENHÄNGE ZWISCHEN BERUFSWISSENSCHAFT UND BERUFSBILDUNGSWISSENSCHAFT 706

5.1	**Rahmengebende Überlegungen zum Verhältnis von Berufswissenschaft und Berufsbildungswissenschaft**	706
5.1.1	Wandel der Berufs- und Lebenswelt – Anforderungen an die Berufs- und Berufsbildungswissenschaft	706
5.1.2	Disziplinbestimmte Ansichten zum Verhältnis von Berufsforschung und Berufsbildungsforschung	707
5.1.3	Verhältnisse zwischen Berufsforschung und Berufsbildungsforschung	709

5.1.4	Berufswissenschaft und Berufsbildungswissenschaft – Zwischen Differenzierung und Integration	713
5.2	**Themen berufswissenschaftlicher und berufsbildungswissenschaftlicher Forschung – Betrachtungen zu zwei Arbeitsfeldern**	715
5.2.1	Berufs- und Berufsbildungsforschung als gesellschaftlicher Auftrag und wissenschaftliches Thema	715
5.2.2	Zur berufsbildungswissenschaftlichen und berufswissenschaftlichen Forschung – Thematische Betrachtungen	716
5.2.3	Zusammenwirken der spezifischen Berufsforschung und der Didaktik beruflichen Lernens und Studierens	722
5.2.4	Bewertungen berufsbildungs- und berufswissenschaftlicher Forschung –Zwischen Realismus und Skepsis	726
5.3	**Berufe, Berufswissenschaft und Berufsbildungswissenschaft im Focus von Erkenntnisinteressen – Zum Ausbau der spezifischen Wissenschaften**	729
5.3.1	Erkenntnisinteressen, Aufgaben und Forschungsbereiche der Berufs- und Berufsbildungswissenschaft – Gemeinsamkeiten und Unterschiede	729
5.3.2	Gemeinsame und komplementierende Untersuchungen	732
5.3.3	Aktuelle Forschungsfelder der Berufs- und Berufsbildungswissenschaft	734
5.3.4	Berufs- und berufsbildungswissenschaftliche Tätigkeiten – Möglichkeiten gemeinsamer oder komplementierender Forschung	738
5.4	**Berufe, Berufswissenschaft und Berufsbildungswissenschaft im Gestaltungszusammenhang – Perspektiven**	740
6	**LITERATURVERZEICHNIS**	743
7	**SACHWORTVERZEICHNIS**	816
8	**NAMENSVERZEICHNIS**	824
9	**ABBILDUNGSVERZEICHNIS**	834
10	**BILDNACHWEIS**	840

BERUFSFÖRMIGE TÄTIGKEITEN UND BERUFE UNTER BERUFS- UND BERUFSBILDUNGSWISSENSCHAFTLICHER PERSPEKTIVE – VORWORT

Berufe gibt es seit Tausenden und Abertausenden von Jahren, wie schon die Schriftstücke der Sumerer und Babylonier dokumentieren. Darüber hinaus hat es auch in prähistorischer Zeit berufsförmige Tätigkeiten gegeben. Dazu gehören die Urberufe der Hirten, Jäger, Sammler, Fischer und Bauern. Berufe gibt es auch heute noch in großer Zahl. Es besteht aber durch die Globalisierung und eine zunehmend flexiblere Gesellschaft aufgrund internationaler Einflüsse die Gefahr, dass Berufe auch in Deutschland an Bedeutung verlieren und sich stattdessen das ökonomisch bestimmte neoliberale Job-Konzept durchsetzt. Um dieses zu verhindern, müssen Anstrengungen unternommen werden, das gesellschaftlich und individuell stabilisierende Berufskonzept zu stärken und auch zukünftig zu erhalten.

Im umgangssprachlichen, aber auch wissenschaftlichen Bereich werden berufsförmige Tätigkeiten und Berufe unter sehr verschiedenen Aspekten thematisiert und untersucht. Im Allgemeinen geschieht dies aus den jeweiligen Interessenlagen der Diskutanten und ihrer Stellung im Beschäftigungs-, Gesellschafts- oder Wissenschaftssystem. Insofern lässt sich feststellen, dass mit Aussagen zu berufsförmigen Tätigkeiten und Berufen versucht wird, individuelle und vermeintliche Gewissheiten zu vermitteln und universelle wissenschaftliche Wahrheiten darzustellen

Entsprechende Aussagen finden sich in den verschiedensten Debatten und Veröffentlichungen. Für objektivierende Diskurse gibt es eine umfangreiche Literatur zur Berufs- und Arbeitswelt mit ihren vielfältigen Berufen, die getragen ist u. a. von psychologischen, soziologischen und arbeitswissenschaftlichen Erkenntnisinteressen. Insbesondere die soziologische und arbeitswissenschaftliche Berufsforschung bestimmt die Debatte.

Bereits eine erste breiter angelegte Literaturrecherche zeigt, dass aber auch volks- und betriebswirtschaftliche, medizinische, etymologische, arbeitsstellenmarktpolitische und arbeitsrechtliche Fragen im Zusammenhang mit der Thematik „Beruf" untersucht und behandelt werden. Somit ist erkennbar, dass das Thema wissenschaftlich aus vielfältigen Blickwinkeln und damit sehr umfassend ausgeleuchtet wird. Alle diese singuläre Aktivitäten bzw. Analysen und Untersuchungen, sind insgesamt mehrdimensional und umfassend auf Berufe ausgerichtet. Allerdings sind im Rahmen dieses Ensembles einige Wissenschaftsdisziplinen wenig vertreten. Dazu gehörte bis vor mehr zwei Jahrzehnten der berufs- und wirtschaftspädagogische Bereich.

Erst seit Anfang der 1990er Jahre sind spezifische Defizite erkannt und Lösungsansätze angedacht worden. Festgestellt wurde dabei u. a., dass die Berufs- und Fachdidaktiken weitgehend ohne berufliche Bezugswissenschaften generiert worden sind. Auffällig war auch, dass die spezifischen Erziehungswissenschaft, d. h. die Berufs- Wirtschaftspädagogik, zwar das Wort „Beruf" im Namen der Disziplin enthält, jedoch wurden die Berufe, zu denen ausgebildet werden soll, im Einzelnen kaum vertieft betrachtet. Darüber hinaus befanden sich – anders als bei der Entstehung der Disziplin im zwanzigsten Jahrhundert – die meisten derer, die eine Berufsbildung anstreben, in einem Alter, bei dem der ursprüngliche Begriff „Pädagoge", d. h. „Knabenführer", nicht mehr angebracht war. Im Rahmen dessen, was mit dem Kompositums aus Beruf und Pädagogik angekündigt wird, wurden, wenn man sich die Vielzahl der Berufe und die für die jeweiligen Berufe zu vermittelnden Inhalte sowie anzustrebenden Kompetenzen vergegenwärtigt, bislang nur wenige Untersuchungen vorgenommen. Defizite dieser Wissenschaftsdisziplin ergaben sich auch dadurch, dass die Forschung traditionellerweise fast ausschließlich nur auf den nicht-akademischen Bereich fokussiert war und die akademischen Berufe ausgeblendet wurden.

Wegen der bei der Berufs- und Wirtschaftspädagogik erkannten Defizite sind in den letzten zwei Jahrzehnten in Teilbereichen der Erziehungswissenschaft neue Disziplinen diskutiert worden. Das ist erstens die Berufswissenschaft, d. h. die Wissenschaft von den Berufen, die sich auf die Inhalte der jeweiligen berufsförmigen Arbeit und das Sachgebiet der je spezifischen Berufe richtet und zweitens die Berufsbildungswissenschaft.

Für beide Wissenschaftsdisziplinen sollten die Berufe als Untersuchungsgegenstände zentrale Bedeutung aufweisen. Dazu sind insbesondere die Gewordenheit, die Entwicklung berufsförmiger Tätigkeiten und die zukünftige Ausformung der Berufe zu analysieren und zu untersuchen. Außerdem geht es um die Ausleuchtung des Phänomens „Beruf", und u. a. um das Berufsverständnis, die berufliche Selbstverwirklichung, berufliche Zwänge, die Erwerbssicherung durch berufsförmige Tätigkeiten, die individuelle Erfüllung und Sinngebung sowie das Berufsethos. Allein schon mit diesen wenigen Hinweisen wird deutlich, welchen Umfang die Untersuchungen zu den Berufen annehmen können, und welche Differenzierungsmöglichkeiten vorhanden sind. Auf einer solchen Wissensbasis über Berufe ergeben sich im Entwicklungszusammenhang von Berufswissenschaft und Berufsbildungswissenschaft neue Perspektiven.

Die Möglichkeiten der entstehenden Berufswissenschaft, mit der vor allem die jeweilige Arbeit und das Sachgebiet in einem spezifischen Beruf mit einem besonderen methodischen Instrumentarium analysiert und untersucht werden kann, deuten sich zunehmend in dem letzten Jahrzehnt an. Mit einer berufswissenschaftlichen Forschung sollten die zu leistende berufsförmige Arbeit, die Kompetenzanforderungen und das Sachgebiet von je spezifischen Berufen ausgeleuchtet werden. Dabei befinden sich die Verhältnisse, aber auch die Diskurse über die Berufe, in einem ständigen Wandel, die durch die ihre Entwicklungszusammenhänge einerseits und die sozio-technischen Veränderungen in der Wissensgesellschaft andererseits bestimmt sind. Unabhängig davon ist eine Darstellung und Untersuchung der berufswissenschaftlichen Forschung mit ihren vielfältigen Fragen und mit einem umfassenden Ansatz sowohl auf die nicht-akademischen als auch die akademischen Berufe sinnvoll und erforderlich. Hierfür muss die Berufsforschung im Laufe der Zeit genügende sowie gesicherte Aussagen und damit ein gesichertes breites Fundament für die Berufswissenschaft liefern, um Daten zu benötigten Inhalten und erforderlichen Kompetenzen der jeweiligen spezifischen Berufsarbeit zu sammeln, zu dokumentieren und bereitzustellen.

Die Berufsbildungswissenschaft kann – anders als die Berufswissenschaft – auf viele Arbeiten und wissenschaftliche Ergebnisse, die im Rahmen der Berufs- und Wirtschaftspädagogik geleistet worden sind, zugreifen. Aber die Berufsbildungsforschung hat in den letzten Jahren wesentlich an Bedeutung und Umfang durch die Entwicklungen bei der akademischen Ausbildung gewonnen. Zu untersuchen sind deshalb der gegenwärtige Stand der Ausformung einer erweiterten Berufsbildungswissenschaft mit ihren Methoden und Instrumenten, aber auch zukünftig mögliche Entwicklungen, um auf die zwangsläufig auftretenden Veränderungen des Gesellschafts- und Beschäftigungssystems vorbereitet zu sein. Das Arbeitsfeld der akademischen und nicht-akademischen Berufsbildungsforschung hat eine große gesellschaftliche Relevanz, insbesondere um auf die Anforderungen der Menschen und des Beschäftigungssystems möglichst angemessen reagieren zu können.

Insgesamt werden bereits heute viele Arbeits- und Forschungsaufgaben zu den Berufen, der Berufswissenschaft und der Berufsbildungswissenschaft in den nicht-akademischen und akademischen Bereichen sichtbar. Hiermit zeigt sich bereits jetzt ein großes Aufgabengebiet.

Mit diesem Buch kann nur ein erster Einblick in die Thematiken der Berufe, der Berufswissenschaft und der Berufsbildungswissenschaft erfolgen, denn das gesamte Betrachtungsfeld ist kaum überschaubar. Damit deutet sich zugleich der Umfang der noch an- und offenstehenden Systematisierungs- und Forschungsaufgaben an. Darüber hinaus sind teilweise auch das Aufgabengebiet in Art und Weise sowie das Forschungsinstrumentarium für umfassende oder singuläre berufswissenschaftliche und berufspädagogischen Analysen und Untersuchungen erst noch zu erfassen oder zu entwickeln. Außerdem sind langfristig Detailergebnisse zu systematisieren und in einen übergeordneten Forschungsgesamtzusammenhang zu bringen.

Vergegenwärtigt man sich die Vielzahl und den Umfang der offenstehenden Aufgaben, so ist nicht mehr besonders zu betonen, dass die vorgelegte Schrift nur eine erste Einführung in die thematischen Zusammenhänge von „Berufen, Berufswissenschaft und Berufsbildungswissenschaft" darstellen kann. Nicht zuletzt ist festzuhalten, dass ein wissenschaftliches Buch wie dieses keinesfalls das Verdienst eines einzelnen Autors ist, auch wenn er die alleinige Verantwortung trägt, sondern vieler anderer, die indirekt mit ihren Arbeiten und Forschungsergebnissen dazu beigetragen haben, d. h. derjenigen der universitas litterarum.

Jörg-Peter Pahl
Hamburg/Dresden im Winter 2016

1 ENTWICKLUNG DER BERUFE IM GESCHICHTLICHEN VERLAUF – EIN GEGENSTAND DER BERUFS- UND BERUFSBILDUNGSWISSENSCHAFT

1.1 Berufe, Berufsgeschichte und Berufsforschung

1.1.1 Berufe als Gegenstand geschichtlichen Interesses

Berufe erfahren nicht nur bei der täglichen Arbeit, sondern auch in der gesellschaftlichen Diskussion hohe Aufmerksamkeit, die sich meist auf den damit verbundenen Status und die Funktion richtet. Nur selten werden allerdings vertiefende Aspekte betrachtet. Die Herkunft und geschichtliche Entwicklung von berufsförmigen Tätigkeiten bleiben bei der aktuellen Debatte über Berufe häufig unberücksichtigt oder werden als spezifisches Thema für Historiker eingeschätzt.

Das erscheint zutreffend, denn die Geschichtswissenschaft weist eine Vielzahl sehr unterschiedlicher Untersuchungsbereiche auf. Das Spektrum dieser Disziplin reicht von der Geschichte der Natur oder die Erdgeschichte bis hin zur Adels-, Eroberungs-, Kriegs-, Wirtschafts- und Zeitgeschichte. Geht man weiterhin davon aus, dass sich geschichtliches Erkenntnisinteresse insbesondere auf die Entwicklung der Menschen, d. h. die Menschheitsgeschichte sowie die damit verbundenen kulturellen Leistungen, Aktivitäten und Tätigkeiten richtet, so gehören dazu nicht zuletzt die Geschichte der verschiedenen Arbeitstätigkeiten, Berufe und insgesamt eine Berufsgeschichte zum Aufgabenfeld dieser Disziplin. Die Geschichte der Berufe wird aber in umfassender Weise von der Geschichtswissenschaft bislang nur wenig thematisiert. Jedoch gibt es seit einigen Jahren eine zunehmende Zahl von Veröffentlichungen, die sich der Historie ausgewählter Berufe oder Berufsfelder widmen. Mit geschichtlich orientierten Überlegungen und Untersuchungen geht es auch darum, „die Gedanken zu begreifen, die sich die Menschen im Zuge ihrer geistigen Auseinandersetzung mit den Problemen ihrer gesellschaftlichen Tätigkeit zu verschiedenen Zeiten gemacht und als ‚Beruf' bezeichnet haben." (Hobbensiefken 1980, S. 48).

Wie schon eine erste Betrachtung der Berufe seit den frühesten Zeiten der Menschheitsgeschichte bis zur Gegenwart zeigt, differenzieren sich die gesellschaftlichen Funktionen unter den jeweiligen sozialen und regionalen Bedingungen erheblich. Je mehr sich im gesellschaftlichen Prozess die funktionale Differenzierung erweiterte, desto spezialisierter wurden für den einzelnen Menschen seine Arbeit und die berufsförmige Tätigkeit. Die beruflichen Tätigkeiten der Menschen mussten aufeinander abgestimmt werden, damit der Lebensunterhalt gesichert und die gesellschaftliche Funktion erfüllt werden konnten.

Ein Zuwachs der berufsförmigen Tätigkeiten und ihre zunehmende Spezialisierung scheinen ein zwangsläufiges Phänomen in der Entwicklungsgeschichte der Menschheit geworden zu sein. Für berufsförmige Tätigkeiten zumindest in vor- und frühgeschichtlicher Zeit, aber auch seit den antiken Hochkulturen den heutigen Begriff „Beruf" zu verwenden, ist nicht ganz unproblematisch, da sich der Begriff in den geschichtlichen Zeitläufen veränderte und mit ihm wesentliche Merkmale wie Arbeit, Erwerb, Qualifikation, Funktion und gesellschaftliches Ansehen sehr unterschiedlich beurteilt wurden. Als ein über die verschieden bewerteten und differenzierenden Merkmale hinausgehender Sammelbegriff, mit dem solche spezialisierte Arbeitstätigkeiten erfasst werden können, die einer besonderen Ausbildung bedürfen und über einen längeren Zeitraum wahrgenommen werden, hat er eine Verständigungsfunktion.

Eine Geschichte der Berufe kann zeitlich nach Epochen geordnet werden.[1] Die Entwicklung von Berufen im geschichtlichen Verlauf deutet zumindest bis in die Gegenwart wenig darauf hin, dass die Veränderungen von den ersten spezialisierten Tätigkeiten zu berufsförmigen Arbeiten, zu Berufen und zu Professionen auf der einen Seite und Jobs auf der anderen Seite rational oder durch bewusste und gezielte Eingriffe von einzelnen Menschen oder gesellschaftlichen Gruppen initiiert und durchgeführt worden sind. Es spricht vieles dafür, dass sich die Ausdifferenzierungen von berufsförmigen Arbeitstätigkeiten und die Entwicklungen von Berufen sowie die Ausgestaltung der Berufswelt im geschichtlichen Verlauf in der Gesamtheit meist ungeplant vollzogen.

Im Laufe der Entwicklung wirkten neben den für den einzelnen Menschen oder die Gesellschaft notwendigen Zwängen zu Tätigkeiten, die dem Lebensunterhalt dienten, gesellschaftliche Bedingungen und Machtverhältnisse rahmengebend. Dabei formten sich – teilweise durch die Kulissen des gesellschaftlichen Lebens verschleiert – ein ganzes Bündel von Motiven sowie zugleich auch offensichtlichen und verdeckten Zwängen aus.

Neben den primären Beweggründen der Sicherung des Lebensunterhalts gehören zu den Motiven im Laufe der geschichtlichen Ausformung der Berufe die gesamte Bandbreite menschlicher Triebe, Affekte und Eitelkeiten einerseits und Sachinteresse, Ethos, Selbstkontrolle als Sinngebung des individuellen und gesellschaftlichen beruflichen Handelns andererseits. Dabei haben sich Verberuflichungstendenzen im geschichtlichen Prozess bis in die jüngste Zeit verfestigt und sind über lange Zeit immer stabiler geworden.

Diese Entwicklungstendenzen gehen aber nicht auf eine rationale Idee von Berufen und Berufswelten zurück, die vor langer Zeit von einzelnen Menschen anderen als Aufgabe und Ziel der Gesellschaft oktroyiert wurden und dann zur individuellen und gesellschaftlichen Wirklichkeit wurden. Vielmehr sind durch eine Vielzahl kollektiver und individueller Ansprüche, Interessen und Anforderungen meist konstruktive Vorgänge ausgelöst worden. Dennoch ist die Entwicklung der berufsförmigen Arbeit, der Berufe und der Berufswelt kein strukturloser und chaotischer Vorgang. Für die Entwicklung der Berufswelt, des Berufs- und Beschäftigungssystem in der Gesellschaft kann man sogar ein autopoietisches

---

[1] Dabei muss sich auf einige Regionen und Epochen konzentriert werden. Das sind: Vorderasien und der Alte Orient, die griechische und römische Antike, das Mittelalter (nördlich der Alpen), die Frühe Neuzeit sowie das neunzehnte und zwanzigste Jahrhundert (in Deutschland). Festzuhalten ist allerdings, dass mit dieser Epochenschneidung zwar Rahmensetzendes vorgegeben wird, aber über die Abgrenzungen diskutiert werden kann und muss. Es wird nicht von starren Grenzziehungen ausgegangen, sondern von Übergängen. Bei aller denkbaren Kritik kann Epochenbildung zur Überschaubarkeit und Übersichtlichkeit beitragen.

Wirken annehmen. Es zeigt sich im Laufe des Entstehens und der Konsolidierung der berufsförmigen Tätigkeiten ein allgemeines Phänomen geschichtlichen Wandels, das – wenn auch nicht weit vorausschauend geplant – rational erscheinende Entwicklungslinien sichtbar macht. Die Frage ist, wie kommt es zu solchen Ausformungen und Ausgestaltungen der Berufswelt mit ihren Berufen, die nicht ausdrücklich intendiert worden, aber dennoch keineswegs ohne Aufbauprinzipien und Struktur vorhanden sind.

Die Gründe für die Entwicklung der Berufe im historischen Verlauf sind in den Beschäftigungs- und Gesellschaftssystemen mit ihren Menschen zu suchen. In den jeweiligen Phasen der geschichtlichen Prozesse wirken Pläne und Aktionen, emotionale und rationale Handlungen sowie konstruktive und destruktive Begegnungen der Menschen. Die verschiedenen Aktivitäten greifen teilweise ineinander oder verknüpfen sich. Diese durch verschiedenste Interessen und Konstellationen bestimmten Aktivitäten und Wirkungen der einzelnen Pläne und Handlungen konnten Wandlungen und Entwicklungen herbeiführen, die in ihren Folgen nicht durch einzelne Individuen vorausgesehen, überschaut und eingeordnet, geschweige denn geplant oder geschaffen werden können.

Aus dem Zusammenwirken der Menschen in den jeweiligen Epochen ergeben sich Ordnungen und Systematiken spezifischer Art. Diese sind überzeugender und sogar zwingender als das, was durch Willenskraft, Entschlossenheit und Besonnenheit, Scharfsicht und Klugheit einzelner weniger Menschen entwickelt werden kann.

Es deuten sich über die Lebenszeit einzelner Menschen und sogar über Epochen hinausgehende übergeordnete Entwicklungslinien an, auch wenn sich im geschichtlichen Verlauf häufig Diskontinuitäten und Umbrüche zeigen. Für Arbeit und Beruf können – so die Annahme – Strukturen aufgezeigt werden, die – für beruflich, kulturell und symbolisch eingebundene Menschen in den verschiedenen historischen Epochen – quasi normativ waren und sind. Werden entsprechende bedeutsame Entwicklungen und Strukturen herausgearbeitet, können sie einen Beitrag zur Berufsgeschichte erbringen.

1.1.2 Berufsgeschichte
– Entwicklung der Berufe in historischer Forschungsperspektive

Die Aufgabe der Geschichtswissenschaft besteht darin, die Entwicklung der menschlichen Gesellschaft in ihren Facetten von ihren Anfängen bis zur Gegenwart möglichst objektiv darzustellen, das schließt auch die Entfaltung der Berufe in den sozialen Verbänden ein. Dabei sollte es darum gehen, erfassbare und relevante geschichtliche Fakten zur Berufsentwicklung möglichst genau und vollständig festzustellen sowie gesellschaftliche Zusammenhänge, Bedingungen und Wirkungen herauszuarbeiten. Über eine Berufsgeschichte sollte versucht werden, die Wurzeln berufsförmiger Arbeit der Gegenwart freizulegen. Anfänge der Berufsgeschichte können in den berufskundlichen Darstellungen, die bereits im späten Mittelalter und der frühen Neuzeit erarbeitet wurden, gesehen werden. Berufskundliche Ausarbeitungen wurden zu der Zeit aufgrund von Staatsinteressen erstellt. Im

Gegensatz zur allgemeinen etablierten Geschichte ist die Disziplin „Berufsgeschichte" noch sehr jung.

Die für die verschiedenen Felder der Geschichtswissenschaft immer wieder gestellte Frage ist allerdings, ob man aus einer historischen Situation lernen[2] und wie das Wissen darüber ausgebaut werden kann. Eine allgemeingültige Aussage über alle geschichtlichen Bereiche ist kaum möglich. Lernpotentiale können sich aber für konkretes geschichtliches Geschehen ergeben[3]. Für eine sich entwickelnde Berufsgeschichte wird von positiven Möglichkeiten ausgegangen, denn es geht nicht primär darum, nur zu wissen was schon gewesen ist, sondern es fragt sich weitergehend, was aus den jeweilige Perioden daraus konkret für die Entwicklung der Berufe und der Berufswelt und ihre Zukunft ableitbar ist.[4]

Heute können die Beschäftigung mit Berufsgeschichte insgesamt oder der Geschichte eines bestimmten Berufes für den einzelnen Berufstätigen interessant, für eine Berufsgruppe oder Branche oder das Beschäftigungs- und Gesellschaftssystems aufschlussreich und nützlich sein. Das Erkenntnisinteresse kann sich dabei über die Fakten der Entstehung hinaus auf die Strukturen, Herkünfte und Wirkungen von Berufen und ihr Wechselverhältnis zueinander richten. Es kann aber auch ein einzelner Berufe in seinem Lebenslauf betrachtet werden. Berufsgeschichte sollte sich dabei ihrer wissenschaftlichen Prinzipien und ihres Gegenstandsbereichs vergewissern.

Mitglieder des Beschäftigungs- und Gesellschaftssystems werden möglicherweise interessierter, urteilfähiger, lebenstüchtiger und reflektierter am Diskurs zur Entwicklung von Berufen und der Berufswelt teilnehmen, wenn sie sich mit der Geschichte ihres Berufes oder anderer Berufe beschäftigen. Für die gesellschaftlichen Mächte kann das Wissen über die Berufsgeschichte von Nutzen sein, wenn es um Gestaltungsfragen der Berufe und der Berufswelt geht. Insgesamt kann es deshalb für moderne Gesellschaften sinnvoll sein, sich historische Berufsforschung zu leisten, auch wenn diese auf den ersten Blick nur zweckfrei und verschwenderisch erscheint.

---

[2] Zu dieser Frage hatte bereits Friedrich Hegel in seinen Vorlesungen 1822 und 1828 eine sehr dezidiert ablehnende Haltung: „Was die Erfahrung aber und die Geschichte lehren, ist dieses, dass Völker und Regierungen niemals etwas aus der Geschichte gelernt und nach Lehren, die aus derselben zu ziehen gewesen wären, gehandelt haben." (Hegel 1994, S. 19) Differenzierter äußert sich schon früh Jacob Burckhard (1963, S. 30) in seinen weltgeschichtlichen Betrachtungen. Er meint zu dieser Frage: „Damit erhält auch der Satz ‚Historia vitae magistra' einen höheren und bescheideneren Sinn. Wir wollen durch Erfahrung nicht sowohl klug (für ein andermal) als vielmehr weise (für immer) werden." Auch heute bleibt unter Philosophen und Historikern umstritten, „ob überhaupt und wenn ja, was aus der Geschichte zu lernen sei (Meseth 2006, S. 14). Jedoch „verdichtet sich gerade in der öffentlich immer wieder bemühten Forderung, man solle aus der Geschichte lernen, die Suche nach Sinnstiftung, nach Vereindeutigung, nach Zuversicht" (ebd.) Positiv zu sehen ist, dass damit auch zugleich dem Vergessen entgegengewirkt wird. Es ist feststellbar, dass sich von einer pauschal ablehnenden Einschätzung der Lernmöglichkeiten ein Wandel vollzogen hat, aufgrund dessen nun das Lernen an speziellen und herausgeschnittenen geschichtlichen Vorgängen als möglich erachtet wird.
[3] Kann das Wissen über die deutsche Geschichte genutzt werden? Konkret wird beispielsweise vermehrt gefragt, was aus dem Geschehen während der Zeit des Nationalsozialismus gegenwärtig und darüber hinaus für Gestaltung der Zukunft gelernt werden kann.
[4] Über das Interesse daran, was durch die Geschichte gelernt werden kann, könnte auch noch nach dem Sinn der Geschichte gefragt werden.

Im Fokus der berufsgeschichtlichen Betrachtungen können sowohl individuelle, ökonomische, berufspädagogische als auch gesellschaftliche Aspekte stehen. Unter der Prämisse, dass die Geschichte berufsförmiger Arbeit und einzelner konkreter Berufe aus vielfältigen Perspektiven bedeutsam sein können und neue Erkenntnisse über die Entwicklungen bis hin zu den gegenwärtigen berufsförmigen Tätigkeiten vom Beschäftigungs- und das Gesellschaftssystem nachgefragt werden, sollten Perspektiven berufswissenschaftlich-historischer Tätigkeit aufgezeigt werden.

Für die Forscher, aber auch die Berufstätigen kann das Wissen über berufsgeschichtliche Entwicklungen und die daraus ableitbaren Erkenntnisse zu einer Balance, vielleicht sogar einer Übereinstimmung zwischen den wirtschaftlichen und gesellschaftlichen Aufgaben der Beschäftigungssystems einerseits sowie der sozialen und beruflichen Existenz mit den persönlichen Neigungen und Ansprüchen an berufliche sowie lebensweltliche Zufriedenheit und Ausfüllung andererseits von Interesse sein. Aus berufsgeschichtlicher Perspektive sind das Arbeiten sowie berufsförmige Tätigkeiten und die historisch spezifischen Formen von Arbeit und Beruf sowie deren Verhältnis zu den Produktionsformen, sozialen Formationen, gesellschaftlich geltenden Wertehierarchien und auch Herrschaftsideologien zu berücksichtigen.

Dabei kann allein aus methodologischen Gründen das soziale Prestige und die Bedeutung von Arbeit und Beruf in prähistorischen Gesellschaften nur sehr grobstrukturell, in den frühen Hochkulturen – und teilweise auch später – nur indirekt erschlossen werden. Hinzu kommt, dass sich im geschichtlichen Verlauf die Inhalte von Berufen – selbst bei gleicher Berufsbezeichnung – wandelten. Deshalb lässt sich bei den berufsförmigen Tätigkeiten auch nicht von einem unveränderlichen Untersuchungsgegenstand ausgehen. Für eine Berufsgeschichte, die auch dieses berücksichtigt, sind Fragen nach den historisch entstandenen Arten von berufsförmiger Arbeit, nach beruflichen Existenzformen durch gesellschaftliche Entwicklungen und nach der Dynamik der Veränderung der Berufswelt wichtig.

Die Geschichte der Berufe ist noch keineswegs umfassend dargestellt. Vielmehr stellt die Berufsgeschichte ein großes, weitgehend unbearbeitetes Forschungsfeld dar. Das Entstehen, Wirken und Vergehen von Berufen sowie viele Einzelphänomene wie Berufsausbildung, Berufsethos, Berufsstatus, Berufsende in den einzelnen geschichtlichen Perioden bedürfen noch gründlicher Forschungsarbeit. Anzunehmen ist, dass geschichtlich orientierte Berufs- und Berufsbildungsforschung die gegenwärtigen und zukünftigen Erkenntnisse zur die Berufs- und die Berufsbildungswissenschaft bereichern.

Darüber hinaus kann aufgrund der gesellschaftlichen und kulturellen Bedeutung mit der berufsgeschichtlichen Forschung ein Beitrag zur allgemeinen historischen Forschung geleistet werden. Erkenntnisse über Berufe erzeugen Identität und geben Sicherheit.

1.2 Prähistorische und frühgeschichtliche berufsförmige Tätigkeiten – Aufgaben und Arbeitsteilung

1.2.1 Ursprünge der prähistorischen Entwicklung von vorberuflichen Tätigkeiten

Die Vorgeschichte, das heißt diejenige über Ursprünge der Entwicklung des Menschen und insbesondere von Tätigkeiten umfasst einen ungeheuer langen Zeitraum der menschlichen Geschichte, über den keine schriftlichen Zeugnisse vorliegen.[5] Die Geschichte der modernen Menschen, des Homo sapiens (seit 150 000 bis 200 000 Jahren) ist dagegen vergleichsweise kurz (vgl. Henke 2006; Schrenk 2006). In der Altsteinzeit[6] benutzen die Menschen das Feuer und erste Werkzeuge, die nicht nur aus Stein bestanden haben müssen.[7] Sie waren schon Jäger und Sammler.[8]

Die modernen Menschen verbreiteten sich in Europa in der Steinzeit (vor ca. 40 000 Jahren) und verdrängten den Neandertaler. Die sogenannten Cro-Magnon-Menschen[9] waren – wie anzunehmen ist - sehr lernfähig und verfügten neben dem schon seit langem bekannten Gebrauch des Feuers über eine gute Sprachbegabung. Durch die Sprache konnten sie an Wissen und Erfahrung Angeeignetes besser an ihre Nachkommen weitergeben. Mit diesen besonderen Fähigkeiten zur Anpassung an die Welt ließen sich lebenswichtige Aufgaben organisieren und Werkzeuge sowie Jagdwaffen verbessern und sinnvoll nutzen.

Aus Sicherheitsgründen lebten die Menschen der Altsteinzeit in größeren Gruppen zusammen, d. h. in sogenannten Horden von 20 bis 50 und mehr Personen. Diese Gemeinschaft gewährleistete Schutz und gegenseitige Hilfe. Schon in der frühzeitlichen Horde bestanden geschlechtsbestimmte Aufgabenzuordnungen[10] zwischen Männern und Frauen. Von diesen Horden wurde eine konkrete Verteilung der Arbeiten in Jäger und Sammler vorgenommen, die im Regelfall geschlechtsspezifisch bestimmt war.

---

[5] Als prähistorisch oder vorgeschichtlich bezeichnet Werner Stöckli (2004, S. 133) „jenen Teil der Menschheitsgeschichte, von dem wir keine schriftliche Überlieferung besitzen, d. h. keine historischen Quellen, die uns über die früheren Menschen etwas erzählen oder allgemein über sie Auskunft geben."

[6] Das Paläolithikum, die Altsteinzeit, wird aufgrund der erhaltenen Werkzeugfunde als Epoche des geschlagenen Steins charakterisiert. Außerdem kann davon ausgegangen werden, dass die Menschen in dieser Phase nicht sesshaft waren.

[7] Es ist anzunehmen, dass auch Werkzeuge aus festen Holz oder anderen Pflanzen sowie Körperteilen von Tieren benutzt wurden, für die aber (bislang noch) keine aussagekräftigen Nachweise geliefert werden können.

[8] „Gesichert ist, dass die Frühmenschen, wie einige primitiv lebende Menschengruppen noch in neuerer Zeit, ihre Nahrung durch Sammeltätigkeit und Jagd gewannen. Dabei waren sie im allgemeinen Opportunisten, sie nutzten vielfältige Nahrungsquellen nach dem jeweiligen Angebot und den Jagdmöglichkeiten." (Herre/Röhr 2013, S. 86)

[9]. Cro-Magnum-Menschen erschienen gegen Ende der letzten Eiszeit in Europa. Man nennt ihn Cro-Magnon-Mensch, nach der Höhle in Frankreich, in der man im Jahre 1868 bei Straßenbauarbeiten die ersten Skelettfunde von ihnen gefunden hatte. Der Cro-Magnon-Mensch hat im Laufe von Jahrtausenden wahrscheinlich den Neandertaler in Europa verdrängt. Die Ablösung der Neandertaler erfolgte – soweit die bisherige Theorie – durch die größeren Anpassungs- und Leistungsfähigkeiten des modernen Menschen. Unter Berücksichtigung dieser Fähigkeiten entwickelt sich auch die Bezeichnung für die einzige überlebende Art, den modernen Menschen, als Homo sapiens. Homo sapiens kommt aus dem Lateinischen und bedeutet „der weise Mensch".

[10] Eine Aufgabenteilung zwischen den Geschlechtern ist bereits in der Steinzeit anzunehmen. Schon damals waren vorwiegend Frauen für das Sammeln und Männer insbesondere für das Erjagen von Nahrungsmittel verantwortlich. Das heißt aber nicht, dass Frauen nicht an der Jagd und Männer nicht am Sammeln beteiligt waren. Vermutlich bestimmte nicht die Geschlechtszugehörigkeit, sondern die besonderen Fähigkeiten die Art der Nahrungsbeschaffung.

Ursprünglich erfolgte die Jagd, die vorwiegend von den Männern ausgeübt wurde, durch ausdauernde Hatz. Diese Methode des Hetzens zählt zur ältesten Form der Jagd überhaupt. Das Wild wurde solange verfolgt und immer wieder aufgescheucht, bis es ermüdet oder achtlos wurde. Bei der Jagd gab es erste Formen der Arbeitsteilung. Dabei entwickelten sich – vermutlich schon sehr früh - Aufteilungen zwischen Jägern und Treibern.[11] In manchen Fällen gingen dabei auch Frauen mit auf die Jagd, und zwar insbesondere bei den Treibern.

Sammler waren vorwiegend Frauen oder diejenigen, die alt, krank oder schwanger waren. Sie blieben in der Nähe des Lagers. Für die Sammlerinnen war es dabei möglich, einen Säugling oder ein Kleinkind während ihrer Arbeit dabei zu haben. Schon kleinere Kinder lernten von früh auf Sammeln und in der Folge das Jagen und Fischen. Sie wurden, sobald sie laufen und sprechen konnten, mit den größeren Kindern zum Sammeln von essbaren Früchten und Brennholz geschickt.

Unabhängig von diesen Aufgabenzuordnungen wird dennoch – wenn die Bedingungen es erforderlich machten oder anboten – die Horde gemeinsam gesammelt oder gejagt haben. Beim gemeinsamen Sammeln werden alle in gleicher Weise tätig geworden sein. Bei der gemeinsamen Jagd werden die Frauen und Kinder vermutlich als Treiber und die Männer als diejenigen fungierten, die das Wild stellten und töteten. Es ist anzunehmen, dass schon in prähistorischen Zeiten bei besonders problematischen Situationen oder gemeinschaftlichen Aufgaben die Horde von herausragenden Frauen oder Männern geleitet wurden.

Vor dem Eintritt des modernen Menschen in die Geschichte wurden nur einfachste Werkzeuge aus Stein hergestellt. Steine wurden als Wurfgeschosse genutzt. Die ersten Werkzeuge der Steinzeit waren Faustkeile.[12] Faustkeile, d. h. spitz zulaufende Steine mit scharfen Kanten, die gut in der Hand lagen, wurden gesucht oder zugeschlagen. Mit solchen Faustkeilen ließ sich Jagdbeute ebenso gut zerlegen wie Brennholz. Diese altsteinzeitlichen Lebensformen änderten sich durch einige bemerkenswerte kulturelle und technische Entwicklungssprünge.

Die Cro-Magnum-Menschen modellierten Figuren, bemalten Höhlen, fertigten schönere Kleider und bestatteten ihre Toten aufwendiger. Sie erfanden neuartige Geräte aus Stein und Holz. Die Arbeitsteilungen in Jäger/-innen und Sammler/-innen sowie Weise können als Vorformen beruflicher Tätigkeit interpretiert werden. Es zeigten sich erste Ansätze zur Aufgabenteilung (Abb. 1).

---

[11] Als eine besondere Form der Jagd kann das Fischen angesehen werden, wobei anfänglich die Fische in flaches Wasser getrieben mit der Hand gegriffen wurden. Fischen mit der Hand bot sich auch dort an, wo Wasserfälle vorhanden waren oder Barrieren für die wandernden Fische bestanden.
[12] Vor etwa 1,5 Millionen Jahren ist der Faustkeil, das erste Werkzeug des Menschen, genutzt worden. „Den Faustkeil kann man als das erste gut typisierte Gerät ansehen, das über eine Million Jahre gebraucht worden ist." (Stöckli 2004, S. 139)

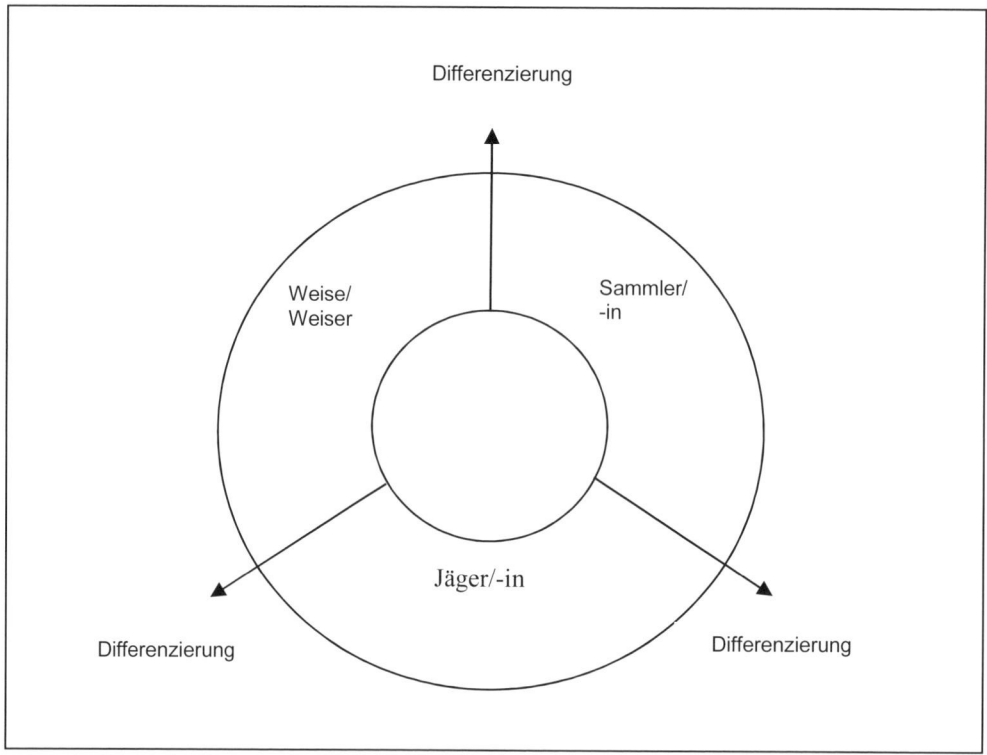

Abb.1: Erste Ansätze zur Differenzierung und Arbeitsteilung in der frühzeitlichen Horde

Vermutlich durch diese ersten Arbeitsteilungen wurden einerseits die Werk- und Jagdwerkzeuge erfunden, verfeinert und Wurfspeere, Pfeil und Bogen, Angeln und Fallen gebaut, sodass sich die Jagdtechniken verfeinerten. Auch die Sammeltechniken verbesserten sich. Darüber hinaus erwarben die Sammler ein besonderes Wissen über genießbare Pflanzen und Früchte, aber auch über die heilenden Wirkungen von Kräutern und Nahrungsmitteln.

Es bildeten sich in den Horden erste Formen von Ratgeberinnen bzw. Ratgebern und Weisen heraus. Dieses waren meist ältere, noch gesunde und erfahrene Menschen.[13] Der Cro-Magnon-Mensch entwickelte auch künstlerische Betätigungen. Dieses ist bekannt durch die Funde von Höhlenmalereien. Der frühzeitliche Mensch besaß auch religiöse Empfindungen und Vorstellungen, wie die Gräberfunde zeigen. Künstlerische und religiöse Betätigungen lassen sich aber nicht als Formen der Arbeitsteilung einordnen.

---

[13] In prähistorischer Zeit ohne „Ackerbau und Viehzucht betrug das Durchschnittsalter 18 bis 22 Jahre. Alt war man mit 30 Jahren. Nur einige wenige Personen wurden 40 Jahre alt. Die Sorge für die nahrungsbedingte Überlebensfähigkeit der jüngeren Mitglieder einer Gemeinschaft führte bei manchen Stämmen zu Aussetzungsritualen" (Fischer 2014, S. 54).

Die Horden hausten in Höhlen, Erdhütten und Zelten aus Holzstangen, Knochen und Häuten. Die Behausungen wurden gemeinschaftlich erstellt.[14] Dabei ergaben sich Ansätze zur Arbeitsteilung. Ganzheitliche Aufgaben vorrangig zur Lebenssicherung bestimmten die frühgeschichtliche Menschenhorde. In einer Gruppe von Jägern konnten aber die Aufgaben nach Erfahrung und individuellem Fähigkeiten aufgeteilt sein. Ein Großteil der Nahrung wurde insbesondere im Winter durch die Jagd und in der wärmeren Jahreszeit durch das Fischen und das Sammeln von Früchten oder Kleinlebewesen wie Muscheln beschafft. Wurden wegen veränderter Umweltbedingungen zu wenig Jagdbeute und Sammelerträge gemacht oder drangen andere Horden in ihr Gebiet ein, dann zogen die Menschen an andere Plätze.

Es ist sehr wahrscheinlich, dass es in der Horde eine Art Rangfolge aufgrund von Kraft, Intelligenz, Einsatzbereitschaft und Ausdauer, aber vielleicht auch erfahrungsbedingte Dominanzen gab. Einfache Strukturen der Herrschaft, die vor allem an Ausdauer, Behändigkeit, Kraft, Schnelligkeit bei der Jagd gebunden waren, werden nur kurzfristig Bestand gehabt haben. In den Gruppen übernahmen dominante Personen bei besonderen Situationen und Gefahren Führungsaufgaben. Das waren erfahrene Personen, Altersweise oder Menschen mit besonderen geistigen oder körperlichen Fähigkeiten.

Wegen Änderungen der klimatischen Bedingungen neigte sich die Zeit der Gemeinschaften zur Großwildjagd ihrem Ende zu.[15] Damit verlor die Jagd und Fischerei als berufsförmige Tätigkeit ihre dominante Bedeutung. Jedoch bestand die berufsförmige Tätigkeit des Jagens und Fischens weiter bis in die Gegenwart.

Insgesamt handelt es sich selbst bei den arbeitsteiligen Aktivitäten nur ansatzweise um vorberufliche Tätigkeiten.[16] Erst für spätere kulturellen Entwicklungsphasen stellte sich die Frage, „wie es zur Festlegung bestimmter Personen auf bestimmte berufliche Fähigkeits- und Aufgabenkomplexe" (Beck/Brater 1980, S. 11) gekommen ist.

1.2.2 Differenzierung von spezifischen berufsförmigen Tätigkeiten bei Nomaden und Sesshaften in der Jungsteinzeit

Bereits Ende der letzten Eiszeit (vor ca. 10 000 bis 12 000 Jahren) entstanden aus den ungeplanten und situationsbedingten Bewegungen der Horden nomadische Lebensformen und bei besonders günstigen Umweltbedingungen erste Formen der Sesshaftigkeit. Frühe

---

[14] Funde in Kärnten zeigen: „Die Menschen der jüngeren Steinzeit wohnten bereits in Hütten; sie festigten deren Wände durch Bewerfen mit Lehm. Ihre Geräte waren noch aus Stein, doch zeigt die Bearbeitung desselben eine weitergehende Verfeinerung der Technik. Steinerne Pfeilspitzen, Schaber zum Reinigen der Felle von anhaftenden Fleisch- und Fettresten und endlich Messerchen, deren Heft aus Holz war, bezeichnen ihre Kunstfertigkeit." (Michor 1951, S. 3)

[15] Die Klimaänderung führte zu einem Abwandern oder Aussterbendes Jagdwildes. Die mit der Klimaänderung entstehende Umwelt wies die Menschen auch verstärkt auf den Fischfang und das Sammeln von Früchten hin.

[16] „Für Tätigkeiten in vorgeschichtlicher Zeit den heutigen Begriff „Beruf" zu verwenden, ist gewiss anachronistisch, entbehren diese doch die meisten Merkmale eines neuzeitlichen Berufsbegriffs." (Dandl 2004, S. 44)

Formen der Sesshaftigkeit entwickelten sich wegen der Änderungen der klimatischen Bedingungen.

Im sogenannten Neolithikum[17], d. h. der Jungsteinzeit, setzte dann eine Phase zunehmender Sesshaftwerdung[18] oder des Nomadentums[19] ein, die sich in den verschiedenen Gegenden der Welt über Jahrtausende erstreckte.[20] Anfangs entwickelten sich umherziehende Horden, die die natürliche Umwelt daraufhin untersuchten, was sie zum Leben brauchten, nämlich insbesondere Nahrung und Rohstoffe, aus denen sich Kleidung, mobile Behausungen, Werkzeuge und Waffen herstellen ließen. Das jagdbare Wild musste man verfolgen. Beeren, Früchte, Pilze, Wurzeln und Nüsse musste man suchen. Rohstoffe wie Haut, Knochen, Holz und Stein musste man bearbeiten. Bei dem nomadischen Leben hielten sich die Menschen nicht dauernd am gleichen Ort auf, sondern folgten den Herden der Jagdtiere.

Schon bei diesen ersten Nomaden entstanden Vorformen berufsförmiger Tätigkeiten. Neben den Jägern, Fischern und Sammlern gab es Züchter und Hirten.[21]. Außerdem mussten transportierbare Behausungen gebaut werden. Aus Tierhäuten und Holzstangen wurden Zelte gefertigt. Mit den ersten Versuchen der Domestizierung und Züchtung von Reittieren entstand die Kunst des Reitens und es erfolgte eine größere Mobilität dieser Menschengruppen zu Vorformen der Reisenden. Zu vermuten ist, dass gezielt gearbeitet wurde und es eine zunehmende Arbeitsteilung gab. [22]

Etwa zur gleichen Zeit waren unter klimatischen Umständen und begünstigenden Umweltbedingungen Ansätze von Sesshaftigkeit möglich.[23] Wenn Bäche oder Flüsse Wasser für Mensch sowie Tier lieferten und der Boden fruchtbar war, ließ es die Menschen eher

---

[17] Auch bei dieser prähistorischen Phase der Menschheitsgeschichte kann man sich nur auf archäologische Funde beziehen und von daher Schlüsse auf die Lebensweise der Menschen ziehen. Das Neolithikum dagegen zeichnete sich durch geschliffene Steine und bäuerliches oder nomadisches Leben aus.
[18] Es entwickelte sich eine Vorratshaltung mit dem Anlegen von Vorräten als der ersten Stufe des Übergangs zur produzierenden Form der Nahrungswirtschaft.
[19] Die Nomaden passten sich an karge Räume an. Sie konnten ihr Vieh nur ernähren, wenn sie sich ständig von Ort zu Ort bewegten. Der Nomade übernimmt die Aufgabe des Leittiers, der Zyklus der alljährlichen Route wurde durch das Nahrungsangebot der Natur festgelegt.
[20] Die hier vorgenommene grobstrukturelle Aufteilung in die zwei Lebensformen der Sesshaften und der Nomaden erscheint aus analytischen Gründen zur Darstellung der Entwicklung der berufsförmigen Arbeit sinnvoll, auch wenn man weiß, dass es viele Mischgruppen gab (Vajda 1968, S. 33)
[21] Es bereitet aber wegen fehlender oder unsicherer Zuordnung der archäologischen Funde Schwierigkeiten, Nomadentum und „Hirtenkulturen im neolithischen Zeitalter eine wesentliche Rolle zuzuschreiben"(Vajda 1968, S. 90).
[22] „Seit wann der Mensch im Laufe seiner Evolution ‚arbeitet' und sich durch ‚Arbeit' weiter entwickelte, ist eine Frage der Definition. Arbeit als Auseinandersetzung des Menschen mit der Natur zwecks Sicherstellung des Lebensbedarfs wäre eine zu allgemeine Bestimmung, als dass sie zwischen menschlicher und tierischer Gattung zu unterscheiden erlaubte." (Kutscha 2008, S. 330)
[23] „Bereits am Ende des Pleistozän, während des sogenannten Epipaläolithikums (ca. 19.000–9.600 v. Chr.), und am Übergang zum Holozän lebten noch auf der Jagd basierende Gemeinschaften in wohl schon permanenten Siedlungen wie in Mallaha in der Levante und Hallan Çemi im östlichen Taurusvorland, wobei erste substantielle Bauten errichtet wurden. Nach dem Ende der letzten Eiszeit um ca. 10.000 v. Chr. waren die naturräumlichen Bedingungen in Vorderasien dann besonders günstig für den Fortgang des Neolithisierungsprozesses." (Kurapkat 2014, S. 59) Sesshaftigkeit musste anfänglich noch nicht ganzjährig erfolgen, nachweisbar ist auch eine saisonale Sesshaftigkeit.

sesshaft werden.[24] Sie begannen dort, wo sich solche Bedingungen anboten, Pflanzen anzubauen und Tiere zu halten. Sie lernten, den Boden zu bearbeiten und Nutztiere zu züchten. Aber nur ein Teil der Jäger/-innen und Sammler/-innen wurde auch sesshaft. Sie gewannen Kenntnisse über Saatgut und Nutztiere. Die Sesshaften erkannten, dass sich dicht wachsende Bestände wilder Gräser systematisch anbauen und kultivieren ließen.

Es ist anzunehmen, dass es insbesondere die Frauen waren, die für die pflanzliche Nahrung sorgten, nun zu den Erfinderinnen des Ackerbaus wurden. Außerdem begannen diese Menschen Nahrungsvorräte anzulegen.

In dieser Epoche, die auch diejenige der neolithischen Revolution[25] genannt wird, fallen so außerordentliche Erfindungen wie beispielsweise das geschliffene Steinbeil mit Griff. „Seit etwa 5400 v. Chr. fanden dann polierte Beile und Äxte zunehmende Verbreitung in Europa." (Elkar/Keller/Schneider 2014, S. 19) Ausgeprägte „Hausbaukulturen, die mit fortschreitenden Handwerkstechniken einhergingen" (ebd., S. 23) führten zum Holzpflug, Spindel und Webstuhl, Gefäße aus gebranntem Ton oder das Rad (ebd., S. 19 ff.). Durch die beginnende Sesshaftigkeit der Menschen differenzierten sich die Tätigkeiten weiter, Ackerbau, Viehhaltung, Viehzucht und Fischerei wurde betrieben. Tiere und Pflanzen wurden kontrolliert gezüchtet.

Bestimmte Arbeiten wurden teilweise nur periodisch ausgeübt. Dazu gehörten diejenigen, die abhängig von den Jahreszeiten beispielsweise als Pflanzer im Frühjahr oder Holzfäller und Jäger im Winter ausgeübt wurden. Die Nahrungsmittelproduktion wurde erstmals geplant. Ganzjährig war es eine Aufgabe für die richtige Lagerung des Saatguts und der Nahrungsvorräte zu sorgen. Dazu konnten Töpferarbeiten für Krüge und Töpfe nützlich sein. Bei besonderen Bedingungen – wie z. B. bei Bedrohungen durch andere Menschengruppen, insbesondere der Nomaden – wurden Krieger gebraucht.

Seit den Anfängen des Sesshaftwerdens ergaben sich auch gesellschaftliche Veränderungen. Dazu gehörten neue Formen des Wohnens und Zusammenlebens, Beachtung der jahreszeitlichen Wechsel, die Beobachtung der Gestirne und insbesondere der Sonnenwenden, die Entwicklung von herausgehobenen sozialen Positionen sowie Vorformen herrschaftlicher Strukturen.

Durch die Differenzierung bei den Tätigkeiten entstanden immer vielfältigere Vorformen berufsförmiger Arbeit bei den Siedlern (Abb. 2).

---

[24] Die ersten Kulturpflanzen und Haustiere sind etwa seit 14 000 Jahren nachweisbar. Es handelt sich damit „eine verhältnismäßig junge Errungenschaft der Menschheit" (Herre/Röhr 2013, S. 87).
[25] Im Neolithicum vollziehen sich große Umwälzungen, die von Vere Gordon Childe auf den sehr einprägsamen Begriff der „neolithischen Revolution" gebracht worden sind.

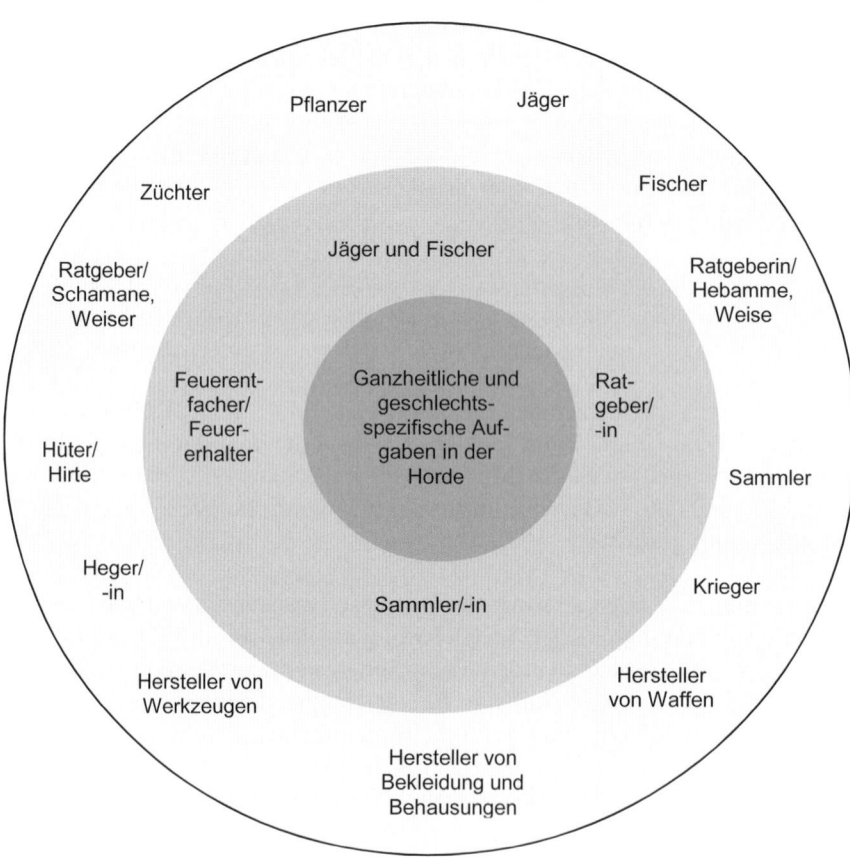

Abb. 2: Formen zunehmender Arbeitsteilung in der Frühgeschichte der Menschheit

Anfänglich eher zufällig entstanden meist an Flüssen erste Siedlungen, in denen immer größere Gruppen zusammenlebten. Die Nahrungsmittellage verbesserte sich. Nicht mehr allein die Nahrungsbeschaffung bestimmte nun das Leben. Es entstanden Freiräume, in denen sich nach und nach die Techniken verbesserten, zu deren Ausübung wiederum Spezialwissen, besondere Fähigkeiten zur Arbeitsteilung erforderlich waren.

Teilweise bauten die Menschen schon Häuser und Gatter für Tiere, hoben Gräben aus, errichteten Dämme, leiteten Quellwasser auf ihre Felder. Wenn die landschaftlichen Gegebenheiten es erforderlich machten, bauten sie einfache Einbäume oder Flöße für den Transport oder den Fischfang. Sie erfanden viele für den Alltag hilfreiche Dinge.

Es ergaben sich nun besondere Arbeiten und Aktivitäten, die später zu berufsförmigen Tätigkeiten wurden. Aus einigen der beruflichen Tätigkeiten schälten sich erste Urberufe[26] heraus. „Als Urberufe könnte man Jäger und Sammler, Fischer, Berufe des Ackerbaus und der Viehzucht" (Schanz 2015, S. 11) bezeichnen.

1.2.3 Entstehung von berufsförmigen Tätigkeiten und Berufen im Übergang von der Urgeschichte zur Frühgeschichte

In fruchtbaren Landstrichen veränderten sich die Lebensbedingungen durch den Klimawechsel nach der letzten Eiszeit erheblich. In jener Zeit wurden die Menschen einerseits vermehrt sesshaft und nutzten fruchtbare Böden für Pflanzenanbau und als Weideland andererseits organisierten sich auch die Nomaden zunehmend besser. Es erfolgte eine Kultivierung der Lebensbedingungen und es entstanden Kulturen[27]. Erstmals und systematisch nun „ tritt der Mensch als ‚cultivator'(lat. colere, cultum) auf, um sein Leben zu führen/zu sichern. Primär als Ackerbauer und Viehzüchter, dann als Handwerker greift der Mensch in die Natur ein, um sie nach seinen Zwecken zu verändern" (Janich 2010, S.35).

Die Nomaden verfeinerten ihre Lebensbedingungen, nicht zuletzt auch deshalb, weil sie mit den Sesshaften häufig in Kontakt kamen. Sie hatten gute Kenntnisse über fruchtbares Weideland und den Wechsel der Jahreszeiten. Damit ergaben sich spezifische Tätigkeiten und Lebensformen als Viehzüchter, Krieger und Händler. Durch die mitgeführte Herde verfügten sie über Milch, Fleisch, Felle, und Wolle. Sie kultivierten den berufsförmigen Typus des wandernden Hirten. Mit der Domestizierung von Reittieren entwickelten die Nomaden die besondere berufsförmige Spezie des berittenen Kriegers. Dieses führte zu Antagonismen mit den Sesshaften.

Die Sesshaften rodeten Wälder und schufen neue kleine Siedlungs- und Anbauflächen, die von den bäuerlichen Familien genutzt wurden.[28] Es kam zu Großsiedlungsbildung und zugleich großer Produktivität in Ackerbau und Viehzucht.[29] Durch das größere Angebot an Nahrungsmitteln konnte sich eine Arbeitsteilung für handwerkliche Arbeiten und Handel entwickeln. Die Hausarbeit wurde zur Domäne der Frauen. Bei den Sesshaften entwickelten sich mit den größeren Ansiedlungen intensiver Ackerbau und gezielte Viehzucht. Die dort domestizierten Tiere lieferten Fleisch, Felle, Häute, Wolle und Milch. Mit der Vorratshaltung und Herstellung von Stein- und Holzgeräten sowie Keramikprodukten bildeten sich leistungsfähige Wirtschaftsräume, in denen sich die Arbeitsteilung im Bereich handwerklicher Arbeiten, aber auch

---

[26] Der Begriff „Urberuf" wird hier im Sinne der ersten in der Entwicklungsgeschichte der Menschen entstandenen Berufe verwendet. Urberufe können die Basis für eine tiefere Spezialisierung bilden. Es finden sich aber auch Interpretationen, mit denen erklärt wird, wie ein bestehender Beruf ursprünglich abzuleiten ist oder auf welchen Beruf er zurückgeführt werden kann. Dazu gehört beispielsweise, dass der Stellmacherberuf der Urberuf der Fortbewegungstechnik sei.
[27] Die entstehende „Kultur hat eine Geschichte mit benennbaren kultürlichen Fortschritten" (Janich 2010, S.35).
[28] Erste frühe Formen von horizontaler und vertikaler Arbeitsteilung entstanden erst mit dem Übergang der neolithischen Kleingesellschaften zu frühen Formen der Hochkulturen und der Entstehung von Schrift, womit zugleich die prähistorische Epoche ihr Ende findet.
[29] „Solange die prähistorische Siedelweise vorherrschte, bildeten die Menschen keine Staaten, und Handelsbeziehungen kamen nicht in Gang, von gelegentlichem Güteraustausch geringen Umfangs abgesehen" (Küster 2003, S. 102)

das kulturelle Leben entfaltete. Insbesondere in den stadtähnlichen Ansiedlungen entwickelten sich berufsförmige Arbeitsbereiche, die sich zu Berufen verfestigten. Da einige berufsförmige Tätigkeiten – wie die des Ackerbaus – jahreszeitlich festgelegt waren, musste außerhalb der vegetativen Periode andere Tätigkeiten ergriffen werden. Es bildeten sich nun erste Schriftzeichen aus.

Schon vor mehr als 5000 Jahren zeigten sich frühe Hochkulturen[30] an den Flüssen Mesopotamiens. „Der Bewässerungsfeldbau im Schwemmland von Euphrat und Tigris, der wesentlich höhere Erträge als der Regenfeldbau ermöglichte, setzte zwischen 5500 und 5000 ein. Damit erhöhte sich auch die Bevölkerungsdichte." (Kaser 2011, S. 26) Mit der frühen Hochkultur der Sumerer, die eine Bilderschrift[31] entwickelten, stehen auch schriftliche Quellen über die Ausgestaltung dieser teilweise sehr großen Ansiedlungen zur Verfügung. Die Entwicklung des nun entstehenden Zusammenlebens in den ersten Ballungsräumen war nicht mehr allein naturgegeben, sondern gestaltete sich durch die Erfindungsgabe und den Ideenreichtum der in den Großsiedlungen agierenden Menschen. Ideen, Erfindungen und Produkte wirkten auch auf die in anderen Regionen bestehenden Bauernkulturen und ihre Lebensweisen.

In den Anfängen der frühen Hochkulturen entwickelten sich – anders als in den Bauernkulturen – vielfältige Handwerke und spezialisierte Berufe. Die Verwaltung wurde durch herausgehobene Amtsträger gestaltet. Ein regionaler Handel entwickelte sich sowohl innerhalb der Dörfer als auch mit Nachbarsiedlungen. Darüber hinaus fand Fernhandel statt. An den Rändern dieser Großsiedlungen gab es Kontakte zu den Nomadenvölkern.

Mit Wirtschaftswachstum veränderte sich die Sozialstruktur, da einige wenige Clans oder Familien viel wohlhabender wurden und dadurch auch einflussreicher als alle anderen. Erforderlich wurden neue, über den Clans stehende Organisationsformen und Berufe. Um die erwachsenen Konflikte neuer Art zu beherrschen, entstanden neue gewaltfreie Konfliktlösungsformen mit der Vereinbarung gesellschaftlicher Normen, die für alle verbindlich waren. Es entwickelten sich die Anfänge einer Gerichtsbarkeit mit Recht sprechenden Personen und dem Beruf des Richters. Die Macht, Konflikte durch Rechtsprechung zu schlichten, wurde monopolisiert.
Unabhängig von der inneren Organisation der Großsiedlungen bildete sich ein Herrschaftsgefüge heraus. Die großen Gemeinwesen mit Tausenden von Einwohnern führten zu Veränderungen der Machtstrukturen und der Organisation dieser Gesellschaft. Herausragendes und neues Kennzeichen der frühen Hochkulturen war eine zentralisierte Führung. Die Städte hatten Herrscher und jede Stadt ihre Gottheiten und deren irdischer Stellvertreter. Diese waren der König oder der Oberpriester sowie der Herrscher in Personalunion. Das Herrscherhaus war das Zentrum von Verwaltung und Wirtschaft.

---

[30] Als frühe Hochkulturen können Gesellschaften nach der menschlichen Vorgeschichte bezeichnet werden, die eine differenzierte, arbeitsteilige, hierarchische Gesellschaftsstruktur und einen fortgeschrittenen technischen Entwicklungsstand aufweisen.
[31] Mit dem Auftreten von schriftlichen Dokumenten lässt sich der Übergang von der Urgeschichte zur Frühgeschichte datieren.

Bei einer Arbeitsteilung zwischen der Tätigkeit des Regenten und der Priester nahmen diese – wie zuvor die Weisen – als Vermittler/-innen zu den Göttern einen hohen sozialen Rang weit über den Vertretern anderer Berufe ein. Priester übernahmen darüber hinaus die berufsförmige Tätigkeit als Verwalter, da sie der Bilderschriften kundig waren. Es entwickelten sich sehr differenzierte Arbeitsteilungen. Diesen beruflichen Arbeitsteilungen waren „kulturelle Leistungen inhärent, die mit zunehmender beruflicher Spezialisierung und Verstetigung jene frühen Hochkulturen mit ermöglicht haben" (Kutscha 2008, S. 315)

Insgesamt setzte „die Verberuflichung der Arbeit in den frühen Hochkulturen (…) einen bereits hohen Stand kultureller Entwicklung voraus" (Kutscha 2008, S. 18). Berufliche Arbeitsteilung trat auch zwischen den sesshaften Menschen der Bauernkulturen und der frühen Hochkulturen sowie den Nomadenstämmen auf. Dabei ergaben sich sowohl Austauschbeziehungen als auch Konflikte. Die in diesem Zusammenhang stattfindenden Prozesse der Anpassung und Abgrenzung haben sich auch auf die verschiedenen beruflichen Lebensbereiche ausgewirkt. „Beruf als *Form* kultivierter und qualifizierter Arbeit war in den frühen Hochkulturen mit der Idee der ‚Würde' in Entgegensetzung zur Entwürdigung des Menschen und dessen Verknechtung verbunden. Allerdings lässt sich am Beispiel des Schreibers und der alten Handwerkstätigkeiten zeigen, dass der Anspruch auf ‚Würde' des Berufs zunächst nur von partikular-exklusiver Bedeutung war und damit als eine unter anderen Ursachen für die Ungleichheit unter Menschen angesehen werden kann." (Kutscha 2008, S. 19; Hervorhebungen im Original) Insgesamt ist mit der entstehenden Verberuflichung eine große Differenzierung bei den berufsförmigen Tätigkeiten in den Bauernkulturen sowie den frühen Hochkulturen, aber auch bei den Nomaden festzustellen.

Bei den Bauerkulturen und den frühen Hochkulturen gab es über die Urberufe – Bauer, Jäger, Fischer, Viehzüchter, Holzfäller, Flößer, Hirte Töpfer und Händler – hinaus nun eine schnell zunehmende Reihe weiterer Berufe, u. a. „Priester, Tempeldiener, Verwalter, Katasterbeamte, Buchhalter, Archivare, Aufseher, Kontrolleure, Soldaten, Händler, Steinschmiede, Fein- und Grobschmiede, Zimmerleute, Stellmacher und Tischler, Bleicher, Gerber und Färber, Schneider, Hutmacher, Spinnerinnen, Weberinnen, Schuhmacher, Seiler, Töpfer, Korbmacher, Fleischer, Bäcker, Köche, Mundschenken, Brauer, Friseure und Salbenbereiter, Bauern, Gärtner, Hirten, Fuhrleute, Fischer, Schiffer, Jäger, Maurer und Chirurgen, aber auch Sänger, Schlangenbeschwörer, Klagemänner und Vogelsteller." (Dörschel 1976, S. 21)[32] Es entstanden Palastschulen und dort der Beruf des Lehrers für ausgewählte Personen. Als Kaufleute fungierte die Priesterschaft (Reinisch 2011. S. 22).

Bei den frühen, den „oralen" Kulturen mussten alles „Wissen im Gedächtnis aufbewahrt werden" (Zabeck 2013, S. 33). Da aber durch mündliche Überlieferungen Wissen verloren gehen konnte, kann man diese auch als Risikogesellschaften (Beck 1986) bezeichnen.. Dennoch scheint es möglich gewesen zu sein, „ein hochdifferenziertes und intellektuell anspruchsvolles Expertenwissen zu generieren" (Zabeck 2013, S.33), wie es auch für eine spezifische Beruflichkeit erforderlich ist. Diese „Urgestalt der Weitergabe beruflichen

---

[32] Die hier benannten Berufe Bauer, Hirte, Fischer, Jäger hatten im Vergleich zu den Urberufen schon ein spezielles Profil.

Wissens und Könnens hat sich über Jahrtausende bewährt." und „endete nicht schon mit dem ersten Eindringen von Literalität in die orale Gesellschaft" (ebd., S. 34), d. h. mit der Bilderschrift.

Schriftliche Dokumente sind wichtig für das Wissen über Berufe, aber die Sprache als „Urgestalt der Weitergabe beruflichen Wissens und Könnens hat sich über Jahrtausende hinweg bewährt. Mit dem Übergang von der Urgeschichte zur Frühgeschichte setzte zugleich der Übergang vom Naturmenschen zum Kulturmenschen und tendenziell vom Arbeitsmenschen zum Berufsmenschen ein. Die Nachfolgenden wurden von vornherein mit konkreten Problemlagen vertraut gemacht, ihre Lernanstrengungen dienten ganz unmittelbar dazu, künftige Probleme lösen zu können. Lernen und Handeln driftet nicht zwangsläufig auseinander." (Zabeck 2013, S. 34)

1.3 Differenzierungen bei den berufsförmigen Arbeitstätigkeiten in den antiken Hochkulturen – Einflüsse auf die europäische Berufsgeschichte

1.3.1 Differenzierung der Berufe im Alten Orient unter besonderer Berücksichtigung Babyloniens

Hochkulturen entwickelten sich vor mehr als drei- bis viertausend Jahren vor Christus im Zweistromland von Euphrat und Tigris.[33] Diese Gesellschaften sind gekennzeichnet durch Städte, hierarchische Strukturen und durch eine zunehmende Arbeitsteilung und Spezialisierung in verschiedene Berufe.

Mit der zunehmenden Größe der sozialen Verbände und Städte differenzierte sich die Arbeitsteilung in zwei Richtungen:
- Zum einen entstanden Formen zuvor nicht gekannter horizontaler Arbeitsteilung und vielfältiger anspruchsvoller Berufe. Damit erfolgte eine fachlich-berufliche Wissenskumulation, mit der über den familiaren Rahmen hinausgehende Arbeitskooperationen bei großen Gemeinschaftsprojekten realisiert werden konnten.
- Zum anderen hierarchisierte sich nun auch vertikale Arbeitsteilung, verknüpft mit hochrangigen Spezialisten einerseits und einem erheblichen Anteil an gering geschätzter manueller Tätigkeiten (bis hin zur Sklavenarbeit) andererseits. Dieses führte in der Folge zur Deklassierung körperlicher Arbeit.

Mit der vertikalen Arbeitsteilung war die Bewertung von Arbeitstätigkeiten nicht mehr allein nur von der Wertschätzung von Fähigkeiten und Kenntnissen abhängig, sondern auch von der sozialen Stellung.[34]

Das äußere Bild Babyloniens und Assyriens wurde durch die monumentalen Gebäude und baulichen Großanlagen, also die Bauberufe und die Wünsche des Königs bestimmt. „Die Entstehung dieser Hochkultur – wir nennen sie die sumerische, auch wenn nicht mit letzter Sicherheit zu sagen ist, dass Sumerer ihre eigentlichen Träger waren – , war die Folge der sog. „urban revolution". Nachdem der Übergang von der Jäger- und Sammlerkultur zur bäuerlichen Ansiedlung schon mehr als ein Jahrtausend zurücklag, vollzog sich der große Aufschwung mit der Entstehung der Stadt. Dabei mag nicht so sehr an eine besonders umfangreiche Siedlung gedacht werden (…), sondern an die soziale Struktur. Arbeitsteilung und eine differenzierte Gesellschaft sind die Charakteristika der Stadtkultur, eine zentrale Lenkung das unbedingte Erfordernis. Äußere Zeichen sind große, gemeinnützige Bauten, Befestigungen, Be- und Entwässerungsanlagen, repräsentative Kultbauten

---

[33] Neben der mesopotamischen Hochkultur, die hier als Beispiel ausgewählt wurde, gibt es u. a. die ägyptische Hochkultur am Nil, die Harappa-Kultur am Indus und die chinesischen Hochkulturen am gelben Fluss.

[34] Das Problem der Bewertung der Arbeit liegt darin, „daß die Zeugnisse zur Geschichte der Arbeit in der Regel nicht von den ‚arbeitenden Massen' selbst stammen. Sie sagen auch fast nie etwas über die Praxis der Arbeit selbst. Die Überlieferung beschränkt sich weitestgehend auf soziale Deutungsschemata, die nicht mit der sozialen Wirklichkeit verwechselt werden dürfen. Deshalb ist die Geschichte der Arbeit über weite Strecken nur als Geschichte der Einstellung der Oberschicht zur Arbeit rekonstruierbar, nicht aber als Geschichte der tatsächlichen Arbeitsbedingungen. Das heißt nicht, daß eine solche Wissens- bzw. Ideengeschichte der Arbeit wertlos sei. Aber man muß sich immer ihrer ideologischen Grenzen bewußt bleiben." (Kuchenbuch/Sokoll 1990, S. 28)

gewaltigen Ausmaßes. Die Legitimation der Herrschaft schafft die Religion." (Röllig 1965, S. 329)

Als Baustoff für Wohnhäuser, Paläste, Tempelanlagen, Stadtmauern und -tore diente der örtlich vorhandene Lehm, aus dem Ziegel gebrannt wurden. Aus ungebrannten und gebrannten Ziegeln entstanden technisch und künstlerisch beeindruckende Städte, die von der hohen Berufsfachlichkeit der Planer, Mathematiker, Geometer, Baumeister als Architekten und Statiker sowie vielfältiger spezialisierter Handwerker Zeugnis geben. „Die Babylonier wie die Assyrer (…) wussten vor allem auch ihren Ziegeln eine hohe künstlerische Vollendung zu geben." (Neuburger 1919, S. 136)

Entscheidend für die altbabylonische Hochkultur war die Anschauung über die Welt. Die Auslegung des aktuellen und zukünftigen Weltgeschehens wurde durch die Astronomie und Astrologie geleistet. Babylonien war „das Land der Astronomie und, was ursprünglich dasselbe oder sogar das Ursprüngliche ist, der Astrologie" (Winckler 1904, S. 3). Die Astrologie und die Gestirnskulte stellten das alles beherrschende Wissen. Es bestand „die Auffassung *von der Offenbarung der Götter in den Himmelskörpern*" (ebd., S. 7; Hervorhebungen im Original)[35]. Dieses erklärt auch die außerordentlich große Sorgfalt bei der Himmelsbeobachtung.

Das Bild über die Welt bestimmten die Astronominnen und Astronomen sowie die Priestern und Priesterinnen durch ihre Beobachtungen, Auslegungen und ihre Autorität. Sie stellten im Alten Orient wichtige Berufsgruppen dar, die den einzelnen Menschen rahmengebende Vorgaben machten.

Von herausragender Bedeutung für die religiöse, gesellschaftliche sowie kulturelle Entwicklung und die Organisationsstruktur von Verwaltung und Wirtschaft der mesopotamischen Region war die Schrift [36]. Der Wandel von der pictographischen Siegel- und Bild- zur Zeichenschrift, der bereits bei den Sumerern eingeleitet worden war, vollzog sich kontinuierlich.[37] Mit der elaborierten Keilschrift war es nun möglich „Neuigkeiten und Vor-

---

[35] Die Götter des Babyloniers „sind die Gestirne, in Babylonien hat der Gestirnkult seinen Ursprung und seine Ausbildung erhalten, die Grundlage aller Götterverehrung ist dort der Kult von Mond, Sonne und Sternen, in ihnen offenbaren sich die Götter und in ihren Bewegungen ist darum ihr Walten in Erschaffung und Lenkung des Weltenalls zu erkennen. Das ist der Grundgedanke aller babylonischen Weltanschauung, die darum mit Religion identisch ist, und die zu einem System entwickelt worden ist, wie es in seiner Geschlossenheit die Menschheit nur einmal hervorgebracht hat" (Winckler 1904, S.3)

[36] „Diese Tempelwirtschaft war offenbar äußerer Anlaß zur Schriftschöpfung. Die Vielzahl der täglichen Ein- und Ausgänge von Wirtschaftsgütern konnte bei anwachsender Bevölkerungszahl nicht mehr überblickt werden, wenn den Beamten nicht eine Buchführung zur Seite stand, die die einzelnen Posten festhielt. Die Bürokratie stand am Anfang der Schriftgeschichte; nicht der Aufzeichnung religiöser Aussagen oder historischer Fakten dienten die frühen Tafeln, sondern der Fixierung wirtschaftlicher Vorgänge. Der entscheidende Schritt wurde etwa um 3000 v. Chr. getan." (Röllig 1965, S. 729)

[37] „Die ältesten Texte enthalten meist nur wenige Zeichen, neben Zahlen die gezählten Gegenstände und Eigennamen. Daß es sich dabei bereits um Darstellung von Sprache handelt, geht schon daraus hervor, daß nach den Zahlzeichen nur einmal das Zeichen für den gezählten Gegenstand erscheint, der gezählte Gegenstand nicht wie in primitiven Schriftsystemen so oft dargestellt wird, wie er vorhanden sein soll. Die Zeichen selbst sind zuweilen klar zu erkennende Abbildungen des betreffenden Gegenstandes, so etwa von Gefäßen, Pflanzen u. ä. (…), zuweilen auch symbolhafte Abkürzungen, so ein Rinderkopf für Rind usw. Ebenso häufig aber sind schon in frühester Zeit Zeichen ohne erkennbaren Bezug auf ihren Gegenstand, etwa ein Kreis mit einem Kreuz darin für das Schaf." (Röllig 1965, S. 730)

stellungen an weit entfernte Orte zu übermitteln, ohne auf die Merkfähigkeit der Boten angewiesen zu sein" (Seel/Hanke 2015, S. 162). Darüber hinaus ließen sich damit Erkenntnisse und Wissen – besser als durch sprachliche und narrative Formen – über Generationen sichern und weitergeben. Ohne die Schrift wären die Errungenschaften in den verschiedenen Tätigkeits- und Berufsbereichen von der Medizin, über die Rechtsausübung bis hin zur Astrologie nicht möglich gewesen.[38] Mit der Einführung der Schrift war auch weiterhin die mündliche Weitergabe von Wissen erfolgt. Inhalte und „Arten der Wissensweitergabe lassen sich nicht epochal scharf abgrenzen" (Zabeck 2013, S.33).

Schriftliche Dokumente sind wichtig für das Wissen über die Historie der Administration, Berufswelt und der Berufe.[39] So entstanden schon früh, d. h. im dritten Jahrtausend vor Christi Geburt „administrative Dokumente in Keilschrift" (Sallaberger 2015, S. 16). Außerdem weiß man heute, dass schon frühzeitig mit der Entstehung der Bilderschrift und späteren Keilschrift in der frühen Hochkultur der Sumerer Berufslisten entstanden, die in der Form der Zeichenschrift etwa 70 Berufsbezeichnungen enthielten (vgl. Dörschel 1976, S. 21).

Wie Johannes Renger (1967, S. 112) herausgearbeitet hat, lassen sich in Babylonien die „bekannten Bezeichnungen priesterlicher Berufe (…) in drei Gruppen einordnen:
1. Kultpriester (einschließlich der ‚Priesterinnen')
2. Wahrsager und Wahrsagerinnen
3. Beschwörungspriester."

Unter den Kultpriester gab es fast zwanzig, bei den Wahrsagern und Wahrsagerinnen fast zehn und bei den Beschwörungspriestern etwa fünf Berufsvarianten (Renger 1967, S. 113). Unabhängig von der aufgeführten Vielzahl von spezifischen Berufen, mit denen nicht herausgehobene Ämter wahrnahmen wurden, handelte es sich bei den Priestern „um eine durch die Initiation und die Bindung an das Heiligtum klar definierte Gruppe, deren Kohärenz und Abgrenzung nach außen wohl stärker ist als die Binnendifferenzierungen sozialer Natur aufgrund von unterschiedlichen Graden der Initiation und aufgrund von ökonomischen Unterschieden" (Jursa 2009, S. 162).

---

[38] Dennoch ist für diese und die nachfolgenden geschichtlichen Epochen anzumerken, dass diejenigen, die aus Schriften die Eigenarten von berufsförmiger Arbeit und Berufen verstehen wollen, mit intellektuellen und ideologischen Sichtbehinderungen und Reduktionismen rechnen müssen, die ein der jeweiligen Zeit angemessenes Verständnis des Gegenstandes einschränken oder behindern. Aus sachlichen, methodischen und pragmatischen Gründen bleibt das Problem bei der historischen Betrachtung der berufsförmigen Arbeit, Berufe und des geschichtlichen Ablauf der Berufsentwicklung bestehen.

[39] „Administrative Urkunden verbuchen in langen Listen die Personen und Güter, die eingingen oder abgebucht wurden oder deren Bestand man erfasste. Selbstverständlich musste eine gewisse Betriebsgröße vorliegen, damit eine solche Verwaltung ihren Sinn erfüllen konnte." (Sallaberger 2015, S. 17) Unter dieser Bedingung ist festzuhalten, „dass in der Frühen Bronzezeit in weiten Teilen Mesopotamiens der Großteil der Bevölkerung in entsprechenden kommunalen Organisationen tätig war; die damit mögliche Differenzierung der Berufe in der städtischen Gemeinschaft prägte diese Blütezeit altorientalischer Kultur. Auch wenn die Konsumgüter des täglichen Lebens innerhalb eines Gemeinwesens erwirtschaftet und verbraucht wurden, so standen die einzelnen Orte und die Region insgesamt sehr wohl in einem steten ökonomischen Austausch" (ebd. 17 f.).

Auch die Berufe der Astronominnen und Astronomen waren sehr aufgefächert. Für die Babylonier waren Astronomie und Astrologie „eins und dasselbe. Nicht nur die Schreiber und Deuter (…) sondern auch die professionellen Beobachter" wurden als „Beobachter und Interpreten von Himmelsphänomenen" (Brack-Bernsen 1997, S. 13) benannt.

Die Menschen, die die mathematische Astronomie entwickelten und berechneten, waren auch dieselben, die den König berieten. Sie hatten oft mehrere Titel (…), wie ‚Astrologe' und ‚Klagesänger' oder ‚Astrologe' und ‚Exorzist'. Sie waren also Spezialisten auf mehreren Gebieten, die durch die Titel der Berufe charakterisiert werden können" (Brack-Bernsen 1997, S. 13). Zu diesen Berufen gehörten „Astronom – Astrologe – Schreiber", „Wahrsager", „Exorzist – Magier", „Arzt", „Klagesänger" (ebd.)

Bei der Errichtung von Gebäuden stand an erster Stelle der „Baumeister", gefolgt von Zimmerleuten, Lederverarbeitern, Rohrmattenflechtern und schließlich Ziegelstreichern sowie Trägern.

Der „Beruf des ‚Baumeisters' (…) in Gesetzestexten dem eines „Arztes" oder „Schiffbauers" gleichgestellt – erforderte besondere berufspraktische Fähigkeiten und Kenntnisse, die während einer langjährigen Ausbildungszeit erworben werden mussten" (Pientka-Hinz S. 321). Vor dem Baubeginn waren „Landvermesser" und „Katasterbeamte" tätig. (ebd., S. 308 f.). Außerdem wirkten beim Baugeschehen mit „Ideengeber", „Entwerfer", „Zeichner" und „Schreiber" (Bührig 2014, S. 338 f.).

Unabhängig davon wurden über allen Berufsgruppen stehend die „mesopotamischen Herrscher u. a. als Erbauer/Stifter, Bestandsschützer oder allgemeiner als am Baugeschehen Beteiligte dargestellt" (Bührig 2014, S. 341). Innerhalb des Bauhandwerks bestanden schon im ausgehenden 4. Jahrtausend v. Chr. ausgeprägte Rangabstufungen. Dazu gehört, dass „neben dem Beruf des Baumeisters ebenfalls derjenige des Oberbaumeisters belegt ist" (Sievertsen 2014, S. 256).
Bei der Berufsgruppe der Bauleiter war zu unterscheiden „zwischen planenden und leitenden Baumeister – dem „Architekten" bzw. „Bauleiter" – und dem zwar erfahrenen, jedoch in untergeordneter Stellung bei den Bauarbeiten anwesenden, in gewisser Weise als Mittler zwischen Bauleiter und Bauarbeitern vor Ort fungierenden „Baufachmann" bzw. „Polier" (ebd.). Es gab „Meisterarchitekten", „Großbaumeister", „Baumeister" und „Aufseher über die Maurer" (ebd.). Auch zählten zu den Bauleuten auch „Handwerker unterschiedlicher Berufsgruppen wie Goldschmiede, Bildhauer, Steinschneider, Zimmerleute und Schmiede" (Sievertsen 2014, S. 151). Den Baumeistern wurde u. a. gelernte „Zimmerleute, Lederarbeiter und Rohrflechter an die Seite gestellt" (ebd.).

Daneben gab es im Ziegelbau beschäftigte Arbeiter, die den Lehm in der Lehmgrube stachen, solche, die ihn kneteten, weiterhin „Lehmspezialisten", Lehmträger, Lehmziegelstreicher, Backsteinfabrikanten und Ziegelbrenner. „Die Bezeichnungen korrespondieren nicht alle mit eigenständigen Berufen, da viele Tätigkeiten auch von ungelernten Kräften ausgeführt werden konnten. Sie geben aber eine Vorstellung des Grades der Spezialisierung und der Qualifikationsverteilung im altorientalischen Bauwesen, wobei zu beachten ist, dass neben Ziegeln auch andere Baustoffe zum Einsatz gekommen sind, die weitere Arbeitsbereiche implizierten." (Sievertsen 2014 S. 238)

Im Medizinbereich werden im alten Babylon die Ärzte, aber auch die Beschwörer sehr geschätzt. Die Beschwörer haben als arbeitende Gelehrte zusammen mit den Ärzten gewirkt und Dokumentationen erstellt. Die Beschwörer können jedoch „nur mit einem gewissen Vorbehalt als freiberufliche Heilpraktiker und Unheilbanner" (Gerstenberger 1980, S. 71) angesehen werden. Ein Beschwörer war nach heutigen Begriffen „Diagnostiker", „Mediziner" und „Psychotherapeut" (ebd., S. 74).

Für den Bereich des Rechts[40] fungierte der König „als oberste richterliche Instanz, delegierte aber auch Entscheidungen an seine Beamten. Die Rechtsprechung wurde in allen Teilen des Reiches von Richterkollegien ausgeübt." (Dombradi 1996, S. 222) Sie erfolgte auf lokaler Ebene „in der Regel durch Richterkollegien von etwa drei bis zehn Richtern (…), seltener durch Einzelrichter. An den Entscheidungen wirkten u. a. der Bürgermeister (…), die Ältesten (…), die Versammlung (…), die Kaufmannsgilde (…) sowie weitere Körperschaften wie ‚die Stadt' (…), ‚die Bürger' (…) oder ‚das Stadtviertel' (…), einschließlich der Tempelgerichtsbarkeit in begrenztem Rahmen." (Pfeifer 2010, S. 4) mit. Vertragliche Vereinbarungen wurden urkundlich festgehalten[41] (Schorr 1913).
Die Strafen waren drakonisch, Hatte ein Baumeister schlecht gearbeitet, galt das „Talionsrecht ‚Auge um Auge, Zahn um Zahn'". Der Baumeister, dessen Bau einstürzte und den Besitzer tötete, wurde mit dem Tod bestraft (Pientka-Hinz 2014, S. 323). Auch die für Vertragsbrüche in Urkunden angekündigten Strafen waren sehr hart und darüber hinaus zum Teil auch nach heutigen Vorstellungen ungerecht.[42]
Die Vertreter der Astronomie- und Astrologieberufe hatten einen besonderen Stellenwert, da sie die Konstellationen der Himmelsgestirne errechnen konnten. Sie hatten Tafeln mit Aufzeichnungen aus „Beobachtungen eines Planeten oder des Mondes" sowie Listen von Finsternissen" (Brack-Bernsen 1997, S.14)
Bedeutsam waren auch die Berufssparten „Beschwörungskunst", „Kultgesang/Musik", „Omenkunde", „Mathematik/Astronomie", „Wirtschaft und Recht".

---

[40] Für die Rechtsgeschichte hat die bei Ausgrabungen 1902 gefundene Gesetzesstele des babylonischen Königs Hammurabi (1728-1686) als eine wichtige Quelle Bedeutung. Diese Stele stellt auch eine berufsgeschichtliche Quelle. Grottker (2013, S. 55) meint: „Es ist jenes Streben nach zivil- und wirtschaftsrechtlichen Rationalität in Babylonien, weshalb die einzelnen rechtlichen Streitfälle problematisiert und schließlich strafrechtlich klassifiziert werden. Die Stele ist insofern eine Quelle früher Ordnungspolitik und Preisregulation auch auf dem Gebiet des Berufsrechts."
[41] „Als oberstes Prinzip des altbabylonischen Rechtsformalismus kann folgender Satz hingestellt werden:
Die Rechtsgiltigkeit(!) jedweder Geschäftshandlung ist durch deren schriftliche Festsetzung und Beglaubigung durch Zeugen bedingt. Dieser Satz wird zwar nirgends in dem kasuistisch stilisierten Gesetzbuch Hamurapis in dieser abstrakten Fassung ausgesprochen, er darf aber aus einigen an markanten Stellen begegnenden Normen, welche die *schriftliche* Festsetzung des betreffenden Rechtsgeschäftes vor Zeugen als wesentlich für die Begründung von Rechtsfolgen hinstellen, in seiner Allgemeinheit mit Sicherheit abgeleitet werden." (Schorr 1913, XIII; Hervorhebungen im Original)
[42] So zitiert Schorr (1913, S. 7) aus einem quasi notariellem Ehevertrag: „Wenn Bastum (zu) Rimum ihrem Ehemanne: ‚Nicht bist Du mein Ehemann' sagt, wird man sie, nachdem man sie gebunden, in den Fluß (?) werfen. Wenn Rimimum (zu) Bastdum seiner Ehefrau: ‚Nicht bist Du meine Ehefrau' sagt, wird er 10 Sekel Silber als Scheidegeld darwägen." (Schorr 1913, S. 7)

Die Überlegungen und Setzungen der Mathematiker waren sehr tiefgründig. Sie hatten dauerhafte Auswirkungen. Das babylonische 60er-System hatte einen außerordentlich großen Einfluss selbst auf die Berufs- und Lebenswelt.[43] Unabhängig von der zunehmenden beruflichen Differenzierung gab es eine Zusammenarbeit der wissenschaftlichen Spezialisten. Zumindest bei den Priestern, aber auch bei den anderen Berufsangehörigen arbeiteten die verschiedenen Spezialisten eng zusammen

In Babylon gab es auch den Beruf des Lehrers und eine berufliche Ausbildung. Es wurde der Wert der Schule vor allem darin gesehen, dass „die Schüler vor allem Lesen und Schreiben lernten sowie eine kulturelle Grundbildung erhielten." (Ueberschaer 2007, S. 67). Jedoch „war die Schule im alten Vorderen Orient nicht von vorherein darauf angelegt, verschiedene Lebensbereiche zugleich zu bedienen. Zunächst galt es, den Umgang mit Piktogrammen[44] zu vermitteln." (Zabeck 2013, S. 37) Da ein „nichttextlicher Schriftgebrauch bestand, dürfte, wo die Schrift zum Mittel der Lehre wurde, ein ‚Telegrammstil' vorherrschend gewesen sein" (Zabeck 2013, S.37) und den Bedingungen von Buchführung und Handel gefolgt sein. Um Probleme der Lagerhaltung und Erfassung der Warenbestände zu bewältigen, wurde die praktische Seite des Bildungssystems „offenbar in Fachausbildungen geleistet, in denen sich Schüler nach der Schule für bestimmte Berufe spezialisierten" (Ueberschaer 2007, S. 67).

Die Schriftlichkeit fand da seine Grenzen, wo Konkurrenzinteressen bestanden und Spezialwissen nicht öffentlich gemacht werden sollte.[45] Deshalb ist anzunehmen, dass viele Informationen mit großen narrativen Anteilen mündlich weitergegeben worden sind.
Seit etwa 1800 vor Christus sollen Kaufleute verpflichtet worden zu sein, über ihre geschäftlichen Abmachungen schriftliche Aufzeichnungen anzufertigen (Zabeck 2013, S. 36).
Mit der Tempel- und Palastwirtschaft als Träger der zentralen Speicher war die Aufgabe verbunden, „die Abgabepflichtigen zu erfassen, die ihnen auferlegten Lasten einzutreiben und sie gemeinsam mit Gütern, die aus anderen Quellen stammten (…), geordnet zu magazinieren und über die Verwendung schriftlich Rechenschaft abzulegen" (Zabeck 2013, S. 36).

Das Geschehen in den verschiedenen Arbeits- und Tätigkeitsbereichen – bestimmte in Babylonien, wenn auch im Regelfall nicht im Detail – der König. Er „war Repräsentant der Götter auf Erden. Sein Benehmen bestimmte das Schicksal seines Volkes mit. Er musste nach dem Willen der Götter leben und handeln. Die Spezialisten halfen ihm dabei." (Brack-Bernsen 1997, S.13 f.)

---

[43] Seit der Zeit der babylonischen antiken Hochkulturen gilt in der Zeitmessung: 1 Stunde hat 60 Minuten, 1 Minute hat 60 Sekunden. Bei der Winkelmessung besteht der Vollkreis aus 360 Grad.
[44] Zabeck stellt in Anlehnung an Goody (1990, S. 94 f.) fest: „Wenn auch die Unterrichtung auf dieser primitiven Stufe nicht von Dauer war, so brachte es die Ausrichtung auf die Erfordernisse der Buchführung auch späterhin mit sich, daß die Schrift der nichtsyntaktischen Verwendung von Sprache zugeordnet blieb, also über die Stufe des ‚nichttextlichen' Schriftgebrauchs nicht hinauslangte." (Zabeck 2013, S. 37)
[45] Wie Jürgen Zabeck (2013,35) meint, verbindet sich die Einführung der Literalität mit einer ‚Tendenz zur Geheimhaltung'"

Die Differenzierung der beruflichen Tätigkeiten war – gemessen an den vorausgegangenen bäuerlichen Gesellschaften – in den Hochkulturen des Zweistromlandes sehr groß (Abb. 3).

> Archivar, Arzt, Astrologe, Astronom, Aufseher, Bäcker, Bauer, Baumeister, Bauleiter, Bauarbeiter, Beschwörer, Beschwörungspriester, Bildhauer, Bleicher, Brauer, Bürgermeister, Buchhalter, Chirurgen, Exorzist, Exstatiker, Fleischer, Friseure, Fuhrleute, Fischer, Gärtner, Gerber, Goldschmiede, Färber, Fein- und Grobschmiede, Hauptmann, Händler, Heilpraktiker, Herold, Hirten, Hutmacher, Ideengeber, Jäger, Kaufleute, Klagemänner, Klagesänger, Katasterbeamte, Koch, Kontrolleure, Korbmacher, Kultpriester/-innen, Lagerhalter, Lastenträger, Lederverarbeiter, Lehrer, Liebesdienerinnen, Magier, Mathematiker, Maurer, Mundschenk, Musiker, Priester, Richter, Rohrmattenpflechter, Sänger, Salbenbereiter, Schiffer, Schiffsführer, Schlangenbeschwörer, Schmiede, Schneider, Schumacher, Seiler, Soldaten, Spinnerinnen, Steinschneider, Stellmacher Tempeldiener, Tischler, Töpfer/-in, Unheilbanner, Verwalter, Vogelsteller, Wahrsager/-innen, Weberinnen, Wirt/-in, Zeichner, Ziegelbrenner, Ziegelstreicher, Zimmerleute

Abb. 3: Berufe in der babylonischen Hochkultur (Auswahl)

Es wurden ca. siebzig Berufsbezeichnungen im Zweistromland bereits während des dritten Jahrtausend vor Christi Geburt festgestellt (Dörschel 1976, S. 21 und Gundel/Callies 1999, S. 22) , die sich im geschichtlichen Verlauf vermutlich weiter ausdifferenziert haben. Johannes Renger (1967, S. 110) meint sogar: „In den altbabylonischen nichtliterarischen Texten finden sich über 400 Berufsbezeichnungen." [46] Die kulturellen sowie bau- und arbeitstechnischen Leistungen im Alten Orient beruhen im Wesentlichen auf Arbeitsteilung, die sich in einer differenzierten Berufsstruktur manifestiert.

- **Ausbildung im Alten Orient**

Die Kenntnisse über Art und Form der Ausbildung und noch mehr über die Berufsausbildung im Alten Orient sind nur sehr gering. Es kann kaum auf gesicherte Erkenntnisse zurückgegriffen werden.
Für die bäuerlichen und einfachen handwerklichen Berufe erfolgte so ist anzunehmen, die Weitergabe der Erkenntnisse von den Eltern auf die heranwachsenden Kinder.
Für anspruchsvolle Berufe konnte eine Berufslehre auch außerhalb des elterlichen Hauses erfolgen.[47] Für solche qualifizierten Berufe wurde eine längere Ausbildungszeit vereinbart[48] Es ist unklar, ob solche Lehrverträge die Ausnahme oder die Regel waren.[49]

---

[46] Diese erstaunliche Differenz deutet darauf hin, dass große Unsicherheit darüber zu bestehen scheint, was an Arbeitstätigkeiten zu einem Beruf gezählt werden kann und welche Tätigkeiten sich stark überlappen und deshalb gegebenenfalls nicht mehrfach gezählt werden sollten. So wurde im alten Orient noch keine strikte Trennung zwischen Astronomie und Astrologie vorgenommen. Es steht damit für diesen Bereich die Frage offen, wie zu zählen ist.
Unsicherheiten beim Bestimmen der Anzahl der Berufe können auch dadurch aufgetreten sein, dass es in besonderen Fällen „nicht um Bezeichnungen für unterschiedliche, im höchsten Maß spezialisierte Berufe, sondern um äquivalente Bezeichnungen für ein und denselben Beruf handeln dürfte" (Waschkies 1989, S. 85)
[47] „Ein bedeutendes spätbabylonisches Textdokument zur Unterweisung von Baumeistern liegt in Gestalt eines in die Zeit des Nabonid (555–539 v. Chr.) datierenden Lehrvertrages aus Babylon vor. In dem Vertrag gibt Minâ-ana-Bel-

Mit der Erfindung der Keilschrift das Schreiben „zum Gegenstand einer systematischen Ausbildung zum Schreiber" (Seel/Hanke 2015, S. 162). Das neu entstandene „Dokumentations- und Kommunikationsmittel verlangt letztlich nach einer Form systematischer Unterweisung, also nach der Einrichtung von Schreibschulen" (Zabeck 2013, S. 37).[50]

Geschrieben wurde auf Tontafeln. „Im Lehrplan der Schreiberschulen (…) nahmen neben rein schreibtechnischen Übungen insbesondere Sprachstudien einen zentralen Platz ein. Das Erlernen des Sumerischen, das bei den fortgeschrittenen Schülern offensichtlich auch als Unterrichtssprache gebraucht wurde, Übersetzungen aus dem Sumerischen ins Babylonische, das Erlernen von und der Umgang mit Rechts- und Verwaltungsbegriffen sowie mit berufsspezifischen Ausdrücken, das Verfassen von Briefen, Vertragstexten und Inschriften bestimmten den Unterricht. Hinzu kamen die Beschäftigung mit sumerischer Literatur sowie Übungen im Diktat und im Aufsatz." (Nolte 2001, S. 57) In den Schreibschulen (Tafelschulen) gehörte über die sprachlichen hinaus vorberufliche Inhalte wie „die Mathematik zum Lehrplan; die Schüler lernten verschiedene Rechenarten und deren Anwendung in der Praxis, etwa bei Geldgeschäften. Ferner wurden Kenntnisse in der Astronomie, Feldvermessung, in der Landwirtschaft und im Gebäudebau vermittelt." (ebd.)

„Mit der Qualifizierung von Schreibern im alten Mesopotamien (…) verließ die Berufserziehung – begrenzt auf einen schmalen Sektor- zum ersten Mal den Bereich oraler Überlieferung. Im Alten Orient gab es nicht nur Schulen, in denen eine erste, aber sehr anspruchsvolle Grundbildung des Schreibens und Rechnens gelernt wurde" (Ueberschaer

---

danu, eine aus einer Baumeisterfamilie stammende Person, einen Sklaven zum Erlernen des Baumeisterhandwerks bei einem Lehrmeister in die Lehre. Der Lehrberuf wird als arad-ekallūtu bezeichnet, nimmt also auf die Tätigkeit eines arad ekalli Bezug. Dies ist, wie es scheint, eine besondere spätbabylonische Bezeichnung für einen qualifizierten Bauberuf." (Sievertsen 2014, S. 158)

[48] So konnte die Lehrzeit durchaus acht Jahre betragen. Selbst wenn hierin neben der unmittelbaren Lehrzeit auch die Arbeitspflicht des Lehrlings gegenüber dem Lehrmeister enthalten sein dürfte, signalisiert die beträchtliche Ausbildungsdauer einen erheblichen Umfang und Schwierigkeitsgrad der vermittelten Kenntnisse und Fertigkeiten. Zum Vergleich beträgt nach einem anderen spätbabylonischen Lehrvertrag die ebenfalls recht lange Lehrzeit für das Zimmermannshandwerk sechs Jahre. (Sievertsen 2014, S. 159.)

[49] Einem vorliegendem langzeitig ausgelegte „Vertrag ist aber nur zu entnehmen, dass sich ein Lehrmeister um den Lehrling kümmern soll, nähere Einzelheiten über die Ausbildung werden nicht mitgeteilt. Zudem kann man diesen singulären Beleg nicht ohne weiteres auf andere Lehrverhältnisse übertragen, da es neben hoch qualifizierten Fachleuten stets auch etliche einfache Baumeister gegeben haben muss, denen eine weniger umfassende Ausbildung zuteil geworden ist." (Sievertsen 2014, S. 253)

[50] Dieses erste „Eindringen von Literalität in die orale Gesellschaft." (Zabeck 2013, 34) war nur der Anfang einer langen Entwicklung von Schriftlichkeit.

2007, S. 67) sondern auch weiterführende Speziallehrgänge.[51] Der Druck auf die Schüler war groß[52].
Davon unabhängig ist positiv zu sehen, dass in Mesopotamien teilweise schon didaktische Materialien erstellt worden sind.[53]

Eine spezifische berufliche Ausbildung folgte meist nach der Grundausbildung des Schreibens. Für die Aufgaben der Buchführung und der Lagerhaltung und der Mengen- bzw. Massenbestimmung für Bauplanungen mussten mathematische Kenntnisse erworben werden. Das altorientalische Berufswissen insbesondere im Bauwesen „stellt ein bewusstes und gezielt erfahrungsbasiertes Wissen dar" (Sievertsen 2014, S. 243). Es beruht zu großen Teilen auf Erfahrung.[54]

Mit dem beginnenden 2. Jahrtausend vor Chr. entstand auch eine „musikalischer Unterweisung im Zweistromland" (Nolte/Weyer 2010, S. 13), diese zielt „in erster Linie auf die Ausbildung von Berufsmusikern, die den musikalischen Belangen und Anforderungen von Tempel und Palast genügen sollten" (ebd., S. 15). Im alten Mesopotamien existierte neben der in den Schreiberschulen verankerten musikalischen Unterweisung spätestens seit altbabylonischer Zeit auch „ein auf Lehrverträge gegründetes privates musikalisches Unterrichtswesen." (Nolte 2001, S. 51)[55]

„Über Ausbildungsinstitutionen im Bauwesen erfährt man kaum etwas. Neben dem baupraktischen Wissen, das die angehenden Baumeister sicher zum großen Teil von ihren Vätern und durch die tägliche Arbeit auf der Baustelle erworben haben, waren für die Berufsausübung weiterhin aber auch theoretische, darunter nicht zuletzt mathematische Kenntnisse erforderlich. Dies signalisieren zahlreiche mathematische Texte aus altbabylonischer Zeit, die das Bauen mit Lehmziegeln thematisieren. Vielfach rühren sie aus dem Unterrichtswesen her." (Sieversen 2014, S. 252)

---

[51] Das Erlernen dieser Schrift mit anfänglich rund 2000 Bildzeichen setzte großen Fleiß und Einsatz voraus. Im Laufe der Zeit wurde die Zeichenzahl „wesentlich reduziert, da ja durch die Phonetisierung syllabische (‚silbenweise' d. V.) Schreibung für viele Wörter möglich war. Um 2500 v. Chr. waren nur noch rund 800 Zeichen in Gebrauch, die sich durch Auslese und Zusammenfall von ähnlichen Zeichen bis um 2000 v. Chr. auf etwa 500 Zeichen reduzierten. Auch die äußere Gestalt der Zeichen änderte sich im Laufe der Zeit. Solche, die aus sehr vielen Keilen zusammengesetzt waren, wurden stark vereinfacht." (Röllig 1965, S. 732)
[52] Die am Ende der Schulzeit geführten Prüfungsgespräche zwischen dem Lehrer der Schreiberschule und einem Schülern können nach heutigen Maßstäben nicht unbedingt als pädagogisch bezeichnet werden, wie ein an mehreren Orten aufgefundene Text dokumentiert: „Ein Schüler, der vom Kindes- bis zum reifen Mannesalter das „Tafelhaus" besucht hat, wird am Ende seiner Schullaufbahn ausführlich von seinem Lehrer examiniert und muss sich von diesem zahlreiche Beschimpfungen wegen seiner unzulänglichen Kenntnisse anhören. Neben Fragen bezüglich der Sprachkenntnisse des Schülers sowie zur Schreib- und Rechenkunst und zu verschiedenen anderen Wissensgebieten finden sich in dem Dialog auch einige Fragen zur Musik." (Nolte 2001, S. 45)
[53] Dieses belegen zwei altbabylonische Schulbücher aus Nippur (Çig, M./ Kizilyay H. / Landsberger, B. 1959). Im Zweistromland sind Berufslisten über mehr als tausend Jahre unzählige immer wieder abgeschrieben worden und dienten der Ausbildung zum Schreiben.
[54] Aber auch „objektiviertes Wissen ist für die Epistemologie der altorientalischen Architektur von zentraler Bedeutung" (Sievertsen S. 247). Das zeigen zwar nicht die Schriften, aber die monumentalen Bauten.
[55] Das aus spätbabylonischer Zeit stammende Vertragsformular für die Ausbildung in der Musik kann als Hinweis dafür gewertet werden, dass derartige Verträge offenbar nicht zu den Seltenheiten gehörten und daher die Bereitstellung eines Musterformulars für die Praxis sinnvoll erschien" (Nolte 2001, S. 51)

Die Ausbildung zur Erwerb von Rechenfertigkeiten erfolgte über Tontafeln mit Zahlenreihen. Die babylonischen Schüler mussten dazu 3600 Produkte von 1 x 1 bis 60 x 60 entsprechend der zugehörigen Reihen auf den Tontafeln erlernen. Berufsförmige Ausbildung war aber nicht nur in den einfachen Berufs- und Lebensbereichen erforderlich. In den Tempeln und Königshäusern wurde das astronomische Wissen durch Tontafel mit Zahlenreihen weitergegeben. Auch wurde das mathematische Wissen über Zahlensysteme gepflegt und kultiviert.

Dieses musste durch Schulungen erfolgen, da es ein erstaunlich hohes Niveau und zugleich Detailwissen beinhaltete. Weitergegeben wurden auch die Fähigkeiten zur Bestimmung einfacher Flächeninhalte von Rechteck, Dreieck und Trapez sowie Volumina von Würfel, Quader und Prisma. Ebenso zeigt sich, dass ein erhebliches medizinisches und rechtliches Wissen vorhanden war und kumulierte, das nicht nur auf informelle Weise tradiert wurde. All dieses setzte systematischen Schulungen voraus. Die Ausbildung der hohen Priester dauerte sehr lange und stellte hohe Ansprüche an die Novizen.[56]

- **Ende der Arbeits- und Berufstätigkeit im Alten Orient**

Das Alter mit schwindenden körperlichen und geistigen Kräften sowie meist eingeschränkter Gesundheit hat die Menschen schon immer beschäftigt. Das Ende der Arbeits- und Berufstätigkeit findet aber – soweit erkennbar – in dem sumerischen und altbabylonischen Schrifttum keinen großen und tiefgreifenden Niederschlag[57], obwohl es im Alten Orient Menschen gab, die sehr alt [58] oder außerordentlich alt wurden.[59] Auch im „Gilgamesch-Epos, das seit dem 18. Jahrhundert vor Christus in Mesopotamien schriftlich

---

[56] Für eine Akademisierung oder gar eigenständige Forschungseinrichtungen im Alten Orient gibt es keine Anhaltspunkte. „Hingegen zeichnen sich Akademisierungstendenzen im Ritualwesen ab" (Sievertsen 2014, S. 254).
[57] So findet sich im Codex Hamurapi eine gerichtliche Beurkundung der Altersversorgung einer kranken Ehefrau, aber keine Aussage über eine vorausgegangene oder eingeschränkte Arbeitstätigkeit.
„Der Sachverhalt ist folgender: Lallagula, die Ehefrau des Urigalima, hat ihrem Ehemann den Vorschlag gemacht, daß er eine zweite Frau nehme und ihr selbst den Unterhalt auf Lebenszeit gewähre. Urigalima ist darauf eingegangen und hat vor den Richtern beschworen, daß er den Unterhalt der Lallagula bestreiten werde (Vgl. dazu Codes Hammurabi (CH) § 148): ‚Wenn ein Mann eine Frau zur Ehefrau genommen hat und sie von der La'bum-Krankheit ergriffen worden ist (Malaria?) und er sich vornimmt, eine andere Frau zu nehmen, kann er sie nehmen. Von seiner Ehefrau, die die La'bum-Krankheit ergriffen hat, darf er sich nicht scheiden lassen. Im Haus, daß er gebaut hat, wohnt sie und solange sie lebt, unterhält er sie'". (Abrahamsohn 2002, o. Seitenangabe)
[58] Allerdings: „Nur von Mitgliedern der herrschenden Eliten sind extrem hohe Lebenszeiten urkundlich bezeugt. Dafür waren sicher günstigere Lebensumstände ausschlaggebend, als sie dem größeren Teil der Bevölkerung zuteil wurden. Die Mutter des Herrschers Nabonid, der von 555–539 v. Chr. regierte, gibt ihr Alter in einer Art autobiographischem Text mit 104 Jahren an. Ein Schreiber, der etwa zur gleichen Zeit lebte, übte nach Ausweis der Urkunden, die er verfasste, allein 68 Jahre lang seinen Beruf aus. Wenn man seine Kindheit und Jugendzeit hinzurechnet, dürfte er etwa bis in sein 90. Lebensjahr hinein tätig gewesen sein. Von mehreren mesopotamischen Herrschern weiß man, dass sie 50 und mehr Jahre lang regiert haben. In einem Fall betrug die Regierungszeit eines Herrschers 60 Jahre! Wenn man bedenkt, dass vor ihm sein Bruder bereits 19 Jahre regierte, dürfte ersterer am Ende seiner Regierungszeit weit über 80 Jahre alt gewesen sein." (Renger 2004, o. S.)
[59] Es gibt „keinen Grund, daran zu zweifeln, dass die Mutter des letzten babylonischen Königs ihren 100. Geburtstag tatsächlich in körperlicher und geistiger Gesundheit noch um Jahre überlebte. Auch vor zwei, drei und mehr Jahrtausenden verfügte der Mensch – nicht anders als heute – über seine grundlegende biologische Beschaffenheit, die es ihm erlaubt, unter besonders glücklichen Umständen das elfte oder gar das zwölfte Lebensjahrzehnt zu erreichen." Maul 2012, S. 57)

überliefert ist, wird das Thema der Langlebigkeit diskutiert" (Ehmer 2008, S. 153). Indirekt aber kann man darauf schließen, dass das Ende der Arbeits- und Berufstätigkeit reflektiert wurde, da die Altersversorgung ein wichtiges Thema war. Es ist anzunehmen, dass bei den im aktiven Leben Stehenden eine Wertschätzung des Alters und der vorangegangenen Generation bestand.[60] Mit einem hohen Alter war im Regelfall ein großer beruflicher Erfahrungsschatz verbunden.

Für Besitzende, die aus Altergründen nicht mehr berufs- und arbeitsfähig waren, trugen die Altersversorgung die leiblichen Kinder.[61] Jedoch war – wie Johannes Renger herausarbeitet – das Familienleben auch im alten Vorderen Orient nicht reibungsfrei. „Ein oft beschrittener Weg im Alter Unterstützung und Fürsorge zu finden, wenn keine Familie, keine Kinder dies tun konnten, bestand darin, sich Unterstützung im Alter vertraglich zu sichern. Zahlreiche Rechtsurkunden aus Mesopotamien und Syrien belegen dies. Man muss allerdings davon ausgehen, dass solche urkundlichen Vereinbarungen Verhältnisse innerhalb der Oberschicht reflektieren. Die breite Masse der bäuerlichen Bevölkerung – des Lesens und Schreibens nicht mächtig – war auf mündliche Vereinbarungen vor Zeugen aus dem Familienkreis und dem dörflichen Lebensumfeld angewiesen." (Renger 2004, o. S.)

Für die Personen in Ämtern oder mit Besitz ist also anzunehmen, dass alte Menschen bei nachlassenden Fähigkeiten vom Herrscherhaus oder der Familie aufgefangen wurden.[62] „Es entwickelten sich Normen, die die Familie, besonders aber die Söhne einer alten Person moralisch verpflichteten, ihr Einkommen und Ernährung, Kleidung, Unterkunft, soziale Ansprache und im Krankheitsfall Pflege zukommen zu lassen." Maul 2012, S. 57)

Bei Kinderlosigkeit ermöglichte Adoption kinderlosen Adoptierenden nicht nur das Weiterleben der Familie, sondern auch die eigene Altersversorgung sicherzustellen.[63] Die besitz- und kinderlosen Alten allerdings waren auf die Barmherzigkeit anderer angewiesen.

---

[60] Die Wertschätzung der Altvorderen lässt sich auch aus den „bei der Beerdigung in das Grab hingelegten Beigaben wie Essen, Kleider, Werkzeuge, Schmuck" (Seyed-Ashraf 2015, S. 72) schließen.
[61] „Eine Verfügung von Todes wegen (18. Jh. v. Chr.) bekräftigt durch einen Eid beim König, lautet folgendermaßen: *W. und N. sollen A., ihrem Vater, monatlich 50 Liter Gerste, je ein Drittel Liter Öl sowie jährlich je 3 Minen (= ca. 1440 Gramm) Wolle geben. Mit diesen Rationen an Gerste, Öl und Wolle sollen sie ihn versorgen. Wer immer ihn nicht versorgt, verwirkt sein Recht auf das väterliche Erbe.*" (Renger 2004, o. S.; Hervorhebungen im Original)
[62] In welchem Alter das geschah und wie die durchschnittliche Lebenserwartung im Alten Orient war, ist sehr mit großen Unsicherheiten behaftet. Eventuell spielen in den Quellen Mythen eine Rolle. So werden in der Sumerischen Königsliste Herrschern unrealistisch lange Lebenszeiten zugesprochen. Die durchschnittliche Lebenserwartung der Menschen war aber nicht so hoch. So „betrug das durchschnittliche Sterbealter der erwachsenen Bestatteten in einem Friedhof aus dem 1. Jt. im nördlichen Mesopotamien bei Frauen ca. 37, bei Männern ca. 43 Jahre. Für einen Friedhof im Libanon (14. Jh. v. Chr.) ergab sich ein durchschnittliches Sterbealter der erwachsenen Bestatteten von 50 bis 60 Jahren." (Renger 2004, S. o. S)
[63] „Eine andere Möglichkeit, für die Unterstützung im Alter zu sorgen, bestand darin, eine Sklavin oder einen Sklaven dazu zu verpflichten: „*Die Sklavin I. soll, solange S., ihre (d. h. der Söhne) Mutter, lebt, ihr dienen. Sie soll sie (die Sklavin) nicht einem ihrer Söhne, den sie besonders bevorzugt, geben. (Erst) nachdem S. gestorben ist, sollen die Drei (den Wert der Sklavin) gleichwertig unter sich aufteilen.*" Laut einer Rechtsurkunde aus Mesopotamien (18. Jh. v. Chr.) entlässt ein Ehepaar eine Sklavin in die Freiheit unter der Bedingung, dass „*diese dem Ehepaar bis zu dessen Tod zu Diensten sein müsse. In Zukunft dürfen ihre (des Ehepaars) drei Erben ihren Status nicht anfechten.*" (Renger 2004, o. S.; Hervorhebungen im Original)

Die vielen „Menschen, die weder über nennenswerten Besitz noch über eigene Söhne verfügten, blieben sich selbst und dem Wohlwollen Dritter überlassen. Mangels Kapital erübrigte es sich, ihre Altersversorgung vertraglich zu regeln. So ist ihr Schicksal meist nicht aktenkundig geworden und bleibt uns deshalb zumeist verborgen" (Maul 2012, S. 61)

Die unfreien Bewohner des Zweistromlandes mussten bis zum Lebensende arbeiten. Zumindest für diesen Bevölkerungsteil ist zu „vermuten, dass ein Leben bei kärglicher Ernährung und harter Arbeit von Jugend an in einem heißen Klima die meisten Menschen kein sehr hohes Alter erreichen ließ." (Renger 2004, o. S.) Diese Menschen starben so früh, dass das Ende der Arbeits- und Berufstätigkeit mit dem Tod zusammenfiel.

Diejenigen Alten aus den besitzenden Familien, die sich aus der aktiven Arbeits- und Berufstätigkeit zurückzogen, waren privilegiert, denn sie konnten im Alten Orient der Wertschätzung des Alters gewiss sein, nicht zuletzt auch deshalb, weil sie aufgrund von Erfahrung und Weisheit der Familie und der Gesellschaft noch Rat zu geben vermochten.

1.3.2 Differenzierung der Berufe im antiken Griechenland

Im antiken Griechenland entstand bereits in der archaischen Epoche, vielleicht auch noch etwas früher, die Polis, der griechische Stadtstaat, der gleichermaßen Siedlungsform und autonome politische Einheit darstellte[64]. Die hohe Kultur bildete sich in den griechischen Stadtstaaten[65] der klassischen Zeit[66], wie z. B. in Athen, aus. Ein sehr bedeutsames Ereignis ergab sich 594 v. Chr. durch die Einführung der Demokratie.[67] Bedeutsam ist auch, dass in der griechischen Antike „mit der Lautschrift und dem Münzgeld Techniken präziser Wertobjektivation entstanden" (Kuchenbuch/Sokoll 1990, S. 32) sind.

In der hellenistischen Zeit[68], wurde die griechische Kultur zum bestimmenden Merkmal dieser Epoche.[69] Das zeigte sich augenfällig an der nicht nur im Mittelmeerraum dominierenden griechischen Architektur und ihren sakralen, aber auch profanen Bauten. Die Besonderheit und Geschlossenheit der Gemeinschaft in der Polis wurde nicht nur durch die Architektur symbolisiert. Sie zeigte sich auch indirekt durch „die Wirkungen des Münzgeldes auf die Dinge (Differenzierung von Gebrauchsnutzen und Tausch-

---

[64] Das archaische Griechenland beginnt etwa im 8. Jahrhundert v. Chr. und endet ca. im 3-4. Jh. v. Chr.
[65] *„Man kennt heute etwa siebenhundert solcher autonomen griechischen Städte. Nur im Norden des Festlandes, in Aitolien, Epirus und Makedonien, ist* der Prozess der Polisbildung mit autonomer politischer Verfassung nicht nachweisbar." (Osthues 2014, S. 128; Hervorhebungen im Original)
[66] Die klassische Periode der griechischen Antike ist zwischen 500 bis 336 vor Chr. anzusetzen.
[67] Jedoch galt diese Herrschaftsform nicht für die gesamte Bevölkerung in den griechischen Stadtstaaten, denn es gab eine Dreiklassengesellschaft aus Bürgern, Metöken und Sklaven.
[68] Die hellenistische Periode vom Tod Alexanders des Großen (323) bis zum Beginn der römischen Machtübernahme 146 v. Chr. durch die Eingliederung Griechenlands in das römische Imperium, stellt eine wesentliche und weitwirkende Form der Hochkultur dar.
[69] Die durch die Kriege und Eroberungen Alexander des Großen und seiner Nachfolger bedingte Ausbreitung führte zur Übernahme der griechischen Kultur und sogar weit über die machtpolitischen Einflussnahmemöglichkeiten Griechenlands hinaus zur Kulturadaption.

wert/Warenpreis), auf die Einzelmenschen (Sklavenpreis, Dienstvergütung/Lohn, Handelsgewinn) und auf das Gemeinwesen im Inneren (Steuern) und nach Außen (Tribut)" (Kuchenbuch/Sokoll 1990, S. 32)
Die Berufelandschaft im antiken Griechenland ist insbesondere durch die Dreiklassengesellschaft[70], d. h. Bürger, Metoiken und Sklaven, sowie die distanzierte Einstellung der Oberschicht zur handwerklichen Arbeit bestimmt. Für die Bürger der griechischen Antike sollte es einem freien Mann möglich sein, in Anstand und Würde von seinen Einkünften als Grundbesitzer und Bürger leben zu können. „Sowohl bei Xenophon als auch bei Plato und Aristoteles finden sich eindeutige Aussagen, welche Tätigkeiten eines freien Mannes als würdig erachtet wurden; dabei stehen vor allem landwirtschaftliche Betätigungen an erster Stelle." (Aßländer 2005, S. 8) Die aus der Klasse der Metöken, aber auch Bürger hervorgegangenen Philosophen erkennen allerdings eine eigenverantwortliche Arbeitstätigkeit an, wenn diese der Vervollkommnung der individuellen Tugenden, dem Engagement für die Polis oder die Res Publica etc. dient. Insofern waren für die Klasse der Bürger – neben dem Beruf des Landwirts - nur Berufe, wie der Krieger, Philosoph, Politiker, Priester[71], Staatsmann standesgemäß, die aber keine Erwerbstätigkeit darstellen durfte. Die Einstellung der Bürgerklasse ist insofern paradox, als dass sie arbeitende Götter hatten.[72]

Damit, dass sich die Bürgerklasse auf ein „vita contemplativa" ausrichtete, ergab sich als positiver Nebeneffekt, dass Ansätze zu neuen Wissenschaftsberufen, wie dem Wissenschaftler des Geschichtsschreibers und Historikers[73] entstanden. Die griechische Oberschicht konnte in der Regel Lesen und Schreiben. Bereits im achten Jahrhundert vor Christi Geburt hatten die Griechen eine gemeinsame Buchstabenschrift entwickelt. In Athen gab es jedoch weder eine Schulpflicht noch öffentliche Schulgebäude.[74] Stattdessen wurden die Kinder bei Lehrern meist in Privathäusern unterrichtet. Bei den Spartanern hatten die Fähigkeiten des Lesens und Schreibens dagegen geringere Bedeutung.

---

[70] Eine Dreiklassengesellschaft der Stände hatte Platon für den Staat gefordert und zwar den Nährstand, Wehrstand und Lehrstand. Hieraus ergaben sich auch Zuordnungen für Berufe.
[71] Aufgaben von Priestern oder Priesterinnen bestanden u. a. in der Verwaltung des Kultes. Lykurg, ein einflussreicher Politiker im Athen der 330er-Jahre v. Chr. war auch Priester.
[72] Robert Kirstein (2007, S. 187) verweist bei der Untersuchung der Gedichte des Corpus Theocriteum auf eine Besonderheit: „Nur die Griechen kannten arbeitende Götter und hatten für jeden Arbeitszweig besondere Schutzgötter: Athene, Ergane, Hephaistos und vor allem Herakles, der jede Arbeit und Mühe auf sich nahm."
[73] So begründete der Gelehrte Herodot die griechische Geschichtsschreibung. Der Historiker Thukydides gab erstmals die geschichtlichen Ereignisse seiner Zeit wieder.
[74] „Für die schulischen Aktivitäten im engeren Sinne fehlte jedoch jede Evidenz: Wie man in der Antike Lesen, Schreiben und Sprachrichtigkeit erlernte, war unbekannt, und auch, wie der erste Zugang zur Literatur erfolgte, direkt oder in vereinfachter Form, mit oder ohne Erklärung, und wenn ja, welcher Art Erklärung, war nicht klar. Nicht alles aber, was in der antiken Schule geübt wurde, hat auf Papyri seinen Niederschlag gefunden. Man verwendete billigere Materialien als Papyrus, wie etwa Tontafeln oder Wachstäfelchen, die sich zudem auch leichter neu beschreiben ließen. Ganz selten verwendete man Pergament, den teuersten Schreibstoff(…). Mehrere Schulostraka mit Schreibübungen sind erhalten, bei denen teilweise noch zu erkennen ist, dass der Lehrer die eine oder andere Zeile vorgeschrieben hat." (Schade 2004, S. 56)

Auch wenn die griechische Oberschicht eher das „vita contemplative" bevorzugte, waren zur Sicherung des Lebensunterhalts praktische Aktivitäten notwendig[75], aber alle „Tätigkeiten, die ausschließlich dem Lebensunterhalt dienten, galten dem antiken Menschen als Negierung der Muße. Die Vorstellung einer sozialen Anerkennung von Arbeit, z. B. im Sinne eines notwendigen Beitrages zum Erhalt der Gemeinschaft, existierte in der antiken Gesellschaft nicht." (Aßländer 2005, S. 6)[76]
Hier wird deutlich, dass in der antiken Arbeitsauffassung die soziale Stellung die Art der Tätigkeit und des Berufsfeldes bestimmte und nicht die soziale Stellung ein Ergebnis des ausgeübten Berufes war.

In der „Hierarchie der Berufe nahm die Landwirtschaft fast immer einen Platz für sich an der Spitze der Skala ein und war streng getrennt von den anderen wirtschaftlichen Tätigkeiten. Fast für alle stellte der freie, unabhängige und autarke Grundbesitzer ein Ideal dar." (Austin/Vial-Naquet 1997, S. 312) „Der vom Fruchtwechsel geprägte Ackerbau stand meist in betrieblicher Verbindung zur Nutztierhaltung. Viel zeugt von einem Selbstbild des subsistenzorientierten georgos (Bauer), der seine Mühe (ponos) und sein Werk (ergon) an die Gunst und Macht der Götter band und den beides zum Krieger und Bürger eignete." (Kuchenbuch/Sokoll 1990, S. 32) Die Oberschicht sorgte in besonderer Weise mit Schulen oder Einzelunterricht für die Ausbildung ihrer Nachkommen als Bürger und Krieger.

Am unteren Ende der Skala befinden sich „die sogenannten ‚banausischen' Berufe, die Handarbeit bedeuteten. Diese Berufe waren der allgemeinen Auffassung nach eines ehrenhaften Mannes nicht würdig" (Austin/Vial-Naquet 1997, S. 312).

Die verachteten arbeitenden Unterschichten – in der Regel Analphabeten – „waren die Träger des sich immer stärker ausdifferenzierenden Handwerks mit den schriftlichen Zeugnissen aristokratischen Hochmuts nicht direkt konfrontiert, und so dürften sich auch keine direkten negativen Auswirkungen auf die – das Imitationsprinzip praktizierende – Ausbildung vor Ort ergeben haben." (Zabeck 2013, S. 38).

Die Ausdifferenzierung der Berufe nahm in der griechischen Antike stetig zu (Abb. 4). Bereits bei Homer und Hesiod findet sich „eine Reihe von Handwerksberufen wie Zimmermann, Schmied, Schiffs- und Wagenbauer. Sie wurden unter dem Begriff ‚demiourgoi' zusammengefasst, dem auch Ärzte, Seher, Sänger subsumiert waren, d. h.

---

[75] So schreibt: „Nun ist aber auch das ganze Leben geteilt in Arbeit und Muße und in Krieg und Frieden (...). Man wählt mithin den Krieg um des Friedens willen, die Arbeit der Muße wegen (...)" (Aristoteles 1995b: 269 [1333a 30-36]). Und in seiner Nikomachischen Ethik definiert er: „Und, die Glückseligkeit scheint in der Muße zu bestehen. Wir opfern unsere Muße, um Muße zu haben (...)" (Aristoteles 1995a: S. 249 [1177b 4-6]).
[76] Michael Aßländer (2005, S. 6) führt weiterhin aus: „Die im Zusammenhang mit Arbeit gebrauchten Begriffe drückten stets eine Minderachtung der Arbeit aus (...). Dabei ist die ökonomische Vorstellung der Antike eng verknüpft mit einer agrarischen Lebensweise und dem Ideal der Subsistenzwirtschaft. Trotz zahlreicher politischer, gesellschaftlicher und ökonomischer Veränderungen bleibt das Ideal eines unabhängig von handwerklicher Arbeit ohne Not von seinem landwirtschaftlichen Einkommen leben könnenden aristokratischen Bürgers bis in die römische Kaiserzeit hinein bestimmend."

alle, die in irgendeiner Weise für das Gemeinwesen, (...), tätig waren." (Müller 2006, S. 24). Im vierten Jahrhundert vor Christi Geburt „erfuhr auch das Bankwesen eine gewisse Entwicklung" (Austin/Vidal-Naquet 1997, S. 337). Auch wenn für all diese Berufe kaum eine Anerkennung durch die Oberschicht erfolgte, „könnte man den Handwerker den Helden der Geschichte nennen" (ebd., S. 312). Dass „Holz- und Bauberufe eine besondere Rolle gespielt haben, zeigt sich in der Etymologie des Begriffs ‚techne' (idg. teksna), der mit ‚tekton' (Zimmermann, Baumeister) verwandt ist." (Müller 2006, S. 24) Zu vielen der genannten handwerklichen Berufe gibt es Spezialisierungen. So kann beispielsweise beim Baumeister nach den Baugegenständen differenziert werden, also Baumeister für Straßen, für Profanbauten, für Sakralbauten, für Verteidigungsanlagen, für Belagerungsmaschinen, für Wasserkanäle bzw. -leitungen und als Schiffbauer.

„Mit zunehmender wirtschaftlicher Blüte an den Hauptorten Griechenlands wuchs die Bedeutung der Handwerksberufe in beachtlichem Maße. Ihre Träger genossen freilich in den verschiedenen Polis ein unterschiedliches Ansehen." (Müller 2006, S. 24) Die geringe „Nutzung der Schrift im Kontext handwerklicher und – mehr noch – bäuerlicher Tradierung kennzeichnete schon die Wirtschaft der griechisch-römischen Welt" (Zabeck 2013, S. 38).

Agronom, Amme, Architekt, Astrologe, Arzt, Aufseher, Autor, Bäcker, Barbiere, (Klein-)Bauer, Baumeister, Bergleute, Bienenzüchter Bildhauer, Bootsmann, Botschafter, Boxer, Briefträger, Bronzegießer, Brückenbauer, Brunnenschöpfer, Buchbinder, Buchhändler, Chirurg, Dichter, Drechsler, Erzieher, Färber, Feldmesser, Fischer, Fischhändler, Fleischer, Flötenmacher, Friseur, Gastwirt, Gerber, Goldreiniger, Großhändler, Fischer, Fischhändler, Fuhrleute, Gärtner, Geldwechsler, Geometer, Getreidebauer, Gießer, Gitarrespieler, Glasmacher, Goldreiniger, Goldschmied, Grammatiker, Graveure, Händler , Handwerker, Hausbauer, Hebamme, Herbalist, Hirten, Holzfäller, Imker, Ingenieur, Jäger, Juwelier, Kaufmann, Kinderpfleger, Koch, Krämer, Krankenpfleger, Krempler, Kriegsmaschinenbauer, Kuhhirt, Kupferschmied, Landarbeiter, Landwirt, Lehrer, Leiermacher, Leineweber, Lyramacher, Maler, Maschinenbauer, Mathematiker, Maurer, Mechaniker, Metzger, Möbeltischler, Mosaikleger, Münzer, Musiker, Navigator, Ofensetzer, Olivenbauer, Orator, Pferdearzt, Pferdezüchter, Philosoph, Politiker, Priester, Psychotherapeut, Puppenmacher, Rechtsanwalt, Regenmacher, Rhetoriker, Rinderhirt, Ringer, Ringschneider, Ruderer, Saatguthändler, Sänger, Sattler, Schäfer (Schafhirt), Schauspieler, Schiffbauer, Schlächter, Schmied, Schneider, Schreiber, Schuhmacher (Schuster), Schweinehirt, Schwerterschmied, Seemann, Seiler, Siegelstecher, Sklavenhändler, Spinner, Statuenbauer, Steinvasenschneider, Steuermann, Steinmetz, Steinvasenschneider, Sticker, Straßenbauer, Stukateure, Tänzer, Tierarzt, Tischler, Töpfer, Tonstecher, Transporteur, Türwächter, Vasenbrenner, Vasenmaler, Vasentöpfer, Verkäufer, Verwalter, Vorkoster, Vorleser, Wächter, Wandererzähler, Wäscherin, Waffenschmied, Wagenlenker, Wahrsager, Walker, Weber, Weidmann, Weinbauer, Winzer, Wollarbeiterin, Ziegelstreicher, Zimmerer.

Abb. 4: Berufe in der griechischen Antike – Auswahl[77]

---

[77] Diese Liste ist aus einer Eigenrecherche und einem Zusammentrag verschiedenster Literaturaussagen (s. auch vorangegangener Text) entstanden, in denen Berufe während der griechischen Antike benannt werden.

In der Zeit des Hellenismus entstanden aus Arbeitszusammenhängen spezifische Vereinigungen zu Gebilden wie Zünfte und Gilden (vgl. Zabeck 2013, S. 41).[78]

Letztendlich aber lebten die Menschen der hellenistischen Kultur – auch wenn es von den Bürgern der Oberschicht kaum expressis verbis thematisiert wurde – vor allem von der Mannigfaltigkeit und Spezialisierung[79] der Berufe, die in den verschiedenen Regionen Griechenlands und der Kolonien zudem auch noch sehr unterschiedlich gewesen sein konnte. Damit kann auch „die extreme Spezialisierung handwerklicher Berufsbezeichnungen erklärt" (von Reden 2015, S. 80) werden.

Auch wenn die Oberschicht sich sehr distanziert zur Arbeits- und zu der Berufswelt verhielt, war ihr jedoch bewusst, dass die Polis auf Arbeitsteilung und beruflicher Arbeit basierte.[80] „Die Einsicht in die stabilisierend Funktion zentraler Techniken für das Funktionieren von Wirtschaft, Gesellschaft und Staat legte es nahe, dass die Techniken (Landwirtschaft, Medizin, Kriegstechnik) einen mehr als nur spezialistischen Bildungsanspruch erhoben. Andererseits machte die enorme Differenzierung der Berufe und Metiers in der Antike auch ursprüngliche Inhalte einer Allgemeinbildung zur Aufgabe von Spezialisten." (Meißner 1999, S. 347)

- **Ausbildung**

Die Konzepte zur Ausbildung der Jugend waren im antiken Griechenland sehr unterschiedlich angelegt. So wurde in Sparta ein vom Staat bestimmtes dreistufiges auf das Militärische ausgerichtetes Konzept verfolgt. In die erste Stufe kamen die sieben- bis zwölfjährigen Jungen, die dort eine Grundausbildung in den Disziplinen Musik, Gymnastik und in der Jagd erhielten. Mit der zweiten Stufe vom zwölften bis zum achtzehnten Lebensjahr erfolgte eine Berufsausbildung zum Krieger. Die dritte Stufe bis zum zwanzigsten oder einundzwanzigsten Lebensjahr umfasste auch kleinere militärische Einsätze.

---

[78] Diese Vereinigungen „sammelten sich um einen bestimmten Gott oder eine Göttin, die die Arbeit ihrer Mitglieder schützte" (Kirstein 2007, S. 187).
[79] Bereits Xenophon ging „auf die Voraussetzungen einer Spezialisierung ein: (…) in den kleinen Städten stellen dieselbe Handwerker ein Bett, eine Tür, einen Pflug, einen Tisch her, und oft baut derselbe Mann noch ein Haus und ist froh, wenn er auf diese Weise genug Auftraggeber gewinnt, von denen er sich ernähren kann. Folglich ist es unmöglich, dass ein Mensch, der so viele verschiedene Arbeiten ausführt, alles richtig macht. In den großen Städten dagegen, wo viele Menschen jeden einzelnen Gegenstand benötigen, reicht dem einzelnen Handwerker schon ein einziges Handwerk, um davon leben zu können. Oft ist es nicht einmal ein ganzes Handwerk, sondern der eine macht Männerschuhe, der andere Frauenschuhe. Es gibt sogar Orte, wo sich der eine nur mit dem Nähen von Schuhen ernährt, der andere mit dem Abschneiden des Leders, der nächste mit dem Zuschneiden des Oberleders, der nächste damit, dass er keine diese Arbeiten verrichtet, sondern alles nur zusammensetzt. Daraus folgt unweigerlich, dass derjenige, der sich mit der am engsten begrenzten Arbeit beschäftigt, diese zwangsläufig auch am besten verrichtet." (Elkar/Keller/Schneider 2014, S. 55)
[80] Die Arbeitsbewertungen der griechischen Oberschicht können als „intellektualistisch und individualistisch" eingeschätzt werden: „Weder die wirkliche Bedeutung der Arbeit für die Allgemeinheit, noch der gemeinschaftsbildende Charakter kommen darin zum Ausdruck" (Ven 1972, S.36) Die Kategorien der griechischen Oberschicht waren kein "Charakteristikum für die wirkliche Welt, in der die Masse lebte, (...), aber als Versatzstück der sozialen Philosophie einer entwickelten und reifen Oberschicht sind sie vor allem auch dadurch lebendig geblieben, daß sie in die römische Kultur eingegangen sind" (ebd.).

In Athen dagegen waren die Verhältnisse weniger rigide. Jedoch war „die Verpflichtung der Eltern gesetzlich festgeschrieben, ihren Söhnen eine Ausbildung zukommen zu lassen" (Ehmer 2008, S. 158). Gestuft erfolgt auch die Ausbildung der athenischen Jugend. Die Grundausbildung begann in Athen mit der Elementarschule, die alle Kinder von freien Athenern zwischen 7 und 15 Jahren mit Kursen in Lesen, Schreiben, Rechnen, Gymnastik und Musik besuchen durften. Danach konnte die Erziehung am Gymnasium angetreten werden, wenn die finanziellen Möglichkeiten dazu in der Familie gegeben waren. Die meisten Jungen gingen nach der Elementarschule in den Familienbetrieb, um den Beruf der Eltern zu erlernen. Mit dem achtzehnten Lebensjahr mussten sich die jungen Männer einer Militärdienstzeit als Epheben unterziehen. Nach Beendigung der militärischen Ausbildung konnten sie als Vollbürger bei Philosophen studieren.

Die Ausbildung und Weitergabe der beruflichen Fähigkeiten und Fertigkeiten erfolgte weitgehend in den Familienverbänden als Imitationslernen, wobei das spezifische Wissen als wichtiger Fundus oder sogar als Geheimwissen in den Familien blieb oder nur mündlich weitergegeben wurde. Begrenzungen, die sich mit einer Berufsausbildung durch mündliche Überlieferung sowie „die einer rein praktischen Weitergabe berufsfachlichen Könnens und Wissens durch eine ohne staatliche Regelungen sich vollziehende berufliche Ausbildung gesetzt sind" (Meißner 1999, S. 47), wurden erst in römischer Zeit gesehen. So bestanden beispielsweise bei den Heilberufen „lediglich vertikal, anfänglich genealogisch-patriarchisch und hierarchisch aufgebaute ärztliche Sippen, deren älteste Form die ärztliche Familienzunft darstellt" (Taupitz 1991, S. 204) in denen das Berufswissen gepflegt und durch Ausbildung[81] weitergegeben wurde. Die familiäre Abgeschlossenheit wurde durch außenstehende Bewerber zum Arztberuf, den sogenannten Asklepiaden, aufgebrochen. In der Folge entstanden ärztliche Gemeinschaften, mit einem Ehrenkodex, der seinen Ausdruck im Hippokratischen Eid fand (Taupitz 1991, S. 209).

Systematische berufliche Ausbildung in Form eines Curriculums, die öffentlich zugänglich und auf schriftlichen Materialien aufbaute, gab es im antiken Griechenland nicht. Die Prinzenausbildung der angehenden Herrscher wurde aber teilweise sehr sorgfältig betrieben.[82]

Eine Ausnahme stellte die elitäre Ausbildung in den Philosophenschulen dar. Es gab eine Vielzahl von Philosophenschulen wie die der Vorsokratiker, der Sophisten, des Sokrates, der Epikuräer, der Stoa und der Kyniker. Sie hatten im griechischen Verständnis jedoch

---

[81] „Weder die ärztliche Ausbildung noch die Zulassung zum Arztberuf und deren Ausübung waren vom Staat in irgendeiner Weise geregelt und kontrolliert, so daß die Skala der in diesem Beruf Tätigen vom Scharlatan bis zum (nach damaligen Maßstäben) wissenschaftlich ausgebildeten Arzt reichte." (Taupitz 1991, S. 203)
[82] Ein prominentes Beispiel dafür ist die Ausbildung Alexander des Großen durch den zu dieser Zeit noch nicht so berühmten Philosophen Aristoteles, dem Schüler Platons. Alexander entwickelte durch Aristoteles eine Vorliebe für Bildung, Kultur und Forschung und insbesondere die Schriften Homers.

kaum etwas mit Fragen zu einer Berufsausbildung zu tun.[83] Der Begriff „Akademie" als höhere Ausbildungsstätte leitet sich von der Philosophenschule Platons ab.[84]

- **Ende der Arbeits- oder Berufstätigkeit**

Das Ende der Berufstätigkeit wurde im Griechenland sehr unterschiedlich geregelt oder gesehen, obwohl im antiken griechischen Kulturkreis, der „eine Vielzahl ganz unterschiedlicher Gesellschaften umfasste, keine der – bis heute – denkbaren Aussagen über das Alter" (Ehmer 2008, S. 153) vorzufinden ist.

So waren beispielsweise in Sparta die männlichen Angehörigen der Oberschicht „vom 7. bis zum 60. Lebensjahr (…) zum aktiven Wehrdienst verpflichtet" (Herrmann-Otto 2004, S. 6). Danach begann „aber noch keineswegs der Ruhestand" (ebd.). Die Spartaner traten in den „Rat der Alten, die Gerusie", ein oder nahmen andere wichtige Zivilämter wahr. Diese Ämter bekleideten sie bis zu ihrem Tode (ebd., 6 ff.). Diese Privilegien der Gerotokratie Spartas galten aber nur für die Vollbürger. Die Heloten, die in sklavenähnlicher Abhängigkeit gehaltene Unterschicht, musste bis zum Lebensende körperlich schwere Arbeit leisten.

Anders gestalteten sich beispielsweise das Alter und der Ruhestand in Athen. In den „athenischen Gesetzen des 5. und 4. Jahrhunderts v. Chr. wurde die Unterstützung und die gute Behandlung der Eltern gefordert" (Ehmer 2008, S. 158). Es gab aber nur wenige altersbezogene Regelungen. „Die Wehrfähigkeit reicht vom 18. bis zum 60. Lebensjahr." (Herrmann-Otto 2004, S. 8) Wenn die 30jährigen Söhne geheiratet hatten, war es üblich, die Eltern auf das Altenteil zu setzen. Zugleich damit ging häufig der „Ruhestand der Alten mit politischer Entmündigung, sozialer Verachtung, totaler Abhängigkeit von den Kindern und Armut einher" (ebd., S. 10). Da es keine staatliche Altersversorgung gab, waren die Perspektiven der Alten „entweder lebenslange Arbeit, Unterstützung der Kinder oder vor fremden Zugriff gesicherte Rücklagen" (ebd.). Für die Alten der unteren Gesellschaftsschichten fielen – selbst wenn sie von der Familie aufgefangen worden sind – sehr häufig Lebens- und Berufsende zusammen.

Das Ende der Arbeitstätigkeit oder der Berufsarbeit war bei großen Teilen der Bevölkerung im Regelfall mit der Arbeitsunfähigkeit oder dem Lebensende verbunden. Es gab aber auch familiäre Versorgung[85] für die Älteren, wenn genügend Vermögen vorhanden war. Es ist anzunehmen, „dass die Versorgungspflicht eng mit der Vermögensübertragung von Todes wegen zusammenhing. Eine vom Erbrecht unabhängige Unterhaltspflicht lässt sich dagegen archäologisch nicht nachweisen." (Hillebrecht 2012, S. 126)

---

[83] Es gab keine Hochschulen im modernen Sinn. Dies gilt sowohl für die von Platon um 387 v. Chr. gegründete Akademie als auch die anderen athenischen Philosophenschulen.
[84] Die aristotelische Akademie stellt aber den Bezugspunkt für eine höhere Ausbildung an hohen Schulen – und dann auch Berufsausbildung – von Akademikern dar.
[85] Typische Regelungen „dieser Zeit waren das Altenteilrecht, das Erbrecht, die Adoption und das Hausvatersystem" (Hillebrecht 2012, S. 174).

Es finden sich Aussagen zur Tätigkeit im Alter, aber bis „zu welchem Alter Erwachsene im Altersprozess voll integriert waren, ist nicht eindeutig zu erheben. Man wird im bäuerlichen Leben mit einem gleitenden Austritt aus dem täglichen Arbeitsprozess rechnen können. Sofern die Einbindung in die Familie einen ökonomischen Rückhalt bot, konnte ein Erwachsener aus der Erwerbsarbeit ausscheiden." (Frevel 2009, S. 22)

1.3.3 Berufsförmige Tätigkeiten im Imperium Romanum

Das römische Reich erlebte in der Kaiserzeit, und wenn man den nicht unstrittigen Aussagen Edward Gibbons folgt, insbesondere im zweiten Jahrhundert seine kulturelle Hochblüte und seine größte Ausdehnung. Die Bedeutung und Erfolge des römischen Reichs liegen „in seiner speziellen Eroberungspolitik und Herrschaftssicherung" (Kaser 2011, S. 34). Rom sicherte und institutionalisierte seine Herrschaft durch die Legionen und Romanisierungspolitik.

„Die Römer übernahmen im Wesentlichen die griechische Missachtung der Arbeit. ‚Labor' bedeutete durchweg ‚Last', ‚Mühe', ‚Anstrengung', ‚Beschwerde', ‚Not', ‚Ungemach' und verband sich mit entsprechend negativ akzentuierten Konnotationen (labor improbis) ‚schlechte, unwürdige Arbeit'." (Walther 1990, S. 7)
Insbesondere die Oberschicht im Imperium Romanum hatte über Jahrhunderte hinweg eine distanzierte Einstellung „gegenüber Arbeit:
- Prinzipiell galt, dass (körperliche) Arbeit, mit Ausnahme landwirtschaftlicher Betätigung, eines freien Mannes unwürdig sei.
- Wer dennoch arbeiten musste, hatte eine klare hierarchische Vorstellung moralisch besserer und schlechterer Berufe, die er aus Erwerbsgründen ergreifen konnte.
- Überhaupt ging man davon aus, dass Arbeit den Charakter verderbe; wer gezwungen war, eine moralisch minderwertige Tätigkeit auszuüben, dem unterstellte man, dass dies ihn auf Dauer auch zu einem moralisch minderwertigen Menschen werden ließe." (Aßländer 2005, S. 7)
Der soziale Status verschiedener Berufe und Erwerbszweige erfolgte „aus der Sicht der römischen Oberschicht (…) dabei etwa nicht, wie ökonomisch einträglich die verschiedenen Tätigkeiten sind, sondern vor allem, ob sie nach dem Selbstverständnis der römischen Aristokratie standesgemäß sind" (Scherberich 2006, S. 94).

Auch wenn der Handel in der Antike als besonders tadelnswert galt, prosperierte durch Urbanisierung und Romanisierung die Wirtschaft in vielen Teilen des Großreiches. Getragen wurde die Wirtschaft im Römischen Reich vor allem durch die Landwirtschaft und den Handel. So baute beispielsweise die Stadt Palmyra besondere Handelsstrukturen auf. Die Stadt gewann an „Reichtümern aus dem Karawanenhandel von Indien und Babylonien ans Mittelmeer" (Hartmann 2008, S. 344). Um einen solchen Fernhandel betreiben zu können, mussten die Kaufleute sehr differenziertes berufliches Wissen aufweisen.

Die antike römische Hochkultur dokumentierte sich auch durch viele Pofan- und Sakralbauten, die große Ingenieurkunst aufwiesen. „Die Zeit etwa bis zum Ende des zweiten Jhs.

n. Chr. ist zugleich die Phase, in der die römische Kultur und Architektur sich in nahezu allen großen Städten des Reichsgebietes durchsetzte. Das Straßensystem und die vollständige Kontrolle der Seewege im Mittelmeer ermöglichte es, je nach Anspruch, Mitteln und Bedarf im gesamten Reich Bauten auf annähernd stadtrömischem Niveau zu errichten. Eine ähnliche Homogenisierung der Architekturentwicklung im gesamten Mittelmeerraum, und teilweise darüber hinaus (Frankreich, England, Süd- und Westdeutschland) hat es nie zuvor, und auch lange danach, nicht gegeben." (Osthues 2014, S. 271)
Die römische Gesellschaft war „nach Altersklassen, Standesschichten, Geschlechtsunterschieden und Personenstandsklassen eingeteilt" (Herrmann-Otto 2004, S.11). Sie war durch ein starkes Standesbewusstsein und ausgeprägte Hierarchien bestimmt. „Die gesellschaftliche Gliederung wies jedem von Geburt an einen bestimmten Platz zu." (Klingenberg 2011, S. 25) Nach dem Kaiser standen in der Rangfolge die Senatoren und die Ritter. Dabei war der Besitz[86], der nachgewiesen werden musste, „eine wichtige Statusgrundlage in der römischen Gesellschaft" (ebd., S. 47).

Ähnlich wie im Hellenismus galt auch in der römischen Gesellschaft vor allem der Landbesitzer und Bauernstand als angesehen.[87] Senatoren und Ritter genossen ein besonderes Ansehen. Ihr Wirken im Amt kann als unbezahlte berufsförmige Tätigkeit oder Beruf, im Sinne von dazu berufen zu sein, interpretiert werden. Diese Tätigkeiten waren standesgemäß, denn viele Aristokraten in der römischen Antike lehnten „bloßes Genießen wie auch reines Philosophieren ab. (…). Man verachtete nicht die Arbeit an sich, sondern die abhängige Arbeit gegen Lohn" (Hummel-Liljegren 1981, S. 23). Schon bei Kaiser Augustus „erfolgte traditionell eine Prüfung der Ritter, (…), bei dem sich die Staatspferdinhaber selbst mit ihrem Pferd präsentierten und dabei gemustert wurden (…). Die *jährliche Prüfung* (…) lautete *equitum probatio*" (Klingenberg 2011, S. 44; Hervorhebungen im Original).[88] Auf diese Standes- oder Berufsprüfung werden sich die Amtsinhaber gut vorbereitet haben.[89]

Anders als im Hellenismus erfuhren auch einige Berufe, die nicht von den Aristokraten ausgeübt wurden, Anerkennung der Oberschicht und eine Statuserhöhung, auch wenn diese gegen Lohn arbeiteten. Dazu gehörten die „Wissensberufe" wie Mediziner, Architekten, Juristen, aber auch Lehrer des gehobenen Unterrichts.

---

[86] „Die für die Stände der Oberschicht „festgelegten Vermögensgrenzen von einer Million Sesterzen für die Senatoren und 400 000 Sesterzen für die Ritter stellten ein klar definiertes Kriterium dar, an dem nicht gerüttelt werden konnte. Das Unterschreiten dieser Grenze war daher ein maßgeblicher Faktor für einen sozialen Abstieg" (Klingenberg 2011, S. 47)
[87] Nicht nur für die Aristokraten galt, wie Klingenberg (2011, S. 50) heraushebt: „Grundbesitz war die allgemein anerkannte, mehr noch die prestigeträchtigste Anlageform und galt als weitgehend krisenfest. Dabei nur für den eigenen Bedarf zu produzieren und als Eigner womöglich selbst auf dem Acker zu stehen, (…), lag der Oberschicht (…) aber fern."
[88] Insbesondere für die Senatoren-, aber auch für die Rittersöhne „sprach man vom Ritterstand sogar als *seminarium senatus*" (Klingenberg 2011, S. 45; Hervorhebungen im Original) „Unter Augustus wurde bei Bedarf, wenn er selbst verhindert war, ein Gremium von drei Senatoren zur Überprüfung der Ritter bestellt." Als weiteres Untersuchungspersonal wurde später ein „*procuratuor ad census equitum Romanorum*" benannt. Ein weiteres Amt ergab sich durch die Ernennung von „*inquisitores*" (vgl. ebd. S. 46; Hervorhebungen im Original)
[89] Teilweise gab es auch ein „demonstratives Verharren im Ritterstand, obwohl den betreffenden Personen jederzeit ein Aufstieg in das Senatorenamt möglich gewesen wäre" (Christ 2009, S. 397)

Für die Medizin war das erste und zweite Jahrhundert n. Chr. „eine äußerst fruchtbare Ära" (Diederich 2007, S. 117). Der medizinische Bereich hatte sich diversifiziert. Es gab nun „Hebammen, Militärärzte, Sportärzte in den Gladiatorschulen, etruskischen Chirurgen und Zahnärzte." (ebd., S. 114) Schon seit Caesar stieg das gesellschaftliche Ansehen der Medizinberufe. Das medizinische Wissen in Rom wuchs erheblich (ebd., S. 117 ff.), obwohl das „exaktwissenschaftliche" und das „mythische Denksystem" (ebd., S. 149) bei den Medizinberufen nebeneinander existierten.

Die Ausbildung zum Arzt erfolgte, „wenn sich der Schüler sich eidesstattlich verpflichtete, bestimmte ärztliche Verhaltensnormen einzuhalten" (Steger 2004, S. 47). Danach „beginnt der Lehrer den Unterricht in allgemeinen ärztlichen Vorschriften, Vorlesungen und Unterweisungen am Krankenbett und in der Sprechstunde.[90] Dafür verpflichtete sich der Schüler, seinen Lehrer in Notsituationen und im Alter zu unterstützen und die Kunst weiterzugeben. Berufliche Kompetenz wird also in eine familiale Struktur eingepasst. Die Söhne des Lehrers wurden wiederum Ärzte und taten das wegen des zu erwartenden Ansehens." (ebd.)

Auch ein Teil der Architekten und Baumeister (architectus) hatten einen gehobenen Rang und genossen gesellschaftliche Aufmerksamkeit durch die von ihnen geschaffenen herausragenden Werke[91] Zum Aufgabenspektrum der Architekten gehörten die Errichtung von Bauten, die „nicht ohne einen professionellen qualifizierten Fachmann durchzuführen war" (Osthues 2014, S. 373). Als weitere Bereiche gehörten zu dem Arbeitsspektrum die Stadtplanung und das was heute als Ingenieurbau bezeichnet wird, „d. h. die Errichtung von Zweckbauten mit besonderen technischen Anforderungen" (ebd., S. 374). Hinzu kam die Materialvorbereitung zum Beispiel in Steinbrüchen. Schließlich wurden auch in Bereichen gearbeitet, „die man heute dem Berufsfeld nicht mehr zurechnet" (ebd.). Dazu gehörten der Bau von „Kriegsmaschinen, Wasserrädern und Schöpfmaschinen sowie Wasserorgeln und Uhren" (ebd.).

Die großen Architekten erhoben sich in der Kaiserzeit über den sozialen Status der Handwerker. Allerdings darf es „geradezu als soziales Paradoxon angesehen werden, dass in einer Funktion, die von Sklaven ausgeübt werden konnte, und das noch dazu aus dem Handwerk stammte, auch Angehörige der obersten Schicht öffentlich aufgetreten sind" (Osthues 2014, S. 80).

In der römischen Kaiserzeit des zweiten bis dritten Jahrhunderts nach Chr. gewannen die Juristen großes Ansehen, auch „weil die kaiserliche Zentralgewalt weitgehend dem Sach-

---

[90] Drei Autoren der römischen Antike ragen mit ihren Werken über technische Baukunst besonders heraus. Das sind
- der römische Architekt und Ingenieur Marcus Vitruvius Pollio, der am Ende des 1. vorchristlichen Jahrhunderts sein Lehrbuch „De architectura libridecem" verfasste;
- der Grieche Heron von Alexandria, dessen Schriften aus dem 1. Jahrhundert n. Chr. sowohl Physik, Mechanik als auch die Geräte und Vermessungsinstrumente umfasste,
- der römische Politiker und Offizier Sextus Julius Frontius, der im ersten Jahrhundert n. Chr. ein Buch über die Technik der Wasserversorgung Roms verfasste.

[91] Eine ausführliche Darstellung der „Technik im Altertum" gibt das monumentale Werk von Albert Neuburger (1919).

verstand von Juristen folgte" (Dahlheim 2013, S. 56). Der Beruf des Juristen hatte sich aber in dieser Zeit sehr differenziert. „Als juristische Berufe kamen damals folgende in Betracht: in erster Linie freie Rechtsberater der Mitbürger, Magistrate, ehrenamtliche Richter und Anwälte" (Liebs 2011, S. 42). „Zweitens (…) betätigten Juristen sich als Sachwalter und Anwalt, außergerichtlich und auch vor Gericht" (ebd.), da es häufig nötig war, damit das Auskommen zu sichern. „Drittens konnten Juristen als besoldete Assessoren (…) ihren Unterhalt verdienen: bei einem hohen kaiserlichen Beamten bis zu Präfekten, einem senatorischen Magistrat vom Prätor und Konsul bis zum Prokonsul oder einem kaiserlichen Legaten als Provinzgouverneur. (…). Einträglich konnte der viertens zu nennende Beruf als Rechtslehrer sein (…). Schließlich konnte man sich fünftens auch als freier juristischer Schriftsteller und Gelehrter betätigen" (ebd.). Die Ausbildung der Juristen erfolgte in speziellen Rechtsschulen oder durch gezielten privaten Rechtsunterricht.

Das Berufsfeld von Lehrern umfasste verschiedene Bereiche, die sich in der Kaiserzeit durch erste Ansätze zu einem dreistufigen System[92] von Elementar-, Grammatik und Rhetorikschule herausbildeten (Gemeinhardt 2007, S. 32 ff.). Damit ergaben sich auch Statusunterschiede zwischen den verschiedenen Lehrerarten. Die Lehrer der Elementarschulen hatten ein nur geringes gesellschaftliches Ansehen. Lehrer für Grammatik und insbesondere Rhetorik dagegen gewannen an Bedeutung.

Im höheren Bildungsbereich waren Lehrer „privat in den domus der Reichen" oder im „öffentlichen Dienst" angestellt (Rieß 2001, S. 168). Unabhängig davon war am Ende der Republik „die gesamtgesellschaftliche Einschätzung der Bildung (…) ambivalent" (Rieß 2001, S. 171). Noch zu Beginn der Kaiserzeit galt das für Rhetoren, Praeceptoren, Magister und Philosophen gleichermaßen.

Erst „allmählich verbreitete sich auch in weiteren gesellschaftlichen Kreisen das Gefühl, Bildung sei etwas Besonderes und könnte durchaus von Wert sein" (Rieß 2001, S. 171). Diese angesehenen Lehrer hatten häufig zur Ausbildung eine Rhetorikschule besucht und nachfolgend einen Aufenthalt in Griechenland genossen. Diese Art der gehobenen Lehrerbildung bedurfte größerer finanzieller Mittel. Unterrichtsthemen waren an griechische Bildungsinhalte angepasst. Gegenstände waren die Grammatik, Rhetorik, Ethik und Philosophie. Letztendlich stand für die römischen Lehrer wegen der Ansprüche, die die meist sehr realistische Elternschaft vertrat, der Praxisbezug im Vordergrund.[93]

Eine Besonderheit stellen die römischen Soldatenberufe in den Legionen dar, auf der die Herrschaft der Kaiser beruhte. Die Berufe bzw. die Dienstgrade unterlagen einer sehr differenzierten Rangfolge. Die hochrangigen Dienstgrade wurden von Adligen besetzt. Erst vom Rang des Centurios an wurden die weiteren Rangstufen von Bürgerlichen ausgefüllt.

---

[92] Mit dem sogenannten Drei-Stufen-System war nicht automatisch verbunden, dass der Schüler diese Schulformen in „drei klar voneinander getrennten Etappen" zu absolvieren habe." (Gemeinhardt 2007, S. 34).
[93] Das wird auch an dem noch heute bekannten Ausspruch: "Nicht für die Schule, sondern für das Leben lernen wir", (Non scholae, sed vitae discimus) deutlich.

In der Hierarchie der römischen Legionen stand der Legat (legatus legionis) und die Tribunen aus dem Senatoren- oder Ritterstand an oberster Stelle, es folgte der Praefectus Castrorum und der Primus Pilus, die eventuell aus dem Bürgerstand kamen. Dieser war der oberste Berufssoldat, ein Führer häufig aus den Mannschaftsdienstgraden und nicht Adligen. Adlige konnten direkt den Rang eines Centurio einnehmen. Auch die Centoris hatten verschiedene Ränge, die durch ihre spezifischen Aufgaben bestimmt waren. Die Rangfolge der Centurio lautete der primus pilus, pilus posterior, pilus prior, princeps posterior, princeps prior, hastatus posterior, hastatus prior. Unterhalb der Centurio standen u. a. der Optio und der Tesserarius. Auf dem untersten Rang stand der einfache Legionär.

Durch die starke Untergliederung in den römischen Legionen ist ein Vergleich zu modernen Dienstgraden und militärischen Berufen kaum möglich. Der normale Centurio kann am ehesten mit dem Dienstrang „Hauptmann", der Optio und Tessarius mit dem „Unteroffizier") verglichen werden. Neben den Legionen gab es die Hilfstruppen u. a. mit Infanteristen, Berittenen, Bogenschützen und Schleuderern, die ähnlich aufgebaut waren. Der Soldatenberuf war im Imperium Romanum schon vor der Kaiserzeit 100 Jahre v. Chr. durch Marius außerordentlich ausdifferenziert worden. In der späten Kaiserzeit ergaben sich weitere Ränge.[94]

Der größte Teil der Menschen der unteren sozialen Schichten des römischen Imperiums war in der Landwirtschaft tätig, die sehr arbeitsintensiv war, da die Produktion nur mit wenigen Hilfsmitteln und weitgehend ohne Maschinen erfolgte. Durch die zunehmende Installierung von großen Latifundien mit neuerer technischer Ausrüstung wurden in der Kaiserzeit die in vielen Regionen bestehende kleinbäuerliche Landwirtschaft[95] verdrängt und es entstanden andere Arbeitsverhältnisse mit spezialisierten Berufe wie die des Verwalters, Tierarztes, Ackermanns, Hirten etc. Gegenläufig dazu wurde die „erbliche Bindung der Untertanen an ihren Beruf, insbesondere die der bäuerlichen Kleinpächter an ihre Scholle", die „faktisch vielfach bereits im 2. und 3. Jahrhundert bestanden" (Wiemer 2006, S. 20) hat, im vierten Jahrhundert festgeschrieben

Nicht nur in Rom, sondern in allen römischen Städten gab es – mehr noch als im Hellenismus – viele spezialisierte Handwerksberufe. „Strukturell hat sich das Handwerk in römischer Zeit kaum gewandelt. Die kleine Werkstatt, die für den lokalen Markt produzierte, war weiterhin vorherrschend. Daneben gab es wie früher in Griechenland größere Werkstätten, die teilweise Sklaven beschäftigten und deren Erzeugnisse von Händlern in entfernteren Regionen verkauft wurden. Die große Zahl unterschiedlicher Berufsbezeichnungen in lateinischen Inschriften ist ein klares Indiz dafür, dass auch in römischer Zeit die Spezialisierung in den einzelnen Zweigen des Handwerks deutlich zunahm." (Elkar/Keller/Schneider 2014, S. 63)

---

[94] Strittig ist, inwieweit man die einzelnen militärischen Ränge als Berufe bezeichnen kann. Im heutigen soldatischen Sprachgebrauch scheinen keine Bedenken zu bestehen, den militärischen Rang mit dem Beruf gleichzusetzen.
[95] Verloren ging dadurch die zuvor „anerkannte Stellung des *plebs rustica* als einer großen und selbständigen, das staatliche Leben machtvoll beeinflussenden sozialen Gruppe, das Kraftgefühl und Selbstbehagen in gefestigter und ausreichender wirtschaftlicher Position" (von Pöhlmann 1912, S. 463).

Technische Innovationen und Verbesserungen „führten in einigen Handwerksberufen zu tiefgreifenden Veränderungen des Arbeitsprozesses" (Elkar/Keller/Schneider 2014, S. 64). Das betraf vor allem die Glasproduktion und die Töpferei. Mit der Serienproduktion entstanden viele spezialisierte berufsförmige Tätigkeiten wie die Glaseinfärber, Heizofenbeschicker und Glasbläser. Mit der Erfindung des durchsichtigen, farblosen Glases entstand der Beruf des Fensterglasers.

In den verschiedenen Handwerksbereichen finden sich Sklaven „in den meist kleinen bis mittleren Betrieben, in denen die Herren aus der unteren Mittelschicht mitarbeiten" (Hermann-Otto 2015, S. 22). Berufsfachlich waren solche Sklaven anerkannt und genossen von daher einige Vorteile. Anders war das bei den Bergwerkssklaven, die unter unmenschlichen Bedingungen arbeiteten und vegetierten.

Für die handwerklichen Tätigkeiten wurde „die Lehrbarkeit und Erlernbarkeit als ein Kennzeichnen einer techne angesehen, eines Berufes, der rationalen Regeln folgt" (Elkar/Keller/Schneider 2014, S. 63). Aus römischer Zeit sind Ausbildungsverträge vorhanden, die über eine Zeit von mehreren Jahren liefen.[96] Die handwerklichen Berufe, die sehr spezialisiert waren, genossen nur geringe gesellschaftliche Anerkennung. „In der römischen Führungsschicht existierte eine ähnliche Geringschätzung körperlicher Arbeit wie zuvor in Griechenland." (Elkar/Keller/Schneider 2014, S. 72)

Kaufleute, wie Händler, Geldwechsler und Bankiers waren „durch den kulturellen, politischen und religiösen Bedingungsrahmen bestimmt, in welchem sie lebten und arbeiteten. Als Abhängige, etwa in Form der Sklaverei, waren sie direkt den Direktiven ihres Herrn unterworfen, der auch große Teile der Erträge ihrer Arbeit abschöpfte und als Selbstständige unterlagen sie der Abschöpfung durch Besteuerung." (Reinisch 2011, S. 24)

Insgesamt gab es in den verschiedensten Zusammenhängen des römischen Lebens von der Oberschicht mit den Senatoren bis hin zu den Sklaven als Urinwäscher in der römischen Antike außerordentlich viele berufsförmige Tätigkeiten und Berufe, wie eine kleine Auswahl zeigt (Abb. 5).

Aber auch privilegierte Sklaven verrichteten berufsförmige Tätigkeiten. So listet Elisabeth Herrmann-Otto (1994, S. 421 f.) weit mehr als achtzig verschiedenen Berufe von Haussklaven allein im Privathaushalt und in der familia caesaris auf. Ausgewählte Kinder von Sklaven erhielten eine spezielle berufliche Ausbildung.[97] Unter dem Aspekt von Be-

---

[96] So ist ein Vertrag zwischen Ischyrion, dem Vater von Thonis, und dem Weber Herakles aus dem Jahre 183 n. Chr. bekannt, bei dem die Pflichten des Vaters sowie seines Kindes und des Lehrherrn geregelt sind. Dort heißt es: „Er (Ischyrion) wird ihn stellen, sodass er während des besagten Zeitraumes seinem Lehrherrn zu Diensten steht, jeden Tag von Sonnenaufgang bis Sonnenuntergang, wobei er alles tut, was ihm von seinem Lehrherrn aufgetragen wird, wie gleichartigen Lehrlingen; ernährt wird er von Ischyrion. (…) Herakles seinerseits (…) wird dem Lehrling das besagte Handwerk in den fünf Jahren gänzlich beibringen, wie er es selbst versteht, und die monatlichen Löhne entrichten, wie vorgesehen ab dem achten Monat des dritten Jahres." (Elkar/Keller/Schneider 2014, S. 63)
[97] „Sklavenkinder konnten teilweise ab dem fünften Lebensjahr eine Elementarbildung erhalten. Sie waren dann, nach einer sich anschließenden Berufsbildung mit Überschreiten der *pubertas* voll beruflich qualifiziert einsetzbar." (Herrmann-Otto 1994, S. 401)

rufstätigkeit sind die Sklaven nicht als eine homogene Gruppe zu klassifizieren. Es fanden sich Sklaven als landwirtschaftliche Fachleute, Bergarbeiter, Vertreter in Handwerksbetrieben, Aufseher, Schreiber, Vorleser, Lehrer, Ärzte, kaiserliche Räte. Hetären und sogar als Eigentümer von Sklaven.

Insgesamt gab es mehr als fünfhundert lateinische Ausdrücke für berufsförmige Tätigkeiten und Berufe. Anzunehmen ist, dass – auch unter Berücksichtigung der Angestellten und Sklaven in Privathaushalten (Herrmann-Otto 1994, S. 421 f.) – darüber hinaus noch weiter Berufsbezeichnungen vorhanden waren, die insbesondere durch den Gebrauch neuer technischer Artefakte und Spezialisierungen entstanden.

> Ackermann, Administrator, Advokat, Aedil, Alabasterschneider, Amtsverweser, Anwalt, Aquäduktbauer, Architekt, Arzt, Assessor, Aufseher, Aufwärter, Bäcker, Bademeister, Bankier, Bauer, Baumeister, Bildhauer, Bleicher, Bogenmacher, Bogner, Bootsbauer, Bote, Brater, Brückenbauer, Brunnenbauer, Brunnenmeister, Buchhändler, Centoris, Centurio, Chirurg, Dienerin, Einnehmer, Erfinder, Eseltreiber, Feinschleifer, Fensterglaser, Fernhändler, Fischer, Fischhändler, Fleischer, Fliesenleger, Fuhrmann, Gärtner, Gelehrter, Getreidehändler, Gewürzhändler, Gladiator, Glasbläser, Glaser, Goldschmied, Graupenmacher, Griesmacher, Grobschmied, Hauptmann, Hebamme, Heizofenbeschicker, Hetären, Hirt, Holzhändler, Imker, Ingenieur, Inspektor, Juristen, Kammmacher, Kastenmacher, Kellermeister, Kesselflicker, Kesselschmied, Kleinhändler, Koch, Kornhändler, Krämer, Kupferschmied, Landmann, Landvermesser Legat, Lehrer, Leibarzt, Maler, Maurer, Messerschmied, Militärärzt, Mosaikleger, Müller, Nadelmacher, Nagelschmied, Ölhändler, Optio, Pächter, Papiermacher, Pflasterer, Pflüger, Praetor, Präfekt, Priester, Quaestor, Registrator, Rennfahrer, Riemenmacher, Ritter, Sachverwalter, Salzhändler, Scherenschleifer, Schiffbauer, Schiffsherr, Schiffslenker, Schlachter, Schleifer, Schreiber, Schreiner, Schriftsteller, Segelmacher, Seilmacher, Senator, Silberschmied, Soldat, Spangenmacher, Sportarzt, Stallknecht, Steinbrecher, Steinmetz, Stofffärber, Stoffsticker, Straßenbauer, Tierarzt, Tischler, Töpfer, Tribun, Trompeter, Tuchwalker, Türhüter, Urinwäscher, Verfasser, Verteidiger, Verwaltungsbeamter, Vestalin, Vorsteher, Waffenschmied, Wagenlenker, Walker, Wäscher, Wasserleitungsbauer, Wechsler, Wegmacher, Weinhändler, Weißgerber, Wirt, Zahnarzt, Zeichner, Ziegelbrenner, Zinngießer.

Abb. 5: Antike römische Berufe – Auswahl[98]

Allerdings ist nicht immer eindeutig entscheidbar, ob es sich dabei um Berufe oder nur um Tätigkeitsbezeichnungen handelte.

- **Ende der Arbeits- und Berufstätigkeit**

Wie lange die Berufe ausgeübt werden konnten, war insbesondere bei schwerer Arbeit vom körperlichen Verschleiß abhängig. Das erreichbare Lebensalter und damit auch die Zeit der beruflichen Tätigkeit waren – gemessen an heutigen Verhältnissen – sehr unsi-

---

[98] Diese Liste ist aus einer Eigenrecherche und einem Zusammentrag verschiedenster Literaturquellen (s. auch vorangegangener Text) entstanden, in denen Berufe während der römischen Kaiserzeit benannt werden.

cher, jedoch verhältnismäßig kurz. Das Wissen über das erreichbare Lebensalter stützt sich auf „Haushaltsdeklarationen aus dem römischen Ägypten (1.-3. Jh. n. Chr.), aus denen sich immerhin ein Durchschnittsalter von 40 Jahren[99] ermitteln lässt" (Herrmann-Otto 2004, S. 5). Damit kann die durchschnittliche Phase einer berufsförmigen Tätigkeit zwischen 26 und 35 Jahren angenommen werden, wenn man davon ausgeht, dass das Schicksal der Kinderarbeit jemanden teilweise bereits mit fünf Jahren ereilen konnte. Ein Großteil der Bevölkerung war spätestens mit Überschreiten der Pubertät in das Erwerbsleben eingefügt. Arme Menschen ohne Familienanschluss mussten bis an das Lebensende in irgendeiner Weise ihren Unterhalt selbst bestreiten.

Das höhere Alter wurde in die auch in römischer Zeit gängigen Lebensstufenmodelle eingeordnet. Es wurden zwei Phasen des Alters unterschieden. Differenziert wurde „zwischen senior (vom 45. bis zum 60. Lebensjahr) und senex (vom 60. Jahr bis zum Tod). Das 60. Lebensjahr als Grenze des Greisenalters taucht in vielen Zusammenhängen auf." (Ehmer 2008, S. 157)

Damit ist auch das Ende der Arbeits- und Berufstätigkeit im römischen Imperium zumindest für die Oberschicht geregelt. Die Entpflichtungsgrenze bei den Senatoren lag „beim 60. oder 65. Lebensjahr"[100] (Herrmann-Otto 2004, S. 11). Für alle „oberen Stände ist eine finanzielle Absicherung im Alter vorhanden" (ebd., S. 12), ebenso für die Veteranen, die der Staat versorgte. In den Oberschichten stellte das Alter normalerweise kein Problem dar, da „die Machtposition des pater familias als Oberhaupt der Familie lebenslänglich konzipiert war" (Ehmer 2008, S. 158).[101] Anders war es im Regelfall – wenn auch sehr unterschiedlich – für die Unterschichten.

Das Ende der Berufstätigkeit „ist im Römischen Reich in ganz wesentlichen Maße von den Gesellschaftsschichten und der Geschlechterdifferenz geprägt. Da es keine staatliche Altersversorgung gibt, sind die Unterschichten (…) zeitlebens auf ihrer Hände Arbeit und die Unterstützung ihrer Kinder angewiesen." (Ehmer 2008. S. 13) Alte kinderlose Männer und insbesondere Frauen waren besonders von der Armut betroffen. Für sie gab es keinen Ruhestand.

---

[99] Das Durchschnittsalter betrug „46 Jahre für Männer" und „37 Jahre für Frauen" (Herrmann-Otto 2004, S. 5).
[100] Die Übergänge zum Rückzug in den Ruhestand blieben allerdings fließend. So gab es „Beispiele von 90jährigen im Amt" (Herrmann-Otto 2004, S. 12).
[101] Allerdings konnte der pater familias „unter bestimmten Bedingungen, wenn er seine Aufgaben nicht mehr erfüllte, der Vormundschaft eines Sohnes unterstellt werden" (Ehmer 2008, S. 158).

1.4 Tätigkeitsbezogene und berufsförmige Spezialisierung im Mittelalter

1.4.1 Berufsvorstellungen der Antike und Neuformierung der Arbeits- und Berufswelt im frühen Hochmittelalter

- **Berufe im Mittelalter – Übernahme von Berufsvorstellungen der Antike**

Mit dem Zerfall des Römischen Imperium, der Absetzung des letzten römischen Kaisers im Jahre 476 n. Chr. und dem Ende der Herrschaft der Römer, den Folgen der Völkerwanderung sowie den anschließenden kriegerischen Auseinandersetzungen begannen große machtpolitische Veränderungen und gesellschaftliche Umbrüche sowie kulturelle Depressionen.[102] Dieses wirkte sich auch auf die zuvor bestehende sehr differenzierte Berufswelt aus.

Das Spektrum praktischer beruflicher Tätigkeiten war im frühen Mittelalter anfänglich noch gut überschaubar. Im Wesentlichen existierten nur noch wenige Tätigkeitsgruppen und Berufe wie Bauer, Händler und Handwerker, daneben aber auch Krieger, Mediziner, Richter, Priester und Staatslenker. Mit dieser groben Struktur war eine (schon in den frühen Hochkulturen vorhandene) Form der Arbeitsteilung verbunden.

Die in der Antike verbreitete Auffassung, körperliche Arbeit in Verbindung mit Entlohnung entehre den Menschen, änderte sich erst mit der Verbreitung des Christentums. Die Arbeit bekam, im Gegensatz zur antiken Verachtung aller unfreien Handarbeit, durch das Christentum stärkere Anerkennung. „Mit dem Aufstieg der Mönche zum vorbildlichen und literaten Stand" entwickelte sich eine Tendenz zu einer „das mühselige Unterhaltshandeln prinzipiell aufwertenden Denkweise. Besonders in den Mönchsregeln – knapp 30 sind vom 5. bis zum Ende des 7. Jahrhunderts überkommen – hat die Anerkennung der körperlichen Arbeit in der Mönchsgemeinschaft zum Zweck des eigenen Unterhalts und des Almosengebens als Gott wohlgefälliges Werk expliziten und wirkungsreichen Ausdruck gefunden." (Kuchenbuch/Sokoll 1990, S. 34)

Durch die materiellen, sozialen und kulturellen Zerstörungen entwickelten und spezialisierten sich die Berufe in Europa und im deutschen Sprachgebiet erst wieder in nennenswertem Umfang nach dem frühen Mittelalter. Dabei wurde teilweise auch auf Konzepte der späten römischen Antike zurückgegriffen. Unter dem historischen Gesichtspunkt ist

---

[102] Dieser Umbruchszeit folgte das frühe Mittelalter, das mehrere Jahrhunderte währte. Im Frühmittelalter lebte die Bevölkerung zum größten Teil auf dem Land. Auf den kleineren landwirtschaftlichen Höfen und den großen Meiereien waren die Menschen wirtschaftlich fast autonom. Sie gestalteten ihr Leben im Wesentlichen jahreszeitlich. Im Frühjahr begannen die landwirtschaftlichen Arbeiten, im Sommer und Herbst bestimmten die landwirtschaftlichen und bauhandwerklichen Arbeiten das Geschehen und im Winter erfolgte die Fertigung der für sich selbst benötigten Gebrauchsgegenstände und Kleidung. In dieser Zeit mussten die Menschen handwerklich breit befähigt sein. Die Arbeit und Beruflichkeit auf dem Lande war universalistisch angelegt.

für die Entwicklung der Berufe und der Beruflichkeit erst wieder das Hoch- und Spätmittelalter von besonderem Interesse.[103]

- **Neue Formierung der Arbeits- und Berufswelt im frühen Hochmittelalter**

Um die Jahrtausendwende erfolgte eine verstärkte Kultivierung des Landbaus. Neben den weltlichen Fronhöfen waren bereits auch geistliche Grundherrschaften entstanden. „Innerhalb der Fronhöfe bestand ein Bedürfnis nach handwerklichen Dienstleistungen und Produkten, das – in Anknüpfung an die traditionellen Praktiken in einer sich weitgehend selbstversorgenden bäuerlichen Hauswirtschaft – danach drängte, unmittelbar vor Ort professionell befriedigt zu werden." (Zabeck 2013, S. 44) Neue Überlegungen bewirkten „eine Intensivierung von Wirtschaft, Handel und Verkehr und führten zur Ablösung der frühmittelalterlichen Naturalwirtschaft und zugleich zum Aufstieg der mittelalterlichen Gewerbe-Bürgerstadt, vor allem in westfränkischen und rheinischen Bischofsstädten, aber auch in Regensburg; es erfolgten in der 1. Hälfte des 11. Jahrhunderts eine Fülle königlicher und dynastischer Städtegründungen zwischen Rhein und Elbe. Im 12./13. Jahrhundert begann sich das karolingische, im 9.–11. Jahrhundert ausgebreitete und konsolidierte Grundherrschaftssystem des Königs sowie der kirchlichen und weltlichen Herren mit der im Lehnswesen begründeten Wirtschafts- und Sozialordnung und den Fronleistungen aufzulösen." (Binding 2014, S. 13) Der Hochadel, die Ritter und die Bürger gewannen Einfluss. Der Adel und die Ritter bauten Burgen und die Dörfer in unmittelbarer Nähe der Burgen wuchsen zu Städten und die Bewohner zu „Bürgern" heran.

In der Landwirtschaft ergaben sich durch den Kontakt mit den Bürgern weitere „technische Verbesserungen: Errungenschaften wie das Arbeitspferd mit Hufeisen und Zuggeschirr, Beetpflug, Sense, Ackerwagen sowie Wasser- und Windmühlen brachten höhere Erträge" (Binding 2014, S. 13). Damit entstanden wiederum für die Städte bessere Versorgungsmöglichkeiten und es entwickelte sich eine spezialisierte handwerkliche Produktion, die nicht nur in der Landwirtschaft Absatz fand. Die Städte erhielten das Münzrecht (Busch/Busch 2002, S. 15).[104] Im 12. und 13. Jahrhundert entwickelte sich beginnend in Italien zunehmend die Geldwirtschaft. „In den Händen von Bürgern sammelten sich seit dem 13. Jahrhundert teilweise große Geldvermögen an; der wirtschaftliche Aufstieg war begleitet von wachsendem sozialem Ansehen und politischem Einfluss." (Binding 2014, S. 13)

Augenfällig zeigt sich die Entwicklung im späten Hochmittelalter und frühen Spätmittelalter durch die anlaufenden beeindruckenden Großbauvorhaben von Burgen und Kirchen. Um die hochaufstrebenden gotischen Kirchbauten realisieren zu können, wurden ganz

---

[103] Wegen der sehr verschiedenen Entwicklungen nach dem Zusammenbruch des weströmischen Reiches richten sich die folgenden Betrachtungen auf das nordwestliche Europa und besonders auf den deutschsprachigen Raum sowie die Zeit des Hoch- sowie Spätmittelalters.
[104] Denaren, die „Ende des 8. Jahrhunderts unter Karl dem Großen eingeführte Silberwährung, die über Jahrhunderte hinweg in ganz West- und Mitteleuropa einheitlich gültig war, wurde im Zuge zunehmender Städtegründungen und damit einhergehender Münzrechtsverleihungen im 12. Jahrhundert weitestgehend durch Regionalwährungen abgelöst und nur noch im Fernhandel benutzt" (Busch/Busch 2002, S. 15).

neue Techniken und Arbeitsweisen entwickelt. Es entstanden neue Berufe. Wie auch in den antiken Hochkulturen, waren im Hoch- und Spätmittelalter der Städtebau und die damit verbundene punktuelle Bevölkerungsverdichtung für die gesellschaftliche, wirtschaftliche und kulturelle Entwicklung entscheidend.

1.4.2 Ständische Gesellschaft

Seit Beginn des Hochmittelalters ist bemerkenswert, „dass das Schema der ursprünglich drei Stände der oratores, bellatores et laboratores einer Vielzahl der Berufsstände zu weichen beginnt, daß das Verständnis der Arbeit als Buße ergänzt wird durch das von Arbeit als Berufung" (Wilpert 1964, S. VIII). Erst damit tritt in das Bewusstsein des mittelalterlichen Menschen nun „neben die Handarbeit gleichberechtigt die geistige Arbeit, können einerseits neue Orden entstehen, die den Rhythmus von Gebet und Arbeit im Sinne von geistiger Arbeit verstehen, zugleich wird es möglich, dem Kaufmann im Gefüge der Stände einen ehrenhaften Platz zu zuweisen" (ebd.).

In der hoch- und spätmittelalterlichen Gesellschaft „war der Status des einzelnen durch den sozialen Ort seiner Geburt weitgehend bestimmt. Mit der berufsständigen Zugehörigkeit des ‚Hauses', in das er hineingeboren war, erfolgte in der Regel bereits die inhaltliche Festlegung seiner späteren gesellschaftlichen Funktionserfüllung." (Zabeck 2013, S. 6) Unabhängig von dieser streng hierarchischen Ordnung kam es zu einer weiteren Teilung und Abgrenzung der Arbeitstätigkeiten, wodurch auch neue berufsförmige Tätigkeitsbereiche, berufsförmige Arbeit und Berufe entstanden. Es vollzog sich eine zunehmende „Trennung von agrarischen und städtischen Wirtschaften" (Vonken 2005, S. 80) und damit ein Handel zwischen Land und Stadt. In den Städten bestanden im Wesentlichen zwei Arten ständisch[105] bzw. beruflich geordneter und dadurch voneinander abgegrenzter Arbeit sowie zugehöriger Ausbildungen. Es handelte sich dabei zum einen um praktische Tätigkeiten bzw. handwerkliche und händlerische berufsförmige Tätigkeiten, die im Regelfall im Rahmen von Zünften und Gilden organisiert und dadurch streng voneinander abgegrenzt waren. In den „beruflichen Vereinigungen der städtischen Bürgerschaft wurde der Beruf zum Distinktionskriterium" (Kurtz 2002, S. 11). „In der geburtsständischen Gesellschaft galt der Beruf als ein zugeschriebener sozialer Status: Berufliche Tätigkeiten mussten zwar erlernt werden, aber nicht jeder konnte und durfte sie erlernen." (ebd.)

Zum anderen existierten sogenannte gelehrte Berufe, zu denen an kirchlichen und seit dem Spätmittelalter auch an landesstaatlichen Universitäten oder entsprechenden Einrichtungen ausgebildet wurde. Schon die mittelalterliche Welt und Kultur lebte demnach „vor allem in der Mannigfaltigkeit ihrer Berufe. Jeder von ihnen bringt (…) eine Pädagogik, eine Moral hervor" (Palla 1997, S. 7). Die Standeszugehörigkeit war jedoch bestimmende Voraussetzung für das Erlernen und die Ausübung eines Berufs. „Für die Stabilität der sozialen Strukturen sorgte unter anderem eine streng hierarchisch organisierte Herrschaftsordnung mit ihrer vornehmlich auf den Geburtsstand bezogenen Fixierung von Pflichten, Rechten und Privilegien." (Zabeck 2013, S. 6)

---

[105] Im Mittelalter und bis nach 1900 galt: Stand gleich sozialer Status und Beruf.

Bezahlung mit „Barlöhnen an Stelle der früheren Naturalversorgung brachte große Freiheiten auf dem Arbeitsmarkt." (Binding 2014, S. 13). Die zunehmende Arbeitsteilung führte im Hoch- und Spätmittelmittelalter zu einer Vielzahl von spezialisierten Tätigkeiten und Berufen. „Entstehungsgrund für Berufe war aber nicht nur die Arbeitsteilung. Berufe sind auch als Folge von wirtschaftlichen, technischen und politisch-sozialen Differenzierungen entstanden." (Zabeck 2010, S. 16)[106] Mit der Arbeitsteilung verbunden waren soziale Veränderungen bzw. Verschiebungen zwischen Ständen und Individuen. Im Laufe des Mittelalters erfolgte eine stetige weitere funktionale Differenzierung und die Zahl der wohlunterschiedenen Arbeitstätigkeiten stieg immer weiter an. Zugleich wurde damals zwischen den verschiedenen Ständen[107] bzw. Berufen unterschieden. Dabei ergaben sich auch neue Hierarchien.

In dieser Ordnung waren die einzelnen gesellschaftlichen Gruppen (z. B. Klerus, Adel, Freie Bürger) durch traditionelle Gewohnheitsrechte und/oder durch rechtliche Bestimmungen (wie z. B. Vorrechte oder Benachteiligungen) sozial klar voneinander getrennt. Üblich war darüber hinaus eine weitergehende Untergliederung in den Berufsstand, den Geburtsstand, den Ehestand und den Rechtsstand. Die Ordnung der mittelalterlichen Stände und der damit verbundenen differenzierten Arbeitsteilung erfolgte durch eine Vielzahl von Kriterien und Merkmalen. Grundlegend wurden handwerkliche und kaufmännische, sonstige praktische sowie gelehrte Berufe unterschieden.

Die Standeszugehörigkeit bzw. der soziale Status war dabei untrennbar mit dem Berufsstand gepaart, d. h., die Entstehung und Entwicklung der Berufe war immer mit der Entstehung, Entwicklung und dem Wandel der entsprechenden gesellschaftlichen Stände und deren Angehörigen verbunden. So war beispielsweise der Ritterstand ursprünglich ein Berufsstand bzw. der Beruf des Kriegers. Er entwickelte sich am Ende des Hochmittelalters zum Geburtsstand.

Die mittelalterlichen Ordnungskonstrukte[108] Beruf und Stand müssen im Zusammenhang betrachtet werden, was später auch in der Bezeichnung „Berufsstand" zum Ausdruck kam. Dieses Schema einer funktionalen Dreiteilung der Gesellschaft in Klerus, Adel, Bauern und Stadtbürger baute auf die bereits von Platon benannte Dreiteilung in Lehrstand; Nährstand und Wehrstand auf. Damit waren auch drei funktional getrennte Berufsgruppen

---

[106] Entsprechendes wurde bereits von Marx und Engels (Deutsche Ideologie. MEW 3, 21 f.) gesehen. Dort heißt es: „Die verschiedenen Entwicklungsstufen der Teilung der Arbeit sind ebensoviel verschiedene Formen des Eigentums; d. h. die jedesmalige Stufe der Teilung der Arbeit bestimmt auch die Verhältnisse der Individuen zueinander in Beziehung auf das Material, Instrument und Produkt der Arbeit."
[107] Die Ständeordnung war eine mittelalterliche Gesellschaftsform und kennzeichnete den Übergang von der feudalen Ordnung zum verfassungsmäßigen Territorialstaat.
[108] Ordnungsmerkmal der mittelalterlichen Gesellschaft war der Stand. Nach der Stände-Ordnung waren das der Klerus, Adel, freie Bürger und Bauer, die durch traditionelle Gewohnheitsrechte und/oder durch rechtliche Bestimmungen (wie z. B. Vorrechte oder Benachteiligungen) klar voneinander getrennt waren. Im weiten Sinne können die Stände als Vorläufer der sozialen Klassen (Marx) oder sozialen Schichten (Dahrendorf, Bolte) angesehen werden. Die Abgrenzung der Stände äußerte sich somit auch und insbesondere in der Ausübung von Arbeitstätigkeiten. So war es im Mittelalter kaum möglich, dass ein Angehöriger eines niederen (z. B. Bauern) oder gar unehrenhaften Standes (z. B. Henker, Abdecker) eine höhere bzw. ehrbare berufliche Tätigkeit ausüben konnte. Standeszugehörigkeit und Berufstätigkeit standen somit in einem untrennbaren Zusammenhang.

benannt. Der dritte Stand war dabei oftmals in Zünften (Handwerk), Gilden (Kaufleute) oder in Form der Hanse (Seehandel/Schifffahrt) organisiert. Im Rahmen dieser verbandsartigen Organisation erfolgte eine strikte Abgrenzung zwischen den einzelnen sozialen und beruflichen Gruppen.

Im Hoch- und Spätmittelalter durfte nicht jeder einen beliebigen Beruf ausüben. Die gesellschaftlichen Hierarchien bedingten hohe Zugangsbarrieren und fest gemauerte Hierarchien. Der Zugang zu den Berufen war schwierig und ein Wechsel des Standes kaum möglich.

In der Hierarchie ganz unten standen die Bauern und die Ungelernten wie die Knechte und Mägde. Darüber standen die Berufe, die Handwerker oder Kaufleute ausübten, und noch höher die gelehrten Berufe. Für den Zugang zu den gelehrten Berufen waren die Schranken nicht so eindeutig errichtet. Hier konnten sehr begabte Kinder auch über die Klosterschulen einen Zugang zu den anspruchsvollen Berufen und hohen Ämtern innerhalb des Klerus gewinnen.

Zwischen den bürgerlichen Ständen einerseits und dem Adel und dem hohen Klerus andererseits bestanden erhebliche Hürden und äußere Abgrenzungen. Schon im Mittelalter ist eine grundlegende Hierarchie bzw. Wertigkeit bei den Arbeitstätigkeiten erkennbar. Auf der unteren Ebene waren die Lehrlinge bzw. Novizen eingeordnet. Die Tätigkeiten der Gesellen und Gehilfen waren in die mittlere Ebene eingegliedert. Auf der oberen Ebene wirkten dann die (handwerklichen) Meister und Handels- bzw. Kaufherren. Die zu Beginn des Mittelalters entstandene grundlegende Ordnung der Arbeitstätigkeiten in bäuerliche, handwerkliche und kaufmännische Tätigkeiten hatte prinzipiell im gesamten Mittelalter Bestand.

Die bäuerlichen Tätigkeiten waren im Wesentlichen nur in Viehzüchter, Ackerbauer und Fischer unterteilt. Kaufmännische Tätigkeiten bestanden im Wesentlichen im nichtsesshaften und später auch sesshaften Groß- und Einzelhandel. Handwerkliche Tätigkeiten wiederum waren durch eine große Vielfalt geprägt (vgl. dazu z. B. Palla 1997; Palla 1998; Palla 2010). Kaufmännisch oder handwerklich Tätige waren meist in Form von Gilden oder Zünften organisiert.

In den Klöstern gab es eine Hierarchie von Abt, Prior und Berufsmönch einerseits und den Laienbrüdern andererseits. Die Aufgabengebiete der Berufsmönche waren die Seelsorge und der Gottesdienst. Darüber hinaus waren einige von ihnen als Lehrer im Schuldienst tätig oder arbeiteten als gelehrte Theologen und Wissenschaftler. In den Schreibstuben, den Scriptorien, war die Buch- oder Dokumentenerzeugung arbeitsteilig und auch hierarchisch organisiert.

Einfache Abschreibearbeiten wurden von den Novizen ausgeführt. Das galt auch für die Pergamentherstellung. Die schwierigen Arbeiten der Kalligraphie und Buchmalereien übernahmen spezialisierte Mönche.

Klöster hatten – neben den geistlich-religiösen Arbeitsbereichen – einen Verwalter bzw. Cellerar, der den Laienbrüdern, vorstand. Durch die Laienbrüder ergab sich eine Vielzahl von bäuerlichen, gärtnerischen, handwerklichen und kaufmännischen beruflich organisierten Spezialisten.

Eine innere Differenzierung gab es auch im Kriegshandwerk beim Beruf des Ritters, und zwar wurde eine wohlunterschiedene Stufung „Junker/Page", „Knappe", „Ritter" vorgenommen (Abb. 6).

Hierarchieebene	Praktische Berufstätige
Untere Ebene	Junker/Page
Mittlere Ebene	Knappe
Obere Ebene	Ritter

Abb. 6: *Hierarchische Ordnung bei den beruflichen Tätigkeiten des Ritterstandes*

„Offenbar orientiert am dreistufigen Ausbildungsgang des Ritterstandes, (…), konnte im zünftigen Handwerk nur derjenige den Status des Meisters erlangen, der zuvor Lehrling gewesen war und die Gesellenjahre hinter sich gebracht hatte." (Zabeck 2013, S. 56)

Hierarchien waren aber auch innerhalb der Stände aufgebaut. Jedoch war die hierarchische Ordnung der Berufsausübung im gelehrten Milieu seit dem Hochmittelalter bzw. etwa seit Mitte des zwölften Jahrhunderts prinzipiell der Struktur der Berufe in den Gilden und Zünften denen der gelehrten Berufe vergleichbar. Bei den Berufen der Zünfte und Gilden gab es eine Hierarchie Lehrling, Geselle bzw. Gehilfe, Meister bzw. Kaufmann. Bei den gelehrten Berufen waren auf der unteren Ebene die Scholaren und Novizen eingeordnet. Auf der mittleren Ebene wirkten Personen mit dem Abschluss Baccaleurei oder Licentiat und die obere Ebene war durch die Magister oder Doctores besetzt (Abb. 7).

Hierarchieebene	Praktische Berufstätige	Gelehrte Berufstätige
Untere Ebene	Lehrlinge	Scholare bzw. Novizen
Mittlere Ebene	Gesellen[109] bzw. Gehilfen	Baccalaurei, Licentiaten
Obere Ebene	Meister bzw. Kaufleute	Magister/Doctores

Abb. 7: *Hierarchische Ordnung bei den beruflichen Tätigkeiten im Mittelalter*

Dem freien Bauern unterstanden die Magd und der Knecht. Sie erhielten keine spezielle Ausbildung, sondern kamen schon als Mädchen oder Buben kinderreicher Familien an den Hof, um sich bei einem Bauern als Hüterbuben oder Helferinnen der Dienstmägde zu verdingen. Sie erhielten keine schulische Ausbildung, wurden Teil des bäuerlichen Haushalts und wuchsen durch die Erfahrungen mit praktischen Arbeiten zu Mägden und Knechten heran.

---

[109] Es gab aber auch weiter Differenzierung, so wurde beispielsweise unterschieden zwischen Junggeselle, Geselle und Altgeselle.

1.4.3 Berufe der Zünfte und der Gilden

Die Strukturierung, Ordnung und Organisation berufsförmiger Tätigkeiten im Rahmen von Zünften und Gilden war seit dem Hochmittelalter bestimmendes Prinzip entsprechender Arbeitstätigkeiten. Berufsausbildung und Berufsausübung waren fest in die ständisch geprägte mittelalterliche Sozial- und Lebensform eingefügt. Kaufmännische und handwerkliche Berufe und Stände waren Gilden und Zünften zugeordnet. Dabei definiert man heute „die ‚Zunft' als eine Vereinigung von Handwerkern, und zwar im Gegensatz zum Begriff ‚Gilde', worunter man Vereinigungen von Kaufleuten versteht. ‚Gilden' und ‚Zünfte' gelten demnach als exklusives Begriffspaar, insofern sind ‚Gilde' die ‚Organisationsform der Kaufmannschaft', ‚Zunft', die des ‚Handwerks'." (Oexle 1982, S. 1)

Die Zünfte repräsentierten im Regelfall ehrliche handwerkliche Stände bzw. Berufstätigkeiten, wie z. B. Buchbinder, Papiermacher, Sattler oder Schuhmacher. Die Gilden und die Hanse wiederum waren ständische oder auch städtische Zusammenschlüsse im nichtsesshaften Handel bzw. im kaufmännischen Bereich zur wechselseitigen Hilfe bei Verarmung, bei Schiffbruch, Brand und Ähnlichem, aber auch zu gemeinsamer religiöser und gesellschaftlicher Betätigung sowie zu beruflicher und wirtschaftlicher Förderung der Mitglieder. Zentrale Merkmale und Prinzipien der Zünfte und Gilden waren der Eid und das gemeinsame Mahl, das im Regelfall mit Gottesdienst, Totengedenken, Trinkgelage und Almosengabe verbunden war.

- **Stand, Berufung, Beruf und Berufsethos**

Bedingung für die Ausübung eines ehrlichen bzw. ehrbaren Berufs war eine entsprechende höhere Standeszugehörigkeit und ein „unbescholtener" Leumund. Den niederen Ständen (wie z. B. unfreie Bürger, Bauern, fahrendes Volk) wiederum blieben nur die ehrlosen bzw. unehrenhaften Berufe.[110]

Ehrliche Berufe

Die Ausbildung und Ausübung von „ehrlichen"[111] Arbeitstätigkeiten und Berufen war im Mittelalter nur standesbezogen und in engen Rahmengebungen möglich. Nur Personen einer höheren sozialen Schicht und mit einem unbescholtenen Leumund konnten in eine Zunft, Gilde oder Hanse aufgenommen werden und dadurch eine „ehrliche" Tätigkeit ausüben. Diese Diskriminierung wurde im Jahre 1522 durch Martin Luther (1912, S. 2225) indirekt in Frage gestellt, indem er bei der Übersetzung der Bibel im Korintherbrief (7,20) schrieb: „Ein jeglicher bleibe in dem Beruf, darin er berufen ist". Damit maß er dem Beruf den Status einer (göttlichen) Berufung bei. Berufung wurde dann zum Stand

---

[110] In der ständischen Gesellschaft gab es einen hohen Anteil von Armen. Zu ihnen gehörten die Bauern, Tagelöhner, Kranke und Invalide, die Witwen und Waisen, Bettler, fahrendes Volk, Verurteilte, Schwachsinnige.
[111] Bei dem Stand der „ehrlichen Berufe" war mit „Ehre" wahrnehmbare soziale Zugehörigkeit und Wertschätzung gemeint.

bzw. zum Beruf, wenn die entsprechende Tätigkeit längerfristig und regelmäßig ausgeübt wurde.[112] Jeder Beruf bzw. die Ausübung eines Berufs war nun mehr oder weniger stark durch grundlegende sittliche und moralische Grundsätze bestimmt. Dieses Berufsethos wurde aber nicht nur durch gesetzliche Vorschriften bestätigt, sondern es repräsentierte auch die innere Haltung des Einzelnen in Bezug auf den Wert des eigenen Berufes und die mit dessen Ausübung auch gegenüber anderen übernommenen Pflichten. Ein ethischer Grundsatz war dabei die aus der Freiheit folgende Verantwortung für das eigene Tun.

Die Ausübung von ehrlichen bzw. ehrbaren Berufen war im Mittelalter im Regelfall mit der Zugehörigkeit zu einem bestimmten (sozialen) Stand und dem davon abhängigen Zugang zu der entsprechenden Zunft oder Gilde verbunden. Zu den ehrlichen Berufen gehörten sehr viele Berufe (Abb. 8), wobei die Einordnung regional und zeitabhängig unterschiedlich war.[113]

Armbruster, Astronom, Bader, Bandweber, Barbier, Bäcker, Bauer, Baumeister, Beinschnitzer, Bergarbeiter, Bergknapp, Bierbrauer, Blechhandschuhmacher, Böttcher, Bortenmacher, Briefmaler, Brillenmacher, Buchbinder, Büchsenmacher, Büchsenschäfter, Bürstenbinder, Beutler, Dachdecker, Drahtschmiede, Drahtzieher, Drechsler, Färber, Feilenhauer, Fischer, Flachschmiede, Flickschuster, Futteralmacher, Gehängemacher, Geldwechsler, Gerber, Glaser, Glasmacher, Geschützgießer, Glockengießer, Goldschlager, Gold- und Silberschmied, Graveur, Gürtler, Gelbgießer, Hafner, Handschuhmacher, Harnischmacher, Hebamme, Holzdrechsler, Hufschmied, Hutmacher, Illuministen und Kartenmacher, Jäger, Kammmacher, Kandelgießer, Kannengießer, Kaufmann, Kerzenmacher, Kesselschmiede, Kistenmacher, Klempner, Klingen- und Messerschmied, Knopfmacher, Knopfschmiede, Koch, Kürschner, Kupferhammerschmied, Kupferschmied, Lebzelter und Wachszelter, Maler, Mäntelmacher, Maurer, Messer- oder Schwertfeger, Metalldrücker, Modellstecher, Münzmeister, Münzpräger, Münzenmacher, Nadler, Nadelmacher, Nagelschmied, Panzerhemdmacher, Papiermacher, Papierer, Pfannenschmied, Rebmann, Sattler und Riemer, Schiffbauer, Schlachter, Schlosser, Schneider, Schornsteinfeger, Schreiner, Schriftgießer, Schuhmacher, Schwertfeger, Schwertmacher, Seidensticker, Seifensieder, Seiler, Segelmacher, Sporer, Steigbügelmacher, Steinmetz, Steinhauer, Strumpfstricker, Strumpfwirker, Töpfer, Tuchbereiter, Tuchscherer, Uhrmacher, Waffenschmied, Wagner, Weber, Weißgerber, Zaumschmied, Zeugschmied, Zimmerer, Zirkelschmied, Ziseleur, Zinngießer.

Abb. 8: Ehrliche Berufe im Mittelalter – Auswahl[114]

Die mittelalterliche Gesellschaft wurde von den Vorstellungen der Männer dominiert. Es ist davon auszugehen, dass in den Handwerksbetrieben viele Frauen und Kinder mitarbeiteten und dadurch quasi natürlich eine Ausbildung im Handwerk erlernten. Das „zeigt sich

---

[112] Seit Luthers Bestimmung der Berufung und aller Arbeitstätigkeiten als „Ruf Gottes zur Dienstbereitschaft in der Gesellschaft und zur christlichen Lebensführung" (Harney 2006, S. 63) und bis Beginn des 20. Jahrhunderts sind die Begriffe „Stand" und „Beruf" zur Bezeichnung von Arbeitstätigkeiten meist synonym verwendet worden.
[113] Viele jener Berufe sind schon damals relativ genau beschrieben und durch Abbildungen exemplarisch skizziert worden (vgl. dazu z. B. Amman 1568, Weigel 1698). Ein Großteil dieser Berufe bzw. berufsförmigen Tätigkeiten ist heute allerdings nicht mehr existent bzw. untergegangen (vgl. dazu z. B. Palla 1997; Palla 1998; Palla 2010) oder in anderen Berufen aufgegangen.
[114] Diese Liste ist aus einer Eigenrecherche und einem Zusammentrag verschiedenster Literaturaussagen (s. auch vorangegangener Text) entstanden, in denen Berufe des Mittelalters benannt werden.

vor auch vor allem bei den Witwen, die erfolgreich eine Werkstatt weiterführten" (Elkar/Keller/Scheider 2014, S. 103).

Unabhängig von solchen Einzelfällen spielten zu Beginn des Mittelalters „die Frauen als Produzentinnen bereits durchaus eine Rolle. Am deutlichsten wird das in der textilen Großproduktion, die zu erheblichen Teilen in sogenannten Graeceen auf Herren- und Klosterhöfen stattfand." (Elkar/Keller/Scheider 2014, S. 101) Der Anteil der Frauen in den Zünften war klein, jedoch gab es „in den frühen Zünften (…) auch für Frauen die Möglichkeit, ein Handwerk regelrecht zu erlernen" (ebd.). Selbstständige Tätigkeit im zünftigen Handwerk war nur unter Einschränkungen möglich. Keine oder nur geringe Behinderungen fanden sich bei „unzünftigen Nebentätigkeiten für die handwerkliche Textilproduktion wie Spinnen, Spulen, Schlagen und Streichen der Wolle." (ebd., S. 103)

Beruflich betrachtet waren im Mittelalter viele Frauen jedoch Außenseiterinnen. Sie arbeiteten als Wäscherinnen, Gärtnerinnen, Bademägde und Tagelöhnerinnen. Es gab auch im Mittelalter „heilkundige Frauen und Hebammen, die sich ihren Lebensunterhalt durch Hausrezepte und Kräutermixturen verdienten" (Lechler 2014, S. 102) und anerkannt waren.

Grundsätzlich war das Mittelalter auch dadurch geprägt, dass infolge der zunehmend stärkeren Spezialisierung auf neue oder besondere berufliche Tätigkeiten und Arbeitsverrichtungen ein Großteil der entstandenen insbesondere handwerklichen Stände bzw. Berufe nur eine begrenzte Zeit benötigt wurden, an Bedeutung verloren oder überhaupt nicht mehr gebraucht wurden, wie z. B. Armbruster, Barometermacher, Drahtbinder, Eichmeister, Goldschlager, Helmschmied. Man kann davon ausgehen, dass der größte Teil der ehemals mittelalterlichen Stände bzw. Berufe spätestens im Zuge der industriellen Revolution in neuen Berufen aufgingen oder sogar ganz verschwanden. Die handwerklichen Berufe – anders als die kaufmännischen Berufe – waren außerordentlich ausdifferenziert

Erste Kaufleute waren im deutschen Sprachraum die Wanderhändler. Diese konnten etwa seit dem dreizehnten Jahrhundert „aufgrund eintretenden Bevölkerungswachstums und beginnender Urbanisierung sesshaft werden. Der Kaufmann steuerte nunmehr seine Geschäfte vom Kontor aus und beauftragte zumeist mit ihm verwandte Agenten mit dem Einkauf, Transport und Verkauf von Waren an den außerhalb seines Wohnsitzes liegenden Handelsplätzen. Diese Steuerung von einem zentralen Ort aus eröffnete die Chance der Vergrößerung des Geschäftsvolumens, steigerte jedoch gleichzeitig die kognitive Komplexität der Kaufmannstätigkeit und machte die Entwicklung neuer Handelstechniken zur Steuerung, Dokumentation, Informationsbeschaffung, Risikobeschränkung und Kontrolle der Geschäfte erforderlich (z. B. doppelte Buchführung, Wechselverkehr, Versicherung der Waren und Transportmittel). Das Beherrschen des Lesens, des Schreibens, der grundlegenden Rechen- und später auch der Buchhaltungstechniken sowie von Fremdsprachen wurde so zur Grundvoraussetzung kaufmännischer Tätigkeit." (Reinisch/Götzl 2013, S. 20).

Unehrliche Berufe

Neben den „ehrlichen" Berufen gab es im Mittelalter noch andere praktische Berufe, die oftmals jedoch keine große Achtung genossen, wenn nicht sogar – abhängig von Region und Zeit – als unehrenhaft bzw. als „Berufe ohne Ehre" galten. Die Einordnung in die Kategorie der „Unehrlichkeit" war ein Spezifikum der mittelalterlichen Ständegesellschaft. Damit wurde im Wesentlichen ein juristisch definierter Status beschrieben. Es handelte sich um keine moralisch-sittliche Verortung. Insofern war die Einordnung zu den verhältnismäßig vielen unehrlichen Berufen (Abb. 9) in den verschiedenen Landesteilen nicht immer einheitlich.

Abdecker, Bader, Barbier, Bettelvögte, Böttcher, Büttel, Gassenkehrer, Gerber, Geldverleiher, Henker, Hirten, Holz- und Feldhüter, Kastrateure, Kloakenfeger, Kesselflicker, Leineweber, Müller, Nachtwächter, Prostituierte, Schäfer, Scharfrichter, Schauspieler, Scherenschleifer, Schinder, Schneider, Schornsteinfeger, Spielleute, Töpfer, Totengräber, Türmer, Weber, Ziegler und Zöllner, Züchtiger.

Abb. 9: Unehrliche Berufe im Mittelalter – Auswahl[115]

Im fünfzehnten Jahrhundert werden Berufe nicht „mehr vorwiegend durch wirtschaftliche Merkmale, sondern durch gerichts- und berufssoziologische Unehrlichkeit teilweise durch soziale Diskriminierung als Randgruppenzugehörige gekennzeichnet" (Isenmann 2014, S. 735). Die Gründe für die Eingruppierung in die unehrlichen Berufe sind heute kaum noch nachvollziehbar. Beispielsweise gehörte der Bader dazu, vermutlich weil dieser neben der Behandlung von Kranken auch nicht nach Geschlecht getrennte Reinigungsbäder anbot und oftmals auch Prostituierte beschäftigte.

Bemerkenswerterweise lag im Mittelalter, obwohl an den Universitäten Medizin studiert werden konnte, die Behandlung Kranker „in den Händen von handwerklich ausgebildeten Heilkundigen wie Badern, Barbieren und Wundärzten oder Chirurgen. Durch überregionale Zünfte wurde (…) ein verpflichtender Standard in Ausbildung und Qualifikation dieser nicht-akademischen Heilkundigen festgelegt" (Grass 2008, S. 16). Von den Zünften für diese Berufe „war, neben einem tadellosen und gottesfürchtigen Lebenswandel, eine Lehrzeit von drei Jahren mit den drei verpflichtenden Wanderjahren vorgeschrieben, vor der Übernahme einer Badstube musste der Bader vor erfahrenen Meistern eine Prüfung ablegen" (ebd., S. 17). Selbstverständlich konnte man neben der standes- und berufsbedingten Unehrlichkeit auch durch persönliches Fehlverhalten in Unehre geraten.

Die Ausübung unehrlicher Berufe war im Regelfall mit dem niedrigen sozialen Stand und/oder dem schlechten Leumund (Ruf) der jeweiligen Person verbunden. Dieser Status verhinderte die Ausübung gesellschaftlich anerkannter ehrlicher Berufe und damit den Zugang zu den Zünften oder Gilden. „Unehrliche Leute" waren insbesondere Angehörige

---

[115] Diese Liste ist aus einer Eigenrecherche und einem Zusammentrag verschiedenster Literaturquellen entstanden, in denen Berufe des Mittelalters benannt werden.

von als unehrlich geltenden Gewerben bzw. Handwerken wie Schäfer, Müller, Türmer oder Barbiere, die Angehörigen des nicht ortsfest lebenden und als „herrenlos" geltenden Bevölkerungsteils (fahrendes Volk) wie Kammerjäger, Lumpensammler, Spielleute, Kesselflicker oder Nothausierer sowie Anbieter von „unreinen" Dienstleistungen, die mit Schmutz, Strafe und Tod zu tun hatten. Der Beruf des Henkers war darüber hinaus ein gesellschaftlich besonders verachteter Beruf. Diese Verachtung bezog sich nicht nur auf den Henker selbst, sondern auch auf dessen Familie, sodass die Familienangehörigen kaum Aussicht auf eine „ehrliche" Berufslehre oder Berufsausübung hatten.

Darüber hinaus war die Entstehung von solchen „unehrlichen" Berufen eng verbunden mit den rigiden mittelalterlichen Hierarchien sowie den Städtegründungen und -entwicklungen und den damit einhergehenden weiteren gesellschaftlichen Differenzierungen und Ausgrenzungen. „Unehrlichkeit bedeutete eingeschränkte Rechtsfähigkeit. Unehrliche waren insofern gerichtlich ehrlos, als sie nicht die Stellung eines Richters, Urteilers, Eideshelfers, Zeugen oder Vormundes einnehmen konnten. Zum angesehenen zünftigen Handwerk wurden sie – mit Ausnahmen – nicht zugelassen." (Isenmann 2014, S. 737)

1.4.4 Gehobene und gelehrte Berufe

Im Mittelalter konnten gelehrte Berufe[116] anfangs nur über ein Studium an kirchlichen Schulen (Kloster-, Dom- und Stiftsschulen), seit dem Spätmittelalter an Universitäten oder landesstaatlichen höheren Bildungseinrichtungen (Adelsschulen, Ritterakademien) erarbeitet werden. Darüber hinaus waren die Ausbildung und Ausübung dieser Berufe ebenso wie diejenigen der Zünfte in der ständischen und autokratischen Gesellschaft mit ihren Herrschafts- und Verfügungsrechten durch weltliche und geistliche Autoritäten, Stände und Korporationen bestimmt. Die Beziehungen „zwischen Rechteinhabern, Symbolen und Wissen wurde durch Begriffe und Institutionen wie ‚Herrschaft', ‚Privileg', ‚Monopol', ‚Beruf' und ‚Stand' geregelt. Der Einzelne war an die kollektiven Regeln seines Standes oder an die Sonderrechte, die ihm der Fürst verlieh, gebunden." (Siegrist 2006, S. 66)
Da Zulassungen und Ausbildungen an europäischen Universitäten nicht durch Ländergrenzen bestimmt waren und Abschlüsse europaweit anerkannt wurden, gingen z. B. italienische Studenten „nach Oxford und Paris, um dort Theologie zu studieren, andere wiederum überquerten die Alpen, um in Italien ihr Studium der Rechte und Medizin aufzunehmen. Unter den drei großen Fakultäten war die juristische führend, und zwar sowohl, was das Prestige betraf als auch im Hinblick auf die Vergütung ihrer Dozenten und die Studentenzahl. Professoren und Studenten der Theologie gab es gemeinhin wenige an der Zahl, doch verfügte die theologische Fakultät über einen beachtlichen Einfluß." (Rossi 1997, S. 293)

---

[116] Da es im Mittelalter noch keine Akademien gab, sprach man auch nicht von akademischen Berufen. Die gelehrten Berufe können als Vorläufer der heutigen akademischen Berufe angesehen und als quasi-akademische Berufe bezeichnet werden.

Die Anzahl der gehobenen und gelehrten Berufe im Mittelalter war sehr überschaubar, denn zu diesen gehörten im Wesentlichen nur der Theologe, Jurist und der Mediziner. Studiert wurde aber nicht zum Beruf sondern Theologie, Jura oder Medizin. Voraussetzung für den Beginn einer entsprechenden Ausbildung war eine vorausgehende universitäre Ausbildung zum sogenannten „Artisten", bei der allgemeines Wissen bzw. Grundlagenwissen in den so genannten „Sieben freien Künsten" (Logik, Grammatik, Rhetorik, Geometrie, Arithmetik, Astronomie und Musik) vermittelt wurde bzw. erworben werden musste. Aus dieser Artistenfakultät entwickelte sich seit dem fünfzehnten Jahrhundert die Philosophische Fakultät, der jedoch keine fest umrissenen Tätigkeiten bzw. Berufe zugeordnet werden können. In dieses System passten die Kunst- und Kirchenmaler (Schönburg 2012, S. 50 ff.), als gehobene Berufsgruppe, die eine hohe Kunstfertigkeit aufwies,[117] nur bedingt hinein (Abb. 10).

Alchemist, Abt, Äbtissin, Advokat, Apotheker, Doctor, Fernhändler, Hofdame, Junker, Kämmerer, Kammerdiener, Kanzler, Knappe, Kirchen- und Kunstmaler, Magister, Marschall, Mediziner, Mönch, Mundschenk, Nonne, Novizen, Novizinnen, Prior, Ritter, Siegelbewahrer, Stadtrat, Theologe, Zofe.

Abb. 10: Höhere Berufe im Mittelalter

1.4.5 Berufsausbildung im Mittelalter

Formen der Berufsausbildung entwickelten sich im zunehmenden Maße erst im Spätmittelalter an den kirchlichen Schulen und Universitäten sowie in den Zünften und Gilden. Das geschah in den Klöstern und Städten und betraf nur eine Minderheit, da die große Mehrheit auf dem Lande in bäuerlichen Verhältnissen lebte. Letztlich waren die Erziehung im Allgemeinen und die Berufserziehung im Besonderen im Mittelalter durch die bestehenden gesellschaftlichen Hauptgruppen, d. h. Stände, und die damit verbundenen Bildungsformen sowie Inhalte und Ziele geprägt (Abb. 11). Ein Ausbruch aus dieser Ordnung war kaum möglich.

In der beruflichen Ausbildung vollzog sich die Zunfterziehung „als streng geregelte Meisterlehre durch praktisches Vor-, Mit- und Nachtun und durch berufliche wie auch allg.-sittl. Unterweisung in harter Zucht unter intensiver Miterziehung durch die ganze Hausgemeinschaft des Meisters" (Reble 1971, S. 406). Zu den ersten Einrichtungen einer höheren beruflichen Ausbildung gehörten die klerikalen Schulen (Kloster-, Dom- und Stiftsschulen). Diese widmeten sich allerdings vorrangig „der Heranbildung geistigen Nachwuchses, mithin der theologischen Berufsausbildung, inhaltlich bezogen auf die ‚Septem Artes Liberales', d. h. das Trivium (lateinische Grammatik, Rhetorik und Dialektik), sowie das Quadrivum (Arithmetik, Geometrie, Musik und Astronomie)" (Bruchhäuser 1992,

---

[117] Die Kunstmaler arbeiteten vorwiegend in den Klöstern an der Miniaturmalerei, während die Kirchenmaler die Fresken kultivieren.

S. XXXVII). Die ebenfalls „berufsorientierten" Ritterakademien wiederum dienten vorrangig der körperlichen Ertüchtigung.

Gesellschaftlicher Status (Stand)	Bildungsformen/ Bildungseinrichtungen	Bildungsinhalte und –ziele
Unterschicht	erste Elementarschulen, kirchliche Sonntagsschulen	Berufliche Qualifizierung nur in der Praxis, Ausbildung zum Gesellen, Meisterlehre (für wenige männliche junge Menschen)
Bürgertum	höhere Schulen, Gymnasien, Lateinschulen, Gelehrtenschulen	Vorbereitung auf das Universitätsstudium
Adel	Private Erziehung durch Hauslehrer bzw. sog. „Hofmeister", Ritterakademien	(Berufs-)Erziehung des adligen Nachwuchses vor allem für Tätigkeiten in Verwaltung, Militär und Diplomatie

Abb. 11: Struktur der ständisch orientierten Berufserziehung im Mittelalter (in Anlehnung an Georg/Kunze 1981, S. 23)

Ausbildung in den Zünften und Gilden

Für viele Berufe Gilden und Zünften ist erkennbar, dass „die Institutionalisierung der Berufserziehung in deutschen Landen auf der Basis einer gegenüber der Antike veränderten Wertung von Arbeit geschah" (Zabeck 2013, S. 45). Arbeit war nicht mehr negativ besetzt. Dieses Umdenken entsprang schon im frühen Mittelalter christlicher Anschauungen und Überlegungen.

Im Hoch- und Spätmittelalter erfolgte diese Institutionalisierung auf „einem ambivalenten korporativen Interesse, das sich zuerst im Handwerk artikulierte. Einerseits ging es darum, dem aus der Arbeitsteilung entstandenen Gewerbe, dem man angehörte, innerhalb der Standesordnung eine auf Leistungsqualität gegründete Positionierung zu verschaffen. Andererseits galt es – unter Hintansetzung der am Gemeinwohl orientierten Versorgungsfunktion – die Konkurrenz der Fachgenossen untereinander per Beschränkung des Berufszugangs sowie durch Standardisierung von Herstellungsverfahren und Leistungsinhalten zu reglementieren." (Zabeck 2013, S. 46)

Im mittelalterlichen Europa stellte für die Zünfte die Ausbildung des Lehrlings zum Gesellen oder Gehilfen – wie man heute sagen würde – die berufliche Erstausbildung dar. Eine schulische Lehrlingsausbildung fand nicht statt. Im Handwerksbereich war die Berufsausübung „genauso wenig wie die der landwirtschaftlich Tätigen an die Beherrschung elementarer Kulturtechniken gebunden" (Zabeck 2013, S. 53). Allerdings waren in vielen Berufen die angesammelten Erfahrungen und Arbeitsregeln sehr komplex, sodass sie nur durch Imitation und längere Übungen erlernt werden konnten. Sie wurden aber nicht verschriftlicht.

Im Gegensatz dazu ergab sich beim Handel schon seit jeher das Erfordernis nach Schriftlichkeit und Dokumentation der Arbeit.[118] Allerdings unterschied sich die Form der Lehre bei den Lehrlingen der Krämer und Höker nicht grundlegend von derjenigen der Handwerkerberufe. Höhere Anforderungen insbesondere zur Korrespondenz ergaben sich im Fernhandel. „Die Entstehung kaufmännisch-betriebs-wirtschaftlicher Ausbildungsberufe lässt sich auf bereits im späten Mittelalter einsetzende (…) Differenzierungsprozesse zurückführen" (Reinisch/Götzl 2013, S. 20). Meist reichten anfangs jedoch die Ressourcen der „Handelshäuser nicht aus und es fehlte an den Fähigkeiten, die Vermittlung von „Lese- und Schreibfertigkeit in eigener Regie durchzuführen. Die Gilden waren gleichfalls hierzu nicht in der Lage " (Zabeck 2013, S. 61).

Mit der Hierarchie Lehrling – Geselle/Gehilfe – Meister/Kaufherr waren notwendige Fertigkeiten, Fähigkeiten und Verhaltensweisen für den Beruf und Stand verbunden, die auf der jeweiligen Qualifikationsstufe insbesondere durch das Imitationsprinzip in der Berufs- aber auch Lebenswelt erworben wurden. Dieses geschah auch durch die Wanderjahre, die seit dem fünfzehnten Jahrhundert aufkamen. Dabei kann die Phase des Überganges vom Gesellen oder Gehilfen zum Meister oder Kaufherrn während der Wanderjahre im Prinzip als berufliche Rahmengebung für die Aus- und Weiterbildung angesehen werden.[119] Ein planmäßiges und systematisches berufliches Curriculum ist aber nicht entworfen worden (Blankertz 1979, S. 257).

Im Vergleich zu „der feinmaschig reglementierten und restriktiv gehandhabten Nachwuchspolitik der Handwerkerzünfte fällt auf, dass es für angehende Groß- und Freihandelskaufleute nicht einmal in Ansätzen eine institutionalisierte Berufserziehung gab. Prinzipale[120] erfreuten sich ihrer gestalterischen Unabhängigkeit" (Zabeck 2013, S. 65). Insgesamt war aber zu Beginn des fünfzehnten Jahrhunderts dennoch die „Sicherung einer geordneten Berufsausbildung und einer qualifizierten Berufsausübung" (Greinert 2007, S. 29) möglich.

---

[118] Die zunehmende Komplexität des Berufswissens erforderte neue Techniken der Wissenskonservierung und -tradierung. Eine nur auf dem Erinnerungsvermögen basierende neue Form der Wissensspeicherung und -weitergabe reichte nicht mehr aus. Allerdings hatte anfangs zunächst „nur für die oberste Berufsschicht (z. B. Architekten, Baumeister, Ingenieure)" (Lipsmeier 1971, S. 25) die Möglichkeit des Zugangs zum Verschriftlichten, denn sie setzte die Beherrschung grundlegender Kultur- und Berufstechniken voraus. Dazu gehören das Lesen von Schrift und Zahlen sowie die Interpretation schematischer Konstruktions- und Fertigungszeichnungen.
[119] Wie in Goethes Bildungsromanen „Wilhelm Meisters Lehrjahre" (1795/96) und „Wilhelm Meisters Wanderjahre" (1821) dargestellt, muss Wilhelm nach der Lehre auf Wanderschaft gehen, um am Ende zum Meister zu werden. Goethes Roman zeigt, obwohl er nicht im Mittelalter spielt, dennoch das wesentliche Prinzip dieser Ausbidungsform auf.
[120] In den Fernhandelshäusern „wurde die eigentliche kaufmännische Funktion nur von dem Großhändler selbst wahrgenommen, während seine Bediensteten andere Aufgaben außerhalb des Kontors – etwa im Lager und im Fuhrpark – zu übernehmen hatten" (Zabeck 2013, 61 f.).

Gelehrtenausbildung durch Studienangebote

Zu den ersten Einrichtungen einer höheren beruflichen Ausbildung gehörten die klerikalen Schulen (Kloster-, Dom- und Stiftsschulen). Diese widmeten sich allerdings vorrangig „der Heranbildung geistigen Nachwuchses, mithin der theologischen Berufsausbildung, inhaltlich bezogen auf die ‚Septem Artes Liberales', d. h. das Trivium (lateinische Grammatik, Rhetorik und Dialektik) sowie das Quadrivum (Arithmetik, Geometrie, Musik und Astronomie)" (Bruchhäuser 1992, S. XXXVII).

Die ebenfalls „berufsorientierten" Ritterakademien wiederum dienten vorrangig der körperlichen Ertüchtigung. Sie bezogen ihre Inhalte auf ein höfisches Leitbild, und die Ausbildung erfolgte weniger schulisch als vielmehr in einer Art von Meisterlehre. Ebenfalls im zwölften Jahrhundert entstanden, „da die Dom- und Klosterschulen nicht mehr den Ansprüchen einer speziellen Ausbildung für bestimmte Berufe genügen können, als Keime der Universitäten besondere Hochschulen" (Alt 1960, S. 175). Die Ausbildung an diesen Universitäten konzentrierte sich zunächst vor allem auf Theologie, Medizin und Jura.

Die damaliger Zeit und etwas später gegründeten Universitäten – als Gemeinschaften von Lehrenden und Lernenden – folgten den nicht mehr zeitgemäßen Dom- und Klosterschulen, die den Anforderungen an eine berufliche Erziehung von Angehörigen höherer Stände nicht mehr gewachsen waren.[121]

Gelehrte beziehungsweise „gelahrte" Berufe gibt es schon seit dem Mittelalter. Im elften und zwölften Jahrhundert war der Begriff „Beruf" nicht geläufig. Er bekam erst durch Martin Luther (1912, S. 2225) seine erste Ausprägung. Auch der Begriff „akademisch" kam erst später auf. Für die Menschen dieser Zeit ist „nicht die produktive Tätigkeit an sich das Wesentliche, sondern der Dienst am Ganzen, an der Gesellschaft; das Ausschlaggebende ist das Einbezogensein des Menschen in ein System von vielfältigen Funktionen, die gleichzeitig eine soziale sowie eine ethische und religiöse Dimension aufweisen" (Gurjewitsch 1994, S. 209). Theologen, Mediziner und Juristen verstanden sich als universitäre Gelehrte. Die Einordnung der damit verbundenen Tätigkeiten als Berufe erfolgte erst später. Die Vergabe von Studienabschlüssen war im Universitätsbereich bis ins späte Mittelalter und bis in das fünfzehnte Jahrhundert nur wenig geregelt und konnte von Universität zu Universität sehr unterschiedlich sein. Einheitliche Berufsabschlüsse gab es nicht.

Die ersten Universitäten im deutschen Raum waren die in Prag (1348) und Wien (1365). 1392 wurde die Städtische Universität von Erfurt gegründet, die dann im fünfzehnten Jahrhundert zu hoher Blüte gelangte.[122]

---

[121] Anfänglich lagen die immer noch kirchlich dominierten universitären Zentren und damit auch die Zentren universitärer Berufsbildung vorwiegend in Italien (Bologna, Salerno) und Frankreich (Paris) mit Schwerpunkten in den „Fächern der Jurisprudenz und Medizin, während in Nordeuropa die Theologie und die freien Künste den Vorrang hatten" (Rossi 1997, S. 293).
[122] Eine detaillierte Auflistung über Gründungen und Auflösungen von Universitäten bzw. Hochschulen im Mittelalter findet sich bei Ellwein (1992, S. 321 f.).

Die Universitäten wurden schon frühzeitig in Fakultäten untergliedert. Zunächst gab es nur die Theologie-, die Juristen-, die Medizin- und die Philosophiefakultät. Die Fakultäten besaßen das Vorrecht der Verleihung akademischer Grade, wobei es eine Stufung in Baccalaurei, Lizentiat sowie Magister (Meister der freien Künste) oder Doctor (der oberen Fakultäten) gab. Nur die Magister und Doctores besaßen das uneingeschränkte Recht, in ihren Fakultäten als Lehrer zu wirken.

Das Grundcurriculum bestand aus den so genannten „Sieben freien Künsten". Das Studium war inhaltlich weitgehend reglementiert und wurde ausschließlich in Latein geführt. So begann jedes Studium mit dem Lehrangebot der Artistenfakultät. An dieser Fakultät wurden „die philosophischen, d. h. alle rein theoretischen Wissenschaften, sofern sie aus der natürlichen Vernunft geschöpft werden können" (Paulsen 1966, S. 27), gelehrt.

Erst nachdem das Studium an dieser Fakultät absolviert worden war, konnten die Studenten auswählen, ob sie Theologie, Jura oder Medizin studieren wollten. Es wird angenommen, dass die Anzahl der Studenten an den damals größten deutschen Universitäten „kaum viel über 1000 supposita (der technische Ausdruck für die immatrikulierten Glieder) zählten, die kleineren bis auf ein paar hundert und darunter herabgingen" (Paulsen 1966, S. 21). Am Anfang waren die Studenten meist sehr jung. Deshalb wurden in Paris bereits „im Jahre 1215 Altersgrenzen festgelegt und später in ähnlicher Weise von den anderen Universitäten im Mittelalter übernommen" (Blecher 2006, S. 32). Dabei wurden Mindestalter für akademische Graduierungen in den akademischen Berufen der Mediziner, Juristen und Theologen bei einem Eintrittsalter in die Universität von etwa vierzehn Jahren vorgeschrieben (Abb. 12).

Fachrichtung	Baccalaureat	Magistrum
Medizin	21	23-25
Recht	21	23-25
Theologie	25	35

Abb. 12: Mindestalter in Jahren für eine gelehrte bzw. universitäre Bildung im Mittelalter (Blecher 2006, S. 32)

Die Universitäten wurden vor allem von Söhnen des gehobenen Bürgertums besucht. Die Söhne von Adligen waren dort eher selten anzutreffen. Erst seit dem fünfzehnten Jahrhundert stammten viele Studenten auch aus einfachen Bürgerfamilien. Die universitäre Ausbildung mit abschießender höherer Graduierung dauerte sehr lange. So wurde für die Theologen verlangt, „dass man sieben Jahre als Magister artium (oder fünf Jahre als licentiatus iuris canonici oder medicinae) die vorgeschriebenen Vorlesungen der Fakultät besuchen musste, ehe man den niedrigsten akademischen Grad der Theologen, den Baccalaurus theologiae cursor, erwerben konnte. Weitere zwei Jahre waren dann nötig bis zum Baccalaurus theologiae formatus oder sententiarus. Erst mit diesem Grad und nach zwei weiteren Jahren Studiums konnte der Titel Lizentiat bei den Theologen erworben werden." (Blecher 2006, S. 72)

Lizentiaten durften nach abgelegtem Examen in der von ihnen studierten Wissenschaft Vorlesungen an der Universität zu halten. Auf der Basis der Lizentiatur konnte bei weiteren Studien ein Doktorat angestrebt werden (Abb. 13). Für die Juristen „war der Doktorgrad an das bestandene Baccalaureatsexamen, dem zwingend vier Studienjahre des canonischen und bürgerlichen Rechts vorausgegangen waren, sowie an ein mindestens dreijähriges Studium nach dem Baccalaureat geknüpft" (Blecher 2006, S. 72).

Universitärer Grad Ausbildung Eines Gelehrten	1. Graduierung	2. Graduierung
Artist	17 (Baccalaureat)	21 (Magister)
Arzt	24 (Baccalaureat)	26 (Doctor)
Jurist	25 (Baccalaureat)	28 (Doctor)
Theologe	28 (Baccalaureat)	32 (Licentiat)

*Abb. 13: Mindestalter in Jahren für die Berufsausbildung zum Theologen, Juristen und Mediziner im Mittelalter nach vorausgegangener Artistenausbildung
(in Anlehnung an Blecher 2006, S. 73)*

Als Mediziner „benötigte man seit 1508 als Regel den Magister artium, den dreijährigen Vorlesungsbesuch und eine zweijährige Praxistätigkeit bei einem der medizinischen Doktoren. Bis zum Lizentiat musste der Bewerber weitere zwei Jahre Vorlesungen hören und zwei Jahre mit einem Doktor ‚auf die Praxis' gehen." (Blecher 2006, S. 72 f.) Außer für die im Prinzip nur berufsvorbereitende Ausbildung des Artisten war das Mindesteintrittsalter für die anderen universitären Gelehrtenberufe relativ hoch.

Am Ende des Mittelalters hatten sich an den Universitäten stark reglementierte Formen des Studiums herausgebildet. Im Zuge des aufkommenden Humanismus wurden auch an den Universitäten für das Studium Freiräume des Denkens eingefordert. Die Studieninhalte und -formen wurden allerdings nur schrittweise verändert oder angepasst. Der Übergang vom Mittelalter zur Neuzeit vollzog sich auch im Bereich der universitären Ausbildung fließend.

1.4.6 Ende der Arbeits- und Berufstätigkeiten im Mittelalter

Das Berufsende wurde als Ergebnis des Alterns angesehen. In fast allen Arbeitsbereichen mussten die Alten an ihrer Versorgung mitwirken.[123] In der mittelalterlichen Gesellschaft waren die arbeitenden Mitglieder des „Hauses", einschließlich der Kinder und alten Leute in einer Solidargemeinschaft verbunden.

---

[123] „Als alt wurden die Menschen des Mittelalters (...) zumeist dann angesehen, wenn sie nicht mehr zur Verrichtung ihrer gewohnten Arbeit in der Lage waren. Erwerbsunfähigkeit als Folge von Invalidität oder Krankheit ließen so gesehen die Menschen ebenfalls altern. Von dem Alter als einer relativ einheitlichen sozialen Gruppe konnte also auch in vergangenen Jahrhunderten keinesfalls die Rede sein. Es muss davon ausgegangen werden, dass die Menschen etwa mit Erreichen des fünfzigsten Lebensjahres als alt angesehen wurden." (Heinzelmann 2004, S. 14)

Auf den Bauerhöfen wurden die alten Leute – im Rahmen der verbliebenen körperlichen und geistigen Leistungsfähigkeit – bis zum Lebensende an die Arbeitsprozesse eingebunden. Die Situation sollte allerdings keinesfalls romantisch verklärt werden.[124] „Der Mehrzahl der Alten gegenüber privilegiert waren (…) die Bauern mit eigenem Hof, für die es (…) die Möglichkeit gab, sich durch Hofübergabe auf dem Altenteil einen Ruhestand zu sichern." (Baumgart 1997, S. 38)

Aber auch in den Städten war die Altersversorgung unsicher. Die Zünfte organisierten „rudimentäre Formen der Kranken- und Sterbekasse sowie der Altersversorgung" (Wienecke-Janz 2008, S. 158f.). So konnte beispielsweise ein Handwerker und seine Frau[125] im Alter, so lange es noch möglich war, d. h. im Regelfall bis zum Lebensende, weiterarbeiten. Ging das nicht mehr, so „konnte ein Handwerker wie auch seine Frau mit Zuschüssen von Seiten seiner Zunft rechnen oder Frauen durch Nebentätigkeiten wie Nähen, Spinnen, Waschen zusätzlich etwas erwerben. Aber die Zunft als solche bot keine Altersversorgung, sie half nur, wenn Gebrechlichkeit, Armut oder Arbeitsunfähigkeit vorlagen." (van Dülmen 2008, S. 205)

Alte unverheiratete Frauen auf dem Lande und in den Städten waren besonders benachteiligt. Sie waren zur Arbeit gezwungen „um ihre materielle Existenz zu sichern. Wenn sie durch den Verlust von Land, Ehemann oder Kinder auf sich selbst gestellt waren, blieben ihnen oft keine anderen Möglichkeiten der Alterssicherung." (Lechter 2014, S. 102) Wenn sie gar nicht mehr arbeitsfähig waren, konnten Almosen erwartet werden.[126]

Auch einem Gelehrten war es nicht möglich, ein sorgenfreies Leben im Alter zu verbringen. Er arbeitete in der Regel bis zu seinem Tod, da „die Schüler den Lehrer für die Lehre meist direkt honorierten" (Koch 2008, S. 21). Gelehrte, die an den Fürstenhöfen als Mediziner oder Juristen tätig waren oder an den Rechtsschulen und Universitäten arbeiteten, bei der die Lehrer durch die Kirche finanziert oder durch die Herrscherhäuser, Kommunen und Stifter bezahlt wurden, hatten es besser (Koch 2008, S. 44), da sie selbst bei geringerem Lehrdeputat – unabhängig von den Einschätzungen und Zuwendungen der Studenten – versorgt waren.

Die Gelehrten, die dem Klerus angehörten, genossen Altersprivilegien. In den klösterlichen Gemeinschaften wurde durch die Mönche oder Nonnen für die älteren Klosterangehörigen gesorgt. Gelehrte als Fürstendiener und -berater erhielten zum Teil eine Altersversorgung.

---

[124] Richard van Dülmen (2005, S. 203) weist deshalb darauf hin: „Wenn der Hof das für die Altersversorgung Nötige nur schwer abwarf, was die Regel war, so musste – wenigstens latent – der Wunsch nach dem baldigen Tod der Eltern aufkommen."
[125] „Die typische Witwenversorgung im Handwerk war die Wiederverheiratung." (van Dülmen 2005, S. 204)
[126] Im späten Mittelalter bestand eine moralische Verpflichtung zur Hilfe. Das Almosengeben war die bedeutendste Form sozialer Hilfeleistungen (vgl. Weber/Hillebrandt 1999, S. 78). „Erst ganze Regionen betreffende Katastrophen wie Pestepidemien, massenhafte Wanderungsbewegungen Armer wegen kriegerischer Auseinandersetzungen, Hungersnöte aufgrund von Mißernten, Dezimierung der Bevölkerung durch Seuchen etc., die – wie erwähnt – vor allem im 14. Jahrhundert gehäuft auftreten, lassen dieses labile System der Hilfe in einigen Regionen kollabieren." (ebd., S. 83)

1.5 Stände und Berufe in der frühen Neuzeit
1.5.1 Allgemeine Entwicklungen in der frühen Neuzeit

In geschichtlicher Perspektive bezeichnen die Begriffe „Frühe Neuzeit"[127] oder „Neuere Geschichte" üblicherweise die Zeit zwischen dem Ende des Mittelalters (Ende 15. Jahrhundert) und dem Übergang vom 18. zum 19. Jahrhundert. Insbesondere die Epoche der Aufklärung war gekennzeichnet durch eine verstärkte Hinwendung zu den Naturwissenschaften, einen starken Anstieg der verfügbaren Wissensmenge und der Intensivierung des Wissenstransfers. Diese Entwicklung hatte logischerweise zum Teil weitreichende gesellschaftliche, politische und soziale Auswirkungen im Deutschen Reich und in Europa.[128]

In Europa und in Deutschland waren die Bedingungen in der frühen Neuzeit sehr vielfältig, jedoch war insbesondere anfänglich der Einfluss der Kirche auf die Menschen sehr bestimmend. Durch Martin Luther bekamen Arbeit und Berufe eine neue religiöse Wertigkeit.[129] Zugleich damit finden sich Ansätze zu Professionen, die im „alten Europa in ihrer Einbettung in die ständische Struktur zu verstehen" (Stichweh 1996, S. 50)[130] sind.

Bereits Martin Luther hatte „herausgestellt, dass es zwei Seiten von Beruf gibt: den ‚inneren' Beruf, der der Wortbedeutung von ‚Berufung' nahe kommt, und den ‚äußeren' Beruf, mit dem der Einzelne sich seinen Lebensunterhalt sichern kann. Entsprach die äußere Seite damit dem individuellen Nutzen und hatte einen ökonomischen Wert, so galt die innere Seite dem Nutzen für die Gemeinschaft, denn Luther sah die Berufung von Gott als eine Beauftragung durch den Herrn, um sich dadurch den anderen nützlich zu machen" (Herkner/Pahl 2014, S. 99) (Abb. 14).

---

[127] Die frühe Neuzeit mit den Epochen der Renaissance (ca. 15. und 16. Jhd.), des Renaissance-Humanismus (ca. 15. und 16. Jhd.), der Reformation (ca. 1517 bis 1648) und der Aufklärung (18. Jahrhundert) hatte ihren Ursprung in den Entdeckungsreisen und der gesellschaftlichen Entwicklung späten fünfzehnten Jahrhundert in Italien. Das Ende der frühen Neuzeit beginnt mit der französischen Revolution und dem Untergang des Heiligen Römischen Reich Deutscher Nation.
[128] Der Anfang dieser Epoche ist bestimmt durch die Renaissance mit Aktivitäten in Kunst, Politik, Wirtschaft und Wissenschaft einerseits und der Reformation mit gewandelten religiösen und moralischen Werten.
[129] Wie Baroness Seydewitz (1936, S. 52) herausstellt, hat Luther immer wieder „den Wert und den Segen der Arbeit gepriesen: ‚Der Mensch ist zur Arbeit geboren, wie der Vogel zum Fliegen. Mit redlicher Arbeit in seinem Beruf dient der Mensch Gott.'"
[130] Dabei „verkörpern Professionen einerseits ein neues Prinzip gesellschaftlicher Differenzierung: eine Differenzierung gemäß Sachgesichtspunkten, die mit zentralen Dimensionen der gesellschaftlichen Wissensordnung korreliert und die dies zudem noch als Differenzierung gesellschaftlich und politisch relevanter Eliten tut. Das noch die ständische Ordnung der frühen Neuzeit beherrschende Prinzip der Hierarchie wird dann zunehmend für diese neue Form der Differenzierung eine unplausible Ordnungsform. Andererseits gilt umgekehrt aber auch, daß sich mit den Professionen Restriktionen auf Differenzierungsprozesse verbinden. Die Generalzuständigkeit mancher Professionen selbst für sachgebietsferne Tätigkeitsfelder ist eine dieser Restriktionen. Auch die noch im 18. Jahrhundert geltende Einordnung der Professionen in ein allgemeines Gelehrtentum wirkt in diese differenzierungsverzögernde Richtung. Schließlich gelten professionsintern ähnliche Restriktionen auf Differenzierungsprozesse. Professionen tendieren dazu, im Inneren der Profession die Rolle eines Allgemeinpraktikers zu erhalten, wie man gut am Fall der Medizin studieren kann. Sie blockieren auch auf diese Weise Prozesse schnell fortschreitender funktionaler Differenzierung, als deren Protagonist sie für einen historischen Übergangszeitraum andererseits auch erscheinen konnten." (Stichweh 1996, S. 55)

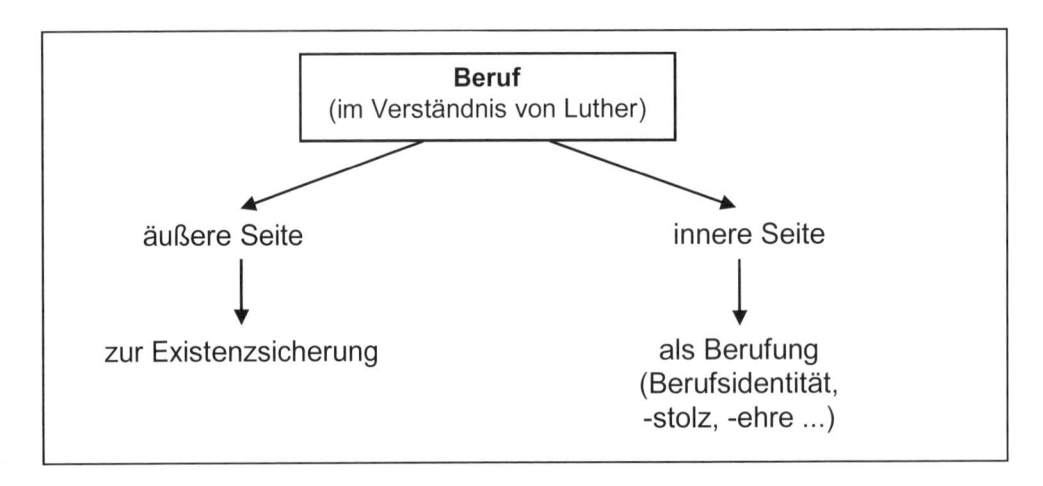

```
┌─────────────────────────────────────────────────────────┐
│                    Beruf                                │
│              (im Verständnis von Luther)                │
│                ↙              ↘                         │
│       äußere Seite        innere Seite                  │
│            ↓                   ↓                        │
│    zur Existenzsicherung   als Berufung                 │
│                            (Berufsidentität,            │
│                            -stolz, -ehre ...)           │
└─────────────────────────────────────────────────────────┘
```

Abb. 14: Äußere und innere Seite von Beruf (Herkner/Pahl 2014, S 100)

Der Beruf diente nun „nicht nur der Existenz- und Erwerbssicherung („äußere Seite"), sondern ist zugleich – wie Luther schon herausstellte – Berufung, wenn auch nur für manchen eine Berufung von Gott, für viele auch eine eigene Berufung. In jener Zeit übten die Zünfte über Berufe eine marktregulierende oder sogar eine beherrschende Funktion aus, weil mit ihrer Politik die Zugänge zum Markt kontrolliert, Ausbildungs- und Qualitätsstandards eingeführt und letztlich Preise für Dienstleistungen gestaltet werden konnten." (Herkner/Pahl 2014, S. 100)

Gleichzeitig kam „die technische und wirtschaftliche Entwicklung in Europa erstaunlich schnell voran, im 16. Jh. ging dieses Wachstum noch langsam vor sich, doch ab 1750 ist es rapide angestiegen. (…). In Mitteleuropa kam es durch die Religionskriege (Dreißigjähriger Krieg) zur Entvölkerung ganzer Regionen, doch nach 1650 war auch dort ein langsamer Anstieg der Bevölkerung möglich." (Grabner-Haider/Davidowicz/Prenner 2014, S. 13)

Die frühneuzeitliche Gesellschaft war sehr immobil und lebte mehrheitlich in Dörfern, Weilern, Städten und in Märkten. Zu der „mobilen Bevölkerung gehörten die Handwerker und Gesellen, die Sänger und Spielleute, die Studenten und Gelehrten, die Händler und Kaufleute, aber auch die Pilger und Wallfahrer. (…). Aber auch Künstler und Maler, Bildschnitzer und Steinmetze, Prediger und Mönche, Studenten und Lehrer waren häufig und längere Zeit unterwegs." (Grabner-Haider/Davidowicz/ Prenner 2014, S. 14)

Auf den Bereich der Arbeitstätigkeiten bzw. der Stände/Berufe hatten diese epochalen Entwicklungen anfänglich jedoch anscheinend keine großen Auswirkungen. Für jene Zeit ist charakteristisch, „dass die Diskussion um den Arbeitsbegriff zwar an Quantität und Qualität zunimmt und die Frage nach der Rolle der menschlichen Arbeit mehr und mehr in den Fokus der politischen und ökonomischen Gesellschaftstheorien rückt, dass dies jedoch zunächst keine beobachtbaren praktischen Auswirkungen auf die Arbeitswelt hat, denn die

Diskurse bleiben „abstrakt und eindimensional. Sie schweigen in Bezug auf die Praxis der Arbeit und bieten kaum einen Zugang zu der Fülle und Vielfalt dessen, was die Menschen in ihrem alltäglichen Leben tatsächlich tun" (Dandl 2004, S. 144 f.). Organisation und Ausübung von Arbeitstätigkeiten bzw. berufsförmigen Tätigkeiten im Rahmen von Zünften, Gilden und Hanse hatte in dieser Zeit in nahezu unveränderter Weise Bestand.

Die langsamen wirtschaftlichen Veränderungen hatten auch Auswirkungen auf Formen und Gestaltung der Arbeitstätigkeiten bzw. Stände. In vielen beruflichen Tätigkeitsbereichen änderten und/oder erhöhten sich die Anforderungen an berufliche Kenntnisse und Fähigkeiten. „Die stärkste wirtschaftliche, kulturelle und politische Dynamik entwickelten die kleineren und größeren Städte und Märkte. Sie waren die Orte des Marktes und des Handels, der Erzeugung und der Bearbeitung von Wirtschaftsgütern, der technischen Erfindungen und der wissenschaftlichen Erkenntnisse, des kulturellen Lebens und der sozialen Mobilität. In den Städten wurden die großen Bauwerke geschaffen: die Kirchen und Dome, die Kloster und Kathedralen, die Rathäuser und die Markthallen, die Schlösser der Adeligen und die Hauser der Patrizier, die Hospitale und die Armenhäuser. In den Städten gab es Arbeit und eine gewisse soziale Sicherheit." (Grabner-Haider/Davidowicz/Prenner 2014, S. 16)

Insbesondere die Großkaufleute gewannen Reichtümer, Ansehen[131] und Macht. So wurden vor allem für die kaufmännischen Tätigkeiten in vielen Fällen Lese- und Schreibkenntnisse erforderlich. In der Folge kam es beispielsweise zu Neugründungen von sogenannten „Deutschen Schulen", die auch als „Schreibschulen", später dann als „Schreib- und Rechenschulen" bezeichnet wurden (Bruchhäuser 1992, S. LVIII). Die Gilden und Zünfte waren sehr einflussreich, aber zu „den städtischen Eliten zählten bald die Juristen und die Ärzte, die höheren Kleriker und die Lehrer an den Universitäten." (Grabner-Haider/Davidowicz/Prenner 2014, S. 14)

Die Pseudowissenschaften wie Alchemie und Astrologie verloren an Bedeutung. Dagegen erhielt u. a. die Astronomie, Mathematik und Geographie mit den außereuropäischen Entdeckungen seit dem ausgehenden fünfzehnten Jahrhundert eine besondere Relevanz.

Es begann die frühneuzeitliche Wissenschaftsentwicklung durch Meisterdenker und Wissenschaftshelden wie Johannes Kepler, Galileo Galilei, Rene Decartes, Francis Bacon, Robert Boyle und Isaac Newton. Insbesondere Johannes Kepler hat sich „ mit den Entwicklungen von Kunst, Wissenschaft und Handwerk auseinandergesetzt" (Elkar/Keller/Schneider 2014, S. 123). Die Städte waren die wesentlichen Orte der Wissenschaft, des Gewerbes und des „Handels, sie hatten folglich den stärksten Zuzug an Bevölkerung und den größten wirtschaftlichen Aufschwung. Ohne Zweifel hat der Handel wesentlich zum Prozess der Zivilisation in Europa beigetragen." (Grabner-Haider/Davidowicz/Prenner 2014, S. 13 ff)

---

[131] So gründete Jakob Fugger „der Reiche" im Jahr 1521 vermutlich als erstes soziales Projekt, die auch heute noch bestehende Fuggerei.

Obwohl die wissenschaftlichen Erkenntnisse in dieser Zeit rasant anwuchsen, sind bei den gelehrten Berufen zu Beginn der Epoche keine größeren Veränderungen feststellbar. Die vier grundlegenden Studienrichtungen Philosophie, Theologie, Medizin und Jura bestimmten auch in der frühen Neuzeit weiterhin die entsprechenden gelehrten Berufsstände. Aber tendenziell zeigt sich, dass Bildung und sachgerechtes Wissen einen höheren Stellenwert erhält und Möglichkeiten zum sozialen Aufstieg eröffnet. So stehen beispielsweise „in Tübingen Gelehrten mit einer medizinischen Ausbildung Stellungen als Stadtarzt oder fürstlicher Arzt in Aussicht" (Hauer 2000, S. 92). Nicht nur in Tübingen, sondern auch in anderen Städten wurden die Lese- und Schreibfähigkeiten der zünftigen Magistratsmitglieder erforderlich (ebd., S. 93f.) und Bürgermeisterstellen werden vermehrt mit Juristen besetzt (ebd., S. 95).

Noch immer waren Berufe ständisch überformt. Das heißt, häufig ergab sich „das hohe Prestige bestimmter Berufe nicht aus deren ‚funktionaler Wichtigkeit', sondern aus der Schichtenzugehörigkeit" (Schwinn 2011, S. 95). Der Berufsbegriff wurde nach Beendigung der ständisch geprägten Epoche immer abstrakter (vgl. Dandl 2004, S. 44).

1.5.2 Zünftige und nicht-akademische Berufe in der frühen Neuzeit

In den Städten blieb die Dominanz handwerklicher und kaufmännischer Tätigkeiten bzw. Stände in entsprechenden Zünften und Gilden zu Beginn der frühen Neuzeit weitestgehend bestehen. Erstmals ist auch in der Literatur eine grobe Übersicht über die am Anfang der Neuzeit bestehenden „ehrlichen" handwerklichen „Haupt-Stände" bzw. Berufe zu finden. So schuf Hans Sachs 1568 mit dem Werk „Eygentliche Beschreibung Aller Stände auff Erden" eine alphabetisch geordnete Übersicht von „vierzehen und hundert" Personen, d. h. ehrlichen Ständen.

Im erstmals 1669 erschienenen „Ständebuch" von Christoff Weigel sind dann etwa zweihundert ehrliche Stände aufgeführt. Über die Stände bzw. Berufe am Ende des siebzehnten Jahrhunderts gibt das Buch(Ausgabe von 1698) sach- und fachkundige Auskunft.
In den Städten waren die Handwerker weiterhin die stärkste Berufsgruppe, „sie hatten zwei bis drei Jahre Ausbildung, gingen dann auf Wanderschaft und ließen sich in einer Stadt nieder, wo sie aufgenommen wurden. Sie waren in Zünften organisiert und folgten einer besonderen Berufsethik, denn sie wollten dem Gemeinwohl dienen." (Grabner-Haider/Davidowicz/Prenner 2014, S. 17)

Die nachfolgende Epoche der Aufklärung bzw. die Zeit etwa ab Anfang bis Ende des achtzehnten Jahrhunderts als einer geistigen Strömung der frühen Neuzeit war dann u. a. und vor allem gekennzeichnet durch eine starke Erkenntnis- und Wissensvermehrung in vielen Bereichen der Gesellschaft, der Kultur und der Wirtschaft. Damit verbunden waren – zumindest in den am weitesten entwickelten Staaten Europas – neue Formen des Denkens, Wirtschaftens und Arbeitens. Das Spektrum und die Inhalte der Berufe erweiterten sich damit.

„Dass die enge Verbindung zwischen mathematischem Denken und künstlerischer Betätigung wiederum auch nachhaltig das Handwerk beeinflusste, ist vor allem in der Zeit nach Dürer zu bemerken." (Elkar/Keller/Schneider 2014, S. 125) Mit der Verbreitung geometrischen Wissens wurde dieses in vielen Berufen genutzt wie beispielsweise beim Tischler, dem Fassbinder, dem Wagner und dem Baumeister (vgl. ebd.).

In der Renaissance wurden viele Werkzeuge verbessert und zugleich differenzierten sich die Berufe. Dadurch kam es aber in den Zünften zu Spannungen. „So gönnte der Bäcker dem Weißbäcker nicht das Brot, das er herstellte. Der Weißbäcker wiederum blickte argwöhnisch auf den Konditor, der Zimmermann auf den Schreiner, der Schlosser auf den Uhrmacher, der Kupferschmied auf den Eisengießer, der ihm den Ofen herstellte, und der Schumacher auf den Altmacher, der alte Schuhe aufarbeitete und sich ärmeren Bevölkerungsschichten zuwendete." (Elkar/Keller/Schneider 2014, S. 134)

Militärische Handwerke erlebten – obwohl die Ritterrüstungen an Bedeutung verloren – eine besondere Blüte. So entwickelten sich für Geschütze und Handfeuerwaffen Spezialisten. Für die Handfeuerwaffen gab es: „Lauf- und Schlossschmiede, die zudem dass Metall polierten, so wie Gold- und Silberschmiede, die das Gravieren, Ziselieren und Tauschieren, also die Einlegearbeiten mit Edelmetallen, beherrschten. Darüber hinaus existierten freilich Büchsenschäfter, die den Holzschaft anfertigten und das Rohr einlegten, Schreiner, die durch das Einlegen verschiedener Holzstückchen (gegebenenfalls auch von Elfenbein) hölzerne Oberflächen mit Intarsien verzierten, Sattler und Riemer für die Lederhalterung, Kugelschmiede für Geschosse usw." (Elkar/Keller/Schneider 2014, S. 139)

„In den tragenden Schichten der Städte konnten die Händler, Kaufleute und Handwerker große Reichtümer ansammeln. Sie betreuten die Märkte in der eigenen Stadt und in den benachbarten Städten, sie waren aber auch im Fernhandel tätig. Viele Kaufleute hatten Handelsbeziehungen in den Vorderen Orient, nach Afrika und Amerika, ja bis Indien und China." (Grabner-Haider/Davidowicz/ Prenner 2014, S. 17) Die Differenzierung bei den berufsförmigen Tätigkeiten und zünftigen Berufen nahm zu (Abb. 15).

Im siebzehnten Jahrhundert entwickelten sich erste merkantile Unternehmen. Neue Formen zeichneten sich durch eine arbeitsteilige Fertigung von verschiedenen Handwerken an einem Ort aus. Es veränderten sich die Arbeitsbedingungen, die Berufsinhalte sowie das Arbeitsethos.[132] Auch Handwerkerbetriebe bildeten „Manufakturen für Kleider, Leder und Holzbearbeitung. Ihre Produkte wurden von den Händlern auf verschiedenen Märkten verkauft; es wurde nur so viel erzeugt, als abgesetzt werden konnte. Als große Webstühle aufkamen, konnte die Produktion von Stoffen und Kleidern stark gesteigert werden. Die Händler entwickelten eine „merkantilistische" Wirtschaftspolitik, die vor allem auf die entstehenden Flächenstaaten bezogen war.

---

[132] „Als Folge des Dreißigjährigen Krieges, der in Deutschland große Verwüstungen hinterlassen und außer der menschlichen Arbeitskraft kaum Produktivkräfte übriggelassen hatte, setzte sich das protestantisch-calvinistische Arbeitsethos durch: Arbeiten wurde zum Selbstzweck, zur von Gott auferlegten Pflicht, Muße wurde zum verpönten ‚Müßiggang'. Die Lebenszeit bestand nun aus der Zeit, in der man seine Pflicht tat (Arbeit), und der ‚Restzeit', die zur Erholung für die weitere Pflichterfüllung dienen sollte." (Giesecke 1983, S. 15)

Die Verarbeitung von Holz, Metallen und Leder, aber auch die Erzeugung von Waffen wurde stark gesteigert. Der Buchdruck hatte in den Städten seine Orte, dort entstanden kleinere und größere Verlagshäuser. Es gab Schriftgießer und Formenschneider, Briefmaler und Buchbinder. So wurden in den Städten viele neue Arbeitsplätze geschaffen." (Grabner-Haider/Davidowicz/Prenner 2014, S. 17)

> Ankerschmied, Bäcker, Baumeister, Bergarbeiter, Bernsteindreher, Bierbrauer, Böttcher, Bortenmacher, Briefmaler, Brillenschleifer, Bronze- und Messinggießer, Buchbinder, Buchdrucker, Buchhändler, Büchsenmacher, Büchsenschäfter, Büttner, Futteralmacher, Büchsenmacher, Büchsenschäfter, Bürstenbinder, Dachdecker, Drahtzieher, Drechsler, Eisengießer, Emailleur, Färber, Fassbinder, Fassmacher, Feilenhauer, Fischer, Flachsspinnerin, Flaschner, Freskenmaler, Geigenbauer, Gelbgießer, Gerber, Gewindeschneider, Glaser, Glasmacher, Geschützgießer, Glockengießer, Goldschlager, Gold- und Silberschmied, Graveur, Gürtler, Hebamme, Hemdenmacher, Hufschmied, Huf- und Grobschmied, Handschuhmacher, Hutmacher, Hutwalker, Illuministen und Kartenmacher, Instrumentenbauer, Kammmacher, Kandelgießer, Kaufmann, Kistenmacher, Klempner, Klingen- und Kürschner, Kupferschmied, Messerschmied, Knopfmacher, Konditor, Korbflechter, Küfer, Kürschner, Kugelschmiede, Kupferhammerschmied, Kupferschmied, Kunsttischler, Kunstschmiede, Kunstschlosser, Kunstschreiner, Lackierer, Lebzelter und Wachszelter, Lederhandwerker, Leineweber, Leinwandbleicher, Leinwandhändler/-in, Maler, Maurer, Metzger, Modellstecher, Monturschneider, Münzmeister, Münzpräger, Münzenmacher, Mützenmacher, Nadler, Näherin, Nagelschmied, Orgelbauer, Papiermacher, Papierer, Parkettleger, Paternosterer, Pfeifenmacher, Polsterer, Porzellanhersteller, Posamentenmacher, Pulvermacher, Putzmacherin, Sattler und Riemer, Scheffler, Schiffbauer, Schlachter, Schlosser, Schmied, Schneider, Schornsteinfeger, Schreiner, Schriftgießer, Schuhmacher, Schuh- und Schnürbandmacher, Seidensticker, Seidenzeugmacher, Seifensieder, Seiler, Segelmacher, Spengler, Spiegelmacher, Spinnerin, Steinmetz, Steinhauer, Stiefel- und Pantoffelmacher, Perückenmacher, Strumpfstricker, Strumpfwirker, Stuckateure, Tapetenhandwerker, Tapezierer, Töpfer, Tuchbereiter, Tuchmacher, Tuchscherer, Uhrmacher, Vergolder, Wagner, Weber, Weißbäcker, Zeugschmied, Zigarrendreher, Zimmererleute, Zirkelschmied, Ziseleur, Zinngießer.

Abb. 15: Ehrliche und angesehene Berufe in der frühen Neuzeit – Auswahl[133]

Spezifische Handwerksfähigkeiten für Luxusartikel bildeten sich beispielsweise in Residenzstädten heraus, und zwar „im Kutschenbau, wo Wagner, Schmiede, Schlosser, Polsterer, Sattler, Kunsttischler, Drechsler, Lackierer, Vergolder, Glaser, Spiegelmacher und Bronzegießer beschäftigt waren" (Elkar/Keller/Schneider 2014, S. 153).

In der frühen Neuzeit waren weiterhin „die ehrbaren Berufe deutlich von den nicht ehrbaren Berufen unterschieden. Zu den zweiten zählten die Schauspieler und die Freudenmädchen, die Zuhälter und die Bader, die Totengräber und die Henker, die Beseitiger von Tierkadavern und von Fäkalien, die Reiniger der Straßen und Müllgruben. Einen niederen sozialen Status hatten auch die Hirten und Schäfer, die Leinenweber und die Gerber, oft auch die Müller." (Grabner-Haider/Davidowicz/Prenner 2014, S. 18)

---

[133] Diese Liste ist aus einer Eigenrecherche und einer Auswertung verschiedenster Literaturquellen (s. u. a. auch vorangegangener Text) entstanden, in denen ehrliche Berufe während der Frühen Neuzeit benannt werden

Einen ehrbaren Berufsstand anzugehören war wünschenswert, aber keine Garantie für Sicherheit, denn „Ehrenhaftigkeit war nichts Statisches; kein Individuum war gegen einen Ehrverlust gefeit. (Vermeintliche) Ehrverletzungen führten zu einer Vielzahl von Konflikten in jener Zeit. Im gleichen Maße wie die Angst stieg, einen Ehrverlust zu erleiden, wurde auch das Bedürfnis nach Abgrenzung und Abwehr größer." (Kroll 2011, S. 8)

Der Begriff der unehrlichen oder nicht ehrbaren Berufe hielt sich bis in die Frühe Neuzeit unvermindert (Abb. 16). Die Zahl der als „unehrlich" bezeichneten Berufe nahm zu und kam „erst seit dem 16. Jahrhundert zum vollen Durchbruch" (Isenmann 2014, S. 736). Die Umstände, warum „bis weit ins 18. Jh. hinein verschiedene Berufe und Tätigkeiten als ‚unehrlich' bezeichnet wurden und die sie Ausübenden nicht selten stigmatisiert, auf jeden Fall aber marginalisiert, also an den Rand der Gesellschaft gedrängt wurden, sind bislang nicht völlig geklärt. Mag man aus heutiger Sicht die Randständigkeit von Scharfrichtern, Abdeckern, Totengräbern, Aborträumern aus ihrer Verbindung mit Tod und Schmutz noch erklären können, so scheint die *Unehrlichkeit* von Gefängniswärtern, Turmwächtern, Ziegelstreichern, Spielleuten, Bäckern, Müllern, Schäfern und Leinewebern auf keinen gemeinsamen Nenner" (Völker-Raser 2010, S. 155; Hervorhebungen im Original) gebracht werden zu können.

Abtrittanbieter, Altmacher und Flickschuster, Amtsbüttel, Abdecker, Aschenbrenner, Aufwecker, Bader, Bänkelsänger, Bannwart, Barbier, Bettelvögte, Bockhalter, Bortenmacherin, Böttcher, Brettschneider, Brunnenbauer, Brunnenputzer, Bürstenbinder, Buchbinder, Buchdrucker, Büttel, Burgmannen, Dachdecker, Diener, Dienstmagd, Dorfdiener, Eichenbinder, Eisenbrenner, Eisenhändlerin, Essighersteller, Fackeljunge, Feldschütz, Fischer, Flößer, Förster, Gärtner, Gassenkehrer, Gaukler und Spielleute, Gefängniswärter, Geldverleiher, Gerber, Gerichts- und Polizeidiener, Glöckner, Gehängemacher, Kafferiecher, Kammerjungfrau, Krautschneider, Handarbeiterin, Hausierer, Heger, Henker, Henkersknecht, Hirten, Hofmann, Holzhauer, Holzknecht, Holz- und Feldhüter, Holzschumacher, Jagdtreiber, Kastrateure, Kesselflicker, Kesselmeister, Kloakenfeger, Knecht, Koch/-in, Köhler, Knochenhändler, Korbmacher, Krämer, Kranmeister, Küfer, Kutscher, Landsknecht, Leineweber, Loher, Lohschäler, -wärter, Lumpensammler, Magd, Makler, Marktschreier, Maulwurffänger, Meldereiter, Milchmädchen, Mörtelmacher, Müller, Nachtwächter, Näherin, Nothausierer, Pfeifer, Putzmacher, Federputzmacher Prostituierte, Rattenfänger, Schäter, Scharfrichter, Schauspieler, Scheunendrescher, Schinder, Schneider, Schnitter, Schornsteinfeger, Schroter, Schultheiß, Schulz, Segelmacher, Seifensieder, Signalgeber, Spielleute, Stellacher, Strumpfstrickerin, Tagelöhner, Truchsess, Töpfer, Totengräber, Türmer, Vogt, Wächter, Waffenschmied, Wahrsager, Wasserträger, Weber, Winzer, Wirt/-in, Wucherer, Sautreiber, Zeugmacher, Ziegler und Zöllner, Zubringerin, Züchtiger.

Abb. 16: Unehrliche und andere Berufe in der frühen Neuzeit – Auswahl[134]

Wurde jemand als unehrlich eingestuft, so hatte das für den Betroffenen erhebliche negative Folgen durch geringe Wertschätzung oder gesellschaftliche Ächtung.[135] Die verschie-

---

[134] Diese Liste ist aus einer Eigenrecherche und einer Auswertung verschiedenster Literaturquellen (s. u. a. auch vorangegangener Text) entstanden, in denen ehrliche Berufe während der Frühen Neuzeit benannt werden.

denartige Bewertung von Berufen lässt sich teilweise als religiöse oder rituelle Vorgabe deuten. Dieses zeigt sich im Vergleich der Berufe „Abdecker" und „Metzger". „Im Fall des Abdeckers war es (…) nicht der allgemeine Umgang mit toten Tierkörpern, der verunreinigt, sondern allein der mit Aas, also mit verendeten Tieren. Auch sie waren vorzeitig verstorben und nicht ihrer eigentlichen Bestimmung nach durch den Menschen getötet worden. Sie befanden sich daher (…) in einem uneindeutigen Stadium und waren rituell unrein. Die Gefahr, die von der Berührung mit Tierkadavern ausging, war so groß, dass es allein dem Abdecker vorbehalten war, diese zu beseitigen. Im Gegensatz dazu waren Metzger, die ebenfalls mit toten Tieren in Berührung kamen, zünftig organisiert und gehörten zu den angesehensten städtischen Handwerkern. Schließlich waren die Tiere, die ein Metzger verarbeitete, nicht verendet." (Kühnel 2013, S. 45)

Es gibt keine durchgängige Erklärung für die Klassifizierung in Ehrlichkeit und Unehrlichkeit. Es handelt sich um „soziale, nicht moralische Kategorien" (Isenmann 2014, S. 737). Die ehrlichen Berufsvertreter und diejenigen anderer handwerklicher Berufen befanden sich in erheblicher Konkurrenz. Es gab teilweise harte Konflikte „zwischen den Zünftigen auf der einen Seite und denen, wie sie von den Zunfthandwerkern genannt wurden, ‚Pfuschern', ‚Störern' oder ‚Bönhasen' auf der anderen Seite" (Brandt 2008, S. 304) mit zum Teil brutalen Verfolgungen von Störern, die keine geziemende, beruflich saubere Arbeit ablieferten, durch Zunfthandwerker.

Eine überzogene Zunftpolitik bestimmte die Bewertung der Berufe. „Gegen Ende des 16. und im Laufe des 17. Jahrhunderts kam das Unehrlichkeitswesen zu einer so üppig gefährlichen Blüte, dass (…) die Reichsgesetzgebung und in ihrer Folge die Landesgesetzgebung dagegen einschritt." (Beneke 2011, S. 11)
In der Mitte des achtzehnten Jahrhunderts bahnte sich ein Wandel in den Zünften an. Die „Nichtzulassung von ‚Unehrlichen' zu einer Handwerkerausbildung wurde als eine missbräuchliche Bestimmung im Zunftrecht angesehen" (Elkar/Keller/Schneider 2014, S. 168) und gesellschaftlich sogar als Rückschritt kritisiert.

1.5.3 Berufserziehung in der frühen Neuzeit

Seit Beginn des sechzehnten Jahrhunderts, d. h. der beginnenden frühen Neuzeit, kam es in ganz Europa zu gravierenden gesellschaftlichen und bildungspolitischen Veränderungen. Die handwerklichen Strukturen der Berufsausbildung blieben zwar noch längere Zeit weitestgehend bestehen, parallel dazu wurde aber durch die Städte versucht, neue Formen beruflicher Ausbildung einzuführen. Diese Entwicklung war eine Reaktion auf die neuen beruflichen Qualifizierungsanforderungen (z. B. Anforderungen an das Lesen

---

[135] „In wirtschafts- wie sozialgesellschaftlicher Hinsicht erlangte das Phänomen der Unehrlichkeit besonders im Kontext des zünftigen Handwerks Bedeutung. Hier wurde Unehrlichkeit bis ins 18. Jh. hinein instrumentalisiert zum einem, um Mitbewerber um das Meisterrecht zu benachteiligen, denn Kinder unehrlicher Leute hatten gewöhnlich keine Chance, als Zunftmitglied akzeptiert zu werden. Zum anderen war die strikte Abgrenzung der Zunfthandwerker gegen den Zugang und Kontakt mit Unehrlichen aber auch Bestandteil einer ausgeprägten Kultur zünftiger Ehrvorstellungen, die zur Homogenisierung der Handwerkerschaft und zur Abgrenzung gegen andere Gruppen diente." (Völker-Raser 2010, S. 155)

und Schreiben) in vielen Bereichen beruflicher Tätigkeiten. Damit verbunden waren u. a. Tendenzen, eigene städtische Schulen einzurichten und für das Stadtgebiet gültige, normierte Bestimmungen in Form von Lehrlingsordnungen einzuführen, in denen z. B. Zugangsvoraussetzungen, Fragen der Lehrdauer und Abschlüsse der Ausbildung geregelt waren. So kam es beispielsweise zu Neugründungen von sogenannten „Deutschen Schulen", die auch als „Schreibschulen", später dann als „Schreib- und Rechenschulen" bezeichnet wurden (Bruchhäuser 1992, S. LVIII). Das städtische Bürgertum war bestrebt, das Bildungsmonopol der Kirche und der handwerklichen Zünfte zurückzudrängen und zumindest Teilbereiche der Berufsausbildung zu „verschulen" oder zu institutionalisieren. Dies führte zu Konflikten mit dem Klerus, der sein bisheriges Bildungsmonopol bedroht sah. Im Laufe der Reformation konnte die Kirche ihre Einflussnahme im Bereich der Schulen in Deutschland immer mehr verstärken und so vorübergehend „die Umdeutung des ursprünglichen schulischen Bildungsauftrages" (ebd., S. LVIV) erreichen.

Nach dem Dreißigjährigen Krieg änderte sich das staatlich-politische Ordnungsbild nochmals von Grund auf. Die Landesherren gingen aus diesem vor allem im deutschen Sprachraum stattfindenden Krieg als Gewinner hervor. Viele konnten ihre Gebiete erweitern und ihre Herrschaft festigen. In diesem Zusammenhang wurden die bisher selbstständigen Städte in die Hoheitsgebiete und Verwaltungsstrukturen der Einzelstaaten integriert.
Für die in herausgehobene Stellen als Abgeordnete oder Magistratsangehörige agierenden Vertreter der Zünfte wurde im ausgehenden Mittelalter und der beginnenden Frühen Neuzeit deutlich, dass sie die Lese- und Schreibfähigkeit besitzen müssen. Sie besuchten deshalb in zunehmendem Maße die Lateinschulen, die aber nur ein allgemeinbildendes Curriculum aufwiesen. In den Städten bemühte man sich darum, dass diese Schulen ein hohes Niveau erreichten.[136] Arbeits- und berufsorientierte Ausbildungseinrichtungen entstanden erst später.
Das langsame Erlöschen der städtischen Autonomie im Rahmen der Entstehung von politisch eigenständigen Teilstaaten engte den handwerklichen Handlungsspielraum stark ein. Dem Handwerk ging sein bis dahin fest begrenzter Wirkungsraum verloren, wodurch wiederum der „mittelalterlichen Handwerkskultur unwiderruflich die Grundlagen entzogen" (Greinert 2007, S. 33) wurden. Zudem war die neue Form einzelstaatlicher Wirtschaftspolitik – der Merkantilismus – „von Hause aus keine Handwerkspolitik, sondern Finanz- und Handelspolitik" (Greinert 2007, S. 34).

Mit dieser Entwicklung verbunden waren erste Schwächungen der handwerklichen Strukturen in Form von Zünften und Gilden und der Errichtung von Manufakturen. Damit gerieten auch die bisherigen noch eher mittelalterlichen Strukturen der zünftigen Berufsausbildung etwas ins Abseits. Erste Ansätze und Formen arbeitsteiliger, aber noch berufsförmiger, wenn auch spezialisierter Tätigkeiten wurden sichtbar.

---

[136] Dazu wurden an den Lateinschulen die zukünftigen Lehrkräfte „einerseits auf Eignung zum Lehramt und Gelehrsamkeit geprüft und andererseits ist die kirchliche Eignung, das heißt die theologisch konformen Ansichten des Anwärters von Interesse" (Hauer 2000, S. 99).

1.5.4 Höhere Berufe und Ämter

In der Frühen Neuzeit spielten sich – allerdings nun nicht mehr nur beim Adel um Pfründe – wesentliche Macht- und Distinktionskämpfe um Einkommen, Berufe sowie Ämter und damit um Besitz, Macht und Prestige in den gehobenen Gesellschaftsschichten ab. Neben dem Adel genossen die höheren Kleriker wie Erzbischöfe und Bischöfe einen herausgehobenen sozialen Status, „sie hatten ihre eigenen Gesetze und Gerichte. Die niederen Kleriker, die Mönche und Nonnen lebten viel näher beim Volk" (Grabner-Haider/Davidowicz/Prenner 2014, S. 18). Mit der Frühen Neuzeit erfolgt auch eine Säkularisierung. Allerdings „drängt sich die Vermutung auf, daß weniger Säkularisierung als vielmehr Konfessionalisierung das Signum der frühneuzeitlichen Epoche ist; daß die Staatsgewalt sich nicht durch Distanzierung von der Religion, sondern eher durch verschärfte Identifikation mit einer bestimmten Glaubensrichtung ge- und verstärkt hat." (Dreier 2002, S. 7) Die Glaubenseinheit zerbrach, aber die Hierarchie der Ämter oder Berufe vom Bischof, Pfarrer bzw. Pastor, Vikar, Kaplan blieb strukturell weitgehend bestehen.

Beim Militär wurde der Beruf des Offiziers „vom weniger begüterten Adel als Möglichkeit der standesgemäßen Versorgung vermehrt aufgegriffen. Daneben versuchten zunehmend nobilitierte bürgerliche Offiziere und nicht grundbesitzende Adelige, die bei Erbgängen unberücksichtigt geblieben waren, sich durch den Offiziersberuf eine standesgemäße Existenz zu sichern. Auch rekrutierten sich die Offizierskorps verstärkt aus sich selbst, d. h., die Söhne von Offizieren traten immer häufiger in die Fußstapfen ihrer Väter." (Gahlen/Winkel 2010, S. 21) Es entwickelten sich im siebzehnten und achtzehnten Jahrhundert in den europäischen Staaten abgestufte Dienstränge vom General, Oberst, Oberstleutnant, Major, Hauptmann, Leutnant bis zum Fähnrich. Die Dienstränge wurden nicht immer aufgrund besonderer Fähigkeiten erworben. Eine wissenschaftliche Bildung stellte nicht zwangsläufig eine Voraussetzung dar, um in den Armeen bis zum General aufzusteigen. Darüber hinaus war in vielen Armeen das Kaufen von Offizierschargen, wie auch der Kauf von anderen Ämtern durchaus üblich. In Offizierskorps – insbesondere in Preußen – bestand teilweise eine adlige Dominanz. Für die Adligen, die in einen Offiziersberuf protegiert wurden, ergaben sich besondere Spannungen, wenn sie den Anforderungen objektiv gerecht werden wollten.[137] Auch für die Laufbahn als hohe Beamte hatten Adlige Vorteile. „Ständische Zugehörigkeit und Nähe zum Hof waren entscheidende Faktoren für den Erfolg von Beamtenkarrieren." (Schwinn 2011, S. 82) Die Qualität der genossenen akademischen Ausbildung war nicht zwangsläufig das vorrangige Besetzungskriterium für eine berufliche Position. Für Adlige genügte das „bloße Studium, während für Bürgerliche der akademische Abschluss mit Universitätsgrad obligatorisch war." (ebd.). Der Adel drängt neben Hof, Militär, Regierung und Verwaltung „traditionell noch in zwei weitere Ämterbereiche: das Forstwesen und die Diplomatie" (Reif 2012, S. 22), solange keine wissenschaftlichen Anforderungen an die Laufbahn bestanden.

---

[137] „Es kann als ein Strukturmerkmal der stehenden Heere des 18. Jahrhunderts angesehen werden, dass die adligen Offiziere im Spannungsverhältnis zwischen den Normen der Adelsgesellschaft und den Anforderungen des Dienstes agieren mussten." (Winkel 2010, S. 69)

Die Hauptaufgabe der Universitäten wurde im sechzehnten Jahrhundert „die Ausbildung von Pfarrern, Priestern, Ärzten, Richtern und Staatsbeamten" (Rüegg 1996, S. 43). Damit ergaben sich auch Festlegungen für die beruflichen Laufbahnen und Professionen.[138] Für den Staat bedeutsame „Berufe, wie derjenige eines Arztes, eines Rechtsanwaltes, eines höheren Richters konnten ohne einen Universitätstitel nicht ausgeübt werden. Bei Universitätsprofessoren wurde der akademischen Titel vorausgesetzt; doch wurde er oft ehrenhalber, *honoris causa*, bei der Aufnahme der Lehrtätigkeit verliehen." (Frijhoff 1996, S. 67; Hervorhebungen im Original) Es wurde nun zwischen den Juristen mit einem Rechtsstudium an der Universität und den Sekretären, Notaren und untergeordneten Beamten unterschieden (ebd.). „Auf Druck des Staates wuchsen Universitäten und akademische Berufe zusammen und richteten sich auf die Bedürfnisse des Marktes aus." (ebd.)[139]

Neben den Universitäten entstanden praxisorientierte Schulen, die bei den neuen Wissenschaften eine Führungsrolle übernahmen. Es ist anzunehmen, „dass diese Institutionen, die weniger eingeengt waren durch Traditionen und Strukturen der Universitäten, eine dynamische, kritischere und intensivere Rolle spielen konnten und den neuen Wissenschaften gegenüber aufgeschlossener waren" (Frijhoff 1996, S. 67). So ergaben sich durch den Fernhandel erhebliche Horizonterweiterungen und erhebliche „neue Berufschancen in kaufmännischen und davon abhängigen manuellen und Dienstleistungsberufen in den Städten" (Kaelble 1986, S. 75).

Nach und nach entstanden neue Berufe, oder alte entwickelten sich weiter wie Notare, Sachwalter, Privatlehrer, Architekten, Bildhauer, Ingenieure, Geometer, Kartographen, Kunstmaler, Musiker, Nautiker. Unter diesen besonders ausgebildeten Berufsgruppen gab es freie und in einem Arbeitsverhältnis stehende Berufe (Abb. 17).

Diejenigen, die freie Berufe ausübten, „waren weder Lohnempfänger noch Mitglieder einer Zunft. Man erwartete im Gegenteil von ihnen, dass sie ihren Beruf als *vocatio*, als Berufung verstanden und über bloßes Gewinnstreben erhaben waren." (Frijhoff 1996, S. 320; Hervorhebungen im Original) In der Frühen Neuzeit gab es keine Literaten oder Schriftsteller, die von ihrer Tätigkeit hätten leben können. Leistungen als Rhetor oder Poet konnten aber Anerkennung finden. Wer beispielsweise „mit Arbeitsproben die Prüfung durch kaiserlich bestallte Gelehrte bestand, wurde durch das Reichsoberhaupt mit Dichterlorbeer ausgezeichnet (...) erhielt das Recht, auf allen deutschen Universitäten über Poetik und Rhetorik zu lesen" (Keller 2008 S. 84)

---

[138] Wie Willem Frijoff (1996, S. 80) feststellt, wurde die Professionalisierung an den Universitäten „in der Frühen Neuzeit eingeleitet, jedoch erst im 19. Jahrhundert zu Ende geführt".
[139] Der dynamische „Wandel der Universität von einer Institution, die ihre eigenen Ziele verfolgte, zu einer Bildungsanstalt, die sich an gesellschaftlichen Bedürfnissen orientiert, ist vermutlich das wichtigste Merkmal der vorliegenden Periode und wirkt sich bis auf den heutigen Tag aus." (Frijoff 1996, S. 80)

> Abt, Äbtissin, Admiral, Advokat, Adjudant, Amtmann, Amtsträger, Antiquar, Apotheker, Architekt, Archivar, Arzt, Bildhauer, Bischof, Dechant, Dekan, Doctodres, Höherer Beamter, Mittlere Beamte, Bildhauer, Cantor, Capelar, Chirurg, Domherr, Erzbischof, Fähnrich, Fernkaufleute, Freiberufler, Forstmeister, Geheimrat, General, Generalleutnant, Generalmajor, Generalsuperintendent, Geometer, Hauptmann, Hauslehrer, Hochfinanzier, Hofmeister, Hofrat, Ingenieur, Jurist, Kanzleisekretär, Kanzleischreiber, Kanzler, Kapitän, Kardinal, Kartographen, Kaufleute, Kleriker, Kommerzienrat, Kunstmaler, Küster, Lehrer an höheren Schulen, Leutnant, Literat, Licentitatus Jurist, Magister, Marschall, Major, Mönch, Musiker, Nautiker, Nonne, Notar, Oberst, Oberforstmeister, Oberstleutnant, Offizier, Pfründner, Privatlehrer, Pastor, Pfarrer, Poet, Professor, Probst, Regierungsrat, Rektor, Rhetoriker, Richter, Rittmeister, Sachwalter, Schulmeister, Steuermann, Superintendent, Subprior, Syndicus, Theologe, Universitätslehrer, Kleriker, Unternehmer.

Abb. 17: Höhere Berufe und Ämter in der Frühen Neuzeit - Auswahl[140]

1.5.5 Ausbildung der höheren und gelehrten Stände in der frühen Neuzeit

Im wissenschaftlichen Bereich unterscheidet sich die frühe Neuzeit vom Mittelalter vor allem hinsichtlich der Wissensgrundlagen und durch das Aufkommen der Naturwissenschaften.[141] Kritisiert wurde nun, dass die Philosophie an den Universitäten rein aristotelisch sei, und die Naturwissenschaften nur eine geringe Bedeutung hätten.

Dennoch ist bis zur Mitte des sechzehnten Jahrhunderts im Bereich der höheren Stände und gelehrten Berufe keine größere Veränderung festzustellen. Es dominierten an den Universitäten noch längere Zeit die theologische Fakultät bzw. theologische Lehrinhalte.[142] Wie im Mittelalter bestanden auch in dieser Zeit nur die gelehrten Stände/Berufe Artist/Philosoph, Mediziner, Jurist und Theologe.

Einen entscheidenden Schub erhielt die Bildung durch die Gedanken und Forderungen der Reformation, als deren Protagonisten Luther und Melanchthon stehen. Insbesondere

---

[140] Diese Liste ist aus einer Eigenrecherche und einer Auswertung verschiedenster Literaturquellen (s. u. a. auch vorangegangener Text) entstanden, in denen ehrliche Berufe während der Frühen Neuzeit benannt werden.
[141] Für die Studenten gab es in vielen europäischen Staaten die Möglichkeit, ein Studium aufzunehmen und es bestand, die nötigen finanziellen Mittel und Motivation vorausgesetzt, eine große Freizügigkeit. Obwohl die Zahl der Professoren und Studenten der Theologie im Vergleich zur Jurisprudenz und Medizin nicht hoch war, „verfügte die theologische Fakultät über einen beachtlichen Einfluß" (Rossi 1997, S. 293). Die Macht in den europäischen Staaten wurde durch die weltlichen und kirchlichen Fürsten bestimmt. Zu Beginn der Neuzeit dominierten in der Ausbildung an den Universitäten noch theologische Fächer und starre Formen der Wissensvermittlung. Ausgehend von England bahnte sich eine Änderung an. Francis Bacon und Rene Descartes übten an den bestehenden Universitäten Kritik an der Rückständigkeit der Methoden der Wissensvermittlung und an den Widerständen, neue Wissenschaften an den Universitäten einzuführen. Auch Thomas Hobbes hatte 1650 in seinem Leviathan auf Missstände hingewiesen.
[142] Dieses hing damit zusammen, dass die aufstrebenden Landesherren als neue Träger in jedem Fall einer Konfession (katholisch, lutherisch oder reformiert) angehörten. In Abhängigkeit davon hatte die Theologie bzw. die theologische Fakultät an der Universität allerdings eine unterschiedlich hohe Bedeutung und einen unterschiedlichen Einfluss auf die anderen Wissenschaften.

Melanchthon hat durch seine Organisation und seine Lehrbücher den Unterricht in den protestantischen Schulen und Universitäten wesentlich beeinflusst. Humanismus und Reformation haben die Organisation der Universitäten einschließlich ihres Studiums entscheidend verändert und gleichzeitig Universitäten neuen Typs hervorgebracht. Protestantische Neugründungen waren beispielsweise die Universität Marburg (1527), Königsberg (1544) und Jena (1556). Katholische Neugründungen entstanden in Augsburg (1549) und Würzburg (1582). Allerdings blieb es auch für die neu gegründeten Universitäten bei der Staatsbindung (vgl. Ellwein 1992, S. 45) und der überwiegend theologisch-konfessionellen Ausrichtung (vgl. Paulsen 1966a, S. 39). Zudem wurden die Universitäten immer mehr zu Bildungsanstalten des Landesherrn für geistliche und weltliche Staatsbeamte.

Die Entwicklung der gelehrten oder universitären Berufsausbildung an den Universitäten zu Beginn der Neuzeit ist eng verbunden mit dem großen geistesgeschichtlichen Prozess, der heute als Zeitalter der Renaissance, des Humanismus und der Reformation zusammengefasst wird. Im Verlauf der Geistesströmungen dieser Epoche kam es in der akademischen Berufsausbildung zu entscheidenden strukturellen und lernorganisatorischen Veränderungen.

An den Universitäten betraf dies zunächst die artistisch-philosophische und die theologische Fakultät. Ob die Formen und Inhalte des Studiums an diesen Fakultäten von den „Oratoren und Poeten" des Humanismus wirklich „mit wegwerfendster Verachtung als stumpfsinnige Barbarei beschimpft" (Paulsen 1966a, S. 33) wurden, bleibt dahingestellt. Zumindest aber wurden der Klerus sowie die Kirchen „als Träger der Ideologie und damit auch als Garant gelehrter Bildung in Frage gestellt" (Fläschendräger/Straube 1970, S. 35).

Im Zuge dieser Entwicklung hatten sich um 1520 an den meisten deutschen Universitäten neue Bildungsstrukturen und -formen etabliert. In die Studienpläne hielten insbesondere drei Veränderungen Einzug (vgl. Paulsen 1966a, S. 34 f.):
- Verdrängung des alten, kirchlichen Schullateins durch das klassische Latein,
- Aufnahme der griechischen Sprache,
- Aufnahme der alten griechischen und römischen Literatur.

Einbezogen wurden auch verstärkt naturwissenschaftliche Fächer.[143]

Die Bedeutung der „gelehrten", d. h. akademischen Lehrer „spiegelt sich (…) in der sprachlichen Bezeichnung des Berufes wieder. Wurden ursprünglich nur die Lehrer der Theologie, meist ältere, finanziell gut situierte und sozial hoch angesehene Doktoren, als Professoren bezeichnet, so erweiterte sich dieser Begriff nach und nach auf alle besoldeten Hochschullehrer. Seit dem Ende des 16. Jahrhunderts, in Leipzig ab etwa 1546, wird der

---

[143] Noch im Spätmittelalter spielte „mathematischer und naturwissenschaftlicher Unterricht (…) im Studienplan der Universitäten eine nachgeordnete Rolle. (…). Berechnungen zufolge kam an den größeren Universitäten ein Mathematiker auf ein Dutzend Mediziner – und dies, obwohl der Begriff ‚Mathematiker' im 16. Jahrhundert eine ganze Reihe von Fächern abdeckte, darunter Astrologie, Astronomie, Optik, Mechanik und Geographie: Die Mathematiklehrstühle vereinten mehrere naturwissenschaftliche Disziplinen" (Rossi 1997, S. 294).

Begriff ‚Professor' schon in der Artistenfakultät für die besoldeten akademischen Lehrer verwandt." (Blecher 2006, S. 44) Statusfragen spielten an der Universität seit jeher eine große Rolle.

Ein Wandel war auch bei den Studenten zu verzeichnen, denn im Verlauf des sechzehnten und siebzehnten Jahrhunderts wurde langsam „aus dem mittelalterlichen Scholaren der moderne Student" (Paulsen 1966a, S. 49). Damit verbunden war die Pflicht zum Tragen klerikaler Tracht und zur strikten Einhaltung der Universitätsordnungen. Gleichzeitig hielten der „Kavalier mit Degen" und das Duell Einzug in die Universitätswelt. Unbemittelte Studenten erhielten freie Wohnung und Kost, oft sogar im Haus bzw. in der Wohnung „ihrer" Professoren. Frauen wurden an Universitäten grundsätzlich nicht immatrikuliert.

Selbst im siebzehnten Jahrhundert wiesen die Universitäten noch bedeutende Strukturen der mittelalterlichen Form auf. So meinte Simon Thyssen, die Hochschulen „trieben alte Sprachen, hingen dem Aristoteles zu und öffneten ihre Tore nicht sofort dem neuen Geist: der Mathematik, den Naturwissenschaften und der modernen Philosophie. So galten sie denn als überholte Anstalten und standen nur in geringem Ansehen." (Thyssen 1954, S. 37)[144] Dennoch lässt sich der Zustand der Universitäten so pauschal – wie durch Simon Thyssen gekennzeichnet – heute nicht mehr beschreiben.

Die Universitäten standen „bei der Orientierung auf die Bedürfnisse der neuen Zeit keineswegs so abseits, wie Akademien und nützliche Gesellschaften dies mitunter erscheinen lassen. Darüber hinaus wurde durch die vielen neuen Entdeckungen und Erfindungen insbesondere in der akademischen Berufsbildung auch ein neuer Umgang mit Wissen, Wissensbeständen und Wissensvermittlung notwendig. Aufgrund der Entwicklung der regionalstaatlichen Landesherrschaften und der Ausweitung ihrer Kompetenzen auch im höheren Bildungsbereich gewannen andere Fakultäten, wie insbesondere die juristische, stetig an Bedeutung" (Müller 1990, S. 58).

Einer der „wegweisenden Autoren der neuen Staatswissenschaft des 17. Jahrhunderts", war „Veit Ludwig von Seckendorff, dessen ‚Teutscher Fürsten-Staat' 1656" (Koch 2008, S. 97) erschien. Der Autor war „zwar kein Universitätslehrer, aber seit 1692 der Kanzler der neu gegründeten Universität Halle" (ebd.). Damit deutete sich eine Modernisierung und der Beginn der neuen „Policey- und Kameralwissenschaften" an, die auf die Berufe von Staatsdienern zielten. Nun zeichnete sich unter „strenger Aufsicht der jeweiligen Landesherrn als Träger der Universitäten (…) eine zunehmende Professionalisierung der Berufe Jurist oder Arzt ab. Angesichts der immer stärker werdenden Verrechtlichung des menschlichen Zusammenlebens benötigten die territorialen Herrscher spätestens ab dem 17. Jahrhundert, als sich die Jurisprudenz immer mehr zur Leitwissenschaft aufschwang, gut ausgebildete Juristen. Auch die Heilkunde wollte man nicht länger weitgehend Badern,

---

[144] Thyssen (1954, S. 37) bezeichnet es als für die „damalige Zeit charakteristisch, daß Leibniz es verschmähte, an einer Universität zu lehren und den Anstoß zur Gründung gelehrter Akademien gab, die besser als die Universitäten Stätten der Wissenschaft und Forschung werden sollten".

Hebammen und Chirurgen überlassen, sondern strebte danach, zumindest in den städtischen Zentren eine akademisch gebildete Ärzteschaft herauszubilden." (Komorowski 2005, S. 321)

Anfang des achtzehnten Jahrhunderts nahm „die kameralistische Ausbildung an den Universitäten (…) einen bedeutenden Raum ein, indem sie als staatliche Verwaltungslehre alle Bereiche der Wirtschaft unter staatspolitischen Blickwinkeln betrachtete. In diesem Zusammenhang kann man aber auch die Landwirtschaft nicht außer Acht lassen. Jedoch wurde sie als Teil der Ökonomik fast stiefmütterlich behandelt, indem sie nur am Rande von Universitätslehrern vertreten wurde. Es gab, bis Beckmann 1779 die ‚Grundsätze der deutschen Landwirtschaft' veröffentlichte, keine unabhängige Landwirtschaftslehre." (Morgenstern 2008, S. 1)

Abgesehen von dem Geschehen an den Universitäten entwickelten sich neue Forschungsformen und wissenschaftliche Aktivitäten. „Vielfach waren sie „zunächst private Forschungszirkel gewesen, die sich im Laufe des 18. Jahrhunderts aber zu großen, gut vernetzten Forschungsinstitutionen entwickelten, die zudem von Seiten der weltlichen Obrigkeiten stark gefördert wurden, weil sie für den praktisch-technischen Bedarf an Innovationen im Handel, Bergbau und Landwirtschaft unverzichtbar waren." (Schorn-Schütte 2009, S. 280 f.) Dieses Geschehen führte beispielsweise „zur Gründung selbstständiger landwirtschaftlicher Akademien um 1800 herum" (Morgenstern 2008, S. 1). Medizinische und philosophische Fakultäten dagegen behielten in jener Zeit ihre originären und relativ schwachen Stellungen im Universitätsbetrieb.

Speziell die Epoche der Aufklärung war gekennzeichnet durch das Entstehen neuer Wissenschaftsdisziplinen, einen starken Anstieg der Wissensmenge und einem intensiven Wissenstransfer. Zudem war die Epoche bestimmt durch universitäre Neugründungen sowie „durch die Aufnahme der modernen Philosophie und Wissenschaften und das Durchdringen des neuen Prinzips der Lehrfreiheit" (Paulsen 1966a, S. 39). Darüber hinaus hielt das Prinzip der Integration von Forschung und Lehre Einzug in die Universitäten.

Allerdings war das Niveau der Universitäten zu Beginn der Aufklärungsepoche bzw. am Ende des siebzehnten Jahrhunderts „auf dem tiefsten Stand herabgesunken, den sie im öffentlichen Ansehen und in ihrer Wirkung auf das geistige Leben des deutschen Volks überhaupt erreicht haben" (Paulsen 1966a, S. 50). Den akademischen Bildungsstätten wurden insbesondere eine wissenschaftliche Wirklichkeitsferne, ein veralteter Lehrbetrieb sowie eine Verrohung des Studententums vorgeworfen (vgl. ebd.). Dennoch waren die akademischen Abschlüsse unter Karrieregesichtspunkten für öffentliche Ämter sehr begehrt.

Sichtbares Zeichen der Zugehörigkeit zur akademischen Elite war der Titel eines Doctors oder Lizentiaten. Wegen der Unregelmäßigkeiten bei den Prüfungen „sahen sich die Landesherren bald gezwungen, zusätzliche Prüfungen wie Staatsexamina einzuführen" (Komorowski 2005, S. 321). Darüber hinaus ist die Einführung staatlicher Kontrollen der akademischen Ausbildung durch die im achtzehnten Jahrhundert „wachsenden Aufgaben der modernen Territorialstaaten und durch den wachsenden Bedarf an höheren Verwaltungs- und anderen Beamten zu erklären" (Müller-Benedict 2008, S. 31).

Es entstanden an den landesherrlichen Universitäten zunächst für Juristen und Mediziner, später auch für Amtsärzte und Wundärzte eigene Prüfungskollegien und es wurden Prüfungen vor einer Staatsbehörde eingeführt. In diesem Rahmen verschärften sich nach und nach die Examensanforderungen. Seit dem frühen achtzehnten Jahrhundert begründeten strenge Regelungen „für Juristen, Ärzte, Geistliche und schließlich auch Lehrer eine staatlich geregelte Berufsausübung" (Jarausch 2004, S. 316). Im Verlauf des achtzehnten Jahrhunderts verbesserten die deutschen Staaten dann sukzessive ein sich immer weiter verfeinerndes System zur Zulassung und zu den Prüfungen für akademische Berufe, das schließlich im neunzehnten Jahrhundert in das komplexe Prüfungswesen „Staatsexamen" mündete. Durch das Staatsexamen konnte der jeweilige Staat seine eigenen Gesichtspunkte und Interessen in die Prüfungen einbringen und so letzten Endes auch Einfluss auf die Gestaltung des Studiums nehmen. Das ist vom Grundsatz her noch heute so.

Wegen der zu Ende des achtzehnten Jahrhunderts auftretenden Liberalisierung und Wünsche größerer Bevölkerungsteile, ein Studium aufzugreifen, „folgte eine neue Sortierung und Einengung von Chancen durch die Klassifizierung der vermehrten Bewerberschar nach Qualifikationsmerkmalen. An Stelle der abgestuften Privilegien und Rechtsminderungen (Vorzugschancen und Ausschluß von akademischen Studien und Karrieren nach geburtsständischen Vorgaben) trat die Abstufung der Zugangschancen nach öffentlich anerkannten ‚Zensuren'" (Titze 1990, S. 303 f.). Damit ergaben sich „Berechtigungen als öffentlich anerkannte Eignungsvermutungen für akademische Berufsrollen und das historisch neuartige und interessante Phänomen im Prozeß der Institutionalisierung des neuen Selektionssystems für die akademische Rekrutierung" (ebd., S. 304).

Die Studien, die auf akademische Ämter gerichtet waren, wurden teilweise als „Brotstudien" abgewertet. Für Friedrich Schiller, der sich als Hochschullehrer über die Art eines Studiums Gedanken macht, sind die Brotgelehrten[145] keine philosophischen Köpfe. Wissenschaften erfordern aus seiner Sicht andere Motive als die Sicherung des Broterwerbs. Insofern sind „Berufswissenschaften" – wie er expressis verbis herausstellt – bei ihm negativ besetzt.[146]

---

[145] Friedrich Schiller meinte in seiner akademischen Antrittsvorlesung (1789), dass es dem Brotgelehrten „bei seinem Fleiß einzig und allein darum zu tun ist, die Bedingungen zu erfüllen, unter denen er zu einem Amte fähig und der Vorteile desselben teilhaftig werden kann, der nur darum die Kräfte seines Geistes in Bewegung setzt, um dadurch seinen sinnlichen Zustand zu verbessern und eine kleinliche Ruhmsucht zu befriedigen, ein solcher wird beim Eintritt in seine akademische Laufbahn keine wichtigere Angelegenheit haben, als die Wissenschaften, die er Brotstudien nennt, von allen übrigen, die den Geist nur als Geist vergnügen, auf das sorgfältigste abzusondern. Alle Zeit, die er diesen letztern widmete, würde er seinem künftigen Berufe zu entziehen glauben, und sich diesen Raub nie vergeben. Seinen ganzen Fleiß wird er nach den Forderungen einrichten, die von dem künftigen Herrn seines Schicksals an ihn gemacht werden, und alles getan zu haben glauben, wenn er sich fähig gemacht hat, diese Instanz nicht zu fürchten."
[146] So meint er, beklagenswert ist „der junge Mann von Genie, dessen natürlich schöner Gang durch schädliche Lehren und Muster auf diesen traurigen Abweg verlenkt wird, der sich überreden ließ, für seinen künftigen Beruf mit dieser kümmerlichen Genauigkeit zu sammeln. Bald wird seine Berufswissenschaft als ein Stückwerk ihn anekeln; Wünsche

Unabhängig von dieser Kritik erreichten bis zum Ende des achtzehnten Jahrhunderts die meisten deutschen Universitäten dann aber ein hohes Niveau und hatten sich zu anerkannten Institutionen der wissenschaftlichen Forschung und der akademischen Lehre, aber auch der Berufsbildung entwickelt. Insbesondere die aus den Artistenfakultäten hervorgegangenen philosophischen Fakultäten erlangten eine neue Funktion und wurden zum theoretischen Wegbereiter für die anderen Fakultäten. Es entwickelte sich schon in der Frühen Neuzeit eine Tendenz zum „Erwerb von Bildungspatenten bei den ‚gelehrten Ständen' der frühen Neuzeit" (Lundgreen 2010, S. 248).

Die Universität und die Bildungs- und Berufskonzepte haben sich „in den dreihundert Jahren von 1500 bis 1800 erheblich verändert" (Frijhoff 1996, S. 73). Bereits im achtzehnten Jahrhundert forderten kritische Aufklärer der herkömmlichen Universitäten „Spezialanstalten für nützliche und notwendige Disziplinen wie Chirurgie, Arznei- und Tierheilkunde, Verwaltungswissenschaft, Hebammenkunde, Agrarpraxis, Militärwissenschaft u. s. f. (Hammerstein 1996, S. 113) Nicht nur als Folge der Kritik wurde erkennbar: „Die traditionellen Beschäftigungen in Kirche, Staat, Rechts und Gesundheitswesen professionalisierten sich zu modernen akademischen Berufen." (Jarausch 2004 , S. 307)

Die dabei verstärkt einsetzende Wissenschaftsentwicklung an den Universitäten umfasste sowohl die zu lehrenden Wissensgebiete als auch die Überlegungen dazu, was hinterfragt und was gelehrt werden darf, also die „Freiheit der Wissenschaft" und ihr Verhältnis zur Obrigkeit. Walter Rüegg (1996, S. 270 ff.) hat die Entwicklungsstufen der Universität in der Frühen Neuzeit einprägsam unter der Trias „Säkularisierung, Bürokratisierung, Spezialisierung" zusammengefasst.

1.5.6 Ende der Arbeits- und Berufstätigkeit in der frühen Neuzeit

Auch für die Frühe Neuzeit kann festgestellt werden, dass die Menschen „sowohl in der Stadt als auch auf dem Land bis zu ihrem Tod" arbeiteten. Ein „Ruhestand war unbekannt. Als alt wurden die Menschen des Mittelalters und der Neuzeit zumeist dann angesehen, wenn sie nicht mehr zur Verrichtung ihrer gewohnten Arbeit in der Lage waren." (Heinzelmann 2004, S. 14) In der Neuzeit gewann die „Einteilung des Lebenslaufs in Zehnjahresgruppen gegenüber konkurrierenden Modellen Dominanz, wohl als Ausdruck der Durchsetzung des Dezimalsystems. Auch in diesen Modellen erscheint das 60. Jahr als Beginn des Alters." (Ehmer 2008, S. 157)

Das Sterben und der Tod waren auch in dieser Zeit selbstverständlicher Bestandteil des Lebensalltags der Menschen. Aber allein schon wegen individuell und konditionell unterschiedlicher Vitalität waren „die Übergänge zum Alter fließend. Weder gab es eine offiziell anerkannte Altersgrenze, noch lässt sich deutlich festmachen, ab wann ein Mann oder eine Frau als alt galt" (van Dülmen 2005, S. 200). Dabei bildete das Paradigma der Le-

---

werden in ihm aufwachen, die sie nicht zu befriedigen vermag, sein Genie wird sich gegen seine Bestimmung auflehnen." (Schiller 1789, Akademische Antrittsrede)

benstreppe „die dominierende Darstellungsform des Alterns. Sie verlieh der Gliederung des Lebenslaufs in chronologisch fixierte und inhaltlich typisierte Stufen sowie der Verbindung einer aufwärts und abwärts gerichteten Bewegung einen idealen Ausdruck." (Ehmer 2006, S. 50)[147]

In „der frühen Neuzeit waren Macht und Besitz vor allem in Händen der mittleren Generation" (Ehmer 2008, S. 159). Das Ende der Berufstätigkeit und die Altersversorgung waren teilweise mit dem Altenteilrecht geregelt.[148] „Der typische ‚Generationenvertrag' der Frühen Neuzeit war ein ‚bürgerlich-rechtlicher' Altenteilvertrag." (Hillebrecht 2012, S. 161).

Dieses galt aber nicht für die Unterschicht auf dem Lande. „Für die klein- und unterbäuerlichen Schichten auf dem Lande ebenso wie für die unterständischen Gruppen in den Städten, die alt gewordenen Mägde, Knechte, Diener und Arbeiter also, gab es keine regelmäßige Altersversorgung." (Schorn-Schütte 2009, S. 268) Die Meinung, dass früher alle alten Menschen in eine Großfamilie eingebunden waren und dort eventuell weiter arbeiteten oder betreut und gepflegt wurden, ist ein Mythos. Die mit zunehmendem Alter „nachlassende körperliche Leistungsfähigkeit stellte dabei das Hauptproblem dar. Waren keine Ersparnisse oder eine sorgende Familie vorhanden, bedeutete dies die unwiderrufliche Verarmung der betreffenden Individuen." (Heinzelmann 2004, S. 14) Schon frühzeitig entwickelten sich besondere Institutionen wie Stifte, Heime und Siechenhäuser für arme Alte.[149]

Erwerbsunfähige Menschen in den Städten waren auf Nebentätigkeiten und „auf das Betteln zwecks Bestreitung des Lebensunterhaltes angewiesen" (Heinzelmann 2004, S. 15). Dieser Klientel nahm sich zu Beginn der frühen Neuzeit noch immer die Kirche in verstärktem Maße an. Es zeigte sich aber schon eine Änderung der gesellschaftlichen Einstellungen.[150] Durch die „Kirchen und Klöstern entstanden Spitäler, die Bedürftigen einen Platz zum Schlafen sowie eine gewisse Versorgung bereitstellten. Diese Einrichtungen sind als die eine Wurzel der heutigen Altenheime anzusehen." (ebd.)

Das kircheneigene Personal genoss einige Privilegien in den Klöstern. Für die Pfarrer zeigen bereits die Kirchenordnungen des sechzehnten Jahrhunderts, „dass ein rechtsähnlicher

---

[147] Im Selbstverständnis dieser Zeit „ist derjenige alt, der sich so fühlt und typische äußere Merkmale aufweist wie graues Haar, gebückte Haltung, körperlicher Verfall, und der deswegen nicht mehr arbeiten kann." (van Dülmen 2005, S. 200)
[148] In dieser Zeit trat wieder ein Diskurs über die Bewertung des Alters und der Generationenbeziehungen auf. „Auch das vierte Gebot – ‚Du sollst Vater und Mutter ehren' –, das vom 15. Jahrhundert an in Druckgraphiken, Katechismen usw. weite Verbreitung fand, zielte nicht nur auf Verehrung und Versorgung der eigenen Eltern, sondern auf Gehorsam gegenüber der Obrigkeit, seien es Hausvater oder Hausmutter, Vorgesetzte oder Amtsinhaber." (Ehmer 2008, S. 159)
[149] „Die Institution des Altenheims mit seiner Separierung von als alt definierten Menschen bei zentralisierter Versorgung und Betreuung durch ein spezielles Personal, um nur diese Merkmale zu nennen, ist eine Erfindung des Abendlandes." (Heinzelmann 2004, S. 12)
[150] „Entwicklung der Hilfepraxis an der Epochenschwelle zur Neuzeit zeigt unmißverständlich, daß Bedürftigkeit in der Semantik zunehmend problematisiert wird. Bedürftige Personen werden als Problem für die Aufrechterhaltung der sozialen Ordnung notifiziert. (…). Ordnungsprobleme der frühen Neuzeit werden von religiösen Institutionen wie die Almosenpraxis auf diesseitige, ‚weltliche Organisationen' verlagert, deren Boden und Horizont selbstverständlich noch religiös geprägt sind. In dieser Entwicklung erscheinen Bedürftigkeit, Armut und ‚Verwahrlosung' vorrangig als Ordnungsprobleme." (Weber/Hillebrandt 1999, S. 89)

Anspruch auf Altersversorgung entstand" (Schorn-Schütte 2009, S. 268). Für höhere Offiziere bestand seit dem siebzehnten Jahrhundert die Möglichkeit der Pensionierung, wenn der Staatshaushalt es zuließ (vgl. Krottenthaler 2010, S. 114 f.).[151] Erste Pensionssysteme[152] entwickelten sich für den öffentlichen Dienst erst im achtzehnten Jahrhundert.

Auch die begüterten Schichten bauten auf die Hilfe der Kirchen und Klöster. Deren Angehörige zogen gegebenenfalls in Stiften und Kapitel, die erheblich angenehmer waren als die Armen- und Siechenhäuser. Stifte und Kapitel boten „gegen entsprechendes Entgelt den Eintritt in spezielle Institutionen mit dem Recht auf eine angemessene Versorgung auf Lebenszeit. Als Grundlage dieser Versorgungsform dienten die sogenannten Pfründnerverträge. Sie ermöglichten ihren Inhabern und Inhaberinnen in den Stiften und Domkapiteln ein müßiges und sorgenfreies Leben, oft schon lange vor dem Beginn des Alters bzw. einer Erwerbsunfähigkeit." (Heinzelmann 2004, S.15)

Die Entwicklung von Versorgungseinrichtungen erfolgte dann bis zum achtzehnten Jahrhundert nicht nur durch kirchliche Einrichtungen, sondern zunehmend auch staatlicherseits. Außerdem entstanden erste private Versicherungsanstalten, um nach dem Ende der Berufstätigkeit versorgt zu sein.

---

[151] So behielt man auch in Bayern „wegen der hohen Staatsschulden und um den Pensionsfond zu entlasten im gesamten 18. Jahrhundert die meisten Militärangehörigen bis zu ihrem Tod im Dienst. Seit 1771 existierte in Bayern sogar eine Verordnung, nach der nur *blinde, taube oder stumme Offiziere* pensioniert werden sollten, jedoch konnte der Kurfürst, dem alleine das Recht der Erteilung von Pensionserlaubnissen mit einem anhängenden Ruhegehalt zustand, auch andere Offiziere in den Ruhestand versetzen, was jedoch nicht häufig geschah." (Krottenthaler 2010, S. 116; Hervorhebungen im Original).

[152] Diese Pensionssysteme „können als als erstes Modell einer normierten und kalkulierten, rechtlich abgesicherten Versorgung im Alter angesehen werden. Allerdings konstituierten und institutionalisierten sie den Ruhestand als eine von der Erwerbsarbeit entpflichteten Arbeitsphase noch nicht, da sie nicht auf die Sicherung im Alter schlechthin zielen, sondern lediglich auf die Sicherung im Falle von Erwerbsunfähigkeit." (Schweppe 2000, S. 16)

1.6 Entwicklung der berufsförmigen Tätigkeiten und Berufe vom Ende des Heiligen Römischen Reiches Deutscher Nation bis zum zweiten Deutschen Kaiserreich

1.6.1 Allgemeine Entwicklungen im Bereich der Berufe und der Berufswelt im neunzehnten Jahrhundert[153]

Mit den napoleonischen Kriegen und dem Endes des Heiligen Römischen Reiches Deutscher Nation ergaben sich auch für die Berufswelt durchgreifende Veränderungen, allerdings am wenigsten in der Landwirtschaft. Dort bildeten sich in der ersten Hälfte des neunzehnten Jahrhunderts „nun aus bäuerlichen und gutsherrlichen Wirtschaften verschiedene Arbeitsverhältnisse bzw. Vertragsverhältnisse heraus" (Tennstedt 1983, S. 23). Dabei zeigten sich „drei Grundtypen:
1. Gesinde kennzeichnet landwirtschaftliche Hilfspersonen, die als „Gespannknechte, Mägde und Jungen (...) jede anfallende Arbeit machen, daneben gibt es ‚Spezialisierungen': Schäfer, Kutscher, Köchinnen, Gutshandwerker u. a.
2. Gutstagelöhner sind meist in einem festen Arbeitsverhältnis stehende Arbeiterfamilien, d. h. sie müssen nicht nur die Arbeitskraft ihrer Person, sondern, je nach Bedarf, auch die ihrer Familienangehörigen und evtl. noch eines von ihnen gestellten Hofgängers oder Scharwerkers andienen. Letzteres gilt vor allem für Aussaat und Ernte (...).
3. Freie Tagelöhner (meist ohne Grundbesitz), die Spanne reicht hier von nur für ihre Person verpflichteten einheimischen Tagelöhnern, die jeden Tag ganz frei über ihre Arbeitskraft verfügen können, über die meist fremden Tagelöhner, die sich für eine Saison verpflichten, bis hin zu den in einem Arbeitsverhältnis stehenden Arbeiterfamilien" (Tennstedt 1983, S. 24)

Auch für Handwerker sahen die Verhältnisse nun etwas anders aus. Als mit der Aufhebung des Zunftzwanges im frühen neunzehnten Jahrhundert die Zünfte, Gilden und die Hanse „ihr Vorrecht in der Bestimmung der Berufe und der damit zusammenhängenden gesellschaftlichen Stellung verloren, verblasste der vorher relativ eindeutige Zusammenhang zwischen Beruf und Tätigkeit einerseits, rechtlicher und gesellschaftlicher Stellung andererseits" (Siegrist 2011, S. 13). Der dadurch und die technisch-revolutionären Entwicklungen ausgelöste Wandel erfasste nicht nur die gewerblichen und kaufmännischen, sondern auch die gelehrten Berufe. Dieses war auch eine Folge der zunehmenden Arbeitsteilung.

In dieser Umbruchssituation „lassen sich drei Haupttendenzen ausmachen:
Erstens lösten sich die traditionellen beruflich-ständischen Institutionen auf, oder ihre Rolle und Bedeutung verblasste zumindest (...).

---

[153] „Wann war das 19. Jahrhundert?" fragt Jürgen Osterhammel und führt aus: „Was ist es denn anderes als der Inhalt einer Zeitstrecke von 1801 bis 1900. (...) Weder der kalandarische Beginn noch das Ende des Jahrhunderts fielen mit tiefen ereignisgeschichtlichen Zäsuren zusammen. (...). Viele Historiker bevorzugen die Idee eines ‚langen' 19. Jahrhunderts, das vom Beginn der Französischen Revolution1779 bis zum Ausbruch des Ersten Weltkrieges 1914 reicht" (Osterhammel 2011, S. 84 f.) Auch im Folgenden werden Überschreitungen der kalandarischen Grenzen vorgenommen.

Zweitens verloren ältere Berufsdefinitionen an Verbindlichkeit. ‚Beruflichkeit' und Berufsbilder wurden dereguliert und informeller.
Drittens lag die Kompetenz über die Festlegung der Tätigkeiten nun einerseits bei den Praktikern, andererseits stärker beim Staat oder Gesetzgeber." (Siegrist 2011, S. 13)

Das Zeitalter der (ersten) industriellen Revolution einschließlich der sogenannten „vorindustriellen Revolution" war geprägt durch den Übergang von manufakturellen zu industriellen Produktionsweisen. Zu Beginn des neunzehnten Jahrhunderts ergaben sich auch Wandlungen, „die die Lage des Handwerks dramatisch verändern sollten" (Pierenkemper 2007, S. 12). War bislang vielfach noch ein einzelnes Werkstück eher ganzheitlich durch ein und dieselbe Person erstellt worden, erhöhten sich nun der Mechanisierungsgrad und die Arbeitsteilung. Dabei hat sich zugleich „die Zahl der Beschäftigten zwischen 1800 und 1900 nahezu verdreifacht" (ebd.). Das Produktionsinteresse und die Qualitätsvorstellungen der Handwerker und der Handwerksbetriebe kollidierten im Laufe dieses Jahrhunderts sehr häufig mit der sich rasant entwickelnden Industrie und ihrer quasi revolutionären Dynamik, die auch als erste „Industrielle Revolution" bezeichnet wird.

Mit dem Begriff „Industrielle Revolution"[154] wird jener Prozess der Neuzeit beschrieben, der bereits am Ende der Frühen Neuzeit in England u. a. mit wichtigen technischen Erfindungen[155], vermehrten überregionalem Handel und in der Folge mit einem zunehmenden und später rasanten wirtschaftlichen Wachstum[156] einherging. Die schnelle Abfolge der Phasen von der vor- bzw. frühindustriellen Revolution zur eigentlichen industriellen Revolution war in beruflicher Perspektive vor allem durch das Entstehen neuer industrieller Organisationsformen und Fertigungsverfahren sowie entsprechender anderer und/oder höherer beruflicher Tätigkeiten, Anforderungen und Qualifikationen gekennzeichnet. „Zumindest in Europa und Nordamerika kam damals ein rationalistisches und instrumentalistisches Verständnis von Wissen auf. Wissen sollte Zwecke erfüllen. Es sollte die Beherrschung der Natur steigern, durch technische Anwendung den Reichtum ganzer Gesellschaften erhöhen." (Osterhammel 2011, S. 1105)

„Die Zahl der in Fabriken und anderen großgewerblichen Einrichtungen in freier Lohnarbeit beschäftigten Personen nahm nun rascher zu[157] als je zuvor." (Hahn 2011, S. 39) Für die Industriearbeiter waren die Arbeitsbedingungen nicht nur in England teilweise fürchterlich. Fabrikarbeit stand in der „Rangordnung der Arbeitsmöglichkeiten an unterster

---

[154] Der Begriff der Industriellen Revolution ist allerdings insofern problematisch, als mit Revolutionen normalerweise sehr abrupt einsetzende Umgestaltungen assoziiert werden, die in verhältnismäßig kurzer Zeit ablaufen. Die von Großbritannien in der zweiten Hälfte des 18. Jahrhunderts ausgehende Industrialisierungswelle verlief aber über einen sehr langen Zeitraum von mehr als hundert Jahren und ist in einigen Ländern erst im zwanzigsten Jahrhundert abgeschlossen worden.
[155] Zu den bahnbrechenden Erfindungen dieser Zeit gehören die Spinnmaschine 1764, die Dampfmaschine 1769, der vollmechanisierte Webstuhl 1785 und das Puddleverfahren zur Stahlerzeugung 1784.
[156] Nicht zuletzt erfolgte dieses Wachstum auch „durch eine Fülle qualitativer Veränderungen wirtschaftlicher, sozialer, kultureller und politischer Art, die untereinander in einem engen Wirkungszusammenhang standen." (Hahn 2011, S. 1)
[157] „Während die Fabrik- und Bergarbeiter 1846/49 in Preußen erst auf einen Anteil von 4,7 % der Erwerbsbevölkerung gekommen waren, lag ihr Anteil 1871 bereits bei 12 %." (Hahn 2011, S. 39)

Stelle. Ein Fabrikarbeiter konnte keine Geltung im sozialen Raum beanspruchen." (Ulich 1958, S. 178) In den 1830er Jahren bildete sich wie in England auch in Deutschland an verschiedenen Standorten „die Fabrik als eine neue und typische Form der industriellen Fertigung zunächst im Textilsektor aus" (Ellenkamp 1991, S. 21).

Nicht nur als Folge der Revolution von 1848/49 neigten auch viele deutsche Regierungen dazu, „durch Umorientierung ihrer Wirtschaftspolitik weit stärker als zuvor den Ausbau des industriellen Sektors zu fördern" (Hahne 2011, S. 31). Es ist festzustellen: „Nach der Jahrhundertmitte erhielt die Industrialisierung fast überall die Unterstützung der Regierungen." (Osterhammel 2011, S. 923) Die Umbrüche in der Wirtschaft hatten auch Wanderbewegungen auf der Suche nach einträglicher Arbeit zur Folge. „Die landwirtschaftlichen Arbeiter, die abwandern, abwandern müssen, suchen Arbeit bei Chaussee- und Eisenbahnbau, mitunter auch bei der Moorkultivierung und beim Kanalbau." (Tennstedt 1983, S. 140) Aus Sicht der Wanderarbeiter gab es in den Städten „für die Abwanderer vom Lande nicht mehr nur die traditionellen Tagelöhner- und Bauhilfsarbeiten" (ebd., S. 142). In den Regionen, in denen eine Großindustrie sich entwickelte, kam es „zu einer rapiden Ausweitung von Hilfsarbeiten für die vom Land einströmende ‚industrielle Reservearmee'" (ebd.).

Die Entwicklung in den einzelnen Regionen verlief aber nicht einheitlich und mit sehr unterschiedlichen Folgen in der Arbeits- und Berufswelt. „Die Veränderungen in der funktionalen Beschäftigungsstruktur zeigten sich nicht primär durch Wirkungen des sektoralen Wandels der Wirtschaft, sondern vor allem durch Veränderungen in den Qualifikationsanforderungen an die verschiedenen Berufe." (Pierenkemper 2007, S. 95)

Dort wo sich Industriestandorte ausbreiteten, entstand eine verstärkte Nachfrage nach Arbeitskräften, ein Arbeitskräftesog und die „zuströmenden einfachen Arbeiter vom Lande (…) nehmen den ‚einheimischen' Arbeitern die schlechteren Arbeiten auf proletarischem Niveau gleichsam ab und ermöglichen Aufstieg. Die qualifizierten Arbeiter aus den Gesellen des Handwerks werden im nun verstärkt einsetzenden innerbetrieblichen Differenzierungs- und Hierarchisierungsprozeß rasch zu Meistern oder Zwischenmeistern mit starken Differenzierungen nach Lohnform und Lohnhöhe." (Tennstedt 1983, S. 142)

Für die die Unqualifizierten wurde nicht gefragt, ob die „aus der Landwirtschaft und aus Unterschichtenfunktionen in die Fabriken hineindrängenden, rein operativ geforderten Arbeitskräfte einer Vorbereitung auf industrietypische Anforderungen bedurften" (Zabeck 2013, S. 253). Frauenarbeit und -berufe waren im gesellschaftlichen Diskurs durch die von den Männern bestimmten Verhältnisse des neunzehnten Jahrhunderts ein randständiges Thema. Das heißt aber nicht, dass die Frauen aus den Arbeitsprozessen ausgeschlossen waren. Berufsförmige Tätigkeiten waren für Frauen in der Landwirtschaft traditionellerweise als Mägde und in der Industrie teilweise als Arbeiterinnen vorhanden. In der Landwirtschaft wurden Frauen für die Feldarbeit ebenso eingesetzt wie Männer. In der Textil- und Metallindustrie wurden Frauen als Fabrikarbeiterinnen eingesetzt. Sie wurden jedoch weder in der Landwirtschaft noch in der Industrie als selbstständig noch als mündig betrachtet. Daneben gab es Arbeitsfelder als Amme, Mamsell oder Dienstmädchen. In Wäschereien verrichteten sie neben der Versorgung der Familie beispielsweise die schwere und gesundheitlich bedenkliche Arbeit als Wäscherin.

Für die Wanderarbeiter und Proletarier ergaben sich in Folge der industriellen Revolution in Deutschland keine Verbesserungen des Lebensstandards. Vielmehr erwuchsen durch die Ausbeutung der Arbeiter und ihrer Familien außerordentlich große gesellschaftliche Probleme. Dazu gehörten insbesondere überlange Arbeitszeiten, große Unfallgefährdungen durch ungesicherte Maschinen und unmenschliche Formen der Kinderarbeit.[158] Seit Mitte des neunzehnten Jahrhunderts gab es Gesetzesinitiativen, um die Arbeitsbedingungen zu verbessern und die Kinderarbeit einzudämmen.[159] Durch das „Regulativ über die Beschäftigung jugendlicher Arbeiter in Fabriken" vom 9. März 1839 wurde die Kinderarbeit eingeschränkt, aber nicht verboten.[160] Um einen Mindeststandard von Bildung zu gewährleisten, wurde die Beschäftigung von Kindern mit dem Nachweis von Schulkenntnissen verknüpft.

Wegen der unsicheren sowie gefährlichen Arbeitsbedingungen und der kaum erfolgten Einweisungen und Schulungen kam es bei Kindern und Erwachsenen zu häufigen Unfällen. Im Deutschen Reich gab es zwar seit 1871 ein Haftpflichtgesetz. Jedoch musste ein unfallgeschädigter Arbeitnehmer dem Arbeitgeber ein Verschulden nachweisen. Ein solcher Nachweis gelang nur selten. Für die Beschäftigten ergaben sich Verbesserungen bei den Arbeitsbedingungen und Absicherungen erst durch die Sozialgesetze, die von Otto von Bismarck in der Zeit von 1883 bis 1889 im Deutschen Reich eingeführt wurden. Das waren die Krankenversicherung (1883), die Unfallversicherung (1884)[161] und die Rentenversicherung (1889). Die mit der Unfallversicherung gegründeten Berufsgenossenschaften hatten die Auf-

---

[158] Zu den Auswüchsen gehörte, dass Kinder der Proletarier – um ein Zubrot zu verdienen – bereits im Alter von 6 Jahren arbeiten mussten. Sie erhielten einen nur sehr geringen Lohn und konnten wegen der langen Arbeitszeiten meistens nicht zur Schule gehen.

[159] „Schon in der ersten Hälfte des 19. Jahrhunderts wurde die exzessive Kinderarbeit in der Industrie als ein Problem erkannt. Seine Lösung erwies sich jedoch für viele Jahrzehnte deshalb als so schwierig, weil die Eltern dieser Kinder in der Regel auf deren Verdienst angewiesen waren, die Gemeinden andererseits daran interessiert waren, lieber die Kinderarbeit zu akzeptieren als die Eltern ihrer Armenkasse zur Last fallen zu sehen. Der Anstoß für eine gesetzliche Beschränkung der Kinderarbeit kam vor allem aus der Erfahrung der Militärs, daß in den Industrieprovinzen die Wehrfähigkeit der jungen Rekruten deutlich abnahm. Aber auch humanitäre und pädagogische Vorstellungen spielten eine Rolle." (Giesecke 1983, S. 24) Auslöser für diese Gesetze waren aber keine humanitären Gründe, sondern der Bedarf an gesunden Soldaten. Häufig war der Gesundheitsstand der Kinder so schlecht, dass sie später nicht in den Armeen eingesetzt werden konnten. Jürgen Zabeck (2013, S. 281) meint allerdings dennoch, dass nicht die Militärtauglichkeit der Auslöser war, sondern „die Idee der Zivilisierten Gesellschaft".

[160] Für arbeitende Kinder wurde das Mindestalter auf neun Jahre festgesetzt, die Arbeitszeit der unter 16-jährigen auf zehn Stunden täglich beschränkt sowie ihr Einsatz für Nacht- und Sonntagsarbeit sowie den Umgang mit schädlichen Stoffen verboten.

[161] Im Unfallversicherungsgesetz vom 6. Juli 1884 heißt es im Paragraphen 1:
„Alle in Bergwerken, Salinen, Aufbereitungsanstalten, Steinbrüchen, Gräbereien (Gruben), auf Werften und Bauhöfen, sowie in Fabriken und Hüttenwerken beschäftigten Arbeiter und Betriebsbeamten, letztere sofern ihr Jahresarbeitsverdienst an Lohn oder Gehalt zweitausend Mark nicht übersteigt, werden gegen die Folgen der bei dem Betriebe sich ereignenden Unfälle nach Maßgabe der Bestimmungen dieses Gesetzes versichert.
Dasselbe gilt von Arbeitern und Betriebsbeamten, welche von einem Gewerbetreibenden, dessen Gewerbebetrieb sich auf die Ausführung von Maurer-, Zimmerer-, Dachdecker-, Steinhauer- und Brunnenarbeiten erstreckt, in diesem Betriebe beschäftigt werden, sowie von den im Schornsteinfegergewerbe beschäftigten Arbeitern."
Als Träger der Unfallversicherung werden Berufsgenossenschaften gegründet, die bei jedem Arbeitsunfall die Behandlungskosten übernehmen und zudem für die Unfallverhütung verantwortlich sind.

gabe mit geeigneten Mitteln Arbeitsunfälle, Berufskrankheiten und arbeitsbedingte Gesundheitsgefahren in den verschiedenen Branchen, Arbeitsfeldern zu verhüten.[162]

Der Beginn der Hochindustrialisierung in den 1880er Jahren „war technologisch mit einer ‚zweiten industriellen Revolution' jenseits der Dampfmaschine verbunden" (Osterhammel 2011, S.111).[163] Wirtschaftspolitisch begann die „Phase der Konzentration zu großen Einheiten (‚Monopolkapitalismus' in Sicht kritischer Zeitgenossen) und der unternehmerischen Anonymisierung (*corporate capitalism*), die den angestellten Manager neben den individuellen Familienunternehmer stellte" (Osterhammel 2011, S. 111; Hervorhebungen im Original).

Der technische Fortschritt und rationalisierte Arbeitsabläufe ließen dort, wo Fabrikarbeit dominierte, für die Arbeiter wenige Freiräume. Freiräume gab es weder in noch außerhalb der Arbeitszeit. Zur „industriellen Arbeit gehört die Trennung von Arbeitsplatz und sonstigem Leben, strenge zeitliche Regelung und Begrenzung des Arbeitsablaufes, optimale Teilung der Arbeit. Freizeit stellte ein Luxusgut und eine rare Besonderheit der Industriearbeit dar.[164]

In den Fabriken entstanden Organisationsformen und Hierarchien ähnlich wie beim Militär. In den Werkstätten und Werkhallen gab den einfachen Arbeiter, Vorarbeiter, Untermeister, Meister und Obermeister – quasi als Mannschaftsgrade. In dem Büro oder dem Verwaltungsgebäude fanden sich die Ingenieure und Kaufleute mit ihren Hilfskräften und zuoberst der Direktor bzw. Generaldirektor.
Bei den akademischen Berufen „erreichte ihre obrichkeitlich geforderte, durch staatliche Prüfungen und Approbation vorangetriebene Professionalisierung ihren Höhepunkt (…) erst seit den 1870er Jahren" (Jarausch 1995, S. 209). Sie entstand nur zum Teil durch die industrielle Entwicklung und vielmehr durch das Zusammentreffen „soziopolitischer Chancen und Bedrohungen einerseits und professioneller Strategien andererseits" (ebd.).
Auf der kulturellen Seite ist die zunehmende Eröffnung von aufwendigen Museen, Staatsbibliotheken, Schauspiel- und Opernhäusern bemerkenswert.

---

[162] Erst mit dem Buchtitel „Lectures on the industrial revolution" von Arnold Toynbee erhielt das Geschehen einen griffigen Ausdruck.
[163] Jürgen Osterhammel (2011, S. 111) meint, „man kann darüber streiten, welches die wichtigsten, also folgenreichsten Erfindungen jener Zeit waren. Auf jeden Fall gehören dazu die Glühlampe (1876), das Maschinengewehr (1884), das Automobil (1885/86), der Kinematograph (1895), die Rundfunkübertragung (1895) und die Röntgendiagnose (1895). Wirtschaftsgeschichtlich am bedeutsamsten war die technisch industrielle Umsetzung von Entdeckungen auf den Gebieten der Elektrizität (Dynamo, Elektromotor, Kraftwerktechnologie) und der Chemie. Auf beiden Gebieten waren die 1880er Jahre die Zeit entscheidender Innovationen. Allein die Serienproduktion von Elektromotoren revolutionierte ganze Zweige von Industrie und Gewerbe, die von Dampfmaschinen wenig profitieren konnten. Zugleich rückten Wissenschaft und Industrie näher zusammen, als dies in der Vergangenheit der Fall gewesen war."
[164] Hermann Giesecke (1983, S. 14) stellt auch für die Zeit vor dem Übergang in das zwanzigste Jahrhundert fest, dass "Freizeit" kein Komplementärbegriff zur beruflichen Arbeit ist, „sondern nur zu einer bestimmten, nämlich der industrialisierten. ‚Freizeit' paßt nicht zum alten bäuerlichen Lebensraum, da gibt es ‚Feierabend', nämlich fließende Übergänge zwischen Arbeitstätigkeiten und anderen Tätigkeiten (…). Auch für die Handwerker war das Feiern ein begehrtes Vorrecht, (…). Daß die Menschen nicht nur arbeiten, sondern auch zeitweilig anderes tun, dürfte für jede menschliche Gesellschaft gelten, aber dieses andere ‚Freizeit' zu nennen, dürfte nur für den Typus der industriellen Arbeit beziehungsweise für die von ihr freie Zeit sinnvoll sein."

Berufstätige Frauen aus der bürgerlichen Schicht waren – wenn in der durch Männer dominierten Gesellschaft überhaupt toleriert – in typisch „weiblichen" Berufen, d. h., sie übten beispielsweise schriftstellerische Arbeit aus, führten ehrenamtliche Tätigkeiten im sozialen Bereich aus oder verdingten sich als Gouvernante. Schon in der ersten Hälfte des neunzehnten Jahrhunderts deuteten sich Veränderungen an. „Das Besondere und Neue im Leben der Frauen aus gehobenen Schichten in dieser Epoche war eine gewisse Unabhängigkeit und Frische, ein Mut zum Unkonventionellen, wenn es um Verwirklichung der eigenen Lebensideale ging." (Weber-Kellermann 1998, S. 34)

Entgegen der häufig vertretenen Meinung, „die die industrielle Revolution als eine Zeit des völligen Umbruchs der Berufsstruktur, der sozialen Umschichtung und der Entstehung massenhafter neuartiger Berufs- und Mobilitätschancen ansieht", kommt Hartmut Kaelble (1986, S. 76) „zu dem Schluß, daß die Mobilitätschancen weder massenhaft noch besonders spektakulär noch (...) besonders gleichmäßig waren". Es gab viele regionale Besonderheiten, sodass von einem landesweiten Phänomen der Industrialisierung in Deutschland nicht gesprochen werden kann. Jedoch „haben in den Industrieregionen Unternehmer, Industriearbeiter und in der Folge davon zahlreiche Berufe des tertiären Sektors wie Einzelhändler, Handwerker, Eisenbahnbeamte, Dienstboten, städtische Verwaltungsbeamte zugenommen" (ebd.). Dieses sind jedoch deutschlandweit gesehen punktuelle Erscheinungen.

Durch die industrielle Revolution erfolgte eine funktionale Differenzierung der beruflichen Tätigkeiten und der Berufe in allen gesellschaftlichen Schichten. Hierarchien und ständisches Denken waren in der deutschen Gesellschaft und insbesondere beim Militär noch immer wichtig, jedoch veränderte sich dieses aufgrund der neuen beruflichen Anforderungen in den Industriebetrieben langsam etwas. Gesellschaftliche Rangordnungen blieben aber bestehen. Auch im neunzehnten Jahrhundert „lässt sich die hierarchische Abstufung von Berufen auch als Resultat sozialer Ungleichheit verstehen" (Schwinn 2011, S, 93). Obwohl in Technik und Wirtschaft viele Veränderungen sichtbar wurden, bewegte sich gesellschaftlich nur wenig. Das betraf nicht zuletzt das Bildungswesen. Auch wenn sich im neunzehnten Jahrhundert eine zunehmende „Verschulung" abzeichnete, so muss einschränkend mit Blick auf die Berufsbildung festgestellt werden, „konzentrierte sich dieser Prozeß auf die vollständige Erfassung der 6- bis 14jährigen Altersjahrgänge durch die Volksschule; höhere Schulen wurden, wie bekannt, nur von einer sehr kleinen Minderheit der (männlichen) 9- bis 18jährigen besucht, und nur für diese Jugendlichen gab es anschließend die Möglichkeit, eine berufsbezogene Ausbildung an Universitäten, Fachschulen und Hochschulen zu durchlaufen. Diese Art der Berufsvorbereitung durch den Besuch von ‚Vollzeitschulen' erstreckte sich (fast) nur auf die ‚höheren' Berufe und setzte eine ‚höhere' Allgemeinbildung voraus." (Lundgreen 2000, S. 140)

Insgesamt nahmen insbesondere durch die industrielle Produktion der Handel zwischen den deutschen Staaten und der Welthandel in dieser Zeit erheblich zu. Wie Jürgen Osterhammel (2011, S. 402) hervorhebt, war das neunzehnte Jahrhundert „das goldene Zeitalter der Häfen und der Hafenstädte". Ursächlich damit verbunden war die „Ablösung hölzerner durch metallene Schiffe und, damit verwandt, wenn auch leicht zeitverzögert, der Übergang von wind- zu brennstoffgetriebenen Fahrzeugen" (ebd., S. 407). In den Häfen und auf den Schiffen veränderten sich die angeforderten Tätigkeiten und Berufe. Bestimmend für diese Entwicklung waren aber „kleine Oligarchien von Kaufleuten, Bankiers und Reedern" (ebd., S. 412) Nicht zu übersehen ist allerdings, dass sich die Berufswelt verändert. Wie Günter Hobbensiefken (1980, S. 84) feststellt, entsteht Ende des neunzehnten „Jahrhunderts in Deutschland eine Krise des Berufsbewußtseins. Das maßlose Wachstum der Industriegesellschaft gefährdet die Versittlichung der Arbeit in ständischen Kooperationen. Die individuelle Arbeitsfreude schwindet dahin". Als Gründe dafür werden die mit den Großbetrieben entstandenen Arbeitsverhältnisse gesehen, die durch die Trennung von leitender, entwerfender, ausführender und vermarktender Tätigkeiten gekennzeichnet sind und ganzheitliche Arbeits- und Berufsformen verunmöglichen.

1.6.2 Nicht-akademische Berufe

Im Zeitalter der vorindustriellen und dem Anfang der eigentlichen industriellen Revolution forderte die sich schnell entwickelnde Wirtschaft in zunehmenden Maße auch solche nicht-akademische berufsförmige Tätigkeiten, die neuen industriell geprägten Arbeitsformen gerecht werden konnten. Dem Jugendlichen oder dem Arbeiter sollte zunächst dabei aber nur so viel gelehrt werden, wie es für seinen jeweiligen Stand bzw. Beruf unbedingt notwendig und nützlich war.[165] Entsprechende Berufe und die zugehörige Berufserziehung sollten sich demnach an den aktuellen und speziellen Erfordernissen industrieller Arbeitstätigkeiten orientieren. In diesem Zusammenhang entstanden notwendigerweise auch neue berufliche Strukturen und Organisationsformen bzw. Berufe.

Mit den Erscheinungen der industriellen Revolution in den ersten Jahrzehnten des neunzehnten Jahrhunderts kam es in Deutschland zunehmend schneller zu einem starken Wandel und zu einer erheblichen Ausdifferenzierung der beruflichen Tätigkeiten und damit auch der Berufe. Gründe dafür waren der sprunghafte Anstieg der (Fach-)Wissensmenge und der Übergang von handwerklichen und manufakturellen zu industriellen Produktionsweisen. Dadurch wurden sowohl die bis dahin dominierenden handwerklichen Berufsstrukturen als auch das vorherrschende ständische Qualifikationssystem teilweise obsolet. In Deutschland entwickelte sich der Bergbau – meist unter staatlicher Regie – zum „Motor der Industrialisierung in der ersten Hälfte des 19. Jahrhunderts" (Kleinschmidt 2007, S. 4). Die Aufhebung des Zunftszwanges und die Einführung der Gewerbefreiheit im Rahmen der Gewerbeordnungen[166] ermöglichten und förderten auch die Herausbildung von neuen

---

[165] Mit der pädagogischen Variante des Utilitarismus wurde in den meisten Fällen Gehorsam und Unterwerfung beziehungsweise blinde Folgsamkeit gefordert.
[166] So wurden insbesondere mit der Proklamierung der vollständigen Gewerbefreiheit als Hauptbestandteil der Stein-Hardenbergischen Reformen zunächst in Preußen (1810/1811) die Restriktionen (z. B. Kartellbildung, Wissensblockade, Abschottung gegenüber anderen Gewerken) des Zunftwesens und der Ständegesellschaft aufgehoben. In den folgenden Jahrzehnten wurden auch in den anderen deutschen Territorialstaaten entsprechende (Gewerbe-)Ordnungen verfasst und dadurch der Zunftzwang beseitigt und der freie Zugang zu Gewerbegründungen und Berufen ermöglicht. Dadurch war auch das bisher vorherrschende, ständische Berufssystem nicht mehr zeitgemäß und infrage gestellt.

Industriezweigen, Gewerben und Berufen. So entwickelte sich beispielsweise mit der Gewerbefreiheit erst seit Anfang des neunzehnten Jahrhunderts der Beruf des Bestatters. Zuvor war die Bestattung Aufgabe der Angehörigen.

Schon in dieser Zeit war die Entwicklung durch einen Anstieg der industriellen Arbeitsweise sowie eine zunehmende Differenzierung beruflicher Arbeitsfelder und -tätigkeiten gekennzeichnet. Dadurch geriet das damals vorherrschende handwerklich und kaufmännisch geprägte System der Berufe und der Berufserziehung an seine Grenzen. Der preußische Staat bzw. die preußische Bildungspolitik reagierte auf diese Entwicklungen mit dem Erlass verschiedener Verordnungen bzw. Gesetze.[167] Jedoch obwohl in Preußen durch König Friedrich Wilhelm I eine allgemeine Schulpflicht bereits seit 1717 für Kinder zwischen fünf und zwölf Jahren eingeführt worden war, setzen insbesondere die armen Bevölkerungsschichten auf die Einkünfte aus Kinderarbeit. Nicht zuletzt deshalb gehörte der „Analphabetismus in den ersten Jahrzehnten des 19. Jahrhunderts gerade auf dem Lande keineswegs der Vergangenheit an" (Zabeck 2013, S. 272). Staatlicherseits sollte die Schule, soweit überhaupt Unterricht erfolgte, möglichst wenig kosten. Die Ausbildung weiter Bevölkerungsteile war unter diesen Bedingungen defizitär. Anders war es bei der Durchsetzung neuen Ordnungen bzw. Gesetze wie dem Grundsatz der Gewerbefreiheit sowie Bestimmungen zum Betrieb von Gewerben und zur Lehrlingsausbildung. Die Gewerbeordnungen stellten dennoch mehrere Jahrzehnte einen ständisch geprägten wirtschaftspolitischen Zankapfel dar (vgl. Zabeck 2013, S. 301 ff.). Mit den Gewerbeordnungen erweiterte sich aber auch die Liste der Berufe, deren Ausübung an eine staatliche Genehmigung gekoppelt war. Damit war der Weg geebnet für die Errichtung neuer industrieller Gewerbe und Großbetriebe. Aber auch Erfindungen wie beispielsweise der Gas- und Ottomotor, das Automobil und die Stahlveredelung bestimmten in zunehmendem Maße die Wirtschaftsstruktur sowie die Entwicklung neuer Berufe im zweiten Deutschen Kaiserreich.

Unabhängig davon kam es im neunzehnten Jahrhundert auch zu einer „Säkularisierung und Verbreitung des Berufsbegriffs im Sinne seiner allgemeinen Anwendung auf die Erwerbsarbeit" (Harney 2006, S. 63). Damit verbunden war die Durchsetzung des Berufsbegriffs gegenüber dem Begriff des Professionalisten, der noch in der ersten Hälfte des neunzehnten Jahrhunderts teilweise verbreitet war.

Es lässt sich sagen, dass viele der heute bestehenden nicht-akademischen Berufe ihren Ausgangspunkt in der wissenschaftlich- technischen industriellen Revolution hatten. Neu entstanden beispielsweise Berufe im Bereich der Elektrotechnik und der Eisenbahn sowie im Maschinenbau. Die meisten der bis zum Beginn der industriellen Revolution bestehenden eigenständigen Berufe, wie z. B. Bader und Barbiere, Barometermacher, Blech-

---

Dessen quasi unzertrennliche Einheit von Stand/Beruf, Standeserziehung/Berufserziehung und Berufsausübung (vgl. dazu z. B. Wissell 1985; Stratmann 1993) konnte den neuen beruflichen Anforderungen nicht mehr entsprechen.
[167] Zu den Regulierungsfeldern gehörten die Preußische Allgemeine Gewerbeordnung vom 17.01.1845, die Gewerbeordnung für den Norddeutschen Bund (GewO) vom 21.06.1869, dem Gesetz, betreffend die Abänderung der Gewerbeordnung vom 18. Juni 1869 sowie dem Gesetz, betreffend die Abänderung der Gewerbeordnung vom 26. Juni 1897.

schmiede, Büchsenmacher, Eisenschmied, Feilenhauer, Pulvermacher, Sensenschmied, Weber, traten in den Hintergrund, sind untergegangen oder leben nur noch im folkloristischen Bereich weiter. Die neuen Berufe ergaben sich insbesondere durch industrielle Arbeitsweisen sowie den Eisenbahn- und Schiffsverkehr mit Massengütern (Abb. 18).

> Angestellter, Bahnhofsvorstand, Bahnmeister, Bankkontenführer, Bauzeichner, Bestatter, Bremser, Chauffeur, Dampfpflugführer, Elektriker, Erzieher, Eisenbahnbetriebsleiter, Eisenbahnschaffner, Ewer- und Schutenführer, Fahrdienstleiter, Funker, Gaslaternenanzünder, Gleisbauer, Gießer, Festmacher, Hafenarbeiter, Heizer, Hüttenwerker, Kesselwärter, Kornumstecher, Kranführer, Lokomotivführer, Manager, Maschinenführer, Maschinen- und Konstruktionszeichner, Maschinisten, Metallhärter, Metallvergüter, Museumswärter, Nietenklopfer, Pferdeknecht, Photograph, Privatier, Quartiersleute, Rentier, Rangierdienstleiter, Rangierer, Schiffsausrüster, Schiffsmakler, Schiffsmaschinist, Schnitter, Schrankenwärter, Seehafenspediteur, Signalmeister, Stahlkocher, Stahlwerkwalzer, Stationsbeamter, Stahlbauer, Stahlwerker, Stahlschiffbauer, Stellwerker, Straßenkehrer, Streckenwärter, Steward, Subalterner Beamter der Justizverwaltung, Subalterner Beamter der Steuerverwaltung, Telegraphenbediener, Versicherungskaufmann, Warenkontrolleur, Wagenmeister, Waggonbauer, Walzwerker, Webmaschinenbediener, Weichenwärter, Werkmeister, Zugbegleiter.

Abb. 18: Nicht-akademische Berufe im 19. Jahrhundert aufgrund der industriellen Revolution und des zunehmenden Handelsverkehrs – Auswahl[168]

1.6.3 Ausbildung zu den nicht-akademischen Berufen

Wilhelm von Humboldt postulierte im Jahre 1809 die strikte Trennung von Bildung und Berufsausbildung. Er argumentierte dergestalt, wird Bildung und Ausbildung vermischt, „so wird die Bildung unrein und man erhält weder vollständige Menschen noch vollständige Bürger einzelner Klassen" (von Humboldt 1964, S. 188). Damit wurde die Art der Berufsausbildung bestimmt, und die nicht-akademischen Berufe wurden gesellschaftlich disqualifiziert.[169]

Zugleich deuteten sich für Deutschland technologische sowie gesellschaftliche Umbrüche an und die traditionellen Verfahren zur Qualifikation der Mitarbeiter, die aus der betrieblichen Praxis gewonnen waren, genügten den beruflichen Anforderungen an schnelle Prob-

---

[168] Diese Liste ist aus einer Eigenrecherche und einer Auswertung verschiedenster Literaturquellen (s. auch vorangegangener Text) entstanden, in denen Berufe dieser Zeit benannt werden.
[169] Keineswegs aber wird bei Humboldt die Notwendigkeit einer Spezialbildung für die berufliche Tätigkeit geleugnet, doch soll sie nach Humboldts Auffassung erst dann vermittelt werden, wenn der junge Mensch eine abgerundete allgemeine Bildung erworben hat. Diese Allgemeinbildung konnte aber nicht jeder erwerben. Zu Beginn des neunzehnten Jahrhunderts musste sich die große Mehrheit mit einem relativ kurzen Schulbesuch begnügen, nur ein prozentual sehr geringer Teil der Bevölkerung war genügend gebildet, um eine Universität zu besuchen. Die Vorstellung der Bildung für das Gewerbe basiert auf der Ausbeutung im Merkantilismus und einer streng nach Klassen organisierten Gesellschaft als Voraussetzung.

Entwicklung der Berufe und Berufsausbildung im geschichtlichen Verlauf

lemlösungen immer weniger. Spätestens mit Beginn der industriellen Revolution[170] wurde generell anders als das handwerklich ausgebildetes oder sogar besser geschultes und qualifiziertes Personal benötigt und gesucht.

Erforderlich wurde eine Ausbildung, die eine Antwort auf die sich immer schneller wandelnden Ansprüche an berufliche Tätigkeiten und berufliches Fachwissen erfüllten. Mit der in Deutschland seit Mitte des neunzehnten Jahrhunderts verstärkt wirkenden industriellen Revolution war ein ziemlich abrupter Übergang im Bereich der Berufsarbeit verbunden.[171] Einschränkend muss allerdings bei dieser Einschätzung darauf hingewiesen werden, dass „die Handwerks- und Industrielehrlinge (…) in der Kohorte der jugendlichen Erwerbstätigen eine Minderheit" (Zabeck 1013, S. 340) bildeten.

In den Bereichen der Industrialisierung, d. h. in denjenigen, in denen industrielle Formen der Arbeitsorganisation vorherrschten, wurde eine funktionelle Berufsauffassung benötigt. Zugleich ergab sich eine Vielzahl neuer beruflicher Tätigkeiten, die allerdings erst zu Anfang des zwanzigsten Jahrhunderts in Berufsbildern zusammengefasst und geordnet wurden. Etwa zur gleichen Zeit setzte sich in der Berufswelt ein arbeitszergliedernder Ansatz durch, bei dem komplexe Arbeitszusammenhänge in einfache Einzeltätigkeiten zergliedert wurden. Dieses führte teilweise zu einer Entberuflichung und hatte Folgen für die Berufserziehung.[172]

Es stieg seit dieser Zeit der Bedarf an gut ausgebildeten Mitarbeitern sprunghaft an. Kritisiert wurde insbesondere der Zustand des Lehrlingswesens.[173] Aufgrund der Aktivitäten von Vertretern des Bürgertums und der Industriebetriebe entwickelten sich erste Ansätze zur beruflichen Fortbildung, zunächst in Form von Industrieschulen und Bildungsvereinen für Handwerker und Arbeiter. Mit der Gründung der „Gesellschaft für Verbreitung von Volksbildung" im Jahre 1871 als Vorläufer der Volkshochschulen wurde dann ein entscheidender Schritt zur Institutionalisierung der allgemeinen und beruflichen Fortbildung geleistet.

Die eigentliche industrielle Revolution, die in Deutschland nach dem ersten Drittels des neunzehnten Jahrhunderts einsetzte,[174] ist im Bereich der Berufsbildung eng verbunden mit der Entstehung von Schulen für die technischen Fachleute in leitenden Funktionen. Schulen für diese Spezialisten waren unter anderem Realschulen, Kunst- und Bauaka-

---

[171] Bis zu den Anfängen der Industrialisierung dominierte in der Berufswelt bäuerliche und handwerkliche Arbeit. Das quantitativ bescheidene Handwerk war durch strenge Zunftordnungen reglementiert „und sicherte so eine traditionell-ständische Berufsauffassung, die erst durch die Einführung der Gewerbefreiheit aufgebrochen wurde" (Meisel/Reutter 2001, S. 24).
[172] Die Bewältigung solcher Tätigkeiten bedurfte kaum fachlich-funktionaler Fähigkeiten sowie Fertigkeiten und konnte deshalb leicht von ehemaligen Beschäftigten aus der Agrarwirtschaft und dem Handwerk übernommen werden. In der Folgezeit waren spezifische und funktionale Qualifikationen für die anspruchsvolleren Arbeiten erforderlich.
[173] Beklagt wurde, der „Zustand des heutigen Lehrlingswesens schädigt in gleicher Weise die Erwerbsfähigkeit der arbeitenden Classe und der nationalen Industrie" (Verein für Sozialpolitik 1875, S. 185 f.)
[174] Diese Zeitspanne wird von Greinert (1999, S. 23) auch als „Erste Industrielle Revolution" bezeichnet.

demien sowie speziell in Preußen Provinzial-Kunstschulen, Technische Schulen, Technische Gewerbeinstitute und die Provinzial-Gewerbeschulen. Für die gesellschaftlichen Unterschichten, d. h. insbesondere für Arbeiter und Handwerker, erfolgte die Ausbildung in Gewerblichen Sonntagsschulen und später zunehmend in Gewerblichen Fortbildungsschulen. Als Vorläufer der Gewerblichen Fortbildungsschulen können die Gewerblichen Sonntags- und Abendschulen gesehen werden.

Aufgabe der Gewerblichen Fortbildungsschulen war eine beruflich-technische Qualifizierung, vor allem der männlichen Jugendlichen aus der Unterschicht bzw. der Arbeiterjugend. Es ging um eine Erziehung durch den Beruf, um Berufserziehung (vgl. Tärre 2016, S. 223 f.). Dennoch blieb diese Schulform zunächst noch eher eine allgemein bildende Schule. In den Unterricht waren also auch allgemeinbildende Fächer wie Kirchenlehre, Deutsch, vaterländische Geschichte, Volkswirtschaftslehre und Staatsverwaltung integriert. Gleichzeitig und vor dem Hintergrund der erstarkenden Arbeiterbewegung hatten die gewerblichen Fortbildungsschulen die obrigkeitsstaatliche Aufgabe, eine gezielte Arbeiterbildungspolitik zur Beruhigung „der Massen" umzusetzen. So sollte – auch wenn teilweise ideologisch verbrämt – „die arbeitende Klasse möglichst allgemein an den Gütern der Kultur, an den geistigen Errungenschaften der Gegenwart" (Bücher 1877, S. 41) teilhaben können.

Auch wenn die nicht-akademische Berufsausbildung vorwiegend in den Betrieben stattfand, kurbelte insbesondere Preußen nach der Gründung des Kaiserreichs verstärkt die Reorganisation des gesamten beruflichen Schulsystems an. Bildungspolitisches Ziel war u. a. eine strikte funktionale und inhaltliche Abgrenzung der einzelnen berufsbildenden Institutionen, Bildungsgänge und Schulformen. Vom Verein Deutscher Ingenieure (VDI) wurde darüber hinaus eine einheitliche Anordnung und Benennung der Unterrichtsanstalten angestrebt (vgl. VDI 1897; in Jost 2003, Dok. 22, S. 195).

Diese Bestrebungen führten nach der Reichsgründung zur „Entstehung eines eigenständigen, vom ‚Allgemeinbildungs'-Bereich getrennten Bereichs der betrieblich-schulischen Berufsausbildung" (Georg/Kunze 1981, S. 51). Erste Ansätze dazu können auf das Jahr 1878 datiert werden, in dem der preußische Wirtschaftsminister Bestimmungen zur Arbeiterausbildung in den Lehrwerkstätten der staatlichen Eisenbahnverwaltung erlassen hatte. Damit waren eine weitgehend staatlich kontrollierte, industriebetriebliche Ausbildung und die künftige Facharbeiter-Position eingeleitet worden.[175] Die Ausbildung war mit der Vermittlung normativer Qualifikationen eng verbunden, denn die „Inzuchthaltung und sittliche Erziehung der Lehrlinge" (Garbe 1891, S. 30) war ein wesentliches Ziel. Das Instrument dieser zunächst staatlichen Ausbildungsform war die Lehrwerkstatt, die dann viele Jahre die vorherrschende Einrichtung der beruflichen Ausbildung in größeren Betrieben blieb. Das gestufte, berufsständisch orientierte hand-

---

[175] Initiator des im Deutschen Kaiserreich entstehenden neuen Berufsbildungsmodells war der Staat, „ohne dass von Seiten der ‚Großen Industrie' ein entsprechendes Signal ausging, an diesem wichtigen Gestaltungsprozeß teilhaben, wenn nicht im Sinne eigener Interessen beeinflussen zu wollen" (Greinert 1993, S. 41). Dadurch konnte sich später in Deutschland das europäische Sondermodell „Duale Berufsausbildung" entwickeln und etablieren.

werkliche Ausbildungsmodell blieb aber in restaurierter oder reorganisierter Form noch lange Zeit bestehen.

Bei der Reform der Berufserziehung und Berufsausbildung im Zweiten Kaiserreich erwiesen sich die liberale Gewerbeordnung des Norddeutschen Bundes von 1869 und insbesondere deren Bestimmungen zur Gewerbefreiheit als eine hemmende rechtliche Regelung. Deshalb wurde vor allem in Preußen intensiv an einer Novellierung dieser Ordnung gearbeitet, die dann 1878 auch verabschiedet worden ist. In dieser Novelle wurde u. a. die Lehrlingsfrage entschieden, indem der Lehrherr nun verpflichtet wurde, „den Lehrling in den bei seinem Betriebe vorkommenden Arbeiten des Gewerbes in der durch den Zweck der Ausbildung gebotenen Reihenfolge und Ausdehnung zu unterweisen" (GO-Novelle 1878, § 126).

Es wird davon ausgegangen, dass dann mit dem sogenannten „Handwerkerschutzgesetz", d. h. der preußischen Gewerbeordnung (GO)-Novelle von 1897,[176] die Herausbildung des Dualen Systems der Berufsausbildung eingeleitet worden ist. Die Novelle legitimiert zur Interessenvertretung des Handwerks die Bildung von Handwerkskammern und enthält Bestimmungen bezüglich der Innungen und über das Lehrlingswesen bzw. die Ausbildung von Lehrlingen (s. dazu z. B. Greinert 2007, S. 48 ff.).

Die nachfolgende Entwicklungsepoche war zunächst gekennzeichnet durch eine weitgehend getrennte Organisation und zugleich einer Stabilisierung von handwerklicher Betriebslehre einerseits und Gewerblicher Fortbildungsschule andererseits. Deren organisatorisches Zusammenwachsen wurde zwar seit etwa dem Jahrhundertwechsel von einigen Interessengruppen verstärkt angestrebt, war jedoch bis zum Ende des Ersten Weltkrieges noch lange nicht abgeschlossen.

Die Berufserziehung fand im Kaiserreich quasi in einem Dualen System statt: praktische Ausbildung in Industrie-, Handwerk- oder kaufmännischen Betrieben sowie ergänzende schulisch-theoretische Bildung in den Gewerblichen oder Kaufmännischen Fortbildungsschulen sowie den späteren entsprechenden beruflich gegliederten Fortbildungsschulen. Entgegen vielfacher Vorbehalte und Vorurteile war die inhaltliche und didaktisch-methodische Qualität der Berufserziehung in den Fortbildungsschulen durch ständige Bemühungen um dessen Verbesserung geprägt (vgl. dazu Wahle 2009).

Das Modell der dualen Berufsausbildung war am Anfang aufgrund der Restaurierung der handwerklich-ständischen Berufsausbildungsformen sicher nicht im Sinne der Großindustrie.[177] Innerhalb des sich entwickelnden Dualen Systems erfolgte die schulische

---

[176] Gesetz, betreffend die Abänderung der Gewerbeordnung vom 26. Juli 1897. In: Reichsgesetzblatt, Berlin 1897, S. 663-706.
[177] Eher verkörperte es „ein Produkt der Reaktion gegen den Sozialismus, die die damals führenden Gruppen des Adels und des Großbürgertums mit den kleinen Gewerbetreibenden verband" (Lempert 1971, S. 114). Auch Greinert (2007, S. 41) sieht das Duale System der Berufsausbildung nicht als „das Ergebnis gezielter qualifikationspolitischer Entscheidungen", sondern eher als „ein Nebenprodukt der Mittelstandspolitik des Kaiserreiches, jenem groß angelegten

Ausbildung in den Gewerblichen Fortbildungsschulen etwa seit dem Jahrhundertwechsel in den beruflich gegliederten Fortbildungsschulen. Die Gründung dieser Schulform hatte u. a. das Ziel, über eine konsequent am Beruf orientierte Berufsausbildung „die proletarischen und kleinbürgerlichen Jugendlichen in den bürgerlichen Nationalstaat zu integrieren" und „kann als die zentrale Weichenstellung in Richtung Berufsschule begriffen werden" (Greinert 1993, S. 44).[178]

Bis zum Beginn des Ersten Weltkrieges wurde die Zahl der beruflich orientierten Fortbildungsschulen beträchtlich ausgeweitet. Darüber hinaus wurden in dieser Zeit von der staatlichen Bürokratie die Vereinheitlichung und auch die Etablierung dieses teilzeitschulischen Typs als Pflichtschulen zur Ergänzung der neu geordneten Handwerksausbildung durchgesetzt.

Mit der Gründung des DATSCH im Jahre 1908[179] begann auch die Industrie, in diesem Prozess verstärkt ihre Bedürfnisse und Interessen zu reklamieren und durchzusetzen. Diese fanden ihren Niederschlag u. a. in den 1911 vom DATSCH formulierten Ausbildungsleitsätzen mit dem Titel „Die Erziehung und Ausbildung des Nachwuchses der Facharbeiterschaft für die mechanische Industrie" (DATSCH 1912, S. 301 ff.).

Durch den Ersten Weltkrieg wurde aber die Entwicklung von neuen Strukturen der Berufsausbildung unterbrochen. So stagnierte die Entfaltung von der beruflich orientierten Fortbildungsschule zur Berufsschule. Es wurden die gerade erst mühsam stabilisierten Formen der betrieblichen Lehre wieder zugunsten bloßer Anlernberufe zurückgedrängt.

In die Zeit des Zweiten Kaiserreichs fällt auch die Entstehung eines zwischen Hochschule und Lehrlingsausbildung angesiedelten Fachschulwesens. „Durch die Gründung der technischen Mittel- und Fachschule stand seit 1890 ein neuer Aufstiegskanal der Ingenieurkarriere für die sozial unteren Schichten offen." (Müller-Bendict 2008, S. 35)

Darüber hinaus wurde eine Gliederung dieser neuen Lehranstalten in höhere und niedere Fachschulen vorgenommen, wobei in Preußen auch eine Unterteilung in höhere Gewerbeschulen und Baugewerkeschulen zu verzeichnen war. Im Wesentlichen repräsentierten die wie Werkmeisterschulen organisierten Baugewerkeschulen bis zum Ende des Ersten Weltkrieges den Typus der niederen Fachschule.

Die preußischen doppeltqualifizierenden höheren Gewerbeschulen gerieten dagegen schon in den 1870er Jahren in eine tiefe strukturelle Krise und wurden auf Grundlage der 1889 durch den VDI entwickelten und verabschiedeten „Leitsätze zur Entwicklung technischer Mittelschulen" grundlegend reformiert. Die neu entstandenen höheren preu-

---

gesellschaftspolitischen Versuch, den alten Mittelstand – Handwerk, Kleinhandel, und Kleinbauerntum – vor der Proletarisierung zu bewahren und in die Phalanx ‚staatserhaltender Kräfte' einzugliedern".
[178] Vorreiter und Initiatoren dieser neuen berufspädagogischen Ausrichtung waren vor allem die Berufspädagogen Oskar W. Pache und Georg Kerschensteiner.
[179] Zum Deutschen Ausschuß für Technisches Schulwesen (DATSCH) siehe insbesondere die Dissertation (TU Dresden 2003) und den entsprechenden Band (Hamburg 2003) von Herkner.

ßischen Fachschulen wurden seit 1897 „Höhere Maschinenbauschulen (HMS)" genannt und bauten auf dem mittleren Bildungsabschluss auf.

Die Organisationsstruktur dieses Fachschultyps setzte sich im ganzen Deutschen Kaiserreich durch.[180] Der Entwicklungsstand der nicht-akademischen Berufsausbildung bis vor dem Ersten Weltkrieg war keinesfalls systematisch strukturiert und entsprach nicht den Vorstellungen „im Sinne eines gegliederten Ganzen, in dem die einzelnen Elemente sinnvoll aufeinander bezogen sind" (Greinert 2007, S. 65).

1.6.4 Akademische Berufe und höhere Berufe

Das Verhältnis der Menschen zu Arbeit und Beruf veränderte sich. „Arbeit wurde zum eigentlichen Lebensinhalt des – bürgerlichen – Menschen und wandelte sich in ein permanentes Leistungsstreben, dem vom Grundsatz kaum noch Grenzen gezogen waren" (Hein 2005, S. 240). Es bildete sich eine „fassbare gesteigerte Wertschätzung der Arbeit und des Fleißes" (ebd.). Schon im späten achtzehnten und frühen neunzehnten Jahrhundert gewann im „Doppelschritt von Aufklärung und einer im Allgemeinpathos sich artikulierenden bürgerlichen Emanzipationsbewegung (…) gelehrte Gesellung eine zentrale Schrittmacherfunktion" (vom Bruch 2005, S. 171).

Obwohl die Umbrüche zu Beginn des neunzehnten Jahrhunderts nicht durch die Bürgerschicht erfolgten, fanden deren Überlegungen aber ihren Niederschlag in den neuhumanistisch-idealistischen Bildungskonzeptionen, die mit der 1809/10 gegründeten Berliner Universität erfolgten. Hervorzuheben ist: „Einheitliche und verbindliche meritokratische Vor- und Ausbildungs-, Berechtigungs-, und Laufbahnregelungen begünstigten vergleichbare Standards auf hohem Niveau bei Lehrenden und Absolventen und bewirkten mit zunehmender Diversifikation des Lehrangebots und Wissenschaftsbetriebs eine elastische, wenn auch keinesfalls spannungsfreie Anpassung an die technologisch-professionellen Bedürfnisse." (vom Bruch 2006, S. 186)

Im Gegensatz zur Berufsarbeit im nicht-akademischen Bereich gab es zu jener Zeit eine relative große „Selbständigkeit der Wissenschaft, die für den Bereich der Erkenntnisproduktion (d. h. der kumulativen Theorienentwicklung), nicht jedoch für den Bereich der Anwendung des Wissens (d. h. den Verwendungszusammenhang) gilt" (Weingart 1975, S. 41). Diese Entwicklung setzte „historisch mit der Ablösung der empirischen Wissenschaften von Handel, Handwerk und Manufaktur zum Beginn der Neuzeit ein und erreicht im 19. Jahrhundert mit der Herausbildung der klassischen naturwissenschaftlichen Disziplinen ihren Höhepunkt" (ebd.).

---

[180] Vor Beginn des Ersten Weltkrieges gab es im Deutschen Kaiserreich sechsundvierzig staatliche Baugewerkeschulen sowie dreiundzwanzig staatliche und zweiunddreißig nichtstaatliche höhere und niedere Maschinenbauschulen mit rund 10.000 Besuchern.

Es veränderten sich die Grundlagen für akademischen Tätigkeiten und nicht nur die Inhalte der akademischen Berufe. Das gilt insbesondere für die Professionen und ihre Deprofessionalisierung. Auch wenn im Übergang vom achtzehnten zum neunzehnten Jahrhundert „die Zahl der wahrnehmbaren Funktionssysteme noch klein war und unter diesen die klassischen gelehrten Wissenssysteme – Recht, Medizin, Theologie"(Stichweh 1996, S. 57) dominierten und seit der frühen Neuzeit nur wenige Veränderungen erfahren hatten.

Neben dem Staatsexamen als Berufsabschluss entstanden neue akademische Berufe. Bei vielen Berufen trat eine Verwissenschaftlichung ein. In der Folge gab es gesellschaftspolitische erfolgreiche Aktivitäten, damit für die entsprechenden Tätigkeiten die „Ausbildung als Qualifikation eines akademischen Berufes anerkannt wurde, die Gymnasiallehrer durch das Staatsexamen, die Techniker durch das Hochschuldiplom" (Jarausch 2004, S. 308) Volksschullehrern, Apothekern und Tierärzten „blieb dieser Aufstieg noch lange Zeit versagt" (ebd.).

Die akademischen Tätigkeiten waren nicht zwangsläufig an Staatsexamen gebunden. Im Zuge dessen folgte, „dass 1869 der Beruf der Ärzte, 1879 derjenige der Anwälte liberalisiert werden konnte. Die Entstehung der freien Advokaten und der freien ärztlichen Praxis erlaubte die Entwicklung mächtiger Berufsverbände." (Jarausch 2004, S. 316)

Seit der Mitte des neunzehnten Jahrhunderts waren die Veränderungen in den Hochschulen „von entscheidender Bedeutung für die Entwicklung" (Jarausch 2004, S. 318) der akademischen Berufswelt. Mit dem in dieser Zeit aufkommenden rasanten wissenschaftlichen Fortschritt „erhielt das Wissen eine Dynamik, die das Berufswissen auf eine höhere Stufe hob" (ebd.). Die Entwicklung durch Ergebnisse aus Forschung und Lehre kam auch „älteren Berufen, wie den medizinischen zugute; neue wie zum Beispiel die Psychotherapie, vervielfachen sich dank der fortschreitenden wissenschaftlichen Spezialisierung." (ebd., S. 318).

Die Fachbereiche, Studienfächer und mit ihnen die Studienberufe nahmen zu. „Selbst die praktische Berufsausbildung wurde systematisch an die Hochschule angeschlossen. Die fortschreitende Akademisierung von Berufswegen diente auch als einflussreiches Rollenmuster bei der Reform der Berufsausübung nach wissenschaftlichen Maßstäben." (Jarausch 2004, S. 318)

Zur Mitte des neunzehnten „Jahrhunderts war unter den Wissenschaftlern ein Begriff der Wissenschaft Gemeingut geworden, der den älteren ‚Anspruch auf strenge Allgemeinheit, unbedingte Notwendigkeit und absolute Wahrheit' aufgegeben hatte und nun den Reflexionscharakter von Erkenntnis, ihre konditionale Gültigkeit, Intersubjektivität und ihre Autonomie im besonderen Sozialsystem der Wissenschaft betonte" (Osterhammel 2011, S. 1106). Konrad Jarausch (2004, S. 303) meint, ein „vergleichender Blick auf Universitäten und akademische Berufe des 19. Jahrhunderts legt eine (…) Dreiteilung nahe, und zwar in Allgemeinbildung, Fachwissen und Berufswissen".

Die Bedeutung dieser Entwicklungen sowohl für berufliche Tätigkeiten als auch wissenschaftliche Ansätze und Konzepte beschreibt Weingart wie folgt: „Die Tatsache, daß systematisches Wissen im Prozeß der historischen Entwicklung gegenüber der berufsspezifischen und notwendig altersgebundenen Erfahrung dominant wird, ist durch die tendenzielle Autonomisierung der Wissenschaft zu erklären, die spätestens im 19. Jahrhundert einsetzt. Aufgrund der Ausdifferenzierung des Bereichs der Erkenntnisproduktion gewinnt Wissenschaft zunehmend eine konstitutive Rolle für die gesellschaftlichen Handlungs- und Lernprozesse." (Weingart 1975, S. 41)

Anfangs entwickelten sich neue akademische Tätigkeiten quasi naturwüchsig und es bestanden keine dezidierten Vorstellungen über Inhalte und Ziele, die als Berufsbilder bezeichnet werden könnten. Bestimmte gehobene Berufe wurden fast ausschließlich von Personen besetzt, die eine höhere Allgemeinbildung sowie zugleich ein spezifisches Berufs- und Fachwissen vorweisen konnten. Das dafür erforderliche Wissen, ob durch Erfahrungen oder Universitätsstudium gewonnen, war aber auch ein Machtinstrument.[181] Das galt in besonderer Weise für den Arztberuf. „Im Rahmen kollektiver sozialer Mobilitätsprozesse der damals jungen bürgerlichen Mittelschichten bildete sich im 19. Jahrhundert neben dem Anwalt, dem reformierten Pfarrer und anderen Professionen der moderne Arztberuf heraus. (…). Gleichzeitig wurde am Markt ein Monopol auf die medizinische Dienstleistung aufgerichtet, das sich neu mit einer naturwissenschaftlichen Definitionsmacht verband." (Streckeisen/Estermann/Plage 2013, S. 10 f.)

Unter den pragmatischen Anforderungen der zunehmenden Industrialisierung gewannen die neu entstehenden Hochschulen spezifische Profile. Kennzeichnend nun „für die Hochschulen und die akademischen Berufe sind insbesondere wissenschaftliche Kenntnisse, die Beherrschung der dynamischen Prinzipien einer wissenschaftlichen Disziplin" (Jarausch 2004, S. 303). Daneben „sah auch die große Industrie Forschung als eigene Aufgabe an" (ebd.). Beim Arztberuf dienten „Ausbildung und Ethik als Abgrenzungskriterien gegenüber anderen Berufsgruppen" (Streckeisen/Estermann/Plage 2013, S. 11). Für die gehobenen Tätigkeiten im Beschäftigungssystem „war die akademische Vorbildung verhältnismäßig unstrittig, auch wenn neu aufkommende akademische Berufe, wie etwa Zahn- und Tierärzte oder Ingenieure mit der Erhöhung der Zugangsbedingungen akademischen Status zu gewinnen versuchten" (Jarausch 2004, S. 304).

Zum Ende des neunzehnten „Jahrhunderts begannen sich Regierungen mehr denn je für Wissenschaft zu interessieren; Wissenschaftspolitik wurde zu einem neuen Zweig systematischer Staatstätigkeit" (Osterhammel 2011, S. 1106) und damit gab es auch Anstöße für die Einrichtung von Ausbildungsstätten sowie die Einführung neuer quasi-wissenschaftlicher Ausbildungen oder Studiengänge. Es beschleunigten sich Prozesse funktiona-

---

[181] Dieses Wissen verhalf „zu Einsichten, die dem Laien verschlossen blieben und rechtfertigte damit berufsständige Privilegien. Dazu kam schließlich die von der akademischen Rhetorik meist unterschätzte Handlungskompetenz in der Berufsausübung. Das Berufswissen, das erfahrungsgemäßen Arbeitsregeln und Verhaltensnormen einschloss, bildete die Grundlage der Praxis und war oft viel wichtiger als angebliche wissenschaftliche Fachkompetenz." (Jarausch 2004, S. 303)

ler Differenzierung. Beispielsweise wurde die Bausicherheit „schon in der ersten Hälfte des neunzehnten Jahrhundert durch (…) Bauräte/-meister überprüft" (ebd.).

Mit der technischen Entwicklung wurde von staatlicher Seite auch auf die Gesundheit der Bevölkerung Einfluss genommen. So wurde im Jahre 1894 eine staatliche Prüfung für Nahrungsmittelchemiker eingeführt (vgl. Müller-Benedict 2008, S. 32). Es entstand aufgrund der technischen Entwicklungen eine Reihe von Berufen, die eine höhere Bildung und teilweise Staatsexamina voraussetzten. Ingenieurberufe bekamen in der technokratisch bestimmten Zeit zunehmend an Gewicht. Aber es gab auch angesehene gehobene Berufe, die nicht zwangsläufig ein Studium voraussetzten (Abb. 19).

Architekt, Astronom, Augenarzt, Banker, Bauassessor, Baudirektor, Bauingenieur, Baurat, Bergassessor, Betriebswirt, Bibliothekar, Chemiker, Chemieingenieur, Dampfkessel-Revisor, Dentist, Direktor, Eisenbahningenieur, Forscher, Forstmeister, Geograph, Gymnasiallehrer, Großgrundbesitzer, Gutsherr, Höherer Angestellter, Höherer Bergbeamter, Höherer Forstbeamter, Generaldirektor, Großkaufmann, Höherer Postbeamter, Höherer Beamter der technischen Verwaltung, Landvermesser, Lehrkraft für das höhere Lehramt, Leitender Beamter, Maschinenbauingenieur, Medizinalrat, Medizinaldirektor, Metallurge, Museumsdirektor, Museumskurator, Nahrungsmittelchemiker, Oberbaudirektor, Oberbaurat, Oberforstmeister, Oberstudienrat, Oberveterinärrat, Obermedizinalrat, Oberregierungsrat, Regierungsdirektor, Philologe, Physiker, Prüfingenieur, Regierungsrat, Statiker, Statistiker, Stahlhochbauingenieur, Stahlschiffbauingenieur, Studienrat, Studiendirektor, Soziologe, Technische Rat, Tierarzt, Veterinär, Veterinärdirektoren, Vermessungsingenieur, Volkswirt, Werkstoff- und Materialprüfer, Wetterkundler, Zahnarzt, Zeitungsverleger.

Abb. 19: Aufkommende akademische und höhere Berufe sowie Amtstitel im neunzehnten Jahrhundert - Auswahl.[182]

Bei den kaufmännischen Berufen zeigte sich, dass nicht „die Spezialisten (etwa Spediteure, Kommissionäre, Schiffsreeder, Verleger) sondern die ‚allgemeinen Kaufleute', die sich mit allen Dingen befassen, die die Erzielung eines Gewinns erwarten lassen" (Reinisch 2011, S. 133), ein besonderes Ansehen genossen.

Da ganz allgemein die Beziehungen zwischen Ausbildungs- und Beschäftigungssystem im akademischen Bereich und diesen höheren Berufen auch schon im neunzehnten Jahrhundert sehr kompliziert und komplex waren, „beruht die gesellschaftliche Stellung der akademischen Berufe letzten Endes auf der Verbindung besonderer Leistungen abstrakten Wissens mit der durch öffentlich anerkannte Berechtigungsnachweise garantierten Kontrolle des jeweiligen Arbeitsmarktes" (Jarausch 2004, S. 304).

---

[182] Die Auflistung beruht auf einer Eigenrecherche und einer Auswertung verschiedenster Literaturaussagen (s. auch vorangegangener Text), in denen Berufe dieser Zeit benannt werden.

1.6.5 Ausbildung für die höheren und akademischen Berufe im neunzehnten Jahrhundert

Das Hochschulwesen seit der Phase der vorindustriellen Revolution ist eng verbunden mit den neuen bildungstheoretischen Ansätzen von Wilhelm von Humboldt und der von ihm am Ende des ersten Jahrzehnts des neunzehnten Jahrhunderts maßgeblich mitgegründeten Universität zu Berlin. In der Folgezeit waren die Wissenschaft im Allgemeinen und die philosophische Fakultät im Besonderen zumindest in der ersten Hälfte des neunzehnten Jahrhunderts weiterhin die dominierenden Bereiche universitärer Berufsausbildung.[183] Aber durch die industrielle Revolution rückten mathematisch-naturwissenschaftliche Forschung, Inhalte und Fächer immer stärker in den Vordergrund. Es kam zu einer stärkeren Spezialisierung der Forschungsgebiete und damit auch zu einer beständigen Vermehrung der Lehrfächer, wissenschaftlichen Disziplinen und Lehrstühle.

Die Universität Humboldtscher Prägung stellte einen neuen Typus dar, denn sie sollte „zuerst und vor allem die Stätte freier wissenschaftlicher Arbeit" (Paulsen 1966b, S. 115) sein. Damit verbunden war u. a. die Verdrängung des bisher dominierenden schulmäßigen Charakters durch „gelehrte" Vermittlungsformen zur Entwicklung der „Gelehrtenschule". Dieser Anspruch hatte auch funktionale Veränderungen im Bereich der Fakultäten zur Folge. Andere Universitäten folgten diesem neuen Ansatz, wie beispielsweise Breslau (1811), Bonn (1818) und München (1826).

Im Bereich der akademischen Berufsausbildung verstärkten sich insbesondere beim Übergang vom achtzehnten in das neunzehnte Jahrhundert zwei Ausprägungen. Das waren zum einen die berufliche Ausbildung mit einem universitären Abschluss und zum anderen diejenige mit einem Staatsexamen.[184] Zunehmend entwickelten sich die Landesuniversitäten zu einer Ausbildungsstätte für die höheren Staatsdiener" (Müller-Benedict 2008, S 31) Die Entwicklung der Universität zur „Staatsdienerschule" hatte ihre Ursachen in der Trägerschaft. Träger waren nun nicht mehr nur die Kirchen und Bistümer, sondern zunehmend die – konfessionell gebundenen – deutschsprachigen Einzelstaaten mit ihren Landesherren. Die dadurch entstandene Abhängigkeit der Universitäten wirkte sich auch auf ihre strukturelle, lernorganisatorische und ökonomische Funktion aus.[185] Es entwickelte

---

[183] Zudem war im beginnenden neunzehnten Jahrhundert das geistige und wissenschaftliche Leben wesentlich vielgestaltiger als in den früheren Epochen. In jener Zeit wurden wesentliche Wurzeln universitärer Bildung durch Fichte, Schelling, Schleiermacher und Schlegel bestimmt. Ganz besonders hat aber eine bildungstheoretische Fundierung durch Wilhelm von Humboldt stattgefunden. Bei von Humboldt war der Gedanke angelegt, dass nur in kritischer Distanz zum Beruf, zum Staat und zur Gesellschaft die Unmündigkeit, die letztlich aus den Herrschaftsverhältnissen resultierte, überwunden werden könnte.
[184] Neu waren dabei die steigende Bedeutung und die Etablierung der Staatsexamen, obwohl die Wurzeln der akademischen Berufsausbildung mit Staatsexamensstudiengängen schon im achtzehnten Jahrhundert entstanden waren, als „es aufgrund der Ausweitung der absolutistischen Staatsgewalt und der Entstehung des modernen Verwaltungsstaates zu einer engen Staatsbezogenheit der Universitäten kam: Die Gestaltung der Universitäten wurde am Staatsdienlichen und Nützlichen orientiert." (Wissenschaftsrat 2002, S. 8)
[185] So hatten die Universitäten in erster Linie der Sicherung der Herrschaft der Landesherren zu dienen. „Um ihretwillen muß der konfessionelle Staat Theologen und Lehrer ausbilden, die als Geistliche, Mitarbeiter der Schulaufsicht

sich ein „Spannungsverhältnis zwischen Forschungsorientierung und Berufskonstruktion, zwischen wissenschaftlicher Entwicklung und Staatlicher Prüfungsordnung" (Lundgreen 2010, S. 115). [186] Dennoch wurde die Identität der Universitäten „durch in allgemeinere kulturelle Strukturen eingebettete Semantiken bestimmt, die alle den Sinn hatten, sowohl für Ausbildungsprozess instruktiv zu sein, wie auch die Verknüpfbarkeit von Ausbildung und wissenschaftlicher Forschung in der Institution Universität zu gewährleisten" (Stichweh 2013, S. 9).

Aufgrund der einzelstaatlichen Eingriffe leisteten die „oberen" Fakultäten „Theologie", „Medizin" und „Recht" vor allem „akademische Berufsbildung zur Vorbereitung auf Tätigkeiten, die von großem staatspolitischen und gesellschaftlichen Interesse waren und daher unter staatliche Obhut kamen. Dies traf auf den Justizjuristen ebenso zu wie auf den Arzt, dem als Staatsdiener medizinpolizeiliche Aufgaben wie die Beobachtung und Kontrolle der Gesundheitsverhältnisse, Aufsicht über Krankenanstalten etc. oblagen, aber auch auf den Naturwissenschaften nahe stehenden Beruf des Apothekers, der seine Pflichten ebenfalls als eine im öffentlichen Dienst beschäftigte Medizinalperson hatte, und schließlich auf den Lehrer, dessen Ausbildung sich der Staat im Zusammenhang mit der Einrichtung eines öffentlichen Schulwesens annahm." (Wissenschaftsrat 2002, S. 8 f.) „In der zweiten Hälfte des 19. Jahrhunderts wurden die akademischen Prüfungen weiter vereinheitlicht, in verschiedene fachliche Schwerpunkte differenziert und vervollständigt und um eine zweite praktische Ausbildungsphase erweitert." (Müller-Benedict 2008, S. 31)

An universitäre Berufsausbildungen schlossen sich nun nach dem Staatsexamen am Ende des Studiums ein zur vollen Erreichung des Berufsabschlusses gefordertes mehrjähriges Referendariat an. „Zu den strukturellen Gemeinsamkeiten von Staatsexamensstudiengängen gehörten:
- ein berufsbezogenes, grundständig angelegtes Studium, das für einen reglementierten Beruf im vorgenannten Sinne ausbildet,
- die staatliche Kontrolle dieses Studiums durch ein staatliches Prüfungswesen und die Verknüpfung von Studienabschlussprüfung und Berufseingangsprüfung,
- die Verbindung von wissenschaftlicher und berufspraktischer Ausbildung, die bei Lehrern und Juristen im Rahmen einer Zwei-Phasen-Struktur angelegt ist" (Wissenschaftsrat 2002, S. 7).

Zugleich stieg aber auch die Zahl der Promotionen bei den Medizinern und Juristen. Während beispielsweise an der Universität Leipzig „in der Theologie nicht mehr als konstante 1 Prozent der Studierenden einen Doktorgrad erwerben, steigen die relativen Zahlen bei

---

und als Lehrer die nachwachsende Generation ‚im Geiste' der jeweiligen Konfession erziehen und die Gläubigen im Rahmen dieser Konfession halten können." (Ellwein 1992, S. 47 f.).

[186] Für Peter Lundgreen (2010, S. 115 f.) sind als Beispiele die „Medizinische sowie die Philosophische Fakultät, also die Staatsexamina für Ärzte sowie Oberlehrer, dafür besonders lohnend und einschlägig. Den medizinischen Fakultäten war schon 1725 das Approbationsrecht entzogen und dem staatlichen Obermedizinalkollegium übertragen worden. Gleichwohl blieb der Doktorgrad der ‚gelehrten Ärzte' Unterscheidungsmerkmal zu den Chirurgen (Wundärzten), Zulassungsvoraussetzung für das Staatsexamen. Aus diesem ersten staatlichen Eingriff in die korporativ verfaßte Welt der ‚reinen' Medizin an den Universitäten entwickelte sich eine Serie staatlicher Prüfungsordnungen, die das Medizinstudium tiefgreifend verändert haben".

den Juristen und Medizinern in Spitzenzeiten auf gut das Vierfache" (Blecher 2006, S. 183). Die Promotion wurde für das gesellschaftliche Ansehen und das berufliche Fortkommen als wichtig eingeschätzt.[187]

Vermutlich aus dem Bemühen heraus, wissenschaftliche Reputierlichkeit nachzuweisen und nicht als utilitär eingestuft zu werden, bekannten sich die Universitäten mit ihren Gremien sowie Akteuren nicht öffentlich zu dem Ziel, „eine berufliche Ausbildung zu vermitteln. Soweit in der Folge berufliche Bildung an Hochschulen betrieben wurde, erfuhr sie eine Verwissenschaftlichung.
Verwissenschaftlichung der beruflichen Bildung bei gleichzeitiger Einbeziehung der durch den Beruf vorgegebenen Ziele war unter Beibehaltung der neuhumanistischen Bildungsbewertung nur durch eine gewisse Verschleierung bestehender Zustände möglich. Die eigentliche Berufsvorbereitung, die Vorbereitung auf verantwortungsvolle berufliche Entscheidungen, hatte darunter zu leiden, daß sie nur als das notwendige Übel angesehen wurde. Solange konnte diese unglückliche Konstellation beibehalten werden, wie sich die Universitäten und wissenschaftlichen Hochschulen vor einem Massenansturm der Studenten bewahrten und das Studieren an ihnen das Privileg einer kleinen ausgewählten Elite blieb." (Fragniere/Sellin 1974, S. 80)

Es entwickelten sich Freie Berufe[188], die eine Abgrenzung vom Gewerbe betrieben. Im Zusammenhang damit wurde „etwa in der Mitte des 19. Jahrhunderts in Bezug auf den Beruf des Anwalts" die Auffassung vertreten, dass „der Erwerb bloßes Mittel, also Nebensache sei und der Würde des ehrenvollen Berufes untergeordnet sein müsse" (Sodan 1997, S. 40). Für Frauen wurden die ohnehin spärlichen Zugänge zu höherer Bildung durch die zunehmende Formalisierung des Universitätszuganges seit Beginn des neunzehnten Jahrhundert erschwert.[189]

Die von Preußen nach dem deutsch-französischen Krieg durchgesetzte Vereinigung der deutschen Einzelstaaten zu einer politischen Einheit wirkte sich auch auf das deutsche akademische Bildungswesen sehr förderlich aus. Es kann sogar angenommen werden, dass „die Zeit von der Reichsgründung bis zum Ersten Weltkrieg (…) die Blütezeit der deutschen Universität" (Ellwein 1992, S. 227) war.

Preußen bestimmte maßgeblich die weitere Entwicklung des gesamten Berufsbildungswesens. Als neue akademische Ausbildungseinrichtung entstanden die Technischen Hoch-

---

[187] Unabhängig von den staatlichen Eingriffen insbesondere der preußischen Administration beeinflussten zwei Vorgänge bereits „an der Schwelle des 19. Jahrhunderts vor allem im deutschsprachigen Raum die Anschauung vom Beruf und von beruflicher Erziehung, das eine war der ökonomische und technische Vorgang der industriellen Revolution mit seinen gesellschaftlichen Implikationen und das andere das Eindringen der neuhumanistischen Bildungstheorie in das pädagogische Denken. Weil angenommen wurde, daß die Praxis korrumpiert, wollte man die Wissenschaft zweckfrei betreiben und sie nicht auf direkten Nutzen ausgerichtet sehen" (Fragniere/Sellin 1974, S. 80).
[188] Die Freien Berufe sind „im frühliberalen Staat entstanden, der auf dem Gedanken einer strikten Trennung von Staat und Gesellschaft beruhte und vom wirtschaftspolitischen Grundsatz des laissez fair beherrscht war" (Sodan 1997, S. 24 f.)
[189] Eine Ausnahme stellte die Universität von Zürich dar, wo seit 1866 erstmals auch Studentinnen zum Medizinstudium zugelassen wurden.

schulen. Darüber hinaus wurden Berg- und Forstakademien, landwirtschaftliche und tierärztliche Hochschulen sowie Handelshochschulen eingerichtet. 1886/87 gab es im Deutschen Kaiserreich „mit Straßburg 21 ‚deutsche' Universitäten und 9 Technische Hochschulen" (Ellwein 1992, S. 166).

Die Chemie- und Ingenieurberufe gewannen im aufstrebenden Kaiserreich besondere Bedeutung. Für die Ingenieurausbildung entwickelten sich aus den Anforderungen der Arbeitswelt neue Bildungsziele, was wiederum zu einer zunehmenden Differenzierung des technischen Wissensstandes führte. Infolge der beachtlichen und herausragenden Karrieren „der Ingenieure und Chemiker bildeten sich die akademischen Prüfungen in dieser Zeit überhaupt erstmalig heraus und setzten damit die akademische Ausbildung gegen die Ausbildungswege mit mittlerem Niveau ab" (Müller-Benedict 2008, S. 31).

Mit dieser Entwicklung war auch eine Erweiterung der Autonomie der Universitäten verbunden. So wurde beispielsweise durch Erlass vom 11. Oktober 1899 in Preußen den Technischen Hochschulen das Recht eingeräumt, auf Grund einer Diplomprüfung den akademischen Grad „Diplom-Ingenieur" zu erteilen und Diplom-Ingenieure nach einer weiteren Prüfung zum „Doktor-Ingenieur" zu promovieren (Koch 2008, S. 166).

Bedingt durch die verbesserten Rahmenbedingungen konnte sich im Zweiten Kaiserreich ein neuer Universitätstypus herausbilden. Merkmale dieses Typus waren u. a.:
- „Autonomie im engeren wissenschaftlichen Bereich, der die Berufungspolitik nur bedingt einschloß;
- wachsende Bedeutung der wissenschaftlichen Forschung;
- Überschaubarkeit der einzelnen Wissenschaften, der Universitäten, der Studienjahrgänge;
- hohe gesellschaftliche Reputation;
- unangefochtene Führungsstellung im Hochschulbereich;
- in der Universität selbst unangefochtener Vorrang der Ordinarien" (Ellwein 1992, S. 227).

Die Beziehungen zwischen Universitätsleitung, Lehrenden und Studenten veränderten und verbesserten sich sogar zusehends.[190] Auch wurde durch Preußen Ende des neunzehnten Jahrhunderts die prinzipielle Möglichkeit für Frauen zum Besuch der Universitäten auf den Weg gebracht. Der entsprechende Erlass „Zulassung von Frauen als Gasthörer" vom 16.7.1896 sah allerdings vor, dass sie „dort aber noch immer nicht als or-

---

[190] Noch bis Mitte des neunzehnten Jahrhunderts gab es zum Teil schwere bildungspolitische Auseinandersetzungen zwischen den „offiziellen Staatsvertretern" der Universitäten und dem „organisierten Studentenleben", Letzteres insbesondere in Form von Burschen- und Landsmannschaften. Unter Wahlsprüchen, wie beispielsweise „Gott, Freiheit, Ehre, Vaterland", diskutierten die Studenten wissenschaftliche, philosophische und geschichtliche, vor allem aber politische Themen und versuchten, ihre Ansichten auch gewalttätig durchzusetzen. Erst in der zweiten Hälfte des 19. Jahrhunderts wurde durch und in Preußen eine vom politischen Druck freie Entwicklung der studentischen Verbindungen zugelassen, sodass sich die diesbezüglichen Verhältnisse an den Universitäten normalisieren konnten (vgl. Ellwein 1992, S. 176 ff.).

dentliche Studierende und außerdem nur mit Zustimmung des Dozenten zugelassen" (Ellwein 1992, S. 178) wurden.

Erst durch einen weiteren Erlass vom 18.8.1908 wurde die Zulassung von Frauen zum normalen Studium endgültig genehmigt, allerdings auch weiterhin mit Einschränkungen. So konnten Frauen beim Vorliegen „besonderer Gründe" und mit „Genehmigung des Ministers (…) von der Teilnahme an einzelnen Vorlesungen ausgeschlossen werden" (Erlaß vom 18.8.1908).

Darüber hinaus wurde die schon Mitte des neunzehnten Jahrhunderts erhobene Vereinheitlichung im deutschen Promotionswesen diskutiert und auf den Weg gebracht (Blecher 2006, S. 195).

Das für die akademische Ausbildung im neunzehnten Jahrhundert kennzeichnende Entstehung der „Prüfungsnormierung ist im Wesentlichen geprägt durch
    a) die allgemeine gesellschaftliche Entwicklung,
    b) die spezielle Entwicklung der Berufsfelder, der Karrieren und
    c) die Professionalisierungsprozesse der Karrieren" (Müller-Benedict 2008, S. 32).

1.6.6 Ende der Arbeits- und Berufstätigkeit im neunzehnten Jahrhundert

Bis in das neunzehnte Jahrhundert arbeiteten die meisten Menschen in Deutschland so lange, wie ihre Kräfte es zuließen. Der bereits im siebzehnten und achtzehnten Jahrhundert bestehende punktuelle Ansatz der Altersversorgung zum Berufsende für ausgewählte Staatsdiener als obrigkeitlicher Gnadenakt wurde nun „ein Gewohnheitsrecht, aus dem Gewohnheitsrecht erwuchs ein rechtsverbindlicher Anspruch. Von der Privatwirtschaft wurde das Modell staatlicher Pensionen übernommen und nach und nach auf Angestellte und Arbeiter ausgeweitet." (von Kleist 2006, S. 57 f.). So entstanden in einigen großen Unternehmen Versorgungswerke, mit dem Ziel die Arbeitnehmer bzw. ihre Angehörigen bei Berufsunfähigkeit, Invalidität oder Tod zu unterstützen.[191]

Für die Mehrheit der nicht privilegierten Menschen und insbesondere die Armen bildet bis ins neunzehnte Jahrhundert hinein „die städtische Armenpflege (…) die wichtigste öffentliche Unterstützung für Bedürftige" (Weber/Hillebrandt 1999, S. 90). Die zunehmende Industrialisierung und die damit „verbundenen personalen Freisetzungsprozesse stellen die tradierte städtische Armenpflege zunehmend vor unlösbare Probleme" (Weber/Hillebrandt 1999, S. 94). Für die Mehrheit der Bevölkerung – und dazu gehörten viele Arme – ergab sich durch das Arbeits- und Berufsende ein Problem des Ausgeliefertseins, da es keine rechtliche Sicherheit gab.[192]

---

[191] Dazu gehören u. a die Gutehoffnungshütte (1832), Krupp und Henschel (1858), Siemens (1871) und BASF (1879).
[192] „Die Armenpflege, wie sie sich in der frühen Neuzeit entwickelt und bis ins 19. Jahrhundert hinein als herrschende Praxis besteht, konstituiert keinen Wohlfahrtsstaat, weil sie keine rechtliche Verpflichtung des Staates bzw. der Kommunen einschließt. Sie grenzt die Bedürftigen aus der sozialen Normalität jener aus, die für sich selbst sorgen können.

Auf der Grundlage solcher Überlegungen entwickelten sich Versorgungseinrichtungen, die speziell für als alt geltende Menschen ausgelegt waren. Die äußere Einteilung und die innere Ordnung der geschaffenen Heime können dabei ihre „Verwandtschaft" mit den anderen neuen Institutionen dieser Epoche nicht verleugnen, der Charakter lässt sich mit dem Begriff „kasernenartig" durchaus zutreffend bezeichnen. Die Aufnahme in diese Einrichtungen als bedürftiger alter Mensch lag ganz im Ermessen der jeweiligen Betreiber, regionale Differenzen waren dabei die Regel." (Heinzelmann 2004, S. 18) Für ältere und weniger leistungsfähige Menschen waren bereits zu Beginn der Industrialisierung erhebliche Wettbewerbsnachteile „auf den Arbeitsmärkten zu beobachten, die umso stärker ins Gewicht fielen, je mehr selbständige Tätigkeiten an Bedeutung verloren und Lohnarbeit zur Norm wurde" (Ehmer 2008, S. 166).

Der durch Otto von Bismarck in den Reichstag eingebrachte Entwurf zur Sozialversicherung wird als „Gesetz betreffend die Invaliditäts- und Altersversicherung" am 24. Mai 1889 angenommen. Arbeiter und einfache Angestellte ab dem sechzehnten Lebensjahr wurden damit versicherungspflichtig. Die Finanzierung dieser Versicherung erfolgte zu gleichen Teilen durch Beiträge von Arbeitgebern und Arbeitnehmern. Außerdem wurde zu jeder Rente ein Reichszuschuss garantiert. Ab dem siebzigsten Lebensjahr wird eine Rente ausgezahlt.

In Deutschland verfügten die Menschen nun „erstmalig über das Recht auf eine Rente, und durch die Fixierung des Renteneintritts bei 70 Jahren wurde eine Grenze für den Beginn der Altersphase geschaffen. Diese Koppelung des Anfangs des Alters mit dem Austritt aus dem Arbeitsprozess besaß fast hundert Jahre Gültigkeit." (Heinzelmann 2004, S. 19) Auch wenn durch die epochalen Gesetze eine Grenze für die berufliche Tätigkeit der Arbeitnehmer bestand, so ist doch nicht zu übersehen, dass nur wenige Menschen unter den damaligen Arbeitsbedingungen diese Altersgrenze erreichten oder sozial geschützt waren.[193] Dennoch ist insgesamt positiv zu bewerten, dass erstmalig der Schritt zu einer „tatsächlichen Trennung von Alter und Arbeit und einen Rückgang der Erwerbstätigkeit älterer Menschen" (Ehmer 2005, S. 166) zu beobachten war.
Realiter allerdings war noch immer das Berufsende für große Bevölkerungsteile mit dem Lebensende verbunden. Aber es gab auch eine nicht unerhebliche Zahl von Selbstständigen und Politikern, die über das siebzigste Lebensjahr hinaus arbeiteten.[194]

Bedürftige werden insofern nicht als Gleiche mit unveräußerlichen Rechten behandelt" (Weber/Hillebrandt 1999, S. 95).
[193] So fehlte für „das modifizierte kommunale Sicherungssystem ein standardisiertes Verfahren zur Bedürftigkeitsprüfung für diejenigen, die nicht über das Versicherungssystem der Lohnarbeit hinreichend versorgt werden." (Weber/ Hilebrandt 1999, S. 100)
[194] So befehligte beispielsweise General Friederich von Wrangel als Oberbefehlshaber die preußische Armee im Krieg gegen Dänemark im Alter von achtzig Jahren.

1.7 Entwicklung der berufsförmigen Tätigkeiten und Berufe vom Zweiten Deutschen Kaiserreich bis zur Wiedervereinigung Deutschlands

1.7.1 Allgemeine Entwicklungen im Bereich der Berufe und der Berufswelt im zwanzigsten Jahrhundert

- **Rahmenbedingungen**

Mit dem zwanzigsten Jahrhundert beginnt aus heutiger Sicht die Vorgeschichte der Gegenwart. Spätestens seit Beginn des Jahrhunderts „trat Europa in die Industriegesellschaft ein" (Kaelble 1997, S. 75). Die strukturellen Veränderungen, „die sich bereits im 19. Jahrhundert angedeutet hatten, setzten sich im 20. Jahrhundert unvermindert fort" (Pierenkemper 2007, S. 32). Herausragend und erschreckend war die Entstehung exzessiver Gewalt mit industriellen, maschinellen sowie arbeits- und kriegsorganisatorischen Mitteln. Dieses zeigte sich insbesondere mit dem Ausbruch des Ersten Weltkrieges und der Entfesselung aller moralischer Bindungen vor und während des Zweiten Weltkrieges, bis hin zur Einführung von Sklavenarbeit.

Für diese Epoche gilt mehr noch als im neunzehnten Jahrhundert: „Die Sozialgeschichte von Schulen und Hochschulen läßt sich als langfristige ‚Verschulung' der biographischen Zeitspanne vor Eintritt in das Berufsleben beschreiben." (Lundgreen 2000, S. 140) Dieser Trend zur „Verschulung" hat sich im Laufe des Jahrhunderts „fortgesetzt und dabei völlig neue Dimensionen erreicht" (ebd.)[195] und war insofern auch für die Berufe, die Berufswelt und die Berufsausbildung bedeutsam. Die Veränderungen im nicht-akademischen Bereich erbrachten eine Zunahme schulischer Ausbildungseinrichtungen, diejenigen im Bereich der akademischen Berufsausbildung an den Universitäten und Hochschulen betrafen vor allem das Verhältnis zur Politik sowie die wissenschaftliche Ausrichtung und Fundierung von Lehre und Forschung.

Das zwanzigste Jahrhundert war aber auch die Zeit großer Forschungsleistungen, die sich schlaglichtartig insbesondere durch grandiose wissenschaftliche Entdeckungen wie die Relativitätstheorie und das Erforschen des Insulins indizieren lassen. Aber auch bahnbrechende technische Entwicklungen wie u. a. im Kraftfahrzeug-, Zeppelin-, Flugzeug- und Raketenbau, Satellitentechnik, der Elektrotechnik und der Computertechnik bestimmen die Berufs- und Lebenswelt. Diese Epoche kann damit als das Industrie- und Wissenschaftszeitalter bezeichnet werden. Rasante Entwicklungen in den Natur- und angewandten Wissenschaften sowie der Technik bestimmten die Denkweisen im Beschäftigungssystem und in der Gesellschaft. Die Wissenschaften differenzierten sich sehr stark, neue Disziplinen entstanden. Es wurden an den Universitäten neue Lehrstühle eingerichtet und technische

---

[195] „Die berufsbezogene Ausbildung an Vollzeitschulen nach Abschluß der Allgemeinbildung erstreckt sich auf immer größere Teile der Berufswelt, aber auch der Jugendlichen, die als Berufsanfänger in diese Welt streben. Oft beschreibt man diese Prozesse mit Begriffen wie ‚Akademisierung', ‚Verwissenschaftlichung' oder ‚Professionalisierung'. Im gleichen Kontext stehen die massiven Verschiebungen innerhalb des allgemeinbildenden Schulwesens: die andauernde Expansion der höheren (und mittleren) Schulen auf Kosten der Volksschule; und die überproportionale Expansion der weiblichen Bildungsbeteiligung, die erfolgreiche Aufholjagd der Mädchen und Frauen." (Lundgreen 2000, S. 140)

Fächer erhielten Hochschulstatus. Die Menschen profitieren von den technisch-wissenschaftlichen Fortschritten in ihrer Berufs- und Lebenswelt. Der Glauben an die Möglichkeiten der Wissenschaft, Machbarkeit von Technik und wissenschaftliche Fortschritte führten aber auch zu einer besonderen Anfälligkeit für politische Ideologien und zu schrecklichen Anwendungen der Erkenntnisse.

Zu Beginn des zwanzigsten Jahrhunderts war die Mehrheit der Beschäftigten noch immer in der Landwirtschaft tätig, obwohl der Anteil der Arbeiter in den Fabriken und der Großindustrie stark zunahm., Mit der Etablierung des Zweiten Deutschen Kaiserreiches im zwanzigsten Jahrhundert hatten sich zum Teil gravierende gesellschaftliche, soziale und wirtschaftliche Veränderungen insbesondere durch den „organisierten Kapitalismus" (Georg/Kunze 1981, S. 51) ergeben. Die Veränderungen durch obrigkeitsstaatliche Eingriffe hatten zwangsläufig auch Auswirkungen auf die weitere Entwicklung der handwerklichen und industriellen Berufe bis in den Ersten Weltkrieg hinein. Der Zusammenbruch des Wilhelminischen Reiches einschließlich der Werte, die es verkörperte, sowie der verlorene Krieg mit seinen Folgekosten (Reparationen) hatte insbesondere in den Mittelschichten eine private wie nationale Sinn- und Identitätskrise ausgelöst" (Giesecke 1983, S. 48), die man auch durch Bildung zu bewältigen hoffte.[196]

Erwerbsarbeit wurde von den Angehörigen in den beiden Beschäftigungsbereichen in der Regel als große körperlicher Mühsal und Anstrengung erfahren. Im Laufe der Zeit, d. h. erst mit zunehmender Ausstattung durch technische Hilfsmittel und Mechanisierung der Arbeitsabläufe (insbesondere durch Einsatz des Elektro- und Verbrennungsmotors) erleichterten sich die Arbeitsprozesse in der Landwirtschaft und in den Produktionsbetrieben. Aber es führten – was keinesfalls nur als positiv einzuschätzen ist – „noch vor dem Ersten Weltkrieg der Trend der Reduzierung von Handarbeit hin zur Massenproduktion und Massendistribution" (Kleinschmidt 2007, S. 30 f.), was in den davon betroffenen Branchen auch zu Entberuflichungstendenzen führte. Der Einfluss der Technik auf berufliche Arbeitstätigkeiten und -formen hatte weiter zugenommen. Die halb- und vollautomatische Fließbandfertigung engt einerseits den Arbeitsumfang bzw. die Handlungsspielräume der Arbeitskräfte sehr stark ein. Auf der anderen Seite hat der Einsatz von Maschinen stark dazu beigetragen, den Arbeitskräften körperlich schwere Arbeiten abzunehmen.

Schon zu Beginn des Jahrhunderts war ein zunehmender gesellschaftlicher Einfluss einer jungen Berufsgruppe hervorzuheben, d. h. in dieser Zeit gewannen neue Berufe beispielsweise „die Chemieingenieure im Zuge der Rationalisierungsbewegung ab Mitte der 1920er Jahre und als Experten der wissenschaftlichen Betriebsführung an Bedeutung"

---

[196] „So entstanden zahlreiche Volkshochschulen in der Hoffnung, durch gemeinsame geistige Arbeit die Klassenschranken zu überwinden und die geistig-sittlichen Fundamente für eine neue nationale beziehungsweise völkische Identität zu finden. Diese Bemühungen scheiterten jedoch, die Volkshochschulen erreichten in ihren Orten kaum mehr als ein Prozent der Bevölkerung und die bildungswilligen Arbeiter bevorzugten Kurse für ihre Weiterqualifikation beziehungsweise zur Verbesserung von Kenntnissen, die sie für ihre Mitarbeit in den Gewerkschaften brauchten." (Giesecke 1983, S. 48)

(Kleinschmidt 2007, S. 105).[197] Die Arbeitsfelder der verschiedenen neuen Berufe wurden sehr groß. Die Menschen arbeiteten u. a. als Entwicklungsingenieure, Konstrukteure, Fertigungsleiter, Betriebsingenieure oder Sicherheitsbeauftragte der Produktion, Rationalisierungsfachleute etc. oder mit Blick auf die Branchen, als Bauingenieure, Bergbauingenieure, Chemieingenieure, Elektroingenieure, Maschinenbauingenieure, Schiffbauingenieure, Wasserbauingenieure.

Neue nicht-akademische Berufe entstanden mit der industriellen Produktion von Kraftfahrzeugen u. a. mit dem Autoschlosser, dem Kraftfahrzeugmechaniker, dem Kraftfahrzeugelektriker, dem Karosseriebauer, dem Berufskraftfahrer, dem Reifenbauer bzw. Vulkaniseur. Als akademischer Beruf entstand der Kraftfahrzeugingenieur.
Entsprechendes zeigt sich auch bei der Entwicklung von Fluggeräten und dem Aufkommen der Flugzeugindustrie. Es entstanden nicht-akademische Berufe wie Metallflugzeugbauer, Flugtriebwerksmechaniker, Flugzeugingenieure, Piloten, Testpiloten. Eine akademische Ausbildung erhielten Flugzeugingenieure sowie Ingenieure der Luft- und Raumfahrttechnik. Durch die Anwendung wissenschaftlicher Erkenntnisse und Erfindungen im Bereich der Computertechnik bildeten sich neue nicht-akademische Berufe „fast aus dem Nichts" (Pierenkemper 2007, S. 35). Die sich aus dem elektrotechnischen Bereich entwickelnden Berufe waren u. a. Elektroinstallateur, Beleuchtungstechniker, Elektrokraftwerker, Elektromaschinenbauer, Elektromessgerätebauer, Elektromonteur, Schwachstromelektriker, Straßenbahnfahrer (sog. Elektrische), Überlandleitungsbauer, Radio- und Fernsehtechniker. Im akademischen Bereich entstanden u. a. Elektroingenieure für Nachrichtentechnik, Kommunikationstechnik, Hochfrequenztechnik, Energietechnik, Mikroelektronik, Mikrosystemtechnik oder Automatisierungstechnik.

In der Industrie wurde zur Steigerung der Produktivität aufgrund arbeitswissenschaftlicher Erkenntnisse des amerikanischen Ingenieurs Frederick Winslow Taylor die industrielle Werkstattarbeit in kleinste Elemente zerlegt. In handwerklichen Bereichen zeigte der Strukturwandel ein sehr unterschiedliches Bild. „Während die Grundhandwerke des täglichen Bedarfs (Bäcker, Fleischer etc.) sich weiterhin entsprechend der Bevölkerungszahl entwickelten, verfielen alte traditionelle Handwerkszweige (Sattler, Küfer Seiler etc.)." (Pierenkemper 2007, S. 35)

Zwischen den beiden Kriegen kam es „zu zwei markanten Veränderungen: zur deutlichen Zunahme der Zahl der abhängig beschäftigten Frauen in den nichtlandwirtschaftlichen Berufen und damit zur erhöhten Sichtbarkeit der Frauenerwerbstätigkeit und zugleich zum ‚Siegeszug der Angestellten', im Rahmen einer schon länger anhaltenden Tendenz zur Zunahme der Beschäftigung im öffentlichen und privaten Dienstleistungsbereich" (Gardey 2001, S. 46).

---

[197] „Während sich jenes Konzept zu Beginn der Weimarer Republik durch antikapitalistische Elemente und planwirtschaftlich-soziale Aspekte auszeichnete, setzten sich Ende der 1920er Jahre mit dem Ausbruch der Weltwirtschaftskrise autoritär-antidemokratische Strömungen im bereits 1920 gegründeten ‚Reichsbund deutscher Techniker' und vor allem im ‚Kampfbund Deutscher Architekten und Ingenieure (1931) durch." (Kleinschmidt 2007, S. 105)

Auch in den Büros veränderten sich die Arbeitsbedingungen.[198] „Parallel zur Schreibmaschine und zum Telefon setzten sich in den deutschen Großunternehmen zur Unterstützung des sich allmählich herausbildenden betrieblichen Rechnungswesens bzw. der Statistik Rechen- und Addiermaschinen neuen Typs durch." (Kleinschmidt 2007, S. 30) Damit entstanden nicht nur in den Fertigungsbereichen sondern auch in den Büros neue berufliche Tätigkeiten und Berufe wie die der Stenotypistin und Telefonistin. Die Welt der Büros erschien „für Frauen mit abgeschlossener Primar- oder Sekundarschulbildung durchaus vielversprechend (…). In den ersten Jahren des 20. Jahrhunderts und zwischen den beiden Weltkriegen erreicht diese Entwicklung beträchtliche Ausmaße. Erwerbstätige Frauen sind immer häufiger Angestellte, und zugleich wird der Beruf des Büroangestellten zunehmend feminisiert." (Gardey 2001, S. 41) [199]

In der Weimarer Republik lösten sich die noch immer ständisch geprägten Berufszuordnungen mit dem gesellschaftlichen und politischen Wandel weiter auf. Auch der Adel war dem Wandel teilweise unterworfen. In der Folgezeit wurden von seinen Angehörigen auch bürgerliche Berufe ausgeübt.[200] Es veränderten sich die traditionellen Milieus und das Freizeitverhalten insbesondere durch das Kino und den Rundfunk.[201]

In den Zwanzigerjahren dieses Jahrhunderts waren viele Frauen, die nicht dem Arbeitermilieu entstammten, als einfache Büroangestellte und in der Mehrzahl auf den „technischen" Büroarbeitsplätzen als Schreibkräfte, Telefonistinnen und Bedienerinnen von Fakturiermaschinen beschäftigt. Nur eine kleine Minderheit von Stenotypistinnen hatten Aufstiegsmöglichkeiten zur Sekretärin, „während immerhin ein Drittel der männlichen Angestellten auf eine Karriere (….) in der Buchhaltung, im Bereich der Organisation der Produktion (technische Angestellte, Zeichner), im kaufmännischen Bereich des Unternehmens (Fremdsprachenkorrespondenten, kaufmännische Angestellte)" (Gardey 2001, S. 52) hof-

---

[198] „Das Arbeitstempo in den rationalisierten Büros und Fabrikhallen wurde als zu forciert erlebt, die Entfremdung der Arbeitenden von ihrem Produkt wie von ihren Mitmenschen wurde beklagt. Es ist schwer zu entscheiden, ob die Arbeit nun wirklich ‚schwerer' geworden war als vor dem Kriege, oder ob sie nur nach neuen Maßstäben bewertet wurde. Wahrscheinlich spielte beides eine Rolle, denn unzweifelhaft führten die Arbeitszeitverkürzungen und neue Technologien auch zu einer rationelleren Organisation der Arbeit, bei der ‚unrentable', aber für den zwischenmenschlichen Kontakt unter Umständen bedeutende Tätigkeiten und Zeiten ‚wegrationalisiert' wurden." (Giesecke 1983, S. 45)
[199] Die Feminisierung von Arbeitsplätzen und auch von Berufen war – wie Delphine Gardey (2001, S. 53) ausführt „Teil der ‚administrativen Revolution', die damals mit dem Einsatz neuer Kommunikationstechnologien, mit der Mechanisierung vieler Tätigkeiten und der rationellen (tayloristischen) Organisation vieler Abteilungen in den großen Betrieben stattfand".
[200] Nach dem Ersten Weltkrieg gingen 6000 Offiziersstellen verloren. „Die spürbaren Verluste an standesgemäßen Berufsperspektiven drängten viele Adelssöhne zurück aufs Land, wo sie karg bezahlt, als Gutsverwalter, landwirtschaftlicher Beamter, Buchführer, Steuerberater, Redakteure von Verbandsschriften oder einfach als mithelfende Familienangehörige tätig wurden." (Reif 2012, S. 26)
[201] „Kino und Rundfunk hatten eine revolutionäre Wirkung, und zwar in folgender Hinsicht:
1. Sie überwanden allmählich die alten gesellschaftlichen ‚Milieus'. Zeitungen, Bücher und Vorträge, die herkömmlichen Mittel der geistig-emotionalen Beeinflussung, konnte jede weltanschauliche Gruppe für ihre eigenen Mitglieder herstellen und inhaltlich bestimmen, 2. Die beiden neuen Massenmedien – Film und Rundfunk – waren leicht zugänglich und in einer rezeptiven Haltung zu genießen. Über den Rundfunk ließ sich prinzipiell alles verbreiten, was hörbar zu machen war, der Film wurde zum "Theater des kleinen Mannes" (…) 3. Jedenfalls brachen Kino und Rundfunk das bürgerliche Bildungsmonopol, indem neben die bürgerliche ‚Buch-Kultur' nun eine massenmediale Kultur trat, die nicht einfach nur die bisherigen kulturellen Inhalte und Formen massenhaft verbreiten, sondern vor allem auch neue schaffen konnte." (Giesecke 1983, S. 49)

fen konnte. Aufsteigen konnten auch „nicht wenige männliche Büroangestellte zu verantwortlichen Posten als Werkmeister oder Bereichsleiter in der Fertigung" (ebd.). Aus arbeitsmarkpolitischen Gründen entwickelten sich in dieser Zeit verstärkt Berufsverbände, „die in aller Regel auf die Verbesserung der berufsständischen Situation hinsichtlich sozialem Status, materieller Lage und Ausbildungsqualität ausgerichtet waren" (Janssen 2008, S. 55).

Zu Beginn der 1930er Jahre war die wirtschaftliche Lage mit ihrer Existenzunsicherheit, der Aussichtslosigkeit der meisten Berufswege, bestimmend. Nach der sogenannten Machtergreifung bestimmte nationalsozialistische Politik die Wirtschaft und die Berufswelt – nicht zuletzt auch durch Berufsverbote. Mit der Zuordnung und Dreiteilung in Lehrstand, Nährstand und Wehrstand bestand eine Zuordnungsmöglichkeit zu Berufen.[202] Bäuerliche Berufe wurden auf Grund der nationalsozialistischen „Blut-" und „Boden-" Ideologie als wichtiger Teil des „Nährstandes" gesehen. Deshalb wurden nach 1933 anfänglich die Landwirtschaft und die landwirtschaftlichen Berufe besonders gefördert. Die Förderung richtete sich dann auch auf metall- und elektrotechnische Industrieberufe, die für die Rüstungswirtschaft wichtig waren.

Für den Wiederaufbau nach dem Zweiten Weltkrieg wurden zuerst vor allem Bauhandwerker benötigt. Seit der Mitte des Jahrhunderts nahm der Anteil der in der Landwirtschaft Tätigen kontinuierlich zu. Während der Zeit des Wiederaufbaus gewann der Produktionssektor in Handwerk und die Industrie in Deutschland große Bedeutung und erreichte in den 1960/1970er Jahren einen Höhepunkt. Zugleich war im Produktions- und Fertigungsbereich ein großer Teil der Berufstätigen eingebunden. Die Datenverarbeitung erlangte in die Arbeitswelt erste Aufmerksamkeit durch Pressemeldungen über die Berufsarbeit von Mathematikern, Physikern, Elektrotechnikern und Fachleuten der Nachrichtentechnik in Rechenzentren.

Anfang der 1960er Jahre richteten die ersten Großunternehmen, wie Versicherungen oder Geld- und Kreditinstitute, zentrale Rechenzentren ein. Mit dem Einsatz der elektronischen Datenverarbeitung in den Wirtschaftsbereichen wurden Fachkräfte mit neuen Qualifikationen benötigt. Es deuteten sich neue Berufe an, und zwar gab es erste Organisatoren, die die maschinellen Datenverarbeitung vorbereiteten, Programmierer, die Programme schrieben und testeten, Operatoren, die Anlagen bedienten, und Datentypistin, die für die Eingabe der Daten zuständig waren. Sie mussten sowohl die Rahmenbedingungen und Aufgabenstellungen in Handel und Wirtschaft beherrschen, als auch die Logik der Architektur des Computers kennen, um damit fachgerecht arbeiten zu können.

In den sechziger Jahren des vorigen Jahrhunderts „führte die zunehmende Verbreitung der automatisierten Datenverarbeitung in den Verwaltungen der Wirtschaft und der öffentlichen Hand in Verbindung mit der weiteren Erschließung betrieblicher Anwendungsbereiche für die automatisierte Verarbeitung zu einem steigenden Bedarf an DV-Fachkräften. Durch die Ausdehnung der zunächst nur im wissenschaftlich-technischen Bereich ange-

---

[202] Dieses war ein Rückgriff auf eine berufsständische Ordnung und auf überkommene Gesellschaftsmodelle.

wandten maschinellen Datenverarbeitung auch auf die kaufmännisch-verwaltenden Anwendungsgebiete der Industrie, der öffentlichen Verwaltungen und des Handels sowie den dadurch verursachten organisatorischen Veränderungen in den jeweiligen Fachabteilungen bedurfte es nicht nur Fachleute, die die Geräte bedienen konnten, sondern auch die Problematik des jeweiligen Anwendungsbereiches verstanden." (Schwarz 1996, S. 7) Wegen dieser Anforderungen entstand Ende der 1960er Jahre der Beruf „Datenverarbeitungskaufmann/-kauffrau" als staatlich anerkannter Ausbildungsberuf und es wurde das Studienfach „Informatik" an den deutschen Hochschulen eingeführt.

In den 1970er Jahren fand ein – zuerst kaum bemerkbarer und wahrgenommener – Übergang von der Industrie- hin zur Dienstleistungsgesellschaft statt. Nun fand die Datentechnik stärkeren Eingang in Behörden, Industrie und Handel. Mit der inzwischen weiterentwickelten Elektronischen Datenverarbeitung (EDV) konnten nun Routinearbeiten wie Lohnbuchhaltung, Lagerhaltung, Auftragsbearbeitung und Erstellung von Rechnungen schneller mit geringerem Personalaufwand bearbeitet werden. Mit dem Aufkommen des Personalcomputers und dessen Nutzungsmöglichkeiten bei der Textverarbeitung, Projektplanung, Auswertung von Statistiken, Fertigungsprogrammierung und beim Aufbau von Datenbanken entstand ein wachsender Bedarf an den neuen Arbeits- und Berufsqualifikationen sowie Berufen in Büros und der industriellen Fertigung.

In dieser Phase der Einführung der neuen Technologie gab es keine dafür vorgesehenen Studienabschlüsse oder geregelten Berufswege, aber immer mehr Experten für Datenverarbeitung, die sich über Weiterbildung oder berufliche Erfahrungen qualifiziert hatten. Erst mit einiger Verzögerung wurden an Hochschulen Studiengänge wie Ingenieurinformatik und Wirtschaftsinformatik angeboten, die sich mit einer breiten, wissenschaftlich fundierten Ausbildung nicht auf spezifische berufliche Anforderungen richtete. Im nichtakademischen Bereich wurden neben den Datenverarbeitungskaufleuten spezifische Berufsausbildungen zu Mathematisch-technischen Assistenten und Informationstechnikern angeboten.

In den beiden deutschen Staaten wurde in den 1960/70er Jahren in der Industrie die Arbeitsteilung sehr stark vorangetrieben. Damit wurde zugleich die Qualifikationsbreite der Berufstätigen nicht gefordert oder sogar eingeschränkt. Extreme Ausformungen zeigten sich in der Automobilindustrie bei den Arbeiten am Fließband. Dort beschränkten sich die Tätigkeiten teilweise auf nur wenige Handgriffe, die innerhalb der Taktzeiten von 15 bis 20 Sekunden erfüllt werden mussten. Für die schon seit langem bestehende Kritik an solchen Arbeitsverhältnissen am Fließband wurde mit Versuchen zu flexiblen Fertigungssysteme, zur CNC-Technik und zur Arbeitsorganisation mit Gruppenmontage geantwortet und damit Möglichkeiten untersucht, um die Arbeit zu verberuflichen und zu humanisieren.

Die Arbeitsteilung konnte – wenn auch im unterschiedlichem Maße – teilweise wieder zurückgeführt werden. So wurden beispielsweise einerseits sogar bei flexiblen Fertigungssystemen „folgende Tätigkeiten voneinander abgegrenzt:
- Vorarbeiter

- Einrichter
- Aufspanner
- Vorrichtungsumrüster
- Kontrolleur" (Dostal 1984, S. 35).

Andererseits versuchten vergleichbare Betriebe bei ähnlichen technischen Aufgaben die Arbeitsteilung wieder weiter zurücknahmen. Dort waren qualitativ angereicherte „Tätigkeitsprofile erkennbar:
- Leitstandführer
- Maschinenbediener
- Aufspanner" (ebd.).

Es erschien im „Sinne einer menschengerechten Gestaltung von Arbeitsplätzen und in Hinblick auf die Schlüsselfunktion von Beschäftigten in derart hochkomplexen und sehr kapitalintensiven Systemen (…) der Einsatz Höherqualifizierter bei geringerer Arbeitsteilung sinnvoller als der Einsatz gering Qualifizierter bei hoher Arbeitsteilung" (Dostal 1984, S. 38)

Die sich bereits im Laufe des Jahrhunderts abzeichnende Tendenz von körperlich schwerer Arbeit zu technisierter, maschinengestützter und geistiger Arbeit in der Berufswelt beschleunigte sich. Mit elektromotorischen und rechnergestützten Werkzeugen sowie Einrichtungen in der Industrie und in Logistikbereichen vereinfachte sich der körperliche Einsatz bei der Berufsarbeit.[203]

In einigen Sektoren des Beschäftigungssystems wurde diese Entwicklung durch den Mikrocomputer gestützt. Die zuvor mit großem Sozialprestige ausgestattete und privilegierte Stellung der Computerspezialisten wurde nun durch die immer stärker werdende dezentrale Nutzung der Personalcomputer in den 1980er Jahre abgebaut. Damit verloren Berufe wie die Datentypisten, Operatoren und Büromaschinenmechaniker an Bedeutung oder verschwanden langsam. Die an Personalcomputern rechnerunterstützt arbeitenden Architekten, Kaufleute, Facharbeiter, Textredakteure erfuhren damit eine Anreicherung ihrer beruflichen Qualifikationen und ihrer Beruflichkeit. Aber auch in vielen anderen Berufen wurden die Handhabung des Personalcomputers und der Umgang mit Anwendungsprogrammen gefordert.

Zu den schon bestehenden Berufen der Datenverarbeitung kamen weitere spezialisierte Berufe der Fachrichtungen zur elektronischen Datenverarbeitung, Rechnertechnik und der Informatik wie Ingenieurassistenten und Ingenieure, Wirtschaftsassistenten und Diplom-Betriebswirte sowie Technische Assistenten hinzu. Die Anzahl der gebräuchlichen Berufsbezeichnungen im Informations- und Informatikbereich nahm sehr zu, sodass sich in den „letzten 20 Jahren über 200 unterschiedliche Tätigkeitsbezeichnungen im Bereich der Entwicklung, Anwendung und Wartung moderner DV-Systeme außerhalb der Ordnungs-

---

[203] Durch die zunehmende Entwicklung von rechnerunterstützten Programmiereinrichtungen und CNC-Technik veränderten sich die Arbeit und die Berufsinhalte. Durch die rechnergestützte Arbeitsformen wurde teilweise die Arbeitsteilung aufgehoben und beispielsweise die Arbeitsplanung wieder vom Büro an den Fertigungsplatz verlagert. Horst Kern und Michael Schumann (1984) verkündeten sogar aufgrund ihrer industriesoziologischen Untersuchungen das Ende der Arbeitsteilung.

ebene der staatlich anerkannten Ausbildungsberufe herausgebildet" (Schwarz 1996, S. 3) haben. Vermutlich hatte das seinen Grund darin, dass für ähnliche Tätigkeiten im Beschäftigungssystem unterschiedliche Benennungen verwendet wurden.

Die Bundesanstalt für Arbeit teilte die zahlreichen Computerberufe in Kern-, Misch- und Randberufe ein. Dabei wurden die Spezialisten der Datenverarbeitung und systembezogenen Informatik den Computerkernberufen zugeordnet. Computermischberufe umfassten die Tätigkeiten mit guten bis sehr guten EDV-Kenntnissen. Vertreter der Computerrandberufe waren Sachbearbeiter, Bürokräfte und Konstrukteure, deren EDV-Kenntnisse sich häufig auf die Anwendung weitverbreiteter Software beschränkten.[204] Daneben gab es für den Informatikbereich spezifische Berufe, deren Aufgaben auf die Herstellung, Instandsetzung und Programmentwicklung oder Benutzerschulung gerichtet waren[205] und sind.

Bemerkenswert war, dass durch die Rechnerunterstützung viele Arbeitsvorgänge hinsichtlich des körperlichen Einsatzes vereinfacht und erleichtert wurden. Damit waren viele Arbeiten für Frauen leistbar. Die Entwicklung der Informatisierung bei den Berufen und Berufsfeldern offenbarte einen Trend dahingehend, dass „die Grenzen zwischen männlich und weiblich ständig neu gezogen werden. Die männlichen Bastionen werden Schritt für Schritt erobert." (Gardey 2001, S. 54) [206]

Durch die Veränderungen insbesondere aufgrund der Informatisierung und der Rationalisierungen in der Arbeitswelt entstanden für Frauen und Männer auch neue Anforderungen oder andere Belastungen in den akademischen und nicht-akademischen Berufen. Fachliche, inhaltliche und methodische Qualifikationen gewannen an Bedeutung, Mobilität und Flexibilität wurden in vielen Berufsgruppen immer bedeutender. Festgestellt wurde in der letzten Dekade des zwanzigsten Jahrhunderts eine zunehmende Abstraktifizierung bei den Berufsinhalten durch den Rechnereinsatz. Die andersartigen Ansprüche in der Arbeitswelt führten vor allem in den ostdeutschen Ländern nach der Vereinigung in nahezu allen Be-

---

[204] Vielfach war aber auch festzustellen, dass bei der Gestaltung von Produktionstechnik und der Arbeitsorganisation die Strategie verfolgt wurde, „die menschliche Arbeitskraft durch verstärkten Einsatz von Computern in den Werkstätten und technischen Büros zu ersetzen" (Brödner 1986, S. 71). Der Computer und die Rechnertechnik durchdrangen und eroberten in den letzten Dekaden des zwanzigsten Jahrhunderts die Arbeits- und Berufswelt. Die Computer wurden nun sehr benutzerfreundlich ausgelegt, sodass es kaum noch einen Arbeitsplatz gab, an dem nicht Texte, elektronisch gespeicherte Daten und Informationen verarbeitet wurden. In vielen Berufen wurde von den Nutzern (Usern) dieser Computertechnik mit vorgegebenen und sehr spezifischen Programmen gearbeitet, die eine nur kurze einführende Lern- und Weiterbildungsphase in Aufbau und Wirkungsweise von Computern erforderlich machte.

[205] Die Veränderungen in der Datenverarbeitung im Banken-, Handels- und Produktionsbereich, aber auch die Verlagerung der Fertigung in andere Länder hatten eine Verringerung der Beschäftigten in den Fertigungsberufen zur Folge. Die beginnende Globalisierung und die sich damit ausweitenden Vernetzungen sowie der Auslagerung von Industriearbeit und Industrien in Billiglohnländer erbrachte eine Umorientierung der beruflichen Tätigkeiten und Berufe zum Dienstleistungsbereich.

[206] Einschränkend war und ist allerdings auch heute noch festzustellen, selbst wenn „die Frauen Grenzen verschieben, so geraten diese Grenzen doch genau in dem Augenblick in Bewegung, in dem sie überschritten werden. So kann man zusehen, wie sich verändert, was als Wert oder gesellschaftlicher Nutzen vieler Arbeitsaufgaben anerkannt wird. Diese Verschiebung geht im Allgemeinen zum Nachteil der Frauen vor sich." (Gardey 2001, S. 54)

reichen des alltäglichen Lebens zu Wandlungen. Sichtbar wurde eine zunehmende Anwendung wissenschaftlicher Erkenntnisse in der Berufs- und Lebenswelt.[207]

Da sich in den beiden deutschen Staaten seit dem Ende des Zweiten Weltkrieges bei den Berufe aufgrund der gesellschaftspolitischen Besonderheiten Differierendes entwickelt hatten, mussten Anfang der 1990er Jahre die ostdeutschen Berufe nach der politischen Wende und der Vereinigung der beiden deutschen Staaten sehr pragmatisch sowie unter Zeitdruck inhaltlich bewertet und zum Teil an das westdeutsche System angepasst wurden.[208] Es erfolgte nun eine sehr weitgehende Angleichung des Berufsbildungsrechts in den beiden deutschen Staaten.

Zu Beginn des Ausbildungsjahres 1990/91 wurde das nicht-akademische Berufsbildungssystem der Bundesrepublik Deutschland auch für das Gebiet der sich auflösenden Deutschen Demokratischen Republik für verbindlich erklärt. Durch die vollkommene Übernahme des Bildungssystems der Bundesrepublik wurden die im östlichen Teil Deutschlands entwickelten strukturellen Regelungen sowie lernorganisatorischen und curricularen positiven Berufsbildungskonzepte in ihrer didaktischen Relevanz kaum berücksichtigt.

Die folgenden Jahre bis zur Jahrhundertwende waren in der nun wiedervereinigten Bundesrepublik insbesondere geprägt durch die seit Mitte der 1990er Jahre forcierte „Europäisierung" des Arbeitsmarktes, den Wandeln bei vielen Berufen durch die Informations- und Kommunikationstechnik sowie Anpassungsbemühungen der Bildungs- und Berufsbildungssysteme nicht zuletzt auch im Rahmen der Europäischen Union.[209]

Im auslaufenden zwanzigsten Jahrhundert zeigte sich zunehmend deutlicher, dass das Konzept der Beschreibung einzelner Berufsbilder nur unter einem extrem organisatorischen Aufwand aufrechterhalten werden konnte. Außerdem entstanden vermehrt Unsicherheiten bei den Berufsklassifikationen. Diese traten deshalb auf, weil die normativ festgeschriebene Qualifikationsstruktur und nicht wenige Berufe aufgrund der sich ständig verändernden Anforderungen im Beschäftigungssystem sich nur noch eingeschränkt auf die jeweils ausgeübten Tätigkeiten bezogen.

---

[207] Festzustellen war und ist noch immer: „Wissenschaftliches Wissen setzt sich gegen den Widerstand historisch gewachsener Lebenswelten und ihre traditionale Legitimität durch. Es unterwirft die Lebenswelten einem fortlaufenden Prozess der Delegitimation ihrer Traditionen." (Münch 2009, S. 599)
[208] Dieses geschah durch den Vertrag zum Beitritt durch das „Gesetz über die Inkraftsetzung des BBiG der Bundesrepublik Deutschland in der Deutschen Demokratischen Republik".
[209] Ende der 1990er Jahren musste die Bildungspolitik auch in verstärktem Maße auf die intensiven Bestrebungen der EU zur Schaffung eines weitgehend einheitlichen Bildungsraums „Europa" reagieren, In diesem Zusammenhang wurden im nicht-akademischen Bereich insbesondere die Thematiken „Beruf und Beruflichkeit versus. Entberuflichung", „Modularisierung" und „Integration von Aus- und Weiterbildung" kontrovers debattiert. Diskutiert und vorgeschlagen wurde deshalb u. a. eine „Struktur offener dynamischer Berufsbilder" bzw. eine limitierte Zahl von „Kernberufen" „oder ,Basis-Berufen' mit ergänzenden ,Zusatzqualifikationen' und/oder standardisierten ,Modulen' im Rahmen beruflicher Fortbildung" (Greinert 2007, S. 206). Im akademischen Bereich entstanden erste Diskussion zu europaeinheitlichen Bachelor- und Masterstudiengängen.

Festzustellen war, dass für viele Berufe

- das Beschäftigungsverhältnis immer mehr Arten der beruflichen Tätigkeiten aufwies,
- dieses unterschiedliche Aufgaben auch sehr unterschiedliche Tätigkeiten innerhalb eines Berufes zur Folge hatten,
- eine zunehmende Differenzierung und Spezialisierung in unterschiedliche fachliche Schwerpunkte erkennbar wurde sowie
- sich die beruflichen Inhalte und Qualifikationen z. T. sehr schnell und erheblich wandelten.

Der technologische Wandel durch den fast in allen Berufsfeldern erfolgten Rechnereinsatz, der von den Fertigungsstätten und den Büros der Kaufleute bis hin zu den Krankenhäusern reichte, verlangte viele neue Qualifikationen und ein zunehmendes Abstraktionsvermögen bei den Berufsvertretern.[210]

In den letzten Dekaden des zwanzigsten Jahrhunderts entstanden mit der breiten Anwendung der Datenverarbeitung sowie der Informations- und Kommunikationstechnologie neue nicht-akademische Berufe mit einem hohen Anspruchsniveau. Außerdem boten die Hochschulen Möglichkeiten zum Informatikstudium mit dem Berufsabschluss „Informatiker/-in". Neben der Durchdringung der Berufswelt durch Informatisierung und Computerisierung wurde auch eine Tendenz von den Produktionsberufen zu den Dienstleistungsberufen erkennbar.[211]

Die Entwicklungen in den Branchen und Berufsfeldern waren verbunden mit neuen beruflichen Tätigkeitsanforderungen, mit Differenzierung und einer starken Zunahme der Anzahl der Berufe sowie damit auch der Notwendigkeit neuer Studien- und Ausbildungsgänge, Berufe sowie Berufsordnungen. Aber auch bei der zunehmenden Differenzierung der Berufe erfuhren die Akademiker in der Prestigeskala sehr hohe Bewertungen und die Ungelernten geringe. In den Industrie- und Fertigungsstätten der Elektrotechnik, Flugzeugtechnik und Kraftfahrzeugtechnik zeigten sich allerdings durch der Taylorisierung und Fordisierung bei der Produktionsarbeit auch erhebliche Entberuflichungserscheinungen einerseits und durch den Rechnereinsatz Anreicherungen bei den Berufsinhalten andererseits.

---

[210] Die Epoche des zwanzigsten Jahrhunderts war durch einen erhebliche Veränderungen bzw. eine zunehmende Differenzierung des Beschäftigungssystems sowie der berufsförmigen Arbeit und in der Folge der Berufe gekennzeichnet. Die Zahl der Berufe vermehrte und differenzierte sich bis zum Ende zwanzigsten Jahrhundert explosionsartig.
[211] Dieses wurde noch deutlicher insbesondere dann, wenn man Instandhaltungsberufe und kaufmännische Berufe dem Dienstleistungssektor zurechnete. Zu den Dienstleistungsberufen wurden insbesondere diejenigen Tätigkeitsbereiche gezählt werden, bei denen der Dienst an anderen Menschen im Zentrum der beruflichen Tätigkeit steht, dabei geht es um das Beraten, Pflegen, Betreuen, Unterrichten etc. Die Bedeutungszunahme des Dienstleistungsbereichs deutete sich erstmals bereits zu Beginn des letzten Jahrzehnts des zwanzigsten Jahrhunderts durch eine feststellbare Zunahme der Aufgaben für die Soziale Arbeit an. Damit – so kann interpretiert werden – kündigte sich für „die sozialen Berufe eine neue Epoche an" (Rauschenberg 1994, S. 35). Auch im akademischen Bereich vermehrten sich Tätigkeitsfelder, die im Kern Dienstleistungsangebote unterbreiten. Dazu gehörte die stark anwachsende Zahl der Berater und Coaches in den verschiedensten Sachgebieten.

Der Verlust der Beruflichkeit, d. h. die Entberuflichung, wurde insbesondere für Tätigkeiten in innovativen Branchen thematisiert, und zwar überall dort, „wo kurzfristig neue Aufgaben entstehen, die sich noch nicht zu spezifischen beruflichen Strukturen und ausgewogenen Arbeitsvorgaben verdichten konnten" (Dostal 2002, S. 467). Es verloren Berufe, wie beispielsweise der neu entstandene Beruf „Mikrotechnologe/-technologin" an Nachfrage sowie das dazu benötigte Berufswissen schnell an Bedeutung.[212]

Die Aufweichung des Berufsprinzips und der damit verbundenen Beruflichkeit hatten auch Auswirkungen auf die akademischen Berufe und damit auf die akademische Berufsbildung. Lange Zeit waren das klassische Staatsexamen, das Diplom und teilweise auch der Magistergrad Ausdruck und Qualitätssiegel eines professionellen akademischen Berufsabschlusses. Diese „Verberuflichung der Bildung war der Königsweg der engen Kopplung von Bildung und Beschäftigung und der entsprechenden Umwandlung von Bildungskapital in ökonomisches Kapital" (Münch 2011, S. 329). Gleichzeitig war (und ist) der akademische Titel ein Regulativ des deutschen Arbeitsmarktes als eines organisierten und koordinierten marktwirtschaftlichen Modells.[213]

Für diejenigen, die im deutschsprachigen Teil Europas einen nicht-akademischen oder akademischen Beruf ausüben, hatte die Beruflichkeit bis in die 1980er Jahre immer noch einen relativ hohen Stellenwert im Beschäftigungssystem. Berufstätige zeigten eine „Bereitschaft, ihre individuelle Position in der Arbeit und in der Gesellschaft im Sinne beruflicher Zuordnung zu verstehen" (Dostal 2002, S. 469).[214] Auch am Ende des zwanzigsten Jahrhunderts blieb – wenn auch mit Einschränkungen – erkennbar: „Berufe bündeln die ungleichheitsrelevanten Ressourcen auf eine ganz spezifische Weise (…). Sie zeigen auf markante Weise die Sachkompetenz sowie die Schichtenzugehörigkeit seines Trägers." (Schwinn 2011, S. 38) Bemerkenswert ist allerdings, dass im Laufe des Jahrhunderts viele Berufe zunehmend auch von Frauen ausgeübt werden konnten und wurden. Dieses wurde nicht zuletzt auch von der Politik gefördert. Ein äußeres Kennzeichen ist, dass viele neue amtliche Berufsbezeichnungen seit den 1980er Jahren geschlechtsneutral vorgenommen wurden.

In der Gesellschaft des zwanzigsten Jahrhunderts, die sich in der letzten Dekade wegen der rechnergestützten Anwendungen, des Medienzuganges und der Informationsmöglichkeiten tendenziell zu einer Informationsgesellschaft[215] entwickelt hatte, entschied vielfach noch immer der Beruf – allerdings nur wenn er im Beschäftigungssystem angefordert wurde –

---

[212] Man versuchte deshalb bis zur Ausformung neuer Berufe so genannte Problemlöser (Kupka 2001, S. 104) einzusetzen, also solche Mitarbeiter, die sich schnell und flexibel auf neue Aufgaben einstellen können.
[213] Münch (2011, S. 330) meinte später sogar: „Die Marktkräfte wurden durch Berufsmonopole gezähmt, deren Kontrolle darin bestand, dass sie durch staatliche Lizenzierung auf die Förderung des nationalen Gemeinwohls verpflichtet wurden."
[214] Die weitere Entwicklung europäischer berufsbildender Strukturen könnte jedoch in Richtung einer Ökonomisierung nach anglo-amerikanischem Vorbild bei einer gleichzeitigen Entberuflichung bzw. Auflösung des traditionellen deutschen Berufsprinzips und der Beruflichkeit gehen.
[215] Der Begriff der Informationsgesellschaft dient „zur Kennzeichnung eines fortgeschrittenen Entwicklungsstadiums von Wirtschaft und Gesellschaft, in dem die Informations- und Kommunikationsdienstleistungen im Vergleich zur industriellen Warenproduktion, aber auch zu den traditionellen Dienstleistungen (v. a. Handel und Verkehr) zentrale Bedeutung gewonnen haben." (Klodt 2015, o. S.)

„wie kaum etwas anderes über die soziale Zuordnung des einzelnen, ein sozialhistorisches Axiom" (Kaelble 1997, S. 73).

Für das Ende des Jahrtausends deutete sich an, dass insbesondere diejenigen, die über keine auf dem Arbeitsmarkt verwertbaren Berufsbildungsabschlüsse verfügten, vermehrt über prekäre Arbeitsverhältnissen ihren Lebensunterhalt bestreiten mussten.[216]
Vielfach ging es in den unterschiedlichen Sektoren des Beschäftigungssystems für nicht wenige Menschen weniger um Berufe und die Beruflichkeit, sondern um „Jobs oder nur mehr schlechte Jobs" (Almendinger/Giesecke/Hipp/Leuze/Stuth 2012) in – wie man in den 1980er Jahren noch gesagt hätte – atypischen Arbeitsverhältnissen. Jobs – soweit wurde schon gesehen – ließen sich aber nicht mit Berufen gleichsetzen. Allerdings wurden in der Alltagssprache die Begriffe „Job" und „Beruf" oft synonym gebraucht. Berufswissenschaftlich betrachtet wurde aber in Deutschland zwischen beiden Begriffen klar unterschieden. „Beruf" wurde traditionellerweise im Gegensatz zu „Job" als nicht auf Erwerbsarbeit reduziert beschrieben. Unter Beruf wurden nicht nur spezifische Fertigkeiten, Kenntnisse und Fähigkeiten verstanden, sondern teilweise auch eine gesellschaftlich und individuell sinnstiftende Tätigkeit, die nicht zuletzt soziale Anerkennung gewährleistet. Als eine besondere Form des Berufs gab es die Profession. „Der ‚Job' hingegen wird als industriell geprägte stück- oder fallweise Verrichtung von (Teil-)Tätigkeiten verstanden, die schnell zu erlernen ist, einzig dem Geldverdienen nützt, jedoch keine Identifikation mit dem Getanen bietet." (Vicari/Matthes 2016, S. 501 f.)

Seit der vermehrten Verwendung des aus dem Angloamerikanischen entlehnten Begriffs „Job" und den fast gleichzeitig auftretenden neoliberalen Tendenzen nach der Auflösung der gesellschaftlichen Bedingungen in den Staaten des Ostblocks zeigten sich deutlich auch die negativen gesellschaftlichen Seiten eines Beschäftigungssystems, das auf das Jobkonzept aufbaut. Vor allem die Minijobs sind auf Arbeiten im Beschäftigungssystem gerichtet, die aber kaum der Sicherung des Lebensunterhaltes dienten und reichten. Deutlich wurde: „Job ist kein Begriff der Berufsbildung sui generis. Der Begriff ‚Job' richtet sich auf eine Erwerbstätigkeit im Beschäftigungssystem, die spezielles Wissen erfordern kann, die jedoch nicht im „Berufsprinzip" verankert ist." (Vicari/Matthes 2016, S. 502)

Nicht nur wegen inhaltlich und sozial unzureichender Jobangebote kam es schon vor der Jahrtausendwende bei vielen Menschen „vor allem unter Frauen, jüngeren und niedrig qualifizierten Arbeitnehmern zu einer Ausdehnung atypischer Beschäftigungsverhältnisse, speziell marginaler Teilzeit und Befristungen" (Almendinger/Giesecke/Hipp/Leuze/Stuth 2012, S. 6). Aber auch viel Absolventen und Absolventinnen der Hochschulen waren gezwungen, ihren Lebensunterhalt durch Jobs zu bestreiten.

---

[216] Auch die Berufseinstiege erfolgten in diesem Jahrzehnt häufig nur über prekäre Jobs oder un- bzw. unterbezahlte Praktika. In vielen Branchen wurden befristete Jobs, abhängige Selbstständigkeit oder Werkverträge zum Regelfall. Zugleich war aber seit den 1990er Jahren auch – und insbesondere bei den künstlerischen Berufen und Absolventen exotischer Studiengänge – ein Trend zu prekären Arbeitsverhältnissen erkennbar.

In dieser Zeit entstand auch das Konstrukt des Arbeitskraftunternehmers. Damit vertraten Hans Pongratz und Günter Voss (1998, S. 131) die These „Die bisher vorherrschende Form des ‚verberuflichten Arbeitnehmers' wird in vielen Arbeitsbereichen abgelöst durch einen neuen strukturellen Typus, den ‚Arbeitskraftunternehmer'". Dabei wurde als Arbeitskraftunternehmer bezeichnet, wer eigenverantwortlich den Einsatz, die Nutzbarmachung und Verwertung des eigenen Arbeitsvermögens betreibt.

Die Kritik an dem Konstrukt des flexiblen Arbeitkraftunternehmers entzündete sich an einer vorwiegend positiven Auslegung dieses Typus und im Kontrast dazu, einem eher überwiegend negativ gezeichneten Bild des verberuflichten Arbeitnehmers. Mit dem Arbeitskraftunternehmer wurde ein Typus konstruiert, der kaum als ein tragfähiges gesellschaftliches Leitbild angesehen werden konnte. Die Kritik richtete sich auf die geforderten Fähigkeiten der Selbst-Kontrolle, Selbst-Ökonomisierung und Selbst-Rationalisierung, die für eine breitere Arbeitnehmerschicht nicht als ein annehmbares und realisierbares Identifikationsangebot gesehen wurde. Befürchtet wurde auch, dass ein Risiko einer Abwärtsspirale in zunehmend prekäre Formen der Beschäftigung ohne Interessenvertretung besteht. Bei allen negativen Tendenzen und Verwerfungen im Beschäftigungssystem war auch am Ende des zwanzigsten Jahrhunderts feststellbar, dass der Beruf und die Beruflichkeit weiterhin hohe gesellschaftliche Bedeutung behalten hatte.

1.7.2 Differenzierung der nicht-akademischen Berufe

Bei den nicht-akademischen Berufen erfolgte schon seit Beginn der industriellen Revolution in verstärktem Maße eine Differenzierung und Klassifizierung im Wesentlichen über die Art der Berufsarbeit und die zu übernehmenden, auf die Praxis bezogenen Tätigkeiten und Aufgaben. Dieser Prozess beschleunigte sich im zwanzigsten Jahrhundert erheblich. Obwohl es bei vielen nicht-akademischen Berufen zum Teil eine große Spannweite hinsichtlich des Arbeitsfeldes gab, waren und sind die Berufe dieses Bereiches meist inhaltlich eher begrenzt und spezialisiert angelegt und umfassen ein eng definiertes Berufswissen. Dadurch entstand im zwanzigsten Jahrhundert eine kaum mehr überschaubare Anzahl von Berufen. Die Rasanz, mit der sich die Berufswelt ausdifferenzierte, zeigte sich beispielsweise auch in der ständig zunehmenden Zahl von Berufsbenennungen.[217]

Die starke Ausdifferenzierung der nicht-akademischen Berufe im zwanzigsten Jahrhundert hat ihre Ursache u. a.
- in gesellschaftlichen und wirtschaftlichen Entwicklungen (z. B. zur Wissens- und Dienstleistungsgesellschaft),
- im immer schnelleren Anstieg der verfügbaren (Fach-)Wissensmenge,
- im immer schnelleren Wandel technischer und technologischer Gegenstände, Verfahren und Prozesse,

---

[217] So sind zum Beispiel im Zeitraum von 1970 bis 1975 insgesamt mehr als 2000 neue Berufsbenennungen bei der Klassifizierung der Berufe aufgenommen worden. (Klassifizierung der Berufe 1975, S. 5)

- in dem Wandel entsprechender beruflicher Tätigkeitsbereiche, -anforderungen und -profile,
- im Paradigmenwechsel von der traditionellen technikzentrierten Facharbeit zur Geschäfts- und Arbeitsprozessorientierung sowie Informatisierung.

In den Großstädten wie Berlin wurde „als typischer Indikator für den berufsstrukturellen Wandel im frühen 20. Jahrhunderts (...) die rapide Zunahme des Angestelltenberufes benannt." (Federspiel 1999, S. 102). Unter weiterreichender gesellschaftlicher Perspektive zeigte sich aber, dass sich auch unter beruflichen und funktionalen Differenzierungen die Gesellschaftsstrukturen nur sehr langsam veränderten und die soziale Mobilität – soweit es nicht um horizontale Wanderungsmobilität ging – zu Beginn im Vergleich zum auslaufenden zwanzigsten Jahrhunderts nur gering war. Dieses Phänomen betraf sowohl die vertikale berufliche Mobilität zwischen den Generationen als auch diejenige der einzelnen Menschen im Laufe ihres Lebens. Deutlich war auch, dass die Ungleichheit in der Genderfrage kaum gemindert wurde, wie sich u. a. an dem zu Beginn des Jahrhunderts aufkommenden Begriff „Frauenberuf" zeigte. Dieses Konstrukt bezog sich auf Berufe, die eine Fortsetzung der sogenannten natürlichen Aufgaben von Frauen beispielsweise als Hebammen usw. darstellte.

Durch die zu Beginn des Jahrhunderts vorgenommene Neuordnung des Mittelschulwesens entstanden die Frauenberufe der Krankenschwester, Säuglingsschwester, der medizinisch-technischen Assistentin, Diätassistentin, Krankengymnastin (Schneider 2003, S. 316). Eine Folge dessen war u. a. auch, dass der Beruf „Jugendleiterin", später „Sozialpädagoge" entstand, der bis zur Umwandlung der Höheren Fachschulen in Fachhochschulen fast ausschließlich von Frauen ergriffen und ausgeübt wurde.
Selbstständig arbeitende Frauen fanden sich noch lange nach der Jahrhundertwende insbesondere im Kleinhandel, indem sie Lebensmittel-, Milch-, Gemüse- und Obstgeschäften betrieben sowie als Besitzer von Blumen-, Wollwaren- und Tuchwarenläden. Sie waren auch in kleinen Schneiderwerkstätten tätig.
Ein großer Teil der Bevölkerung verrichtete unselbständige Tätigkeiten als un- bzw. angelernte Arbeiter/-innen oder als Handwerker.
In der Industrie und größeren Unternehmen arbeiteten neben ungelernten Arbeiterinnen vermehrt Frauen als kaufmännische Angestellte, Fernschreiberin, Telefonistin, Stenotypistin, Sekretärin oder Technische Zeichnerin.

In den sogenannten „Goldenen Zwanziger Jahren", d. h. in der Zeit etwa zwischen 1924 und 1929, boten sich für die freien oder künstlerischen Berufe neue Arbeitsfelder an. Dieses zeigte sich vor allem auf dem Gebiet der sogenannten neuen Medien wie Kino, Rundfunk und Film. Zu den Berufen in diesen Feldern gehörten solche wie die Beleuchtungstechniker, Filmschauspieler/-innen, Kabarettistinnen bzw. Kabarettisten, Kameramann, Komparsen, Nachrichtenansager, Platzanweiserinnen, Radiosprecher/-innen, Rundfunk- und Filmregisseure, Filmschneider (Cutter), Filmvorführer. Frauen besetzten Positionen in die Wirtschaft und in der durch Technik induzierten Medienwelt oder übten aber auch traditionelle männliche Berufe aus. Sie trugen hiermit dazu bei, dass sich ein ganz neues Lebensgefühl über die Art der Beruflichkeit herausbildete.

In der ersten Hälfte des zwanzigsten Jahrhundert waren neue nicht-akademische Berufe, vor allem diejenigen, die aufgrund der sich sehr schnell weiterentwickelnden Techniken entstanden. Diese Berufe waren vor allem eine Domäne der Männer, dazu u. a gehörten die Berufe Chemiebetriebs- und Chemielaborfachwerker, Betriebshandwerker, Elektroinstallateur, Feinmechaniker, Karosseriebauer, Kraftfahrzeugmechaniker, Kraftfahrzeugelektriker, Maschinenbauer, Messtechniker, Monteure, Radiotechniker, Fernsprechtechniker. „Spezialberufe fächerten sich jeweils in gelernte und angelernte Varianten auf. Zum Beispiel stand neben dem gelernten Elektroschweißer der nur angelernte Punktschweißer." (Zollitsch 2011, S. 51).

Für viele dieser Berufe bestand eine große Nachfrage vor der Weltwirtschaftskrise von 1929. Mit der Weltwirtschaftskrise begann für Berufstätige – vor allem einfache Angestellte, Arbeiter und auch Facharbeiter – eine fortwährende Angst um den Verlust des Arbeitsplatzes.

Mit der nationalsozialistischen Rüstungspolitik war seit 1935 der „Facharbeitermangel ein ständiger Begleiter des technischen Umstellungsprozesses in den Betrieben und des Wandels der Arbeitsanforderungen" (Zollitsch 2011, S. 51). Unter den Bedingungen der nun stattfindenden Kriegsvorbereitungen kam es zu staatlichen Eingriffen im Rahmen rüstungspolitischer Entscheidungen. Dieses betraf insbesondere auch fahrzeugtechnische Berufe. Gefördert wurden u. a. Flugzeugbauer, Flugtriebwerksmechaniker, Kraftfahrzeugmechaniker oder Tankwarte. Dennoch nahm in den Industriebetrieben durch Rationalisierungsmaßnahmen der Anteil der Facharbeiter ab und derjenige der angelernten Männer und auch Frauen zu. Die Zahl der sehr spezialisierten Anlernberufe mit außerordentlich unterschiedlicher Qualifizierungen und Berufsbezeichnungen erhöhte sich. Dabei ergaben sich auch für einen Teil der Facharbeiter Anpassungsprobleme. „Der Bedeutungsverlust des traditionellen Typs von Gelernten, deren Qualifikation vielfach den neuen Arbeitsanforderungen nicht mehr entsprach, war eine Folge des Wandels der Berufsinhalte." (Zollitsch 2011, S. 56)

Anlernberufe waren in der Chemie-, Elektro- und Maschinenbaubranche u. a. Chemiewerker, Elektrospulenwickler, Presser, Stanzer, Nieter, Kranführer. In den Stahlwerken waren es Hochofen-, Stahl- und Walzwerkarbeiter, bei denen man aber von einem Beruf „eigentlich nur sehr bedingt sprechen konnte, da es sich um un- oder angelernte Positionen handelte. Ein Ausbildungsgang war überhaupt nicht vorgeschrieben." (Zollitsch 2011, S. 58)

In der Zeit der nationalsozialistischen Herrschaft standen die Berufswelt und die Berufe einerseits unter den Ansprüchen der Wirtschaft und andererseits der Parteipolitik bzw. -ideologie.[218] In diesem Spannungsfeld verloren sich häufig individuelle berufliche Interessen und Vorstellungen.

---

[218] Das Gesetz zur Ordnung der nationalen Arbeit (AOG vom 20. Januar 1934) „machte die ‚Betriebsgemeinschaft' zum Kern des neuen sozialpolitischen Grundgesetzes. Es zielte auf die Schicksalsverbundenheit aller im Betrieb Täti-

Schon zum Ende der Weimarer Republik waren von den Nationalsozialisten parteiliche Berufsverbände gegründet worden. Nach der sogenannten Machtergreifung wurden aus ideologischen Gründen Berufsvertreter in Berufsorganisationen wie dem NS-Ärztebund (NSDÄB), dem NS-Lehrerbund (NSLB) und dem NS-Juristenbund[219] gleichgeschaltet. Die nicht in die Verbände aufgenommenen Menschen erhielten teilweise Berufsverbote.[220] Außerdem wurde versucht, den als arisch bezeichneten Frauen die traditionellen Arbeitsbereiche in Familie, Haushalt und Landwirtschaft zuzuweisen. Da sich Mitte der 1930er Jahre ein Arbeitskräftemangel auftat, sodass die Frauen zunehmend bessere berufliche Chancen auf dem Arbeitsmarkt erhielten, übernahmen sie nun auch anspruchsvollere Arbeiten.

Es entstanden ideologisch und hierarchisch ausgerichtete Dienststellungen vom Reichsarbeitsführer bis hin zum Blockwart nach dem Führerprinzip. Diese Dienststellungen wurden als berufsförmige Tätigkeiten wahrgenommen und quasi als Berufe angesehen. Während des Krieges gewann die berufsförmige Tätigkeit „Luftschutzwart" an existenzieller Bedeutung.

Aufgabe in den gleichgeschalteten Organisationen war es, die Jugend im Sinne des Nationalsozialismus zu erziehen. Das dafür zuständige Personal war bei der Hitlerjugend sehr stark ausdifferenziert ähnlich militärischer Ränge: Rottenführer, Kameradschaftsführer, Scharführer, Oberscharführer, Gefolgschaftsführer Unterbannführer, Bannführer, Oberbannführer, Gebietsführer, Obergebietsführer. Entsprechende Personal- und Berufsstrukturen gab es für den Bund deutscher Mädchen (BDM): Mädelschaftsführerin, Mädelscharführerin, Mädelgruppenführerin, Mädelringführerin, Untergauführerin, Gauführerin, Obergauführerin, Gauverbandsführerin. Der Auftrag der verschiedenen Unterführer bestand in der Erziehung und Ausrichtung der Jugend auf den Führerstaat.

Selbst Erzieherberufe – wie die Kindergärtnerin – wurden nach der Machtergreifung „sehr schnell zum festen Bestandteil der nationalsozialistischen Ideologie, zu der bereits die Kleinkinder herangeführt werden sollten" (Amthor 2015, o. S.). Außerdem gab es die „Pflichtjahrmädchen", die in der Land- und Hauswirtschaft tätig sein sollten.

Bis zum Ende des Zweiten Weltkrieges stieg – entgegen der nationalsozialistischen Ideologievorstellungen zur Berufstätigkeit der Frauen – die Zahl der weiblichen Arbeitskräfte an. Es wurden Frauen während des Krieges wegen des Männermangels am Arbeitsmarkt dazu gedrängt, Erwerbsarbeit aufzunehmen. Das geschah auch durch sogenannte Dienstverpflichtungen. Damit erhöhte sich während des Krieges die Zahl der Spezial- und Anlernberufe für Frauen. Die „erlaubten Frauenarbeiten in bisherigen ‚Männerberufen'

---

gen. An der Spitze dieser ‚Vertrauensgemeinschaft' stand der Unternehmer als ‚Betriebsführer'. Die Beschäftigten als ‚Gefolgschaft' hatten ihm Treue und Gehorsam zu leisten." (Zollitsch 2011, S. 165)
[219] Der Berufsverband der Juristen hieß von 1928 bis 1936 Bund Nationalsozialistischer Deutscher Juristen (BNSDJ) und seit 1936 Nationalsozialistische Rechtswahrerbund (NSRB).
[220] Es wurden aus politischen oder ideologischen Gründen Bedienstete aus dem Staatsdienst entlassen und Berufsverbote beispielsweise gegen Ärzte, Juristen, Journalisten und Künstler ausgesprochen.

waren für die ‚deutschen' Frauen nur als Ausnahmen für die Kriegszeit proklamiert. Die Frauen sollten auf keinen Fall auf Dauer in diesen ‚unweiblichen' Berufen bleiben." (Weyrather 1990, S. 134)

Nach dem Zweiten Weltkrieg waren dann Bauhilfsarbeiterinnen (sogenannte Trümmerfrauen) zur Beseitigung von Schäden durch die Bombenangriffe tätig, da ein Großteil der Männer Kriegsgefangene waren. Das Instrument des Berufsverbotes wurde nun von den Besatzungsmächten auf viele Belastete aus der Zeit des Nationalsozialismus angewandt.[221] Die Regelungen für „Männerarbeit" durch Frauen „aus der NS-Zeit behielten – genauso wie die Ideologie des nur kriegsbedingten Einsatzes – nach 1945 ihre Gültigkeit, Was vorher eine Ausnahme für die Zeit des Krieges war, galt jetzt als Ausnahme, um die Kriegsfolgen zu beseitigen. Die erlaubten Frauenarbeiten in ‚Männerberufen' galten nach 1945 als nötig, um den ‚Männermangel' zu lindern." (Weyrather 1990, S. 135) Bis 1955 waren alle Kriegsgefangenen wieder heimgekehrt und viele fanden in die Berufswelt zurück.

Mit dem Wiederaufbau und der wirtschaftlichen Erholung entstanden aufgrund der fortlaufenden Entwicklung wieder weitere technikinduzierte Berufe wie u. a. Datenverarbeiter, Programmierer, Fernsehtechniker, Regelungstechniker, die ein hohes Maß an Anerkennung und Prestige vermittelten. Die Zahl möglicher Berufspositionen wurde als groß eingeschätzt (Bolte u. a. Opladen 1970, S. 7). Durch den Sog der besser bezahlten industriellen und handwerklichen Berufe verloren zugleich die bäuerlichen Betriebe seit den 1950er Jahren zunehmend landwirtschaftliches Fachpersonal oder die Männer gingen in die Industrie und betrachteten ihren Bauernhof als Nebenerwerbsquelle. „Mit diesen Veränderungen ist eine ständige Zunahme der Bedeutung der (nichthauswirtschaftlichen) Frauenarbeit in der Landwirtschaft verbunden. Etwas mehr als ein Drittel der Vollarbeitskräfte waren 1965 in der Landwirtschaft Frauen." (Bolte u. a. 1970, S. 118)
Einige nicht-akademische Berufe mit einem höheren Anforderungsprofil bekamen eine staatliche Anerkennung der Berufsbezeichnung wie beispielsweise die Physikalisch-technischen Assistenten, die Chemisch-technischen Assistenten und die Drogisten.[222]
Der Beruf „Arzthelferin" entstand in den 1950er Jahren. Ärzte und Ärztinnen benötigten in der Praxis Helfer, die über Kenntnisse und Fertigkeiten sowohl im Bereich „Medizin" als auch im verwaltungstechnischen Bereich verfügten. In beiden deutschen Staaten gewann die Datenverarbeitung in den auslaufenden 1950er und beginnenden 1960er Jahren immer mehr Gewicht bei nicht-akademischen Arbeiten.
Der in Westdeutschland im Jahre 1969 eingeführte Beruf des DV-Kaufmanns enthielt in seinem Berufsbild „die charakteristischen Funktionen des Programmierers, des Operators und des Datenverarbeitungssachbearbeiters.
- Seine Tätigkeit als Programmierer besteht darin, selbständig Programme aus vorgegebenen Aufgabenstellungen zu entwickeln, einschließlich der Analyse der

---

[221] Durch die sogenannten Entnazifizierungsverfahren galten die Berufsverbote nur eine relativ kurze Zeit.
[222] Schon sehr schnell nach Kriegsende wurde das „Gesetz über die Führung der Berufsbezeichnung ‚Drogist' und ‚Drogerie' vom 6. August 1946 (Ges.-Bl. Bremen 1946 Nr, 33, S101) in Kraft gesetzt.

Aufgabenstellung, der Gestaltung von Programm-Ablaufplänen sowie das Codieren, Testen und Dokumentieren der Programme.
- Als Operator hat er die Aufgaben, die elektronischen Datenverarbeitungssysteme und Zusatzgeräte zu bedienen und zu überwachen, sowie die Ergebnisse weiterzuleiten.
- Als Datenverarbeitungssachbearbeiter ist der DV-Kaufmann der sachverständige Mittler zwischen der DV-Abteilung und der Fachabteilung. Er ist für bestimmte Aufgabengebiete wie Lohn- und Gehaltsabrechnung, Fakturierung, Materialwirtschaft oder Produktionsplanung verantwortlich, veranlaßt notwendige fachliche Programmänderungen und prüft deren Durchführung." (Schwarz 1996, S. 7 f.) Vorausgesetzt wurden „mathematisches Verständnis, Fähigkeit zur Abstraktion, Kombinationsgabe und organisatorisches Geschick" (ebd.).

Damit zeigte sich eine qualitativ völlig neue Berufswelt im nicht-akademischen Bereich an. Bislang benötigte Berufe wie beispielsweise die Datentypisten als Hilfskräfte in den Abteilungen der Elektronischen Datenverarbeitung (EDV) verloren mit dem Aufkommen des Personalcomputers an Bedeutung. Mit dem zunehmenden Einsatz des Personalcomputers, wenn auch sehr unterschiedlich stark in den beiden deutschen Staaten, insbesondere in den 1990er Jahren in fast allen Berufs- und Lebensbereichen wurde die nicht-akademische Berufsarbeit teilweise wieder ganzheitlicher, zumindest wurde der Trend zur etwas Entberuflichung abgebremst.

Auch ergaben sich einige Besonderheiten bei der Entwicklung der nicht-akademischen Berufe in den zwei deutschen Staaten. Der Begriff „Facharbeiter/-in" erfuhr dabei in der DDR eine besondere ideologisch eingefärbte Bedeutung, das zeigt sich auch bei Berufen, bei denen man es gar nicht erwartet wie beispielsweise Bibliotheksfacharbeiter/ Bibliotheksfacharbeiterin, Holzblasinstrumentenfacharbeiter/Holzblasinstrumentenfacharbeiterin, Facharbeiter/Facharbeiterin für Schreibtechnik, Vermessungsfacharbeiter/Vermessungsfacharbeiterin. Für einige Berufe ergaben sich in Ostdeutschland durch die besonderen gesellschaftlichen, wirtschaftlichen und politischen Bedingungen besondere Akzentuierungen. Die Berufsbezeichnungen erhielten in beiden deutschen Staaten erst in den letzten Jahrzehnten des zwanzigsten Jahrhunderts auch die weibliche Form.

Mit dem Einigungsvertrag[223] zu Berlin am 31. August 1990 wurde die Möglichkeit einer Gleichwertigkeitsfeststellung der Facharbeiterausbildung der DDR mit anerkannten Aus- und Fortbildungsberufen Berufen geregelt.[224]
Es entstand in den letzten Jahrzehnten des zwanzigsten Jahrhunderts eine Vielzahl von elektronik- und informationstechniknahen Berufen (Abb. 20).

---

[223] „Vertrag zwischen der Bundesrepublik Deutschland und der Deutschen Demokratischen Republik über die Herstellung der Einheit Deutschlands" (Berlin 31. 8. 1990)
[224] Im Art 37 Bildung (1) des Einigungsvertrages heißt es: „In der Deutschen Demokratischen Republik erworbene oder staatlich anerkannte schulische, berufliche und akademische Abschlüsse oder Befähigungsnachweise gelten in dem in Artikel 3 genannten Gebiet weiter. In dem in Artikel 3 genannten Gebiet oder in den anderen Ländern der Bundesrepublik Deutschland einschließlich Berlin (West) abgelegte Prüfungen oder erworbene Befähigungsnachweise stehen einander gleich und verleihen die gleichen Berechtigungen, wenn sie gleichwertig sind. Die Gleichwertigkeit wird auf Antrag von der jeweils zuständigen Stelle festgestellt."

Fast alle Berufe überwölbte eine neue Form der Fachlichkeit, die auf der rechnergestützten Informationstechnologie und Personalcomputertechnik beruhte. Diese führte zugleich zu völlig neuen informationstechnischen Berufen, bei denen eine große Differenzierung auftrat. So gab es nun beispielsweise die Berufe „Elektroniker/-in Automatisierungstechnik", „Elektroniker/- in Betriebstechnik", „Elektroniker/-in Energie- und Gebäudetechnik", „Elektroniker/-in Gebäude- und Infrastruktursysteme", „Elektroniker/-in Geräte und Systeme", Elektroniker/-in Informations- und Telekommunikationstechnik", um nur einige zu nennen. Auch für den Bereich der alternativen Energien entstanden Berufe wie Windkraftanlagentechniker/-in, Servicetechniker Windkraftanlagen. Am Ende des zwanzigsten Jahrhundert wurde ein dreijährige sehr anspruchsvolle nicht-akademische Ausbildung zu Informations- und Telekommunikationssystemelektroniker/-innen, zum Fachinformatiker/-innen mit den Fachrichtungen Systemintegration oder Anwendungsentwicklung zum Informations- und Telekommunikationssystemkaufleuten sowie zum Informatik-Kaufmann aufgelegt.

Asssistent/-in „Informatik", Elektroniker/-in „Automatisierungstechnik", Elektroniker/- in „Betriebstechnik", Elektroniker/-in „Energie- und Gebäudetechnik", Elektroniker/-in „Gebäude- und Infrastruktursysteme", Elektroniker/-in „Geräte und Systeme", Elektroniker/-in „Informations und Telekommunikationstechnik", Elektroniker/-in „Informations und Systemtechnik", Elektroniker/-in „Maschinen- und Antriebstechnik", Fachangestellte für Medien- und Informationsdienste, Fachinformatiker/-in „Anwendungsentwicklung", Fachinformatiker „Systemintegration", Fluggeräteelektroniker/-in, Industrieelektroniker/-in, Industrietechnologe/-technologin, Informatikkaufmann/-frau, Informationselektroniker/-in, IT-Systemelektroniker/-in, IT-System-Kaufmann/-frau, Mathematisch-technische/r Software-Entwickler/-in, Mechatroniker/-in, Mediengestalter/-in „Digital und Print", Mikrotechnologe/-technologin, Physiklaborant/-in, Systemelektroniker/-in, Servicetechniker/-in für Windkraftanlagen, Solaranlagentechniker/-in, Windkraftanlagentechniker/-in

---

Abb. 20: Neue nicht-akademische Berufe mit elektronischer oder informationstechnischer Ausrichtung am Ende des zwanzigsten Jahrhunderts
- Auswahl

Um die Jahrtausendwende wuchs die Zahl der Dienstleistungsberufe insbesondere im nicht-akademischen Bereich erheblich (Abb. 21). Berufe des Dienstleistungssektors gewannen für die Gesellschaft und damit auch für die Wirtschaft immer mehr an Bedeutung. Die gesellschaftlichen Ansprüche auf Dienstleistungen von Banken, Handel, Versicherungen, Verkehr, Tourismus, Wellnessbereiche sowie an den öffentlichen Dienst wuchsen an. Aber auch von vielen Handwerksberufen wie den als Gebäudereiniger/-in, Augenoptiker/-in oder Gärtner/-in wurden vermehrt Dienstleistungen in Anspruch genommen. Callcenter-Mitarbeiter/-innen boten – teilweise ungefragt – telefonisch oder per e-mail Produkt- und Vertriebsinformationen an. Sie informierten über programm- oder hardwaretechnische Funktionsweisen und Lösungen. Dabei wurden anhand vom Checklisten mögliche Fehlerursachen eingegrenzt. Fernmündlich oder über den Computer wurden die Lösungsschritte zur Behebung der Probleme geklärt.

Die Zunahme der Dienstleistungsbereiche zeigt sich vor allem bei den Pflegeberufen. Mit der im Jahr 1995 eingeführten Pflegeversicherung im Rahmen des Sozialversicherungssystems entstand eine erhebliche Nachfrage bei den Pflegeberufen vor allem bei den Kranken- und Altenpflegerinnen bzw. -pflegern. Die zunehmende Nachfrage und die Beschäftigungsmöglichkeiten in der Pflegebranche gingen aber mit einem Rückgang an Vollzeitbeschäftigten in den Pflegeheimen einher. Zugleich hat sich der Anteil der Teilzeitbeschäftigungen erheblich erhöht. Bemerkenswerkenswerter Weise hatte „infolge der Einführung der Pflegeversicherung auch eine (Semi-) Professionalisierung von Pflegearbeit stattgefunden" (Auth 2013, S. 417).

Mit der Entwicklung zur Professionalisierung bei den Pflegeberufen war aber nicht zwangsläufig eine wirtschaftliche Existenzsicherung durch die Arbeitstätigkeit verbunden. Der tendenziell zunehmende neoliberale Um- und Abbau von Arbeitsverhältnissen in den 1990er Jahren und die Konkurrenz gemeinnütziger mit privaten Trägern ohne Tarifbindung gingen „meist nicht mit existenzsichernden Löhnen und Renten oberhalb der Armutsgrenze einher" (Auth 2013, S. 421).

Altenpfleger/-in, Assistent/-in für Freizeitwirtschaft, Assistent/-in für Gesundheitstourismus/-prophylaxe, Assistent/-in im Bereich Hotelmanagement, Assistent/-in in der Systemgastronomie, Beamter/Beamtin im gehobenen feuerwehrtechnischen Dienst, Beamter/Beamtin im mittleren Dienst beim Bundesnachrichtendienst, Beamter/Beamtin im mittleren Dienst der Wehrverwaltung, Beamter/Beamtin im mittleren Zolldienst, Beauty- und Wellness-Fachkraft, Berufsflugzeugführer/-in, Berufshubschrauberführer/-in, Fachangestellte/r für Bäderbetriebe, Fachkraft – Haushalt, Fachkraft im Gastgewerbe, Fachkraft für Hygieneüberwachung, Fachkraft für Kreislauf- und Abfallwirtschaft, Fachkraft für Pflegeassistenz, Fachkraft für Rohr-, Kanal- und Industrieservice, Fachkraft für Schutz und Sicherheit, Fachkraft für Veranstaltungstechnik, Fachkraft für Wasserversorgungstechnik, Fachkraft im Gastgewerbe, Gebäudereiniger/-in, Gesundheitsaufseher/-in, Haus- und Familienpfleger/in, Hotelfachmann/-frau, Internationale/r Luftverkehrsassistent/-in, Kaufmann/-frau für Tourismus und Freizeit, Kaufmann/-frau für Verkehrsservice, Kosmetiker/-in, Masseur/-in und medizinische/r Bademeister/-in, Restaurantfachmann/-frau, Schädlingsbekämpfer/-in, Servicefachkraft für Dialogmarketing, Servicekaufmann/-frau im Luftverkehr, Servicekraft für Schutz und Sicherheit, Sport- und Fitnesskaufmann/-frau, Touristikassistent/-in, Veranstaltungskaufmann/-frau.

Abb. 21: Nicht-akademische Dienstleistungsberufe am Ende des zwanzigsten Jahrhunderts – Auswahl

Das Anwachsen der Dienstleistungsberufe nicht nur im Pflegebereich zeugte von einem tiefgreifenden gesellschaftlichen und wirtschaftlichen Wandel, der große Teile des Beschäftigungssystems berührte. Die in vielen Gesellschaftsbereichen guten wirtschaftlichen Bedingungen führten zu neuen beruflichen Arbeitsfeldern, die zuvor teilweise in Eigeninitiative der Familienmitglieder oder ehrenamtlicher Tätigkeiten bestellt worden waren. Die Zunahme der Dienstleistungsberufe und der Rückgang der Produktionsberufe stellte ein zuvor nicht vorhandenes wirtschaftliches Phänomen dar.

Im letzten Jahrzehnt verloren die Produktionsberufe des Fertigens, Herstellens, der Maschineneinrichtung und der Instandsetzung an Bedeutung. Die Dienstleistungsberufe der Handels-, Bürotätigkeiten und der allgemeine Dienste wie Beraten, Pflegen, Reinigen, Bewirten, Lagern, Transportieren, Distribuieren nahmen dagegen zu (Abb. 22). Das führte auch zu völlig neuen Bedarfen auf dem Arbeitsstellenmarkt. Auf diese Entwicklung reagierten die Dienstleistungsunternehmen, indem sie auf dem Arbeitsmarkt versuchten, Personal mit entsprechenden Fähigkeiten einzuwerben.

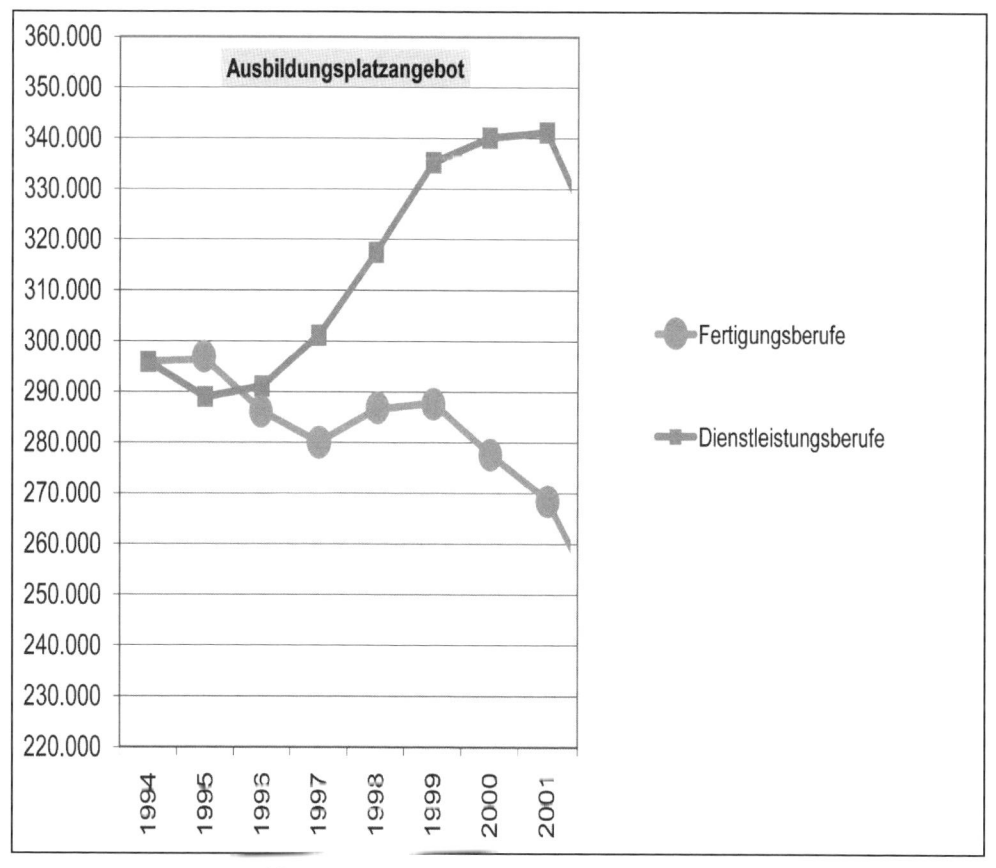

*Abb. 22: Entwicklung des Ausbildungsangebots
in den Dienstleistungs- und Fertigungsberufen (Walden 2009, o. S.)*

Zugleich zeigten die neu abgeschlossenen Ausbildungsverträge im gesamten Bundesgebiet Mitte der 1990er Jahre, dass die Anzahl der Dienstleistungsberufe zum ersten Mal die der Produktionsberufe überschritt (Abb. 23). Dieses bemerkenswerte Ereignis kann auch als ein weiteres Kennzeichen des sich vollziehenden Übergangs von der Industrie- zur Dienstleistungsgesellschaft eingeschätzt werden. Dieser erkennbare Prozess der Umwandlung wird auch mit dem Terminus „Tertiarisierung" gekennzeichnet.

Betrachtet man die Entwicklung der Ausbildungsangebote für Dienstleistungs- und Produktionsberufe für Frauen und Männer, d. h., differenziert man bei den Dienstleistungsleistungsberufen nach Geschlechtern, so zeigen sich Sonderheiten, die teilweise auf traditionellen Rollenbildern von Frauen und Männern basieren.

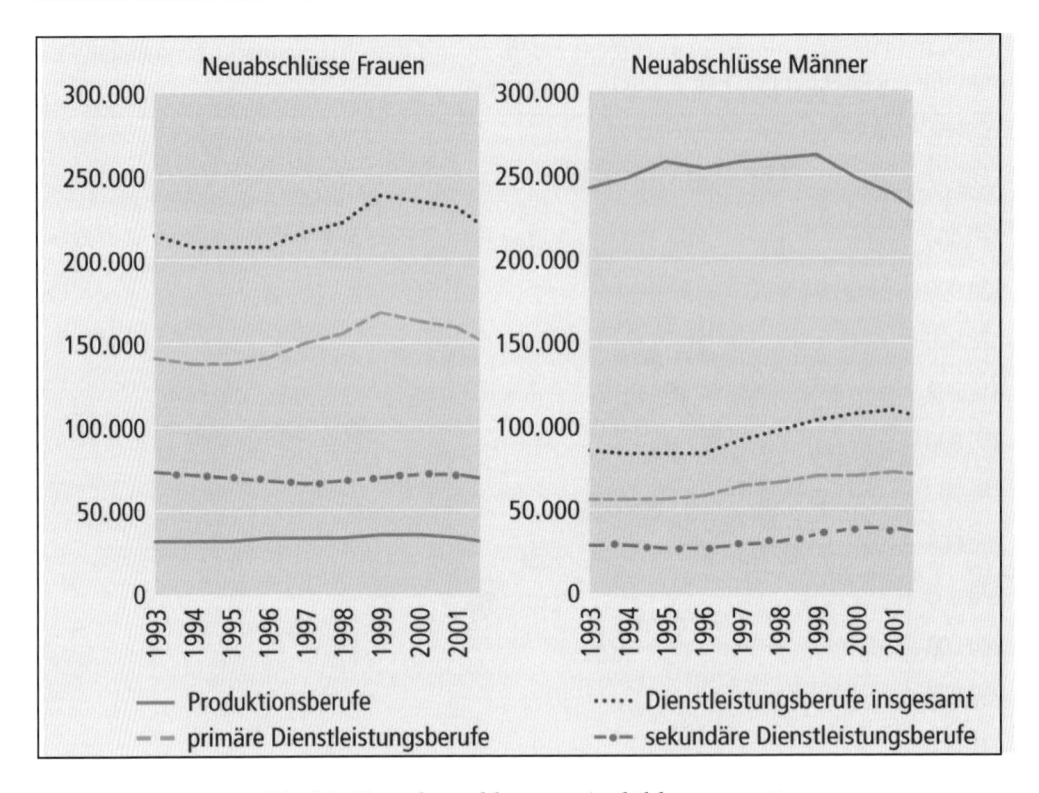

Abb. 23: Neu abgeschlossene Ausbildungsverträge in Produktions- und Dienstleistungsberufen von Frauen und Männern. (Datenreport zum Berufsbildungsbericht 2012, S. 12 – Ausschnitt)

Frauen waren in den Dienstleistungsberufen deutlich überrepräsentiert, Männer sind es dagegen in den Produktionsberufen. Die Entwicklung ist aber bei den Männern insofern bemerkenswert, als deren Anteil innerhalb der Dienstleistungsberufe seit 1993 erheblich angestiegen ist. Während die Neuabschlüsse in den sekundären Dienstleistungsberufen bei den Frauen sinkende Tendenzen aufweisen, steigt ihre Zahl bei den Männern.

Dies gilt auch in den primären Dienstleistungsberufen: Die Neuabschlusszahlen der Frauen schwanken, liegen aber kaum höher als zu Beginn der 1990er-Jahre. Die Zahl der Neuabschlüsse durch Männer dagegen erhöhte sich merklich. In den Produktions- und Fertigungsberufen dominieren die Neuabschlüsse bei den Männern bei fallender Tendenz, während sich bei den Frauen nur geringe Schwankungen ergeben.

Die noch immer bestehenden Geschlechterzuweisungen zu bestimmten Berufen hatten auch Folgen bei der Entlohnung. So gestaltete sich für die Arbeitenden in den Pflegeberufen das individuelle Einkommen oft prekär. Die nicht-akademischen Pflegeberufe erfuhren auch am Ende des Jahrtausends in ihrer geschlechtsspezifischen Zuordnung als Frauenberufe eine geringe Wertschätzung, die sich auch in der Entlohnung widerspiegelte. Der Umbau der Beschäftigungsverhältnisse bei den Pflegeberufen zeigt Flexibilisierungsvorteile für die Betreiber von Pflegeeinrichtungen, aber Prekaritätsrisiken der betroffenen Beschäftigten.

Seit den frühen 1990er Jahren wurde das Phänomen der Armut[225] trotz Erwerbstätigkeit (Strengmann-Kuhn 2003) wieder virulent. Bei Sichtung der nicht-akademischen Berufe, in denen es erwerbstätige arme Menschen gab, zeigte „sich allerdings, dass erwerbstätige Arme nicht – wie vermutet werden könnte – überproportional im Dienstleistungssektor zu finden sind, sondern hier ist der Anteil der Personen, die in Fertigungsberufen arbeiten, etwas höher und der von Personen in Dienstleistungen etwas niedriger als im Durchschnitt" (Strengmann-Kuhn 2003, S. 75). Betrachtet man die Armutserscheinungen in einzelnen Berufsgruppen, so zeigte sich diese in der Landwirtschaft, im Bereich der Ernährung sowie in den heterogenen zusammengesetzten Gruppen sonstiger Dienstleistungen und sonstiger Berufe (ebd.). Erwerbstätige Arme fanden sich insbesondere in den „Berufen der Körperpflege, z. B. Friseurinnen und Kosmetikerinnen), Hotel- und Gaststättengewerbe, haus- und ernährungswissenschaftliche Berufe sowie Reinigungs- und Entsorgungsberufe." (ebd.) Bei Armut trifft man in den aufgeführten Berufsgruppen vor allem Frauen (vgl. ebd., S. 76).

Auch „junge Alleinlebende und Berufseinsteiger sind zunehmend von Armut bedroht" (Goebel/Grabka/Schröder 2015, S. 571 ff.). Problematische Entwicklungen zeigen auch Untersuchungen zur Altersarmut und Alterssicherung bei Beschäftigten im Sozialsektor. So zeigen Analysen von Einflüssen auf die Alterssicherung der Beschäftigten in dem Sektor, „dass für viele Beschäftigte in diesem Bereich geringe Renten zu erwarten sind" (Blank/Schulz 2015, S. 38). Dennoch „kann aus den Analysen nicht direkt auf drohende Altersarmut geschlossen werden. Die Ergebnisse legen allerdings Zweifel nahe, ob aus einer Beschäftigung im Sozialsektor allein regelmäßig eine armutsfeste Alterssicherung folgt, bzw. eine eigenständige Alterssicherung erzielt werden kann." (ebd.)

1.7.3 Ausbildung zu den nicht-akademischen Berufen[226]

---

[225] Dabei handelte es sich in Mitteleuropa im Gegensatz zur absoluten Armut, die das Überleben der Betroffenen unmittelbar bedroht, um eine „relative Armut". Diese Armutsgrenze wurde definiert im Verhältnis zum Wohlstand der Bevölkerung des Landes. Die Armutsgrenze bezieht sich dabei auf statistische Zahlenwerte.
[226] Teile dieses Kapitels beruhen im Wesentlichen auf Untersuchungen, die im Rahmen des Buches „Berufsbildung und Berufsbildungssystem" (2012) vorgenommen worden sind.

- **Vom Jahrhundertwechsel bis zum Ende des Ersten Weltkrieges**

Die Berufserziehung fand in der Endphase des Kaiserreichs quasi in einem Dualen System statt. Das heißt, die fachpraktische Ausbildung erfolgte in Industrie-, Handwerk oder kaufmännischen Betrieben und durch ergänzende schulisch-theoretische Bildung in den Gewerblichen oder Kaufmännischen Fortbildungsschulen sowie den späteren entsprechend beruflich gegliederten Fortbildungsschulen.

Das Modell der dualen Berufsausbildung war am Anfang aufgrund der Restaurierung der handwerklich-ständischen Berufsausbildungsformen sicher nicht im Sinne der Großindustrie. Eher verkörperte es „ein Produkt der Reaktion gegen den Sozialismus, die damals führenden Gruppen des Adels und des Großbürgertums mit den kleinen Gewerbetreibenden verband" (Lempert 1971, S. 114). Auch Wolf-Dietrich Greinert (2007, S. 41) sieht das Duale System der Berufsausbildung nicht als „das Ergebnis gezielter qualifikationspolitischer Entscheidungen", sondern eher als „ein Nebenprodukt der Mittelstandspolitik des Kaiserreiches, jenem groß angelegten gesellschaftspolitischen Versuch, den alten Mittelstand – Handwerk, Kleinhandel, und Kleinbauerntum – vor der Proletarisierung zu bewahren und in die Phalanx ‚staatserhaltender Kräfte' einzugliedern".

Innerhalb des sich entwickelnden Dualen Systems erfolgte die schulische Ausbildung seit etwa 1900 in den beruflich gegliederten Fortbildungsschulen. Die Gründung dieser Schulform hatte u. a. das Ziel, über eine konsequent am Beruf orientierte Berufsausbildung „die proletarischen und kleinbürgerlichen Jugendlichen in den bürgerlichen Nationalstaat zu integrieren" und „kann als die zentrale Weichenstellung in Richtung Berufsschule begriffen werden" (Greinert 1993, S. 44).[227] Mit ihrer Ausrichtung am Handwerk und zum Teil auch dem Kaufmannsbüro war sie anachronistisch.[228] Bis zum Beginn des Ersten Weltkrieges wurde die Zahl der beruflich orientierten Fortbildungsschulen beträchtlich ausgeweitet. Darüber hinaus wurden in dieser Zeit von der staatlichen Bürokratie die Vereinheitlichung und auch die Etablierung dieses teilzeitschulischen Typs als Pflichtschulen zur Ergänzung der neu geordneten Handwerksausbildung durchgesetzt. Mit der Gründung des DATSCH im Jahre 1908 begann auch die Industrie, in diesem Prozess verstärkt ihre Bedürfnisse und Interessen durchzusetzen. Diese fanden ihren Niederschlag u. a. in den 1911 vom DATSCH formulierten Ausbildungsleitsätzen mit dem Titel „Die Erziehung und Ausbildung des Nachwuchses der Facharbeiterschaft für die mechanische Industrie" (DATSCH 1912, S. 301 ff.).

---

[227]Das hatte auch gesellschaftliche Gründe. Traditionell war noch immer „die Arbeit mit bestimmten Vorstellungen über deren soziale Dimension und über die Qualität der Tätigkeit verbunden. Es war ein ‚handwerkliches' Ideal, in dem nicht Arbeitstempo, Rentabilität und Effektivität die Hauptrolle spielten, sondern Sorgfalt, Zuverlässigkeit und meisterliches Geschick, also eher soziale Tugenden. In diesem Horizont entstanden ja auch die deutschen Berufsbildungskonzepte oder Kerschensteiners Vorstellung von der Arbeitsschule. In diese Vorstellungen haben die ‚ungelernten' oder ‚angelernten' Industriearbeiter nie gepaßt, sondern nur die, die sich einer – handwerklich orientierten – Berufsausbildung unterzogen." (Giesecke 1983, S. 46)

In die Zeit des zweiten Kaiserreichs fällt auch die Entstehung und Etablierung eines „zwischen Hochschule und Lehrlingsausbildung angesiedelten Fachschulwesens" (Grüner 1991, S. 389). Das neu strukturierte Fachschulwesen umfasste nur noch die Ausbildungsstätten für so genannte „mittlere" Berufe, nicht aber mehr die in Technische Hochschulen umbenannten polytechnischen Schulen und die eine gewerblich orientierte Allgemeinbildung anstrebenden Fortbildungsschulen.
Darüber hinaus wurde eine Gliederung dieser neuen Lehranstalten in höhere und niedere Fachschulen vorgenommen, wobei in Preußen auch eine Unterteilung in höhere Gewerbeschulen und Baugewerkeschulen zu verzeichnen war. Im Wesentlichen repräsentierten die wie Werkmeisterschulen organisierten Baugewerkeschulen bis zum Ende des Ersten Weltkrieges den Typus der niederen Fachschule. Die neu entstandenen höheren preußischen Fachschulen wurden seit 1897 „Höhere Maschinenbauschulen (HMS)" genannt und bauten auf dem mittleren Bildungsabschluss auf. Die Organisationsstruktur dieses Fachschultyps setzte sich im ganzen Deutschen Kaiserreich durch.[229] Der Entwicklungsarbeit der nicht-akademischen Berufsausbildung bis vor dem Ersten Weltkrieg war allerdings keinesfalls systematisch strukturiert (Greinert 2007, S. 65).

Durch den Ersten Weltkrieg wurde die Entwicklung von neuen Strukturen der Berufsausbildung unterbrochen. So stagnierte die Umwandlung von der beruflich orientierten Fortbildungsschule zur Berufsschule. Es wurden die gerade erst stabilisierten Formen der betrieblichen Lehre wieder zugunsten bloßer Anlernberufe zurückgedrängt.

- **Nicht-akademische Ausbildung in der Weimarer Republik**

Es vollzog sich eine schrittweise Weiterführung der vor Beginn des Krieges entstandenen neuen betrieblich-teilzeitschulischen sowie der akademischen Berufsbildungskonzepte. Allerdings blieb die Organisation der nicht-akademischen betrieblichen Berufsausbildung „im Rahmen des Privatrechts der unternehmerischen Dispositionsfreiheit und der wirtschaftlichen Selbstverwaltung überlassen. (…). Durchsetzbar waren nur Veränderungen des schulischen Teils der Berufsausbildung im Kontext der Demokratisierung des staatlichen allgemeinen Schulwesens" (Kell 2006, S. 457).

Nach dem Ende des Ersten Weltkrieges wurde durch den Artikel 145 der Weimarer Reichsverfassung von 1919 eine allgemeine Pflicht zum Besuch der beruflich gegliederten Fortbildungsschule bis zum 18. Lebensjahr eingeführt. Darüber hinaus stellte der Paragraph 120 der Reichsgewerbeordnung (RGO) weiterhin die einzige reichseinheitliche Rechtsgrundlage für das berufliche Schulwesen dar. Gleichzeitig wurde aber bereits am 1.12.1918 durch die Preußische Regierung angeregt, „eine Schulkonferenz einzuberufen, in der freiheitlich, neuzeitlich und sozial gesinnte Pädagogen und Sachverständi-

---

[229] Vor Beginn des Ersten Weltkrieges gab es im Deutschen Kaiserreich 46 staatliche Baugewerkeschulen sowie 23 staatliche und 32 nichtstaatliche höhere und niedere Maschinenbauschulen mit rund 10.000 Besuchern (vgl. Grüner 1991, S. 393 und 395).

ge die gründliche Erneuerung des deutschen öffentlichen Schul- und Erziehungswesens vorbereiten sollen" (Raddatz 2000, S. 36).

Auf der folgenden Reichsschulkonferenz von 1920 wurden durch den Ausschuß 3 (Berufs- und Fachschulen) „Leitsätze über Berufs- und Fachschulen" verabschiedet. Darin wurde für die Berufsschule auch ein Vorschlag für den Entwurf eines Reichsgesetzes über die Berufsschulpflicht vorgelegt. Die Autoren der Leitsätze für die Fachschule formulierten u. a. Aufgaben, Abgrenzungen und Zugangsvoraussetzungen dieses Schultyps. Außerdem wurde empfohlen, „nach Maßgabe des in der Anlage enthaltenen Planes, Versuche mit der Errichtung von Wirtschaftsschulen zu machen" (Kühne o. J., S. 85).

Nach der Reichsschulkonferenz wurde durch die Berufsbildungsverantwortlichen verstärkt an der inhaltlich-pädagogischen Entfaltung und Entwicklung der nun „Berufsschule" genannten ehemaligen beruflich gegliederten Fortbildungsschule und ihrer Abgrenzung von anderen beruflichen Schulformen gearbeitet.[230] Im Bereich der betrieblichen Berufsausbildung wiederum wurde verstärkt versucht, die Lehr- und Lernmethoden durch Anwendung von wissenschaftlichen Erkenntnissen voranzubringen.[231]

Auf der Mitte des Jahres 1920 stattfindenden Reichsschulkonferenz wurde auch über die weitere Gestaltung der schulischen Berufsausbildung und des beruflichen Schulwesens beraten. Aufgabe der didaktisch am Beruf orientierten Berufsschule war es, „die berufliche Ausbildung der volksschulentlassenen Jugendlichen zu fördern, ihre Allgemeinbildung zu vertiefen und sie mit Pflichten vertraut zu machen, die ihnen aus der Teilnahme am Gemeinschaftsleben erwachsen" (Reichsberufsschulgesetz, Entwurf 1923, § 1). Fachschulen wiederum hatten die Aufgabe, „tüchtige Anwärter für gehobene Stellungen im wirtschaftlichen Leben auszubilden" (Kühne 1929, S. 317). In erster Linie hatten sie die Funktion, von der „Ausbildung für das Berufsleben (…), aber auch vom Beruf ausgehend eine Erweiterung und Vertiefung der allgemeinen Bildung zu bieten" (Kühne o. J., S. 84). Es wurde in dieser Zeit nur von „Berufs- und Fachschulen" (Reichsschulkonferenz 1920) oder vom „Berufs- und Fachschulwesen" (vgl. z. B. Kühne 1922/1929) gesprochen. Zumindest hatte diese Schulen die allgemeine Aufgabe und Funktion, einen

---

[230] Dieser Entfaltungs- bzw. Entwicklungsprozess „vollzog sich seit den 20er Jahren vor allem auf zwei Ebenen: der Ebene der Lehrplankonstruktion und der Ebene der sog. ‚Bildungstheorie', d. h. der pädagogischen Legitimation" (Greinert 2007, S. 103). Die Arbeiten an einer entsprechenden gewerblichen Berufsschuldidaktik wurden insbesondere von E. Haumann (1923) und G. Gagel (1929) initiiert und seit Anfang der 1930er Jahre vor allem von R. Botsch, L. Geißler und J. Wissing im Rahmen der so genannten „Frankfurter Methodik" weiterentwickelt und systematisiert.
[231] Dabei orientierte man sich insbesondere an der 1911 von F. W. Taylor begründeten „Wissenschaft von der [kleinschrittigen, d. V.] Organisation der Lohnarbeit", der späteren Arbeitswissenschaft. Die Theorie dieser neuen Wissenschaftsdisziplin wurde nach dem Ende des Ersten Weltkrieges auch in der deutschen Industrie in verstärktem Maße praktisch angewendet. Entsprechend dieser Theorie wurde in der beruflichen Ausbildung angestrebt, die Persönlichkeitsstruktur der Jugendlichen „in ihre kognitiven, motorischen und normativen Komponenten" (Georg/Kunze 1981, S. 74) zu zerlegen und diese so für den effektiven Einsatz im Produktionsprozess zu befähigen. Der DATSCH unterstützte diese Bestrebungen durch die Entwicklung und Herausgabe von didaktisch-methodischen Unterlagen für die Facharbeiterausbildung, die als „Lehrgänge" konzipiert waren. So entstand schon im Jahre 1919 der Lehrgang für Maschinenschlosser, in den 1920er Jahren folgten dann Lehrgänge für Dreher, Former, Mechaniker, Modelltischler, Schmiede sowie Werkzeugmacher (vgl. Greinert 2007, S. 85).

mittleren Bildungsabschluss insbesondere im kaufmännischen und wirtschaftlichen Bereich zu vermitteln.[232]

Die Zeit von etwa 1924 bis zum Ende der zwanziger Jahre des vorigen Jahrhunderts war geprägt durch eine verstärkte Reformierung und eine Rationalisierungswelle in allen gesellschaftlichen, wirtschaftlichen und bildungsorganisatorischen Bereichen sowie einem gleichzeitigen Aufschwung des Berufs- und Fachschulwesens. Charakteristisch für das berufliche Schulwesen waren die Systematisierungsbestrebungen im didaktisch-methodischen Bereich. Hier ist insbesondere die sogenannte „Frankfurter Methodik" zu nennen.[233]

Für die betriebliche Ausbildung wiederum war charakteristisch, „daß die Industrie in zunehmendem Maße ein eigenes, industrietypisches Modell der Lehrlingsausbildung gegen das Ende des Jahrhunderts wieder belebte handwerklich-berufsständische Konzept durchgesetzt hat" (Greinert 2007, S. 71). Die Industrie artikulierte ihr Interesse hinsichtlich der Ausbildung der Lehrlinge über den DATSCH und für die Montanindustrie vor allem über das im Mai 1925 gegründete „Deutsche Institut für technische Arbeitsschulung/DINTA."[234]

Die Zeit von der Weltwirtschaftskrise (1930) bis zur Machtübernahme durch die Nationalsozialisten (1933) war im Bereich der schulischen und betrieblichen Berufsausbildung geprägt durch Stagnation und Regression. Davon waren auch die betrieblichen Werkschulen – nach Greinert (2007, S. 85) „von Unternehmen eingerichtete und unterhaltene (private) Berufsschulen" – stark betroffen. Deshalb akzeptierte nun die Industrie „die öffentliche Berufsschule als zweiten Lernort außerhalb der betrieblichen Verfügungsmacht" (Greinert 2007, S. 85 f.).

- **Nicht-akademische Ausbildung im NS-Staat**

Mit der sogenannten Machtergreifung der Nationalsozialisten und nach der Abstimmung über das Ermächtigungsgesetz Anfang des Jahres 1933 wurde staatlicherseits mit der Neustrukturierung des gesamten Bildungswesens begonnen. Der Kern der Umstrukturierung bestand in einer radikalen Vereinheitlichung bzw. „Gleichschaltung" von Reichsschul- und Länderschulpolitik. Außerdem entstanden aufgrund der menschenverachten-

---

[232] In den Krisenjahren der Weimarer Republik – etwa 1922 und 1926 – erhielten die Berufsschule und die Fachschule teilweise aber eine zusätzliche Funktion: Als ein Instrumentarium zur Bekämpfung der dramatischen Jugendarbeitslosigkeit und zur Aufrechterhaltung der Arbeitsmoral jugendlicher Erwerbsloser dienten sie auch der Regelung des außer Kontrolle geratenen Arbeitsmarktes.
[233] Die Frankfurter Methodik war eine Lehrplankonzeption, in der „für die mathematisch-naturwissenschaftlich fundierten Fächer fast aller Berufsgruppen erstmals eine geschlossene, eigenständig-berufsschultypische didaktische Lösung vorgelegt wurde" (Greinert 2007, S. 105).
[234] In dessen Folge kam es in vielen Industriezweigen zu einer systematischen Einrichtung und Verbreitung von Lehrwerkstätten und Werkschulen. Bis zum Beginn der Weltwirtschaftskrise 1929 hatte sich im Bereich des Berufs- und Fachschulwesens eine große Vielfalt beruflicher Schultypen herausgebildet (vgl. dazu Kühne 1929, S. 145 ff. und S. 319 f.).

den Politik in den Jahren zunehmend Berufsverbote und Berufsausbildungsverbote für jüdische Mitbürger.

Es wurden – wie viele Bildungsbereiche auch – die schulische und betriebliche Berufserziehung von den Nationalsozialisten vollständig vereinnahmt. Dazu wurden durch das neu eingerichtete Reichs- und Preußisches Ministerium für Wissenschaft, Erziehung und Volksbildung (RPrMWEV) Reichsgrundsätze für eine einheitliche Ausrichtung auch des beruflichen Schulwesens einschließlich derer Schulformen erarbeitet und verabschiedet. Inhalt dieser Grundsätze waren die landesweite Vereinheitlichung der Schulbezeichnungen, der Zugangsvoraussetzungen, der Praktika und Ferien, der Lehrpläne und Lehrmethoden, der Übergangsbestimmungen in andere (höhere) Schulformen und der Dienstbezeichnungen der Lehrerschaft (vgl. dazu z. B. Grüner 1967a, S. 140 ff).[235] Die Errichtung dieses Reichsministeriums hatte das Ziel, das Bildungswesen den politischen Bedürfnissen und Interessen des NS-Staates durch eine Vereinheitlichung, Steuerung und Kontrolle den hierarchischen Strukturen des Führerprinzips anzupassen (Monsheimer o. J., S. 73).

Im Rahmen der damit verbundenen Reformen und Maßnahmen „wurde das Deutsche Berufs- und Fachschulwesen (...) zum 01.05.1934 in den Geschäftsbereich des neuen Reichs- und Preußischen Ministeriums für Wissenschaft, Erziehung und Volksbildung (RPrMWEV; REM) überführt" (Schütte 2003b, S. 319). Am 13.10.1934 wurde dann durch einen Erlass des Reichserziehungsministeriums das Ressort „Berufs- und Fachschulwesen" auf die Unterrichtsverwaltungen der Länder übertragen und so „eine reichsweit einheitliche ordnungspolitische Struktur exekutiert" (Schütte 2003b, S. 320).

Die Maßnahmen waren verbunden mit einer anschließenden tief greifenden Neuregelung des Schulalltages. In diesem Zusammenhang wurden Schulordnungen geändert, Aufnahmebedingungen, Lehrpläne, Prüfungsordnungen und Berechtigungen überprüft, die Mitbestimmung der Schüler auf eine neue juristische Grundlage gestellt, nicht arische und dabei vor allem jüdische Mitbürger ausgegrenzt und die ideologische Struktur neu ausgerichtet und vereinheitlicht (vgl. Schütte 2003b, S. 322 ff).[236]

Auch der DATSCH erhielt zum Teil neue Kompetenzen und Aufgaben. „Am 11. September 1935 wird er zum beratenden pädagogischen Organ erklärt, verliert aber zugleich einen Teil seiner Selbstständigkeit, denn der Minister nimmt sich das Recht, den Vorsitzenden des Ausschusses gegebenenfalls selbst zu bestimmen oder abzuberufen." (Herkner 2008, S. 83) Zugleich wurde der DATSCH mit der Aufgabe betraut, Vorschläge für die

---

[235] Damit verbunden waren zunehmende „Säuberungen" in den Reihen der Lehrerschaft, die sich vor allem auf demokratische oder jüdische Lehrer richteten. Im Zuge dieser und weiterer Aktivitäten wurde am 1. Mai 1934 per Reichserlass ein „Reichsministerium für Wissenschaft, Erziehung und Volksbildung" errichtet, wodurch gleichzeitig der Kulturföderalismus der Weimarer Republik liquidiert wurde und „die Schulhoheit von den Ländern auf das Reich überging. Die Unterrichtsverwaltungen der Länder fungierten fortan nur noch als Mittelinstanz" (Grüner 1986, S. 648).
[236] In den Vereinheitlichungs- und Neuordnungsprozess des Berufs- und Fachschulwesens schalteten sich auch der DATSCH, der Verein Deutscher Ingenieure (VDI) und der Verein Deutscher Diplom-Ingenieure (VDDI) ein, indem z. B. der DA die Denkschrift zur „Vereinheitlichung und Neuordnung des technischen Fachschulwesens" einbrachte.

Gestaltung des technischen und wirtschaftlichen Ausbildungswesens zu machen und beiden Ministerien, insbesondere aber der Abteilung für Berufs- und Fachschulen des Erziehungsministeriums, als Beratungsstelle zu dienen. Der DATSCH behielt weiterhin die Aufgabe, ‚‚‚Ausbildungsberufe' festzustellen. Ab 1935 wurden die so bezeichneten Tätigkeiten und Ausbildungsgänge vom Ministerium anerkannt." (Georg/Kunze 1981, S. 76)

Die Jahre von 1936 bis zum Beginn des Zweiten Weltkrieges waren geprägt durch eine tiefgreifende Standardisierung und Rationalisierung des Berufs- und Fachschulwesens. „Um die vorhandene ‚Leistungshöhe' an den staatlichen und städtischen Lehranstalten auch weiterhin sicherzustellen, wurden Mindeststandards verabschiedet, die sich an den Nürnberger Richtlinien und damit an der preußischen Praxis hinsichtlich Unterrichtsdauer, Vorbildung der Lehrer, Arbeitszeit der Lehrkräfte und Aufbau des Lehrplans orientieren." (Schütte 2003b, S. 338) Deshalb wurde die in der Weimarer Republik entstandene organisatorische Vielfalt beruflicher Schulen durch den Erlaß über die „reichseinheitliche Benennung im Berufs- und Fachschulwesen" vom 29. Oktober 1937 auf die Typen Berufsschule, Fachschule und Berufsfachschule beschränkt. Gleichzeitig wurde mit dieser verbindlichen Rahmengliederung die oftmals beklagte „babylonische Benennungswirrnis" im Bereich des beruflichen Schulwesens beendet (vgl. Kümmel 1980, S. 197 f.). Darüber hinaus wurde im Reichsschulpflichtgesetz vom 6. Juli 1938 die allgemeine Pflicht zum Besuch der Berufsschule ausgesprochen. Im Zuge der dem Reichswirtschaftsministerium übertragenen Neuausrichtung der Organisation der gewerblichen Wirtschaft erhielten die Reichsfachgruppen überbetriebliche Ordnungsfunktionen.

Vom Jahre 1938 an waren dann an den beruflichen Schulen eine verstärkte Rationalisierung und Anpassung der Zugangsvoraussetzungen und der Bildungsgänge zu verzeichnen.[237] In die traditionelle Bildung wurde somit zusätzlich eine bestimmte parteipolitische Haltung integriert.[238]
Der Ausbau der betrieblichen Ausbildung und insbesondere der Lehrwerkstätten in größeren Betrieben wurde verstärkt durchgesetzt. Über den DATSCH erfolgte eine zentrale staatliche Lenkung der sogenannten „Ordnungsarbeiten" in der Arbeiterausbildung. Diese regelten in systematisch einheitlicher Form Ausbildungspläne, Tätigkeitsbeschreibungen, Prüfungsordnungen, die Ausbildung der Ausbilder und den Aufbau von Lehrwerkstätten (vgl. Georg/Kunze 1981, S. 77). Das Vorzeigeobjekt der Facharbeiterausbildung war von den Nationalsozialisten im VW-Werk angesiedelt worden.[239]

---

[237] So wurde beispielsweise mit einem Erlass des Reichserziehungsministeriums vom Januar 1938 zur Praktischen Vorbildung „auf eine Anrechnungspraxis reagiert, die sowohl den freien Arbeitsdienst als auch den allgemeinen Wehrdienst als Praktische Vorbildung im Sinne der geltenden Bestimmungen anerkannte" (Schütte 2003b, S. 370). Die Aufgabe der beruflichen Schulen, und dabei insbesondere der kriegsbedeutenden technischen Fachschulen, wurde um die Erziehung zu einer nationalsozialistischen Haltung erweitert.
[238] Neue erweiterte Standards und eine Ausrichtung galten auch für die Lehrkräfte. So wurde deren Kriterienkatalog um die Bereitschaft zur individuellen Weiterbildung und zur schulorganisatorischen Mitwirkung erweitert.
[239] Das betraf insbesondere „die praktische Lehrwerkstattausbildung auf der einen sowie die damit abgestimmte theoretische Ausbildung in der Werkberufsschule – beides Lernorte, deren personelle und sächliche Ausstattung bis heute Maßstäbe gesetzt haben und die deshalb als ‚Gestaltungsorientierte Berufserziehung im Nationalsozialismus' (Kipp 1998) bezeichnet wurden" (Kipp 2005, S. 1).

Es kann aus heutiger Sicht resümiert werden, dass es in der NS-Zeit durch verschiedene diktatorische Reformen, Maßnahmen und Regelungen zu einer Vereinheitlichung und Gleichschaltung, aber auch zu einer starken Abhängigkeit des beruflichen Schulwesens von der Politik und den staatlichen Behörden kam. Damit wurde aber gleichzeitig eine – gewollte oder ungewollte – Konsolidierung und Stabilisierung des beruflichen Schulwesens erreicht, allerdings bei gleichzeitiger Verunsicherung eines Teils der Lehrerschaft vor allem in ideologischen und pädagogischen Fragen.

- **Berufsausbildung nach dem Zweiten Weltkrieg**

Nach dem Zweiten Weltkrieg wurde in den drei westlichen Besatzungszonen versucht, eine spezielle und einheitliche Gesetzgebung für die Ausbildung der Lehrlinge zu erarbeiten. In der schulischen Berufsbildung „wurde in den drei Westzonen zunächst auf das für die berufsbildenden Schulen vor 1933 jeweils gültige Reichsrecht zurückgegriffen" (Grüner 1986, S. 651). Es handelte sich dabei – auch wenn einige neue bildungspolitische Überlegungen und Änderungen vorgenommen wurden – um eine Art restaurativer Vorphase.

Aber auch in der Sowjetischen Besatzungszone (SBZ) wurden zunächst inhaltliche und didaktisch-methodische Grundlagen aus der Zeit vor dem Nationalsozialismus und zum Teil auch aus der NS-Zeit übernommen. Allerdings hatte dort das Zentralkomitee der Kommunistischen Partei Deutschlands schon am 11.6.1945 zur „Umgestaltung der Berufsbildung nach neuen politisch-ideologischen, kulturpolitischen und wirtschaftlichen Zielen" (Raddatz 2000, S. 96) aufgerufen. Bereits 1946 gab es Bestrebungen, auf Initiative der am 21.4. desselben Jahres gegründeten Sozialistischen Einheitspartei Deutschlands (SED), das Berufsschulwesen „in Einheit mit allen anderen Teilen des gesamten Erziehungs- und Bildungswesens" (Rudolph u. a. 1987, S. 318) zu gestalten.

Im Bereich der Berufsbildung gab es bis Anfang 1948 in den vier Besatzungszonen dennoch relativ viele Gemeinsamkeiten. So wurde auf einer in Stuttgart-Hohenheim im Februar 1948 stattfindenden Konferenz der deutschen Erziehungsminister, an der auch letztmalig die Vertreter der sowjetischen Besatzungszone teilnahmen, in einer einstimmig gefassten Entschließung ausgeführt, dass „das gesamte Schulwesen eine organische Einheit bildet, der Bildungsgang der Jugend nicht von der sozialen und wirtschaftlichen Lage des Elternhauses abhängig sein darf" (Raddatz 2000, S. 103).

Danach haben die Vertreter der Länder der sowjetischen Besatzungszone an den folgenden Konferenzen nicht mehr teilgenommen. In der Sowjetischen Besatzungszone wurde spätestens mit den Beschlüssen des 2. Berufspädagogischen Kongresses, der vom 19. bis 21. Oktober 1948 stattfand, eine neue politisch-ideologische Ausrichtung und strukturelle Gestaltung der Berufsausbildung eingeleitet. Als wichtiges Vorhaben initiierten die Kongressteilnehmer „durch Leitsätze den Aufbau von Betriebsberufsschulen als Kernstück eines einheitlichen Berufsbildungssystems" (Raddatz 2000, S. 105). Im Mittelpunkt der Beratungen stand auch „die Forderung nach der Betriebsfachschule, der kommenden Ingenieurschule neuer Prägung. (…). Gleichzeitig wurde in den Leitsätzen die Forderung erhoben, die Fachschulen direkt oder indirekt an der Erfüllung der Wirtschaftsaufgaben zu beteiligen" (Uhlig 1985, S. 125).

Weitere grundsätzliche Forderungen des Kongresses waren die Verbesserung der Bedarfsplanung, engere Verbindungen zu Berufs- und Hochschulen sowie die schnelle Übernahme neuester wissenschaftlicher Erkenntnisse in die Berufsausbildung. Die Ergebnisse des Kongresses hatten entscheidende Auswirkungen auf die weitere Entwicklung des gesamten beruflichen Schulwesens der sowjetisch besetzten Zone. Mit dem Beschluss über die Einrichtung von Betriebsberufsschulen (BBS) und Berufsfachschulen (BFS) in „Volkseigenen Betrieben" (VEB) und Kombinaten vom 8.12.1948 begann dann ein neuer Abschnitt in der Entwicklung der nicht-akademischen Berufsausbildung in Ostdeutschland.
Zu Beginn des Jahres 1949 waren in den vier Besatzungszonen die bildungspolitisch und ideologisch bestimmten Richtungsentscheidungen für eine zukünftige Berufsbildung zunächst abgeschlossen.

- **Berufsausbildung in der Bundesrepublik**

In der Bundesrepublik Deutschland im Jahre 1949 sind verstärkte Bemühungen um eine spezielle und einheitliche Gesetzgebung für die nicht-akademische Berufsausbildung festzustellen. Im Jahre 1953 entstand im Rahmen der Handwerksordnung eine gesetzliche Regelung für die Lehrlingsausbildung im Handwerk und erst 1969 gelang es, mit dem Berufsbildungsgesetz (BBiG 1969) ein übergeordnetes Gesetz für die gesamte Berufsbildung zu verabschieden. Verstärkte Bemühungen gab es auch hinsichtlich der Durchlässigkeit des Berufsbildungssystems. Dazu wurde die Einrichtung des so genannten „Zweiten Bildungsweges" gefordert.

Die nicht-akademische Berufsausbildung in der Bundesrepublik war bis zur Wiedervereinigung gekennzeichnet durch Kontinuität, Konsolidierung und Reformen. So blieben die bis zum Beginn des Zweiten Weltkrieges entstandenen berufsbildenden Strukturen, Konzepte und Institutionen zunächst weitestgehend bestehen. Das betrieblich-schulische Ausbildungssystem erfuhr bis zum Ende der 1950er Jahre keine grundlegenden Veränderungen, d. h., die traditionellen handwerklichen Ausbildungsstrukturen in Form einer quasi dualen Ausbildung blieben auch weiterhin bestehen. Im beruflich-schulischen Bereich wurde die dreigliedrige Schulstruktur (Berufsschule, Fachschule, Berufsfachschule) beibehalten. Die Berufsschule als wichtigste Institution der Berufsausbildung orientierte sich im Wesentlichen am nationalsozialistischen Reichsberufsschulrecht, in dem die Berufsschulpflicht, der Beamtenstatus der Lehrer, die Schulträgerschaft etc. geregelt waren.

Die sechziger Jahre des zwanzigsten Jahrhunderts waren insbesondere bestimmt durch das große berufspädagogische Thema „Zweiter Bildungsweg". Mit der Einrichtung u. a. der Berufsaufbauschule bereits im Jahre 1949 sollte diese Forderung umgesetzt werden. Sie war gedacht als eine Institution für den beruflichen und damit auch sozialen Aufstieg von berufstätigen oder in Ausbildung befindlichen Jugendlichen. Dieser berufliche

Schultyp verlor jedoch seit den 1970er Jahren immer mehr an Bedeutung denn „schon Ende der 60er Jahre, nach dem Abdriften der Höheren Fachschulen in den Hochschulsektor verlor sie (…) sehr schnell ihre Funktion" (Greinert 2007, S. 101). Größerer Erfolg war den mit der Zielstellung einer Verbesserung der Durchlässigkeit des Berufsbildungssystems eingerichteten beruflichen Schulformen „Fachoberschule" (Einführung ab 1969), „Berufsoberschule" (Erprobung von 1971 bis 1978 in Bayern, Einführung ab 1972) und „Berufliches Gymnasium" (Einführung ab 1975) beschieden.

Der den in 1960er Jahre verstärkte ökonomisch-technische Wandel und Aufschwung sowie die Rationalisierung und Optimierung von Arbeitstechnik und Arbeitsorganisation ließen „die Diskrepanz zwischen Ausbildungsanforderungen und Ausbildungsrealität offensichtlich werden" (Georg/Kunze 1981, S. 83). Die von Georg Picht (1964) benannte „Bildungskatastrophe" und die Wirtschaftskrise von 1966/67 waren Anlässe für bildungspolitische Reformmaßnahmen auch im Bereich der nicht-akademischen Berufsausbildung.

Von großer Bedeutung war die Verabschiedung des Berufsbildungsgesetzes (BBiG 1969).[240] Hiermit lag erstmals ein umfassendes Gesetz zur Regelung der Ausbildung vor. Die schulische Seite der Ausbildung wurde darin allerdings so gut wie gar nicht berücksichtigt. Es kann eingeschätzt werden, dass die Kontinuität der spezifisch deutschen Berufsbildungstheorie in der Bundesrepublik in ihren Grundlinien durch die Reformen der 1960er Jahre nicht unterbrochen worden war.

In der Bundesrepublik begannen sich seit Mitte der 1960er Jahre im Bereich der Berufsausbildung die Ausbildungsform und der Terminus „Duales System" endgültig durchzusetzen. In diesem Zusammenhang ging mit dem Inkrafttreten des Berufsbildungsgesetzes am 1. September 1969 „eine Epoche ausbildungspolitischer Auseinandersetzungen zu Ende, die fast auf den Tag genau 50 Jahre gedauert hatte" (Greinert 2007, S. 108). Das Berufsbildungsgesetz von 1969 war dann ein gewisser Abschluss beim Aufbau eines modernen nicht-akademischen Berufsbildungssystems. Erstmals war es gelungen, die Fülle von Einzelgesetzen und Verordnungen im Bereich der Berufsbildung in einem übergeordneten Gesetz zu bündeln. Dieses Gesetz war jedoch schon kurz nach seiner Verabschiedung zwischen den verschiedenen Interessengruppen heftig umstritten.[241] Eine deshalb geplante Neufassung bzw. Novellierung des BBiG scheiterte vor allem am Widerstand der Unternehmerlobby. Zumindest verabschiedete die Bundesregierung 1970 ein bildungspolitisches Programm, dem „Allgemeine Grundsätze für die Reform des Bildungswesens" vorangestellt waren (vgl. BMBW 1970).

---

[240] Angenommen wurde: „Mit dem gesetzgeberischen Eingreifen des Staates auch in einem als unmittelbar ‚wirtschaftlich' und damit privat reklamierten Bereich war – als eine der späten Folgen der Industrialisierung – die Institutionalisierung eines eigenständigen Berufsausbildungssystems abgeschlossen" (Georg/Kunze 1981, S. 83).
[241] Es wurde kritisiert, dass sich das Berufsbildungsgesetz zu stark an den von Arbeitgeber-, Handwerks- und Gewerkschaftsverbänden vertretenen Vorstellungen und Forderungen orientiere. In den Folgejahren standen zunehmend die Vielzahl von unvollständigen Bestimmungen und das Festhalten an Statusrechten und Sonderstellungen vor allem des Handwerks in der Kritik. Ebenso in der Kritik stand das Duale System der Berufsausbildung. Anfang der 1970er Jahre erreichten diese Einsprüche einen Höhepunkt und äußerten sich in einer Fülle von Veränderungsvorschlägen, -plänen und -forderungen.

Anfang der 1970er Jahre war die Berufsschule im Dualen System die mit Abstand am weitesten verbreitete berufliche Schulform und hatte 1970 einen Umfang von 1.599.400 Besuchern. Im Jahre 1985 erreichte sie hinsichtlich ihrer Teilnehmerzahl einen bis heute nicht mehr erreichten Höchststand, nämlich 1.893.300 Schülerinnen und Schüler (vgl. BMBF 2005, S. 56). Danach war dann bis zur Wiedervereinigung eine geringfügige, aber stetige Verringerung der Besucher zu verzeichnen. Das Duale System behielt seine Bedeutung (Spöttl 2016) und wirkte als Paradigma darüber hinaus auch auf das akademische Ausbildungssystem.

Die höheren Fachschulen – d. h. insbesondere die Ingenieurschulen und Wirtschaftsfachschulen – wurden aufgrund der erhobenen bildungspolitischen Forderungen in einem raschen Übergangsprozess, der bis Mitte der 1970er Jahre abgeschlossen war, zu Fachhochschulen umgewandelt. Die verbliebenen ehemaligen niederen Fachschulen wurden unter der Bezeichnung „Fachschule" weitergeführt und als Einrichtungen der beruflichen Weiterbildung institutionalisiert (vgl. Pahl 2010, S. 118 ff.).

Die Berufsfachschulen erlebten seit Mitte der 1960er Jahre einen Aufschwung. Ihre Funktion und Aufgabe sowie ihre Abgrenzung insbesondere zur betrieblichen Ausbildung und zu den allgemeinbildenden Gymnasien waren allerdings noch nicht exakt bestimmt. Die bestehenden Defizite hat Günter Wiemann (1970, S. 510) in einem Negativkatalog aufgezeigt und benannt. Aufgrund der von verschiedener Seite erhobenen Kritik wurde im Jahre 1971 durch die KMK die „Rahmenordnung über Berufsfachschulen" (KMK 03.11.1971), einschließlich ihrer Funktion und Aufgabe, beschlossen.

Danach etablierten sich die Berufsfachschulen in immer stärkerem Maße. Mitte der 1980er Jahre erfolgte durch die Bundesregierung eine Bewertung, indem diese berufliche Schulform als eine Ergänzung zum Dualen System der Berufsausbildung gesehen und anerkannt wurde. Bis zur Wiedervereinigung hatte sich an den Berufsfachschulen eine große Vielfalt und Multifunktionalität bei den Bildungsgängen herausgebildet (vgl. Pahl 2009, S. 89 ff.). Alle anderen beruflichen Schulformen (Berufsvorbereitungsjahr, Berufsgrundbildungsjahr, Berufsaufbauschule, Fachoberschule, Berufsoberschule, Berufliches Gymnasium) spielten in der „alten" Bundesrepublik nur eine eher marginale Rolle. Insbesondere die berufsvorbereitenden Bildungsgänge haben seit Mitte der 1970er Jahre aber beständig an Bedeutung gewonnen.

Durch die Einführung dieser berufsvorbereitenden Bildungsgänge konnte zwar das Problem der Jugendarbeitslosigkeit vermindert werden, eine stringente lernorganisatorische und didaktische Konzeption war aber dafür zunächst nicht vorhanden. Erst durch das im Prinzip ebenfalls berufsvorbereitende Berufsgrundbildungsjahr (BGJ), das seit dem Jahre 1978 auf die Ausbildungsdauer angerechnet werden konnte (KMK 19.05.1978), gelang eine berufspädagogisch und didaktisch sinnvolle Gestaltung des Übergangs vom allgemeinen Schulwesen in das Ausbildungssystem. Inzwischen haben sich die berufsvorbereitenden Bildungsgänge und Maßnahmen im System der beruflichen Erstausbildung als so genanntes „Übergangssystem" etabliert.

- **Berufsausbildung in der DDR**

In Ostdeutschland begann mit der Gründung der Deutschen Demokratischen Republik ein Umbruch in der institutionellen Ausrichtung des Berufsbildungssystems. Kernstück des Systems sollten Betriebsberufsschulen werden. Dieses wurde schon im Beschluss des Politbüros der SED vom 5.7.1949 unterstrichen, in dem vorgeschlagen wurde, „Betriebsberufsschulen einzurichten, die dem einzelnen Betrieb oder einer Gruppe von Betrieben angeschlossen sind und in denen nur Lehrlinge dieser Betriebe ausgebildet werden dürfen" (Raddatz 2000, S. 111). In der Folge – vor allem von 1950 bis etwa 1954 – wurden die Ausgaben für das Berufsbildungswesen erheblich erhöht.

Neben der Einrichtung von Betriebsberufsschulen wurde auch der Ausbau der Fachschulen vorangetrieben.[242] Aufgrund dessen verlagerte sich auch die berufliche Weiterbildung ab 1952 von den Volkshochschulen in die Betriebe „und hatte dann Ende der 1950er Jahre mit den Betriebsakademien ihre endgültige Struktur gefunden, die mit gewissen Modifizierungen bis 1989 bestand" (Trier 2001, S. 335). Aufgabe der Akademien war die Weiterbildung von Facharbeitern, Meistern sowie mittleren Leitungskräften.[243]

Am 30.6.1960 empfahl der 3. Berufspädagogische Kongress der DDR die „Grundsätze zur weiteren Entwicklung des Systems der Berufsbildung". Von diesem Zeitpunkt an wurde das System der Berufsbildung der DDR von drei Grundprinzipien bestimmt:
- dem Prinzip der polytechnischen Vorbildung an den allgemeinbildenden Polytechnischen Oberschulen,
- dem Prinzip der Einheit von Unterricht und produktiver Arbeit und
- dem Prinzip der Disponibilität bzw. Verfügbarkeit der Fachkräfte (vgl. Hegelheimer 1973, S. 180 f.)

Die schon seit längerem betriebene ideologische Ausrichtung des gesamten Bildungswesens manifestierte sich im „Gesetz über die sozialistische Entwicklung des Schulwesens in der Deutschen Demokratischen Republik" vom 2. Dezember 1959. Auf dieser Grundlage wurde u. a. der neue Bildungsgang „Berufsausbildung mit Abitur/BmA" eingerichtet. 1959 wurde mit der Ausbildung in 47 Betriebsberufsschulen begonnen. Über diesen Bildungsweg konnten gleichzeitig die volle, uneingeschränkte Hochschulreife und ein Facharbeiterabschluss erreicht werden.

---

[242] Zunächst kam es durch die Anweisung des Ministeriums für Arbeit der DDR vom 10.5.1951 zu einer formalen Aufwertung des beruflichen Weiterbildungsbereichs. Die Anweisung bestimmte, „dass in der volkseigenen Wirtschaft Fortbildungskurse durchzuführen sind, in denen sich Ungelernte die Qualifikation von Angelernten aneignen können, Angelernte zu Facharbeitern herangebildet werden und Facharbeiter auf das Niveau der technischen Intelligenz kommen können" (Raddatz 2000, S. 120).
[243] Zur Koordinierung und Forcierung des Weiterbildungsbereichs wurde am 1. September 1952 in Plauen das Institut für Fachschullehrerbildung eingerichtet. Dies war verbunden mit der Bildung von Pädagogischen Beiräten und der Konstituierung von Lehrplankommissionen. Durch diese Gremien sollten die Lehrpläne auf den neuesten Stand von Wissenschaft und Technik gebracht, eine wissenschaftliche Begründung der Stoffverteilung geschaffen, die Kluft von Theorie und Praxis beseitigt sowie eine bessere Verbindung der allgemeinbildenden Fächer mit den fachlichen Themen erreicht werden. Am 11./12. März 1953 tagte die erste Fachschulkonferenz.

Es handelte sich um einen einphasigen, dreijährigen Bildungsgang, der Allgemeinbildung und berufliche Bildung auch didaktisch miteinander verknüpfte und somit keine bloße Addition von Lehre und Abitur darstellte. Meist fand die gesamte Ausbildung in der Lehrwerkstatt und der Berufsschule des gleichen Großbetriebes statt, wodurch fast schon ideale Bedingungen für eine Lernortkooperation gegeben waren.[244]

Bedingt durch die wirtschaftliche Rezession seit Anfang der 1960er Jahre dominierte im gesamten nachfolgenden Jahrzehnt bildungsökonomisch „die Vorstellung, daß Bildung sich auch ökonomisch rechnet und daß bei den in der DDR gegebenen gesellschaftlichen Herrschaftsverhältnissen eine permanente Höherqualifizierung sicher sei" (Biermann 1990, S. 30). Unter diesen Prämissen wurde bis Ende der 1960er Jahre in der Berufsausbildung eine breite Ausbildung angestrebt, aber die Ausbildungsdauer auf (im Regelfall) zwei Jahre verkürzt.[245]
Mit dem Gesetz über das einheitliche sozialistische Bildungssystem von 1965 wurde die Berufsbildung dann noch enger in das Gesamtbildungssystem der DDR integriert. Im Jahre 1968 verabschiedete die Volkskammer der DDR Grundsätze über die weitere Entwicklung der Berufsausbildung der Lehrlinge und der Weiterbildung der Erwachsenen.

In der Deutschen Demokratischen Republik waren Anfang der 1970er Jahre die Vorgaben des zu reformierenden neuen sozialistischen Berufsbildungssystems weitestgehend umgesetzt. Alle Abgänger der ab 1959 neu eingerichteten zehnklassigen allgemein bildenden Polytechnischen Oberschule (POS), die keine andere weiterführende Bildungseinrichtung (Erweiterte Oberschule, Fachschule) besuchten, besaßen laut Verfassung der DDR (1975, § 25, Abs. 4) das grundlegende Recht, gleichzeitig aber auch die Pflicht, eine Berufsausbildung zu absolvieren.

Der Staat sicherte jedem Jugendlichen einen Ausbildungsplatz und nach Ende der Ausbildung einen Arbeitsplatz zu. Die Berufsausbildung baute insbesondere auf dem in der POS im Rahmen der polytechnischen Bildung vermittelten Wissen auf. Die Ausbildungsdauer betrug im Regelfall zwei Jahre, beim Abgang von der POS nach Abschluss der 8. Klasse drei Jahre.

Mitte der 1960er Jahre wurde auch das Problem der großen Anzahl an Facharbeiterberufen angegangen, denn im Jahre 1957 gab es in der DDR 972 Ausbildungsberufe. Die daraus resultierende starke Zersplitterung der Berufsausbildung „war mit einer weder bildungs- noch sozialpolitisch erwünschten frühen Spezialisierung der Jugendlichen auf

---

[244] Zeitweise bzw. in den 1960er Jahren wurde auch an den Erweiterten Oberschulen (EOS) der DDR gleichzeitig mit der Vorbereitung auf das Abitur eine Berufsausbildung durchgeführt. Dieser Bildungsgang wurde Ende der 1960er Jahre jedoch wieder eingestellt.
[245] Letzteres erfolgte im Zusammenhang mit der im Jahre 1959 begonnenen Verlängerung der allgemein bildenden Schulzeit auf zehn Jahre und der Vorverlegung von grundlegenden Teilen der Berufsausbildung in den polytechnischen Lernbereich der neuen zehnklassigen allgemein bildenden Polytechnischen Oberschulen (POS). Gleichzeitig wurden die in dieser Zeit an Wirtschaftsorgane delegierten Kompetenzen im Bereich der Berufsausbildung wieder an das Staatliche Amt für Berufsausbildung zurückgegeben.

Splitterberufe verbunden" (Hegelheimer 1973, S. 183). Deshalb sollte u. a. mit Hilfe von berufs- und wirtschaftszweigübergreifenden Grundberufen sowie breit angelegten Facharbeiterberufen die Anzahl der Berufe verringert und die notwendige Qualifikationsstruktur der Arbeitskräfte besser planbar werden. Anfang der 1970er Jahre existierten schon 28 Grundberufe und 48 breit profilierte Ausbildungsberufe mit rund 700 Spezialisierungsmöglichkeiten.

Die Anzahl der Berufe wurde bis 1970 drastisch auf 306 verringert und blieb danach im Wesentlichen auf diesem Stand bestehen. Dagegen wurde die Anzahl der Grundberufe von 1980 bis 1985 von 28 auf 98 erhöht (vgl. dazu Gemeinschaftsarbeit 1989, S. 101).[246] Mitte der 1980er Jahre waren insgesamt 308 Ausbildungsberufe festgeschrieben.

Nach dieser drastischen Verringerung und breiteren Ausrichtung der Berufe sind im Berufsausbildungssystem der DDR folgende Grundtypen beruflicher Ausbildungsgänge eingerichtet worden (Hegelheimer 1973, S. 187 f.):
– Berufsausbildung mit Abitur,
– Ausbildung im Grundberuf,
– Ausbildung im breit profilierten Ausbildungsberuf,
– Ausbildung im Spezialberuf,
– Ausbildung im Teilberuf.

Die Betriebsberufsschulen (BBS) als Kernstück des einheitlichen sozialistischen Berufsbildungssystems wurden weiter ausgebaut.[247] Neben den BBS bestanden weiterhin kommunale Berufsschulen und Zentralberufsschulen, an denen in den 1980er Jahren knapp ein Drittel aller Lehrlinge der DDR ausgebildet wurden.

Auch das Fachschulwesen der DDR, zu dem neben den Fachschulen auch die Ingenieurschulen und die Institute für Lehrerbildung gezählt wurden, ist seit Anfang der 1970er Jahre weiter ausgebaut worden.[248]

Die Berufsfachschulen als dritte traditionelle Einrichtung der Berufsausbildung dagegen wurden der DDR immer weiter abgebaut. Ihre originäre Funktion (also vor allem voll-

---

[246] Grundberufe waren beispielsweise der Zerspanungsfacharbeiter (ehemals die Berufe Dreher, Bohrwerkfacharbeiter, Fräser, Verzahnungsfacharbeiter, Hobler und Schleifer), der Facharbeiter für Datenverarbeitung, der Facharbeiter für Betriebsmess-, Steuerungs- und Regelungstechnik, der Facharbeiter für automatisierte Produktionssysteme, der Facharbeiter für chemische Industrie oder der Instandhaltungsmechaniker. Gleichzeitig, d. h. ebenfalls Anfang der 1970er Jahre, wurde aber von einer ausschließlichen Fokussierung auf Grundberufe wieder abgerückt. Stattdessen sollten „alle volkswirtschaftlich notwendigen Berufe und jede nützliche Arbeit gesellschaftlich geachtet" (Janson/Keim 1971, S. 844) werden.

[247] Anfang der 1980er Jahre gab es schon über 1000 dieser betrieblichen Einrichtungen mit über 600 angeschlossenen Lehrwerkstätten. Einigen ausgewählten BBS waren Abiturklassen angegliedert, in denen neben dem Facharbeiterabschluss gleichzeitig das Abitur und damit die Hochschulreife erworben werden konnte (Berufsausbildung mit Abitur – BmA, z. B. Werkzeugmacher mit Abitur).

[248] Anfang der 1980er Jahre existierten 56 Ingenieurschulen der Industrie sowie des Bau-, Verkehrs-, Post- und Fernmeldewesens, 39 Ingenieurschulen der Land-, Forst- und Nahrungsgüterwirtschaft, 8 Fachschulen der Wirtschafts- und Staatswissenschaften, 8 Fachschulen des Bibliotheks- und Archivwesens bzw. der Museumskunde, 65 medizinische Fachschulen sowie 52 pädagogische und 11 kulturpolitische bzw. künstlerische Fachschulen. Davon waren 21 Einrichtungen Fachschulen oder anderen Organisationsformen von Bildungseinrichtungen (Hochschulen, Universitäten) angegliedert. Es existierten 21 Fachrichtungen des Maschinenwesens, 6 Fachrichtungen der Elektrotechnik/Elektronik, 35 Fachrichtungen der Wirtschaftswissenschaften und 26 Fachrichtungen der Agrarwissenschaften (Uhlig 1983, S. 36 f.) und damit eine Vielzahl von Berufsprofilen.

zeitschulisch für einen Beruf oder Teilberuf auszubilden) wurde immer mehr von den Betriebsschulen und den Betriebsberufsschulen übernommen, da diesen – im Gegensatz zu den Kommunalen Berufsschulen, die nur für den theoretischen Unterricht zuständig waren – sowohl die theoretische als auch die berufspraktische Ausbildung übertragen worden war (vgl. Kuhn 1990, S. 64).

- **Berufsausbildung nach der Vereinigung der beiden deutschen Staaten**

Für die Länder der originären Bundesrepublik änderte sich nach der Wiedervereinigung im Bereich der nicht-akademischen Berufsausbildung kaum etwas. Dagegen war die Berufsausbildung in der ehemaligen DDR nach ihrem Beitritt zur Bundesrepublik Deutschland am 3.10.1990 einem völligen strukturellen, organisatorischen und rechtlichen Umbruch unterworfen. Eine Hauptaufgabe war die Etablierung des Dualen Systems der Berufsausbildung und die Neuordnung der beruflichen Vollzeitschulen in den neuen Ländern. Außerdem konzentrierten sich die bildungspolitischen Maßnahmen zunächst vor allem auf die Weiterbildung.[249]

Die folgenden Jahre bis zur Jahrhundertwende waren in dem nun wiedervereinigten Deutschland geprägt durch teilweise kontrovers geführte Diskussionen zur Entwicklung des Systems der nicht-akademischen Berufsbildung. Im Mittelpunkt standen u. a. die Entwicklung der Berufe einschließlich ihrer Ordnung, die neuen Anforderungen an berufliche Qualifikationen und Kompetenzen, die daraus folgenden neuen Anforderungen an Ausbildungsstrukturen und -konzepte sowie die Entwicklung des Dualen Systems der Berufsausbildung. Zudem musste auf die neuen Anforderungen durch die seit Ende der 1990er Jahre forcierte „Europäisierung" der Bildungs- und Berufsbildungssysteme im Rahmen der EU reagiert werden.

Auch der Bereich der Berufsvorbereitung und deren Gestaltung wurden weiterhin kontrovers diskutiert. Vor allem das berufsvorbereitende Konstrukt „Berufsvorbereitungsjahr" hatte sich immer mehr zu einem „Parkhaus für Jugendliche ohne Ausbildungsverhältnis oder Arbeitsplatz" (Schulz 2003, S. 22) entwickelt. Durch den wachsenden Anteil an ausländischen Schülerinnen und Schülern, d. h. insbesondere Lernenden mit Migrationshintergrund, hat sich der Bildungs- und Erziehungsauftrag des Berufsvorbereitungsjahres in den 1990er Jahren stärker hin zu allgemeinbildenden Lernzielen verschoben.

Ende der 1990er Jahren musste die Bildungspolitik in verstärktem Maße auf die intensiven Bestrebungen der EU zur Schaffung eines weitgehend einheitlichen Bildungsraums Europa reagieren.[250] Diskutiert und vorgeschlagen wurde nicht nur in diesem Zusam-

---

[249] Dieses war notwendig, da auf dem Gebiet der ehemaligen DDR infolge der technologisch-innovativen Defizite ein hoher Bedarf an Weiterbildung sowie an (Anpassungs-)Fortbildung und Umschulung bestand. Außerdem lagen auch Gründe darin, dass sich ganz andere berufliche Arbeitsfelder eröffneten.
[250] In diesem Zusammenhang wurden insbesondere die Thematiken „Beruf und Beruflichkeit versus Entberuflichung", „Modularisierung" und „Integration von Aus- und Weiterbildung" kontrovers diskutiert. Das Berufsprinzip als zentrales Orientierungsmuster des deutschen Beschäftigungssystems und damit auch der Berufsausbildung wurden aufgrund des immer tiefgreifenderen und schnelleren Wandels von beruflichen Tätigkeiten sowie Wissens-

menhang u. a. eine „Struktur offener dynamischer Berufsbilder" bzw. eine limitierte Zahl von „Kernberufen" „oder ‚Basis-Berufen' mit ergänzenden ‚Zusatzqualifikationen' und/oder standardisierten ‚Modulen' im Rahmen beruflicher Fortbildung" (Greinert 2007, S. 206).

Die Berufsbildungspolitik reagierte auf diese Entwicklungen, indem sie Initiativen anschob.[251] Die Entwicklung der Berufsausbildung in den 1990er Jahren war auch geprägt durch die weitere Kritik am Konzept des Dualen Systems, einschließlich der Aufgaben der Berufsschule. Gleichzeitig stieg wegen des angespannten Ausbildungsstellenmarktes die Bedeutung der Berufsfachschule an.

1.7.4 Differenzierungen bei den akademischen Berufen

Seit dem Zeitalter der industriellen Revolution und insbesondere im zwanzigsten Jahrhundert unterliegen die akademischen Berufe und Berufsfelder im deutschen Sprachgebiet in besonders hohem Maße strukturellen, organisatorischen und inhaltlichen Veränderungen. Dieses Faktum ist seit der Entstehung von differenzierten gelehrten Ständen bzw. Berufen im Mittelalter ein Novum, denn zuvor veränderten sich diese Berufe Jahrhunderte lang kaum. Naturwissenschaftliche, technische und dienstleistungsorientierte Berufe erlangten zunehmend an Bedeutung.

Akademiker hatten nun eine herausgehobene Stellung und genossen vielfach auch ein besonders gutes Einkommen. Dabei übte allerdings den stärksten Einfluss auf die Einkommensmöglichkeiten „die berufliche Stellung aus. In dieser Hinsicht klassisch gemischt strukturierte Karrieren wie die Juristen machten die Erfahrung, dass die Beamtengehälter üblicherweise eine deutlich geringere Varianz als die Einkommen der Freiberufler und Angestellten aufwiesen" (Sander 2008 S. 50). Im Vergleich zu den meisten nichtakademischen Berufen war das Einkommen bis zum Ersten Weltkrieg opulent. „Höhere Beamte, akademische Freiberufler und angestellte Chemiker zählten im gesellschaftsweiten Rahmen während der ersten Hälfte des 20. Jahrhundert zu den oberen fünf Prozent der Einkommenspyramide." (ebd., S. 51)

In der ersten Phase des zwanzigsten Jahrhunderts, die auch dem „Zeitalter der Intelligenz" (Sdvizkov 2006) bezeichnet werden kann, entwickelte sich die Kunstfigur des professionellen Intellektuellen oder der professionellen Intelligenz. Diese waren zum großen Teil Akademiker, die aufgrund ihres Berufes künstlerisch, literarisch, journalistisch oder wis-

---

beständen verstärkt thematisiert. Vor diesem Hintergrund wurde die Betonung der Beruflichkeit sogar „als ein Wettbewerbsnachteil des deutschen Produktionsmodells diskutiert" (Meyer 2000, S. 20).

[251] Das geschah u. a. durch einen „Bericht mit Empfehlungen zur Differenzierung in der Berufsausbildung" (BLK 1993) und einem „Reformprojekt Berufliche Bildung – Flexible Strukturen und moderne Berufe" (BMBW 1994) sowie neuen KMK-Rahmenvereinbarungen insbesondere für die beruflichen Schulformen „Berufsschule", „Berufsfachschule" und „Fachschule". Zu den Zielen des Reformprojektes gehörte „die ‚Entwicklung dynamischer und gestaltungsoffener Ausbildungsberufe', die dem Wandel in der Arbeit stärker Rechnung tragen sollen" (Berger 2000, S. 10). Solche Berufsprofile und das Konzept der Zusatzqualifikationen sollten zu einer Differenzierung und Dynamisierung der Berufsausbildung beitragen (vgl. dazu z. B. Schemme 2001, S. 5 ff.).

senschaftlich tätig waren und über Fähigkeiten verfügten, mit denen sie im öffentlichen Diskurs und bei gesellschaftspolitischen Auseinandersetzungen Positionen bezogen.

Männliche Intellektuelle kamen aus den Berufen der Künstler, Schriftsteller, Journalisten und den verschiedensten Fachgebieten der Wissenschaftler. Um die Wende vom neunzehnten zum zwanzigsten Jahrhundert zogen auch Frauen „in die unteren Ränge der professionellen Intelligenz als Pädagoginnen oder Ärztinnen ein" (Sdvizkov 2006, S. 199). Weibliche Intellektuelle wurde von der Öffentlichkeit kaum wahrgenommen oder in ihren Leistungen gewürdigt.

Die Profession als Sonderform des Berufs behielt seinen herausgehobenen Stellenwert und erweiterte diesen sogar. Es wurden aber auch Defizite bei den Professionen angesprochen und darüber hinaus Tendenzen zur Deprofessionalisierung[252] und sogar die Möglichkeit des Rückschritts „von der Profession zum Beruf" diskutiert (Bollnger/Hohl 1981, S. 440 ff.). Jedoch wurde „spätestens mit den neuen Funktionssystemen des 20. Jahrhunderts – Massenkommunikation, Tourismus, Sport – unübersehbar deutlich, daß eine horizontale Vielfalt von Funktionssystemen entsteht", wobei „auffällt, daß nur in einigen dieser Funktionssysteme eine Profession eine signifikante Rolle spielt" (Stichweh 1996, S. 57).

Kennzeichnend für das beginnende zwanzigste Jahrhundert war, wie Delphine Gardey hervorhebt, „dass Frauen sich neue Bildungsmöglichkeiten und neue Arbeitsplätze erschließen. Obwohl Mädchen auf allen Stufen des Bildungswesens und namentlich beim Abitur und zum Hochschulstudium zugelassen sind, ist die Frage nach dem Zugang von Frauen zu den akademischen Berufen auch zwischen den beiden Weltkriegen noch problematisch, auch wenn das Klima für die Vorstellung von einer ‚weiblichen Karriere' günstiger geworden ist. (…). Die Zahl der Frauen, die schließlich dennoch Ärztinnen, Rechtsanwältinnen, Ingenieurinnen, Universitätsprofessorinnen werden, ist sehr klein, und ihr Einstieg in das jeweilige berufliche Milieu ist immer eine Quelle von Konflikten." (Gardey 2001, S. 38)

Seit den 1920er Jahren gewannen die mathematisch-naturwissenschaftlichen Berufe immer mehr an Bedeutung. Für viele war das Ziel, über Chemie-, Physik-, Geographie- oder Biologieberufe an entsprechenden Arbeitsstellen an der Universität, im Großbetrieb und Laborfirmen eine berufliche Tätigkeit aufnehmen zu können. Naturwissenschaftler arbeiteten aber auch in vielen anderen Berufsfeldern.
Die naturwissenschaftlichen Berufe differenzierten sich aus. Bei den Physikberufen entwickelten sich berufliche Spezialisierungen wie Astronomie/Astrophysik, Experimentalphysik, Kernphysik, Medizinische Physik, Theoretische Physik, bei den Chemieberufen Spezialisierungen im organischen und anorganischen Bereich. Über ein mathematisch-naturwissenschaftliches Studium entwickelten sich auch Berufe wie beispielsweise Astronomen, Biochemiker, Chemieingenieure, Lebensmittelchemiker, Mathematiker, Statistiker, Stochastiker, Toxikologen. In der Zeit der Nationalsozialismus wurden solche ma-

---

[252] Heinrich Bollnger und Joachim Hohl (1981, S.440) thematisieren beispielsweise die „Deprofessionalisierung des rzte-Standes".

thematisch-naturwissenschaftlichen Berufe und Qualifikationen für die Rüstungswirtschaft benötigt.

Nach dem Zweiten Weltkrieg war Deutschland teilweise ein Trümmerfeld. Es herrschte bei einem Großteil der Bevölkerung Not, Hunger und Verzweiflung. Wegen der prekären Situation oder Berufsverboten im Rahmen der sogenannten Entnazifizierungsverfahren waren viele Akademiker auf ganz anderen Arbeitsfeldern tätig.[253] Im Jahre 1948 endeten die meisten Verfahren; fast alle ehemaligen Nationalsozialisten kehrten in ihre Berufe zurück. Viele der Heimkehrer aus der Kriegsgefangenschaft, die nach dem Abitur oder dem sogenannten Notabitur nur den Beruf des Wehrmachtsoffiziers kannten, nahmen ein Studium auf. Seit Mitte der 1950er Jahre sahen ehemalige Wehrmachtsoffiziere eine Berufsoption in der Bundeswehr.

Durch die Umwandlung der höheren Fachschulen in Fachhochschulen in den 1960er und 1970er Jahren ergaben sich für diejenigen, die einen akademischen Beruf studiert hatten, Irritationen und Statusprobleme. Es entstanden nun Diplomierungen, die sich in den Titeln und den Arbeitsbereichen kaum unterschieden. Auf dem Rechts- und Klageweg wurde versucht, Unterscheidungen des Berufsabschlusses durch Zusätze zu erreichen. Da die Fachhochschulen die Diplomurkunden in den verschiedenen Bundesländern sehr uneinheitlich gestalteten, wurde das Problem auch staatlicherseits nicht abschließend geklärt und das Beschäftigungssystem – mit Ausnahme des öffentlichen Dienstes – urteilte bei der Einstellung nach den erforderlichen beruflichen Fähigkeiten. Einzig die Promotion verwies im Regelfall auf die Herkunft der akademischen Berufsbezeichnung.

Eine spezifische Entwicklung bei den akademischen Berufen im Spannungsfeld zwischen Markt und Profession ergab sich im kaufmännischen Bereich. „Die Betriebswirte stellen als akademische Berufsgruppe einen interessanten Sonderfall der deutschen Entwicklung dar, weil ihre Formulierung nicht, wie im Fall der meisten anderen akademischen Berufe in Deutschland staatlich-bürokratisch initiiert war." (Franz 1998, S. 3) Ihre Anerkennung als Akademiker erfolgte nach der Gründung von Handelshochschulen zu Beginn des zwanzigsten Jahrhundert nur zögerlich. Die Absolventen dieser Ausbildungsstätten hatten als Betriebswirtschaftler im Vergleich zu Volkswirtschaftlern und Nationalökonomen in der Anfangszeit einen geringen akademischen und gesellschaftlichen Status (ebd., S. 79 ff.). Zum Ende des Jahrhunderts allerdings besetzten Betriebswirte als Dipl.-Kaufleute Spitzenpositionen in der Wirtschaft.

Der Beruf des Unternehmers lässt sich nicht zwangsläufig dem akademischen Bereich zuordnen. Die „Vermutung, alle Unternehmer verfügten in der zweiten Hälfte des 20. Jahrhunderts über eine akademische Ausbildung und die Ausübung einer wirtschaftlichen Führungsposition sei zunehmend an bestimmte Bildungspatente und Ausbildungswege gebunden worden (Eifert 2011, S. 70), bestätigt sich nicht. Dazu stellt Christiane Eifert zu

---

[253] Mit der Entnazifizierung in Hessen beispielsweise wurde 1945/46 aufgrund des Gesetzes Nr. 8 der amerikanischen Militärregierung vom 26. September 1945 ein „Verbot der Beschäftigung von Mitgliedern der NSDAP in geschäftlichen Unternehmen und für andere Zwecke, mit Ausnahme der Beschäftigung als gewöhnliche Arbeiter" erlassen.

Recht fest: „Diese in Hinblick auf Manager herausgearbeitete Qualifikationsstruktur lässt sich längst nicht für alle Leiter eines Familienunternehmens nachweisen." (ebd.)

Viele Berufe erfuhren im deutschsprachigen Raum eine außerordentliche funktionale Differenzierung (Abb. 24), sodass die Anzahl der Berufe exorbitant zunahm.

> Agrarbiologin/Agrarbiologe, Arbeitswissenschaftler/-in, Astrophysiker/-in, Bauingenieur/-in (Klimatechnik, Heizungstechnik), Bauingenieur/-in (Städtebau-, Verkehrsbau-, Infrastrukturbau und -planung), Betriebs- und Unternehmensberater/-in, Betriebswirt/-in (Internationale Betriebswirtschaft), Betriebs- und Unternehmensberater/-in im Bereich EDV und Organisation, Betriebs- und Unternehmensberater/-in, Betriebs- und Unternehmensberater im Bereich Personalmanagement (Personal Consultant), Biologe/Biologin (Molekulare Biologie), Biologe/Biologin (Ökologie, Umweltbiologie), Biologin, Biologe (Paläontologie; Paläobiologie), Chemiker/-in (Analytische Chemie), Chemiker/-in (Anorganische Chemie), Chemiker/-in, Chemiker (Organische Chemie, Erdölchemie, Biochemie, Lebensmittelchemie), Chemikerin (Physikalische Chemie), Controlling-Manager/-in im Bereich Beteiligungscontrolling und Internationales Beteiligungs-Controlling, Controller/-in im Bereich Inventory Controlling, Controller/-in im Bereich Marketing, Designer/in, Industrial-Designer/-in, Dolmetscher/-in, EDV-Spezialist/-in, Elektroingenieur, Kraftfahrzeugingenieur/-in, Ingenieur/in-Elektrotechnik (Kommunikationstechnik), Geologin/Geologe, Genetiker/-in, Geochemiker/-in, Geophysiker/-in, Historiker/-in, Informatiker/-in, Informatiker/-in (Anwendungsinformatik), Informatiker/-in (Betriebs- und Wirtschaftsinformatik), Informatiker/-in im Bereich Computational Intelligence, Informatiker/-in im Bereich Computergrafik und Digitale Bildverarbeitung, Informatiker/-in im Bereich Computerlinguistik (Computerlinguistin), Kybernetiker/-in, Landwirtschaftsingenieur/-in (Bodenwirtschaft und Pflanzenproduktion), Landwirtschaftsingenieur/-in (Tierproduktion), Manager/-in, Manager (Business Development), Manager/-in (Projektmanagement), Manager/-in (Facility Management), Manager/-in (Produktion), Mathematiker/-in (Informations- und Datenverarbeitung), Mathematiker/-in (Versicherungsmathematik, Wirtschaftsmathematik, Operations Research), Meteorologin/Meteorologe, Mikrobiologin/Mikrobiologe, Netzwerkadministrator/-in (Internet, Intranet Administration), Pharmazeut/-in (Pharmazeutische Technologie, Pharmazeutische Verfahrenstechnik), Produktgestalter/-in, Raum- und Luftfahrtingenieur, Restaurator/-in, Psychologin/Psychologin, Sprach- und Kulturwissenschafter/-in, Sportwissenschafter/-in, Statistiker/-in (Naturwissenschaftlich-Technische Statistik), Statistiker/-in (Sozialstatistik), Statistiker/-in (Sozialstatistik-Demographie), Umweltmanager/-in (Umweltökonomie), Tourismusmanager/-in (Konferenz- und Kongressmanagment), Tourismusmanager/-in (Wellness-, Gesundheits- und Fitnesstourismus), Wirtschaftsingenieur/-in, Wirtschaftsprüfer/-in.

Abb. 24: Neue akademische Berufe und ihre Spezialisierungen im 20. Jahrhundert – Auswahl (in Anlehnung an das Berufelexikon 2011, Bd. 3, S 387 ff.)

Vereinheitlichungen bei den Berufsbezeichnungen ergaben sich im Rahmen der Wiedervereinigung durch den Einigungsvertrag. Mit dem zunehmenden Einsatz des Personalcomputers veränderten sich auch die Tätigkeiten in den einzelnen akademischen Berufen. Eine besonders starke Diversifikation zeigte sich beim Beruf „Ärztin bzw. Arzt für Humanmedizin" durch die Differenzierung in Fachärzte (Abb. 25).

> Arzt/Ärztin (Allgemeinmedizin), Facharzt/Fachärztin (Anästhesiologie und Intensivmedizin), Facharzt/Fachärztin (Anatomie), Facharzt/Fachärztin (Arbeitsmedizin), Facharzt/Fachärztin (Augenheilkunde und Optometrie), Facharzt/Fachärztin (Blutgruppenserologie und Transfusionsmedizin), Facharzt/Fachärztin (Chirurgie), Facharzt/ Fachärztin (Frauenheilkunde und Geburtshilfe), Facharzt/Fachärztin (Gerichtsmedizin), Facharzt/ Fachärztin (Hals-, Nasen- und Ohrenkrankheiten), Facharzt/Fachärztin (Haut- und Geschlechtskrankheiten), Facharzt/Fachärztin (Herzchirurgie), Facharzt/ Fachärztin (Histologie und Embryologie), Facharzt/Fachärztin (Hygiene und Mikrobiologie), Facharzt/ Fachärztin (Immunologie), Facharzt/Fachärztin (Innere Medizin), Facharzt/ Fachärztin (Kinder- und Jugendchirurgie), Facharzt/Fachärztin (Kinder- und Jugendpsychiatrie), Facharzt/ Fachärztin (Kinder- und Jugendheilkunde), Facharzt/ Fachärztin (Lungenkrankheiten), Facharzt/Fachärztin (Medizinische Biophysik), Facharzt/Fachärztin (Medizinische Genetik), Facharzt/Fachärztin (Medizinische Leistungsphysiologie), Facharzt/Fachärztin (Medizinische und Chemische Labordiagnostik), Facharzt/Fachärztin (Mund-, Kiefer- und Gesichtschirurgie), Facharzt/Fachärztin (Neurobiologie), Facharzt/Fachärztin (Neurochirurgie) Facharzt/Fachärztin (Neurologie), Facharzt/Fachärztin (Neuropathologie), Facharzt/ Fachärztin (Nuklearmedizin), Facharzt/ Fachärztin (Orthopädie und Orthopädische Chirurgie) Facharzt/Fachärztin (Pathologie), Facharzt/Fachärztin (Pathophysiologie) Facharzt/ Fachärztin (Pharmakologie und Toxikologie), Facharzt/Fachärztin (Physikalische Medizin und Allgemeine Rehabilitation), Facharzt/Fachärztin (Physiologie), Facharzt/ Fachärztin (Psychiatrie und Psychotherapeutische Medizin), Facharzt/Fachärztin (Radiologie), Facharzt/ Fachärztin (Sozialmedizin), Facharzt/Fachärztin (Sozialmedizin), Facharzt/ Fachärztin (Spezifische Prophylaxe und Tropenmedizin), Facharzt/Fachärztin (Strahlentherapie - Radioonkologie), Facharzt/Fachärztin (Thoraxchirurgie), Facharzt/ Fachärztin (Unfallchirurgie), Facharzt/Fachärztin (Unfallchirurgie), Facharzt/ Fachärztin (Urologie), Facharzt/ Fachärztin (Virologie).

Abb. 25: Differenzierung der Arztberufe für Humanmedizin durch die Spezialisierung in Fachärzte (in Anlehnung an das Berufelexikon 2011, Bd. 3, S 149 ff.).

Mit Blick „auf den beruflichen und professionsbezogenen Wandel im Gesundheitswesen des 20. und beginnenden 21. Jahrhunderts fällt auf, dass (…) der Ärztestand zunehmend seinen dominanten Charakter verlor. Dafür durchlaufen andere therapeutisch ausgerichtete, dominierte Berufe wie etwa die Krankenpflege oder die Ergotherapie einen nach ‚oben' weisenden professionssoziologisch als kollektiven Mobilitätsprozess zu bezeichnenden Aufstieg bzw. streben diesen an" (Streckeisen/Estermann/Plage 2013, S. 12). Dieses ist wiederum als ein Signal der Verwissenschaftlichung und Akademisierung von Berufen einzuschätzen.

Nicht nur bei den medizinischen Berufen im engeren Sinne ergaben sich durch den zunehmenden Technikeinsatz Differenzierungen. So arbeiteten „Medizinische Informatiker/-innen" am Einsatz von IT-Technologie im Gesundheitswesen. Dabei ging es um Datenspeicherungs- und Dokumentationstechniken für Krankenakten sowie die Entwicklung und Pflege von medizinischen Wissensmanagementsystemen sowie die Entwicklung sowie Programmierung medizintechnischer Geräte.

Mit der sich immer weiter und rasant entwickelnden Informationstechnik wurden auch bestehende Berufe in ihren Inhalten und Arbeitsweisen tangiert. So eröffneten sich durch die Konstruktion von Datenbanken und die Nutzung der elektronischen Datenverarbeitungen in der juristischen Praxis neue Anwendungsbereiche für den Computereinsatz und Mathematiklehrer/-innen versuchten, ihren Schülerinnen und Schülern den Stellenwert der Informationstechnologie zu vermitteln.

Es entstanden hochtechnologienahe Berufe wie beispielsweise
- IT-Organisationsberater/-innen, die in den Großunternehmen Konzepte und Strategien zur Einführung neuer IT-Technologien erarbeiteten.
- Datenbank-Administrator/-innen, die den laufenden Betrieb von Datenbankanwendungen überwachten.
- Automatisierungstechniker/-innen, die den Auf- und Ausbau sowie die Betreuung, Wartung und Instandsetzung elektronisch gesteuerter und automatisierter Produktionssysteme entwickelten und gewährleisteten.
- Informationsmanager/-innen, die betriebswirtschaftliche Informationen eines Unternehmens für dessen Führungsebene aufbereiteten.

Die Rechnertechnik mit allen ihren Ausformungen, hat im akademischen Bereich nicht nur bei den EDV-Spezialisten, sondern bei den meisten herkömmlichen höheren Berufen sehr schnell Einzug gehalten. Die neuen Technologien haben auch im akademischen Bereich viele neue Beschäftigungsmöglichkeiten von Spezialberufen geschaffen.

Diejenigen Akademiker/-innen allerdings, die über keine auf dem durch Hochtechnologien bestimmten Arbeitsmarkt verwertbaren Qualifikationen verfügten oder der technologischen Entwicklung distanziert gegenüberstanden, mussten – zumindest für eine Übergangszeit – ihren Lebensunterhalt über prekäre Arbeitsverhältnisse bestreiten. In der postindustriellen Gesellschaft, die in erheblichem Ausmaß durch den Dienstleistungsbereich bestimmt ist, erfolgten die Berufseinstiege dieser Akademiker/-innen häufig nur über prekäre Jobs oder eine längere Folge unterbezahlter Praktika. Mit der Mehrzahl von solchen Arbeitsverhältnissen wurden keine Arbeitsplatzsicherheit und Existenzsicherung geschaffen. Für einen Teil der Hochschulabsolventen wurden befristete Jobs durch Praktika, abhängige Selbstständigkeit oder Werkverträge zum Regelfall oder aber sie entschieden sich als Freiberufler – beispielsweise als Journalisten – auf Honorarbasis zu arbeiten, in der vagen Hoffnung sich im Laufe der Zeit eine Existenz aufbauen zu können. Zum Prekariat zählten teilweise Architekten bzw. Architektinnen, Biologen bzw. Biologinnen, Juristen bzw. Juristinnen, Medienschaffende, Privatdozenten bzw. Privatdozentinnen, Theaterwissenschaftler/-innen oder Universitätsmitarbeiter/-innen.

Nicht nur wegen der für Akademiker/-innen inhaltlich und sozial unzureichender Stellenangebote in einigen Fachbereichen kam es schon vor der Jahrtausendwende bei vielen Menschen zu einer Vielfalt atypischer Beschäftigungsverhältnisse mit Teilzeitarbeit bei gleichzeitigen Befristungen. Viele Abgänger/-innen der Hochschulen ohne, aber auch mit Abschluss – insbesondere für die keine angemessene Berufslaufbahn definiert war – sahen sich gezwungen, ihren Lebensunterhalt durch prekäre Jobs zu bestreiten. Es blieben als Optionen, sich stärker an der Nachfrage des Arbeitsmarktes zu orientieren und dabei eventuell das ursprüngliche Berufs- oder Studienziel aufzugeben oder die Intentionen nicht aufzugeben und dafür eine – wenn auch prekäre, aber befriedigende Nische – für eine erwerbsorientierte Beschäftigung zu suchen. Auch bei den akademischen Berufen gab es nun Modernisierungs- und Rationalisierungsgewinner und -verlierer.

Der klassische Berufs- und Lebensweg von Akademikerinnen und Akademikern mit den Stationen Schule, Ausbildung, Studium, Arbeitsleben und dann die Rente war schon kurz vor der Jahrtausendwende nicht mehr die Regel.
Das in jener Zeit angebotene Konstrukt des „Arbeitskraftunternehmers" (Pongratz/Voss 1998, S. 131) hat in der gesellschaftspolitischen Situation bestenfalls für einige wenige äußerst flexible und besonders qualifizierte Freie Berufe, die sehr intelligente und nachgefragte technischen Produkte oder Dienstleistungen anbieten konnten, Realisierungschancen.

1.7.5 Ausbildung zu höheren und akademischen Berufen im zwanzigsten Jahrhundert[254]

- **Vom Jahrhundertwechsel bis zum Ende des Ersten Weltkrieges**

Im Übergang vom neunzehnten zum zwanzigsten Jahrhundert waren neue Positionen des Lehrkörpers zu besetzen, um „sowohl einen anwachsenden und differenzierten Lehrbetrieb als auch eine organisierte Verbundforschung zu bewältigen" (vom Bruch 2006, S. 189). Dieses betraf insbesondere medizinische und naturwissenschaftliche Großprojekte. Daneben entstanden mit der Ausgestaltung des technischen Hochschulwesens ergänzende, gelegentlich auch konkurrierende Ausbildungs- und Forschungszentren, die ein dichtes Geflecht von staatlich-administrativen Initiativen und industriellen Bedürfnissen an praxisbezogener Forschung und berufsorientierter Ausbildung erkennen ließen" (ebd., S. 190).
Damit gewannen nun die Ingenieurberufe und die naturwissenschaftlichen Berufe im aufstrebenden Kaiserreich zu Beginn des zwanzigsten Jahrhunderts besondere Bedeutung. Für die Ingenieurausbildung entwickelten sich aus den Anforderungen der Arbeitswelt neue Ausbildungsziele, was wiederum zu einer zunehmenden Differenzierung des technischen Wissensstandes führte.

Mit dieser Entwicklung war auch eine Erweiterung der Autonomie der Universitäten verbunden.[255] Bedingt durch die verbesserten Rahmenbedingungen konnte sich im zweiten Kaiserreich ein neuer Universitätstypus herausbilden. Merkmale dieses Typus waren u. a.:
„ – Autonomie im engeren wissenschaftlichen Bereich, der die Berufungspolitik nur bedingt einschloß;
– wachsende Bedeutung der wissenschaftlichen Forschung;

---

[254] Das Kapitel beruht im Wesentlichen auf Untersuchungen, die im Rahmen des Buches „Berufsbildung und Berufsbildungssystem" (2012) vorgenommen worden sind.
[255] So wurde beispielsweise durch Erlass vom 11. Oktober 1899 in Preußen den Technischen Hochschulen das Recht eingeräumt, auf Grund einer Diplomprüfung den akademischen Grad „Diplom-Ingenieur" zu erteilen und Diplom-Ingenieure nach einer weiteren Prüfung zum „Doktor-Ingenieur" zu promovieren (Koch 2008, S. 166).

- Überschaubarkeit der einzelnen Wissenschaften, der Universitäten, der Studienjahrgänge;
- hohe gesellschaftliche Reputation;
- unangefochtene Führungsstellung im Hochschulbereich;
- in der Universität selbst unangefochtener Vorrang der Ordinarien" (Ellwein 1992, S. 227).

Die Beziehungen zwischen Universitätsleitung, Lehrenden und Studenten veränderten und verbesserten sich teilweise sogar zusehends.[256] Auch wurde durch Preußen Ende des neunzehnten Jahrhunderts die prinzipielle Möglichkeit für Frauen zum Besuch der Universitäten auf den Weg gebracht. Der entsprechende Erlass „Zulassung von Frauen als Gasthörer" vom 16.7.1896 sah allerdings vor, dass sie „dort aber noch immer nicht als ordentliche Studierende und außerdem nur mit Zustimmung des Dozenten zugelassen" (Ellwein 1992, S. 178) wurden.

Erst durch einen weiteren Erlass vom 18.8.1908 wurde die Zulassung von Frauen zu einem ordentlichen Studium endgültig genehmigt, allerdings auch weiterhin mit Einschränkungen. So konnten Frauen beim Vorliegen „besonderer Gründe" und mit „Genehmigung des Ministers (...) von der Teilnahme an einzelnen Vorlesungen ausgeschlossen werden" (Erlaß vom 18.8.1908).

Darüber hinaus wurden die schon Mitte des neunzehnten Jahrhunderts erhobenen „Vereinheitlichungswünsche im deutschen Promotionswesen (...) um die Jahrhundertwende erneut reichsweit sehr intensiv diskutiert." (Blecher 2006, S. 195) Im Vordergrund stand dabei das Verfahren zum Dr. phil. und auch die Zulassungsvoraussetzungen für eine Promotion. Von den Akteuren wurden in einem langwierigen Prozess die Promotionsordnungen aufeinander abgestimmt, so dass aber im Detail dennoch ein relativ großer Interpretationsspielraum verblieb.

Seit der Jahrhundertwende entstanden neben den Technischen Hochschule „innerhalb kurzer Zeit zahlreiche kaufmännischen Hochschulen." (Franz 1998, S. 43)

Das Ende des Kaiserreiches durch die Ausrufung der Weimarer Republik hatte vielfältige gesellschaftliche Auswirkungen auf die inneren Strukturen der Universitäten und Hochschulen.

---

[256] Noch bis Mitte des neunzehnten Jahrhunderts gab es zum Teil schwere bildungspolitische Auseinandersetzungen zwischen den „offiziellen Staatsvertretern" der Universitäten und dem „organisierten Studentenleben", Letzteres insbesondere in Form von Burschen- und Landsmannschaften. Unter Wahlsprüchen, wie beispielsweise „Gott, Freiheit, Ehre, Vaterland", diskutierten die Studenten wissenschaftliche, philosophische und geschichtliche, vor allem aber politische Themen und versuchten, ihre Ansichten auch gewalttätig durchzusetzen. Erst in der zweiten Hälfte des 19. Jahrhunderts wurde durch und in Preußen eine vom politischen Druck freie Entwicklung der studentischen Verbindungen zugelassen, sodass sich die diesbezüglichen Verhältnisse an den Universitäten normalisieren konnten (vgl. Ellwein 1992, S. 176 ff.).

• Akademische Ausbildung in der Weimarer Republik

Die Veränderungen durch die Ausrufung der Republik setzten sich allerdings nur allmählich durch und betrafen insbesondere das Verhältnis zur Politik, die wirtschaftliche Lage der Studierenden und die Wissenschaft selbst. Ersteres war vor allem bedingt durch die Demokratisierung des Staates und den Artikel 142 der neuen Weimarer Reichsverfassung, der besagt: „Die Kunst, die Wissenschaft und ihre Lehre sind frei". Universität und Bildungsbürgertum verhielten sich gegenüber der Politik dennoch eher abwartend und distanziert.

Die Klientel der Studierenden setzte sich nach dem Ende des Ersten Weltkriegs zu einem beträchtlichen Teil aus ehemaligen Kriegsteilnehmern zusammen. Da ihnen seitens des Staates kaum Hilfe gewährt werden konnte, griffen sie oft zur Selbsthilfe, z. B. durch Gründung der Studentenwerke und die Einrichtung von Studentenwohnheimen. Der Bereich der Wissenschaften und dabei insbesondere der wissenschaftlichen Lehre und Forschung wurde wesentlich beeinflusst durch das in den 1920er Jahren immer stärker einsetzende exponentielle Wachstum des Wissens und der Wissenschaften. Diese Entwicklung führte im akademischen Bildungsbereich zum einen „zunehmend zur Spezialisierung und dementsprechend zu einer höchst differenzierten interwissenschaftlichen Arbeitsteilung" (Ellwein 1992, S. 231). Zum anderen gewann die wissenschaftliche Forschung verstärkt an Bedeutung, wodurch die universitären und hochschulischen Strukturen teilweise verändert werden mussten. Insbesondere im Verhältnis von „freier Lehre" und „Freiheit der Forschung" entwickelten sich neue Strukturen und Abhängigkeiten.

Wegen der wirtschaftlichen Probleme nahm die Zahl der akademischen Bildungseinrichtungen in der Zeit der Weimarer Republik kaum zu, vielmehr war wegen der wirtschaftlichen und gesellschaftspolitischen Situation eine Stagnation zu verzeichnen. Es entstanden nur sehr wenige neue Einrichtungen. Allerdings wurden in Preußen Hochschulen für Lehrerbildung eingerichtet.[257] Der Zulauf zu den Universitäten beruhte insbesondere auf Wünschen „vieler Eltern aus den unteren Mittelschichten nach einem sozialen Aufstieg ihrer Kinder, auf Bildungswerbung der Hochschulen selbst und auf politische Interessen von Parteien und Gewerkschaften" (Koch 2008, S. 186).

In der Weimarer Republik wurde im universitären Bildungsbereich insbesondere auch die Möglichkeit der Frauen, ein Studium aufzunehmen und einen akademischen Beruf zu ergreifen, aufgrund der durch die Verfassung gewährleisteten Gleichstellung durchgesetzt. Allerdings fielen „erst zwei Jahre nach Inkrafttreten der Weimarer Verfassung von 1919, in der die Gleichberechtigung von Mann und Frau sowie der Abbau aller gegen verheiratete weibliche Beamte bestehenden Nachteile verankert worden war, (…) für Studentinnen die letzten Zulassungsbeschränkungen zu den staatlichen Prüfungen. Mit dem

---

[257] Die Zahl der Studierenden war 1920 mit 87 000 Universitätsstudenten und 23 000 Studenten an den Technischen Hochschulen noch relativ hoch, denn im Jahre 1933 wurden nur noch 68 000 Studenten an Universitäten sowie 13 000 an Technischen Hochschulen gezählt (Ellwein 1992, S. 232).

Wegfall der Zulassungsbeschränkungen zu den Prüfungen war aber der *tatsächliche* Zugang zu den akademischen Berufskarrieren noch nicht geöffnet." (Glaser/Herrmann 1988, S. 211; Hervorhebungen im Original) In den folgenden Jahren gab es beim gesellschaftspolitischen Diskurs erbitterte Widerstände gegen eine akademische Berufsausbildung von Frauen. So sprachen sich z. B. die juristischen Standesorganisationen vehement gegen die Zulassung von Frauen zum Richteramt aus. Entsprechende Stellungnahmen „der richterlichen Standesorganisation konnten ebenso wenig wie das klare Votum der Rechtsanwälte das 1922 verabschiedete Gesetz über die Zulassung der Frauen zu den Ämtern und Berufen der Rechtspflege verhindern. Die Einstellung der Juristen gegenüber potentiellen Kolleginnen und die Angst vor der weiblichen Konkurrenz lebten in einer von ständiger Überfüllung gekennzeichneten Arbeitsmarktsituation fort." (Glaser/Herrmann 1988, S. 212) Akademische Berufe und insbesondere juristische Berufe wurden Frauen kaum zugestanden.[258]

- **Einschränkungen der Hochschulausbildung im NS-Staat**

Nach der Machübernahme im Januar 1933 durch die Nationalsozialisten war auch die akademische Berufsausbildung an allen Universitäten und Hochschulen von tiefgreifenden Anpassungen und ideologisch ausgerichteten Direktiven, d. h. insbesondere einer systematischen „Gleichschaltung", betroffen. An der äußeren Form änderte sich dagegen zunächst nur wenig. Es kam weder zu einem direkten Eingriff in den institutionellen Bestand, noch wurden neue Einrichtungen gegründet.

Dagegen setzten die Nationalsozialisten vor allem im Bereich der Lehrerausbildung und der Lehrerauswahl ideologisch beeinflusste Anpassungen durch. So kam es auf der Basis des „Gesetzes zur Wiederherstellung des Beamtentums" vom 7.4.1933 (Reichsgesetzblatt 1933, S. 175 ff.) zu grundlegenden Eingriffen in die Autonomie und Selbstverwaltung, indem Professoren und andere Mitarbeiter aus rassistischen Gründen oder wegen ihrer politischen Gesinnung aus dem Hochschuldienst entlassen wurden. Damit wollten die Nationalsozialisten außerdem eine personelle Verkleinerung der Hochschullehrerschaft und zugleich auch der Anzahl der Studenten erreichen. Die rechtliche Grundlage dazu wurde mit dem „Gesetz gegen die Überfüllung deutscher Schulen und Hochschulen" vom 25.4.1933 geschaffen.

Durch dieses Gesetz und weitere Regelungen wurde der Zugang von Studierenden im Sinne der nationalsozialistischen Ideologie beschränkt. So erließ der Reichs- und Preußische Minister für Wissenschaft, Erziehung und Volksbildung mit seinem Erlass vom 6.7.1935 für die Reichsschaft der Studierenden an den deutschen Hoch- und Fachschulen Aufnahmebestimmungen, die die nationalsozialistische Ideologie vorgab.[259] Kurz danach

---

[258] Wie Glaser und Herrmann (1988, S. 212) hervorheben, wurden von den „zwölf württembergischen Juristinnen, die zwischen 1922 und 1934 mit dem Bestehen des Assessorexamens die Befähigung zum Richteramt erreicht hatten, (...) nur zwei zu Assessorinnen bestellt. Im Rahmen von Brünings Sparmaßnahmen wurde eine von ihnen kurz vor der Anstellung auf Lebenszeit entlassen; die andere, bereits in einem ständigen Anstellungsverhältnis, als Leiterin einer Justizbücherei abgeordnet."
[259] „Auf Grund des Reichsgesetzes über die Bildung von Studentenschaften an den wissenschaftlichen Hochschulen vom 22. April 1933 sind ausnahmslos nur diejenigen Studenten und Studentinnen an deutschen Hoch- und

wurde durch das Reichsbürgergesetz vom 15.9.1935 festgelegt, dass nur Arier Reichsbürger sein konnten. Damit konnte kein Jude mehr in einem öffentlichen Amt verbleiben. Jüdische Beamte wurden, soweit das nicht bereits geschehen war, aus ihren Ämtern in der Hochschule entfernt. Darüber hinaus wurde von der NSDAP die unbeschränkte Akademisierung von Frauen und die Gleichberechtigung zurückgenommen.

Das Gesetz zur „Wiederherstellung des Berufsbeamtentums" vom 7.4.1933 (Reichsgesetzblatt 1933), der „Erlaß des Reichsministers der Justiz" vom 17.9.1935 „und die Entscheidung HITLERS, dass Frauen weder Richterinnen noch Anwältinnen werden sollten (…), beendeten den kurzen Ausflug von Frauen in den höheren (…) Justizdienst" (Glaser/Herrmann 1988, S. 212, Hervorhebungen im Original). Damit hatten die juristischen Standesvertreter Vorurteile gegenüber den künftigen Kolleginnen zum Ausdruck gebracht.

Die Lehrerin, die Ärztin und die Nationalökonomin schienen dagegen anerkannt gewesen zu sein." (Glaser/Herrmann 1988, S. 212) Von den nach der „Wiederherstellung des Berufsbeamtentums" eingesetzten Hochschullehrern wurden mit der Reichs-Habilitationsordnung über einen „Fragebogen über die arische Abstammung des Bewerbers und seiner Ehefrau" u. a. politisches und ideologisches Wohlverhalten in Hinblick auf die nationalsozialistischen Rassevorstellungen überprüft und gefordert.

Im Laufe der nationalsozialistischen Herrschaft kam es zu immer stärkeren Eingriffen in das Geschehen an den Universitäten und Hochschulen. Der Beurlaubung „fremdrassiger" Professoren folgten Eingriffe in die Lehrfreiheit, verbunden mit öffentlichen Bücherverbrennungen. Um sich vor weiteren Repressalien zu schützen, blieb den Universitäten nur der Weg der Anpassung an die neuen Verhältnisse. So wurden viele Angestellte der akademischen Bildungsinstitutionen zum „politischen Mitläufer". Bemerkenswert ist jedoch, dass „keine Universität mittels nationalsozialistischer Personalpolitik zur ‚Partei-Hochschule' geworden" (Ellwein 1992, S. 237) ist. Dieses Faktum zeigte auch die Distanz führender Nationalsozialisten zu Akademikern und Denkweisen. Jedoch wurde an den Oberschulen zugleich wegen der Kriegsrüstung verstärkt für spezialisierte Berufsoffiziere für See-, Ingenieur-, Sanitäts-, Waffen- und Verwaltungslaufbahn geworben und ausgebildet (Kersting 1989, S. 18).

Die Missachtung akademischer Arbeit drückte sich jedoch u. a. dadurch aus, dass Studienzeiten verkürzt wurden. Insgesamt gingen die akademischen Bildungseinrichtungen „nach 1945 institutionell und moralisch geschwächt" (ebd.) aus dieser kurzen diktatorischen Epoche hervor. Zu Recht stellt Hans-Albrecht Koch (2008, S. 184) fest, „der Schaden, den die deutsche Universität durch die Vertreibung ‚nicht-arischer' Professoren erlitt, ist unermesslich".

Fachschulen in die deutsche Studentenschaft bzw. deutsche Fachschulschaft aufzunehmen, die ihre Zugehörigkeit zum deutschen Volkstum und arische Abstammung nach den Aufnahmebestimmungen der NSDAP nachweisen." RMWEV 1935; in Schütte 2003a, Dok. 34, S. 120)

- **Hochschulausbildung nach dem Zweiten Weltkrieg**

Die Universitäten gehörten „zu den ersten deutschen Einrichtungen, die nach dem Ende des Zweiten Weltkriegs in den Besatzungszonen wiedereröffnet wurden, allerdings nicht alle zugleich. Die Voraussetzungen für die Wiederaufnahme von Forschung und Lehre waren sehr unterschiedlich" (Koch 2008, S. 213). Große Schwierigkeiten gab es allein schon aufgrund fehlender Räume.[260] Probleme bereitete auch die Rekrutierung des Lehrpersonals, waren „doch viele Professoren und Dozenten nicht nur durch bloße Mitgliedschaft in nationalsozialistischen Organisationen, sondern durch aktive Mitwirkung an Maßnahmen des verbrecherischen NS-Regimes beteiligt gewesen. Die Entnazifizierungsverfahren waren nicht nur durch unzureichende Sachkunde der Spruchkammern der Alliierten beeinträchtigt, sondern auch durch das Interesse der Siegermächte bestimmt, möglichst viele Angehörige des wissenschaftlichen Lebens in Deutschland für den Wiederaufbau heranzuziehen." (Koch 2008, S. 213 f.)

Außerdem bestand schon kurz nach Kriegsende bei allen Alliierten ein großes Interesse an speziellen Wissenschaftlern in Deutschland. Diese wurden zum Teil durch besonders lukrative Angebote geködert oder zwangsverpflichtet.

Besonderheiten ergaben sich auch für die Studentengeneration mit Kriegserfahrung: „Genauso wie für die Professoren gab es auch für Studenten Entnazifizierungsverfahren. Nur ein Fünftel der männlichen Studenten in der unmittelbaren Nachkriegsphase war nicht Soldat gewesen. Ein Drittel aller Männer hatte im Offiziersrang gestanden." (Koch 2008, S. 214)

Die Entwicklung und der Wiederaufbau der Hochschulen in den drei westlichen auf der einen sowie der Sowjetischen Besatzungszone auf der anderen Seite verliefen von Anfang an ungleichartig. Zudem hatten die drei westlichen Besatzungsmächte kein übereinstimmendes Konzept und griffen deshalb nur in geringem Maße in den Hochschulbetrieb ein. „Damit hatte das Herkömmliche seine Chance; es gab keinen institutionellen Bruch." (Ellwein 1992, S. 239)

Im Gegensatz dazu gab die sowjetische Besatzungsmacht sehr zeitig eine klare Zielstellung vor, nämlich die Schaffung eines neuen, einheitlichen und sozialistischen Bildungssystems einschließlich der akademischen Bildung. Den Hochschulen wurde zwar große Bedeutung zugesprochen, gleichzeitig aber wurde von ihnen eine gänzlich andere Funktion in der gesellschaftlichen Entwicklung verlangt. In jedem Fall waren die Hochschulen in allen vier Besatzungszonen zunächst geschwächt, verunsichert und in ihren Handlungsmöglichkeiten eingeschränkt.

---

[260] Während die Gebäude einiger Universitäten wie Göttingen, Marburg und Tübingen den Krieg unzerstört überstanden hatten, lagen in Städten wie Berlin, Dresden, Frankfurt, Hamburg viele Hörsäle und Institutseinrichtungen in Trümmern.

- **Akademische Ausbildung in der Bundesrepublik**

Die akademische Berufsbildung in der Bundesrepublik Deutschland nach Ende des Zweiten Weltkrieges war zunächst stark geprägt von Restaurationsansätzen, die sich auf die Zeit der Weimarer Republik richteten. Bis weit in die 1960er Jahre gab es keine grundsätzlichen Veränderungen in der Hochschullandschaft. Die Situation änderte sich erst mit der Einrichtung der Fachhochschulen, die sich aus den Höheren Fachschulen entwickelten. Damit entstand neben den Kunst- und Musikhochschulen und den Universitäten eine zusätzliche Institution im Hochschulsektor mit eigenem anwendungs- und berufsorientiertem Bildungsauftrag, eigenen Eingangsvoraussetzungen, Curricula und Abschlüssen.

Aufgabe und Ziel eines Fachhochschulstudiums war die Vorbereitung auf eine berufliche Tätigkeit in einem bestimmten Berufsfeld oder in einer bestimmten Branche. Unterschiede zum Universitätsstudium bestanden u. a. durch kürzere Studienzeiten, längere Vorlesungszeiten, mehr Lehrveranstaltungen und Klausuren. Charakteristisch waren darüber hinaus längere Praktika vor dem Studium und praktische Studiensemester sowie an praktischen Aufgabenstellungen orientierte Studien- und Diplomarbeiten. Die Fachhochschulen verfügten allerdings „lediglich über ein begrenztes Fächerspektrum" (Klockner 2006a, S. 244). Schwerpunkte waren „die klassischen Bereiche: Ingenieurwissenschaften, Informatik, Architektur, Bauingenieurwesen, Betriebswirtschaftslehre/Wirtschafts-wissenschaften, Sozialwesen und Design/Gestaltung" (ebd.). Aufgrund der Vielfältigkeit der Eingangsvoraussetzungen (Abitur, Realschulabschluss oder vergleichbarer anerkannter Bildungsabschluss, Abschluss der Klasse 12 der Fachoberschule in Verbindung mit einer erfolgreichen Prüfung in einem anerkannten Ausbildungsberuf oder einer mindestens einjährigen ununterbrochenen intensiven Berufs- oder Praktikantentätigkeit) war die Fachhochschule „der einzige Hochschultyp, der vom Grundsatz her gleichberechtigt jungen Menschen mit unterschiedlichen Zugangsprofilen den Hochschulzugang ermöglicht" (Klockner 2006b, S. 245) hat.

Auch im Bereich der akademischen Lehrerausbildung kam es zu einigen Veränderungen. So wurde die Ausbildung der Lehrkräfte an Berufs-, Berufsfach- und Fachschulen etwa Mitte der 1960er Jahre von den Berufspädagogischen Instituten an die Technischen Universitäten verlagert. Diese Neuorganisation war verbunden mit einer „standes- und besoldungspolitischen Anhebung [der berufsbildenden Lehrerschaft, d. V.] auf das Niveau von ‚Studienräten' – und damit der Gleichstellung mit den allgemeinbildenden Gymnasiallehrern" (Greinert 2007, S. 102).
In der Hochschulausbildung, d. h. dem tertiären Bildungsbereich, der Bundesrepublik hatten sich Mitte der 1960er Jahre autoritäre Strukturen und funktionale Hierarchien sehr verfestigt. Der politische Einfluss ehemaliger Nationalsozialisten und die Ausdeutung oder die Verdrängung der deutschen NS-Geschichte von den Älteren wurden zuerst nur von den gesellschaftlich engagierten Studierenden kritisiert. Die gesellschaftspolitische Situation führte in der Folge zu einem verstärkten Generationskonflikt.

Mitte der 1960er Jahre kam es im Bereich der Hochschulen der Bundesrepublik zu gravierenden sozialen Veränderungen. „1967 und 1968 änderten sich das Erscheinungsbild und die studentischen Umgangsformen von Grund auf: Nachlässige Kleidung oder der Minirock wurden ebenso als Zeichen der Emanzipation propagiert wie jene sexuelle Libertinage, die als vermeintliche Befreiung von bürgerlichen Zwängen und ‚kapitalistischer' Ausbeutung, bezeichnet wurde, zeitlich aber auf merkwürdige Weise zusammenfiel mit der ganz und gar kapitalistischen und auf das ‚schnelle Geld' ausgerichteten sog. ‚Aufklärung' in zahlreichen Illustrierten sowie Film- und Fernsehproduktionen. Damals wurde unter den jüngeren Studenten die Anrede mit dem undifferenzierten ‚Du' üblich, bei der manche Dozenten mitmachten" (Koch 2008, S. 236).

Es zeigte sich aber auch ein Aufbegehren gegenüber den Vermittlungsformen an den Universitäten. Erkannt und aufgezeigt wurden beispielsweise in den Naturwissenschaften von den Studierenden die Diskrepanzen zwischen Forschung und Lehre sowie in der Hochschuldidaktik (Brämer/Nolte/Tillmanns 1980) als Herrschaftsinstrument.[261]

Die sich aufbauenden gesellschaftlichen und politischen Unruhen Ende der 1960er Jahre hatten ihren Ursprung in der immer größer und radikaler werdenden Studentenschaft. Die Bildungspolitik reagierte darauf zunächst nur zögerlich „besonders auch für den Hochschulbereich. Hier schlug in teilweise dramatischen Formen der angestaute Reformdruck nun in kurzer Zeit durch und führte insbesondere im Bereich der Willensbildungs- und Mitbestimmungsregelungen zu erheblichen Veränderungen. Bei neuen, häufig unerprobten institutionellen Regelungen kam es zu Konflikten zwischen den Beteiligten" (Raschert 1980, S. 113). Allerdings genoss trotz des aktuellen Reformdrucks Anfang der 1970er Jahre auch weiterhin an den Hochschulen das Humboldt'sche Paradigma (vgl. Merkt 2007, S. 58), auf das die deutsche Universitätsgeschichte sich seit mehr als einhundertfünfzig Jahren bezog, eine hohe Wertschätzung bei Universitätsmitgliedern.[262]

Die Politik war zu einer Neuorientierung der Strukturen und Hierarchien im akademischen Bildungsbereich gezwungen. In diesem Zusammenhang wurde am 30. Januar 1976 das Hochschulrahmengesetz (HRG 1976) in Kraft gesetzt. Das Gesetz regelte die Aufgaben der Universitäten, Hochschulen, Fachhochschulen und anderen Einrichtungen, die nach Landesrecht staatliche Hochschulen sind. Aufgrund vielfältiger Kritik an der Ausgestaltung erfolgte am 1. Juli 1985 (HRG 1985) eine erste Novellierung des Gesetzes.

---

[261] Kritisiert wurde: „Steht in der naturwissenschaftlichen Forschung die Abstraktion eher am Ende eines an konkreten Einzelerkenntnissen und Erfahrungen ebenso wie an Erfolgen und Mißerfolgen reichen Klärungsprozesses, so wird sie in der Schul- und Hochschullehre in der Regel an den Anfang gestellt. Ihre dadurch bedingte Unnachvollziehbarkeit sichert zwar den Lehrern die staunende Bewunderung ihrer Schüler, trägt damit aber zugleich bei diesen eher zur Entstehung von Inferioritätsgefühlen als zu einem kompetenten Naturverständnis bei. Didaktik erweist sich aus dieser Sicht als ein Instrument weniger zur Erhellung als vielmehr umgekehrt zur Mystifikation naturwissenschaftlicher Tätigkeit, indem sie die erdgebundene Alltäglichkeit naturwissenschaftlicher Forschung qua nachträglicher Umkehrung und Umgewichtung von Konkretem und Abstraktem zu unnachvollziehbar-genialen Geistesleistungen hypostasiert und so gegen das Interesse (und den Zwang) der Studenten und Schüler an und zur Naturerkenntnis wendet." (Brämer/Nolte/Tillmanns 1980, S. 14)
[262] Vielen Studierenden war bewusst, dass es von Humboldts Ziel war, den Einfluss des deutschen Staates möglichst gering zu halten und dabei die Universität nicht zu beschädigen.

Die Reformen im Hochschulbereich seit Mitte der 1970er Jahre führten zu einem quantitativen, qualitativen und strukturellen Wandel, „den man in jeder Hinsicht als revolutionär bezeichnen muß" (Ellwein 1992, S. 249). Dies äußerte sich u. a. in der Neugründung von Hochschulen sowie in neuen Hochschulverfassungen, in der stärkeren Beteiligung der Nichtordinarien und dem allmählich entstehenden Mittelbau. Zudem kam es zu einem Aus- und Umbau des tertiären Bildungsbereichs, der sich u. a. in der weitgehenden Verlagerung der Lehrerausbildung an die Universitäten äußerte, sowie zu einer Aufwertung der Ingenieurschulen zu Fachhochschulen.

Das Postulat der „Einheit von Lehre und Forschung" behielt Geltung, und der Forschungsbereich konnte durch die Bereitstellung von sogenannten „Drittmitteln" durch staatliche Institutionen, Forschungsinstitute oder Unternehmen ausgebaut werden. Allerdings waren damit auch Tendenzen verbunden, dass an einigen Universitäten die Lehre zu Gunsten der Forschung vernachlässigt wurde.

Die Autonomie dieser akademischen Bildungseinrichtungen wurde im Laufe der 1970er und 1980er Jahre zurückgenommen und immer stärker reglementiert, verrechtlicht und damit auch eingeschränkt. Ihre Entwicklung war in dieser Zeit verbunden mit einer Verwissenschaftlichung, Professionalisierung und Ausweitung der alten akademischen Berufe. Ende der 1980er Jahre waren viele Universitäten und Hochschulen der Bundesrepublik Deutschland vom Staat verwaltete und reglementierte Großbetriebe.

Ende der 1980er, Anfang der 1990er Jahre gehörten zum akademischen Bildungsbereich Westdeutschlands 64 Universitäten, einschließlich Technischer Universitäten, 7 Gesamthochschulen, 8 Pädagogische Hochschulen, 16 Theologische Hochschulen, 31 Kunsthochschulen, 98 Fachhochschulen und 24 Verwaltungsfachhochschulen (vgl. Ellwein 1992, S. 250). Nachweisbar ist auch eine stetige Steigerung der Anzahl der Studierenden. So gab es 1989 fast ebenso viele Studierende an Universitäten, Hoch- und Fachhochschulen wie Auszubildende an Berufsschulen (jeweils etwa 1,5 Millionen). Von einigen Seiten wurde diese Entwicklung nicht zwangsläufig als positiv und auch als ein Grund für eine zunehmend notwendige „Verrechtlichung" akademischer Organisation und Strukturen gesehen.

- **Hochschulausbildung in der DDR**

Wissenschaftspolitisch waren die Jahre nach der Gründung der DDR geprägt durch Zentralisierung, Umordnung und Ideologisierung auch im Bereich des Hochschulwesens. Diese Neuausrichtung begann schon kurz nach dem Kriegsende auf Anweisung bzw. Befehl der Sowjetischen Militäradministration und wurde als die Phase der I. Hochschulreform bezeichnet. Im Rahmen der Auflösung der Länder im Jahre 1952 ging dann die Zuständigkeit für die Hochschulen von der Besatzungsmacht an das neu gegründete Staatssekretariat für Hochschulwesen über. Bereits ab 1951 wurden an allen Hochschulen der DDR die ursprünglichen Institute für Gesellschaftswissenschaften unter Beibehaltung ihrer grundsätzlichen Funktion in Institute oder zumindest Abteilungen für „Marxismus-Leninismus" umgewandelt. Diese Maßnahme war der Beginn der II. Hochschulreform, in deren Rahmen u. a. ein gesellschaftswissenschaftliches Grundstudium, verschultere Studienabläufe und die Einrichtung von Arbeiter- und Bauern-Fakultäten (ABF) durchgesetzt wurden. Diese ABF hatten die Funktion, bislang unterprivilegierte, bildungsferne Schichten auf ein Hochschulstudium vorzubereiten. Ziel der Hochschulpolitik war es, akademische Fachkräfte heranzubilden, die gleichzeitig die gesellschaftlichen Auffassungen des sozialistischen Staates vertraten. Daher waren die Ziele von Lehre und Forschung an den Hochschulen in den Folgejahren zum großen Teil von politischen und ideologischen Ansprüchen und Sichtweisen bestimmt.

Im ersten Jahrzehnt des Bestehens der DDR waren die akademische Berufsausbildung und damit auch die Geschichte der ostdeutschen Hochschulen und des Lehrpersonals durch einen tiefgreifenden Eliteumbau bestimmt. „Dieser begann mit der Verdrängung großer Teile der alten Professorenschaft und der politisch gesteuerten Plazierung einer kleinen Alternativelite, setzte sich fort mit der selektiven Reintegration nicht weniger Wissenschaftler aus der Weimarer Republik und dem ‚Dritten Reich'." (Jessen 1998, S. 24) Der Prozess endete Anfang der 1960er Jahre, als „eine neue Generation ans Katheder trat, deren wissenschaftliche Ausbildung, politische Sozialisation und mentale Prägung nach 1945 stattgefunden hatte. In den folgenden Jahren erstreckte sich der Elitewechsel in den Universitäten und Hochschulen über einen Zeitraum von fast zwanzig Jahren. Er zeigte markante fachspezifische Unterschiede und läßt sich nur zum Teil als Austausch bürgerlicher Gelehrter durch kommunistische Funktionäre beschreiben." (ebd.) Insgesamt hatte diese Entwicklung Folgen für das akademische Berufsverständnis.

Die Innovationsschwäche und Produktivitätsprobleme der Wirtschaft führten in den 1960er Jahren zu verstärkten Reformmaßnahmen auch im Bereich der akademischen Berufsausbildung. In diesem Zusammenhang wurde im 1965 verabschiedeten „Gesetz über das einheitliche sozialistische Bildungssystem" bemängelt, dass insbesondere das Qualifikationsniveau der Ingenieurschulen nicht mehr den gesellschaftlichen und volkswirtschaftlichen Erfordernissen entsprach. Daher erschien es zweckmäßig, „die fortgeschrittensten Ingenieurschulen bezüglich des Niveaus der Ausbildung, der Komplexität des Profils, der Entwicklung des Lehrkörpers und der materiell-technischen Ausrüstung schrittweise zu polytechnischen Instituten mit Hochschulcharakter zu entwickeln" (Uhlig 1983, S. 18) Seit dem Jahre 1965 wurde die III. Hochschulreform konzipiert und 1968 mit deren Umsetzung begonnen. Damit verbunden war eine „'Neuparzellierung' oder ‚Umpflügung' der gesamten Hochschullandschaft" (Lamprecht 2007, S. 171) und – im Gegensatz zur Entwicklung in der BRD – eine Abkehr von der Hochschultradition der Weimarer Republik. Die Umgestaltung erfolgte im Rahmen der grundlegenden Umgestaltung des Bildungssystems der DDR und in engem Verhältnis mit der Reform der Wirtschaft.

Nun war es Ziel, eine auch an wirtschaftlichen Aspekten orientierte Effektivierung akademischer Bildungsstrukturen vorzunehmen. Dazu sollte die teilweise Neustrukturierung und Neuorganisation der hochschulischen Bildungsstätten beitragen, wobei eine starke Orientierung an den beruflichen Anforderungen im Rahmen der Reform der Wirtschaft erfolgte. Auch der Bereich der Forschung wurde grundlegend umgestaltet, indem vor allem die bisher zersplitterten und einzeln agierenden Forschungsinstitutionen sowie -einrichtungen enger miteinander verflochten wurden. In den Hochschulen waren eine starke

Zunahme der Studentenzahlen und eine konsequente inhaltliche Ausrichtung der Studiengänge auf die Bedarfe der Wirtschaft nach spezifischen beruflichen Qualifikationen zu verzeichnen. Der Weiterbildungssektor erlangte an den Hochschulen einen wesentlich höheren und gegenüber Lehre und Forschung fast gleichberechtigten Status. Um eine kontinuierliche Weiterbildung zu gewährleisten, wurde u. a. das System der postgradualen Studiengänge eingerichtet. Darüber hinaus wurde an den Hochschulen der Diplomingenieur als erster Akademischer Grad installiert. In diesem Zusammenhang mussten auch Mediziner und Juristen diplomieren, ehe sie den zweiten Akademischen Grad durch Promotion erwerben konnten.

Eine weitere wichtige Regelung im Rahmen der III. Hochschulreform war die Einrichtung des dreieinhalbjährigen Studienganges „Hochschulingenieur." Er wurde zwar an wissenschaftlichen Hochschulen (z. B. der Technischen Hochschule Karl-Marx-Stadt) absolviert, beinhaltete zunächst jedoch keine abschließende Diplomarbeit. Stattdessen musste im letzten (7.) Semester ein halbjähriges Praktikum in einem Betrieb absolviert und in diesem Rahmen eine Abschlussarbeit erstellt werden. Das Recht, Diplomierungen vornehmen zu könne, erhielten die Ingenieurhochschulen (IHS) erst ab 1974. Seit dem 1.9.1976 wurde dann die generelle Diplomausbildung an allen IHS eingeführt und gleichzeitig die Studiendauer auf vier Jahre erhöht.[263] Große Bedeutung wurde auch der akademischen Weiterbildung zugemessen, indem die Weiterbildung von Hoch- und Fachschulkadern eine der Ausbildung vergleichbare Stellung erlangen sollte.

Ende der 1960er Jahre war die Ausbildung an Hochschulen und Ingenieurhochschulen straff reglementiert und in das „einheitliche sozialistische Gesamtbildungssystem" eingebunden. Der Zugang war über die Berufsausbildung mit Abitur, Abendschule, Erweiterte Oberschule, die ebenfalls mit dem Abitur abschloss, oder nach einem Studium an einer Ingenieur- oder Fachschule möglich. Die Durchlässigkeit des gesamten Bildungssystems war mit diesen Regelungen ermöglicht.

Mit Datum des 3.4.1969 wurde vom Staatsrat der DDR der „Beschluß zur Weiterführung der III. Hochschulreform und die Entwicklung des Hochschulwesens bis 1975" verabschiedet. Diese grundlegende Reform war schon 1965 eingeleitet und 1968 begonnen worden. Sie beinhaltete entscheidende Umstrukturierungen des traditionellen Hochschulaufbaus (statt Neugründungen) und verstärkte weiter die Kontrolle der wissenschaftlichen Lehre und Forschung durch Staat und Partei. Im Vordergrund stand von nun an die wirtschaftliche und gesellschaftliche Relevanz der Hochschularbeit.

Im Rahmen dieser Reform wurden beispielsweise an Universitäten und großen Hochschulen die Institutsstrukturen durch Sektionen ersetzt. Im Zusammenhang damit erfolgte auch eine Neugründung der Sektion „Marxismus-Leninismus" mit den Disziplinen Philosophie, Ökonomie und historische Wissenschaft. Darüber hinaus wurde damit begonnen, einige Ingenieurschulen (wie z. B. die Ingenieurschule für Maschinenbau und

---

[263] Zum Thema „Ingenieurhochschulen" bzw. „Hochschulingenieur" speziell an der TH Karl-Marx-Stadt siehe z. B. Lamprecht (2007, S. 70 ff.).

Textiltechnik in Karl-Marx-Stadt) in Ingenieurhochschulen umzustrukturieren und diese später an die Technischen Hochschulen anzugliedern.

Anfang der 1980er Jahre wurden im Hochschulwesen der DDR nochmals weitreichende strukturelle Maßnahmen eingeleitet. „Dazu gehörte vor allem der schrittweise Übergang zu einer in sich differenzierten Hochschulbildung für Ingenieure, Agronomen und Ökonomen (Gemeinschaftsarbeit 1989, S. 158). Mit dieser Maßnahme verbunden war die Aufhebung des bisherigen zweigliedrigen Systems der Aus- und Weiterbildung an den Hoch- und Fachschulen. Darüber hinaus wurde die Entwicklung von engeren Kooperationsbeziehungen zwischen Universitäten und Hochschulen sowie den Partnern in der Praxis (Betriebe, Kombinate) beschlossen und gefordert, um „das wissenschaftliche Potential der Hochschulen immer enger mit dem volkswirtschaftlichen Reproduktionsprozeß (…) zu verflechten" (Gemeinschaftsarbeit 1989, S. 158).

Von 1950 bis 1987 entstanden in der DDR 40 neue Universitäten und Hochschulen, wie z. B. die Technische Hochschule Karl-Marx-Stadt (1953, seit 1986 TU), die Hochschule Magdeburg (1953, seit 1987 TU), die Technische Hochschule Leuna-Merseburg (1954), die Technische Hochschule Leipzig (1954 bzw. 1977), die Medizinische Akademie Dresden (1954), die Pädagogische Hochschule Dresden (1952) und die Deutsche Hochschule für Körperkultur Leipzig (1950). Darin eingeschlossen sind die zehn im Jahre 1969 neu gegründeten, technologisch profilierten Ingenieurhochschulen. Das Hochschulwesens der DDR war sehr differenziert, und die Angleichung an das Hochschulsystem der Bundesrepublik u. a. deshalb später teilweise sehr problematisch.

- **Akademische Ausbildung nach der Wiedervereinigung**

In den beiden deutschen Staaten hatten sich sehr unterschiedliche Hochschulsysteme entwickelt, die nach der politischen Wende sehr zügig angepasst werden mussten. De akademische Berufsausbildung im wiedervereinigten Deutschland stand nach der Vereinigung bis etwa in der Mitte der 1990er Jahren unter dem Anspruch der Anpassung der Hochschulstrukturen der DDR an die entsprechenden Strukturen der Bundesrepublik und eines möglichst einheitlichen „Bildungsraums Europa".

Es hat eine hohe symbolische Bedeutung, dass zur Vorbereitung auf den europäischen Prozess der Vereinheitlichung akademischer Bildung auf Tagungsorte zurückgegriffen wurde, an denen die ersten europäischen Universitäten eingerichtet wurden, nämlich Bologna und Paris. Im auslaufenden zwanzigsten Jahrhundert trafen sich die Bildungsminister der EU an beiden Orten, um Beschlüsse zu fassen, „durch welche die in acht Jahrhunderten zu eher nationalen Institutionen gewordenen Universitäten wieder zu europäischen par excellence werden sollten. 1998 verabschiedeten anlässlich der 800-Jahr-Feier der Universität Paris die Bildungsminister aus Deutschland, Frankreich, Italien und dem Vereinigten Königreich die so genannte Sorbonne-Deklaration und erklärten ihre Absicht, Hindernisse in Vergleichbarkeit und Durchlässigkeit der nationalen Universitätssysteme abzubauen. Ein Jahr später bekundeten nunmehr 29 europäische Nationen in der so genannten Bologna-Deklaration ihren Willen, diese Ziele bis 2010 in einem europäischen Hochschulraum zu verwirklichen." (Koch 2008, S. 271)

1.7.6 Ende der Arbeits- und Berufstätigkeit im zwanzigsten Jahrhundert

Schon vor dem zwanzigsten Jahrhundert waren das Ende der Berufsarbeit und die Altersbezüge umfassend und grundsätzlich geregelt. Die gesetzliche Regelaltersrente erhielten Versicherte, die mit Vollendung der Regelaltersgrenze in der gesetzlichen Rentenversicherung die Altersrente in Anspruch nehmen. Diese Regelaltersgrenze lag beim 65. Lebensjahr oder der Arbeitsunfähigkeit. Eine Flexibilisierung des Eintritts in den Ruhestand ergab sich für den Großteil der arbeitenden Bevölkerung in den letzten Jahrzehnten des zwanzigsten Jahrhunderts. Unter besonderen Bedingungen konnten Versicherte bei Arbeitslosigkeit oder nach Altersteilzeit bereits früher als mit fünfundsechzig Jahren in Rente gehen. Die Rente war jedoch etwas niedriger aus als die normale Rente. Dabei übten „gut ausgebaute Rentensysteme im Verein mit freizeitorientierten Lebensstilen eine starke Sogwirkung in den Ruhestand aus – beides sind allerdings Phänomene, die erst in der zweiten Hälfte des 20. Jahrhunderts ihre Wirksamkeit entfalteten" (Ehmer 2008, S. 166).

Es wurde häufiger der vorgezogene Altersruhestand angestrebt. „Bei der Bewertung dieses Wandels sollte man allerdings nicht vergessen, dass die Festlegung des Beginns des Alters mit 60 ein Teil des Altersdiskurses ist und damit nicht mehr als eine Konvention. Dass es in den entwickelten Gesellschaften unserer Gegenwart so viele über 60-Jährige gibt, hängt damit zusammen, dass diese sich eines höheren Lebensstandards und einer besseren Gesundheit erfreuen." (Ehmer 2008, S. 163)

Für die Freien Berufe galten diese starren Regelungen ohnehin nicht. Viele Freiberufliche – wie Architekten/Architektinnen, Ärzte/Ärztinnen, Ingenieure/Ingenieurinnen, Rechtsanwälte/Rechtanwältinnen, Schriftsteller/-innen etc. – setzten ihre wissenschaftliche, künstlerische, schriftstellerische, unterrichtende oder erzieherische Tätigkeit fort und arbeiteten weit über das fünfundsechzigste Lebensjahr hinaus. Zu beobachten war jedoch in breiten Teilen der Bevölkerung eine „Entberuflichung" des Alters.

Mit dem Ende der Berufstätigkeit setzten viele Menschen neue Akzente für ihr Leben. „Von der Mitte der 1990er-Jahre an begann – im Zusammenhang mit Reformen der öffentlichen Rentensysteme und arbeitsmarktpolitischen ˝ Maßnahmen in allen europäischen Staaten – der Trend uneinheitlicher zu werden. In manchen Ländern setzte er sich fort, in anderen stagnierte er, in einigen kehrte er sich um. Ob damit eine allgemeine und langfristige Trendwende eingeleitet wurde, kann noch nicht abschließend beurteilt werden." (Ehmer 2008, S. 166)

Ende des zwanzigsten Jahrhundert wurde diskutiert, ob es aus demografischen Gründen notwenig werden könnte, länger zu arbeiten.[264] Dabei wurde in einer sehr kontroversen Diskussion darüber debattiert, die Arbeitsbedingungen an die älter werdende Bevölkerung anzupassen.

---

[264] Im Rahmen der Diskurse zum Ende der Arbeitstätigkeit wurden auch Themen der Partizipation, vor allem die Teilnahme oder Nicht-Teilnahme an der Arbeitswelt bzw. am Arbeitsmarkt, also Beschäftigung und Ruhestand diskutiert (Ehmer 2008, S. 161).

In dem letzten Jahrzehnt dieses Jahrhunderts zeigte sich zunehmend, dass Rentnern und Rentnerinnen – meist aus wirtschaftlichen Gründen – in ihrer Firma weiterarbeiteten oder andere Arbeit zum Zuverdienst verrichteten.

Festzustellen war auch: „Nach dem Ausscheiden bzw. Rückzug aus der Erwerbstätigkeit ist für viele Menschen in der Rückschau der Lebensweg durch den Beruf und die berufliche Tätigkeit geprägt. Viele Menschen haben durchaus den Wunsch, weiterhin ihre Berufszugehörigkeit aufrecht zuhalten, möglicherweise sogar die Zuordnung zum Betrieb, in dem sie längere Phasen ihrer Erwerbstätigkeit verbracht haben. Selbst im Ruhestandsalter spielen der frühere Beruf und die Art der abgeschlossenen Erwerbstätigkeit eine weiterhin dominante Rolle." (Dostal/Stooß /Troll 1998, S. 439)

1.8 Entwicklung des Begriffs „Beruf" im geschichtlichen Verlauf

- **Herkunft des Berufsbegriffes**

Epochen unbestimmter oder zwiespältiger Entwicklung des Berufsbegriffs

Häufig wird – vermutlich aufgrund des europäischen Bildungsverständnisses – die Existenz und das Vorhandensein von Berufen in der Antike hervorgehoben. Wesentlich seltener wird erwähnt, dass sich das Konstrukt Beruf und der Berufsbegriff erst „im Laufe von tausenden Jahren entwickelt" (Rosendahl/Wahle 2012, S. 25) hat, also seit prähistorischer Zeit.

Die Epoche der Prähistorie, bei der sich berufsförmige Tätigkeiten herausbildeten, zieht sich über Jahrtausende hin. In ihr lässt sich die Entwicklung von den Grundberufen der Jäger, Fischer, Sammler und Weisen bis hin zu Bauern, Händlern, Hirten und Kriegern erkennbar werden, obwohl sich kein Begriff des Berufs herausbildete, aber vermutlich schon eine sprachliche Zuweisung zu der jeweiligen spezifischen Tätigkeit erfolgte.

In der Epoche der Hochkulturen des Alten Orients sowie der griechischen und römischen Antike differenzierte sich die Arbeitsteilung in horizontaler und vertikaler Richtung. Mit der horizontalen Arbeitsteilung entstanden eine Vielzahl anspruchsvoller Berufe, deren Wertschätzung nicht nur von Art der Fähigkeiten und Kenntnissen, sondern auch von der sozialen Stellung der Arbeitenden abhängig war. Der Begriff des Berufes differenzierte sich mit der Art der Tätigkeit und erfuhr eine zwiespältige Bewertung. Für viele körperliche Tätigkeiten entwickelte sich ein negativer Arbeits- und Berufsbegriff. Berufe die keine körperliche Arbeit erforderten, genossen höheres Ansehen.

Epoche der Tranzendierung von Arbeit und Idealisierung von Beruf

Die Auffassung der Antike, dass körperliche wie auch Lohnarbeit den Menschen entehre, wandelte sich mit der Verbreitung des Christentums bereits im frühen Mittelalter.[265] Mit dem Ende des Mittelalters wandelten sich die christlich-kirchlichen Überzeugungen und die religiöse Bedeutung der weltlichen Alltagsarbeit und des Berufes.
Als Begriff wurde das Wort „Beruf" im religiösen Sinne als Berufung durch Gott und die dadurch begründete Eignung, d. h. des Berufenseins zu einem bestimmten Tun aufgefaßt. Das Begriffliche des Berufenseins oder die Berufung leitet sich ebenso von „berufen, ernennen" „beruofen, beruefen", „berufen, zusammenrufen, ausrufen" „biruof" (vgl. Köbler 1995, S. 48) ab. Hieraus hat Martin Luther, der – wie bekannt – dem Volke aufs Maul schaute, seinen Begriff des Berufes abgeleitet. Dabei hatte er das griechische Wort für „Arbeit" mit „Beruf" ersetzt. Durch ihn erhielt der Begriff des Berufs seine religiöse Bedeutung und insbesondere protestantische Wurzeln. Christen und Christinnen sollten wis-

---

[265] Im deutschsprachigen Europa ist das aus dem mittelalterlichen „beruf" ́, d. h. „Leumund" oder „sprachlich von rufen/Ruf" abgeleitete Wort „Beruf" schon seit Jahrhunderten bekannt.

sen, dass sie nicht nur beim Gottesdienst, sondern auch bei alltäglicher Tätigkeit zum Dienst am Nächsten von Gott berufen seien. Jedoch „konnte sich das Wort Beruf gegenüber dem Ausdruck ‚Stand' (…) nicht allgemein durchsetzen" (Dostal/Stooß/Troll 1998, S. 441).

Der Ausdruck „berufen" wurde – wie Fritz Molle (1968, S. 148) darlegt – „auch in weltlichem Sinne gebraucht: Karl der Große (Capitulare de viliis) berief Handwerker an Höfe oder Klosterschulen, die Fürsten beriefen Künstler und Gelehrte an ihre Residenz; an Universitäten und Hochschulen werden heute noch Professoren berufen oder erhalten einen Ruf dorthin; Soldaten werden zum Wehrdienst einberufen. Nach Luthers Abkehr (1522) von der rein religiösen Auffassung des Berufs als göttlicher Berufung, d. h. der vocatio spiritualis zur Berücksichtigung der vocation externa" als der tatsächlich vorfindbaren Tätigkeiten der Stände, wird in den bisher nur spärlichen Fundortquellen der Ausdruck Beruf häufiger auch weltlich verstanden. Gegenüber dem Ausdruck Stand im Sinne erwerbsmäßiger Arbeit konnte sich aber das Wort „Beruf" offenbar nicht allgemein durchsetzen; jedenfalls sind bisher nur wenige Fundstellen bekannt geworden.

Besondere Bedeutung erreichte die Verwendung des Wortes „Beruf" für eine spezielle Tätigkeit und der Berufsbegriff „erst im ständischen Ideal der spätmittelalterlichen Handwerke und Zünfte und in den sich etwa zeitgleich systematischer ausbildenden klassischen Professionen (Arzt, Priester, Offizier). Kern von Beruf war damals eine hoch normative Fixierung und Legitimierung einerseits fachlich eingegrenzter Tätigkeits- und Qualifikationsstandards und andererseits darauf bezogener sozialer Rahmungen mit teilweise ritualhaft strengen Regeln. (Voß 2002, S. 289)

Im Mittelalter und der Frühen Neuzeit, mit der hierarchischen oder ständischen Gesellschaft, war der Mensch durch seine soziale Herkunft, seinen sozialen Stand an einem einmal zugewiesenen oder ergriffenen und ausgeübten Beruf im Regelfall lebenslang gebunden. Das 1698 in Regensburg erschienene Bilderwerk von Christoff Weigel enthält zwar im Titel den Ausdruck Beruf(f), interpretiert ihn aber nicht. Indessen weist die Verbindung mit „gemeinnützlich" und „Verrichtungen" über eine religiös-vocative Inhaltsdeutung hinaus." Im siebzehnten Jahrhundert blieb Martin Luthers „vocatio spiritualis" bestimmend und die traditionelle Berufslehre prägend. Es konnten sich durch die Vormacht der Kirche keine strukturellen Überlegungen zu einem der damaligen Zeit angemesseneren Berufsbegriff entwickeln.

Eine Umdeutung des Berufsbegriffs wurde erst im beginnenden achtzehnten Jahrhundert erkennbar. Johann Heinrich Zedler gab im Laufe der Jahre 1732-1754 das 68 Bände umfassende Werk „Großes vollständiges Universal-Lexikon aller Wissenschaften und Künste, welche bishero durch menschlichen Verstand und Witz erfunden und verbessert wurden" heraus. Im dritten Band dieses Lexikons (1733, Bd. 3, Sp. 1449/51) finden sich Aussagen, aus denen man den damaligen Gebrauch des Begriffs ersehen kann (Abb. 26).

Abb. 26: Titelseite von Zedlers Universal-Lexikon (1732–1754)

Unter dem Stichwort „Beruf" heißt es u. a. in diesem Universal-Lexikon: „Beruff, einen zu etwas beruffen, heißt nichts anderes, als einen etwas zu bestimmen, oder ihn zu etwas besondern verpflichten. Der Beruff ist also eine Pflicht, nach der wir etwas besonders in der Menschlichen Gesellschaft zu verrichten schuldig sind." (Zedler 1733, S. 1499/1500) (Abb. 27).

Heinrich Zedler differenziert außerdem zwischen dem „innerlichen Beruf" im traditionellen Sinne Luthers als „diejenige Fähigkeit, welche von der Natur in uns gelegt worden ist, und darüber hinaus dem „äußerlichen Beruf", mit dem die Rechte des Individuums gegenüber dem innerlichen Beruf hervorgehoben werden. So heißt es bei Zedler: „Wer seinen Beruf erkennen will, muß sich auf das allergenaueste untersuchen, und alles mit einem reifen und nicht übereilten Urtheile überlegen." (Zedler 1733, S. 1499/1500)

1449 Berubium **Beruff** **Beruff** 1450

Berubium, oder Beruvium Promontorium, also hieße vor diesem das äuserste Vorgebürge, welches gegen die Oreadischen Inseln liegt, in Nord-Schottland, so jetzo unter dem Namen Dungesby Head bekannt ist.

Berüchtigen ist verläumbden, des andern guten und ehrlichen Namen verunglimpffen.

Berüchtiget ward der Haußhalter vor seinem Herrn Luc. 16. 1. Es kam ein böse Geschrey über ihn. Es war niemanden unbekannt, wie übel er seines Herrn Gütern vorgestanden. Es ward vor seinen Herrn gebracht, welcher ihn zur Verantwortung zog, da er denn mit der Rechnung sehr schlecht bestand.

Berühmte Leute, diese werden von Syrach beschrieben Syr. 44. 1. Es sind solche, deren vortreffliche Thaten ihres Nahmens Gedächtniß unsterblich gemacht, und auf die späte Nachwelt fortgepflanzet. Solche aber werden hernach in diesem und folgenden Capiteln weitläufftig beschrieben.

Berührende Linie, s. Tangens u. Tangens curux.
Berührungs-Punct, siehe Punctum Contactus.
Berührungs-Winckel, siehe Angulus contactus.

Beruff, einen zu etwas beruffen, heist nichts anders, als einen zu etwas bestimmen, oder ihn zu etwas besondern verpflichten. Der Beruff ist also eine Pflicht, nach der wir etwas besonders in der Menschlichen Gesellschaft zu verrichten schuldig sind. Alle Pflichten sind von GOtt, wen sie rechtmäßig sind, und was nicht rechtmäßig, ist keine Pflicht, weil wir auf keinerley Weise können verbunden werden, daß selbe zu beobachten. GOtt aber verfähret auf zweyerley Art, entweder mittelbahr oder unmittelbahr. Mittelbahr geschiehet daher ein Beruff, wen derselbe von demjenigen geschiehet, welcher in dem gemeinen Wesen als eine Obrigkeit die Stelle GOttes vertritt. Der unmittelbahre Beruf hingegen ist entweder der äusserlich oder ikerlich. Die Beyspiele des äusserliche unmittelbahren Beruffes finden wir in der H. Schrifft an Matthäi March. 9. 9. an Petro und Andrea Math. 4. 8. an Matthia Actor. 26. an Paulo Actor. 9. Heutiges Tages aber möchte sich bey dem Beruffe die unmittelbahre Hand GOttes so deutlich nicht mehr äussern. Der innerliche Beruf ist nichts anders, als diejenige Fähigkeit, welche von der Natur in uns ist geleget worden. Daß dieser von GOtt sey, daran können wir keinesweges zweifeln, indem alle bey uns befindliche gute Kräffte ihren Ursprung aus GOtt haben. Zu welchem Endzwecke aber GOtt die Mittel in uns leget, denselben will er auch, indem die Mittel allemal vor die Ursachen des Endzweckes zu halten sind. Bey den mittelbahren Beruffe sind wir von dieser Eigenschafft nicht allemahl gewiß überzeuget. Die Menschen, welche das ihrige zu befordern beytragen, können sehr offte von der wahren Absicht des Höchsten abweichen. Der innerliche Beruf gehet aber nicht nur auf gewisse Aemter, sondern überhaupt auf die Lebens-Art: da kan einer durch seinen Ehestand viel gutes stifften: Wa hingegen ein andrer mit der Gabe der Keuschheit der Welt zum Beyspiele dienen soll. Wir werden hiervon unter dem Titel Lebens-Art handeln, wo wir auch die Klugheit, welche bey Erwehlung derselben anwenden, ausführlich beschreiben werden. Auffer dem Bewegungs Grunde, welchen wir oben angeführet haben, daß dieser Beruf der göttliche Wille sey, sind auch nachfolgende Gründe vorhanden, welche uns nöthigen demselben zu folgen. Der erste ist die Selbst-Liebe. Ein jeder will sein Glücke machen, nemlich er erwehlet sich solche Endzwecke, durch deren Erlangung er seine Zufriedenheit zu beför-

dern gedencket. Nun kan man zu keinem Endzwecke kommen, wozu die Mittel nicht in unsern Händen stehen. Die Mittel sind unsere Kräffte: diese sind ihrem Ursprunge nach nicht in unserer Willkühr, sondern es ist nur deren Anwendung unserm freyen Willen überlassen. Denn wir sind nicht von uns selber. Man muß also die Endzwecke nach den Mitteln, welche wir haben, einrichten: wollen wir anders uns in unserer Hoffnung nicht betrügen. Es ist kein einziger ohne Kräfften, und daher ist der einzige Grund aller Ungeschicklichkeit die Abweichung von unserm Beruf. Wenn wir nur alle Umstände genau überlegen wollen, so wird es sich wohl ausweisen, warum einer in seinem Stande glücklich sey oder nicht. Möllers Anmerck. über Gracians Oracul. Max. 2. Anmerck. 4. p. 20. Der andre Grund ist der Nutzen der Gesellschafft. Ein jeder ist verpflichtet, etwas, es sey auch, was es wolle, zu demselben beyzutragen. Da kann nun dasselbe nicht besser vollbracht werden, als wenn wir dieses ergreiffen, wozu wir die besten Geschicklichkeiten in uns finden. Dieses würde der Vollkommenheit einer glückseligen Gesellschafft den Ursprung geben, welches aber mehr zu wünschen, als zu hoffen. Wer seinen Beruf erkennen will, muß sich auf das allergenaueste untersuchen, und alles mit einem reiffen und nicht übereilten Urtheile überlegen. Der hierbey begangene Fehler ist allzuwichtig und erstrecket sich auf unsere gantze Lebens-Zeit: dahero man Ursache genung hat, sich hierbey behutsam auszuführen. Eltern müssen bey ihren Kindern in diesem Fall besorgt seyn, daß sie die wahren Fähigkeiten derselben entweder selbst oder mit Beyhülffe anderer verständiger Männer wohl unterforschen. Dem Kinde, wie es denn leider allzu gebräuchlich ist, alleine die Erwehlung seines Standes zu überlassen, und bloß auf dessen Neigung hierbey Achtung zu geben, ist auf keine Weise zu billigen. Zwingen muß man zwar niemand, dasjenige zu ergreiffen, wovor, weil uns dessen Vollbringung allzuschwehr fällt, sich gleichsam ein natürlicher Eckel eusert: das Urtheil derer Kinder aber vor gegründet halten, ist wider die Vernunfft. Manche muntere Köpffe, welche dem harten Joche eines Schul-Pharaonis unterworffen sind, bezeigen bloß deswegen Lust zur Kauffmannschafft, damit sie dem Stecken ihres Treibers entgehen mögen, und, wie sie sich einbilden, in mehrerer Freyheit leben können. Stille Gemüther, welche man zur Handlung anführen will, sehnen sich hingegen nach denen Büchern, weil sie daselbst eine von allem Rennen und Lauffen entfernte Ruhe anzutreffen meinen. Man bemercke nur die Umstände bey denen Kindern, so wird man finden, was sie vor schlechte Bewegungs-Gründe bey sich empfinden. Der von der Thorheit derer Eltern ihnen angehängte Degen macht sie zum Soldaten; das Stecken-Pferd zum Bereuter: die Freyheit, aus vollem Halse schreyen zu können, zum Cantor und so ferner. So närrisch aber dieses ist, wen manchmahl hiervon nachgiebt, so ist es doch noch unsinniger, ein Kind in Mutterleibe einem gewissen Stande zu widmen. Ein heiliger Eifer muß gemeiniglich dieser Thorheit Deckel seyn. Das Kind, von welchen man noch nicht weiß, ob es geschickt seyn werde, die Gänse zu hüten, macht die närrische Einbildung einer abergläubigen Mutter schon zum voraus zu einem geistlichen Hirten. Man erwartet nicht mehr den Befehl eines Engels, sondern man lebet vermeynet wie Zacharias einen Johannem zeugen zu können. Geschiehet es manchmahl, daß dergleichen Vorherbestimmungen glücklich ausschlagen, so ist doch dieses vielmehr andern Ursachen, als einem blinden Schlusse zuzuschreiben. Schmidts

Pppp 3

Abb. 27: Beruff (Zedler 1733, Bd. 3, Spalte 1449/1450)

Es „wurden Beruf und die berufliche Arbeitsteiligkeit Thema der sich entwickelnden Nationalökonomie und auch der deutschen idealistischen Philosophie" (Dostal/Stooß/Troll 1998, 441). In der zweiten Hälfte dieses Jahrhunderts war die Trennung der Bedeutungsebenen von „Beruf" und „Berufung" weitgehend vollzogen.
Im ausgehenden achtzehnten Jahrhunderts wandelt sich der damaliger Zeit von Johann Adelung prägnant formulierte Berufsbegriff im gesellschaftlichen Verständnis etwas um als Beruf im Sinne von Amt, als Beruf im geistlichen Sinne und als Beruf im Sinne von Neigung und innerlichem Antrieb.

Epoche der Umdeutung des Berufsbegriffs

Erst im Zusammenhang mit der schrittweisen Ablösung der ständischen durch die bürgerlich-liberale Gesellschaft bzw. ab der Wende vom achtzehnten zum neunzehnten Jahrhundert entfaltete sich „ein im engen Sinne individualistischer Berufsbegriff" (Zabeck 2009, S. 8).
In dieser Übergangszeit wurden drei Elemente von „Beruf" sichtbar:
„1. Beruf im Sinne der ‚pflichtgemäßen Lebensart' wird nun als ‚äußerer Beruf' im Sinne eines Amtes oder einer dauerhaften Erwerbstätigkeit begriffen, der unabhängig von der konkreten Person, die ihn ausübt, objektive Anforderungen der nicht mehr christlich-ethisch interpretierten arbeitsteiligen bürgerlichen Gesellschaft an seinen jeweiligen Inhaber stellt. Folglich wird die noch bei Luther anzutreffende ‚vocatio spiritualis' auf die im engeren Sinne religiöse Sphäre reduziert und verliert damit ihren bestimmenden Einfluß auf den ‚äußeren Beruf'.
2. Dies führt dazu, daß sich komplementär zum ‚äußeren Beruf' eine Vorstellung des ‚inneren Berufs' herausbildet, die um die Rechte des Individuums gruppiert ist, die es als Anforderungen an den ‚äußeren Beruf' stellt. Diese können als je nachdem, welche Konzeption des modernen Individuums ihm zugrunde liegt, enger oder weiter gefaßt sein, d. h. entweder auf ein utilitaristisch verkürztes Bedürfnispotential eines ‚homo oeconomicus' (…) oder im Sinne eines ‚Kulturmenschen' umfassender angesetzt werden (…).
3. Wie schon angedeutet, tritt die ‚vocatio spiritualis' im Sinne eines ‚Gnadenberufs' zunehmend in den Hintergrund. Sie wird nurmehr der im engeren Sinne religiösen Sphäre zugewiesen und büßt damit ihren einstmals in der spätmittelalterlichen Gesellschaft universell erhobenen Anspruch ein." (Hohm 1987, S. 52)

Zu Beginn des neunzehnten Jahrhunderts trat ein weiterer Umdeutungs- und Differenzierungsprozess des Berufsbegriff auf und zwar stand „Berufung" jetzt vorwiegend für Luther'sche ‚vocatio spiritualis'(…), ‚Beruf' für die ‚vocatio externa' und ‚innerer Beruf' für ‚Ruf'" (Hohm 1987, S. 53). Dieses bezog sich auf die Tätigkeiten von Männern.[266] Neben dieser Einseitigkeit durch die dominierende Männerwelt wurde seit der Mitte des

---

[266] Da die Gesellschaft des frühen neunzehnten Jahrhunderts patriarchalisch organisiert war, wurden Frauen in der von Männern bestimmten Ordnung als nicht selbstständig, unmündig und berufsunfähig betrachtet. Der bestehende Berufsbegriff bezog sich – was keiner besonderen Erwähnung bedurfte – auf die Arbeitswelt der Männer. Die Frauen waren für Haus und Hof zuständig

neunzehnten Jahrhunderts die Janusköpfigkeit des Berufsbegriffs erkennbar. Die eine Seite zeigt die von Gottlieb Fichte entwickelte rückwärtsgewandte Berufslehre, bei der der Beruf mit dem Stand gleichgesetzt war. Er wurde als Pflicht und nicht aus Neigung angesehen. Die andere Seite gewann erste Kontur durch die beginnende industrielle Revolution, mit der sich der Berufsbegriff auch an den neu entstandenen Arbeitsformen und sozio-technischen Veränderungen zu orientieren begann.

Epoche der Entwicklung zu einem funktional, subjektorientiert mehrperspektivisch ausgelegten Berufsbegriff

Durch die beginnende Industrialisierung starben ganze Berufszweige aus oder führten ein Nischendasein und ein Industrieproletariat ohne spezifische beruflich nutzbare Fähigkeiten entstand. Es „bilden sich aber nach und nach auch neuartige ‚beruflich' spezialisierte Formen von Fähigkeiten und Funktionen, wie die Elitegruppen unter den Arbeitern (Meister, Vorarbeiter usw.), die ersten Verwaltungsfunktionen (Industriebeamte, Kontoristen, Angestellte) sowie neue Technikberufe mit höherer Fachbildung" (Voß 2002, S. 290). Der Berufsbegriff veränderte sich durch neue industrielle geprägte Formen von Arbeit.

Spätestens in der Mitte des neunzehnten Jahrhunderts schälten sich als primäre Bedeutungsebene die „Berufsarbeit" und das mit ihr verbundene Leistungsprinzip heraus. Die gesellschaftliche „Berufung" wirkte noch lange Zeit als bestimmendes Merkmal zünftiger, kaufmännischer und gelehrter Arbeitstätigkeiten nach, wurde im Rahmen der industriellen Revolution jedoch durch den Begriff der Beruflichkeit als „Komplement einer hocharbeitsteiligen Erwerbsarbeit" (Möller/Paulus 2010, S. 13) ersetzt. Seitdem kam es im Bereich der berufsförmigen Arbeit bzw. des Berufs zu einer immer stärkeren „Spannung zwischen funktionalen sozialen Ansprüchen und individuellen Potentialen" (Zabeck 2009, S. 6).

Darüber hinaus verfestigte sich der allgemeine Sprachgebrauch des neunzehnten Jahrhunderts. Nun trat der Begriff „Beruf" „vor allem in Verbindung mit anderen Begriffen auf, z. B. Berufsgenossenschaft, Berufskrankheit, Berufsvereine. Nach der Reichsgründung 1871 nahm die Verwendung des Ausdruckes Beruf stark zu." (Dostal/Stooß/Troll 1998, S. 441)

Nach dem deutsch-französischen Krieg und der Reichsgründung wurde der Berufsbegriff in berufsbezogenen amtlichen Veröffentlichungen (sozialpolitische Gesetze, Statistiken) verwendet. „Die erste reichsdeutsche Berufszählung – 1882 – verwendet die Bezeichnungen Berufsabteilung, Berufsart, Berufslose(r), Berufsstatistik, Berufsstellung, Berufszugehörige(-keit), Hauptberuf und Nebenberuf, wobei Beruf dasselbe wie Gewerbe bedeutete. Mit der Unfallversicherung (1884) traten die Ausdrücke Berufsgenossenschaft (i. e. S.), Berufskrankheit und Berufszweig hinzu. Die Berufszählung von 1895 übernahm den von der Unfallversicherung und Krankenversicherung (1883) anstelle von Berufsgruppe im heutigen Sinne verwendeten Ausdruck Berufszweig, während die folgenden Berufszählungen ihn nicht mehr gebrauchten." (Molle 1968, S. 149) Obwohl das Wort „Beruf" expressis verbis selbst nur langsam in Gesetzen und Verordnungen Einzug hielt, wurde unser heutiges Verständnis von Arbeit und Beruf in dieser Zeit stark geprägt. Über Versicherungen, gesetzliche Voraussetzungen und die Formalisierung von Ausbildung wurde offiziell festgeschrieben was unter Beruf zu verstehen ist, obwohl auch zeitgleich synonyme wie Amt, Gewerbe, Stand oder auch noch Berufsstand verwendet wurden.[267]

In der Zeit des Übergangs vom neunzehnten zum zwanzigsten Jahrhundert erfolgte die bis heute noch weitgehend gültige Transformation des Begriffs „Beruf" zur „Berufsarbeit. Die allgemeine Verwendung des Fachbegriffs „Beruf" setzt sich aber erst zu Beginn des zwanzigsten Jahrhunderts durch (vgl. Molle 1968, S. 150). Seitdem verloren die Bezeichnungen „Gewerbe" und „Stand" zur Bezeichnung von gesellschaftlich notwendigen Arbeitstätigkeiten sukzessive an Bedeutung.

Aber selbst im beginnenden zwanzigsten Jahrhundert bestanden noch viele terminologische Unsicherheiten.[268] Der Deutsche Ausschuß für das technische Schulwesen richtete sich mit seinen Bemühungen insbesondere auf die gewerblich-technischen Berufe und sehr konkrete Berufsbilder. Erst in den nächsten Jahren und insbesondere nach dem Ersten Weltkrieg gelangte das Wort „Beruf" zunehmend in den allgemeinen deutschen Sprachgebrauch. Wie Fritz Molle vermutete, hat den wesentlichen Anstoß dazu „sehr wahrscheinlich der um diese Zeit erfolgte Aufbau und Ausbau der öffentlichen Berufsberatung und Arbeitsvermittlung sowie die Entwicklung der Arbeits- und Berufsmedizin, der Berufspsychologie und der Soziologie, die sich mehr und mehr auch der berufsbezogenen Probleme annahmen, gegeben. In der Folgezeit wurde nicht nur das Wort Beruf immer häufiger auch in der Umgangssprache verwendet, es wuchs ebenso die Zahl anderer, mit ihm kombinierter Fachausdrücke ständig" (Molle 1968, S. 150)

In den ersten drei Jahrzehnten des zwanzigsten Jahrhunderts verfestigten und überhöhten sich die Formen mit einem Rückgriff auf idealisierendes deutsches "Berufsdenken". „Im

---

[267] „Auch die von den Berufszählungen 1882 bis 1907 gebrauchten, mit Beruf kombinierten Ausdrücke wurden im Wesentlichen noch im Sinne von Gewerbe verstanden. 1882 wurden Hauptberuf und Nebenberuf zwar auch in ‚Berufsabteilungen' und ‚Berufsarten'
, untergegliedert, diese aber als ‚Landwirtschaft, Gärtnerei und Tierzucht', ‚Industrie der Steine und Erden' usw., also wirtschaftszweigsystematisch, bezeichnet. Innerhalb der sogenannten ‚Berufsarten' wurden 1882 und später die zugehörigen Gewerbe- oder Gewerbzweigbezeichnungen mit Berufsbezeichnungen oder Berufstätigkeitsbenennungen gemischt in alphabetischer Ordnung nacheinander aufgeführt; z. B. unter ‚8. Marmor-, Stein- und Schieferbrüche': ‚Feldsteinmacher, Griffelmacher, Märbelmühlen usw'.
1895 wurde beim ‚Hauptberuf' (oder ‚alleinigen Beruf') nach ‚Berufszweig' und ‚Berufsstellung' unterschieden, aber unter ‚Berufszweig' z.B. ‚Landwirtschaft, Schlosserei, Getreidemüllerei, Militärdienst', unter ‚Berufsstellung' ‚Selbständig, Gehilfe, Geselle, Musketier' aufgeführt." (Molle 1968, S. 149)
[268] „1907 wurde gefragt: „Welchem Gewerbe, Erwerbszweig, Beruf (bei Beamten Dienst- oder Verwaltungszweig) gehören Sie durch Ihre Tätigkeit im Hauptberuf gegenwärtig an?" (Beispiele: ‚Getreidemüllerei, Bäckerei, Schuhmacherei, Feuerversicherung usw.'). Die Aufgliederung nach der „Systematischen Berufsliste" (Landwirtschaft, Gärtnerei usw.) und die darin aufgeführten Benennungen gleichen oder ähneln denen von 1882 und 1895. Unter ‚Hauptberuf' wurde verstanden: ‚Selbständiger Unternehmer, Eigentümer, Pächter, Handwerksmeister, Hausgewerbetreibender oder Angestellter oder Geselle/Gehilfe usw.'; man unterschied also nicht regelrecht nach Beruf im späteren Sinne. Die ‚Berufsarten' (= Betriebe) wurden zum Beispiel als ‚B 3. Salzgewinnung', ‚B 8. Marmor-, Stein- und Schieferbrüche', interessanterweise aber ‚B 7. Steinmetzen, Steinhauer' bezeichnet.
Die die speziellen Untergliederungen erläuternden Bezeichnungen wurden auch noch 1907 nach Betrieben und Berufstätigkeiten in alphabetischer Folge gemischt aufgeführt, so z. B. ‚B' (Industrie, einschl. Bergbau und Baugewerbe) unter ‚Erzgewinnung': ‚Abraumarbeiter, Abraumbergwerke, Bergmann, Bleierzbergwerke usw." (Molle 1968, S. 150)

idealistischen Berufsbegriff wurde insbesondere von den „Klassikern" der Berufsbildungstheorie (*Georg Kerschensteiner, Eduard Spranger, Aloys Fischer, Theodor Litt*) eher gemeinschaftlich gewendet und auf die Relation des Einzelnen zum Ganzen des Volkes bezogen." (Kraus 2012, S. 260; Hervorhebungen im Original). Dabei richteten sich die Überlegungen zum Wesen und zu den Formen des Berufs fast ausschließlich nur auf die männlichen Jugendlichen. Für Beruf und berufliche Arbeit wurden teilweise sehr idealisierte und für die Bedingungen im industriell geprägten Beschäftigungssystem unrealistische Ansprüche formuliert.

Dadurch verkürzt sich der Terminus „Beruf" auf Merkmale, die Karlwilhelm Stratmann (1992, S. 290) dem ständischen und vorindustriellen Berufsbegriff zuschreibt: „Beruf" habe „etwas mit Gebot und Verbot, mit Stetigkeit und Durchhalten, mit Moral und Verläßlichkeit zu tun, mit Unterordnung und Führung". Insbesondere durch die bürgerliche Ideologie der sogenannten Berufsbildungsklassiker Kerschensteiner und Spranger entwickelte sich in den 1920er Jahren eine Ideologie, die „den Berufsgedanken von aller Berufswirklichkeit abheben ließ" (ebd., S. 143). Symptomatisch sind auch Quasi-Definitionen wie sie beispielsweise Aloys Fischer (1967, S. 484 f.) formuliert hat. Für ihn war "Beruf" die „lebenslänglich dauernde Einstellung eines Menschen auf spezialisierte Arbeit, (...), durch die er in der Auswirkung eigener Interessen und Kräfte zugleich beglückende Vollendung seines persönlichen Wesens und die Sicherung eines inhaltsreichen, geachteten und materiell ausreichend entlohnten Daseins gewinnt".

Epoche eines mehrdimensionalen und realistischen Berufsbegriffs auf der Basis unterschiedlicher Bedeutungsgehalte

Im Beschäftigungssystem, der Verwaltung und Gesetzgebung hatte ein realistischer und pragmatischer Umgang mit dem Berufsbegriff längst stattgefunden. So wurden beispielsweise mit dem Angestelltenversicherungsgesetz vom 20.12.1911 der Beruf und Wortkomposita dazu erwähnt. Der Gesetzgeber verzichtete dabei auf die Definition des Begriffes „Angestellter" und begnügte sich mit der Aufzählung einzelner Berufstätigkeiten, für die das Gesetz gilt: Angestellte in leitender Stellung, Büroangestellte, Betriebsbeamte, Werkmeister, Handlungsgehilfen, Bühnenmitglieder, Musiker, Schiffsführer, Offiziere des Deck- und Maschinendienste, Angestellte in Berufen der Erziehung usw.. Der Gegenstand der Versicherung richtete sich auf die „Berufsunfähigkeit" als „Unfähigkeit zur Ausübung des Berufes" (Handbuch der Verfassung und Verwaltung 1912, S. 901).

Der Berufsbegriff fand nun Anfang der zwanziger Jahre des letzten Jahrhunderts mit Max Webers Schrift „Wissenschaft als Beruf" auch in der akademischen Welt verstärktes Interesse. In seinem Monumentalwerk „Wirtschaft und Gesellschaft" definiert er den Beruf als „jene Spezifizierung, Spezialisierung und Kombination von Leistungen einer Person [...], welche für sie Grundlage einer kontinuierlichen Versorgungs- oder Erwerbschance ist" (Weber 2006, S. 149). Wie aktuell der Begriff „Beruf" nun war, zeigte sich nach dem Ersten Weltkrieg.

Auf der Reichschulkonferenz 1920 wurde diskutiert und vorgeschlagen, die Fortbildungsschule mit Blick auf die dort stattfindende berufliche Ausbildung in Berufsschule umzubenennen.[269] Gesellschaftlich allgemein bedeutend war, dass mit der Volks-, Berufs- und Betriebszählung vom 16. Juni 1925 eine Trennung zwischen Gewerbe (Zweig)/Betrieb einerseits und Beruf andererseits vorgenommen wurde.[270]

Mit dem Ende der Weimarer Republik und der nationalsozialistische Weltanschauung, bei der die Frau als die Gehilfin des Mannes angesehen wurde. Erfolgte ein Rückbezug des Berufsbegriffes auf die Männer. Der nationalsozialistische Staat drängte die Frauen aus den Berufen. In dem vier Jahre nach der sogenannten Machtergreifung verabschiedeten „Erlaß des Reichs- und Preußischen Ministers für Wissenschaft, Erziehung und Volksbildung vom 29. Oktober 1937, betr. reichseinheitliche Benennungen im Berufs- und Fachschulwesen" erhielt die „Berufsschule" erstmals eine rechtsverbindliche Bezeichnung (vgl. Kleine Mitteilungen 1937, S. 134) mit der der Begriff „Beruf" für die große Mehrheit der Bevölkerung, die diese berufliche Schule besuchte, deutlich herausgehoben wurde.

Nach dem Zweiten Weltkrieg und mit der Wiederherstellung „eines auf die Selbstverwaltung der Wirtschaft, vor allem auf Kammern und Innungen, gestützten Berufsbildungssystems, (…), und nicht zuletzt auch mit der Verbreitung der Pflichtberufsschule setzte sich der Berufsbegriff durch" (Harney 2006, S. 63). Der Begriff „Beruf" und teilweise auch die Berufswahl blieb aber auch in der Zeit der Restauration in der Bundesrepublik durch Männer mit einer Rollenfixierung der Frau auf die Hausarbeit und ein patriarchalisches Eheverständnis bestimmt.[271]

Für Helmut Schelsky war dann nach den Jahren des Wiederaufbaus in Deutschland der Beruf eine komplexe Kategorie sozialer Integration des Individuums, ein wesentlicher Garant für „Umweltstabilisierung" und „Innenstabilisierung der Person" über eine spezifische Art und Form von Erwerbsarbeit (Schelsky 1965, S. 238). In den 1960er Jahren ist ein „zeitkonformer Berufsbegriff" von Heinrich Abel angemahnt worden (vgl. Herkner 2016, S. 268).

Schon wenige Jahre danach meinte Dieter Mertens (1976, S. 36 ff.), dass die bisherige Berufsausbildung kein geeignetes Orientierungsmuster für die erforderlichen Qualifizierungen darstelle.[272]

---

[269] Sicher ist so viel, dass es den Begriff schon weit vor dem Jahre 1920 gab, in dem die „Berufsschule" auf der Reichschulkonferenz in Berlin im Entwurf eines Reichsschulgesetzes verankert wurde.
[270] Damit wurden „Berufe" eigener Art nach einer Liste „besonders aufgezählt" und deren Träger ausgezählt, im Fragebogen (Haushaltsliste) in Spalte 14 die „Genaue Angabe des (Haupt-)Berufes", in Spalte 15 die „Stellung im Beruf" im heutigen Sinne erfragt. Während noch 1907 von „hauptberuflich Erwerbstätigen" (Bezeichnung des Gewerbes) gesprochen wurde, wies die Berufszählung von 1925 erstmals z. B. „insgesamt rd. 825000 Schlosser" als Beruf aus."
[271] Das Bürgerliche Gesetzbuch (BGB) schrieb die „Hausfrauenehe" vor. Das dem BGB zugrundeliegende patriarchalischen Eheverständnis bestimmte für den Fall, dass einer Ehefrau, die anderweitig arbeiten wollte, es ihr Mann erlauben musste. Erst am 1. Juli 1977 wurde das Gesetz geändert, und Ehefrauen die Möglichkeit der freien Berufswahl eröffnet.
[272] Im Nachhinein erklären Ahrens und Wahle (2012, S. 30) die Überlegungen und die Kritik Mertens am Beruf damit, dass das „Modell der Schlüsselqualifikation eine zentrale Rolle spielt. Legitimiert ist dieses mit der Erkenntnis, dass der Begriff des Berufes in dynamischen Gesellschaften weder den Inhalt noch die Anforderungen einer Position im

Eine modernere Auffassung von Beruf entwickelt Friedemann Stooß Mitte der 1980er Jahre. Er beschreibt den Beruf als ein Gliederungs- und Strukturprinzip der Gesellschaft und zugleich als eine charakteristische Bündelung von Erwerb, Arbeit und Qualifikation, wobei diese Momente regulierend auf den Arbeitsmarkt einwirken (1985, S. 198 ff.).

Mit der Neuordnung der industriellen Elektro- und Metallberufe (1987) wurden die Gleichstellung von Mann und Frau bei den Berufsbezeichnungen in den Ordnungsmitteln der Ausbildungsberufe eingeführt. So wurden dort geschlechtsunabhängig u. a. „Industriemechaniker/-in", „Zerspanungsmechaniker/-in", „Werkzeugmechaniker/-in" aufgeführt. Mit dem auslaufenden zwanzigsten Jahrhundert und der Globalisierung wurde das in Deutschland verhältnismäßig fest verankerte Berufskonzept und damit auch die bestehende und international anerkannte Berufsausbildung in Frage gestellt.

Am Ende des vorigen Jahrhunderts wurde die Zukunftsfähigkeit von Berufen vielfach eher skeptisch eingeschätzt. Es wurde die Meinung vertreten, dass das Beschäftigungssystem zukünftig „weniger von den qualifikationsspezifischen Anforderungen, als vielmehr durch die Veränderungen der betrieblichen Ausbildungs-, Arbeits- und Sozialorganisation und der ihnen zugrunde liegenden betriebsstrukturellen Faktoren bestimmt" (Baetge/ Baethge-Kinsky 1998, S. 467) wird.

Gleichzeitig wurde jedoch von den Vertretern der wissenschaftlichen Disziplinen „Berufsbildung" und „Berufspädagogik" an dem Berufsprinzip festgehalten. Es wurde den Aussagen zur Erosionsthese des Berufes entgegengehalten, dass „duale Berufe auch weiterhin zum Beispiel im Produktionssektor, auf der mittleren Qualifikationsebene wie auch in nicht informationstechnischen Bereichen als das die Erwerbsarbeit breiter Bevölkerungsschichten dominierende Arbeits- und Qualifikationsmuster" (Rosendahl/Wahle 2012, S. 32) erhalten bleibt. Argumentiert wurde insgesamt, dass noch immer ein großer Teil der Jugendlichen eine Berufsausbildung anstrebt. Da sich die in der nicht-akademischen Berufsausbildung Stehenden mit Hilfe des angestrebten Beruf in ihren Lebensperspektiven auf den gesellschaftlichen Anerkennungsrahmen beziehen, ist „der Beruf als Muster der Verzeitlichung des eigenen Lebens und des Aufbaus von Zukunftsvertrauen nach wie vor zentral und als öffentliche Aufgabe von belang" (Harney 1998, S. 3). Darüber hinaus wurde angemerkt, dass auch die akademischen Berufe beispielsweise von Ärzten, Apothekern, Ingenieuren, Rechtsanwälten keinesfalls gefährdet sind.
Entsprechend dem Stand der Diskussion kurz vor der Jahrtausendwende wurden von Werner Dostal, Friedemann Stooß und Lothar Troll unter dem Titel „Beruf – Auflösungstendenzen und erneute Konsolidierung" charakteristische Merkmale von Berufen benannt.

Für sie als Berufsforscher wird „Beruf durch folgende Merkmale umschrieben:

Erwerbsleben widerspiegelt. Von daher bestehe auch keine strukturelle Übereinstimmung zwischen Berufs- und Bildungsnomenklatur. In dieser Perspektive besitzen Erwerbstätige weder eine berufliche Identität, noch profilieren die gängig gewordenen Merkmale des Berufskonzeptes ein wie auch immer akzentuiertes (Berufs-)Bildungsprogramm, noch dient Qualifizierung der Fundierung der beruflichen Existenz. So unterstellt ‚Mertens' Konzept, dass das Berufsprinzip mehr als nur erodiert sei."

- Bündel von Qualifikationen im Sinne charakteristischer Ausprägungen und Anordnungen von Wissen (Sachverhalte kennen und anwenden sowie Arbeitstechniken/Fertigkeiten beherrschen) und Sozialkompetenz (als einer Bündelung typischer Verhaltensweisen, Orientierungen und Werthaltungen).
- Aufgabenfelder, die den Qualifikationsbündeln zugeordnet sind und die durch eine Kombination aus Arbeitsmitteln, Objekt (Gegenstand) und Arbeitsumfeld geprägt sind.
- Hierarchisch abgestufte Handlungsspielräume, die sich aus der Verknüpfung der Qualifikationsseite (Arbeitskraftseite) mit der funktionalen Ausprägung der Arbeitsaufgaben (Arbeitsplatzseite) ergeben. Sie sind bestimmt durch den Status (die betriebliche Position des einzelnen), die Organisationseinheit (Aufgabengebiet/Abteilung) und das spezifische Arbeitsmilieu. In diesem Rahmen können persönliche Interessen im Sinne gestalterischer Ziele entfaltet werden." (Dostal/Stooß/Troll 1998, S. 440)

In dieser Zeit kristallisierten sich mehrere, stets Bedeutungsgehalte heraus, die in dem alltagssprachlich wie wissenschaftlich verwendeten Berufsbegriff aufgehoben sind. Es lassen sich nun „grob vier idealtypische Berufsideen voneinander unterschieden:
- „erstens die religiöse Berufsidee, die berufliches Handeln als Gottesdienst ansieht,
- zweitens die traditionell-ständische Berufsauffassung, derzufolge berufliche Tätigkeit sozial gebunden ist und die historisch-aktuelle Ordnung stabilisiert,
- drittens die idealistisch-ganzheitliche Berufsvorstellung des Neuhumanismus mit ihrem Postulat der freien Berufswahl als Basis individueller Selbstverwirklichung und
- viertens die funktionelle Berufsauffassung, die den Erwerbscharakter des Berufs betont und Arbeitsteilung, technisch-ökonomische Entwicklungsprozesse und Rationalisierungstendenzen in der Arbeitswelt berücksichtigt." (Pätzold/Wahle 2000, 525f.)

Damit zeigt sich, dass der Berufsbegriff zunehmend schwerer greifbar wird. Die Tätigkeiten am Arbeitsplatz werden um die Jahrtausendwende als eine entscheidende Dimension von Beruf gesehen. Unter berufspädagogischer Sichtweise ist an dem fast ausschließlich an Tätigkeiten orientierten utilitären Begriff jedoch defizitär, dass bildende sowie berufs- und lebensorientierte Aspekte in den Hintergrund gerückt werden. Zur Jahrtausendwende ist feststellbar, dass Berufe in immer stärkerem Maße größeren Veränderungen unterliegen und dadurch häufiger „der Berufsbegriff, z. B. als Lebensberuf, in Frage gestellt ist" (Schelten 2000, S. 30).

Schon vor der Jahrtausendwende wirkten die Genderforschungen und damit verbundene bildungspolitische Bestrebungen auch auf den Berufsbegriff. Zu Recht wurde kritisiert und festgestellt: Die in Deutschland „vorherrschende Orientierung am Berufsbegriff zeichnet sich historisch bedingt durch eine männliche Prägung aus. Diese ‚hegemoniale Männlichkeit im Berufsbegriff' ist weniger den Qualifikationsbedarfen des Arbeitssystems geschuldet als der Verschränkung von Sozialpolitik, Tarif- und Berufsbildungsrecht. Damit sind Frauen zwar nicht empirisch aus dem Erwerbssystem ausgeschlossen, prinzipiell aber bleibt ihre Inklusion immer prekär." (Paul-Kohlhoff/Zybell 2005, S. 2) Es deuten sich in den letzten Jahren aber Veränderungen bei der Verwendung von Berufsbezeichnungen an.

Das Berufsverständnis hat sich über die Jahrhunderte bis ins zwanzigste Jahrhundert langsam entwickelt. Als Rudimente wirkten die sozialen Konstrukte wie „Gewerbe" und „Stand" lange nach und wurden fast synonym verwendet. Auch wurde im Zusammenhang mit Arbeitstätigkeiten nicht selten noch vom Berufsstand gesprochen wurde. Als Folge der ständischen Struktur – so kann interpretiert werden – ist eine hierarchische Unterscheidung in praktische bzw. nicht-akademische, semi-akademische und akademische Berufstätige erhalten geblieben.

Ende des zwanzigsten Jahrhunderts wurde mit dem Begriff 'Beruf' sowohl umgangssprachlich als auch in den wissenschaftlichen Fachsprachen verschiedener Disziplinen ein Ensemble von Kenntnissen und Fähigkeiten sowie ausgeübten Tätigkeiten verstanden. Zum Berufsbegriff gehörte eine Ausbildung, die in der Regel systematisch erfolgte, um im Rahmen gesellschaftlicher Arbeitsteilung eine Grundlage zu einer kontinuierlichen Versorgungs- oder Erwerbsmöglichkeit zu haben. Als eine besondere Form des Berufes wurden „Professionen" verstanden, die eng mit der personalen Identität derjenigen verbunden sind, die sie ausüben. Der Begriff „Beruf" wurde vom 'Job' abgegrenzt, mit dem meist nur eine Kennzeichnung einer vorübergehend übernommenen Tätigkeit erfolgte und eine innere Distanz zu dieser Beschäftigung ausgedrückt werde kann.

Wegen der definitorischen Schwierigkeiten und des fortlaufende Wandels bei den Tätigkeitsanforderungen versucht man den Begriff „Beruf" mit dem dynamischeren Terminus „Beruflichkeit" zu stützen. Dabei umfasste dabei Beruflichkeit wesentliche, formalisierbare Elemente bzw. Merkmale berufsförmiger Arbeit und entsprechender Berufe.

Abschließend lässt sich feststellen: Auch wenn der Begriff des Berufes im zwanzigsten Jahrhundert sehr vielfältig beschrieben oder definiert worden ist, so galt doch die frühzeitig vorgenommene Einschätzung von Fritz Karl Mann zu dem Phänomen „Beruf", dass es kein Zeitalter geben dürfte, „in dem mehr von Beruf gesprochen worden ist als in der Gegenwart. Die Presse schildert die Sorgen der Berufswahl – die Behörden errichten Berufsberatungsstellen – eine umfassende Berufsstatistik sucht jeden zu erfassen, der das Kindesalter überschreitet – die Gesellschaft ist in zahlreiche Berufsgruppen und Berufsverbände aufgegliedert, die sich lebhaft befehden – die Psychologen untersuchen die ‚Berufseignung' – die Philosophen, Theologen und Soziologen wetteifern darin, uns den Verfall des Berufsethos oder die Möglichkeiten seiner Wiedererweckung vor Augen zu führen." (Mann 1933, S. 481)

Diese schon mehr als achtzig Jahre alte Einschätzung gilt –cum grano salis – weiter. Komposita, die mit dem Wort „Beruf" verknüpft sind, zeigen eine zunehmende Breite des Verwendungsrahmens. Berufe und die damit verbundene Beruflichkeit stellen in Deutschland trotz aller Unkenrufe noch immer den Kern der Erwerbsgesellschaft dar.

2 BERUFSFÖRMIGE TÄTIGKEITEN UND BERUFE DER GEGENWART

2.1 Bedeutung der berufsförmigen Arbeit und der Berufe

+

2.1.1 Gegenwärtiger Begriff des Berufs in der Diskussion

- Verwendung des Wortes „Beruf" im Vorfeld einer Begriffsbildung

Gegenwärtig werden die Ausdrücke Arbeit, Beruf, Job und Profession oft unbedacht und sehr häufig synonym gebraucht. Reflektiert jedoch verwendet man auch in der Alltagssprache heute noch immer den Begriff „Beruf" für eine Erwerbstätigkeit oder eine besonders lang anhaltende Tätigkeit, die spezielle Fähigkeiten erfordert.

Um die Jahrtausendwende entwickelte sich ein weitgehendes Einverständnis über die Kennzeichen und Merkmale von Berufen. Martin Heidenreich (1999, S. 37 f.) nennt als „kennzeichnend für Berufe:
1. Spezielle Tätigkeitsfelder (Berufspositionen): Solche Tätigkeitsfelder, zu denen Angehörige der jeweiligen Berufsgruppe einen privilegierten Zugang haben, können entweder selbständige (‚Freie Berufe') oder unselbstständige Tätigkeiten sein.
2. Qualifikationen: Der privilegierte Zugang zu einem Tätigkeitsfeld rechtfertigt sich durch eine spezielle Wissens- und Kompetenzbasis, die die Angehörigen einer Berufsgruppe zur Wahrnehmung der mit einer Berufsposition verbundenen Aufgaben befähigt. Aufgrund dieser Kompetenz beanspruchen Berufsangehörige bei der Ausübung ihrer Tätigkeiten eine gewisse Autonomie (auch gegenüber Kunden oder fachfremden Vorgesetzten). Diese Wissensbasis kann mehr oder weniger systematisiert sein; ihr Erlernen ist in der Regel mit der Einübung einer entsprechenden Fachsprache verbunden.
3. Berufsausbildung: Die Ausübung eines bestimmten Berufes ist an den systematischen Erwerb der erforderlichen Qualifikationen gebunden. Diese Qualifizierung erfolgt in eigenständigen Ausbildungsgängen, die in der Regel öffentlich anerkannt sind und mit einem Zertifikat (Diplom, Facharbeiterbrief ...) abgeschlossen werden. Solche Ausbildungen können entweder auf praktischen Erfahrungen oder auf der schulischen Vermittlung des berufsspezifischen Wissens beruhen. Im Allgemeinen werden die Ausbildungen am höchsten bewertet, die auf einer unpersönlichen, objektivierten Wissensbasis beruhen. Dieses Wissen kann zu technischen ‚Gesetzen' verallgemeinert und auf der Grundlage von Lehrbüchern angeeignet werden.
4. Berufsprestige: Berufe sind typischerweise mit einer mehr oder minder hohen Stellung in der gesellschaftlichen und betrieblichen (Status- und Einkommens-) Hierarchie verbunden.
5. Aufstiegsleitern: Mit fast allen Berufen sind typische Mobilitätspfade verbunden (‚Berufsverlaufsmuster'). So kann eine Krankenschwester beispielsweise zur Stationsschwester oder Pflegedienstleiterin aufsteigen; eine Lehrerin kann zur Schulrätin ernannt werden. Diese inner- und zwischenbetrieblichen Mobilitätsketten haben eine zentrale Bedeutung für die Strukturierung der eigenen Biographie, für die Motivierung der Beschäftigten und

für die hierarchische Organisation der Unternehmen. Sie können durch Fort- und Weiterbildungsangebote flankiert werden."

Ein wesentliches Merkmal ist auch, wie man hinzufügen muss, dass eine berufliche Tätigkeit die Arbeitskraft sowie Arbeitszeit überwiegend in Anspruch nimmt. Dabei fungiert der Beruf als Leitaspekt für die ganze Lebensführung und trägt zur Identitätsbildung bei. In den letzten zwei Jahrzehnten wurde der Berufsbegriff einerseits immer mehrdimensionaler, weiterreichender und abstrakter, um mit ihm möglichst viele Arten berufsförmiger Tätigkeiten zu erfassen. Andererseits erfuhr er durch die zunehmende Verrechtlichung über Berufsgesetze, Verordnungen und Berufsbilder eine Konkretisierung wie nie zuvor.

Dennoch ist bislang – und darüber besteht weitgehendes Einverständnis – für die nichtakademischen und akademischen Bereiche der Begriff „Beruf" nicht hinreichend und eindeutig geklärt, da er unter anderem sehr vielschichtig, aber auch umstritten und den gegenwärtigen sozio-technischen Veränderungen in besonderer Weise unterworfen ist.[273] Das zeigt sich auch an der Diskussion über die möglichen oder vermuteten Entwicklungstrends in Richtung zum Individualberuf und zur Beruflichkeit des Arbeitskraftunternehmers (Voß 2002, S. 287 ff.). Verhältnismäßig eindeutig ist die Abgrenzung von Arbeit und Job. Unklarheiten bestehen jedoch in den Fällen, bei denen von Profession oder von Beruf gesprochen werden sollte.

Der Beruf „umfasst alle für die Erledigung einer vorgegebenen Arbeitsaufgabe notwendigen Merkmale in einer aufeinander abgestimmten Kombination. Beruf entsteht und besteht im Spannungsfeld zwischen Arbeitsplatz- und Arbeitskraftseite." (Dostal 2002, 463 f.) Die damit verbundene Vieldimensionalität von Berufen erschwert eine begriffliche Festlegung, und zwar schon allein wegen der ständigen Anpassungsnotwendigkeit an erwerbsbezogene und gesellschaftliche Veränderungen (Abb. 28). Wegen seiner Mehrdimensionalität wird von der industriesoziologischen Berufsforschung der Beruf aus dem spezifischen Blickwinkel der Arbeits- und Qualifikationsforschung „durch folgende Merkmale umschrieben:
- Abgestimmte Bündel von Qualifikationen im Sinne charakteristischer Ausprägungen und Anordnungen von Wissen und Sozialkompetenz.
- Aufgabenfelder, die den Qualifikationsbündeln zugeordnet sind und die durch eine Kombination aus Arbeitsmitteln, Objekt (Gegenstand) und Arbeitsumfeld geprägt sind.
- Hierarchisch abgestufte Handlungsspielräume, die sich aus der Verknüpfung der Qualifikationsseite (Arbeitskraftseite) mit der funktionalen Ausprägung der Arbeitsaufgaben (Arbeitsplatzseite) ergeben. Sie sind bestimmt durch den Status (die

---

[273] Es wird auch darauf hingewiesen, „dass der traditionelle Berufsbegriff vielfach verlorengegangen ist. Eine neue Begrifflichkeit tritt prominent auf: in den Annoncen und Jobbörsen, den Gradmessern für den Arbeitsmarkt, kommen in den Headlines der gesuchten Berufe neue Begriffsschöpfungen vor. Insbesondere auf dem IT-Markt finden sich Begriffskreationen, die nur mehr im Wortstamm auf die Kerntätigkeit des ausgeschriebenen Arbeitsplatzes hinweisen. Um modern und zukunftsorientiert zu klingen, wird die englische Übersetzung bzw. der englische Wortstamm verwendet und eine deutsche Endung angefügt." (Steinringer/Schwarzmayr 2001, S. 8)

betriebliche Position des Einzelnen), die Organisationseinheit (Aufgabengebiet/Abteilung) und das spezifische Arbeitsmilieu.
- Strukturmerkmal gesellschaftlicher Einordnung und Bewertung." (Dostal 2002, S. 464.).

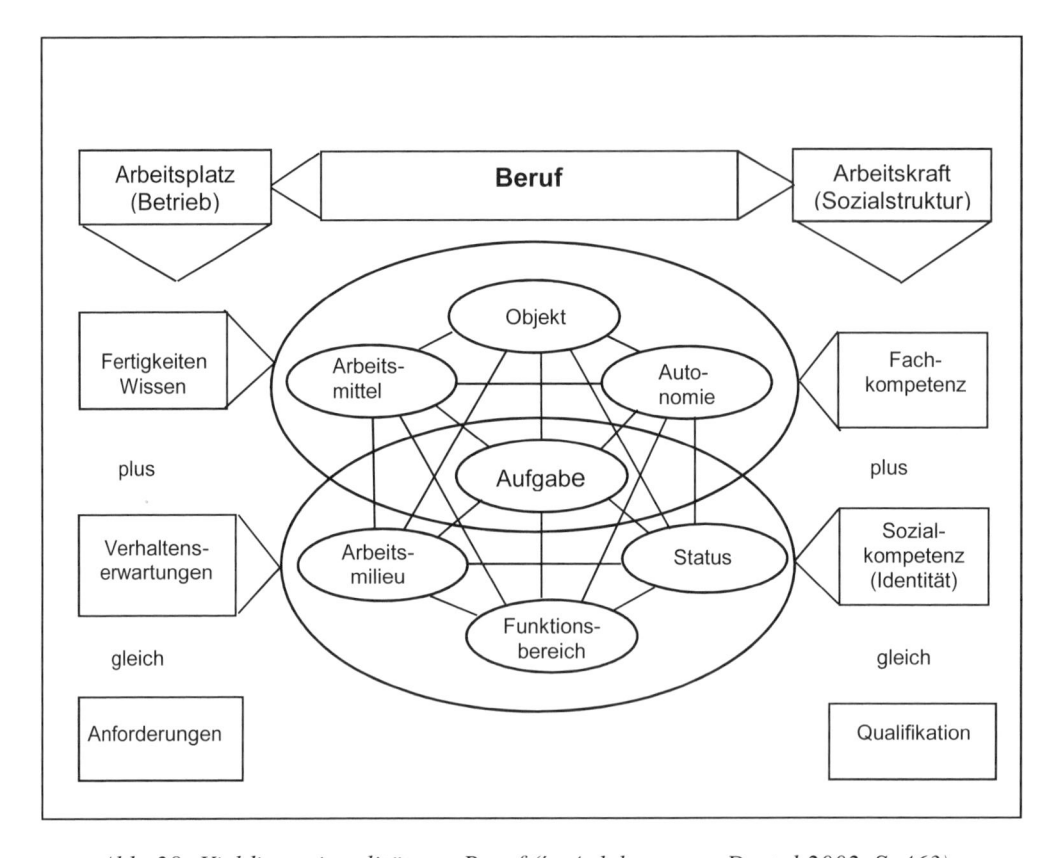

Abb. 28: Vieldimensionalität von Beruf (in Anlehnung an Dostal 2002, S. 463)

Insbesondere mit Bezug auf Werner Dostal werden drei zentrale Eigenschaften für den Begriff „Beruf" benannt:
„- Der Berufsbegriff ist tätigkeits- und nicht personenbezogen.
 - ‚Beruf' zeichnet sich durch ein Bündel von Tätigkeiten aus.
 - ‚Beruf' wird durch zwei zentrale Dimensionen konstituiert: Berufsfachlichkeit und Anforderungsniveau" (Berufsklassifikation. Band 1. 2010, S. 26).

Dem Berufsbegriff kann eine funktionale sowie eine statusbezogene Komponente zugesprochen werden. Dabei weist die Funktionalität soziale und individuelle Merkmale auf (vgl. Zabeck 2009, S. 4).[274] Auch ältere Auslegungen zu Wesen und Form des Berufes sind noch in der Gegenwart präsent und aktuell, verfehlen aber mit ihrer sozialen bzw. individuellen Betonung „das dem Berufsbegriff innewohnende heuristische Potential" (Zabeck 2009, S. 4).

Nicht zuletzt hat Arbeit und Beruf auch eine rechtliche und sogar eine verfassungsrechtliche Dimension, denn weil „der Berufsbegriff vor allem von der Verfassung geprägt wird, kann der Gesetzgeber nicht einfach bestimmte Tätigkeiten durch Gesetz aus dem Berufsbegriff ausschließen." (Ibler 2006, S. 227) „Der verfassungsrechtliche Begriff des Berufs lässt sich anhand dreier Merkmale definieren. Zunächst bezeichnet Beruf eine Tätigkeit, die sich von anderen Tätigkeiten darin unterscheidet, dass sie auf eine gewisse Dauer angelegt ist. Sodann hat diese Tätigkeit ein Ziel, das sich erschließt, wenn man die Tätigkeit einer bestimmten Zeit, der Arbeitszeit, zuordnet, die sich jedenfalls im 20. Jahrhundert von der Freizeit abgrenzt.[275] (...) Das dritte Merkmal des Berufsbegriffs inkorporiert einen sehr selten zu aktivierenden ‚Notausgang', um der Annahme der Eröffnung des Schutzbereichs ggf. noch ‚entgehen' zu können: Die Tätigkeit darf nicht schlechthin gemeinschaftsschädlich sein." (Frenzel 2009, S. 488 f.)[276]

Unter juristischer Perspektive „wird ersichtlich, wie leicht der Berufsbegriff des Art. 12 Abs. 1 GG zu erarbeiten ist; es folgt die Unterscheidung bzw. Nichtunterscheidung von Berufswahl und Berufsausübung, die letztlich doch wieder in eine Dreiheit – diejenige der Stufenlehre – über bzw. der Prüfung der Verhältnismäßigkeit zugeführt wird" (Frenzel 2009, S. 489). Im Unterschied zu vergangenen historischen Epochen wird der Beruf nun unter Berücksichtigung der Vorkenntnisse und der individuellen Voraussetzungen gewählt. Infolgedessen kann mit der Berufswahl und -ausbildung der soziale Status bestimmt werden. Damit sind soziale Attribute erreichbar, die denjenigen, die den Beruf

---

[274] Für den Pädagogen Aloys Fischer wiederum war der Beruf „eine lebenslänglich dauernde (...) spezialisierte Arbeit eines Menschen, durch die er in der Auswirkung eigener Interessen und Kräfte zugleich die beglückende Vollendung seines persönlichen Wesens und die Sicherung eines inhaltsreichen, geachteten und materiell ausreichend entlohnten Daseins gewinnt" (Fischer 1930, S. 484)

[275] Im Vergleich zum Hobby wird „eine besondere Qualität des Berufs offenbar: Die Tätigkeit soll – ohne Ansehung der Vermögenssituation des Grundrechtsberechtigten – der Gewinnung des Lebensunterhalts dienen, ein Ansinnen, welches bei einem Hobby naturgemäß nicht gegeben ist, dort wird eher investiert, was eine Wandlung vom Hobby zum Beruf nicht ausschließt. Ein einmaliges Veräußerungsgeschäft, welches Gewinn bringt, der bisweilen für den Lebensunterhalt zur Verfügung gestellt wird, ist jedenfalls nicht auf Dauer angelegt und daher nicht Beruf" (Frenzel 2009, S. 488 f.).

[276] Diese Einschränkung „basiert auf zwei Überlegungen: Einerseits wird ein anerkanntes Berufsbild, welches etwa einfach gesetzlich induziert werden müsste und damit das Grundrecht präformieren würde, an dieser Stelle gerade nicht zum Prüfungsmaßstab erhoben, und der Staat ist auch hinsichtlich ‚staatlicher' bzw. ‚staatlich gebundener' Berufe, deren Ausfüllung dem Staat vorbehalten bleiben soll, unter einen Rechtfertigungsdruck zu setzen; andererseits sind Tätigkeiten denkbar, die nicht unter dem Schutz des Art. 12 Abs. 1 GG stehen sollen, selbst wenn man sie im Wege eines verfassungsrechtlich gerechtfertigten Eingriffs verbieten könnte – zu nennen ist etwa der Auftragskiller, dessen Tun dem absoluten Lebensschutz evident widerspricht; viele weitere Beispiele wird man aber nicht finden, sind doch auch die Verbotsnormen des Strafrechts als einfaches Recht an der Gewährleistung des Art. 12 Abs. 1 GG zu messen: So existieren zahlreiche Tätigkeiten, die durch pejorative Bezeichnungen vorab stigmatisiert werden und verhindern, dass man zum Kern der Betätigung vordringt: der Adoptionsvermittler erscheint als gemeinschaftsschädlich, wenn man ihn als Menschenhändler bezeichnet, der Rüstungsexporteur erscheint als Waffenhändler so – und umgekehrt." (Frenzel 2009, S. 489)

ergreifen, ihrer sozialen Herkunft nach noch im beginnenden zwanzigsten Jahrhundert nicht zugänglich gewesen wären.

Der in seiner Mehrdeutigkeit gewandelte Begriff „Beruf" hat sich in seiner Mehrperspektivität heute derartig eingebürgert, dass er in allen Lebensbereichen kontextual und wie selbstverständlich verwendet wird. Auch in der gegenwärtigen Diskussionen werden grundlegende Komponenten des Berufsverständnisses „durch den Bedeutungswandel des Berufsbegriffs nicht in Frage gestellt" (Schicke 2014, S. 100). Damit zeigt sich eine Spannweite des Bewertungsspektrums, das den Beruf einerseits abwertend als ein Sammelsurium von wie auch immer erlernten Fähigkeiten sowie erworbenen Arbeitserfahrungen und andererseits überhöhend als eine Berufung oder Profession einordnet.

- **Krisensymptome in der Berufswelt und Diskussionsansätze zur Neufassung des Berufsbegriffs**

Auf den ersten Blick scheint der Berufsbegiff etabliert zu sein, dennoch zeigen sich Probleme. Benannt werden in diesem Zusammenhang:
„*1 eine verringerte Bedeutung berufsfachlicher Strukturen für die Gehalte von Tätigkeiten und erforderlichen Fähigkeiten.*"
2. „*eine verringerte Bedeutung traditionaler Beruflichkeit für die sozio-ökonomische Sicherung von Menschen.*"
3. „*eine abnehmende Relevanz des Berufs für die allgemeine Sozial- und Lebenslage von Mitgliedern der Gesellschaft.*" (Voß 2002, S. 294; Hervorhebungen im Original)

Gegenwärtig ist eine Beunruhigung zu spüren, dass für das, was von der Arbeits- und Lebenswelt gefordert wird, über die bisherigen Begriffe nicht eingelöst werden kann. So stellt beispielsweise Günter Voß bereits mit dem Vorspann zu seinem Aufsatz (Voß 2002, S. 287) fest, es gibt „kein unumstrittene Definition, etwa dahingehend, ob ‚Beruf' allein spezialisierte Arbeitsfähigkeiten meint oder auch Arbeitstätigkeiten." Auch gegenwärtig werden dennoch „mit der Idee des ‚Berufs' nach wie vor wichtige Aspekte gesellschaftlicher Arbeit angesprochen, die mit konkurrierenden Begriffen (‚Arbeit', ‚Arbeitsplatz', ‚Arbeitskraft', ‚Qualifikation' u. a. m.) nicht ausreichend gefaßt werden." (ebd.)

Das Problem liegt darin, dass in der Gegenwart und insbesondere in der Zukunft Berufe sich als Ereignisfelder zeigen werden, die sich um ein Mehrfaches unberechenbarer darstellen, als in vergangenen Zeitläufen. Zwischen den zu allen vorangegangenen Perioden feststellbaren Handlungs-, Berufs- und Lebensmaximen einerseits sowie den nicht erst seit der Jahrtausendwende auftretenden Möglichkeiten und Verfügbarkeiten der globalisierten Berufs- und Lebenswelt und der Beruflichkeit des einzelnen Menschen andererseits deutet sich ein Missverhältnis an. In relativ kurzer Zeit scheint sich zwischen dem über Hunderte von Jahren langsam gewachsenen Berufsbegriff und den gegenwärtigen sowie zukünftigen Verhältnissen bei berufsförmigen Tätigkeiten in der globalisierten Arbeitswelt eine Asymmetrie anzubahnen. Das, was sich zum Teil als gegenwärtiger und zukünftiger Berufsbegriff entwickelt, ist durch Subjektivität bestimmt. Es deuten sich

Krisensymptome für Arbeit und Beruf als Sozialform an, die schon seit einiger Zeit diskutiert werden. Die Verunsicherung ist groß. So wird „der Sinn einer Berufsdefinition für die moderne Arbeitsgesellschaft zunehmend bezweifelt und sogar vorgeschlagen, ganz auf eine solche zu verzichten" (Dandl 2004, S. 44).

Auch wenn berufsförmige Arbeit und die Beruflichkeit an Bedeutung zu verlieren scheinen, werden für den Beruf noch immer stets mehrere, idealisierte und tradierte Bedeutungsgehalte reklamiert, die in dem alltagssprachlich wie wissenschaftlich verwendeten Berufsbegriff aufgehoben sind. Dabei ist in der gegenwärtigen Gesellschaft mit ihren immensen Freiheiten der Berufsbegriff in der Kluft zwischen den Verhältnissen der Vergangenheit und den vielfältigen Möglichkeiten, die die Zukunftswelt offenhält oder offeriert, gefangen.

Der Begriff enthält in seiner kulturellen und ideologischen Ausdeutung zugleich die Spannung zwischen dem abgerundeten Kosmos der alten Gesellschaften und dem unüberschaubaren Universellen, wenn nicht Chaos, der modernen Welt. Wie Günter Kutscha (2008; S. 1) meint, liegt „es nahe, den Berufsbegriff als ein zweistelliges Prädikat zu verwenden". Infolge seiner Bedeutung für die Gesellschaft und das Individuum kann der Beruf in funktionaler und subjektorientierter Sicht ausgedeutet werden. Deshalb „sollte einsichtig sein, dass sich ein relationaler Berufsbegriff mit der Eindimensionalität monodisziplinärer Erklärungs- und Analyseansätze ebenso wenig verträgt wie mit dem mismatch holistischer Allerweltsformeln" (ebd.). Wegen der rasant fortschreitenden Modernisierung des Gesellschafts- und Beschäftigungssystems ergeben sich erhebliche Probleme bei der Neufassung des Berufsbegriffs. Dennoch ist anzunehmen, dass der Beruf als soziale Organisationsform nicht verschwindet und durch denjenigen des Jobs abgelöst wird (Vicari 2016, S. 545).

In dieser Situation beklagt Rita Meyer (2000, S. 13) „daß der Berufsbegriff in weiten Teilen theoretisch zu wenig reflektiert wird und zudem nicht hinreichend differenziert verwendet wird." Sie schlägt einen Berufsbegriff vor, der sich auf zwei Ebenen bezieht. (ebd., S. 31). Auf der Realitätsebene der sozialen Wirklichkeit differenziert sich dieser in Ausbildungsberuf und Erwerbsberuf. Auf der Theorieebene steht ein Berufskonzept, dass als allgemeines und abstraktes Organisationsprinzip von Arbeit, Erwerb und Qualifikation beschrieben wird. Diese Überlegungen zu einem Berufsbegriff auf zwei Ebenen greift Herbert Dandl (2006, S. 49) auf und veranschaulicht die Ebenen (Abb. 29).

Auch dieses Konzept löst sich von „historisch konkretisierten Ausprägungen des Berufsbegriffs. Als ein allgemeines Organisationsprinzip ist es nicht an einen jeweils spezifischen historischen Kontext angebunden, sondern es erfüllt vielfältige Funktionen auf der individuellen, der betrieblichen und der gesellschaftlichen Ebene. Über den Beruf wird so das Individuum in das Verhältnis zur Gesellschaft gesetzt." (Meyer 2000, S. 31) Dieter Münk 2002, S. 217) meint sogar, dass mit dem Kompetenzbegriff „ein möglicher Ausweg aus der scheinbaren oder+ realen ‚Unzeitgemäßheit' des Berufsbegriffs liegen kann". Entsprechendes wurde beispielsweise auch mit der sich inzwischen beruhigenden Debatte über den „Arbeitskraftunternehmer" versucht.[277]

```
                    Ausbildungs-    Erwerbs-
                      beruf          beruf
                        ↑              ↑
    REALITÄTS-                                        SOZIALE
    EBENE          Berufsausbildung  Berufsausübung   WIRKLICH-
                                                      KEIT
                        |              |              (Tradition,
                        |              |              Wandel)
                        └──── Berufsbegriff ────┘
                                  |
    THEORIE-                      |                   ABSTRAKTES
    EBENE               Allgemeines                   BERUFS-
                     Organisationsprinzip von         KONZEPT
                                                      (Wissenschaft,
                         ↙    ↓    ↘                  Stabilität)

                    Qualifikation  Erwerb  Arbeit
```

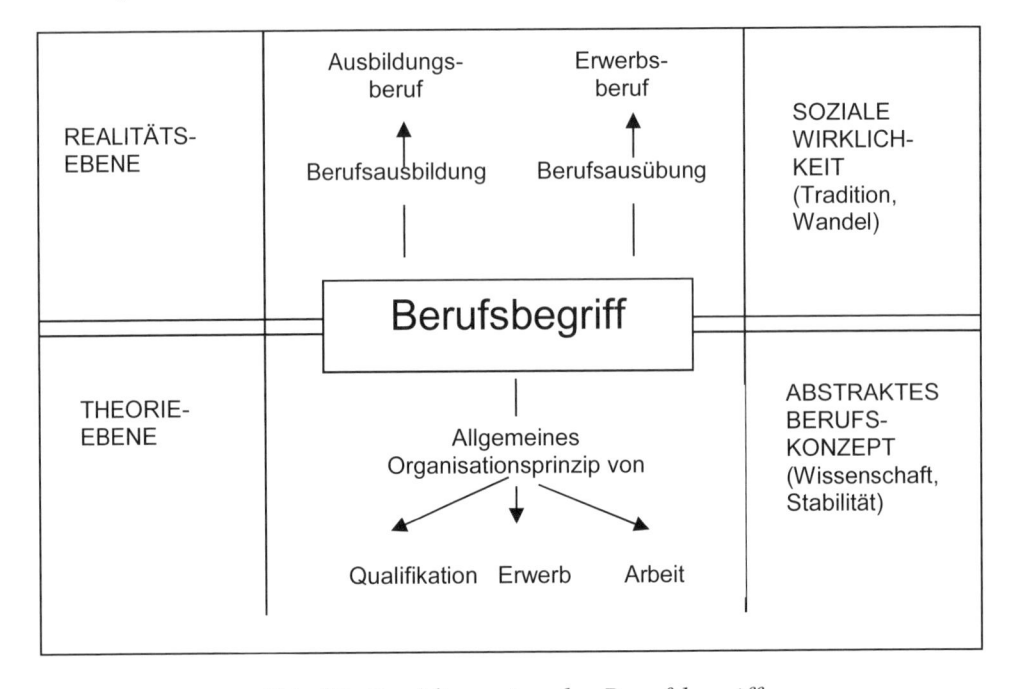

Abb. 29: Zweidimensionaler Berufsbegriff
(Dandl 2006, S. 49)

Insbesondere muss mit dem Konzept der „Individualberufe auf *sozial vorgegebene ‚berufliche' Elemente (*Kompetenzmuster, Fähigkeitsmomente, Bildungsmodule, Zertifikate usw.) aus gesellschaftlich organisierten Bildungsprozessen" (Voß 2002, S. 300; Hervorhebungen im Original) zurückgegriffen werden. Individualberufe und das damit verbundene Curriculum werden „zudem wesentlich stärker als in bisherigen Berufen entwicklungsoffen und damit auf Veränderung angelegt sein, (...) aber sie müssen *fachlich sinnvolle Entwicklungspfade* bilden" (ebd.; Hervorhebungen im Original).

---

[277] Aufgrund der in den 1990er Jahren eingetretenen Deregulierungen in Wirtschaft und Verwaltung hatte sich das Konstrukt einer berufsförmigen Tätigkeit als Arbeitskraftunternehmers herausgebildet. Dabei wurde angenommen, dass „der neue Typus von Arbeitskraft nur dann für Subjekte und Betriebe funktional sowie biographisch und historisch stabil sein wird, wenn Arbeitspersonen zwar sehr persönlich und flexibel vielfältige Fähigkeiten kompilieren und anbieten, diese aber trotz allem immer noch stimmige Muster bilden, die auf definierte fachliche Nutzungsmöglichkeiten und spezifische Arbeitsmarktsegmente hin ausgerichtet werden" (Voß 2002, S. 299). Hiermit werden – wenn das Konstrukt greifen soll – hohe Ansprüche an diese Arbeitskräfte gestellt. Günter Voß stellte damals für Personen, die Entsprechendes leisten können fest, dass die bisherige „dominant sozial geprägten Kulturform Beruf wieder so etwas wie ein ‚Beruf' würde – jetzt aber eine von den einzelnen Personen aktiv strukturierte und auf kontinuierliche Selbstvermarktung hin angelegte, sehr persönliche Kulturform für ihre Arbeitsfähigkeit, also ein *individueller* Beruf" (Voß 2002, S. 299 f.; Hervorhebungen im Original).

Für die Individualberufe müssen auch spezielle Fähigkeiten, Fertigkeiten, Fachwissen und weitere fachübergreifende Kenntnisse erworben worden sein. Das kann nicht jeder und damit wird das Konzept elitär, aber auch problematisch. Individualberufe könnten allerdings einem selbst- oder fremdbestimmten entwicklungsoffenen, dynamischen und gestaltbaren Curriculum folgen.

Die um die Jahrtausendwende anlaufende Debatte zur „Subjektivierung von Arbeit" mit den Ansprüchen nach Individualisierung, Entgrenzung, Beschleunigung, lebenslanges Lernen ergreift auch die Akademiker und die akademischen Berufsbereiche. Dazu sollen sich Studierende „künftig neben Fach- und Methodenkompetenzen auch Sozial- und Selbstkompetenzen aneignen" (Bloch 2007, S. 84). Für nicht wenige Studiengänge soll mit einem solchen Konzept, das auf polyvalente berufliche Qualifizierung oder Strukturen gerichtet ist, ein erster Zugang in das Beschäftigungssystem ermöglicht werden. Für diese Absolventen und Absolventinnen und dabei insbesondere für die sogenannten Kreativen ergibt sich häufig – wie Alexandra Manske (2009, S. 9) ausführt – „eine widersprüchliche Situation: Sie verfügen über eine akademische Bildung und umfassende berufliche Qualifikationen, ihre soziale Lage spiegelt dies aber nicht wider. Vielmehr befinden sie sich subjektiv wie objektiv in einer sozialen Schwebelage."

Die im Beschäftigungssystem Agierenden ohne einen Abschluss, aber mit einer eindeutigen Berufsbezeichnung stehen zu den beruflichen Anforderungen teilweise im Widerspruch und verschleiern die prekäre Situation und zugleich die Realität. Allerdings erfinden einige Kreative einen Individualberuf und tragen auf ihre Weise zur Differenzierung der Kreativwirtschaft bei.[278] Für akademische, aber auch nicht-akademische Ausgebildete ist es unter diesen kritischen Bedingungen jedoch nicht unproblematisch, einen Individualberuf zur Erwerbsarbeit zu ergreifen.

Die Berufswelt und die Formen der beruflichen Arbeit haben sich in den letzten zwei Jahrzehnten aufgrund der Globalisierung und der rechnergestützten Arbeitsweisen in vielen Bereichen des Beschäftigungssystems stärker verändert als zuvor im Laufe von Jahrhunderten. Auf diese Situation muss gesellschafts- und bildungspolitisch reagiert werden. Auch wenn es einige Lösungsansätze und Vorschläge zur Neufassung des Berufsbegriffes gibt, so werden aus der aktuellen Diskussion auch Krisensymptome in Teilen der Berufswelt sichtbar, für die Lösungen zu einem angemessenen Berufsbegriff noch nicht in Sicht sind.

Unabhängig von solchen neuen, gegenwärtig erkennbaren Problemen und vermuteten Entwicklungen des Beschäftigungssystems und der Berufswelt ist festzustellen, dass sich heute die Formen der modernen Erwerbsarbeit und Arbeitsweisen häufig verundeutlichen und mit traditionellen Begriffen nur punktuell angemessen beschrieben werden können.

---

[278] Dabei werden Berufsbezeichnungen geschaffen, deren Inhalte ein kaum ausgefülltes Berufsbild ergeben. Das betrifft beispielsweise eine „Produktionsdramaturgin" als „ein Individualberuf, der die Bereiche Produktionsleitung und Dramaturgie in Theater und Oper verbindet." (Manske 2009, S. 9).

Dennoch hat weiterhin berufliche Erwerbsarbeit in unserer Gesellschaft einen hohen sozialen und individuellen Stellenwert.

Vielschichtigkeit, Vieldeutigkeit und Diffusität zeigen sich bei der Verwendung des Berufsbegriffs sowohl in alltagspraktischen Lebenszusammenhängen als auch in wissenschaftlichen Diskussionen.
Dennoch aber ist entgegen allen Vorhersagen und Befürchtungen der Berufsbegriff in seiner historisch gewachsenen Vielfalt weiterhin präsent und gesellschaftlich in Deutschland weitgehend anerkannt. Der Berufsbegriff war und ist zumindest gegenwärtig noch „immer so flexibel und für neue Aspekte aufnahmefähig, dass er – gestützt auch durch die Kompetenzentwicklung im Rahmen der beruflichen Ausbildung in den Betrieben – weiterhin seine Bedeutung behalten konnte" (Dostal 2016, S. 253). Die Vielfalt zeigt sich auch mit dem Konstrukt des Individualberufs, mit dem zwar die bisherigen Formen von Beruf einerseits als begrenzt eingeschätzt werden, aber andererseits die bestehenden standardisierten Modelle von Beruf nicht aufgegeben werden sollten.

Die gegenwärtige Diskussion zum Berufsbegriff ist durch die in den letzten Jahrzehnten aufgetretene außerordentliche Zunahme von berufsförmigen Tätigkeiten zuvor nicht gekannter Formen sowie gesellschaftspolitische Änderungen, staatliche Deregulierungen und neoliberale Wirtschaftspolitik bestimmt. Diese Entwicklungen haben zur Vieldeutigkeit des gegenwärtig diskutierten Berufsbegriffs geführt. Probleme und Schwierigkeiten zeigen sich allein schon in der Spannweite zwischen subjektivierten und individualisierten kaum fassbaren Formen von Tätigkeiten bis hin zu Individualberufen und Jobs einerseits sowie die mit Berufsbildern wohl definierten Berufe und darüber hinaus sogar Professionen andererseits.

2.1.2 Berufsbeschreibungen und Berufsbilder zwischen Abstraktheit und Konkretheit

Berufsbeschreibungen finden sich bereits in vielen historischen Texten bei den antiken Hochkulturen. Berufsbeschreibungen durch eine systematische Berufskunde der Arbeitsverwaltungen und Arbeitsämter entwickelten sich seit Ende der 1920er Jahre.[279]
Die Art und Form solcher berufskundlicher Ermittlungen und die Gliederungsstruktur für Berufsbeschreibungen, die zu Einzelbeiträgen und zusammenfassenden Beschreibungen

---

[279] „Mit dem Ziel, Grundlagen für Fragen der Berufsberatung, der Arbeitsvermittlung, der Berufsaufklärung und der beruflichen Rehabilitation zu erarbeiten, werden in der Arbeitsverwaltung seit über sieben Jahrzehnten detaillierte Analysen und Materialsammlungen durchgeführt. Die Ergebnisse solcher berufskundlicher Ermittlungen haben zu Einzelbeiträgen und zusammenfassenden Beschreibungen geführt und berufskundliche Archive gefüllt. Als Pionierleistung auf berufskundlichem Gebiet kann das vom Landesarbeitsamt Sachsen-Anhalt und später von der Reichsanstalt für Arbeitsvermittlung und Arbeitslosenversicherung in den Jahren 1927 - 1936 herausgegebene mehrbändige Werk ‚Handbuch der Berufe' gesehen werden. In einem ‚interdisziplinären' Vorgehen (berufshistorische, arbeitswissenschaftliche, psychologische, soziologische, medizinische, arbeitsmarktorientierten Aspekte sind berücksichtigt worden) wurden unter Mitarbeit anderer Landesarbeitsämter, einzelner Arbeitsämter sowie einschlägiger Berufsorganisationen umfassende ‚Berufsmonographien' erstellt." (Dostal/Stooß/Troll 1998, S. 446)

geführt haben, stellten bereits kurz vor der Jahrtausendwende Werner Dostal, Friedemann Stoß und Lothar Troll (1998, S. 446) dar.

Dabei wurde auch die Frage aufgeworfen, ob eine „wissenschaftliche Definition des Berufes alle vorkommenden Erwerbstätigkeiten umfassen oder einige unter Bevorzugung bestimmter Merkmale (wie z. B. Werthaltungen, Einstellungen, Tätigkeitsniveaus der Berufsinhaber) ausklammern" (Hobbensiefken 1980, S. 26) sollen. Entsprechende Überlegungen hatten früher[280] und haben noch heute Bedeutung haben.

Für Berufsbeschreibungen bestehen zwei grundsätzlich zu unterscheidende Deutungsmöglichkeiten und zwar die:
1. definitorisch Weitreichende im Sinne eines Allquantors. Mit ihr sind alle Versuche und Beschreibungen gemeint, die über umfassende und präzise Formulierungen versuchen, Wesen und Form für alle vorhandenen Berufe als Abstraktum festzuschreiben.
2. definitorisch Begrenzte, die im Sinne eines Partikularisators jeweils mindestens eine Beschreibung (Berufsbild) für jeweils einen ausgewählten Beruf möglichst konkret vorlegt.

Berufsbeschreibungen lassen sich hinsichtlich ihres Abstraktionsgrades unterscheiden. Dabei gibt es, zwischen den konkreten und den abstrakten Berufsbeschreibungen Abstufungen und Zwischenformen, ein Mehr oder Weniger an Konkretheit bzw. an Abstraktheit. Deshalb erscheint eine Separation von Konkretheit und Abstraktheit nicht sinnvoll. Herausgefunden muss vielmehr, welche Ausformung der Berufsbeschreibung erforderlich oder für die Fragestellung angemessen oder sinnvoll ist.

Mit der Abstraktheit oder der Konkretheit der Berufsbeschreibung oder des Berufsbegriffs lässt sich letztendlich auch bestimmen, für welche Untersuchungen oder Aussagen eine bestimmte Art hilfreich sein kann.

- **Abstraktheit der Berufsbeschreibung und des Berufsbegriffs**

Sehr abstrakte Aussagen zum Begriff „Beruf" liegen in der Nähe zu einer Definition, die alle Tätigkeiten überspannen soll.
Entscheidet man sich für einen Begriffsapparat, der „für die insgesamt vorliegenden Erscheinungsformen des Berufes eine gleiche Gültigkeit haben soll und selbst noch jene Varianten mit zu berücksichtigen hätte, die im Laufe der Zeit neu entstehen oder ihren Charakter verändern" (Hobbensiefken 1980, S. 26), so hat das Folgen für die Verwendbarkeit, nicht zuletzt auch für die berufs- und berufsbildungswissenschaftliche Forschung. Eine Berufsbeschreibung, die wenige Informationen enthält, kann Probleme schaffen.[281]

---

[280] In den fünfziger Jahren des vorigen Jahrhunderts formulierte Arimond sogar eine „Theorie der Berufskunde" (Arimond 1959, S. 201 ff.).
[281] So verweist Wolfsteiner darauf: „Die Berufsbezeichnungen älterer Berufe (z. B. aus der Zeit vor dem 20. Jahrhundert) werden zum Teil zu Worthülsen, aus denen nicht mehr hervorgeht, welche Arbeitsinhalte Personen haben, die angeben, einen bestimmten Beruf auszuüben. Um informieren zu können, ist es notwendig, die aktuellen Arbeitsinhal-

Das Ziel eines allgemeingültigen, universellen und abstrakten Ansatzes der Beschreibung von Berufen ist, „die zeitlose Vollständigkeit in der Aufzählung von tatsächlichen Vorhandenem, das der Berufsforschung als Gegenstand gegenübertritt, aber wovon sie aufgrund ihrer formalen Berufsdefinition wiederum nichts sagen kann, was damit alles ausgeklammert wird" (Hobbensiefken 1980, S. 26).

Eine solche inhaltsverarmte Beschreibung hat ihre Berechtigung beispielsweise zur statistischen Erfassung von Erwerbstätigkeiten. Umfang und Unschärfe solcher Beschreibungen stellen allerdings ein Problem für die Berufssystematik und -statistik dar. Diese Problematik versuchten die Akteure der quantitativen Berufsforschung des Statistischen Bundesamtes „zu lösen, indem sie die Berufsbezeichnungen in ein vorwiegend hierarchisches Schema überführten" (Bröcher 2016, S. 190). Entsprechendes liegt als umfangreiches zweibändiges Werk des Statistischen Bundesamtes vor (Berufsklassifikation 2010)

Das Problem dieser Vorgehensweise liegt bei solchen abstrakten Klassifikationen, die sich auf Erwerbstätigkeiten im Beschäftigungssystem beziehen, jedoch darin, dass berufsförmige Tätigkeiten, die nicht primär auf Erwerb ausgerichtet sind, nicht registriert werden. Insbesondere wird nicht erfasst, „wie sich die registrierten Einzelberufe als Momente des gesellschaftlichen Prozesses allgemein konstituieren" (Hobbensiefken 1980, S. 26). Unklar bleibt auch, ob es sich bei den aufgelisteten Arbeits- und Erwerbstätigkeiten um Berufe handelt.

Der Anspruch, dass die Berufssystematik umso vollständiger werden kann, je abstrakter der Berufsbegriff formuliert wird, erweist sich als problematisch oder sogar trügerisch, wenn nur noch disparate Tätigkeitsbezeichnungen erfasst werden, die bestenfalls für die Statistik sinnvoll erscheinen. Hohe Abstraktheit führt zur inhaltlichen Leere. Eine abstrakte Berufsdefinition gibt wenig Anhaltspunkte dafür, was den einzelnen konkreten Beruf ausmacht. Sie bietet einen äußeren Rahmen und kann bestenfalls zu einer Verortung des jeweiligen Berufes beitragen oder das Berufsprofil in groben Umrissen herausarbeiten. Erforderlich ist für viele andere Anwendungs- und Nutzungsfälle eine substantielle Auffüllung der inhaltsleeren Namenshülle eines möglichen Berufes.

- **Konkretheit der Berufsbeschreibung und des Berufsbildes**

Mit möglichst konkreten Berufsbeschreibungen und Berufsbildern sollte festgestellt werden, welche besonderen Inhalte, Tätigkeiten, Anforderungen, Kenntnisse und Fähigkeiten mit jedem spezifischen Beruf verbunden sind und wie sich eine sozio-technische Bedingungsänderung, ein Eingriff von Organisationen bzw. Interessengruppen oder eine gesetzliche Regelung auswirken.

---

te der jeweiligen Berufe zu beschreiben. Man muß jedoch unterscheiden zwischen den ‚Arbeitsinhalten, bezogen auf eine Person', die eine bestimmte Berufsbezeichnung führt und den ‚Arbeitsinhalten im Bezug auf den Beruf' einer Person. Die Arbeitsinhalte von Berufen erhält man oft nur, wenn man die Arbeitsinhalte einer größeren Anzahl von Arbeitskräften mit jeweils gleicher Berufsbezeichnung zusammenfasst." (Wolfsteiner 1977, S. 442)

Mit der Betrachtung des einzelnen Berufes kann mit Hilfe einer genauen Berufsbeschreibung zugleich ein zugehöriges Berufsbild an Konkretheit gewinnen. Das konkretisierte Berufsbild wirkt als Verschriftlichung einer Vorstellung von einer beruflichen (den Erwerb sichernden) „Tätigkeit und dient als Grundlage für eine Berufsausbildung." (Spöttl 2016, S. 191)[282]
Mit dem je spezifischen Berufsbild kann die Besonderheit des jeweiligen Berufs verdeutlicht werden. Seine fachlichen ökonomischen, gesellschaftlichen und ethischen Bezüge gewinnen dabei an Konkretheit. Für den einzelnen Beruf können auch die direkten oder indirekten Auswirkungen staatlicher Regelungen und Ordnungsmittel bestimmend sein, die sich auf Berufstätigkeit im Allgemeinen und den einzelnen Beruf im Besonderen beziehen. Dazu gehören auch die objektiven und subjektiven Zulassungsschranken. Diese sind bei den reglementierten Berufe[283] von Bedeutung, für deren Aufnahme und Ausübung der Besitz einer bestimmten Berufsqualifikation durch Rechts- oder Verwaltungsvorschriften vorgeschrieben ist (Berufsqualifikationsfeststellungsgesetz – BQFG 2011).

Berufsbilder sollten kontinuierlich aktualisiert werden. Zu den besonderen Qualitätsmerkmalen einer Berufsbeschreibung können u. a. die Art der Ausbildung sowie der erforderliche persönliche Einsatz bei der Berufsausübung gehören. Der mit Unsicherheiten verbundene Berufsbegriff bei einer je spezifischen berufsförmigen Tätigkeit findet manchmal nur noch durch arbeitsrechtliche Entscheidungen Konkretheit.

- **Ansprüche an praktikable Berufsbeschreibungen und an Berufsbilder
  – zwischen Abstraktheit und Konkretheit**

Für Untersuchungen zu Berufen kann die Art und Weise des Umgangs mit Spezifika der Berufe von Bedeutung sein. Unter berufswissenschaftlicher Perspektive stellt ein extrem abstrakt formulierter Berufsbegriff ein begrenzt aussagefähiges Instrument dar. Allerdings sind nur auf wenige Berufe bezogene Berufsbeschreibungen großer Konkretheit für übergeordnete Betrachtungen kaum hilfreich.
Sinnvoll erscheint es, je nach Fragestellung einen eher abstrakten oder eher Zugang zu dem Phänomen „Beruf" oder einem ausgewählten Beruf zu verwenden. Dadurch lässt sich ein einzelner Beruf aus der enormen Bandbreite aller Tätigkeiten angemessen untersuchen. Berufsbilder, mit denen die für die jeweiligen akademischen und nichtakademischen Berufe erforderlichen Fähigkeiten, Fertigkeiten und Kenntnisse aufgeführt sind, können bei entsprechender Konkretheit auch auf den Berufsbegriff positiv zurückwirken. Mit dem Berufsbild ergibt sich die Möglichkeit, die wesentlichen Aufgaben und

---

[282] Entwickelt, erweitert oder reformiert werden Berufsbilder bei gravierenden Veränderungen im Beschäftigungssystem. Im nicht-akademischen Bereich hat sich das Konstrukt des Berufsbildes schon seit Langem etabliert. Im Berufsbildungsgesetz vom 14.08.1969 wurde das Berufsbild zum „Ausbildungsberufsbild" umbenannt. Aber auch im akademischen Bereich gibt es Entsprechendes.
[283] Reglementierte Berufe sind in Deutschland zum Beispiel Berufe im medizinischen Bereich, Ingenieure, Rechtsberufe, zahlreiche Meisterabschlüsse für Berufe oder Lehrkräfte an staatlichen Schulen sowie Berufe im öffentlichen Dienst. Nicht reglementiert sind in Deutschland auch nichtakademische sogenannte Ausbildungsberufe des Dualen Systems. In den Ländern der Europäischen Union und des Europäischen Wirtschaftsraumes sind der Zugang zu den reglementierten Berufen und ihre Ausübung durch die Richtlinie 2005/36/EG geregelt.

Inhalte zu benennen, mit denen ein Beruf, unabhängig von der Art der Ausbildung, beschrieben und auf den Begriff gebracht werden kann. Selbst bei sehr umfassend gestalteten Berufsbildern liegt ein zusätzliches Problem der Ausformung des Berufsbegriffes darin, dass zu seiner Ausgestaltung nicht bis in die entferntesten Verästelungen des Labyrinths des Wissens über berufsförmige Tätigkeiten vorgedrungen werden kann. Entwicklungsoffene und veränderbare Berufsbeschreibungen oder Berufsbilder für die akademischen und nicht-akademischen berufsförmigen Tätigkeiten können dazu beitragen, den Berufsbegriff fassbarer zu machen. Allerdings stellt Werner Dostal (2005, S. 15) zum gegenwärtigen Diskussionsstand zu Recht fest: „Die Begrifflichkeiten rund um den Beruf sind weiterhin unscharf und bedürfen einer genauen Wahrnehmung und behutsamen Pflege."

Die Berufe, die vergehen, bedürfen normalerweise keiner besonderen Berufsbeschreibungen, sie finden bestenfalls historisches Interesse. Viele Berufe verschwinden aber nicht, sie erhalten häufig nur neue Bezeichnungen, weil sie sich ausdifferenzieren oder verändern. Darauf muss mit den Berufsbeschreibungen reagiert werden, denn nach wie vor dienen Berufsbezeichnungen, Berufsbilder und Berufsbeschreibungen zur Orientierung in der Arbeitswelt, denn Tätigkeitsbeschreibungen wie z. B. in Stellenanzeigen oder bei der Arbeitsvermittlung werden veröffentlicht (Autor/Handel 2013, S. 59 ff.).

2.1.3 Job, Beruf und Profession im allgemeinen gesellschaftlichen und wissenschaftlichen Diskurs

Job, Arbeit, Beruf und Profession werden seit einiger Zeit alltagssprachlich sehr oft synonym verwendet. Es gibt zwar Überschneidungen, jedoch geben die Begriffe in ihrer spezifischen Ausprägung grobstrukturelle Auskunft über Besonderheiten, die sich bei den Arbeiten ergeben. Eine Unterscheidung der Begrifflichkeiten ist unter berufswissenschaftlicher Perspektive daher sinnvoll.

- Job

Der Begriff „Job" tauchte erst in den letzten vier bis fünf Jahrzehnten in Deutschland auf, wurde aber zunehmend gebräuchlich. „Man kann davon ausgehen, dass in den 1950er, 1960er, aber auch noch in den siebziger Jahren kaum ein Erwerbstätiger auf die Idee gekommen wäre, seine Erwerbsarbeit als ‚Job' zu bezeichnen. (…). Dabei war der Begriff ‚Job' durchaus gängig. Jobs waren aber etwas für Gelegenheitsarbeiter, Tagelöhner, für Studenten in den Semesterferien, nichts dagegen für ‚ordentliche' Leute." (Bolder/Dobischat/Kutscha/Reutter 2012, S. 7)

Dagegen werden in der heutigen Alltagssprache „die Begriffe ‚Job' und ‚Beruf' oft synonym gebraucht" (Vicari/Matthes 2016, S. 545) Das Wort „Job" ist – wie ein Blick in den „Brockhaus" (2006, 14. Bd. S. 50 f.) vermittelt – „urspr. eine der angloamerikan. Berufswelt entnommene Bez. für einen als mehr oder weniger vorübergehend angesehenen Erwerbsberuf, verbunden zum Teil mit einer gewissen Distanzierung von der jeweiligen

Tätigkeit, die zwar Engagement nicht ausschließt, jedoch i. d. R. eine vollständige (auf Dauer angelegte) Identifikation." Allerdings steht auch in Englischwörterbüchern „für ‚Job' u. a. der Übersetzungsvorschlag ‚Beruf'" (Vicari/Matthes 2016, S. 545).
Mit dem Wort wird umgangssprachlich: ein Arbeitsplatz, eine Arbeitsstellung, eine quasi berufliche Tätigkeit oder eine vorübergehende unter den gegebenen Bedingungen als einträglich angesehene Beschäftigung zum Zweck des Gelderwerbs gemeint. Mit Job werden aber auch Wertungen transportiert, die sich in den Ausdrücken Aushilfsjobs, Ferienjobs, Gelegenheitsjobs, Hausfrauenjobs, Minijobs und Teilzeitjobs manifestieren. Auch in der Amtssprache wird das Wort „Job" in Verbindungen mit anderen Begriffen verwendet[284].
„Als Gegenbild zum umfassenden Berufsbegriff umschreibt der aus dem amerikanischen Sprachraum kommende Begriff ‚Job' eine ‚Tätigkeit zum Geldverdienen', die in einer Arbeitsgesellschaft höchster Arbeitsteiligkeit als voraussetzungslose, schnell zu lernende Teilaufgabe definiert ist und die eher kurzfristig wechselnd abgeleistet wird, ohne daß auf dieser Basis eine stabile Identifikation mit der Aufgabe entsteht. In dynamischen Wirtschaften ist diese Form der Erwerbstätigkeit in der Lage, schnell auf neue Herausforderungen einzugehen, sie zeigt aber dort Probleme, wo befriedigende Leistungen nur mit längerfristiger Identifikation möglich sind." (Dostal/Stoß/Troll 1998, S. 440)

Jobs treten oft nur kurzzeitig auf und verheißen den Arbeitnehmern keine sehr lange Verweildauer an der Arbeitsstelle. Folgerichtig wird ein Job häufig als eine vorübergehend übernommene Tätigkeit angesehen, bei der eine innere Distanz zur Beschäftigung besteht.

Mit einem derartigen Stellenangebot können aktuelle und zeitlich begrenzte Bedarfe der Unternehmen erfüllt werden. Die Betriebe begrenzen dabei nach Möglichkeit von vornherein die Anstellungszeit. Aber nicht nur Betriebe, sondern auch Arbeitssuchende können an kurzzeitigen Arbeitsverhältnissen interessiert sein.

Als Jobhobber[285] werden diejenigen bezeichnet, die häufig die Stelle wechseln, um Karriere zu machen. Ein Mitarbeiter, der einen Job ausübt, kann eventuell für seinen Arbeitsplatz eine Erweiterung der Arbeitsaufgaben erfahren. Diesen Vorgang nennt man „Job Enlargement" Dabei werden an das Aufgabenprofil des bisherigen Jobs weitere Tätigkeiten ähnlicher oder gleichwertiger Aufgabenformate angefügt. Die Anreichung erfolgt hinsichtlich des Anforderungsniveaus horizontal, d. h. auf der bereits vorhandenen Qualifikationsebene. Dadurch kann die Frequenz der Wiederholungen gesenkt, die Zykluslänge der Arbeitstakte verlängert, die Monotonie verringert und Variabilität der Aufgabe erhöht

---

[284] Dazu gehört insbesondere der seit 2004 in die deutsche Verwaltungssprache offiziell eingeführte und seit 2010 etablierte Begriff „Jobcenter". Im Rahmen der damit verbundenen deutschen Arbeitsmarktreform entstanden Begriffe wie „Midijob", „Minijob" oder „1-Euro-Job". Das öffentliche Recht verwendet hierbei den Begriff so, wie er in der Umgangssprache auch vorgesehen ist, nämlich als vorübergehende Beschäftigung.
Außerdem finden sich die inzwischen „eingedeutschten" und gängigen Begriffe „Jobhobbing", „Jobenrichment", „Jobenlargement", „Jobrotation" und „Jobsharing".
[285] "A job hopper is someone who works briefly in one position after another rather than staying at any one job or organization long-term. Although most people change jobs more frequently than was the case in the past, job hoppers do so more often. Job hopping is a pattern of changing companies every year or two of one's own volition rather than as a result of something like a layoff or company closure." (whatis.techtarget.com/definition/job-hopper. Downloaded 07.04.2015; 11.20 Uhr)

werden. Mit einer Anreicherung und Arbeitsausweitung des Jobs sollte ein möglichst abgeschlossener Teilprozess einer Tätigkeit erfasst werden.

Jobs können aber auch eine qualitative Veränderung durch eine entsprechende Anreicherung und Erhöhung des Anforderungsniveaus erfahren. Dabei wird die bisherige Tätigkeit dessen, der den Job ausübt, um Arbeiten auf einem anspruchsvollerem angereichert. Das Anforderungsniveau wird erhöht, d. h., es erfährt eine vertikale Veränderung. Für solche seltener auftretenden Fälle ist der Ausdruck „Job-Enrichment" gebräuchlich. Durch Jobenrichment kann die Tätigkeit interessanter, verantwortungsvoller und ausfüllender werden. Durch Jobenrichment kann die Arbeitszufriedenheit steigen. Die Tätigkeit entwickelt sich durch die Niveauerhöhung zur berufsförmigen Arbeit.

Auch beim Job findet man in den Betrieben das Konzept des planmäßigen Wechsels von Arbeitsplätzen und Arbeitsaufgaben. Unter dem Signum „Jobrotation" dient es vor allem der Personalentwicklung, bei der Mitarbeiter, insbesondere Nachwuchs- oder Führungskräfte, gezielt an bestimmten Arbeitsplätzen zeitlich befristet beschäftigt werden. Jobrotation stellt vor allem einen gewollten Arbeitsplatzwechsel der betrieblichen Weiterbildung dar.

Das Wort „Job" ist zwar im Beschäftigungssystem gebräuchlich und „richtet sich auf eine Erwerbstätigkeit, die spezielles Wissen erfordern kann, die jedoch nicht im ‚Berufsprinzip' verankert ist" (Vicari/Matthes 2016, S. 546). Die geringe Wertschätzung dieser Form der Erwerbstätigkeit zeigt sich auch bei der Verwendung des Wortes „Nebenjob". Damit wird darauf verwiesen, dass neben dieser Arbeit noch eine andere – eventuell hauptberufliche und bedeutsamere – Tätigkeit ausgeübt wird. Mit der Wahrnehmung von Jobs weist die Erwerbsbiographie keine kontinuierliche oder zwangsläufig positive Entwicklung auf, sondern ist von Friktionen und Unstetigkeiten in der Karriereentwicklung geprägt. Jobwechsel sowie Neuorientierungen im Beschäftigungssystem kommen relativ häufig vor und beeinträchtigen die Tätigkeitsplanung. Eine systematische Berufsausbildung ist für Jobs nicht vorgesehen, Auch ist der Job „kein Begriff der Berufsbildung sui generis." (ebd.)
In den Teilen des Beschäftigungssystems, in denen sich der Mensch durch wirtschaftliche Zwänge mit seiner „Beruflichkeit dynamischen und kurzfristigen Anforderungen des Arbeitsmarktes unterwirft und häufig wechselnden Tätigkeiten im Rahmen einer Erwerbsbiographie geprägt ist, nähert sich die deutsche Berufsauffassung dem Verständnis von Job an" (Mudra 2004, S. 39).

- **Berufsförmige Arbeit und Beruf**

Die in einigen Tätigkeitsbereichen noch immer vorhandene „begriffliche Nähe von Beruf und Berufung verweist auf die Vorstellung, dass Menschen sich zum Erlernen bzw. Ausüben eines Berufs berufen fühlen. Diese Sichtweise von Beruf verbindet Personen und berufliche Fähigkeiten über eine innere Einstellung, mit der bestimmte Haltungen, Wertvorstellungen und Lebensweisen einhergehen." (Witthaus 2016, S. 129) Diametral zu dieser Auffassung, die von einem zunehmend kleiner werdenden Teil der Beschäftigten vertreten wird oder werden kann, steht die nüchterne Einstellung gegenüber, dass Erwerbsberufe „komplexe Bündelungen von Arbeitsfähigkeiten sind. Für die Inhaber von Berufen bildet die Möglichkeit und Notwendigkeit, diese Fähigkeiten auf dem Arbeitsmarkt verkaufen zu können, das zentrale Motiv." (ebd.)

Zwischen diesen extremen Polen einer Bewertung berufsförmiger Arbeit finden sich viele Varianten und Nuancierungen von beruflichen Tätigkeiten und begrifflicher Bestimmung des Berufes. Rahmengebungen stellen gesetzliche Vorgaben und Aussagen dar. Aus dem Grundgesetz[286] kann abgeleitet werden, dass mit dem Begriff „Beruf" eine Tätigkeit bezeichnet wird, die sich von anderen Verrichtungen darin unterscheidet, dass sie auf eine gewisse Dauer und den Erwerb des Lebensunterhalts angelegt ist. Die Tätigkeit stellt keine Freizeitbeschäftigung dar und darf nicht gemeinschaftsschädlich sein. Ein Beruf erfordert i. d. R. eine spezielle Ausbildung. Aber nicht alle Tätigkeiten im Beschäftigungssystem werden durch Ausbildungs- und Studienberufe ausgefüllt. Es ist vielmehr so, dass es eine große Zahl von berufsförmigen Arbeiten gibt, für die kein Berufsbild geschrieben worden ist, obwohl sie durchaus ein Ensemble von besonderen Fähigkeiten erfordern. Die Befähigungen dazu sind dann häufig durch den Vollzug von Arbeitsprozessen oder Fortbildungsmaßnahmen entstanden.

Dem Beruf kommt im Vergleich zum Job eine große individuelle und gesellschaftliche Bedeutung zu, denn dieser setzt sich von einer bloßen Erwerbstätigkeit ab, findet in Berufsverbänden Anerkennung sowie Unterstützung und entlastet den Einzelnen von dem Zwang, individuelle Aushandlungsprozesse gegenüber einem eventuell übermächtigen Betrieb zu treffen. Der Beruf als Form sichert damit soziale, aber auch hierarchische Strukturen.

Entgegen allen Unkenrufen hat der Beruf auch im einundzwanzigsten Jahrhundert seine Bedeutung als Strukturierungs-, Gliederungs- und Schichtungselement im gesellschaftlichen Raum behalten. Im Beschäftigungs- und Gesellschaftssystem werden die Beruflichkeit und das Prinzip der Berufsförmigkeit von Arbeit in Deutschland sehr geschätzt. Der heute nicht nur umgangssprachlich verwendete Ausdruck „Beruf" hat sich derart eingebürgert, dass er im Beschäftigungssystem, im Amtsdeutsch sowie im privaten Bereich mehr oder weniger kritiklos verwendet wird. Das zeigen auch die in vielfältigen und kaum überschaubaren Wortkombinationen vorkommenden Ausdrücke.
Auch wenn der Berufsbegriff heute etabliert erscheint, werden dennoch gegenwärtig berufliches und professionelles Handeln und die Berufe für das Beschäftigungs- und Gesellschaftssystem ambivalent betrachtet. Sie werden sowohl als wichtig eingeschätzt, aber auch skeptisch gesehen.
Es kann zwischen Ausbildungs- und Erwerbsberufen unterschieden werden. Dabei umfasst ein Ausbildungsberuf „ein Bündel von Qualifikationen, die im Rahmen einer institutionalisierten Ausbildung erworben und zertifiziert werden. Er befähigt zur Ausübung bestimmter (und einer Reihe ähnlicher) beruflicher Tätigkeiten und gibt damit ein Signal über Potentiale. Ein Erwerbsberuf hingegen umfasst eine Reihe von Tätigkeiten, Kennt-

---

[286] „Alle Deutschen haben das Recht, Beruf, Arbeitsplatz und Ausbildungsstätte frei zu wählen. Die Berufsausübung kann durch Gesetz oder auf Grund eines Gesetzes geregelt werden." (Grundgesetz, Artikel 12, Absatz 1)

nissen und Anforderungen, die ein Individuum in seiner beruflichen Tätigkeit tatsächlich ausübt, anwendet und erfüllt." (Tiemann 2012, S. 51)

Soziologische Erklärungen zu Berufen heben „auf die Verwertungsbedingungen von Arbeitsfähigkeiten ab: Zur Optimierung ihrer Arbeitsmarktchancen müssen die Anbieter von Arbeitskraft Fähigkeiten monopolisieren und sich gegen andere Fähigkeitsbündel abschotten; Nachfrager haben ein Interesse an transparenten Qualifikationen. Berufe sind also eine soziale Organisationsform von Arbeitsvermögen, die auf einer dauerhaften Spezialisierung und Standardisierung von Fähigkeiten beruht." (Witthaus 2016, S. 129)

Die deutsche Arbeits- und Industriesoziologie orientiert sich bei ihren Betrachtungen damit häufig am Leitbild des Facharbeiters und dessen zunehmend höheren Qualifikations- und Kompetenzanforderungen. Dabei werden auch Ver- und Entberuflichungstendenzen sowie professionelles Arbeiten beobachtet. Ganz allgemein stützt sich professionelles Handeln „auf eine objektive, wissenschaftlich legitimierte Kompetenzbasis; erwartet wird rational begründetes und nicht traditionell legitimiertes Handeln" (Heidenreich 2013, S. 313). Dabei werden heute Professionen und Professionalisierung oft mit wissensbasierten und akademischen Berufen gleichgesetzt. Der Begriff „Profession" wird deshalb in der wissenschaftlichen „Literatur traditionell für akademische Berufe" (Kalkowski 2010, S. 2) beansprucht. Derzeit spricht vieles aber auch für eine weitergreifende Verwendung des Professionsbegriffs, also auch „für eine ‚Reprofessionalisierung' der Produktionsarbeit" (Heidenreich 2013, S. 314).

Unter funktionalem Aspekt wird Beruf heute „gekennzeichnet durch eine relativ dauerhafte Relation Arbeitsleistung – Arbeitsentgelt, die jedoch in vielfältige soziale Bezüge (Arbeitsbedingungen, Arbeitsbeziehungen usw.) eingebettet ist, die das Arbeitsverhältnis konstituieren" (Fürstenberg 2013, S. 40). Über diesen Arbeitsbegriff hinaus betont der Berufsbegriff aber auch „den Statusaspekt eines Leistungszusammenhangs, also die fortdauernden qualitativen Konsequenzen für Lebenslage und Lebensweise der Berufsträger" (Fürstenberg 2013, S. 41).

Von Interesse für die Bedeutung der beruflichen Tätigkeiten und der Berufe ist die Berücksichtigung dieser Begriffe staatlicherseits. So wird beispielsweise von der Bundesagentur für Arbeit (2011), der Sozialgesetzgebung (Sozialgesetzbuch, 2003, § 60) und im Berufsqualifikationsfeststellungsgesetz (BQGG 2013) der Begriff „Beruf" ganz selbstverständlich verwendet, ohne dass er problematisiert oder in Frage gestellt wird.

Pragmatisch und zur statistischen Erfassung sowie Klassifikation angelegt ist beispielsweise das Berufsverständnis, wie es die Bundesagentur für Arbeit entwickelt hat. Im Rahmen der dort entwickelten neuen Berufsklassifikation wurde die bestehende Diskussion zu Berufen aufgegriffen und eine eigene, nicht personenbezogene Definition des Begriffs „Beruf" entwickelt. Damit werden drei zentrale Eigenschaften für den Begriff „Beruf" benannt:
„- Der Berufsbegriff ist tätigkeits- und nicht personenbezogen.
- ‚Beruf' zeichnet sich durch ein Bündel von Tätigkeiten aus.

- ‚Beruf' wird durch zwei zentrale Dimensionen konstituiert: Berufsfachlichkeit und Anforderungsniveau." (Bundesagentur 2011, S. 26)

Zur Verdeutlichung werden dabei die Berufsfachlichkeit und das Anforderungsniveau genauer expliziert. Mit der Berufsfachlichkeit als horizontale Dimension wird ein auf berufliche Inhalte bezogenes Bündel von Fachkompetenzen benannt. Dabei umfasst eine Fachkompetenz „spezifische Kenntnisse und Fertigkeiten eines Berufs, die auf einzelne Arbeitstätigkeiten zugeschnitten und notwendig sind, um berufstypische Aufgaben verrichten zu können. Diese werden in der Aus- und Weiterbildung vermittelt sowie bei der Ausübung des Berufs erworben. Zu den unterschiedlichen Formen von Fachkompetenzen gehören bspw. Tätigkeitskompetenzen, Verfahrenskompetenzen oder Produktkompetenzen."

Mit dem Anforderungsniveau als vertikale Dimension wird die Vertiefung erfasst, die für „ein bestimmtes Kenntnis- und Fertigkeitsniveau vorhanden sein muss, um einen Beruf ausüben zu können. Das Anforderungsniveau bezieht sich dabei auf die Komplexität der auszuübenden Tätigkeiten und wird somit als berufs- bzw. arbeitsplatzbezogenes Charakteristikum verstanden." (Bundesagentur 2011, S. 6)

Die von der Bundesagentur für Arbeit zur Klassifikation der Berufe entwickelten vier Anforderungsniveaus „sind eng an den formalen beruflichen Bildungsabschlüssen ausgerichtet, da in Deutschland das Anforderungsniveau für viele Berufe bzw. Arbeitsplätze stark zertifikatsorientiert ist. Häufig können jedoch auch die Berufserfahrung und/oder die informelle berufliche Ausbildung ein adäquates Substitut darstellen. Zur Bestimmung des Komplexitätsgrades eines Tätigkeitsbündels kann auch die in der Regel erforderliche Dauer der beruflichen Ausbildung, die für die Ausübung eines Berufes vorausgesetzt wird, von Bedeutung sein. Diese steigt in den meisten Fällen mit dem Anforderungsniveau eines Berufes an." (ebd., S. 26 f.) Die aufgeführten horizontalen und vertikalen Merkmale für berufliche Tätigkeiten und Berufe sind nicht personen-, sondern tätigkeitsbezogen. Somit wird für jeden Beruf lediglich ein Anforderungsniveau erfasst, das typischerweise für diesen Beruf gilt, unabhängig von der formalen Qualifikation einer Person, die diesen Beruf ausübt.

Auch vom Gesetzgeber wird weiterhin mit dem Begriff „Beruf" gearbeitet. Rahmengebend und zuvörderst steht – wie schon erwähnt – das Grundgesetz (Artikel 12, Absatz 1). Der Berufsbegriff ist aber auch in nachgeordneten Gesetzen enthalten. Beispielsweise erstreckt sich das Allgemeine Gleichbehandlungsgesetz (AGG 2013, § 1 und § 8) für den Bereich der Beschäftigung und den Beruf auf die selbstständige und unselbstständige Erwerbstätigkeit. Dabei richtet sich der Kontext auf jede Tätigkeit, die auf Dauer angelegt ist und der Schaffung und Erhaltung einer Lebensgrundlage dient (Antidiskriminierungsstelle 2010, S. 21).

Auch den Sozialgesetzen ist kontextual ein Berufsverständnis unterlegt, das als eine auf Dauer angelegte Erwerbstätigkeit verstanden wird. Wie fest das Berufsprinzip verankert ist, zeigt sich u. a. auch daran, dass im Sozialgesetzbuch im Rahmen von Wiedereingliederungen in Arbeitsverhältnisse von "Berufsrückkehrenden" (Sozialgesetzbuch III, §11, Abs. 2) gesprochen wird. Berufe sind noch immer bedeutsam, das ist auch daran erkennbar, dass im deutschsprachigen Raum in jüngster Zeit sogar für einige Beschäftigungsbereiche Berufsgesetze gefordert oder bestehende Berufsgesetze aktualisiert werden. Beispielsweise gibt es seit fast zwei Jahrzehnten ein Gesetz über die Berufe in der Physiotherapie, das vor kurzem (Masseur- und Physiotherapeutengesetz – MPhG 2011) überarbeitet worden ist. Ebenso gibt es in Österreich Initiativen zu Berufsgesetzen, so beispielsweise zu einem „Bundesgesetz, mit dem grundlegende Angelegenheiten der Sozialarbeit geregelt werden" sollen.

Berufe und Berufsarbeit besitzen neben der unmittelbaren Funktionserfüllung auch eine individuelle, eine berufsfachliche und gleichzeitig gesellschaftliche Dimension. Diese Mehrdimensionalität kann durch eine Vielzahl von Kriterien und Merkmalen gekennzeichnet werden.

Die horizontale Dimension von Berufen kann sich auf die Art der Tätigkeiten beziehen, wie sie beispielsweise über die Berufsbilder der anerkannten Ausbildungsberufe oder die Studienordnungen festgeschrieben werden. Mit der horizontalen Dimension werden eher formale Gesichtspunkte aufgeführt. Dazu gehören beispielsweise Kommunikationsmuster, die für bestimmte Berufe charakteristisch sind.

Das Verständnis über den ausgeübten Beruf kann auch durch individuelle geistige und soziale Bedürfnisse akzentuiert sein, die im Kontext der Selbstverwirklichung und Berufszufriedenheit artikuliert werden. Noch immer werden Berufe nicht nur im deutschsprachigen Raum als identitäts- und sinngebend wahrgenommen. Nicht zuletzt deshalb werden Berufsveränderungen, wie beispielsweise ein Positionswechsel bzw. Aufstieg immer als eine risikoreiche Herausforderung und nicht selten auch als schmerzhaft empfunden. „Der Beruf ist eine Institution, ein Regelsystem, das die Handlungsabläufe der Akteure strukturierend rahmt. Über Sanktionen, Gratifikationen oder Lern- und Anpassungsprozesse beeinflusst der Beruf die subjektiven Orientierungen und Handlungsstrategien der Akteure." (Stuth/Hennig/Allmendinger 2009, S. 11). Berufe bilden die Verbindung des Einzelnen zur Gesellschaft. Rolf Oberliesen und Dieter Schulz (2007) messen dem Beruf darüber hinaus explizit eine zentrale Bedeutung für die gesellschaftliche Entwicklung zu.

Eine geschlossene und allgemeingültige Definition des Phänomens „Beruf" existiert jedoch noch nicht. Sie wird es auch deshalb nicht in geschlossener Form geben, da sich das Gesellschafts- und Beschäftigungssystem ständig ändert. Unabhängig davon, ob es sich um einen Erstausbildungsberuf, die Qualifizierung zu daran anschließenden beruflichen Tätigkeiten oder einen Weiterbildungsberuf handelt, besteht in weiten Kreisen aber eine realistische sowie pragmatische Sichtweise, Auffassung und Einschätzung zum Beruf. Schon seit längerem umfassen der Beruf und die berufliche Arbeit allerdings „nicht mehr den ganzen Lebenssinn und Lebensalltag des modernen Menschen, sondern sind zu einem bloßen Sektor, einem Teil des Lebens neben anderen Lebensbereichen geworden" (Schelsky 1979, S. 254).

Auch unter Berücksichtigung dieser schon vor Jahrzehnten erhobenen Kritik wird später von Werner Dostal (2005, S. 106) hervorgehoben, dass sich in den letzten Jahren weitere zu beobachtende Aspekte ergeben haben, „wie beispielsweise die folgenden:
- Emanzipative Funktion des Berufs,

- Soziale und personale Identitätsbildung durch den Beruf,
- Berufsschutz als Element sozialer Stabilität,
- Ethischer Aspekt der Berufsausbildung."

Heute umfasst der Beruf im Allgemeinen Funktionen, Aufgaben und Tätigkeiten der im Beschäftigungssystem fast durchgängig arbeitsteiligen Strukturen, aber auch weitere Aufgaben gesellschaftlicher Zuweisung und Verantwortungsübernahme (Dostal 2005, S. 106). Berufe und die dazu entwickelte Berufstheorie orientieren sich seit vielen Jahren vermehrt an der Realität der Arbeitswelt und den Anforderungen des Beschäftigungssystems. Damit bezeichnet der Berufsbegriff „eine Programmatik der Verallgemeinerung erwerbsbezogener Bildungsprozesse, die ihn vom Qualifikationsbegriff unterscheidet. (…). In diesem charakteristischen, Idealisierung und Zweckrationalität vermischenden Sinne ist der Beruf an die spezifische Begriffs- und Institutionengeschichte von Arbeit und Bildung in Deutschland gebunden" (Harney 2006, S. 63).[287]

Berufe unterliegen in immer stärkerem Maße Veränderungen. Der Wandel der Arbeitswelt schlägt sich allerdings nicht zwingend in neuen Berufen nieder. Er kann ebenso zur Auflösungserscheinung von traditionellen Berufsbildern bzw. zur Entberuflichung führen (z. B. Becker/Spöttl 2008b, S. 210). Ein Teil der gegenwärtigen Berufe stellt, auch wenn sie durch Entberuflichungserscheinungen bedroht sind, eine soziale Organisationsform von Arbeitsvermögen dar, „die auf einer dauerhaften Spezialisierung und Standardisierung von Fähigkeiten beruht. Für die Inhaber von Berufen hat dies widersprüchliche Folgen: Die Schutzfunktion sichert den spezialisierten Bereich vor der Konkurrenz anderer; die Ausgrenzungsfunktion erschwert den Zugang zu Tätigkeiten außerhalb des eigenen Berufs." (Witthaus 2016, S. 130)
Wegen der Probleme durch mangelhafte Flexibilität wird argumentiert, dass das Konstrukt „Beruf" in der sich rasant wandelnden Arbeitswelt zu wenig flexibel sei, um die sich immer schneller verändernden Arbeitsaufgaben bzw. Tätigkeitsanforderungen zeitnah und in ausreichender Weise zu erfüllen. Flexibilität ist insbesondere in den innovativen Branchen wie der Informations- und Kommunikationstechnik gefordert. Dort, wo das benötigt wird, zeigen sich professionelle Aspekte von Arbeit, Beruf sowie Qualifikation.

Berufe und Beruflichkeit im nicht-akademischen Bereich sind notwendigerweise ein Kernthema der Berufspädagogik. Unter berufspädagogischer Perspektive „können Berufe als Schablonen für Persönlichkeitsentwicklung bezeichnet werden: So erlauben Berufe die Entwicklung von (nicht nur) speziellen beruflichen Fähigkeiten und Kompetenzen, gleichzeitig aber verhindert die Spezialisierung die Entwicklung vieler Fähigkeiten. Berufe können auch wichtige Beiträge zur Sozialintegration und zur Herausbildung und Stabilisierung von Identität leisten. Diese Potentiale schwächen sich aber ab, wie z. B. die Auflösung des durchgängige berufliche Identität versprechenden „Lebenskonzepts Beruf"

---

[287] „Das macht es schwierig, ihn in die Kontexte übernationaler Einigungsprozesse hinein zu übersetzen." (Harney 2006, S. 63).

zeigt: Wer heute einen Beruf erlernt, wird im Laufe seines Erwerbslebens z. T. berufliche Umstiege vornehmen müssen." (Witthaus 2016, S. 130)

Noch immer wird ein Großteil der Heranwachsenden und jungen Erwachsenen durch den Beruf in die Gesellschaft integriert. Für diese Gruppe erfolgt über den Beruf die Zuweisung einer Position innerhalb der Gesellschafts- und Beschäftigungsstruktur. Zugleich verhilft der Beruf oder die berufliche Tätigkeit zu einem sozialen Ansehen und Spiegelbildlich dadurch zur Selbstzufriedenheit und Identität. Berufe mit ihren Berufsbildern sind nichts Statisches. Sie werden gegenwärtig und zukünftig Veränderungen unterworfen sein.

- **Profession**

Mit dem Begriff „Profession"[288] wird über den Tätigkeitsbereich des Berufes hinaus traditionellerweise von einem Arbeitsgebiet gesprochen, auf dem ihre Akteure über relativ große Autonomie und hohes soziales Ansehen mit besonderen Vergütungen verfügen. Professionelle sind durch ihre Tätigkeit, Fähigkeiten und Leistungen sozial herausgehoben. Zum Selbstverständnis gehört, dass auf Basis eines meist akademisch erworbenen und qualitativ hochwertigen Fachwissens eine große Verantwortungsbereitschaft und ein hohes Berufsethos vorhanden sein müssen.

Für ein vertieftes Verständnis von Professionen als ein Phänomen funktional differenzierter Gesellschaften der Moderne haben – wie Stichweh (1996, S. 50) ausführt – drei Betrachtungsschwerpunkte Bedeutung: „1. Die Professionen des alten Europa in ihrer Einbettung in die ständische Struktur zu verstehen; 2. Den Übergang zur modernen Gesellschaft als das Prominent werden der Form ‚Profession' herauszuarbeiten; 3. Eine Strukturbeschreibung der modernen Gesellschaft zu erarbeiten, die die Form des Konturierens von Professionalität zu identifizieren erlaubt."

Die Entstehung der modernen Professionen beginnt mit dem Aufstieg der Berufsidee im Protestantismus der europäischen frühen Neuzeit. Seit Martin Luther wird der Beruf auf die innere Berufung zurückgeführt. Es entwickeln sich Professionen als Berufe einer besonderen und herausgehobenen Art.

Typisch für eine Professionalität in einem Fachgebiet sind:
- „eine unverzichtbare explizite fachliche *Qualifikation* auf Basis einer zeitlich umfangreichen und inhaltlich anspruchsvollen sowie geprüften *Ausbildung* in Verbindung mit

---

[288] Der Begriff kommt aus dem angloamerikanischen Raum von Alexander Morris Carr-Sanders und Paul Alexander Wilson (1933), der im Rahmen einer Studie präzisiert worden ist. Mit einer soziographisch gewonnenen Auflistung, rubrizieren sie, ohne bereits eine Definition vorzunehmen, welche Berufe den Rang einer Profession aufweisen. Dazu gehören u. a. Rechtsanwälte, Richter, Ärzte, Hebammen, Apotheker, Diätassistenten, Fußpfleger, Masseure, Ingenieure, Architekten, Natur- und Sozialwissenschaftler, Verwalter, Buchprüfer, Makler, Personalberater, Politiker, Berufssoldaten, Lehrer und Hochschullehrer, Geistliche, Schriftsteller, Schauspieler, Musiker, Journalisten, Flugzeugführer, Berufssportler, Tänzer, Steuerberater, Werbefachleute, Leichenbestatter.

ausreichenden praktischen *Erfahrungen* (vs. Inkompetenz, Unzuverlässigkeit, Scharlatanerie usw.);
- eine im weitesten Sinne *ethisch basierte fachliche Qualitätsorientierung* für den Vollzug und die Ergebnisse der Arbeit sowie teilweise eine explizite (evtl. auf Einzelaspekte bezogene) *Gemeinwohlorientierung*, zumindest jedoch eine auf ‚ehrliche' Leistung achtende *Kunden- oder Nutzenorientierung* (vs. dominant materielle Instrumentalität oder gar ungebremste Gewinnorientierung);
- eine mehr oder weniger weitreichende *Autonomie*, zumindest jedoch substantielle fachliche Dispositionsspielräume, im Arbeitsvollzug (vs. hohe Fremdbestimmung und rigide externe Kontrolle der Tätigkeit)." (Voß 2012, S. 292; Hervorhebungen im Original)

Professionelle – wie beispielsweise Lehrkräfte an Hochschulen – zeichnen sich „durch spezialisiertes, abstraktes Theoriewissen aus, das der professionell Tätige reflektiert und mit einem Höchstmaß an Angemessenheit und Effizienz auf konkrete lebenspraktische Problemsituationen anzuwenden weiß, wobei die einzelnen Maßnahmen jeweils rational nachvollzogen und begründet werden können" (Schenz 2009, S. 38).

Zusätzlich ergeben sich für die Profession weitere Anerkennungsmerkmale. Charakteristisch dafür „sind
- ein mehr oder weniger hoher sozialer Status, zumindest jedoch eine betriebliche und kollegiale Wertschätzung und eine Anerkennung durch die Nutzer der Arbeitsleistung, die sich nicht zuletzt in einer der Leistung angemessenen materiellen Vergütung niederschlagen (vs. soziale Geringschätzung und marginaler Status bei eher niedriger Bezahlung);
- ein berufliches Selbstbewusstsein, wenn nicht gar expliziter Berufsstolz, in Verbindung mit hohem commitment, zumindest jedoch ein Bewusstsein der Qualität der Fähigkeiten und Leistungen, individuell und in Bezug auf die Berufsgruppe, die nicht selten durch symbolische Repräsentationen nach innen wie nach außen dargestellt werden (vs. geringes Selbstbewusstsein und begrenzte Einsatzbereitschaft oder gar explizite Gleichgültigkeit gegenüber der eigenen Tätigkeit und deren Ergebnissen);
- eine Anbindung an ein berufsbezogenes kollegiales Umfeld, als explizite berufsverbandliche Organisation, inner- und überbetriebliche Interessenvertretung oder zumindest als kollegiales Netzwerk (vs. sozial isolierte, individuell idiosynkratische Aktivität)."
(Voß 2012, S. 292)

Zur Kennzeichnung dessen, was eine Profession ausmacht, lässt sich ein ganzes Bündel von Eigenschaften erkennen. Auf der Basis der von Alexander Morris Carr-Saunders und Paul Alexander Wilson (1933, S. 284) schon klassisch zu nennenden Untersuchungen lassen sich Professionen durch folgende Merkmale beschreiben:
- Die professionelle Tätigkeit beruht auf einer langen und theoretisch fundierten Spezialausbildung und weist ein hohes systematisch-technisches Wissensniveau und selbst generiertes wissenschaftlich fundiertes Sonderwissen auf.
- Voraussetzung sind im Regelfall lang andauernde theoretisch fundierte Ausbildungsgänge auf akademischem Niveau

- Die Angehörigen von Professionen erbringen eine Leistung von hohem gesellschaftlichem Nutzen. Sie erbringen Leistungen mit gemeinnützigen Funktionen von grundlegender Bedeutung.
- In ihrer praktischen Tätigkeit orientieren sie sich an bestimmten Verhaltensregeln ("code of ethics") und gesetzlicher Beschränkung des Eigeninteresses.
- Die Tätigkeit ist nicht profitorientiert, sondern altruistisch motiviert.
- Die Angehörigen besitzen ein exklusives Monopol für die Handlungskompetenz sowie Monopolisierung von Zuständigkeiten.
- Es besteht eine hohe Autonomie in der Berufsausübung und eine Selbstkontrolle der Arbeitsbedingungen.
- Es erfolgt eine Definition der Anforderungen und Zugangswege insbesondere durch selbst generierte Standards der Leistungsbewertung und deren Kontrolle.
- Die Professionsmitglieder sind in einem Berufsverband organisiert, der sich in der Regel selbstverwaltet und die Fachkompetenzen disziplinarisch überwacht.
- Der Berufsverband legt die Standards für Prüfungen und Zulassungen fest und vertritt die Interessen der Mitglieder gegenüber Staat und Gesellschaft.
- Die Leistungen werden in Form eines festgelegten Honorars oder auf der Basis von Gebühren bezahlt.

All das, was damit zur Profession gefordert wird, geht weit darüber hinaus, was bei beruflichen Tätigkeiten in anderen Bereichen erwartet werden kann. Die Professionen und die damit verbundene Professionalität stellen Sonderformen der Begriffe „Berufe" und „Beruflichkeit" dar.

Professionelles Handeln oder Professionalität umfasst viele Fähigkeiten und ist nicht auf eine einfache Formel zu bringen. So benennt Wolff-Dietrich Webler (1991b, S. 247 f. und 2008, S. 3 ff.) am Beispiel von Hochschullehrerinnen und Hochschullehrern sehr detailliert eine Vielzahl von Merkmalen und Kriterien.

Das Themenspektrum zum Erwerb der Lehrkompetenz – als ein wesentliches Merkmal der Professionalisierung von Hochschullehrern – umfasst insbesondere die „Anforderungen an Lehrende, die über Tätigkeitsfelder hinausreichen". Es betrifft die Wissenschaft, „den Bereich persönlichkeitsbezogener Normen und Werte", die „Auseinandersetzung mit den Voraussetzungen der Studierenden", insbesondere als Folge des Schulsystems an der Schnittstelle zwischen Schule und Hochschule" sowie „die Rückwirkungen des Beschäftigungssystems und des aktuellen Arbeitsmarktes auf Studium und Lehre" (vgl. Webler 2008, S. 4).

Insgesamt erfordert Professionalität ein besonderes Berufsethos mit hohen Standards und Werten. Es geht nicht nur um Leistung und Können, sondern um hohe berufliche ethische Werte. Professionalität reicht im Regelfall weit über den reinen Erwerbssinn hinaus. Vielmehr sind eingegangene Verpflichtungen auch dann zu erfüllen, wenn für die Tätigkeit keine Gegenleistung erfolgt und die professionelle erbrachte Dienstleistung weder erfüllbar noch einklagbar ist.

An die Professionalität werden hohe fachliche, gesellschaftliche und auch individuelle Ansprüche gestellt, die über ein normales Verständnis von Beruflichkeit, Redlichkeit, Verlässlichkeit, Arbeitstugenden und Berufsehre hinausgehen. Nicht zuletzt deshalb sind der Stellenwert und die Anerkennung von Professionen in einer funktional differenzierten Gesellschaft hoch.

- **Übergänge zwischen Job, Beruf und Profession**

Job, Beruf und Profession lassen sich aus theoretischen Überlegungen und analytischen Gründen voneinander abgrenzen. In der Arbeitspraxis des Beschäftigungssystems ist das aber nicht immer eindeutig gegeben. Dort lässt sich feststellen, dass – bei verschwimmenden Abgrenzungen – insgesamt vier Übergänge zwischen den drei verschiedenen Formen von Erwerbstätigkeit möglich sind. Dabei zeigen sich im Laufe der Zeit teilweise Übergangsprozesse (Abb. 30).

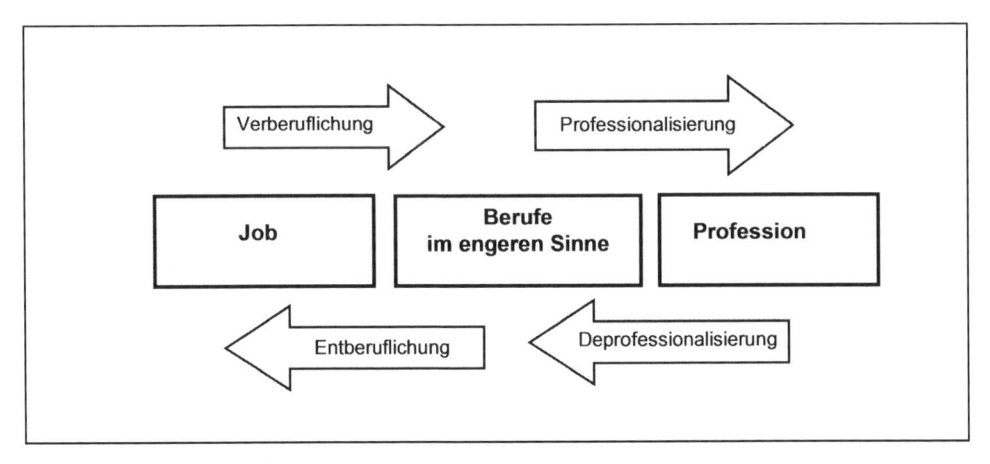

Abb.30: Mögliche Übergangsprozesse zwischen Job, Beruf (i. e. S.) und Profession (Herkner/Pahl 214 , S. 107)

Die jeweilige Ausformung der Erwerbsarbeit liegt nicht von vornherein und auch nicht für längere Zeit zwangsläufig fest. Vielmehr werden – besonders über größere Zeiträume betrachtet – Veränderungen deutlich. So können einfache Erwerbsarbeiten im Laufe der Zeit in den qualifikatorischen Anforderungen steigen, sodass sie sich zu Berufen im engeren Sinne entwickeln. Auf der anderen Seite sind zunehmend Beschäftigungsmöglichkeiten für Un- und Angelernte in Feldern erkennbar, für die bislang eine längere Ausbildung notwendig war.

Hier kommt es zu Tendenzen der Entberuflichung. Ebenso kann man Tendenzen einer Professionalisierung z. B. für den Lehrer-Beruf oder den Architekten-Beruf ausmachen, ohne dass sie heute schon den Rang von vollwertigen Professionen einnehmen würden. Indizien für eine Deprofessionalisierung gibt es, z. B. in einigen Bereichen, in denen aufgrund des Mangels an Bewerberinnen und Bewerbern von ursprünglich gestuften Regelausbildungen mit universitärem Pflichtanteil Abstand genommen wird

- **Gesellschaftliche und individuelle Bewertungen und Einschätzungen von Job, Beruf und Profession**

Nach dem bisherigen Überlegungen und Bewertungen sollte allein schon, um Unklarheiten zu vermeiden, deutlich bleiben, dass das, was einen Job im Bedeutungskern ausmacht, nicht mit Beruf und schon gar nicht mit Profession vermischt werden darf. Es sollte eine begriffliche Trennschärfe gewährleistet bleiben, um Verwischungen und Unklarheiten zu vermeiden, wie sie sich seit einigen Jahren umgangssprachlich einschleichen.
Kriterien um Aussagen zu Bewertungen und Einschätzungen von Jobs, Berufen und Professionen vorzunehmen, sind auch von der Gewichtung der Gesichtspunkte abhängig und damit auch eher subjektiv.

Objektiver kann eine Unterscheidung von Jobs, Berufen und Professionen über die dafür erforderliche Ausbildung, das zu erreichende Qualifikationsniveau und die Anforderungen bei der Arbeit geschehen. Damit ergibt sich eine grobe Unterscheidungsmöglichkeit mit bedingter Trennschärfe, denn es zeigen sich auch Zwischenformen.

Betrachtet man das durch Ausbildung oder Erfahrung erworbene Qualifikationsniveau und die einzubringenden Fähigkeiten, so sind diese bei
- Jobs im Regelfall (und bei traditionellem Gebrauch des Wortes) niedrig,
- Berufen zwischen gehoben und sehr hoch,
- Professionen außerordentlich hoch.

Eine solche grobe Unterscheidung und Rangfolge unter Berücksichtigung der Ausbildungs- und Arbeitsanforderungen erscheint vertretbar und einsichtig. Dagegen ist das gesellschaftliche Ansehen, das durch eine Arbeitstätigkeit gewonnen werden kann, eine sehr subjektive Größe, die von jedem Einzelfall und auch von denen abhängig ist, die eine Bewertung vornehmen. Das Qualifikationsniveau spielt dabei keine vorrangige Rolle.[289]
Unabhängig von der einzelnen Tätigkeit ist anzunehmen, dass das gesellschaftliche Ansehen von den Jobs über die Berufe bis zur den Professionen ansteigt.[290] (Abb. 31)
Professionen haben sich im historischen Prozess eine besondere Aura geschaffen.[291] Insgesamt tragen Ansehen und Qualifikationserfordernisse bei Job, Beruf und Profession zur Arbeitszufriedenheit und gesellschaftlichen Einordnung bei.

---

[289] Auch die von dem Institut für Demoskopie Allensbach (2013) herausgebrachte Berufsprestige-Skala, mit der nach dem Ansehen von Berufen gefragt wird, zeigt, dass das Qualifikationsniveau nicht zwangsläufig zu einen hohen gesellschaftlichen Prestige beiträgt. Beruf und Profession werden jedoch bei der Allensbacher Befragung nicht unterschieden und das Ansehen von Jobs wird nicht erkundet.
[290] Dieter Nittel (2000, S. 29) merkt zu Recht an: „Das berufliche Mandat und die berufliche Lizenz bilden die Basis für die moralische Arbeitsteilung innerhalb einer Gesellschaft, also die Entscheidungsgrundlage, um manche Berufe als höherwertig und andere als niedrig einzustufen."
[291] Ob allerdings die traditionelle Darstellung der Professionen, die mit einer begrenzten Zahl gesellschaftlich wichtiger Funktionen verbunden war und nur wenigen Funktionsträgern, eine herausragende gesellschaftliche Rolle zuwies, weiterhin Bestand haben kann, ist fraglich. Wenn viele Berufe zu Professionen werden, verlieren sie an Exklusivität.

Abschließend sei noch angemerkt, dass die Vertreter vieler berufsförmiger Tätigkeiten ihr Ansehen in der Gesellschaft häufig zu niedrig einschätzen oder ihre Arbeit nicht genügend gewürdigt sehen.

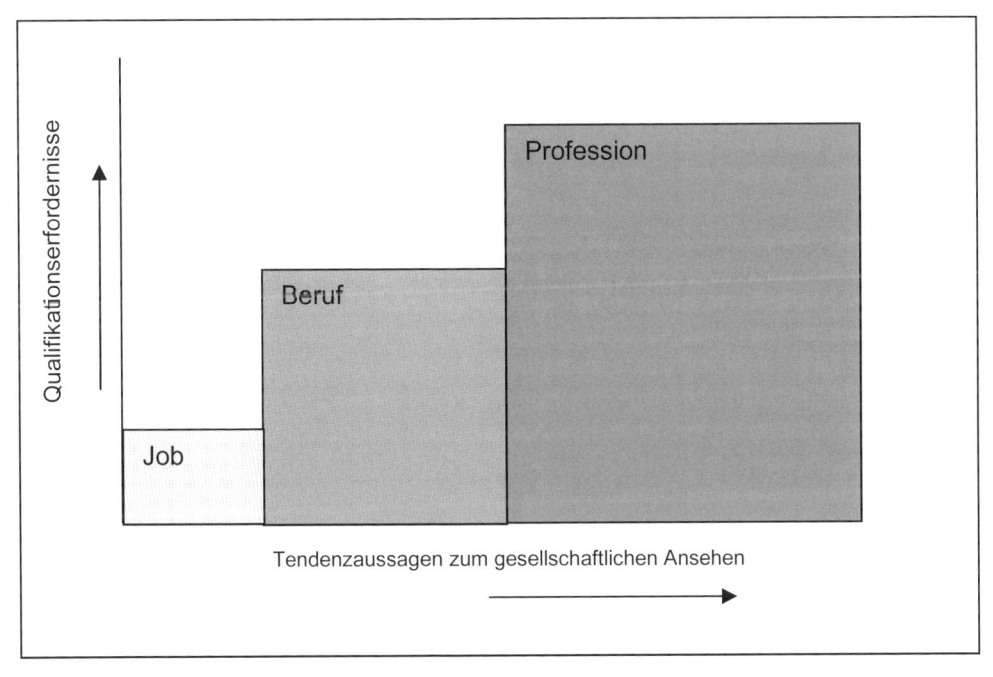

Abb. 31: Ansehen und Qualifikationserfordernisse von Job, Beruf und Profession

2.1.4 Lebensläufe von Jobs, Berufen und Professionen

Jobs stellen Arbeitstätigkeiten dar, die in der Regel keine Ausbildung oder größere Anlernzeit erfordern und fast ausschließlich auf den Erwerb des Lebensunterhaltes gerichtet sind. Die Lebensläufe von Jobs können sehr kurz und vielleicht sogar nur wenige Wochen betragen, aber auch sehr lang wären. Es sind aber de facto – insbesondere bei Arbeitsaufnahmen von SGB-II-Leistungsempfängern – „viele Jobs von kurzer Dauer" (Koller/Rudolph 2011, S. 1 ff.).[292]. Aufgrund der sozio-technischen Bedingungen verändern sich die Angebote von Jobs zunehmend schneller, denn die mit den Jobs verbundenen Tätigkeiten sind durch aktuelle Anforderungen der Betriebe bestimmt. Werden entsprechende Tätigkeiten nicht mehr angefordert, so gibt es auf dem Arbeitsmarkt und insbesondere in den Unternehmen auch diese Jobs nicht mehr. Damit ist die Lebensdauer dieser Jobs abgelaufen. Für die Jobsuchenden gibt es keine entsprechende Verwendung mehr.

---

[292] „Nur 55 Prozent der neuen Beschäftigungsverhältnisse dauern länger als sechs Monate. Ob die Instabilität der Beschäftigungsverhältnisse auf die Jobs selbst (wie z. B. bei Zeitarbeit und Aushilfstätigkeiten und anderen Befristungen) oder auf die Arbeitnehmer (die z. B. wegen gesundheitlicher Probleme oder mangelnder Eignung ihre Position nicht halten können) zurückzuführen ist, lässt sich aus den Daten nicht ableiten." (Koller/Rudolph 2011, S. 8)

Anders ist es bei Berufen. Urberufe wie der Beruf des Fischers und des Jägers. Sie bestehen seit prähistorischer Zeit bis heute und aller Voraussicht noch lange. Eine solche Periode überdauern die meisten anderen Berufe allerdings nicht. Sie entstehen, werden einige Zeit gebraucht und vergehen.

Neue oder angepasste Berufe entstehen meist aufgrund eines gesellschaftlichen und/oder wirtschaftlichen Bedarfs, durch Neuordnung von verwandten Berufen oder durch Umwidmung bisheriger Berufsbezeichnungen. Vor dem Hintergrund des Wandels vieler beruflicher Tätigkeiten – bis hin zu ganzheitlichen berufsübergreifenden Arbeitsprozessen sowie berufsbildungspolitischen Entwicklungen und Vorgaben durch die Bildungskommission der Europäischen Union und den Europäischen Rat (Bologna-Prozesss, Kopenhagen-Prozess etc.) – werden dabei auch grundlegend neue strukturelle Ansätze und Konzepte erforscht, entwickelt und diskutiert. Dazu gehören z. B. die Konstrukte der (europäischen) Kernberufe (z. B. Heß/Spöttl 2008, S. 27 ff.; Rauner 2013b, S. 338 ff.) und der Berufsfamilien (Brötz 2009).

Dabei wird davon ausgegangen, dass die Auffassung, die klassische Facharbeit verliere an Bedeutung und ziehe die Vergänglichkeit der Beruflichkeit bzw. eine „Entberuflichung" nach sich, „ebenso wenig überzeugend ist, wie die Annahme einer allein fachlichen Verfasstheit von Berufen und Beruflichkeit, die in der traditionellen Berufs- und Wirtschaftspädagogik verfochten wird" (Heß/Spöttl 2008, S. 28). Ziel der Aktivitäten und Maßnahmen ist darüber hinaus die Untersuchung, ob die Etablierung wenigstens eines dieser Konzepte eine Chance ist, die europäische Berufsbildungsdiskussion um ein modernes Berufs- und Beruflichkeitskonzept anzureichern.

Im Rahmen des Kernberufskonzepts haben sich vor einigen Jahren beispielsweise das Profil eines Kfz-Mechatronikers und eines Eco-Recyclers herausgebildet (s. dazu z. B. Spöttl/Blings 2011, S. 47 ff.). Das Konzept der Kernberufe ist an Geschäfts- und Arbeitsprozessen ausgerichtet und sichert so den Praxisbezug in der Berufsausbildung. Dieser geschäfts- sowie arbeitsprozessbezogene und damit berufsübergreifende didaktische Ansatz schafft die Möglichkeit der Implementierung in verschiedenen bzw. unterschiedlichen Berufsbildungssystemen. „In dem Maße jedoch, wie das Konzept in schulisch dominierter Ausbildung umgesetzt werden soll, bedarf es der Überwindung der traditionellen Fachdidaktik und der Ausarbeitung einer überzeugenden arbeitsprozessorientierten Didaktik" (Heß/Spöttl 2008, S. 30).

- **Entwicklung von Jobs, Berufen und Professionen**

Jobs entwickeln sich quasi naturwüchsig aus den Angeboten des Arbeitsmarktes. Da sie normalerweise keine Ausbildung oder größere Anlernzeit erfordern, ist ihr Entwicklungspotenzial gering. Nur in Sonderfällen bilden sich daraus Berufe mit einer ausgeprägten Beruflichkeit.

Mit neuen Berufen zeigen vom Auftreten eines gesellschaftlichen Bedarfs bis zur beruflichen Ausformung und Etablierung prägnante Entwicklungsphasen. Diese sind für viele Berufe – wie beispielsweise denen des Gesundheitsbereichs – erkennbar. Im Rahmen dieser Prozesse, die bei der Bedarfsermittlung beginnen, müssen insbesondere die Entwicklungen im Beschäftigungs-, Gesellschafts- und Bildungssystem genau reflektiert werden (Abb. 32).

Anstöße für neue Berufe oder die Differenzierung der Berufe ergeben sich im Wesentlichen durch die Anforderungen an die Tätigkeiten im Beschäftigungssystem, die Ansprüche der Gesellschaft sowie durch die Form und das Niveau der Aus- und Weiterbildung. Entsprechend dieser Kriterien gibt es heute eine Vielzahl von Erwerbsberufen sowie von anerkannten Ausbildungsberufen mit kodifizierten Ausbildungsgängen. Auch die Zahl der Professionen ist angewachsen.

Darüber hinaus werden in den letzten Jahrzehnten aufgrund der Veränderungen im Beschäftigungssystem mit einer Entgrenzung aller Dimensionen und herkömmlichen Vorstellungen zur Gestaltung von Arbeit – wie schon ausgeführt – sogenannte Individualberufe diskutiert. Die unter diesem Signum entstehenden Berufe sind hoch flexibel. Auch für individuell ausgeformte Berufe müssen grundlegende Fähigkeiten meist in Bildungseinrichtungen erworben werden.

Phase	Merkmale
1. Gesellschaftlicher Bedarf	Neue Ideen, Bedürfnisse, Probleme, Methoden
2. Zahlungskräftige Nachfrage	Zielgruppen- bzw. problemspezifische Artikulation des Bedarfs durch potentielle Kunden/Abnehmer
3. Erwerbsförmige Bearbeitung	Angebot einer neuartigen Problemlösung/ Bedürfnisbefriedigung durch entsprechende Fachleute
4. Professionalisierung durch Aus-/Weiterbildung	Entwicklung von Aus- und Weiterbildungskonzepten
5. Institutionalisierung	Berufsfeld, Zertifizierung, Berufsverbände, Öffentlichkeitsarbeit
6. Berufsentwicklung	Fachkongresse, Fortbildungen, Qualitätssicherung durch Leitbildarbeit und Qualitätszirkel

Abb. 32: Phasenmodell der Berufsentwicklung in innovativen Berufen (Bals/Wulfhorst 2008, S. 118)

Generell müssen Arbeitnehmer individuelle Fähigkeitsprofile entwickeln, anbieten und anwenden können. Zur Ausformung des Individualberufes müssten Individualität, Flexibilität, Offenheit, Wandel und Einsetzbarkeit von Arbeitspotentialen weitgehend selbstständig ausgebildet und arrangiert werden. Der sich dabei herausbildende Individualberuf „kann demnach nicht Beliebigkeit, Formlosigkeit und Instabilität bedeuten, sondern ist etwas anderes: eine zwar individuell aktive, sich dabei aber gezielt auf gegebene soziale Rahmenbedingungen beziehende und insoweit auch hier als *reflexiv* zu kennzeichnende individuelle *Gestaltung* der eigenen Fähigkeiten und ihrer Anwendungen"(Voß 2002, S. 299; Hervorhebungen im Original).

Dabei geht es im Wesentlichen um „drei Grundfunktionen von Arbeitskraft:
1. Arbeitspersonen müssen mehr als bisher die konkrete Anwendung ihrer Fähigkeiten im Arbeitsvollzug verstärkt *„selbst kontrollieren"* (Tätigkeitsfunktion);
2. sie müssen deren Herstellung und Vermarktung systematischer *„selbst ökonomisiert"* betreiben (ökonomische Funktion) und
3. die alltägliche und biografische Einbindung ihrer Tätigkeiten und Potentiale mittels ‚*Selbstrationalisierung*' in neuer Qualität realisieren (existenzielle Funktion)" (Voß 2012, S. 287; Hervorhebungen im Original).

Professionen entwickeln sich im Regelfall auf der Basis eines Studiums oder eines sehr anspruchsvollen Berufes in einem langjährigen Prozess, bei dem nicht nur eine spezifische Wissensanreicherung, sondern darüber hinaus ein besonderes Ethos herausgebildet wird.

Individualberufe stellen eine besondere berufsförmige Tätigkeit dar, die unter dem Gesichtspunktes des Lebenslaufes sowohl den Jobs als auch den Berufen zugeordnet werden können. Sie passen in keine Schablone und in schon gar kein Ablaufschema. Der Lebenslauf dieser Tätigkeiten ist an den jeweiligen Berufsinhaber in besonderer Weise gebunden, da sich Arbeitende selbst die individuellen Bedingungen schaffen müssen. Der je spezifische Lebenslauf eines Individualberufes währt solange, wie der Berufstätige diesen vertritt und endet mit dem Abschluss der berufsförmigen Tätigkeit.

Solche Phänomene wie das Entstehen[293], Bestehen und Vergehen von Berufen könnten diskutiert und aufgezeigt werden, wobei auf die Option zu achten ist, dass sich ein Beruf (im engeren Sinne) nach der Etablierung auch zu einer Profession weiterentwickeln kann. Ungeachtet von berufsspezifischen Besonderheiten lässt sich ein prinzipieller Verlauf zeichnen, von dem es in konkreten Fällen aber auch Abweichungen – nicht nur durch Unwägbarkeiten aufgrund prognostischer Unsicherheiten – geben kann. Zudem ist die Entwicklung eines Berufes u. a. von politischen Eingriffen, berufsständischen Strategien und zufälligen Einflüssen abhängig sowie oft im Kontext mit „verwandten", „benachbarten" oder „konkurrierenden" Berufen sowie von Ausdifferenzierungen aus bestehenden Berufen zu sehen.

Das Entstehen, Veralten und Vergehen von berufsförmigen Arbeiten sind Erscheinungen, die schon in der Antike zu beobachten sind. Neu ist aber seit mehr als einhundert Jahren und insbesondere seit zwei Dezennien, dass sich immer raschere Veränderungen in der Berufs- und Arbeitswelt anzeigen. Die seit der Zeit der Aufklärung zunehmend wachsenden naturwissenschaftlichen Erkenntnisse sowie die damit verbundenen technischen Neuerungen und der soziale Wandel ließen neue Berufe entstehen und alte, zumeist handwerkliche vergehen.

Daneben entstanden und entstehen aber auch aus der gesellschaftlichen Entwicklung und mit den dabei erkennbaren sozialen Problemen neue berufsförmige Tätigkeiten. Die ge-

---

[293] So zeigt Falk Howe (2004) die Genese von Berufen und Berufsfeldern des Elektrobereichs auf.

wandelten Bedingungen haben zur Folge, dass veraltete Berufe verschwinden oder durch Zusammenlegung mit anderen Berufen erhalten oder sogar aufgewertet werden, zugleich aber auch neue Berufe entstehen.

- **Entstehen von Berufen**[294]

Berufsförmige Tätigkeiten entstehen in den letzten Jahrzehnten nicht mehr ausschließlich und quasi naturwüchsig aufgrund von Anforderungen des Beschäftigungs- und Gesellschaftssystems oder auf der Basis geschlechtsspezifischer oder sogar geschlechtshierarchischer Arbeitsteilung. Inzwischen sind auch staatliche Aktivitäten zu beobachten, die teilweise regulativ wirken. Vom Bundesinstitut für Berufsbildung werden diese Vorgänge wissenschaftlich sehr genau beobachtet, ausgewertet und hinsichtlich zukünftiger Entwicklungen untersucht. Aus dieser Arbeit folgt, dass jedes Jahr neue Ausbildungsberufe entstehen oder bestehende Berufe neu geordnet werden.

Die Veränderungen in der Berufswelt und die Entstehung neuer Berufe finden insbesondere bei den aufmerksamen Schulabgängern und generell auch in der Öffentlichkeit ein besonderes Interesse. Damit ist die Erwartungshaltung verbunden, dass für diese neuen Berufe zunächst ein besonderer Bedarf auf dem Arbeitsstellenmarkt entsteht und sich damit günstige Beschäftigungschancen ergeben. Es entwickeln aber auch neue und insbesondere freie Berufe, die ohne staatliche Eingriffe durch Eigeninitiativen entstanden.

- **Veralten und Bewahren von Berufen**

Das Veralten von Berufen ist ein Vorgang, der sich aufgrund von Veränderungen der verschiedensten Ansprüche ergeben kann. Können mit den Berufsqualifikationen die gesellschaftlichen oder betrieblichen Anforderungen nur noch bedingt erfüllt werden, so können Nachqualifikationen oder Veränderungen des Berufsbildes erforderlich sein, wobei aber der Beruf mit seinem Profil und der Kernqualifikationen erhalten bleibt. Die Frage der Namengebung ist dabei nicht zentral. Einige dieser Berufe, die kaum nachgefragt werden, führen ein Nischendasein.

- **Vergehen von Berufen**

Geschehen im Laufe der Zeit sozio-kulturelle Veränderungen, die einen Beruf obsolet machen oder besteht keine Nachfrage nach dem mit dem Beruf zu erbringenden Leistungen, so verschwindet er auf dem Arbeitsstellenmarkt. Berufsbezeichnungen können aber auch durch ordnungspolitische Umbenennungen verloren gehen.

Inwieweit sich ein Beruf zu einer Profession weiterentwickelt oder ob er aufgrund des Bedeutungsverlustes der mit ihm verbundenen Tätigkeiten verschwindet bzw. ggf. in ei-

---

[294] Die folgenden Überlegungen zum Entstehen, Veralten und Vergehen von Berufen beruhen auf den Überlegungen, die in dem Aufsatz „Vorüberlegungen zu einer Allgemeinen Theorie der Berufe" gemeinsam mit Volkmar Herkner entwickelt worden sind. (Herkner/Pahl 2014, S. 108 ff.)

nen neuen Beruf aufgeht, scheint vor allem von den Ansprüchen des Beschäftigungs- und Gesellschaftssystems abhängig zu sein. Entscheidend sind dabei in dem Beruf inkorporierten spezifischen Qualifikationen und der Einfluss und die Bedeutung der mit dem Beruf induzierten Tätigkeiten für die Bürger/-innen sowie von der Stärke der berufsständischen Interessenvertretung. Je wichtiger die Tätigkeit für Leben und Gesundheit der Gesellschaft ist bzw. je wichtiger eine fachgerechte Ausübung der Tätigkeit dafür ist, desto besser scheinen die Chancen zu sein, mit Hilfe einer berufsständischen Interessenvertretung den Beruf zu etablieren oder sogar zu professionalisieren. An einigen Stellen greift der Staat in den eigentlich freien „Berufsmarkt" ein, indem er reglementierte Berufe schafft. In reglementierten Berufen darf eben nicht, wie Artikel 12 des Grundgesetzes verheißt, jeder tätig sein. Da das schützenswerte Gut – Leben und Gesundheit – von solch großer Wichtigkeit ist, werden subjektive, d. h. an die Person gebundene Voraussetzungen an die Berufsausübung geknüpft. Dieses betrifft in erster Linie eine entsprechende Ausbildung und eine hierbei nachzuweisende Berufs- bzw. Fachkompetenz. Damit wird dem Beruf eine herausragende Bedeutung zugesprochen, die ihn zugleich schützt.

Professionen haben in der Regel einen im Vergleich zu Berufen langen Lebenslauf. Traditionelle Professionen, wie die der Theologen. Juristen und Mediziner, haben sogar eine jahrhundertealte Tradition, die auch zukünftig – soweit absehbar – nicht abgeschlossen sein wird. Neben diesen traditionellen beruflichen Tätigkeiten besonderer Art gibt es weitere Professionen. Der Lebenslauf einer Profession kann auch durch Deprofessionalisierung des Tätigkeitsbereiches oder dequalifizierender Verhaltensformen ihrer Akteure erfolgen und nur noch die Kennzeichen eines normalen Berufes aufweisen (Bollnger/Hohl 1981, S. 440 ff.).

2.1.5 Berufe und Beruflichkeit

Qualifizierte Erwerbsarbeit beruht in Deutschland für den nicht-akademischen und den akademischen Bereich des Beschäftigungssystems – trotz aller gesellschaftskritisch geäußerten Befürchtungen – weitgehend noch immer auf den Prinzipien der Berufsförmigkeit und Beruflichkeit sowie als Besonderheit auf Professionalität. Berufe und Beruflichkeit sind formal eng miteinander verbunden. Beruflichkeit geht in ihrer Reichweite etwas über den Beruf hinaus, da die Art der Ausfüllung der Tätigkeit neben den berufsfachlichen Inhalten und fachübergreifenden allgemeinbedeutsamen Inhalten, verstärkt auch subjekt- und gesellschaftsbedeutsame Aspekte aufweist und damit auch Handlungsweisen im Beschäftigungssystem und im Gesellschaftssystem prägt.

Absolventen einer Berufsausbildung erfahren vermehrt erst durch die Arbeit im Beruf und die damit gewonnenen erweiterten Handlungskompetenzen, das heißt Fach-, Methoden-, Kommunikations- und Sozialkompetenz, eine sich ständige elaborierende Beruflichkeit. Beruflichkeit hat damit ein qualifikatorisches Moment. Die sich über die Beruflichkeit beim zunehmenden Qualifizierungsprozesses im Laufe der Erwerbsarbeit konstituierenden Qualifikationen durch Erfahrung sind sehr bedeutsam. Beruflichkeit kann sich durch

Berufsausübung erweitern, jedoch auch während des Berufes zurückbilden oder vergänglich[295] werden.

Beruflichkeit bzw. Berufsförmigkeit können als bestimmende Merkmale und Ergebnisse des Qualifizierungsprozesses angesehen werden, die zu einem erheblichen Teil in und mit der Arbeit geschehen. Dieses informelle Beruflichkeitsphänomen steht in einem gesellschaftlich-ökonomischen Kontext, der zunächst unabhängig von dem formellen Ausbildungssystem ist.

Das sich in der Praxis des Beschäftigungssystems strukturierende Moment der Beruflichkeit differenziert und formt sich weiter aus in den verschiedenen Teilarbeitsmärkten. Dabei kommt nicht zuletzt den Strategien der Anbieter und Abnehmer von Arbeitskraft bei der Ausformung der Beruflichkeit eine nicht zu unterschätzende Rolle zu, obwohl kaum vom freien Spiel der Kräfte gesprochen werden kann. Das Merkmal der Beruflichkeit hat sowohl für die nicht-akademischen als auch für die akademischen Bereiche Bedeutung.[296]

Kennzeichnend für Beruflichkeit sind zwei Qualifikationskerne. Dieses ist einerseits ein „fachlicher oder professioneller Kern, der geprägt ist durch die fachlichen Inhalte, die tatsächlichen Bündel von Qualifikationen. Anderseits ist dies ein nichtfachlicher oder sozialer Kern, der vor allem durch die Berufsrollen und die anhängenden Erwartungen an den Rollenträger geprägt ist. Hier geht es auch um das Prestige, das mit einem Beruf verbunden ist, und um die Resultate sozialer Zuschreibungen." (Tiemann 2012, S. 52)
Beruflichkeit reicht über den Begriff „Beruf" hinaus (Abb. 33). Das erscheint auch deshalb einsichtig, weil ein Beruf außer „fachlichen Inhalten, also den Berufsaufgaben und ihren konkreten Zuschnitten, auch die Aspekte des nicht-fachlichen Kerns beinhaltet und damit in gewissem Maß auch Handlungsweisen und Lebenseinstellungen vordefiniert" (ebd.).
Es gibt auch Berufsinhaber, bei denen die Beruflichkeit verkümmert. Die eigene Beruflichkeit auszubauen, nicht zuletzt auch, um die Anforderungen des Beschäftigungssystems zu erfüllen, ist bei den Mitgliedern unserer Gesellschaft tief verankert. Deshalb kann die Entwicklung von „Beruflichkeit als biographischer Prozess" (Ahrens/Spöttl 2012, S. 87 ff.) angesehen werden. Aber nicht alle in der Arbeitswelt Tätigen, die einen Beruf vorweisen, können ihre Beruflichkeit problemlos entwickeln. Die Bedingungen im Beschäftigungssystem stehen momentan zunehmend dagegen. Dennoch geht es aus gesellschaftlicher und humaner Perspektive „um die Bewahrung des eigenen Könnens einer jeden Erwerbsperson gegen dessen Obsoleszenzerklärung, gegen seine Enteignung – und damit

---

[295] Die „Vergänglichkeit der Beruflichkeit" (Lipsmeier1996, S. 301 f.) als allgemeines Problem des Beschäftigungs- und Gesellschaftssystem ist damit nicht gemeint. Diese Aussagen entsprechen teilweise denen der These von der „Erosion der Beruflichkeit" (Uhe 2016, S. 177).
[296] Die von gewerkschaftlicher Seite „entwickelte *erweiterte moderne Beruflichkeit* baut auf diesem Konzept auf. Das Leitbild respektiert die Besonderheiten von dualer Ausbildung im Betrieb und des Studiums an der Hochschule. Es fußt auf dem Gedanken, dass die Entwicklung einer umfassenden beruflichen Handlungskompetenz sowohl in der dualen Ausbildung wie im Studium möglich und sinnvoll, ja notwendig ist." (IGM 2014, S. 9; Hervorhebungen im Original)

durchaus um den individuellen Stolz, einen Beruf zu haben, etwas Besonderes leisten zu können" (Bolder/Dobischat/Kutscha/Reutter 2012, S. 13).

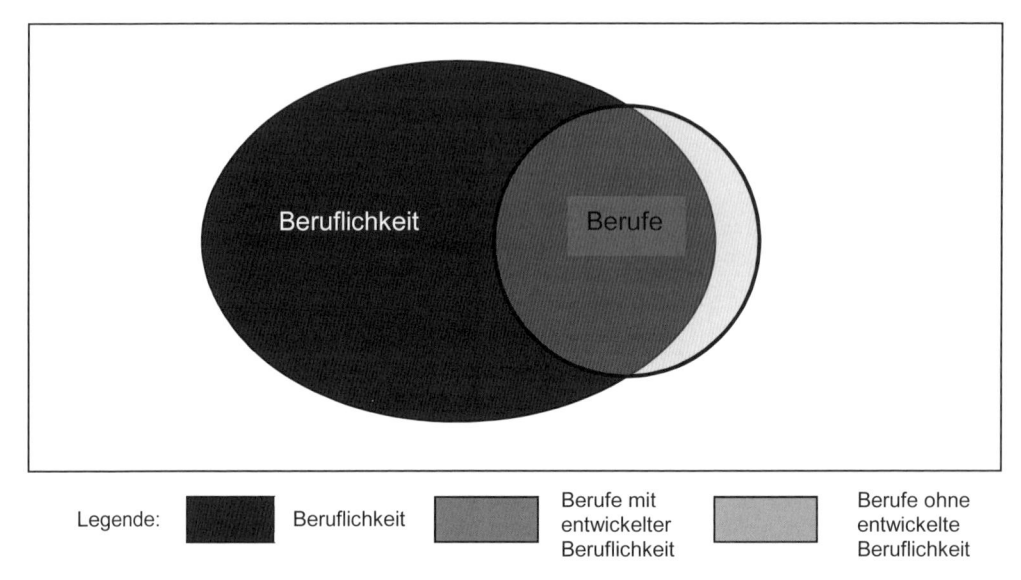

Abb. 33: Verhältnisse von Berufen und Beruflichkeit

Die Art der Beruflichkeit hat objektive und subjektive Dimensionen. Sie ist durch arbeitsorganisatorische, individuelle und bildungsorientierte Anforderungen bestimmt. Im deutschsprachigen Raum lassen sich „zumindest vier verschiedene Grundformen von Beruflichkeit als Verbindung von Bildung und Arbeit finden:
1. die formalisierten *Lehrberufe*[297] in der betrieblichen Berufsausbildung,
2. unbestimmte Berufe beziehungsweise gehobene Berufe in groben fachlichen Gebieten in der *schulischen Berufsbildung*,
3. disziplinäre oder thematische Felder in der wissenschaftlich fundierten Berufsausbildung an den *Fachhochschulen* und
4. akademische Professionen oder wissenschaftliche Disziplinen in der Berufsvorbildung an den *Universitäten*." (Lassnigg 2012, S. 193 f.; Hervorhebungen im Original)

Diese Systematik lässt sich auch auf Betrachtungen zum deutschen Berufsbildungssystem und die Grundformen der Beruflichkeit anwenden.
- Bei den sogenannten anerkannten Ausbildungsberufen ist berufliche Erstausbildung eng mit dem jeweiligen ausbildenden Betrieb verbunden. Durch den Ernstcharakter der Arbeiten werden schon während der Ausbildung durch den Betrieb besondere Akzente für die Ausübung der beruflichen Arbeit gesetzt, die über die kodifizierten Anforderungen des Berufsbildes hinausgehen. Nach der Ausbildung kann sich durch die gewonnenen und reflektierten Arbeitserfahrungen die Beruflichkeit weiter ausformen.

---

[297] In Österreich werden die Ausbildungsberufe als „Lehrberufe" bezeichnet.

- Für nicht-akademische Berufe, die über besondere Kurse und Lehrgänge oder Ausbildungen an der Berufsfachschule erlernt werden können, sind die beruflichen Anforderungen durch die schulischen Curricula und wenige Praktika im Beschäftigungssystem bestimmt. Berufliche Erfahrungen werden bei der schulischen Berufsausbildung fast gar nicht gewonnen. Es wird nur eine allgemeine Orientierung an der Berufswelt vorgenommen. Erst mit der Berufsausübung kann sich die Beruflichkeit der Absolventen weiterentwickeln.
- Mit dem Studium an Fachhochschulen und teilweise auch Berufsakademien wird eine wissenschaftliche und anwendungsorientierte Berufsausbildung angestrebt. Insbesondere mit dem Bachelorstudium erfolgt meist eine allgemeine Ausrichtung auf die Grundlegungen für einen Beruf, während mit dem nachfolgenden Masterstudium in vielen Bereichen eine spezifische relativ enge Berufsidentität – wie Kraftfahrzeugingenieur, Gartenbauarchitekt, Sozialpädagoge – angestrebt wird. Die Beruflichkeit bildet sich aber, selbst wenn verschiedene Praktika vor oder während des Studiums absolviert worden sind, erst in der Berufspraxis nach dem Studium weiter ausformen.
- An den wissenschaftlichen Hochschulen und Universitäten, erfolgt in den traditionellen akademischen Professionen wie beim Theologie-, Jura- und Medizinstudium, aber u. a. auch den Ingenieur-, Chemie- Lehramtsstudien eine berufsorientierte Ausrichtung. Beruflichkeit oder sogar Professionalität bildet sich aber erst mit dem nach dem Studien und eventuellen Referendariaten oder Vikariaten durch Berufserfahrungen weiter aus.

Bei vielen anderen Studien wird, wenn sie nicht in die wissenschaftliche Laufbahn führen, „eher eine flexible Beruflichkeit im Sinne einer wenig bestimmten Verbindung zu breiten fachlichen Bereichen konstituiert, deren Unterscheidung zu dem, was ‚Beschäftigungsfähigkeit' bedeutet, nicht so ohne weiteres auf der Hand liegt." (Lassnigg 2012, S. 194) Für diese Studien erfolgt eine Ausrichtung auf Berufe erst mit Studienabschluss im Beschäftigungssystem, und in der Folge kann sich eine spezifische Beruflichkeit ausbilden.

Zuschnitt und Aufgabenbereich von Berufen ergeben sich nicht allein „aus technischen und funktionalen Arbeitsanforderungen. Sie sind vielmehr immer auch als Resultat der Aushandlung von politischen und ökonomischen Interessen anzusehen." (Witthaus 2016, S. 129) Die Reflexionen zu Erwerbsberufen aus Sicht von Soziologen richten sich insbesondere auf die Verwertungsbedingungen von Arbeitsfähigkeiten.

Berufe und Beruflichkeit sind eng miteinander verbunden. Beruflichkeit geht in seiner Reichweite etwas über den Beruf hinaus, da die Art der Ausfüllung der Tätigkeit neben den berufsfachlichen Inhalten und fachübergreifenden allgemeinbedeutsamen Inhalten, verstärkt auch subjekt- und gesellschaftsbedeutsame Aspekte aufweist und damit auch Handlungsweisen im Beschäftigungssystem und im Gesellschaftssystem prägt.

Absolventen einer Berufsausbildung erfahren vermehrt erst durch die Arbeit im Beruf und die damit gewonnenen erweiterten Handlungskompetenzen eine sich ständige elaborierende Beruflichkeit. Beruflichkeit hat damit ein qualifikatorisches Moment. Die sich über die Beruflichkeit beim zunehmenden Qualifizierungsprozess im Laufe der Erwerbsarbeit konstituierenden Erfahrungsqualifikationen sind sehr bedeutsam. Beruflichkeit kann sich durch Berufsausübung erweitern, jedoch während des Berufes zurückbilden oder auch vergänglich werden. Beruflichkeit bzw. Berufsförmigkeit, aber auch Entberuflichung entwickelt sich zu einem erheblichen Teil in und mit der Arbeit.

2.1.6 Dimensionen von Berufen und Beruflichkeit

Die horizontale und vertikale Dimension von Berufen und Beruflichkeit stellen organisationsbestimmte Kriterien für die Klassifikation von Berufen und Berufsbezeichnungen unter Berücksichtigung von formalen Anforderungsprofilen dar, die „unabhängig von einer bestimmten Person und ihren persönlichen Eigenschaften" (KLDB 2011a, S. 26). Diese Dimensionen sind aber auch für Entscheidungen von Berufsinhaber bedeutsam bei der Frage, wie sie bei ihren individuellen und sozio-technischen Voraussetzungen einen Beruf ausfüllen wollen. Es geht aber auch darum, auf welcher Anforderungsebene sie arbeiten wollen und von ihren Voraussetzungen her auch können.

- **Horizontale und vertikale Dimension von Berufen und Beruflichkeit**

Die horizontale Dimension von Berufen kann sich auf die Art der Tätigkeiten beziehen, wie sie beispielsweise über die Berufsbilder der anerkannten Ausbildungsberufe oder die Studienordnungen festgeschrieben werden. Mit der horizontalen Dimension werden eher formale Gesichtspunkte aufgeführt. Dazu gehören beispielsweise auch Kommunikationsmuster, die für bestimmte Berufe charakteristisch sind.

Die Form der horizontalen Dimension bei der Betrachtung von Berufen und Beruflichkeit ist unabhängig von den einzelnen Individuen, die den Beruf ausüben. Der Beruf und die Beruflichkeit sind durch formale äußere Anforderungen bestimmt. Die Art der Berufsausübung durch den einzelnen Berufsvertreter, das bei der Berufsausübung entwickelte Engagement, die Vertiefung in die beruflichen Inhalte und Probleme entsprechend den jeweils spezifischen Anforderungen werden nicht thematisiert.

Dennoch ist – unabhängig von individuellen Besonderheiten – auch unter einer allgemeinen Betrachtung festzustellen: Der Beruf übt „nicht nur eine koordinierende Funktion durch berufsspezifische Regeln und Normen (Zugangsmöglichkeiten/Barrieren) aus, sondern beeinflusst auch die Entscheidungen der Akteure in Bezug auf ihre zu verfolgenden Ziele und Werte. Damit können über die Institution Beruf, die von den Akteuren zu erwartenden oder nicht zu erwartenden Intentionen, Ziele, Werte, Wahrnehmungs- und Handlungsmuster erfasst werden." (Stuth/Hennig/Allmendinger 2009, S. 12) Die horizontale Dimension von Berufen und Beruflichkeit verweist darauf, dass Berufsverlagerungen durch Berufstätige auf einer Ebene vorgenommen werden können, wenn formale und institutionelle Kompetenzen vorhanden sind.
Dabei kann sogar der Bereich bisher erworbenen Berufsfachlichkeit als Teil der Beruflichkeit mit den beruflichen Inhalten und einem ganzen Bündel von Fachkompetenzen aufgegeben werden. Voraussetzung für einen solchen Wechsel auf der horizontalen Ebene

ist dann aber, dass die fachübergreifenden Kompetenzen ausreichen, um den Berufswechsel zu ermöglichen.

Im Beschäftigungssystem sind Inhalt und Ausgestaltung von berufsförmigen Tätigkeiten und Berufen nicht bis in jedes Detail festgeschrieben. Es werden aber allgemeine und vom jeweiligen Individuum unabhängige Anforderungen an den Berufe und die erwartete Beruflichkeit gestellt, die nicht kodifiziert zu sein brauchen. Diese müssen nicht wohl definiert zu sein und haben eine Schwankungsbreite.

Die für eine Tätigkeit vorgesehene Ausfüllung von Beruf und Beruflichkeit mit besonderen Fähigkeiten kann zwischen Maximal- und Minimalanforderungen schwanken. So finden sich selbst bei den Tarifabschlüssen der Sozialpartner, den Arbeitsplatzbeschreibungen der Betriebe und den Laufbahnregelungen der Behörden nur eher formale anforderungs- und organisationsbestimmte Rahmengebungen zur Ausfüllung der beruflichen Arbeit.

Die Beruflichkeit und mit ihr die Berufsfachlichkeit haben eine Tiefendimension. Durch Ausbildung und Art der Anforderungen kann vertikale Struktur von Berufen in den einzelnen Ebenen beschrieben werden kann. Dabei wird davon ausgegangen, dass ein bestimmtes Kenntnis- und Fertigkeitsniveau vorhanden sein muss, um einen Beruf ausüben zu können. Das Anforderungsniveau bezieht sich dabei auf die Komplexität der auszuübenden Tätigkeiten und wird somit als berufs- bzw. arbeitsplatzbezogenes Charakteristikum verstanden." (KLDB 2011a, S. 26)

Die Anforderungsniveaus von den beruflichen Bildungsabschlüssen abhängig, da für viele Berufe bzw. Arbeitsplätze die Zugangsberechtigungen zertifikatsorientiert ist. Es kann aber auch die erforderliche Dauer der beruflichen Ausbildung, die für die Ausübung eines Berufes vorausgesetzt wird, bestimmend sein. „Häufig können jedoch auch die Berufserfahrung und/oder die informelle berufliche Ausbildung ein adäquates Substitut darstellen (vgl. KLDB 2011a, S. 26). Um in der vertikalen Struktur aufzusteigen und eine höhere Niveaustufe mit anspruchsvolleren Anforderungen zu erreichen, sind besondere Aktivitäten oder Ausbildungsanstrengungen der Berufsinhaber erforderlich. Das Durchsacken auf ein niedrigeres Anforderungsprofil geschieht dagegen fast von selbst.

- **Individuelle Ausfüllung des Berufsprofils**

Die Ausfüllung der institutionellen Rahmengebung und allgemeinen Anforderungen an Berufen durch spezifische Fähigkeiten ist nicht zuletzt davon abhängig, wie die Arbeit von dem einzelnen Berufstätigen ausgeübt wird, wie die am jeweiligen Arbeitsplatz anstehenden Aufgaben erfüllt werden . Im Wesentlichen muss sich dabei der Mitarbeiter zuerst an den mit dem Beruf beschriebenen Anforderungen ausrichten. Da nur die übergeordneten Ziele extern vorgegeben sind, ist am Arbeitsplatz das individuelle Verständnis des Arbeitenden von seinem Beruf als eine Tätigkeit bestimmend, die spezifische Fähigkeiten und besondere Tätigkeitsmerkmale und Anforderungsprofile erfordert.

Durch die subjektiven Leistungen jedes Berufsvertreters können viele Aufgaben in einem Beruf weitgehend selbstständig oder sogar autonom vollzogen und durch die Selbstkontrolle reguliert werden. Durch die individuelle Ausfüllung durch besondere Fähigkeiten des Berufes können die Arbeitsanforderungen steigen. Man hat dann zwar zeitliche und räumliche Dispositionschancen. Das Ausmaß an eigener Kontrollmöglichkeit und Verantwortung kann zunehmen. Zugleich geht die subjektive Ausformung und individuelle Ausfüllung des Berufes eventuell auch mit großem sozialen Stress und Konkurrenzdruck einher. Die individuelle Ausformung und Erfüllung des Berufes wird auf der horizontalen Ebene durch berufsbiografische Grundentscheidungen beeinflusst. Während der Tätigkeit wird von versucht, Weichen für das berufliche Weiterkommen zu stellen. Es kann dann zu einem Wechsel zu einer anderen Anforderungsebene kommen.

Während der Berufsarbeit gehen Persönlichkeitseigenschaften wie das Temperament, die emotionale Befindlichkeit sowie der Umgang mit anderen Personen in das Berufsverständnis ein. Die Art der Berufsausübung ist aber auch durch vorangegangene Erfahrungen und Probleme bestimmt, deren Ursachen außerhalb des Berufes liegen. Besonders bei Frauen können durch die Doppelbelastung von Beruf und Haushalt Probleme auftreten.

Die Anzahl der dabei entwickelten „Merkmale der Akteure in den Berufen ist außerordentlich vielfältig" (Stuth/Hennig/Allmendinger 2009, S. 14). Ein wesentliches Kennzeichen ist die Arbeitshaltung. Diese ist aber auch von der gesellschaftlichen Anerkennung und der Übernahme einer sozialen Rolle abhängig, durch die Art und Weise der Ausübung eines Berufes bestimmt sein kann. Das Verhalten des einzelnen Mitarbeiters im Beruf wird aber auch durch Erwerbs- und materielle Bedürfnisbefriedigungsaspekte beeinflusst, insbesondere dann, wenn der Arbeitseinsatz von Dritten bewertet wird. Soziale Ausformungen des Berufsverständnisses ergeben sich durch die Art der Kommunikation innerhalb einer Arbeitsgruppe, aber auch durch berufstypische Kommunikationsmuster der jeweiligen Berufsgruppe. Die Kommunikation innerhalb einer Arbeitsgruppe wird allerdings teilweise sehr kritisch eingeschätzt.

Insgesamt lässt sich für viele Berufe davon ausgehen, „dass die Akteure über eigene Handlungsorientierungen, Fähigkeiten und Ressourcen verfügen, die sich in Abhängigkeit von der koordinierenden und regulierenden Funktion der Institution Beruf unterscheiden" (Stuth/Hennig/Allmendinger 2009, S. 15). Diese individuellen Orientierungen sind abhängig von den jeweils spezifischen Anforderungen und den individuellen Ansprüchen der Berufstätigen an einem Arbeitsplatz.

In ihrer individuellen Wirkung ist die Beruflichkeit für die Stabilisierung und Persönlichkeitsentwicklung wichtig und festigt die Identität durch die Ausbildung des Expertentums Soweit es möglich ist, werden die Berufsinhaber als „Akteure über eigene Handlungsorientierungen, Fähigkeiten und Ressourcen verfügen, die sich in Abhängigkeit von der koordinierenden und regulierenden Funktion der Institution Beruf unterscheiden." (Stuth/Hennig/Allmendinger 2009, S. 15) Aufgrund von individuellen Entscheidungen kann auch ein vertikaler Wechsel des Anforderungsniveaus angestrebt werden.

Für jede Tätigkeit ist die Frage, in welcher Weise eine spezifische Ausformung des Berufs und der Beruflichkeit über die Berufsinhaber und die Anforderung, die gestellt werden, erfolgt. „Akteure richten ihr Handeln an den sozial konstruierten Normen und Regeln in den Berufen" (Stuth/ Hennig/Allmendinger 2009, S. 11) und den Anforderungen des Beschäftigungssystems aus.

Zugleich kann aber die Berufsausübung sehr individuell geprägt sein und dadurch auf sehr unterschiedlichen Niveaustufen sowie mit unterschiedlicher Vertiefung und Engagement erfolgen. Das Anforderungsprofil richtet sich auf spezifische berufliche Kompetenzen.

Das Verständnis über den ausgeübten Beruf kann auch durch individuelle geistige und soziale Bedürfnisse akzentuiert sein, die im Kontext der Selbstverwirklichung und Berufszufriedenheit artikuliert werden. Beruflichkeit hat eine subjektive Dimension. „Hinter der Reklamation der Subjektperspektive steht die Annahme, dass nicht so sehr die Konstanz der Berufsbezeichnung, der Berufskennziffer der Arbeits- und Ausbildungsstatistik, über den Erwerbslebenslauf hinweg als vielmehr das Erleben von Anschlussfähigkeit und damit die Chance der Entwicklung von beruflicher Kompetenz und beruflichem Habitus auf einer soliden tätigkeitsfeldbezogenen Wissens- und Fertigkeitsbasis entscheidend ist für Entwicklung und Fortdauer von Beruflichkeit." (Bolder, /Dobischat./Kutscha/Reutter 2012, S. 11)

2.1.7 Beruflichkeit im nicht-akademischen Tätigkeitsbereich

- **Berufe und Beruflichkeit im nicht-akademischen Bereich**

Große Teile der nicht-akademischen Tätigkeitsbereiche basieren auf einer Berufslehre im Dualen Berufsausbildungssystem oder im sogenannten Schulberufssystem. Darüber hinaus gibt es im Gesundheitswesen spezifische nicht-akademische Berufsausbildungen.

Insbesondere bei den anerkannten Erstausbildungsberufen des Dualen Systems ist Beruflichkeit als ein Prinzip zu verstehen, in der die Erwerbsarbeit in systematischer Form organisiert ist. Beruflichkeit als grundlegendes Ordnungsprinzip wird dabei auch unter Berücksichtigung aller Kritik für die anerkannten Ausbildungsberufe nicht in Frage gestellt. Aus der Sicht derjenigen, die in der Berufsausbildung stehen, als auch jener, die einen Beruf erlernt haben, wird häufig darauf verwiesen, dass sie im Betrieb spezifische berufspraktische Erfahrungen gewonnen haben und in der Berufsschule die theoretischen Hintergründe ausgeleuchtet worden sind. Ihre Beruflichkeit sehen sie als ein Ergebnis eines über mehrere Jahre ablaufenden Prozesses.

Die im sogenannten Schulberufssystem zu erlernenden oder erlernten nicht-akademischen Berufe sind teilweise mit den Berufen, die im Dualen System erworben werden konnten, hinsichtlich der damit zu vertretenden Beruflichkeit vergleichbar. Bei diesen sogenannten Assistentenberufen sind allerdings die betrieblichen Praxiserfahrungen mit Ernstcharakter nicht in dem Maße gegeben, wie im Dualen System. Die Qualifikationen dieser Berufsgruppen sind teilweise mit denen, die im Dualen System erworben werden können, vergleichbar oder sogar identisch. Bei den im Schulberufssystem erlernten Berufen entwickelt sich die Beruflichkeit erst im besonderen Maße durch die im Laufe der betrieblichen Tätigkeit gewonnenen Erfahrungen. Nicht-akademische Berufe und die zugehörigen Beruflichkeiten können aber auch außerhalb der etablierten Ausbildungssysteme bis hin zu freien berufsförmigen Tätigkeiten entstehen.

Für die Personen, die einen nicht-akademischen Beruf erlernen oder ausüben, wird die Beruflichkeit sehr häufig als Grundlage für individuelle Identifikationsmuster und Statusdefinition verstanden. Vielen von ihnen ist aber durch ihre Tätigkeit im Beschäftigungssystem bewusst, dass die Organisation der Arbeit durch Berufe in modernen Wirtschaftssystemen nicht zwangsläufig vorgegeben und bestimmend ist. Sie erfahren unmittelbar, dass sich wandelnde Formen der Arbeitsorganisation, die sich aufgrund sozio-technischer Veränderungen ergeben, zunehmend an Bedeutung gewinnen und berufsspezifische Arbeitsteilung teilweise aufgehoben wird.

Seit zwei Jahrzehnten weisen innerhalb des nicht-akademischen Berufsbildungssystems „Erosionstendenzen ‚berufsfachlicher Arbeitsmärkte'" (Deißinger 1998, S. 262) auf Gefährdungen für die Beruflichkeit hin. Positiv dagegen ist, dass Berufe und Beruflichkeiten heute eher als biographische Projekte beschreiben lassen, „die ihre individuellen Merkmale durch Ausbildung, lebenslange Weiterbildung und Erfahrung erhalten." (Uhe 2016, S. 177)

- **Beruflichkeit des nicht-akademischen Bereiches im Wandel der Arbeitswelten**

Durch den sozio-technischen Wandel – u. a. infolge der Globalisierung – unterliegt die Arbeits- und Berufswelt ständigen Veränderungen. Fortlaufend ergeben sich einerseits neue gesellschaftliche Anforderungen und ökologische Herausforderungen und andererseits Trends zur Subjektivierung der Berufs- und Lebensentwürfe, der Individualisierung der Lebensstile durch die einzelnen Mitglieder der Gesellschaft. Durch alle diese Entwicklungen ändern sich Berufe und mit ihnen die Inhalte und Funktionen sowie die Ausformung der Beruflichkeit permanent.

Mit den Sachgebieten wie beispielsweise Kommunikationstechnik, Solartechnik und Hochtechnologie werden neue Berufe generiert. Aber auch die herkömmlichen Berufe werden von der zunehmenden Informations- und Wissensmenge gefordert. Beruflichkeit zeigt sich bei innovativen Berufen immer mehr durch digitale, interdisziplinäre, vernetzte und wissensintensive Arbeitsformen. Die Arbeitsergebnisse sind sowohl durch materielle als auch immaterielle Produkte bestimmt.

Zum Teil ist festzustellen, dass Berufe als langfristig angelegte Muster, „in der Dienstleistungsgesellschaft flexiblen, individuell kreierten Bündeln aus Qualifikationen und Kompetenzen." (Trojeka 2016, S. 179) weichen. Entsprechende Kompetenzen müssen dann „zunehmend informell und durch Weiterbildung erworben" (ebd.) werden.

Für die nicht-akademischen Berufe kann die Entgrenzung von Arbeits- und Lebenswelt zum Problem werden sowie zur Veränderung der Beruflichkeit führen. Insbesondere prekäre Arbeitsverhältnisse führen zu persönlichen Unsicherheiten, da die bislang sinngebenden Arbeitsinhalte dadurch in Zweifel gezogen werden und an Bedeutung verlieren.

Für viele Berufe bleibt dennoch die Vermittlerfunktion zwischen Individuum und Gesellschaft erhalten. Wünschenswert wären eine Verringerung der prekären berufsförmigen Arbeitsverhältnisse, die eine hohe Beruflichkeit aufweisen und darüber hinaus eine hohe Wertschätzung von Tätigkeiten in jenen Bereichen des gesellschaftlichen Lebens, wie der Gesundheitsvorsorge, Pflege oder im Umweltschutz und der klimafreundlichen Lebensmittelnutzung und Mobilität.

Eine wichtige Voraussetzung dafür sind politische und institutionelle Rahmenbedingungen für gute und innovative Arbeit. Zudem sind neben dem Fachwissen auch ganzheitliche Handlungs- und Problemlösungskompetenzen erforderlich, „die auf dem Verständnis von und der Reflexion über die sozialen, wirtschaftlichen und ökologischen Zusammenhänge gründen" (Trojecka 2016, S. 179 f.). Weiterentwicklung von Beruflichkeit ist nicht nur von individuellen Anstrengungen, sondern nicht zuletzt auch von gesellschaftlichen, wirtschaftlichen und politischen Rahmenbedingungen abhängig.

2.1.8 Beruflichkeit und Professionalität in akademischen Tätigkeitsbereichen

- **Beruflichkeit in Betrieben und Unternehmen**

Die Diskussionen über die Aufgaben von Hochschulen und der akademischen Bildung richteten sich in den letzten zwei Jahrzehnten nicht nur im Rahmen des studiums generale auf allgemeine Bildung einerseits und innerhalb der Fachwissenschaften auf eine funktionsspezifische Ausbildung andererseits. Damit werden unnötige Trennungen hervorgerufen. Historisch betrachtet, stellt aber – wie Peer Pasternack (2016, S. 19) hervorhebt – seit langem eine „gelingende Hochschulbildung eine Verbindung allgemeiner Bildung und Berufsqualifikation her. Das wird begrifflich mitunter als „wissenschaftliche Berufsausbildung" gefasst.

Für gehobene und anspruchsvolle berufliche Tätigkeiten wird sehr häufig ein akademischer Abschluss, Berufserfahrung und darüber hinaus eine gewachsene Beruflichkeit erwartet und gefordert. Für solche Ansprüche und die damit erforderliche Beruflichkeit ist ein ausgewogenes Verhältnis von Bildung und Ausbildung in einem Hochschulsystem von grundlegender Bedeutung. Dieses ist für die akademische Ausbildung prinzipiell nicht neu, denn die Universitäten und Hochschulen brachten schon immer zu Berufen „nicht nur Philosophen und Naturforscher hervor, sondern vor allem (Gymnasial-)Lehrer, Ärzte, Beamte und Pfarrer – also: Absolventen, die zur Ausübung eines klar definierten Berufes befähigt und berechtigt waren. Deutlichster Ausdruck dessen war und ist, dass bestimmte Studiengänge mit Staatsprüfungen bzw. kirchlichen Examina abschließen. Ebenso führte die Aufwertung technischer Lehranstalten zu Technischen Hochschulen dazu, dass ein weiteres, ebenso klar bestimmtes Berufsbild akademisiert wurde – das des Ingenieurs." (Pasternack 2016, S. 20) Neu ist aber, dass sich Absolventen von Hochschulen – insbesondere mit Bachelorabschluss – teilweise ungenügend auf den Beruf vorbereitet fühlen. Insbesondere die Studierendenvertreter fällten „über den Stand der Reformen im deutschen Hochschulsystems ein hartes Urteil: Die Umstellung auf Bachelor- und Masterstudiengänge erfülle vor allem den Zweck, für den Großteil der Studierenden die Bildungsmöglichkeiten einzuschränken. Jede Form der Zugangsbegrenzung sei aber abzulehnen; die Studierenden sollten beispielsweise selbst entscheiden können, ob sie nach dem Bachelorabschluss noch ein Masterstudium aufnehmen. Daneben sei die Differenzierung zwischen „berufsqualifizierenden" und „wissenschaftsorientierten" Studiengängen problematisch, denn ein Hochschulstudium, das in Richtung der beruflichen Praxis ausbilde, müsse prinzipiell auch wissenschaftsorientiert sein. Zweistufige Studiengänge seien jedenfalls aus aktueller Sicht kein Fortschritt, sondern eine zusätzliche Hürde in einem ohnehin hochselektiven Studiensystem." (Rehburg 2006, S. 84)

Der damit erkennbare Unmut über die zu erwerbende Beruflichkeit zeigte sich bereits mit der Hochschulexpansion in der Mitte der zweiten Hälfte des zwanzigsten Jahrhunderts an. Es „gab es eine Reihe von Neuerungen, die das Verhältnis von Akademisierung und Beruflichkeit veränderten. Mehr Geltung verschaffte sich die Forderung nach Praxisrelevanz der Studiengänge." (Pasternack 2016, S. 20) Mit den neuen Studiengängen geht es aber weniger „um eine enge Berufsbefähigung, sondern um Berufsfeldbefähigung: Erfolgreich absolvierte Studiengänge ebnen zwar zum Teil den Zugang zu bestimmten Berufen. Doch in jedem Falle eröffnen sie zahlreiche Perspektiven in studienfachaffinen Berufsfeldern, ohne die konkrete Berufsrolle exakt vorzubestimmen." (ebd.)

Die Übergangsbedingungen von der Hochschule in das Beschäftigungssystem erlebten und erleben noch immer viele Absolventen als Praxisschock. Dieser ergibt sich nach dem – wenn auch eher verschulten – studentischen Leben aus den eher rigide erlebten desillusionierenden Bedingungen der Berufswelt – häufig durch mehrere Praktika, die nicht immer hilfreich sind. Für den Berufsanfänger ist der Übergang in das Arbeitsleben durch ein Zeitregime, die Anbindung an einen Arbeitsort, den Umgang mit Menschen anderer gesellschaftlicher Herkunft und fremdbestimmte Aufgaben gekennzeichnet. Die Berufsanfänger erkennen, dass sich die Zukunftsoptionen und die Freiheitsgrade verringert haben. Aber bei positiver Verarbeitung der neuen Situation kann sich zugleich die Beruflichkeit durch betriebliche Praxiserfahrungen entwickeln. Dieses war auch Ziel des Bologna-Abkommens. Nach dem Bachelorstudium sollten die jungen Leute um ihre Beruflichkeit zu erweitern, zwei, drei Jahre im Beruf arbeiten und erst danach ein Masterstudium aufnehmen. Unabhängig von dieser Intention steuern die meisten Studierenden direkt nach dem Bachelor- den Masterabschluss an.

Vielen Studierenden erscheint es nicht einsichtig, dass nach dem Bachelorabschluss im Beschäftigungssystem besondere Erfahrungen gewonnen werden können. Die Hochschulen geben dazu kaum entsprechende Hinweise. Das zeigt sich auch an der „Tatsache, dass so gut wie kein Absolvent seine spätere Beschäftigung mit Hilfe der Hochschule gefunden hat. Dieses Ergebnis ist insofern überraschend, als zu erwarten gewesen wäre, dass mit der Einführung neuer Abschlüsse die Hochschulen deutlichere Anstrengungen unternehmen würden, um ihren Absolventen beim Übergang ins Beschäftigungssystem behilflich zu sein." (Alesi/Schomburg/Teichler 2010, S. 37).

Im Beschäftigungssystem wird pauschalisierend – schon fast klischeehaft – für gehobene und anspruchsvolle berufliche Tätigkeiten von Akademikern eine erhebliche Berufserfahrung und eine in der Praxis gewonnene spezialisierte Beruflichkeit erwartet. Das gilt insbesondere für die herausgehobenen und speziellen Verantwortungsbereiche der Unternehmen sowie für übergeordnete komplizierte und komplexere Aufgabenstellungen.
Seriöse Analysen zeigen u. a. aber, „dass die Absolventen, deren Studiengänge nicht an starker Berufsnützlichkeit ausgerichtet waren, in der Vergangenheit keineswegs deutlich höhere Schwierigkeiten beim Übergang in den Beruf hatten, sich eher als adäquat eingesetzt sahen und sogar häufiger einen großen Sachbezug von Studium und beruflicher Tätigkeit sahen als die Absolventen anderer Studiengänge" (Alesi/Schomburg/Teichler 2010, S. 23).

Für viele Akademiker/-innen bedeutet das, dass sie ihre Beruflichkeit über die mit dem Studienberuf erworbenen Qualifikationen hinaus selbstständig erweitern sollten und mit strategischen Handlungs- und Problemlösungskompetenzen anreichern, um den Anforderungen der Unternehmen an die Aufgaben für höhere berufliche Positionen gerecht zu werden.

- **Beruflichkeit und Professionalität im Wissenschaftsbetrieb**

Beruflichkeit von Akademikern kann sich im Beschäftigungs- oder im Wissenschaftssystem entwickeln. Im Wissenschaftsbetrieb entsprechen die Tätigkeitsbereiche den Funktionen der hochschulischen Lehr- und Forschungseinrichtungen. Die Wissenschaftlerinnen und Wissenschaftler sind die „Träger der Prozesse von Erkenntnisgewinnung, Wissensvermittlung und Fertigkeitserwerb. Daneben unterhalten die wissenschaftlichen Einrichtungen auch Unterstützungsstrukturen für den Wissenschaftsbetrieb und sind Berufsausbilder. Doch sind die Verwaltungen, technischen und bibliothekarischen Einheiten nicht Bestandteile der Kernleistungsbereiche Forschung und Lehre. Hier geht es um das, was Max Weber ‚Wissenschaft als Beruf' genannt hat" (Pasternack 2016, S. 177 f.). Es lässt sich bei den Institutionen von der Annahme ausgehen, dass auch unter dem Anspruch von vermeintlich objektiver Beruflichkeit subjektive Interessen und individuelle Handlungspotentiale der wissenschaftlichen Mitarbeiterinnen und Mitarbeiter sowie die institutionellen Strukturen durch komplexe Interaktionen bestimmt werden. Dabei erhält berufliches Handeln u. a. durch Normen, Verhaltenserwartungen, Interessen und Karriereaspirationen bzw. Karrieremöglichkeiten erhebliche Impulse. Es geht dann neben den wissenschaftlichen Aufgaben und ihrer Lösung als Gegenstand der Beruflichkeit um beruflichen Aufstieg oder Einkommen um eine Veränderung des Tätigkeitsfeldes, eine Übernahme anderer Funktionen oder eine Erweiterung von Aufgaben, Verantwortung, Ansehen und vielleicht auch Macht.

Mit Beruflichkeit im engeren Sinne sind aber nur die individuellen beruflichen Fähigkeiten und objektiven bzw. subjektiven Interessen sowie die berufs- oder erkenntnisbestimmten Sichtweisen und Handlungsmuster der Wissenschaftlerinnen und Wissenschaftler gemeint, die diese in das Arbeitsgeschehen einbringen. Deshalb beschreibt Max Weber den Beruf des Wissenschaftlers als eine hochqualifizierte Tätigkeit, die Objektivität, Verantwortungsbewusstsein und Kreativität bedinge. Wer Wissenschaftler werden wolle, müsse die Arbeit aus Leidenschaft tun, denn das sei die Vorbedingung für Eingebung und Kreativität.

Einer engen und idealisierten Auffassung von Beruflichkeit steht ein weiter angelegter Organisationsbegriff entgegen, der auch auf wissenschaftliche Institutionen angewandt werden kann. Damit wird eine Organisation, also auch eine wissenschaftliche Einrichtung, als ein hochkomplexes, aus Normen, Wertorientierungen, Interessen und Handlungsmustern konstituiertes soziales System erfasst, bei dem Struktur und Handlungen in besonderer Weise durch die Akteure ineinander verschränkt sind. Die Beruflichkeit der Wissenschaftler/-innen ist dabei ein wichtiges, aber nicht das ausschließliche Kriterium des Geschehens in der Institution.

Dennoch ist wissenschaftliche Tätigkeit als Beruf weiterhin bestimmt „durch sehr spezialisierte Leistungen, die nicht technologisierbar sind" (Pasternack 2016, S. 178). Diese Tätigkeiten sind gekennzeichnet durch „hohe Zutrittsschwellen, eine starke Selektions- und Rekrutierungsmacht der Fachgemeinschaften, Integration neuer Mitglieder durch Einflussnahme der epistemischen Communities, Orientierung an gemeinsamen Wertvorstellungen und Standards bei Strafe der Exklusion, wenn diese verletzt werden, Autonomie in der Leistungserbringung, die zugleich effektive Mechanismen erzeugt, sich vor externen Zumutungen zu schützen" (ebd.).

Die Ausformung der Beruflichkeit und der Professionalität jedes einzelnen Wissenschaftlerin bzw. jedes einzelnen Wissenschaftlers ist von der persönlichen Einstellung, aber auch von den wissenschaftlichen Institutionen, der Art ihrer Organisation und der Eingriffe durch die Wirtschaft abhängig. Wenngleich schon seit längerem „eine Krise der modernen Professionen nicht von der Hand zu weisen ist, muss dies nicht den Niedergang, geschweige denn das Ende von Professionalität bedeuten" (Pfadenhauer 2003, S. 13) Es gibt noch immer genügende Beispiele von gelebter Professionalität.

„Innerhalb der Gruppe der Wissenschaftler/-innen sind diverse Unterscheidungen möglich, die Differenzen der Berufsrollen markieren:

- An Universitäten sind die wissenschaftlich Tätigen in der Regel zu gleichen Teilen Forschende und Lehrende, an Fachhochschulen Lehrende, die großteils auch forschen, und an außeruniversitären Forschungseinrichtungen vor allem Forschende, die mitunter auch lehren.

- An den Universitäten verläuft eine sehr strikte Grenze zwischen den Professoren und Professorinnen einerseits und dem wissenschaftlichen Mittelbau andererseits. Erstere arbeiten weitgehend weisungsfrei, letztere weisungsgebunden.

- Die Trennung in Qualifikations- und Funktionsstellen im wissenschaftlichen Mittelbau geht einher mit unterschiedlichen Verständnissen von Beruflichkeit. Assistenten, wissenschaftliche Mitarbeiter/-innen und Akademische Räte auf Zeit arbeiten meist an einer Dissertation. Sie befinden sich daher in einer Statuspassage, die von Unklarheit darüber geprägt ist, ob sie dauerhaft in der Wissenschaft tätig bleiben können (oder möchten). Die Inhaber von Funktionsstellen sind Lehrkräfte für besondere Aufgaben, unbefristete Akademische Räte, Oberärzte in Universitätskliniken, Oberingenieure oder Laborkräfte. Sie beziehen ein professionelles Selbstbewusstsein aus der Bedeutsamkeit ihrer Tätigkeit für das Funktionieren des Hochschulbetriebs. Oberassistenten wiederum befinden sich innerhalb des Mittelbaus in einer Zwischenlage, da sie an einer Habilitation arbeiten und somit kurz vor der Schwelle zur Berufungsfähigkeit stehen. Mit Juniorprofessuren und Nachwuchsgruppenleitern sind neue Personalkategorien in den Wissenschaftsbetrieb eingeführt worden, die erneut Zwischenpositionen darstellen: Temporär konsolidiert und mit den Attributen der Selbstständigkeit ausgestattet, aber zeitlich befristet, stellen sie Rollen des (ungewissen) Übergangs dar." (Pasternack 2016, S. 178)

In der individuellen Dimension der Beruflichkeit von Wissenschaftlerinnen und Wissenschaftlern sind zusätzlich die jeweiligen der Arbeit an den Wissenschaftsbereichen vorausgegangenen berufs- und lebensweltliche Erfahrungen bedeutsam, wie beispielsweise persönliche Arbeitsmarktchancen oder Zugangsmöglichkeiten zu adäquaten oder aussichtsreichen Möglichkeiten im Beschäftigungssystem.

2.1.9 Konzepte zum Erhalt von Beruflichkeit – Notwendigkeiten und Möglichkeiten

- **Bewältigung des Wandels**

Die Berufs- und Lebensbedingungen vieler Menschen unterliegen gegenwärtig einem beständigen Wandel. Insbesondere die rasante Entwicklung der elektronischen Datenverarbeitung, der Kommunikationssysteme und die Ausweitung des Dienstleistungssektors führen im Beschäftigungs- und Gesellschaftssystem zu tiefgreifenden Veränderungen, die Folgen auf die Ausbildung und die Konzepte des beruflichen Lernens und Studierens haben.
Damit verändern sich Wertorientierungen und Bedeutungsinhalte im Zusammenleben der Menschen vor allem im Übergang zum postindustriellen Beschäftigungs- und Gesellschaftssystem. Es sind individuelle und gesellschaftliche Konzepte zum Umgang mit dem Wandel in vielen Bereichen des Beschäftigungssystems gefragt.

- **Beruflichkeit als Basis der nicht-akademischen Bereiche**

Die Vergänglichkeit der Beruflichkeit in nicht-akademischen Tätigkeitsbereichen ist u. a. wegen der Ausrichtung an traditionellen, eher handwerklichen Ausbildungskonzepten, wie sie von Georg Kerschensteiner und Eduard Spranger vorgetragen wurden, bereits in den zwanziger Jahren des vorigen Jahrhunderts, also in der industriellen Gesellschaft von den Kritikern der bürgerlichen Berufsbildungstheorie erklärt worden.
Erst in den späten 1960er Jahren erfolgte mit Blick auf den Industriefacharbeiter wieder eine verstärkte Hinwendung zur Frage der Bedeutung der Berufe und der Beruflichkeit. Herwig Blankertz geht es bei seinen Überlegungen zur Kollegschule und zur Vermeidung der Defizite des Dualen Systems der Berufsausbildung, um „eine Überwindung von An-

passung an Vorgegebenes und damit zwangsläufig auch um die kritische Auseinandersetzung mit dem Prinzip der Beruflichkeit" (Deißinger 1998, S. 43).
Die Berufe und die Beruflichkeit sind gegenwärtig und aller Voraussicht auch zukünftig durch permanente Transformationsprozesse der industriellen und sich andeutenden postindustriellen Gesellschaft bestimmt. Eine bislang noch weitgehend bestehende Standardisierung von nicht-akademischer Beschäftigung bzw. Berufsarbeit, Arbeitszeitstrukturen und Lebensentwürfen beginnt sich aufzulösen. Flexible Beschäftigungsformen ergeben sich durch die Veränderungen des Beschäftigungssystems, die Globalisierung und die neoliberale Wirtschaftspolitik.
Erkennbar sind „ein sinkender Anteil unbefristeter Vollzeitbeschäftigung sowie eine Zunahme flexibler Beschäftigungsformen" und „die Aufhebung zeitlicher und örtlicher Vorgaben oder projektförmige Arbeitsweisen. Hierbei sind Prozessstrukturen weniger eng vorgegeben, sondern die Erbringung von Arbeitsleistung wird eher über Zielvorgaben und -erwartungen reguliert." (Kraus 2012, S. 261)

Die Flexibilisierung im Beschäftigungssystem wirkt sich auf die Berufs- und Lebensentwürfe der Arbeitenden aus. Auch wenn das Berufskonzept gegenwärtig und in der postindustriellen Gesellschaft nicht erodiert, sondern noch weiter besteht, ist als Trend erkennbar, dass die Verantwortung für die Gestaltung der beruflichen Lebensentwürfe und die Ausformung der Beruflichkeit von den Institutionen zunehmend auf die Individuen übertragen werden. Für viele, die im Arbeitsleben stehen, erscheint die Diskussion der in das Zentrum gestellten Aspekte der Beschäftigungs- oder Arbeitsmarktfähigkeit bedrohlich. Unter dem Signum „Employability" werden dabei die Fähigkeiten und Bereitschaften bezeichnet, „die es den Einzelnen ermöglichen, Beschäftigungsverhältnisse einzugehen, sich wertschöpfend in Arbeitsprozesse einzubringen und über eine beständige Anpassung der eigenen Arbeitskraft, die sich reflexiv und evaluativ auf die Bedingungen ihrer Realisierung bezieht, in Beschäftigung zu bleiben" (Kraus 2012, S. 263). Äußerst fraglich ist, ob durch solche zusätzlichen Anforderungen die Beruflichkeit erweitert oder eine Entberuflichung befördert wird. In der Kritik steht schon seit längerem, dass für die nicht-akademischen Arbeitsbereiche die Beruflichkeit mit den Merkmalen der Fachlichkeit und den erweiterten Ansprüchen an ein umfassendes Verständnis beruflicher Handlungskompetenz überfrachtet wird. Hinzu kommen überzogene Anforderungen an unternehmerisches Denken und große Flexibilität. Infolge neoliberaler Umbrüche in der Gesellschafts- und Wirtschaftsordnung wandeln sich das Berufskonzept und die Beruflichkeit. Die Betonung der Erwerbsorientierung durch Arbeit kann zur Aushöhlung der Beruflichkeit führen.

Beruflichkeit wird damit – so die Kritik – zu einem Kampf der Einzelnen gegen das Beschäftigungssystem mit seinen Institutionen Um den Gefahren überzogener Ansprüche an die Beruflichkeit im nicht-akademischen Bereich beim institutionellem Wandel vorzubeugen, sind deregulierende staatlichen Eingriffe zu stoppen oder zurückzunehmen. Insbesondere für den nicht-akademischen Bereich kann Beruflichkeit kaum zum biographischen Projekt werden. Hier sind sozial- und bildungspolitische Eingriffe nötig.

Anders ist es mit dem Konzept einer „offenen dynamischen Kern-Beruflichkeit" (Rauner 2014, S. 61). Dieses „verspricht, die Polarität von Sicherung und Chancen, von Besitzstandswahrung und individuellen Aufstiegsperspektiven in einer Synthese innovativ miteinander zu vermitteln. Offene dynamische Beruflichkeit öffnet die berufliche Erstausbildung zur beruflichen Weiterbildung. An die Stelle dicht regulierter Berufe und Statuszuweisungen treten berufliche Entwicklungschancen, ohne – wie in den USA – das Konzept der Beruflichkeit aufzugeben. Offene dynamische Beruflichkeit fordert neue Formen partizipativer betrieblicher Organisationsentwicklung sowie einen regionalen und kommunalen Berufsbildungsdialog heraus. Hier liegen neue Entwicklungschancen für eine Verknüpfung von betrieblicher Innovation, kommunaler Beteiligung am Zusammenspiel von beruflicher Bildung und Beschäftigung und einer auf berufliche Entwicklung und Aufstieg gerichteten Facharbeit. Die Regelung von Entwicklungsperspektiven und nicht von Statuszuweisungen fördert die Herausbildung dezentraler Berufsbildungsdialoge" (ebd.). Mit diesem Konzept entschärft sich die Kritik an der beruflichen Ausbildung im nichtakademischen Bereich durch die Optionen auf zu erwerbende berufliche Fähigkeiten als Basis für eine erweiterte Beruflichkeit.

- **Beruflichkeit und Professionalität beim Ausbau der akademischen Bereiche**

Die traditionellen, schon seit Jahrhunderten bestehenden akademischen Berufe, d. h. der Juristen- , Mediziner- und der Theologenberuf stehen in der Bewertung ihres grobstrukturellen Ausbildungskonzeptes zur Beruflichkeit und Professionalität seit Anbeginn außerhalb jeglicher Kritik. Erst Anfang des neunzehnten Jahrhunderts erhielten die Lehrer eine akademische Berufsausbildung. „1809 wird mit dem Aufbau des Gymnasiums die staatliche Prüfung für wissenschaftliche Lehrer eingeführt." (Weingart 1975, S. 42) Für die Beruflichkeit der Lehrkräfte wurden damit die „Disziplinenstruktur und die Wissenschaftsentwicklung bestimmend" (Weingart 1975, S. 42). In der zweiten Hälfte des neunzehnten Jahrhunderts war der neuhumanistische Anspruch der Allgemeinbildung aufgrund der Humboldt'schen Bildungskonzeption kaum noch umzusetzen. Im zweiten Kaiserreich entwickelt sich die „wissenschaftliche Fachausbildung" (Jarausch 1991, S. 330). Das lag u. a. daran, dass auch bei den Studenten die Berufsausbildung primäres Ziel des Studiums wurde. Bemerkenswert ist das bei den Technischen Hochschulen, die wesentliche Elemente des Konzepts der hochschulischen Berufsausbildung mit dem Ingenieurberuf aufwiesen.

„Ein weiterer Schritt in der Verberuflichung hochschulischer Bildung stellt die Etablierung von Studiengängen dar, in denen für Professionen im Staatsdienst sowie für Aufgabenbereiche ausgebildet wird, die einer indirekten staatlichen Aufsicht unterstellt werden sollten. Dazu zählt neben der Ausbildung von Lehrern und Juristen auch die Ausbildung von Ärzten. Da die durch die Verfassung abgesicherte Freiheit von Forschung und Lehre nicht direkt eingeschränkt werden konnte, wurde in der Form der Staatsexamen den Universitäten die Prüfungshoheit entzogen." (Rauner 2012, S. 6) Für die schon seit langem eingeführten Staatsexamen als Berufsabschluss „setzte der ‚Staat' das Studium voraus, machte sich aber nicht von ihm abhängig und konnte vergleichsweise leicht eigene Gesichtspunkte, welche die Universität nicht berücksichtigte, zur Geltung bringen" (Ellwein 1992, S. 51).

Nach der Jahrtausendwende „beschleunigt der ‚Bologna-Prozess' – die europaweite Einführung der gestuften Hochschulausbildung mit den Bachelor- und Masterabschlüssen – die Verberuflichung der hochschulischen Bildung auf geradezu dramatische Weise. Damit wurde ein grundlegender und umfassender Perspektivwechsel hin zum berufsqualifizierenden Studium vor allem (…) der Bachelorstudiengänge vollzogen." (Rauner 2012, S. 6)

Der Trend zu Verberuflichung der hochschulischen Bildung geht auf die schon früher erfolgte Differenzierung des Hochschulsystems in den Vereinigten Staaten zurück und bedroht das weltweit geschätzte deutsche Duale System der beruflichen Ausbildung. Mit der Akademisierung folgt ein wachsender Anteil von Studierenden im Bildungssystem und von Absolventinnen und Absolventen der Hochschulen auf dem Arbeitsmarkt und im Beschäftigungssystem. Damit ergibt sich „auch die Frage nach den Auswirkungen einer Akademisierung der Berufsbildung auf die Ordnung, Steuerung und Interessenpolitik bei der Konstruktion und Schneidung von Berufen und der Berufsbildungspolitik. Zu fragen ist überdies, welche institutionellen, curricularen, didaktischen und professionellen Anforderungen sich aus der Akademisierung der Berufsbildung sowohl für die Berufsbildung als auch für die akademische Bildung" (Büchter/Frommberger/Kremer 2012, S. 3) und – wie man hinzufügen muss – für die Beruflichkeit ergeben. Nicht in Frage steht, dass die alten universitären Berufe bis hin zu Professionen reichen und über die Beruflichkeit hinaus auch weiterhin Kennzeichen von Professionalität aufweisen.

- **Probleme der Entberuflichung und Deprofessionalisierung**

Berufsförmige Tätigkeiten – so wird in den letzten zwei Jahrzehnten herausgestellt – stellen sich immer weniger als Normalform der Erwerbsarbeit dar. Mit der These, dass Berufe ihre qualifikatorische Substanz und Möglichkeiten der Selbstorganisation der Arbeitstätigkeit verlieren, wird ein Vorgang beschrieben, der mit Entberuflichung bezeichnet wird.
Mit der These der Entberuflichung stellt allerdings und notwendigerweise das in die Kritik gekommene Konstrukt des Berufes die Ausgangsbasis dar. Entberuflichung zeigt sich daran, „dass sich der Arbeitsalltag heute tendenziell weniger um ein fachliches Alleinstellungsmerkmal von Berufstätigen zu drehen scheint. Durch einen Wandel von Zielsetzungen, Organisationsformen und Arbeitsstrukturierungen von Unternehmen (Beschleunigung, Flexibilisierung, Globalisierung) sind vielmehr stärker Kompetenzen wie Teamfähigkeit, Selbstmanagement oder Medienkompetenz gefragt – berufsspezifisches Handeln scheint mancherorts zugunsten allgemeiner Tätigkeiten in den Hintergrund zu treten." (Sender 2016, S. 388 f.)

Die seit dem auslaufenden zwanzigsten Jahrhunderts geführte Debatte um die Krise des Berufs und damit um die Beruflichkeit, stellen Anna Rosendahl und Manfred Wahle in einer Synopse konzentriert mit folgenden Thesen dar:

- „Beruf und Beruflichkeit als antiquierte Relikte in Bezug auf den technologischen Wandel,
- Bedeutungsverlust des Berufs beziehungsweise der Beruflichkeit in der polykontextural strukturierten Moderne,
- Diskrepanz zwischen statischem Berufskonzept und gesellschafts- wie arbeitsstrukturellem Wandel,
- Dysfunktionalität von Beruflichkeit als Leitkategorie des deutschen Ausbildungssystems im Kontext der ökonomischen und sozialen Dynamik der Wissensgesellschaft,
- Konflikt zwischen Berufsprinzip und Individualisierungsprozessen in einer zusehends komplexer werdenden Arbeitswelt einerseits und andererseits im Spannungsfeld Beruf – soziale Ungleichheit – Individualisierung,
- Professionalisierung, Professionalität und Profession als Elemente eines professionellen Komplexes mit der Funktion, Differenzen zwischen gesellschaftlichen Teilbereichen aufzuheben,
- employability und Beruflichkeit als konkurrierende Qualifizierungsmodelle." (Rosendahl/Wahle 2012, S. 26)

Unter dem Schlagwort „Entberuflichung" wird in der Berufsforschung vor allem gefragt, inwieweit Berufe – und damit auch die berufliche Bildung – heute noch eine konstituierende Bedingung des Beschäftigungssystems sind. Gemeinsame Basis für die üblichen Betrachtungsebenen Arbeitnehmer, Bildungseinrichtungen, Unternehmen und Gesellschaft ist dabei zumeist die Frage, inwieweit Berufe mit ihren traditionell typischen Prägungen der Arbeits- und Lebenszeit sowie des Selbstverständnisses von Berufstätigen die Arbeitswelt heute noch strukturieren und ob sie in dieser Hinsicht durch Änderungen im Bildungs- sowie Wirtschaftssystem weniger relevant werden.

Als empirisch gestützte Argumente für das Vorliegen einer Entberuflichung werden u. a. eine häufiger anzutreffende nicht mehr ausschließliche und vollständige Ausübung eines erlernten Berufes, eine generell schwindende Identifikation mit dem Beruf, die häufiger nicht mehr ausschließliche Nachfrage nach seinem fachlichen Kern und eine Entkoppelung von Arbeitszeit und Arbeitsplatz angeführt. Dabei hat die Entgrenzung von Arbeitsverhältnissen „auf den einzelnen Sozialebenen (Gesellschaft, Betrieb, Arbeitsprozeß und Arbeitende) unterschiedliche Konsequenzen und stellt vielfältige Anforderungen an betroffene Akteure." (Voß 1998, S. 476)[298] Entberuflichung zeigt sich u. a. in einem Grenzverlust dergestalt, dass es heute tendenziell weniger um ein fachliches Alleinstellungsmerkmal von Berufstätigen zu drehen scheint. Durch einen Wandel von Zielsetzungen, Organisationsformen und Arbeitsstrukturierungen von Unternehmen sind vielmehr stärker Kompetenzen wie Teamfähigkeit, Selbstmanagement oder Medienkompetenz gefragt – berufsspezifisches Handeln scheint mancherorts zugunsten allgemeiner Tätigkeit und Vermarktlichung der Berufstätigen in den Hintergrund zu treten.

---

[298] „Auf Ebene des unmittelbaren Arbeitshandelns und damit der einzelnen Arbeitspersonen stellt sich das noch einmal in besonderer Weise dar." (Voß 1998, S. 476)

Entberuflichung ist eine Folge neoliberaler Wirtschaftsgestaltung mit einer zunehmenden Vermarktlichung von Arbeit und Arbeitsorganisation. „ Die Bindungskraft von Arbeitsbeziehungen wird geringer: Das betriebliche Ideal der „Just-in-time-Beschäftigung" wird als Deregulierung bislang fester Arbeitsverhältnisse umgesetzt. Stammbelegschaften werden kleiner, Beschäftigungszyklen werden kürzer, Anstellungsverhältnisse werden in Leiharbeit oder formelle Selbständigkeiten von Auftragnehmern überführt" (Severing 2002, S. 4).

Für die Berufstätigen kann diese geänderte Nachfrage eine schwindende Identifikation mit dem Beruf hervorrufen. Aufgrund der markwirtschaftlichen Gestaltung von Arbeit und Arbeitsorganisation wird die individuelle Möglichkeit zur Selbstorganisation der Arbeitstätigkeit begrenzt, die Entberuflichung eingeleitet und eine fremdgesteuerte Selbstorganisation durch die Unternehmen verfolgt.[299]
Häufiger erscheinen Situationen, in denen die Arbeitenden mit dem Beruf kein typisches Ethos mehr verbinden und dieser auch seltener „Grundlage einer kontinuierlichen Versorgungs- oder Erwerbschance" (Max Weber) ist. Stattdessen spricht viel für eine „Vermarktlichung von Arbeitsorganisation und Arbeitsbeziehungen" (Baethge 1999, S. 31).

Berufe werden auf Arbeitnehmerseite häufiger gewechselt – einerseits im Lebensverlauf, andererseits bestehen nicht selten mehrere Arbeitsplätze gleichzeitig. Diese Entwicklungen – sowie Entgrenzungen u. a. durch ständige Erreichbarkeit, Arbeit per Homeoffice und die Neudefinition der Grenze zwischen Arbeit und Leben – können für Arbeitnehmer zum Verlust struktureller Stabilität im Berufsleben führen. Als „Arbeitskraftunternehmer" (Voß/Pongratz 2003) unterliegen sie u. a. einer verstärkten Selbstkontrolle, einer Selbst-Ökonomisierung sowie einer Verbetrieblichung ihrer Lebensführung. Gleichzeitig legen Arbeitnehmer wohl auch vor diesem Hintergrund mehr Wert auf Aspekte wie Selbstentfaltung, Wissenszuwachs oder Freude an der Arbeit.

Argumente gegen die Annahme eines Schwindens der Prägekraft von Berufen im Beschäftigungssystem sind unter anderem die grundsätzliche Persistenz der beruflich organisierten Arbeit und das Fortbestehen von auf den Berufskern bezogenen Qualifizierungs- und Selektionsprozessen (Kutscha 1992). Das zunehmende internationale Interesse am deutschen dualen Berufsbildungssystem könnte sogar dafür sprechen, dass die Prägekraft von Berufen im internationalen Maßstab eventuell noch steigt. Aber auch „die Thematisierung des Phänomens Beruf in der Berufsbildung und der sie begleitenden Forschung ist geeignet, Beruflichkeit im Übergang zu neuen Strukturen als nicht mehr zu akzeptierendes, historisch geprägtes Korsett darzustellen, das in heutiger Zeit nicht mehr geeignet sei, die mit Beruf verbundenen Qualifikationsbündel zu beschreiben und zu ordnen" (Dostal 2002, S. 463).

---

[299] „Was in funktions- und berufsbezogenen Steuerungskonzepten eine Leistung des Betriebs war: die Organisation der Arbeitsteilung und der Arbeitsausführung, wird in dezentralen Steuerungskonzepten teilweise in die Arbeitenden externalisiert. Daraus folgt, dass die Arbeitenden eine neue Stellung zum Betrieb internalisieren müssen: sie steuern und überwachen die eigene Arbeit aktiv im Sinne allgemeiner Unternehmenserfordernisse. Sie sind nicht passive Empfänger von Arbeitsanweisungen, sondern integrieren ihre Arbeitsleistung selbständig in den Betriebskontext, vermarkten ihre Leistung aktiv im Betrieb und stellen an sich selbst effizienzorientiert die Bedingungen ihrer aktuellen und zukünftigen Arbeitsleistung her." (Severing 2002, S. 6 f.)

Der Verlust der Beruflichkeit, d. h. die Entberuflichung, wird insbesondere für Tätigkeiten in innovativen Branchen thematisiert, und zwar überall dort, wo kurzfristig neue Qualifikationen gefordert und alte immer weniger gefragt sind. Dabei können Berufe und das bisher benötigte Berufswissen schnell an Bedeutung verlieren. Derzeit versucht man bis zur Ausformung neuer Berufe sogenannte Problemlöser (Kupka 2001, S. 104) einzusetzen. Das sind Mitarbeiter, die sich schnell und flexibel auf neue Aufgaben einstellen können.

Die Aufweichung des Berufsprinzips und der damit verbundenen Beruflichkeit haben auch Auswirkungen auf die akademischen Berufe und damit auf die akademische Berufsbildung. Lange Zeit waren das klassische Staatsexamen, das Diplom und teilweise auch der Magistergrad Ausdruck und Qualitätssiegel eines professionellen akademischen Berufsabschlusses. Diese „Verberuflichung der Bildung war der Königsweg der engen Kopplung von Bildung und Beschäftigung und der entsprechenden Umwandlung von Bildungskapital in ökonomisches Kapital" (Münch 2011, S. 329). Gleichzeitig war (und ist) der akademische Berufstitel ein Regulativ des deutschen Arbeitsmarktes als eines organisierten und koordinierten marktwirtschaftlichen Modells.[300]

Die enge Kopplung von Bildung und Beschäftigung durch den Beruf wird inzwischen aber durch die Einführung der Bachelor- und Masterstudiengänge aufgelöst, denn die im Rahmen europäischer Bildungsreformen eingeführten Bachelor-/Master-Studiengänge sind „im Wesentlichen als eine Durchsetzung des Prinzips offener Märkte gegen das Prinzip der Strukturierung von Märkten durch Berufe zu interpretieren" (Münch 2011, S. 332).

Für diejenigen, die im deutschsprachigen Teil Europas einen nicht-akademischen oder akademischen Beruf ausüben, hat die Beruflichkeit heute immer noch einen relativ hohen Stellenwert im Beschäftigungssystem. Berufstätige zeigen eine „Bereitschaft, ihre individuelle Position in der Arbeit und in der Gesellschaft im Sinne beruflicher Zuordnung zu verstehen" (Dostal 2002, S. 469). Die weitere Entwicklung europäischer berufsbildender Strukturen könnte jedoch in Richtung einer verstärkten Ökonomisierung nach angloamerikanischem Vorbild bei einer gleichzeitigen Entberuflichung bzw. Auflösung des traditionellen deutschen Berufsprinzips und der Beruflichkeit gehen. Im akademischen Bereich und insbesondere bei den Professionellen kann, wenn sie ihr hohes Ethos nicht bewahren, eine Deprofessionalisierung auftreten.

Damit könnte ein Orientierungs- und Anspruchswandel in der Berufsbildung vom Fachwissen zum persönlichen Profil sowie vom Sachwert von Bildungstiteln zum Prestigewert von Bildungstiteln verbunden sein (vgl. Münch 2011, S. 332). Eine Alternative dazu wäre die Entwicklung und Implementierung neuer berufs- und berufsfeldübergreifender Konzepte bzw. Berufsbilder, wie z. B. Basisberufe (Brötz 2005), Kernberufe (Spöttl/Blings

---

[300] Münch (2011, S. 330) meint sogar: „Die Marktkräfte wurden durch Berufsmonopole gezähmt, deren Kontrolle darin bestand, dass sie durch staatliche Lizenzierung auf die Förderung des nationalen Gemeinwohls verpflichtet wurden."

2011), Berufsfamilien (Brötz u. a. 2008). Eckart Severing (2002, S. 17) weist darauf hin, dass sich „Wirkungen einer Tendenz zur Entberuflichung von einem institutions- bzw. professionsorientierten oder von einem lernerorientierten Ansatz aus untersuchen" und aufzeigen lassen.

In den letzten Jahren „deuten die Befunde auf eine sinkende Bindekraft der Beruflichkeit hin, wobei insbesondere die vertikale Abwärtsmobilität mit einem erheblichen und nachhaltigen Verlust beruflicher Kenntnisse und Fertigkeiten einhergeht. Dies erfordert verbesserte Bedingungen sowie Anreize für eine breite und solide berufsfachliche Erstausbildung nicht nur im Rahmen einer dualen Ausbildung, sondern auch an Universitäten" (Dütsch/Liebig/Struck 2012, S. 29)

2.1.10 Relevanz der berufsförmigen Arbeit, der Berufe und der Professionen für die Menschen und das Gesellschafts- sowie Beschäftigungssystem

- **Individuelle Bedeutung der berufsförmigen Arbeit**

Berufsförmige Arbeit, Berufe und Beruflichkeit haben in Deutschland traditionell eine sehr große Bedeutung und verleihen dem Einzelnen Sicherheit, Selbstbewusstsein und einen sozialen Status. Sie haben unmittelbare und wesentliche Auswirkungen auf die Berufstätigen, auf ihre Lebensgestaltung und auf ihre persönliche Entwicklung (Beck u. a. 1980, S. 199 ff.). Speziell die Beruflichkeit ist eine „unverzichtbare Voraussetzung für den Erwerb möglichst umfassender, überbetrieblich einsetzbarer und anschlussfähiger Kompetenzen" (Pätzold 2013, S. 259).

Berufe und Beruflichkeit sind daher für die Identitätsfindung des Individuums sehr wichtig. Sie haben auch subjektive Bedeutsamkeit. „Hinter der Reklamation der Subjektperspektive steht die Annahme, dass nicht so sehr die Konstanz der Berufsbezeichnung, der Berufskennziffer der Arbeits- und Ausbildungsstatistik, über den Erwerbslebenslauf hinweg, als vielmehr das Erleben von Anschlussfähigkeit und damit die Chance der Entwicklung von beruflicher Kompetenz und beruflichem Habitus auf einer soliden tätigkeitsfeldbezogenen Wissens- und Fertigkeitsbasis entscheidend ist für Entwicklung und Fortdauer von Beruflichkeit." (Bolder/Dobischat/Kutscha/Reutter 2012, S. 11) Zugleich mit der dadurch entstehenden individuellen Sicherheit werden auch Ansehen im Beschäftigungssystem gewonnen sowie Einkommen, Einordnungsmöglichkeiten und Aufstiegswege ermöglicht.

Demnach kann die individuelle Bedeutung der Berufe durch folgende Funktionen und Merkmale beschrieben werden:
- Erwerbs- und Versorgungsfunktion zur Existenzsicherung sowie zur Gewährleistung des Lebensunterhalts,
- Integrations- und Sozialisationsfunktion zur Einbindung in das Beschäftigungs- und Gesellschaftssystem als Mitarbeiter und Bürger,

- Qualifizierungs- und Bildungsfunktion zur Selbstvervollkommnung und Erwerb sowie Erhalt von Fachwissen,
- Identitätsfindungsfunktion zur psychischen und sozialen Festigung, Eigentherapierungs- und Selbststabilisierungsfunktion für den einzelnen Menschen,
- Legitimationsfunktion zur subjektiven Sinnerfüllung der Tätigkeiten im Gesellschafts- und Beschäftigungssystem.

Die insbesondere durch die Globalisierung, Deregulierung und die neoliberalen Tendenzen hervorgerufenen politischen Entscheidungen, sozio-technischen Entwicklungen, ökonomischen Konjunkturen und Krisen verändern die Ansprüche an Arbeit im Allgemeinen und berufsförmiger Arbeit im Besonderen zunehmend. Dadurch gibt es in den letzten Jahrzehnten eine zunehmende Unsicherheit der Individuen über die Arten und Formen ihrer Beruflichkeit, insbesondere wenn diese nicht in einen „normalen" beruflichen Lebenslauf einzuordnen sind. Nicht immer können die im Laufe des Lebens gewonnenen individuellen Erfahrungen biographisch sinnvoll geordnet sein. Der eine entsprechende positive Leistung beschreibende Begriff „Biographisierung" umfasst die „Form der bedeutungsordnenden, sinnherstellenden Leistung des Subjekts" (Marotzki 2006, S. 63).

Mit der Biographisierung werden sehr unterschiedliche individuelle Deutungsmuster und Interpretationen im Rahmen des Gesellschafts- und Beschäftigungssystems vorgenommen. Wenn das nicht der Fall ist und der institutionelle oder gewünschte Berufsweg nicht verfolgt oder gehalten werden konnte, so ist häufig eine Rationalisierung zu einer subjektiven Beruflichkeit durch verschiedene Arbeiten zu beobachten. Die psychische Rationalisierung des Einzelnen um Anerkennung der vielleicht sogar prekären Erwerbsarbeit als Beruf ist subjektiv verständlich. Dennoch erscheinen Arbeits- oder Berufsbiographien vielfach schicksals- oder zufallsbedingt durch das Angebot an Erwerbstätigkeiten. „Sich-Selbst-Sicherheit geht einem großen Teil Europas nachwachsender Generationen ab, denen die Prekarität des gesamten Arbeitslebens zur Normalität gemacht worden ist, die keine Geschichten über ihren Beruf mehr werden erzählen können, weil ihre Arbeitsbiographien, sofern die Agenda sie den Einzelnen überhaupt zugesteht, systematisch-institutionell dem je kurzfristigen Verwertungsinteresse irgendeines zufälligen Beschäftigers unterworfen werden." (Bolder/Dobischat/Kutscha/Reutter 2012, S. 23)

Auch wenn Entberuflichung sicherlich nicht für alle Arbeitsverhältnisse gilt, so merken Martin Baethge und Volker Baethge-Kinsky für solche Entwicklungstendenzen an, dass es sich dabei nicht nur aus individueller Sicht „um eine verdünnte Kategorie von Beruf handelt, die in Bezug auf spätere Arbeitsrealität, gesellschaftliche Statuszuweisung und soziale Integration immer weniger Realitätsgehalt aufweist und somit als (…) Orientierungskategorie gebrochen ist" (Baethge/Baethge-Kinsky 1998, S. 470).

Bislang sind Entwicklungen zur Entberuflichung vor allem für den nicht-akademischen Bereich problematisiert worden. Für den akademischen Bereich sind solche Probleme bislang kein Diskussionsthema, es sei denn – es wird im Rahmen prekärer Tätigkeiten von Studienabsolventen angesprochen.

- **Gesellschaftliche Relevanz von berufsförmiger Arbeit und Beruf**

Berufsarbeit und Berufe haben in unserer Gesellschaft, die auch als „Berufsgesellschaft" (Fürstenberg 2001; 2013, S. 38) bezeichnet werden kann, große Bedeutung. „Der Beruf ist eine der wesentlichen Institutionen der deutschen Gesellschaft" (Stuth/Hennig/Allmendinger 2009, S. 8). Einfluss und die Wirkung erstrecken sich dabei nicht nur auf die ökonomische Leistungsfähigkeit der Gesellschaft, sondern auch auf die Sozialisation und die Arbeitskultur. Unter dem Gesichtspunkt der gesellschaftlichen Bedeutung lassen sich berufsförmige Arbeit und Berufe durch folgende spezifische Funktionen und Merkmale charakterisieren:

– Integrations- und Sozialisationsfunktion zur Einbindung in das Gesellschaftssystem als Bürger,
– Qualifizierungs- und Bildungsfunktion zur Selbstvervollkommnung als Bürger,
– Legitimationsfunktion zur Sinnerfüllung der Tätigkeiten im Gesellschaftssystem sowie
– Traditionierungs- und Überlieferungsfunktion zu Bewahrung von Arbeitsethos und Arbeitskultur in der Gesellschaft.

In der Berufsgesellschaft repräsentieren das Berufsprinzip bzw. die Berufe und die Beruflichkeit die „gesellschaftliche Organisations- und Kulturform der Arbeit" (Fürstenberg 2013, S. 39). Die Vergesellschaftung, Kultivierung und Sozialisation menschlicher Tätigkeit bzw. Arbeit war und ist eine wichtige Grundlage zur Organisation und Regulation des Beschäftigungssystems. Darüber hinaus haben Berufe in Form von Ausbildungsberufen „ein enormes didaktisches, ausbildungsorganisatorisches und ausbildungspolitisches Gewicht" (Pätzold 2013, S. 261).

Wie wichtig berufsförmige Arbeit und die Berufe für die Gesellschaft sind, zeigt sich auch an den Aufgaben der Agentur für Arbeit. Diese sind im Sozialgesetzbuch (SGB) Drittes Buch (III) – Arbeitsförderung festgelegt. „Ziele der Arbeitsförderung sind u. a.: dem Entstehen von Arbeitslosigkeit entgegen zuwirken, die Dauer der Arbeitslosigkeit zu verkürzen, Angebot und Nachfrage auf dem Ausbildungs- und Arbeitsmarkt auszugleichen." (Schulz 2016, S. 12)

Die mit dem Berufsprinzip verbundene berufsförmige Arbeit ist zwar immer noch sowohl eine gesellschaftliche Notwendigkeit als auch Grundlage einer sinnvollen Daseinsordnung. Eine Tendenz geht allerdings dahin, den ehemaligen „Zwangscharakter der Arbeit zugunsten ihres Selbstbestimmungspotenzials zu verringern" (Fürstenberg 2013, S. 40).

Gegenwärtig sind die Stabilität des traditionellen deutschen Berufsprinzips und der Berufe bzw. der Berufsgesellschaft aufgrund des sozialen und bildungspolitischen Wandels in Europa jedoch gefährdet. Dieser Wandel ist gekennzeichnet insbesondere durch eine europaweite Beschäftigungskrise, Veränderungen in den Berufsqualifikationen, Veränderungen im Bereich der Arbeitstechnologien, der Arbeitsorganisation und der Arbeitsmotivation sowie durch neue berufsbildungspolitische Rahmensetzungen der EU (z. B. Bologna-Prozess, Kopenhagen-Prozess) (vgl. Fürstenberg 2013, S. 41 ff.). In diesem Zusammenhang verlieren das traditionelle Berufsprinzip und die damit verbundene Beruflichkeit sukzessive an Bedeutung, was sich in einer sogenannten Entberuflichung des Berufs- und Arbeitsmarktes manifestiert.

Die gesellschaftliche Relevanz von Berufsarbeit und Berufen und damit auch die Zukunft der berufsorientierten Arbeitsgesellschaft sind derzeit nicht eindeutig prognostizierbar. Unklar sind insbesondere der bisherige Status der Berufs- und Arbeitswelt als zentraler Lebensbereich sowie die zukünftige Entwicklung erwerbsbezogener gesellschaftlicher Strukturen (vgl. dazu Fürstenberg 2013, S. 43 ff.).

Im Beschäftigungssystem zeigen sich widersprüchliche Entwicklungstendenzen. So bleiben einerseits nicht wenige Berufe – wie beispielsweise der Arzt und der Architekt – im Kern erhalten, andererseits nehmen viele berufsförmige Arbeiten „angesichts flexibler werdender Anforderungen immer mehr eine ‚Patchwork-Struktur' an. Es mehren sich Auffassungen, die Berufsorientierungen angesichts der Erosion des Normalarbeitsverhältnisses, der Volatilität von Arbeitsinhalten und der fortdauernden Gefahr von Massenarbeitslosigkeit in den westlichen Industrieländern für fragwürdig halten." (Fürstenberg 2016, S. 256)

Insbesondere weil der Institution „Beruf" in Deutschland eine hohe Bedeutung beigemessen wird, stellt die Möglichkeit, die Beruflichkeit einzubüßen, eine Bedrohung für den einzelnen Arbeitnehmer dar. Für viele Arbeitsbereiche kann eine sinkende Stabilität von Erwerbs- und Berufsverläufen festgestellt werden. Unternehmen bieten in wachsendem Maße instabile und kurzfristige Beschäftigungsverhältnisse.

Es deuten sich gesellschaftliche Probleme an. Die Einbuße oder der Verlust von Beruflichkeit können – wenn das Phänomen in größerem Umfang auftritt – in Deutschland gesellschaftliche Sprengkraft entwickeln, da die hierdurch verbundenen Unsicherheiten im Beschäftigungssystem zur Unzufriedenheit großer Bevölkerungsteile mit dem politischen System und damit zu nicht absehbaren Folgen führen kann.

- **Relevanz der berufsförmigen Arbeit für das Beschäftigungssystem**

Auf dem Arbeitsmarkt werden sehr viele berufliche Tätigkeiten mit den unterschiedlichen Chancen und Möglichkeiten angeboten. Im Beschäftigungssystem entfalten Berufe ihre Bedeutung meist in Form von arbeitsmarktbezogenen Erwerbsberufen. Als solche Berufe werden immer noch die „auf Erwerb gerichteten, charakteristischen Kenntnisse und Fertigkeiten sowie Erfahrungen erfordernden und in einer typischen Konstellation zusammenfließenden Arbeitsverrichtungen verstanden, durch die der einzelne an der Leistung der Gesamtheit im Rahmen der Volkswirtschaft mitschafft" (Statistisches Bundesamt 1970, S. 6).
In funktionalistischer Perspektive konstituieren Erwerbsberufe das jeweilige Arbeitsverhältnis, die Arbeitsbedingungen, Arbeitsbeziehungen usw. Diese Parameter sind insbesondere für die Arbeitsteilung und Arbeitsorganisation in den einzelnen Betrieben, Unternehmen

und Behörden von großer Bedeutung. Unter dieser Perspektive ist der Status der betrieblichen (Erwerbs-)Berufe durch folgende grundlegende Funktionen und Merkmale gekennzeichnet:

- Allokationsfunktion: Bereitstellung und Verteilung spezifischer Fachkräfte für das Beschäftigungssystem,
- Selektionsfunktion: Einstufung und Einordnung in das Beschäftigungssystem,
- Integrations- und Sozialisationsfunktion: Einbindung in das Beschäftigungssystem als Mitarbeiter,
- Legitimationsfunktion: Sinnerfüllung der Tätigkeiten im Beschäftigungssystem sowie
- Traditionierungs- und Überlieferungsfunktion: Bewahrung von Arbeitsethos und Arbeitskultur im Beschäftigungssystem.

Für Tätigkeiten im Beschäftigungssystem sind sowohl jeweils berufsspezifische als auch allgemeine Qualifikationen und Kompetenzen von großer Relevanz. Dabei ist allgemein „eine ganz spezifische Art von steigenden Leistungsanforderungen zu beobachten. Tätigkeiten, die durch das Abarbeiten formaler Algorithmen geprägt und damit leicht zu automatisieren sind, nehmen ab. Qualitativ hochwertige informationsbezogene Tätigkeiten wachsen. Sie sind bestimmt durch ein hohes Maß an Wissensbasierung, Offenheit und Selbststeuerung." (Pätzold 2013, S. 258 f.) Das notwendige Berufswissen im Beschäftigungssystem hängt in immer stärkerem Maße von den jeweils konkreten beruflichen Anforderungen der Arbeit ab.

Die Anforderungen des Beschäftigungssystems an berufsförmige Arbeit und damit auch an das Berufswissen wirken indirekt auch auf die Entwicklung und Konstruktion von Ausbildungsberufen sowie auf die Organisation und Gestaltung der beruflichem Aus- und Weiterbildung. Berufe bilden „nach wie vor ein zentrales Element der Strukturierung von Arbeitsmärkten" sowie eine „unerlässliche Information für Arbeitgeber und Arbeitnehmer, um Stellenanforderungen zu beschreiben oder die Kompetenzen eines Bewerbers einordnen zu können" (Frank u. a. 2010, S. 38).

2.2 Einordnung, Arten und Ausformungen der Berufe

2.2.1 Grundlegende Differenzierung, Arten und Ausformungen der Berufe

- **Zur funktionalen und strukturellen Differenzierung von Berufen**

Arbeit in Form abhängiger handwerklicher Erwerbsarbeit ist schon in der Antike bzw. bei den Griechen und Römern anzutreffen. Schon damals ist aufgrund gesellschaftlicher, wirtschaftlicher und sozialer Entwicklungen ein dauernder Wandel einschließlich einer moderaten Ausdifferenzierung der Arbeitstätigkeiten festzustellen. Die körperlich meist harte Erwerbsarbeit behielt jedoch bis in das Mittelalter den Makel der Abhängigkeit und Last. Speziell im Spätmittelalter und in der Frühneuzeit entwickelte sich – insbesondere in den Städten – eine Vielzahl von zum Teil neuen ständisch bzw. zünftisch/beruflich organisierten Arbeitstätigkeiten.

Eine wichtige Funktion dieser Tätigkeiten war die Disziplinierung der Arbeitenden zu einem „gottgefälligen Leben" und zu einer „dienenden Pflichterfüllung unter Akzeptanz der gegebenen Umstände" (Pätzold 2013, S. 254). „Erst in der Neuzeit wurde (berufliche) Arbeit auch zu einer Lebens- und Ausbildungsform aufgewertet (...), die die moralische Grundlage des gesellschaftlichen Zusammenlebens bildete" (Pätzold 2013, S. 253) und in Form von Ausbildungsberufen begründet wurde. Zudem kam es insbesondere seit Beginn der Industriellen Revolution bzw. ab ca. 1830 auch in Deutschland zu einem starken Wandel und Anstieg der Arbeitstätigkeiten und damit auch der Erwerbsberufe. Im Rahmen dieser Entwicklung verloren viele der traditionellen handwerklichen Berufe an Bedeutung und gleichzeitig entstand eine Vielzahl von (neuen) industriellen Berufen.

Die Industriegesellschaft und der entsprechend hohe Anteil an industriellen Berufen dominierten den Arbeits- und Beschäftigungsmarkt bis in die 1970er Jahre. In den Folgejahren ist ein schrittweiser Wandel hin zu einer Dienstleistungsgesellschaft auf industrieller Basis zu verzeichnen. Entsprechende primäre und insbesondere sekundäre Dienstleistungsberufe gewannen immer stärker an Bedeutung, während die Anzahl produktionsorientierter Berufe zumindest bis Mitte der 2010er Jahre stetig geringer wurde. Seit Mitte der 1990er Jahre ist zudem ein signifikanter Anstieg der Gesundheits- und Pflegeberufe, der Sozial- und Erziehungsberufe sowie der medien- und informationstechnischen Berufe zu verzeichnen (vgl. z. B. Jacob/Kupka 2006, S. 81 ff.).

Die funktionale, strukturelle und inhaltliche Differenzierung von Berufen ist somit in starkem Maße von den jeweiligen technologischen, wirtschaftlichen und gesellschaftlichen Entwicklungen und Bedingungen abhängig. Eine grundlegende Differenzierung der Berufe in Bildungsberufe (Ausbildungs- und Studienberufe) sowie in Tätigkeitsberufe (Erwerbsberufe) gilt in Deutschland noch nimmer. Angesichts der in der Gesellschaft feststellbaren Tendenz zur beruflichen Höherqualifizierung, gewinnt zugleich auch der aus dem angelsächsischen übernommene Begriff „Job" für eine Arbeitstätigkeit an Bedeutung.

2.2.2 Berufsbenennungen und -bezeichnungen

Schon auf den ersten Blick ist erkennbar: „In Deutschland existiert eine überwältigende Vielfalt von Berufsbezeichnungen." (Bröcher 2016, S. 190) Die Benennungen und Bezeichnungen von vielen Berufen erscheinen auf dem ersten Blick einsichtig und problemlos. Bei vielen herkömmlichen Berufsnamen verbindet sich mit der Bezeichnung eine Vorstellung von der Art der Arbeitstätigkeit, dem Aufgaben- und Funktionsbereich sowie dem gesellschaftlichen Status. Diese Berufsbezeichnungen vermitteln eine erste andeutungsweise Vorstellung über die berufsförmige Tätigkeit. Die damit gewonnene Information ist aber meist nur sehr schemenhaft, wenig präzise und inhaltlich vage. Bei einigen der schon seit langendem bestehenden nicht-akademischen Berufe, wie dem Zimmermann oder der Hebamme bestehen genauere Vorstellungen von den Tätigkeiten und werden diesen besondere Eigenschaften wie Berufsstolz und -ehre zugeordnet.
Auch über akademische Berufe wie dem Arzt und dem Richter bestehen Auffassungen über die Tätigkeitsinhalte und das damit verbundene Berufsethos. Insgesamt aber findet sich über die meisten herkömmlichen Berufe über das hinaus, was der Berufsname aussagt, kaum Vorstellungen.

Noch schwieriger wird eine Einschätzung über die in den letzten drei bis vier Jahrzehnten vermehrt auftretenden Berufsbezeichnungen, die sehr phantasievoll und manchmal auch hochstaplerisch sind. Teilweise bestehen für die gleiche Tätigkeit völlig unterschiedliche Berufsbezeichnungen. Um über dem Namen auf die berufsförmige Tätigkeit schließen zu können, ist „heiteres Berufe raten" erforderlich. Insgesamt „haben die Allgemeinverständlichkeit und die sprachliche Aussagekraft der Berufsbenennung in den vergangenen Jahrzehnten abgenommen. Dies beruht vor allem auf

- der weiteren Spezialisierung, in der sich Teilaufgaben und -tätigkeiten aus traditionellen Berufen herausgelöst haben und in eigenen Berufen auftreten,
- der Zusammenfassung von Berufsinhalten früher getrennter Berufe in neuen sog. Hybridberufen,
- der zunehmenden Dominanz extrafunktionaler Berufselemente, die sich in traditionellen Berufsbenennungen nicht zeigen,
- der ‚Berufskosmetik', die dazu genutzt wurde, Berufe schlechten Images durch neue Benennungen aufzuwerten, was vor allem durch Berufsverbände und Stellenanbieter erfolgt,
- der Zersplitterung der beruflichen Bildungsangebote, in denen sich die in Konkurrenz zueinander stehenden Anbieter zunehmend neuer Berufsbenennungen bedienen, um die Besonderheit ihrer Angebote auf dem Markt zu demonstrieren,
- der Übernahme von Benennungen aus dem anglo-amerikanischen Sprachraum, sowohl bei Fachberufen (beispielsweise ‚Layouter'…) als auch bei Aufstiegsberufen (beispielsweise ‚District-Manager' oder ‚Art-Director'),
- der zunehmenden Trennung von Berufs- und Lebenswelt, in der Berufstätigkeiten oft unter Ausschluss der Öffentlichkeit erbracht werden,

- der Informatisierung, die bei einheitlicher Arbeitsumgebung (Bildschirm und Tastatur) kaum Rückschlüsse auf die Berufsinhalte zulässt und eine selektierende Beobachtung irrelevant werden lässt." (Dostal 2007, S. 50 f.)

Aus alledem folgt noch immer: Eine Abgrenzung der Berufe voneinander ist nicht einfach, kann aber – wie schon seit längerem bekannt – unabhängig von der Berufsbenennung durch eine kurze Berufsbeschreibung erfolgen (Stooß 1992; Molle 1968, S. 52 ff.). Insbesondere für den Arbeitsmarkt sind Berufsbenennungen und Berufsabgrenzungen wichtig, da über diese eine erste Auswahl von Stellenangeboten einerseits oder Bewerbern andererseits erfolgt.

Nicht nur für die auf dem Arbeitsmarkt Agierenden ist die Vielzahl an Berufsbezeichnungen ein kaum zu bewältigendes Problem. Diese Vielfalt hat sich aus den verschiedensten Bemühungen ergeben, „der unübersichtlichen Berufelandschaft eine allgemein verständliche und übersichtliche Struktur zu verleihen" (Bröcher 2016, S. 190).

Die vor mehreren Jahrzehnten dazu eingeleiteten Arbeiten sind dann – wenn auch mit wenig befriedigenden Ergebnissen – fortgeführt worden, vielleicht auch deshalb, weil man sich der Schwierigkeiten eines solchen Unterfangens bewusst war. Auch heute noch ist festzustellen: „Der Umfang und die begriffliche Unschärfe der Berufsnomenklatur ist ein Problem der Berufssystematik und -statistik." (Bröcher 2016, S. 190)

Berufsbenennungen treten in sehr unterschiedlichen Zusammenhängen und verstreut auf. Sollen sie erfasst werden, bedarf es Recherche, umfassender Erhebung und Systematisierung. „Sammlungen von Berufsbenennungen entstehen einerseits aus Befragungen, in denen die jeweiligen Berufsbenennungen im Klartext abgefragt werden, andererseits aus lexikalischen Arbeiten, in denen alle jemals auftauchenden Berufsbenennungen gesammelt und meist alphabetisch sortiert werden." (Dostal 2007, S. 51) Die Qualität und Ergebnisse solcher Auflistungen von Berufsbenennungen waren und sind sehr unterschiedlich, häufig wenig gehaltvoll, unscharf und diffus.

Aufgrund der erkennbar werdenden Probleme wurde versucht, Lösungen mit den Mitteln der Arbeits- und Berufsforschung dadurch zu erbringen, dass Berufsklassifikationen eingeführt wurden.[301] Außerdem gibt es eine internationale Klassifikation der Berufe – die International Standard Classification of Occupations (ISCO). Erst vor wenigen Jahren wurden mit der Einführung der Klassifikation der Berufe 2010 (KldB 2010) die beiden bis dahin in Deutschland bestehenden älteren nationalen Klassifikationen abgelöst. Das Nebeneinander zweier verschiedener Schemata wurde durch eine einheitliche Organisationsstruktur ersetzt. Dabei wurde davon ausgegangen, dass Berufe, die seither an Bedeu-

---

[301] Ansätze dazu erfolgten durch die Bundesanstalt für Arbeit (KldB 1988) und des Statistischen Bundesamtes(KldB1992). Mit den ersten Lösungsansätzen wurden die Berufsbezeichnungen in ein hierarchisches Schema überführt. Sowohl die KldB 1988 als auch die KldB 1992 beruhen im Wesentlichen auf der in den 1970er Jahren entwickelten Klassifikation der Berufe (Bundesanstalt für Arbeit 1970) und bilden somit die Berufsstruktur der 1960er Jahre ab.

tung auf dem Arbeitsmarkt verloren haben und damals sehr differenziert erfasst wurden, nun in relativ grob untergliederten Gruppen zusammengefasst werden müssen. „Bei der Entwicklung der „Klassifikation der Berufe 2010" wurden hauptsächlich zwei Ziele verfolgt: Die neue Klassifikation sollte den Besonderheiten des deutschen Arbeitsmarktes mit seiner ausgeprägten berufsspezifischen Strukturierung gerecht werden und zugleich eine möglichst hohe Kompatibilität und Zuordnungsfähigkeit zur ISCO-08 aufweisen." (KldB 2010, S. 14) Für spezifische Berufsbenennungen ist das aber nur bedingt hilfreich, da die konkrete berufliche Inhaltlichkeit nicht aussagekräftig genug ist.

Insbesondere aus arbeitsmarktpolitischen und rechtlichen Betrachtungsperspektiven erhalten die Berufsbezeichnungen sehr unterschiedliche Aussagekraft. Aus arbeitsmarktpolitischer Sicht ist der Begriff der Berufsbezeichnungen „ein unscharfes Konstrukt. Berufsbezeichnungen umschreiben dabei nicht nur Ausbildungsberufe und Berufstätigkeiten, sondern beinhalten auch Benennungen für Aufgaben und Funktionen in unterschiedlichen Qualifikationsstufen und betrieblich-personalhierarchischen Positionen sowie akademische Grade und Titel." (Bröcher 2016, S. 190) In rechtlicher Perspektive stellt sich der Begriff ganz anders dar und erscheint wohl definiert. Es wird zwischen erkannten Ausbildungsberufen, staatlich geprüften, gesetzlich geschützten und ungeschützten Berufsbezeichnungen unterschieden.

2.2.3 Ausbildungs- und Studienberufe

- **Ausbildungsberufe**

Als Ausbildungsberufe werden alle diejenigen Berufe bezeichnet, für die eine geordnete Ausbildung und eine bestandene Abschlussprüfung vorausgesetzt werden. Ausbildungsberufe können in vollzeitlichen schulischen Einrichtungen, im Dualen System der nichtakademischen Berufsausbildung oder in Unternehmen erlernt werden. Geschieht die Ausbildung im Dualen System, so spricht man von anerkannten Berufen (nach BBiG bzw. HwO).[302] Darüber hinaus gibt es weitere Ausbildungsformen.[303]
Ausbildungsberufe sind „Konstrukte, die sich einerseits an den Tätigkeits- und Funktionsbereichen von Wirtschaft und Verwaltung und andererseits an berufspädagogischen und berufsbildungspolitischen Vorgaben orientieren" (Benner 2006, S. 43). Aus diesem Grund sind staatlich anerkannte Ausbildungsberufe auch „keine reinen Abbildungen der

---

[302] Die Bezeichnung „staatlich anerkannter Ausbildungsberuf" erlangte mit dem Inkrafttreten des Berufsbildungsgesetzes (BBiG) im Jahre 1969 erstmals Rechtsverbindlichkeit.
Durch das Berufsbildungsreformgesetz (BerBiRefG) von 2005 und die damit verbundenen Novellierungen des BBiG und der Handwerksordnung (HwO) wurde dann zwar die Begrifflichkeit mit ihren Zielen und Inhalten näher bestimmt. Dieses geschah jedoch – wie zu kritisieren ist – „ohne dass damit eindeutige Kriterien gegeben wären, die eine zweifelsfreie Entscheidung zuließen, ob ein bestimmtes Qualifikationsbündel vom zuständigen Bundesminister als Ausbildungsberuf anerkannt werden sollte oder nicht" (Benner 2006, S. 43 f.).
[303] Neben den staatlich anerkannten Ausbildungen im Dualen System gibt vollschulische Ausbildungsformen nach Landes- und Bundesgesetzen. Eine Besonderheit stellen Ausbildungen in Unternehmen (als betriebsspezifische Ausbildungen außerhalb BBiG bzw. HwO für volljährige Menschen dar.

im Beschäftigungssystem vorkommenden Berufstätigkeiten, sondern Qualifikationsbündel, die zu einer einzelbetriebsunabhängigen beruflichen Handlungskompetenz mit vielfältigen Beschäftigungsoptionen auf Facharbeiter-/Fachangestelltenniveau befähigen" (Benner 2006, S. 43) sollen. Die anerkannten Berufe des Dualen Systems und die Berufe des Schulberufssystems sind rechtlich geregelte Ausbildungsgänge mit bildungsgangbezogenen, differenzierten Prüfungsanforderungen und -modalitäten.[304]

Im Dualen System lassen sich weit mehr als dreihundert anerkannte Ausbildungsberufen unterscheiden. Darüber hinaus gibt es eine weitere Auswahl von fast einhundert schulischen Ausbildungsberufen, wie beispielsweise vollzeitschulische Ausbildungsgänge an Berufsfachschulen. Der Abschluss in einem Ausbildungsberuf des Dualen Systems oder des Schulberufssystems stellt die Basis für nachfolgende berufliche Fort- und Weiterbildungsmaßnahmen.

Zumindest die staatlich anerkannten Ausbildungsberufe sind aber durch eine weitgehende Formalisierung und Normierung gekennzeichnet und bestimmt, wodurch berufliche Biografien bzw. berufsbildende und berufliche Abläufe und Werdegänge zum Teil vorgegeben und absehbar sind.

- **Studienberufe**

Als Studienberufe kann man solche bezeichnen, die durch eine Ausbildung an einer Hochschule erworben werden. Berufe, die über ein Studium erlangt werden konnten, bestehen schon seit dem Mittelalter für Juristen, Mediziner, Theologen. Gegenwärtig gibt es eine sehr große, kaum überschaubare Zahl von Studienberufen.

Die akademische Bildung soll laut Hochschulrahmengesetz, § 7, Studierende auf ein berufliches Tätigkeitsfeld vorbereiten. Sie zielt damit auf einen akademischen Berufsabschluss durch Graduierung und/oder Staatsexamen. Die Ansprüche auf „Befähigung zum wissenschaftlichen Arbeiten" und die „Vorbereitung auf ein berufliches Tätigkeitsfeld" ergeben ein Spannungsfeld. Durch einen stärker auf Berufsausübung gerichteten Anspruch an alle Hochschultypen verändern sich Forschung und Lehre. Außerdem liegen für viele Studienberufe bislang keine definierten Berufsbilder vor.

Es lassen sich mehrere Formen berufsqualifizierender Studienabschlüsse unterscheiden. Das sind der Abschluss als Bachelor und derjenige als Master. Daneben gibt es noch immer Diplom-, Staatsexamens- und Magisterabschlüsse, die inzwischen auch berufsqualifizierend angelegt sind. Im Rahmen des Bologna-Prozesses hat sich eine extreme Diversifizierung von Studienprofilen mit teilweise fragwürdigen Spezialisierungen ergeben, „deren Funktionalität für die spätere Berufsausübung kaum zu verifizieren ist. Die Studienprofile erscheinen noch eher als Annahmen, da Untersuchungen zu akademischen Berufs-

---

[304] In den einschlägigen Gesetzen sind eine Vielzahl von Funktionen und Aufgaben der staatlich anerkannten Ausbildungsberufe sowie Vorgaben für die Gestaltung der Ausbildung und der Prüfungen zu finden. Entsprechendes findet sich für die in den beruflichen Schulen ausgebildeten Berufe in den Länder- und Bundesgesetzen.

bildern in Tätigkeitsfeldern in Korrelation zu den Studienbildern (Befähigungsziele, Studieninhalte und -organisation) bisher kaum vorliegen." (Storz 2016, S. 16)

Außerdem bieten einige Hochschulen eine praxisnahe Berufsausbildung durch ein „Duales Studium" an. Das Studium erfolgt im Wechsel zwischen Theoriephasen an der Hochschule und Praxisphasen im Betrieb. Mit diesen Studienberufen ist ein leichterer Übergang in das Beschäftigungssystem möglich.

2.2.4 Reglementierte Berufe und Berufsbezeichnungen

In Deutschland gibt es ungefähr 150 geschützte bzw. reglementierte Berufe. Diese sind überwiegend durch eine akademische Ausbildung bestimmt. Beispiele für geschützte akademische Tätigkeiten sind der Architekten-, der Arzt- und der Ingenieurberuf. Die Regelungen erfolgen durch Bundes- oder Ländergesetze:
In dem für Baden-Württhemberg gültigen Architektengesetz wird unter dem Gliederungspunkt „Berufsbezeichnung" ausgeführt:
„(1) Die Berufsbezeichnung ‚Architekt' oder ‚Architektin', ‚Innenarchitekt' oder ‚Innenarchitektin', ‚Landschaftsarchitekt' oder ‚Landschaftsarchitektin', ‚Stadtplaner' oder ‚Stadtplanerin' darf nur führen, wer unter der entsprechenden Bezeichnung in die Architektenliste eingetragen oder wer zum Führen dieser Berufsbezeichnung nach § 8" (Architektengesetz 2011, § 2) berechtigt ist.

Die Bundesärzteordnung in der Fassung besagt zum ärztlichen Beruf: „Die Berufsbezeichnung ‚Arzt' oder ‚Ärztin' darf nur führen, wer als Arzt approbiert oder nach § 2 Abs. 2, 3 oder 4 zur Ausübung des ärztlichen Berufs befugt ist." (Bundesärzteordnung 2014, § 2a)

Für das Land Berlin heißt es beispielsweise im Gesetz zum Schutz der Berufsbezeichnungen „Ingenieurin" und „Ingenieur": „Die Berufsbezeichnung ‚Ingenieurin' oder ‚Ingenieur' allein oder in einer Wortverbindung darf führen:
1. wer
a) das Studium einer technischen oder naturwissenschaftlichen Fachrichtung an einer deutschen wissenschaftlichen Hochschule oder an einer deutschen Fachhochschule oder an einer deutschen Berufsakademie oder
b) das Studium an einer deutschen öffentlichen oder ihr hinsichtlich des Studienabschlusses rechtlich gleichgestellten deutschen privaten Ingenieurschule oder
c) einen Betriebsführerlehrgang einer deutschen staatlich anerkannten Bergschule mit Erfolg abgeschlossen hat oder
2. wem durch die zuständige Behörde das Recht verliehen worden ist, die Bezeichnung ‚Ingenieurin (grad.)' oder ‚Ingenieur (grad.)' zu führen." (Ingenieurgesetz – IngG, Berlin 2011, § 1)

Der freie Beruf „Wirtschaftsprüfer/-in" wird durch ein Bundesgesetz geregelt. Dort heißt es: „Wirtschaftsprüfer oder Wirtschaftsprüferinnen (Berufsangehörige) sind Personen, die

als solche öffentlich bestellt sind. Die Bestellung setzt den Nachweis der persönlichen und fachlichen Eignung im Zulassungs- und staatlichen Prüfungsverfahren voraus." (Wirtschaftsprüferordnung 2016, § 1)
Für die Berufsbezeichnung ist in einem besonderen Paragraphen festgelegt:
„(1) Wirtschaftsprüfer haben im beruflichen Verkehr die Berufsbezeichnung ‚Wirtschaftsprüfer' zu führen. Frauen können die Berufsbezeichnung ‚Wirtschaftsprüferin" führen'." (ebd., § 18)

Der gesetzlich geschützte Beruf „Steuerberater/-in" kann über eine akademische oder eine nicht-akademische Ausbildung erworben werden. Zulassungsvoraussetzungen für Akademiker sind ein wirtschafts- oder rechtswissenschaftliches Hochschulstudium oder anderes Hochschulstudium mit wirtschaftswissenschaftlicher Fachrichtung und nach dem erfolgreichen Abschluss des Studiums eine praktische Tätigkeit. Ein anderer Zulassungsweg erfolgt über die Abschlussprüfung in einem kaufmännischen Ausbildungsberuf (z. B. Steuerfachangestellter) und nach Abschluss der Ausbildung eine mindestens zehnjährige Berufspraxis nachgewiesen werden (vgl. Steuerberatungsgesetz (StBerG). 2016, § 35- § 43).

Für die gesetzlich geschützten nicht-akademischen Gesundheitsfachberufe ist eine bestimmte Ausbildung vorgeschrieben. So besagt das Gesetz über die berufsmäßige Ausübung der Heilkunde ohne Bestallung (Heilpraktikergesetz 2001) im Paragraphen 1:
„1) Wer die Heilkunde, ohne als Arzt bestallt zu sein, ausüben will, bedarf dazu der Erlaubnis.
(2) Ausübung der Heilkunde im Sinne dieses Gesetzes ist jede berufs- oder gewerbsmäßig vorgenommene Tätigkeit zur Feststellung, Heilung oder Linderung von Krankheiten, Leiden oder Körperschäden bei Menschen, auch wenn sie im Dienste von anderen ausgeübt wird.
(3) Wer die Heilkunde bisher berufsmäßig ausgeübt hat und weiterhin ausüben will, erhält die Erlaubnis nach Maßgabe der Durchführungsbestimmungen; er führt die Berufsbezeichnung ‚Heilpraktiker'" (Heilpraktikergesetz 2001, § 1).

Gesetzlich geschützt ist auch der Heilerziehungspflegeberuf. Im Niedersächsischen Gesetz über Berufsbezeichnungen, Weiterbildung und Fortbildung in Gesundheitsfachberufen heißt es unter „Geschützte Berufsbezeichnung": „Wer die Berufsbezeichnung ‚Heilerziehungspflegerin' oder ‚Heilerziehungspfleger' führen will, bedarf einer Erlaubnis." (Niedersächsisches Gesundheitsfachberufegesetz 2012, § 1) Eine Erlaubnis erhält, „wer
1. eine staatliche Abschlussprüfung zur Heilerziehungspflegerin oder zum Heilerziehungspfleger in Niedersachsen oder eine gleichwertige Abschlussprüfung in einem anderen Land bestanden hat oder aufgrund einer außerhalb Deutschlands abgeschlossenen Aus- oder Weiterbildung über eine gleichwertige Befähigung nach Maßgabe der §§ 3 und 4 verfügt,
2. die für die Ausübung des Berufs erforderliche Zuverlässigkeit besitzt,
3. für die Ausübung des Berufs gesundheitlich geeignet ist und
4. über die für die Ausübung des Berufs erforderlichen Kenntnisse der deutschen Sprache verfügt." (ebd., § 2)

Für die durch eine bestimmte Ausbildung geschützten nicht-akademischen Gesundheitsfachberufe ist eine bestimmte Ausbildung vorgeschrieben.

Gesetzlich reglementierte Berufe stehen unter einem besonderen Schutz. Unerlaubte Verwendung einer gesetzlich geschützten Berufsbezeichnung oder eine missbräuchliche Tätigkeit unter einer angemaßten Berufsbezeichnung ist strafbar. Das Strafgesetzbuch enthält definitive und mit Strafandrohung versehene Aussagen zu Titeln, Amts- und Dienst- und Berufsbezeichnungen.[305]

Mit den Abschluss-, Amts- und Dienstbezeichnungen sowie den akademischen Graden und Titeln der öffentlichen Würde werden spezifische und ausdrücklich abgegrenzte Berufe benannt. Allein schon aus den Hinweisen auf die Gesetzeslage zeigt sich, dass die Berufsbezeichnungen und -benennungen weiterhin eine wichtige Kategorie und damit eine Basisgröße der Berufsforschung sein können.

2.2.5 Erwerbsberufe

Berufsförmige Tätigkeiten, die der Befriedigung der elementaren Lebensbedürfnisse dienten oder auf weiterreichende Ansprüche ausgerichtet waren, gab es schon, als zu Berufen noch nicht systematisch ausgebildet wurde. Dabei hatte der „Broterwerb" vorrangige Bedeutung. Eine Überhöhung des Berufes im Sinne von Berufung, wie sie Luther postulierte, gab es noch nicht. Das heißt aber nicht, dass neben dem Erwerbsgedanken auch das Interesse an den Tätigkeitsinhalten bestand.

Früher und auch heute ist durch beruflich organisierte Arbeit als ein Bündel von Kompetenzen auf mittlerem Qualifikationsniveau die Möglichkeit „zum Tausch von Arbeitskraft gegen Geld gegeben. Damit wird durch die Möglichkeit, Erwerb zu erzielen, die materielle Basis der Lebensführung weitgehend abgesichert." (Meyer 2016, S. 411) Hierzu sind besondere individuelle Anstrengungen oder eine Qualifizierung erforderlich. Dabei versteht man unter Erwerbsqualifizierung „die mehr oder weniger organisierte bzw. systema-

---

[305] Im Strafgesetzbuch heißt es zum „Missbrauch von Titeln, Berufsbezeichnungen und Abzeichen
(1) Wer unbefugt
1. inländische oder ausländische Amts- oder Dienstbezeichnungen, akademische Grade, Titel oder öffentliche Würden führt,
2. die Berufsbezeichnung Arzt, Zahnarzt, Psychologischer Psychotherapeut, Kinder- und Jugendlichenpsychotherapeut, Psychotherapeut, Tierarzt, Apotheker, Rechtsanwalt, Patentanwalt, Wirtschaftsprüfer, vereidigter Buchprüfer, Steuerberater oder Steuerbevollmächtigter führt,
3. die Bezeichnung öffentlich bestellter Sachverständiger führt oder
4. inländische oder ausländische Uniformen, Amtskleidungen oder Amtsabzeichen trägt, wird mit Freiheitsstrafe bis zu einem Jahr oder mit Geldstrafe bestraft.
(2) Den in Absatz 1 genannten Bezeichnungen, akademischen Graden, Titeln, Würden, Uniformen, Amtskleidungen oder Amtsabzeichen stehen solche gleich, die ihnen zum Verwechseln ähnlich sind.
(3) Die Absätze 1 und 2 gelten auch für Amtsbezeichnungen, Titel, Würden, Amtskleidungen und Amtsabzeichen der Kirchen und anderen Religionsgesellschaften des öffentlichen Rechts.
(4) Gegenstände, auf die sich eine Straftat nach Absatz 1 Nr. 4, allein oder in Verbindung mit Absatz 2 oder 3, bezieht, können eingezogen werden." (Strafgesetzbuch 2013, § 132a, Abs. 1-4)

tisierte Ausbildung für eine Tätigkeit im Beschäftigungssystem. Dies kann heute sowohl für den akademischen als auch für den ‚beruflichen' Qualifikationssektor gelten" (Greinert 2016, S. 412).

Systematische Berufsausbildung im akademischen und im nicht-akademischen Bereich hat sich in Deutschland im Laufe der letzten neun Jahrhunderte entwickelt, wobei anfänglich der „Broterwerb" im Vordergrund stand. Auch heute noch gibt es neben den Ausbildungs- und Studienberufen eine sehr große Zahl von nicht-akademischen und akademischen Tätigkeiten bei denen der Erwerbsgedanke teilweise im Vordergrund steht, dominiert oder sogar bestimmend ist. Außerdem übt ein Teil der Beschäftigten in Deutschland den erlernten Beruf – aus welchen Gründen auch immer – nicht aus und geht stattdessen einer berufsfremden Erwerbstätigkeit nach.

Unter Erwerbsberufen versteht man diejenigen Tätigkeiten in berufsförmigen Arbeitszusammenhängen, in denen die Arbeitnehmer/-innen gegen Entlohnung tätig sind. Erwerbsberufe sind Berufe bzw. Tätigkeiten in einem Berufsfeld bzw. einer Berufsgruppe, die unabhängig von einem eventuell absolvierten Ausbildungs- oder Studienberuf ausgeübt werden können, wenn beim Beschäftigten die dazu notwendigen Kenntnisse und Fähigkeiten vorhanden sind. Erwerbsberufe setzen zwar keine geregelte Berufsausbildung voraus, werden aber häufig nach einem Berufswechsel ergriffen. Solche Wechsel geschehen nicht selten aus einem ökonomischen „Kalkül, also die Aussicht auf eine Verbesserung der Einkommens- und Karrieresituation" (Meyer 2016, S. 411).

Ein horizontaler Berufswechsel erfolgt, wenn der Ausbildungsberuf und der Erwerbsberuf nicht identisch sind, ein vertikaler, wenn die beiden Berufsformen zueinander korrespondieren und eine Niveauveränderung hinsichtlich des Anforderungsprofils erfolgt. Mit dem Berufswechsel können allerdings sowohl positive als auch negative Verdienst- und Karrierechancen verbunden sein. Tendenziell können Berufswechsler, bei denen der Erwerbsberuf auch der Ausbildungs- oder Studienberuf ist, ein höheres Einkommen erwarten als andere Beschäftigte.
Vorgeschriebene oder kodifizierte Qualifikationen und Kompetenzen sind kein konstituierendes Merkmal dieses Berufsbegriffs. Jedoch muss für die Anforderungen an eine Arbeitstätigkeit eine hinreichende Qualifizierung gegeben sein, um erwerbsfähig zu sein. Durch die weiteren Veränderungen im Beschäftigungssystem, die niedrigen Geburtsraten und die höhere Lebenserwartung sind bei den Erwerbsberufen Veränderungen zu erwarten, die zu neuen Konzepten bei der Erwerbsqualifizierung führen müssen. Die bisher noch immer erkennbare stark berufsfachliche Strukturierung von Erwerbstätigkeiten folgt in Deutschland aber direkt aus der Verbindung von Ausbildungs- und Erwerbsberufen. Ausbildungsberufe eröffnen für den Absolventen „immer ein Spektrum von möglichen Erwerbsberufen (…), während gleichzeitig in Stellenbesetzungsverfahren berufliche Qualifikationen deutlich umrissene Signale über die beruflichen Kompetenzen von Bewerberinnen und Bewerbern senden" (Tiemann/Kaiser 2013, S. 290).

Der Begriff „Erwerbsberufe" wird aufgrund der in den letzten Jahren erfolgten Definition inzwischen von verschiedenen Instituten in ähnlicher Weise definiert. So sind sie „in der Definition des Instituts für Arbeitsmarkt- und Berufsforschung (IAB) unabhängig von einer beruflichen Erstausbildung, sie werden verstanden als die faktisch ausgeübten bzw. angestrebten Tätigkeiten. Ausbildungsberufe sind dem System der Berufsbildung zuzuordnen, während Erwerbsberufe durchaus auch akademische Abschlüsse umfassen können." (Meyer 2016, S. 411) Auch vom Bundesinstitut für Berufsbildung (BIBB) ist das Begriffsverständnis zu Erwerbsberufen präzisiert worden. Danach ist „unter **Erwerbsberuf** (…) eine typische Kombination von Arbeitsverrichtungen und Tätigkeiten zu verstehen, die unabhängig von der absolvierten Ausbildung vom Erwerbstätigen faktisch ausgeübt werden" (Brettschneider/Grundwald/Zinke 2010, S. 8; Hervorhebungen im Original).

Die Bezeichnung und inhaltliche Ausgestaltung der Erwerbsberufe erfolgt meist durch die Arbeitgeber bzw. die Betriebe und Unternehmen sowie auf der Basis betrieblicher Tätigkeitsanforderungen. Sie kann aber auch durch Eigeninitiative entstehen. Wer auch immer der Namensgeber ist, meist orientiert man sich nur zum Teil an vergleichbaren Ausbildungs- bzw. Studienberufen und deren Fach- bzw. Vertiefungsrichtungen. Die Unterscheidung von Ausbildungsberufen und Erwerbsberufen ist für die gesetzliche Rentenversicherung und private Versicherungen „insofern relevant, dass diese Begriffe jeweils die Basis für Berufs- oder Erwerbsunfähigkeit bilden. Berufsunfähigkeit schließt im Gegensatz zur Erwerbsunfähigkeit die dauerhafte (Wieder-)Aufnahme einer Erwerbsarbeit nicht aus und bildet damit auch die Basis für die Legitimation von Umschulungen, Rehabilitationsmaßnahmen und die Grundsicherung im Alter." (Meyer 2016, S. 411) Als amtliches Paradoxon erscheint, dass „Personen, die zwar arbeiten, deren Tätigkeit aber nicht auf Erwerb gerichtet ist, z. B. Hausfrauen/-männer oder ehrenamtlich Tätige oder Aktivitäten im Bereich der Eigenarbeit oder Nachbarschaftshilfe" als nicht erwerbstätig gelten (Dostal 2016, S. 413). Nicht nur für die Versicherungen, sondern auch aus arbeitsmarktpolitischer Sicht ist auf Basis der empirisch und statistisch ermittelten realen betrieblichen Tätigkeiten durch die Bundesagentur für Arbeit (BA) bzw. das Institut für Arbeitsmarkt- und Berufsforschung (IAB) eine Klassifizierung bzw. Klassifikation von Erwerbsberufen vorgenommen worden (aktuell KldB 2010).[306]

Neue Erwerbsberufe entstehen in den letzten Jahren insbesondere im Zusammenhang mit EDV-Anwendungen oder dem Bereich der rechnergestützten Facharbeit, wobei sich diese in Richtung einer spezifischer Berufsform mit eindeutigen Kennzeichen von Beruflichkeit weiterentwickeln können. Dieses sind aber nicht nur beim rechnergestützten Arbeiten extern generierte Vorgänge, die durch Bildungseinrichtungen kaum beeinflusst werden können. Es stünde auch im Widerspruch zur Bildungstheorie, wenn die Ausbildungsstätten der Berufsbildung sich ausschließlich auf Erwerbsberufe ausrichten würden.

Die konkrete Gestaltung der Erwerbsarbeit und der Erwerbsberufe kann nicht durch die Ausbildungs- und Studienstätten vorbestimmt werden, sie wird vielmehr „von den gesellschaftlichen Rahmenbedingungen geprägt. Es sind Altersgrenzen für Erwerbsarbeit festgelegt, es sind soziale Standards durchgesetzt worden, und die rechtlichen und ökonomi-

---

[306] Zur Klassifikation der Erwerbsberufe siehe z. B. „Klassifikation der Berufe 2010 – Entwicklung und Ergebnis" (Bundesagentur für Arbeit 2010), „Klassifikation der Berufe 2010 (KldB 2010) – Aufbau und anwendungsbezogene Hinweise" (Bundesagentur für Arbeit 2011), „Klassifikationen der Berufe 2010 – Begriffliche Grundlagen, Vorgehensweise, Anwendungsfelder" (Tiemann/Kaiser 2013, S. 290 ff.).

schen Bedingungen der Erwerbsarbeit sowie die Interessenvertretung von Arbeitgebern wie Arbeitnehmern sind im Detail vereinbart." (Dostal 2016, S. 414)

Darüber hinaus kommt es in den letzten Jahren „häufiger vor, dass von einer Person mehrere Erwerbstätigkeiten parallel geleistet werden, während umgekehrt kurzfristig angelegte und immer wieder unterbrochene Arbeitsverhältnisse (,perforierte Erwerbsbiografie') eine steigende Bedeutung zeigen" (Dostal 2016, S. 414). Mit kurzfristigen verschiedenen Tätigkeiten, die unabhängig von der Arbeitszeit fast ausschließlich auf den Einkommenserwerb gerichtet sind, verliert für eine solche Art der Erwerbstätigkeit zugleich auch das Konstrukt des Erwerbsberufs an Bedeutung und Zugkraft.

Unabhängig von den ständigen Veränderungen im Beschäftigungssystem und in der Gesellschaft ist unter positiver Perspektive anzunehmen, dass – wie seit den Anfängen einer arbeitsteiligen Beruflichkeit – ständig neue Erwerbsberufe entstehen und andere aussterben oder sich in den Tätigkeitsmerkmalen, Anforderungen und Strukturen wandeln und sogar Anstöße zu neuen geregelten Ausbildungsberufen geben.

2.2.6 Ungeschützte Berufsbezeichnungen und -benennungen

Die Anzahl der ungeschützten Berufsbezeichnungen übersteigt diejenigen der geschützten bei weitem, wie schon eine kleine Auswahl zeigt (Abb. 34).

Administrator/-in, Akupunkteur/-in, Allergieberater/-in, Animateur/-in, Anlageberater/-in, , Astrophysiker/-in, Autor/-in, Betriebsökonom/-in , Betriebswirt/-in, Bewegungstherapeut/-in, Consulter/-in, Detektiv/-in, Direktor/-in, Dolmetscher/-in, Dozent/-in, Eheberater/-in, Entspannungstrainer/-in, Ernährungsberater/-in, Ernährungstherapeut/-in, Erziehungsberater/-in, Erziehungstherapeut/-in, Fachberater/-in, Fachkaufmann, Fachkauffrau, Fachkosmetiker/-in, Finanzberater/-in, Finanzmakler/-in, Finanzoptimierer/-in, Finanzvermittler/-in, Galerist/-in, Geschäftsführer/-in, Gesundheitsberater/-in, Gutachter/-in, Handelsfachwirt, Handelsvertreter/-in, Hausmeister/-in, Hausverwalter/-in, Hundecoiffeur/-in, Hundetrainer/-in, Hundezüchter/-in, Hypnosetherapeut/-in, Immobilienmakler/-in, Informatiker/-in, IT-Manager/-in, Journalist/-in, Komponist/-in, Konfliktberater/-in, Kosmetiker/-in, Krisenmanager/-in, Logistiker/-in, Makler/-in, Manager/-in, Mediator/-in, Medienberater/-in, Musiktherapeut/-in, Ökonom/-in, Organisationsberater/-in, Personalberater/-in, Personaltrainer/-in, Pflegegutachter/-in, Produktionsmanager/-in, Projektmanager/-in, Publizist/-in, Redakteur/-in, Reiseleiter/-in, Rentenberater/-in, Restaurator/-in, Seelsorger/-in, Sekretär/-in, Seniorenbetreuer/-in, Sozialtherapeut/-in, Suchtberater/-in, Systemanalytiker/-in, Technologieberater/-in, Tierheilpraktiker/-in, Tierhomöopath/-in, Trainer/-in, Übersetzer/-in, Umweltberater/-in, Unternehmensberater/-in, Verkaufsleiter/-in, Verleger/-in, Vermögensberater/-in, Visagist/-in, Web Designer/-in, Werbeberater/-in, Werbetexter/-in, Zeremonienmeister/-in.

Abb. 34: Ungeschützte Berufsbezeichnungen (Auswahl)

Der Phantasie der Namensgeber sind keine Grenzen gesetzt. Das Führen einer ungeschützten Berufsbezeichnung ist unproblematisch. Wird eine Berufsbezeichnung allerdings bei Bewerbungen oder Vertragsabschlüssen verwendet, ohne dass man über eine entsprechende und zu erwartende Qualifikation vorliegt, kann dieses eventuell zu einem Delikt im Sinne des Gesetzes gegen den unlauteren Wettbewerb (UWG 2013) führen. Es lässt darüber hinaus unter Umständen beispielsweise eine Strafbarkeit wegen Betrugs in der Form des Anstellungsbetrugs ableiten.

Berufsbezeichnungen mit einem spezifischen Profil und bestimmter Inhaltlichkeit können teilweise aber auch produktiv sowie gesellschaftlich erwünscht sein.[307]

2.2.7 Einordnung der Berufe durch Qualifikationsrahmen

Mit Hilfe des Europäischen oder Deutschen Qualifikationsrahmens[308] lassen sich Berufe in einem ersten Angang einer Niveaustufe zuordnen. Die Qualifikationsrahmen weisen acht Niveaustufen auf (Abb. 35).[309] Nach der Struktur der EQR-Niveaus der Europäischen Kommission (2008) wird jedes der acht Niveaus „durch eine Reihe von Deskriptoren definiert, die die Lernergebnisse beschreiben, die für die Erlangung der diesem Niveau entsprechenden Qualifikationen in allen Qualifikationssystemen erforderlich sind" (DQR-Handbuch 2013, S. 13). Die Niveaus werden unter den Rubriken „Kenntnisse", „Fertigkeiten" und „Kompetenzen" durch „eine Reihe von Deskriptoren definiert, die die Lernergebnisse beschreiben, die für die Erlangung der diesem Niveau entsprechenden Qualifikationen in allen Qualifikationssystemen erforderlich sind" (Empfehlungen 2008, Anhang II).

Mit dem EQR waren nationale Bildungsziele zueinander in Beziehung zu setzen. Er stellte „die abstrakte Kategorie der Lernergebnisse in den Mittelpunkt. Kompetenz erscheint hier als eine Lernergebniskategorie neben anderen: den Kenntnissen und Fertigkeiten. Demgegenüber bildet der Kompetenzbegriff im DQR die Klammer für alle betrachteten Lernergebnisse." (DQR-Handbuch 2013, S. 15)
Unterschieden werden mit dem DQR Fachkompetenzen und Personale Kompetenzen. Dabei werden unter der Fachkompetenz Wissen und Fertigkeiten rubriziert. Personale Kompetenzen stellen dort die Sozialkompetenz und die Selbstständigkeit dar.

Eine Einreihungsmöglichkeit von den verschiedensten Berufen in die Niveaustufen des Qualifikationsrahmens stellt eine grobe Einordnungs- und Bewertungsmöglichkeit dar. Die damit verbundene Hierarchisierung reicht von einfachen nicht-akademischen über semi-akademische bis zu akademischen Berufen und sogar Professionen.

---

[307] So kann beispielsweise unter den heutigen gesellschaftliche Bedingungen und dem erheblichen sozialem Wandel, die Ausgestaltung des Berufs eines Resozialisierungsmanagers (Maelicke/Wein 2016, S. 167) für die Resozialisierung von Strafgefangenen – und nicht nur diesen – sinnvoll sein. Das gilt insbesondere, wenn das Berufsprofil in Hinblick auf die „Komplexleistung Resozialisierung" interdisziplinär angelegt wird (ebd. S. 197).
[308] Der achtstufige Europäische Qualifikationsrahmen für lebenslanges Lernen (EQR) wurde im November 2007 vom EU-Parlament beschlossen und am 23. April 2008 vom Europäischen Parlament und vom Europäischen Rat angenommen. Die Länder der EU waren angehalten, bis 2012 auf Basis des EQR Nationale Qualifikationsrahmen (NQR) zu entwickeln und in die nationalen Berufsbildungssysteme zu integrieren. Ein Vorschlag für einen entsprechenden Deutschen Qualifikationsrahmen (DQR) ist am 10.11.2010 vom Arbeitskreis Deutscher Qualifikationsrahmen (AK DQR 2010) verabschiedet und zur Diskussion gestellt worden. Er ist gültig seit dem 31. 01. 2012.
[309] Die Empfehlungen des europäischen Parlaments und des Europäischen Rates verfolgten „das Ziel, einen gemeinsamen Referenzrahmen als Übersetzungsinstrument zwischen verschiedenen Qualifikationssystemen und deren Niveaus zu schaffen, und zwar sowohl für die allgemeine und die Hochschulbildung als auch für die berufliche Bildung." (Empfehlungen 2008, C 111/2).

Mit dem DQR wird u. a. das Ziel verfolgt, „die Gleichwertigkeit von allgemeiner, beruflicher und hochschulischer Bildung – jeweils einschließlich der Weiterbildung – zu verdeutlichen" (DQR-Handbuch 2013, S. 9)[310]

	Kompetenz
Niveau 1	Arbeiten oder Lernen unter direkter Anleitung in einem vorstrukturierten Kontext
Niveau 2	Arbeiten oder Lernen unter Anleitung mit einem gewissen Maß an Selbstständigkeit
Niveau 3	Übernehmen von Verantwortung für die Erledigung von Arbeits- oder Lernaufgaben bei der Lösung von Problemen. Anpassen des eigenen Verhaltens an die jeweiligen Umstände.
Niveau 4	Selbstständiges Tätigwerden innerhalb der Handlungsparameter von Arbeits- oder Lernkontexten, die in der Regel bekannt sind, sich jedoch ändern können. Beaufsichtigen der Routinearbeit anderer Personen, wobei eine gewisse Verantwortung für die Bewertung und Verbesserung der Arbeits- oder Lernaktivitäten übernommen wird
Niveau 5	Leiten und Beaufsichtigen in Arbeits- oder Lernkontexten, in denen nicht vorhersehbare Änderungen auftreten. Überprüfen und Entwickeln der eigenen Leistung und der Leistung anderer Personen
Niveau 6	Leiten komplexer fachlicher oder beruflicher Tätigkeiten oder Projekte und Übernahme von Entscheidungsverantwortung in nicht vorhersehbaren Arbeits- oder Lernkontexten. Übernehmen der Verantwortung für die berufliche Entwicklung von Einzelpersonen und Gruppen
Niveau 7	Leiten und Gestalten komplexer, unvorhersehbarer Arbeits- oder Lernkontexte, die neue strategische Ansätze erfordern. Übernehmen von Verantwortung für Beiträge zum Fachwissen und zur Berufspraxis und/oder für die Überprüfung der strategischen Leistung von Teams
Niveau 8	Entwickeln von fachliche Autorität, Innovationsfähigkeit, Selbstständigkeit, wissenschaftliche und berufliche Integrität und nachhaltiges Engagement bei der Entwicklung neuer Ideen oder Verfahren in führenden Arbeits- oder Lernkontexten, einschließlich der Forschung

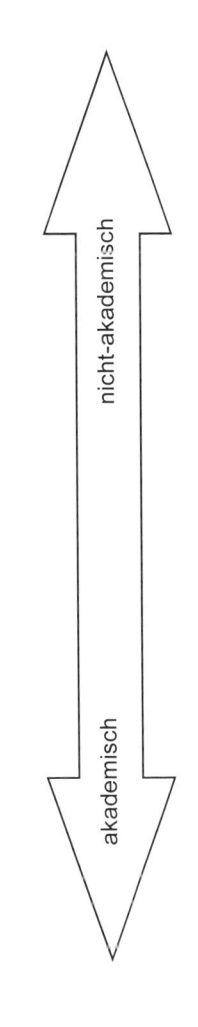

Abb. 35: Einordnung von Berufen nach Kompetenzen in Niveaustufen (in Anlehnung an den DQR 2013)

---

[310] Das „Handbuch zum Deutschen Qualifikationsrahmen Struktur – Zuordnungen – Verfahren – Zuständigkeiten" (DQR-Handbuch 2013) bietet eine Fülle von Anregungen, um Qualifikationen und auch Berufe besser einordnen zu können.

2.2.8 Einordnung der Berufe und Ordnung durch Berufsklassifikationen

- **Klassifizierung der Berufe**

Klassifikationen von Berufen sind in den letzten fünf Jahrzehnten von verschiedenen Institutionen durch Systematisierungen aufgrund ähnlicher Berufsmerkmale vorgenommen worden. In den letzten Jahren wurden weitere Untersuchungen und Konzepte zu den Berufsklassifikationen notwendig. Mit den Untersuchungen der Berufsagentur liegen nun neuste Analysen und Untersuchungsergebnisse vor, die insbesondere statistische, aber auch wissenschaftliche Bedeutung haben. Die derzeit in Deutschland gültige, nationale Systematik der Erwerbsberufe wurde 2011 für alle amtlichen Statistiken deutschlandweit eingeführt und baut auf den früheren Erhebungen auf (Abb. 36). Die Berufsklassifikation bildet u. a. die Grundlage für die Meldung der Arbeitgeber/innen an die Sozialversicherung. Auf dieser beruht die Beschäftigtenstatistik der Bundesagentur für Arbeit (Vicari 2016, S. 260 f.).

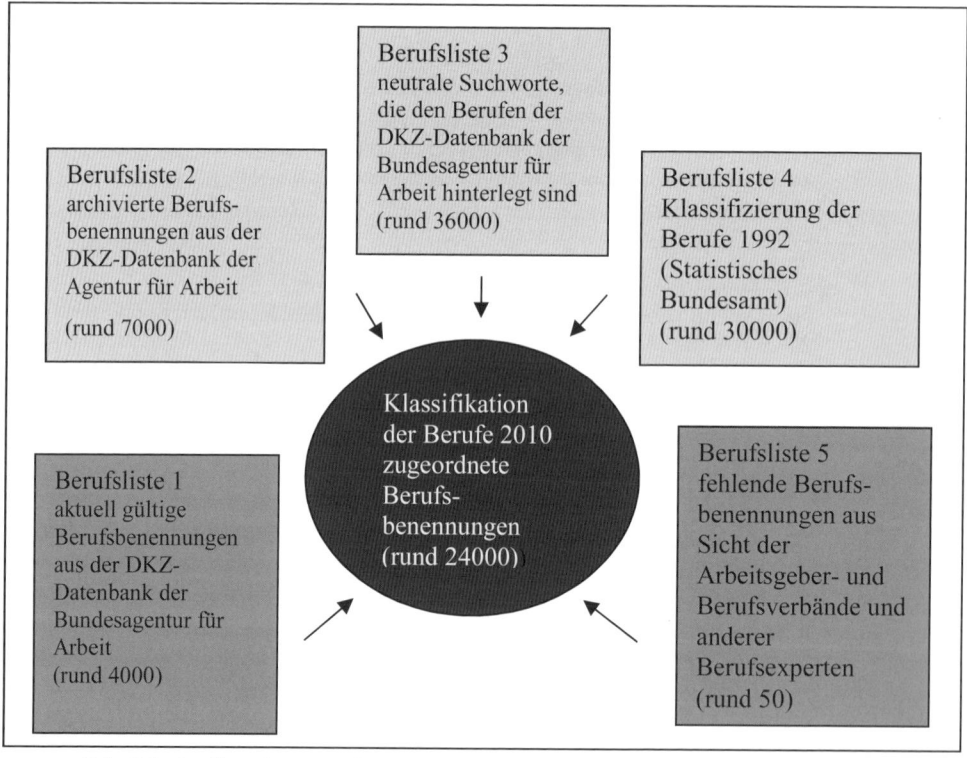

Abb. 36: Quellen des Berufsverzeichnisses der Klassifikation der Berufe 2010
(Wiemer/Schweitzer/Pauls 2011, S. 285)

Durch die Vielzahl der Berufs- und Tätigkeitsbezeichnungen tritt sofort die Frage auf, was davon sind Berufe, was berufsförmige Tätigkeiten und was Jobs oder was sind nur Arbeitstätigkeiten im Beschäftigungssystem. Mit der von der Bundesagentur benannten

Zahl von 3881 Berufen hat man zumindest einen ersten Anhalt, wenn auch der Berufsbegriff, der bei den Klassifikationsarbeiten zugrunde gelegt worden ist, eher pragmatisch und nicht sehr umfassend angelegt ist (vgl. KldB. Berufsagentur 2011, Bd. 1, S. 25 ff.). Mit dieser Klassifikation soll – wie es euphemistisch heißt – die aktuelle Berufslandschaft in Deutschland realitätsnah abgebildet werden, sodass damit die in den letzten Jahrzehnten deutlich veränderten Berufsstrukturen in Statistiken und Analysen besser als bisher dargestellt werden können. Das dazu erstellte Verzeichnis der Berufsbenennungen umfasst rund 24.000 Berufs- und Tätigkeitsbezeichnungen, die aus einer Liste von rund 73.000 Berufs- und Tätigkeitsbezeichnungen ausgewählt wurden (KldB. Bundesagentur 2011, S. 49). Im Rahmen der Arbeiten zur Berufsklassifikation wurden dann 3.881 Berufe benannt (Bundesagentur 2011, S. 35) Es ist also eine gewaltige Datenmenge gesichtet, bearbeitet und überprüft worden.

Zu klären ist nun, ob das, was im Rahmen der Klassifikation für Berufe entwickelt worden ist, einer genaueren berufswissenschaftlichen Untersuchung – wenn nicht für die Berufe – so doch zumindest für berufsförmige Tätigkeiten, Jobs und Arbeitstätigkeiten im Beschäftigungssystem bedarf. Dabei ist zu fragen, ob die bei den Arbeiten zu Klassifikation der Berufe im Vordergrund stehenden Merkmale und Kriterien der Berufsfachlichkeit und des Anforderungsniveaus, genügen, um darauf bei weiterreichenden berufswissenschaftlichen Untersuchungen aufbauen zu können.

Für wissenschaftliche Tätigkeiten haben Klassifikationen erhebliche Bedeutung, denn sie stehen unter der selbsterhobenen Anspruch, „dass sie Veränderungen in der Berufslandschaft aufzeigen und dass neue Berufe oder bislang unbekannte Tätigkeiten in sie eingeordnet werden können. Zu Forschungszwecken müssen neben den aktuellen Entwicklungen am Arbeitsmarkt aber auch die langfristigen Veränderungen im Zeitablauf abbildbar bleiben." (KldB. Bundesagentur 2011, S. 23)
Um eine Übersicht zu ermöglichen, ist das gesamte Klassifikationsfeld strukturiert worden. Die Struktur der Klassifikation der Berufe 2010 umfasst fünf Ebenen und „auf den jeweiligen Ebenen:
→ 10 Berufsbereiche (1-Steller)
→ 37 Berufshauptgruppen (2 Steller)
→ 144 Berufsgruppen (3-Steller)
→ 700 Berufsuntergruppen (4-Steller)
→ 1286 Berufsgattungen (5-Steller)" (Wiemer/Schweitzer/Pauls 2011, S. 275).

Die Berufsklassifikation ist hierarchisch aufgebaut. Der Anspruch des Klassifikationsvorhabens richtet sich darauf, ein Instrument zu entwickeln, „welches die heutige Arbeitsmarktrealität und damit die Berufs- und Berufsausbildungsstruktur in Deutschland möglichst genau abbildet. Die neue KldB soll jedoch nicht nur nationale Gültigkeit besitzen, sondern muss darüber hinaus eine möglichst hohe Kompatibilität zur ISCO-08 vorweisen." (KldB. Bundesagentur für Arbeit 2010, S. 22)
Diese aktuellen Berufsklassifikationen – so die Aussage der Gestalter – bieten die Möglichkeit, „über sinnvolle und praxisgerechte Zusammenfassungen von ähnlichen beruflichen Tätigkeiten zu verfügen" (KldB. Bundesagentur 2011, S. 6). Zu der aktuellen Be-

rufsklassifikation ist die „primäre strukturgebende Dimension (...) die so genannte Berufsfachlichkeit". Diese richtet sich auf ein durch „berufliche Inhalte bestimmtes Bündel von Fachkompetenzen. Danach werden die Berufe zunächst nach ihrer Ähnlichkeit anhand der sie auszeichnenden Tätigkeiten, Kenntnisse und Fertigkeiten gruppiert" (ebd., S. 16).
Aufgrund von Berufsfeldanalysen sind zehn Berufsbereiche gebildet worden (Abb. 37).

Schlüssel	Berufsbereich
1	Land-, Forst- und Tierwirtschaft und Gartenbau
2	Rohstoffgewinnung, Produktion und Fertigung
3	Bau, Architektur, Vermessung und Gebäudetechnik
4	Naturwissenschaft, Geografie und Informatik
5	Verkehr, Logistik, Schutz und Sicherheit
6	Kaufmännische Dienstleistungen, Warenhandel, Vertrieb, Hotel und Tourismus
7	Unternehmensorganisation, Buchhaltung, Recht und Verwaltung
8	Gesundheit, Soziales, Lehre und Erziehung
9	Sprach-, Literatur-, Geistes-, Gesellschafts- und Wirtschaftswissenschaften, Medien, Kunst, Kultur und Gestaltung
0	Militär

Abb. 37: Berufsbereiche der KldB 2010 (Bundesagentur für Arbeit 2011a, S. 17)

Berufsbereiche, die Berufshauptgruppen, die Berufsgruppen und die Berufsuntergruppen richten sich auf die fachliche Ähnlichkeit (Abb. 38). Mit tieferer Ebene nimmt die Ähnlichkeit der Berufe zu.

Berufsbereiche	Berufsbereiche Anzahl			
	Berufs-hauptgruppen	Berufs-gruppen	Berufs-untergruppen	Berufs-Gattungen
1	2	9	41	84
2	9	30	150	317
3	4	10	59	118
4	3	11	61	108
5	4	15	70	122
6	3	12	50	84
7	3	11	54	110
8	4	21	112	184
9	4	21	99	155
0	1	4	4	4

Abb.38: Übersicht über die Anzahl der Berufshauptgruppen, Berufsgruppen, Berufsuntergruppen und Berufsgattungen je Berufsbereich (KldB. Bundesagentur für Arbeit 2011a, S. 18)

Neben der Berufsfachlichkeit ist das Anforderungsniveau die zweite zentrale Dimension der Klassifikation der Berufe. „Das Anforderungsniveau bezieht sich dabei auf die Komplexität der auszuübenden Tätigkeiten und wird somit als berufs- bzw. arbeitsplatzbezogenes Charakteristikum verstanden." (KldB. Bundesagentur für Arbeit 2011a, S. 26) Mit dem Anforderungsniveau ist eine vertikale Struktur eingezogen, die sich auf die Art und Tiefe der Berufskenntnisse bezieht. Die Anforderungsniveaus sind an den formalen beruflichen Bildungsabschlüssen und wenn nicht anders möglich an der Berufserfahrung und die Dauer der beruflichen Ausbildung ausgerichtet.[311]

Mit dieser Struktur der Berufsklassifikation der Bundesagentur für Arbeit, werden, „die Berufe zunächst nach ihrer Ähnlichkeit anhand der sie auszeichnenden Tätigkeiten, Kenntnisse und Fertigkeiten gruppiert. Auf der untersten Ebene erfolgt eine Untergliederung der berufsfachlichen Einheiten anhand der zweiten Dimension – dem ‚Anforderungsniveau'. Das Anforderungsniveau bildet die Komplexität der auszuübenden Tätigkeit ab und ist in vier Komplexitätsgrade unterteilt, von ‚1 – Helfer- und Anlerntätigkeiten' bis ‚4 – hoch komplexe Tätigkeiten'." (KldB. Bundesagentur für Arbeit 2011a, S. 16)

Über den Anspruch hinaus die Beratungs-, Vermittlungs- und Informationsarbeit der Bundesagentur für Arbeit zu unterstützen, kann – und das ist für die vorliegende Untersuchung von besonderen Interesse – die Berufsklassifikation zur Berufsforschung beitragen (vgl. KldB. Bundesagentur für Arbeit 2011a, S. 23). Die von der Bundesagentur gebildeten berufskundlichen Gruppen ermöglichen zwar eine eindeutige Zuordnung eines Anforderungsniveaus zu einem Beruf (Abb. 39).

Eine Ausnahme stellen lediglich zwei Gruppen dar „die so genannten ‚Funktionen und Spezialisierungsformen' sowie die ‚sonstigen Tätigkeiten' zur berufskundlichen Gruppe." (KldB. Bundesagentur für Arbeit 2011a, S. 39). Diese Gruppenbildungen erscheinen sinnvoll, allerdings lässt die vorgeschlagene Gliederungsform nur eine sehr grobe Einordnung zu.

Damit ist eine Form entstanden, die – wie einschränkend festzustellen ist – nicht wesentlich über das Alltagswissen über Berufe hinausgeht. Die Bestimmung und Kennzeichnung der Anforderungsniveaus ist nicht ganz eindeutig. Das ist nicht verwunderlich bei der Aufgliederung in nur vier Anforderungsniveaus. Sie kann es aber auch gar nicht sein, weil es auch fließende Übergänge gibt. Außerdem sind die Anforderungsniveaus immer in Relation zu den anderen zu sehen.

---

[311] Mit dieser Entscheidung wird zugleich darauf hingewiesen, „dass das Anforderungsniveau eines Berufes ebenfalls nicht personen-, sondern tätigkeitsbezogen ist. Somit wird für jeden Beruf lediglich ein Anforderungsniveau erfasst, das typischerweise für diesen Beruf gilt, unabhängig von der formalen Qualifikation einer Person, die diesen Beruf ausübt." (Bundesagentur 2011a, S. 27)

Erweiterte berufskundliche Gruppe	Anforderungsniveau KldB 2010
Helfer	1
Beamte einfacher Dienst	
einjährige Berufsausbildungen	
Fachkräfte	2
Beamte mittlerer Dienst	
Meister	3
Techniker u. a.	
Kaufmännische Fortbildungen u. a.	
Beamte gehobener Dienst	
Bachelorstudiengänge	
Studienberufe (mind. vierjährig)	4
Beamte höherer Dienst	
Spezialisierungsformen, Funktionen, sonstige Tätigkeiten	nicht eindeutig

Abb. 39: Gegenüberstellung „erweiterte berufskundliche Gruppe" und Anforderungsniveau (KldB. Bundesagentur für Arbeit 2011a, S. 40)

Um eine Übersicht über die einzelnen Anforderungsniveaus und die Anforderungsprofile zu gewinnen, die mit der Ausarbeitung der Klassifikation vorgelegt wird, bietet sich eine tabellarische Darstellung an (Abb. 40).

Anforderungsniveau	Kennzeichnung der beruflichen Anforderungsprofile
Helfer- und Anlerntätigkeiten	Diese Berufe umfassen typischerweise einfache, wenig komplexe (Routine-)Tätigkeiten. Für die Ausübung dieser Tätigkeiten sind in der Regel keine oder nur geringe spezifische Fachkenntnisse erforderlich. Die Tätigkeiten weisen eine geringere Komplexität auf als Tätigkeiten, die typischerweise von einer Fachkraft ausgeübt werden. Diesem Anforderungsniveau werden Helfer- und Anlerntätigkeiten sowie Absolventen einjähriger Berufsausbildungen zugeordnet.
Fachlich ausgerichtete Tätigkeiten	Diese Berufe weisen relativ komplexe und fachlich ausgerichtete Tätigkeiten auf. Die sachgerechte Ausübung dieser Tätigkeiten erfordert fundierte Fachkenntnisse und Fertigkeiten, die mit dem Abschluss einer zwei- bis dreijährigen Berufsausbildung erreicht werden. Ein berufsqualifizierender Abschluss einer Berufsfachschule oder eine entsprechende Berufserfahrung und/oder informelle berufliche Ausbildung werden als gleichwertig angesehen, Die Qualifikationen entsprechen hinsichtlich ihres Komplexitätsgrades der Tätigkeit einer Fachkraft.
Komplexe Spezialistentätigkeiten	Diese Berufe weisen komplexere Spezialkenntnisse und -fertigkeiten auf. Sie erfordern die Befähigung zur Bewältigung gehobener Fach- und Führungsaufgaben. Charakteristisch sind neben den jeweiligen Spezialistentätigkeiten Planungs- und Kontrolltätigkeiten. Häufig werden die hierfür notwendigen Kenntnisse und Fertigkeiten im Rahmen einer beruflichen Fort- oder Weiterbildung vermittelt. Es handelt sich um Berufe, denen eine Meister- oder Technikerausbildung bzw. ein gleichwertiger Fachschul- oder Hochschulabschluss vorausgegangen ist. Häufig kann auch eine entsprechende Berufserfahrung und/oder informelle berufliche Ausbildung ausreichend für die Ausübung des Berufes sein.

Hoch komplexe Tätigkeiten	Diese Berufe weisen einen sehr hohen Komplexitätsgrad aufweisen und erfordern ein hohes Kenntnis- und Fertigkeitsniveau. Kennzeichnend sind hoch komplexe Tätigkeiten. Dazu zählen z. B. Entwicklungs-, Forschungs- und Diagnosetätigkeiten, Wissensvermittlung sowie Leitungs- und Führungsaufgaben innerhalb eines (großen) Unternehmens. In der Regel setzt die Ausübung dieser Berufe eine mindestens vierjährige Hochschulausbildung (Masterabschluss, Diplom, Staatsexamen o. Ä.) und/oder eine entsprechende Berufserfahrung voraus. Bei einigen Berufen kann auch eine Promotion bzw. Habilitation vorgeschrieben sein.

Abb. 40: Anforderungsniveau (in Anlehnung an KldB. Arbeitsagentur 2011a, S. 27 f.)

Die Schneidung der Anforderungsniveaus in ihrem vertikalen Aufbau ist mit dem des nationalen Qualifikationsrahmens in den Grundzügen vergleichbar und ähnlich.
Informationen jeglicher Art über Arten und Einstufung von Berufen oder berufliche Tätigkeiten können für die Berufswissenschaft und Berufsforschung von Interesse sein. Dadurch können u. a. „spezifische Fragen zur beruflichen Mobilität, zum Fachkräftebedarf, zum Ausbildungsmarkt oder auch zum Wandel von Berufsstrukturen beantwortet werden" (Wiemer/ Schweitzer/Pauls 2011, S. 274).

- **Berufsklassifikation und Anzahl der Berufe**

Auch wenn es – wie im Vorangegangenen gezeigt – einige sehr detaillierte Unterscheidungsmerkmale für die verschiedenen Berufe gibt, so kursieren über die Anzahl aller Berufe und Berufsbezeichnungen sehr unterschiedliche Angaben, die in der Spannweite von 8000 bis 100000 variieren. Dieser Zustand war und ist bemerkenswert und zeigt auch die Unsicherheit an, was als eine sinnvolle Berufsbezeichnung angesehen werden kann.

Insofern sind die Arbeiten der Bundesagentur für Arbeit im Rahmen der Berufsklassifikation sehr zu begrüßen. Mit Stand vom 2. 4. 2015 wurde im „Berufs- und Tätigkeitsverzeichnis" eine Zahl von ca. 27.700 Berufs- und Tätigkeitsbezeichnungen erfasst (Abb. 41). Der Ausbau dieser Datenbank wird vermutlich weitergeführt und kann im Rahmen der Überarbeitung bzw. Revision der Strukturdaten der Berufsklassifikation hilfreich sein, die ca. fünf bis zehn Jahre nach der Einführung der Klassifikation angestrebt wird.
Sieht man sich die aufgeführten Berufsbezeichnungen im Einzelnen an, so finden sich darunter durchaus solche, die man als Berufe bezeichnen kann. Es sind aber auch viele Tätigkeiten aufgeführt, die sehr eng angelegt sind und für die teilweise noch nicht einmal eine einheitliche Bezeichnung besteht, wie beispielsweise für die „Abbeizer/-innen bzw. Dekapierer/-innen". Außerdem gibt es verschiedene Berufsbezeichnungen, die eine gleiche oder sehr ähnliche Inhaltlichkeit aufweisen. Durch spezielle Betrachtungen wird bei solchen Fällen versucht, den Mangel zu beheben, indem Berufsbezeichnungen einer „semantischen" Analyse unterzogen werden. Sinnvoller erscheint eine inhaltliche Analyse. Das Problem wird besonders auffällig, wenn sich berufliche Aufgaben und Tätigkeiten deutlich unterscheiden und auf eine andere Schwerpunktsetzung hinweisen (KldB. Bundesagentur für Arbeit, 2011a, S. 37 f.).

Die Vielzahl der Berufe und berufsförmigen Tätigkeitsbezeichnungen, die hier nur auszugsweise dargestellt werden kann, beruht auf Daten, die aus Befragungen über Berufsangaben erhoben werden, aber u. a. aus solchen, die im Rahmen des Meldeverfahren zur Sozialversicherung ergeben (Bundesagentur für Arbeit (c) 2011, S. 18-358). All diese Aktivitäten können dazu beitragen, „der unübersichtlichen Berufelandschaft eine allgemeinverständliche und übersichtliche Struktur zu verleihen" (Bröcher 2016, S. 190). Die Leistungsfähigkeit der Aufstellungen von Berufsbezeichnungen lässt sich daran messen, ob sich in hinreichender Weise die damit verbundenen Arbeitsaufgaben und Tätigkeiten erfassen, die gesellschaftliche Stellung erklären und für den Einzelnen die Einordnung in den gesellschaftlichen Zusammenhang ermöglichen lassen.

Weitergehenden berufswissenschaftlichen Anforderungen genügen die Auflistungen zu den Berufsbenennungen bisher kaum. Beim gegenwärtigen Stand der Entwicklung bleiben die Berufsbezeichnungen bzw. -benennungen ein Problem der Berufssystematik und Berufsstatistik.

Berufsbenennungen		
Aalbrutzüchter/-in	Abfallholzsäger/-in	Zylinderbohrwerksdreher/-in
Aalfischer/Aalfischerin	Abfallsammler/-in	Zylinderdreher/-in
Aalräucherer/-räucherin	Abfallsortierer/-in	Zylindergussformer/-in
Abbauhauer/-in	Abfalltechniker/-in	Zylinderhutmacher/-in
Abbeizer/-in (Dekapierer/-in)	•	Zylinderkernformer/-in
Abbrecher/-in (Druckerei)	•	Zylinderkorrigierer/-in
Abbrenner/-in	•	(Druckformherstellung)
Abdämmer/-in (Bergbau)		Zylindermacher/-in
Abdämmer/-in (Isolierarbeiten)	Zwirnmaschinenbediener/-in	(Glasmacher/-in)
Abdämmer/-in (Dachdeckerei)	Zwirnmaschineneinsteller/-in	Zylindersäger/-in
Abdichter/-in (Dachdeckerei)	Zwirnspinnerhelfer/-in	Zylinderscheifer/-in
Abdichterpolier/-in	Zwirnspinner/-in	Zylindervorbereiter/-in
(Asphaltabdichtung)	Zwischenbuchhändler/-in	(Druckformherstellung)
Abdreher/-in (Metalldreher/-in)	Zwischenkontrolleur/-in	Zytoassistent/-in
Abfallbeauftragte/-r	Zylinderbohrer/-in	Zytogeniker/-in
Abfallberater/-in		Zytologe/Zytologin
Abfallbeseitiger/-in		Zytologieassistent/-in

Abb. 41: Auszug aus der alphabetischen Auflistung von ca. 27 000 Berufs- und Tätigkeitsbezeichnungen vom 27.06.2011 der Agentur für Arbeit (Klassifikation der Berufe 2010)

Die Einordnung der Berufe und Berufsklassifikationen wurden schon Ende des neunzehnten Jahrhunderts als wichtig angesehen. Aufgrund der zunehmenden Ansprüche nicht nur aus der Arbeitswelt wurde dann versucht, die anstehenden Probleme mit der Ende der 1960er Jahre entwickelten Berufsklassifikation zu lösen. Dieser Ansatz wurde 1975 ergänzt und erweitert. Die Arbeiten zu den Berufsklassifikationen wurden dann von dem Bundesamt für Arbeit (1988) und dem Statistischen Bundesamt (1992) fortgeführt, indem sie die Berufsbezeichnungen in ein eher hierarchisches Schema überführt haben. 2011 wurde das Nebeneinander genannter Schemata zugunsten einer einheitlichen Organisati-

onsstruktur ersetzt und die Vergleichbarkeit mit der internationalen Berufsklassifikation, der ISCO-08 (International Standard Classification of Occupations 2008), erleichtert.
Dadurch stehen gegenwärtig aktuell zwei standardisierte Bestimmungsschemata zur Verfügung, und zwar die
- Klassifikation der Berufe 2010 (KldB 2010),
- International Standard Classification of Occupations (2008).

Die „Klassifikation der Berufe 2010" (KldB 2010) der Bundesagentur für Arbeit ist seit dem 1. Januar 2011 gültig (KldB. Bundesagentur für Arbeit, 2011a, 2011b). Dieses Klassifikationsschema umfasst derzeit ca. 27000 Berufsbenennungen. Das Schema der International Standard Classification of Occupations (ISCO 2008) wurde für den Einsatz von transnationalen Studien entwickelt, um vergleichende Analysen für die beruflichen Tätigkeiten zu fundieren. Bei den Codierungen nach SCO-08 steht eher die berufliche Tätigkeit im Vordergrund.

Die nationale Klassifikation der Berufe (KldB 2010) wird zur „Verschlüsselung von Bewerber- und Stellenangeboten sowie für die Statistik über den Arbeitsmarkt, Ausbildungsmarkt und die Beschäftigung sowie in der Arbeitsmarktforschung verwendet. Die statistischen Ämter von Bund und Ländern setzen die Berufsklassifikation ebenfalls für viele ihrer Statistiken ein; als wichtigste Erhebung wäre der Mikrozensus zu nennen. Viele nationale Institutionen in der Wissenschaft, Presse, Verwaltung und Politik nutzen diese Daten, um die Lage auf dem Arbeitsmarkt zu beschreiben, zu analysieren oder um politische bzw. administrative Entscheidungen zu treffen." (KldB. Bundesagentur für Arbeit 2011a, S. 15)

Auch unter Berücksichtigung dieser kritischen Anmerkungen sind die Arbeiten zu den Berufsklassifikationen positiv einzuschätzen, denn die Angabe des Berufs oder der beruflichen Tätigkeit für den einzelnen Menschen sind für den Arbeitsmarkt und die Einschätzungen zur sozioökonomischen Lage in Deutschland wichtig. „Der Beruf ist weiterhin ein dominierender Aspekt in der Beschreibung von Ausgleichsprozessen am Arbeitsmarkt." (Meinken 2011, S. 6) Für die jeweiligen Arbeitssuchenden und für die „Vermittlungsarbeit der Arbeitsverwaltung hat die Angabe des Berufes eine zentrale Bedeutung. Eine Berufsklassifikation muss für die Vermittlung die Möglichkeit schaffen, über sinnvolle und praxisgerechte Zusammenfassungen von ähnlichen beruflichen Tätigkeiten zu verfügen." (ebd.)

Deshalb ist es weiterhin nötig, die vielen auftauchenden Berufsbenennungen zu klassifizieren, Synonyma zusammenzuführen, detaillierte Benennungen globaleren zuzuordnen, und insgesamt eine in sich immer schlüssigere Struktur zu entwerfen. Die Sortierung und Klassifizierung von nicht immer zutreffenden Berufsbenennungen kann allerdings der komplexen Realität von Berufsarbeit im Beschäftigungssystem kaum gerecht werden. Für die berufsförmigen Tätigkeiten ist es erforderlich, die Qualifikations- und Kompetenzprofile deutlich herauszuheben sowie zu standardisieren. Dieses erscheint für eine bessere Vergleichbarkeit und Anwendung bei unterschiedlichen Zusammenhängen unabdingbar.

- **Berufsklassifikationen als Beitrag zur Theorie der Berufe**

Es ist oft wenig ergiebig, einen einzelnen Beruf isoliert von anderen Berufen zu betrachten. Berufe beeinflussen sich untereinander. Hat ein Beruf gerade einen enormen Zulauf, so geht das auf Kosten mindestens eines anderen. Auf diese Weise können in extremen Fällen „Modeberufe" einerseits und „Mangelberufe" andererseits entstehen. Von daher kann es interessant und ergiebig sein, die Berufe in ihrem Geflecht der Beziehungen untereinander zu betrachten. So wird auch von „verwandten Berufen" gesprochen, wenn die Tätigkeitsfelder nahe beieinander liegen, ebenso wie man zwischen einem nichtakademischen und einem akademischen Beruf – beispielsweise Kraftfahrzeugmechatroniker/-in und Kraftfahrzeugingenieur/-in – eine fachliche Affinität bestimmen und dann von korrespondierenden Berufen sprechen kann (vgl. Herkner /Pahl 2014, S. 105 f.).
Unter diesen Gesichtspunkten gewinnen Untersuchungen zur „Nähe" und „Verwandtschaft" von Berufen – etwa durch Deckungsanalysen – an Bedeutung. Verwandte Berufe lassen sich gegebenenfalls auch zu größeren Einheiten bündeln. Vor allem Arbeitsmarkt- und Qualifikationsforscher haben sich hier hervorgetan.

In die Arbeiten an Berufsklassifikationen haben erst in jüngerer vor allem Statistikämter und Arbeitsmarktforschung ihre Interessen eingebracht, nicht aber eine von arbeitsmarktpolitischen Entscheidungen weitgehend unabhängige und eigenständige Berufsforschung. Forderungen nach einer vorrangig durch die Wissenschaft bestimmten Berufsforschung hat beispielsweise bereits Erwin Krause (1966) bereits vor fünfzig Jahren als lohnenswert erachtet, deren Aufgaben er damals auch skizziert hat.[312]

Die bisherigen Probleme ergeben sich durch die häufig vorzufindende Beliebigkeit der Berufsangaben, die nicht immer zutreffend oder häufig mehrdeutig sind. Außerdem ist ein Hervorhebung der über eine Berufsausbildung erworbenen Zertifikate oder die Einordnung in den Beamtenapparat festzustellen, die nicht mit der Art Berufsausübung übereinstimmen muss.

Auch wenn die bisherige qualitative Einordnung der Berufe und beruflichen Tätigkeiten mit Hilfe des Instrumente der Berufsklassifikationen problematisch erscheint, ist dennoch für quantitative Angaben eine Zuordnungsform vorhanden, sodass für weitere Arbeiten bei aller Kritik am Bisherigen auf derartige Zuordnungen nicht verzichtet werden sollte. Eine systematische Einordnung der Berufe und eine Klassifikation sind für viele Felder, in denen Berufe von Bedeutung sind, für statistischen Aussagen zum Arbeitsmarkt und die gesellschaftliche Situation unverzichtbar, aber auch für die Berufsforschung allein schon als Fundus – über alles, was im weitesten Sinne mit berufsförmiger Arbeit zu tun hat – und zur Übersicht hilfreich.

---

[312] Krause (1966, S. 39) kam in seinem Fazit zu der Feststellung, dass eine „ausgebaute Berufsforschung (...) auch für andere Gebiete wie etwa die Arbeitsmedizin oder die Arbeitspsychologie, für das Arbeits- und Tarifrecht, die Sozialgerichtsbarkeit von großem Nutzen sein" werde.

2.3 Nicht-akademische Berufe und Ausbildungsvoraussetzungen

2.3.1 Anerkannte Ausbildungsberufe des nicht-akademischen Bereichs

Bereits im Mittelalter wurden Arbeitstätigkeiten und entsprechende Stände bzw. Berufe im Wesentlichen in praktische sowie gelehrte Stände/Berufe unterschieden. Zu den praktischen Ständen/Berufen gehörten die bäuerlichen Arbeitstätigkeiten sowie die zünftisch organisierten und ausgeführten handwerklichen und kaufmännischen Stände/Berufe. Das Wissen dieser Stände/Berufe wurde fast ausschließlich im Rahmen der real-praktischen Arbeiten in den entsprechenden Gewerben vermittelt. Dieses geschah im Regelfall in Form einer Anlern- bzw. Beistelllehre und in der so genannten Lehrzeit.

Das System der Lehrberufe bildet schon seit langem das Grundgerüst der nicht-akademischen beruflichen Struktur in den deutschsprachigen Ländern. Mit der Entstehung einer auf die Selbstverwaltung der Wirtschaft basierten zentralstaatlichen Organisation der Berufsbildung seit Ende des neunzehnten Jahrhunderts erhielt der Berufsbegriff auch „eine auf die Bezeichnung von Ausbildungsberufen gerichtete institutionelle Bedeutungsdimension, die ihm bis heute zukommt" (Harney 2006, S. 63). Seitdem sind die nicht-akademischen Berufe rechtlich und inhaltlich fixiert durch Bildungsgänge mit lehrgangbezogenen, differenzierten Prüfungsanforderungen und -modalitäten (staatlich anerkannte Ausbildungsberufe).[313] Diese Berufe sind heute „ein wissenschaftlich, gesellschaftlich und arbeitsmarktlich begründetes Konstrukt und eine im Konsens von Sozialpartnern und Staat vereinbarte Ordnungskategorie, mit deren Hilfe die Auswahl und Bündelung von Tätigkeiten und zugehörigen erforderlichen Qualifikationen vorgenommen wird" (Laur-Ernst 2002, S. 661). Zu den sogenannten anerkannten Ausbildungsberufen wird vorwiegend im Dualen System an den Lernorten „Betrieb" und „Schule" ausgebildet.[314]

Dem Begriff des anerkannten Ausbildungsberufs wird in Deutschland aufgrund des Berufsbildungsgesetzes (BBiG 2005) eine standardisierende Rechtsverbindlichkeit eingeräumt, die andere Struktur- bzw. Ordnungsansätze nicht ohne weiteres zulässt.[315] Grobstrukturell können die Ausbildungsberufe danach eingeteilt werden in die Fachbereiche bzw. Fachrichtungen.

---

[313] Strukturell sind auch Ausbildungsberufe, „Konstrukte, die sich einerseits an den Tätigkeits- und Funktionsbereichen von Wirtschaft und Verwaltung und andererseits an berufspädagogischen und berufsbildungspolitischen Vorgaben orientieren" (Benner 2006, S. 43).
[314] Obwohl viele Vorbehalte bestanden, „hat sich das Duale System nach dem Zweiten Weltkrieg und insbesondere nach dem Inkrafttreten des originären Berufsbildungsgesetzes (BBiG 1969) fest in das Bildungswesen und das Bildungs- und Berufsbildungssystem der Bundesrepublik Deutschland integriert. Hauptmerkmal des Systems ist seine im Prinzip doppelte Dualität: zum einen die Dualität der beiden beteiligten Berufsbildungseinrichtungen ‚Ausbildungsbetrieb' und ‚Berufsschule', zum anderen die (allerdings unausgewogene) Dualität der rechtlichen Verantwortlichkeiten und Zuständigkeiten." (Spöttl 2016, S. 378)
[315] Verbindliche Prinzipien und Elemente zur Ordnung der nicht-akademischen Ausbildungsberufe sind derzeit im Wesentlichen die Berufsgruppen des Bundesinstituts für Berufsbildung (BIBB), die Berufsfelder der Bundesagentur für Arbeit sowie die berufsbezogenen Ausbildungsordnungen des Bundesministeriums für Bildung und Forschung (BMBF).

Zur Entwicklung und zur Anzahl der derzeit vorhandenen staatlich anerkannten Ausbildungsberufe existieren verlässliche Zahlen des Bundesinstituts für Berufsbildung. In deren aktueller Liste (BIBB 19.06.2015) sind 328 (Erstausbildungs-) Ausbildungsberufe aufgeführt, in denen nach BBiG und HwO ausgebildet werden kann.[316] Nach dem Berufsbildungsgesetz hat das Bundesinstitut für Berufsbildung (BIBB) die Aufgabe, ein Verzeichnis der staatlich anerkannten nicht-akademischen Ausbildungsberufe zu führen und zu veröffentlichen (BBiG 2005, § 90, Abs.3).

Die Art und Ergebnisse des beruflichen Lernens für die Ausbildungsberufe des Dualen Systems ist durch die Lernorte „Betrieb" und „Schule" bestimmt. Insbesondere durch die Verhältnisse in den meisten Betrieben kann sich eine umfassende Beruflichkeit bei Ausbildung und späterer Arbeitstätigkeit in den Betrieben nur bedingt aufbauen.

Entwicklung und Erhalt der Beruflichkeit der Ausbildungsberufe wird in den Betrieben deshalb zu einem Problem, weil die dort erfahrene Begrenztheit der Arbeitsaufgaben perpetuiert wird. Die Berufsschule aber kann zur Qualität der Ausbildungsberufe und zur Erweiterung des Horizontes der zukünftigen Fachleute im Dualen System der Berufsausbildung zur Qualität der Ausbildungsberufe nur einen bescheidenen Beitrag leisten.[317] Auch unter Berücksichtigung dieser Kritik ist festzustellen, dass die Ausbildungsberufe noch immer Ansehen genießen, wie auch aus der Wertschätzung des deutschen Facharbeiters durch internationale Institutionen sichtbar wird.

2.3.2 Nicht-akademische Berufe des Schulberufssystems

Berufsfachschulen als Einrichtungen der Schulberufssystems haben aufgrund der Rahmenvereinbarung der Kultusminister vom 7.12.2007 „das Ziel, Schülerinnen und Schüler in einen oder mehrere Berufe einzuführen".
Zur vollqualifizierenden Ausbildung gehören:
„- Bildungsgänge der Berufsfachschulen, die zu einem Abschluss in einem anerkannten Ausbildungsberuf führen.
- Bildungsgänge der Berufsfachschule, die zu einem Berufsausbildungsabschluss führen, der nur über den Besuch einer Schule erreichbar ist" (KMK-Rahmenvereinbarung 2007).

---

[316] Beruflichkeit wird in Deutschland stark durch Berufsausbildung vorgeformt oder verformt. Verformungen entstehen, weil eine Debatte über die Beruflichkeit nicht offen erfolgt oder kaum stattfindet. Diskussion über die Möglichkeiten durch Zusammenarbeit mit den Betrieben die Beruflichkeit zu sichern, tritt – wie Wilfried Kruse (2012, S. 273) meint – „vermutlich vor allem deswegen auf der Stelle, weil der Mythos vom Betrieb als quasi natürlichem Ort für die Ausbildung von Beruflichkeit aufrechterhalten wird".
[317] Die Berufsschule – so meint Wilfried Kruse (2012, S. 274; Hervorhebungen im Original) – „kompensiert *bislang* diese Erfahrungs- und Horizontenge in der Regel nicht wirksam, weil sie ihre Position als ‚Theoretiker' der beruflichen Praxis ‚auf Augenhöhe' mit den Betrieben institutionell und vielfach de facto (noch) nicht gewonnen hat" (2012, S. 274; Hervorhebungen im Original).

Die beruflichen Abschlüsse können auf der Basis der Regelungen nach BBiG oder HwO für anerkannte Berufe, wie sie auch im Dualen System der Berufsausbildung vorgenommen werden, erfolgen. Insbesondere gibt es Bildungsgänge, die zu einem Berufsausbildungsabschluss führen, der nur über den Besuch einer Schule erreichbar ist. Bei diesen Bildungsgängen lassen sich zwei Formen der Berufsabschlüsse unterscheiden, und zwar solche, deren Ausbildung und Prüfung nach Bundesrecht vorgeschrieben ist, und solche die durch Landesrecht geregelt sind.

- **Schulische Berufsabschlüsse auf der Basis des Berufsbildungsgesetzes**

Mit der Ausbildung in dem Bildungsgang werden die Qualifikationen vermittelt, die zur Ausübung eines anerkannten Ausbildungsberufes nach Berufsbildungsgesetz oder Handwerksordnung oder Bundes- bzw. Landesgesetzen erforderlich sind. Die Dauer und Struktur der Ausbildung an der Berufsfachschule orientiert sich an derjenigen für die vergleichbare Ausbildung im Dualen System. Dem berufspraktischen Unterricht sind die Ausbildungsordnungen und dem berufstheoretischen die von der Kultusministerkonferenz beschlossenen Rahmenlehrpläne zugrunde zu legen, wobei die KMK-Rahmenlehrpläne durch länderspezifische Pläne untersetzt sein können. Die Möglichkeit, an der Berufsfachschule solche Bildungsgänge durchzuführen, besteht generell für alle ca. 330 anerkannten Ausbildungsberufe. Dieses ist aber nur eine theoretische Größe und nicht finanzierbar. Bisher wurde nur eine begrenzte Anzahl von Ausbildungsmöglichkeiten zu anerkannten Berufen von den Berufsfachschulen angeboten, vermutlich auch deshalb, weil diese Form der Ausbildung an der Berufsfachschule nur wenig etabliert ist (s. BBiG 2005).
Unter den momentan bestehenden Bedingungen auf dem Ausbildungsstellenmarkt sind genügend Stellen für eine duale Ausbildung vorhanden, sodass die Nachfrage um eine entsprechende Ausbildung an der Berufsfachschule stark zurückgegangen ist oder zurzeit nicht genutzt wird.

- **Bildungsgänge und Berufsabschlüsse nach Landesrecht**

Bei den Bildungsgängen, die durch Landesrecht geregelt sind und zu denen an beruflichen Schulen ausgebildet werden kann, ist zwischen den Assistentenberufen und weiteren Berufen zu unterscheiden.
Differenziert wird bei den Assistentinnen bzw. Assistenten, die an der Berufsfachschule ausgebildet werden, zwischen den großen Bereichen der technischen und der kaufmännischen Berufe. Für diese Bildungsgänge der Berufsfachschulen gelten die „Rahmenvereinbarungen über die Ausbildung und Prüfung von technischen Assistenten/technischen Assistentinnen an Berufsfachschulen" (Beschluss der Kultusministerkonferenz vom 12.06.1999 i. d. F. vom 01.02.2007) und die „Rahmenvereinbarung über die Ausbildung und Prüfung zum kaufmännischen Assistenten/zur kaufmännischen Assistentin an Berufsfachschulen" (Beschluss der Kultusministerkonferenz vom 12.06.1999 i. d. F. vom 01.02.2007). Außerdem gibt es Bildungsgänge der Berufsfachschulen, die zu Ausbildungsabschlüssen für weitere Berufe führen, die nur über den Besuch einer Schule erreichbar, aber nicht in einer anderen Rahmenvereinbarung geregelt sind. Diese Bildungs-

gänge werden von einzelnen Bundesländern angeboten. Sie werden aber von den Ländern der KMK bekannt gegeben und von dieser als Anlage zur Rahmenvereinbarung über die Berufsfachschulen" (Beschluss der Kultusministerkonferenz 2007, S. 12 ff.) veröffentlicht.

Dazu kommen etwa achtzig Ausbildungsgänge, die zu einem Berufsausbildungsabschluss führen, der nur über den Besuch einer Schule erreichbar ist und zu einem Abschluss als Technischer Assistent für personenbezogene Dienstleistungsberufe berechtigt (vgl. KMK 07.12.2007, Anlage 2). Außerdem gibt es mehr als zwanzig landesrechtlich geregelte Ausbildungsberufe bzw. Berufsabschlüsse zum Technischen Assistenten und zum Kaufmännischen Assistenten (vgl. KMK 30.09.2011, Anlage 1), die alle an Berufsfachschulen angeboten werden bzw. dort erworben werden können.

- **Schulische Bildungsgänge und Berufsabschlüsse nach Bundesrecht**

Die Bildungsgänge, die vorwiegend an Berufsfachschule stattfinden, richten sich auf einen Abschluss in einem der sechzehn Erstausbildungsberufe im Gesundheitswesen. Mit dem Berufsabschluss sollen die Absolventen befähigt werden, gesundheitsorientierte Tätigkeiten auszuüben.
Grundlage stellen Bundesgesetze für die Berufe im Gesundheitswesen dar, wie beispielsweise das „Gesetz über den Beruf des pharmazeutisch-technischen Assistenten in der Fassung vom 23.9.1997 (BGBl I, S. 2349)." Mit diesem Gesetz, das vom Bundesministerium für Gesundheit im Abstimmung mit dem Bundesministerium für Bildung und Wissenschaft verordnet wurde, sind insbesondere die Erlaubnis zum Tragen dieser Berufsbezeichnung, die Rücknahme und der Widerruf von Erlaubnissen, die Zulassung der Lehranstalt, die praktische Ausbildung in Apotheken, Ermächtigung für Rechtsverordnungen sowie die Befugnisse des Assistenten geregelt (Gesetz über den Beruf (…) 1997, § 1-10)

2.3.3 Nicht-akademische Freie Berufe

Die Berufsbilder von nicht-akademischen Freien Berufen sind nicht statisch angelegt und entwickeln sich ständig weiter. Diese Berufsgruppe ist gekennzeichnet durch eine besondere Dynamik, weil immer wieder neue Berufe und Berufsbilder entstehen.
Es lassen sich mehrere Sichtweisen der Freiberuflichkeit zu unterscheiden, und zwar eine
- gesellschaftsrechtliche
- steuerliche (Abgrenzung zum Gewerbe),
- sozialversicherungsrechtliche sowie
- berufssoziologische und berufswissenschaftliche (Freier Beruf als Profession).

Eine gesellschaftsrechtliche Definition der Freien Berufe in Deutschland findet sich im Partnerschaftsgesellschaftsgesetz (PartGG § 1 (2): „Die Freien Berufe haben im allgemeinen auf der Grundlage besonderer beruflicher Qualifikation oder schöpferischer Begabung die persönliche, eigenverantwortliche und fachlich unabhängige Erbringung von Dienstleistungen höherer Art im Interesse der Auftraggeber und der Allgemeinheit zum

Inhalt". Neben diesem Bestimmungsansatz sind Freie Berufe vor allem auch in steuerlicher Hinsicht zu unterscheiden.

Auch im Einkommensteuergesetz (EStG, § 18, Abs. 1) werden die Freien Berufe und freiberufliche Tätigkeiten benannt. Dort heißt es u. a.: „Zu der freiberuflichen Tätigkeit gehören die selbständig ausgeübte (...), künstlerische, schriftstellerische, unterrichtende oder erzieherische Tätigkeit, die selbständige Berufstätigkeit der (...), Dentisten, Krankengymnasten". Inzwischen sind die Freien Berufe zum Abschluss einer Krankenversicherung verpflichtet (Versicherungsvertragsgesetz § 193, Abs. 3).

Die Freien Berufe stehen im Zentrum der Entwicklung zur Dienstleistungs- und Wissensgesellschaft. Den größten Anteil an den Selbstständigen hatten die freien Heilberufe. Vielfach sind unterschiedliche Landesrechte zu beachten.

Die veränderten Anforderungen an moderne Dienstleistungen, vor allem in Bezug auf Qualität, Verbraucherschutz und Nachhaltigkeit, erfordern besonders von Angehörigen der Freien Berufe auf Grund der persönlichen und eigenverantwortlichen Erbringung von Vertrauensdienstleistungen eine besonders hohe Flexibilität und Reagibilität. Dieser Entwicklung der Nachfrage wird fortschreitend durch berufliche Differenzierung und Spezialisierung bis hin zur Ausformung neuer Berufsbilder entsprochen.

Allgemein bekannt sind als Freie Berufe die „Heilpraktiker" und „Hebammen". Für den freien Beruf „Heilpraktiker" gibt es schon seit langem das sogenannte Heilpraktikergesetz. Die Berufszulassung wird von öffentlichen Einrichtungen, d. h. vom Gesundheitsamt erteilt. Im Heilpraktikergesetz (§ 1, Abs. 2 und 3) heißt es:
„ (2) Ausübung der Heilkunde im Sinne des Gesetzes ist jede berufsmäßig vorgenommene Tätigkeit zur Feststellung, Heilung oder Linderung von Krankheiten, Leiden oder Körperschäden bei Menschen, auch wenn sie im Dienste von anderen ausgeübt wird.
 (3) Wer die Heilkunde bisher berufsmäßig ausgeübt hat und weiterhin ausüben will, erhält die Erlaubnis nach Maßgabe der Durchführungsbestimmungen: er führt die Berufsbezeichnung ‚Heilpraktiker'".

Für Hebammen findet die Ausbildung beispielsweise an einer Fachschule statt. Eine gesetzlich geregelte Ausbildung ist für den Beruf der Hebamme vorgesehen. Wer hier auf dem Gebiet der Heilkunde tätig sein will, braucht eine Erlaubnis zur Verwendung der Berufsbezeichnung. Die Regelungen erfolgen durch das Gesetz über den Beruf der Hebamme und des Entbindungspflegers (Hebammengesetz - HebG).

2.3.4 Nicht-akademische Fortbildungsberufe

Nach der beruflichen Erstausbildung kann die Ausbildung fortgesetzt werden. Das geschieht häufig zur Verbesserung der berufliche Aufstiegsmöglichkeiten, des sozialen Status, der Bildung, aber – nicht zu vergessen – auch zur Erwerbssicherung.

Weiterbildungs- und Erwerbsberufe können an verschiedenen Ausbildungseinrichtungen erworben werden. Voraussetzungen für einen entsprechenden Berufsbildungsgang sind im Regelfall eine zuvor absolvierte berufliche Erstausbildung und danach mehrjährige einschlägige Berufserfahrungen. Dabei sind die gesetzlichen Regelungen des Weiterbildungsrechtes[318] für die Klientel und die Ausbildungsstätten von Bedeutung.

- **Weiterbildungsberufe durch Fachschulbesuch**

Berufsabschlüsse an Fachschulen sind in der „Rahmenvereinbarung über Fachschulen" (KMK 09.10.2009) geregelt. Die Ausbildung zu diesen Berufen kann in Vollzeit-, Teilzeit- oder gestufter Form erfolgen. Die Bildungsgänge dauern im Regelfall ein, zwei oder drei Jahre. Bei der Dauer sind jedoch auch länderspezifische Ausnahmen zu verzeichnen. Der Pflichtunterricht umfasst den fachrichtungsübergreifenden und den fachrichtungsbezogenen Lernbereich sowie im Fachbereich Sozialwesen eine Praxis in Tätigkeitsfeldern gemäß den Regelungen zu den Fachbereichen (ebd.). Nach Maßgabe dieser KMK-Rahmenvereinbarung können die Schulen Bildungsgänge in den Fachbereichen Agrarwirtschaft, Gestaltung, Technik, Wirtschaft und Sozialwesen einrichten und anbieten.

Die Fachbereiche wiederum sind in Fachrichtungen untergliedert, die in der erwähnten Rahmenvereinbarung aufgelistet sind. Die Einrichtung weiterer Fachrichtungen ist grundsätzlich möglich, bedarf aber der vorherigen Beschlussfassung durch die Kultusministerkonferenz. Für die Weiterbildungsberufe können die Länder die vorgegebenen Fachrichtungen eigenverantwortlich in Schwerpunkte untergliedern und so spezielle regionale Bedingungen und Erfordernisse berücksichtigen.[319]

Mit bestandener Prüfung bzw. mit dem Abschlusszeugnis ist die Berechtigung verbunden, die Berufsbezeichnung „Staatlich geprüfter .../Staatlich geprüfte ..." bzw. „Staatlich anerkannter .../Staatlich anerkannte ..." zu führen. Im Regelfall wird die konkrete Berufsbezeichnung in Verbindung mit der ausgebildeten Fachrichtung geführt, also z. B. für den Fachbereich Gestaltung „Staatlich geprüfter Gestalter/Staatlich geprüfte Gestalterin". Der Abschluss im Fachbereich „Wirtschaft" führt die Bezeichnung „Staatlich geprüfter Betriebswirt/Staatlich geprüfte Betriebswirtin". Außerdem können die Länder mit der Versetzung in das zweite Jahr eines Vollzeitbildungsganges den Absolventen einen allgemeinbildenden Mittleren Schulabschluss erteilen. Die Abschlüsse der Fachschulen werden durch alle Länder der Bundesrepublik Deutschland bzw. gegenseitig anerkannt.

Die Abschlüsse und Berufsbezeichnungen, die in der Fachschule für den Zweit- bzw. Weiterbildungsberuf erlangt werden können, sind äußerst vielfältig und in der Anlage zur KMK-„Rahmenvereinbarung über Fachschulen" (KMK 09.10.2009, Anlage „Liste der Fachrichtungen") aufgeführt (s. auch Abb. 42).

---

[318] Das Weiterbildungsrecht wurde in den 1970er Jahren sowohl vom Bund als auch in den originären Bundesländern näher geregelt. In den 1990er Jahren erfolgte Gleiches in den neuen Bundesländern. Weiterbildungsberufe sind nach dem Berufsbildungsgesetz oder der Handwerksordnung geregelt. Berufsbezeichnungen von Weiterbildungsberufen sind rechtlich geschützt.
[319] Die Ausbildung zu den Weiterbildungsberufen wird mit einer staatlichen Prüfung in schriftlicher Form abgeschlossen. Zusätzliche mündliche und praktische Prüfungen werden unter Berücksichtigung der entsprechenden Bestimmungen der Länder durchgeführt.

- **Fort- und Weiterbildungsberufe durch Ausbildungen in Einrichtungen im nicht-schulischen Bereich**

Für alle, die bereits mit einer Erstausbildung einen Berufsabschluss erworben haben und nun eine Weiterbildung oder eine Fortbildung anschließen möchten, bieten sich zahlreiche Fort- und Weiterbildungsmöglichkeiten an. So gibt es beispielsweise für Gesundheits- und Krankenpfleger/-innen insbesondere an Akademien, die Universitätskliniken angeschlossen sind, ein breites Angebot an Weiterbildungsgängen. Die Weiterbildungsgänge sind im Weiterbildungsgesetz und in spezifischen Weiterbildungs- und Prüfungsverordnungen geregelt und schließen mit einer staatlichen Prüfung ab. Auf Antrag wird die Erlaubnis zum Führen der Weiterbildungsbezeichnung erteilt. Es gibt, um nur einen Weiterbildungsberuf im Gesundheitswesen zu benennen, folgende Berufsbezeichnung „Fachkrankenschwester/Fachkrankenpfleger für Anästhesie und Intensivmedizin". Entsprechende Weiterbildungsberufe gibt es für die Tätigkeitsbereiche „Operation", „Psychiatrie", „Ambulante Pflege", „Hygiene", „Pädiatrische Intensivpflege", „Onkologie", „Rehabilitation und Langzeitpflege".

Der Beruf „Fachkrankenschwester/-pfleger für Hygiene" stellt eine geregelte Weiterbildung im Gesundheitswesen dar, die an staatlich anerkannten Einrichtungen für Gesundheitsberufe, d. h. an Krankenhäuser und Kliniken angeschlossen ist.

Für Interessenten mit einer abgeschlossenen Berufsausbildung steht nicht nur im Gesundheitsbereich eine Vielzahl von bundesrechtlich geregelten Fortbildungsberufen oder Aufstiegsberufen nach Berufsbildungsgesetz (BBiG) und Handwerksordnung (HwO) offen. Von Interesse als eigenständige Berufe sind diejenigen Aufstiegsfortbildungen der Ebene 2 und 3. Sie sind oder werden nach § 53 Berufsbildungsgesetz bzw. § 42 Handwerksordnung durch das Bundesministerium für Bildung und Forschung Fortbildungsordnungen erlassen. Darin werden im Wesentlichen die Prüfungsanforderungen zum Erwerb von Fortbildungsabschlüssen festgelegt.

Die Prüfungen nach diesen Rechtsverordnungen werden von den jeweils "zuständigen Stellen" im Sinne des Berufsbildungsgesetzes, §§ 71ff. (z. B. Industrie- und Handelskammern, Handwerkskammern) abgenommen.

„Auf der zweiten Qualifikationsebene werden öffentlich-rechtliche Fortbildungsabschlüsse geregelt, die
- auf die Übernahme beruflicher Positionen, die dem Nachwuchs aus der betrieblichen Praxis für die mittlere Führungsebene in den Unternehmen durch Berufspraktiker dienen, zielen oder
- auf die Wahrnehmung von Funktionen vorbereiten, die gegenüber Funktionen der Ebene 1 einen deutlich erweiterten Verantwortungsbereich umfassen." (Bibb 2013, S. 26). Zu dieser Kategorie der Fort- und Weiterbildungsberufe gehören:
„Der **Fachwirt**/Die **Fachwirtin** nimmt auf mittlerer Ebene branchenorientiert Sach-, Organisations- und Führungsaufgaben wahr (z. B. Geprüfte/-r Fachwirt/-in für Versicherungen und Finanzen).

Der **Fachkaufmann**/Die **Fachkauffrau** ist ein/e Funktionsspezialist/-in, der/ die branchenübergreifend arbeitet (z. B. Geprüfte/-r Fachkaufmann/-frau für Marketing oder Geprüfte/-r Bilanzbuchhalter/-in).
Der **Industriemeister**/Die **Industriemeisterin** ist eine qualifizierte Führungskraft im technischen Aufgabenbereich in der Industrie (z. B. Geprüfte/-r Industriemeister/-in FR Mechatronik oder Geprüfte/-r Industriemeister/-in FR Metall).
Der **Fachmeister**/Die **Fachmeisterin** ist eine qualifizierte Führungskraft in anderen als technisch-industriellen Bereichen (z. B. Geprüfte/-r Hotelmeister/-in).
Der **Handwerksmeister**/Die **Handwerksmeisterin** ist eine qualifizierte Führungskraft im Handwerk. Er/Sie verfügt über technische, betriebswirtschaftliche sowie pädagogische Handlungskompetenz (Ausbilder des Handwerks), die ihn/sie zur Leitung eines eigenen Handwerksbetriebs befähigt. In Gewerken der Anlage A der Handwerksordnung ist die Meisterprüfung (großer Befähigungsnachweis) grundsätzlich die Voraussetzung für die selbstständige Ausübung des Handwerks (z. B. Kraftfahrzeugtechnikermeister/-in).
Der/Die **Operative Professional** stellt eine Karrierestufe z. B. im IT-WBS und im ET-WBS dar. Er/Sie gestaltet Geschäftsprozesse (z. B. in den Bereichen Entwicklung, Organisation, Beratung) und nimmt Aufgaben in der Mitarbeiterführung wahr (z. B. Geprüfte/-r IT-Projektleiter/-in)." (BIBB 2013, S. 26 f.; Hervorhebungen im Original)

Zurzeit gibt es eine kaum überschaubare Vielzahl solcher gesetzlich geregelter Fortbildungsberufe. Fortbildungsberufe der dritten Ebene beruhen in der Regel auf öffentlich-rechtlichen Fortbildungsabschlüssen als „Grundlage für die Qualifizierung berufserfahrener Praktiker/-innen als Führungskräfte, die sich in Tätigkeitsfeldern bewegen, die weitgehend Akademikern vorbehalten sind. Zulassungsvoraussetzung ist in der Regel der erfolgreiche Abschluss auf der zweiten Ebene." (BIBB 2013, S. 28)

Zu diesen Fort- und Weiterbildungsberufen gehören:
„Der **Betriebswirt**/Die **Betriebswirtin** hat sich in der Berufspraxis als Fachwirt/-in oder als Fachkaufmann/-frau (siehe zweite Ebene) bewährt und übernimmt Leitungsaufgaben, z. B. Geprüfte/-r Betriebswirt/-in, Geprüfte/-r Betriebswirt/-in nach der Handwerksordnung.
Der **Technische Betriebswirt**/Die **Technische Betriebswirtin** übernimmt leitende Führungspositionen im technischen Bereich. Er/Sie ist fähig, als betriebliche Führungskraft integrative Aufgaben an der Schnittstelle des technischen und kaufmännischen Funktionsbereichs zu übernehmen.
Der/Die **Strategische Professional** ist eine weitere Karrierestufe im IT-Weiterbildungssystem (WBS). Er/Sie qualifiziert sich für Entwicklungstätigkeiten und zur Gestaltung der Geschäftspolitik eines Unternehmens oder eines Unternehmensbereichs bei der Ressourcen-, Produktlinien- und Investitionsplanung (z. B. Geprüfte/-r Wirtschaftsinformatiker/-in)." (BIBB 2013, S. 28 f.; Hervorhebungen im Original)

- **Weiterbildungsberufe durch Berufsförderungswerke**

Berufliche Fort- und Weiterbildung von behinderten Erwachsenen für die verschiedensten Berufe erfolgt durch Berufsförderungswerke. Sie dienen mit einer neuen Berufsperspektive denjenigen, die bereits berufstätig waren und wegen einer gesundheitlichen Schädigung oder den Auswirkungen einer Behinderung nicht mehr in der Lage sind, ihren erlernten Beruf auszuüben, aber zu einer Aufstiegsausbildung fähig sind.

Neben den nach dem Berufsbildungsgesetz und der Handwerksordnung geregelten Weiterbildungen gibt es auch eine Vielzahl anderer Weiterbildungsangebote durch freie Bildungsträger. Die Angebote enthalten auch Ausbildungen zu ungeschützten Berufsbezeichnungen. Weiterbildungsberufe werden aber auch durch freie Bildungsträger angeboten, die insbesondere damit werben, sich flexibel und unbürokratisch an den aktuellen Entwicklungen in der Wirtschaft und in einzelnen Branchen orientieren zu können.

- **Berufliche Weiterbildung von nicht-akademisch ausgebildeten Beamten**

Entsprechend den Weiterbildungsberufen gibt es für Beamte berufliche Aufstiegsmöglichkeiten. Nicht- akademisch ausgebildete Beamte des mittleren Dienstes können nach Beendigung der Probezeit und einer Praxiszeit für einen beruflichen Aufstieg in den gehobenen Dienst zugelassen werden. Die Verfahren sind gesetzlich geregelt. So heißt es beispielsweise im Niedersächsischen Beamtengesetz (NBG): „Für den Aufstieg nach Satz 1 ist das Ablegen einer Prüfung zu verlangen, wenn nicht durch Verordnung nach § 25 Nr. 10 etwas anderes bestimmt ist." (NBG 2014, § 21). Nach bestandener Prüfung und einer Probezeit werden die Absolventen in eine höhere Besoldungsgruppe eingewiesen und erhalten eine neue Amts- und Berufsbezeichnung. Weiterbildungsinteressierte sollten bei der Auswahl einer beruflichen Weiterbildung die Informationsangebote der Arbeitsagentur nutzen.

2.3.5 Nicht-akademischen Erwerbsberufe

Viele nicht-akademische Erwerbsberufe und entsprechende Berufsbezeichnungen sind durch die Betriebe auf der Basis betriebswirtschaftlich notwendiger Tätigkeiten selbst kreiert und bestimmt worden. Darüber hinaus kristallisieren sich im Beschäftigungssystem im Laufe der Zeit und aufgrund technischer, technologischer sowie arbeitsorganisatorischer Entwicklungen oftmals weitere berufliche Tätigkeitsfelder und Tätigkeiten heraus. Dies betrifft z. B. Tätigkeiten im Bereich der regenerativen Energien. Da es in dieser relativ neuen Wirtschaftsbranche in der Anfangszeit noch keine formalisierten und reglementierten Ausbildungsberufe und entsprechende Berufsbezeichnungen gibt, werden branchenspezifische Tätigkeitsinhalte derzeit noch in besonders starkem Maße durch die involvierten Unternehmen bestimmt und in Form von branchenbezogenen Erwerbsberufen festgelegt. Beispiele dafür sind der Servicemonteur für Windenergieanlagentechnik, Offshore, die Fachkraft im Aufbau von Windenergieanlagen, Offshore sowie die Fertigungsfachkraft für Windenergieanlagen. Im Regelfall müssen die Anwärter im Vorfeld allerdings eine Ausbildung in einem anerkannten Erstausbildungsberuf absolviert haben, in dem auch branchenbezogene Inhalte, Qualifikationen und Kompetenzen integriert sind. Die beruflichen Biografien der in Erwerbsberufen Tätigen können somit sehr unterschiedlich und spezifisch sein. Die Systematisierung von Erwerbsberufen entwickelt sich häufig nach der Ordnung der Berufsgruppen und -feldern.[320]

„Wenn der Ausbildungsberuf und der Erwerbsberuf nicht identisch sind, erfolgte ein horizontaler Berufswechsel, der zumeist auf ökonomisches Kalkül, also die Aussicht auf eine Verbesserung der Einkommens- und Karrieresituation zurückzuführen ist. Empirische Untersuchungen belegen allerdings, dass in Deutschland die inhaltliche Passung von erlerntem Beruf und ausgeübter Tätigkeit trotz berufsstruktureller Veränderungen weitgehend stabil ist." (Meyer 2016, S. 411)

Zusammenfassend kann man davon ausgehen, dass im bundesdeutschen nichtakademischen Berufsbildungssystem derzeit mehr als fünfhundert Erstausbildungsberufe mit einem staatlich anerkannten oder geprüften Abschluss existieren. Hinzu kommen vielfältige berufliche Bildungsgänge und entsprechende Berufsabschlüsse, die von den so genannten freien Bildungsträgern angeboten werden.

---

[320] Für die gesetzlichen Rentenversicherung und privater Versicherungen ist die Unterscheidung von Ausbildungsberufen und Erwerbsberufen wichtig, weil „diese Begriffe jeweils die Basis für Berufs- oder Erwerbsunfähigkeit bilden. Berufsunfähigkeit schließt im Gegensatz zur Erwerbsunfähigkeit die dauerhafte (Wieder-) Aufnahme einer Erwerbsarbeit nicht aus und bildet damit auch die Basis für die Legitimation von Umschulungen, Rehabilitationsmaßnahmen und die Grundsicherung im Alter." (Meyer 2016, S. 411)

2.4 Akademische Berufe und Ausbildungsvoraussetzungen

2.4.1 Berufe akademischer Erstausbildung

In Deutschland spielen die „Universitäten bei der Entwicklung der akademischen Berufe eine wichtige Rolle" (Jarausch 2004, S. 316). Auch heute noch legen Universitäten und auch die Fachhochschulen „akademische Ausbildungsbereiche fest, in denen eine oftmals sehr spezifische wissenschaftliche Berufsvorbildung erworben wird. Damit werden auch – mehr oder weniger scharf umrissen – jene Berufsbereiche bestimmt" (Berufslexikon 2013, S. 9), in denen eine Möglichkeit besteht, einen Erwerbsberuf zu finden. Der erworbene Studienabschluss und die erwünschten akademischen Berufsvorstellungen oder -möglichkeiten korrespondieren nicht immer. Eine Korrespondenz ist aber bei den geschützten akademischen Berufen gegeben, „die nur mit bestimmten Studienabschlüssen und nach der Erfüllung weiterer gesetzlich genau geregelter Zulassungsvoraussetzungen (einschließlich postgradualer Ausbildungen) ausgeübt werden können" (ebd.)

Daneben gibt es eine Reihe von Studienabschlüssen, die auf Berufe gerichtet sind, wie der kategoriale Berufsbegriff „Ingenieur", der insbesondere an den Fachhochschulen eine berufsorientierte Ausdifferenzierung erfährt. Außerdem findet sich im Beschäftigungssystem eine Vielzahl beruflicher Tätigkeiten, die den Absolventinnen und Absolventen von Universitäten, Kunst- und Musikhochschulen und Fachhochschulen offen stehen. Für die dortigen Tätigkeiten sind meist keine gesetzlich geregelten Zulassungsvoraussetzungen erforderlich. Der Arbeitsstellenmarkt bestimmt die Anforderungen und die zu erfüllenden beruflichen Aufgaben. Über berufsförmige Tätigkeiten kann eine Professionalisierung Erwerbsberufen für diese Akademikergruppe stattfinden.

Problematisch sind jene Studien- und Berufsbereiche des Kultur- und Kunstbereiches, aber auch der Medien- und Kommunikationsbranche, in denen gemessen am Studieninteresse und den Lebensentwürfen der Absolventinnen und Absolventen nur wenige gesicherte Berufsmöglichkeiten bestehen. Ohne eine Revision der beruflichen Wünsche und Vorstellungen wird ihre berufliche Situation durch frei- oder nebenberufliche Beschäftigungsverhältnisse vielleicht auch aufgrund von vielfältiger Konkurrenz durch ruinöse Arbeitsverhältnisse geprägt sein. Durch die gesellschaftlichen und wirtschaftlichen Verhältnisse sowie ein Überangebot aus diesen Studiengängen haben sich im Laufe der letzten zwei Jahrzehnte „im Übergangsbereich zwischen Studium und Beruf – nicht zuletzt aufgrund der angespannten Arbeitsmarktlage – verschiedene Formen von ‚atypischen Beschäftigungsverhältnissen' verbreitet" (Berufslexikon 2013, S. 10). Häufig handelt es sich um prekäre Tätigkeitsverhältnisse.

Nicht nur in diesem Sektor erfolgt die Berufsfindung „zunehmend in der Form eines längerfristigen Such- und Karriereprozesses, in dessen Verlauf sich der ‚eigentliche Beruf' erst nach und nach herauskristallisiert. Die durch die Situation am Arbeitsmarkt beeinflusste Phase der beruflichen Festlegung bzw. Spezialisierung (sofern eine solche überhaupt stattfindet) verlängert sich zusehends und erfolgt in den ersten fünf bis zehn Jahren nach Studienabschluss. In diesem ersten Abschnitt der Berufstätigkeit wird man berufliche Erfahrungen erwerben, verschiedene Beschäftigungsmöglichkeiten in der Praxis kennen lernen und seine eigenen Fähigkeiten und Interessen oftmals neu überdenken." (Berufslexikon 2013, S. 11) Für diejenigen Absolventinnen und Absolventen, die keinen berufsorientierten Studiengang mit einer traditionellen oder innovativen Berufslaufbahn nach dem Studium gewählt haben, muss – selbst wenn sie einen Erwerbsberuf wahrnehmen – „damit gerechnet werden, dass während des weiteren Berufslebens immer wieder Anpassungen an veränderte Gegebenheiten notwendig werden" (ebd., S. 9).

Wegen des ständigen Wandels des Beschäftigungssystems hat für Akademiker/-innen – nicht nur in prekären Beschäftigungs- und Lebenssituationen – eine unternehmerische Selbstständigkeit steigende Bedeutung. Auch dabei ist von Vorteil, dass akademische Berufe inhaltlich und fachlich meist breiter angelegt sind als nicht-akademische. Allerdings bestehen zwischen den Berufsinhabern, die einen Beruf über ein Studium an einer Universität, einer Hochschule, einer Fachhochschule oder einer Berufsakademie erworben haben, erhebliche Unterschiede im Grad der Spezialisierung. Generell sind die Studiengänge an der Universität am umfassendsten angelegt, da während der Ausbildung auch forschungsnah studiert werden kann und das universelle Angebot an Veranstaltungen eventuell auch ein studium generale ermöglicht.

Die Berufsbildungsgänge weisen im Regelfall zwar eine besondere wissenschaftliche Vertiefung auf, vermitteln aber häufig zugleich Überblickswissen. An der Fachhochschule ist eine größere Konkretheit und schon eher fachliche Spezialisierung feststellbar, wobei Forschungsergebnisse anwendungsbezogen betrachtet werden. Die höhere Spezialisierung bei den Studiengängen der Fachhochschule ist allein schon aus der Vielzahl von Studiengängen ersichtlich. Bei den Berufsakademien mit dem dualen Studienangebot wiederum ist der Praxisbezug sehr groß und die Ausrichtung auf einen enger angelegten Beruf erkennbar.

Generell besteht die Besonderheit akademischer Berufsstudien vor allem an den Universitäten darin, dass sie „in Wissenschaftsprozesse spezialisierter Disziplinen" eingebunden sind. Diese folgen „dem Prinzip der fachsystematischen Strukturierung der Lehr- und Lerninhalte, die für die Grundlagen in der Regel höchst abstrakte, auf die Breite der Disziplin zielende und sie begründende Theorien vermitteln. Nicht selten wird die Grundbildung flankiert durch Grundlagenfächer wie die Mathematik und die Naturwissenschaften. (…). Die Einarbeitung in den akademischen Beruf bleibt der an das Studium anschließenden Einarbeitungszeit vorbehalten." (Rauner 2010, S. 10)

Weitere Besonderheiten und zugleich Defizite akademischer beruflicher Abschlüsse bestehen darin, dass die sofortige Praxistauglichkeit der Absolventen häufig vom Beschäftigungssystem kritisch gesehen wird. Aus diesem Grunde werden insbesondere von den Großbetrieben für Hochschulabsolventen längere betriebliche Einarbeitungsphasen, Praktika und Zusatzkurse eingeplant. Auch verlangen nicht wenige Unternehmen vor einer Festeinstellung, dass ein Praktikum absolviert wird.

Zudem ist derzeit nur in wenigen Fällen festgelegt und definiert, was ein akademischer Beruf ist bzw. welche Tätigkeiten den Rang eines akademischen Berufs erfüllen. Verbindliche Ordnungsprinzipien und -elemente der akademischen Studienberufe sind die Studien- und Prüfungsordnungen und die spezifischen Zulassungen (z. B. Approbation). Aber auch die Bezeichnung Architekt/-in", „Betriebführensprüfer/-in" oder Notar/-in zu führen ist an berufständische Vereinigungen gebunden. Eindeutig gesetzlich definiert ist beispielsweise die Berufsbezeichnung „Ingenieur/-in". Die Anzahl der akademischen Ausbildungsberufe hat sich in den letzten Jahrzehnten erhöht.[321]

- **Akademische Berufsausbildung an Fachhochschulen**

Mit der Umwandlung der höheren Fachschulen in Fachhochschulen setzte in den 1970er Jahren eine Differenzierung des Hochschulsektors ein. Das Konzept der Fachhochschulen orientierte sich in der Übergangszeit an den Vorgängereinrichtungen der Höheren Fachschulen und kann als wissenschaftlich fundierte Berufsausbildung bezeichnet werden. Die Beruflichkeit dieser Studiengänge wurde in der Übergangsphase Anfang der 1970er Jahre nicht expressis verbis thematisiert. Fachhochschulen sind nach Fachbereichen, Disziplinen beziehungsweise Fakultäten gegliedert, und die Studiengänge haben meistens disziplinäre Bezeichnungen. Unabhängig von den angebotenen Studiengängen und der Organisationsstruktur schälten sich Berufsbezeichnungen heraus. So verstehen sich Absolventinnen und Absolventen der Fachhochschulen beispielsweise als Maschinenbauingenieure, Kraftfahrzeugingenieure, Architektinnen, Sozialpädagogen etc. „An Fachhochschulen wird traditionell oft stärker strukturiert und praxisorientiert gelehrt." (Sender 2016, S. 426)

Mit der Einführung der Bachelor- und Masterstudiengänge im Bologna-Prozess hat sich die Perspektive auf den Beruf noch verdeutlicht. So gibt es die Möglichkeit zum Studium an Hochschulen für angewandte Wissenschaften in Bereichen, die insbesondere bei den Bachelorstudiengängen praxisnah und berufsbezogen oder berufsintegrierend sind. Dazu gehören u. a. die Berufsbereiche Agrarwirtschaft, Architektur, Bauingenieurwesen, Biotechnologie, Design, Elektrotechnik, Gartenbau, Heilpädagogik, Informatik, Innenarchitektur, Journalismus, Landschaftsplanung, Maschinenbau, Nautik, Pflege, Tourismusmanagement, Soziale Arbeit, Verwaltung.

- **Akademische Berufsausbildung an Universitäten**

Noch immer gilt an den Universitäten: Die Grundstruktur der Fach- und Studienbereiche ist nach den wissenschaftlichen Disziplinen geordnet, die häufig keinen direkten Bezug zur Berufswelt haben. Dieses ist aber bei den traditionellen akademischen Professionen

---

[321] Eine Orientierung dazu bietet z. B. das Berufslexikon, Band 3, „Akademische Berufe" des österreichischen Bundesministeriums für soziale Verwaltung. Darin sind für das Jahr 1979 über 250 akademische Berufe aufgelistet. Im aktuellen „Berufsatlas: Akademische Berufe" (www. fmserver.braintrust.at/…) werden für Österreich dagegen schon weit über 500 akademische Berufe aufgeführt. Eine ähnliche Entwicklung ist auch für die Bundesrepublik anzunehmen.

der Juristen, Mediziner und auch der Lehrer anders. Allerdings erfolgt bei jenen die Berufsbildung zu einem großen Teil in den dem Studium nachfolgenden verschiedenen Formen von Praxisphasen: Das gilt für die Berufe „Apotheker/-in", „Arzt/Ärztin", „Architekt/-in", „Jurist/-in", „Theologe/Theologin" „Lehrer/-in". Diese akademischen Berufe sind sehr stark formalisiert, reguliert und gesetzlich geschützt. Ein Teil ist auch in eigenen Kammern organisiert.

Für die wissenschaftlichen Hochschulen besteht seit Beginn des Bologna-Prozesses verstärkt der Anspruch, dass sie auch Aufgaben der „Qualifizierung für berufliche Tätigkeiten" und Weiterbildung übernehmen sollen, die über die Ziele der klassischen akademischen Studiengänge hinausgehen.

Universitäten sehen darin – anders als die Fachhochschulen – eine bedenkliche Entwicklung, weil sie annehmen, damit nicht mehr hinreichend und vertieft ihre wissenschaftlichen und disziplinbestimmten Aufgaben in Lehre, Forschung und Bildung wahrnehmen zu können.[322]

2.4.2 Freie akademische Berufe

Freie Berufe finden als einzelne Professionen – wie z. B. die der niedergelassenen Ärzte oder Anwälte und Notare – erhebliche Beachtung, als Berufsgruppen insgesamt werden die Freien Berufe in der Gesellschaft jedoch nur in groben Konturen wahrgenommen.

Der Begriff „Freie Berufe" ist nicht eindeutig festgelegt. Eine übergeordnete definitionsähnliche Aussage für den Begriff des Freien Berufs gibt allerdings der Europäische Gerichtshof EuGH in seinem Urteil vom 11. Oktober 2001. Danach gehören zu den gehobenen Freien Berufen Tätigkeiten, „die u. a. ausgesprochen intellektuellen Charakter haben, eine hohe Qualifikation verlangen und gewöhnlich einer genauen und strengen berufsständischen Regelung unterliegen. Hinzu kommt, dass bei der Ausübung einer solchen Tätigkeit das persönliche Element besondere Bedeutung hat und diese Ausübung auf jeden Fall eine große Selbstständigkeit bei der Vornahme der beruflichen Handlungen voraussetzt."[323]

Eine Quasi-Definition findet sich auch in dem deutschen Gesetz über Partnerschaftsgesellschaften Angehöriger Freier Berufe (2015). Dort heißt es: „Die Freien Berufe haben im Allgemeinen auf der Grundlage besonderer beruflicher Qualifikation oder schöpferischer Begabung die persönliche, eigenverantwortliche und fachlich unabhängige Erbringung von Dienstleistungen höherer Art im Interesse der Auftraggeber und der Allgemeinheit zum Inhalt." (PartGG §1, Abs. 2)

---

[322] So titelt die Zeitung „Die Welt" (13.04. 2014) „Bologna zerstört unsere akademische Bildung" und führt aus: „Die Erkenntnissuche war gestern. Heute geht es an deutschen Universitäten eher um den Kompetenzerwerb. Die Hochschulen drohen zu Berufsschulen zu werden."
[323] Bei der Beschreibung ist zu berücksichtigen, dass für den Europäischen Gerichtshof der Begriff des Freien Berufs an sich nicht im Zentrum der Betrachtung stand.

Das Gesetz zeigt, dass die Berufsbilder von akademischen Freien Berufen sehr unterschiedlich sind und sich vermutlich kontinuierlich weiterentwickeln. Die Entwicklung der Freien Berufe ist insbesondere durch eine wirtschaftliche und gesellschaftliche Dynamik gekennzeichnet, durch die immer wieder neue Berufe und Berufsbilder entstehen.

In dem Bericht der Bundesregierung zur Lage der Freien Berufe (BMWT 2013, S.3) wird betont, dass die Freiberufler für eine Kultur von Unternehmertum und Leistungsbereitschaft stehen. Sie verkörpern „in besonderer Weise die Ideale des selbständigen Mittelstandes. Ein wesentliches Element des selbständigen Mittelstandes ist auch das – für die Freien Berufe namensgebende – Element der Freiheit. Die Freiheit bezieht sich im Kern auf die geistige Entscheidungsfreiheit und auf das eigenverantwortliche, unabhängige Handeln der Berufsträger. Die Freiberufler sind frei in der Bildung ihres Urteils und tragen die volle Verantwortung für ihr Handeln." Darüber hinaus werden auch im Einkommensteuergesetz (EStG § 18, Abs. 1) die Freien Berufe und freiberufliche Tätigkeiten benannt.[324]

Grundsätzlich sind vor allem vier Betrachtungsweisen zur Einordnung der Freiberuflichkeit zu unterscheiden, und zwar die
1. berufssoziologische (Freier Beruf als Profession),
2. steuerliche (Abgrenzung zum Gewerbe),
3. sozialversicherungsrechtliche sowie die
4. gesellschaftsrechtliche Sichtweise.

Neben diesem berufssoziologischen Bestimmungsansatz sind Freie Berufe vor allem auch in steuerlicher Hinsicht zu unterscheiden, und zwar in die in Gesetzen genannten Berufe einerseits und in die diesen ähnliche Berufe und in die Tätigkeitsberufe andererseits. Vielfach sind einzelne Landesrechte zu beachten. Aus unterschiedlichen definitorischen Ansätzen können sich abweichende Betrachtungen zu Freien Berufen ergeben. Zu den wichtigsten Besonderheiten Freier Berufe zählen Regelungen zu
- Berufszugang und Niederlassung,
- Anzeige-, Informations- und Eintragungspflichten,
  Vorbehaltsaufgaben und Berufsausübung oder
- Leistungsabrechnung bzw. Honorierung durch staatliche Gebührenordnungen.

Darüber hinaus lassen sich die Freien Berufe in vier große Berufsgruppen einordnen: die heilkundlichen Berufe, rechts-, wirtschafts- und steuerberatende Berufe, Kulturberufe sowie technische und naturwissenschaftliche Berufe.

---

[324] Dort heißt es: „Zu der freiberuflichen Tätigkeit gehören die selbständig ausgeübte wissenschaftliche, künstlerische, schriftstellerische, unterrichtende oder erzieherische Tätigkeit, die selbständige Berufstätigkeit der Ärzte, Zahnärzte, Tierärzte, Rechtsanwälte, Notare, Patentanwälte, Vermessungsingenieure, Ingenieure, Architekten, Handelschemiker, Wirtschaftsprüfer, Steuerberater, beratenden Volks- und Betriebswirte, vereidigten Buchprüfer, Steuerbevollmächtigten, Heilpraktiker, Dentisten, Krankengymnasten, Journalisten, Bildberichterstatter, Dolmetscher, Übersetzer, Lotsen und ähnlicher Berufe."

Durch die Freien Berufe werden unterschiedlichen Funktionen erfüllt. Dazu gehören:
„- Sicherstellung der Grundwerte wie Gesundheit, Bildung, Eigentum,
- Ausgleich von Rechten und Pflichten zwischen Staat und Bürgern,
- Unterstützung in schwierigen Lebenssituationen,
- Schaffung und Vermittlung kultureller Güter,
- Gestaltung und Erhalt von Lebensräumen und der Umwelt,
- Schutz bei Hilfsbedürftigkeit,
- Garanten für das Funktionieren des Wirtschaftsprozesses und von
- Individualität und Freiheit in der Gesellschaft." (Oberlander 2013, S. 570)

Es gibt eine Reihe von Freien Berufe, die eine eigene Berufskammer haben. Zu diesen zählen Ärzte, Zahnärzte, Tierärzte, Apotheker, Psychotherapeuten, Notare, Rechtsanwälte, Patentanwälte, Steuerberater, Wirtschaftsprüfer, Architekten und Beratende Ingenieure.
Um Mitglied einer Kammer zu werden, muss man sich dort anmelden. Damit man einer Berufskammer beitreten kann, bedarf es gewisser Voraussetzungen.[325]

Die in dem modernen Beschäftigungs- und Gesellschaftssystem zunehmende Undurchschaubarkeit unserer Lebens- und Arbeitswelten führt zur verstärkten Nachfrage zu Leistungen, wie sie durch die Freien Berufe angeboten werden. Bei den Kunden bestehen – auch bei guter Nachfrage nach Dienstleistungen – über die Qualität freiberuflicher Leistungen häufig Unsicherheiten. Für die Vertreter der Freien Berufe muss das Vertrauen ihrer Klientel einen besonderen Stellenwert aufweisen. Im Marketing kommt dem eine große Bedeutung zu. Dienstleistungen verfügen über sogenannte Vertrauenseigenschaften, bei der Preisbildung gibt es beispielsweise das Preisvertrauen.

Bei einer Untersuchung zum Selbst- und Fremdbild der Freien Berufe wurde zusammenfassend festgestellt, dass sich Freiberufler stark mit freiberuflichen Werten identifizieren, stärker noch als Verbraucher sie nachfragen.
Wie Willi Oberlander (2013, S. 572) erfragt hat, schätzen Verbraucher „freiberufliche Leistungen durchweg als ‚gut' ein. Zusammen mit ‚sehr gut' stellen diese Antworten jeweils die Mehrheit dar. Schlechte Beurteilungen kommen mit maximal neun Prozent in sehr geringem Umfang vor; ist eine Einschätzung nicht ‚gut', so ist sie häufiger ambivalent (‚weder noch') als schlecht. Am relativ schlechtesten ist die Einschätzung von Eigenverantwortlichkeit und Unabhängigkeit der Freiberufler, wo die Ambivalenz dem Anteil der ‚gut'-Antworten mit 43 Prozent entspricht. Ebenfalls gestehen drei Viertel der Verbraucher/-innen den Freien Berufen die Selbstverwaltung zu, und knapp 60 Prozent halten Freiberufler für verantwortungsbewusster, integrer und vertrauenswürdiger als andere Menschen. Dieser positive Eindruck wird auch dadurch kaum getrübt, dass mit 60 Prozent die Mehrheit der befragten Verbraucher/-innen annimmt, Freiberufler wollen vor allem Geld verdienen, und nur 40 Prozent die sinnvolle Tätigkeit als Motivation unterstellen.

---

[325] Zur Anmeldung ist u. a. der Nachweis über den Ausbildungsabschluss vorlegen (d. h. in der Regel ein erfolgreich abgeschlossenes Studium) und teilweise über eine längere Berufspraxis. Außerdem bedarf es des Nachweises einer Berufshaftpflichtversicherung und eines polizeilichen Führungszeugnisses.

Freiberufliche Werte werden durchweg zu mindestens 80 Prozent als ‚wichtig' oder ‚sehr wichtig' bezeichnet, wobei der Preis als Wertungskriterium nachrangig ist; als wichtigster Aspekt wird die fachliche Kompetenz genannt. (…). Verbraucher haben also ein ausgeprägt positives Bild von Freiberuflern, deren Werte sie in hohem Maße nachfragen."

Die Zahlen der Studierenden und Absolventen in den für Freie Berufe besonders relevanten Studienbereichen wie Rechts-, Wirtschafts- und Sozialwissenschaften, den Ingenieurwissenschaften und naturwissenschaftlichen und mathematischen Fächern nehmen kontinuierlich zu (Abb. 42).

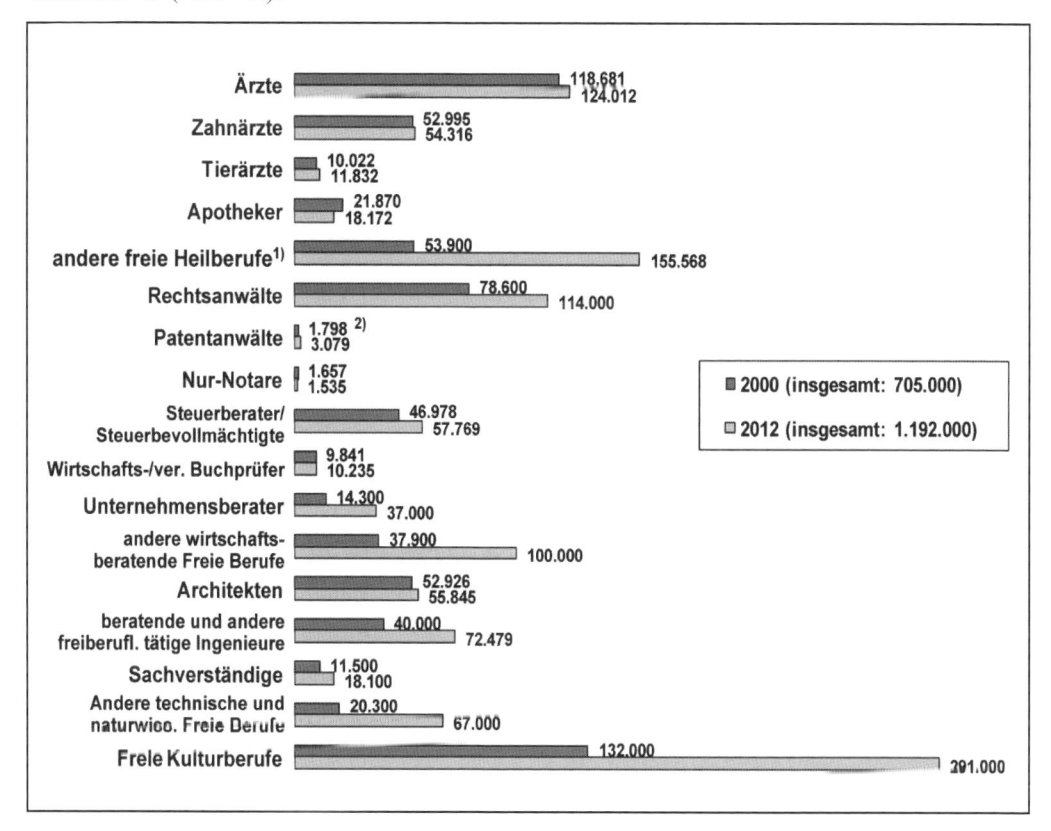

Abb. 42: Anzahl der Selbstständigen in Freien Berufen in Deutschland in den Jahren 2000 und 2012 (Bundesregierung 2013, S. 9)

Die Entwicklung folgt allerdings nicht immer dem bestehenden Bedarf auf dem Arbeitsmarkt. So sind Versorgungslücken bei den Ärzten gegeben und auch bei den mathematisch-naturwissenschaftlichen und ingenieurwissenschaftlichen Berufen, während andere Freie Berufe – wie Rechtsanwälte, Architekten oder Journalisten – unter erheblichen Konkurrenzdruck agieren müssen. Bei den Fachkräften in freiberuflichen Niederlassungen – wie beispielsweise bei den Steuerberatern – zeichnen sich partiell Engpässe bei der Gewinnung von hinreichend qualifiziertem Berufsnachwuchs ab.

Insgesamt kann festgestellt werden, dass die Freien Berufe eine große Anziehungskraft aufweisen, u. a. auch weil sie für ihre Angehörigen hohe Kreativität und Innovationsfähigkeit sowie ein besonderes Prestige versprechen. Allerdings stand das Ansehen Freier Berufe „in der Vergangenheit jeweils in unmittelbarer Relation zu ihrer jeweiligen Selbstbindung an ethische Prinzipien" (Oberlander 2013, S. 569). Zukünftig bedürfen die hohen ethischen Anforderungen an freiberufliche Dienstleistungen der „Sicherung durch konkrete Leitbilder und klar definierte ethische Grundsätze. Hierzu stehen normierte und sanktionierbare Berufsregelungen ebenso zur Verfügung wie berufsethische Verhaltenskodizes." (Europäischer Wirtschafts- und Sozialausschuss 2014, S. 110) Die im Bericht der Bundesregierung zur Lage der Freien Berufe (BMWT 2013, S. 31) gemachten Ausführungen zur Initiative Kultur- und Kreativwirtschaft sind von berufspolitischem Interesse, weil damit die Freiberufler weiter gestärkt werden sollen. Die Tätigkeiten und insbesondere die „Dienstleistungen der Freien Berufe zeichnen sich durch die hohen Anforderungen an die Kompetenz und die Eigenverantwortung der Berufsträger aus. Deren Unabhängigkeit und der persönliche Kontakt zum Auftraggeber begründen die zugleich basale und stabilisierende Rolle der Freiberufler." (Oberlander 2013, S. 570)

Mit der in den letzten Jahren zunehmenden Anzahl der Freien Berufe steht diese Berufsgruppe im Zentrum des Übergangs von der Produktions- zur Dienstleistungsgesellschaft. Dabei hatten den größten Anteil an den Selbstständigen die freien Heilberufe, es folgten die rechts-, wirtschafts- und steuerberatenden Berufe vor den freien Kulturberufen und den technisch-naturwissenschaftlichen Berufen.

Die veränderten Ansprüche an moderne qualitativ hochwertige Dienstleistungen, erfordern eine besonders hohe Flexibilität und Reagibilität. Der Entwicklung der Nachfrage wird durch berufliche Differenzierung und Spezialisierung bis hin zur Ausformung neuer Berufsbilder entsprochen. Diese sind nicht als statisch anzusehen, sondern müssen wegen wirtschaftlichen und gesellschaftlichen Dynamiken weiterentwickelt werden, sodass angepasste Berufsbilder oder sogar neue Berufe entstehen.

Im Bericht der Bundesregierung zur Lage der Freien Berufe (BMWT 2013, S. 45) wird mit einem Ausblick vermutet: „Freiberufliche Vertrauensdienstleistungen von hoher Qualität werden auch in der Zukunft gefragt sein. Es ist davon auszugehen, dass die Nachfrage nach Dienstleistungen der Freien Berufe sogar noch steigen wird, denn der Trend zur Tertiarisierung ist ungebrochen. Damit werden die Freien Berufe auch künftig eine Schlüsselrolle in der modernen Dienstleistungsgesellschaft spielen."

2.4.3 Akademische Weiterbildungsberufe

In den letzten Jahrzehnten wurde die berufliche Weiterbildung in der Wissensgesellschaft auch für Akademiker/-innen zunehmend wichtiger. Absolventen des Bachelorstudiums sehen – insbesondere wenn sie in der Wirtschaft arbeiten und Erfahrungen sammeln – Masterstudiengänge teilweise als berufliche Weiterbildungsberufe an.

Mit dem Masterstudium können sie das Aufgabengebiet im akademischen Bereich sehr vergrößert, und es zeigen sich weitere berufliche Entwicklungsmöglichkeiten. Auch die akademische Weiterbildung, die bei privaten Bildungsträgern und in den Betrieben stattfindet, nimmt bereits einen größeren Umfang ein. Zukünftig werden dadurch akademische und wissenschaftliche Weiterbildungsberufe – soweit absehbar – mit einer Aktualisierung und Erweiterung der beruflichen Qualifikationen und Kompetenzen noch stärkere Bedeutung erlangen.

Bei der Betrachtung aller denkbarer Zukunftsperspektiven zeigt sich, dass als „Grundvoraussetzung für den Ausbau des Weiterbildungssektors innerhalb der Hochschulen (…) in Zukunft (…) die verstärkte Orientierung an der Nachfrageseite" (Willich/Minks 2004, S. 51) von herausragender Bedeutung sein kann.
Mit der subjektbezogenen Orientierung und der Programmatik des lebenslangen Lernens treten für die Gestaltung der Hochschulen Unsicherheiten und konkrete Fragen zur Umsetzung akademischer und wissenschaftlicher Weiterbildung an den verschiedenen Lernorten auf. Es deuten sich neue akademische Weiterbildungsberufe an. Insbesondere „ist es das derzeit sich entwickelnde Forschungsinteresse an strukturellen Fragen der wissenschaftlichen Weiterbildung, das auf organisationstheoretische, motivationale und vermittlungstheoretische Aspekte gerichtet ist" (Wanken u. a. 2011, S. 4).

Wissenschaftliche Weiterbildung an Hochschulen gewinnt aber auch vor der drohenden Kulisse der demographischen Entwicklung in Deutschland und des absehbaren Fachkräftemangels bei Akademikerinnen und Akademikern zunehmend an Bedeutung. Diesem Trend tragen auch das (immer noch gültige) Hochschulrahmengesetz (HRG) und die Hochschulgesetze der Länder Rechnung. In ihnen ist die wissenschaftliche Weiterbildung neben der Lehre und Forschung als eine dritte gleichberechtigte Aufgabe der Hochschulen festgeschrieben.[326] Hierzu ist zukünftig von den Hochschulen – wenn dafür auch Ressourcen bereitgestellt werden – ein ansprechendes Weiterbildungsangebot zu offerieren. Die Rahmengebungen für weiterbildende Studiengänge sind in den Landeshochschulgesetzen festgeschrieben.[327] Dazu sind inzwischen u. a. verschiedene Typen berufsbegleitender und dualer Studiengänge entwickelt worden (vgl. z. B. Minks/Netz/Völk 2011, S. 23 ff.).

Die relativ große Zahl der Akademiker/-innen, die in immer kürzeren Intervallen wechselnden Anforderungen des Beschäftigungssystems entsprechen müssen, bringen viele Berufstätige mit akademischem Abschluss zur Einsicht, dass nach der akademischen

---

[326] So heißt es beispielsweise im Hochschulgesetz des Landes Sachsen-Anhalt vom 14.12.2010 im Paragraphen 16 „Weiterbildendes Studium" unter Absatz 1: „Die Hochschulen entwickeln und bieten Möglichkeiten der Weiterbildung an, die der wissenschaftlichen Vertiefung und Ergänzung berufspraktischer Erfahrungen dienen. Sie stehen Personen mit abgeschlossenem Hochschulstudium und solchen Personen offen, die die für eine Teilnahme erforderliche Eignung im Beruf oder auf andere Weise nachweisen. (…). Berufspraktische Erfahrungen sind für die Lehre nutzbar zu machen. Das Weiterbildungsangebot soll aus in sich geschlossenen Abschnitten bestehen und die aus der beruflichen Praxis entstandenen Bedürfnisse der Teilnehmenden berücksichtigen."
[327] So heißt es in dem bereits herangezogenen Paragraphen 16 des Hochschulgesetzes von Sachsen-Anhalt unter Absatz 2: „Weiterbildung kann in eigenen Studiengängen oder einzelnen Studieneinheiten angeboten werden. Weiterbildende Studiengänge können mit einem Hochschulgrad oder einem Zertifikat abgeschlossen werden."

Erstausbildung berufliche Weiterbildungen erforderlich sind. Die Weiterbildung zu einem Zweitberuf kann in verschiedenen Formen erfolgen.

- **Erst- und Weiterbildungsberuf haben kein gemeinsames Sachgebiet**

Weiterbildende Maßnahmen können nach Abschluss von solchen Studiengängen sinnvoll oder gar notwendig werden, für die es kein definiertes Berufsbild gibt und nur die Möglichkeit besteht, unsichere Tätigkeitsverhältnisse aufzunehmen oder bei befristeten Anstellungen im Wissenschaftsbereich zu verharren. Hochschulabsolventinnen und -absolventen, die nach Abschluss des Studiums keine berufsförmige Beschäftigung erhalten haben, versuchen sich deshalb teilweise völlig neu zu orientieren.[328]

Heute wird allgemein angenommen, dass in vielen Fällen nicht mehr ausschließlich auf ein durch das Studium erworbenen Abschluss aufgebaut werden kann, um damit auf dem Arbeitsmarkt erfolgreich zu sein. Das gilt insbesondere für die Anthropologen, Ethnologen und Geisteswissenschaftler, die schlechte Aussichten auf eine Anstellung in Betrieben oder Behörden haben und deshalb in inadäquaten, befristeten und unsicheren Beschäftigungsverhältnissen auf dem Arbeitsmarkt Fuß zu fassen versuchen.[329]

Insbesondere diese Gruppe von Absolventinnen und Absolventen, aber teilweise auch solche aus anderen Studiengängen, greifen in der prekären Situation nach dem Studium auf Stellenangebote zu, die Tätigkeiten umfassen, die nicht ihrer studierten Fachrichtung, dem Berufsfeld oder der zugehörigen Branche entsprechen. Viele solcher an das Studium anschließenden Beschäftigungen sind für die Absolventen nicht befriedigend, und nicht selten wird noch einmal eine weitere berufliche Ausbildung angestrebt, wobei auch nichtakademische Berufe in Betracht gezogen werden. Obwohl keine inhaltliche Adäquanz zu dem Studium besteht, finden sich auch Tätigkeiten, die einen berufsförmigen Charakter haben und sich zu einem Zweitberuf entwickeln lassen. Hilfreich können dabei die Methoden und Arbeitsweisen sein, die während der akademischen Ausbildung erlernt und studiert wurden.

Unabhängig von der studierten Fachrichtung erlauben die im Studium erworbenen Kenntnisse vielen Akademikern eine große Variationsbreite bei der Wahl eines Weiterbildungs-

---

[328] Soziologisch werden solche Absolventen deshalb oft als „Akademisches Prekariat" bezeichnet. Der Begriff „Prekariat" umfasst u. a. Langzeitarbeitslose, weit unter ihrer Qualifikation Teilzeitbeschäftigte oder befristet Arbeitende sowie Praktikanten als eine neue, sozial inhomogene Gruppierung. Die Protagonisten dieser Schicht sind oftmals Empfänger von staatlichen Unterstützungen, obwohl sie einen Hochschulabschluss oder sogar eine Promotion vorweisen können. Seit der Jahrtausendwende weiten sich prekäre Beschäftigungsverhältnisse auch in Deutschland immer weiter aus (vgl. Studie der Friedrich-Ebert-Stiftung 2006, Statistiken des DGB, Statistiken des Instituts für Arbeitsmarkt- und Berufsforschung (IAB); Altenhain u. a. 2008).
[329] Inzwischen ist beispielsweise ein eingetragener „Verein der Absolventen der Geistes-, Sozial- und Erziehungswissenschaften" gegründet worden, der mit einer Broschüre „Das akademische Prekariat?" Hinweise für berufliche Einstiegsmöglichkeiten aufführt. In dem Vorwort heißt es: „Da sich die Probleme vieler Absolventen ähneln, haben wir versucht, unsere Erfahrungen zu bündeln, um euch beim Berufseinstieg Zeit und Frust zu sparen." (Team der AGSE o. J., S. 3) Wichtig erscheint aus der Sicht des Teams, „ein Bewusstsein dafür zu entwickeln, dass Geisteswissenschaftler mit einem Handicap starten, da es keine festen Berufsbilder, viel Konkurrenz und eine vergleichsweise geringe Nachfrage gibt" (ebd., S. 5).

berufs. Schon allein bei einem Blick in die Stellenanzeigen der Zeitungen wird die große Einsatzbreite der im Studium erworbenen Kenntnisse sichtbar.[330] Dabei zeigen sich Chancen für einen akademischen Weiterbildungsberuf, der fachlich-inhaltlich nur wenig mit dem Studienberuf korrespondiert.

- **Weiterbildungsberuf baut auf Fachlichkeit des ersten Studienabschlusses auf**

Die Mehrheit der Absolventinnen und Absolventen, und das sind insbesondere Ingenieure, Betriebswirtschaftler, Mediziner und Pharmazeuten, können bei Studienabschluss und nachfolgender Tätigkeit gut auf einen Großteil der erworbenen Studieninhalte aufbauen, auch wenn sie nicht unbedingt im Bereich der studierten Fachrichtung tätig sind. Häufig entstehen Entwicklungsmöglichkeiten dadurch, dass im Berufsfeld verblieben wird und es eine Schnittmenge zwischen den Inhalten der Fachrichtung sowie des Berufsfeldes des Studiums und denen des Faches und der Branche gibt, in der Stellenangebote vorhanden sind.

Zwischen den Studieninhalten und den Arbeitsinhalten der nachfolgenden beruflichen Tätigkeit besteht dann eine mehr oder weniger große Adäquanz. Hierdurch ergeben sich gute Chancen zu einer beruflichen Tätigkeit. Außerdem bieten sich dabei Gelegenheiten, aus dort gewonnenen Erfahrungen einen Zweitberuf zu gestalten oder einen Weiterbildungsberuf anzustreben.

Beispielsweise zeigt sich, „dass gerade bei akademischen Ausbildungen häufig keine enge Verbindung zwischen den im Studium erworbenen und im Beschäftigungssystem angewandten Qualifikationen besteht, ohne dass dies immer als Inadäquanz gewertet werden muss. Beispiele sind die Ingenieurin, die in die Personalleitung ihres Unternehmens wechselt oder der Politologe, der als Marktforscher arbeitet." (Pflicht/Schreyer 2002, S. 531)

Für einen Teil der sehr qualifizierten Absolventinnen und Absolventen von Studiengängen besteht die Möglichkeit, in der gewünschten Fachrichtung weiterzuarbeiten. Sie befinden sich, wenn der Ausbau des Fachwissens und die weiteren Qualifizierungsvorhaben glücken, meist in einer sehr guten Beschäftigungssituation.

Im Vergleich zur nicht-akademischen beruflichen Erstausbildung ist bei den akademischen Berufen die Beziehung von akademischer beruflicher Erstausbildung und dem ausgeübten Beruf flexibler gestaltbar. Die im Studium erworbenen Kenntnisse und Fähigkeiten sind transferierbar und können für die Mehrheit der studierten Fachrichtungen in einer großen Palette von Berufen des Beschäftigungssystems eingesetzt werden.

Die Variationsbreite von studierter Fachrichtung und beruflichem Einsatz ist erstaunlich groß, wie Christina Anger und Christiane Konegen-Grenier (2008, S. 12) hervorheben.[331]

---

[330] „So sind beispielsweise von den insgesamt 1,36 Millionen erwerbstätigen Akademikern mit einem ingenieurwissenschaftlichen Abschluss lediglich 801.000 oder 59 Prozent im Beruf des Ingenieurs beschäftigt." (Anger/Konegen-Grenier 2008, S. 11)

[331] Im Einzelnen führen Anger und Konegen-Grenier (2008, S. 12) auf:

Im Zusammenhang mit der Arbeit von Akademikerinnen und Akademikern im Beschäftigungssystem fragt sich allerdings, ob die geforderten Tätigkeitsmerkmale dem Studium oder das Studium den Tätigkeitsmerkmalen angemessen sind.[332] Unabhängig von solchen Fragen ist unter Berücksichtigung aller Probleme zwischen akademischer Ausbildungsqualifikation und den Möglichkeiten späterer beruflicher Tätigkeit festzustellen, dass die Verwertungschancen der im Studium erworbenen Qualifikationen relativ groß sind (Hecker 2000, S. 16).

- **Akademischen Weiterbildungsberufe als Anpassungsoption**

Gesellschafts- und bildungspolitisch geht es jetzt und in naher Zukunft darum, den stetig wachsenden Anforderungen an Fach- und Führungskräften im Beschäftigungssystem Rechnung zu tragen. Auch zukünftig werden die Absolventinnen und Absolventen eines Studiums bei Weiterbildungsbedarf die Hochschulen als erste Anlaufstelle ansehen. Es ist zu erwarten, dass auch die betrieblichen Weiterbildungsaktivitäten aufgrund des Bildungsanspruchs des lebenslangen Lernens in den nächsten Jahren deutlich an Dynamik gewinnen werden.

Bei der Bereitstellung von betrieblichen wissenschaftlichen Weiterbildungsangeboten und der Generierung von Weiterbildungsberufen sollten Kooperationen mit Hochschulen angestrebt werden. Die sichtbar werdenden Potenziale der Zusammenarbeit zwischen Wirtschaft und Hochschule sind in diesem Bereich in Deutschland längst noch nicht ausgeschöpft. Das Feld der Kooperationsmöglichkeiten kann sich konkret z. B. auf die gemeinsame Gestaltung und Durchführung von Weiterbildungsangeboten, die Mitwirkung von Personen aus der Wirtschaft an Weiterbildungsangeboten an der Hochschule, die Anfertigung von hochschulischen Abschlussarbeiten unter Berücksichtigung von Problemen in der betrieblichen Praxis, die Entwicklung neuer Studiengänge oder die Initiierung des

---

- „Besonders häufig setzen die Ernährungswissenschaftler ihre Studienkenntnisse in unterschiedlichen Berufen ein. In keiner der 21 Berufsgruppen konzentrieren sich mehr als 15 Prozent der rund 37.000 erwerbstätigen Absolventen der Ernährungswissenschaften. Häufiger ausgeübte Berufe sind personenbezogene Dienstleistungen (14,7 Prozent), Lehrämter (12,1 Prozent), Büroberufe, kaufmännische Berufe (10,6 Prozent), naturwissenschaftlich-mathematische Berufe (9,8 Prozent) sowie Berufe in der Unternehmensleitung, -beratung und -prüfung (9,2 Prozent).
- Von den mit mehr als 100.000 erwerbstätigen Akademikern vertretenen Studienfächern weist die Volkswirtschaftslehre einen besonders flexiblen Einsatz der Studienfachkenntnisse auf. Eine gewisse Konzentration der Volkswirte zeigt sich bei den Berufen der Gruppe Unternehmensleitung, -beratung und -prüfung (24,0 Prozent). Weitere Berufe, die von einem größeren Prozentsatz der Volkswirte ausgeübt werden, sind Büroberufe und Berufe als kaufmännische Angestellte (14,5 Prozent), geistes- und naturwissenschaftliche Berufe (11 Prozent) sowie die Berufe Rechnungskaufmann und Informatiker (8,8 Prozent). Während diese Berufe bezogen auf die Studieninhalte als naheliegende gelten dürften, ist es überraschend, dass 5 Prozent der rund 100.000 Absolventen auch einen Schritt in technische und naturwissenschaftliche Berufe gemacht haben.
- Weitere Studienfächer, deren Absolventen häufig in unterschiedlichen Berufen tätig sind, sind die übrigen Sozialwissenschaften, Sprach- und Kulturwissenschaften, Sport, alle Naturwissenschaften mit Ausnahme von Informatik, alle weiteren Wirtschaftswissenschaften, sowie die Agrar- und Forstwissenschaften sowie alle Ingenieurwissenschaften außer Elektrotechnik, Maschinenbau und Bauingenieurwesen."

[332] Die Frage nach der Adäquanz von Ausbildung und Beschäftigung kam in der Bundesrepublik erst in den 1990er Jahren „in den Fokus der Arbeitsmarktforschung. Dies dürfte mit der Vielzahl an inhaltlichen und methodischen Problemen zusammenhängen, mit denen sich Forschung zur Inadäquanz konfrontiert sieht und die auch nur bedingt gelöst werden können." (Pflicht/Schreyer 2002, S. 531)

Technologietransfers von der Hochschule in die Wirtschaft beziehen (vgl. Freiling/Imhof 2007, S. 11). Auch die akademische Weiterbildung an privaten Berufsbildungsstätten wird aller Voraussicht nach zukünftig expandieren.

Insgesamt dürften aber bei der zu erwartenden Zunahme von akademischen Weiterbildungsangeboten und Weiterbildungsberufen vermutlich insbesondere deren Qualität bewertet werden. „Von daher wird auch das Thema Evaluation, Qualitätssicherung und Akkreditierung einen hohen Stellenwert für die zukünftigen Weiterbildungsbemühungen der Hochschulen gewinnen." (Willich/Minks 2004, S. 52)

2.4.4 Akademische Erwerbsberufe

Bei den akademischen und semi-akademischen Erwerbsberufen ist bisher zwar keine verbindliche Systematisierung oder gar Klassifikation, wohl aber eine sehr große Vielfalt an beruflichen Tätigkeiten feststellbar. Die entsprechenden Berufsbezeichnungen orientieren sich meist an vergleichbaren akademischen Ausbildungsabschlüssen und/oder an den in der betrieblichen Praxis jeweils aktuell notwendigen Tätigkeiten. So werden derzeit beispielsweise im Bereich der Elektrotechnik in entsprechenden Stellenanzeigen z. B. Elektroingenieure in den (Erwerbs-)Berufen bzw. elektrotechnischen Tätigkeitsbereichen Systemtechnik, Anlagentechnik, Bordnetze, Schaltanlagen, Softwareentwicklung, Hardwareentwicklung, Sondermaschinenbau, Elektrokonstruktion, Offshore-Windparks, maritime Technik, (Prozess-)Visualisierung, Hochspannungsseekabel, (mobile) Messtechnik oder Fahrzeugelektrik gesucht (vgl. www.stellenmarkt.de/stellenangebote/elektroingenieur). In der Klassifikation der Berufe sind solche „akademische Berufe unterrepräsentiert, während die geregelten Ausbildungsberufe der Industrie und des Handwerks häufig stark differenzierte Kompetenzzuordnungen aufweisen" (KldB 2010, S. 32 f.).

Grundsätzlich ist insbesondere bei den akademischen Berufen eine Ordnung und/oder Systematisierung bzw. die Bestimmung der Art der Tätigkeit über die Kategorien Ausbildung oder Erwerb nicht immer eindeutig möglich. Als ein solcher besonderer Fall kann beispielsweise die Tätigkeit im Rahmen eines Promotionsvorhabens zum Dr.-Ing. an einer wissenschaftlichen Hochschule angesehen werden. Einerseits entspricht die Promotionsphase – wenn sie im Rahmen einer wissenschaftlichen Tätigkeit an der Hochschule stattfindet – einer speziellen Aus- bzw. Weiterbildung. Andererseits dient sie aber dem Erwerb von finanziellen Mitteln zum Lebensunterhalt. Sie ist – insbesondere wenn sie keinen Abschluss durch eine Promotion erfolgt – auch eine Erwerbsberufsphase. Entsprechende Verhältnisse ergeben sich bei einer berufsbegleitenden wissenschaftlichen Weiterbildung zu einem anderen beruflichen Tätigkeitsprofil. Die Teilnehmer/-innen einer solchen Weiterbildung befinden sich sowohl in einer beruflichen Ausbildungs- als auch Erwerbsphase.

Viele Berufe sind dadurch gekennzeichnet, dass die Ausbildung bzw. Qualifikation dazu und die Karrieremuster nicht reglementiert und festgeschrieben sind. Das erforderliche Fachwissen und die sonstigen erforderlichen Kenntnisse, Fähigkeiten und extrafunktionalen Qualifikationen für einen solchen Erwerbsberuf werden insbesondere durch informelles Lernen[333] im Unternehmen im Rahmen realer beruflicher Arbeit und durch selbstständiges zusätzliches Lernen und Studieren auch in der arbeitsfreien Zeit vermittelt und erworben.

Das informelle Lernen in der Arbeit ist „ein Lernen über Erfahrungen, die in und über Arbeitshandlungen gemacht werden. Es
- ergibt sich aus Arbeits- und Handlungserfordernissen und ist nicht institutionell organisiert,
- bewirkt ein Lernergebnis, das aus Situationsbewältigungen und Problemlösungen in der Arbeit oder aus Handlungen hervorgeht,
- wird im Allgemeinen nicht professionell pädagogisch begleitet." (Dehnbostel 2016, S. 24)

Dieses Faktum ist auch ein Grund dafür, dass sich die Erwerbsberufe so unterschiedlich entwickeln und die Bezeichnungen der Erwerbsberufe so vielfältig sind (vgl. dazu insbesondere die Klassifikation der (Erwerbs-)Berufe/KldB 2010). Die in dieser Statistik aufgeführte Anzahl der Erwerbsberufsbezeichnungen ist zwar sehr groß (ca. 24.000), aber viele der darin integrierten Tätigkeiten richten sich oftmals auf gleiche oder zumindest ähnliche fachliche Bereiche, Inhalte und Sachverhalte.

---

[333] „Beim informellen Lernen stellt sich im Gegensatz zum formalen Lernen ein Lernergebnis ein, ohne dass es von vornherein bewusst angestrebt wird. Dies bedeutet nicht, dass im Prozess des informellen Lernens die Intentionalität fehlt. Sie ist jedoch auf andere Ziele und Zwecke als auf das Lernen als solches gerichtet." (Dehnbostel 2016, S. 524) In der Berufsbildungslandsschaft ist das informelle Lernen noch wenig thematisiert und genutzt. „Das informelle Lernen wird auch als ‚beiläufiges' oder ‚inzidentelles Lernen' bezeichnet, wobei die zumeist disziplinspezifischen Begriffsbestimmungen auch mit unterschiedlichen grundlagenwissenschaftlichen Orientierungen und praktisch-konzeptionellen Gestaltungsmaßnahmen verbunden sind. Informelles Lernen ist ein subjektiver, sozial und situativ bestimmter Aneignungsprozess, dessen Abhängigkeit von den jeweiligen Arbeits- und Handlungsprozessen auch deutliche Nachteile haben kann" (ebd.).

Berufsförmige Tätigkeiten und Berufe der Gegenwart   289

2.5 Verschiedenartigkeit und Vielzahl von Berufsarten

2.5.1 Zur Verschiedenartigkeit und Vielzahl von nicht-akademischen Berufsarten

- **Anerkannte Berufe**

Die anerkannten Berufe finden sich vorwiegend im Dualen System der betrieblich-schulischen Ausbildung. Sie werden vom Bundesinstitut für Berufsbildung veröffentlicht. Dieses geschieht mit der Bekanntmachung des Verzeichnisses der anerkannten Ausbildungsberufe. Es gibt etwa 329 staatlich anerkannte Ausbildungsberufe nach BBiG/HwO (Abb. 43). Außerdem gibt es etwa 90 staatlich Anerkannte Ausbildungsberufe nach Landesgesetzen.

Staatlich anerkannte Ausbildungsberufe	
A	W
Änderungsschneider/Änderungsschneiderin	Wachszieher/Wachszieherin
Anlagenmechaniker/-in für Sanitär-, Heizungs- und Klimatechnik	Wärme-, Kälte- und Schallschutzisolierer/ Wärme-, Kälte- und Schallschutzisoliererin
Anlagenmechaniker/Anlagenmechanikerin	Wasserbauer/Wasserbauer/-in
Asphaltbauer/ Asphaltbauerin	Weintechnologe/Weintechnologin
Aufbereitungsmechaniker/ Aufbereitungsmechanikerin	Werkfeuerwehrmann/Werkfeuerwehrfrau
Augenoptiker/Augenoptikerin	Werkgehilfe Schmuckwarenindustrie, Taschen- und Armbanduhren/Werkgehilfin Schmuckwarenindustrie, Taschen- und Armbanduhren
Ausbaufacharbeiter/Ausbaufacharbeiterin	Werkstoffprüfer/Werkstoffprüferin
Automatenfachmann/Automatenfachfrau	Werkzeugmechaniker/Werkzeugmechanikerin
Automobilkaufmann/Automobilkauffrau	Winzer/ Winzerin
	Z
B	Zahnmedizinischer Fachangestellter/Zahnmedizinische Fachangestellte
Bäcker/Bäckerin	Zahntechniker/Zahntechnikerin
Bankkaufmann/Bankkauffrau	Zerspanungsmechaniker/Zerspanungsmechanikerin
Baugeräteführer/Baugeräteführerin	Zimmerer/Zimmerin
Baustoffprüfer/Baustoffprüferin	Zupfinstrumentenmacher/Zupfinstrumentenmacherin
•	Zweiradmechaniker/ Zweiradmechanikerin
•	
•	

Abb. 43: Staatlich anerkannte oder als staatlich anerkannt geltende Ausbildungsberufe (BIBB 2015 – Auszug)

Durch die einzelnen Bundesländer wird darüber hinaus eine Vielzahl von schulischen Ausbildungen angeboten, die zu einem staatlich anerkannten Berufsabschluss führen.
Über die Berufe, zu denen in einzelnen Bundesländern ausgebildet wird, eine Übersicht zu gewinnen, ist schwierig. Vielleicht auch deshalb hat die Kultusministerkonferenz die Berufe, die in dem Anhang 2 der „Rahmenvereinbarung über Berufsfachschulen" (Beschluss der Kultusministerkonferenz 2007, S. 12 ff.) aufgeführt sind, weitere Berufe ge-

nannt. Zu den länderspezifischen Berufen führen Bildungsgänge, die von den Berufsfachschulen der Bundesländer angeboten werden. Gegenwärtig werden unter dieser Kategorie fast hundert Berufe angeboten (Abb. 44).

Assistentenberufe

1 Assistent im Gesundheits- und Sozialwesen/ Assistentin im Gesundheits- und Sozialwesen 2 Assistent in hauswirtschaftlichen Betrieben/ Assistentin in hauswirtschaftlichen Betrieben 3 Medizinischer Dokumentar/ Medizinische Dokumentarin 4 Staatlich anerkannter Kinderpfleger/ Staatlich anerkannte Kinderpflegerin 5 Staatlich anerkannter sozialpädagogischer Assistent Staatlich anerkannte sozialpädagogische Assistentin 6 Staatlich geprüfte Fachkraft für Haushaltsführung und ambulante Betreuung 7 Staatlich geprüfte Fachkraft für Hauswirtschaft und Familienpflege 8 Staatlich geprüfte Fachkraft für Pflegeassistenz 9 Staatlich geprüfte Servicekraft 10 Staatlich geprüfter agrarwirtschaftlich-technischer Assistent/ Staatlich geprüfte agrarwirtschaftlich-technische Assistentin - Agrar- und Umweltanalytik 11 Staatlich geprüfter Assistent für Elektronik/ Staatlich geprüfte Assistentin für Elektronik 12 Staatlich geprüfter Assistent für Freizeitwirtschaft/ Staatlich geprüfte Assistentin für Freizeitwirtschaft 13 Staatlich geprüfter Assistent für Gestaltungstechnik / Staatlich geprüfte Assistentin für Gestaltungstechnik • • •	93 Staatlich geprüfter Sportassistent/ Staatlich geprüfte Sportassistentin 94 Staatlich geprüfter Technischer Assistent für Betriebsinformatik/ Staatlich geprüfte Technische Assistentin für Betriebsinformatik 95 Staatlich geprüfter Technischer Assistent für Informatik/ Staatlich geprüfte Technische Assistentin für Informatik 96 Staatlich geprüfter technischer Assistent für Metallographie und Werkstoffkunde/ Staatlich geprüfte technische Assistentin für Metallographie und Werkstoffkunde 97 Staatlich geprüfter Technischer Assistent/ Staatlich geprüfte Technische Assistentin 98 Staatlich geprüfter Technischer Zeichner/ Staatlich geprüfte Technische Zeichnerin 99 Staatlich geprüfter textiltechnischer Assistent/ Staatlich geprüfte textiltechnische Assistentin - Qualitätsprüfung 100 Staatlich geprüfter Tourismusassistent/ Staatlich geprüfte Tourismusassistentin 101 Staatlich geprüfter Touristikassistent/ Staatlich geprüfte Touristikassistentin 102 Staatlich geprüfter umweltschutztechnischer Assistent/ Staatlich geprüfte umweltschutztechnische Assistentin 103 Staatlich geprüfter Verkehrsassistent/ Staatlich geprüfte Verkehrsassistentin 104 Staatlich geprüfter Wirtschaftsassistent/ Staatlich geprüfte Wirtschaftsassistentin - Fremdsprachen 105 Technischer Kommunikationsassistent/ Technische Kommunikationsassistentin

Abb. 44: Landesrechtlich geregelte Berufsbezeichnungen (Rahmenvereinbarung über die Berufsfachschulen, 2013, Anlage 2, S.12 ff. – Auszug)

Besondere Berufsgesetze „stellen das Führen der Berufsbezeichnung unter besonderen Schutz (Berufsbezeichnungsschutzgesetze). Sie regeln die **Erlaubniserteilung** zur Führung der Berufsbezeichnung sowie das Versagen und den Widerruf der Erlaubnis. Ein Teil der Berufsgesetze (z. B. Krankenpflegegesetz, Rettungsassistentengesetz) definiert

das **Ausbildungsziel** und umschreibt damit zugleich die Aufgabengebiete des betreffenden Fachberufs." (Berufsgesetze 2015; Hervorhebungen im Original)
Für die nicht-akademischen Gesundheitsberufe (Abb. 45) gibt es Regelungen zum Führen der Berufsbezeichnung. Im Logopädengesetz findet sich beispielsweise Eingangs die Aussage: „Wer eine Tätigkeit unter der Berufsbezeichnung ‚Logopäde' oder ‚Logopädin' ausüben will, bedarf der Erlaubnis." (LogopG 2011, § 1)

Bezeichnungen der gesetzlich geschützten Gesundheitsberufe
Altenpfleger/Altenpflegerin
Diätassistent/Diätassistentin
Entbindungspfleger/Hebamme
Ergotherapeut/Ergotherapeutin
Gesundheits- und Kinderkrankenpfleger/Gesundheits- und Kinderkrankenpflegerin
Gesundheits- und Krankenpfleger/Gesundheits- und Krankenpflegerin
Logopäde/Logopädin
Masseur und medizinischer Bademeister/Masseurin und medizinische Bademeisterin
Medizinisch-technischer Assistent/Medizinisch-technische Assistentin Funktionsdiagnostik
Medizinisch-technischer Laboratoriumsassistent/Medizinisch-technische Laboratoriumsassistentin
Medizinisch-technischer Radiologieassistent/Medizinisch-technische Radiologieassistentin
Orthoptist/Orthoptistin
Pharmazeutisch-technischer Assistent/Pharmazeutisch-technische Assistentin
Physiotherapeut/ Physiotherapeutin
Rettungsassistent/ Rettungsassistentin
Veterinärmedizinisch-technischer Assistent/ Veterinärmedizinisch-technische Assistentin

Abb. 45: Bezeichnungen der nicht-akademischen Gesundheitsfachberufe

Außerdem gibt es Berufe, die durch eine Weiterbildung erworben werden (Abb. 46).

Berufsbezeichnungen
Bankfachwirt (Geprüfter)/Bankfachwirtin (Geprüfte)
Fachagrarwirt (Geprüfter)/Fachagrarwirtin (Geprüfte) Baumpflege und Baumsanierung
Fachagrarwirt (Geprüfter)/Fachagrarwirtin (Geprüfte) Klauenpflege
Handelsfachfachwirt (Geprüfter)/Handelsfachwirtin (Geprüfte)
Immobilienfachwirt (Geprüfter)/Immobilienfachwirtin (Geprüfte)
Industriefachwirt (Geprüfter)/Industriefachwirtin (Geprüfte)
Leasingfachwirt (Geprüfter)/Leasingfachwirtin (Geprüfte)
Medienfachwirt (Geprüfter) Digital/Medienfachwirtin (Geprüfte) Digital
Medienfachwirt (Geprüfter) Print/Medienfachwirtin (Geprüfte) Print
Personaldienstleistungsfachwirt (Geprüfter)/Personaldienstleistungsfachwirtin (Geprüfte)
Rechtsfachwirt (Geprüfter)/Rechtsfachwirtin (Geprüfte)
Sportfachwirt (Geprüfter)/Sportfachwirtin (Geprüfte)
Technischer Fachwirt (Geprüfter)/Technischer Fachwirtin (Geprüfte)
Veranstaltungsfachwirt (Geprüfter)/Veranstaltungsfachwirtin (Geprüfte)
Verkehrsfachwirt (Geprüfter)/Verkehrsfachwirtin (Geprüfte)
Wirtschaftsfachwirt (Geprüfter)/Wirtschaftsfachwirtin (Geprüfte)
Tourismusfachwirt (Geprüfter)/Tourismusfachwirtin (Geprüfte)

Abb. 46: Berufsbezeichnungen von Weiterbildungsberufen (BiBB 2015 – Auszug)

Weiterbildungsberufe sind mit ihren Bezeichnungen auch mit Rechtsverordnungen nach § 45 Absatz 1 sowie § 51a Absatz 2 HwO über die Anforderungen in der Meisterprüfung in einem Gewerbe geregelt (Abb. 47).

Berufsbezeichnungen von Meisterinnen und Meistern
Augenoptikermeister/Augenoptikermeisterin
Bäckermeister/Bäckermeisterin
Bestattermeister/Bestattermeisterin
Betonstein- und Terrazzoherstellermeister/Betonstein- und Terrazzoherstellermeisterin
Bogenmachermeister/ Bogenmachermeisterin
•
•
•
Metallformer- und Metallgießermeister/Metallformer- und Metallgießermeisterin
Stereotypeurmeister/Stereotypeurmeisterin -
Stickermeister/Stickermeisterin
Wagnermeister/Wagnermeisterin
Webermeister/Webermeisterin
Zinngießermeister/Zinngießermeisterin

Abb. 47: Berufsbezeichnungen von Meistern (HwO Auszug Anlage)

- **Schulische Weiterbildungsberufe und Berufsbezeichnungen**

Die Abschlüsse, die in der Fachschule für staatlich geprüfte Weiterbildungsberufe erlangt werden können, sind vielfältig und in der Anlage zur „Rahmenvereinbarung über Fachschulen" (KMK 09.10.2009, Anlage „Liste der Fachrichtungen") aufgeführt (Abb. 48).

Fachbereich Agrarwirtschaft Berufsbezeichnung: Staatlich geprüfter Agrarbetriebswirt/Staatlich geprüfte Agrarbetriebswirtin, Fachrichtung ...	
Dorfhilfe und soziales Management	Landbau
Forstwirtschaft	Landwirtschaft
Gartenbau	Milch- und Molkereiwirtschaft
Hauswirtschaft	Weinbau und Önologie
Ländliche Hauswirtschaft	
Fachbereich Wirtschaft Berufsbezeichnung: Staatlich geprüfter Betriebswirt/Staatlich geprüfte Betriebswirtin bzw. Staatlich geprüfter hauswirtschaftlicher Betriebsleiter/Staatlich geprüfte hauswirtschaftliche Betriebsleiterin, Fachrichtung ...	
Agrarwirtschaft	Informatik
Außenhandel	Informationsverarbeitung und Informations-
Betriebswirtschaft	management
Betriebswirtschaft und Unternehmensmanagement	Internationale Wirtschaft
	Logistik
Catering/Systemverpflegung	Marketing
Datenverarbeitung/Organisation	Möbelhandel

Fremdenverkehrswirtschaft Großhaushalt Hauswirtschaft Hauswirtschaft/Ländliche Hauswirtschaft Holzbetriebswirtschaft Hotel- und Gaststättengewerbe Hotelbetriebswirtschaft und Hotelmanagement	Tourismus Textilbetriebswirtschaft Verkehrswirtschaft/Logistik Wirtschaft Wirtschaftsinformatik Wohnungswirtschaft (und Realkredit)
Fachbereich Sozialwesen Berufsbezeichnung: Staatlich anerkannter Erzieher/Staatlich anerkannte Erzieherin bzw. Staatlich anerkannter Heilerziehungspfleger/Staatlich anerkannte Heilerziehungspflegerin …	
Sozialpädagogik Heilerziehungspflege	

Abb. 48: Berufsbezeichnungen der Weiterbildungsberufe nach Abschluss der Fachschule – Auszug (KMK 09.10.2009, Anlage)

Bemerkenswert ist die Vielzahl der Berufsbezeichnungen durch die Differenzierungen in Fachbereiche und Fachrichtungen. Durch den vorangestellten Vorsatz zur Bezeichnung „staatlich geprüfter…/staatlich geprüfte …" ist ein Schutz des Weiterbildungsberufes gegeben. Die Zahl der Fort- und Weiterbildungsberufe auf der Grundlage von Verordnungen ist sehr groß (Abb. 49).

Abwassermeister (Geprüfter)/ Abwassermeisterin (Geprüfte)
Fortbildungsverordnung Abwassermeister (Geprüfter)/Abwassermeisterin (Geprüfte), Verordnung vom 23.2.2005, (BGBl. I S. 369); zuletzt geändert durch die Verordnung vom 26.03.2014, (BGBl. I S. 274)
Aus- und Weiterbildungspädagoge(Geprüfter)/Aus- und Weiterbildungspädagogin (Geprüfte)
Fortbildungsverordnung Aus- und Weiterbildungspädagoge (Geprüfter)/Aus- und Weiterbildungspädagogin (Geprüfte), Verordnung vom 21.08.2009, (BGBl. I, 2009, S. 2934)
Bankfachwirt (Geprüfter)/ Bankfachwirtin (Geprüfte) Fortbildungsverordnung Bankfachwirt (Geprüfter)/ Bankfachwirtin (Geprüfte), Verordnung vom 01.03.2000, (BGBl. I S. 192); zuletzt geändert durch die Verordnung vom 26.03.2014, (BGBl. I S. 274)
Baumaschinenführer (Geprüfter)/ Baumaschinenführerin (Geprüfte)
Fortbildungsverordnung Baumaschinenführer (Geprüfter)/ Baumaschinenführerin (Geprüfte), Verordnung vom 12.12.1977, (BGBl. I S. 2539)
Berufspädagoge (Geprüfter)/Berufspädagogin (Geprüfte)
Fortbildungsverordnung Berufspädagoge (Geprüfter)/Berufspädagogin (Geprüfte), Verordnung vom 21.08.2009, (BGBl. I S. 2927)
• • • •
Technischer Fachwirt (Geprüfter)/Technische Fachwirtin (Geprüfte).
Fortbildungsverordnung Technischer Fachwirt (Geprüfter)/Technische Fachwirtin (Geprüfte), Verordnung vom 17.01.2006 (BGBl. I S. 66); zuletzt geändert durch die Verordnung vom 26.03.2014, (BGBl. I S. 274)

Tourismusfachwirt (Geprüfter)/Tourismusfachwirtin (Geprüfte), Fortbildungsverordnung Tourismusfachwirt (Geprüfter)/Tourismusfachwirtin (Geprüfte) Verordnung vom 09.02.2012 (BGBl. I S. 302); zuletzt geändert durch die Verordnung vom 26.03.2014, (BGBl. I S. 274)
Veranstaltungsfachwirt (Geprüfter)/Veranstaltungsfachwirtin (Geprüfte) Verordnung über die Prüfung zum anerkannten Abschluss Geprüfter Veranstaltungsfachwirt/Geprüfte Veranstaltungsfachwirtin. Verordnung vom 25.01.2008 (BGBl I , 2008, S. 109); zuletzt geändert durch die Verordnung vom 26.03.2014, (BGBl. I S. 274)
Wasserbaumeister (Geprüfter)/Wasserbaumeisterin (Geprüfte) Verordnung über die Prüfung zum anerkannten Abschluss Geprüfter Wasserbaumeister/Geprüfte Wasserbaumeisterin. Verordnung vom 18.10.2007 (BGBl. I S. 2476); zuletzt geändert durch die Verordnung vom 26.03.2014 (BGBl. I S. 274)
Zweirad-Servicetechniker (Geprüfter)/Zweirad-Servicetechnikerin (Geprüfte) - nichtmotorisierte und motorisierte Zweiradtechnik Fortbildungsverordnung Zweirad-Servicetechniker (Geprüfter)/Zweirad-Servicetechnikerin (Geprüfte) – nichtmotorisierte und motorisierte Zweiradtechnik. Verordnung vom 13.02.2013, (BGBl. I S. 214); zuletzt geändert durch die Verordnung vom 26.03.2014 (BGBl. I S. 274)

Abb. 49: Fort- und Weiterbildungsberufe auf der Grundlage von Verordnungen

2.5.2 Zur Verschiedenartigkeit und Vielzahl von akademischen Berufsarten

Wegen der Verschiedenartigkeit und Vielzahl der akademischen Berufe sind Ausbildungsentscheidungen im tertiären Sektor der Universitäten, Privatuniversitäten, Fachhochschulen und Pädagogischen Hochschulen schwierig. Die Hochschulen legen „jeweils akademische Ausbildungsbereiche fest, in denen eine oftmals sehr spezifische wissenschaftliche Berufsvorbildung erworben wird. Einen bestimmten Ausbildungsweg einzuschlagen heißt damit also auch, sich für einen Berufsbereich zu entscheiden, indem eine ausbildungsadäquate Beschäftigung nach Abschluss möglich ist (z. B. technisch-naturwissenschaftlicher, medizinischer, juristischer, ökonomischer, sozial-, kultur- oder geisteswissenschaftlicher Bereich)" (Berufslexikon 2014/2015, S. 13).

Entsprechende Auffächerungen finden sich in vielen Studienfeldern und Fachbereichen auch im deutschsprachigen Raum (Abb. 50) und darüber hinaus in vielen entwickelten Ländern.

Eine Ausformung und weitere Differenzierung der akademischen Studien an Fachhochschulen und Universitäten zu spezialisierten Berufen erfolgt häufig erst im Beschäftigungssystem durch die dort anfallenden beruflichen und gesellschaftlichen Anforderungen. In dem noch verhältnismäßig neuen Arbeitsbereich der Informatik zeigten sich rasch schon erhebliche Ausgliederungen. Dieser Prozess erfuhr inzwischen einen ersten Zwischenstand. Informatik als die Wissenschaft und Technik von der automatisierten Verarbeitung von Information mit Computern erfasste in den letzten Jahrzehnten eine rasante Entwicklung, und die Berufswelt differenzierte sich schnell.

Differenzierung der akademischen Berufe

AGRARWESEN, BODENKULTUR
Landwirtschaftsingenieurin, Landwirtschaftsingenieur (Agrarökonomie)
Landwirtschaftsingenieurin, Landwirtschaftsingenieur (Bodenwirtschaft und Pflanzenproduktion)
Landwirtschaftsingenieurin, Landwirtschaftsingenieur (Grünraumgestaltung und Gartenbau)
Landwirtschaftsingenieurin, Landwirtschaftsingenieur (Tierproduktion)

ALTERSWISSENSCHAFTEN, GERONTOLOGIE
Gerontologin, Gerontologe (Altersforscher, Altersforscherin)

ARBEITSWISSENSCHAFT
Arbeitswissenschafterin, Arbeitswissenschafter
Ergonomin, Ergonom
REFA-Ingenieurin, REFA-Ingenieur

ARCHÄOLOGIE
Archäologin, Archäologe
Archäologin, Archäologe (Ur- und Frühgeschichte)

ARCHITEKTUR
Architektin, Architekt
Innenarchitektin, Innenarchitekt

-
-
-

VERWALTUNG, ÖFFENTLICHER DIENST
Referentin bzw. Sachbearbeiterin, Referent bzw. Sachbearbeiter (Öffentlicher Dienst)

VETERINÄRMEDIZIN
Tierärztin bzw. Veterinärmedizinerin, Tierarzt bzw. Veterinärmediziner (Tierärztliche Praxis)
Tierärztin bzw. Veterinärmedizinerin, Tierarzt bzw. Veterinärmediziner (Tiermedizinische Forschung)
Tierärztin bzw. Veterinärmedizinerin, Tierarzt bzw. Veterinärmediziner (Veterinärverwaltung)

*Abb. 50: Differenzierungen bei den akademischen Berufen – eine Auswahl
(Arbeitsmarktservice Österreich 2014/15, S. 387 – 405)*

Darüber hinaus bietet die IT-Welt „eine Menge an Spezialisierungsmöglichkeiten" (Berufelexikon 2014/15, S. 300) (Abb. 51).

Die Differenzierungen in akademischen Tätigkeitsbereichen werden an einzelnen ausgewählten Berufen besonders deutlich. Aufgliederungsmöglichkeiten zeigen sich besonders gut für den Informatikbereich. Hier sind erst in den letzten drei Jahrzehnten eine große Zahl spezialisierte Berufe entstanden.

Informatikberufe
Informatikerin, Informatiker
Informatikerin, Informatiker (Anwendungsinformatik)
Informatikerin, Informatiker (Betriebs- und Wirtschaftsinformatik)
Informatikerin, Informatiker im Bereich Computational Intelligence
Informatikerin, Informatiker im Bereich Computergrafik & Digitale Bildverarbeitung
Informatikerin, Informatiker im Bereich Computerlinguistik (Computerlinguistin)
Informatikerin, Informatiker (Entwicklungstechnik)
Informatikerin, Informatiker im Bereich Information & Knowledge Management
Informatikerin, Informatiker im Bereich Intelligente Systeme
Informatikerin, Informatiker im Bereich Medieninformatik
Informatikerin, Informatiker im Bereich Medizinische Informatik
Informatikerin, Informatiker im Bereich Software & Information Engineering
Informatikerin, Informatiker im Bereich Software Engineering & Internet Computing
Informatikerin, Informatiker im Bereich Technische Informatik
Informatikerin, Informatiker im Bereich Wirtschaftsingenieurwesen Informatik
Informatikerin, Informatiker (Systemanalyse)

Abb. 51: Differenzierung der akademischen Berufe im Bereich der Informatik – Auszug (Berufslexikon 2013, S. 300 ff.)

Für die Mediziner ergeben sich die Spezialisierungen insbesondere durch die sehr formalisierten Ausbildungs- und Praxisphasen nach dem Medizinstudium (Abb. 52).

Auch wenn die Daten über die akademischen Berufe in Österreich recherchiert worden sind, zeigen sie auch für Deutschland wesentliche Tendenzen und Entwicklungen an. Allein schon der Auszug aus der Gesamtaufstellung zeigt, dass nach vielen Studiengängen und dem erreichten akademischen Grad eine Such- und Anpassungsphase an die Bedingungen des Beschäftigungssystems nötig ist, die zu einem Erwerbsberuf führen kann.

Arztberufe
Fachärztin, Facharzt (Anästhesiologie und Intensivmedizin)
Fachärztin, Facharzt (Anatomie)
Fachärztin, Facharzt (Arbeits- und Betriebsmedizin)
Fachärztin, Facharzt (Augenheilkunde und Optometrie)
Fachärztin, Facharzt (Blutgruppenserologie und Transfusionsmedizin)
Fachärztin, Facharzt (Chirurgie)
Fachärztin, Facharzt (Frauenheilkunde und Geburtshilfe)
Fachärztin, Facharzt (Gerichtsmedizin)
Fachärztin, Facharzt (Hals-, Nasen- und Ohrenkrankheiten)
Fachärztin, Facharzt (Haut- und Geschlechtskrankheiten)
Fachärztin, Facharzt (Histologie und 'Embryologie)
•
•
•
Fachärztin, Facharzt (Neurochirurgie)
Fachärztin, Facharzt (Neurologie)
Fachärztin, Facharzt (Neuropathologie)

Fachärztin, Facharzt (Nuklearmedizin)
Fachärztin, Facharzt (Orthopädie und Orthopädische Chirurgie)
Fachärztin, Facharzt (Pathologie)
Fachärztin, Facharzt (Pathophysiologie)
Fachärztin, Facharzt (Pharmakologie und Toxikologie)
Fachärztin, Facharzt (Physikalische Medizin)
Fachärztin, Facharzt (Physiologie)
Fachärztin, Facharzt (Plastische Chirurgie)
Fachärztin, Facharzt (Psychiatrie)
Fachärztin, Facharzt (Sozialmedizin)
Fachärztin, Facharzt (Spezifische Prophylaxe und Tropenhygiene)
Fachärztin, Facharzt (Strahlentherapie-Radioonkologie)
Fachärztin, Facharzt (Tumorbiologie)
Fachärztin, Facharzt (Unfallchirurgie)
Fachärztin, Facharzt (Urologie)
Fachärztin, Facharzt (Virologie)
Fachärztin, Facharzt (Zahn-, Mund- und Kieferheilkunde)

Abb. 52: Funktionale Differenzierungen bei den ärztlichen Berufen – Auszug (Berufslexikon 2013, S 107 ff.)

2.6 Strukturlinien berufsgeschichtlicher Entwicklung – Zusammenfassung[334]

2.6.1 Zunahme der Anzahl der Berufe sowie Veränderung des Arbeits- und Berufsbegriffs

- **Entwicklungen bei der Anzahl der Berufe**

Seit den frühen menschlichen Horden, in denen sich Vorformen der Aufgaben- und Arbeitsteilung zeigen, und der Entstehung von Urberufen des Jägers, Fischers, Sammlers, und Weisen sowie später der sesshaften Bauern und Hirten nach der letzten Eiszeit vor ungefähr zehntausend Jahren haben sich die berufsförmigen Tätigkeiten immer weiter ausdifferenziert. Trends der steigenden Anzahl der Berufe lassen sich in drei Epochen erkennen.

Die erste Epoche, die der Prähistorie, zieht sich über Jahrtausende hin. In ihr wird ein langsames Ansteigen von den Grundberufen der Jäger, Fischer, Sammler und Weisen bis hin zu Bauern, Händlern, Hirten und Kriegern sichtbar.

Die zweite Epoche umfasst die Zeitspanne, die die Hochkulturen des Alten Orients sowie der griechischen und römischen Antike umfasst. Aufgrund der ersten schriftlichen Aufzeichnung durch die Sumerer vor etwa drei- bis viertausend Jahren vor Christus konnten in Mesopotamien bereits rund vierzig und etwa 1000 Jahre später mehr als siebzig berufsförmige Tätigkeiten gezählt werden. Damit hatte sich im Vergleich zu den prähistorischen Verhältnissen eine bemerkenswerte Steigerung von berufsförmigen Tätigkeiten und Berufen um mehr als das Zehnfache ergeben. Eine weitere erhebliche Steigerung der Anzahl der Berufe fast um das Vier- bis Fünffache fand im antiken Griechenland statt. Dort kann die Zahl der Berufe auf cirka fünfhundert geschätzt werden.
Im römischen Imperium kann die Differenzierung auf weit mehr als sechshundert Berufe angenommen werden.

Die dritte Epoche umschließt die Zeit vom Mittelalter bis in die Gegenwart und wird für den deutschsprachigen Raum bis zu dem vergangenen zwanzigsten Jahrhundert betrachtet.
Durch den Zusammenbruch des römischen Imperiums und die Wirren der Völkerwanderung waren auch im frühen Mittelalter viele Strukturen der antiken Berufswelt zerstört. Der in der Antike feststellbare Trend der zunehmenden Differenzierung beruflicher Tätigkeiten war erst einmal gebrochen. Produkte, die in der römischen Antike hergestellt worden waren, fanden keine Abnehmer. Dadurch bestand auch keine Notwendigkeit, die Fertigkeiten und Fähigkeiten zu erhalten. Viele Berufe verschwanden.

---

[334] Das folgende Resümee ergibt sich aus den Untersuchungen, die im ersten und zweiten Kapitel vorgenommen wurden.

Mit dem Mittelalter erfolgte ein Neubeginn einer geordneten Arbeits- und Berufswelt auf niedrigerem Differenzierungsniveau als im Imperium Romanum bei den berufsförmigen Tätigkeiten (Abb. 53).

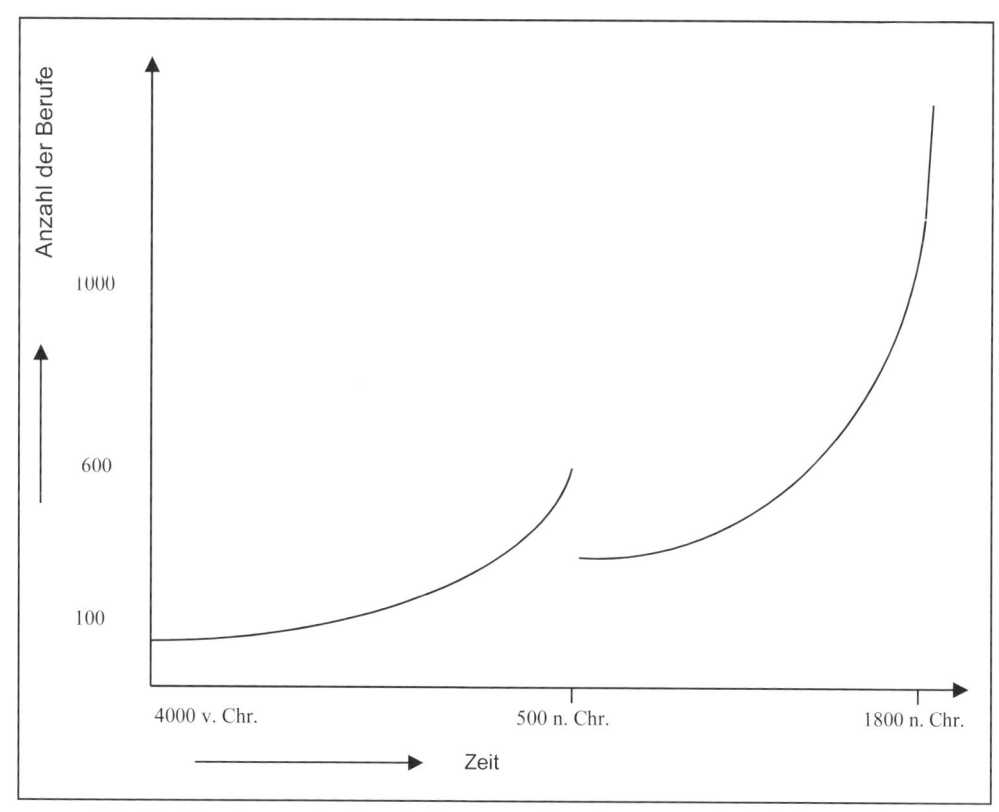

Abb. 53: Tendenzen der Entwicklung von Berufen im geschichtlichen Verlauf – Eine Grobabschätzung

Seit den industriellen Revolutionen erfolgte eine rasante, fast exponentielle Zunahme der Berufe und berufsförmigen Tätigkeiten, die insbesondere im zwanzigsten Jahrhundert sichtbar wurde.

- **Veränderung der Bewertung von Arbeit und Beruf**

Epoche neutraler Einschätzung von Arbeit und berufsförmiger Tätigkeit

In prähistorischer Zeit waren Arbeit und berufsförmige Tätigkeiten kaum hierarchisiert. In der Horde bestanden zwar schon Formen der Arbeitsteilung beispielsweise bei der Jagd in Treiber und Jäger. Bei den bäuerlichen Ansiedlungen erledigten die Mitglieder der einzelnen Clans und Familien die berufsförmigen Arbeiten jedoch primär nach Anforderungen und Bedarf, aber auch nach Fertigkeiten und Fähigkeiten.

Herausragende berufsförmige Fähigkeiten oder ein Charisma von Einzelnen wurden geachtet und genutzt. Anzunehmen ist, dass die Arbeiten und berufsförmigen Tätigkeiten, die geleistet wurden, zwar eine individuelle Beachtung erfuhren, aber nur im geringen Maße – mit Ausnahme der Weisen – einer gesellschaftlichen Bewertung ausgesetzt waren.

Epoche negativer Bewertung von Arbeit und zwiespältiger Würdigung von Beruf

In den entstandenen mächtigeren Siedlungsgemeinschaften entwickelten sich in den sozialen Verbänden neue berufsförmige Arbeitstätigkeiten. Als Folge der Urbanisierung ergaben sich Segregation und gesellschaftliche Differenzierung von Teilen der Gesellschaft. Es bildeten sich Hierarchien sowie Herrschafts- und Machtverhältnisse.

Mit der zunehmenden Größe der sozialen Verbände und Städte differenzierte sich die Arbeitsteilung in horizontaler und vertikaler Richtung. Durch die horizontale Arbeitsteilung entstand eine Vielzahl anspruchsvoller Berufe und eine fachlich-beruflich Wissenskumulation, mit Arbeitskooperationen, durch die große Gemeinschaftsprojekte realisiert wurden.

Mit der vertikalen Arbeitsteilung hierarchisierte sich die Arbeit in der Spannweite von hochrangigen Spezialisten bis hin zur Sklavenarbeit. Nun war die Bewertung von Arbeitstätigkeiten nicht mehr allein nur von der Wertschätzung der Fähigkeiten und Kenntnissen abhängig, sondern auch von sozialer Stellung der Arbeitenden.

In den frühen Hochkulturen des Alten Orients entwickelten sich für viele körperliche Tätigkeiten ein negativer Arbeitsbegriff und zugleich eine zwiespältige Bewertung von Berufen. Berufe, die mit körperlichem Einsatz verbunden waren, erfuhren eine Deklassierung. Berufe, die geistige Arbeit erforderten, genossen höheres Ansehen. Diese Bewertung von Arbeit und Beruf setzte sich in der europäischen Antike fort.

Epoche ambivalenter Bewertung von Arbeit und Beruf

Durch die kriegerischen Auseinandersetzungen bei der Völkerwanderung und den Zusammenbruch des römischen Imperiums gingen bisherige gesellschaftliche Strukturen verloren oder Bestehendes veränderte sich gravierend. Erfahrungen, Vorbilder und Wissen gerieten in Vergessenheit. Die kulturellen sowie technischen Errungenschaften der griechisch-römischen Antike wirkten kaum noch nach, und es kam zu einem Verblassen antiker Vorbilder.

Diese insgesamt eher negativen und rückschrittlichen Entwicklungen und Verluste an Wissen bewirkten mit den damit verbundenen Traditionsverlusten zugleich auch etwas Positives, so insbesondere eine andere und neue Sicht auf körperliche Arbeit. Nicht zuletzt trug zu Beginn der mittelalterlichen Epoche in Europa die Christianisierung zu einer teilweise anderen Bewertung menschlicher Arbeit bei. Die Auffassung der Antike, dass körperliche wie auch Lohnarbeit den Menschen entehre, wandelte sich mit der Verbreitung des Christentums bereits im frühen Mittelalter.

Allerdings wurde die Ambivalenz bei der Bewertung von Arbeit und Beruf erst im Laufe des Mittelalters deutlich. In den ersten Jahrhunderten trug dazu schon frühzeitig eine zwiespältige Haltung des im Abendland die Weltanschauung bestimmenden und kulturprägenden Christentums bei. Arbeit und Beruf wurden in den Städten seit dem zwölften bis dreizehnten Jahrhundert durch das Entstehen der Zünfte und die Gründung von Universitäten positiv eingeschätzt. Die landwirtschaftlichen Berufe waren von dieser Bewertung ausgeschlossen.
Damit ergab sich eine sehr unterschiedliche Wertschätzung von Landarbeit und landwirtschaftlichen Berufen einerseits sowie bürgerlichen (städtischen) Berufen andererseits. Insgesamt ist in den verschiedenen Gruppen der mittelalterlichen Gesellschaft eine ambivalente Bewertung von Arbeit und Beruf anzunehmen.

Epoche der Tranzendierung von Arbeit und Idealisierung von Beruf

Mit dem Ende des Mittelalters wandelten sich die christlich-kirchlichen Überzeugungen und die religiöse Bedeutung der weltlichen Alltagsarbeit.[335] Martin Luther erblickte in der Arbeit eine wesentliche Pflicht des Menschen in der Welt.[336] Die Arbeit wurde zum Gottesdienst transzendiert. Damit vermittelte Luther den Gläubigen ein anderes Bild von Arbeit als dasjenige, das sie tagtäglich erfuhren und von dem sie gesellschaftlich geprägt waren. Martin Luther gab der täglichen Arbeit eine neue Begründung, ein theologisches Fundament. Arbeit war – folgte man Luthers Lehrmeinung – nicht nur lästige Pflicht, sondern etwas, womit die Menschen Gott dienen können. Arbeit eines Menschen wird damit zum Gottesdienst.

Auch der Begriff des Berufs bekommt durch Luther in der Frühen Neuzeit zutiefst protestantische Wurzeln. Er hat den Begriff der Berufung ausgeweitet und daran erinnert, dass alle Christen als von Gott berufen gelten. Jede Christin, jeder Christ ist berufen, und ihrer aller Dienst für die Nächsten hat Würde. Innenseite der Berufung durch Gott ist nicht eine Sache der individuellen Entscheidung, sondern eine Sache, die von anderen gewählt werden muss.[337] Der Mensch hat nur noch in diesen Ruf einzustimmen.

Zur dieser Innenseite gehörte bei Luther auch eine Außenseite, die sich auf den Auftrag und das Handeln jedes einzelnen Menschen bezog. Für Martin Luther hat jeder Beruf, jede Aufgabenstellung die gleiche Würde vor Gott.[338] Der Begriff „Beruf" hatte zwei Bedeutungen, und zwar sowohl als eine dem Lebensunterhalt dienende Tätigkeit als auch als Vocation, als die persönliche Berufung zu einer Aufgabe. Der Gedanke, dass Berufung

---

[335] Erst im Zuge der Aufklärung ist die Berufsidee säkularisiert worden.
[336] „Wer treulich arbeitet, der betet zwiefältig. Aus dem Grunde, dass ein gläubiger Mensch in seiner Arbeit Gott fürchtet und ehret und an seine Gebote denkt." (Martin Luther)
[337] Christen verstehen sich damit als von Gott Berufene. Als von Gott Gerechtfertigte, als von Gott Ausgewählte.
[338] Martin Luther später hat sich das dann am Beruf der Magd, die die Stube kehrt, deutlich gemacht: Ihr Beruf hat die gleiche Würde vor Gott wie der eines Schultheiß oder der eines Priesters.

und Beruf eng miteinander verknüpft ist, wirkt bis in die Gegenwart. Die von Luther angestoßene Wirkungsgeschichte hat im deutschen Sprachraum über lange Zeit dem Begriff „Beruf" den Klang von Berufung mitgegeben. Der theologisch fundierte Berufungsbegriff versprach, dass es für jeden Menschen eine Stellung und Sicherheit im tätigen Leben gibt.

Mit der Aufklärung, die seit dem Ende des siebzehnten und dem Anfang des achtzehnten Jahrhunderts die Gedankenwelt bestimmt; haben sich die Denkweisen und eine zunehmende Säkularisierung das Berufsverständnis ergeben. Dabei hat sich das Berufsverständnis von der religiösen Grundierung abgelöst. Mit der Aufklärung wurde die Berufsidee wiederum idealisiert, indem nun gefordert wurde, sich bei Handlungen und Entscheidungen seines eigenen Verstandes zu bedienen. Aufgrund dieser neuzeitlichen und aufgeklärten Einsicht über die Entwicklungsmöglichkeiten in einer säkularen Gesellschaft begann sich der feste Zusammenhang von „Berufung" und „Beruf" tendenziell zu lockern. Die mit der Aufklärung entstandenen idealisierten Forderungen zu autonomen Entscheidungen brachen sich an den gesellschaftlichen und individuellen Bedingungen. Das Konstrukt des autonomen Berufsmenschen beruhte auf einem idealisierten Berufsverständnis. Mit dem sich dennoch realisierenden eher säkularen Berufsverständnis ergaben sich für die Menschen teilweise Sinnprobleme und kaum einlösbare Ansprüche auf Selbstbestimmung. In der frühen Neuzeit waren für das Berufsverständnis eine religiöse und eine aufklärerische Idealisierung festzustellen.

Epoche realistischer Bewertung von Arbeit und Beruf

Seit dem Ende des neunzehnten Jahrhunderts wurden Arbeit und Beruf zunehmend gemessen an dem Geschehen im Beschäftigungssystem. Arbeit diente noch in vorindustrieller Zeit vorrangig zur Sicherung existenzieller Grundbedürfnisse. Das Arbeitsgeschehen wurde nun im Übergang von der vorindustriellen zur „modernen" Gesellschaft komplexer.[339] Durch die wirtschaftliche Entwicklung zur Massenproduktion bekam die Arbeit deutlicher Tauschwertcharakter. Arbeit erlangte in einer an Kapital- und Gewinnmaximierung ausgerichteten Gesellschaft als Tauschwert zunehmend an Bedeutung und wurde zum Produktionsfaktor. Die Arbeit als Tauschwertkategorie bot Möglichkeiten einer Bedürfnisbefriedigung, die über Grundsicherung hinausging. Die Arbeit wurde als notwendiges Mittel zur Sicherung des Lebensunterhaltes und weiterer Bedürfnisse angesehen.
Bei sachlicher Betrachtung wurde nun nur eine besondere Art und Form von Arbeit als Berufe angesehen. Eingeschätzt wurde, dass durch einen Prozess der Verberuflichung aus Arbeit dann ein Beruf werden konnte.
Berufe wurden im zwanzigsten Jahrhundert zunehmend ausgewählt unter dem Gesichtspunkt einer mehr oder weniger realistischen Einschätzung der Eignung oder Neigung der Person oder unter dem Aspekt der Vereinbarkeit der Tätigkeitsmerkmale mit bestimmten Persönlichkeitsmerkmalen. Bestimmend waren auch individuellen Ansprüche oder das

---

[339] Es zeigte sich, „dass ein spezifischer Aspekt von Arbeit bis zur Neuzeit nahezu vollständig ausgeblendet blieb, nämlich der quantitative Aspekt" (Geisen 2011, S. 61) durch das Anlaufen der kapitalistischen Produktion mit einer großen Zahl von Arbeitsprodukten. „Die Entstehung der neuen Auffassungen über die Arbeit ist zugleich verbunden mit neuen Auffassungen über die Stellung des Menschen in der Welt." (ebd.)

Selbstkonzept des Einzelnen. Dabei wurde sich meist möglichst realistisch an den eigenen Fähigkeiten und den ökonomischen Bedingungen orientiert.
Der Beruf wurde mit nüchterner Einschätzung als eine Erwerbstätigkeit gesehen, die Kenntnisse, Erfahrungen und Fertigkeiten erfordert und die Einordnung und Anerkennung in das Beschäftigungs- und Gesellschaftssystem sichert. Gewünscht und angestrebt wurde mit eher wirklichkeitsnaher Sicht eine auf Eignung und Neigung gegründete, erlernbare und spezialisierte berufsförmige Tätigkeit, die möglichst Freude macht und materielle oder geistige Ansprüche befriedigt. Aus realistischer Perspektive wurde diskutiert, dass durch die besondere Kombination von Arbeitsverrichtungen eine Verberuflichung erfolgen und sich Berufe entwickeln, aber auch eine Entberuflichung auftreten kann.
Auf eine Berufsausbildung wurde im zwanzigsten Jahrhundert allgemein Wert gelegt, unabhängig davon, ob die Ausübung des Berufes im Beschäftigungssystem möglich war. Die erhaltende Berufsqualifikation stellte dann einen Statuswert dar, auch wenn man danach nur Jobs ausübte. Auf der Theorieebene wurde das Berufskonzept als Organisationsprinzip von Arbeit, Erwerb und Qualifikation diskutiert.

2.6.2 Entwicklung der Berufsausbildung im geschichtlichen Verlauf

Eine Unterweisung in spezifischen Tätigkeiten hat es in der Entwicklung der Menschheit schon immer gegeben. Vorberufliche Berufsausbildung im weitesten Sinne fand bereits durch die familiare Sozialisation, die frühen Erfahrungen mit der Lebens- und Berufswelt sowie spielerische Nachahmung von berufsförmigen Tätigkeiten oder sogar durch die Erledigung von kleinen Aufgaben durch die Erwachsenen statt. Diese Form der Bildung – auch wenn sie so nicht expressis verbis bezeichnet wurde – verstand sich als erzieherischer Beitrag zur Orientierung an der Lebens-, Arbeits- und Berufswelt.
Für eine Betrachtung der Berufsausbildung können zwei Epochen unterschieden werden, und zwar die Ausbildung in den antiken Hochkulturen und diejenige, die sich seit dem späten Mittelalter entwickelte.

- **Berufsausbildung in den antiken Hochkulturen**

Seit der Einführung der Schrift in den antiken Hochkulturen des Alten Orients zeigten sich in den weiteren geschichtlichen Stadien wesentliche Stränge der Berufsausbildung. Dazu gehörten:
- das Lernen der jeweils anstehenden Arbeit durch sich ergebende Imitationsmöglichkeiten der erkannten Fähigkeiten mit keinen oder nur geringen sprachlichen Hinweisen oder Erklärungen (Beistell-Lehre),
- die sprachliche und systematische handlungsorientierte Lehre beruflicher Inhalte durch Vormachen, Nachmachen und Üben ohne Verwendung von Schrift sowie
- eine elaborierte Form der Vermittlung von tradiertem Wissen, die neben den instrumentellen, strategischen und kommunikativen Handlungsansprüchen mit der Fähigkeit sowie dem Medium des Lesens und Schreibens verbunden war.

Neben diesen drei idealtypisch herausgestellten Berufsbildungskonzepten entwickelten sich im Laufe der Zeit Mischformen des grundsätzlichen methodischen Ansatzes. So wurden beispielsweise bis in die jüngste Zeit in die systematische Berufslehre aus guten Gründen auch Elemente der Beistell-Lehre eingebaut.

Frühzeitig wurde erkennbar, dass in den Gesellschaften nicht nur durch funktionale, sondern auch durch soziale Differenzierung höher und niedriger eingeschätzte Berufe entstanden. Das hatte auch Folgen für die Art der Berufsausbildung. Die höher bewerteten gesellschaftlichen Aufgaben oder Berufe verlangten eine anspruchsvollere formalisierte Ausbildung, die im Regelfall mit der Fähigkeit zum Lesen und Schreiben verbunden war. Die höher bewerteten Berufe hatten auch meist eine größere Nähe zu den staatlichen Machtzentren.

Für die niedriger eingeschätzten Arbeits- und Berufstätigkeiten wurden Lese- und Schreibfähigkeiten als nicht als zwingend angesehen. Die Berufsausbildung vollzog sich – zumindest anfänglich – informell.

Einfache und höhere Berufsausbildung

Im Alten Orient erfolgte die Berufsausbildung weitgehend im familiären Rahmen inner- oder außerhalb des Hauses. Schon den Kindern waren die von den Erwachsenen ausgeübten Arbeiten bekannt und wurden eventuell sogar spielerisch imitiert. Die älteren Söhne erlernten im Regelfall – auch wenn sie zuvor eine Schule besucht hatten – vom Vater oder männlichen Familienangehörigen den Beruf. Die Töchter erhielten mit einer zunehmenden Einbindung in die Arbeiten der Frauen eine spezifische Ausbildung zu ihren häuslichen, gärtnerischen oder landwirtschaftlichen Aufgaben.

Auch im antiken Griechenland und dem Imperium Romanum wurde ein Großteil der Jugendlichen, wenn sie eine schulische Grundausbildung erhalten hatten, in den elterlichen Betrieb aufgenommen, um den dort ausgeübten Beruf zu erlernen.

Für die Kinder der Oberschicht gab es spezielle Ausbildungen und Studienmöglichkeiten in besonderen Schulen und Akademien oder Privatunterricht.[340] Diese Ausbildungsformen hatten die Aufgabe, die Jugendlichen auf öffentliche Führungsaufgaben vorzubereiten.

- **Berufsausbildung seit dem Mittelalter**

Mit dem Ende des Imperium Romanum und den kriegerischen Wirren gingen Einsichten, Erkenntnisse und das Wissen über Berufe sowie über eine erfolgreiche Berufsausbildung verloren. Erst im zwölften und dreizehnten Jahrhundert formten sich wieder spezifische Ausbildungskonzepte mit dem Entstehen der Universitäten und Zünfte. Es entstanden besondere berufliche Ausbildungsstätten insbesondere im neunzehnten und zwanzigsten Jahrhundert.

---

[340] So wurde Alexander der Große in seiner Jugend von Aristoteles unterrichtet.

2.6.3 Gestaltungsmöglichkeiten zum Ende der Arbeits- und Berufstätigkeit

Es lassen sich berufsgeschichtlich im Wesentlichen drei Phasen zum Ende der Arbeits- und Berufstätigkeit aufzeigen.

Während des ersten Abschnitts von der Prähistorie bis zum späten Mittelalter – also Jahrtausende – wurden von dem größten Teil der Menschen bis an das Lebensende berufsförmige Tätigkeiten ausgeübt und – soweit es die geistigen und körperlichen Kräfte zuließen – gearbeitet. Nur privilegierte und herrschende Schichten waren von diesem Schicksal ausgenommen. Zwänge waren bei denen, die kreative Berufe ausübten, nicht vorhanden.[341] Aber auch für Frauen von Handwerksmeistern konnte im Alter eine freiwillige Aufgabenerweiterung auftreten, so es ihr gestattet wurde, als Witwe die Geschäfte ihres Mannes weiterzuführen und dann damit dem Haushalt und Betrieb vorzustehen. In den Zünften entstanden darüber hinaus Ansätze zur Alterssicherung.

Eine zweite Phase in der Gestaltung des Alters sowie des Endes der Arbeits- und Berufstätigkeit reicht von der Neuzeit bis in das ausgehende neunzehnte Jahrhundert.
Erst seit der frühen Neuzeit entwickelte sich der Begriff „Ruhestand" als Ablösung von der Arbeits- und Berufstätigkeit sowie dem Rückzug und der Loslösung aus dem Beschäftigungssystem mit seinen gesellschaftlichen und beruflichen Verpflichtungen sowie Gebundenheiten. Dieses war allerdings nur bei den Besitzenden möglich.

Das Ende der Arbeits- und Berufstätigkeit konnte aus persönlichen Gründen – wie dem Nachlassen der Kräfte – oder aus familiären Strategien wegen der Übergabe des Besitzes oder der beruflichen Position eingeleitet werden. Der neue Lebensabschnitt ging aber häufig einher mit schmerzlichen Verlusten bei der gesellschaftliche Anerkennung und einem erzwungenen oder freiwilligen Rückzug von Besitz, gesellschaftlichem Status und Verantwortung. In der frühen Neuzeit konnte der Ruhestand nur von denen genutzt werden, die über größeren Besitz oder als Selbstständige über handwerkliche oder bäuerliche Betriebe verfügten. In der späten Neuzeit, d. h. erst im achtzehnten Jahrhundert entstanden Überlegungen zur Alterspension für Arme, die nicht mehr arbeits- oder berufsfähig waren. Diese Konzepte fanden ihren Abschluss mit den Sozialgesetzen in der zweiten Hälfte der neunzehnten Jahrhunderts. Damit war eine Alterssicherung gegeben, obwohl die dazu festgelegten Altersgrenzen wenig realistisch waren, denn sie konnten wegen der im Vergleich zu heute relativ geringen Lebenserwartung nur von wenigen Arbeits- und Berufstätigen erreicht werden. Diese gesetzlichen Vorgaben waren sehr rigide.

Die dritte Phase der Überlegungen zum Umgang mit dem Ende der Arbeits- und Berufstätigkeiten deutete sich im Laufe des zwanzigsten Jahrhunderts an. Fast bis zum Beginn des einundzwanzigsten Jahrhunderts waren ein stetiger Prozess abnehmender Erwerbsbeteiligung im Alter und ein früherer Ausstieg aus dem Erwerbsleben festzustellen. Diese Ent-

---

[341] So hatten beispielsweise Bildhauer und Maler wie Michelangelo oder Tizian ein tiefgehendes Interesse an der Fortsetzung der Tätigkeit oder des Berufs selbst im sehr hohen Alter von mehr als 80 Jahren.

wicklung hat mit einer zugleich steigenden Lebenserwartung in den westlichen Gesellschaften dazu geführt, dass im Lauf des zwanzigsten Jahrhunderts eine lange Ruhestandsphase zum Kennzeichen dieses Lebensabschnittes geworden war.

3 Berufe und berufliche Tätigkeiten als Gegenstand der Berufswissenschaft

3.1 Ausgangslage zur Entwicklung der Berufswissenschaft – Entstehungszusammenhänge, wissenschaftliche Bestände und Ergebnisse

3.1.1 Von der Berufskunde zur Berufswissenschaft

Betrachtet man die Entwicklung der Berufswissenschaft, so gilt wie für diejenige der Wissenschaft im Allgemeinen: „Während des überwiegenden Teils der Menschheitsgeschichte bis weit in die neuere Geschichte hinein existierte das, was wir heute im Alltag unter ‚Wissenschaft' verstehen, noch überhaupt nicht. Allenfalls gab es im Bereich des Handwerklichen, des Ackerbaus, der Schifffahrt und vor allem der Waffentechnik Erfahrungen, die im praktischen Umgang mit der Welt gewonnen und die dann von Generation zu Generation als Handlungswissen (teilweise als Geheimwissen) weitergegeben wurden." (Kromrey 2007, S. 13)

Das allgemeine Interesse an berufsförmigen Arbeitstätigkeiten und Berufen entwickelte sich im geschichtlichen Verlauf sehr spät erst mit der rasant zunehmenden Anzahl von Berufen. Auch das wissenschaftliche Erkenntnisinteresse entfaltete sich langsam und punktuell zu verschiedenen Aspekten. Dieses sind – wie Dieter Grottker (2013, S. 205) feststellt – „lediglich Einzelfakten oder aufschlussreiche Erwähnungen von Berufen", wie beispielsweise relevante Quellen zur fachrichtungsspezifischen Berufsforschung.[342]. Dabei „finden sich Anleihen wirtschafts- und technikgeschichtlicher Untersuchungen, z. T. unter Einbeziehung von anthropologisch-philosophischen, sprachgeschichtlichen sowie religionssoziologischen Arbeiten" (ebd.). Sehr spät und verstreut zeigten sich Forschungsansätze in verschiedenen Disziplinen (Abb. 54).

Schaut man weiter zurück, so waren Berufe schon zu Beginn der Neuzeit Gegenstand von Untersuchungen und Darstellungen. Dabei standen allerdings fast ausnahmslos nur die so genannten praktischen handwerklichen Stände im Blickpunkt. Erstmals schuf Hans Sachs (1568) eine solche alphabetisch geordnete Übersicht. Er nennt dabei mehr als einhundert Stände. Ein allgemeines Interesse an der Bestimmung und Beschreibung (ständischer bzw. beruflicher) Arbeit bestand schon seit Ende des Mittelalters und spiegelte sich u. a. auch in der europäischen Literatur wider. So hat bereits Hans Sachs am Beginn der frühen Neuzeit insbesondere viele der damaligen handwerklichen Tätigkeiten in Versform verhältnismäßig genau beschrieben.

---

[342] Alle diese punktuellen Arbeiten können als Wurzeln eines sich entwickelnden Interesses an Berufen angesehen werden, die aber nur bedingt als bedeutsame Beiträge zur Berufswissenschaft und Berufsbildungswissenschaft einzuordnen sind.

sprachgeschichtliche Antikeforschung OTTO APELT 1845-1928	handwerksgeschichtliche Berufsforschung RUDOLF WISSELL 1869-1962	handelsgeschichtliche Forschung HANNS PETER BRUCHHÄUSER (1989)	bergwerksgeschichtliche Forschung GEORG AGRICOLA 1494-1555
antike Bildungsgeschichte WERNER JAEGER 1888-1961	↕ **F a c h r i c h t u n g s -**		ökonomiegeschichtliche Untersuchungen KARL MARX 1818-1883
Geschichte der Berufskrankheiten B. RAMAZZINI 1633-1714	**s p e z i f i s c h e**		betriebswirtschaftliche Berufsforschung FREDERIC W. TAYLOR 1856-1915
Methodologie der Geschichte JOH. GUSTAV DROYSEN 1838-1908	**B e r u f s f o r s c h u n g** ↕		technikgeschichtliche Berufsforschung HELMUTH SCHNEIDER (1990)
kameralgeschichtliche Forschung KURT ZIELENZIGER (1916)	Forst- und Landwirtschaftsgeschichte KURT RENNER (1994)	technologiegeschichtliche Berufsforschung JOHANN BECKMANN 1739-1811	Hauswirtschaftsgeschichte IRMINTRAUT RICHARZ (1991)

Abb. 54: Fachrichtungsspezifische Quellen historischer Forschungsansätze (Grottker 2013, S. 207)

„Sachs gestaltete seine Beschreibungen objektiv nicht nur insofern, dass er sie mit für damals gültigen Werkstatt- oder Milieu-Kupferstichen durch Jost Amman ausstatten ließ, sondern jeden Beruf/Stand mit eigens verfassten objektiv zutreffenden Aufgaben- und Tätigkeits-Erläuterungen in 8-Zeiler-Form versah." (Molle 1975, S. 9) Diese sind im Ständebuch von Jost Amman[343] auf Holzschnitten dargestellt (Abb. 55).

Den Stand des Schuhmachers beispielsweise beschrieb Hans Sachs in dem von Jost Amman herausgegebenen Ständebuch z. B. derartig (s. Amman 1568/1966):

"Hereyn/wer Stiffl und Schuh bedarff/
Die kan ich machen gut und scharff/
Büchsn/Armbrosthalffter un Wahtseck/
FeuwrEymer und Reyßtruhen Deck/
Gewachtelt Reitstieffl/Kürißschuch/
Pantoffel/gefütert mit Thuch/
Wasserstiffl und Schuch außgeschnittn/
Frauwenschuch/nach Höflichen sittn."

---

[343] Jost Amman (geboren 1539 in; gestorben 1591 in Nürnberg) arbeitete als Zeichner, Kupferätzer und -stecher, Formschneider, Maler und Buchgestalter. Mit dem von ihm 1568 herausgegebenen Buch „Eygentliche Beschreibung Aller Stände auff Erden" wird eine Vielzahl von Berufen durch Hans Sachs in Versform beschrieben und von Jost Amman illustriert.

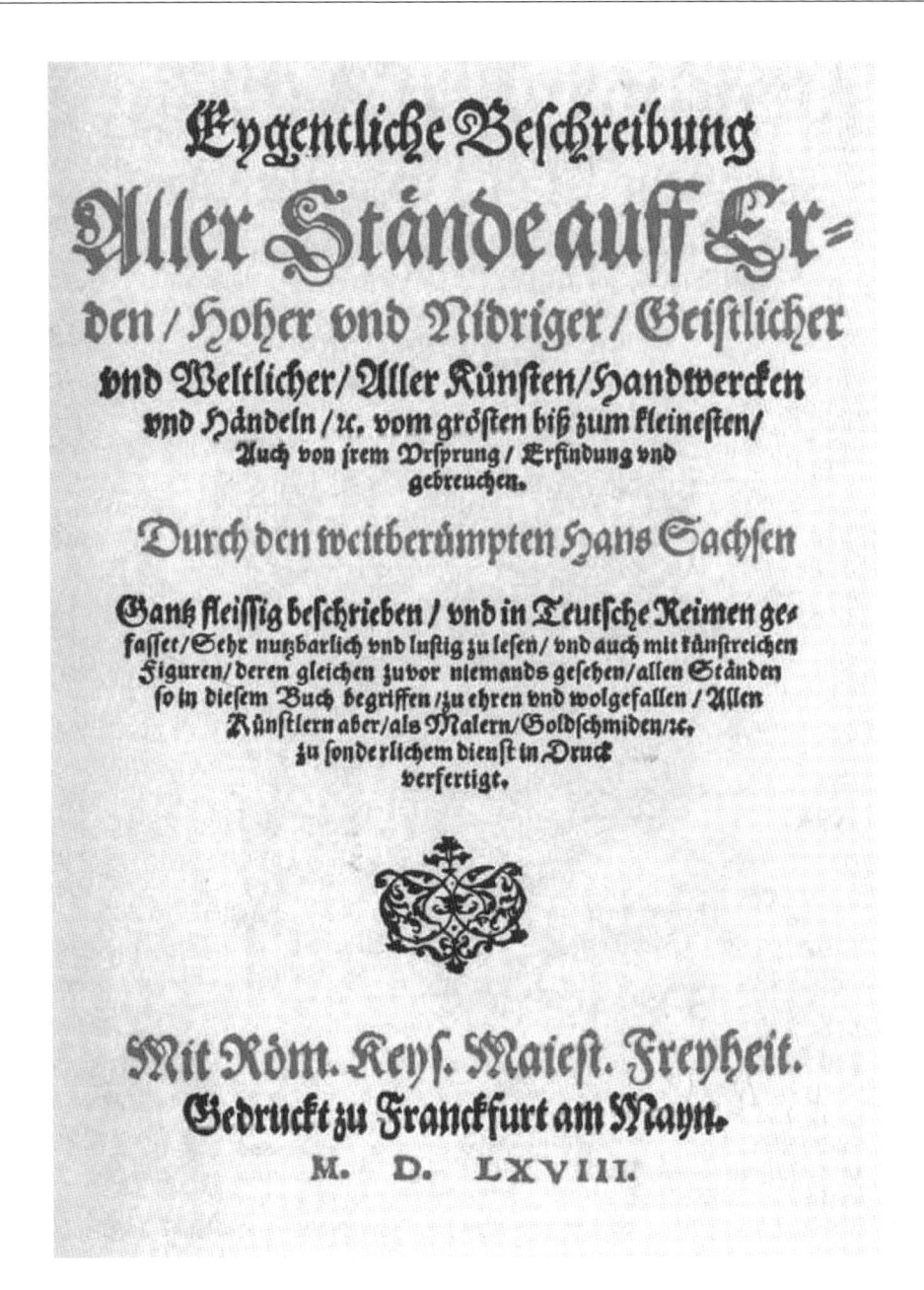

Abb. 55: Eygentliche Beschreibung aller Stände auf Erden. (Amman 1568, Titelblatt)

Auch in einem später herausgegebenen Ständebuch von Christoff Weigel (1698) sind die damaligen beruflichen Tätigkeiten relativ detailliert abgebildet und beschrieben worden. In der Ausgabe von 1698 sind beispielsweise etwa 200 „Gemein-Nützliche Haupt-Stände" bzw. Gewerbe aufgeführt (Abb. 56).

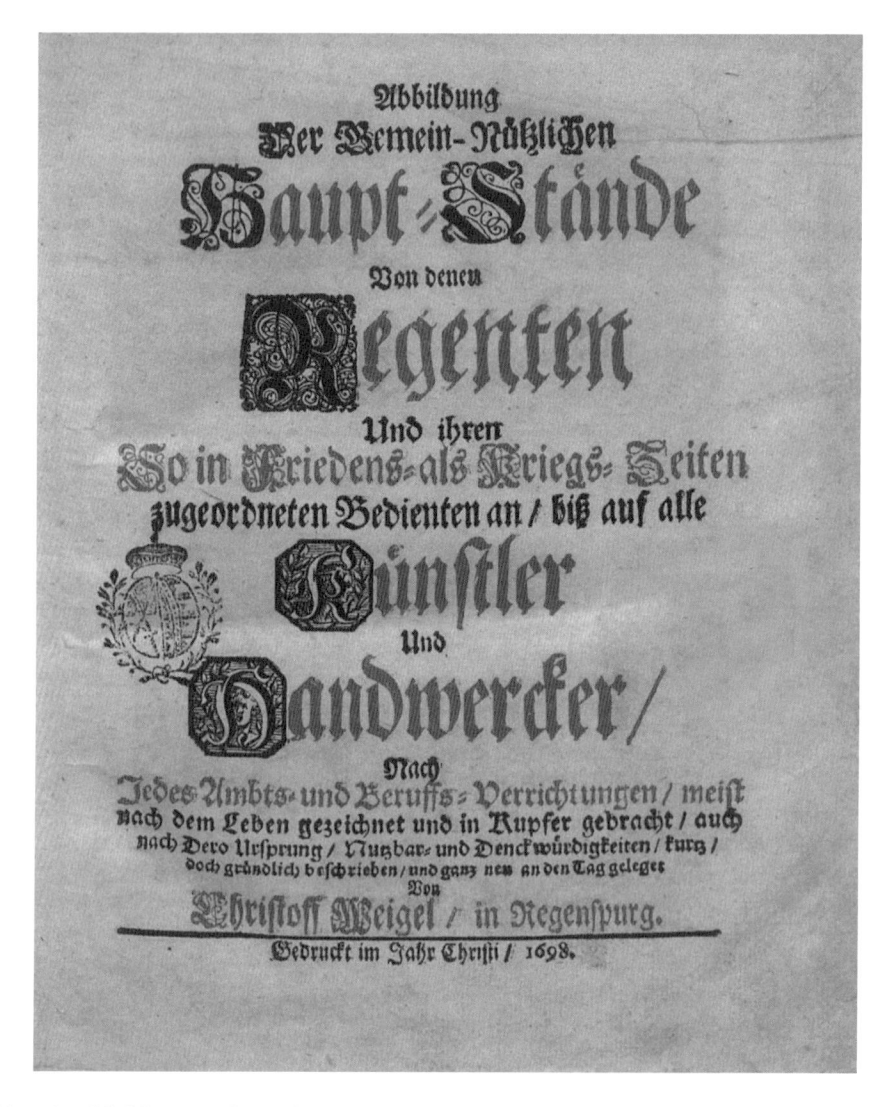

Abb. 56: Abbildung und Beschreibung der gemein-nützlichen Stände von den Regenten biß auf alle Künstler und Handwercker (Weigel 1698, Titelblatt)

Der Untertitel des sehr anschaulich bebilderten Buches lautet: „Nach Jedes Ambts- und Beruffs-Verrichtungen, meist nach dem Leben gezeichnet und in Kupfer gebracht, auch nach Dero Ursprung, Nutzbar- und Denckwürdigkeiten, kurtz, doch gründlich beschriben, und ganz neu an den Tag geleget". Unter vielen weiteren Ständen bzw. Berufen wird zum Beispiel „Der Doctor" (Abb. 57) und der „Der Lehr- und Schulmeister" (Abb. 58) beschrieben und illustriert.

Die damalige Berufskunde ergab sich aus den Alltagserfahrungen und dem Alltagswissen, die im Feld der zu jener Zeit vorhandenen Berufe noch verhältnismäßig übersichtlich waren. Schon damaliger Zeit wurde mit Alltagsbeobachtungen in der Berufswelt versucht, die nur bedingt „komplexe Einzelsituation in ihrer individuellen Besonderheit unter bestimmten alltagsrelevanten Gesichtspunkten möglichst umfassend wahrzunehmen" (Kromrey 2007, S. 22) Solche ermittelten Alltagserfahrungen können als eine Vorform der empirischen Forschung angesehen werden.

Abb. 57: Der Doctor   Abb. 58: Der Lehr- und Schulmeister
 (Weigel 1698, S. 120)   (Weigel 1698, S. 108)

Der Unterschied zwischen „wissenschaftlichen" und „alltäglichen Theorien ist nicht von prinzipieller, sondern von nur gradueller Art" (Kromrey 2007, S. 23). [344]

---

[344] „Alltägliche und wissenschaftliche Erfahrung unterscheiden sich (...) nicht darin, dass *jede Beobachtung* (notwendigerweise) *theoriegeleitet* ist. Diese Behauptung widerspricht gängigen Vorurteilen, in denen häufig übersehen

Durch Johann Wolfgang von Goethe ist die Thematik und Bedeutung der Arbeitstätigkeit erstmals auch unter dem Bildungsaspekt literarisch analysiert und dargestellt worden. Seine in acht Bücher unterteilten „Wilhelm Meisters Lehrjahre" von 1795/96 gelten als der Prototyp des deutschen Bildungsromans. „Dieser erste wahrhaft moderne Bildungsroman" zeigt auf, wie „ein unreifer Mensch durch Irrtümer einem besonnenen, tätigen Leben zugeführt" (Goethegesellschaft Bd. 3, 1950, S. 683) wird. Goethes 1821 erschienenes, an die „Lehrjahre" anschließendes und aus drei Büchern bestehendes Spätwerk „Wilhelm Meisters Wanderjahre" war dann allerdings nicht mehr auf eine „genauere Goethegesellschaft. Bd. 4. 1950, S. 744).
Ein vorwissenschaftliches bzw. berufskundliches und vertieftes Erkenntnisinteresse an berufsförmigen Tätigkeiten und Berufen entwickelte sich im Deutschen Reich erst zu Beginn des zwanzigsten Jahrhunderts. Gründe dafür waren u. a. die gravierenden Veränderungen beruflicher Tätigkeiten und dazu notwendiger Qualifikationen durch neue industriell dominierte Fertigungsformen und -methoden und deren Auswirkungen auf die Gestaltung der Lehrlingsausbildung. Vorreiter war dabei insbesondere der im Jahre 1908 gegründete Deutsche Ausschuß für Technisches Schulwesen (DATSCH). Dessen umfangreiche und systematische berufsordnende Analysen und Untersuchungen können in eine Vorphase: berufsordnende Vorarbeiten (1909-1912), eine Erste Phase: Berufsordnung durch Identifizierung und Abgrenzung (ca. 1925-1927) sowie eine Zweite Phase: Neuordnung der Berufe mit darin integrierter curricularer Arbeit (ab 1935) unterteilt werden (vgl. dazu Herkner 2003, S. 180 ff.).[345]

Umfassendere und systematischere Beschreibungen und Ordnungen von Berufen sind dann in den Volks-, Berufs-, Gewerbe- und Betriebszählungen des Deutschen Reichs von 1875 bis 1939, den beruflichen Ordnungsarbeiten des DATSCH (s. dazu z. B. Herkner 2003, insb. S. 177 ff.) sowie im mehrbändigen „Handbuch der Berufe" (Reichsinstitut für Arbeitsvermittlung und Arbeitslosenversicherung (Hrsg.) (1927a, 1927b, 1936) zu finden. In diesem Zusammenhang und in Verbindung mit den Anfängen der Berufsberatung und Arbeitsvermittlung um 1900 bildete sich auch der Ausdruck „Berufskunde" heraus.[346]

---

oder sogar ausdrücklich bestritten wird, dass wir (auch) im Alltag ständig auf Theorien – auf ‚Alltagstheorien' zurückgreifen. Fast genauso häufig führt dieses Vorurteil zu der (ebenfalls irrigen) Meinung, es gebe den Typ einer ‚rein deskriptiven' (als ausschließlich beschreibenden) empirischen Forschung mit der Möglichkeit absolut theoriefreien Vorgehens im Unterschied etwa zu ausdrücklich hypothesen- oder theorietestenden Forschungen. Richtig an diesem Vorurteil ist lediglich, dass im ersteren Fall (Alltagsbeobachtung, ‚rein deskriptive' Forschung) die verwendeten Theorien nur implizit bleiben, also nicht ausdrücklich ausformuliert werden, ja, dass der Beobachter vielleicht sogar gänzlich unbewusst auf sie zurückgreift. Im anderen Fall dagegen (hypothesen- oder theorietestende Forschung) werden die verwendeten Theorien für jeden ersichtlich offen gelegt." (Kromrey 2007, S. 22 f.; Hervorhebungen im Original)

[345] Diese zwar schon systematischen, eher aber noch berufskundlichen Arbeiten sind nach dem Zweiten Weltkrieg durch die rechtlichen Nachfolger des DATSCH (ABB in der BRD sowie Deutsches Institut für Berufsausbildung in der DDR) fortgeführt worden. Erst seit Anfang der 1970er Jahre und im Rahmen der „Großen Bildungsreform" erfolgte dann schrittweise der Aufbau einer zusätzlichen wissenschaftlich ausgerichteten Forschung zu berufsförmiger Arbeit, zu Berufen und zur Berufsbildung. Wichtigste Forschungsinstitutionen im nichtakademischen Berufsbereich waren (und sind) das Bundesinstitut für Berufsbildung (BIBB) und das Institut für Arbeitsmarkt- und Berufsforschung (IAB). In der ehemaligen DDR wirkte bis zur politischen Wende auf diesem Gebiet insbesondere das Zentralinstitut für Berufsbildung (ZIB).

[346] Die Bedeutung und Ausprägung von Berufskunde hat sich seitdem ausdifferenziert. Heute kündet Berufskunde „nicht nur vom Wesen des Berufs, der verschiedenen Berufe und von ihrer geschichtlichen Entwicklung. Sie erfaßt

Festgestellt wurde später zu Recht: Die Berufskunde war (und ist) jedoch „keine eigene wissenschaftliche Disziplin; sie ist Mittel zum Zweck und steht in einem Spannungsfeld zwischen dem Handeln der Berater und Vermittler vor Ort und der Sozialwissenschaft und Forschung" (Stooß/Stothfang 1985, S. 116). Dementsprechend waren auch die damaligen berufs- bzw. tätigkeitsbezogenen Untersuchungen und Entwicklungen eher auf die wirtschaftlichen Interessen der Industriebetriebe ausgerichtet.

Zentrales Aufgabengebiet der Berufskunde war daher das „Sammeln, Sortieren, Strukturieren und Umsetzen berufskundlicher Informationen unterschiedlichster Herkunft. (…). Eine Bewertung der Informationen, eine Verantwortungsübernahme in Bezug auf Objektivität, Praxisrelevanz oder Vollständigkeit findet nur in Ausnahmefällen statt" (Dostal 2005, S. 31). Zur Strukturierung dieser meist sehr umfangreichen Informations- und Datensammlungen sind im Laufe der Zeit verschiedene Konzeptionen entwickelt worden (vgl. Dostal 2005, S. 30).

Diese traditionellen berufskundlichen Felder, Methoden und Untersuchungen bildeten aber das wesentliche und tragfähige Fundament für die Entwicklung einer zusätzlichen wissenschaftlichen Berufsforschung. In deren Zentrum stand „das Miteinander, das Verknüpfen, die Koordinierung und die gemeinsame Dokumentation [von berufsbezogenen Informationen und Daten; d. A.] im Sinne exakter, wohl fundierter und umfassender Berufsforschung und Berufswissenschaft" (Molle 1968a, S. 34). Als Aufgaben- und Wissensgebiete der Berufskunde wurden benannt:
- Berufstheorie
- Berufsstruktur
- Berufsstatistik
- Berufsnachwuchsförderung
- Berufsprognostik
- Berufseignungskunde
- Berufsausbildung
- Berufsbezogenes Sozial- und Arbeitsrecht (Molle 1968a, S. 294 ff.)

sowie
- Berufsphilosophie
- Berufsgeschichte
- Berufssystematik
- Berufspsychologie
- Berufsnomenklatur
- Arbeits- und Berufsmedizin
- Berufspädagogik und -didaktik
- Berufssoziologie

---

vielmehr auch die mit den Berufen verbundenen Aufgaben, die zu ihrer Durchführung ausgeübten Tätigkeiten, deren Wandlungen und Umstände, die sich daraus ergebenden und verändernden Anforderungen an das menschliche Leistungsvermögen physischer und psychischer Art sowie die wechselseitigen Zusammenhänge dieser Faktoren und ihre Beziehungen zu Staat, Wirtschaft, Gesellschaft und Kultur." (Molle 1968a, S. 5) Zu den Teilgebieten der Berufskunde siehe z. B. Dostal (2005, S. 28 ff)

- Berufsrecht
- Berufsausbildungsrecht
- Berufsausübungsrecht (Molle 1969, S. 75 f.).

Die Aufzählungen der Aufgabenbereiche der Berufskunde zeigen, dass zwischen dieser Disziplin als Kunde sowie der entstehenden Berufsforschung und den Ansätzen zu einer Berufswissenschaft schon frühzeitig ein relativ breiter Überschneidungbereich bestand. Im Laufe der Zeit ist – und das ist auch ein Kennzeichen der durch Wissenschaft bestimmten Welt – die Berufskunde immer weiter verwissenschaftlich und zur Berufsforschung geworden.

Für die berufswissenschaftliche Forschung lassen sich als wesentliche Teilgebiete aus der Berufskunde ableiten (vgl. u. a. Dostal 2005, S. 29):
- Berufsbildung
  Berufseigung
- Berufsgeschichte
- Berufsgliederung
- Berufsnomenklatur
- Berufsrecht
- Berufssoziologe
- Berufsstatistik

Die berufskundlichen Arbeiten können und müssen jedoch als eher vorwissenschaftlich und pragmatisch eingeschätzt werden (Fenger 1971, S. 153). In der zweiten Hälfte des zwanzigsten Jahrhunderts wurde festgestellt: Berufskunde und Berufsforschung sind aber „gegenwärtig noch nicht zur ‚Berufswissenschaft' geworden. (…). Das mag im Wesentlichen daher rühren, dass die berufsbezogenen Bereiche und Probleme so mannigfach und disziplinär zumeist eigenständig charakterisiert sind." (Molle 1968a, S. 5) Die Verknüpfung, Koordination und Systematisierung der bisher im Regelfall nur punktuell und einzeldisziplinär betriebenen berufsbezogenen Forschungen und der dazu inzwischen vorliegenden Forschungsergebnisse zu einer exakten und allgemeingültigen Berufswissenschaft steht noch aus.

- **Entwicklungsphasen von der Berufskunde zur Berufswissenschaft**

Berufsbeschreibungen in mündlicher Form gibt es vermutlich seit dem Entstehen der Berufe. Erst mit dem auslaufenden Mittelalter und der Neuzeit sind allerdings, unter dem Anspruch, die Welt der Berufe (wie Amman 1568 meinte „aller Stände der Welt") möglichst vollständig zu erfassen und darzustellen, entsprechende Ausarbeitungen (s. auch Weigel 1698) erfolgt. Die Arbeiten lassen erhebliche Recherche, Materialsammlungen, Systematisierungen und Dokumentation erkennbar werden. Insofern kann diesen Berufsbeschreibungen ein Bezug auf wissenschaftliche Arbeitsweisen zugesprochen werden. Insgesamt zeigt die Entwicklung von der Berufskunde bis zu ersten Ansätzen der Berufswissenschaft einen zunehmenden Theorieanspruch (Abb. 59).

Phase mit geringem theoretischem Bezug	Phase pragmatischen Theorieeinsatzes	Phase theoriegeleiteter berufswissenschaftlicher Arbeit
Berufsbeschreibungen mit geringem Theorieanspruch auf Vollständigkeit der erfassten Berufe (Recherche, Systematisierung und Beschreibung).	Untersuchungen von singulären berufsorientierten Fragestellungen einzelner Disziplinen. Theoriegeleite berufskundliche oder berufswissenschaftliche Arbeit (Theorieanspruch meist auf das singuläre Problem begrenzt; kein theoretischer oder berufswissenschaftlicher Überbau).	Berufsforschung mit übergeordneten und spezifischen Zielsetzungen zur Lösung von relevanten Fragestellungen aus Beschäftigungs- und Gesellschaftssystem. (Entwicklung von Hypothesen und Theorien; Überprüfung und Weiterentwicklung von Theorien der Berufswissenschaft im Rahmen einer weiterentwickelnden in sich geschlossenen Berufswissenschaft).

Abb. 59: Entwicklungsphasen von der Berufskunde zur Berufswissenschaft

3.1.2 Singuläre Berufsforschungen – Ausgangspunkte berufswissenschaftlicher Ansätze

- **Wurzeln der Berufswissenschaft**

Auch beim Übergang von der Berufskunde zur Berufswissenschaft zeigt sich, dass die Frage nach der Wissenschaftlichkeit eines Fachgebietes höchst unterschiedlich beantwortet werden kann. Mit ihrer Entstehung haben Einzelwissenschaften „einen meist von innen heraus jeweils eigenen situationsbedingten Wissenschaftsbegriff entwickelt" (Rötzer 2006, S. 18). Das gilt auch für die Berufswissenschaft.[347]

Für die sich über mehrere Jahrhunderte entwickelnde Berufsgesellschaft, die „die moderne, wirtschaftlich auf Erwerbsarbeit gegründete Gesellschaft konstituierte" (Furstenberg 2013, S. 38 ff.), lassen sich fünf Wurzeln der Berufswissenschaft erkennen.
Eine erste zarte Wurzel zu einer Berufswissenschaft kann – wie bereits mehrfach dargelegt – in den mittelalterlichen und neuzeitlichen berufskundlichen Beschreibungen gesehen werden.
Ein zweiter Strang kann dann im neunzehnten Jahrhunderts in der gesellschaftlichen, politischen und ökonomischen Debatte um die Erscheinungen und Folgen der Industrialisierung erkannt werden. Das betrifft insbesondere die Auswirkungen der industriellen Revo-

---

[347] Für viele Einzelwissenschaften ist festzustellen: „Allgemeine philosophische Normierungen bzw. Normierungsversuche *a priori* waren im Gegensatz zu diesen partiell begrenzten Wissenschaftsdefinitionen, die eher Arbeitshypothesen gleichen, ohne Einfluss auf die Einzelwissenschaften. Der Wunsch nach einer Definition bzw. die Frage nach den Kriterien von Wissenschaft werden immer von außerhalb der Wissenschaft an sie herangetragen. Für den in wissenschaftlicher Hinsicht schöpferischen Menschen kann es keine allgemeinen Definitionen und Kriterien geben. Sie ergeben und verändern sich in Abhängigkeit der konkreten Forschungstätigkeit." (Rötzer 2006, S. 18)

lution und Produktion auf die Berufsform der Arbeit. So hat sich seit Mitte des neunzehnten Jahrhunderts bis in die Jahrhundertwende hinein die Organisation, die Art und Form der Produktionsarbeit auf der Ebene der ausführenden Tätigkeiten verändert. Anfangs dominierten die aus dem Handwerk kommenden Fachkräfte. Unter Ansehung dieser Verhältnisse hielt es beispielsweise Carl Siemens bei der industriellen Produktion für erforderlich, die Arbeitsorganisation so zu gestalten, dass sie handwerklich ausgebildete Gesellen überflüssig macht. Carl Siemens beklagt sich in einem Brief an seinen Bruder Werner Siemens über den „Künstler-Schlendrian deutscher Arbeiter, der die Siemens-Produkte gegenüber der englischen Konkurrenz erheblich verteure. Abhilfe könne nur durch konsequente Arbeitsteilung, Standardisierung der Produkte und damit größerer Austauschbarkeit der Arbeitskräfte erreicht werden: Wenn die Herren Mechaniker erst durch Hausknechte abgelöst sind, wenigstens zum größten Teil, dann wird es anders werden" (Kocka 1975, S. 271).[348] Solche Meinungen verfestigten sich und fanden später auch in dem von Frederick Winslow Taylor entwickelten Konzept des Scientific Managements ihren Niederschlag.

Eine weitere und stärkere dritte Wurzel der Berufswissenschaft ist zu Beginn des zwanzigsten Jahrhunderts erkennbar. Dieser Strang stand unter dem Anspruch, zur Arbeitsgestaltung und Arbeitsorganisation sowie zur Begründung von beruflicher Arbeit und Lohnstrukturen wissenschaftlich fundierte Erkenntnisse und Gestaltungsvorschläge einzubringen. Prinzipiell sind erstmals zu Beginn des zwanzigsten Jahrhunderts in den USA schon wissenschaftlich strukturierte Untersuchungen zu den Berufen und zur Berufsarbeit initiiert und durchgeführt worden (z. B. Gilbreth 1911, Taylor 1913).
Diese frühen Formen der Forschung zu Tätigkeits- und Arbeitsplatzanalysen als Instrumente zur Identifizierung und Beschreibung von Ausbildungsinhalten gehen zurück auf das Konzept der Arbeitsanalyse von Frank B. Gilbreth (1911). Aber erst mit dem methodischen Instrumentarium zur Selektion und Instruktion von Frederick Winslow Taylor liegt der Versuch einer wissenschaftlich begründeten Methodik vor. Diese sollte insbesondere über die rationelle Vermittlung der zur „Aufgabenerfüllung notwendiger Fertigkeiten" erfolgen (Taylor 1913, S. 132). Ihm ging es um geeignete Methoden, um das für die effektive Erledigung der geplanten Tätigkeiten erforderliche Wissen in die Köpfe der Arbeiter zu bringen (Volpert 1977, S. XXXII). Auch wenn diese Methoden des Ingenieurs Taylor zur Arbeitsorganisation aus psychologischer Sicht Kritik und Verbesserungsvorschläge (Münsterberg 1913) auslösten, fanden sie dennoch zur Qualifizierung auf der Grundlage von Tätigkeits- und Arbeitsplatzanalysen vielfältigen Eingang in die arbeitspädagogische Diskussion (Seymour 1960), aber ihre Adaption zur Ermittlung der Qualifikationsanforderungen im Zusammenhang mit der Entwicklung beruflicher Ausbildungs- und Unterrichtsmittel erfolgte kaum.
Ohne Taylors Werk schon unter dem Blickwinkel berufswissenschaftlicher Forschungsmethoden zu betrachten, ist zumindest eine einschränkende Bewertung angebracht. Es erscheint – wie Rudolf Roesler (1913, S. XX), der Übersetzer des taylorschen Buches be-

---

[348] Jürgen Kocka hat in seinen sozialhistorischen Analysen und Arbeiten zugleich wesentliche Beiträge zur Berufsforschung geleistet.

reits im Vorwort schrieb – nur bedingt berechtigt, bei diesen Arbeiten von einer „Wissenschaft der handwerklichen Tätigkeiten" zu sprechen.

Auch die Arbeiten des DATSCH zur Ordnung der Ausbildungsberufe verfolgten im Grunde genommen, jedoch ohne dies ausdrücklich so zu benennen, schon einen berufswissenschaftlichen Ansatz.[349] Die Einschätzung zur Bedeutung industrieller Arbeit und Facharbeit fielen bereits zu dieser Zeit – wie Felix Rauner 2013c, S. 89) feststellt – sehr unterschiedlich aus. Der 1908 gegründete Deutsche Ausschuß für Technisches Schulwesen (DATSCH) erarbeitet schon kurz nach seiner Gründung Empfehlungen für eine einheitliche Ordnung der Ausbildung in der Maschinenindustrie. Zwei gegensätzliche und auch politisch hinterlegte Orientierungen „prägen die Arbeiten zu Berufen dieser Zeit. Einerseits gilt die Entwicklung industrieller Berufe auf der Grundlage einer empirischen Berufsforschung als Voraussetzung für die Entwicklung eines umfassenden Systems der Berufsausbildung. Andererseits werden qualifizierte Facharbeiter, die in der Tradition der Meisterschaft qualifiziert sind, als ein Hemmnis für die Einführung des Scientific Managements gesehen." (Rauner 2009, S. 90)
Die in den 1920er und 1930er Jahren entwickelten Berufs- und Arbeitsanalysen waren auf die Gewinnung von Daten für die Betriebsführung und Personalbeurteilung sowie zur Begründung der Lohndifferenzierungen angelegt.

Eine weitere und vierte Wurzel der Berufswissenschaft sieht Felix Rauner (2013, S. 88) im Grundgesetz (GG Artikel 12),[350] das „einer Unterordnung der Berufsausbildung unter eine betriebswirtschaftliche Rationalität enge Grenzen setzt und die Bedeutung des Berufes für die Persönlichkeitsentwicklung herausstellt". Durch die Bundesregierung wurden die Bedeutung der Berufe für den Einzelnen und die Gesellschaft, aber auch die Defizite „früh erkannt. Bereits 1965 wurde dazu aufgefordert, die Arbeitsverwaltung, die Veränderungen der Berufs- und Sozialstruktur und des Arbeitsmarktes laufend und möglichst umfassend zu beobachten, zu erforschen und vorausschauend zu beurteilen sowie bei der Durchführung dieser Aufgabe mitverantwortliche Stellen und wissenschaftliche Forschung einzuschalten" (Hobbensiefken 1980, S. 11).

Bedeutsam erscheint auch das „Mitbestimmungsurteil" vom 1.3.1979, bei dem mit Bezug auf Artikel 9 und Artikel 12 des Grundgesetzes ausgeführt wurde: „Der ‚Beruf' wird in seiner Beziehung zur Persönlichkeit des Menschen im ganzen verstanden, die sich erst darin voll ausformt und vollendet, daß der Einzelne sich seiner Tätigkeit widmet, die für ihn Lebensaufgabe und Lebensgrundlage ist und durch die er zugleich seinen Beitrag zur gesellschaftlichen Gesamtleistung erbringt. Das Grundrecht gewinnt so Bedeutung für

---

[349] Es ist festzustellen, dass die berufswissenschaftliche Forschung in Deutschland ihre eigentlichen Wurzeln in den Arbeiten hat, wie sie vom Deutschen Ausschuß für Technisches Schulwesen (DATSCH) etwa ein Jahrzehnt später als die Untersuchungen Taylors begonnen wurden. Die Arbeiten des DATSCH wurden in der Folge von der Arbeitsstelle für Betriebliche Berufsausbildung (ABB) und später vom Bundesinstitut für Berufsbildungsforschung (BBF) mit den Schwerpunkten der Tätigkeits- und Arbeitsplatzanalysen, der Berufsanalysen und -genese sowie der Gestaltung beruflicher (Aus-)Bildungsprozesse und der Entwicklung dafür erforderlicher Ausbildungsmittel fortgesetzt und methodisch ausgestaltet.
[350] (1) Alle Deutschen haben das Recht, Beruf, Arbeitsplatz und Ausbildungsstätte frei zu wählen. Die Berufsausübung kann durch Gesetz geregelt werden.(GG Artikel 12 in der Fassung vom 23. Mai 1949)

alle sozialen Schichten; die Arbeit als ‚Beruf' hat für alle gleichen Wert und gleiche Würde [...]." (BVerfGE 1979, S. 41).

Eine wichtige fünfte Wurzel der Berufswissenschaft ergab sich über die zunehmende Berufsforschung und die Neuausrichtung nach dem Zweiten Weltkrieg nur langsam, „nachdem über lange Jahre Berufskunde und Berufsstatistik getrennt voneinander und ohne wissenschaftlichen Unterbau betrieben worden sind" (Dostal 2013, S.146). Erst in den 1960er Jahren entstand „im Zuge der neuen Verwissenschaftlichung vieler gesellschaftlicher Lebensbereiche die Forderung, auch eine institutionalisierte wissenschaftliche Berufsforschung zu betreiben" (ebd.).
Nach der Restaurationsphase der Bundesrepublik befassten sich die an den verschiedensten Stellen vorgenommenen Berufsforschungen „hauptsächlich mit Problemen, die sich in Mikrobereichen der Gesellschaft (z. B. Betrieb, Familie, Schule etc.) stellen und vornehmlich das Individuum tangieren. Ihre Aktivitäten korrespondieren mit den fachimmanenten Forschungsinteressen jener Einzelwissenschaften, die den BERUF unter aspekthaften Fragestellungen von verschiedenen Seiten untersuchen, wie beispielsweise Philosophie (Beruf als Begriff und Kulturphänomen), Historie (Entstehung und Differenzierung der Berufe), Soziologie (als gesellschaftliche Teilsysteme, Rollen-, Status-, Professionalisierungs- und Mobilitätsproblem), Psychologie (Berufswahl, Berufsanforderungs-, -eignungs-, -neigungsfragen), Medizin (Berufskrankheiten, Erhaltung der Leistungsfähigkeit im Beruf), Pädagogik (Berufsbildung, Ausbildungsformen, Vermittlungsmethoden, Technologie (Einfluß von Produktionstechnik und Erfindungen auf Berufe), Ökonomie (Bedarf an Arbeitskräften, Teilarbeitsmärkte der Berufe), Rechtswissenschaft (gesetzliche Regelung der Berufstätigkeit) und andere Disziplinen." (Hobbensiefken 1980, S. 11; Hervorhebungen im Original)

Die in den wissenschaftlichen Disziplinen unter sehr unterschiedlichen Aspekten, Perspektiven und Erkenntnisinteressen entstandenen Beiträge zur Berufsforschung verlangten nach einer übergeordneten Systematisierung. Es wurde gefragt, ob die Systematisierung unter dem Dach einer Theorie der Berufe bzw. Berufswissenschaft stattfinden sollte. Ansatzweise wurde dieses allerdings erst im letzten Jahrzehnt des zwanzigsten Jahrhundert diskutiert. Die Bemühungen gingen nun dahin, das Wesen der Berufswissenschaft zu erfassen, als Disziplin zu klassifizieren und zu etablieren sowie von der Berufsbildungswissenschaft abzugrenzen.[351].

3.1.3 Veränderungen der Berufswelt als Auslöser der Berufsforschung

Überlegungen zu Berufen und zu Veränderungen der Berufswelt erfolgten schon in erheblichen Umfang, als über eine Berufswissenschaft noch nicht reflektiert wurde. Diese Re-

---

[351] „Indem man eine Wissenschaft klassifiziert, grenzt man sie von einer anderen ab. Man schafft einen Rand, der eine Differenz entstehen lässt, die sich selbst reguliert und eine gegenseitige Spannung entstehen lässt, die fruchtbar wirken kann auf die Ergebnisse einer sich gegenseitig ausschließenden Wissenschaften." (Rötzer 2006, S. 19)

flexionen waren Ausdruck eines allgemeinen Interesses an den Berufen[352] Aber auch ein wissenschaftliches Erkenntnisinteresse entwickelte sich, und es entstanden in den verschiedenen Disziplinen Aussagen zu Berufen.

Durch das außerordentlich breite Aufgabenspektrum stellten die sehr verstreuten Beiträge zur Wissenschaft der Berufe eher eine multi- und interdisziplinäre Disziplin dar. Im Mittelpunkt standen wissenschaftliche Untersuchungen des Berufsprinzips, der Berufe und der Berufsarbeit unter vielfältigen Aspekten, die man bereits als berufswissenschaftliche Ansätze einschätzen kann.

Das Gleiche gilt für die Berufs-, Tätigkeits- und Arbeitsplatzanalysen der in den 1960er Jahren entstandenen Forschungseinrichtungen, wie des Instituts für Arbeitsmarkt- und Berufsforschung (IAB) und des Bundesinstituts für Berufsbildungsforschung (BBF) sowie später des Bundesinstituts für Berufsbildung (BIBB).

Verpflichtet wurde das 1967 von der Bundesanstalt für Arbeit gegründete Institut für Arbeitsmarkt- und Berufsforschung (IAB), *„eine arbeitsmarktorientierte* Berufsforschung zu betreiben, die mit der Bundesregierung abzustimmen und in den Ergebnissen ihr vorzulegen ist" (Hobbensiefken 1980, S. 12; Hervorhebungen im Original).

Als weitere Organisationsform zur Institutionalisierung der Berufsforschung entstand das Bundesinstitut für Berufsbildungsforschung (BBF).

Beim BBF stand nicht die Berufsforschung – wie beim IAB – sondern die Ausbildung im Vordergrund. So stellte Günter Hobbensiefken (1980, S. 12; Hervorhebungen im Original) fest, das „BBF betreibt *ausbildungsorientierte* Berufsforschung". Unter dem Forschungsaspekt erfolgte mit den beiden Institutionen nun eine erste Unterscheidung von Berufsforschung und Berufsbildungsforschung. Forschungen zu dem Phänomen „Beruf" stellten für beide Einrichtungen in ähnlicher Weise die herausgehobene Aufgabe dar. Ein Problem bestand aber in der Fassung des Berufsbegriffs (Dostal 2013, S. 96).

- **Beruf als zentraler Gegenstand der Forschung**

Die Berufe und mit ihnen der Berufsbegriff stellten nun den Dreh- und Angelpunkt der Forschung und Wissenschaft über Berufe dar. Der Berufsbegriff war aber noch nicht eindeutig definiert, wie aus den von Werner Dostal (2013, S. 96) aufgeführten, sehr vielfältigen Überlegungen zum Wesen des Berufes und der folgenden Auflistung „hervorgeht:
- Beruf als Gliederungsprinzip der Gesellschaft (Beck/Brater/Daheim 1980);
- Beruf als Dimension der sozialen Allokation (Crusius/Wilke 1979),
- Beruf im Zentrum der Lebensplanung (siehe Crusius/Wilke 1979),
- Beruf zur Stabilisierung und Tradierung sozialer Rollen (Hesse 1972),
- Beruf als Bündelung von Werten in einer Erwerbsgesellschaft (Beck 1996),
- Freiheit der Berufswahl als Basis der freien Entfaltung der Persönlichkeit (GG Art. 2 und 12),

---

[352] Nicht nur Oppenheimer (1987, S. 155) verweist darauf: „Alle Wissenschaften entstehen aus gesundem Menschenverstand, aus Wissbegierde, Beobachtung und Überlegung. Man beginnt damit, dass man seine Beobachtungen und seine Worte verfeinert und die Dinge über die Abläufe des alltäglichen Lebens hinaus erforscht und weitertreibt."

- Beruf als Spektrum spezifischer Qualifikationsressourcen (Maier 1996)."

Überlegungen zu Berufen, dem Berufsbegriff und dem Berufsprinzip, aber nicht zur Berufsforschungen haben eine lange Tradition.[353] Heute wird häufig - insbesondere bei einigen akademischen Berufen – von Profession sowie von Professionalisierung gesprochen.[354] Diese aus den USA übernommenen Begriffe sind jedoch „nur schwer auf deutsche Verhältnisse übertragbar" (Dostal 2006, S. 8). Im Wissenschaftsbereich werden unabhängig davon Berufe „dauerhafte, standardisierte, auf einer Spezialisierung der Fähigkeiten beruhende Formen der Bereitstellung von Arbeitsvermögen" (Beck u. a. 1980, 25) beschrieben.[355] Dadurch können sich zumindest die am Arbeitsmarkt Agierenden mit einem Ausbildungs-, aber kaum die mit einem Erwerbsberuf an einem allgemeingültigen und verbindlichen Ordnungsprinzip und -system orientieren. Zudem kann man Berufe als Prinzipien und Konstrukte einschätzen, die auf das Berufsbildungssystem und den Arbeitsmarkt regulierend einwirken.

Berufe hatten nach dem Zweiten Weltkrieg und der politischen Teilung Deutschlands eine besondere Bedeutung und eine gemeinsame Tradition selbst bei den unterschiedlichen „gesellschaftlichen Entwicklungen beider deutscher Staaten in der Nachkriegszeit. Berufsförmigkeit der Arbeit und die entstandenen Berufe in Deutschland waren sowohl eine Folge der Industrialisierung (mit einem Schub von Arbeitsteilungen) als auch Ausdruck nationaler Kultur- und Sozialgeschichte" (Storz 2013, S. 106).

Die Bedeutung der Berufe und berufsförmigen Arbeit war vor dem Aufkommen des Wortes „Job" unbestritten. Bedeutsam für Berufe war und ist noch immer, unabhängig davon, ob es Ausbildungs-, Studien- oder Erwerbsberufe sind, dass sie die wirtschaftliche Existenz des Berufsinhabers sichern helfen, eine gewisse zeitliche Stabilität und Kontinuität aufweisen – also nicht nur temporär sind –, dem Inhaber Identität vermitteln und zu einem beruflich-ethischen Verhalten verleiten.

---

[353] Die Bezeichnung „Beruf" ist im Mittelalter allerdings nicht im heutigen Sinne zu verstehen, sondern eher als „Tätigkeit zum Erwerb lebensnotwendiger Mittel". Unabhängig davon bildeten arbeitsteilige bzw. berufliche Tätigkeiten schon damals die Basis für die Berufserziehung der Lehrlinge in den Zünften und Gilden sowie die Ausbildung der Studenten an den „gelehrten" Bildungseinrichtungen.
Der Begriff „Beruf" in seiner Auslegung, Definition und Bedeutung erhielt im Laufe der Epochen eine immer vielfältigere Dimensionalität. Im Zeitalter der Reformation hat z. B. Luther die damaligen Arbeitstätigkeiten als „Ruf Gottes zur Dienstbereitschaft in der Gesellschaft und zur christlichen Lebensführung" benannt und als Berufung bezeichnet, aber auch das weltliche Berufsleben gesehen. Diese tätigkeitsverbundene „Berufung" war danach lange Zeit ein bestimmendes Merkmal zünftiger, kaufmännischer und gelehrter Arbeitstätigkeiten, wurde im Rahmen der industriellen Revolution jedoch durch den Begriff der Beruflichkeit als „Komplement einer hocharbeitsteiligen Erwerbsarbeit" (Möller/Paulus 2010, 13) ersetzt. In der Diskussion wird für den Wissenschaftsbereich seit Max Weber (1919, S. 506; Hervorhebungen im Original) ein „f a c h l i c h betriebener ‚Beruf' [...] im Dienst der Selbstbesinnung und der Erkenntnis tatsächlicher Zusammenhänge" gesehen.
[354] Jedoch meint Döhler (1997, S. 193): „Gemessen am deutschen Verständnis von den konstitutiven Elementen ‚gelehrter' Berufe hat der Begriff Profession den Beigeschmack eines angelsächsischen Imports nie gänzlich ablegen können. Konzepte wie ‚Berufsstand', ‚freier Beruf' oder ‚Akademiker', die häufig als Übersetzungen herangezogen wurden, konnten keine vollständige begrifflich-inhaltliche Äquivalenz herstellen."
[355] In der Literatur ist der Berufsbegriff jedoch keineswegs eindeutig und einheitlich bestimmt. Eine Übersicht über verschiedene Definitionen und Abgrenzungen sind z. B. bei von Henninges u. a. (1976, S. 5) und Brater/Beck (1983, S. 209) zu finden.

Für das Wort „Beruf" finden sich heute mannigfaltige und teilweise auch „widersprüchliche Verwendungen zur Bezeichnung etwa
- einer besonderen, spezialisierten Erwerbstätigkeit, die eine eigene Ausbildung, Fähigkeiten und Ausdauer erfordert,
- einer konkreten Erwerbsarbeits(-stelle), unabhängig von irgendwelchen spezifischen Anforderungen (das heißt, in Entsprechung, Ergänzung und/oder Kontrast zu Bezeichnungen wie „Arbeit", „Hilfe", „Mithilfe", „Dienst", „Verdienst" u. ä.),
- einer wesentlichen Variable amtlicher Großzählungen (Berufszählungen, Volkszählungen usw.), die im Übrigen kaum je kohärent in abstrakt-klassifikatorischer Hinsicht verwendet wurde,
- eines wichtigen Merkmals einer Person (...),
- eines ausschlaggebenden Kriteriums für amtlich gültige Arbeitslosigkeit,
- eines Kriteriums zur Formung und Organisation von wirtschafts- und sozialpolitischen Interessengruppen (Berufsvertretungen, Berufsständen u. ä.),
- eines Bezugspunkts diverser Sozialpolitiken, nämlich einer Erwerbschance Einzelner, die übers einfache Durchkommen weit hinausgehe und dem/der Einzelnen nicht nur ein Auskommen durch regelmäßiges Einkommen, sondern auch ein gesellschaftliches Fortkommen (Status) und individuelle Selbstverwirklichung bieten solle,
- eines anderen Bezugspunkts diverser Sozialpolitiken, nämlich einer Wohlfahrtsgarantie für alle (...), weil eine Volkswirtschaft davon nur profitieren könne, wenn jede/r genau das leiste, wozu er/sie am besten geeignet sei,
- eines stark abstrahierten Elements sozialphilosophischer, sozialwissenschaftlicher Theorien." (Mejstrik/Wadauer/Buchner 2013, S. 6 f.)

Damit zeigt sich für das Wort „Beruf" eine kaum vermutete Breite des Verwendungsrahmens. Es zeichnet sich sogleich ab, dass man mit dem Versuch, die Verwendungen des Worts ‚Beruf', zu systematisieren und wissenschaftlich auf den Begriff zu bringen, auf erhebliche Schwierigkeiten stoßen kann. Die Suche nach Gemeinsamkeiten erscheint schwierig.

Unter wissenschaftlicher Perspektive umfasst der Beruf eine inhaltliche, eine persönlichkeitsbezogene, eine bildungsbezogene sowie eine arbeitsmarktbezogene Seite. In der Berufsforschung sind daher entsprechende multidisziplinäre Forschungsaufgaben, -aktivitäten und -institutionen notwendig. Ob diese Idealerweise in einer eigenständigen oder integrativen Form strukturiert und organisiert werden sollten, oder ob die Berufsforschung als Bindeglied zwischen Berufsbildungsforschung und arbeitsmarktorientierter Forschung agieren und wirken kann oder sollte, ist bisher nicht eindeutig geklärt worden. Neben der Analyse von Berufsarbeit, Berufsstrukturen und Arbeitsmarkt ist vor allem auch eine subjektbezogene bzw. subjektiv-soziale Theorie der Berufe – einer Berufstheorie – von Interesse. Thema dieses spezifischen Untersuchungsfeldes ist „der Zusammenhang von Berufs- und Arbeitsmarktstrukturen mit der sozialen Lage der Arbeitenden, mit Möglichkeiten ihrer Interessenwahrnehmung, mit der Reproduktion gesellschaftlicher Verhältnisse, mit politischen Strukturen usw." (Beck/Brater 1980, S. 6). Es sollen demnach Erkenntnisse insbesondere darüber gewonnen werden, „welche Bedeutungen und Konsequenzen Berufe und ihre Veränderungen für die Arbeitenden selbst haben" (ebd.).

Untersucht werden müssen daher nicht nur die quantitativen Verhältnisse am Arbeitsmarkt und die technisch-funktionale Differenzierung der Berufsinhalte, sondern auch die qualitativen Momente der Berufe bzw. „die inhaltliche Dimension von Arbeitsfähigkeiten und -tätigkeiten" (ebd., S. 7). Dabei spielen nicht-technische Kriterien wie z. B. Berufsverbundenheit, Berufsprestige, Berufsethos eine zentrale Rolle. Ulrich Beck und Michael Brater stellten schon frühzeitig und zu Recht die soziale Konstitution der Berufe in das Zentrum einer sich entwickelnden „Berufstheorie". Diese Einschätzung lässt sich heute auf die berufswissenschaftlichen Arbeiten übertragen. Dennoch bleibt „im Sinne einer systematischen Entwicklung einer Berufstheorie (…) eine Reihe von Fragen offen". (Beck/Brater/Daheim 1980, S. 43). Das galt schon damals und gilt auch gegenwärtig für die Berufswissenschaft noch.

3.1.4 Berufswissenschaftliche Ansätze und Diskurse zu den nicht-akademischen Berufen

Bislang wurden Überlegungen zur Berufswissenschaft, d. h. der Berufsforschung und Berufslehre, in vertiefter Form fast ausschließlich auf den Sektor der nicht-akademischen Berufe sowie die berufliche Erstausbildung und Weiterbildung bezogen. Nicht nur deshalb unterscheiden sich pädagogische Sichtweisen und Einschätzungen über berufsförmige Arbeit und Berufe von denen berufssoziologischer Art, auch wenn sie sich häufig auf soziologischen Aussagen stützen. Unwidersprochen gilt für den nicht-akademischen Bereich, dass für „die Berufs- und Wirtschaftspädagogik (…) der Beruf eine zentrale Bezugskategorie" (Meyer 2003, S. 83) darstellt. Arbeit und Beruf als berufs- und wirtschaftspädagogische Kategorien standen und stehen in einem „spannungsreichen Dualismus von Sinngebung und Existenzsicherung" (Rosendahl/Wahle 2012, S. 26).[356]

Dieser berufspädagogische Diskurs findet sich schon, in der Debatte seit den 1990er Jahren um den Bedeutungsverlust von Berufen. Karlwilhelm Stratmann (1992, S. 8) stellte sogar einen Anachronismus bei der Berufsidee und eine Diskrepanz zwischen Idee und Wirklichkeit beruflicher Arbeit fest. Die von Anna Rosendahl und Manfred Wahle (2012, S. 26) zusammengetragenen Thesen kennzeichnen die damalige Diskussion.
Der damaliger Zeit entschiedenste und schärfste Kritiker Karlwilhelm Stratmann empfahl letztendlich der Berufspädagogik den Abschied von der realitätsfernen Berufsidee. Die von der Berufspädagogik getragene und favorisierte Berufsidee und „ausbildungsintern hergestellte Ganzheitlichkeit" sei weitgehend unrealistisch und „suggeriere", das, was „ausbildungsextern" längst zerfallen, aber „ausbildungsintern wiederhergestellt" worden sei (Stratmann 1993, S. 16).

---

[356] Schon in der Weltwirtschaftskrise von 1930 standen die Beschäftigungsmöglichkeiten und die Berufsausübung in Frage und wurden ohne Zukunftsperspektive gesehen. In den 1950er und 1960er Jahren gab es eine spezifische berufspädagogische Debatte um die „Fragwürdigkeit des ‚Berufs'" (Blättner 1954), „Das Berufsproblem" (Abel 1963) und eine „Berufsbildung ohne Beruf" (Blankertz 1965).

Etwas später wird von dem Soziologen Martin Baethge (2001, S. 103) für den Dienstleistungsbereich herausgestellt, dass sich die für die Erwerbsarbeit und die Beruflichkeit erforderliche Qualifizierung weniger auf Erfahrungen und zunehmend mehr auf das Wissen und die Analysefähigkeiten richtet und damit das bisher diskutierte Berufsprinzip problematisch ist.[357]

Diese Problematik sollte durch spezifische berufswissenschaftliche Näherungen an den Beruf, mit denen idealisierte pädagogischer Sichtweisen vermieden werden, verringert oder umgangen werden.

Da für berufswissenschaftliche Ansätze und Diskurse der Beruf der zentrale Arbeits- und Forschungsgegenstand ist, werden auch in den letzten Jahren Fragen der theoretischen Fassung von „Beruf", aber auch „Beruflichkeit" aus verschiedenen Perspektiven weiter intensiv diskutiert (vgl. z. B. Harney/Tenorth 1999; Kurtz 2005, Jacob/Kupka 2006; Kutscha 2008; Pasternack 2016; Wahle 2016). Die „Diskussion um die zukünftige Tragfähigkeit des Konstruktes „Beruf" für berufswissenschaftliche Ansätze „spitzt sich nicht erst derzeit auf zwei gegenläufige Thesen zu. Auf der einen Seite wird angenommen, Berufe hätten als Orientierungspunkt für Individuen ausgedient. Es sei nicht mehr möglich, einen Beruf zu erlernen, den man sein gesamtes Erwerbsleben über ausübt. Auf der anderen Seite wird dagegen gehalten, dass Berufe sehr flexibel seien, und empirisch seien die oft unterstellten tiefen Veränderungen nicht zu belegen. Berufe hätten also immer noch Zukunft." (Tiemann 2012, S. 48)[358]

Unabhängig von dieser Kontroverse jedoch kann auch heute noch festgestellt werden: Die Relevanz des Berufsprinzips für die Berufswissenschaft ist selbsterklärend.[359] Das deutsche Berufsprinzip bzw. die deutschen Berufe und die damit verbundene Beruflichkeit sind nicht nur Konstrukte zur Systematisierung bzw. Abbildung und Abgrenzung von Arbeitstätigkeiten im Beschäftigungssystem, sondern gleichzeitig sind sie Gegenstand der Berufswissenschaft, d. h. der Berufsforschung und Lehre über die Berufe. Themen berufswissenschaftlicher Vorhaben sind insbesondere die „staatlich anerkannten Ausbildungsberufe" als rechtlich und curricular fixierte Ausbildungsgänge mit berufsbezogenen Prüfungsanforderungen und -modalitäten. Ausbildungsberufe sind Konstrukte, die sich einerseits an den Tätigkeits- und Funktionsbereichen von Wirtschaft und Verwaltung und andererseits an berufspädagogischen und berufsbildungspolitischen Vorgaben orientieren" (Benner 2006, S. 43). Allerdings sind diese bisherigen Begriffsfassungen von Aus-

---

[357] Die Problematik zeichnet sich auch bei den Entscheidungen vieler Eltern ab. Dabei zeigt sich für diese eine besondere Attraktivität der gymnasialen Schulbildung als Königsweg im Vergleich zum Bildungskonzept über den Beruf. Erich Dauenhauer (1994, S. 401 f.) benennt dieses Phänomen mit dem Ausdruck „Gymnasialisierung", mit dem eine besondere Attraktivität der gymnasialen Schulbildung im Vergleich zum Bildungskonzept über den Beruf benannt wird. Nur wenige Jahre später stellt Deißinger (1998, S. 54) fest, es wird von „wissenschaftlichen Beiträgen wie auch in politischen Stellungnahmen, die sich mit der Zukunft der beruflichen Bildung befassen, die Frage aufgeworfen, ob es für die berufliche Ausbildung zum gegenwärtigen Zeitpunkt eine politisch gewollte ‚Überlebenschance' gibt".

[358] Zurzeit kann auch für Deutschland angenommen werden, dass die zuerst dargestellte Position nicht mehr als durchgängige Erscheinung betrachtet werden kann. Dagegen ist für sehr viele berufsförmige Tätigkeiten die als zweites dargestellte Entwicklung sehr wahrscheinlich.

[359] Außerdem ist festzuhalten: „Die Bedeutung des *Berufsprinzips* als Spezifikum der deutschen Berufsausbildung wird von der Berufs- und Wirtschaftspädagogik in Vergangenheit und Gegenwart gleichermaßen thematisiert." (Deißinger 1998, S. 12; Hervorhebungen im Original)

bildungsberuf keine reine Abbildung „der im Beschäftigungssystem vorkommenden Berufstätigkeiten, sondern Qualifikationsbündel, die zu einer einzelbetriebsunabhängigen beruflichen Handlungskompetenz mit vielfältigen Beschäftigungsoptionen auf Facharbeiter-/Fachangestelltenniveau befähigen" (Benner 2006, S. 43).[360]

Das deutsche Berufskonzept ist u. a. durch Prinzipien gekennzeichnet, wie die Einhaltung bestimmter berufsbezogener Mindeststandards, Durchlässigkeit, bedingte Elastizität und Transferfähigkeit, Spezialisierung und Ganzheitlichkeit, Motivations- und Initiativförderung, relative Mobilität, tarif- und sozialrechtliche Absicherung der Berufsausbildungsabschlüsse.

Ziel des Berufskonzepts in bisheriger berufspädagogischer Perspektive war und ist eine umfassende Persönlichkeitsbildung. Im Rahmen der Berufsaus- und Weiterbildung sollten die Auszubildenden ganzheitlich gefordert und gefördert werden. Hieran orientieren sich auch berufswissenschaftliche Ansätze.

Auch unter berufswissenschaftlicher Perspektive macht die Ab- und Eingrenzung bzw. Abbildung von beruflichen Tätigkeiten in Form von Berufen aufgrund zunehmender berufs- und berufsfeldübergreifender Tätigkeiten größere Probleme. Problematisch ist auch der rapide Anstieg von neuen arbeitszeitlichen Flexibilisierungen, insbesondere in Form von prekären Beschäftigungsverhältnissen (u. a. Jobs), wie z. B. Leiharbeit, geringfügige oder saisonale Beschäftigung. Diskutiert und kritisiert wird darüber hinaus die lange Dauer vieler reglementierter Berufsausbildungsgänge, wodurch die dabei vermittelten und erlernten Inhalte am Ende der Ausbildung oftmals schon wieder veraltet sein können. Im Einzelnen sind auch unter berufswissenschaftlicher Perspektive im Zusammenhang mit dem Berufsprinzip folgende Fragestellungen und Problemfelder erkennbar (vgl. Euler 2013, S. 266):

- Wie soll das Verhältnis zwischen Ausbildungs- und Erwerbsberufen geregelt und gestaltet werden?
- Wie sollen zukünftig Berufsfelder strukturiert, gestaltet und abgegrenzt werden?
- Wie soll bei der Entwicklung und Konstruktion eines Berufsbildes das Spannungsfeld zwischen den individuellen, gesellschaftlichen und wirtschaftlichen Interessen gestaltet werden?
- Wie kann es gelingen, im Rahmen berufsbezogener Ausbildung ganzheitliche Handlungskompetenz realistisch abzubilden?

---

[360] Berufliche Handlungskompetenz wird dabei als Arbeitsbegriff auch von Denjenigen, die sich mit berufswissenschaftlichen Fragen befassen, „verstanden als die Bereitschaft und Befähigung des Einzelnen, sich in beruflichen, gesellschaftlichen und privaten Situationen sachgerecht durchdacht sowie individuell und sozial verantwortlich zu verhalten. Handlungskompetenz entfaltet sich in den Dimensionen von Fachkompetenz, Humankompetenz und Sozialkompetenz." (KMK 10.05.2007; vgl. dazu auch KMK 23.09.2011, S. 15) Nach der aktuellen Fassung der Handreichungen gehören zur Handlungskompetenz zudem noch Methodenkompetenz, Kommunikationskompetenz sowie Lernkompetenz (KMK 23.09.2011, S. 16).

Das Berufsprinzip, respektive die Berufe, stehen somit immer stärker im Spannungsfeld ökonomischer, gesellschaftlicher und gesamteuropäischer, Interessen, Zielstellungen und Umbrüche einerseits sowie individueller Ansprüche andererseits. Die Zukunft des (traditionellen) deutschen Berufs- und Berufsausbildungskonzepts ist daher nur schwer vorhersehbar. Es ist zu vermuten, „dass zukünftig eher mit einer inhaltlichen Veränderung des Berufs als Ordnungsmuster zu rechnen ist. Berufe als kollektiver Referenzmaßstab werden jedoch nicht wegfallen, denn sie sind eine gute Voraussetzung dafür, sich in einer permanent wandelnden Umwelt und zunehmend instabilen Situationen zuverlässig zu orientieren." (Rosendahl/Wahle 2012, S. 42)

Aus berufswissenschaftlicher Perspektive ist unter den derzeitigen Bedingungen am Berufsprinzip festzuhalten, aber es ist erkennbar und wird diskutiert „dass einerseits ‚Normalbiographien' immer schwieriger vorhersehbar sind, andererseits ein Beruf jedoch nach wie vor als stabilisierender Faktor wirkt. Das normative Modell der Normalerwerbsbiographie und damit verbundene Vorstellungen über die Gestaltung der Lebensführung in ihrer zeitlichen Abfolge haben zwar nicht an Orientierungskraft, aber an Erwartungs- und Planungssicherheit verloren." (Ahrens/Spöttl 2012, S. 88 f.)

So spricht auch Andreas Gruschka (2012, S. 105) nicht gegen den Berufsbegriff, sondern er thematisiert die Anwendbarkeit oder Überholtheit der Zuwendung zur Erwerbsarbeit als Beruf. Wie er aber meint, haftet dem Berufsbegriff „soziologisch etwas Überholtes, normativ Überlastetes an". Zur Erhärtung seiner Ausgangsposition verweist er auf die mit dem Berufskonzept noch immer verbundenen traditionellen Wertvorstellungen, mit denen deutlich mehr angesprochen wird, als die „Relevanz und Identifiziertheit mit einer gewählten Arbeitsaufgabe. Beruflichkeit markiert dagegen etwas fluide, offen, variabel Gewordenes der bestehenden Arbeitsaufgaben. Es ist wie in einem Beruf, hat etwas von ihm, während man in der Erwartung arbeitet, gegebenenfalls bald etwas ganz anderes zu machen. Mit der Rede von der Beruflichkeit kann man sodann postulieren, dass es viele Arbeitsformen gibt, die mit Ernst angenommen und bewältigt werden." (Gruschka 2012, S. 105)

Für die Berufswissenschaft ist existentiell und beruhigend, dass trotz aller Unkenrufe auch aus den verschiedenen Arbeitsbereichen, das Berufsprinzip in vielen nicht akademischen Teilen des Ausbildungs- und Beschäftigungssystems noch immer besteht.[361]

Anders als für Berufswissenschaftler/-innen hat – wie Daniela Ahrens und Georg Spöttl zu Recht anmerken, für Berufspädagoginnen und Berufspädagogen die Debatte einen anderen Schwerpunkt zu setzen. Berufspädagogisch geht es im Kern „nicht um die Frage

---

[361] Wesentliche und realitätsbezogene „Argumente gegen die Annahme eines Schwindens der Prägekraft von Berufen im Beschäftigungssystem sind unter anderem die grundsätzliche Persistenz der beruflich organisierten Arbeit und das Fortbestehen von auf den Berufskern bezogenen Qualifizierungs- und Selektionsprozessen" (Sender 2016, S. 389). Darüber hinaus könnte das zunehmende internationale Interesse insbesondere am deutschen dualen Berufsbildungssystem „sogar dafür sprechen, dass die Prägekraft von Berufen im internationalen Maßstab eventuell noch steigt (ebd.).

eines möglichen Endes des Berufsprinzips, sondern um die Frage, wie angesichts des strukturellen Wandels in der Arbeitswelt individuelle und erfolgreiche Berufsbiographien erzeugt werden. Damit erfolgt eine stärkere Hinwendung zum Individuum als Akteur, der nicht lediglich auf vorhandene gesellschaftlich normierte Entwicklungsaufgaben reagiert, sondern in seiner Art und Weise des Zugriffs auf Bedingungskonstellationen diese mit Bedeutung versieht und in einen Sinnzusammenhang bringt." (Ahrens/Spöttl 2012, S. 89)[362]

Die Berufswissenschaft sollte bei ihren Arbeits- und Forschungsaufgaben davon ausgehen, dass das Beschäftigungssystem mit den in diesem wirkenden Berufen insgesamt nur wenig beeinflusst von der wirtschafts- und berufspädagogischen Debatte agiert. Es folgt für den nicht-akademischen Bereich weitgehend eigenständig personalpolitischen Eigeninteressen sowie eher wirtschaftspolitischen oder teilweise sogar neoliberalen ökonomischen Vorstellungen, Auffassungen und Absichten.
Die Berufswissenschaft muss die Berufe und die Berufswelt deshalb weitgehend unabhängig von berufspädagogischen Wunschvorstellungen und Visionen wahrnehmen und bearbeiten.

3.1.5 Berufswissenschaftliche Ansätze – Diskurse zu akademischen Berufen

Akademische Berufe gab es – wie allgemein bekannt – schon im Mittelalter, jedoch stand noch bis ins zwanzigste Jahrhundert im akademischen Bereich der Beruf weniger im Zentrum der Diskussion. Gründe hierfür liegen u. a. darin, dass das Studium und sein Abschluss durch den Neuhumanismus und seinen Bildungsbegriff ideologisch als „Brotstudium" und späterer Erwerbstätigkeit eher distanziert gesehen wurden. Allgemeinbildung bekam damit einen hohen gesellschaftlichen und ideologischen Stellenwert. Die Ausrichtung auf einen akademischen Beruf oder eine Profession erfolgte vielfach erst über die zweiten Staatsexamina wie beispielsweise für Human- oder Veterinärmediziner, Apotheker, Juristen und Theologen.

Dem traditionellen Grundsatz der Einheit sowie Freiheit von Lehre und Forschung folgend, ging es darum, die berufliche Qualifizierung der Studierenden in unmittelbarer Verbindung mit der wissenschaftlichen Forschung oder der künstlerischen Entwicklung durchzuführen. Darüber hinaus verlangt zumindest „die ‚Idee der Universität' – gemäß Humboldt – neben der wissenschaftlichen Qualifikation für einen akademischen Beruf auch die Anteilnahme am öffentlichen Geschehen und die Befähigung zu politischen

---

[362] Abschließend bleibt für den bislang erfolgten Diskurs über die Entberuflichung festzustellen, dass in den letzten Jahrzehnten kaum völlig neue Probleme aufgegriffen und erstmalige Argumente entwickelt wurden, sondern eine „Wiederauflage altbekannter Krisendiagnosen in neuen Gewändern" (Rosendahl/Wahle 2012, S. 42) entstand. Außerdem folgte das Gesellschaftssystem bildungspolitischen Vorstellungen nach Teilhabe an Bildung

Aufgaben" (Bargel 2008, S. 3). Letzteres sollte u. a. durch ein allgemeinbildendes Studium, d. h. ein studium generale, gewährleistet werden.

Will man die Ziele der Berufsausbildung im akademischen Bereich näher bestimmen, sind folgende Fragen zu klären:

- „Wie läßt sich berufliche Tüchtigkeit als akademisches Berufsausbildungsziel konkretisieren?
- Welche Fähigkeiten, Fertigkeiten, Kenntnisse, Verhaltensweisen etc. sollen in Studiengängen vermittelt werden?
- Wie läßt sich die berufliche Mündigkeit von Hochschulabsolventen überprüfen?" (Buchmann 1999, S. 252)

Die derzeitige Kontroverse an den Hochschulen mit den Zielen von allgemeiner Bildung und funktionsspezifischer Ausbildung ist nicht neu, schon seit „langem stellt gelingende Hochschulbildung eine Verbindung allgemeiner Bildung und Berufsqualifikation her" (Pasternack 2016, S. 18). Das zeigt auch die im beginnenden zwanzigsten Jahrhundert zunehmende Thematisierung des Berufs. Bereits Max Weber hat mit seiner bekannten Schrift „Wissenschaft als Beruf" die hochqualifizierte Berufsgruppe von Wissenschaftlern beschrieben, die hohes Verantwortungsbewusstsein und Kreativität aufweisen müssen. Diejenigen, die einen spezifischen Wissenschaftsberuf anstreben wollen, müssen dies aus Leidenschaft tun, denn diese sei die Vorbedingung für Eingebung und Kreativität (vgl. Weber 2002 [1919], S. 489 ff.).[363]

Insbesondere an den Hochschulen als Arbeitsplatz und Ort einer spezifischen Erwerbstätigkeit „markiert historisch betrachtet nicht der Beruf, sondern das Fach (die Disziplin) den wichtigsten Bezugs- und Orientierungspunkt des wissenschaftlichen Personals bzw. der akademischen Gemeinschaft. Dem entspricht das alte Paradigma des forschungsbasierten Persönlichkeits-, Professions- und Beschäftigungsprofils." (Wahle 2016, S. 176) Mit den Hochschulreformen der letzten Jahrzehnte „gab es eine Reihe von Neuerungen, die das Verhältnis von Akademisierung und Beruflichkeit veränderten. Mehr Geltung verschaffte sich die Forderung nach Praxisrelevanz der Studiengänge. Mit der Gründung der Fachhochschulen entstanden Einrichtungen, die wissenschaftlich basierte berufsorientierte Ausbildungen anbieten." (Pasternack 2016, S. 18)[364]

Mit dem Bologna-Prozess kristallisierte sich zusehends das Konzept der Employability als qualifikatorische oder sogar berufliche Leitidee heraus. Es entstanden sehr spezialisierte akademische Berufe, bei denen es um eine Berufsfeldbefähigung ging. „Im Weiteren vollzog und vollzieht sich die Akademisierung auch von anderen Berufen, für deren Ausübung zuvor kein Studium erforderlich gewesen ist. So wurde beispielsweise das

---

[363] Max Weber verweist darauf, dass beim Wissenschaftsberuf der Zufall eine Rolle spiele wie in keiner anderen Berufslaufbahn. Man wisse von vornherein nie, ob aus einer Idee tatsächlich etwas herauskommen wird, und in keinem anderen Beruf sei es so ungewiss, ob und wann man anerkannt und beruflich abgesichert ist.
[364] So wurden duale Studiengänge entwickelt, bei denen Ausbildungen an den beiden Lernorten Betrieb und Hochschule erfolgten.

Lehramtsstudium auch für die Klassenstufen unterhalb des Gymnasiums eingeführt. Weitere herkömmliche Berufsrollen werden dadurch zunehmend akademisiert, dass die Anforderungen steigen: Ihre Wissensintensität nimmt zu, und es sind überwiegend nicht routinisierbare Abläufe zu bewältigen." (Pasternack 2016, S. 18)

Durch den Wandel im Beschäftigungssystem und den Trend zur Wissensgesellschaft ist die „Qualität akademisch geprägter Beschäftigung (…) durch wissenschaftsbasierte professionelle Handlungskompetenz gekennzeichnet, verbunden mit dem Anspruch, Berufsnähe herzustellen" (Wahle 2016, S. 175). Schon seit längerem führen viele Studien an einer Fachhochschule oder Universität zu einem berufsqualifizierenden Abschluss. Dadurch, dass zu einer beruflichen Tätigkeit qualifiziert wird, kann auch das Studium als eine Berufsbildung im akademischen Bereich verstanden werden. Jedoch steht noch heute diesem „Anspruch an akademischen Berufserwerb (…) entgegen, dass für viele Berufe kein definiertes Berufsbild vorliegt" (Storz 2016, S. 16).

Die neuen akademischen Berufe und ihre Ausbildungen erfordern nun „ein Theorie-Praxis-Verständnis, in dem Praxis als empirische Basis für Wissenschaft sowie als deren Anwendungsfeld anzusehen ist. Wissensschöpfung in Forschung und Entwicklung ist prozesshaft geworden, indem sie viel enger als früher im Wechselspiel mit Wissensumsetzung vorangetrieben wird und enger an Tätigkeitsfelder ihrer Anwendung gebunden ist." (Storz 2016, S. 16)

Allerdings drängt sich jetzt verstärkt der Eindruck auf, dass Ökonomisierung und Entscheidungen der Politik die Universitäten und Hochschulen sowie damit die akademische Bildung und Berufsbildung in ein technokratisches Korsett zwingen. Die Idee und Gestalt der Universität in der Einheit von Lehre, Forschung und Bildung wird damit im Kern verändert. Schon derzeit ist erkennbar, dass akademische Bildung dadurch kein durchgängig transzendierender Vorgang mehr ist, sondern vor allem in der ersten Phase ein erstaunlicherweise weitgehend an den curricularen, didaktischen und methodischen Konzepten von beruflichen Schulen orientierter und verschulter Ausbildungsabschnitt.

Um diesen Trend aufzubrechen, ist eine Besinnung auf den Kern akademischer Bildung, der auf einem studium generale mit kulturellen, ästhetischen und ethischen Aspekten sowie der disziplinären Einheit von Forschung und Lehre basiert, zu erhalten. Dabei muss der Blick auf die Berufe und Beruflichkeit keineswegs aufgegeben werden. Vielmehr ist eine bessere Durchlässigkeit beruflicher Bildungsmöglichkeiten anzustreben.

In Deutschland sind die Bundesländer für die Hochschulbildung zuständig. Dabei hat jedes Land für die Staatsexamina eigene Prüfungsordnungen und -strukturen. Diese richten sich auf die Lehramtsstudiengänge, Human- und Zahnmedizin, Tiermedizin und Pharmazie, Rechtswissenschaft, Lebensmittelchemie und Forstwissenschaften. Die Staatsexamina eröffnen den Zugang zu bestimmten staatlich regulierten Berufen, als Freie Berufe wie dem Arzt, Apotheker und Rechtsanwalt, oder als Staatsbedienstete als Lehrer/-in, Richter/-in und Staatsanwalt bzw. Staatsanwältin. Für diese Berufe besteht ein besonderes öffentliches Interesse an der Einhaltung bestimmter Berufs- und Qualitätsstandards. Um diese zu sichern, werden staatliche Prüfungen vorgenommen. Erfolgreiche Erste Staatsexamina berechtigen zusammen mit einer praktischen Ausbildung oder einem Vorbereitungsdienst und einem Zweiten Staatsexamen zur Berufsausübung.

Für die Bachelor- und Masterstudiengänge der verschiedensten Disziplinen gibt es spezifische Formen. „Im Zuge der Bologna-Reform sind die ländergemeinsamen Strukturvorgaben für die Gestaltung der gestuften Studiengänge besonders wichtig geworden. So finden sich zwar durchaus viele unterschiedliche Detaillösungen bei der Bologna-Reformumsetzung, allerdings vornehmlich auf der Ebene der einzelnen Hochschulen. Allgemeine Merkmale hingegen gelten in allen 16 Ländern, so zur Studiendauer, Modularisierung oder Bewertung von Studienleistungen mit Leistungspunkten." (Pasternack 2016, S. 450)

Diskutiert werden immer wieder die Zuständigkeiten und Eingriffsmöglichkeiten auf die Hochschulen. Auch wenn in Deutschland der Bund aufgrund der föderalistischen Ordnung generell keine Kompetenz in der Hochschulbildung hat, kann er mit seinem Anteil an Hochschulpakt-Mitteln u. a. die Studienplätze von Studienanfängern steuern.[365] Studienorganisatorische Rahmenbedingungen und damit curriculare Grobstrukturen an den Hochschulen ergeben sich durch die grundlegende Gliederung in Bachelor- und Masterstudiengängen und in einigen wenigen Fächern in Grund- und Hauptstudium. Mit der weitgehend vollzogenen Umstellung auf ein gestuftes Studienangebot von Bachelor- und Masterstudien, bei der die Studienarchitektur den Empfehlungen der Bologna-Deklaration folgt, lassen sich zukünftig mehr Studienoptionen eröffnen, die für unterschiedliche Lebens-, Berufs- und Bildungsphasen bedeutsam sein können.

3.1.6 Aufgaben einer auf Berufe bezogenen Forschung

Eine zentrale Funktion der bisherigen Berufsforschung sind beschäftigungs- und arbeitsmarktorientierte Analysen und Untersuchungen zu Berufen. Dabei richtet sich diese Fokussierung eher auf Qualifikationsforschung. Zielstellung ist die möglichst vorausschauende Anpassung von Berufsstrukturen, Berufsbildern und Berufsinhalten an sich verändernde Bedingungen auf dem Arbeitsmarkt und in der Gesellschaft. Eine weitere wichtige Aufgabe besteht in der Untersuchung der Zusammenhänge und Abhängigkeiten zwischen Berufen und Berufsinhalten sowie entsprechenden Anforderungen an berufsbildende Strukturen und Konzepte. Berufswissenschaftliche Forschung, einschließlich beschäftigungs- und arbeitsmarktorientierter Berufsforschung und Berufsbildungsforschung, sind daher in ihren Zusammenhängen zu sehen und zu betreiben. Spezielle Formen der Berufsforschung stellen beispielsweise die Berufslaufbahn-, Karriere-, Berufszufriedenheitsforschung sowie die berufliche Genderforschung dar. Mit diesen werden insbesondere individuelle Lebens- und Berufsverläufe sowie wirtschaftliche, gesellschaftliche, anthropogene und beruflich-strukturelle Bedingungen untersucht.

---

[365] Zurzeit lassen sich entsprechende Beteiligungen des Bundes nur vorhabens- bzw. programmgebunden, d. h. zeitlich befristet, durchführen. Inzwischen gibt es eine Debatte darüber, dem Bund auch die Mitfinanzierung von Vorhaben der Hochschulen zu ermöglichen.

Die aktuellen berufswissenschaftlichen Analysen und Untersuchungen zu Berufen und ihrer Professionalität richten sich auf verschiedene nicht-akademische und akademische Berufe und die damit verbundenen beruflichen Tätigkeiten. Häufig werden dazu die geschichtliche Entstehung und Entwicklung, d. h. die Gewordenheit von Berufen, in den Blick genommen. Darüber hinaus gehören dazu auch das Berufsethos, der Berufsstolz sowie das erweiterte Berufswissen, das nicht nur durch die Inhalte der Bezugsdisziplin bzw. Bezugswissenschaft bestimmt ist, sondern auch durch einen Strom sich verfestigender permanenter eher allgemeiner Erfahrungen und die Berufsroutinen, die sich quasi selbst stabilisierend aufbauen.

Als konkrete Aufgaben bzw. Schwerpunkte von Berufsforschungsvorhaben, die sich sowohl auf die nicht-akademischen als auch die akademischen Berufe richten, können somit (in Anlehnung an Dostal 2005a, S. 107 ff.) genannt werden:
- Analysen und Untersuchungen zur Berufsstruktur und zur Ordnung der Berufe (z. B. Berufsfelder, Berufsgruppen, Berufsfamilien),
- Analysen und Systematisierungen von beruflichen Aufgaben, Tätigkeiten und Arbeitsmitteln,
- berufliche Qualifikation und Kompetenz,
- Berufsdynamik: Berufswandel und Berufswechsel,
- Berufsprognosen: zukünftige Stellung und Bedeutung des (deutschen) Berufskonstrukts im Rahmen der Europäisierung und Globalisierung der Berufsbildung (z. B. Europäische Kernberufsbilder).

Außerdem ist eine über die einzelnen Berufe hinausreichende übergeordnete Theorie der Berufswissenschaften mit ihren auf viele berufsförmige Tätigkeiten und Berufe gerichteten Aufgaben und Forschungsmethoden auszubauen und weiterzuentwickeln.

3.1.7 Von fragmentierter Berufsforschung zur Berufswissenschaft – Problemfelder

- **Vielfältige Gebiete der Berufsforschung**

Mit den zahlreich und verstreut vorliegenden Ergebnissen der Berufsforschung wurde auch das Problem der Systematisierung der Arbeitsergebnisse erkennbar. Dieses wurde allein schon dadurch behindert, dass Berufsforschung und Berufsbildungsforschung teilweise terminologisch vermengt wurden[366] Schwierigkeiten für eine Abgrenzung und Definition des Gebietes der Berufsforschung lagen und liegen – wie Werner Dostal (2013, S. 95) zu Recht feststellt – auch in der „Vieldimensionalität des Berufsbe-griffs". Dieses Faktum beeinträchtigt die Definition, Abgrenzung und nicht zuletzt die Verortung der

---

[366] Dieses zeigte sich später auch bei den Überlegungen zu dem Gemeinsamen und dem Trennenden von Berufswissenschaft und Berufsbildungswissenschaft (s. Kapitel 5).

Ergebnisse der Berufsforschung. Erschwerend kommt die Interdisziplinarität dieses Arbeitsgebietes hinzu. „Wegen der Dominanz disziplinärer Zuweisungen im Wissenschaftsbetrieb konnte die Berufsforschung bisher keine eindeutige wissenschaftliche Heimat finden. Das ist auch ein Grund dafür, dass sie wenig arriviert ist und weiter um ihren Bestand kämpfen muss." (Dostal 2013, S. 95) Hier zeigt sich ein wichtiges berufswissenschaftliches Aufgabengebiet, das auch eine sektorale Strukturierung erforderlich macht. Die Abnehmer oder Interessenten berufswissenschaftlicher Arbeiten und Erkenntnisse, wie „beispielsweise Arbeitgeber, Verbände, politische Institutionen, Arbeitsagenturen, Einrichtungen des beruflichen Bildungssystems, benötigen zusammenfassende Begrifflichkeiten und Modelle, die sie als Basis für Orientierung, Aktionen und Evaluierungen in der Erwerbsarbeit einsetzen können" (Dostal 2013, S. 95 f.).

Systematische Arbeiten zu den Berufen waren bis Ende der sechziger Jahre des vorigen Jahrhunderts nur punktuell auszumachen. Dazu gehörten insbesondere die deskriptiven Analysen von Fritz Molle (1965, 1968) und Herbert Fenger (1968) im Rahmen von wirtschafts- und sozialgeschichtlichen Untersuchungen. Im weiteren Sinne haben u. a. auch Dieter Mertens (Flexibilitätsforschung; 1968, 1970) sowie Erhard Ulrich (Deckungsuntersuchungen; 1969) zur Grundlegung der Berufsforschung beigetragen (vgl. Dostal 2005b, S. 13).

Für den Zeitraum bis Ende der 1960er Jahre kann daher festgestellt werden: „Systematische und geschlossene Ansätze zur wissenschaftlichen Erforschung des komplexen Phänomens ‚Beruf' bzw. der einzelnen Berufe sind bisher nicht unternommen worden. Vielmehr sind die Berufe Gegenstand einer Vielzahl mono-disziplinärer (soziologischer, betriebswirtschaftlicher, juristischer, psychologischer, pädagogischer, physiologischer, medizinischer usw.) Forschungsarbeiten, die zu einem Teil als autonome Projekte der entsprechenden Hochschulinstitute, zum anderen als Forschungsaufträge der öffentlichen Hand (Bundes- und Länderministerien, Arbeitsverwaltung, OECD, EWG), des RKW, der Sozialpartner, Verbände und Berufsorganisationen durchgeführt werden." (Fenger 1968, 326)

Aufgrund der Vielfalt der Aufgaben haben sich in der Berufsforschung notwendigerweise auch interdisziplinäre Strukturen herausgebildet, wodurch wiederum eine Zuordnung der Berufsforschung zu einer der etablierten Wissenschaften kaum möglich erscheint. Darüber, was eine Berufsforschung unbedingt leisten soll und muss, besteht immer noch kein eindeutiges und einheitliches Verständnis. Daher sind auch die konkreten Ziele und Inhalte derzeit noch nicht klar bestimmbar. Definition, Auslegung und Bedeutung des Berufsbegriffs sind wesentlich davon abhängig, welche Interessengruppe (Politik, Arbeitgeber, Gewerkschaften, Verbände etc.) und welche Wissenschaftsdisziplin die jeweilige Forschung initiiert, fördert sowie betreibt und welche Forschungsergebnisse angestrebt und/oder erwartet werden.

Seit Ende des zwanzigsten Jahrhunderts beschäftigen sich relativ viele Wissenschaftler/-innen und Wissenschaftsdisziplinen mit Themen der Berufsforschung. Unter anderem wegen der Multidimensionalität des Berufsbegriffs bzw. wegen des „komplexen Phänomens „Beruf"" (Fenger 1968, S. 328) und den damit verbundenen Definitions-, Abgrenzungs- und Bedeutungsproblemen (vgl. dazu z. B. Dostal 2005a, S. 105 ff.) sind Untersuchungen zu Berufen, einschließlich der Ordnungsstruktur „Berufsfelder"[367], seit Beginn der 1970er Jahre immer bedeutender geworden. Mit Berufsforschung sind „multidisziplinäre Forschungsansätze mit dem gemeinsamen Materialobjekt *Beruf*" oder „angewandte, institutionalisierte Forschung" gemeint (Fenger 1971, S. 152 f.; Hervorhebungen im Original). Inzwischen ist auch ein Handbuch Berufsforschung (Pahl/Herkner 2013) herausgegeben worden.

- **Zusammenhänge von Berufsforschung und Berufswissenschaft**

Berufsforschungen hatten bereits einen beachtlichen Umfang angenommen, als Überlegungen zur Berufswissenschaft noch nicht stattfanden. Insofern steht unter der Entstehungsperspektive die Berufsforschung zur Berufswissenschaft in einem zeitlichen Zusammenhang. Anfänglich verhinderte die Vielfalt der Aspekte einen monodisziplinären berufswissenschaftlichen Ansatz. Auch wenn im Allgemeinen wissenschaftliche Aussagen zu den Berufen häufig der Soziologie zugeordnet werden, sind nicht nur wegen der Vielfalt des Berufsbegriffs und der großen Anzahl der Aspekte, die bei den Berufen zu berücksichtigen sind, weitere Disziplinen berufswissenschaftlich relevant.

Gebiete, in denen berufswissenschaftliche Forschungen vorgenommen werden, berühren sehr verschiedene Wissenschaftsdisziplinen (Hobbensiefken 1980, S. 11) und sind sehr groß. Begrenzt wird das Gebiet der „Berufsforschung auf der einen Seite durch die Berufsbildungsforschung, auf der anderen Seite durch die Beschäftigungs- und Arbeitsmarktforschung. Da beide Seiten über erhebliche Forschungskapazitäten verfügen, wird die Berufsforschung, die nur marginal ausgestattet ist, oft eingeklemmt und steht dabei in der Gefahr, von anderen Forschungsbereichen vereinnahmt zu werden." (Dostal 2013, S. 98)
In dieser Situation besteht die Möglichkeit einer verstärkten Beeinflussung, Instrumentalisierung durch Fremdinteressen oder sogar Vereinnahmung der Disziplin der Berufswissenschaft und der damit verbundenen Berufsforschung als Hilfswissenschaft. Massive „Einflüsse erfolgen vor allem durch die Berufsbildungsforschung, die sich traditionell mit Beruf und vor allem beruflichen Kompetenzen befasst. Da die Zusammenarbeit durch die Gewichte der Akteure bestimmt wird, besteht immer die Gefahr, dass sich in der interdis-

---

[367] Das Ordnungskonstrukt „Berufsfeld" ist u. a. durch die Kultusministerkonferenz mit der „Rahmenvereinbarung über das Berufsgrundbildungsjahr" (KMK 1978) als Grundlage für die berufliche Grundbildung bzw. den Unterricht im BGJ bestimmt worden. Darüber hinaus gibt es jedoch außerhalb der berufsschulischen Provenienz ebenso den Begriff des Berufsfeldes, sodass es hier oft zu Irritationen kommt. Selbst das BIBB verwendet diese Bezeichnung für eine Ordnungskategorie, geht dabei aber von 54 Berufsfeldern aus (Tiemann u. a. 2008). Auch auf dem Markt der Bildungsanbieter tätige Unternehmen verwenden den Ausdruck, ohne dabei aber etwa auf den Terminus der KMK zu rekrutieren.

ziplinären Zusammenarbeit Partner mit geringer Verhandlungsmacht – sei sie kapazitiv oder methodisch/theoretisch begründet – nicht durchsetzen können." (Dostal 2013, S. 98)

Für die Entwicklung in der DDR galt ebenso, dass die Berufsforschung einerseits als wesentlicher Teil der Berufsbildungsforschung gesehen wurde, sie aber auch andere Perspektiven der Zuwendung zum Beruf aufwies. „Soziologische (auch industriesoziologische) Aspekte fanden Eingang in die Erkundung des Zusammenhanges zwischen objektiven (Produktionsverhältnisse, Produktivkräfte, Arbeitsteilung und Arbeitsorganisation) und subjektiven Faktoren (Kenntnisse, Fähigkeiten, Einsichten und Wertvorstellungen (…). Oder: Prinzipien und Methoden der Arbeitswissenschaft wurden in den berufsanalytischen Untersuchungen als Basis für ‚Berufs- und Qualifikationscharakteristiken' angewandt und spezifiziert" (Storz 2013, S. 108)

In der Bundesrepublik erwuchs „das Bedürfnis nach Berufsforschung aus einer historisch-gesellschaftlichen Situation, die nicht nur für den einzelnen Menschen, sondern auch für die Staatliche POLITIK fragwürdig geworden ist und nach ERKENNTNIS verlangt, um sie verantwortbar und sachgerecht bewältigen zu können" (Hobbensiefken 1980, S. 13; Hervorhebungen im Original).

In dieser gesellschaftlichen Situation bekam das Institut für Arbeitsmarkt- und Berufsforschung als Abteilung der Hauptstelle der Bundesanstalt für Arbeitsvermittlung und Arbeitslosenversicherung einen Auftrag zur Berufsforschung. Nach „ersten Bemühungen und Erfolgen (Fenger 1968/ von Henninges/Stooß/Troll 1976/Stooß 1982) echter interdisziplinärer Arbeit stagnierte zumindest die Theoriearbeit" – wie Werner Dostal (2013, S. 146) resümiert. Den Grund sieht er darin, dass es „kaum vergleichbare Forschung gab und ein wissenschaftlicher Austausch somit nur sehr begrenzt, lediglich mit einzelnen interessierten Wissenschaftspersönlichkeiten[368], möglich war" (ebd.).[369] In den folgenden Jahren stieg nicht nur die Zahl der wissenschaftlichen Untersuchungen, „sondern auch der Umfang der Forschungseinrichtungen" (Hobbensiefken 1980, S. 14).[370]

---

[368] Zu den Wissenschaftlern, die sich in dieser Zeit mit dem Thema befassten, gehört insbesondere auch Günter Hobbensiefken (1980).
[369] Wie Werner Dostal (2013, S. 146) meint, war in dieser Zeit „eine wissenschaftliche Kommunikation und Kooperation nur mit dem später im Bundesinstitut für Berufsbildung (BIBB) aufgegangenen Bundesinstitut für Berufsbildungsforschung (BBF) und das auch nur im Themengebiet der Berufsbildungsforschung relevant. In allen anderen interdisziplinären Feldern waren kaum Interessenten in Hochschulen und außeruniversitären Forschungseinrichtungen zu finden."
[370] Wie Günter Hobbensiefken (1980, S. 14) damaliger Zeit feststellt: „Außerhalb des Hochschulbereiches und neben dem Institut für Arbeitsmarkt- und Berufsforschung (IAB) sowie dem Bundesinstitut für Berufsforschung (BBF) befassen sich inzwischen zumindest folgende Institutionen mit der Berufsforschung, z. T. interessenpolitisch, z. T. kommerziell: das Batelle-Institut in Frankfurt, das Deutsche Industrie-Institut in Köln, das Deutsche Institut für Wirtschaftsforschung in Berlin, das Forschungsinstitut der Friedrich-Ebert-Stiftung in Bad Godesberg, das IFO-Institut für Wirtschaftsforschung in München, das Institut für Bildungsforschung in der Max-Planck-Gesellschaft zur Förderung der Wissenschaften e. V. in Berlin, das Institut für sozialwissenschaftliche Forschung e.V. in München, das Institut für sozialwissenschaftliche Forschung e. V. in München, das Institut für sozio-ökonomische Strukturforschung GmbH in Köln, das Institut für sozialwissenschaftliche Forschung in Marburg, das Rheinisch-Westfälische Institut für Wirtschaftsforschung in Essen, die Prognos AG in Basel, das Wirtschaftswissenschaftliche Institut der Gewerkschaften in Düsseldorf, der Arbeitskreis für arbeitswirtschaftliche Strukturprobleme beim Rationalisierungskuratorium der Deutschen Wirtschaft (RKW)."

Obwohl Untersuchungen zu Berufen neben vielen einzelnen Disziplinen auch von der Soziologie und vor allem von der Betriebs- und Industriesoziologie vorgenommen wurden, weckten das Thema „Beruf" nicht in genügender Weise das gesellschaftliche und wissenschaftliche Interesse, um das Wesen und die Form berufswissenschaftlicher Betrachtungen herauszuarbeiten. Wie Werner Dostal (2013, S. S. 147) in der Retrospektive feststellt „war die Berufsforschung in ihrem Charakter offenbar zu interdisziplinär, um sie in einem der gegebenen fachlich definierten Claims zu beanspruchen und dort anzusiedeln. Sie fand keine klar definierte Heimat."

Zur Beseitigung dieses Defizits müssen Bemühungen zu einigen wenigen berufswissenschaftlichen Disziplinen, vielleicht auch einer monodisziplinären Berufswissenschaft ansetzen. Um dieses Anliegen zu sichern, ist als erstes festzuhalten: Berufsforschung und Berufswissenschaft „als eigenständiger Wissenschaftsbereich darf nicht aufgegeben werden. Sie braucht eine fachliche Heimat in einer geeigneten Wissenschaftsdomäne, ohne dass sie an den Rand gedrängt wird oder ihre Identität verliert (…). Erst wenn die Berufsforschung wieder ein gewisses Eigenleben entfalten kann und die aus ihr abgeleiteten Teilwissenschaften bereit sind, sich ihr unterzuordnen, ist von ihr ein Beitrag zur weiteren analytischen Durchdringung zu erwarten." (Dostal 2013, S. 154)

Die vielfältigen Ergebnisse und Erkenntnisse der bisherigen Berufsforschung in den verschiedensten Bereichen und Zusammenhängen bedürfen einer Sichtung, Sammlung und Systematisierung unter einem wissenschaftlichen Dach. In diesem Zusammenhang auftretenden Probleme und die „Fragwürdigkeit der Berufswissenschaft" (Hobbensiefken 1980, S. 16) sind schon in den siebziger Jahren des vorigen Jahrhunderts angesprochen worden. Als problematisch sah Günter Hobbensiefken (1980, S. 17 ff.) die „Abstraktheit des Berufsgedankens", die „Unvollständigkeit des Begriffsapparates" und die „Ignorierung des Alltagsbewußtseins". Die heutige zur Berufsforschung korrespondierende Berufswissenschaft als ein System von Erkenntnissen über die wesentlichen Eigenschaften der Berufe und all dem, was damit zusammenhängt, hat die vor vier Jahrzehnten sichtbar gewordenen Schwächen zu vermeiden.

Da bereits heute diverse Ergebnisse der Berufsforschung vorliegen, erscheint die Frage: „Wie kommt die Berufswissenschaft zu ihrem Wissen?" vermeintlich simpel, da vorhandenes Wissen nur aufgegriffen werden muss. Dieses allein aber genügt nicht. Vielmehr müssen auch während des Prozesses der Informationsbewertung und -verarbeitung die Zusammenhänge zwischen Selbst- und Umwelterfahrung reflektiert werden.

Wesentliches Ziel einer Berufswissenschaft muss es sein, Informationen, Aussagen und Erkenntnisse der Berufsforschung zur Realität der Berufe und der Berufswelt zu erheben, zu bewerten, zu dokumentieren, zu reflektieren sowie zu interpretieren.
Beim gegenwärtigen Stand der Berufswissenschaft kann eine individuelle oder kooperative Wissensproduktion intrinsisch von Erkenntnisinteressen geleitet oder extrinsisch durch die von außen eingebrachten Problemstellungen, vielleicht auch Druck von Staat oder Wirtschaft erfolgen. Letztere Eingriffsmöglichkeiten sind aber kritisch zu sehen. Schon Ralf Dahrendorf stellte in den 1970er Jahren die Frage, inwieweit Wissenschaft unabhän-

gig sein sollte und zweifelte damit zugleich die Finalisierungthese an, d. h., dass eine Theoriebildung abgeschlossen sein kann.[371] Übertragen auf die Berufswissenschaft heißt das, solange immer wieder neue Berufe entstehen, muss diese Disziplin offen für Entwicklungen sowie Anstöße aus dem Beschäftigungs- und Gesellschaftssystem sein. Es wird keine finale Form der Berufswissenschaft geben.

Wenn bei den berufswissenschaftlichen Entwicklungen und Wissensschöpfungen aufgrund erfassbarer Ergebnisse die Berufsforschung offen für den gesellschaftlichen Wandel bleibt und die Arbeitsvorgänge nicht mehr allein durch individuelle Akte vorgeschrieben werden, wird die Kommunikation für die berufswissenschaftlichen Arbeiten bedeutsam. Es sind deshalb für berufswissenschaftliche Arbeiten sowie zur Generierung und zum Ausbau der Berufswissenschaft individuelle sowie kommunikative und möglichst objektive Vorgehensweisen bei der Recherche und Verarbeitung bisheriger Berufsforschung zu entwickeln, damit auch ein Ertrag entsteht, mit dem der Wissensstand der Berufswissenschaft verbessert wird. Dafür sind unter den gegenwärtigen Bedingungen die möglicherweise richtigen Daten – die in sehr spezifischen Einzelbeiträge der Berufsforschung verstreut vorliegen – insgesamt in ihrem Informationsgehalt, in der Spannweite von sehr Spezifischen bis zu Umfassenden und Allgemeinen zu sammeln.

Forschungsergebnisse zum Beruf und zu beruflichen Kontexten müssen kriterienorientiert aufbereitet werden, um in das Berufswissenschaftssystem eingeordnet werden zu können. Dabei ist auch zu fragen und zu prüfen, ob sich die gewonnenen Daten, Erkenntnisse und Ergebnisse – letztlich also die entwickelten Theorieansätze oder Theorien – stringent auf die Wirklichkeit der Berufstätigen sowie des Arbeits- und Beschäfigungssystems beziehen und darüber hinaus, welche spezifischen und allgemeingültigen Informationen und Erkenntnisse sie beinhalten.

Für eine Einordnung der verschiedenartigen Ergebnisse der Berufsforschung in die Fachbereiche der Berufswissenschaft sind Kategorien zu entwickeln. Die Kategorien sind so auszugestalten, dass sie den Nutzern den Zugang zu berufswissenschaftlichen Forschungsergebnissen ermöglichen.

Die Zusammenhänge von Berufsforschung und Berufswissenschaft erfordern das Herausarbeiten feste Bezüge zwischen dem Forschungs- und der Wissenschaftsbereich. Es kann sich ein wechselseitig fruchtbares Zusammenspiel ergeben. Die Entwicklung der Berufswissenschaft kann sich – auch wenn aus den verschiedensten Zusammenhängen immer

---

[371] Die Finalisierungsthese besagt „In einer ersten Periode sind externe Einflüsse nötig, um Wissenschaften überhaupt als solche zu etablieren. In der dann folgenden zweiten Periode läßt sich am ehesten behaupten, daß interne Faktoren den Fortschritt der Erkenntnis bestimmen, also Theorien auf frühere Theorien, nicht auf äußere Zwecke bezogen sind. Dann aber – und das ist für die fragliche Diskussion der entscheidende Schritt - kommt die Zeit der ‚theoretischen Reife', der ‚fertigen Theorien', in denen das Erklärungsprogramm von Wissenschaften im Wesentlichen erfüllt ist" (Dahrendorf 1976, S. 53) Im Gegensatz dazu meint Dahrendorf, in allen Phasen des Wissenschaftsprozesses sollte die Öffentlichkeit informiert sein. Er meint aber zweifelsfrei: „die Heteronomie, die Fremdbestimmtheit der Wissenschaft, ist nicht nur ineffektiv im Sinne der Erkenntnischancen, sondern immer ein Zeichen der Unfreiheit." (ebd.)

wieder Kritik zur Berechtigung dieser Disziplin[372] erfolgt – aus bestehenden oder neuen relevanten Aussagen und Ergebnissen der Berufsforschung speisen. Die Berufsforschung kann für die Berufswissenschaft thematische und methodische Anregungen gewinnen.

---

[372] So kritisiert beispielsweise Antonius Lipsmeier (2014, S. 449 ff.) unter dem Titel „Berufliche Fachrichtung als Wissenschaft (Berufswissenschaft)" den – wie er meint – zweifelhaften „Export eines fragwürdigen deutschen Konstrukts in asiatische Länder".

3.2 Berufswissenschaft und Berufstheorie – Ausformungen, Aufgaben und Perspektiven
1.2.1 Zum Begriff „Berufswissenschaft"

- **Anmerkungen zum Wissenschaftsbegriff**

Wissenschaften im Allgemeinen und damit auch die Berufswissenschaften im Besonderen sind Arbeitsbereiche, in denen auf der Basis von Forschungen Erkenntnisse produziert, gesammelt, systematisiert und dokumentiert werden. Forschung als Vorgang meint dabei das systematische und institutionalisierte Streben nach neuem Wissen unter Verwendung ausgewählter Methoden. Wissenschaftliche Methoden stellen die Werkzeuge und zu beschreitenden Wege für die Produktion von wissenschaftlichem Wissen dar.

Wissenschaftliches Arbeiten und Forschen müssen die Kriterien der Wissenschaftlichkeit erfüllen. Dazu müssen – wie Rudolf Wohlgenannt (1969, S. 31 ff.) ausführt – Ableitungsrichtigkeit und Widerspruchsfreiheit; Genauigkeit und intersubjektive Verständlichkeit; und die Feststellbarkeit des Wahrheitswertes, d. h. intersubjektive Überprüfbarkeit gewährleistet sein.

Fragt man aber, was Wissenschaft ausmacht oder – besser noch – wie Wissenschaft allgemein auf den Begriff gebracht werden kann, dann wird es schwierig. Auch bei intensiver Recherche finden sich – soweit erkennbar – zwar Definitionsversuche in den verschiedenen Disziplinen, jedoch keine allgemeingültige Definitionen.

Aufgrund seiner Untersuchungen kommt Volker Dreier (1997, S. 12; Hervorhebungen im Original) zu dem Schluss: „Eine einheitliche Definition von ‚Wissenschaft' in dem Sinn, daß sie notwendige *und* hinreichende Kriterien für diese Entität beinhaltet, steht folglich noch immer aus."[373] Dennoch muss jede Disziplin mindestens ein Arbeitsbegriff von ihrer Wissenschaft haben. Wenn der Begriff „Wissenschaft" nicht nur auf die Sammlung, Systematisierung und Dokumentation vorliegender produzierter Ergebnisse beschränkt bleiben soll, so müssen zu seiner Definition auch die Begriffe der Forschung und der Lehre, konkretisiert und in ihren Relationen zueinander expliziert werden.

Erfahrungs- oder Realwissenschaften – wie die sich entwickelnden Berufswissenschaften – erfordern empirische Forschungen. Bestehen die Untersuchungsobjekte als Produkte menschlichen Handelns im Beschäftigungssystem, so kann von Berufsforschung gesprochen werden. Werden die gesammelten und dokumentierten Ergebnisse der Wissenschaft für Vermittlungsaufgaben im Rahmen der akademischen Lehre verwen-

---

[373] Volker Dreier (1997, S. 12 f.) meint, dass eine einheitlichen Definition des Wissenschaftsbegriffs noch aussteht.

det und beziehen sich die Inhalte auf die Berufe und die Berufswelt, so handelt sich um die Berufslehre.

Auch wenn die Wissenschaft und mit ihr die Berufswissenschaft noch nicht auf den Begriff gebracht worden ist, erfährt sie durch Aufgaben und Ergebnisse der Berufsforschung und der Berufslehre eine erste Struktur.

- **Berufswissenschaft als Disziplin der Berufsforschung**

Als das institutionelle, organisatorische und übergeordnete Sammelbecken der Berufsforschung kann die sich entwickelnde Berufswissenschaft angesehen werden. Die Berufswissenschaft ist auf dem Wege, eine wissenschaftliche Disziplin zu werden, die zur Sammlung, Integration und Systematisierung von verstreutem berufsrelevantem Wissen beiträgt, neue Projekte anstößt, Erkenntnisse generiert und Theorien entwickelt. Ungeachtet dessen wurde in den letzten Jahrzehnten in den berufs- und wirtschaftspädagogischen Diskursen die Notwendigkeit einer Berufswissenschaft bezweifelt und den Ansätzen dazu teilweise auch die Wissenschaftlichkeit abgesprochen.[374]

Bei genauerem Hinsehen stellt man aber fest, dass die bisherigen Arbeiten zu den Berufen durchaus allgemeine Merkmale von „Wissenschaftlichkeit" aufweisen. Dieses sind:

„ - Wissenschaft zeichnet sich durch ihren logischen Begründungszusammenhang aus. (…). Wichtige Forderungen unserer Zeit an die Wissenschaft sind beispielsweise die nach Widerspruchsfreiheit der wissenschaftlichen Sätze oder nach Objektivität und Wertfreiheit. Der logische Begründungszusammenhang schließt die Existenz von Hypothesen und ungesicherten Theorien mit ein.
 - An die Wissenschaft ist ein ‚Ordnungspostulat', bzw. die Forderung nach Systematizität gerichtet. Wissenschaft ist die systematische Einheit von Erkenntnissen, die durch ein Prinzip als zu einem gemeinsamen Gebiet gehörig definiert werden (…). Oft normieren die Einzelwissenschaften ihre Zwecke, Verfahrensgesetzlichkeiten und Verfahrensprinzipien dynamisch aus sich heraus.
 - Wissenschaftliches Vorgehen bedeutet ein planvolles Vorgehen gemäß einer nachvollziehbaren Methode bei der Suche nach neuen Erkenntnissen über einen zu erforschenden Gegenstand (…).
 - Wissenschaft beinhaltet die Möglichkeit und Notwendigkeit einer Fachsprache, innerhalb derer Erkenntnisse exakt und eindeutig ausgedrückt werden können.
 - Wissenschaft abstrahiert empirische Gegebenheiten und deduziert Regeln und Gesetzmäßigkeiten, die dann wiederum Aufschluss über konkrete Gegenstände und Prozesse liefern sollen." (Rötzer 2006, S. 19 ff.)

---

[374] So verweist Adolf Kell (2015, S. 20) zu Recht darauf, dass das Wort „Berufswissenschaft" nicht immer zutreffend verwendet wird. Gefolgt werden kann auch der Aussage, dass Berufswissenschaft nicht als Bezeichnung für Teile von Studiengängen verwendet werden sollte. Daraus ist aber nicht abzuleiten, dass Berufswissenschaft nicht betrieben werden soll.

Diese allgemeinen Merkmale treffen weitgehend auch auf die bestehenden berufswissenschaftlichen Ansätze zu. Um in einem ersten Ansatz zu erfassen, was unter Berufswissenschaft zu verstehen ist, kann nach der Wortbedeutung differenziert werden, denn es kann damit Verschiedenes gemeint sein, und zwar
- Prozesse zur systematischen Erkenntnisgewinnung (Wissenschaft als Tätigkeit).
- ein System aus Menschen und Gegenständen (Wissenschaft als Institution).
- die Gesamtheit an Erkenntnissen über die Berufe und die Gegenstände der Berufswelt, die in einem Kausal- und Begründungszusammenhang stehen (Wissenschaft als Ergebnis wissenschaftlicher Tätigkeit) (Abb. 60).

In der sich entwickelnden Berufswissenschaft erfolgt mit den Tätigkeiten von Sammlung, Systematisierung und Bereitstellung von Wissen eine erste, aber nicht durchgängige Trennung zwischen Erzeugung von Berufswissen einerseits und Aufbereitung, Einordnung, Bereitstellung, Interpretation und Anwendung desselben andererseits. Durch die Berufsforschung geschieht im Wesentlichen Wissensgewinnung und mit der Berufswissenschaft vorrangig Wissensbearbeitung, aber auch Wissensvermittlung insbesondere durch die Lehre. Die sich ausformende Berufswissenschaft umfasst also – wie jede andere Disziplin auch – die übergreifenden Arbeitsgebiete der Berufsforschung und Berufslehre. Die bisherigen berufswissenschaftlichen Ansätze zeigen: Eine systematisch betriebene Berufswissenschaft verwendet wissenschaftliche Arbeits- sowie Forschungsmethoden und arbeitet mit Hypothesen, evaluiert Ergebnisse, legt Ergebnisse durch Verbreitung offen, erfüllt Anforderungen an Intersubjektivität und Belegbarkeit. Sie ist auf die Wirklichkeit der Berufswelt gerichtet und versucht, zu speziellen und generalisierenden Aussagen zu gelangen.

Zur Berufswissenschaft und zur Berufsforschung liegen – wie schon angedeutet – viele singuläre Beiträge vor, die zum Teil kaum bekannt, versteckt, monodisziplinär und bislang keineswegs systematisiert sind. Schon aus diesem Grunde ist eine Übersicht über den Umfang und die Ausformung der berufswissenschaftlichen Arbeiten nur schwer zu gewinnen. Eine umfassende Darstellung des Arbeits- und Forschungsgebietes nach einer übergeordneten Systematik fehlt zurzeit noch.

Um Übersicht und Einordnungsmöglichkeiten der verschiedenen aus einer Vielzahl von vorhandenen oder bislang unbemerkten berufswissenschaftlichen Beiträgen besser zu ermöglichen, können aber erste Einordnungen und Überblicke gegeben sowie vor allem zwei Zielstellungen verfolgt werden. Zum einen werden die zentralen thematischen Aufgaben der Berufswissenschaft sowie der Umfang und die Reichweite berufswissenschaftlicher Ansätze unter verschiedenen Perspektiven reflektiert. Betrachtet werden dabei die Unübersichtlichkeit und Heterogenität der momentanen Ausprägungen, die Zusammenhänge, die Aufgaben und das Wechselspiel der verschiedenen Formen der Berufswissenschaft.

Ganz allgemein ergeben sich durch Forschungen gegenstandsbezogene Erkenntnisse und Ergebnisse für eine bestimmte Wissenschaftsdisziplin oder – bei einem interdisziplinären Forschungsvorhaben – für mehrere Wissenschaften. Entsprechendes gilt auch für die Berufswissenschaft. Berufsbezogene Arbeiten zur theoretischen Fundierung und Verortung einer Berufswissenschaft[375] und/oder entsprechender Berufswissenschaften bedürfen im Regelfall multidisziplinärer Forschungsstrategien. Die Berufswissenschaft(en) stellen jeweils den Raum und die Sammelstelle zur Aufbewahrung und Dokumentation von einschlägigen Forschungsergebnissen dar, und zwar solange, wie die gewonnenen Aussagen nicht falsifiziert worden sind. Berufsforschung und Berufswissenschaft stehen somit in einem engen Kontext. Sie müssen daher auch im Zusammenarbeit und Wechselspiel zueinander weiterentwickelt werden.

```
                    Bedeutung von
                   Berufswissenschaft
                           |
      ┌────────────────────┼────────────────────┐
```

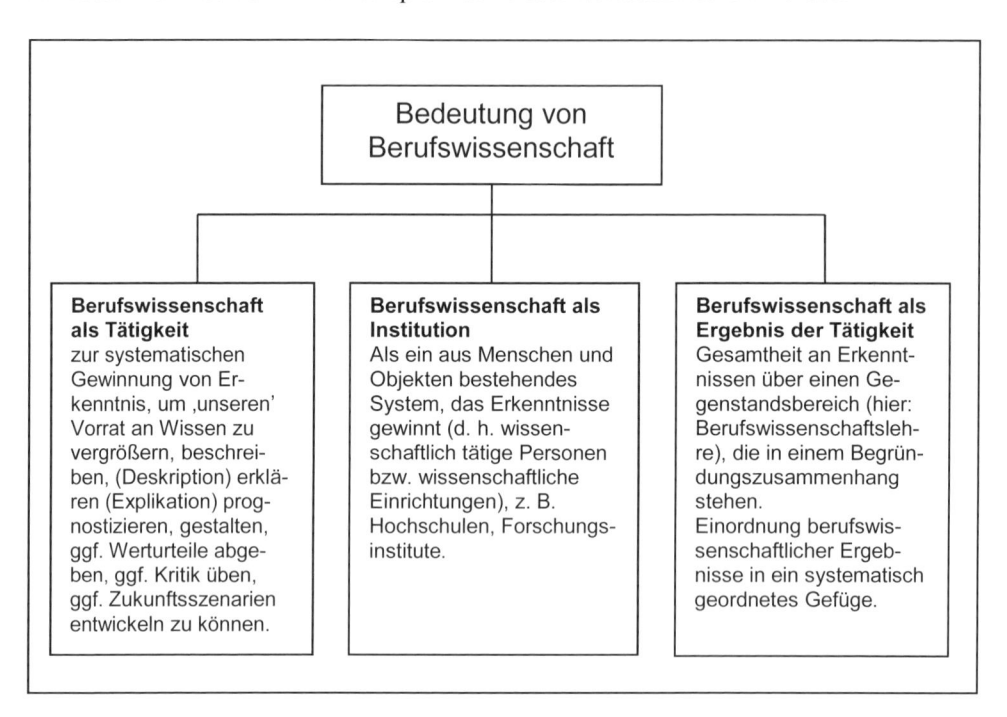

Berufswissenschaft als Tätigkeit	Berufswissenschaft als Institution	Berufswissenschaft als Ergebnis der Tätigkeit
zur systematischen Gewinnung von Erkenntnis, um ‚unseren' Vorrat an Wissen zu vergrößern, beschreiben, (Deskription) erklären (Explikation) prognostizieren, gestalten, ggf. Werturteile abgeben, ggf. Kritik üben, ggf. Zukunftsszenarien entwickeln zu können.	Als ein aus Menschen und Objekten bestehendes System, das Erkenntnisse gewinnt (d. h. wissenschaftlich tätige Personen bzw. wissenschaftliche Einrichtungen), z. B. Hochschulen, Forschungsinstitute.	Gesamtheit an Erkenntnissen über einen Gegenstandsbereich (hier: Berufswissenschaftslehre), die in einem Begründungszusammenhang stehen. Einordnung berufswissenschaftlicher Ergebnisse in ein systematisch geordnetes Gefüge.

Abb. 60: Bedeutungen von Berufswissenschaft.
(in Anlehnung an Raffée (1974, S. 13 f.).

Für viele Berufe dienen im Regelfall die etablierten Fachwissenschaften fachlich-inhaltlich als diejenigen Wissenschaften, aus denen die Berufsinhaber ihr Berufsverständnis gewinnen. Solche Fachwissenschaften können daher prinzipiell als Berufswissenschaften der jeweiligen Berufe interpretiert werden. Schwieriger ist die Bezeichnung für diejenigen Berufe, die inhaltlich auf mehrere Wissenschaften als Bezugswissenschaften zurückgreifen.

---

[375] Nach Grottker (2004, S. 37) ist das Wort „Berufswissenschaft" erstmals von Friedrich Schiller (1789) benutzt worden. „Es folgen Niethammer 1808, Hegel 1813 in seiner fünften Gymnasialrede und 1825 Pestalozzi im ‚Schwanengesang'." (ebd.)

Im Rahmen der Bildungsreform bzw. seit Beginn der 1970er Jahre ist die Berufswissenschaft immer stärker von der Soziologie und der Arbeitspsychologie vereinnahmt worden. Zudem wurde Berufswissenschaft oftmals mit der älteren und auch heute in traditioneller Weise betriebenen Berufskunde gleichgesetzt. Unabhängig davon beinhaltete ein umgangssprachlicher Begriff von Berufswissenschaft im Allgemeinen schon früher ein Verständnis darüber, dass hiermit über alles gearbeitet wird, was mit Berufen sowie ihren Tätigkeiten und Ordnungsstrukturen, mit Berufsfeldern, deren gesellschaftlicher und individueller Bedeutung, mit Rechtsbeziehungen, Gesundheitsfragen und dem in den Berufen inkorporierten Wissen zusammenhängt.

Auch wenn in den letzten Jahrzehnten vielfältige und zum Teil schon systematische berufswissenschaftliche Forschungsaktivitäten zu erkennen sind, hat sich eine Disziplin „Berufswissenschaft", vergleichbar der Sozialwissenschaft oder der Erziehungswissenschaft, im Wissenschaftssystem bis heute nicht etabliert. Dennoch kann die Berufswissenschaft als ein Reservoir für die vielfältige schon vorhandene Berufsforschung gesehen werden. Damit kann diese sich entwickelnde Wissenschaft über die Aufgabe definiert werden, die vorhandenen Ergebnisse bisheriger Berufsforschung zu sammeln, zu systematisieren, einzuordnen, zu bewahren und für Nutzer zur Forschung und Lehre bereitzuhalten. Je nach Aufgabengebiet können sich dabei besondere Ausformungen und Untersuchungsrichtungen ergeben. Auf diese Weise trägt sie zugleich zu ihrer Abrundung und zur Anerkennung als wissenschaftliche Disziplin bei.

- **Allgemeine und spezifische Berufswissenschaft**

Unter umfassender Perspektive kann Berufswissenschaft als Aufgabenfeld und Ort des Strebens, Gewinnens und Bewahrens von Erkenntnissen über Berufe und damit als „Theorie der Berufe", d. h. der Lehre, Forschung und Wissenschaft über die Berufe, eingeordnet werden. Dabei werden die Thematiken und Phänomene, die im Zusammenhang mit Berufen auftreten, umfassend betrachtet und erforscht, wie insbesondere die Berufs- und Tätigkeitsinhalte, das notwendige Berufswissen sowie die erforderliche Qualifikation und die Kompetenz der Berufstätigen im Beschäftigungssystem.

Ein kleinerer Teil der großen Zahl von Berufen basiert fachlich-inhaltlich auf schon etablierten eigenständigen Wissenschaftsdisziplinen oder Berufstheorien. So kann z. B. für den akademischen Beruf der Pfarrerin bzw. des Pfarrers die Theologie als Wissenschaft und für den nicht-akademischen Beruf „Industriemechaniker/-in" eine Berufstheorie in einem praxisorientierten spezifischen Wissen über die spezifische Arbeit und Technik gesehen werden.

Im Rahmen berufswissenschaftlicher Forschungen werden aber auch weitere Forschungsfelder bearbeitet, die sich nicht auf einzelne Berufe, sondern auf allgemeine berufsübergreifende Thematiken richten. Dazu gehören Themen wie „Berufsethik" (Dostal 2016) oder „Berufsveränderungen" (Abele 2002) etc., die hier allerdings exemplarisch an spezifischen Berufen expliziert werden.

Mit der Zuordnung von nur einer wissenschaftlichen Disziplin oder Berufstheorie, die für jeweils einen bestimmten Beruf dienen kann, ist ein eingeengter berufswissenschaftlicher Ansatz verbunden. So ist für den Pfarrberuf (Karle 2011) zwar die Theologie die Bezugs- bzw. Berufswissenschaft, woraus z. B. die Inhalte für die Predigten und die theologischen Fachgespräche gewonnen werden. Zum Pfarrberuf insgesamt gehören aber auch weitergehende Aufgaben, die u. a. psychologische und betriebswirtschaftliche Fähigkeiten und Kompetenzen erfordern, während des Studiums der Theologie aber kaum behandelt werden. Hierzu sind Inhalte, Methoden und Wissensbestände aus den entsprechenden Wissenschaftsdisziplinen heranzuziehen.

Berufswissenschaftliche Ansätze und Konzepte, die über den Bezug auf eine einzige Bezugswissenschaft bzw. Berufswissenschaft hinausgehen und alles das berücksichtigen, was insgesamt zum Beruf gehört, sollten daher umfassender angelegt werden. Die Berufswissenschaft in einer solchen umfassenden und ganzheitlichen Form wird sich auf das Theorie-, Praxis-, Erfahrungs- und Handlungswissen, also auf das gesamte Berufswissen richten, das für jeden einzelnen Beruf charakteristisch ist.

Darüber hinaus sind in berufswissenschaftlicher Perspektive auch die Berufe in ihrer Gesamtheit, die Berufsethik, die Berufs- bzw. Arbeitswelt und die Berufsbildung bedeutsame Forschungsthemen. Mit diesen weitgehenden Forderungen stellt insgesamt die Entwicklung einer eigenständigen Berufswissenschaft in ihren verschiedenen Ausformungen mit den schon angeführten Funktionen, Inhalten und Forschungsaufgaben ein längerfristig anzustrebendes Ziel dar.

In letzter Zeit ist deutlich geworden, dass das Konzept einer Berufswissenschaft, mit der die verschiedenen Ausformungen quasi als Dach überwölbt werden, unter generalisierenden bzw. allgemeinen sowie spezifischen Aspekten definiert und entwickelt werden kann.[376] Es können drei Formen der Berufswissenschaft identifiziert werden. (Abb. 61) Funktion und Aufgabe der generalisierenden Berufswissenschaft ist es, allgemeine Aussagen zu den Gegenständen „Beruf", „Berufsfeld", „Methoden der Berufsforschung" und zur Berufstheorie zu liefern.

Die auf einen spezifischen Beruf gerichtete Berufswissenschaft oder Berufstheorie wiederum kann als eine solche in einem weiten Sinne und einem engen Sinne interpretiert und zugleich ausdifferenziert werden. (Im weiten Sinne wird die spezifische Berufswissenschaft als Disziplin der „Theorie eines Berufes", d. h. der Wissenschaft und Forschung über alles, was mit jeweils einem spezifischen Beruf zusammenhängt, gesehen. Dabei werden die Thematiken und Phänomene, die im Zusammenhang mit bestimmten Berufen und der entsprechenden Berufsbildung auftreten, umfassend betrachtet und erforscht, wie beispielsweise das notwendige Berufswissen der Lehrkräfte an den Berufsbildungsstätten.

---

[376] Die spezifische Berufswissenschaft für einen ausgewählten Beruf enthält besondere Aussagen, die nur für diesen einen Beruf gelten. Eine spezifische Berufswissenschaft für einen anderen, wohl unterschiedenen Beruf kann im Detail ganz andere Themen und Inhalte bearbeiten müssen. Insofern erscheint es sinnvoll, bei der Betrachtung der Vielfalt von Berufen von spezifischen Berufswissenschaften zu sprechen.

Berufswissenschaft
als Theorie der berufsförmigen Arbeit sowie der Berufe und Berufsfelder

Allgemeine Berufswissenschaft
mit generalisierenden Aussagen zu Berufen und Berufsfeldern

Berufswissenschaft als übergeordnete Theorie zu den Konstrukten „Beruf" und „Berufsfeld". Dazu gehören z. B. generalisierende und allgemeine Aussagen
- zum Entstehen, Vergehen und zur Entwicklung von Berufen
- zu berufsübergreifenden, ethischen, soziologischen und arbeitsrechtlichen Erkenntnissen
- zu generellen beruflichen oder professionellen Verhaltensweisen und Handlungsmustern
- zu Universellem von Berufsethos und beruflichen bzw. professionellen Einstellungen
- zu Berufsmotivation und Berufszufriedenheit
- zu durchgängigen Problemen der Berufswahl, Zugänge zum Beruf und Berufsausbildung
- zur Entwicklung berufsförmiger Arbeit im europäischen und internationalen Kontext
- zu universellen Methoden der Berufsforschung
- zur Berufstheorien

Spezifische Berufswissenschaft
mit Aussagen zu je einem bestimmten Beruf und/oder Berufsfeld

weiter Begriff:

Berufswissenschaft als Theorie über spezifische Berufe des nichtakademischen oder akademischen Bereiches. Dazu gehören u. a. Betrachtungen
- zu typischen beruflichen Verhaltensweisen und Einstellungen
- zur eigenen Beruflichkeit oder Professionalität
- zu spezieller Berufsmotivation, -zufriedenheit und zum Berufsstolz
- zu spezifischen Berufsinhalten, Berufstätigkeiten, Qualifikationen und Kompetenzen
- zu Besonderheiten des jeweiligen Arbeits- und Berufsrechts
- zu spezifischen Fragen der Berufswahl, Entscheidungsmöglichkeiten und Zugängen zu einem bestimmten Beruf
- zu Ausbildung und Aufstiegsmöglichkeiten
- zum Berufsethos oder zur Berufsehre
- zu symptomatischer Berufsunfähigkeit

enger Begriff:

1. Berufswissenschaft als systematisierte und abgegrenzte Theorie eines spezifischen akademischen Berufes. Sie umfasst die kennzeichnenden Studieninhalte, Praktika und die Wissenschaftstheorie eines bestimmten Berufes.

2. Berufswissenschaft als Bezugswissenschaft für eine spezifische Berufs- und Fachdidaktik zur Ausbildung für einen spezifischen nichtakademischen Beruf. Die dabei vermittelte Berufstheorie umfasst die kennzeichnenden Fachinhalte und fachübergreifenden Inhalte, Geschäfts- und Arbeitsprozesse, Arbeitsorganisation, Arbeitssicherheit etc. eines bestimmten Berufes.

Abb. 61: Allgemeine Berufswissenschaft sowie spezifische Berufswissenschaft im weiteren und engeren Sinne

Die spezifische Berufswissenschaft im engeren Sinne und die in diesem Zusammenhang zu leistende Forschung wiederum richten sich im Wesentlichen nur auf die Theorie und Praxis der Fachinhalte und die damit verbundene Arbeit sowie das Fach- bzw. Sachgebiet eines jeweils spezifischen Berufes, einschließlich des entsprechenden Berufsfeldes. Sie umfasst insbesondere die Inhalte des spezifischen Berufs sowie die dabei erforderlichen fachlichen Qualifikationen und Kompetenzen und stellt die berufsbezogene Bezugswissenschaft für Berufsausbildung und Studium dar.

Mit dieser noch relativ groben Beschreibung wird bereits erkennbar, dass berufswissenschaftliche Forschung sehr umfassend angesetzt werden müsste: z. B. auch auf Erkenntnisse über den Status des Berufs, über Berufsidentität, -stolz, -ethos, -ehre, -genese, -zufriedenheit, -gefährdungen. Weiterhin gehören dazu berufliche Handlungsmechanismen, Denk- und Handlungsweisen, Einstellungen, Motive, Einkommen und Einkommensentwicklung, Aufstiegsmöglichkeiten, Verpflichtungen, soziokulturelle Zusammensetzung der Berufsinhaber, Entscheidungskriterien für diese Berufswahl, Öffnungs- und Schließungsmechanismen zu jenem Beruf, Symptomatik der Berufsunfähigkeit (körperlicher Verschleiß, psycho-soziale Probleme) usw.

Im Zentrum der Forschung in dieser Disziplin stehen die Berufe bzw. Berufsbilder und Berufsfelder, ihre historische Entstehung und Entwicklung, deren Strukturen und Tätigkeits- und Fachwissenschaftsinhalte sowie ihre Integration in die Arbeitswelt und in das Berufsbildungssystem. Sie bearbeitet somit einen eigenständigen Forschungsgegenstand, wird ihre Methoden und Inhalte im Wesentlichen aber aus anderen etablierten Wissenschafts- und Forschungsdisziplinen generieren müssen.

- **Berufswissenschaft – Ein breit angelegtes Arbeitsfeld**

Die sich entwickelnde Berufswissenschaft umfasst – wie andere Disziplinen auch – im Wesentlichen zwei Arbeitsbereiche, das sind die Lehre an der Hochschule und die Berufsforschung. Die Freiräume von Wissenschaft, Forschung und Lehre sind durch das Grundgesetz (GG, Artikel 5 Abs. 3 Satz 1) und das Hochschulrahmengesetz (HRG, § 4) geregelt.
Die Berufsforschung stellt, wie die vorangegangenen Recherchen gezeigt haben, ein sehr großes und unübersichtliches Feld dar, das sich nicht zuletzt auf der Basis der Freiheit der Forschung entsprechend entwickelt hat. Auch die berufswissenschaftliche Forschung „umfaßt insbesondere die Fragestellung, die Grundsätze der Methodik sowie die Bewertung des Forschungsergebnisses und seine Verbreitung." (HRG, § 4, Abs. 2)[377]
Die Lehre umfasst, „im Rahmen der zu erfüllenden Lehraufgaben insbesondere die Abhaltung von Lehrveranstaltungen und deren inhaltliche und methodische Gestaltung

---

[377] „Entscheidungen der zuständigen Hochschulorgane in Fragen der Forschung sind insoweit zulässig, als sie sich auf die Organisation des Forschungsbetriebes, die Förderung und Abstimmung von Forschungsvorhaben und auf die Bildung von Forschungsschwerpunkten beziehen; sie dürfen die Freiheit im Sinne von Satz 1 nicht beeinträchtigen. Die Sätze 1 und 2 gelten für künstlerische Entwicklungsvorhaben und für die Kunstausübung entsprechend." (HRG, § 4, Abs. 2)

Berufsförmige Tätigkeiten und Berufe der Gegenwart   345

sowie das Recht auf Äußerung von wissenschaftlichen und künstlerischen Lehrmeinungen" (HRG, § 4, Abs. 3).[378]

Zwischen der Berufswissenschaft und der Berufsforschung einerseits sowie der Berufswissenschaft und der zugehörigen Lehre andererseits bestehen Wechselbeziehungen. So gehen beispielsweise von der Berufsforschung gewonnene Ergebnisse einerseits in das Reservoir der Berufswissenschaft ein, andererseits kommen aus der Berufswissenschaft Anregungen für neue Forschungsvorhaben. Entsprechendes gilt für die Wechselbeziehungen zwischen der Berufswissenschaft und der Berufslehre (Abb. 62).

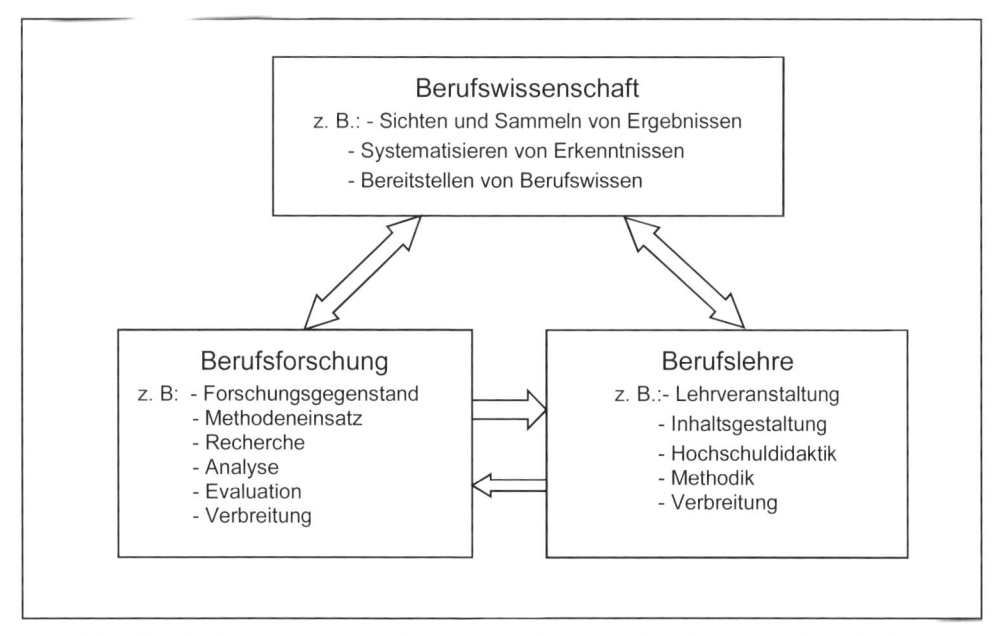

```
                    Berufswissenschaft
              z. B.: - Sichten und Sammeln von Ergebnissen
                     - Systematisieren von Erkenntnissen
                     - Bereitstellen von Berufswissen


    Berufsforschung                         Berufslehre
 z. B: - Forschungsgegenstand         z. B.:- Lehrveranstaltung
       - Methodeneinsatz                    - Inhaltsgestaltung
       - Recherche                          - Hochschuldidaktik
       - Analyse                            - Methodik
       - Evaluation                         - Verbreitung
       - Verbreitung
```

Abb. 62: Verhältnis von Berufswissenschaft, Berufsforschung und Berufslehre

Die Vielfalt denkbarer berufswissenschaftlicher Tätigkeiten ist, insbesondere wenn man das Arbeitsgebiet der Berufsforschung betrachtet, kaum zu überblicken. Bereits bei einer groben Sichtung der vorliegenden, oft sehr speziellen und verstreuten Forschungsergebnisse zeigt sich, dass in den verschiedenen Wissenschaftsdisziplinen bisher fast ausschließlich partiell und punktuell zu Berufen geforscht wird. Diese berufsbezogenen Untersuchungen, die meist im Zusammenhang mit den allgemeinen Forschungsaufgaben in den einzelnen Fachbereichen bzw. Fakultäten initiiert werden, sind

---

[378] „Entscheidungen der zuständigen Hochschulorgane in Fragen der Lehre sind insoweit zulässig, als sie sich auf die Organisation des Lehrbetriebes und auf die Aufstellung und Einhaltung von Studien- und Prüfungsordnungen beziehen; sie dürfen die Freiheit im Sinne von Satz 1 nicht beeinträchtigen." (HRG, § 4, Abs. 3)

bezogen auf das gesamte Berufssystem kontingent, d. h., zudem in starkem Maße durch Zufälle bestimmt.

Unter diesen Bedingungen lässt sich nur unter großen Schwierigkeiten oder eingeschränkt eine interdisziplinäre Wissenschaftsdisziplin „Berufswissenschaft" generieren. Erhebt man also die Forderung nach Multi- und Interdisziplinarität einer möglicherweise entstehenden und sich vielleicht auch etablierenden Wissenschaftsdisziplin „Berufswissenschaft", so benötigt die entsprechende Berufsforschung eines übergeordneten Managements, um die vielfältigen und umfangreichen Aufgaben sinnvoll verteilen und bearbeiten zu können.

Komplexe Forschungsaufgaben im Zusammenhang mit dem Phänomen „Beruf" und seiner hohen Innovationsdynamik erfordern interdisziplinäre Kooperationen. Die bisher mit der Berufsforschung befassten Institute und Organisationen, wie z. B. das IAB und das BIBB, können aufgrund ihrer jeweils abgegrenzten Forschungsschwerpunkte solche Anforderungen nur bedingt erfüllen. So heißt es in einem vom Wissenschaftsrat (2007, S. 11) erstellten Gutachten: „Im Bereich der Berufsforschung hält der Wissenschaftsrat eine bessere Koordination und Kooperation zwischen IAB und dem Bundesinstitut für Berufliche Bildung[379] (BIBB) unter Einbeziehung des Hochschulinformationszentrums (HIS) sowie unter Beteiligung der zuständigen Bundesministerien BMAS und BMBF für dringend erforderlich. Ziel sollte eine bundesweite Neuordnung und Stärkung der Berufsforschung sein." Diese Beurteilung klingt zunächst negativ. Positiv werden aber in der abschließend vorgenommenen Bewertung die Forschungsschwerpunkte des IAB erwähnt (Wissenschaftsrat 2007, S. 56).

Einschränkend wird allerdings festgestellt, es sei eine „bessere Abstimmung und Kooperation zwischen IAB und dem Bundesinstitut für Berufliche Bildung (BIBB) unter Einbeziehung des Hochschulinformationszentrums (HIS) [...] dringend erforderlich. Ziel sollte eine bundesweite Neuorganisation und Stärkung der Berufsforschung sein." (Wissenschaftsrat 2007, S. 56) Wendet man diese Kritik positiv und konstruktiv, so sollte damit eine Anregung gegeben sein, um über die vorgeschlagenen Kooperationen weitere Institutionen in ein solches Netzwerk einzubinden.

- **Institutionen und Orte berufswissenschaftlicher Tätigkeit**

Institute und Einrichtungen, an denen Berufswissenschaft, Berufsforschung und Berufslehre betrieben werden, sind nicht ohne weiteres zu identifizieren. An solchen Orten muss auch nicht zwangsläufig die Einheit von Forschung und Lehre gegeben sein. Am ehesten noch ist dieses bei den akademischen Forschungsinstitutionen und -einrichtungen möglich, da man an solchen aufgrund ihrer Ausrichtung auf bestimmte akademische Berufe oftmals entsprechende berufswissenschaftliche Aussagen im engeren Sinne und berufsbezogene Forschungsergebnisse vorfindet. So gibt es z. B. an

---

[379] Dass in dem Gutachten das BIBB nicht nur an dieser Stelle namentlich nicht korrekt aufgeführt wird, lässt vermuten, dass im Wissenschaftsrat diese Institution nicht sehr bekannt ist.

den theologisch-evangelischen Fakultäten berufsspezifische Arbeiten zum Pfarrberuf (Karle 2011) oder bei den Ingenieurwissenschaften berufswissenschaftliche Untersuchungen zu Ingenieurinnen und Ingenieuren im Spannungsfeld von Beruf, Karriere und Familie (Ihsen u. a. 2008) und zu Zahnärzten (Kuhlmann 1999), also eher soziologische Forschungen.

Darüber hinaus lassen sich an den psychologischen, soziologischen, medizinischen, juristischen und auch weiteren Fachbereichen bzw. Fakultäten spezifische berufswissenschaftliche Forschungsergebnisse im weiteren Sinne zur berufsförmigen Arbeit anderer akademischer Disziplinen oder – allerdings seltener – nicht-akademischer berufsförmiger Tätigkeitsbereiche erkennen. So forschen beispielsweise Sozialpsychologen über „Berufserfolg und Zufriedenheit" oder über „Berufliche Laufbahnentwicklung unter besonderer Berücksichtigung des Geschlechtsvergleichs" (Abele 2002) oder Sozialwissenschaftler über den Ingenieurberuf, aber auch Bildungsforscher über die Arbeitsbedingungen und Erfahrungen von weiblichen Auszubildenden im Kfz-Handwerk (Bertram 2012).
Etwas anders ist es bei der spezifischen berufswissenschaftlichen Forschung im engeren Sinne zu den Berufs- und Fachdidaktiken beruflichen Lernens. Wesentliche Forschungsgegenstände sind hier Berufsarbeit, Technik/Sach- bzw. Fachgebiet und Berufsbildung (z. B. Rauner 2005 und insb. Rauner 2010, S. 87 ff.). Orte dieser Form der berufswissenschaftlichen Forschung sind die Beruflichen Fachrichtungen an den Hochschulen, einschließlich derer Vertiefungsrichtungen und Fachrichtungsbereiche (vgl. dazu Pahl/Herkner 2010), sowie die Institute, an denen Lehrkräfte für das Lehramt an berufsbildenden Schulen ausgebildet werden.

Aber selbst an berufsbildenden Schulen laufen insbesondere bei neu entstehenden nicht-akademischen Berufen – wenn auch unter den schulischen Bedingungen in bescheidenen Maße – Untersuchungen zu den erforderlichen Berufsinhalten. Durch die verstreut vorliegenden und zudem meist singulären Forschungsansätze in den verschiedenen Disziplinen sind die entsprechenden Forschungsergebnisse unter Schwierigkeiten aufzufinden und dadurch anderen an der Berufsforschung interessierten Personen oder Institutionen oftmals kaum bekannt oder zugänglich.

- **Berufswissenschaft als disziplinäre und interdisziplinäre Wissenschaft**

Es lässt sich feststellen, dass berufswissenschaftliche Arbeit u. a. von der Soziologie, der Rechtswissenschaft, der Psychologie, der Anthropologie, der Medizin, Wirtschafts- und Ingenieurwissenschaften tangiert wird (Abb. 63). Diese Disziplinen betreiben wiederum berufswissenschaftliche Forschung.

Mit der Feststellung wie viele Disziplinen berufswissenschaftliche Forschung betreiben oder etwa zu Berufswissenschaft beitragen, ist nur der quantitative und additive Aspekt der wissenschaftsdisziplinären Zuordnung der Berufsforschung und Berufswissenschaft betrachtet worden. Integrative und interdisziplinäre wissenschaftliche Arbeit ist aber darüber hinaus an das Vorhandensein und die Bearbeitung gemeinsamer Fragestellungen gebunden.

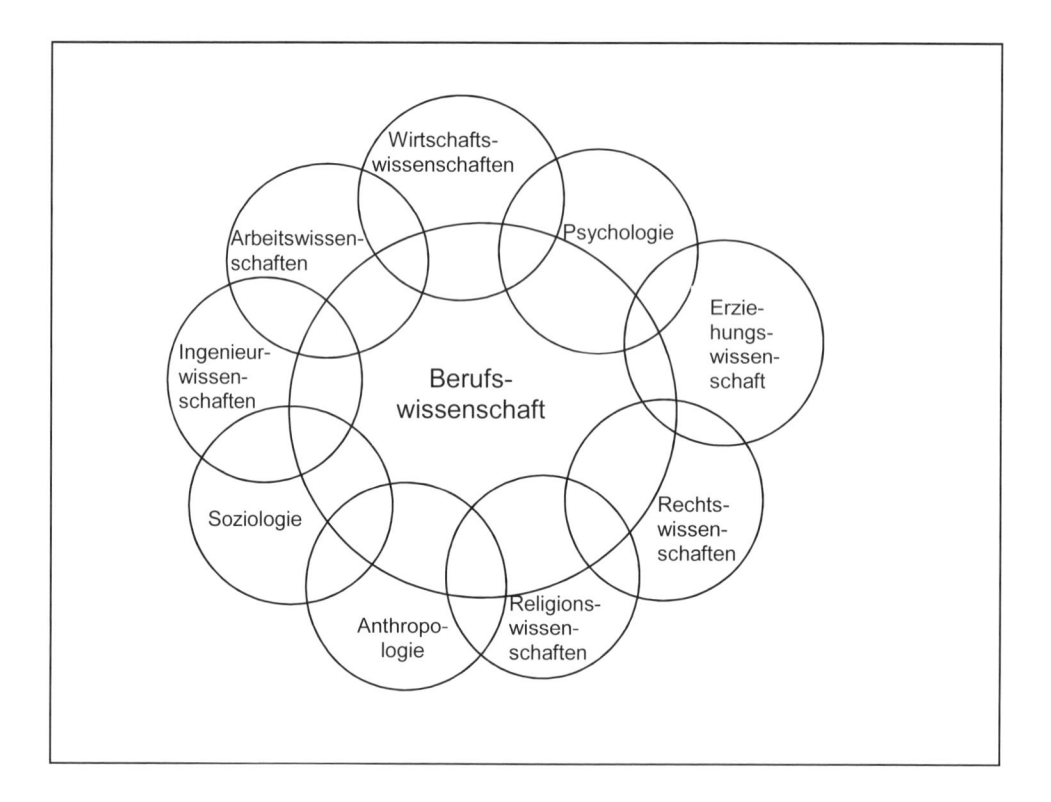

Abb. 63: Wissenschaftliche Verflechtungen der Berufswissenschaft

Die bisherigen berufsbezogenen Untersuchungen, die meist im Zusammenhang mit den allgemeinen Forschungsaufgaben in den einzelnen Fachbereichen bzw. Fakultäten initiiert werden, sind bezogen auf das gesamte Berufssystem zudem in starkem Maße durch Zufälle bestimmt. Gezielte interdisziplinäre Ansätze finden sich nicht häufig. An der Berufsforschung beteiligten sich verschiedene Wissenschaften häufig aufgrund spezifischer Interessen ihrer eigenen Disziplin, d. h. ohne interdisziplinären Anspruch. Auch gegenwärtig lässt sich unter diesen Bedingungen nur eingeschränkt eine interdisziplinäre Wissenschaftsdisziplin „Berufswissenschaft" generieren.

Inzwischen erfordert die Komplexität des Bereichs „Beruf" aber vermehrt eine Bearbeitung durch unterschiedliche Wissenschaftsdisziplinen.
Für umfassende berufswissenschaftliche Forschungen sind jedoch viele Wissenschaftsdisziplinen, wie die Soziologie, die Arbeitswissenschaften, die Wirtschaftswissenschaften, die Psychologie, die Rechtswissenschaft sowie die Berufsbildungswissenschaft, relevant. Darüber hinaus ist die Berufswissenschaft durch kontextbezogene Forschung charakterisiert.

3.2.2 Berufswissenschaft als Wissenschaft der Berufe
– Annäherungen an den Untersuchungsgegenstand „Beruf"

Erst seit dem auslaufenden Mittelalter und der Frühen Neuzeit wurde in Europa Wissen gesammelt und teilweise auch schon systematisiert, das auf spezielle praktische Tätigkeitsbereiche ausgerichtet war. In diesem Zusammenhang entwickelten sich auch erste Ansätze einer Berufskunde. Diese berufskundlichen Arbeiten können und müssen jedoch als eher vorwissenschaftlich und pragmatisch eingeschätzt werden (Fenger 1971, S. 153).

Heute sind Berufe ein wichtiger Gegenstand wissenschaftlicher Untersuchungen. Im Rahmen berufswissenschaftlicher Arbeit werden dabei Aussagen zur Realität der Berufe und der Berufswelt, gesammelt, verglichen und systematisiert. Dabei ist zu fragen, ob sich die gewonnenen Aussagen, letztlich also auch die entwickelten Theorien, auf die Wirklichkeit des Beschäftigungssystems und der Berufswelt beziehen. Darüber hinaus ist zu klären, welche konkreten und allgemeingültigen Informationen sie eventuell enthalten. Die Produktion von Aussagen mit großem und spezifischem Informationsgehalt für einzelne Nutzer kann allerdings ein problematisches Unterfangen darstellen, weil dadurch das Risiko, keine in der Breite wissenschaftlicher Fragestellungen realistischen und allgemein gültigen Aussagen zu erhalten, wächst.

Einen großen Wahrheitswert und mehr Beständigkeit haben im Regelfall Aussagen zur geschichtlichen Gewordenheit der Berufe. Dagegen ändern sich diejenigen zur berufsweltlichen Gegenwart schnell. Insbesondere Prognosen zu zukünftigen Entwicklungen bei den Berufen sind hinsichtlich des Wahrheitswerts risikoreich und können sich rasch als falsch herausstellen, auch wenn im Vorfeld die gegenwärtige und zukünftige Definition, Auslegung und Bedeutung des Berufsbegriffs abgesichert worden ist.

Ein grobstruktureller berufswissenschaftlicher Arbeitsansatz zur Erforschung von Berufen und Berufsarbeit könnte von folgenden Überlegungen ausgehen:
- Zunächst müssen die spezifischen, berufsbezogenen Ziele, Inhalte und Formen der beruflichen Arbeitsprozesse identifiziert und festgelegt werden.
- Die Analyse von Inhalten und Formen der Berufsarbeit und beruflichen Arbeitsprozesse in den verschiedenen Berufsfeldern erfordern kontextbezogene Forschungs- und Entwicklungsmethoden.
- Forschungs- und Entwicklungsaufgaben innerhalb einer berufswissenschaftlichen Forschung sowie Forschungsmethoden müssen identifiziert und eindeutig festgelegt werden.

Es bieten sich inzwischen konkrete Vorgehensweisen an, um die Inhalte und Aussagen zum Beruf und zur Berufsarbeit für einen bestimmten Problembereich systematisch zu erfassen. So können berufswissenschaftliche Arbeiten beispielsweise strukturell folgendermaßen angelegt werden:
- Solange nicht erkennbar ist, welche Aspekte unbedingt einer vertieften Untersuchung bedürfen, sollte erstens ein breites Inhalts- und Aussagenspektrum zum For-

schungsgegenstand sowie entsprechende Beobachtungen und Wahrnehmungen in den Blick genommen werden.
- In einem zweiten Forschungsschritt sind dann nur die relevanten, mit dem Beruf, der Berufsarbeit und dem Umgang mit dem zugehörigen Arbeitsgebiet bedeutsamen Wissens- und Erfahrungsinhalte zu sammeln und als berufsrelevantes Wissen zu strukturieren.
- In einem weiteren Untersuchungsschritt sind die Materialsammlungen aus Beobachtungen und Beschreibungen über den Beruf und das Sachgebiet zu bündeln sowie zu kategorisieren.
- In einem vierten Forschungsschritt sollte eine Systematisierung, Begründung und Explikation des Berufes und des Sachgebietes unter fachwissenschaftlichen Kategorien erfolgen.

Die so gewonnenen berufswissenschaftlichen Forschungsergebnisse sollten abschließend kritisch-konstruktiv unter Berücksichtigung der hinzugezogenen Methoden aus relevanten Fachwissenschaften sowie Arbeitswissenschaften reflektiert werden. Zum Schluss könnte in dieser Phase eine Bewertung unter dem Anspruch der berufswissenschaftlichen Dignität erfolgen (Abb. 64).

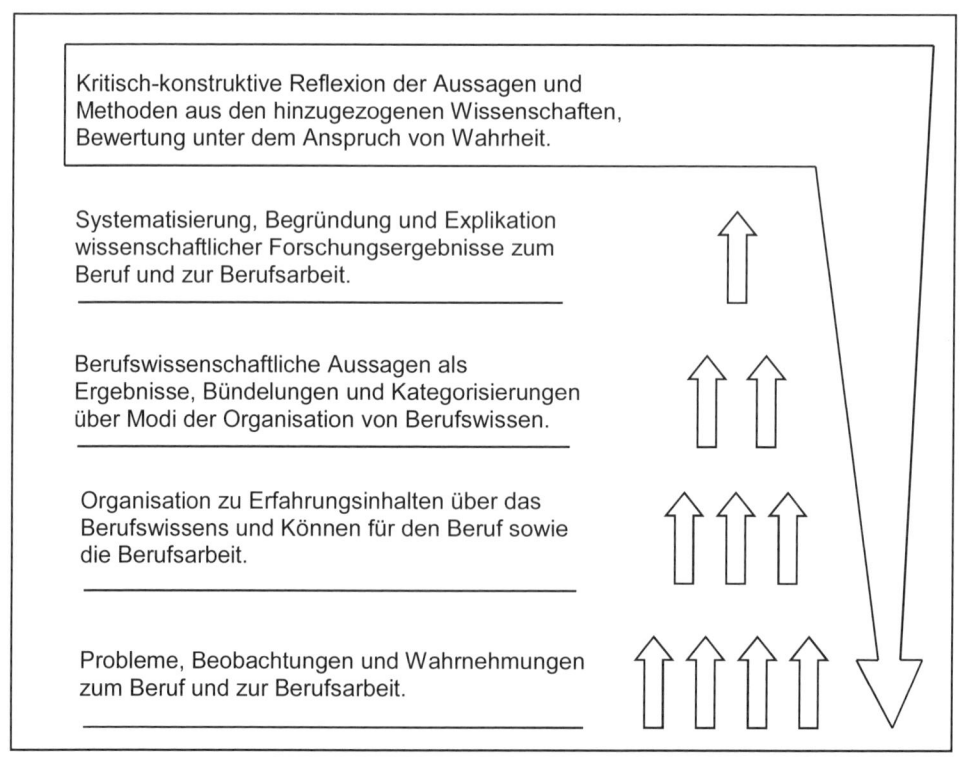

Abb. 64: Möglicher berufswissenschaftlicher Arbeitsaufbau bzw. -ablauf.

3.2.3 Berufstheorie – Ein wichtiger Arbeitsbereich der Berufswissenschaft

- **Berufswissenschaftliche Ansätze zu einer Theorie der Berufe**[380]

Theoriebildung ist eine wichtige Aufgabe von Wissenschaft. Für die Berufswissenschaft stellen besondere Formen der Verknüpfung von Aussagen zu Berufen und der Berufswelt mehr oder weniger elaborierte Theorien[381] dar. Theorien zu einzelnen Berufen und dem Phänomen „Beruf" im Allgemeinen gibt es – in welcher Form auch immer – schon lange vor den ersten Überlegungen zu einer Berufswissenschaft. Für die „traditionelle Berufstheorie" – auf welchem Reflexionsniveau sie auch formuliert wurde – galt „der Primat der Praxis, auf der sie verwiesen war" (Hobbensiefken 1980, S. 48). Die damaligen Überlegungen können als Anfänge berufstheoretischen Denkens eingeordnet werden. Es ist davon auszugehen, dass sich eine Berufstheorie – wie andere Theorien auch – als gedankliches Konstrukt im Rahmen der gesellschaftlichen Verhältnisse entwickelt hat.

Im berufsbildenden Feld – und insbesondere an den Berufsschulen – war der Begriff „Berufstheorie" schon in der zweiten Hälfte des zwanzigsten Jahrhundert durchaus gängig. Damit wurde ein Theoriewissen benannt, das in der beruflichen Erstausbildung zu vermitteln war. Es handelte sich um eine Kennzeichnung der Form und Art der Lehrinhalte in der Berufsschule, im Gegensatz zur derjenigen der Berufspraxis der Betriebe. Da diese Zuordnungen aber keineswegs abgesichert und nicht vertieft reflektiert waren, wurde die Begrifflichkeit bald kritisiert.[382]

Wissenschaftliche Überlegungen zur Berufstheorie entstanden erst später. Wie Günter Hobbensiefken herausgearbeitet hat, konstituierte sich als Produkt des Bewusstseins „die Berufstheorie durch das denkende Subjekt, d. h. durch begriffliche Verarbeitung von Anschauungen und Vorstellungen, die das gesellschaftliche Verhältnis der Menschen zu ihrer Arbeit betreffen, das im Alltagsbewußtsein zur Sprache kommt. Insofern hat der Berufsgedanke seine letzte Bedingung für die Möglichkeit seiner eigenen Gegenstandsbezogenheit in der historischen Praxis, die als Ergebnis gesellschaftlicher Entwicklung außer ihm ist, also auf der Objektseite liegt und erst da sein muß, wenn sie im Gedanken begrifflich erfasst sein will." (Hobbensiefken 1980, S. 47) Ulrich Beck, Michael Brater und Hansjürgen Daheim (1980, S. 23; Hervorhebungen im Original) setzten sich das anspruchsvolle Ziel, „systematisch *die Grundprinzipien und -verhältnisse herauszuarbeiten, die hinter der ‚Verberuflichung' von menschlicher Ar-*

---

[380] Wesentliche Aussagen zur Berufstheorie basieren auf dem Aufsatz „Vorüberlegungen zu einer Allgemeinen Theorie der Berufe" (Herkner/Pahl 2014, S. 98 ff.).
[381] „Die Sätze, aus denen Theorien bestehen, sind synthetischer Art, d. h., sie haben empirischen Gehalt und sollten in diesem bestätigt sein." (Herzog 2012, S. 37) Auch in der Berufswissenschaft „sollte eine Theorie darüber informieren, was der Fall ist. Nur so kann sie eine ihrer wichtigsten Funktionen wahrnehmen, nämlich *Erklärungen* zu liefern (ebd.; Hervorhebungen im Original).
[382] Deshalb stellte Gottfried Adolph (1979, S. 91) zu Recht fest: „Daß wir heute nicht wissen, was wir meinen, wenn wir von ‚Berufstheorie' und von ‚Berufspraxis' sprechen, ist ein Faktum, von dem wir auszugehen haben." Ebenso verwies Gustav Grüner (1976, S. 336) darauf, dass bisher kaum danach gefragt wurde, „was diese Berufstheorie der Facharbeiter eigentlich ist, wie sie entsteht, welche Struktur sie hat".

beitskraft stehen und deren genauere Kenntnis es uns gestatten wird, die Besonderheiten und zentralen Strukturmerkmale des Berufs theoretisch präziser zu bestimmen". Aber die in den 1970 Jahren angestoßenen Reformbemühungen versandeten.[383] Beruf und Beruflichkeit verloren an gesellschaftlichem und wissenschaftlichem Interesse, und die Berufstheorie stand nicht mehr im Zentrum der Debatte.

Eine wissenschaftliche Diskussion über die Theorie von Berufen erschien in einer Zeit, in der das aus dem anglo-amerikanischen Raum entlehnte Konzept des Jobs und dessen mögliche Folgen nur in den ersten Konturen sichtbar wurden, nicht angebracht. Hinzu kam, dass Debatten um den Bestand und die Zukunftsfähigkeit von Berufen als nicht neu und episodisch eingeschätzt wurden, denn schon vor 60 Jahren hatte es Abgesänge auf Berufe gegeben.[384]

Inzwischen sehen zahlreiche Vertreter/-innen aus der Wissenschaft solche vorschnellen Nachrufe auf den Beruf als Irrtum an (zusammenfassend z. B.: Rauner 2013c, S. 94). Festzustellen ist: Das Denken erfolgt in der Bundesrepublik noch immer in erster Linie über Berufe, viele identifizieren sich und andere Menschen vor allem über den Beruf, und noch heute hat der Ausbildungsberuf bei den allermeisten einen prägenden Charakter für den weiteren Berufs- und Lebensweg, selbst wenn ein dauerhafter Verbleib im Erstausbildungsberuf mittlerweile eher eine Seltenheit darstellt.

In einer Spanne von etwa drei oder vier, mitunter auch fünf und mehr Jahrzehnten dominiert „der" Beruf das Leben des Einzelnen, d. h. genauer: die jeweilige Erwerbsarbeit tut es meist, sodass in einer individuellen Berufsbiographie auch mehreren Erwerbsberufen nachgegangen werden kann. Dieser hohe zeitliche Anteil führt dazu, dass der Beruf eine immense Bedeutung in unserem Leben hat. Deshalb befassen sich viele Wissenschaften mit dem Gegenstand des Berufes.[385]

Eine Theorie über das Ende der Berufe und der Berufswelt ist sehr hypothetisch und steht auf wackligen Füßen. Anders ist es bei Aussagen zum Ende von einzelnen Beru-

---

[383] Es deutete sich an oder wurde „klar, daß die fortgeschrittene Berufsgesellschaft zur Erhaltung der konkreten Bedingungen ihrer Reproduktion auch auf die kritische, erneuernde, bewußt politisch angewendete Berufspraxis einzelner oder oppositioneller Gruppen angewiesen ist. Dies beruht letzten Endes auf der Tatsache, daß arbeitsinhaltliche Orientierungen und berufliche Sinnsysteme für gesellschaftliche Problemlösungsprozesse unter entwickelten Warentauschbedingungen zugleich funktional und kritisch sind, daß also derartige Vorstellungen und Orientierungen prinzipiell das Doppelgesicht einer ‚instrumentellen Ideologie' und einer ‚konkreten Utopie' gesellschaftlicher Veränderung haben." (Beck/Brater/Daheim 1980, S. 270; Hervorhebungen im Original)

[384] Eduard Spranger (1963, S. 181) stellte bereits nach dem Zweiten Weltkrieg die Frage: „Werden wir künftig noch Dauerberufe haben?" Damals hieß es schon, dass die Zeit von Berufen vorbei sei und man nicht mehr in Berufskategorien, denke. Noch um die Jahrtausendwende warf Heinz-Dieter Loeber (2001) die Frage nach dem „Abschied vom Beruf?" auf. Er kam jedoch – was nicht verwundert – aufgrund der sehr unterschiedlichen Entwicklungen im Beschäftigungssystem zu keinem abschließenden Urteil.

[385] Dazu gehören – wie teilweise bereits angesprochen – beispielsweise die
- Psychologie (insbesondere Arbeitspsychologie, Entwicklungspsychologie),
- Soziologie (vor allem Mikrosoziologie),
- Arbeitswissenschaften (z. B. Arbeitspsychologie, -medizin),
- Rechtswissenschaften,
- Formen der Wirtschaftswissenschaften (so die Arbeitsmarktforschung) und
- Berufsbildungswissenschaften (Berufspädagogik und Berufswissenschaften).

fen. Eine Theorie zum Bedeutungsverlust eines Berufes oder zu seinem Vergehen kann einen hohen Wahrheitswert haben.

Eine schon gezielt und expressis verbis benannte eher allgemeine Berufsforschung, wie in etwa von Günter Hobbensiefken (1980) skizziert, hat sich als eigenständige wissenschaftliche Disziplin aus all den Ansätzen nur bedingt (weiter-)entwickeln können. Zwar betreiben die genannten Wissenschaften teilweise oder nur punktuell auch Berufsforschung, jedoch immer – wie auch die soziologisch-systemtheoretische Auseinandersetzung von Thomas Kurtz (2008) zeigt – unter einem spezifischen disziplinbestimmten Blick. Zudem hat sich in manchen Wissenschaftsdisziplinen – quasi als Nebenprodukt – eine spezifische Berufsforschung entwickelt. So etablierte sich in der Journalismus- bzw. Kommunikationsforschung u. a. eine Forschung über den Journalistenberuf. Doch solche zerstreut vorliegenden Forschungsergebnisse (s. im Überblick: Pahl/Herkner 2013) können nicht darüber hinwegtäuschen, dass eine „Allgemeine Theorie über Berufe" fast noch am Anfang steht.

Da sich verschiedene Wissenschaftsdisziplinen aus je spezifischer Sicht mit Beruf(en) befassen, gibt es entsprechend viele Auffassungen und Theorien dazu, was ein Beruf ist. Berufe entstanden im Zuge der Arbeitsteilung in der Urgesellschaft – wie dargestellt – bereits sehr früh (s. Kapitel 1). So lässt sich sagen, dass der Beruf eine historische Kategorie darstellt. „Arbeitsteilung und Kooperation der Arbeit und Entwicklung der Warenproduktion waren notwendige und hinreichende Bedingungen für die Herausbildung von Berufen. Ausgangspunkt und Grundlage für die Entstehung der Berufe war die Arbeit. So wie sie Schöpfer des Menschen, stete Existenzbedingung der menschlichen Gesellschaft, grundlegendes Unterscheidungsmerkmal zwischen Mensch und Tier ist (...), so ist sie die Urform beruflicher Tätigkeit bzw. grundlegende Voraussetzung für die Herausbildung von Berufen." (Schneider/Lorenz 1978, S. 3)

Im Verlaufe von Jahrtausenden hat die Arbeitsteilung – in verschiedenen Gebieten mit unterschiedlichem Tempo – immer stärker zugenommen. So sind bei den Arbeiten zur Klassifikation der Berufe die Kompetenzprofile von rund 4000 Berufen verwendet worden (BA 2011, S. 22). Darüber hinaus wird gegenwärtig von ca. 18.000 verschiedenen Tätigkeiten im Erwerbsleben gesprochen.[386]

Gerade in der typisch deutschen Ordnungs- und Berufstradition ist man bestrebt, daraus eine überschaubare Größe an Berufen herauszudestillieren. Die Kernfrage ist hierbei, ob jede Tätigkeit im Erwerbsleben zugleich auch schon ein Beruf ist. Oder anders gefragt: Ab wann sollte von einem Beruf gesprochen werden? Ein erster Vorschlag ist, den Berufsbegriff auszudifferenzieren in einen mit weiterem und in einem mit engerem Verständnis. Weit gefasst würde „Beruf" die Bündelung aller erwerbsmäßig ausgeübten Tätigkeiten – unabhängig z. B. von Ausbildung, Dauerhaftigkeit der Ausübung und innerer Einstellung zu dieser Erwerbsarbeit – bedeuten. Dieses entspricht der Berufs-

---

[386] Angaben über die Zahl der Erwerbsberufe, zuweilen auch „Erwachsenenberufe" genannt, schwanken sehr stark und gehen bis zu 30.000 Tätigkeiten in der Arbeitswelt.

definition des Bundesverfassungsgerichts aus den 1950er Jahren (in späteren Urteilen wiederholt bestätigt), wonach jede erlaubte Tätigkeit als Beruf ausgeübt werden kann.[387] In diesem Sinne hat jeder nach Artikel 12 des Grundgesetzes nicht nur die freie Wahl eines Berufes, sondern zugleich die Möglichkeit, Berufe „selbst zu erfinden" und sie selbst zu betiteln (Bulla 2009, S. 164). Beruf im engeren Verständnis wäre hingegen von Job einerseits, zu dem nicht unbedingt eine Ausbildung notwendig ist, und Profession andererseits, die zwingend mit einer akademischen und theoretisierten Ausbildung verbunden ist, zu unterscheiden.[388]

- **Berufstheorie als Theorie über Berufe**

Wie viele Theorien bezieht sich auch die Berufstheorie auf die Praxis. Für die Berufstheorie gilt dieses insbesondere dann, wenn durch berufswissenschaftliche Untersuchungen reflektiert und erkannt werden soll, „was mit dem Wort ‚Beruf' als einer gesellschaftlichen Kategorie gemeint ist. Der Primat der Praxis gegenüber der Theorie bedeutet, dass die Praxis bereits da ist, bevor sich die Theorie von und für die Berufspraxis überhaupt herausbilden kann." (Hobbensiefken 1980, S. 48)

Der Begriff der Berufstheorie wird mehrdeutig verwendet. Er kann sich auf die Theorieinhalte eines Berufes richten. Berufstheorie kann aber auch das Erkunden und Erforschen von Wesen und Formen von Berufen sein und damit zu einer Theorie über Berufe werden. Die Frage ist, ob etwas Atheoretisches wie die Berufe und die berufsförmigen Arbeitstätigkeiten, die völlig unsystematisch entstehen und existieren (sowie ggf. wieder vergehen), zum Gegenstand der Wissenschaft werden kann, sodass sich eine Berufstheorie als Theorie über Berufe generieren lässt.

Sowohl die individuelle und gesellschaftliche Bedeutung der Berufe als auch die vielen in verschiedenen Wissenschaftsgebieten vorzufindenden Reflexionen über Beruf sorgen dafür, Überlegungen zu dieser sozialen Kategorie anzustellen, die in eine Theorie münden könnten. Dass eine Theorie allgemeine Gültigkeit über möglichst viele Varianten oder Exemplare ihres Bezugsgegenstandes haben sollte, und die Theoriekonstrukte an der Empirie überprüfbar sein sollten, muss dabei nicht besonders betont werden. Ebenso ist nicht zu übersehen, dass es bereits mehr oder weniger ausgefeilte theoretische Konstrukte über Berufe im Allgemeinen gibt.
Mit Berufstheorien wird „versucht, jene Gedanken zu begrenzen, die sich die Menschen im Zuge ihrer geistigen Auseinandersetzung mit den Problemen ihrer gesellschaftlichen Tätigkeit zu verschiedenen Zeiten gemacht und als ‚Beruf' bezeichnet haben. Damit vollzieht sich die Berufstheorie zwar im denkenden Kopf bzw. mit der Entfaltung der Wissenschaft, aber dieser Vorgang vollzieht sich nicht unabhängig von

---

[387] In den 1950er Jahren hat Werner Sombart (1959, S. 25) festgestellt, dass „selbst die gewissenhafteste Berufsstatistik, wie die deutsche", insofern unvollständig sei, da „diese nur ‚legale' oder wohlanständige Tätigkeiten gelten lassen darf und deshalb Dieberei, Räuberei, Mädchenhandel, Zuhältertum, Hochstapelei u. dgl. nicht als Beruf kennt, während sie es doch zweifellos sind".
[388] Berufspädagoginnen und -pädagogen meinen (unausgesprochen) meistens das engere Verständnis von Beruf und setzen dieses zudem oft mit Ausbildungsberuf gleich.

der gesellschaftlichen Praxis. Die Praxis ist nicht bloß das Erkenntnisgrund der Theorie, sondern zugleich auch gesellschaftlicher Ermöglichungsgrund." (Hobbensiefken 1980, S. 48)

Die soziale Bedeutung einer Berufstheorie haben bereits Ulrich Beck, Michael Brater und Hansjürgen Daheim (1997, S. 25) mit ihren Überlegungen und Analysen zu einer „subjektbezogenen Berufstheorie" dargelegt. Schon unter diesem Aspekt erscheint die Entwicklung einer speziellen übergeordneten Theorie für die Berufe insgesamt und auch – wenn machbar – für einzelne Berufe, sinnvoll und zweckmäßig. Dazu ist zunächst eine theoretische wissenschaftliche Analyse, Untersuchung und Fundierung des Begriffs „Beruf" sowie eine Systematisierung und Theorieausformung zu den Berufen notwendig. Dieses hatten Ulrich Beck und Michael Brater bereits Mitte der 1970er Jahre gefordert, indem sie auf der Basis einer „sozialwissenschaftlichen Berufstheorie" die „Konstitution der Berufe" (Beck/Brater 1977, S. 6) zum Forschungsthema erhoben. Der Beruf ist dabei der wesentliche Gegenstand für entsprechende (berufs-)wissenschaftliche Analysen, Untersuchungen und Aussagen, wobei das Gesamtsystem der erfassbaren oder gewonnenen berufsbezogenen Aussagen als Theorie der Berufe bzw. Berufstheorie bezeichnet werden kann.

Grundsätzlich können Berufstheorien für verschiedene Felder bzw. Bereiche entwickelt werden, „und zwar
- als allgemeine und berufsübergreifende Ausprägung, die Aussagen zur Theorie für möglichst viele Berufe darstellt,
- auf einzelne spezifische, ausgewählte nicht-akademische und akademische Berufe gerichtete Form als Ergebnis berufswissenschaftlicher Forschung im weiteren Sinne,
- als eine unter pädagogischen Gesichtspunkten auf spezifische Berufe gerichtete Ausprägung mit dem Ziel, eine Bezugswissenschaft bei der Ausbildung zu nicht-akademischen Berufen zu erhalten" (Tärre 2013, S. 463 f.).

Eine allgemeine berufsübergreifende Theorie sollte für möglichst viele Berufe gelten. Sie kann aber auch allgemein auf das Phänomen „Beruf" zielen. Berufe können im Kontext anderer Entwicklungen entstehen. Es können sich beispielsweise durch ein verändertes Freizeitverhalten und Einstellungsänderungen vieler Menschen Beschäftigungsfelder entwickeln, in denen sich im Laufe der Zeit Verberuflichungsprozesse abspielen. Als aktuelle Beispiele seien Fitnessstudios und Solarien genannt, aber auch spezielle Pflegebereiche (psychologische Betreuung, physiotherapeutische Betreuung etc.), umweltschutzrelevante Bereiche etc.

Eine spezielle Berufstheorie kann sich auf den Lebenslauf eines ausgewählten Berufes von der Entstehung bis zum Vergehen richten. Mit ihr können aber auch Aussagen zur Entberuflichung oder Verberuflichung und Professionalisierung von Berufen dargestellt werden.

- **Beispiel einer singulären Berufstheorie: Lebenslauf von Berufen**[389]

Für einige Berufe lässt sich ein zeitlicher Kontext zwischen Auftreten einer technischen Erfindung oder einer Entdeckung und dem Erscheinen als Beruf ermitteln; für andere Berufe ist es schwieriger. So wurde die Fotographie 1840 entwickelt, während es den (Erwerbs-)Beruf des Fotographen etwa seit 1860 gibt. Um 1920 setzte sich der Rundfunk als technische Entwicklung auch in der Gesellschaft durch; den Rundfunkmechaniker als Beruf gibt es seit 1925.

Derartige Zusammenhänge hat man bereits in den 1980er Jahren aufzudecken versucht (z. B. Autorenkollektiv 1983, S. 31; Rudolph u. a. 1987, S. 108). Dabei könnte man aufgrund der zunehmenden Dynamik der Beschäftigungs- und Berufswelt allgemein davon ausgehen, dass die so ermittelten Zeitspannen in der Zukunft immer kürzer werden würden. Ob dieses tatsächlich so gilt, lässt sich nicht nur am Beispiel des Computers, entwickelt von Konrad Zuse 1941, in Zweifel ziehen.[390] Auch die vergangenen rund zwei Jahrzehnte mit technischen Entwicklungen in der Informations- und Kommunikationstechnik (Internet, Handy, ...) sind nicht auf eine solch einfache Formel zu bringen.

Berufe haben nach dem bisher Gesagten so etwas wie einen mehr oder weniger ausgeprägten „Lebenslauf" und ihre eigene Zeit.[391] Sie entstehen, haben irgendwann ihren Höhepunkt der Daseinsberechtigung, und viele verschwinden auch wieder. Allgemein sollten solche Phänomene diskutiert und dokumentiert werden, wobei auf die Option zu achten ist, dass sich ein Beruf (im engeren Sinne) nach der Etablierung auch zu einer Profession weiterentwickeln kann. Ungeachtet von berufsspezifischen Besonderheiten lässt sich ein prinzipieller Verlauf zeichnen, von dem es in konkreten Fällen aber auch Abweichungen – nicht nur durch Unwägbarkeiten aufgrund prognostischer Unsicherheiten – geben kann (Abb. 65).

Zudem ist die Entwicklung eines Berufes u. a. von politischen Eingriffen, berufsständischen Strategien und zufälligen Einflüssen abhängig und oft im Kontext mit „verwandten", „benachbarten" oder „konkurrierenden" Berufen sowie von Ausdifferenzierungen aus bestehenden Berufen zu sehen.

---

[389] Der folgende Abschnitt beruht im Wesentlichen auf „Vorüberlegungen zu einer Allgemeinen Theorie der Berufe" (2014), die zusammen mit Volkmar Herkner entwickelt worden sind.
[390] Auch Rudolph u. a. (1987, S. 107) bringen das Beispiel eines „Technischen Rechners". Sie verweisen dabei auf den ab 1964 in der DDR bestehenden Lehrberuf „Facharbeiter für Datenverarbeitung" und die technische Erfindung, „deren Inkubationszeit 1929 begann" (ebd.; ebenso: Schneider/Lorenz 1978, S. 6; Autorenkollektiv 1983, S. 30).
[391] Franz Schapfel-Kaiser (2010, S. 9 ff.) fragt aufgrund einer Pilotstudie zu Zeitkulturen am Beispiel von Hebammen, Künstlern, Bauleitern und Straßenbahnfahrerinnen und -fahrern: „Haben Berufe ihre eigene Zeit?"

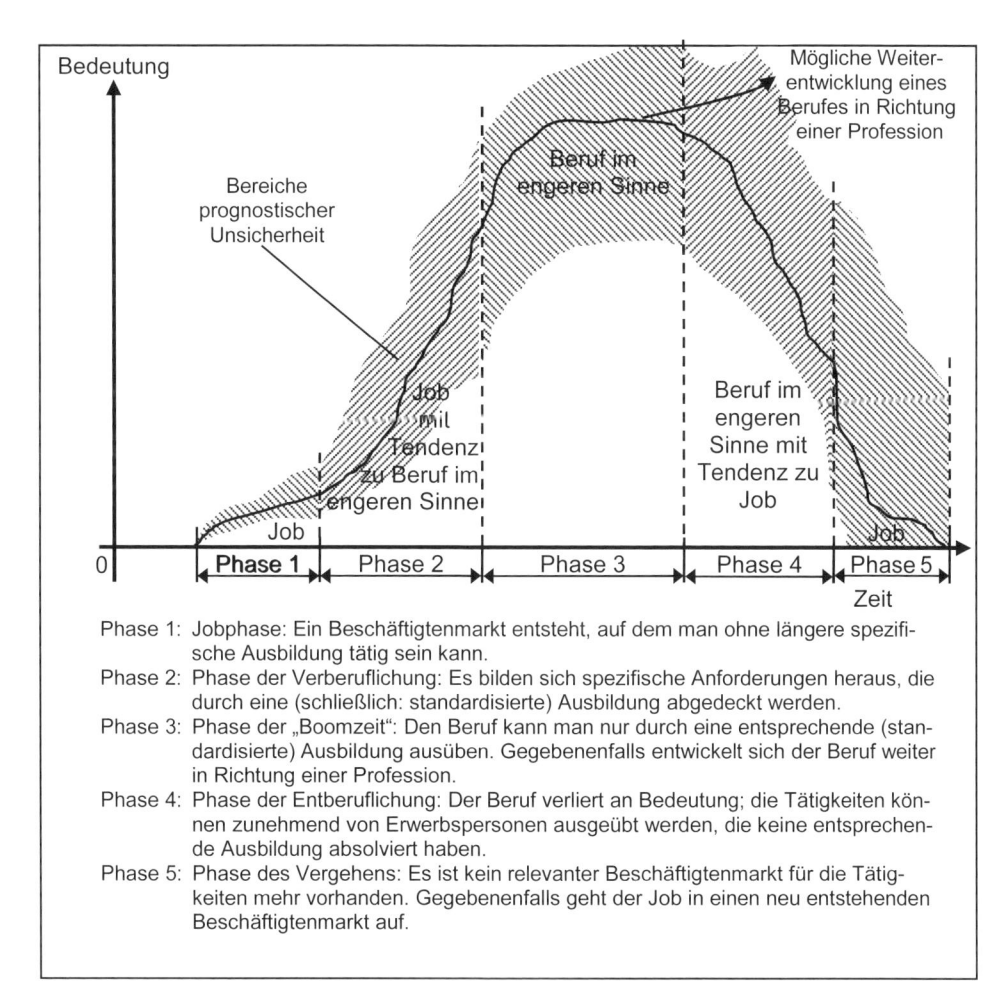

Berufsförmige Tätigkeiten und Berufe der Gegenwart 357

Phase 1: Jobphase: Ein Beschäftigtenmarkt entsteht, auf dem man ohne längere spezifische Ausbildung tätig sein kann.
Phase 2: Phase der Verberuflichung: Es bilden sich spezifische Anforderungen heraus, die durch eine (schließlich: standardisierte) Ausbildung abgedeckt werden.
Phase 3: Phase der „Boomzeit": Den Beruf kann man nur durch eine entsprechende (standardisierte) Ausbildung ausüben. Gegebenenfalls entwickelt sich der Beruf weiter in Richtung einer Profession.
Phase 4: Phase der Entberuflichung: Der Beruf verliert an Bedeutung; die Tätigkeiten können zunehmend von Erwerbspersonen ausgeübt werden, die keine entsprechende Ausbildung absolviert haben.
Phase 5: Phase des Vergehens: Es ist kein relevanter Beschäftigtenmarkt für die Tätigkeiten mehr vorhanden. Gegebenenfalls geht der Job in einen neu entstehenden Beschäftigtenmarkt auf.

Abb. 65: Beispiel einer Theorie: Lebenslauf eines Berufes (Herkner/Puhl 2014, S. 110)

Ob sich ein Beruf zu einer Profession weiterentwickelt oder er aufgrund des Bedeutungsverlustes der mit ihm verbundenen Tätigkeiten wieder verschwindet bzw. ggf. in einen neuen Beruf aufgeht, scheint vor allem von gesellschaftlichen Bedarfen nach den in dem Beruf inkorporierten spezifischen Qualifikationen und dem Einfluss der mit dem Beruf induzierten Tätigkeiten abhängig zu sein. Je wichtiger die Tätigkeit für Leben und Gesundheit bzw. je wichtiger eine fachgerechte Ausübung der Tätigkeit dafür ist, desto besser scheinen die Chancen zu sein, mit Hilfe einer starken berufsständischen Interessenvertretung den Beruf zu etablieren oder sogar zu professionalisieren. Für solche Berufe bestehen Möglichkeiten, dazugehörige längerfristig geltende Berufstheorien aufzustellen.

Für Tätigkeiten mit einem besonderen gesellschaftlichen Interesse greift der Staat in den eigentlich freien „Berufsmarkt" ein, indem er reglementierte Berufe schafft. In reglementierten Berufen darf eben nicht, wie Artikel 12 des Grundgesetzes verheißt, jeder tätig sein. Da das schützenswerte Gut – Leben und Gesundheit – von solch großer Wichtigkeit ist, werden subjektive, d. h. an die Person gebundene Voraussetzungen an die Berufsausübung geknüpft. Dieses betrifft in erster Linie eine entsprechende Ausbildung und eine hierbei nachzuweisende Berufs- bzw. Fachkompetenz. Damit wird dem Beruf eine herausragende Bedeutung zugesprochen, die ihn zugleich schützt.

Viele Berufe bestehen nicht lange. Es gibt zwar traditionelle Berufe mit einer langen Geschichte, wie die Bauern, Fischer und Jäger oder im Handwerksbereich (Goldschmied, Maler, ...), aber vielmehr auch andere, die nur eine vergleichsweise kurze Epoche existier(t)en (siehe auch: Palla 1998). So ist das „Fräulein vom Amt", die nach der Etablierung des Telefons in den Städten als Vermittlerin im Fernsprechdienst Anrufenden mit Angerufenen zusammenbrachte, längst wieder Vergangenheit.

Auch gegenwärtig kann das Verschwinden von Berufen entdeckt werden. Als Beispiel sei der Beruf „Rundfunkmechaniker/-in" genannt; ein Beruf, der aufgrund der abnehmenden Bedeutung von Instandhaltungsarbeiten an Rundfunkempfangssystemen immer mehr an Relevanz verliert. Auch in anderen Fällen hat das Konsumverhalten der Menschen einen Einfluss auf die Relevanz von Berufen. So sind einige traditionelle Berufe wie „Lebkuchenbäcker/-in" oder „Glasbläser/-in" am Aussterben bzw. haben nur noch regionale Bedeutung, da billiger produzierende Großbäckereien und Glasereifachbetriebe das traditionelle Handwerk be- und verdrängen.

Generell ließe sich für Berufe, die primär auf die Instandhaltung von Konsumgütern zielen, eine wenig rosige Zukunft voraussagen. Dieses trifft auf sehr weite Sicht selbst auf einen der derzeit ausbildungsstärksten Ausbildungsberufe zu, denn wenn – wie von Wolf-Dietrich Greinert (2012, S. 211) prognostiziert – es künftig das „Wegwerfauto" als Einwegprodukt geben wird, werden auch Tätigkeiten obsolet werden, die gegenwärtig mit dem Berufsbild „Kraftfahrzeugmechatroniker/-in" abgedeckt werden.

Auch wenn diese kritischen Anmerkungen notwendig oder erhellend erscheinen: Es ist oft wenig ergiebig, einen einzelnen Beruf isoliert von anderen Berufen zu betrachten. Berufe beeinflussen sich untereinander. Hat ein Beruf gerade einen größeren Zulauf, so geht das eventuell auf Kosten mindestens eines anderen. Auf diese Weise können in extremen Fällen „Modeberufe" einerseits und „Mangelberufe" andererseits entstehen. Berufstheorien, die Entsprechendes thematisieren, sind bislang – soweit erkennbar – noch nicht entwickelt worden

- **Theorieentwicklung zu den Berufen**

Eine Theorie über Berufe, die für die Praxis nutzbar ist, setzt die Aufmerksamkeit möglicher Nutzer und insbesondere das Interesse einer entsprechenden Berufsforschung voraus. Eine zu entwickelnde allgemeine Berufstheorie sollte für möglichst viele nicht-akademische und akademische Berufe gültig sein. Davon unabhängig oder aber darin integriert kann eine spezifische Forschung über einzelne Berufe oder eine Berufsgruppe sein, die zu einer spezifischen Theorie jeweils eines speziellen Berufes führen kann. Eine solche spezifische Berufstheorie könnte wiederum eine allgemeine Berufstheorie bestärken und absichern.

Angesichts der Bedeutung, die das Berufsleben in der heutigen Gesellschaft hat, erscheint es sinnvoll, nicht vom Ende der Berufsgesellschaft auszugehen, sondern den Beruf in seiner Funktion für Individuum und Gesellschaft anzuerkennen und eine in sich geschlossene Theorie über nicht-akademische und akademische Berufe weiterzuentwickeln.

Die herausragende gesellschaftliche, soziale und kulturelle Bedeutung beruflicher Tätigkeiten und damit auch des Berufs in allen geschichtlichen Epochen kann kaum genug hervorgehoben werden. Man kann daher – wenn auch etwas überspitzt – behaupten: „Eine Kultur lebt vor allem in der Mannigfaltigkeit ihrer Berufe." (Palla 1997, S. 7) Eine wissenschaftliche Untersuchung und theoretische Fundierung des Begriffs „Beruf" sowie eine Systematisierung und Theorieausformung der Berufe ist sinnvoll, wenn nicht sogar notwendig.

Der Beruf ist dabei der wesentliche und immer mit einzubeziehende Gegenstand für entsprechende wissenschaftliche Untersuchungen und Aussagen, wobei das Gesamtsystem der erfassbaren oder erhältlichen berufsbezogenen Aussagen als Berufstheorie – wie weit sie auch immer elaboriert ist – bezeichnet werden kann. Untersuchungen können sich aber auch Einzelphänomene und auf spezifische berufliche Fähigkeiten richten, die für mehrere berufsförmige Arbeiten charakteristisch sind. Aufgabe der Berufstheorie ist es, zur Beschreibung aller zum Phänomen „Beruf" gehörenden Erkenntnisse und letztlich zur Entwicklung einer Berufswissenschaft, die die Ganzheit der Berufe im Beschäftigungs- und Wissenschaftssystem umfasst, zu verhelfen.

Für die berufsförmigen Tätigkeiten auf unterschiedlichen Niveaus sind dabei Erkenntnisse über die je spezifischen Theorien einzelner Berufe zu erwarten. Die sich dabei generierende Berufstheorie – für spezifische Berufe oder die Berufe insgesamt – kann sich u. a. im Spannungsfeld von gesellschaftlichen Rahmenbedingungen und individueller Konstruktion entwickeln.

3.2.4. Berufswissenschaftsentwicklung
– Rahmengebung für die berufswissenschaftliche Forschung

Ganz allgemein ist Wissenschaft eine „Bezeichnung für eine Lebens- und Weltorientierung, die auf eine spezielle, meist berufsmäßig ausgeübte Begründungspraxis angewiesen ist und insofern über das jedermann verfügbare Alltagswissen hinausgeht" (Kambartel 1996, S. 719). Sie umfasst die Tätigkeiten, „die das wissenschaftliche Wissen produziert" (ebd.). Berufswissenschaft – beinhaltet u. a. besondere Bereiche der

Wissenschaftsgeschichte, der Wissensverwaltung, Wissenschaftstheorie, Wissenschaftsethik, Wissenschaftslogik und allgemeine sowie spezifische Formen der Forschung und Lehre. Die Berufswissenschaft könnte damit aber keinesfalls zu den „reinen" Wissenschaften zugeschlagen werden.[392]

Mit den Berufswissenschaften, die als vorwiegend anwendungsorientiert eingestuft werden können, sollten zwar auch wissenschaftstheoretische Fragen aufgegriffen werden, dieses aber keinesfalls vorrangig. Ob Themen der Berufswissenschaften zweckfrei oder zweckorientiert sind, lässt sich daran erkennen, ob mit diesen beispielsweise praktische Aussagen zur Gestaltung von berufsförmiger Arbeit, Berufen oder Berufsausbildung gemacht werden oder verallgemeinerbares Wissen beispielsweise zur Berufsentstehung, Berufsentwicklung und Methoden der Berufsforschung gesammelt und dokumentiert wird.

Mit diesen Anmerkungen zu berufswissenschaftlichen Arbeitsfeldern erfolgt aber keine Wertung oder Handlungsempfehlung. Es gilt auch für die Berufsforschung, dass sie „als Aspekt wissenschaftlicher Tätigkeit auf die Verfahren zur *Geltungssicherung* von Aussagen und damit auf das *Beschreiben*(lehren) der Gegenstände zielt" (Lorenz 1980, S. 663; Hervorhebungen im Original). Ein anderer Aspekt wissenschaftlicher Tätigkeit ist derjenige, „der die Verfahren zur *Sinnbestimmung* prädikativer Ausdrücke und damit das *Kennen*(lernen) der Gegenstände ausarbeitet" (ebd.). Unter dem Forschungsaspekt ist Wissenschaft „eine Theorie der *Objektkompetenz* im Unterschied zur Wissenschaft im Darstellungsaspekt, die als Theorie der *Metakompetenz* auftritt" (ebd.).

Berufswissenschaftliche Forschung, die sich auf die Geltungssicherheit von Aussagen richtet, hat die Aufgabe, den entsprechenden Wissenschaftsbereich mit Hilfe von wissenschaftlichen Forschungsmethoden und -ergebnissen zu erweitern, sodass die Gegenstandsbereiche „institutionell organisiert bzw. geordnet werden und in einem intersubjektiv nachvollziehbaren Begründungszusammenhang stehen" (Brockhaus 2006, Bd. 30, S. 202). Wissenschaft muss zu einem Wissen erhöhter Verlässlichkeit führen.

Berufsforschung hat aber auch die Aufgabe, Fragen zu beantworten, die tief in der menschlichen Natur verankert sind, d. h. für bestimmte Phänomene und Gegenstandserscheinungen Erklärungen zu liefern.[393]
Erklärungen sind wichtig, weil daraus Folgerungen abgeleitet und gegebenenfalls sogar Voraussagen getroffen werden können. Jedoch ist beispielsweise der Berufsmensch ein überaus komplexes, vielleicht sogar fragwürdiges Untersuchungsobjekt,

---

[392] In Griechenland entwickelte sich im fünften vorchristlichen Jahrhundert aus der Philosophie heraus die reine Wissenschaft, losgelöst von den praktischen Problemen der Menschen. Denker wie Platon, Aristoteles versuchten, die Welt und ihre menschliche Existenz zu deuten, zu verstehen und zu interpretieren. Sie können als Universalforscher bezeichnet werden. In der Folge entstanden dann selbständige Wissenschaften mit Fachgelehrten.
[393] Ein „Hauptmotiv für das wissenschaftliche Streben des Menschen ist unabhängig von (…) praktischen Belangen; es liegt im reinen Wissensdrang, im endlosen Streben, sich selbst und seine Welt erkennend zu erfassen und zu verstehen" (Hempel 1977, S. 1).

weshalb es fast unmöglich ist, auch nur das Verhalten eines einzigen Menschen, geschweige denn ganzer Gruppen, abschließend zu erklären oder gar vorauszusagen.

Unabhängig von der dargestellten Problematik können wissenschaftliche Erklärungen als Antworten auf „Warum-Fragen" (Hempel 1977, S. 2) begriffen werden.[394] Antworten zu auftretenden Fragen aus der Welt der Berufe sollten mit Hilfe von berufswissenschaftlichen Forschungsvorhaben geleistet werden. Die gewonnenen berufswissenschaftlichen Erklärungen werden – so die Annahme – dann „explizit oder implizit eine Subsumption des jeweiligen Gegenstands unter allgemeine Gesetzmäßigkeiten bewirken; daß sie alle ein systematisches Verständnis empirischer Phänomene durch den Nachweis zu liefern suchen, daß die Geschehnisse sich in einen gesetzmäßigen Zusammenhang einfügen" (Hempel 1977, S. 224).

Wissenschaften sind durch Theorien zur Erklärung der Welt bestimmt, Berufswissenschaften durch Berufstheorien, mit denen Erklärungen insbesondere zur Berufswelt geliefert werden können. Die „Erkenntnisleistung wird häufig darauf zurückgeführt, dass sich die Wissenschaft auf Erfahrung stützt, was aber die weitere Frage aufwirft, wie sich denn Hypothesen und Theorien auf Erfahrung stützen lassen" (Carrier 2006, S. 15). Hypothesen lenken „das Augenmerk auf Beziehungen und vermögen Wichtiges von Unwichtigem zu trennen; sie sind aber anhand von Beobachtungen zu prüfen. Tatsächlich ist die Übereinstimmung mit der Erfahrung die wichtigste Quelle der Autorität der Wissenschaften." (Carrier 2006, S. 58). Ob aber eine Beobachtung aus der Berufswelt einem Sachverhalt völlig entspricht, ist fraglich.[395]

Hypothesen und Theorien auch der Berufswissenschaft gelten nur solange, wie sie nicht widerlegt sind. Die Aufrechterhaltung einer Hypothese oder Theorie ergibt sich durch eine wiederholte, sorgfältige und anspruchsvolle Prüfung. Theorien können durch theoretisch abgeklärte Begriffe verständlicher werden. Das gilt beim gegenwärtigen Entwicklungsstand der Berufswissenschaft insbesondere für Begriffe der Berufstheorie.

Berufstheoretische Begriffe sollten die Eigenschaften und das Wesen von Berufen und der Berufswelt beschreiben. Dabei wird sich eine erste Ausrichtung auf die tatsächlich

---

[394] „Warum-Fragen zielen aber nicht immer auf die Erklärung ab: manchmal fragen sie nach Gründen, die eine Behauptung stützen können. (…). Fragen dieser Art wollen wir *Begründung-verlangend oder epistemisch* nennen. Wenn man sie in der Form stellt, Warum sollte es der Fall sein, daß p?' so ist das irreführend; ihr Sinn wird adäquater durch eine Formulierung wiedergegeben wie, Warum sollte man glauben, daß p?' oder ‚Welche Gründe gibt es für die Annahme, daß p?' Eine Erklärung-verlangende Warum-Frage setzt normalerweise voraus, daß die an der Stelle von ‚p' stehende Aussage wahr ist, und sie sucht nach einer Erklärung für die angebliche Tatsache, das Ereignis, bzw. den Sachverhalt, den ‚p' beschreibt; eine epistemische Warum-Frage setzt die Wahrheit der entsprechenden Aussage nicht voraus, sondern verlangt stattdessen nach Gründen für die Annahme, daß sie wahr ist. Eine geeignete Antwort auf Fragen der ersten Art bietet deshalb eine Erklärung für das mutmaßliche empirische Phänomen, während eine geeignete Antwort auf Fragen der zweiten Art bestätigende oder rechtfertigende Gründe zur Stützung der Aussage liefert." (Hempel 1977, S. 3; Hervorhebungen im Original)
[395] Es „ist die Sachangemessenheit von Beobachtungen nicht direkt überprüfbar, da man nicht Beobachtung und Sachverhalt miteinander vergleichen kann" (Carrier 2006, S. 59).

erkennbare und erfassbare Berufswirklichkeit richten. Da es aber unter der berufswissenschaftlichen Perspektive auch um theoretische Erkenntnis geht, d. h. um nicht sofort sichtbaren strukturellen Invarianzen, muss das Empirische transzendiert und gegebenenfalls müssen neue sowie praktikable theoretische Begriffe generiert werden.

Theoretische Begriffe sind in der Berufswissenschaft
- nicht nur aus semantischen und verständigungsorientierten, sondern auch erkenntnistheoretischen Gründen unverzichtbar,
- für Systematisierungen und Erklärungen unentbehrlich,
- für den Fortschritt der Wissenschaft konstitutiv,
- ein Gewinn für den Beobachtungsgehalt,
- für die methodologische Fundierung relevant sowie
- für inhaltliche Klärungen bedeutsam.

Für eine grundlegende Berufswissenschaft mit den zugehörigen Theorien gibt es zentrale oder wichtige allgemeine Begriffe – wie beispielsweise Berufsausbildung, Berufsethos, Berufsgeschichte, Berufsprognostik, Berufspsychologie, Berufsrecht, Berufsstatistik, Berufsstruktur, Berufssoziologie, Berufssystematik – und spezifische auf einzelne Berufe bezogene oder anwendbare Begriffe. Dazu gehören u. a. Niederlassungsrecht, Berufsstolz, gesetzlich geschützter Berufstitel oder Wandel einzelner Berufe.

Nach einer Sammlung möglicher berufsrelevanter Begriffe ist zu untersuchen, welche davon den Rang von theoretischen Begriffen haben können, und inwieweit sie für die Berufswissenschaft bedeutsam sind. Bei den allgemeinen Begriffen beispielsweise handelt es sich bei der Berufstheorie – wie schon vom Wort her erkennbar – um theoretische Abstrakta. Auch dem Berufsethos kann man den Rang eines theoretischen Begriffes zusprechen.

Geht man von der Notwendigkeit von grundlegenden theoretischen Begriffen aus, so ist auch für die Berufswissenschaft zu fragen, ob die erkannten Begriffe
- sich auf wissenschaftliche Theorien beziehen, oder sie nur rein instrumentellen Charakter haben,
- theoretische Bedeutung haben, und ob ihnen kognitive Bedeutung zugesprochen werden kann,
- theoretischer und praktisch-empirischer Art Beziehungen zueinander aufweisen (vgl. Dreier 1997, S. 155).

Generell sind Aussagen auch von berufswissenschaftlichen Theorien als vorläufig einzuschätzen. Grundlegende Theorien, die für die Berufswissenschaften aufgestellt werden, haben die Aufgabe, unter den gegebenen Bedingungen Gedanken, Strukturen und Prinzipien der objektivierten Berufswelt mit ihren Berufen zu beschreiben und zu erklären. Dabei wird vorausgesetzt, dass die gewonnenen Theorien nur unter dem Vorbehalt existieren, dass sie falsifiziert werden könnten. Theorien können – wie Popper (1994) aufgewiesen hat – für den Stand der jeweiligen Erkenntnisse als vorläufig angesehen werden. Auch berufswissenschaftliche Erkenntnisse stehen unter dem Vorbehalt der Falsifizierbarkeit.

Anders stellt sich der Aktionsrahmen für die anwendungsbezogene Berufswissenschaft und Berufsforschung dar. Auch diese wissenschaftlichen Arbeitsbereiche der modernen Gesellschaft befinden sich in einem Spannungsfeld der verschiedensten Ansprüche. Womit – wie Fritz Böhle ausführt – die herkömmlichen Kriterien von Allgemeingültigkeit, Objektivität und Ausdifferenzierung nicht mehr ausreichen, denn – so seine auch für Berufswissenschaftler nachvollziehbare These – „die nach den Kriterien der Allgemeingültigkeit, Objektivität und Eigenständigkeit als ‚hart' geltende Wissenschaft läuft zugleich Gefahr, wesentliche Ziele von Wissenschaft und wichtige gesellschaftliche Erwartungen an Wissenschaft in modernen Gesellschaften zu verfehlen" (Böhle 2013, S. 54).

Damit richtet sich die Kritik auf den mit einem solchen Wissenschaftsbegriff verbundenen Reduktionismus, durch den ein Forschungsvorhaben von allen Randproblemen freigeschnitten wird. Der Preis für die auf solche Weise geschaffenen „harten" Wissenschaften ist nicht nur die Eingrenzung des Gegenstandsbereichs sondern auch „die Distanz zur Praxis. Wäre sie konsequent, müsste sie die Lösung praktischer Probleme – ganz ähnlich wie die traditionellen Wissenschaften – dem praktischen Erfahrungswissen überlassen. Doch gerade dies ist nur schwer mit dem Nützlichkeits- und Universalitätsanspruch wissenschaftlichen Wissens vereinbar. Die ‚harten' Wissenschaften ließen sich daher auch insofern als ‚weiche' klassifizieren, als sie die in modernen Gesellschaften mit Wissenschaft verbundenen Ansprüche nur begrenzt erfüllen." (Böhle 2013, S. 54)

Diskutiert man das Gegensatzpaar „harte" und „weiche" Wissenschaften insbesondere unter berufswissenschaftlicher Perspektive, so wird der Diskurs auch dadurch bestimmt, wie man den angewandten Begriff der „Wissenschaft" definiert.[396] Sozialwissenschaften und damit auch die Berufswissenschaft müssen, unabhängig davon ob man sie als „weiche" Wissenschaften einordnet, nicht wegen des methodischen Ansatzes, sondern wegen der komplexen Zusammenhänge in denen sie stehen, einen weiteren Fragehorizont aufreißen. Deshalb erscheint es auch für die Untersuchungen zu Berufen sinnvoll „die Beurteilung von Wissenschaftlichkeit nicht an der Eindimensionalität und Homogenität, sondern an der Pluralität und Heterogenität der Ansprüche von Wissenschaft und der gesellschaftlichen Anforderungen an Wissenschaft zu orientieren" (Böhle 2013, S. 53) (Abb. 66).

Auf diese Weise tritt an Stelle herkömmlicher hierarchischer Ordnung unterschiedlicher wissenschaftlicher Orientierungen, Methoden und Disziplinen „eine horizontale Verortung zwischen den Polen Allgemeingültigkeit und Kontextbezug, Objektivität und Subjektivität, Eigenständigkeit und praktischer Einbindung. Wissenschaftlichkeit gründet sich demnach weniger auf ein Entweder-oder als auf ein Sowohl-als-auch." (Böhle 2013, S. 54)

---

[396] Diese orientieren „ sich mit Vorliebe an der idealtypischen, an der ‚reinen', der nur auf die Wahrheit und nichts als die Wahrheit verpflichteten theoriebildenden und -testenden Wissenschaft" (Kromrey 2003, S. 1).

```
┌─────────────────────────────────────────────────────────────────────┐
│              Heterogene Ansprüche und Anforderungen                 │
│                                                                     │
│                                           Empirische Fundierung     │
│  Allgemeingültigkeit  ╲         ╱         (Verbindung von Theorie   │
│                        ╲       ╱          und Empirie)              │
│                         ╲     ╱                                     │
│  Objektivität           Spannungsverhältnis   Praktische Nützlichkeit│
│                         ╱     ╲               (Anwendungsbezug)     │
│                        ╱       ╲                                    │
│  Ausdifferenzierung   ╱         ╲         Universalität (Offenheit des│
│                                           Gegenstandsbereiches)     │
└─────────────────────────────────────────────────────────────────────┘
```

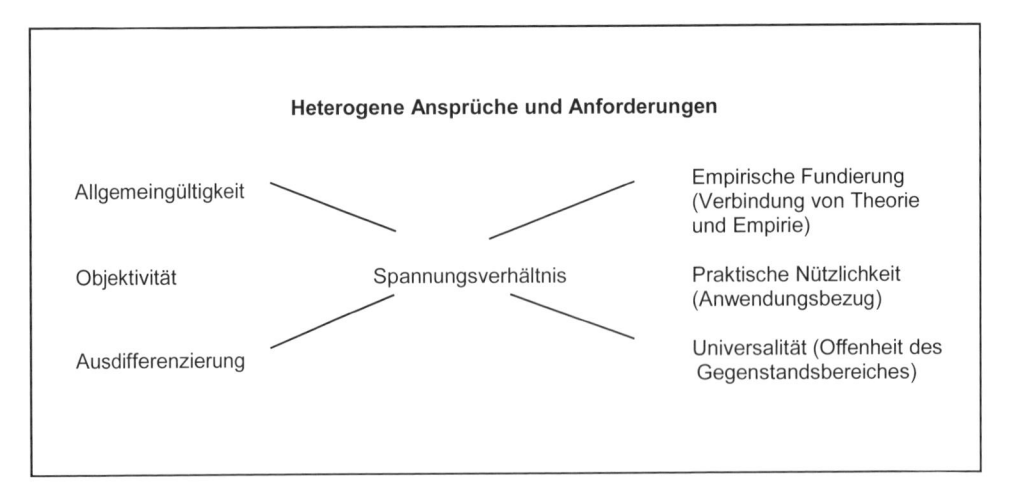

Abb. 66: Heterogene Ansprüche und Anforderungen an die Wissenschaften in modernen Gesellschaften (Böhle 2013, S. 54)

Erkenntnistheoretiker und die Methodologen bzw. Methodiker sehen das allerdings teilweise anders.[397] Für berufswissenschaftliche Arbeiten jedoch muss mit den heterogenen Ansprüchen und Anforderungen aus verschiedenen Interessenlagen reflektiert und pragmatisch umgegangen werden.

Richtet sich die wissenschaftliche Orientierung auf die berufsförmige Arbeit und das dabei zu betrachtende oder bereitzustellende und zu schaffende Wissen, so kann das durch die Berufswissenschaft wahrgenommen werden. Für einen Wissenschaftsansatz, der im Wesentlichen auf die Konzepte der anwendungsorientierten Forschung zugreift, steht das Wissen über Berufe und die Berufswelt unter einem Begründungsanspruch. Wegen der Komplexität der Berufswelt und der Vielfalt der Berufe sind die Kriterien der Wissenschaftlichkeit insbesondere an dem schon benannten „Spannungsverhältnis zwischen Allgemeingültigkeit und Kontextbezug, Objektivität und Subjektivität, Eigenständigkeit und Einbindung in gesellschaftliche Praxis" (Böhle 2013, S. 56) zu bemessen.

Mit diesem unkonventionellen Denkansatz öffnen sich die berufswissenschaftliche Perspektiven sowie der Horizont für weiterreichende Arbeitsmöglichkeiten. In „den Blick gerät dann anstelle der abstrakten Orientierung an Dekontextualisierung die Explizierung des jeweiligen Kontextbezugs oder Definition und Kontrolle des Kontexts;

---

[397] Der gegenwärtige Wissenschaftsbegriff ist seit langem durch einen naturwissenschaftlichen Objektivitätsbegriff geprägt. In diesem Sinne erscheinen dann die Kultur- und Sozialwissenschaften als „weiche" Wissenschaften. Die Ursachen dafür liegen freilich nicht in irgendwelchen methodischen Problemen, sondern in dem im Vergleich zu den Naturwissenschaften ungleich weiteren Fragehorizont. Auch die heutigen „harten" Wissenschaften waren über den längsten Zeitraum ihrer Geschichte durchaus „weich". Durch Komplexitätsreduktion und eine Beschränkung der Fragestellung auf objektiv messbare Ausschnitte wurde die Physik zu einer „harten Wissenschaft".

anstelle der von jeglicher Subjektivität gereinigten Objektivität die subjektgebundene Konstruktion von Wissen und rationale Reflexion subjektiver Wahrnehmung; anstelle institutioneller Ausdifferenzierung und Eigenständigkeit die Nähe zur Praxis bis hin zur Forschung in und mit der Praxis bei gleichzeitiger Aufrechterhaltung der Differenz zwischen wissenschaftlichem und praktischem Erkennen und Handeln" (Böhle 2013, S. 56).

Dabei sollten für jede Sozialwissenschaft und damit auch für die Berufswissenschaft das Desiderat der Allgemeingültigkeit unter explizitem Kontextbezug, der Definition und Kontrolle des Kontextes sowie der Berücksichtigung der Kontextgebundenheit stehen. Die Forderung der Objektivität wird eingeschränkt, aber auch erweitert durch die explizite Subjektgebundenheit, rationale Reflexion der Nachvollziehbarkeit und eventuell sogar von Subjektivität. Der Anspruch nach Ausdifferenzierung wird erweitert durch die Anwendung und Forschung in der Praxis sowie einer Einbindung in praktisches Handeln (Abb. 67).

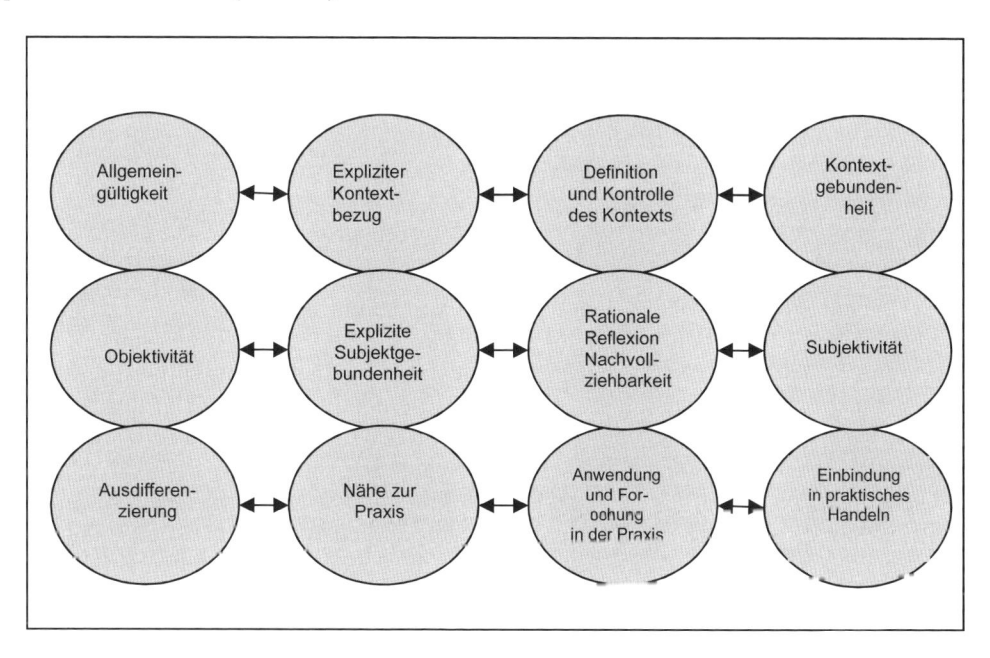

Abb. 67: Kriterien der Wissenschaftlichkeit bei anwendungsorientierter Forschung (Böhle 2013, S. 57)

Auch für die Berufswissenschaft kann entscheidend sein, „dass die Wissenschaftlichkeit anwendungsorientierter Forschung nicht (mehr) allein nach den Kriterien der Allgemeingültigkeit, Objektivität und Eigenständigkeit wissenschaftlicher Forschung beurteilt wird. Ebenso bedeutsam ist, in welcher Weise sie sich auf konkrete anwendungsbezogene Zusammenhänge bezieht und inwieweit sie in der Lage ist, Problemstellungen in der Praxis aufzugreifen und zu deren Lösung beizutragen." (Böhle 2013, S. 56)

Mit den von Fritz Böhle vorgelegten Überlegungen sind die Kriterien von Wissenschaftlichkeit bei jedem zu untersuchenden berufsrelevanten Gegenstandsbereich neu zu bestimmen. Für die sich entwickelnde Berufswissenschaft kann sich unter solchen Voraussetzungen eine größere Handlungsoffenheit ergeben.

Soll wissenschaftliche Forschung sich auf die Praxis berufsförmiger Arbeit beziehen und praktisch anwendbar werden, „sind Nähe zur Praxis und Kontextgebundenheit keine Defizite, sondern im Gegenteil ein substanzielles Kriterium von Wissenschaftlichkeit" (Böhle 2013, S. 56). Zugleich kann damit das technische, praktische und emanzipatorische Erkenntnisinteresse befriedigt sowie die Wissenschaft über die Berufe gefördert werden.

Für die Berufswissenschaft als vorwiegend anwendungsorientierte Disziplin sind das Problem die „Beschaffenheit von empirischer Prüfung und Bestätigung in der Wissenschaft" (Carrier 2006, S. 15) und damit auch der Widerlegung von Hypothesen wichtige Gesichtspunkte, die die Arbeitsweisen bestimmen.[398] Eine Abkehr von herkömmlichen wissenschaftlichen erkenntnisorientierten Vorstellungen muss aber für Forschungsanliegen, die aus der Berufswelt entstehen, wohlbegründet werden. Mit anwendungsorientierter Berufsforschung können in die Berufswissenschaft komplexe Sachbereiche hineingebracht werden, die durch externe Störungen und äußere Nebenwirkungen gekennzeichnet sind. Diese können und dürfen, obwohl sie für eine reine und erkenntnisorientierte Forschung nicht akzeptabel sind, für die anwendungsorientierte Forschungsaufgaben gerade nicht ausgeschlossen werden.

Mit der angewandten Berufsforschung ist von vornherein der Gefahr zu begegnen, dass durch eine Fokussierung auf eng begrenzte zweckorientierte Aufgaben sowie Ziele theoretische und übergeordnete Grundlagen mit vertieften Erkenntnisansprüchen verloren gehen. Dennoch muss eine vorwiegend anwendungsorientierte Berufswissenschaft vorzugsweise zugleich eine eher praxisbezogene Berufsforschung betreiben. Durch wissenschaftliche Forschungen und Forschungsergebnisse im Rahmen schon etablierter Wissenschaften können unerwartete Erkenntnisse und auch neue Wissenschaftsdisziplinen wie z. B. die Berufswissenschaft ausgebaut werden. Ist eine solche Wissenschaft in ersten Ansätzen erkennbar, so ist die zugehörige Forschung aufgefordert, weitere Erkenntnisse in die neue Wissenschaftsdisziplin einzubringen.

Berufswissenschaft ist durch ein spezifisches Streben nach grundlegender und insbesondere anwendungsorientierter Erkenntnis über die Berufe und die Berufswelt gekennzeichnet. Tätigkeiten im Rahmen dieser Wissenschaft sind das Gewinnen, Bewah-

---

[398] Wie auch Martin Carrier (2006, S. 45 ff.) anmerkt, ergeben sich für die angewandte Forschung Grenzen der Widerlegung. Allerdings besteht bei der „empirischen Widerlegung von Hypothesen durch Aufweis von Gegenbeispielen (…) der Vorzug gegenüber der Bestätigung zunächst darin, dass sie sich auf die gültige Schlussform des so genannten *Modus tollens* stützen kann. Wenn aus einer Hypothese zusammen mit Annahmen über die vorliegenden Situationsumstände ein Beobachtungsbefund folgt und sich dieser Befund dann nicht findet, ergibt sich die Falschheit der Hypothese durch logischen Schluss." Mit der Widerlegung einer Theorie entsteht ein „Spielraum bei der Einpassung einer widrigen Beobachtung oder Anomalie in eine Theorie" (ebd., S. 51).

ren oder auch das Verwerfen von Erkenntnissen. Stellt man für das Gebiet der Berufe und berufsförmigen Tätigkeiten die Frage nach dem Verhältnis von Wissenschaft und Forschung, so betrifft das ebenso die Art der Tätigkeiten, die dabei erforderlich sind.

Wie andere Wissenschaften auch steht die Berufswissenschaft unter dem Druck vielgestaltiger und heterogener Anforderungen, die sich auf die Kriterien der Wissenschaftlichkeit auswirken können. Dieses kann ebenfalls Folgen für die berufswissenschaftliche Forschung haben.

Grundlegende und anwendungsorientierte Berufswissenschaft umfasst die Tätigkeiten von Forschung und Lehre. Sie bestimmt damit weitgehend die Rahmengebungen für die Berufsforschung. Das Verhältnis der Forschung zu einer als sinnvoll erkannten und ansatzweise vorhandenen, aber in großen Teilen noch weiter zu entwickelnden Berufswissenschaft ist somit dadurch bestimmt, dass die Forschung der sich entwickelnden Wissenschaftsdisziplin entsprechende Erkenntnisse, Ergebnisse und Theorien zuliefern muss.

Die Berufsforschung hat dabei die Aufgabe, durch gezielte Untersuchungen mit Hilfe entsprechender wissenschaftlicher Untersuchungsmethoden zur weiteren theoretischen Fundierung der Berufswissenschaft beizutragen. Aufgabe der Berufswissenschaft wiederum ist es, geeignete wissenschaftliche Methoden bereitzustellen oder zu generieren, mit denen Hypothesen und Theorien zu Forschungsansätzen erzeugt und in der Folge angemessen bearbeitet werden können. Mit der Lehre werden dann berufswissenschaftliche Forschungsergebnisse verbreitet.

Letztendlich sollten die Antworten berufswissenschaftlicher Theorie auf die jeweilige geschichtliche Situation bezogen sein und ihre Gültigkeit im Gesamtzusammenhang der Disziplin sowie in der Anwendung und im konkreten beruflichen Handeln erweisen. Es ist selbstevident, dass Berufswissenschaften auch im Spannungsfeld von Erkenntnisstreben und sozialer Verantwortung operieren. Jedoch muss – wie bei vielen anderen Wissenschaften auch – die Einbeziehung sozialer Werte in die Beurteilung von Theorien keinen Gegensatz zum Erkenntnisstreben bilden" (Carrier 2006, S. 173). Darüber hinaus kann ein breites Spektrum vieler sozialer Gruppen, aber auch wissenschaftlicher Vertreter anderer Disziplinen Hypothesenprüfungen zu einer Vielfalt von Perspektiven zu anspruchsvollen und sozialverträglichen Lösungen beitragen.

In besonderer Weise können in den Berufswissenschaftsbereichen Möglichkeiten der Mitbestimmung verankert werden. Wenn das erfolgt, sind „soziale Gruppen in einem regulierten Verfahren an der Wissensproduktion zu beteiligen und haben unter Umständen das Recht, Untersuchungen mit für sie erwartbar nachteiligen Folgen zu verhindern" (Carrier 2006, S. 179). Bei berufswissenschaftlichen Arbeiten mit Personen verschiedener Interessen sollten erkenntnisorientierte, epistemische Anstrengungen mit ethischen und sozialen Aspekten verbunden oder abgeglichen werden.

3.3 Allgemeine und spezifische Berufsforschung

3.3.1 Allgemeine Berufsforschung

- **Aufgaben und Bedeutung der allgemeinen Berufsforschung**

Ziel einer allgemeinen Berufsforschung, die grundlegend angelegt sein sollte, muss es sein, generalisierende bzw. allgemeingültige Aussagen und Erkenntnisse zu berufsförmigen Inhalten und Tätigkeiten sowie zu den Gegenständen „Beruf" und „Berufsfeld" zu liefern, die prinzipiell für alle Berufe oder zumindest für eine größere Zahl von Berufen gültig sind.

Die Forschungen richten sich nicht auf spezifische Berufe etc., sondern auf alle oder mehrere Berufe bzw. die berufsübergreifenden und allgemeingültigen Themen und Gegenstände. Im Rahmen der allgemeinen Berufsforschung sollten daher u. a. folgende Forschungsaufgaben wahrgenommen werden:
- zum Entstehen, Vergehen und zur Entwicklung des Berufskonstrukts sowie von Berufen,
- zu berufsübergreifenden, ethischen, soziologischen, psychologischen und arbeitsrechtlichen Erkenntnissen,
- zu generellen beruflichen oder professionellen Verhaltensweisen und Handlungsmustern,
- zum Universellem von Berufsethos, Berufsstolz und beruflichen bzw. professionellen Einstellungen,
- zu Berufsmotivation und Berufszufriedenheit,
- zu durchgängigen Problemen der Berufswahl, Zugänge zum Beruf und Berufsausbildung,
- zur Entwicklung berufsförmiger Arbeit im europäischen und internationalen Kontext,
- zu universellen Methoden der Berufsforschung,
- zur übergreifenden Berufstheorie.

Schon mit dieser kleinen Auflistung einiger Felder und Aufgaben der allgemeinen Berufsforschung wird die Bedeutung für die Berufswissenschaft als Ganzes sichtbar.

- **Arbeitsfelder der allgemeinen und generalisierenden Berufsforschung**

Die Generalisierung von Aussagen, die im Rahmen von Forschungen zu spezifischen Berufen erhalten worden sind und auf andere Berufe transferierbar erscheinen, bedarf der Verallgemeinerung der dabei gewonnenen Erkenntnisse und Ergebnisse. Solche induktiven Schlüsse bzw. der Transfer von berufsspezifischen Erkenntnissen auf eine größere Zahl von Berufen sind jedoch häufig eher problematisch. Darüber hinaus können generalisierende Aussagen auch durch die Bearbeitung von einzelnen berufsspezifischen Forschungsaufgaben mit dem Verfahren der vollständigen Induktion erlangt werden. Dabei muss man sich aber darüber im Klaren sein, dass der Schluss von einem oder mehreren Phänomenen zu universellen Aussagen große Unsicherheit mit sich bringen kann und schon allein durch eine partikuläre Aussage, die dem widerspricht, falsifiziert wird. Methodisch aussagekräftiger sind daher originäre berufsübergreifende Forschungsansätze.

Es gibt aber ein großes Methodenarsenal, mit denen generalisierende berufswissenschaftliche Aussagen gewonnen werden können: Mit deskriptiven Methoden lassen sich erkennbare Phänomene und Erscheinungen beschreiben, die eine begrenzte temporäre Aussagekraft haben. Es bieten sich insbesondere Methoden der qualitativen Sozialforschung an. Über die Clusteranalyse als Gruppenbildungsverfahren besteht die Möglichkeit, ähnliche Objekte zu Gruppen zusammenzufassen. Das Ziel von Clusteranalysen besteht dabei darin, aus einer heterogenen Ganzheit von Objekten homogene Aussagen zu ermitteln. Mit Hilfe der Fallstudienforschung ist z. B. ein größeres Sample von Fällen zu untersuchen. Daraus lassen sich allgemeine und weitgehend übereinstimmende berufswissenschaftliche Aussagen gewinnen. Auch im Rahmen empirischer Forschung können sich generalisierbare Aussagen über ein allgemeines berufswissenschaftliches Problem ergeben, die dann eine große Wahrscheinlichkeit und Validität aufweisen. Dennoch können auch solche Aussagen nur zeitlich begrenzt Bestand haben.

Bislang ist festzustellen, dass aus berufswissenschaftlicher Sicht eine Differenzierung bei den allgemeinen Forschungsfeldern und -aufgaben bisher kaum systematisch vorgenommen worden ist. Deshalb ist auch eine Hinwendung zu allgemeinen berufswissenschaftlichen Forschungsaufgaben bzw. entsprechenden Berufsforschungsvorhaben expressis verbis kaum erfolgt. Hier eröffnet sich zukünftig ein großes Tätigkeitsfeld.
Aus den Zielen und Aufgaben der allgemeinen berufswissenschaftlichen Forschung lassen sich Bereiche und Felder bestimmen, in denen vertieft und intensiv geforscht werden sollte. Dazu gehören u. a.:
- Berufsverständnis,
- Berufsauffassung und -idee,
- Berufsfindung/Berufswahl,
- Berufsethik,
- Berufsimage/Berufsprestige,
- Beruf und Profession,
- Beruf als Tätigkeit zur Erwerbssicherung,
- Beruf als Tätigkeit zur Selbstverwirklichung,
- Berufsalltag,
- Berufsbelastung,
- Berufslaufbahn,
- Berufserfolg,
- Berufszufriedenheit,
- Berufskarrieren.
- Berufung und Berufserfüllung,

3.3.2 Spezifische Berufsforschung

- **Ziele und Aufgaben der spezifischen Berufsforschung**

Ziel und Funktion der spezifischen Berufsforschung sind die Generierung wissenschaftlicher Aussagen zu bestimmten singulären Berufen oder Berufsfeldern. Viele Forschungsthemen – wie beispielsweise die Themen „Berufsethik", „Berufsethos" und „Berufszufriedenheit" – unterscheiden sich prinzipiell kaum von denen der allgemeinen Berufsforschung, sind aber von der Zielstellung stets auf einen speziellen nichtakademischen oder akademischen Beruf ausgerichtet. Anders ist es mit den Forschungsfeldern „Berufsentstehung, -entwicklung und -perspektive", „Berufsinhalte", „Berufstätigkeiten", „Einsatzgebiete auf dem Arbeitsmarkt" usw. Die hierbei gewonnenen Forschungsergebnisse sind fast ausschließlich nur für den jeweils untersuchten spezifischen Beruf gültig.

Das Forschungsziel, nämlich spezielle Erkenntnisse, Ergebnisse und Aussagen über jeweils spezifische Berufe oder berufsförmige Tätigkeiten zu gewinnen, hat Auswirkungen auf die einzusetzenden Arbeitsweisen und Methoden der spezifischen Berufsforschung. Grundsätzlich bietet es sich an, vor allem mit den Methoden der empirischen Forschung zu arbeiten, wodurch die Aussagen im Regelfall eine große Wahrscheinlichkeit und Validität aufweisen, deren Dauer aber zeitlich oft nur limitiert ist. Empirische Methoden der wissenschaftlichen Befragung (wie z. B. Expertenbefragung, Fachinterview, Experten-Facharbeiter-Workshops, Wissensdiagnose), der wissenschaftlichen Beobachtung (wie z. B. Selbst- und Fremdbeobachtung, teilnehmende Beobachtung, Situationsfilme, Studies of Work) oder des Experimentierens und Entwickelns (wie z. B. Laborexperimente und Quasi-Experimente, Qualitative Experimente, Modellversuche, partizipatives Entwickeln, interdisziplinäres Entwickeln) sind besonders dazu geeignet, spezifische Fragen, die für einen Beruf oder einige berufliche Tätigkeiten und Teilprobleme des Berufes auftreten, zu klären oder zu beantworten.[399] Die mit den Verfahren der empirischen Forschung gewonnenen Aussagen über einen singulären Beruf können nachfolgend zu generalisierbaren Aussagen beitragen.

Berufsbedeutsame Aussagen können aber auch durch die Analyse und Untersuchung von aktuellen Ausbildungs-, Lehr- sowie Studienplänen und didaktischen Materialien erhalten werden. Aus den Curricula lassen sich für die Berufe wichtige Aussagen zu den in der Berufsausbildung vermittelten beruflichen Kenntnissen und Fähigkeiten sowie zu deren Praxisbezogenheit gewinnen. In diesem Zusammenhang bietet sich auch der Vergleich aktueller berufsbezogener Curricula mit den entsprechenden bzw. vergleichbaren Curricula anderer Staaten bzw. Berufsbildungssysteme an, um Rückschlüsse über die berufspädagogische Effizienz der jeweiligen Curricula zu gewinnen (vergleichende Berufsforschung).

---

[399] Vergleiche dazu die Beiträge verschiedener Autoren im Sammelband „Handbuch Berufsbildungsforschung" (Rauner 2005, S. 595 ff.).

- **Bereiche und Arbeitsgebiete der spezifischen Berufsforschung**

In struktureller und organisatorischer Hinsicht umfasst die spezifische Berufsforschung eine Vielzahl von Bereichen sowie Arbeitsgebieten. Sie sollte sich auf alle nichtakademischen und akademischen Ausbildungs-, Studien- und Erwerbsberufe richten. Arbeitsgebiete sind das Sammeln und Systematisieren der Gesamtheit von Daten und Erkenntnissen, die sich auf die jeweils spezifischen Berufe und deren Berufspraktiken und -theorien beziehen und durch spezifische Forschungen gewonnen wurden. Darüber hinaus sind zwei durch verschiedene Intentionen getragene Ansätze zu einer weiteren Differenzierung der spezifischen Berufswissenschaft und Berufsforschung sichtbar. Diese Differenzierung basiert auf der unterschiedlichen Ausdeutung des Begriffs „Berufswissenschaft". Danach kann die spezifische Berufswissenschaft (und damit auch die mit ihr eng verbundene Berufsforschung) definiert werden
  – in einem weiten Sinne, durch die Erkenntnisse, Ergebnisse und Aussagen zu spezifischen Berufen und Berufsfeldern, die für alle Interessenten erforscht, entwickelt und dargestellt werden, sowie
  – im engen Sinne als systematisierte Erforschung eines spezifischen Berufes. Sie umfasst die kennzeichnenden Studieninhalte und Praktika eines bestimmten Berufes und dient als Bezugswissenschaft bei der Forschung im Vorfeld für spezifische Berufs- und Fachdidaktik zur Ausbildung für einen spezifischen nicht-akademischen Beruf (Geschäfts- und Arbeitsprozesse, Arbeitsorganisation, Berufsinhalte und -aufgaben).

Damit sind bereits zwei übergeordnete Bereiche und Arbeitsfelder einer Berufsforschung benannt und definiert. Bislang erfolgten entsprechende berufswissenschaftliche Forschungen zu einzelnen Berufen allerdings kaum abgestimmt und systematisch, sondern eher durch zufällige Anstöße oder Anforderungen, die sich durch gesellschaftliche, unternehmerische, berufs- und wirtschaftspädagogische oder verbandsbestimmte Interessen und Ansprüche ergaben.

- **Arbeitsfelder der spezifischen Berufsforschung im weiten Sinne**

Mit der spezifischen Berufsforschung im weiteren Sinne kann zu einer Theorie zu Themen und Inhalten spezifischer Berufe des nicht-akademischen oder akademischen Bereiches beigetragen werden. Grundsätzliche Aufgaben- und Forschungsfelder sind somit die Analyse und Untersuchung der bestehenden nicht-akademischen und akademischen Ausbildungs- sowie Studienberufe und Erwerbsberufe. Dabei lassen sich u. a. folgende übergeordnete Forschungsfelder erkennen und bestimmen:
  – Entstehung, Entwicklung und Perspektiven spezifischer Berufe,
  – typische berufsbezogene oder berufstypische Verhaltensweisen und Einstellungen,
  – berufsbezogene bzw. eigene Beruflichkeit oder Professionalität,
  – spezielle Berufsmotivation, -zufriedenheit und spezieller Berufsstolz,
  – Mobbing in einem bestimmten Beruf,

- spezifische Berufsinhalte, Berufstätigkeiten, Qualifikationen und Kompetenzen,
- Besonderheiten des jeweiligen Arbeits- und Berufsrechts,
- spezifische Fragen der Berufswahl, Entscheidungsmöglichkeiten und Zugänge zu einem bestimmten Beruf,
- berufsbezogene Ausbildung und Aufstiegsmöglichkeiten,
- besondere Berufsbiographien,
- berufscharakteristischer Berufsethos oder berufscharakteristische Berufsehre,
- symptomatische Berufsunfähigkeit.

- **Spezifische Berufsforschung im engeren Sinne**

Für die spezifische Berufsforschung im engeren Sinne können zwei Arbeitsfelder benannt werden:
- Erstens kann sie als systematisierte und abgegrenzte Theorie eines spezifischen akademischen Berufes ausgelegt werden. In diese Form umfasst sie die kennzeichnenden Studieninhalte, Praktika und die Wissenschaftstheorie eines bestimmten Berufes.
- Zweitens stellt dieser Teil der Berufswissenschaft die Bezugswissenschaft für eine spezifische Berufs- und Fachdidaktik zur Ausbildung für einen spezifischen nicht-akademischen Beruf dar. Die dabei vermittelte Berufstheorie umfasst die kennzeichnenden Fachinhalte und fachübergreifenden Inhalte, Geschäfts- und Arbeitsprozesse, Arbeitsorganisation, Arbeitssicherheit etc. eines bestimmten Berufes.

Mit beiden Formen der spezifischen Berufsforschung im engeren Sinne geht es um die Bereitstellung von Inhalten und Tätigkeitsprofilen spezifischer Berufe. Thematisiert und erforscht wird auch die Ermittlung der notwendige Qualifikationen und Kompetenzen zur Ausübung spezifischer Berufe.

Dieser Bereich der Berufsforschung im engeren Sinne hat eine große Nähe bzw. einen engen Bezug zur Berufsbildung bzw. zu den beruflichen Didaktiken und in neuerer Zeit zu den Hochschuldidaktiken. Im Rahmen dieser Teildisziplin wird sich im Wesentlichen auf die Fachinhalte bzw. die inhaltliche Ausgestaltung spezifischer Berufe sowie auf die entsprechende Didaktik und Methodik für einen spezifischen Ausbildungsberuf konzentriert. Sie kann demnach als die systematisierte und abgegrenzte Berufsbildungstheorie eines spezifischen nicht-akademischen, kaum aber akademischen Ausbildungsberufs aufgefasst werden.

Diese Form der Berufsforschung bildet damit die Grundlage für eine berufsspezifische Berufs- und Fachdidaktik bzw. Bildungstheorie. Arbeitsfelder dieser Ausprägung der spezifischen Berufswissenschaft einschließlich der zugehörigen Berufsforschung sind somit im Wesentlichen die den jeweiligen Ausbildungsberuf kennzeichnenden Fachinhalte und Tätigkeitsmerkmale, wie z. B. die jeweiligen technischen und technologischen Inhalte, Geschäfts- und Arbeitsprozesse, Arbeitsorganisation, Arbeitssicherheit sowie die zur Ausübung eines bestimmten Berufs notwendigen Fähigkeiten bzw. Qualifikationen und Kompetenzen. Die Ergebnisse derartiger spezifischer Untersuchungen zu Berufsinhalten, erforderlichen Qualifikationen und berufsspezifischer Arbeit können die Grundlage für die Entwicklung und Konstruktion berufsbezogener Curricula in Form von Berufsbildern, Ausbildungs- oder Studienordnungen und Curricula bilden.

3.4 Merkmale von Berufen sowie berufsförmigen Tätigkeiten – Beispiele für Untersuchungsthemen der allgemeinen und spezifischen Berufswissenschaft

3.4.1 Berufsbezeichnungen – Begrifflichkeiten und Datenlage

Schon bei einem ersten Versuch, die Arten und Anzahl von Berufen und berufsförmigen Tätigkeiten zu recherchieren, erhält man zwar Daten, jedoch zeigt sich zugleich auch, dass die Angaben sehr schwanken und ungesichert erscheinen. Ein schneller und sicherer Zugriff auf valide Statistiken oder Datenmaterial zu Berufsgruppen, Berufsfamilien und spezifischen Branchen etc. ist nicht sofort gegeben. Was als Beruf gezählt wird, ist nicht eindeutig bestimmt, obwohl bereits in den sechziger Jahren des vorigen Jahrhunderts beispielsweise Fritz Molle das Problem der Definition von berufsförmigen Tätigkeiten in der Berufsforschung aufgezeigt und erörtert hat.

Das Forschungsgebiet zur Erfassung von Daten über Berufe ist groß und außerordentlich unübersichtlich. Dadurch zeigen sich auch Probleme bei der momentanen Datenlage zu Arten und zur Anzahl der Berufe. So gibt es einerseits berufliche Tätigkeiten, die annähernd gleiche Inhalte und Ziele aufweisen, die aber aufgrund der Namensgebung vermuten lassen, dass sie jeweils etwas Spezifisches repräsentieren.
Dieses geschah u. a. auch dadurch, dass in den Bundesländern jeweils unabhängig vom Dualen System der Berufsbildung Ausbildungsgänge für Berufsfachschulen entwickelt wurden. Das hat zur Folge, dass es einerseits schulische Ausbildungsgänge gibt, die sowohl nach Inhalt als auch nach Dauer der Qualifizierung mit denjenigen im Dualen System vergleichbare Ausbildungen vorweisen, die aber unterschiedlich bezeichnet sind. Andererseits gibt es namensgleiche Berufe, die teilweise verschiedene Inhalte behandeln sowie differierende Funktionen und Qualifikationen haben. Dieses gilt für den Beruf des Maschinenbauers, bei dem sich unter der namensgleichen Berufsbezeichnung sowohl eine nicht-akademische als auch eine akademische Tätigkeit verbergen kann. Verwirrend ist auch, dass sich bei einem fast gleichen Arbeitsgebiet verschiedene Berufsbezeichnungen finden. So fragt man sich beispielsweise, worin der Unterschied bei der Tätigkeit eine Psychiaters und eines Psychologen liegt.

Außerdem gibt es Berufsbezeichnungen, bei denen man eine Einordnung in eine andere Berufsgruppe erwartet. So gibt es beispielsweise die Berufsbezeichnung „Vermessungstechniker/-in" für den Erstausbildungsberuf, dessen Ausbildung an den Lernorten „Betrieb" und „Berufsschule" erfolgt und drei Jahre dauert. Da aber in dem Berufsnamen das Wort „Techniker" enthalten ist, vermutet man einen Weiterbildungsberuf, der nach einer beruflichen Erstausbildung an einer Fachschule für Technik über vier Semestern läuft und einer staatlichen Prüfung absolviert werden kann.
Auch gibt es Berufsbezeichnungen, die so weit angelegt sind, dass über die eigentliche und spezifische Tätigkeit im Einzelnen keine Aussage möglich ist. Dies gilt für all diejenigen, die beispielsweise als Beruf „Kaufmann" angeben. Nebenbei ist festzustellen, dass auf dem Arbeitsmarkt gleiche Berufsbezeichnungen keine gleichen Arbeitsaufgaben garantieren. Schwieriger noch als allein in Deutschland sind die Fragen zu den

Berufsbezeichnungen im deutschen Sprachraum, und besonders kompliziert wird das im internationalen Vergleich.

Eindeutig sind die Berufsbezeichnungen der gesetzlich reglementierten Berufe und die der anerkannten Ausbildungsberufe seit der Verabschiedung des ersten Berufsbildungsgesetzes (BBiG 1969). Seitdem gibt es in der Bundesrepublik Aussagen über die Anzahl von bundesweit gültigen, anerkannten Ausbildungsberufen. Entsprechendes gab es damaliger Zeit auch in der DDR. Die Ausbildungsordnungen werden, wenn wirtschaftliche und sozio-technische Veränderungen auftreten, überarbeitet und an die jeweils vorliegenden Bedingungen angepasst. Veraltete Berufe werden modifiziert bzw. aufgehoben und neue entwickelt. Zwar ändert sich inzwischen die Anzahl der Ausbildungsberufe fast jedes Jahr. Statistisch sind die Aussagen also nur von Jahr zu Jahr valide.[400]

Für eine Einschätzung von real bestehenden Berufen leisten die sehr aufwendigen und gut durchstrukturierten Berufsklassifikationen (s. ausführlich Kapitel 2) mit ihren Systematiken nur bedingt eine konkrete Hilfe, auch wenn die Berufe entsprechend ihrer berufsfachlichen Ähnlichkeit gebündelt und gegeneinander abgegrenzt werden.

3.4.2 Merkmale von berufsförmiger Arbeit und von Berufen

Mit den Problemen mit Berufsmerkmalen stellen sich für die Berufswissenschaft und Berufsforschung viele offene Fragen. Da das Feld der Berufe kaum überschaubar ist, scheint es momentan auch schwierig zu sein, die Berufsmerkmale umfassend zu untersuchen und zu systematisieren. Über die Betrachtung von Berufsmerkmalen ließen sich jedoch die Inhaltlichkeiten von Berufen im Einzelnen oder vergleichend untersuchen und u. a. auch Klärungen zur Art der Beruflichkeit anbahnen. Wissenschaftliche Untersuchungen zu spezifischen Berufsmerkmalen sind zurzeit allerdings kaum erkennbar.

- **Berufsmerkmale als Thema allgemeiner Berufsforschung**

Schon im Mittelalter gab es äußerlich sichtbare Berufsmerkmale, die sich bereits in der Kleidung des jeweiligen Standes zeigten. Solche deutlichen Merkmale durch die Berufskleidung werden weniger, so dass die Erkennbarkeit und Zuordnung von Tätigkeiten zu Berufen und Ausübenden derzeit häufig nicht immer sogleich augenfällig ist.

Dennoch können auch gegenwärtig äußerlich Berufsmerkmale schon durch die Kleidung erkennbar werden. So sind bei den nicht-akademischen Berufen beispielsweise

---

[400] Die Zahlen werden im jährlich aktualisierten Verzeichnis der anerkannten Ausbildungsberufe des Bundesinstitutes für Berufsbildung veröffentlicht. Um die Qualität der „zu sichern, wurde eine berufskundliche Gesamtprüfung durch das Bundesinstitut für Berufsbildung sowie durch einen berufskundlichen Verlag durchgeführt" (Wiemer /Schweitzer/Pauls 2011, S. 287). Zusätzlich wurde in einem Expertenworkshop eine Überprüfung des Ansatzes und „spezifische Problemstellungen innerhalb einzelner Berufsbereiche identifiziert und mit konkreten Verbesserungsvorschlägen versehen" (ebd.).

die Zimmerleute oder Schornsteinfeger/-innen und bei den akademischen Berufen die Ärzte sofort an ihren Anzügen identifizierbar. Erkennbar sind aber auch Berufsinhaber/-innen an den Arbeitsgeräten, die sie verwenden. Das betrifft beispielsweise Busfahrer/-innen und Vermessungstechniker/-innen. Schwierig dagegen sind Berufsmerkmale und die damit verbundenen Berufe zu erfassen, bei denen kognitive Fachkenntnisse, Fingerspitzengefühl oder besondere Menschenkenntnis einen wesentlich Teil der beruflichen Tätigkeit ausmachen.

Um Ansatzpunkte zur Untersuchung des Themas zu finden, scheint eine Differenzierung in äußerlich erkennbare und unsichtbare Berufsmerkmale für eine erste Einordnung angebracht.[401]
Äußerliche Erkennungsmerkmale zeigen sich bei
- der Berufskleidung,
- Tätigkeitsfeldern mit sichtbaren körperlichen Belastungen und vorwiegend physischem Einsatz an allgemein bekannten Arbeiten,
- Tätigkeitsfeldern, die insbesondere von der Öffentlichkeit erkannt und eingesehen werden können,
- Tätigkeiten mit allgemein sichtbarem Gefahrenpotential,
- Arbeitsumgebungen, die mit der Lebenswelt verbunden sind.

Nicht sofort erkennbare Merkmale ergeben sich eher in
- Tätigkeitsfeldern mit vorwiegender Denk-, Computer- oder Schreibtischarbeit,
- kognitiven Kompetenzbereichen,
- Arbeits- und Tätigkeitsfeldern, in die die breite Öffentlichkeit keinen Einblick hat,
- Bereichen mit hohem Berufsethos,
- Tätigkeitsfeldern mit emotionaler Bindung an die Arbeit,
- Verhaltensweisen aus denen sich eine innere Bindung an den Beruf erkennen lässt,
- der nicht materialen Arbeitsumgebung.

Berufsmerkmale können aus Sicht der außenstehenden Beobachter einerseits und der Berufsinhaber andererseits sehr unterschiedliche Bewertungen erfahren. Deshalb erscheint es schon im Vorfeld von Untersuchungen sinnvoll, zwischen objektiven und subjektiven Berufsmerkmalen zu unterscheiden. Zu den objektiven Merkmalen können die speziellen Tätigkeitsprofile mit den dafür erforderlichen Kompetenzen und die Anforderungen an die Berufsausbildung gezählt werden. Subjektive Merkmale sind der Berufsstolz, die Berufsehre, das Engagement oder die emotionale Bindung an den Beruf.

Unterscheiden lassen sich weiterhin positiv bewertete und angenehme sowie negativ eingeschätzte und unangenehme oder abschreckende Berufsmerkmale. Als positiv angesehen werden berufliche Tätigkeiten, die teilweise auch dem Hobbybereich zuge-

---

[401] Dabei sind Berufsmerkmale allerdings nicht mit Berufskennzeichen zu verwechseln. So ist für Apotheken seit Jahrzehnten das große rote „A" ein äußerlich sichtbares Berufskennzeichen der Apotheker/-innen und eine Orientierungshilfe für Patienten und Kunden. Damit sind aber keine Merkmale des Berufes gegeben.

ordnet werden können. Dazu gehören beispielsweise Berufe wie Musiker, Bademeister/-in oder Golf- und Tennislehrer/-in, die in der freien Natur ihrer beruflichen Tätigkeit nachgehen können. Weiterhin gehören zu den als positiv angesehenen Merkmalen u. a. eine gute Entlohnung, interessante und befriedigende Arbeit, dauerhafte Beschäftigung, hohes Sozialprestige, Freiheitsgrade bei Entscheidungen, Selbstbestimmtheit und Aufstiegschancen.

Als negativ werden Berufen eingeschätzt, bei denen als wesentliches Merkmal u. a. eine schmutzige und körperlich sehr schwere und einseitige Arbeit ist, die mit dem Beruf verbundenen Gefährdungen, die Möglichkeit, die Tätigkeit nur eine begrenzte Zeit des Lebens ausüben zu können, oder die damit verbundenen prekären Bedingungen und die Fremdbestimmtheit.

Nicht nur aus objektiver, sondern auch aus subjektiver Sicht finden sich bei den meisten Berufen nicht ausschließlich nur positive oder nur negative Eigenschaften. Welche Wertigkeiten ein Merkmal für den einzelnen Berufstätigen hat, wird nicht zuletzt auch durch individuelle Einschätzungen und Selbsteinstufungen bestimmt. So bewerten viele Gerüstbauer ihrer Tätigkeit als sportlich und männlich. Mannequins und Dressmen messen ihrer Tätigkeit eine körper- und aussehensbetonte Bedeutung zu. Kosmetiker/-innen und Friseure und Friseurinnen schätzen die ästhetischen und künstlerischen Aspekte bei den Ergebnissen ihrer Tätigkeit. Für Artisten und Artistinnen steht die Körperbeherrschung im Vordergrund. Für Künstler dagegen sind physisch-körperliche Merkmale eher peripher.

Es gibt eine Vielzahl von Merkmalen die – wenn auch in verschiedenem Umfang – auf die meisten Berufe zutreffen. Diese allgemeinen gebräuchlichen Berufsmerkmale werden u. a. gemessen an
- der Berufsfachlichkeit,
- den Tätigkeitsfeldern,
- den Anforderungen und Kompetenzen,
- der beruflichen Position,
- der Wertigkeit der Berufsausbildung,
- dem Berufsprestige,
- dem Berufsethos und Berufsstolz,
- berufsfachlichen Spezialisierungsbereichen,
- der Wortgewandtheit,
- der Kreativität, Phantasie und Veränderungsbereitschaft,
- den Aufstiegsmöglichkeiten,
- der gesellschaftlichen Anerkennung,
- der Art der Stressoren und dem Haftungsrisiko bei Schäden,
- der Geschlechterverteilung,
- der Einkommenslage und Entlohnung,
- der Risiko-Absicherung,
- den Abhängigkeiten vom Alter,
- das berufliche Selbstverständnis.

Die Kategorien – als allgemeine objektive und subjektive Berufsmerkmale – sollten das, was Berufs- und Tätigkeitsfelder in der gesamten Breite einschließen kann, prüfbar sowie den Vergleich mit anderen Berufen des Beschäftigungs- und Gesellschaftssystems möglich machen.

Die allgemeinen Berufsmerkmale treten nicht bei jedem Beruf in gleicher Weise auf. Einige der allgemeinen Merkmale scheinen bei bestimmten Berufen nicht von Bedeutung zu sein, andere bei bestimmten Berufen zentral und unumgänglich. So hat das Merkmal „Professionalität" bei einfachen berufsförmigen Tätigkeiten keine Bedeutung, während es bei herausgehobenen akademischen Berufen einen hohen Rang aufweist.

- **Berufsmerkmale als Thema der spezifischen Berufsforschung**

Berufen werden umgangssprachlich schnell unterschiedliche Merkmale zugeschrieben. Diese Merkmale müssen nicht immer zutreffen und können auch ideologisch bestimmt sein. Unabhängig davon gehören zu jedem Berufsbild schon durch die damit verbundenen Tätigkeiten und Kompetenzen jeweils spezifischen Berufsmerkmale. Allein durch die Vielfalt der unterschiedlichen Tätigkeiten bei den verschiedenen Berufen ist die Zahl der denkbaren berufsspezifischen Merkmale sehr groß.

Darüber hinaus werden nicht wenigen Berufe neben ihrer Berufsfachlichkeit spezifische Kennzeichen zugeordnet, die auch teilweise stereotyp sein können. So ist bei innovativen Berufen aus den Hochtechnologiebereichen neben der hochkomplizierten Technik die Veränderungs- und Problemlösungsbereitschaft ein wesentliches Berufsmerkmal. Architekten und Architektinnen reklamieren für sich insbesondere die Kreativität. Ingenieure nennen häufig als herausragende Merkmale ihre interessante, innovative, herausfordernde und schöpferische Tätigkeit, Bankkaufleute ihre Verschwiegenheit und Diskretion. Selbstständige nehmen für sich die Kennzeichen der Entscheidungsfreudigkeit und Risikobereitschaft in Anspruch. Als Merkmale von Lehrkräften wird meist ein angemessener Umgang mit Lernenden und dabei ein offensiver Umgang mit Misserfolgen, didaktisches Geschick und soziale Sensibilität angegeben. Eine geschlechtsspezifische Zuwendung des Ein- und Mitfühlens findet sich bei Hebammen.

Im Laufe der Zeit werden sich bei vielen Berufen die Beschreibungen der Berufsmerkmale immer wieder an die aktuellen Bedingungen und Anforderungen anpassen müssen. Die Merkmale können aber auch genderspezifische Ausformungen im Detail erfahren (vgl. Kuhlmann 1999). Berufsmerkmale lassen sich sehr stark ausdifferenzieren, wie die Untersuchung von Carola Alexandra Scheer (2009, Anhang 8: Fragebogen) zum Polizeiberuf beispielhaft zeigt. Die im Rahmen ihrer Forschung vorgenommene Befragung führt allein 28 Merkmale auf (Abb. 68), auch wenn diese wenig strukturiert sind und teilweise berufliche Besonderheiten, Eigenschaften und Attribute der Polizeiarbeit benennen.

Jeder Beruf weist verschiedene Merkmale auf. Sie haben sich für den Polizeiberuf entschieden, der natürlich andere Merkmale aufweist als andere Berufe.
Im Folgenden möchten wir Sie bitten, einzuschätzen, welche Merkmale **für Sie jetzt** bzw. **vor Ihrer Einstellung** in den Polizeidienst kennzeichnend für den Polizeiberuf sind/waren.
1. Ist das Merkmal **JETZT** für Sie kennzeichnend für den Polizeiberuf?
2. War das Merkmal für Sie **vor Ihrer Einstellung** in den Polizeidienst kennzeichnend?
Darüber hinaus schätzen Sie bitte anhand der 5-Punkte-Skala ein, ob die Merkmale Ihren Beruf für Sie und Ihre Kollegen eher angenehm oder unangenehm machen.
3. Ist dieses Merkmal für Sie in Ihrem Beruf angenehm oder unangenehm?
4. Ist dieses Merkmal **für Ihre Kollegen** angenehm oder unangenehm?

BM01	1. Streifendienst, Streife gehen, fahren				
1. jetzt kennzeichnend	ja ☐	nein ☐			
2. vor Einstellung kennzeichnend	ja ☐	nein ☐			
3. für Sie	sehr angenehm ☐	eher angenehm ☐	neutral ☐	eher unangenehm ☐	sehr unangenehm ☐
4. für Kollegen	sehr angenehm ☐	eher angenehm ☐	neutral ☐	eher unangenehm ☐	sehr unangenehm ☐
BM02	2. Ansehen, Akzeptanz in der Bevölkerung				
1. jetzt kennzeichnend	ja ☐	nein ☐			
2. vor Einstellung kennzeichnend	ja ☐	nein ☐			
3. für Sie	sehr angenehm ☐	eher angenehm ☐	neutral ☐	eher unangenehm ☐	sehr unangenehm ☐
4. für Kollegen	sehr angenehm ☐	eher angenehm ☐	neutral ☐	eher unangenehm ☐	sehr unangenehm ☐
BM03	3. Schichtdienst				
1. jetzt kennzeichnend	ja ☐	nein ☐			
2. vor Einstellung kennzeichnend	ja ☐	nein ☐			
3. für Sie	sehr angenehm ☐	eher angenehm ☐	neutral ☐	eher unangenehm ☐	sehr unangenehm ☐
4. für Kollegen	sehr angenehm ☐	eher angenehm ☐	neutral ☐	eher unangenehm ☐	sehr unangenehm ☐
BM04	4. Verkehrsarbeit				
1. jetzt kennzeichnend	ja ☐	nein ☐			
2. vor Einstellung kennzeichnend	ja ☐	nein ☐			
3. für Sie	sehr angenehm ☐	eher angenehm ☐	neutral ☐	eher unangenehm ☐	sehr unangenehm ☐
4. für Kollegen	sehr angenehm ☐	eher angenehm ☐	neutral ☐	eher unangenehm ☐	sehr unangenehm ☐
BM05	5. Teamarbeit				
1. jetzt kennzeichnend	ja ☐	nein ☐			
2. vor Einstellung kennzeichnend	ja ☐	nein ☐			
3. für Sie	sehr angenehm ☐	eher angenehm ☐	neutral ☐	eher unangenehm ☐	sehr unangenehm ☐
4. für Kollegen	sehr angenehm ☐	eher angenehm ☐	neutral ☐	eher unangenehm ☐	sehr unangenehm ☐

BM26	26. Sonderrechte (z.B. Blaulichtfahrten)				
1. jetzt kennzeichnend	ja ☐	nein ☐			
2. vor Einstellung kennzeichnend	ja ☐	nein ☐			
3. für Sie	sehr angenehm ☐	eher angenehm ☐	neutral ☐	eher unangenehm ☐	sehr unangenehm ☐
4. für Kollegen	sehr angenehm ☐	eher angenehm ☐	neutral ☐	eher unangenehm ☐	sehr unangenehm ☐
BM27	27. Verantwortung				
1. jetzt kennzeichnend	ja ☐	nein ☐			
2. vor Einstellung kennzeichnend	ja ☐	nein ☐			
3. für Sie	sehr angenehm ☐	eher angenehm ☐	neutral ☐	eher unangenehm ☐	sehr unangenehm ☐
4. für Kollegen	sehr angenehm ☐	eher angenehm ☐	neutral ☐	eher unangenehm ☐	sehr unangenehm ☐
BM28	28. Waffe				
1. jetzt kennzeichnend	ja ☐	nein ☐			
2. vor Einstellung kennzeichnend	ja ☐	nein ☐			
3. für Sie	sehr angenehm ☐	eher angenehm ☐	neutral ☐	eher unangenehm ☐	sehr unangenehm ☐
4. für Kollegen	sehr angenehm ☐	eher angenehm ☐	neutral ☐	eher unangenehm ☐	sehr unangenehm ☐

Abb. 68: Befragung nach Merkmalen des Polizeiberufs – Ein Auszug
(Scheer 2009, Anhang 8: Fragebogen)

Für die je spezifischen Berufe sind die besonderen Merkmale für die einzelnen Berufsinhaber wichtig, da diese in hervorragender Weise zur Identitätsbildung beitragen können. Dabei geht es vorrangig um eindeutige Unterscheidungen der verschiedenen Berufsmerkmale.

Positiv einzuschätzende Berufsmerkmale haben in der Berufs- und Lebenswelt günstige Rückwirkungen auf das Sozialprestige der Berufsinhaber. Negativ zu bewertende Berufsmerkmale dagegen haben nachteilige Reaktionen auf das Ansehen zur Folge. Berufsmerkmale sind für den einzelnen Berufsinhaber auch aus finanzieller Sicht wichtig. Sie tragen u. a. zur Einordnung in bestimmte Lohn- und Entgeltungsgruppen bei.

Vermieden werden könnte durch besondere finanzielle Zulagen für Berufe, bei denen bislang schlecht angesehene Berufsmerkmale im Vordergrund stehen, ein Ansehensverlust, der auf dem Arbeitsmarkt Personalmangel hervorrufen kann. Es werden auch Vorschläge dafür entwickelt, wie bei einigen Berufen das Image durch Veränderung der Berufsbezeichnung zu verbessern ist.

Zufriedenheit mit verschiedenen Berufsmerkmalen, die für jeden Beruf in anderer Weise gewichtet sind, ist für Berufsausübung und die Stellung in der Gesellschaft für den einzelnen Berufsinhaber sehr relevant. Für eine Vielzahl der Berufe wäre es wünschenswert, dass Berufe Merkmale aufweisen, die zur beruflichen Zufriedenheit der Berufsinhaber führen.

Neben der Bedeutung für den Einzelnen stellen Berufsmerkmale auch Statussymbole im gesellschaftlichen Leben dar. Über sie entwickelt sich darüber hinaus die Identität von Berufsgruppen. Gemeinsame Interessen führen Menschen mit ähnlichen Berufsmerkmalen zusammen. Entstehen können in der Folge Interessengemeinschaften zum Austauschen von Erfahrungen und Wissen, zum Diskutieren von Problemen, zum Suchen kompetenter Lösungen, zum Durchsetzen gemeinsamer beruflicher Interessen.

Im gesellschaftlichen Aushandlungsprozess werden für tarifvertragliche Regelungen auch Berufsmerkmale herangezogen, und Beschäftigungsverhältnisse werden über Tätigkeitsmerkmale definiert. Im Beschäftigungs- und Gesellschaftssystem stehen die Berufsmerkmale und die funktionale Differenzierung in einem Wechselverhältnis.

Für die große Zahl der bestehenden Berufe sind die Berufsmerkmale als ein Thema der Berufswissenschaft und Berufsforschung noch nicht benannt worden. Das Thema „Berufsmerkmale" kann aber auch von wissenschaftlichem Interesse sein. Über die Systematisierung der Berufsmerkmale in den verschiedenen Berufen ließen sich Kategorien für Berufsgruppen entwickeln. So können über Merkmale, die an einzelnen Berufen identifiziert werden, vertiefte Analysen zu ähnlichen berufsförmigen Tätigkeiten erfolgen. Dabei könnten nicht nur die spezifischen Tätigkeitsmerkmale, Kompetenzen und Fachinhalte, sondern auch eine Vielzahl anderer Berufsinhalte verglichen werden.

3.4.3 Beruflichkeit als Gegenstand der Berufswissenschaft und Berufsforschung

Betrachtet man die Diskurse über die Beruflichkeit, so zeigt sich seit den 1990er Jahren, dass die wissenschaftlichen Beiträge zugenommen haben, „die eine Erosion, einen langsamen, aber sicheren Zerfall der Berufsförmigkeit von Arbeit behaupten. Den vorherrschenden Szenarien zufolge hat Beruflichkeit als Form der Vermarktung und Verausgabung von Arbeitskraft an Relevanz verloren; sie ‚erodiere' immer schneller." (Bolder/Dobischat/Kutscha/Reutter 2012, S. 8) Solche Befunde sind wissenschaftlich nur bedingt belastungsfähig, wenn sie sich nur auf einige Sektoren großindustrieller Arbeitsprozessorganisation beziehen und weil Fertigung und Produktion in Deutschland gegenüber dem wachsenden Dienstleistungssektor an Bedeutung verliert

Um den berufswissenschaftlichen Diskurs zur Beruflichkeit besser zu fundieren, sind Zukunftsszenarien zu vermeiden, die einer empirisch wohlbegründeten Kritik nicht standhalten können. Allgemeine berufswissenschaftliche Untersuchungen zur Beruflichkeit sollten über eine größere Breite der Beschäftigungssektoren und zugleich eine repräsentative Auswahl von Berufen erfolgen. Da dieses nicht von einer Institution geleistet werden kann, ist das Gesamtpaket von einem derartig umfangreichen Forschungsvorhaben aufzuteilen in zueinander abgestimmte einzelne Forschungsvorhaben – beispielsweise nach akademischen und nicht-akademischen Berufen. Damit kann man eher dem berufswissenschaftlichen Untersuchungsgegenstand „Beruflichkeit" gerecht werden. Außerdem sollten für einzelne Berufe berufsspezifische Forschungen zur jeweils vorhandenen Beruflichkeit vorgenommen werden.

- **Untersuchungen zur Beruflichkeit im nicht-akademischen Bereich**

Berufswissenschaftliche Untersuchungen zur Beruflichkeit im nicht-akademischen Bereich können auf den Diskurs aufbauen, der insbesondere von den Vertretern der Berufs- und Wirtschaftspädagogik und Soziologie bestritten worden ist. Dieser Diskurs konnte sich aber nur auf relativ wenige Forschungsergebnisse berufen. Dennoch ist das Vorhandene im Blick zu behalten und eine gute Ausgangsbasis für vertiefte Studien und empirisch abgesicherte Untersuchungen.

Unter Beruflichkeit im nicht-akademischen Tätigkeitsbereich „ist das Prinzip zu verstehen, die Erwerbsarbeit in Form von systematischen (Ausbildungs-)Berufen zu organisieren" (Uhe 2016, S. 176). Auch für die Erwerbsberufe gilt noch heute: „Der Begriff des ‚Berufs' bzw. das Konstrukt der ‚Beruflichkeit' kennzeichnet in Deutschland traditionell Tätigkeiten auf dem mittleren Qualifikationsniveau." (Meyer 2016, S. 411)

Für weite Teile der Bevölkerung erschien bis zum Ende des zwanzigsten Jahrhunderts die Beruflichkeit als sinnvolle „Organisationsform einer fortschreitend arbeitsteiligen Wirtschaftsweise, die die Notwendigkeit zu fachlicher Spezialisierung beinhaltet. Für den ‚Berufsinhaber' rückte nun die mit dem Beruf verbundene Erwerbschance in den Mittelpunkt. Trotz vielfacher Abstriche an dem ursprünglich stark idealisierten Berufsbegriff – etwa durch die Abkehr vom Mythos des ‚Lebensberufs' oder dem Verlust der Erwerbssicherheit durch Arbeitslosigkeit – wurde die Beruflichkeit als grundlegendes Ordnungsprinzip bis in die jüngste Gegenwart nicht ernsthaft in Frage gestellt." (Uhe 2016, S. 176)

Auch bei den nun sichtbar gewordenen Umbrüchen im Beschäftigungs- und Gesellschaftssystem sollte das Konzept der Beruflichkeit selbst bei den weniger anspruchsvollen berufsförmigen Tätigkeiten keineswegs aufgegeben werden. Darüber hinaus ist eine bessere Durchlässigkeit und Verschränkung von beruflicher und akademischer Bildung anzustreben, denn Beruflichkeit ist noch immer „als Grundlage für individuelle Identifikationsmuster und Statusdefinition ein wesentliches stabilisierendes Element der Gesellschaft" (Uhe 2016, S. 177).

Selbst unter Berücksichtigung der rapiden Veränderungsprozesse in der Arbeitsorganisation durch in immer kürzeren Abständen stattfindende Modernisierungen bestehender sogenannter anerkannter Berufe ist die Beruflichkeit zu bewahren. Felix Rauner (1997) bietet dazu das Konzept der „offenen und dynamischen Beruflichkeit", das eine permanente, wechselseitige Abstimmung zwischen Bildungs- und Beschäftigungssystem ermöglichen soll. Beruflichkeit jedoch ist auch „mehr als Berufsfachlichkeit und schließt berufsübergreifendes Wissen und Können ein, das Voraussetzung für Berufshandeln ist" (Vollmer 2016, S. 230).

Für den nicht-akademischen Bereich lassen sich auch heute noch „Berufe und Beruflichkeiten eher als biographische Projekte beschreiben, die ihre individuellen Merkmale durch Ausbildung, lebenslange Weiterbildung und Erfahrung erhalten" (Uhe 2016, S. 176).

Beruflichkeit im nicht-akademischen Bereich wird auch weiterhin diskutiert werden müssen. Dabei wird – wie Volker Bank (2016, S. 250) für das Berufsfeld „Wirtschaft und Verwaltung" hervorhebt – „zu bedenken sein, dass eine ganzheitliche Beruflichkeit in den Überschneidungsbereichen elementarer Handlungen eines Berufsclusters – wie auch immer dieses genannt werden mag: Berufsfeldbereich, ‚Basisberuf' oder noch anders – nicht erreicht werden kann, weil schon nach kurzer Zeit eine Spezialisierung mit höherem identitätsstiftendem Potential folgen muss, sonst ist die Bezugnahme auf die Beruflichkeit obsolet".

Die Orientierung an den bisherigen Gestaltungsmerkmalen von Berufen, das traditionelle Berufsprinzip und die Beruflichkeit in seiner tradierten Form werden in Frage gestellt. Bezeichnungen wie „neue Beruflichkeit" oder „moderne Beruflichkeit" (Rauner 2005) bringen zum Ausdruck, dass sich die Interpretation von Beruflichkeit in einem Wandel befindet. Mit Beginn des einundzwanzigsten Jahrhunderts scheint Beruflichkeit wieder an Bedeutung zu gewinnen, so „gibt es auch Tendenzen zur Stabilisierung der Beruflichkeit des Arbeitsvermögens und sogar zu einer Reproletarisierung" (Pongratz 2016, S. 45).

Beruflichkeit ist unter dem sozialen Aspekt janusköpfig, denn infolge der zunehmenden gesellschaftlichen Ausdifferenzierung mit elaborierter horizontaler und vertikaler

Arbeitsteilung kann diese auch zur Verfestigung sozialer Ungleichheiten und Konflikte beitragen. Dennoch ist die zunehmende Beruflichkeit für breite Bevölkerungsgruppen als gesellschaftliche Errungenschaft einzuschätzen.

In dieser Situation fragt Dieter Euler (2016, S. 272 f.): „Ist Beruflichkeit unter den veränderten Bedingungen des Beschäftigungssystems nicht anachronistisch – oder ist es gerade in einer Welt der permanenten Wandels das Korrektiv, das dem Leben Kontinuität, Stabilität und die Ausstattung für das Überleben in den Turbulenzen verleiht?" Diese Fragestellung stellt schon fast ein Auftakt zu einem berufswissenschaftlichen Forschungsansatz dar.
Es zeigt sich, dass für den nicht-akademischen Bereich vertiefte Diskurse zu allgemeinen Problemen der Beruflichkeit beispielsweise unter den Themen „Beruflichkeit als ‚organisierendes Prinzip' der deutschen Berufsausbildung" (Deißinger 1998) und „Beruflichkeit zwischen institutionellem Wandel und biographischem Projekt" (Bolder/Dobischat/Kutscha/Reutter 2012) stattgefunden haben. Dennoch sollten nun für den nicht-akademischen Bereich vermehrt berufswissenschaftliche Forschungen zur Beruflichkeit von Einzelberufen erfolgen. Ausgewählte Einzelberufe sollten zum Gegenstand berufswissenschaftlicher Untersuchungen unter dem Aspekt der Beruflichkeit werden.

- **Untersuchungen zur Beruflichkeit und Professionalität im akademischen Bereich – Erhöhter Forschungsbedarf**

Im Vergleich zu den berufswissenschaftlichen Untersuchungen zur Beruflichkeit im nicht-akademischen Bereich, liegen für den akademischen Bereich nur sehr wenige verstreute und singuläre Arbeiten zur Beruflichkeit vor. Eine Ursache kann darin gesehen werden, dass die umfangreiche Diskussion zum Dualen System als „spezifische Form der Beruflichkeit nicht unmittelbar auf den Hochschulbereich übertragen werden kann" (Kutscha 2015, S. 12) oder dieses – wie zu ergänzen ist – aus welchen Gründen auch immer nicht gewollt wurde. Professionalität dagegen wird im akademischen Bereich zumindest thematisiert, und es finden sich auch Forschungsansätze (siehe z. B. Schüßler 2012).
Die im gewerkschaftlichen Bereich zurzeit laufende Debatte zur erweiterten modernen Beruflichkeit[402] kann einen Anstoß dazu geben, die Thematik zum Gegenstand berufswissenschaftlicher Untersuchungen zu machen. Greift man den bisherigen wissenschaftliche Diskurs auf, so werden Professionen noch immer „als besonders ausgewiesene, zumeist akademische Berufe definiert, die ein bestimmtes Verhältnis nach innen (Korpsgeist) aufweisen, Dienstleistungen für ihnen anempfohlene Menschen erbringen, systematisch erzeugtes Wissen auf außeralltägliche Probleme anwenden und ihr Handeln dem Gemeinwohl unterordnen" (Nittel 2000, S. 23).

---

[402] „Erweiterte Beruflichkeit erfordert Mut zur Vielfalt mit bildungspolitischer Perspektive" (Kutscha 2015, S. 13) und – wie hinzufügen ist – zu berufswissenschaftlicher Forschung.

Zu beachten ist, dass sich der Wirkungsbereich akademischer Tätigkeit an der Hochschule in denjenigen als Arbeitsplatz einerseits und akademischer Qualifizierung andererseits differenzieren lässt. Als Arbeitsplatz an der Hochschule verweisen dabei Beruf, Beruflichkeit und disziplinorientierte Beruflichkeit auf die Organisation von wissenschaftlicher Arbeit. Zur professionsorientierten Beruflichkeit gehören:

„- wissenschaftliches Denken (Disziplinarität, Theorien, Wissen, Verstehen, Erkenntnisorientierung, Methoden),
- wissenschaftliche Haltung (intellektuelle Neugierde, Urteils- und Lernvermögen, Kritikfähigkeit,
- Reflexivität (…), reflexive, kritische Distanz zu Praxisbezügen)" (Wahle 2016, S. 175).

Berücksichtigt werden sollten bei Forschungsvorhaben darüber hinaus die Besonderheiten akademischer Ausbildung. Für die akademische Qualifizierung unterscheidet sich das Konzept deutlich von dem Berufskonzept des nicht-akademischen Bereichs mit seinen Tätigkeits-, Qualifikations- und Kompetenzbeschreibungen sowie Berufsbildern, weil bislang der „akademische Bereich auf keinen fest umrissenen Beruf ausgerichtet ist, sondern sich durch Tätigkeitsfelder konstituiert, die eine Affinität zu spezifischen Wissenschaftsdisziplinen aufweisen. Dementsprechend manifestiert sich Beruflichkeit in Form kompetenten Handelns unter akademisch geprägten Handlungsbedingungen mit ihren besonderen bildungspolitischen, institutionellen, fachlichen etc. Merkmalen und Möglichkeiten, aber auch Beschränkungen." (Wahle 2016, S. 176)

Die Diskussion über eine Abstimmung von Hochschulstudium und Beruf ist in Deutschland – einem Land, in dem „Beruflichkeit" als wichtig für die Identitätsbildung gilt und in dem eine enge sachliche Beziehung von Studieren und Arbeit als wünschenswert angesehen wird – besonders intensiv und kontrovers. Nicht zuletzt deshalb gab es in den letzten Jahrzehnten „eine Reihe von Neuerungen, die das Verhältnis von Akademisierung und Beruflichkeit veränderten. Mehr Geltung verschaffte sich die Forderung nach Praxisrelevanz der Studiengänge. Mit der Gründung der Fachhochschulen entstanden Einrichtungen, die wissenschaftlich basierte berufsorientierte Ausbildungen anbieten. Duale Studiengänge kombinieren Ausbildungen an den beiden Lernorten Betrieb und Hochschule. Die Bachelor/Master-Studienreform formulierte das Ziel der Employability oder Berufsbefähigung." (Pasternack 2016, S. 20)

Als Folge der „Fehlentwicklungen im Bologna-Prozess besteht die große Herausforderung darin, die Entwicklung des Hochschulstudiums zum ‚Normalfall' so zu gestalten, dass Bildung und Beruflichkeit sich *wechselseitig* im Medium der Wissenschaften entfalten können" (Kutscha 2015, S. 16; Hervorhebungen im Original). Aus dem Bisherigen ergibt sich, dass es nur einige singuläre Ausarbeitungen zur akademischen Beruflichkeit und Professionalität gibt (z. B. Pfadenhauer 2003; Schlag 2015; Stichweh 2013). Ein Schwerpunkt scheint sich in der Genderforschung zu entwickeln. So wurde beispielsweise im Rahmen eines vom Bundesministerium für Bildung und Forschung geförderten Programms für die Berufssituation von Männern und Frauen mit naturwissenschaftlichem oder technischem Hochschulabschluss die Frage nach Chancengleichheit im Beruf untersucht (Könekamp 2007, S. 30).

An diesen Herausforderungen wegen der Probleme mit den Folgen des Bologna-Prozesses und wegen der kaum vorhandenen Diskurse und Themenbearbeitung zu gehobenen Berufen kann sich berufswissenschaftliche Forschung messen, indem sie die Beruflichkeit und Professionalität im akademischen Bereich allgemein und bei einzelnen ausgewählten akademischen Berufen im Besonderen untersucht.

3.4.4 Verberuflichungs- und Entberuflichungstendenzen – Berufswissenschaftliche Untersuchungsgegenstände

Diskurse zur Verberuflichung und Entberuflichung hängen inhaltlich sehr stark mit der Diskussion zur Beruflichkeit zusammen. Mit den Veränderungen im Beschäftigungssystem und der Globalisierung der Märkte haben sich die Arbeitsverhältnisse gravierend verändert. Stabile Normalarbeitsverhältnisse sind nicht mehr die Regel. Damit kommt auch Berufskonzept in die Kritik. Nicht nur deshalb, sondern auch, weil sich hier gesamtgesellschaftliche bedeutsame Probleme zeigen, sollten auch diese Phänomene nicht nur psychologisches und soziologisches, sondern vertieftes berufswissenschaftliches Interesse finden.

- **Verberuflichung und Professionalisierung als Untersuchungsgegenstand**

Verberuflichung und Professionalisierung können als historische Prozesse der kulturellen Evolution hin zur Beruflichkeit oder Professionalität gewertet werden.[403] Diese stellten Vorgänge dar, bei dem die naturwüchsig entstandene Arbeit mit den Besonderheiten in ihrem Kern herausdestilliert wurde, als eine mit eigentümlichen Merkmalen versehene originäre und über längere Zeit tragfähige Tätigkeit. Auf diese Weise kann ein Beruf oder sogar eine Profession – mit spezifischen Inhalten und Zielen – entstehen.

Die Verberuflichung und auch die Professionalisierung sind qualifikationsorientierte Vorgänge der Arbeitenden, die nach beruflicher Ausbildung während der Berufstätigkeit stattfindet. Durch und während der Arbeitsprozesse werden die Berufstätigen die Arbeitsprozesse analysieren, reflektieren und gegebenenfalls verbessern sowie neues Wissen aufgreifen und verarbeiten. „Da Professionalität nicht einfach da ist, sondern als eine Reifestufe im individuellen Prozess der Verberuflichung erworben wird, spielen auch Ausbildung und Sozialisation eine große Rolle." (Nittel 2000, S. 16)[404]
Mit dem heutigen Berufsverständnis stellt Verberuflichung sowie Professionalisierung einen Beitrag zur Vertiefung und Aktualisierung der Beruflichkeit „als Prinzip kulti-

---

[403] Die Beruflichkeit – wie sie sich in den Hochkulturen Mesopotamiens entwickelte – bezeichnet Günter Kutscha (2008, S. 18) als einen „Meilenstein der kulturellen Modernität".
[404] „Aber auch eine noch so gute Ausbildung entbindet den Praktiker nicht von der Verpflichtung, in jeder Situation aufs Neue seine Professionalität unter Beweis zu stellen. Insbesondere der starke Situationsbezug und die Wissensabhängigkeit des beruflichen Könnens lassen es als geboten erscheinen, Professionalität als einen Gegenstandsbereich zu begreifen, der am ehesten handlungstheoretisch und wissenssoziologisch zu erschließen ist." (Nittel 2000, S. 16)

vierter Arbeit ein konstitutives Element komplexer arbeitsteiliger Gesellschaften" (Kutscha 2008, S. 2) dar. Die Verberuflichung verweist auf Entwicklungen von der Arbeit zu Berufen bis hin zur Profession mit den positiven Folgen der Systematisierung spezifischen Wissens und sozialer Orientierung und Einordnung.[405]

Positive Möglichkeiten zur Verberuflichung zeigen sich aufgrund von Untersuchungen bei Wissensarbeitern.[406] Diese Berufstätigen verfügen über Fähigkeiten zur Selbstqualifizierung:
„ - Wissensarbeiter bestimmen selbst, was sie lernen. Wenn Führungskräfte sich nicht mehr dadurch auszeichnen, dass sie mehr wissen als die Experten, die sie führen, dann können sie kaum noch kompetent über die Fortentwicklung der Fachthemen und über erforderliche Qualifizierungen entscheiden. Der Experte selbst weiß aus seiner Tätigkeit, aus dem Kontakt mit einer fachlich definierten Community innerhalb und außerhalb seines Unternehmens, welches Wissen er erwerben muss.
- Zweitens organisieren Wissensarbeiter ihr Lernen selbst. Sie können in der Regel weitgehend darüber bestimmen, welche Lernangebote sie nutzen und wie sie sie kombinieren. Dabei gelten ihnen nicht nur gewohnte Bildungsmaßnahmen wie Lehrgänge und Seminare als Lerngelegenheiten. Als Wissensarbeiter sind sie gewohnt, abstrakte Probleme selbständig zu lösen und nutzen daher in ihren Lernstrategien selbstverständlich Medien des autodidaktischen Lernens: Bücher, Lernprogramme, Wissensquellen im Internet und in Datenbanken, Interviews mit anderen Experten etc.
- Drittens unterscheiden Wissensarbeiter nicht mehr streng zwischen Lernen und Arbeiten. Ihre Tätigkeit selbst bringt stetig Lernnotwendigkeiten mit sich, deren Erfüllung sie en passant anstreben. (…). Sie lernen hauptsächlich in der Arbeitssituation.
- Schließlich ergibt sich aus all dem ein verändertes Verhältnis von Wissensarbeitern zu ihrer Organisation und besonders auch zu den Bildungs- und Personalverantwortlichen." (Severing 2002, S. 14 ff.)

Als Beispiel einer positiven Verberuflichung wird auch das Konstrukt des Arbeitskraftunternehmers angepriesen. Dazu kommen auf Basis einer empirischen Studie Hans Pongratz und Günter Voß (2003) „zu einer differenzierten Einschätzung: Die Leistungsorientierungen qualifizierter Angestellter in Projektarbeit entsprechen in hohem Maße dem Typus des Arbeitskraftunternehmers, ihre berufsbiographischen Orientierungen dagegen kaum; bei Gruppenarbeit in der Industrie fehlen weitgehend die Voraussetzungen für selbstständiges Arbeiten. Andere Forschungsarbeiten (…) lassen ein großes Spektrum erkennen von Erwerbsgruppen mit hoher Nähe bis zu solchen mit ausgesprochener Distanz zum Typus." (Pongratz 2016, S. 44)
Die Verberuflichung akademischer Bildung schätzt Felix Rauner (2012, S. 3 ff.) sehr kritisch ein. Beschleunigt wurde seiner Meinung nach der Prozess der „Verberufli-

---

[405] Verberuflichung hat auch eine institutionelle und didaktische Komponente. Mit der gesellschaftlichen Entwicklung und dem Bolognaprozess zeigt sich auch eine „Verberuflichung der Hochschulen" (Severing/Teichler 2013, S. 7 ff.).
[406] Diese werden vermutlich im Zusammenhang mit der neuen industriellen Revolution der Industrie 4.0 erforderlich sein.

chung der hochschulischen Bildung auf geradezu dramatische Weise. Damit wurde ein grundlegender und umfassender Perspektivwechsel hin zum berufsqualifizierenden Studium vor allem für die Studenteninnen und Studenten der Bachelorstudiengänge vollzogen. Die Ausweitung der Studiengänge und -abschlüsse ist seither in einem kaum noch überschaubaren Ausmaß angestiegen. Motor dieser Entwicklung ist der sich verschärfende Wettbewerb zwischen Universitäten und Fachhochschulen bei der Vermarktung arbeitsmarktgerechter Studienangebote und das Konzept der berufsqualifizierenden hochschulischen Curricula, das mit der Etablierung dualer Studiengänge in Deutschland den Trend der Verberuflichung hochschulischer Bildung deutlich verstärkt hat." (ebd., S. 8) Dabei identifiziert er das „Beschäftigungssystem und die Facharbeitsmärkte als treibende Kräfte der Verberuflichung akademischer Bildung" (ebd., S. 9) und kommt zu dem Ergebnis, dass es sowohl die Akademisierung beruflicher Bildung als auch die Verberuflichung der traditionellen akademischwissenschaftlichen Bildung „die die Potenziale beider Bildungstraditionen unterminieren" (ebd., S. 18).

Es ist nicht verwunderlich, dass sich Untersuchungen zur Verberuflichung insbesondere auf solche Arbeitskräfte beziehen, die besonders flexibel sind und über gute Voraussetzungen verfügen. Für berufswissenschaftliche Untersuchungen zur Verberuflichung und Professionalisierung sollten verschiedene Gruppen von Berufstätigen in den Blick genommen werden. Dabei sollten auch geeignete Bildungskonzepte zum Erhalt und zur Erweiterung der Beruflichkeit diskutiert werden.

- **Entberuflichung und Deprofessionalisierung**

Der Wandel im Beschäftigungssystem und die Globalisierung der Märkte haben die Arbeitsverhältnisse, zumindest für die Randbelegschaften, Unterqualifizierten und die Arbeitslosen gravierend verändert. Stabile Normalarbeitsverhältnisses sind nicht mehr die Regel. Arbeit und Berufe verlieren in diesen problematischen Sektoren als Möglichkeiten der Identitätsbildung an Bedeutung. Die Berufsausübung stellt nicht mehr zwangsläufig die Normalform der Erwerbsarbeit mit einmal erworbenen Qualifikationen dar.

Unabhängig davon zeigen Entberuflichung und auch die Deprofessionalisierung Phänome an, die Berufstätige betreffen können, wenn sie auf dem mit der Ausbildung erworbenen Wissen verharren. Sie gehören dann über kurz oder lang zu den Modernisierungsverlierern.

Damit scheint – wie Eckart Severing (2002, S. 2 f.; Hervorhebungen im Original) herausstellt – die „*intuitive Plausibilität der folgenden Argumentation (...) hoch:*
- Berufe sind historisch gewachsene, statische Qualifikationsbündel.
- Durch den schnellen technischen Fortschritt wird ein rascher Wandel der Berufe ausgelöst.

- Daraus folgt eine Entkoppelung von berufsbezogener Aus- und Weiterbildung und von Qualifikationsanforderungen: diese entsprechen nicht mehr den etablierten Berufsbildern."

Diese thesenartige Auflistung verweist auf Entwicklungen, die unter Berücksichtigung der These einer Entberuflichung noch einer vertieften und breiter angelegten berufswissenschaftlichen Untersuchung im Einzelnen und der Berücksichtigung jeweiliger Besonderheiten im Beschäftigungssystem bedürfen.

Bislang werden mit der Debatte um die Entberuflichung im nicht-akademischen Bereich einerseits, aber auch um die Deprofessionalisierung im akademischen Bereich andererseits gesellschaftliche oder individuelle Vorgänge und Erscheinungen angesprochen sowie teilweise auch dramatisiert. Insbesondere der Begriff „Entberuflichung" ist in Deutschland negativ konnotiert.

Unter systemischer Sicht kann Entberuflichung als eine Tendenz im gesamten Beschäftigungs- und Gesellschaftssystem gesehen werden, bei der anstelle von lang andauernder fachkompetenter Berufstätigkeit zunehmend Arbeitstätigkeiten als mehr oder weniger einträgliche und vorübergehende Beschäftigungsverhältnisse zum Gelderwerb dominieren. Insbesondere Entwicklungen mit der „Infragestellung von Berufsidee und arbeitsgesellschaftlicher Verfassung wie die yuppiehafte Berufsausübung legen es offensichtlich nahe, den Beruf als Basis individueller Lebensführung zu verabschieden" (Müller 1992, S. 59).

Entberuflichung muss bei dieser Sichtweise zu einer breit angelegten Reduzierung von Arbeits- und Qualitätsanforderungen im Beschäftigungssystem führen. Entsprechende Entwicklungen sind im bestehenden deutschen Beschäftigungssystem bislang aber noch nicht als durchgängige Erscheinungen erkennbar, die das Berufssystem abzulösen imstande sind. In nicht wenigen Einzelfällen tritt eine Entberuflichung von Tätigkeitsbereichen auf, wenn die Kernqualifikationen eines Berufes nicht mehr erforderlich sind oder nachgefragt werden.[407]

Aus gesellschaftlicher, aber auch individueller Sicht ist auch der Austritt aus dem Erwerbsleben aus Altergründen von Interesse. Dabei wird unter Entberuflichung des Alters der gesetzliche oder der verfrühte Eintritt in den Ruhestand verstanden. Dieser ist in seiner Rigidität ein Vorgang, der im Gegensatz zu früheren Generationen, das Alter als zunehmend länger währenden Lebensabschnitt insgesamt problematisch werden lässt. Entberuflichung bedeutet dann auch den Verlust des Berufes. Für die Freien Berufe bestehen derartige Zwänge und damit das Problem durch eine Entberuflichung kaum.

---

[407] „Als empirische Argumente für das Vorliegen einer Entberuflichung werden u. a. eine häufiger anzutreffende nicht mehr ausschließliche unvollständige Ausübung eines erlernten Berufes, eine generell schwindende Identifikation mit dem Beruf, die häufiger nicht mehr ausschließliche Nachfrage nach seinem fachlichen Kern und eine Entkoppelung von Arbeitszeit und Arbeitsplatz angeführt." (Sender 2016, S. 388)

Bei steigender Lebenserwartung erscheint es gesellschaftlich bedeutsam, ob die Entberuflichung im Alter quasi als naturgegeben hinzunehmen sowie der Verlust von beruflicher Expertise gesellschaftlich als sinnvoll einzuschätzen ist und die Tendenz zur Entberuflichung im Alter sich mittel- bis langfristig verändern wird.

Unter einer subjektorientierten Perspektive zeigt sich Entberuflichung zum Teil als ein besonderes Problem für die Berufstätigen mit einer nicht-akademischen Ausbildung. Entberuflichung kann für den Einzelnen ein schleichender, kaum bemerkbarer Prozess sein, der mit einer je spezifischen und subjektiven Erlebensperspektive der Betroffenen einhergeht. Die beruflichen Handlungsmuster verändern sich langsam und fast unmerkbar. So schränkt sich mit zunehmender Entberuflichung die Selbstorganisation der Arbeitstätigkeit ein. Sind Qualifikationen und Inhalte eines Berufes betriebsorganisatorisch nicht mehr erforderlich, so werden durch fachlich anspruchslosere Arbeitsanforderungen die Berufstätigen ihre Fähigkeiten nicht mehr in vollem Umfang nutzen und teilweise verlernen. Individuelle Prozesse von Dequalifizierung und Entberuflichung ist dann die Folge für die Betroffenen. Derartige Erscheinungen ergeben sich verstärkt durch tayloristische und fordistische Arbeitsformen.
Entberuflichungstendenzen bei Berufstätigen zeigen sich auch dann, wenn sich die Erwerbsarbeit verändert oder sogar sinnentleert. In der Folge ergeben sich Verdrängungseffekte über geringere Lohnangebote. Für den einzelnen Arbeitssuchenden stellt sich dann die Frage von Employability anstatt Beruflichkeit. Kommt es zur Entberuflichung, ist die orientierungs- und identitätsstiftende Funktion des Berufs für die Betroffenen nicht mehr gegeben. Die Berufsbiographien erfahren Brüche.

Es ist anzunehmen, dass die bisherige Debatte etwas überzogen ist und Entberuflichung zum Schlagwort verkommen kann. Darauf macht bereits Dirk Koniezki (1999, S. 334) mit seiner nicht mehr ganz neuen Studie aufmerksam, wenn er feststellt, dass für dieses Phänomen zwar starke theoretische Thesen aufgestellt wurden, die aber schwache empirische Evidenzen zeigen.
„Auf der Ebene konkreter kohortenspezifischer Erfahrungen dominieren eher Muster eines *partiellen* und *verhaltenen* Wandels, die durchaus Tendenzen der Differenzierung und Vervielfältigung beruflicher Integrationsmuster aufweisen, nicht jedoch jene oft postulierten radikalen Strukturbrüche und Einschnitte einschließen. Dennoch ist der Umkehrschluss nicht angebracht, dass auf einer allgemeineren Ebene angesiedelte (theoretische) Entwürfe notorisch unbrauchbar für eine Beschreibung und Erklärung des kohortenspezifischen Strukturwandels wären." (Koniezka 1999, S. 334 f.; Hervorhebungen im Original)

Entberuflichung erfahren sowohl die nicht-akademischen als auch die akademischen Arbeiten, aber in sehr verschiedenem Umfang. Der Verlust der Beruflichkeit stellt sich als besonderes Problem insbesondere von Menschen mit wenig ausgeprägten Voraussetzungen sowie geringer Flexibilität dar. Deshalb „wird unter dem Stichwort der *Entberuflichung* seit den 1980er Jahren die Relevanz der traditionellen handwerklich verankerten und primär an konkreten Berufsinhalten orientierten Berufsausbildung grundlegend in Frage gestellt" (Koniezka 1999, S. 252; Hervorhebungen im Original). Allerdings ist auch dort das Phänomen der Entberuflichung insbesondere nur auf der unteren Ebene der Erwerbstätigkeit verstärkt vorhanden. „Im Zuge des (technologisch induzierten) Wandels der *Qualifikationsanforderungen* und der zunehmenden *Entberuflichung* der Erwerbsarbeit scheint es darüber hinaus auch im traditionellen gewerblichen und industriellen Kernbereich der dualen Ausbildung immer unklarer, ob die Muster der Chancenzuweisung im Arbeitsmarkt noch eng umrissenen berufsspezifischen Bahnen folgen." (ebd., S. 254; Hervorhebungen im Original)

Gründe für die Entberuflichung der im Arbeitsprozess Stehenden liegen nicht allein in der Veränderung der Anforderungen an die beruflichen Tätigkeiten oder an der Beschleunigung des Wissenswandels im Beschäftigungssystem, sondern auch in den individuellen Möglichkeiten und Aktivitäten zu einer selbstbestimmten Bildungsplanung.

Wie Dirk Koniezka um die Jahrtausendwende mit der Studie über die Geburtsjahrgänge von 1919 bis 1961 aufweist, können nicht wenige Arbeitnehmer, die aus welchen Gründen auch immer ihren Ausbildungsberuf aufgegeben haben, danach meist *„keine ausbildungsadäquate Position erreichen. Gerade bei Männern mit gewerblicher Ausbildung waren deutliche Unterschiede in den Chancen einer adäquaten Plazierung im Arbeitsmarkt in Abhängigkeit von der inhaltlichen Übereinstimmung von Ausbildung und Beruf festzustellen. Im Laufe ihres Erwerbslebens haben sie zwar zunehmend das durch ihre Berufsausbildung vordefinierte Berufsfeld verlassen, sie erlebten in diesem Fall aber relativ häufiger berufliche Abstiege."* (Koniezka 1999, S. 332; Hervorhebungen im Original) Diese Untersuchung sollte aufgegriffen und durch einen weitergehenden Ansatz aktualisiert werden.

Für einen nicht unerheblichen Teil der in den hochtechnologienahen Branchen Beschäftigten zeigen sich aufgrund neoliberaler Tendenzen in der Wirtschaft und auf dem Arbeitsstellenmarkt Substitutions- und Verdrängungseffekte bei berufsförmiger Arbeit mit geringerer Qualifikation. Die Debatte zur Entberuflichung entzündet sich aber nicht nur durch industriesoziologische Sichtweisen auf die nicht-akademischen Berufe, sondern auch an gesellschafts- und bildungspolitischen Entscheidungen bei akademischen Berufen und den zugehörigen Studiengängen.

- **Ver- und Entberuflichung als Thema berufswissenschaftlicher Forschung**

Die Diskussionen zur „Verberuflichung und Entberuflichung verweisen auf dynamische Aspekte kulturellen und wirtschaftlichen Wandels, in dessen Verlauf gesellschaftlich, technisch und wirtschaftlich veraltete Berufe verschwinden und neue Berufe sich durchsetzen" (Kutscha 2008, S. 3), und das gilt gleichermaßen sowohl zur Situation bei den Berufen und Professionen als auch zur beruflichen Ausbildung. Das zeigen auch die bisherigen Studien.

Auch wenn der bisherige Diskurs zur Entberuflichung sehr intensiv geführt worden ist und vielfältige Ergebnisse vorliegen, sollten nun eine vertiefte Berufsforschung auf Veränderungen der Berufsprofile, -inhalte und Qualifikationen bei ausgewählten Berufen gerichtet sein. Dabei können Fragen der Verberuflichung bzw. Professionalisierung oder Entberuflichung bzw. Deprofessionalisierung aufgegriffen werden.

Mit der allgemeinen Berufsforschung können Veränderungen sowohl bei der Verberuflichung als auch bei der Entberuflichung in historischen Prozessen oder in kürzeren Epochen betrachtet werden. Gegenstände spezieller berufswissenschaftlicher Forschung zur Entberuflichung könnten beispielsweise einzelne akademische oder nichtakademische Berufe oder Berufsgruppen sein.

3.5 Berufswissenschaftliche Methoden

3.5.1 Methoden berufswissenschaftlicher Arbeit

Methoden berufswissenschaftlicher Arbeit und Forschung stellen Wege und Regeln dar, nach denen bei Forschungen und Untersuchungen vorgegangen werden sollte. Die Methode „gilt als Charakteristikum für die wissenschaftlichen Verfahren, und damit – pars pro toto – als Kennzeichen der Wissenschaften selbst" (Lorenz 1984, S. 876). Methoden müssen mitteilbar und von der Community nachvollziehbar sein. Darüber hinaus haben sie die normative Eigenschaft von Vorschriften, nach denen verfahren werden sollte. Nicht alle von den Wissenschaften erarbeiteten Methoden sind berufswissenschaftlich nutz- und einsetzbar.

- **Wissenschaftliche Methoden und Arbeitsweisen**

Viele wissenschaftliche Arbeitsformen wie das Sammeln und Recherchieren von Daten, der Umgang mit den Haushaltsmitteln, die Organisation von Arbeitsfolgen etc. entsprechen nicht dem, was sich Laien unter der Arbeit von Wissenschaftlern vorstellen. Realiter geht es nicht um die plötzlich auftretende bahnbrechende Erfindung, sondern vielfach um Arbeiten – wie beispielsweise einer kleinen Notiz zu einem später eventuell relevanten Thema –, die völlig unspektakulär sind.

Dennoch ist wissenschaftliche Arbeit und damit auch die Tätigkeit im Bereich der Berufswissenschaft die professionelle, methodisch geordnete Suche nach Erkenntnis und Wissen. Um diesen Anspruch gerecht zu werden, sind die Kenntnis und Beachtung der wissenschaftlichen Methoden und Techniken des wissenschaftlichen Arbeitens Voraussetzung für jede Wissenschaft.

Berufswissenschaftliches Arbeiten stellt ein systematisches und einwandfreies Vorgehen mit eigenständigen, genauen, kritischen und kreativen Überlegungen zu bereits vorliegenden Befunden dar. Um den Bestand des sehr verstreut vorliegenden gegenwärtigen berufswissenschaftlichen Wissens zu erfassen, ist zuvörderst eine Sichtung bereits vorhandener Literatur, Fakten, Interpretationen etc. zum Thema – soweit möglich – vorzunehmen.

Die in der Folge anzuwendenden Arbeitsmethoden für die Berufswissenschaft können als Mittel eingeordnet werden, um zu möglichst objektiven Erkenntnissen über die Berufe und die Arbeitswelt zu gelangen. Bei den berufswissenschaftlichen Arbeitsmethoden geht es dabei um die Art und Weise, wie im System vorgegangen werden sollte.

Die Aufgaben und Arbeiten der Berufswissenschaft richten sich auf das Sichten und Sammeln von Forschungsergebnissen, das Systematisieren von Wissensbeständen, die Anregung zu Forschungsarbeiten, die Aufbereitung von Wissenschaftsergebnisse für die Lehre (Berufslehre), das Bereitstellen von Wissen für Fachkollegen anderer Disziplinen sowie andere Nutzer.

Perspektivisch geht um das Aufstellen von berufswissenschaftlich relevanten neuen Fragen, das Zielesetzen, das Reduzieren auf das Wesentliche, die Auswertung von Einschlägigem, das Systematisieren von Zusammenhängendem, das Analysieren von Untersuchungsgegenständen. Zu den berufswissenschaftlichen Arbeitsmethoden gehört auch das Herausarbeiten von Beziehungen aufgrund theoretischer und zugleich nachvollziehbarer Überlegungen, die auf bereits vorhandenen Forschungsergebnissen basieren. Wichtig sind auch das Dokumentieren, das Beschreiben von Arbeitsweisen und Ergebnissen sowie eine eventuell notwendige Kritik.

Zum wissenschaftlichen Arbeiten können auch die Methoden, die Inhaltsauswahl, die hochschuldidaktische Aufbereitung berufswissenschaftlicher Ergebnisse für die Lehre und die Methodik für das Arbeiten mit den Studierenden gezählt werden.
Durch die wissenschaftliche Methodenanwendung und die Arbeitsweisen wird das Gebäude der Berufswissenschaft ständig weiter ausgebaut, verbessert, aber auch kritisch überprüft. Eine besondere Form der wissenschaftlichen Arbeitsweisen der Berufswissenschaft stellen die Forschungsmethoden dar.

- **Forschungsmethoden – Eine spezifisches Instrument wissenschaftlichen Arbeitens**

Generell ist eine Verschränkung von substantieller berufswissenschaftlicher Forschung mit Methodenfragen notwendig. Die Felder der in den verschiedenen wissenschaftlichen Disziplinen eingesetzten Forschungsmethoden, auf die zugegriffen werden kann, sind sehr groß. Um sich aber nicht sogleich zu starr auf ein Forschungsinstrumentarium – und dabei insbesondere auf bestimmte Forschungsmethoden – festzulegen, kann man sich auf die Aussage „Anything goes" (Feyerabend 1986, S. 31 f.) rückbesinnen und – ohne hohe und dezidierte Ansprüche – zunächst möglichst viele, schon etablierte oder zumindest sehr oft angewandte Forschungsmethoden aus anderen Wissenschaften sichten.

Dabei können zwei Wege beschritten werden: Zum einen ist dies der Rückgriff auf die bewährten traditionellen Forschungsmethoden der etablierten Wissenschaften, zum anderen auf Methoden, die bei Untersuchungen (z. B. im Rahmen von Modellversuchen und -projekten) zu Berufen und Berufsfeldern bereits vorzugsweise angewandt werden. Für den ersten Weg liegt ein kaum überschaubares Methodenangebot vor. Beim zweiten Weg dagegen ist das angewandte Methodenarsenal eher versteckt in berufswissenschaftlichen Projekten und Modellversuchen eingelagert.

Letztlich lässt sich – wie schon festgestellt – davon ausgehen, dass die berufswissenschaftliche Forschung zunächst vorwiegend auf Arbeiten und Forschungsmethoden anderer Fachwissenschaften zurückgreifen und diese gegebenenfalls transformieren muss. Dazu gehören insbesondere die Methoden der Arbeitswissenschaften, der Psychologie und der Soziologie.

Da grundsätzlich bei berufswissenschaftlichen Analysen und Untersuchungen auf sehr viele der derzeit anerkannten und etablierten wissenschaftlichen Forschungsmethoden zugegriffen werden kann, sind die Methodenstrategien u. a. insbesondere bei interdisziplinären berufswissenschaftlichen Forschungen sehr vielfältig.

In jedem Fall ist das methodische Vorgehen in der Berufsforschung an neuen wissenschaftstheoretischen Erkenntnissen zu orientieren. So gründet sich z. B. die neue Klassifikationsstruktur der Berufe nicht mehr auf die frühere, deduktiv nach rein theoretischen Kenntnissen entwickelte Forschungsmethode, sondern „auf empirische Analysen zur Ähnlichkeit von Berufen, ergänzt um Prüfungen zur Kohärenz zu theoretischen Modellen von Berufsgruppen" (Möller/Paulus 2010, S. 26 f.).

Die wissenschaftliche Tätigkeit richtet sich mit ausgewählten Verfahren und Methoden auf die im Rahmen der Berufswissenschaft zu untersuchenden Forschungsgegenstände. Dabei stellen die Auswahl und Anwendung von Forschungsmethoden einen wichtigen Aspekt wissenschaftlicher Tätigkeit und eine spezifische Form wissenschaftlichen Arbeitens dar.

3.5.2 Methodenproblematik bei der berufswissenschaftlichen Forschung

Es werden Verfahren und prozessuale Techniken als Forschungsmethoden bezeichnet, mit denen die Klärung von Fragestellungen erfolgen kann, die in den Disziplinen entwickelt werden oder auftreten. In den verschiedenen Wissenschaftsbereichen finden sich vielfältige, aber nicht immer tranferierbare Methoden. Forschungsmethoden dienen dem planmäßigen und systematischen Vorgehen, das zur Gewinnung wissenschaftlicher Erkenntnisse erforderlich ist.

Bislang hat berufswissenschaftliche Forschung nur ansatzweise ein eigenständiges Profil entwickelt. Aufgrund der damit auftretenden Probleme sind in der Berufsforschung „fundierte Überlegungen zum Untersuchungsdesign und zur Methodenauswahl von besonderer Relevanz" (Kelle/Langfeldt/Reith 2013, S. 184).

Im gesamten Bereich, in dem Forschungen vorgenommen werden, finden große methodologische Dispute – wie beispielsweise der „Positivismusstreit" der 1960er Jahre (Adorno u. a. 1969) – heute kaum noch statt. Auch besteht inzwischen ein Konsens darüber, dass alle Forschungsmethoden eingesetzt werden können, wenn sie dem jeweils zu erforschenden Gegenstandsbereich adäquat sind. Selbst gegen einen Mix aus quantitativen und qualitativen Methoden gibt es keine gravierenden Einwendungen.

Dennoch sind generell Meinungsverschiedenheiten bei Entscheidungen über den Methodeneinsatz nicht ausgeschlossen, denn diese können in der Wissenschaft produktiv sein. Deshalb ist ein Methodenstreit „im weiteren Sinne jede Kontroverse über die Methoden einer Wissenschaft, im engeren Sinne diejenige Form eines Grundlagenstreits, dessen Gegenstand die für eine bestimmte Wissenschaft konstitutiven methodischen

Orientierungen sind" (Mittelstraß 1984, S. 886): Auch im Bereich der Berufswissenschaft ist dieses zu begrüßen.

Für die Berufswissenschaft geht es im Wesentlichen um empirische Forschung und weniger um rein theoretische Arbeiten. Dazu können quantitative und qualitative Methoden beitragen. Um Zusammenhänge bei den Berufen besser versehen zu können, „kann es erforderlich sein, verschiedene Methoden zu kombinieren, sodass sich die jeweiligen Stärken und Schwächen qualitativer und quantitativer Forschungsansätze möglicherweise ausgleichen, wobei z. B. auch überraschende Beobachtungen von Einzelfällen genutzt werden können oder qualitative Interviewdaten dabei helfen, unklare statistische Befunde besser zu verstehen" (Kelle/Langfeldt/Reith 2013, S. 184).

- **Allgemeine qualitative und quantitative Forschungsmethoden**

Mit Betrachtungen über allgemeine Methoden können keine Ansprüche auf Vollständigkeit erhoben werden. Auch gibt es keine allgemein akzeptierten Beschreibungen davon, was genau unter qualitativen Methoden verstanden wird (Garz 1995; Wolf 1995). Abgeklärter erscheint das Gebiet der quantitativen Methoden. Wissenschaftliche Verfahren und Methoden zum Erkenntnisgewinn sind nicht einheitlich. Für berufswissenschaftliche Forschung, die im Wesentlichen eher sozialwissenschaftliche Fragestellungen behandelt, stehen meist empirische Methoden im Zentrum.

Unabhängig von dieser ersten Einschätzung müssen zur Klärung berufswissenschaftlicher Rahmenbedingungen für den Methodeneinsatz die qualitativen und quantitativen Methoden als übergeordneten Methodenformen genauer in den Blick genommen werden. Dazu brauchen aber singuläre Details und besondere Ausformungen nicht betrachtet zu werden. Insofern erfolgt schon im Vorfeld eine Selektion, mit der die Methodenskizzen bereits unter dem berufswissenschaftlichen Blickwinkel und den Anwendungs- und Nutzungsmöglichkeiten für die Berufsforschung gemustert werden.

Quantitative Forschungsmethoden

Mit quantitativen Forschungsmethoden lassen sich statistisch gut erfassbare, zahlenmäßige Aspekte sowie Zusammenhänge bearbeiten und möglichst objektiv beschreiben. Dadurch lassen sich Gesetzmäßigkeiten und Zusammenhänge in der Berufswelt entdecken und überprüfen. Es geht um die Betrachtung größerer Fallzahlen, die dann mit geeigneten statistischen Methoden ausgewertet werden, um zu nachvollziehbaren und überprüfbaren Schlussfolgerungen zu gelangen.

Da in aller Regel für ein Forschungsvorhaben bei der Vielfältigkeit und großen Zahl der Berufe keine Vollerhebungen geleistet werden können, werden für die Bearbeitung der Ausgangsfrage möglichst große Stichproben entnommen, um repräsentative Aussagen für Entwicklungen und Trends zu geben. Zu Beginn jeder quantitativen wissenschaftlichen Untersuchung steht die Formulierung von Hypothesen, um dann Beobachtungen vornehmen zu können.

Durch quantitative Forschungsmethoden lassen sich mit ausgewählten Erhebungsverfahren Entwicklungen sowie Zustände in der Berufs- und Lebenswelt feststellen. Bei quantitativen Erhebungsverfahren werden Befragungsmethoden wie beispielsweise das durch Leitfragen gestützte Interview angewandt. Die zu Befragenden können nur aus vorgegebenen Antworten wählen. Häufig werden in den Befragungen Mehrfachnennungen vorgegeben.

Nachdem die berufswissenschaftlichen Beobachtungen und Erhebungen abgeschlossen sind, müssen die angefallenen Daten statistisch ausgewertet und dargestellt werden, um die Ergebnisse und die methodische Vorgehensweise in Form eines Forschungsberichts zu veröffentlichen.

Qualitative Forschungsmethoden

Qualitative Forschungsmethoden dienen dem Ergründen von Einstellungen und komplexeren Zusammenhängen sowie dem Verstehen von Handlungsabläufen. Sie sind auf die Berufs- und Lebenswirklichkeit von Menschen ausgerichtet und orientieren sich an deren Denken und Handeln in der Umwelt. Im Zentrum qualitativer Forschung steht der Mensch mit den Gegenständen seines Handelns und seiner subjektiven Sichtweise auf die Vorgänge der Berufs- und Lebenswelt. Erhebungs- und Auswertungsmethoden der qualitativen Methode werden dem Forschungsgegenstand angepasst.

Sinngebung, Zielsetzung und Einfluss von Handlungen sowie Aussagen der untersuchten Forschungsgegenstände werden im Zusammenhang mit dem Kontext interpretiert, in dem sie entstanden sind. Damit können u. a. berufliche, gesellschaftliche, kulturelle und soziale Hintergründe erfasst werden.

Bedeutsam ist weiterhin, dass mit dem qualitativen Ansatz bereits vorhandene berufliche Theorien – auf welchem Niveau auch immer – im Forschungsprozess berücksichtigt werden. Theorien und Hypothesen werden erst im Forschungsverlauf anhand des qualitativen Materials entwickelt, erweitert oder auch überprüft. Forschungserkenntnisse können durch die genaue Betrachtung von beispielhaften Einzelfällen der Berufswelt gewonnen werden.

Vergleich der qualitativen und quantitativen Methoden

Einen grobstrukturellen Vergleich der qualitativen und quantitativen Methoden stellt Heinke Röbken dar. Damit kann eine rasche Übersicht zu den Vor- und Nachteilen der Methoden gewonnen werden (Abb. 69).

Kombination von qualitativer und quantitativer Forschung

In den letzten Jahrzehnten hat sich die Erkenntnis durchgesetzt, dass sich qualitative und quantitative Forschungsmethoden auf unterschiedliche Weise kombinieren lassen. Dabei stellt heute – wie schon erwähnt – ein Mix von Methoden keinen wissenschaftlichen Verstoß gegen die Reinheit oder den Vorrang einer Methode dar. Unüberbrückbare Gegensätze haben sich aufgelöst.[408] In nicht wenigen Bereichen wird eine Kombination als möglich und sinnvoll angesehen.

	Qualitative Methoden	Quantitative Methoden
Vorteile	• Flexibilität der Methode. • Offenheit des Vorgehens ermöglicht, neue, unbekannte Sachverhalte zu entdecken. • Persönliche Interaktionen ermöglichen Hintergründe zu erfragen und Unklarheiten zu beseitigen. • Hohe inhaltliche Validität durch nicht prädeterminierte Vorgehensweise. • Tieferer Informationsgehalt durch offene Befragung. • Erfassen tiefgehender Zusammenhänge.	• Exakt quantifizierbare Ergebnisse. • Ermittlung von statistischen Zusammenhängen möglich. • Repräsentative Ergebnisse erreichbar durch große Stichprobe. • Messung von gleichen Merkmalen bei allen Bereichen und Phasen • Geringere Kosten, geringerer Zeitaufwand • Hohe externe Validität durch große Stichprobe. • Größere Objektivität und Vergleichbarkeit der Ergebnisse.
Nachteile	• Aufwand ist zeit- und kostenintensiv. • Anforderungen an die Qualifikation des Interviewers/Beobachters eher hoch. • Auswertung ist vor allem im Vergleich zu den quantitativen Methoden relativ aufwendig.	• Keine Flexibilität während der Untersuchung durch die Standardisierung der Untersuchungssituation. • Keine Ermittlung der subjektbezogenen Ursachen für einen Befund oder eine Einstellung • Kein Gewinn durch Verbesserungsvorschläge.

Abb. 69: Vor- und Nachteile quantitativer und qualitativer Forschungsmethoden.
(in Anlehnung an Röbken 2014, S. 15)

Durch Phasen qualititativ orientierter Forschung gewinnt „Forschung an Offenheit für den Gegenstand und damit auch an Alltagsnähe. Vorgefasste Konzepte (Hypothesen) werden stärker in Frage gestellt, die Verbindung mit dem Gegenstand der Untersuchung wird während des gesamten Forschungsprozesses, nicht nur in der (...) Erhebungsphase aufrechterhalten." (Mayring 2001, Absatz 30)

Durch quantitativ orientierte Forschungsteile gewinnen „Verbindungsmöglichkeiten zunächst an Transparenz und methodischer Stringenz. Der instrumentell-technische Charakter von Forschungsstrategien wird stärker unterstrichen, wenngleich dies bei einer Übertreibung neue Gefahren birgt (Vernachlässigung der Forscher-Subjekt-Interaktion). Damit wird die Forschung stärker intersubjektiv nachvollziehbar und überprüfbar. Weiterhin gewinnt qualitativ orientierte Forschung durch Hinzuziehen quantitativer Analyseschritte in aller Regel an Verallgemeinerbarkeit der Ergebnisse." (Mayring 2001, Absatz 31)

Ist es erforderlich eine Triangulation vorzunehmen, d. h., den Forschungsgegenstand von mindestens zwei Standpunkten aus zu betrachten, so kann dieses auch aus qualita-

---

[408] In diesem Zusammenhang hält Matthias von Saldern (1992) bereits vor mehr als zwei Jahrzehnten einen „Nekrolog auf einen Gegensatz", und Philipp Mayring (2001) zeigt die positiven Möglichkeiten der „Kombination und Integration qualitativer und quantitativer Analyse" auf.

tiver und quantitativer Sicht geschehen. Besondere Möglichkeiten der Integration qualitativer und quantitativer Methoden eröffnen sich bei der Entwicklung eines übergeordneten Forschungsdesigns für größere Studien.[409]

Vielfältige allgemeine Forschungsmethoden

Im Rahmen von Forschungsdesigns qualitativer oder quantitativer Methoden werden vielfältige allgemeine Methoden eingesetzt. Dazu gehören u. a. Befragungen, Beobachtungen, Beurteilungen, biografische Methoden, Einzelfallstudien, Gruppendiskussionen, Inhaltsanalysen, Interviews, Leitfrageninterviews, Testverfahren.

Außerdem finden sich Methoden, die sowohl als eigenständige Forschungsvorhaben genutzt oder in die Forschungsdesigns eingefügt werden können. Dazu zählen u. a. die Delphi-Methode, die Fallstudie, die historisch-genetische Methode, die Szenariomethode, die Vergleichsmethode.[410] Die Zahl der Methoden und jener, die als Methoden bezeichnet werden, ist sehr groß, nicht nur deshalb gibt es keine vollständige Listen, auf denen für jede Disziplin die dafür geeigneten wissenschaftliche Methoden aufgeführt sind. Solche Listen könnten als normativ aufgefasst werden. Würde es entsprechende Listen geben, dann könnte die Meinung entstehen, dass nicht rubrizierte Methoden in Wissenschaft und Forschung nicht verwendet werden dürften. Es könnten keine neuen Methoden entstehen.

Man sollte als Berufswissenschaftler den bestehenden Methodenpluralismus zur Kenntnis nehmen und nur das nutzen, was für das jeweilige Forschungsvorhaben sinnvoll erscheint. Auch für berufswissenschaftliche Forschung gilt, dass nur der Sache und dem Untersuchungsgegenstand angemessene bzw. geeignete Methoden ausgewählt werden sollten (vgl. Seiffert 1973, 79 f.).

- **Berufswissenschaftlich einsetzbare Forschungsmethoden**

Im Rahmen berufswissenschaftlicher Forschungen können sowohl arbeitswissenschaftliche, empirische, historisch-systematische und soziologische als auch spezifische berufswissenschaftliche Methoden für das Untersuchungsvorhaben förderlich und geeignet sein. Für den Einsatz und Ablauf berufswissenschaftlicher Forschungsmethoden ist gegenwärtig – aber auch zukünftig – keine allgemeingültige Abfolge eines methodenspezifischen Handlungsplans zu erwarten und wünschenswert. Für diesen Wissenschaftsbereich sollte deshalb bei Forschungsvorhaben eine systematische, sinnvolle und themengerechte Auswahl von Methoden, eine Anpassung des Forschungsweges und -ablaufs an spezifische Bedingungen, eine regelmäßige Bewertung des For-

---

[409] Bei der Netzwerkforschung kann die Integration qualitativer und quantitativer Daten Voraussetzung des Gelingens sein (Gruber/Rehrl 2010, S. 978).
[410] Weitere Methoden sind in der Darstellung berufsbildungswissenschaftlicher Forschung (Kapitel 4.5) zu finden, nicht wenige davon können auch für die berufswissenschaftliche Forschung genutzt werden.

schungsverlaufes und -standes sowie eine reflexive Bewertung der spezifischen Ansätze erfolgen.

In der derzeitigen berufsbezogenen Forschungspraxis ist hinsichtlich der Methoden und der Untersuchungsansätze kein einheitliches Forschungsdesign feststellbar und vielleicht auch gar nicht erwünscht. So benutzen z. B. IAB-Analysen „den Beruf zumeist als analytische Kategorie oder Aggregat. Sie beschäftigen sich in der Regel aber nicht mit ausgewählten Berufen oder Berufsfeldern. Forschungsaufgaben des BIBB hingegen zielen verstärkt auf Entwicklungen und Handlungsmöglichkeiten in den einzelnen Berufsfeldern oder auch Berufen ab. (…). Anders als das IAB greift das BIBB deshalb – neben den Daten der amtlichen Statistik und repräsentativen Erhebungen – auch auf qualitative Forschungsansätze zurück." (Frank u. a. 2010, S. 43)

Erst in den letzten zwei Jahrzehnten hat sich herausgestellt, dass für die Berufsforschung „fundierte Überlegungen zum Untersuchungsdesign und zur Methodenauswahl von besonderer Relevanz" (Kelle/Langfeldt/Reith 2013, S.184) sind. Nicht zuletzt wegen dieser kurzen Zeitspanne, aber auch wegen fehlender Ressourcen konnte ein spezifischer und der Sache angemessener berufswissenschaftlicher Methodenfundus nur ansatzweise erarbeitet werden.
Mit optimistischer Sicht lässt sich dennoch sagen, im letzten Jahrzehnt haben sich durch die berufswissenschaftlichen Arbeiten „Forschungsinstrumente und Methoden entwickelt, die sich an den Arbeitsprozessen in einer Domäne ausrichten" (Spöttl/Windelband 2013, S. 194).

Bislang ist feststellbar: Der „methodologische Horizont lässt neben verschiedenen Ansätzen der Berufsforschung vor allem den Einsatz disparater Theorieangebote erkennen." (Schütte 2013a, S. 248)[411] Es geht also darum, allgemeine Methoden auf ihre Anwendbarkeit für berufswissenschaftliche Forschungen zu untersuchen und berufswissenschaftliche Methodenansätze auf ihre Stringenz, Wertigkeit und Plausibilität hin abzuklopfen.

Berufswissenschaftliche Methodeneinfärbung auf der Basis allgemeiner qualitativer und quantitativer Methoden der Sozialforschung

Ein auf der Basis qualitativer und quantitativer Methoden ausgerichteter Methodenmix kann zu einem berufswissenschaftlich angemessenen Methodeneinsatz führen. So meinen Udo Kelle, Betina Langfeldt und Florian Reith, ein pragmatischer Methodeneinsatz, der „abseits paradigmatischer Differenzen qualitative und quantitative Forschungstraditionen zu verbinden sucht und um Kontextualisierung der Daten bemüht ist, führt daher häufig zu einer adäquaten Annäherung an die sozialen Phänomene der

---

[411] „Wenngleich der Objektbereich (…) eindeutig adressiert ist, variiert das Thema ‚Beruf' auf der Basis höchst unterschiedlicher Forschungsmethoden erheblich. In methodologischer Hinsicht unterliegt die Profession der Berufsforscher/-innen den gleichen Prämissen wie das zu analysierende Objekt: Sie (re-)produziert mit den Mitteln der Wissenschaft interdisziplinäre Arbeitsteilung und theoretische Ausdifferenzierung." (Schütte 2013a, S. 248)

Berufsforschung und reduziert in vielen Fällen Validitätsprobleme von Kausalanalysen" (Kelle/Langfeldt/Reith 2013, S. 177). Ein solches methodisches Konzept scheint „geeignet, der Tatsache Rechnung zu tragen, dass der Beruf zwar einen zentralen Stellenwert in der Lebensplanung vieler Menschen einnimmt, berufliche Laufbahnen und Erwerbsbiographien aber nicht losgelöst von anderen Lebensbereichen wie Familie, Freunde, Freizeit etc. zu betrachten und von Gesundheit, Einbindung in Netzwerke etc. abhängig sind" (vgl. ebd.).

Berufswissenschaftlich eingefärbte Delphi-Methode

Die Delphi-Methode[412] ist ein Verfahren, mit dem Experten eines beruflichen Fachgebietes zu möglichen Entwicklungen befragt werden. Diese Methode eignet sich dazu Entwicklungs- und Handlungsprognosen sowie Eintrittszeitpunkte ungewisser Ereignisse zu ermitteln. Dazu werden Experten in mehreren aufeinanderfolgenden Durchgängen zu dem Untersuchungsgegenstand einzeln schriftlich befragt. Das Gesamtergebnis jedes Durchgangs wird dann allen beteiligten Experten noch vor der nächsten Diskussionsrunde zur Kenntnis gegeben, um die zum Teil auch konträren Ergebnisse zu diskutieren (Abb. 70).

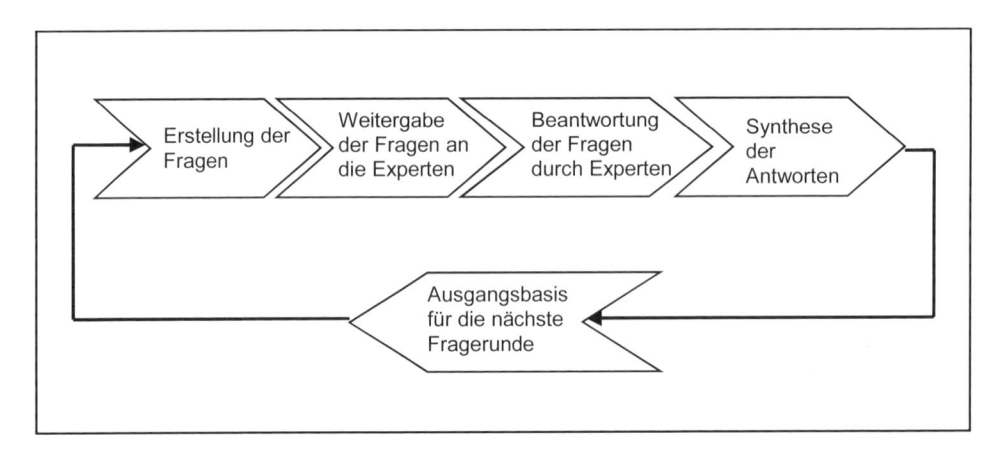

Abb. 70: Ablaufmodell der Delphi-Befragungen
(Paetz/Ceylan/Fiehn/Schworm/Harteis 2011, S. 63)

Eine wesentliche Voraussetzung der Delphi-Methode ist, dass nur Experten für die Prognosen befragt werden. Unter berufswissenschaftlicher Perspektive weist die Methode den Vorteil auf, dass über mehrere Befragungsrunden von Experten die Zwischenergebnisse in anonymisierter Form in die Gruppe zurückgespiegelt werden, um mit einer Überarbeitung zur konsensorientierten und sicheren Gruppenmeinung zu kommen. Berufswissenschaftlich ist die Delphi-Methode beispielsweise zu Fragen der Akademisierung der Pflegeberufe genutzt worden.

---

[412] Diese Methode ist benannt nach dem antiken griechischen Orakel.

Berufswissenschaftlich ausgelegte Methoden der Arbeitswissenschaft

Die in der Arbeitsforschung eingesetzten Methoden sind sehr vielgestaltig. Einige Methoden werden „in unterschiedlichem Design genutzt:
- Beobachtung von Arbeitstätigkeiten,
- Messung, Untersuchung von Arbeitstätigkeiten,
- Befragung von Erwerbstätigen, Vorgesetzten, Arbeitgebern, Interessenvertretern, sonstigen Beteiligten,
- Diskussion/Besprechung mit Arbeitnehmern und anderen Beteiligten zur Analyse und Anregung,
- Simulation von Arbeitsplätzen und -tätigkeiten,
- Bewertung der Qualität von Arbeitsplätzen und Arbeitsbedingungen,
- Erarbeitung von Empfehlungen („Best Practice"),
- Analyse von Qualifizierungsbedarf sowie
- Evaluation von Maßnahmen der Arbeitsplatzoptimierung." (Dostal 2013, S. 170)

Auch die Arbeitsforschung übernimmt Methoden aus anderen Disziplinen wie der Arbeitspsychologie, Arbeitsmedizin, Arbeitssoziologie und Arbeitsökonomie. Insofern stellt die Adaption von arbeitswissenschaftlichen Methoden an berufswissenschaftlich Methoden eine besondere Art von methodischer Assimilation dar, da hierdurch der Zugriff nicht auf originale Methoden erfolgt sondern auf solche, die bereits für andere Zwecke eine Anpassung erfuhren. Dieses kann Vorteile, aber auch generelle methodische Probleme zur Folge haben.

Berufswissenschaftlich angelegte Fallstudien

Die Fallstudie oder Fallmethode ist eine allgemeine Forschungsmethode. Mit den daran angelehnten „berufswissenschaftlich ausgerichteten Fallstudien wird der Zugang zur Arbeitswelt in Unternehmen fokussiert. Das Instrument der Fallstudie ist auch in anderen Wissenschaftsdisziplinen (Sozialwissenschaften oder Arbeitswissenschaften) zu finden." (Spöttl/Windelband 2013, S. 193 f.) Mit Fallstudien können unter berufswissenschaftlicher Perspektive methodische Formen wie Auftragsanalysen, Betriebsbegehungen, Analyse betrieblich-beruflicher Abläufe untersucht werden. (vgl. Becker/Spöttl 2015, S. 69)

Im Rahmen der berufswissenschaftlich angelegten Fallstudie finden sich:
„- Betriebsbegehung,
- Verfahren zur systematischen Erfassung von Aufgabenspektren,
- Interviews (handlungsorientierte Fachinterviews),
- quantitative Erhebungen." (Spöttl/Windelband 2013, S. 194)

Mit den einzelnen Submethoden lassen sich berufliche Arbeitsaufgaben und -prozesse analysieren. „Mit jeder Methode werden dabei unterschiedliche Zwecke verfolgt. Die Betriebsbegehung, häufig zu Beginn der Untersuchung, erschließt die organisatorischen Zusammenhänge im Unternehmen. Mit dem Verfahren zur systematischen Er-

fassung von Aufgabenspektren wird die Bedeutung bestimmter Arbeitsaufgaben für den Beruf (z. B. Auswertung von Kundenrechnungen und Auftragskarten) eruiert. Dagegen sollen mittels der handlungsorientierten Interviews mit Beteiligten aus dem Arbeitsprozess die beruflichen Handlungen und Handlungszusammenhänge identifiziert werden. Hier stehen vor allem die Analyse der Arbeitsaufgaben, Anforderungen, Herausforderungen und die des spezifischen Qualifikationsbedarfs im Mittelpunkt." (Spöttl/Windelband 2013, S. 194)
Insgesamt weist die berufswissenschaftlich angelegte Fallstudie als Variante der Fallstudienforschung damit schon eigenständige Merkmale auf.

Werkzeuge und Methoden historischer Berufsforschung

Schon seit der Zeit der Weimarer Republik ist historische Berufsforschung bzw. Berufskunde mit den damals bestehenden methodischen Mitteln erfolgt (Willms !983). Wie Dieter Grottker (2013, S. 202) herausarbeitet, ist historische Berufsforschung unter dem berufswissenschaftlichen Methodenaspekt „zunächst eine feinmethodische Schrittfolge,[413] u. a. folgender Etappen:
a) Sammeln und Sichern berufsgeschichtlich relevanter Quellen,
b) Rekonstruieren der Details des Verlaufs der Arbeitsteilung zu einem geschichtlich Ganzen,
c) Rekonstruieren des analytisch Unsichtbaren, direkt nicht Beobachtbaren (Berufserfahrung, Handlungswissen, Berufsbewusstsein, Berufsethik) sowie
d) Dekonstruieren durch ideengeschichtliches Problematisieren der sozialen Folgen einer Verberuflichung der Arbeit, Kontrastierung sich bekämpfender Paradigmen der Ursachen der Arbeitsteilung sowie Gegenüberstellung geschichtlicher Verlaufsszenarien."

Berufswissenschaftlich eingefärbte Szenariomethode

Mit Szenarien lassen sich als Bilder von größeren Verknüpfungen in der Berufs- und Lebenswelt oder beruflichen Gesamtsituationen Systemzusammenhänge aufzeigen. Unter dem Begriff „Szenario-Methode" wird in der Wissenschaft generell, aber auch innerhalb der Zukunftsforschung, sehr Unterschiedliches verstanden.

Gemeinsam ist den Verständnisweisen, dass es sich „um eine Methode zur Erzeugung von Bildern von der Zukunft handelt. (…). Ergebnis eines Szenario-Prozesses sind daher mehrere unterschiedliche Bilder, die zeigen, wie die Zukunft aussehen könnte.

---

[413] Hier sei auf den Zusammenhang der Methoden der historischen Berufsforschung und ihrer Anwendung beim historischen Lernen und Lehren aufmerksam gemacht. Die Lehre von Themen der Geschichte der Berufe in der Berufs- und Bildungswissenschaft sowie in den einzelnen Beruflichen Fachrichtungen benutzt kaum andere Methoden als die Forschung selbst. Dort, wo der Studierende selbst Subjekt des Forschens wird, kann er sich des Gegenstandes gar nicht anders bemächtigen wie der Forscher selbst. Unterscheiden beide sich zwar im Umfang an Erfahrung und Einsicht, so benutzen sie doch gleichermaßen Archive, Akten, Bücher und mannigfaltig andere Quellen. Historisches Lernen und Lehren bedient sich mehr oder weniger des induktiven und deduktiven Denkens. Auch eine komplexe Betrachtung historischer Phänomene im Rahmen von Projekten kann zu einem gründlicheren Verständnis der Geschichte eines Berufs oder Berufsfeldes vordringen.

Dazu müssen diese Bilder in sich widerspruchsfrei sein." (Jähnert 2014, S. 93) Je weiter man sich in Richtung Zukunft von der Gegenwart entfernt, desto größer werden die Unsicherheiten hinsichtlich des berufswissenschaftlichen Aussagewertes (Abb. 71).

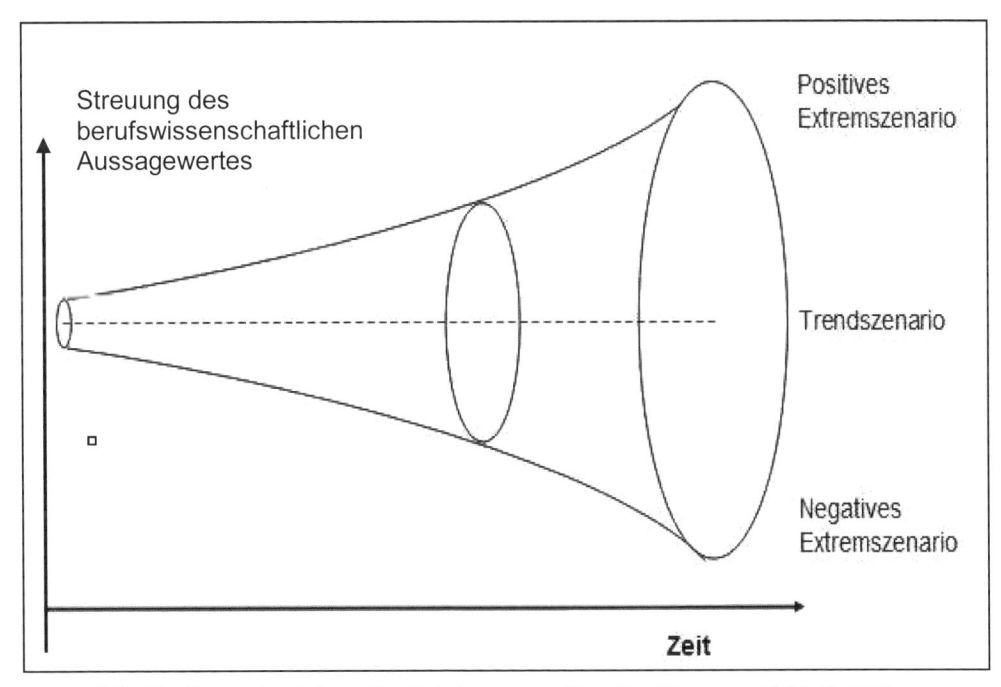

Abb. 71: Szenariotrichter (in Anlehnung an Geschka/Hammer 2005, S. 468).

Die Spreizung zwischen positiven und negativen Entwicklungsmöglichkeiten steigt, je weiter man in die Zukunft vorauszuschauen gedenkt.

Mit der Szenariomethode werden Vorausschauen zur Entwicklung von Berufen und zur Berufswelt unter Berücksichtigung verschiedener quantitativer und qualitativer Einflussfaktoren ermöglicht. Es lassen sich mit Hilfe der Szenario-Methode verschiedenste Szenarien entwickeln, von denen ausgehend – sozusagen rückblickend Konsequenzen für gegenwärtiges berufliches Handeln abgeleitet werden können. Es ist festzuhalten, dass mit Szenarien nicht der Anspruch erfüllt werden kann, berufliche Entwicklungen der Zukunft eindeutig vorherzusagen, jedoch können mögliche Entwicklungspfade und Zukunftsbilder der Berufe und der Berufswelt aufgezeigt werden.

- **Spezifische übergeordnete Großmethoden oder Instrumente berufswissenschaftlicher Forschungsansätze**

Die Sektoranalyse kann als eine spezifische umfassende bzw. übergeordnete Großmethode oder als Instrument der Berufsforschung eingeordnet werden.
Im Rahmen einer Sektoranalyse „werden unterschiedliche Methoden wie berufswissenschaftliche Dokumentenanalyse, Expertengespräche (relevante Sektorakteure aus

Unternehmen, Verbänden und der Berufsbildung) und quantitative Erhebungen zur Domäne und Qualifizierungspraxis mit jeweils verschiedenen Zielrichtungen eingesetzt" (Spöttl/Windelband 2013, S. 193). Von daher stellt die Sektoranalyse bei der berufswissenschaftlichen Forschung eine Kombination von Methoden dar. „Während mittels der Dokumentenanalyse vor allem der Sektor und die relevanten Daten überblickartig erschlossen wird (Auswertung von wissenschaftlichen Erhebungen zur Arbeit, zur Beschäftigung und Qualifizierung im Sektor sowie Wirtschaftszahlen, Beschäftigungszahlen, Unternehmenszahlen, ...), bereiten die Expertengesprächen die folgenden Forschungsschritte vor und ergänzen die Dokumentenanalyse mit aktuellen Experteninformationen." (ebd.)

Mit der Sektoranalyse kann man berufswissenschaftliche Fragen für bestimmte Sektoren der beruflichen Tätigkeitsbereiche bearbeiten, sie stellt aber – auch wenn sie sehr spezifisch angelegt ist – keine originäre berufswissenschaftliche Methoden dar. Für eine originäre Methode baut sie zu viel auf bestehende Methodenkonzepte auf.

- **Ebenen berufswissenschaftlichen Methodeneinsatzes**

Wie Mathias Becker und Georg Spöttl herausgearbeitet haben, lassen sich im Rahmen berufswissenschaftlicher Forschung vier Instrumentarien[414] oder Großmethoden einsetzen, „die je nach Fragestellung und Zielsetzung der Untersuchung einzeln oder in Kombination verwendet werden: *Sektoranalysen, Fallstudien, Arbeitsprozessstudien bzw.-analysen* und *Facharbeiter-Workshops*" (Becker/Spöttl 2015, S. 69; Hervorhebungen im Original). Darüber hinaus kann man auf allen Ebenen berufswissenschaftlich angelegte Methoden wie die quantitative und qualitative Methode, die Methoden der Arbeitswissenschaft, die Szenariomethode und die Vergleichsmethoden verwenden. Mit jeder Großmethode wird auf einer anderen Ebene der Untersuchung angesetzt Abb. 72).

Diese „Ebenen berufswissenschaftlicher Forschung haben Bedeutung in mehrfacher Hinsicht:

- Ausgangspunkt und ,Zentrum' berufswissenschaftlicher Forschung ist stets die berufliche Arbeitswelt, die aber je nach Zielsetzung der Forschung auf verschiedenen Ebenen untersucht werden muss.
- Die Ebenen zeigen den Wissensstand über den Untersuchungsgegenstand an. Für die Durchführung der Arbeitsprozessstudien müssen die meisten, für die Durchführung von Sektoranalysen die geringsten Vor- und Erkenntnisse vorhanden sein. Experten-Facharbeiter-Workshops haben eine Analyse- und Gestaltungsfunktion und bauen auf bereits vorliegende Forschungserkenntnisse auf.

---

[414] Der Begriff des Instruments erscheint technizistisch. Die Autoren sehen die Wortschöpfung nicht kritisch. Sie meinen eine „eindeutige Namensgebung erleichtert jedoch die Vorstellung und Diskussion des Zwecks und der zugehörigen Methoden" (Becker/Spöttl 2008, S. 69). Gerade deshalb wird hier vorgeschlagen, den Begriff „Großmethoden" zu verwenden.

- Die Ebenen sichern die Gültigkeit empirischer Untersuchungen durch verschiedene Zugänge auf der Mikroebene bis zur Makroebene der Berufsarbeit ab. Bei entsprechender Anwendung, wird so eine Triangulation zur Absicherung der inhaltlichen Validität von Untersuchungen möglich." (Becker/Spöttl 2015, S. 70)

Die Ebenen lassen sich durch die Großmethoden erweitern, die eine berufswissenschaftliche „Einfärbung" erhalten.

Ebene	Großmethode bzw. Instrument	Methoden
Historische Bedeutungen der Berufsentwicklung	Historisch-genetische Methode	Befragungen, Brainstorming Beobachtungen, Beurteilungen, Bibliografischen Methoden, Einzelfallstudie, Gruppendiskussion, Histografische Methoden, Inhaltsanalyse, Interview, Literaturarbeit, Quellenrecherche etc..
Berufs- und Sektorenstrukturen sowie berufsübergreifende Wirkungen	Sektorenanalysen	Berufswissenschaftliche Dokumentenanalyse (Sektorberichte, Berufsstatistiken, Literatur, Technische Entwicklungen), Quantitative Erhebungen zur Domäne und Qualifizierungspraxis
Organisationsstrukturen beruflicher Arbeitsprozesse	Berufswissenschaftlich angelegte Fallstudien	Aufgabeninventare, Auftragsanalyse, Betriebsbegehungen, Analyse betrieblicher Abläufe und Kennzahlen
Kompetenzen in Geschäfts- und Arbeitsprozessen	Arbeitsprozessstudien	Arbeitsbeobachtung, handlungsorientierte Fachinterviews und Expertengespräche
Bedeutung identifizierter Kompetenzen und Arbeitsaufgaben für den Beruf.	Experten-Facharbeiter-Workshops	Brainstorming, Metaplantechniken und Fachdiskussionen für die partizipative Evaluierung identifizierter Arbeitsaufgaben. Bewertung und Gewichtung der Aufgaben für die entwicklungslogische Anordnung in Berufsbildungsplänen.
Einordnung von Berufen zueinander und Bewertungen von Tätigkeiten	Berufswissenschaftlich angelegte Vergleichsmethode	Befragungen, Brainstorming Beobachtungen, Beurteilungen, Gruppendiskussion, Inhaltsanalyse, Interview, Leitfrageninterview, Komparatistik, Testverfahren etc..
Entwicklung von Zukunftsbildern berufswissenschaftlicher Relevanz	Berufswissenschaftlich angepasste Szenariomethode	Brainstorming, Befragungen, Gruppendiskussion, Interviews, Literaturarbeit, Recherchen, Delphimethode, Zukunftswerkstatt.

Abb. 72: Berufswissenschaftlich angelegte Forschungsinstrumente bzw. Großmethoden und Beispiele für Methoden (in Anlehnung an Becker/Spöttl 2015, S. 69)

3.5.3 Vergleichsmethoden in der Berufsforschung[415]

- **Komparatistik in der Berufsforschung**

Im Vorlauf der Entwicklung zu einer systematischen Berufsforschung bzw. berufswissenschaftlichen Forschung wurde – allerdings nur für die nicht-akademischen Berufe – bereits vor Jahrzehnten gefordert, „eine ‚Vergleichende Berufskunde' in Angriff zu nehmen (...), die die Gemeinsamkeiten ebenso wie die Unterschiede einzelner Berufe oder Berufsgruppen herauszuarbeiten hätte, welche wiederum für berufspolitische Entscheidungen, aber auch für die Gestaltung der Berufsausbildung (...) eine große Rolle spielen" (Krause 1966, S. 24 f.) könnte.

Es ist erstaunlich, dass die Methoden des Vergleichs in der Berufsforschung bisher nur relativ selten angewandt worden sind, da zu den Arbeitsfeldern der Berufsforschung neben den berufsspezifischen oder berufsförmigen Tätigkeiten im engeren Sinne u. a. auch allgemeine und von einzelnen Berufen unabhängige Erkenntnisse gehören, die eines Vergleichs bedürfen. Eine unter mehreren denkbaren Untersuchungen könnte z. B. der Vergleich zur Berufszufriedenheit bei Nicht-Akademikern und Akademikern sein; weitere mögliche Themen wären berufliche Handlungsmechanismen, Denk- und Handlungsweisen, Einstellungen, Motive, Einkommen und Einkommensentwicklung, Aufstiegsmöglichkeiten, Verpflichtungen, soziokulturelle Zusammensetzung der Beschäftigten sowie die Auswahl und die Verwendung geeigneter Forschungsmethoden. Da sich bislang die Berufsforschung insbesondere auf die nicht-akademischen Ausbildungsberufe richtete, ist vermutlich eine vergleichende Berufsforschung, die nicht-akademische und akademische Berufe eines Berufsfeldes gegenüberstellt, bislang kaum erfolgt.

Man kann davon ausgehen, dass eine gemeinsame zielgerichtete Betrachtung von nicht-akademischen und akademischen Berufen eines Berufsfeldes interessante Forschungsergebnisse erbringt. Im Methodenensemble der Berufsforschung sollten nicht nur für solche Forschungsansätze die Vergleichsmethoden nicht fehlen.

Im Bereich der berufswissenschaftlichen Forschung liegen einzelne Ergebnisse von Untersuchungen vor, die Entwicklungslinien eines speziellen Berufs oder Veränderungen der zu verrichtenden Arbeit verdeutlichen, aber auch zu besonderen Forschungsfragen wie beispielsweise die zu Berufslaufbahnen, zum Berufseinkommen oder zur Berufsausbildung. Hierzu zählen auch die Ergebnisse einzelner, quasi-empirischer Untersuchungen wie zum Beispiel die Studie über Berufszufriedenheit von Lehrpersonal (Bieri 2002). Berufswissenschaftliche Forschung unter der komparatistischen Perspektive weist darüber hinaus noch viele weitere unbearbeitete Themen auf. Dazu gehören u. a. Forschungen zum Berufsalltag, zur Berufsauffassung, zum Berufsgeheimnis, zum

---

[415] Der folgende Text beruht im Wesentlichen auf einer Ausarbeitung, die zusammen mit Bernd Vermehr für das „Handbuch Berufsforschung" (2013) erarbeitet worden ist.

Berufsstand, zum Berufsverständnis und auch zu den Methoden berufswissenschaftlicher Forschung.[416]

Für die Untersuchung namensähnlicher oder korrespondierender nicht-akademischer und akademischer Berufe eines Berufsfeldes bietet es sich beispielsweise an, das methodische Vorgehen eines Vergleichs zu nutzen. Dabei geht es darum, eine sinnvolle Darstellung berufswissenschaftlicher Tätigkeiten zu leisten und darüber hinaus in einen ersten Forschungsansatz die Möglichkeiten der Vergleichsmethoden aufzuzeigen.

Hierzu ist für ein Verständnis der komparatistischen Verfahren „zunächst eine Unterscheidung von vergleichender Methode im *umfassenden* und im *engeren* (forschungsstrategischen) Sinne notwendig" (Lauth/Winkler 2002, S. 41 f.; Hervorhebungen im Original). Von primärem Interesse für die Berufsforschung sind die Vergleichsmethoden im engeren Sinne als Kern einer systematisch angelegten berufswissenschaftlichen Untersuchung. Daneben können im Rahmen eines solchen Forschungsvorhabens Kurzvergleiche stattfinden, denn in „einem umfassenden Sinne ist Vergleichen jedem wissenschaftlichen Verfahren" (ebd., S. 42) immanent. Über diesen komparatistisch-berufswissenschaftlichen Forschungsansatz hinaus kann unter dem forschungsstrategischen Aspekt dazu beigetragen werden, die Möglichkeiten der Anwendbarkeit der Methoden für weitere Forschungsfragen aufzuzeigen.

Die mit der Berufswissenschaft zusammenhängende vergleichende Berufsforschung kann in Anlehnung an Kuno Lorenz von der Darstellung, die „als Aspekt wissenschaftlicher Tätigkeit auf die Verfahren zur *Geltungssicherung* von Aussagen und damit auf das *Beschreiben*(lehren) der Gegenstände zielt", abgegrenzt angesehen werden (Lorenz 1980, S. 663; Hervorhebungen im Original).

- **Darstellung der Vergleichsmethoden als ein Instrument der Berufsforschung**

Einsatzmöglichkeiten der Vergleichsmethoden

Bevor im Rahmen der Berufsforschung beispielsweise eine wissenschaftliche Fragestellung bzw. Gegenstände, Objekte und Thesen mit einer Methode des Vergleichs analysiert und untersucht werden, ist zu ermitteln, welche Art von Beziehungen oder Relationen zwischen den zu vergleichenden Objekten oder Annahmen vorliegen. Vergleichsrelationen können z. B. Identität, Gleichheit, Ähnlichkeit oder Verschiedenheit sein (Brunswig 1910, S. 1). Auch heute noch kann man ganz allgemein und unabhängig von der Wissenschaftsdisziplin „unter einem Vergleich das Inbeziehungsetzen von

---

[416] In diesem Zusammenhang verweist Hans Lenk darauf, dass man in der Wissenschaft die Irrationalität des Einfalls heuristisch nutzen sollte, „ohne jegliche Regelgebundenheit kurzerhand über Bord zu werfen, wie es der Feyerabend des Buches *Wider den Methodenzwang* versuchte. Der methodologische Pluralismus kann nur heuristisch verstanden werden, er darf nicht zur Willkürbeliebigkeit führen" (Lenk 1986, 126; Hervorhebungen im Original).

zwei oder mehreren begrifflich erfassten Objekten oder Eigenschaften verstehen, welches dazu dient, ihre Identität, ihre Gleichheit, ihre Ähnlichkeit oder ihre Verschiedenheit festzustellen" (Lauth/Winkler 2002, S. 42). Dies gilt auch für ein berufswissenschaftliches Vergleichen.

Zunächst sind die Vergleichsobjekte genauer zu betrachten und ihre Anzahl ist zu bestimmen. Bei zwei Vergleichsobjekten muss nicht unbedingt nur e i n e Vergleichsrelation vorliegen, es können auch mehrere sein, denn die Vergleichsobjekte können beispielsweise weitgehende Übereinstimmung aufweisen oder vorwiegend durch die Relationen Gleichheit oder Ähnlichkeit gekennzeichnet sein.

Zusätzlich ist, da es mehrere und insbesondere zwei sich grundsätzlich unterscheidende Vergleichsmethoden gibt, bereits im Vorfeld des Berufsforschungsvorhabens eine Entscheidung über die Art der Vergleichsmethode erforderlich, die eingesetzt werden sollte. Als grundlegende Ansatzmöglichkeiten für ein komparatistisches Forschungsvorhaben bieten sich der Analogie- und der Homologievergleich an. Bei einem Analogievergleich werden Objekte zusammengebracht bzw. verglichen, die zwar Ähnlichkeiten oder Gleichheit von Verhältnissen bei bestimmten Situationen aufweisen, von der Struktur her aber ungleich sind. Daher erscheint der Analogievergleich zwar für die Lehre gut einsetzbar, aber für einen Forschungsansatz, der sich auf nicht-akademische und akademische Berufe richtet, weniger sinnvoll, da diese Vergleichsmethode im Regelfall nur auf Gegenstände angewandt wird, deren Struktur verschieden ist (Kircher 1995, S. 177). Als Untersuchungsmethode zwischen strukturgleichen Systemen erscheint hingegen der Homologievergleich sehr zweckdienlich.

Generell kann es methodisch sinnvoll sein, einen sogenannten paarweisen Vergleich vorzunehmen. Auch solch eine Form sollte entweder homolog oder analog angelegt sein und dabei Einzelpaare oder Gruppen von Paaren betrachten und vergleichen. Dies gilt beispielsweise auch für den Vergleich von nicht-akademischen und akademischen Berufen in einem Berufsfeld. Dazu werden mit dieser Form des Vergleichs jeweils namensähnliche oder korrespondierende Berufe ausgewählt, die zueinander in Übereinstimmung oder Entsprechung stehen, deren Strukturen demnach gleich oder fast gleich sind.

Da für einen solchen Vergleich die Strukturen der Objekte oder Erscheinungen relevant sind, werden insbesondere auch die Elemente, aus denen die Vergleichsgegenstände aufgebaut sind, und die Verknüpfungen zwischen den Elementen bedeutsam.[417] Angesichts der für die Vergleichsgegenstände zu bestimmenden komparativen Momente bedarf es zudem einer Basis, auf die sich der Vergleich stützen kann. Für Fritz

---

[417] Man erhält sie, indem man zu Beginn die Struktur des primum comparationis durch Beobachtung und Analyse festhält. Die Grundlage kann jedoch auch in einem Kategoriensystem bestehen, das in einem primum comparationis konkretisiert wird, ehe das Vergleichen einsetzt (vgl. Eichberg 1972, S. 22). Verglichen werden mindestens zwei Objekte, nämlich das primum comparationis mit dem secundum comparationis.

Seidenfaden (1966, S. 93) sollte diese Basis im Einklang mit den zu vergleichenden Gegebenheiten stehen.
Im Falle des Vergleichs von nicht-akademischen mit akademischen Berufen werden demnach aus jedem Berufsbereich nur eine bestimmte – aber dennoch relativ breite – Basis bzw. ein Teilbereich mit strukturellen Gemeinsamkeiten verglichen. Dabei können Randbedingungen allerdings verloren gehen oder bewusst weggelassen werden, um die Hauptstruktur der Thematik deutlicher werden zu lassen, auch auf die Gefahr hin, die Komplexität des Gegenstandes einzuengen (vgl. dazu Luhmann 1997, S. 408 ff.).

Der wissenschaftliche Vergleich von Berufen und Berufsfeldern des nicht-akademischen und akademischen Bereiches hat zum Ziel, eine Überprüfung von Sachverhalten und Tatbeständen, aber auch von Hypothesen, ideologischen Aussagen oder Vorurteilen zu ermöglichen. Für den Vergleich von nicht-akademischen und akademischen korrespondierenden oder namensähnlichen Berufen eines Berufsfeldes lässt sich eine solche Hypothese beispielsweise dahingehend formulieren, dass es Berufszufriedenheit unabhängig von der jeweiligen Statusgruppe oder dass es sowohl differierende als auch gleiche Wissens- und Tätigkeitsbereiche gibt. In grenzüberschreitender erweiterter Perspektive lassen sich dann die konkreten Gemeinsamkeiten und Unterschiede verschiedener Berufe in einem Berufsfeld untersuchen.

Wesentliches Merkmal des komparatistischen Forschens zu den Berufen eines Berufsfeldes ist somit die bereits im Ansatz vorgenommene Überschreitung ideologischer Grenzen zwischen den nicht-akademischen und akademischen beruflichen Inhalten und Tätigkeiten.

Formalstufen des Vergleichs – eine Übersicht[418]

In seinem grobstrukturellen Ablauf muss der Vergleich selbstverständlich nach dem derzeitigen Stand der wissenschaftlichen Erkenntnisse über das Untersuchungsverfahren angelegt sein. Dabei können die einzelnen Schritte in ihrer Anlage durchaus zu den Formalstufen, wie sie in der einschlägigen Literatur zu finden sind, etwas differieren. Verschiedene Ausprägungen können sich durch die wissenschaftliche Fragestellung ergeben. Für ein Untersuchungsvorhaben mit einer der Vergleichsmethoden lassen sich mehrere Stufen bzw. Phasen des planmäßigen Vorgehens ausmachen. In einer ersten Phase werden der Vergleichsanstoß erfasst, erste Hypothesen gebildet und das Ziel des Vergleichs formuliert.

In der folgenden Phase werden dann zunächst die Vergleichsobjekte und/oder -elemente bestimmt. Dazu müssen ihre Strukturen, Elemente und Verbindungen analysiert sowie Vergleichsmaßstäbe festgelegt werden. Die Vergleichsmaßstäbe sind anschließend kritisch auf ihre Sinnhaftigkeit, d. h. ihre Bedeutung für das Gesamtergebnis und ihre Aussagekraft zu überprüfen. Im entscheidenden nächsten Schritt gilt es,

---

[418] Die Übersicht erfolgt in Anlehnung an Pahl (2008, S. 332-344).

diese Kriterien anzuwenden, den Vergleich durchzuführen, die gefundenen Ergebnisse festzuhalten und zu bewerten. Die Bewertung erfolgt dabei im Hinblick auf die aufgestellte Hypothese.

- **Ablaufstruktur berufswissenschaftlicher Vergleiche**

Vergleichsanstoß und Vergleichsgegenstände

Berufswissenschaftliches Erkenntnisinteresse, aber auch äußere Ereignisse im Beschäftigungssystem werden häufig den Anstoß geben, Entwicklungen einzelner Berufe nachzuvollziehen oder Wirkmechanismen und Richtung gebende Impulse zu erfassen. Ein Forschungsvorhaben kann aber auch dadurch in Gang gesetzt werden, dass sich im Laufe der Zeit Fragen oder Probleme immer deutlicher aufdrängen. Zu dem hier skizzierten Forschungsansatz, nicht-akademische und akademische Berufe hinsichtlich ihrer Aufgaben, Funktionen, Inhalte und Tätigkeiten zu untersuchen, ergeben sich zwei sehr verschiedene Anstöße.

Gerichtet auf Übergeordnetes und Generelles kann der Anstoß beispielsweise die ideologiekritische Frage der allgemeinen Berufswissenschaft sein, ob sich nicht-akademische und akademische Berufe eines Berufsfeldes generell gravierend unterscheiden. Eine denkbare Frage der spezifischen Berufswissenschaft im weiteren Sinne kann sich wiederum darauf richten, ob zwei Berufe – sei es nun aus dem akademischen oder dem nicht-akademischen Bereich – weitgehend gleiche Inhalte und Tätigkeiten umfassen, um sie gegebenenfalls zu einem Beruf vereinigen zu können. Demgegenüber gehört zu den Fragestellungen einer speziellen Berufswissenschaft im engeren Sinne und insbesondere bezogen auf den Bereich der gewerblich-technischen Fachrichtungen, wie die Bezugswissenschaften für die Berufs- und Fachdidaktik gewonnen werden können. Das ist aber für die Vertreter der Beruflichen Fachrichtungen an den Hochschulen nur eine von weiteren wichtigen Fragen.[419]

Bedeutung, Ermittlung und Bewertung von Vergleichskriterien

Vergleichskriterien sollten auf Grundlage von aufgetretenen berufswissenschaftlichen Fragen und Anstößen sowie im Hinblick auf das bestehende Erkenntnisinteresse aufgestellt werden, wobei die Art der Kriterien für die Wertigkeit der daraus folgenden Aussagen entscheidend ist. Dadurch können die Vergleichskriterien z. B. bei berufsethischen Fragen der allgemeinen Berufswissenschaft ganz anders aussehen als bei den Untersuchungen zu Inhalten und Tätigkeiten von Erwerbsberufen durch die spezifische Berufswissenschaft. Problematisch ist bei der Auswahl von Kriterien, dass diese die Realität der beruflichen Gegebenheiten nur eingeschränkt erfassen.

---

[419] In den letzten Jahren ist zur Lösung dieses Problems immer wieder auf die sogenannten korrespondierenden Fachwissenschaften zurückgegriffen, aber auch das Konzept der Bezugswissenschaften in Form von Berufswissenschaften diskutiert worden. Letzterer Ansatz ist derzeit aber immer noch ein eher marginales berufswissenschaftliches Forschungsfeld. Diese Fragestellungen verweisen auf die Notwendigkeit und liefern den Anstoß, die nicht-akademischen und akademischen Berufsbereiche genauer zu betrachten und zu vergleichen.

Bei Vorhaben im Rahmen der allgemeinen Berufsforschung muss mit möglichst realitätsgerechten Kriterien angesetzt werden, die übergeordnet für möglichst viele Berufe gelten können, während bei Untersuchungen, die auf spezifische Berufe gerichtet sind, die Kriterien sehr genau auf den jeweiligen Beruf bezogen sein sollten. Bei dem Vergleich eines nicht-akademischen Berufes mit dem korrespondierenden oder sogar namensähnlichen akademischen Beruf im gleichen Berufsfeld können durch einige aufgestellte Kriterien eher Schlüsse auf Konvergenz, durch andere auch auf Divergenz der Vergleichsgegenstände gezogen werden.

Vergleichskriterien können davon abhängig sein, ob sie auf Fragen der allgemeinen oder spezifischen Berufswissenschaft gerichtet sind. Im Rahmen der allgemeinen Berufswissenschaft müssen die Kriterien für möglichst alle Ausbildungs- und Erwerbsberufe des nicht-akademischen und des akademischen Bereiches gültig sein. Anders ist es bei den Kriterien einer Untersuchung, die sich auf spezifische berufswissenschaftliche Fragen richtet.
Bei den im Mittelpunkt stehenden berufswissenschaftlichen Untersuchungen mit der Methode des Vergleichs von nicht-akademischen und akademischen Berufen lassen sich ihre Funktionen mit spezifischen Merkmalen umschreiben. Die funktionellen Merkmale können zugleich ein erstes Kriterienbündel als übergeordneter Rahmen für den Vergleich darstellen.
Kategorien für einen solchen Vergleich können z. B. berufliche Inhalte, Tätigkeiten und Kompetenzen sowie die funktionale und gesellschaftliche Bedeutung und Anerkennung sein.

Ausgewählte Vergleichskriterien

Ein wichtiges Kriterienensemble stellt für die spezifische Berufsforschung und -wissenschaft die zur Berufsarbeit notwendige Handlungskompetenz dar, wobei diese insbesondere noch in
- Fachkompetenz,
- Methodenkompetenz und
- Sozialkompetenz

differenziert werden kann.
Da bei einem Vergleich nicht-akademischer und korrespondierender akademischer Berufe die Kompetenzen als Beurteilungskriterien bedeutsam sein können, werden sie bei der folgenden Skizze eines Forschungsansatzes als Beispiel herangezogen.

Für ein über eine Pilotstudie hinausgehendes vertieftes Forschungsvorhaben können Berufsinhalte, die gesellschaftliche und funktionale Anerkennung sowie Status- und Funktionszufriedenheit als Vergleichskriterien dienen. Weiterhin lässt sich neben der Struktur der Berufsinhalte die Kompliziertheit der Berufsinhalte ebenso wie die Komplexität der beruflichen Themen untersuchen. Außerdem sind sowohl im Tätigkeitsfeld der nicht-akademischen Berufe als auch dem der akademischen Berufe Status- und Funktionszufriedenheit zweifellos wichtige Kriterien, die für die „Berufsinhaber" von Bedeutung sind.

Es ist deshalb im Vorwege zu bewerten, welche Kriterien Ziel führend geeignet sind und welche nicht.

Vergleichsdurchführung und Vergleichsergebnis

Die Vergleichsdurchführung stellt neben den im Vorfeld erforderlichen Analysen und Festlegungen die Hauptphase des Vergleichs dar, die auf den Erhalt eines validen Vergleichsergebnisses gerichtet ist. Nachdem die Elemente des Vergleichs bestimmt und die Maßstäbe sowie Kriterien festgelegt worden sind, kann der Vergleich den Vorgaben gemäß durchgeführt werden. Für diese Tätigkeit kann eine Matrix hilfreich sein. Dabei werden die Vergleichsobjekte mit Hilfe der einzelnen Kriterien möglichst paarweise betrachtet.

Sobald der Vergleich durchgeführt ist, können die einzelnen Teilergebnisse zusammengetragen und gesichtet werden. In den Fokus rücken dabei aussagekräftige Vergleichsergebnisse. Nicht in jedem Fall kann von einem eindeutigen Resultat ausgegangen werden, das keine Widersprüche enthält. Die Ergebnisse sind deshalb kritisch zu hinterfragen und in ihrer Wertigkeit zu bestimmen. Daraus ergibt sich das gesamte Vergleichsergebnis.

- **Forschungsansatz: Vergleich ausgewählter nicht-akademischer und akademischer Berufe – Skizze eines Beispiels**

Forschungsfragen und -methoden
Im Wesentlichen richtet sich der hier als Exempel skizzierte Forschungsansatz auf die Erkenntnis leitende spezifische berufswissenschaftliche Frage, inwieweit ausgewählte nicht-akademische und akademische Berufe, die zueinander korrespondieren und einem Berufsfeld zugeordnet werden können, gemeinsame sowie differierende Inhalte, Tätigkeiten und Qualifikationen aufweisen. Weitere Forschungsfragen könnten sich auch z. B. auf die Berufs- und Arbeitszufriedenheit, den Berufserfolg, den Berufsstolz sowie die Arbeitsmoral beziehen.

Forschungsansätze

Aus den Forschungsfragen, die auf einen Vergleich der namensähnlichen nicht-akademischen und akademischen Berufe gerichtet sind, ergeben sich der Forschungsansatz und die dafür relevanten und nutzbaren Vergleichsmethoden. Auf Grundlage der Forschungsfragen ist in der Folge zu entscheiden, ob der Forschungsansatz mit qualitativen und/oder quantitativen Untersuchungen durchgeführt werden soll. Bei qualitativen deskriptiven Verfahren haben die Art und Form der Berufe besonderes Gewicht. Bei quantitativen Verfahren sind die Berufe auszuwählen sowie die Anzahl der Befragten in diesen Berufen und damit die Größe der auszuwählenden Grundeinheit bzw. des Samples zu bestimmen. Selbst wenn man sich bei den nicht-akademischen und akademischen Berufen nur auf diejenigen bezieht, die mit ihrer dominanten Kernleistung auf

Technik ausgerichtet sind, gibt es ein großes und kaum überschaubares Feld. Es muss bei der Vielzahl der technischen Berufe eine repräsentative Auswahl getroffen werden.

Mit dem hier dargestellten Ansatz wird nur der Bereich der Informationstechnik herangezogen und etwas genauer betrachtet. Außerdem werden Informationen aus der Literatur und Aussagen von Fachkollegen über Berufe der Bereiche „Bautechnik", „Chemietechnik", „Elektrotechnik", „Farb- und Oberflächentechnik", „Holztechnik" und „Metalltechnik" hinzugezogen, um den Forschungsansatz etwas fundierter verdeutlichen zu können.

Für das methodische Vorgehen, bei dem jeweils ein nicht-akademischer und ein namensähnlicher akademischer Beruf untersucht werden, ist bei gleichzeitiger Berücksichtigung des formalen Ablaufs eines Vergleichs ein paarweises Vorgehen angebracht.
Betrachtet man z. B. Fragestellungen bei den nicht-akademischen und akademischen Berufen aus dem Berufsfeld der Informationstechnik (s. Tärre 2013), berücksichtigt die Fragestellungen, die sich aus den Vergleichsanstößen ergeben, und wendet die Vergleichskriterien auf die beruflichen Inhalte an, so lassen sich unterschiedliche Analysen vornehmen. Diese könnten sich auf wesentliche Teilaspekte der Kompetenz oder auf berufsbezogene Aspekte bzw. Merkmale wie Berufswahl, Berufszufriedenheit, Berufsethos etc. beziehen.

Allerdings sollte dabei den Gefahren induktiver Schlüsse und insbesondere der vollständigen Induktion begegnet werden, d. h. von nur einem namensähnlichen Paar auf die Gesamtheit der vorhandenen Berufe zu verallgemeinern. Dennoch wird – wie Ebbinghaus (2009, S. 205; Hervorhebungen im Original) ausführt – „in der Forschungspraxis die vergleichende Methode üblicherweise für *explorative* Zwecke verwendet, trotz der epistemologischen Unmöglichkeit der Induktion und der Einschränkung, dass nur eine Teilmenge der logisch möglichen Kombinationen empirisch überprüfbar ist".
Für eine tiefer gehende vergleichende Berufsforschung zu den nicht-akademischen und akademischen Berufen sollten deshalb zwar mehrere Berufsfelder, d. h. nicht unbedingt aber alle Berufsfelder einbezogen werden, die für die Untersuchungsgesamtheit repräsentativ sein können.

Um zu verdeutlichen, welche Möglichkeiten ein solcher komparatistischer Forschungsansatz bietet, kann beispielsweise ein Vergleichsansatz zur beruflichen Handlungskompetenz dargestellt werden. Die Vergleichskriterien können noch aufgeschlüsselt werden. Für einen Aufriss wird zur illustrativen Gegenüberstellung bei den ausgewählten nicht-akademischen und akademischen Berufen eine tabellarische Darstellung gewählt, in der erste Hypothesen festgehalten werden. Diese eingetragenen Einschätzungen bedürfen dann später einer genaueren empirischen Überprüfung. Insofern ist die Aussagekraft, die mit der hier skizzierten Gegenüberstellung (Abb. 73) erhalten werden kann, wie allein schon durch die relativ groben Zuordnungen deutlich wird, nur begrenzt valide.

Ähnliche grobstrukturelle Ergebnisse zum Kriterium „berufliche Kompetenzen" erhält man vermutlich auch, wenn man die nicht-akademischen und akademischen Berufe der gewerblich-technischen Berufsfelder „Bautechnik", „Chemietechnik", „Elektrotechnik", „Farb- und Oberflächentechnik", „Holztechnik" sowie „Metalltechnik" gegenüberstellt. Man kann daher davon ausgehen, dass die nicht-akademischen und die akademischen technischen Berufe zum Teil jeweils sowohl gleichartige als auch unterschiedliche Anforderungen an die berufliche Kompetenz aufweisen.

Auch wenn mit dem dargelegten Forschungsansatz einige Fragestellungen zu beruflichen Kompetenzen im nicht-akademischen und jeweils korrespondierenden bzw. namensähnlichen akademischen Berufsbereich beantwortbar zu sein scheinen, haben die bei dem bisherigen Forschungsstand möglichen Eintragungen nur die Qualität einer Gegenüberstellung und bestenfalls Voruntersuchung.

Alle diese Aussagen zu der Forschungsfrage sind nicht das eigentliche Ziel, das mit dem Forschungsansatz verfolgt wird. Damit sind zwar erste thesenartig gefasste Aussagen vorhanden, diese sind aber nicht unter der Zielrichtung einer vergleichenden Bewertung erfasst und dargestellt worden. Es geht hier primär darum, einen vergleichenden Forschungsansatz zu skizzieren und die Reichweite sowie die Aussagemöglichkeiten zu explizieren. Eine genauere berufswissenschaftliche Bearbeitung entsprechender vergleichender Forschungsfragen ist umfassender angelegten Untersuchungen vorbehalten, die auf einem sicheren empirischen Fundament basieren müssen. Bei quantitativen Vergleichen der Gruppen der nicht-akademischen und akademischen Berufsinhaber im Rahmen eines größeren Forschungsvorhabens ist darauf zu achten, dass die Varianzen zwischen den zu vergleichenden Statusgruppen nicht größer sind als die Unterschiede innerhalb der Berufsinhaber eines Berufes. Dieser Aspekt gilt auch für qualitative Vergleiche.

Vergleichskriterien	Vergleichsbereiche	
	nicht-akademische Berufe	akademische Berufe
Fachkompetenz	spezialisiert, aber begrenzt	hochspezialisiert und vertieft
Methodenkompetenz	arbeitsprozessbezogen notwendig	umfassend arbeitsprozess- und wissenschaftsbezogen erforderlich
Sozialkompetenz	notwendig	notwendig

Abb. 73: Vergleich von Kompetenzen – Gegenüberstellung erster Hypothesen

Ergebnisse aus dem Vergleich

Vergleichsergebnisse im Sinne des komparatistischen Verfahrens können hier nicht erwartet werden, da der dargestellte Vergleichsansatz kaum den Rang einer Pilotstudie hat. Dennoch zeigen sich Ergebnisse aus dem Vergleich, die auf den Methodeneinsatz bezogen sind. Mit einiger Sicherheit ist feststellbar, dass komparatistische Untersuchungen der nicht-akademischen und akademischen berufsbezogenen Inhalte, Tätigkeiten und Kompetenzen sowie der Lehr- und der Studieninhalte sinnvoll, ertragreich und in einigen Bereichen auch notwendig sind, um entsprechende Gleichartigkeiten und Unterschiede erfassen zu können. Schon bei diesem eingeschränkten grobstrukturellen Ansatz wird deutlich, dass zwischen namensähnlichen oder korrespondierenden nicht-akademischen und akademischen Berufen eines Fachgebietes teilweise vergleichbare Kompetenzanforderungen feststellbar sind.

Das Gleiche trifft in mehr oder weniger starkem Maße auch für andere Kriterien wie z. B. Inhalte, Tätigkeiten, Basiswissen, berufliche Fähigkeiten und Fertigkeiten sowie Lernorganisation und Curricula zu, wie die Untersuchungen zum nicht-akademischen und akademischen Berufsbildungssystem nachweisen. Anzumerken ist allerdings, dass dennoch die Differenzen insbesondere bei der Theorieentwicklung zwischen dem nicht-akademischen und den akademischen Berufen überwiegen und die Ausformungen der Berufe zum Teil gravierend anders sind. So zeigen sich bei den Inhalten und beim Arbeits- und Aufgabenprofil der nicht-akademischen Berufe stärkere Orientierungen an den realen praktischen Fähigkeiten bzw. ein stärkerer Praxisbezug, während bei den akademischen Berufen ein wesentlich stärkerer Theorie- und Wissenschaftsbezug feststellbar ist. Grund dafür ist die Tatsache, dass im akademischen Berufsbereich die Fähigkeit benötigt wird, selbstständig Wissen zu generieren, Wissen aus dem Studium anzuwenden und/oder größere Zusammenhänge als Ganzes erfassen, systematisieren und bewerten zu können. Allerdings gibt es auch bei den nicht-akademischen Berufen ein erhebliches Gefälle hinsichtlich des Theoriewissens, das von den konkreten Bauberufen bis zu den abstrakteren Inhalten der Elektroberufe deutlich wird.

Die bisherigen komparatistischen Untersuchungen lassen auch erkennen, dass bei korrespondierenden bzw. namensähnlichen nicht-akademischen und akademischen Berufen eines Berufsfeldes Qualifikationen und Kompetenzen und damit ein berufsbezogenes Wissen und Können gefordert wird, das im Regelfall nur zum Teil dem jeweils anderen bzw. namensgleichen Beruf zugeordnet werden kann. Die hier skizzierte kleine Pilotstudie zum kriterienbezogenen Vergleich von nicht-akademischen und akademischen Berufen hat wegen der fehlenden quantitativen Belege inhaltlich allerdings einen noch zu geringen Erkenntnis- und Aussagewert hinsichtlich der Berufsinhalte. Hier ging es vorrangig aber zunächst darum, erste Erkenntnisse über die Anwendungsmöglichkeiten der Vergleichsmethoden zu erhalten und aufzuzeigen.

- **Anwendbarkeit der Vergleichsmethoden auf andere Arbeitsfelder der Berufsforschung**

Einsatzgebiet der Vergleichsmethoden und Umfang des Forschungsfeldes

Die Anwendung der Vergleichsmethoden auf die nicht-akademischen und akademischen Berufe macht deutlich, dass entsprechende Untersuchungen auch in anderen Fällen namensähnlicher oder korrespondierender nicht-akademischer und akademischer Berufe möglich und sinnvoll sind. Entsprechendes gilt auch für viele andere Berufe im gewerblich-technischen Bereich wie z. B. die Chemietechnik (Storz 2013). Ebenso sind auch in anderen Bereichen der Berufsforschung, etwa dem der Hauswirtschaft (Fegebank 2013) oder dem Sozialbereich (Gängler 2013), Erkenntnisgewinne durch die Anwendung der Vergleichsmethoden zu erwarten. Dabei können neue, weiterführende Forschungsfragen aufgeworfen und eventuell beantwortet werden.

Spezifische berufswissenschaftliche Forschungsfragen im weiteren oder engeren Sinne können sich auf den Vergleich von „berufsbereichsspezifischer Mobilität bei ausgewählten Berufen" ebenso beziehen wie auf den Vergleich von „unterschiedlichen Abschlüssen im nicht-akademischen und akademischen Berufsbereich" oder von verschiedenen „Wissensanforderungen zur Ausführung beruflicher Arbeitsaufgaben" (Mersch 2013, S. 654).

Die Vergleichsmethoden können also stärker auf spezielle berufswissenschaftliche Fragen im weiteren oder im engeren Sinne bezogen, aber auch bei allgemeinen berufswissenschaftlichen Forschungsfragen mit Aussicht auf Erfolg angewendet werden. Solche Forschungsvorhaben gehen u. a. Fragen zum Berufsprestige, zum Berufsimage, zur Berufsmoral, zum Berufsethos, zur Berufsrolle, zur Berufs- und Arbeitszufriedenheit in der beruflichen Tätigkeit nach. Es zeigt sich damit eine Vielfalt von noch offenen oder noch zu vertiefenden Forschungsaufgaben, bei denen die Vergleichsmethoden genutzt werden können. Die generelle Möglichkeit des Einsatzes der Vergleichsmethoden auf verschiedene berufswissenschaftliche Fragestellungen bzw. Forschungen ist grundsätzlich gegeben. Der Forschungsbereich, in dem die Vergleichsmethoden sinnvoll und effektiv anwendbar sind, ist vermutlich sehr groß. Die konkreten Einsatzmöglichkeiten müssen allerdings noch in Breite und Tiefe ausgelotet werden.

- **Zur Relevanz und zum Wirkungsumfang vergleichender berufswissenschaftlicher Forschung**

Der hier vor allem zu illustrativen Zwecken als Beispiel für Realisierungsmöglichkeiten skizzierte Forschungsansatz mit dem dabei aufgezeigten methodischen Vorgehen um die Forschungsfrage, in welchem Maße ausgewählte nicht-akademische und akademische Berufe eines Berufsfeldes, die zueinander korrespondieren, differieren oder gleichartig sind, zeigt für einen kleinen thematischen Ausschnitt die Bedeutung und Wirksamkeit einer Form der Vergleichsmethoden auf. Dabei muss aber einschränkend festgestellt werden, dass die Vergleichskriterien bei dem angewendeten Verfahren auf die Kompetenzen beschränkt ausgewählt wurden.

Bei solchen Vergleichen muss davon ausgegangen werden, dass die Berufe und die Kontexte, in denen sie stehen, für die Zeit der Untersuchung als relativ stabil angenommen werden können, damit die Realität dennoch angemessen erfasst werden kann. Der Wirkungsumfang bzw. die Effektivität und Qualität eines Vergleichs hängen aber auch davon ab, ob der Forschungsansatz und das Forschungsdesign möglichst umfassend und auf Repräsentanz der Realität in der Berufswelt hin angelegt sind. Das dabei eventuell auftretende Problem „besteht in der Abgrenzung eines komparativen Designs gegen die umgebende Realität – genauer: in der Abgrenzung des Realitätsausschnitts, der durch das Design abgebildet werden soll" (Beichelt 2005, S. 218). Ist das komparatistische Forschungsdesign realitätsgerecht angelegt und liegt für ein berufswissenschaftliches Forschungsvorhaben genügend relevantes Daten- und Zahlenmaterial vor, wie zum Beispiel zur Frage der Berufsvorstellungen und Berufserwartungen von Medizinstudierenden (Gibis u. a. 2012), so kann ausschließlich qualitativ oder quantitativ, aber auch sowohl qualitativ als auch quantitativ angelegt vorgegangen werden. Ein eindeutiges Ergebnis erscheint dann schon im Vorfeld als gesichert.

Quantitative Untersuchungen[420] erfahren in den letzten Jahrzehnten sehr große Wertschätzung. Die quantitative Bearbeitung der Vergleichskriterien kann zu einem zahlenmäßig darstellbaren und repräsentativen Ergebnis führen und ist dadurch zumindest auf den ersten Blick hinsichtlich der Wertigkeit der Aussage unstrittig. Eine Erklärung für das Phänomen „Beruf" oder attraktiver Berufstätigkeiten bzw. den Einstellungen, die einer Berufswahl zugrunde liegen (qualitative Aspekte) und mit denen u. a. auch die Sinnfrage gestellt wird, ist damit aber noch nicht gegeben. Einstellungen oder Meinungen über Quantitäten zu bewerten, ist kein problemloses Vorhaben und bedarf einer weit reichenden und systematischen Planungs- und Vorbereitungsarbeit. Wenn auch von einem völlig anderen Bereich ausgehend, so hat bereits Janich (1979) auf den Problemzusammenhang von Quantifizierungen von Qualitäten hingewiesen.[421]

Es ist davon auszugehen, dass Vergleiche auch in den verschiedenen berufswissenschaftlichen Forschungsfeldern erfolgreich abgeschlossen werden. Dabei müssen es nicht unbedingt Vorhaben der speziellen Berufsforschung sein, auch Fragen der allgemeinen Berufsforschung können unter Verwendung einer Vergleichsmethode erfolgreich gelöst werden. So verweist Susanne Klimesch (2013, S. 426) im Zusammenhang ihrer Untersuchungen zum Berufserfolg beispielsweise darauf, dass eine weitere Möglichkeit, diesen zu bestimmen, darin besteht, „eine Person oder ihr Handlungsergebnis mit einem Bezugsstandard zu vergleichen und anhand dieses Vergleichs, den Erfolg zu bestimmen".

- **Bedeutung der Vergleichsmethoden für Lehre und Forschung – Ausblick**

Bereits an den wenigen aufgezeigten Themen und Fragestellungen der allgemeinen und der spezifischen Berufswissenschaft im Zusammenhang von nicht-akademischen und akademischen Berufen zeigt sich, dass der Vergleich eine Methode ist, die erfolgreich in der Berufsforschung verwendet werden kann, um Gegebenheiten wahrzunehmen, die vorfindbaren Bedingungen zu erfassen und grundlegend zu untersuchen sowie zu bewerten. Der klassische Vergleich auch für den Einsatz in der Berufsforschung ist, wenn er valide Aussagen erbringen soll, „modellzentriert, wird vorwiegend in

---

[420] Inzwischen kann man aus dem Methodenstreit für die Sozialforschung allerdings schließen – und dieses kann auch für die Berufsforschung wichtig und hilfreich sein –, dass sich im Streit um Bedeutung und Effektivität von qualitativen und quantitativen Methoden Kompromisse abzeichnen, die vor allem durch das Bemühen um die Kombination bzw. Integration quantitativer und qualitativer Methoden gekennzeichnet sind (Kelle 2008).
[421] Sein Einwand lässt sich „in dem Satz zusammenfassen, dass eine *Quantifizierung von Qualitäten* nicht dadurch möglich ist, dass eine Definition von Größen [...] auf *Definitionen* von Maßeinheiten aufbaut" (Janich 1979, S. 373; Hervorhebungen im Original).

stabilen Umwelten (Kontexten) angewandt, hat sein Ziel in der Erstellung allgemeingültiger Hypothesen und ist auf eine funktionale Äquivalenz der Variablen in allen untersuchten Fällen angewiesen" (Beichelt 2005, S. 233).

Die gewonnenen Erkenntnisse und Ergebnisse verbreitern die Basis der Berufsforschung und erhellen Zusammenhänge. Die jeweiligen Ergebnisse können wiederum in der Lehre wie in der Forschung Schlussfolgerungen nach sich ziehen und zum Ausgangspunkt neuer, weiterreichender Analysen und Untersuchungen werden. Insbesondere durch den Vergleich von nicht-akademischen und akademischen Berufen einer Branche oder eines Berufsfeldes werden sowohl die Schnittmenge von Gemeinsamkeiten als auch die Unterschiede zwischen den betrachteten Berufen erkennbar. Darüber hinaus scheint es möglich zu sein, die Vergleichsmethoden auch bei berufswissenschaftlichen Fragestellungen in gänzlich anderen Berufsbereichen anwenden zu können (vgl. dazu etwa die Untersuchungen von Berufserwartungen von Medizinstudierenden, Gibis u. a. 2012). Vergleichende Betrachtungen zu allgemeinen Themen der Berufsforschung wie z. B. Berufsidentität, -stolz, -ethos, -ehre, -genese, -zufriedenheit, -gefährdungen sind zwischen unterschiedlichen Berufsvertretern möglich.

Wie für wissenschaftliche Forschungsmethoden im Allgemeinen, so gilt auch für die Vergleichsmethoden im Besonderen, dass man keine pauschalen Aussagen zur Eignung eines Verfahrens und dessen Einsatzmöglichkeiten treffen kann, ohne den Forschungskontext zu kennen. Für ausgewählte Themenbereiche, die auf Ähnlichkeiten, Gleichheiten oder Gegensätze ausgerichtet sind, ist festzustellen, dass die Vergleichsmethoden mit ihren Varianten auf sehr unterschiedliche berufswissenschaftliche Fragestellungen und Themen mit Erfolg versprechendem Erkenntnisgewinn angewandt werden können. Die Methode des Vergleichens ist eine wissenschaftliche Methode unter vielen anderen. Sie erweitert die Auswahl geeigneter berufswissenschaftlicher Untersuchungsmethoden und kann damit letztlich zu einer breiter angelegten Methodenvielfalt beitragen.

3.5.4 Fallstudien in der berufswissenschaftlichen Forschung

- **Kasuistik in der Berufsforschung**

Die Betrachtung von Fällen hat in der Menschheitsgeschichte eine lange Tradition. Von der Wissenschaft ausgebaut wurde die Fallstudie im Rahmen hochschuldidaktischer Überlegungen an der Harvard Business School Anfang des zwanzigsten Jahrhunderts.[422] Das Vermittlungskonzept wurde für die hochschulische Lehre und sogar für die nicht-akademische Ausbildung zu Lösung praktischer Fälle rasch adaptiert. Mit der Fallmethode lassen sich mehrdimensionale didaktisch-methodische Ziele er-

---

[422] In der Literatur wurde die Fallmethode gelegentlich auch Harvard-Methode genannt wird (Kaiser 1999; S. 354).

reichen.[423] Kasuistik hat für die pädagogische Arbeit, aber auch für die Forschung als sogenannte Fallstudienforschung Bedeutung.

- **Varianten der Fallstudie und Grundtypen des Fallstudiendesigns**

Varianten der Fallstellung

Je nach Art des Falles, der Größe des Problems, der Art der Leitung und der zur Verfügung stehenden Arbeitszeit können in Anlehnung an Franz Josef Kaiser (1973, S. 14) vier Formen der Fallstudie unterschieden werden und zwar die
1. Case-Study-Method:
Diese Fallstudien-Methode gilt als die klassische Harvard-Methode. Die Fälle sind oft sehr umfangreich, da neben der Fallschilderung auch das gesamte erhältliche Informationsmaterial zu dem Fall vorliegt oder von den Teilnehmern angefordert werden muss.
Das Schwergewicht dieser Methode für eine berufswissenschaftliche Lehre liegt in erster Linie in der Analyse des vorgegebenen Tatbestandes und im Erkennen der verborgenen Probleme. Im Mittelpunkt stehen Problemanalyse, Problemsynthese und die Entscheidung.
2. Case-Problem-Method:
Bei dieser Variante sind die anstehenden Probleme offensichtlich, so dass die berufswissenschaftliche Forschung fokussiert erfolgen kann und mehr Zeit verbleibt, Lösungsvarianten zu finden und Entscheidungen ausführlich zu diskutieren. Bei dieser Variante können der Fall oder das Problem durch den Auftraggeber des Forschungsvorhabens vorgegeben sein, dann besteht die Aufgabe darin, das Problem zu analysieren. Diese Form kann aber auch als abgeschlossener Fall vorgegeben sein. Dabei muss der Fall erfasst, das Problem erkannt und analysiert werden. Es handelt sich dann um eine Fallanalyse.
3. Case-Incident-Method:
Der zu bearbeitende Fall ist unvollständig und lückenhaft, sodass der Prozess der Informationsbeschaffung in den Mittelpunkt rückt. Es ist nur ein „Fall-Torso" vorhanden. Um den Fall lösen zu können, müssen erst die relevanten Daten ermittelt werden. Dieses Verfahren entspricht den Problemen der Berufspraxis im Beschäftigungssystem, bei dem das Beschaffen der Informationen zu einem wesentlichen Bestandteil des gesamten Entscheidungsprozesses gehört. Normalerweise liegt ein nur unvollständiger Fall vor, der ergänzt werden muss, um den vollständigen Fall aufzubauen und dabei das Problem herauszuarbeiten. Damit enthält die berufswissenschaftliche Arbeit deutliche synthetische Elemente.
4. Stated-Problem-Method:
Diese Fallstudienart zeichnet sich dadurch aus, dass bereits fertige berufswissenschaftliche Lösungen und deren Begründungen untersucht werden müssen. Es geht

---

[423] Wie Wolfgang Hilligen (1985, S. 206) – allerdings nur für den Politikunterricht – hervorhebt ist die Fallmethode nur eine von vielen methodischen Vorgehensweisen: "Nicht alle wichtigen Probleme aktualisieren sich in einem ‚Fall'".

dabei u. a. um eine Analyse der Entscheidungsziele, -alternativen, -interdependenzen und -kriterien. Mit dieser Variante stehen das Nachvollziehen erfolgter Entscheidungen und eine abschließende Bewertung im Mittelpunkt berufswissenschaftlicher Arbeit.

„Bei kasuistischen Verfahren bestimmen der konkrete Fall und dessen Bearbeitung durch die Lernenden oder Forschenden den Verlauf einer spezifischen Ausbildungssequenz, eines Untersuchungs- oder Forschungsprojektes, wobei hier unter ‚Fall' eine Abfolge konkreter Begebenheiten in einem situativ-geschichtlichen Kontext verstanden wird." (Steiner 2004, S. 163 f.)

- **Fallstudienforschung**

Über den Bereich der Lehre hinaus findet die Fall- bzw. Einzelfallstudie in der Forschung ihren Platz als Untersuchungsplan, der Ziel, Ablauf, Rahmenbedingungen und Regeln für die Untersuchung beinhaltet, aber die verwendeten Untersuchungsverfahren, also die Methoden der Datenerhebung und Auswertung nicht von vornherein festlegt. Mit dieser Forschungsmethode „werden Fallstudien aus unterschiedlichsten Perspektiven betrachtet und zu verschiedenen Zwecken eingesetzt. So wird die Fallstudie beispielsweise in der Sozialforschung oft gleichgesetzt mit der empirischen Technik der teilnehmenden Beobachtung, welche jedoch lediglich eines von vielen Datenerhebungsinstrumenten innerhalb einer Fallstudie sein kann." (Schmidt 2006, S. 95) Für die Berufswissenschaft ist die Fallstudie eine Methode, Forschungsstrategie, die von komplexen Fällen aus dem Berufs- und Arbeitsleben ausgeht, zu denen Lösungsmöglichkeiten gesucht, diskutiert und ausgewählt werden.[424]

Aufgaben- und Anwendungsbereiche der Fallstudienforschung

Die Fallstudienforschung kann auch als übergeordnetes Verfahren, als eine Strategie zur Planung und Strukturierung von Untersuchungen, eingesetzt werden.[425] Mit dem schon Ende des vorigen Jahrhunderts von Kathleen Eisenhardt (1989, S. 532 ff.) vorgeschlagenen Modell zum Aufbau und zur Durchführung von Fallstudien wird deutlich, dass mit der Fallstudienforschung insbesondere neue Untersuchungsfelder durchleuchtet werden können, vor allem, wenn dieses mit anderen Forschungsstrategien unmöglich erscheint.[426]

Diese Methode kann beschrieben werden „als umfassende Strategie in der empirischen Forschung, welche sich verschiedenster Techniken und Methoden bedient, um Ant-

---

[424] Die Einschätzung und Einordnung als Methode wird nicht durchgängig geteilt, denn teilweise wird sogar bezweifelt, dass die Fallstudie ein Forschungsverfahren ist.
[425] Fallstudienforschung beschäftigt sich mit einem „contemporary phenomenon in depth and witin is real-life context, especially when the boundaries between phenomenon and context are not clearly evident" (Yin 2009, S. 18).
[426] „Although a myth surrounding theory building from case study is that the process is limited by 'investigators' preconceptions, in fact, just the opposite is true." (Eisenhardt 1989, S. 546 f.)

worten auf die auslösenden Forschungsfragen zu finden. So vereint eine Fallstudie idealerweise mehrere Techniken zur Erhebung von Daten aus unterschiedlichen Quellen und kann fallbezogen unterschiedliche Methoden der Analyse der erhobenen Daten anwenden." (Schmidt 2006, S. 95) Für eine erste Differenzierung lassen sich für die Forschung drei Arten von Fallstudien unterscheiden:
„1. Erklärende (explanatorische) Fallstudien. Diese Form der Fallstudienforschung versucht eine Verbindung zwischen einzelnen Ereignissen herzustellen, um diese Befunde anschließend zu analysieren. Letztlich sollen die Erklärungen auf ähnliche Situationen übertragen werden.
2. Erforschende (explorative) Fallstudien. Bei dieser Form der Fallstudienforschung wird versucht, grundsätzliche Zusammenhänge zu entdecken. Das Ziel von explorativen Fallstudien besteht darin, zur Hypothesenbildung und zur Präzisierung von Forschungsfragen beizutragen.
3. Beschreibende (deskriptive) Fallstudien. Diese dritte Form von Fallstudien beschreibt nur eine gegenwärtige Situation bzw. eine Sequenz von Situationen. Diese Art der Fallstudie bedarf demnach zur Durchführung einer deskriptiven Theorie." (Dickmann 2010, S. 45)

Mit der Auflistung der Formen von Fallstudienforschung wird zumindest erkennbar, dass hiermit ein Differenzierungsversuch erfolgt ist. Das allein aber genügt nicht.
Nicht nur bei der berufswissenschaftlichen Arbeit mit der Fallstudie ist „regelgeleitetes und theoriegestütztes Interpretieren von Berufssituationen (...) ein wichtiger Bestandteil professionellen Tuns. Die Fähigkeit, selbsterlebte sowie von Dritten vermittelte Einzelfälle aus der Berufspraxis auf eine methodisch kontrollierte Weise zu analysieren und zu interpretieren, gehört deshalb zum Kernbestand von Professionsdidaktiken." (Steiner 2004, S. 118)

Eine andere Differenzierung der Fallstudienforschung als Tobias Dickmann nimmt Leo Schmidt vor. Er unterscheidet zwei Formen:
„1. Die Fallstudie ist eine empirische Untersuchung, die
 - ein zeitgenössisches Phänomen in einem realweltlichen Kontext untersucht, insbesondere wenn
 - die Grenze zwischen beobachtetem Phänomen und Kontext nicht klar erkennbar ist. (...).
2. Die Fallstudienforschung
 - beschäftigt sich mit speziellen Situationen, in denen deutlich mehr Variablen von Interesse sind, als offensichtliche Datenpunkte.
 - Deshalb muss sie aus mehreren unterschiedlichen Datenquellen versorgt werden, wobei die gewonnenen Daten durch Triangulation auf einzelne Punkte zusammengeführt werden.
 - Dies geschieht unter Zuhilfenahme der im Vorfeld definierten theoretischen Annahmen, welche den Prozess der Datenerhebung und -analyse maßgeblich prägen." Schmidt 2006, S. 101 f.)

Basistypen des Fallstudiendesigns

Es können Einzelfallstudien oder Mehrfallstudien vorgenommen werden. Deshalb muss zu Beginn des Forschungsvorhabens entschieden werden, welche Form angemessen und zielführend ist. „Fallstudienforschung kann sowohl auf einem einzigen Fall als auch auf mehreren Fällen basieren. Bei der Einzelfallstudie wird ein Fall ausgewählt, der ein bestimmtes Thema oder Forschungsproblem am besten beleuchten kann oder den es in dieser Form nicht noch einmal gibt (…). Bei einer Studie mit mehreren Fällen wird ein Thema durch die gezielte Auswahl verschiedener Fälle illustriert." (Dürnberger 2014, S. 85)

Wie Robert Yin (vgl. 2009, S. 47 ff.) ausführt, erscheint eine Entscheidung für die Einzelfallstudie sinnvoll und zwar, wenn
1. ein Fall behandelt werden soll, der sich dazu eignet, eine bestehende Theorie zu testen,
2. mit dem Fall eine singuläre, extreme oder einzigartige Situation untersucht werden soll,
3. die typische, exemplarische oder repräsentative eher allgemeine Situation für eine Vielzahl an Fällen gelten kann,
4. ein Forscher Zugang zu bislang wissenschaftlich verborgenen Untersuchungsgegenständen oder -Ergebnissen erhält,
5. mit einer Langzeitstudie eines einzelnen Falles ein und dieselbe Situation zu verschiedenen Zeitpunkten betrachtet werden soll.

Mit Mehrfachstudien (vgl. Yin 2009, S. 53 ff.) lassen sich geeignete Fälle im Gesamtdesign einer Untersuchung zusammenzuführen. Die Ergebnisse von Mehrfallstudien erscheinen fundierter und umfassender als die von Einzelfallstudien, dadurch wirkt die gesamte Untersuchung überzeugender. Mehrfallstudien sind deutlich arbeitsintensiver in Planung und Durchführung.

Das ausschlaggebende Kriterium für die Auswahl einer Mehrfallstudie liegt in der Möglichkeit der Replikation. Hierbei kann ein Phänomen, das in einem Fall beobachtet wird, durch die Heranziehung eines anderen Falles untersucht werden. Wird das gleiche Ergebnis erhalten wie im ursprünglichen Fall, so spricht man von Replikation, anderen falls handelt es sich eher um eine Falsifikation. Ergeben sich durch nachfolgende Untersuchungen weitere Replikationen, so werden Ergebnisse immer besser bestätigt oder sind fundierter.

Nach Robert Yin (2009, S. 46) lassen sich vier Grundtypen von Fällen, Analyseobjekten und den zugehörigen Kontexten unterscheiden. Zur Bearbeitung einer Fragestellung, eines Problems oder Falles ist eine methodische Grundform des Studiendesigns auszuwählen. Für die Fallstudienforschung stellt sich dann das Problem der Anzahl und Anordnung der zu untersuchenden Fälle innerhalb des Forschungsvorhabens unter besonderer Berücksichtigung der Angemessenheit der Verfahrensweise für die Fragestellung.

Folgt man den Vorschlägen von Robert Yin zum Aufbau von Fallstudiendesigns, so können neben der Differenzierung in Einzelfallstudien und in Mehrfallstudien bei den Grundtypen die Dimensionen „holistisch" und „eingebettet" unterschieden werden. Die einfachste Form stellt die holistische Einzelfallstudie dar. Dieser Forschungsansatz basiert auf einem eindeutig definierten Fall und seinen relevanten Kontext. Schon komplexer ist die Einzelfallstudie mit mehreren Analyseobjekten. Werden mehrere holistische Fälle innerhalb einer Fallstudienuntersuchung betrachtet, so handelt es sich um eine holistische Mehrfallstudie. Die Kombination mehrerer integrierter Fallstudien stellt schließlich die eingebettete Mehrfallstudie dar (Abb. 74).

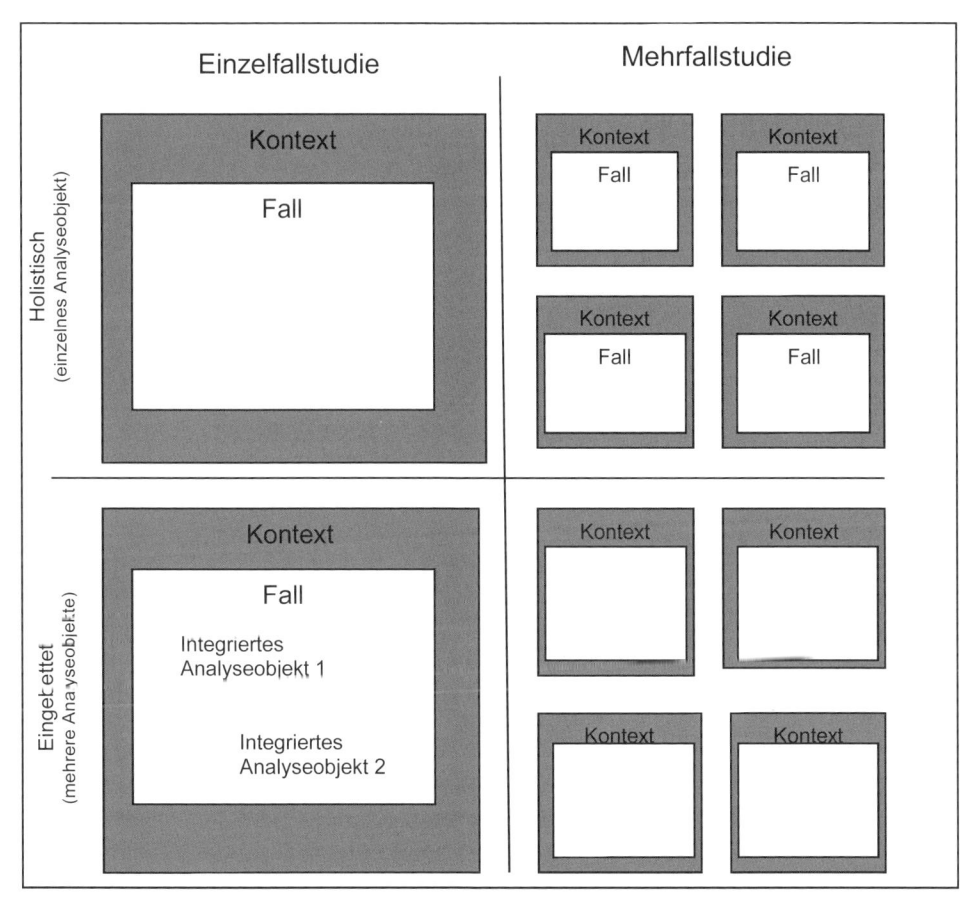

Abb. 74: Basistypen der Fallstudienforschung[427] (Yin 2009, S. 46)

---

[427] Basic Types of Designs for Case Studies (Yin 2009, p. 46).

Der Fallstudienforschung können besondere Merkmale zugeschrieben werden. Sie ist
- ganzheitlich: Der Kontext ist umfassend entwickelt und die Grenzen zwischen untersuchtem Phänomen und Kontext sind nicht offenkundig,
- empirisch: Sie basiert auf einer Erhebung aus der Praxis,
- interpretativ: Ihre Ergebnisse fußen auf der Interaktion zwischen Forscher und Forschungsgegenstand,
- emphatisch: Trotz vorangegangener Planung entwickelt sich ihr Design im Verlauf des Forschungsprozesses weiter (Vgl. Gemmel 2013, S. 6 f.).

Mit der Fallstudienforschung wird eine zielgerichtete und strukturierte Arbeit ermöglicht. Deshalb sind Varianten dieser Form der Forschung teilweise auch bei berufswissenschaftlichen Untersuchungen angewandt worden (vgl. Becker Spöttl 2008, S. 74 ff.).

- **Fallstudien als Untersuchungsmethode oder -strategie der Berufsforschung**

Berufswissenschaftliche ausgelegte Fallstudienforschung sollte zukünftig zunehmend vorgenommen werden, denn es zeigt sich durch den Wandel in der Arbeits- und Berufswelt ein erhöhter Bedarf an methodischer Reflexion.[428] Berufswissenschaftliche Forschung muss die Ergebnisse der Untersuchungen zur Fallstudienforschung zur Kenntnisnehmen, aufgreifen und auf die spezifischen Fragen hin anpassen. Dabei bilden Fallstudien einen Rahmen für die Organisation der Forschung, der mit auf den jeweiligen Fall angepassten Methoden ausgefüllt werden kann.

Über berufswissenschaftlich angelegte Fallstudien können betriebliche Arbeitsprozesse und die dabei erforderlichen berufsförmigen Arbeiten in repräsentativen Betrieben untersucht werden. Vorgänge im Beschäftigungssystem, die für die Berufswissenschaft von Interesse sind, können als spezielle Fälle erforscht werden. Es handelt sich dabei um singuläre Fallforschung. Mit der Fallstudie kann ein berufswissenschaftlicher Erkenntnisfortschritt in Bezug auf eine Fragestellung aus der Berufswelt gewonnen werden.

Die mit dieser Untersuchungsmethode „hervorzuhebenden betrieblichen Merkmale hängen von dem Forschungsinteresse und dem -auftrag ab. Sie sollen sowohl den allgemeinen als auch den besonderen Charakter des Sektors beschreiben helfen." (Becker/Spöttl 2015, S. 88)

---

[428] Berufswissenschaftlich angelegte Fallstudienforschungen werden beispielsweise im arbeits- und industriesoziologischen Bereich angewandt. Dabei werden Fallstudien „in der einschlägigen Case Study Methodology nicht als Einzelmethode verstanden, sondern als ‚Forschungsstrategie' (...). Der Strategiebegriff ist angebracht, weil zu Forschungsbeginn nur die Richtung der Untersuchung (inhaltlicher Fokus, Fragestellung) und ihr analytischer Rahmen (Bezugstheorie, Falldefinition, Methodenkombination) festgelegt werden. Methodische Detailentscheidungen – etwa die Auswahl der Fälle, die Gestaltung der Erhebungsphase, die Schwerpunkte der Auswertung – werden oft erst im Verlauf des Forschungsprozesses getroffen. Fallstudien gelten deshalb als besonders flexibles Forschungsinstrument, das sich für vielfältige Forschungszwecke eignet und in unterschiedlichsten Untersuchungsfeldern einsetzbar ist" (Pflüger/Pongratz/Trinczek 2010, S. 6) und – wie man hinzufügen muss – auch in der Berufsforschung.

Meist ergeben sich die Untersuchungsfälle durch die Betriebe oder Teile eines Betriebes. Dabei nehmen in vielen empirisch angelegten Forschungsvorhaben „Fallstudien einen zentralen Platz unter den Instrumentarien ein (…). Ein Fall ist dabei eine ‚Untersuchungseinheit', die für die Untersuchungsfrage exemplarisch steht und für diese repräsentativ ist." (Becker/Spöttl 2015, S. 88)

Ein Fall kann in einer berufswissenschaftlichen Untersuchung – wie Matthias Becker und Georg Spöttl (2008, S. 89) herausstellen – „sein:
- Ein Betrieb oder Unternehmen oder auch eine Abteilung;
- Eine Ausbildungseinrichtung (berufsbildende Schule, betrieblicher Ausbildungsort, überbetriebliche Lehrwerkstatt);
- Ein bestimmter Arbeitsprozess, eine berufliche Aufgaben oder Problemstellung;
- Die Berufsarbeit einer bestimmten Person bzw. eines bestimmten Personenkreises."

Dabei stehen allerdings Ausbildungseinrichtungen keinesfalls im Zentrum berufswissenschaftlicher Forschung, sie sind vielmehr ein zentraler Gegenstand der Berufsbildungsforschung. Ein Fall entsteht häufig in Unternehmen mit den dazugehörigen Abteilungen. Mit der Fallstudienforschung sollen die Aktivitäten der Unternehmen und der Beschäftigten mit ihren berufsförmigen Arbeiten untersucht werden.

Mit Hilfe der Fallstudienforschung soll ein möglichst realistisches „Bild gezeichnet werden von
- den Aufgabenstrukturen des Unternehmens,
- den Herausforderungen und Ansprüchen an Effizienz, Ökonomie, Ökologie, den sozialen und technischen Standards sowie den ethischen Leitlinien,
- dem Leitbild des Unternehmens bspw. zur Personalführung, zur Arbeitsorganisation, zur Ausbildung, zur Nachhaltigkeit,
- der Einstellung der Unternehmensleitung zur Zukunftsentwicklung, zum Innovationspotenzial, zum zukünftigen Qualifikationsbedarf etc. im Unternehmen,
- den von den Mitarbeitern wahrgenommenen Einstellungen zur Organisation der Arbeit, zum nachhaltigen Handeln im Unternehmen, zu Fragen der Aus- und Weiterbildung,
- nachhaltigen Strukturen im Unternehmen,
- Veränderungsprozessen im Unternehmen, dem betrieblichen Wandel und der Entwicklungsdynamik des Unternehmens,
- der Kompetenzentwicklung und den Qualifikationsstrukturen der Beschäftigten,
- den Handlungsroutinen und -bedingungen der Unternehmen und der Mitarbeiter."
  (Becker/Spöttl 2015, S. 89)

Mit diesem berufswissenschaftlichen Forschungsansatz ist Offenheit verbunden. Damit kann reagiert werden, wenn „Forschungsschwerpunkte an Bedeutung verlieren und andere neue hinzukommen, die erst im Laufe der Forschungsarbeiten identifiziert werden" (Becker/Spöttl 2015, S. 89).

- **Vorüberlegungen zur Durchführung einer Fallstudie**

Schon im Vorfeld des eigentlichen Forschungsvorhabens sollte geklärt werden, welcher Art der vorgetragene Fall ist, und wie die Forschungsstrategie grobstrukturell angelegt sein sollte. Leo Schmidt (2006, S. 107) stellt heraus, „dass es Situationen gibt, in denen eine Fallstudie die bevorzugte Forschungsstrategie ist:
- Die Forschungsfragen haben einen ‚Wie' oder ‚Warum' Charakter.
- Der Untersuchungsgegenstand liegt in der Gegenwart.
- Es besteht keine Kontrolle über das Verhalten der involvierten Akteure oder sonstige Rahmenbedingungen."

Entsprechende Kriterien sind auch für Vorhaben zur Berufsforschung sinnvoll, da für die Berufswissenschaft die Forschungsfragen häufig nach dem „Wie" oder „Warum" angelegt sein können, die Untersuchungsgegenstände meist in der Gegenwart liegen und keine Kontrolle der Akteure im Beschäftigungssystem vorgenommen werden kann. Allein von daher kann die Fallstudienforschung auch für berufswissenschaftliche Fragen und Probleme angebracht sein.

Die Fallauswahl kann auf der Basis berufswissenschaftlicher Überlegungen, mit dem Ziel geschehen, einen Fall zu finden, durch den der Forschungsansatz sachangemessen und komplex gestaltet werden kann.
Neben den theoriegeleiteten Überlegungen spielen bei der Fallauswahl auch noch forschungspraktische Aspekte und die personellen sowie materiellen Ressourcen eine Rolle. Fallstudienforschung erfordert in der Regel eine intensive Ausleuchtung des berufswissenschaftlichen Feldes und der dort auftretenden Fälle.

Das Vorgehen und der Ablauf der Fallstudie als Forschungsvorhaben sind schwer bestimmbar, da es eine Vielzahl von Fällen gibt, mit denen zum Teil sehr unterschiedliche Ziele angesteuert werden können. Es kann aber mit der Fallstudie ein ganzes Bündel von Fällen untersucht werden. Damit werden die Fallsichtung oder Fallproduktion zu einer berufswissenschaftlichen Herausforderung.

Um die Stimmigkeit der Forschungsmethode und den Aufbau von Fallstudien zu beurteilen, können vier Kriterien herangezogen werden:
„1. **Konstrukt Validität**
  Etablierung passender operativer Messgrößen für die zu untersuchenden Fragen bzw. Phänomene.
 2. **Interne Validität**
  Angenommene kausale Zusammenhänge zwischen verschiedenen Beobachtungen beweisen bzw. belegen.
 3. **Externe Validität**
  Generalisierbarkeit der Ergebnisse über den unmittelbaren Fall hinaus durch Replizierung der Ergebnisse auf andere Fälle innerhalb der gleichen Forschungsdomäne.
 4. **Reliabilität**

Bei Anwendung derselben Theorie und bei Anwendung derselben Untersuchungsschritte, muss die erneute Durchführung der Fallstudie zu den gleichen Ergebnissen führen." (Schmidt 2006, S. 108; Hervorhebungen im Original)

Dabei wird mit der Auswahl eines Falles der Forschungsgegenstand festgelegt. Zugleich erfolgt die Festlegung von Untersuchungseinheiten, die Auswahl relevanter Datenquellen und Erhebungsmethoden sowie die Auswertung und Darstellung von Ergebnissen (vgl. Lamnek 2005, S. 310).

Um nicht von vornherein eine Beschränkung vorzunehmen und auch für neue Perspektiven sowie Erkenntnisse offen zu bleiben, schlägt Leo Schmidt für fallorientierte Untersuchungen drei grobstrukurelle Phasen vor:
„ - Phase 1:
Strukturierung der Grundgesamtheit und Selektion einer geeigneten Stichprobe/Grobanalyse der selektierten Stichprobe auf das Vorkommen von Systemanpassungen, Anwendungstest der vorgesehenen Datenerhebungs- und Analyseinstrumente/Fallauswahl für Phase 2 + 3
 - Phase 2:
Operationalisierung der Erhebungs- und Analyseinstrumente (…). Stoßrichtung für Phase 3 ermitteln
 - Phase 3:
Bedeutung der Systemanpassungen für die Organisation/Ermittlung treibender Kräfte für Anpassungsaktivitäten/Rolle des Managements/Erwartungserfüllung bei den Akteuren /Praktische Nutzung von Systemanpassungen." (Schmidt 2006, S. 118 f.)

- **Ablaufstruktur der Fallstudie**

Eine achtstufige Ablaufsstruktur für die Fallstudienforschung wird von Kathleen Eisenhard (2009) vorgeschlagen (Abb. 75). Der Ablauf folgt weitgehend einer linearen Struktur.

Ausgangspunkt eines berufswissenschaftlich relevanten Falles kann ein Ereignis sein, „das der Erwartung eines Erkenntnissubjektes zuwiderläuft und gerade deshalb zu einem ‚Fall' wird. Der ‚Fall' wirft Fragen auf, er stört die Routinen alltäglicher Abläufe, er löst Befremden und Erstaunen aus. Dieser Sachverhalt zieht Aufmerksamkeit auf sich, verursacht Zweifel und veranlasst zu Nachforschungen. Ziel eines durch diese Irritation ausgelösten Denk-, Untersuchungs- oder Forschungsprozesses ist es, zu einem neuen Für-Wahr-Halten, zu einer begründeten Überzeugung zu gelangen, die den Ausgangszweifel beseitigen hilft und künftiges (mit weniger Zweifeln behaftetes) Handeln ermöglicht." (Steiner 2004, S. 54)

Zu reflektieren sind die Bedingungen einer berufswissenschaftlich orientierten Fallkonstruktion durch Einordnung und Bewertung des Falls (Ist er berufsrelevant oder richtet er sich auf einen beruflichen Veränderungsprozess?). Außerdem ist zu fragen, ob der Fall „freigeschnitten" werden muss, sodass eine Grenzziehung von Fall und Kontext erfolgt.

Step	Activity	Reason
Getting Started	Definition of research question	Focuses efforts
	Possibly a priori constructs	Provides better grounding of construct measures
	Neither theory nor hypotheses	Retains theoretical flexibility
Selecting Cases	Specified population	Constrains extraneous variation and sharpens external validity
	Theoretical, not random, sampling	Focuses efforts on theoretically useful cases—i.e., those that replicate or extend theory by filling conceptual categories
Crafting Instruments and Protocols	Multiple data collection methods	Strengthens grounding of theory by triangulation of evidence
	Qualitative and quantitative data combined	Synergistic view of evidence
	Multiple investigators	Fosters divergent perspectives and strengthens grounding
Entering the Field	Overlap data collection and analysis, including field notes	Speeds analyses and reveals helpful adjustments to data collection
	Flexible and opportunistic data collection methods	Allows investigators to take advantage of emergent themes and unique case features
Analyzing Data	Within-case analysis	Gains familiarity with data and preliminary theory generation
	Cross-case pattern search using divergent techniques	Forces investigators to look beyond initial impressions and see evidence thru multiple lenses
Shaping Hypotheses	Iterative tabulation of evidence for each construct	Sharpens construct definition, validity, and measurability
	Replication, not sampling, logic across cases	Confirms, extends, and sharpens theory
	Search evidence for "why" behind relationships	Builds internal validity
Enfolding Literature	Comparison with conflicting literature	Builds internal validity, raises theoretical level, and sharpens construct definitions
	Comparison with similar literature	Sharpens generalizability, improves construct definition, and raises theoretical level
Reaching Closure	Theoretical saturation when possible	Ends process when marginal improvement becomes small

Abb. 75: Prozess der Theoriebildung durch Fallstudienforschung[429]
(Eisenhardt 2009, S. 533)

In einem ersten Schritt können „berufliche Aufgabenstellungen erfasst, in einem Zweiten analysiert und ausgewertet" (Becker/Spöttl 2015, S. 90) werden. Über berufliche Aufgabenstellungen müssen Anforderungen aufgezeichnet werden, die in einem Arbeitszusammenhang stehen „und für den Beruf typisch sind" (ebd.). Psychologisch betrachtet, steht am Ausgangspunkt einer problemlösenden Fallbearbeitung „ein Zweifel, der einen Prozess des Suchens und Denkens auszulösen imstande ist. Doch Vo-

---

[429] Process of Building Theory from Case Study Research

raussetzung eines Zweifels ist eine Überzeugung oder Gewissheit, die durch ein Ereignis in Frage gestellt ist. In jeder Beschäftigung mit einem Ereignis oder einer Situation ist der Erfahrungs- und Erkenntnisstand, das Vorwissen des Erkenntnissubjektes, ob bewusst oder unbewusst, immer mit ‚im Spiel'." (Steiner 2004, S. 66)

Ausgehend von der Auswahl und Analyse eines ersten Falles können Kriterien für die eventuell weiteren zu untersuchenden Fälle festgelegt werden. Bei der Auswahl des Initialfalles sollte strategisch vorgegangen werden. Ausgewählt werden können
- typische bzw. repräsentative Fälle,
- extreme- oder ideale Typen.

Ein sehr ähnliches Vorgehen wie es Kathleen Eisenhardt vorstellt, bietet Edmund Steiner an (Abb. 76). Es besteht eine weitgehende Korrespondenz zwischen dem achtstufigen Artikulationsschema und der ebenso differenzierten Phasenfolge des Forschungsprozesses. Edmund Steiner verweist darauf, dass das „Bilden von Interpretationshypothesen zu einer Fallgeschichte (…) ein konstruktiver Vorgang einer fallbearbeitenden Person" (Steiner 2004, S. 146) ist.

Das Sampling kann auf Basis von Ähnlichkeiten oder aber Unterschieden für einen ersten untersuchten Fall ausgewählt werden. Dabei werden für die Forschungsfrage relevante Dimensionen bestimmt, in denen sich die ausgewählten Fälle unterscheiden sollen. Das Sample wird dann so kombiniert, dass möglichst alle Variationen abgedeckt sind.

Die Analyse der Daten sollte dabei auf Gemeinsamkeiten gerichtet sein. Das Herausarbeiten von Regelmäßigkeiten und Mustern über mehrere, in verschiedener Hinsicht unterschiedliche Fälle soll die Nachvollziehbarkeit der Interpretation durch den Forschenden erhöhen. Die Auswahl der Fälle nach dem Prinzip struktureller Variation ist damit eine Art der Überprüfung, indem das untersuchte Phänomen in möglichst unterschiedlichen Kontexten betrachtet wird.

Aus der Abfolge der begründeten Schritte erscheint für wissenschaftliche Untersuchungen der Prozess das Vorgehen bei der Fallstudienforschung determiniert zu sein. Die Fallstudie als Großmethode muss aber nicht monomethodisch und linear angelegt sein. Sie kann u. a. mit Betriebsbesichtigungen, Interview und Fragebogenerhebungen kombiniert werden.

Abschließend ist darauf hinzuweisen, dass Fallstudien auch als Prüfmethode eingesetzt werden können. Dabei kann „das Theoriegebäude anhand ausgewählter Forschungsbeispiele auf Konsistenz und Vollständigkeit getestet – und falls erforderlich – modifiziert" (Miebach 1986, S. 210) werden. Auf diese Weise „führt die Fallmethode (…) zu einer schrittweisen Generalisierung der Theorie und eine Ausdehnung ihres Anwendungsbereichs" (ebd.).

Fall
Intention/Impuls

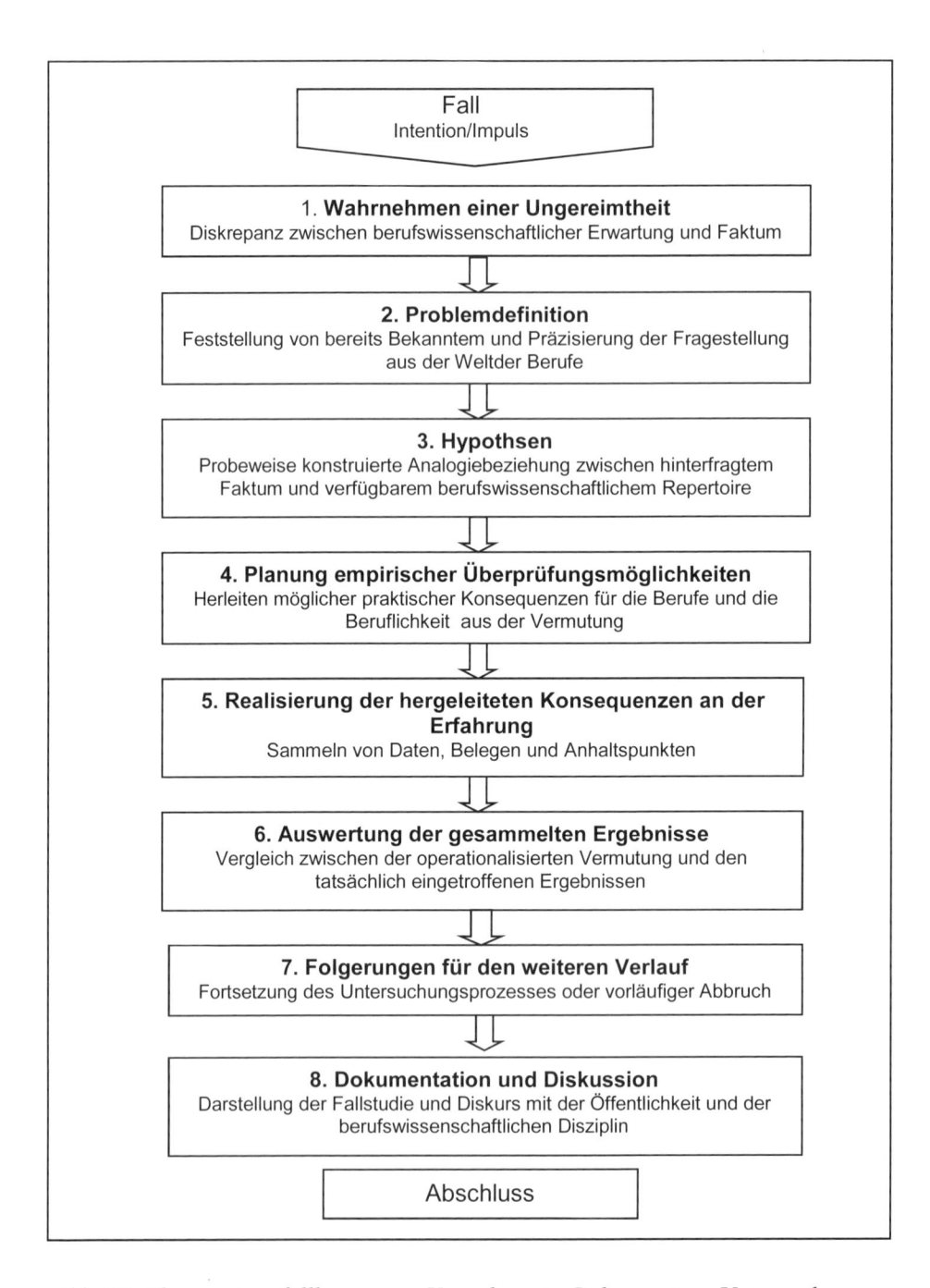

1. Wahrnehmen einer Ungereimtheit
Diskrepanz zwischen berufswissenschaftlicher Erwartung und Faktum

2. Problemdefinition
Feststellung von bereits Bekanntem und Präzisierung der Fragestellung aus der Welt der Berufe

3. Hypothesen
Probeweise konstruierte Analogiebeziehung zwischen hinterfragtem Faktum und verfügbarem berufswissenschaftlichem Repertoire

4. Planung empirischer Überprüfungsmöglichkeiten
Herleiten möglicher praktischer Konsequenzen für die Berufe und die Beruflichkeit aus der Vermutung

5. Realisierung der hergeleiteten Konsequenzen an der Erfahrung
Sammeln von Daten, Belegen und Anhaltspunkten

6. Auswertung der gesammelten Ergebnisse
Vergleich zwischen der operationalisierten Vermutung und den tatsächlich eingetroffenen Ergebnissen

7. Folgerungen für den weiteren Verlauf
Fortsetzung des Untersuchungsprozesses oder vorläufiger Abbruch

8. Dokumentation und Diskussion
Darstellung der Fallstudie und Diskurs mit der Öffentlichkeit und der berufswissenschaftlichen Disziplin

Abschluss

Abb. 76: Phasen eines fallbezogenen Vorgehens im Rahmen eines Untersuchungs- oder Forschungsprozesses (in Anlehnung an Steiner 2004, S.117)

- **Perspektiven für berufswissenschaftlich angelegt Fallstudien**

Der gemeinsame Kern von Fallstudien für Forschung und Lehre ist, dass mit ihnen Entscheidungen vorgenommen oder betrachtet werden können: Dabei kann geklärt werden: Warum wurde die Entscheidung getroffen, wie wurde sie implementiert und mit welchem Anspruch wurde sie durchgesetzt?

Wegen sich veränderter Bedingungen in der Arbeits- und Berufswelt „gilt es ganz besonders, solche Weiterentwicklungspotenziale der Fallstudienforschung auszuschöpfen, um auch in Zukunft ertragreiche und fundierte Ergebnisse zu generieren. Aber Methodenreflexion dient nicht nur der Qualität der Forschungsergebnisse, sondern auch als Beleg für die Professionalität von Forschung und sichert damit nachhaltige Forschungsperspektiven." (Pflüger/Pongratz/ Trinczek 2010, S. 11)

Jessica Pflüger, Hans J. Pongratz und Rainer Trinczek (2010, S. 5 ff.) sehen aufgrund ihrer Erfahrungen mit industriesoziologischen Forschungsprojekten zukünftige Vertiefungsschwerpunkte zur Elaborierung der Fallstudienforschung. Da diese industriesoziologischen Untersuchungen der berufswissenschaftlich eingefärbten Fallstudienforschung sehr nahe kommt, können die die dort gewonnenen Erkenntnisse übernommen werden.

Auf der Basis der bisherigen Fallstudienforschung zeigen sich Ansatzpunkte zur Weiterentwicklung der Fallstudienforschung im berufswissenschaftlichen Bereich.
Dazu gehören u. a. Überlegungen zur
- Offenheit des Forschungsdesigns.
- Explikation des methodisch-systematischen Vorgehens.
- Dokumentation der Forschungsabläufe.
- Permanente Vergewisserung über die Erkenntnisziele.
- Flexibilität bei den Forschungsvorgängen.
- Berücksichtigung und Reflexion von Forschungserfahrungen.
- Überprüfung und Anpassung der Methoden während des Forschungsablaufs.
- Fokussierung der Erkenntnisziele.

Die Fallstudienforschung und die damit verbundenen Methoden sollten für die Berufswissenschaft gegenwärtig, aber insbesondere auch zukünftig weiterentwickelt werden. Mit Forschungsansätzen über dieses Verfahren kann zur Verbesserung der Berufstheorie beigetragen werden.

3.5.5 Berufswissenschaftliche Sektoranalysen

- **Reduktionen bei komplexen Problemen der Berufsforschung**

Sektoranalysen haben in den verschiedensten Branchen sowie Politik- und Wirtschaftsbereichen Konjunktur. So gibt es u. a. beispielsweise, agrarwissenschaftliche, verkehrstechnische und ökonomische Sektoranalysen Es geht dabei darum, Analysen für große Untersuchungsfelder über eine Ausschnittsreduktion auf einen Sektor zu begrenzen und damit ein Forschungsvorhaben zu ermöglichen. Sektoranalysen der Berufsbereiche sind spezifische berufswissenschaftliche Forschungsmethoden oder Strategien. Bei der Berufssektoranalyse bzw. berufswissenschaftlichen Sektoranalyse handelt es sich methodisch im Kern um eine Analyse, mit der sich aus sinnvollen und wissenschaftspragmatischen Gründen auf einen Ausschnitt der Realität der Berufswelt gerichtet wird.[430]

Für den berufswissenschaftlichen Bereich dienen Sektoranalysen der Erforschung von berufsbedeutsamen Organisationsstrukturen, Beschäftigung in den Berufsfeldern, der Fachkräftestruktur und der Situation von Erwerbsberufen. Als eine Besonderheit können Berufsanalysen angesehen werden. Außerdem können damit Erhebungen über Ausbildungs- und Studienberufe erfolgen.[431] Dazu sind entsprechende vorbereitende Arbeiten „notwendig, um tiefer gehende Untersuchungen systematisch vorzubereiten und die Repräsentativität von Stichproben für den Einsatz qualitativer Forschung zu ermöglichen" (Schnitger/Windelband 2008, S. 6).

Die Ausschnittsbildung durch die Eingrenzung oder Reduktion auf einen ausgewählten Sektor erkenntnisorientierter Fragestellungen und Probleme ist ein wesentliches Merkmal berufswissenschaftlicher Sektor- bzw. Berufsanalysen. Durch eine Beschränkung auf ein überschaubares Untersuchungsfeldes sind häufig erst erfolgversprechende Berufsforschungvorhaben möglich und sinnvoll. Durch die Ausrichtung der Untersuchung auf einen begrenzten und erfassbaren Ausschnitt der Realität von Berufen und Berufswelt wird ein Forschungsvorhaben machbar. Mit der Reduktion des Untersuchungsfeldes wird erhofft, dass die Ziele klarer, eine Beschränkung auf die wesentlichen Inhalte und Probleme erfolgt und der Methodenansatz für die zu erwartenden Ergebnisse angemessen und ertragreich sind.

- **Funktionen und Leistungsfähigkeit berufswissenschaftlicher Sektoranalysen**

Die berufswissenschaftlichen Sektoranalysen stellen übergeordnete Forschungsmethoden dar, in die – je nach Forschungsvorhaben – eine Vielzahl anderer Methoden im-

---

[430] Die grundlegende wissenschaftliche Methode der Analyse zeichnet sich durch ein systematisches Vorgehen bei der Untersuchung aus, wobei das untersuchte Objekt oder Subjekt in seine Bestandteile zerlegt wird.
[431] So wurden in verschiedenen Sektoren der Beschäftigungssystem umfassende Sektoranalysen zur „Bewertung der Auswirkungen auf das Niveau (absolute Nachfrage) und die Struktur (relativer Bedarf im Vergleich Ziele und Methodologie zu anderen Berufsprofilen) der Beschäftigung verschiedener Berufsprofile bis 2020 (…) Szenarien entwickelt. Neue Qualifikationen für verschiedene Berufsprofile wurden auf der Grundlage der Analyse der Entwicklung von historischen Daten zur Beschäftigung je nach Profil, der Analyse der aktuellen Situation und der Kommentare der Fachleute im Workshop identifiziert. Den Schwerpunkt bildet die Identifikation und Beschreibung von wichtigen Schlüsselkompetenzen für die Zukunft für jede einzelne Gruppe von Beschäftigungsprofilen in Verhältnis zu den verschiedenen entwickelten Szenarien. Dies bildete die Grundlage für die im nächsten Schritt identifizierten strategischen Entscheidungen." (Europäische Kommission, 2009, S. 6 f.)

plementiert werden können[432] Sie dienen – wie Matthias Becker und Georg Spöttl (2008, S. 75) herausgearbeitet haben – „der
- Ein- und Abgrenzung von Untersuchungsfeldern (Sektordefinition. Fallauswahl);
- Sammlung von relevanten Informationen über einen Sektor zur Interpretation der im Forschungsprozess gesammelten Daten;
- Gewinnung von Informationen über die Struktur von Branchen, Unternehmen, Ausbildungs- und Beschäftigungsfeldern. Berufen etc.;
- Erfassung von Kennzahlen über die genauer zu untersuchenden Forschungsgegenstände;
- Analyse des Zusammenwirkens der in den Sektoren agierenden Personen, Betriebe, Verbünde, Institutionen;
- Identifizierung von für die Berufsbildung relevanten Innovationsfeldern und diesbezüglichen Entwicklungen."

Bei dieser Methode müssen schon auf dem Vorwege die Sektoren herausgefiltert werden, die für das aufgetretene Problem charakteristisch sind. Dabei führt das berufswissenschaftliche Erkenntnisinteresse als ein erster Schritt mit der Sektoranalyse zur Untersuchung bestehender Bedingungen und vorhandener wissenschaftlicher Aussagen. Die Ausschnittbildung bei berufswissenschaftlichen Sektoranalysen wird nach problemangemessenen Kriterien vorgenommen, sodass sich ein möglichst genaues Abbild der gesamten realen Beschäftigungsstruktur für den Problembereich ergibt. Ein kriterienorientiert ausgewählter Sektor „zeichnet sich aus durch
- ein (Fach)Gebiet. das mit ähnlichen Produktions-. Service- oder Dienstleistungsstrukturen vergleichbar ist;
- Daten, Statistiken und Studien, die – national oder auch international – das gleiche (Fach-)Gebiet abdecken und sich zur Erfassung sektorspezifischer Entwicklungen eignen;
- die Auseinandersetzung mit Produkten, Kunden, Know-how, Serviceanlagen und Aufgaben, die sich nicht wesentlich voneinander unterscheiden." (Becker/Spöttl 2015, S. 75)

Wie die bisherigen Forschungen mit der berufswissenschaftlichen Sektoranalyse zeigen (s. z. B. Spöttl/Gorldt/Windelband/Grantz/Richter 2016), lassen sich damit komplexe Strukturen der Berufs- und Arbeitswelt durchdringen.

- **Analyse als methodischer Kern der Sektoruntersuchungen**

Betrachtet man das Kompositum „Sektoranalyse" in seinen Bestandteilen „Sektor" und „Analyse", so ist festzustellen, dass die Analyse der zentrale Begriff der wissenschaftlichen Methode ist, und das damit verbundene Wort „Sektor" nur auf den zu untersuchenden speziellen Ausschnitt eines größeren Ganzen verweist. Analysen gehören mit

---

[432] Sie wird teilweise auch mit der Sektorstudie gleichgesetzt. So heißt es in der Schrift „Umfassende Sektoranalyse der neuen Kompetenzen und der wirtschaftlichen Aktivitäten innerhalb der Europäischen Union" für den Bereich der Post mit einer Kapitelüberschrift „Sektorenstudien – eine Methode" (Europäische Kommission 2009, S. 4).

Synthesen zu den wesentlichen wissenschaftlichen Arbeitsweisen. Analysen werden durchgeführt, um einen Sachverhalt zu zergliedern, zu zerlegen zu durchleuchten und Probleme herauszuarbeiten.

Mit einer Analyse erfolgt ein systematisches Vorgehen bei der Untersuchung, wobei das untersuchte Objekt oder Subjekt mit seinen Bestandteilen auf der Grundlage von Kriterien erfasst, zerlegt und zergliedert wird. Damit sind die Möglichkeiten von Analysen in ausgewählten berufsbedeutsamen Sektoren zwar grobstrukturell erfasst, aber auch das Verfahren der wissenschaftlichen Analyse bedarf einer differenzierenden Betrachtung, denn schon seit längerem haben sich weitergehende Möglichkeiten für Analysen ergeben.

Analysemethoden lassen sich differenzieren:
„1. Bei der *statischen Analyse* beziehen sich – bei gegebenen funktionalen Beziehungen – alle untersuchten Variablen auf den gleichen Zeitpunkt bzw. -raum, d. h., das Zeitproblem wird ausgeklammert.
2. Bei der *komparativ-statischen Analyse* werden zwei statische Gleichgewichtszustände miteinander verglichen. Auch hier kommt lediglich eine Daten-Variation, nicht aber die Zeit ins Spiel.
3. In der *dynamischen Analyse* wird zwar ein Ablauf in der Zeit simuliert – die Variablen tragen unterschiedliche Zeitindices und wirken zeitverzögert aufeinander ein –, aber es bleibt bei der rein physikalischen Zeit im Sinne Newtons.
4. Bei der *evolutorischen Analyse* wird die historische Zeit berücksichtigt, d. h., es werden Inreversibilitäten und somit auch Veränderungen der funktionalen Beziehungen aufgrund prozessendogener Entwicklungen (z. B. Lernprozesse) und Pfadabhängigkeiten thematisiert." (Piekenbrock 2016; Hervorhebungen im Original)

Aus der übergeordneten, eher allgemeinen Analyse haben sich in den verschiedenen wissenschaftlichen Disziplinen u. a. Arbeitsprozessanalysen, Clusteranalysen, Diskriminanzanalysen, Faktorenanalysen, Kausalanalysen, Kontingenzanalysen, Kontrastgruppenanalysen, Regressionsanalysen, Varianzanalysen und Zeitreihenanalysen herausgebildet. Durch die Differenzierung der Analysen können die Untersuchungen nun spezifiziert und damit Ergebnisse verfeinert werden. Einige dieser „multivariaten Analysemethoden" (Müller 2004) lassen sich auch für die Berufsforschung nutzen (Abb. 77).

Mit multivariaten Analysemethoden können „mehrere Variablen simultan betrachtet und deren Zusammenhang quantitativ analysiert" (Backhaus/Erichson/Pinke/Weiber 2008, S. 8) werden. Wegen der Komplexität der Realität von Berufs- und Lebenswelt macht deren adäquate Abbildung „die Anwendung multivariater Verfahren erforderlich" (ebd.).

Verfahren	Verfahrensprinzip	Anwendung
Clusteranalyse	Klassifikation einer Menge von Merkmalsträgern (Berufen) in Teilgruppen (Cluster) mit dem Ziel, dass diese hinsichtlich relevanter Merkmalsausprägungen in sich möglichst homogen und untereinander möglichst unähnlich sind.	- Abgrenzung von Berufssegmenten - Ermittlung von beruflichen Wettbewerbergruppen - Analyse von Berufserfolgsfaktoren
Diskriminanzanalyse	Ziel ist es, a priori definierte Gruppen von Merkmalsträgern durch eine Linearkombination mehrerer, kardinaler Merkmale bestmöglich zu trennen, um einerseits Gruppenunterschiede zu erklären und andererseits die Gruppenzugehörigkeit neuer, d. h. noch nicht zugeordneter Merkmalsträger zu prognostizieren	- Abgrenzung von Arbeitsmarktsegmenten - Ermittlung von Berufsfunktionen - Analyse von beruflichen Erfolgsfaktoren - Zuordnung von Berufen zu Berufsgruppen
Faktorenanalyse	Methode der Reduktion einer Menge wechselseitig voneinander abhängiger kardinaler Merkmale auf eine kleinere Anzahl von grundlegenden untereinander unkorrelierten Variablen oder Faktoren bei möglichst geringem Informationsverlust.	- Wettbewerbspositionierung auf dem Arbeitsmarkt - Arbeitsmarktsegmentierung
Kausalanalyse	Überprüfung eines hypothesengeleiteten Systems von Abhängigkeitsbeziehungen zwischen mehreren latenten, d. h. nicht direkt erfassbaren Variablen auf der Basis empirischer Kovarianzen von beobachtbaren, d. h. messbaren Indikatorvariablen.	- Entwicklung von Skalierungen nach Berufsausbildung - Untersuchung von Kausalhypothesen
Kontrastgruppen-analyse	Sukzessive Aufteilung einer Menge von Objekten in signifikant verschiedene Teilgruppen anhand von Gruppenvariablen sowie die Gruppendarstellungen in einem Baumdiagramm.	- Abgrenzung von Arbeitsmarktsegmenten - Ermittlung von beruflichen Wettbewerbergruppen - Erfolgsfaktoren beruflicher Tätigkeit
Regressions-analyse	Untersuchung der Stärke, Signifikanz und Richtung eines funktionalen Zusammenhangs zwischen einer abhängigen Variablen und einer oder mehrerer unabhängiger Variablen.	- Arbeitsmarktreaktionen - Trendprognosen - Einstellungsverhalten von Personalabteilungen
Varianzanalyse	Interferenzstatistische Überprüfung des Einflusses einer oder mehrerer unabhängiger Variablen auf eine oder mehrere abhängige Variable.	- Arbeitsmarktreaktionen - Qualifikationsangebote und Arbeitsmarktverhalten

Abb. 77: Synopse ausgewählter Analyseverfahren (in Anlehnung an Müller 2004, S. 223)

- **Vorgehen bei berufswissenschaftlichen Sektoranalysen**

Berufswissenschaftliche Sektoranalysen können einen stark unterschiedlichen Charakter haben. Dabei hängt das methodische Vorgehen von der Fragestellung des Forschungsvorhabens ab. Wie Matthias Becker und Georg Spöttl (2008, S. 87) zu Recht herausstellen, gibt es neben „der Durchführung von statistischen Vergleichen, der Analyse von ‚Dokumenten' über einen Sektor bis hin zu der Identifizierung von Schlüsselpersonen oder ‚Beste Praxis Betrieben', die als Interviewpartner oder Fall Gegenstand weitergehender Untersuchungen werden", verschiedene Varianten. Deshalb benennen sie sogleich einen Standardfall bei der Untersuchung eines Sektors. Dieser „besteht aus der Erhebung und Auswertung von Statistiken und markanten Sektorabgrenzungen.

Dazu bietet sich folgendes Vorgehen an:
1. Festlegung der benötigten Sektordaten,
2. Recherche nach Informationsquellen und Auswahl,
3. Sammlung der Daten,
4. Aufbereitung der Daten zu statistischen Schaubildern und zur Charakterisierung des Sektors." (Becker/Spöttl 2015, S. 86) (Abb. 78)

Die Autoren bieten darüber hinaus für berufswissenschaftliche Sektoranalysen weitere Varianten an. Die zweite Variante bei Sektoranalysen richtet sich auf „die Vorbereitung von Fallstudien durch das Aufstellen von Kriterien für die Auswahl von Fällen. An die Auswahl ist vor allem der Anspruch der Repräsentativität zu stellen. Dies bedeutet, dass die Kriterien sicherstellen müssen, dass innerhalb der Fallstudien vergleichbare Unternehmen (Größe, Art, Produkte), Arbeitsplätze und -prozesse (typisch für den untersuchten Beruf) und Ausbildungsverhältnisse (Ausbildungsberufe, Ausbildungsquote) untersucht werden. Neben der Vergleichbarkeit ist bei qualitativen Untersuchungen sicherzustellen, dass durch die ausgewählten Fälle die zu untersuchende Berufsarbeit adäquat widergespiegelt wird." (Becker/Spöttl 2015, S. 86)

Eine besondere Form stellen Sektoranalysen dar, „bei denen die Auswirkungen von Produkt- und Prozessinnovationen auf die Berufsarbeit oder die Berufsstrukturen im Vordergrund stehen" (Becker/Spöttl 2015, S. 86). Dabei stützt man sich vor allem auf Dokumentenanalysen. Hiermit „werden Dokumente in Hinblick auf die zugrunde liegende Fragestellung analysiert, um technische und organisatorische Entwicklungen im Sektor zu überblicken und insbesondere zukünftige abschätzen zu können" (ebd.).

Die Datenanalyse oder Dokumentenanalyse entspricht dabei den Phase der Auswertung und anschließenden Interpretation der gesammelten Daten. Das Ziel einer solchen Analyse ist meist die Feststellung eines Ist-Zustandes oder die Erforschung von Ursachen dieses Ist-Zustandes. Dabei kann man zwischen qualitativer Analyse („Gibt es Hinweise auf Zusammenhänge zwischen Variablen?") und quantitativer Analyse („Wie stark sind diese Zusammenhänge?") unterscheiden.

Der Ablauf von berufswissenschaftlichen Sektoranalysen kann nicht nur wegen der bisher entwickelten und sich weiterentwickelnden Varianten, sondern auch wegen der sehr unterschiedlichen Forschungsaufgaben und -vorhaben nur grobstrukturell dargestellt werden. Es bietet sich ein Dreischritt an:

Schritt 1: Vorbereitung
    Identifizierung relevanter Einflüsse. Festlegung des Erkenntnisrahmens, in dem die Analyse durchführt werden soll. Ermittlung des betriebsorganisatorischen, technologischen, ökonomischen und gesellschaftlichen Entwicklungsstandes in dem Sektor. Diskussion möglicher Analysemethoden. Festlegung des Zeitraums, in dem die Analyse durchgeführt werden soll.

Schritt 2:. Datensammlung und Aufbereitung
    Recherche nach Informationsquellen und Auswahl. Sammlung und Erfassung aller möglichen zu analysierenden Daten, Bestimmung der Analysemethode. Aufbereitung der Daten.

Schritt 3: Datenanalyse und Ergebnis
    Aufbereitung der Daten. Diskussion und Dokumentation der Ergebnisse. Veröffentlichung der Ergebnisse.

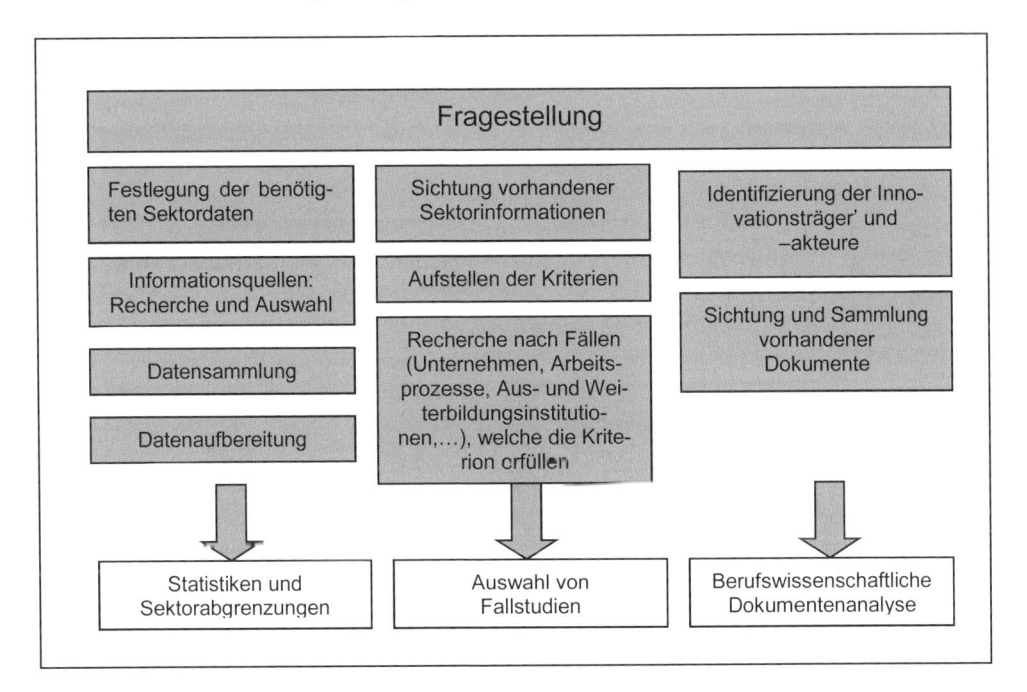

Abb. 78: Methodisches Vorgehen bei berufswissenschaftlichen Sektoranalysen (Becker/Spöttl 2015, S. 87)

Eine weitere Differenzierung des Vorgehens bei der berufswissenschaftlichen Sektoranalyse erscheint nicht sinnvoll, denn jedes Forschungsvorhaben verlangt im Detail ein spezifisches Vorgehen.

Die berufswissenschaftliche Sektoranalyse kann wegen der Vielfalt der inkorporierten Verfahren bei den komplexen Zusammenhängen in der Berufs- und Arbeitswelt als Großmethode der Berufswissenschaft und der Berufsforschung eingeordnet werden (Abb. 79).

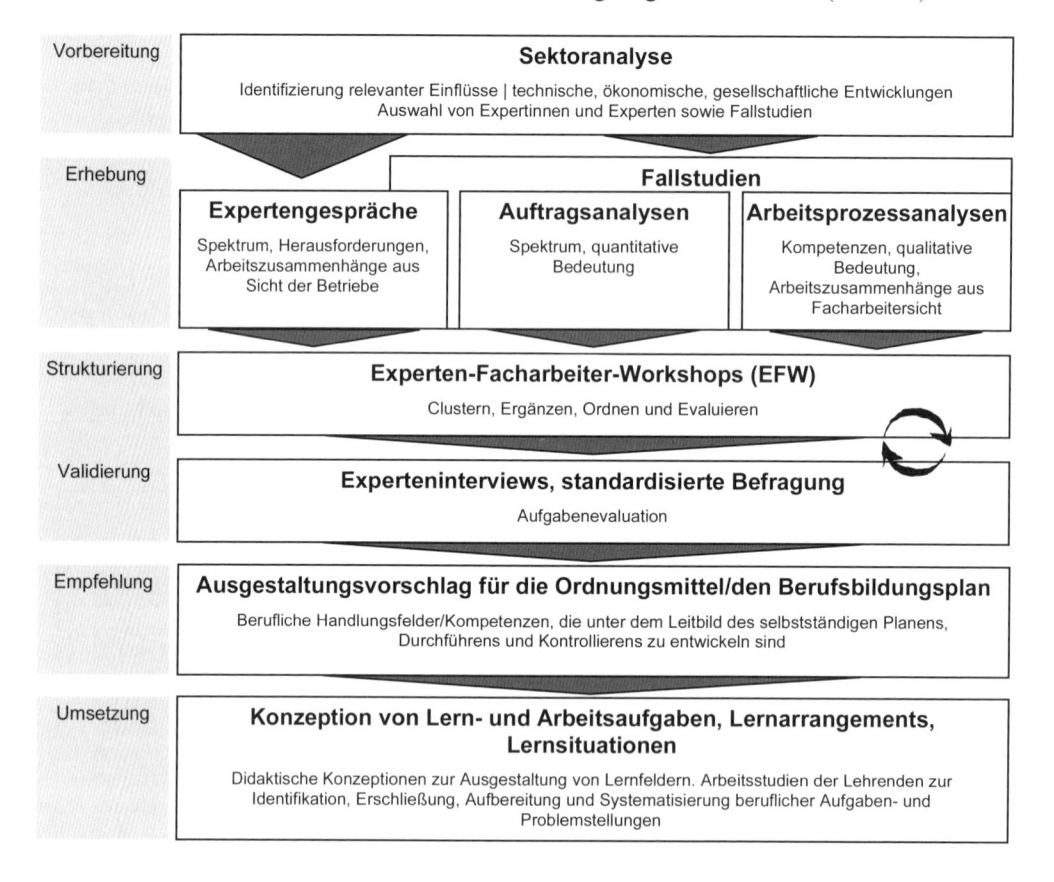

Vorbereitung	**Sektoranalyse**
	Identifizierung relevanter Einflüsse | technische, ökonomische, gesellschaftliche Entwicklungen Auswahl von Expertinnen und Experten sowie Fallstudien

Erhebung		**Fallstudien**	
	Expertengespräche	**Auftragsanalysen**	**Arbeitsprozessanalysen**
	Spektrum, Herausforderungen, Arbeitszusammenhänge aus Sicht der Betriebe	Spektrum, quantitative Bedeutung	Kompetenzen, qualitative Bedeutung, Arbeitszusammenhänge aus Facharbeitersicht

Strukturierung	**Experten-Facharbeiter-Workshops (EFW)**
	Clustern, Ergänzen, Ordnen und Evaluieren

Validierung	**Experteninterviews, standardisierte Befragung**
	Aufgabenevaluation

Empfehlung	**Ausgestaltungsvorschlag für die Ordnungsmittel/den Berufsbildungsplan**
	Berufliche Handlungsfelder/Kompetenzen, die unter dem Leitbild des selbstständigen Planens, Durchführens und Kontrollierens zu entwickeln sind

Umsetzung	**Konzeption von Lern- und Arbeitsaufgaben, Lernarrangements, Lernsituationen**
	Didaktische Konzeptionen zur Ausgestaltung von Lernfeldern. Arbeitsstudien der Lehrenden zur Identifikation, Erschließung, Aufbereitung und Systematisierung beruflicher Aufgaben- und Problemstellungen

Abb. 79: Berufswissenschaftliches Forschungsdesign (Becker/Spöttl 2015, S. 74)

- **Berufswissenschaftliche Sektoranalysen in ihrer Bedeutung für die Berufspraxis und Berufstheorie**

Schon etwa zehn Jahre nach ihrer Generierung konnte festgestellt werden, „Sektoranalysen haben sich zu einem leistungsfähigen Instrument berufswissenschaftlicher Forschung entwickelt und sich sowohl bei national als auch international ausgerichteten Studien bewährt. Ein wesentlicher Vorteil ist darin zu sehen, dass das Design der Studien auf berufswissenschaftlichem Forschungsinteresse basiert." (Spöttl 2005, S. 117) Berufswissenschaftliche Untersuchungen, die auf Basis von Sektoranalysen vorgenommen worden sind, zeigen die Möglichkeiten des Einsatzes auf (z. B Hackel/ Bertram/Blötz/Laaser/Reymers/Tutschner/ Wasiljew 2012; Schnitger/Windelband 2008).

Es geht nun darum, dieses berufswissenschaftliche Instrument weiterzuentwickeln. Wegen der im letzten Jahrzehnt entstandenen Möglichkeiten der Digitalisierung lässt sich das Spektrum der Untersuchungsformen erweitern, wobei beispielsweise mit multivariaten Analysemethoden mehrere Variablen simultan betrachtet und quantitativ analysiert werden können.

Die Intentionen, die mit Sektoranalysen – auch mit multivariaten Analysemethoden – verbunden sind, richten sich weiterhin auf einen Referenzrahmen für die nichtakademische und darüber hinaus perspektivisch für die akademische Berufsforschung, mit dem aktuelle Trends in einzelnen Sektoren der Berufswelt einschließlich möglicher Implikationen aufgearbeitet werden können.
Über die bisherigen berufswissenschaftlichen Arbeiten und Ergebnisse bei Sektoranalyse hinaus deuten sich Möglichkeiten tiefer gehender Studien für die akademischen und nicht-akademischen Berufsbereich an.

3.5.6 Zur Bedeutung von Methoden berufswissenschaftlicher Forschung - Ausblick

Wissenschaftliches Arbeiten zeichnet sich durch systematisches und methodisches Vorgehen aus. Wissenschaftliche Methoden stellen Wege zur Wahrheitsfindung bereit. Unter Forschungsmethoden werden die Wege und Vorgehensweise beim Aufstellen der Fragestellung, bei der Planung, der Durchführung und der Auswertung einer Untersuchung verstanden. Für jede Forschung und damit auch für die Berufsforschung sind Methoden, Strategien und Verfahren ein wichtiges Thema, dabei werden Methodenentscheidungen nicht mehr dogmatisch gesehen. Der im zwanzigsten Jahrhundert aufgetretene Methodenstreit ist inzwischen beigelegt. Quantitative und qualitative Befragungen werden heute als unterschiedlichen Forschungsmethoden gesehen, mit denen sich die Spannweite eines methodischen Kontinuums anzeigt.[433]

Wie sich zeigt, gibt es eine Vielzahl von Methoden, die zur berufswissenschaftlichen Forschung eingesetzt werden können. Es geht hier aber nicht darum, alle möglichen Methoden darzustellen. Von der großen Zahl vorhandener Methoden wurde hier nur eine Auswahl weniger komplexer Methoden bzw. Forschungsdesign vorgenommen, die für die Berufswissenschaft bedeutsam erscheinen. Eine Einsatz dieser ausgewählten und anderer Methoden für ein konkretes Vorhaben der Berufsforschung ist von der den berufswissenschaftlichen Fragestellung und den Untersuchungsgegenständen der Berufswelt abhängig.

Es gibt eine Vielzahl von Forschungsmethoden wie die Delphi-Methode, die Fallstudie, die historisch-genetische Methode, das Interview, die Sektoranalyse, die Szenariomethode, die Vergleichsmethode, Workshops, die bei konkreten berufswissenschaft-

---

[433] Noch immer wird das wissenschaftstheoretisch eher anarchische Dictum von Paul Feyerabend „Anything goes" in den Diskursen mit der Forderung herangezogen, produktive Wissenschaft müsse Methoden, wenn ein Bedarf besteht, verändern, einführen oder aufgeben.

lichen Forschungsvorhaben schon seit längerem aufgegriffen, angepasst und dann genutzt werden. Diese werden auch zukünftig in Betracht gezogen und angewendet. Da es aber hier nicht um ein konkretes Forschungsvorhaben geht, lassen sich die jeweilig spezifische Auswahlproblematik und die Auswahlkriterien nicht thematisieren.[434]

Zur Konkretisierung der Arbeitsweisen im berufswissenschaftlichen Feld sind die Verfahren „Vergleichsmethode", „Fallstudie" und die „Berufswissenschaftliche Sektoranalyse" vorgestellt worden, da sie in der Berufsforschung schon häufiger eingesetzt werden. Als exemplarische Beispiele[435] für gut anwendbare Methoden sind sie relativ ausführlich dargestellt. Sie stellen Anregungen zum Gebrauch von allgemeinen Methoden mit berufswissenschaftlicher Einfärbung dar.

Beispiele können Interessierten vorrangig zur Erklärung oder Aufhellung bestimmter Vorgänge bei der Berufsforschung dienen.[436] Als Exempel können auch eine darüber hinausgehende übergeordnete konzeptionelle sowie erkenntnisleitende Bedeutung und gewinnbringende Funktion für den Einsatz anderer Methoden zur Berufsforschung haben.[437]

Unstrittig ist, dass die Methodenfrage für die berufswissenschaftliche Forschung große Relevanz hat und weiterhin haben wird. Forschungsmethoden werden sich verändern, und es werden vermutlich auch neue Verfahren generiert.[438] Für die Berufswissenschaft und die Berufsforschung muss weiterhin darum gehen Forschungsmethoden für ihre Zwecke zu sichten, zu sammeln und auf ihre Anwendbarkeit zu untersuchen oder umzuformen. Nicht selten werden bei spezifischen Forschungsfragen die vor-

---

[434] Eine ausführliche Darstellung aller möglichen Methoden, die in der Berufsforschung eingesetzt werden können, ist nicht intendiert. Das wäre die Aufgabe eines speziellen Methodenbandes zur Berufsforschung.
[435] Die Möglichkeit mit Hilfe eines Beispiels als Einzelfall auf etwas Allgemeines wie eine Methode durchgreifen zu können, macht den besonderen Wert des Exemplarischen im Spezifischen eines berufswissenschaftlichen Verfahrensproblems aus. Dieser besteht u. a. auch darin, dass ein Exempel punktuell als Vehikel des Allgemeinen von Forschungsmethoden genutzt werden.
[436] Beispiele haben, auch wenn durch sie das unter dem Allgemeinen subsumierte Besondere mit Vorbildfunktion dargestellt wird, nicht nur Bedeutung als Illustration und Muster für die Gestaltung und Durchführung von berufswissenschaftlichen Forschungsvorhaben. Beispiele können nicht nur im Bereich der Berufsforschung wissenschaftliche Bedeutung haben. So dienen Beispiele darüber hinaus ganz allgemein bei wissenschaftlichen Betrachtungen häufig der Verdeutlichung des Wesentlichen. Deduktiv kann ein Beispiel als Beleg für die Richtigkeit einer berufswissenschaftlichen Forschungstheorie angeführt werden. Induktiv eingesetzt kann ein Beispiel zum Ursprung für eine vorher nicht vorhandene Theorie zu den Methoden der Berufsforschung werden.
[437] Zwar scheint auf den ersten Blick das Anführen von Beispielen in der Singularität dem Bedingten und Zufälligen anzugehören. Jedoch weist zugleich der damit aufgeführte konkrete Fall über sich hinaus auf das Allgemeine und Übertragbare. Beispiele sind keine zufälligen Singularitäten, keine Ausnahme von der Systematik und von der Theorie, sondern dienen nach wohl begründeter Auswahl und bei systematischer Abfolge auch der Darstellung sowie Veranschaulichung, des Allgemeinen, am speziellen Fall und damit auch der berufswissenschaftlichen Theorie.
[438] So gibt es beispielsweise zurzeit bereits „partizipative Ansätze und agile Methoden in der Praxis. Das Forschungsdesign der „Smarten Innovationsverlaufsanalyse" integriert von Beginn an in der methodischen Vorgehensweise die Grundsätze von partizipativer Gestaltung und Forschung. Die Forschungsergebnisse sollen unternehmensspezifischen und mitarbeiterorientierten Interessen nachkommen, zu allgemein ableitbaren Erkenntnissen führen und möglichst zur (Weiter)Entwicklung theoretisch-konzeptioneller Ansätze beitragen. Die grundsätzliche Nähe zur betrieblichen Praxis ergibt sich bereits aus der Forschungsfragestellung." (Pfeiffer/Schütt/Wühr 2011, S. 21)

handenen allgemeinen Methoden ohnehin eine berufswissenschaftliche „Einfärbung" erhalten. Bei der Bearbeitung von neuen berufswissenschaftlichen Untersuchungsgegenständen sind die Forschungsmethoden und Theoriekerne auszubauen sowie zu verfeinern. Die Ausgestaltung der Methoden für die Berufsforschung bleibt auch zukünftig eine wichtige Aufgabe berufswissenschaftlicher Arbeit.

Mit den Darstellungen von Methoden und den Betrachtungen zu ihren berufswissenschaftlichen Einsatzmöglichkeiten sei noch einmal daran erinnert, dass es auch im Bereich der Berufe keine Forschungsmethoden und Forschungserkenntnis gibt, die universell oder pauschal anwendbar und von allen Vorurteilen frei sind sowie zu zeitlos gültigen Aussagen führen. So folgert z. B. –Hans Georg Gadamer als Ergebnis seiner Untersuchungen, „daß die Sicherheit, die der Gebrauch wissenschaftlicher Methoden gewährt, nicht genügt, Wahrheit zu garantieren" (1990, S. 494).

3.6 Berufswissenschaftliche Untersuchungssystematik

3.6.1 Ausformungen und Richtungen der berufswissenschaftlichen Forschung

- **Vielfalt der Forschungsfelder**

Die Entwicklung der Berufsforschung ist eng mit der Ausdifferenzierung der Berufe verbunden. Die starke und zunehmende „Ausdifferenzierung der Berufe ist das historische Resultat gesellschaftlicher Arbeitsteilung" (Schütte 2013a, S. 219). Im historischen Prozess ergab sich mit der Zunahme der Berufe eine Vielzahl von Forschungsfeldern. Berufswissenschaftliche Forschung erfolgte in den letzten Jahrzehnten in verschiedenen Disziplinen und dadurch auch in verschiedenen Richtungen. Zu diesen Disziplinen gehörten beispielweise die Arbeitswissenschaft, Philosophie, Historie, Soziologie, Psychologie, Medizin, Pädagogik, Technologie, Ökonomie, Rechtswissenschaft und andere Disziplinen (vgl. Hobbensiefken 1980, S. 11). Durch die Verschiedenheit der Disziplinen entstanden und ergeben sich weiterhin besondere Ausformungen sowie Richtungen der Berufsforschungen

„Moderne Berufsforschung ist" – wie Friedhelm Schütte (2013, S. 247) feststellt – „ein sozialwissenschaftliches Programm. Unter Berücksichtigung gesellschaftstheoretischer, historischer, sozial- und kulturwissenschaftlicher Teildisziplinen lassen sich Branchen, Sozialmilieus und Arbeitskulturen unter kategorialer Berücksichtigung von Berufen analysieren und beschreiben." Dabei wird mit der Berufsforschung auf drei rahmengebenden Ebenen der Arbeitsteilung gearbeitet. „In gesellschaftstheoretischer Perspektive gerät die Entwicklung sozialer Klassen, der Wandel von Erwerbstätigkeit[439] und die Deutung von Berufen (respektive Lohnarbeit) in den Blick. In industrie- und berufssoziologischer Perspektive treten bestimmte Formen von Arbeitsteilung und innerbetrieblicher Hierarchie in den Vordergrund, und die berufspädagogische und bildungssoziologische Perspektive fokussiert die Dimensionen Berufsbildung und Mobilität, sozialer Status und soziale Ungleichheit" (ebd., S. 240)

Berufswissenschaftliche Forschung kann sich u. a. auf die Ausbildungs- und Studienberufe oder die Erwerbsberufe richten, wobei die Entwicklung der Anreicherung der Beruflichkeit oder die Entberuflichung zum Thema gemacht werden kann. Es können aber auch ganz allgemein das Phänomen „Beruf" und für alle Berufe geltende Aspekte wie z. B. das Berufsethos oder der Berufsstolz untersucht werden.

Zu den Ausformungen und Richtungen der Berufsforschung tragen die herkömmlichen Disziplinen bei. Dieses zeigt bereits ein erster Blick auf die industriesoziologische,

---

[439] Auf andere Formen von Arbeit/Tätigkeit (beispielsweise Hausarbeit, Kinderarbeit, Freizeitarbeit etc.) wird nicht eingegangen.

psychologische, arbeitswissenschaftliche, medizinische sowie auf die berufs- und wirtschaftspädagogische Forschung.

So kann eine soziologisch ausgerichtete Berufsforschung zur Beantwortung relevanter Fragen beitragen, die das Berufskonzept und seine Bedeutung für Wirtschaft und Gesellschaft betreffen. Darüber hinaus lassen sich damit Prozesse der Globalisierung, Tertiarisierung sowie Organisations- und Technikentwicklung in ihrer Bedeutung für die Berufe untersuchen.
Eine psychologisch ausgelegte Berufsforschung bearbeitet u. a. die Felder der Arbeits- und Organisationspsychologie, Kompetenzen, Arbeitspsychologie, Berufspsychologie und Organisationspsychologie.
Eine arbeitswissenschaftliche Berufsforschung kann sich beispielsweise der Art der Arbeitsgestaltung in verschieden Berufsbereichen oder dem Erhalt und Förderung der beruflichen Leistungsfähigkeit der Beschäftigten zuwenden.
Die Berufsforschung zum medizinischen Bereich kann z. B. von den dort im Zentrum stehenden akademischen vielleicht sogar nicht-akademischen Berufen bestimmt sein.

Es besteht eine Vielzahl von Wissenschaften, die u. a. auch Berufsforschung betreiben. Von diesen Disziplinen können je nach Forschungsinteresse verschiedene Richtungen verfolgt werden. Dazu kann beispielsweise eine Forschungsrichtung in die Professionalisierung der Medizinberufe gehen und eine andere die gesundheitlichen Gefahren der Berufe oder der Berufswelt untersuchen. Eine mit der Berufsbildungsforschung verbundene Berufsforschung kann u. a. darauf gerichtet werden, prospektiv Entwicklungen der in der Wirtschaft nachgefragten Qualifikationen entsprechend den sich verändernden Ausbildungsordnungen aufnehmen zu können.

Darüber hinaus können Forschungsverbünde zwischen wissenschaftlichen Instituten eingerichtet werden.[440] Hierdurch können durch die Zusammenarbeit verschiedener Forschungsrichtungen Synergieeffekte entstehen.

Die Vielfalt der Forschungsfelder zeigt, dass eine interdisziplinäre Berufsforschung ihr Innovationspotenzial dann entfalten kann, wenn sie im Verhältnis zur Berufsbildungs-, Arbeitsmarkt- und Beschäftigungspolitik sowie der interessengeleiteten Berufsentwicklung deutlich aufgewertet wird. Auch wenn sich die bisherigen berufswissenschaftlichen Forschungsansätze in sehr verschiedene Richtungen entwickelt haben, stehen bei der vorhandenen Vielzahl der Projekte – soweit überschaubar – unabhängig von der jeweiligen Ausformung die berufsförmige Arbeit mit ihren Rückwirkungen auf den Menschen, das Beschäftigungs- und das Gesellschaftssystem im Mittelpunkt der Untersuchungen. Nicht übersehen werden darf dabei: „Berufsforschung ist heute dadurch bestimmt, dass Berufe einem kontinuierlichen Wandel unterliegen." (Schütte 2013a, S. 247) Die Themen der Berufsforschung werden insbesondere durch den Wandel der berufsförmigen Arbeit in den Sachgebieten und Branchen beeinflusst. Es

---

[440] Ein Forschungsverbund zur Früherkennung von Qualifikationserfordernissen hat dazu seit dem Jahre 2000 eine Reihe von Studien vorgelegt (Bullinger 2000, 2002).

werden aber auch – entsprechend der Systematik der Berufswissenschaft – sowohl allgemeine als auch spezifische Themen generiert. Eine Differenzierung in Forschungsfelder erscheint erforderlich. Eine Aufgliederung in allgemeine und spezifische Berufsforschung bietet sich an. Die spezifische Berufsforschung wiederum lässt sich für die nicht-akademischen, semi-akademischen und akademischen Bereiche vornehmen.

3.6.2 Allgemeine Berufsforschung

- **Arbeitsfelder und Formen der allgemeinen Berufsforschung**

Allgemeine Berufsforschung befasst sich mit den universalen Kennzeichen zu einzelnen Berufen und ihren spezifischen Fragen und Problemen. Untersuchungen der allgemeinen Berufswissenschaft richten sich auf Fähigkeiten und Eigenschaften, die bei vielen berufsförmigen Tätigkeiten erforderlich oder wünschenswert sind, und solche, die vielleicht auch zukünftig zu Problemen führen können.

Eine von dem einzelnen Beruf abstrahierende erkenntnisorientierte Untersuchung bedeutet dabei zugleich, dass Forschungsarbeit nicht nur aus einer vorrangig arbeits- oder berufswissenschaftlichen Perspektive zu leisten ist, sondern auch geisteswissenschaftlich angelegt bzw. hermeneutisch ausgerichtet sein kann, was den Kreis ausgewiesener Forscher/-innen erweitert. Die allgemeine Berufsforschung ist bereits heute ansatzweise durch interdisziplinäre Betrachtungen gekennzeichnet. Sie sollte insbesondere auch zukünftig dadurch bestimmt sein.

Mit diesem Untersuchungsbereich der berufswissenschaftlichen Disziplin, die auf allgemeine Fragen und Probleme der Berufe und der Berufswelt gerichtet ist, wird sich nicht auf einen einzelnen Beruf, sondern auf Antworten und Problemlösungen, die für alle oder zumindest für viele Berufe von Interesse sind, konzentriert. Solche Forschung findet bislang nur partiell vertieft und kaum systematisch in einem übergeordneten Rahmen statt. Dabei zeigen sich bei analytischer Herangehensweise viele ungeklärte Fragen. Es ist z. B. keineswegs eindeutig bestimmt, was ein nicht-akademischer oder ein akademischer Beruf ist und bei welcher beruflichen Tätigkeit man von einem Beruf – im Unterschied zu einem Job oder einer Profession – sprechen kann. Aktuelle Entwicklungen weisen auf Entgrenzungen hin, sodass die Identifikation von berufsförmigen Arbeitsfeldern immer schwieriger wird. Hier könnte man damit ansetzen, dass es ein Verständnis von Beruf im weiteren Sinne gibt, der Job, Beruf sowie Profession und so jede erwerbsmäßig ausgeführte erlaubte Tätigkeit aufgreift – etwa im Sinne der Rechtsprechung des Bundesverfassungsgerichts. Im Unterschied dazu wäre ein Beruf im engeren Sinne als eine gelernte oder angelernte Tätigkeit auf Dauer anzusiedeln, die nicht zwingend auf die alleinige Erwerbstätigkeit angelegt sein muss, und eine Profession als ein hochgradig theoretisierter, verwissenschaftlichter und damit im Regelfall herausgehobener akademischer Beruf anzusehen.
Job, Beruf und Profession verheißen dann auch Steigerungsstufen von Erwerbstätigkeiten, insbesondere in Spezialisierung und damit auch in Ausbildung, in Ansehen und

in Identifikation. Gerade bei einer Profession schwingt die Berufung als höchste Form der Identifikation bis heute mit.

Darüber hinaus ist zu unterscheiden zwischen denen, die einen „Beruf haben", und denen, die einen „Beruf ausüben", ohne diesen erlernt zu haben, denn es gibt – wie bekannt – Ausbildungsberufe und Erwerbsberufe. Zudem sind reglementierte Berufe von nicht-reglementierten Berufen, die „jedermann" – unabhängig von den subjektiven Voraussetzungen oder objektiven Gegebenheiten – ausüben darf, zu differenzieren.

Übergeordnete Gesichtspunkte, die für viele Berufe Bedeutung haben, sind erst allmählich in den Blick genommen worden. Zur allgemeinen Berufsforschung gehören über den Beruf hinaus übergeordnete Themen wie Berufserfolg, Berufsethik, Berufsstolz und vieles andere mehr.

Vorfindbar ist zurzeit schon eine Reihe singulärer Ergebnisse. Erforderlich sind dennoch weiterhin umfassendere wissenschaftliche Aktivitäten zu Themen, die für die allgemeine Berufsforschung von Bedeutung sein können. Über das Bisherige hinaus ist eine erhebliche Erweiterung möglicher Untersuchungsbereiche als wichtig anzusehen.

- **Themen der allgemeinen Berufsforschung**

Mit der allgemeinen Berufsforschung sind übergeordnete Fragen der Berufe und der Berufsentwicklungen zu klären, die über die Besonderheiten des einzelnen Berufes hinausreichen. So ist es beispielsweise ein ständiges Thema, wie ein möglichst ausgeglichenes Verhältnis zwischen den qualitativen Anforderungen des Arbeitsmarktes und dem Angebot an berufsförmigen Qualifikationen entstehen oder entwickelt werden kann.

Für die Themenbehandlung der allgemeinen Berufsforschung ist interessant, dass zwei Ordnungsprinzipien miteinander konkurrieren, und zwar Kräfte der Selbstregulierung des Marktes einerseits und die der Steuerung durch staatliche Eingriffe andererseits. Diese beiden Formen richten sich sowohl auf die Berufe im Beschäftigungs- und Arbeitssystem, als auch auf berufsförmige Tätigkeiten insgesamt. Berufsforschung, die sich thematisch auf die vielfach erhobene These oder Prämisse der Selbstregulierung der Berufe richtet, untersucht die Annahme, dass sich die Berufsentwicklung quasi naturwüchsig vollzieht. Hierfür spricht, dass es eine eigenständige Entwicklung der Berufe und der Berufswelt im historischen Prozess bereits seit den Anfängen von berufsförmiger Arbeit gegeben hat. Dabei sind vielfältige Differenzierungsprozesse zu Berufen und innerhalb der Berufe aufgetreten.[441]

---

[441] Auch gegenwärtig ist zu beobachten, dass sich Erwerbsberufe wie beispielsweise in der Medienbranche herausbilden, an die vor zwei Jahrzehnten noch niemand gedacht hat. Außerdem hat sich in den letzten Jahrzehnten für neue berufsförmige Arbeit im deutschen Sprachraum der Begriff " Job" immer stärker eingeschlichen, fast schon etabliert.

Mit einer Berufsforschung unter der Annahme der Regulierung und Standardisierung wird davon ausgegangen, dass die Berufe, die Berufsausbildung und das Berufsrecht vom Staat aktiv gesteuert werden muss. Dabei richtet sich das Erkenntnisinteresse, auf die Auswirkungen von Regulierungen der Berufe einschließlich der eingesetzten Ordnungsmittel.

Für beide Forschungsrichtungen sind die Verknüpfungen und Wechselbeziehungen zwischen dem Beschäftigungs- und dem Gesellschaftssystem sowie den Berufen zu betrachten. Damit ergeben sich thematisch sehr anspruchsvolle Aufgaben- und Forschungsbereiche.[442]

Von allgemeinen Interesse sind auch die Zusammenhänge zwischen dem Konstrukt „Beruf", den zeitlichen Einflüssen und den Auswirkungen für die Persönlichkeit, denn zum einen sind der „Umgang mit Zeit und die Selbstorganisation von Handlungen in berufsspezifischen Kontexten (…) selbst Teil der Beruflichkeit und wesentlicher Erfolgsfaktor innerhalb und außerhalb des Berufs. Zum anderen scheint aber eine Wechselwirkung zwischen Anpassung an berufliche Zeiten und bereits vorhandenes Verhältnis zur Zeit vorhanden zu sein, wie die Parallelen innerhalb des Umgangs mit Zeit vor der Erwerbsarbeitsphase bei der Untersuchung nahe legen. Vor diesem Hintergrund sollte der Umgang mit Zeit zu einem Aspekt bei Berufswahlprozessen werden." (Kaiser 2013, S. 409)

Auch wenn zu Berufslaufbahnen bereits erste allgemeine berufswissenschaftliche Untersuchungen vorliegen, sind weitere Untersuchungen dazu in der dynamischen Arbeitswelt angezeigt. „Berufliche Laufbahnplanung ist entscheidend dafür, dass der hohe Stellenwert, den der Beruf im Leben eines Menschen einnimmt, auch adäquat umgesetzt wird. (…) Eine Aufgabe zukünftiger Forschung wird sein, dass unterschiedliche Laufbahnentwicklungskonzepte auf ihre Gültigkeit in unterschiedlichen beruflichen Kontexten überprüft werden. Es ist nicht davon auszugehen, dass sich berufsbezogene Veränderungen in allen Arbeitsmarktsegmenten gleich oder gleich schnell ergeben. Vielmehr ist zu erwarten, dass Teile von Laufbahnmodellen oder aber ganze Laufbahnmodelle eine unterschiedliche Relevanz in unterschiedlichen Arbeitsmarktsegmenten, Branchen oder Berufsfeldern aufweisen." (Volmer/ Spurk/Abele 2013, S. 422) Ebenso ist die Arbeits- und Berufszufriedenheit ein Thema allgemeinen Erkenntnisinteresses (Schütz 2013, S. 517 ff.).

Ein weiterer Themenbereich kann sich auf die allgemeinen Bedingungen für einen Berufserfolg richten. „Für den Berufserfolg scheint die Planung der eigenen Berufslaufbahn eine maßgebliche Rolle zu spielen. Die positive Bewertung der eigenen beruflichen Ziele ist eine maßgebliche Voraussetzung für die Mobilisierung innerer Ressourcen und damit einhergehender Anstrengungen. Nur wenn das Ziel eine gewisse Attrak-

---

[442] Um die Zusammenhänge und das Matching zwischen den Berufen der Berufsentwicklung und dem Arbeitsmarkt zu untersuchen, fragen Martin Abraham, Andreas Damelang und Florian Schulz (2011) zu Beginn ihrer Forschung danach, wie Berufe Arbeitsmarktprozesse strukturieren sind, um damit „zu erarbeiten, wie das Phänomen des Berufs theoretisch gerahmt (…) werden kann."

tivität hat, werden Risiken, überdurchschnittliche Aufwände und Misserfolge in Kauf genommen." (Klimesch 2013, S. 431)

Dazu kann auch thematisiert und untersucht werden, wie Betriebe zur Kompetenzentwicklung und damit zum Berufserfolg beitragen können. So spielen auf organisationaler Ebene z. B. angemessene Rahmenbedingungen eine wichtige Rolle. Arbeits- und Forschungsaufgaben mit ausreichendem Spielraum für eigene Zielsetzungen und Arbeitsmethoden sind erforderlich, die zu einer weiteren Entwicklung der beruflichen Kompetenz grundsätzliche Erkenntnisse einbringen.

Von allgemeinem Interesse für die Berufsforschung ist auch das Faktum, dass Frauen und Männer einerseits als Folge der horizontalen Segregation in unterschiedlichen Tätigkeitsfeldern sowie Berufen und andererseits aufgrund vertikaler Segregation auf ungleichen Hierarchieebenen beschäftigt sind (vgl. z. B. Bertram 2013, S. 544 ff.; Ihsen 2013, S. 535 ff.; Kalisch 2013, S. 551 ff.).

Vertiefte Untersuchungen sollten im Rahmen der allgemeinen Berufsforschung u. a. auch zur Berufsethik (vgl. Dostal 2016, S. 226), zum Berufsethos (vgl. Herkner 2013, S. 496 ff.), zur beruflichen Identität (vgl. Haasler/Haasler 2013, S. 505 ff.) und zum Prestige der Berufe (vgl. Oberlander 2013, S. 564 ff.) vorgenommen werden.

3.6.3 Spezifische Berufsforschung

Mit der spezifischen Berufsforschung kann für einen ausgewählten Beruf u .a. die Entstehung aufgrund von Veränderungen des Beschäftigungssystems oder die Weiterentwicklung durch Arbeitsbedingungen, Anpassungen an neue Anforderungen und von Nachfrage auf dem Arbeitsmarkt untersucht werden. Viele Berufe stehen im Beschäftigungssystem in besonders enger Wechselbeziehung zueinander. Mit der spezifischen Berufsforschung kann sich das wissenschaftliche Interesse deshalb darauf richten, wie sich ausgewählte Berufe auf dem Arbeitsmarkt gegen andere behaupten. Spezifische Untersuchungen können auch zum Berufszugang oder der Berufszugehörigkeit insbesondere unter dem Gesichtspunkt der Geschlechtszugehörigkeit vorgenommen werden. Betrachtet man einzelne Berufe, so erfordern die erkennbaren Veränderungstendenzen bei den Entwicklungen des Arbeitsmarktes, durch die sich auch ein Wandel bei der Art der Erwerbstätigkeiten für einige Berufe abzuleiten scheint, Forschungsaktivitäten zu spezifischen Berufen.

Generell besteht für viele Berufe ein Zusammenhang von Konjunktur und Arbeitsmarktangeboten. Dadurch ergeben sich bei nicht wenigen Berufen auch Wechselwirkungen zwischen den Angeboten von Berufsqualifizierten und Arbeitsmarktangeboten, die im Einzelnen einer spezifischen Erforschung bedürfen.

- **Spezifische Berufsforschung im nicht-akademischen Bereich**

Diese Form der Berufsforschung richtet sich auf einzelne ausgewählte Berufe und ihre Besonderheiten oder auf besondere Beziehungen zwischen der kaum überschaubaren Vielzahl von Berufen.[443] Das Arbeitsgebiet der spezifischen Berufsforschung im nicht-akademischen Bereich ist allein schon wegen der Vielfalt der ausgeübten berufsförmigen Tätigkeiten sehr groß.[444] Wegen der hohen Anzahl an berufsförmigen Tätigkeiten bzw. Berufen hat die bislang geleistete Berufsforschung noch längst nicht alle Berufe und Berufsfelder untersuchen und eindeutig klassifizieren können. Zudem ist es bei vielen „Berufssparten" fraglich, ab wann man von eigenständigen Berufen sprechen kann. Fragen spezifischer Berufsforschung für den nicht-akademischen Bereich können sich u. a. darauf richten: Gibt es im nicht-akademischen Bereich etwa allgemein d e n Verkäuferberuf? Oder sind die Ausdifferenzierungen beispielsweise als Fachverkäufer für Obst und Gemüse einerseits und Automobilverkäuferin andererseits aufgrund ihrer Spezifik als separate Berufe zu zählen?

Während für das normierte Ausbildungssystem die Frage – nimmt man hierzu z. B. die Auflistung der rund 350 anerkannten Ausbildungsberufe nach Berufsbildungsgesetz und Handwerksordnung – noch beantwortet werden kann, ergibt sich für das gesamte Beschäftigungssystem ein großer Interpretationsspielraum. Viele der hauptberuflich als Verkäuferinnen und Verkäufer Tätigen werden zudem einen anderen Beruf erlernt haben, und nun gegebenenfalls eher erwerbsmäßig „einen Job ausüben". Darüber hinaus ist das Verkaufen auch Tätigkeitsinhalt anderer Erwerbsberufe. In ähnlicher Weise können solche spezifischen berufswissenschaftlichen Überlegungen und Berufsforschungsansätze auf weitere nicht-akademische Bereiche angewandt werden.

Es gibt heute viele neue nicht-akademische Berufe mit festgeschriebenen Ausbildungsgängen. Jedoch ist auch dabei von der spezifischen Berufsforschung wenig geklärt, ab wann es sich bei ähnlichen beruflichen Tätigkeiten um unterschiedliche Berufe handelt. Hier denke man nur an die Vielzahl fachlich-inhaltlich sehr ähnlicher Industrie- und Handwerksberufe wie etwa den „Elektroniker/-in", der in der vom Bundesinstitut für Berufsbildung geführten aktuellen Liste der staatlich anerkannten Ausbildungsberufe (mit Stand 01.08.2012) gleich sieben der 344 Positionen einnimmt.

Gegenwärtig herrscht weitgehend Konsens darüber, dass nach der beruflichen Erstausbildung häufig eine oder sogar mehrere Weiterbildungen erforderlich sind. Eine der dabei auftretenden wichtigen Fragen stellt sich hinsichtlich des Verhältnisses vom erworbenen Erstberuf zum Fortbildungs- oder Umschulungsberuf. Spezifischen berufswissenschaftliche Studien zur inhaltlichen Passung der in der Ausbildung erworbenen

---

[443] Bis zum Mittelalter gab es eine überschaubare Zahl zünftiger Handwerksberufe. Seit Beginn des neunzehnten Jahrhunderts und der industriellen Revolution sind im nicht-akademischen Bereich in zunehmendem Maße neue Berufe entstanden. Diese ergaben sich vor allem durch die verstärkte funktionale Differenzierung mit zunehmender Spezialisierung beruflicher Tätigkeiten im Beschäftigungssystem.

[444] Für die Bundesrepublik findet man stark differierende Angaben und Zahlen zu den verschiedenen Berufen, wovon ein erheblicher Teil den nicht-akademischen Ausbildungs- und vor allem Erwerbsberufen zugeordnet werden kann. Dabei stellen manche einfachen, nicht-akademischen Erwerbsberufe nicht viel mehr als nur Jobs dar.

Qualifikationen und Kompetenzen mit der später ausgeübten beruflichen Tätigkeit sind dadurch erschwert, dass häufig keine enge Verbindung oder gar Passung zwischen den erworbenen sowie den im Beschäftigungssystem notwendigen und angewandten Fähigkeiten und Fertigkeiten besteht.

Für den nicht-akademischen Bereich der spezifischen Berufsforschung sind Themen insbesondere die Berufe in einzelnen Berufsfeldern bzw. Beruflichen Fachrichtungen. Dazu gehören beispielsweise Berufe und Berufsfelder der Chemietechnik (vgl. Storz 2013, S. 579 ff.), der Elektrotechnik (vgl. Howe 2004, S. 118 ff; Jenewein 2013, S. 591 ff.), der Ernährungs- und Hauswirtschaft (vgl. Fegebank 2013, S. 605 ff.), der Kraftfahrzeugtechnik (vgl. Becker 2013, S. 616 ff.), der Gesundheitspflege (vgl. Heisler 2013, S. 628 ff.), der Bautechnik (vgl. Mersch 2013, S. 636), der Informationstechnik (vgl. Tärre 2013, S. 648), der Farb- und Raumgestaltung (vgl. Schönbeck 2013, S. 660), der Metalltechnik (vgl. Schütte 2013c, S. 682), der Textil und Mode (vgl. Grundmeier/Reuter 2013, S. 692) sowie der Wirtschaft und Verwaltung (vgl. Gzanna/Fürstenau 2013, S. 710).
Das Feld der spezifischen berufswissenschaftlichen Forschung zu den nicht-akademischen Berufen weist insgesamt mehr Fragen als Antworten auf. Das gilt allein schon, auch wenn man keine Forschung zu der Vielzahl bestehender Berufe betrachtet oder fordert.

- **Spezifische Berufsforschung im semi-akademischen Bereich**

Während bis in die sechziger Jahre des vorigen Jahrhunderts eine durch die auslaufende Klassengesellschaft bedingte scharfe und eindeutige Trennung zwischen den nicht-akademischen und den akademischen Berufsbereichen bestand, haben sich die harten Grenzen in den letzten Jahrzehnten etwas aufgelöst. So gibt es inzwischen Bildungsgänge für Berufe an den Fachschulen, die ein so hohes inhaltliches Niveau aufweisen, dass für die Absolventinnen und Absolventen beim Übergang in die Hochschule ein Teil der Abschlüsse auf das Studium angerechnet werden kann. Darüber hinaus wird diskutiert, ob eine Akademisierung einiger Bildungsgänge der Fachschule oder die Verlagerung an die Fachhochschule Vorteile aufweist. Im Beschäftigungssystem werden vermehrt sehr spezifische Zusatzausbildungen und Erwerbsberufe generiert, deren Vertreter teilweise ein Studium begonnen oder absolviert haben und ein hohes fachliches Niveau aufweisen. Daneben gibt es Freie Berufe, die von den Vertretern, die nicht unbedingt Akademiker/-innen sein müssen, kreativ generiert worden sind.
Entstanden ist eine Grauzone, die sich zum semi-akademischen Bereich entwickelt, der in die Niveaustufen 4 bis 6 des Europäischen Qualifikationsrahmens eingeordnet werden kann. Damit werden Anforderungen erhoben, die bis dahin gehen, die Leitung komplexer beruflicher Tätigkeiten mit Entscheidungsverantwortung zu übernehmen.
Mit dieser Entwicklung im Ausbildungs- und Beschäftigungssystem sind in den letzten Jahrzehnten zugleich auch ein neues berufswissenschaftliches Arbeitsgebiet und ein Sonderbereich der spezifischen Berufsforschung entstanden. Allerdings ist wegen der zunehmenden Zahl an berufsförmigen Tätigkeiten bzw. Berufen in dem semi-

akademischen Bereich mit der bislang geleisteten Forschung nur eine begrenzte Anzahl von Berufen sowie Berufsfeldern untersucht worden.

Zudem stellen sich auch für diesen, mit „semi-akademisch" definitorisch einzig an das Ausbildungssystem angelehnten, im Beschäftigungssystem aber nur bedingt geordneten Bereich berufswissenschaftliche Fragen wie beispielsweise, ob es allgemein d e n Polizeiberuf, d e n Soldatenberuf, d e n journalistischen Beruf oder d e n Künstlerberuf usw. gibt? Ab wann sollte aufgrund von Ausdifferenzierungen etwa von mehreren soldatischen Berufen gesprochen werden? Solche Fragen, die für die spezifische Berufsforschung von Interesse sind, ließen sich ohne Weiteres auf Polizei oder Medien etc. übertragen und verdeutlichen einmal mehr, wie komplex sich die Untersuchungen zur spezifischen Berufsforschung entfalten können.

Spezifische Berufsforschung in diesem Bereich richtet sich auch auf die Ausbildungs- und Erwerbsberufe, die zwischen dem nicht-akademischen und dem akademischen Bereich liegen und dadurch besondere Fragen und Probleme aufwerfen. Das berufswissenschaftliche Aufgabengebiet wird sich in den nächsten Jahren allein dadurch verbreitern, dass die Anzahl der semi-akademischen Berufe weiter anwachsen wird.

Gerade in dem Zwischenbereich, in dem deren Akteure oft sehr aufstiegswillig sind und an die eigenen Kompetenzen hohe Ansprüche stellen, besteht eine besondere Bereitschaft, an Weiterbildungen teilzunehmen, nicht zuletzt, um ihren sozialen Status weiter aufzuwerten.[445] Damit sollten ein Teil dieser Berufe und die Weiterbildung in diesem Bereich einer der Schwerpunkte spezifischer Berufsforschung im semi-akademischen Bereich werden.

Bislang lassen sich beispielsweise zu den Pflegeberufen diverse berufswissenschaftliche Forschungsarbeiten zu Berufen dieses semi-akademischen Bereichs erkennen (vgl. Reiber/Remme 2009, S. 20). Diese richten sich insbesondere auf die beruflichen Qualifikationen, Kompetenzen und Statusfragen.

Für den semi-akademischen Bereich der spezifischen Berufsforschung können beispielsweise Forschungsgegenstände die Erziehungsberufe (vgl. Pasternack 2013, S. 715), der Beruf des Journalisten (vgl. Donsbach/Rentsch 2013, S. 717), Körperpflegeberufe (Heisler 2013, S. 739), der Landwirt (Trojecka 2013, S 747), der Polizeiberuf (Kirchoff 2013, S. 762 ff.) und der Soldatenberuf (vgl. Sender 2013, S. 774) sein.

- **Spezifische Berufsforschung im akademischen Bereich**

Gelehrte und akademische Berufe haben eine fast acht Jahrhunderte bestehende Tradition. Während es bis zum Mittelalter nur eine überschaubare Zahl einiger weniger ge-

---

[445] Der Wissenschaftsrat hat mit seinen Empfehlungen zu hochschulischen Qualifikationen für das Gesundheitswesen gefordert, dass ein Teil des in der Pflege, den Therapieberufen und in der Geburtshilfe tätigen Fachpersonals künftig akademisch ausgebildet werden soll (vgl. Wissenschaftsrat 2012).

lehrter Berufe – wie Theologen, Juristen und Mediziner – gab, sind vor allem seit Mitte des neunzehnten Jahrhunderts viele neue akademische Berufe entstanden. Der Anstieg erfolgte durch die verstärkte funktionale Differenzierung mit zunehmender Spezialisierung beruflicher Tätigkeiten im Beschäftigungssystem, durch die gesellschaftlichen und individuellen Forderungen nach höherwertigen Berufsabschlüssen sowie durch neue Ansprüche nach prestigeträchtigen Aufstiegsmöglichkeiten in der Gesellschaft.

Auch wenn sich in diesem Sektor eine große Dynamik zeigte, so hat sich dennoch eine spezifische Berufsforschung im akademischen Bereich nur sehr zögerlich entwickelt. Erste Ansätze dazu kann man zu Beginn des vorigen Jahrhunderts mit den Schriften von Max Weber „Politik als Beruf" und „Wissenschaft als Beruf" sehen.

Für die Forschung im akademischen Bereich kommt ein Spezifikum hinzu. Traditionell wird von Ärzten, Juristen und Geistlichen sowie gegenwärtig auch von weiteren Berufsgruppen reklamiert und herausgestellt, dass ihre Beruflichkeit sui generis als Profession auszuüben ist. Es wird hierbei darauf verwiesen, dass die Profession u. a. durch spezifische Herausforderungen, Aufgaben, Gestaltungsmöglichkeiten, Arbeitseinsatz sowie eine besondere Berufsethik gekennzeichnet ist. In Professionen würde sich noch deutlicher die schon von Martin Luther aufgegriffene „Berufung" wiederfinden, was sich in einer hohen Identifikation mit dem Beruf und einem Vermengen von beruflicher und außerberuflicher Lebenswelt des Professionellen niederschlägt. Professionen und das damit verbundene Prestige sind jedoch bislang ideologiekritisch und berufswissenschaftlich noch nicht vertieft untersucht worden.

Unabhängig davon entstanden im Laufe der Zeit Untersuchungen zu ausgewählten Berufen und den damit verbundenen spezifischen Fragen sowie Problemen. Dennoch sind diese Forschungen, gemessen an den bestehenden akademischen Berufen, eher nur als punktuell und zufällig anzusehen. Zwar liegen Untersuchungsergebnisse zu einzelnen akademischen Berufen vor. Das genügt aber berufswissenschaftlichen Ansprüchen nicht. So ist ein übergeordnetes und systematisches berufswissenschaftliches Konzept zur spezifischen Berufsforschung im akademischen Bereich nur ansatzweise und punktuell erkennbar. Dabei besteht Forschungsbedarf, denn es lassen sich viele offene Fragen sowie Aufgaben benennen.

Eine der dabei auftretenden wichtigen Fragen stellt sich bereits bei einem ersten Benennen von akademischen Berufen: Gibt es z. B. d e n Ingenieurberuf, d e n Arztberuf, d e n Architekturberuf etc. oder sind vielmehr Ausdifferenzierungen als separate Berufe anzusehen?

Unklarheiten bestehen auch hinsichtlich des Verhältnisses vom „studierten Beruf" zum später ausgeübten bzw. vom erworbenen Erstberuf zu einem Fortbildungs- oder Umschulungsberuf. So sind Untersuchungen zur inhaltlichen Passung der im Studium erworbenen Kompetenzen mit der später ausgeübten beruflichen Tätigkeit sehr wünschenswert.

Für die akademischen Bereiche kann sich die spezifische Berufsforschung beispielsweise auf den Architektenberuf (vgl. Pahl/Völlmar 2013, S. 791ff.), den Arztberuf (vgl. Schmid 2013, S. 802 ff.), den Elektroingenieur (vgl. Jenewein 2013, S. 826 ff.), den Pfarrberuf (vgl. Karle 2013, S. 878 ff.), den Richter bzw. die Richterin (vgl. Ludewig/Heiland 2013, S. 888 ff.) und die Etablierung akademischer Sozialberufe (vgl. Gängler 2013, S. 899 ff.) richten.

3.6.4 Ebenen berufswissenschaftlicher Forschung

Schon durch die Vielzahl der Forschungsfelder deutet sich an, dass Berufsforschung auf verschiedenen Ebenen, wie beispielsweise der nicht-akademischen und akademischen Berufe stattfindet.

Durch den Forschungsansatz können sich Strukturen des Forschungsprofils und der Forschungsmethoden in besonderer Weise durch die Auswahl von Berufen und die Einordnung oder Bewertung der Berufe im Beschäftigungs- und Gesellschaftssystem ergeben. Berufsforschung kann auf verschiedenen Ebenen der Beruflichkeit erfolgen. Im Rahmen der Berufsforschung ist eine grundlegende methodische Differenzierung in Forschungen auf horizontaler und vertikaler Ebene möglich.

Berufsforschung auf der horizontalen Ebene analysiert und untersucht die praktischen bzw. nicht-akademischen sowie die gelehrten bzw. akademischen Berufe in ihrer zeitgeschichtlichen Genese und Entwicklung. Im Mittelpunkt befinden sich dabei Forschungen zu Berufen gleicher Ebene bzw. Hierarchie, zu deren Entstehen und Vergehen, zur Ausdifferenzierung sowie zur Vernetzung bzw. Klassifikation der Berufe bzw. entsprechender berufsförmiger Tätigkeiten im zeitgeschichtlichen Verlauf. Vertikale Berufsforschung wiederum hat vor allem die Aufgabe, die (vertikale) Entwicklung, Strukturierung und Klassifikation der Berufe sowie die Durchlässigkeit zwischen diesen Berufen und entsprechenden beruflichen Bildungswegen und -laufbahnen auf unterschiedlichen Qualifikations- bzw. Kompetenzniveaus zu untersuchen.

- **Berufsforschung auf der horizontalen Ebene berufsförmiger Arbeit**

Berufsforschung auf der horizontalen Ebene untersucht die nicht-akademischen sowie akademischen Berufe in ihrer zeitgeschichtlichen Entstehung und Entwicklung. Im Mittelpunkt stehen dabei Forschungen zu Berufen gleicher Ebene bzw. Hierarchie, zu deren Entstehen und Vergehen, zur Ausdifferenzierung sowie zur Vernetzung bzw. Klassifikation der Berufe bzw. entsprechender berufsförmiger Tätigkeiten im zeitgeschichtlichen Verlauf.

Im Rahmen der horizontalen Berufsforschung lassen sich auch die Möglichkeiten und Wirkungen beruflicher Entwicklungsformen von Beruflichkeit und Qualifikationen auf einer Ebene erforschen. Erlernen z. B. Kraftfahrzeugmechatroniker/-innen im Rahmen einer Weiterbildung zusätzlich den Beruf „Technische Kauffrau" oder „Technischer

Kaufmann", so verbleiben die Absolventinnen und Absolventen nach Abschluss der Ausbildung im Zweitberuf in der originären Branche und damit auf der gleichen horizontalen Ebene.[446] Untersucht werden könnte beispielsweise auch, wie sich auf einer Ebene während langjähriger Tätigkeiten in verschieden Branchen die Berufsinhalte verändern, ob Entberuflichung oder erhöhte Beruflichkeit entsteht. Durch körperliche Beeinträchtigungen kann ein horizontaler Berufsumstieg stattfinden. Um Konzepte für solche Berufsumstiege zu entwickeln, sind grundlegende berufswissenschaftliche Arbeiten erforderlich. Damit können sich beispielsweise neue berufliche Chancen für ältere Beschäftigte ergeben.

Eine Aufgabe der Berufsforschung auf der horizontalen Ebene kann es auch sein, verschiedene Berufsarten hinsichtlich ihres Qualifikationsniveaus zu vergleichen oder gleichartige Berufe hinsichtlich der Anforderungen in verschiedenen Branchen zu untersuchen. Betrachtet werden kann auch die horizontale Segregation durch die ungleiche Verteilung der Geschlechter auf verschiedene Berufsgruppen.

- **Berufsforschung zur vertikalen Berufsentwicklung und zu vertikalen Berufslaufbahnen**

Berufsforschung zur vertikalen Ebene hat vor allem die Aufgabe, die Entwicklung, Strukturierung und Klassifikation der Berufe sowie die Durchlässigkeit zwischen den Berufen und entsprechenden beruflichen Bildungswegen auf unterschiedlichen Qualifikations- bzw. Kompetenzniveaus zu untersuchen. Vertikal können die Berufe hinsichtlich ihres Qualifikations-/Kompetenzniveaus beispielsweise in ungelernte, angelernte und gelernte Berufe sowie in Facharbeiterberufe, Meisterberufe, d. h. nichtakademische Berufe, hierarchisch differenziert werden. Die Forschungen können somit innerhalb der Stufungen der nicht-akademischen, der akademischen, aber auch durch einen vertikalen Ebenenwechsel zwischen der nicht-akademischen, der semiakademischen und der akademischen Qualifikations- bzw. Kompetenzebene erfolgen, wobei Berufe auch häufig über eine längere Zeit sich vom nicht-akademischen zum akademischen Bereich entwickeln.

Untersucht werden kann auch die vertikale Segregation. Diese kann sich beispielsweise auf die unterschiedliche Verteilung von Männern und Frauen entlang der Hierarchieebenen eines Unternehmens richten. Erforscht werden können dabei z. B. die Möglichkeiten, Voraussetzungen, Rahmenbedingungen und Probleme beim Wechsel vom erlernten oder studierten Beruf in einen anderen auf der gleichen Qualifikations- bzw. Kompetenzebene oder beim Wechsel von einem nicht-akademischen zu einem semi-akademischen oder akademischen Beruf, wie auch umgekehrt, denn jemand kann

---

[446] In diesem Weiterbildungsprozess erfahren beide Berufsabschlüsse zusätzlich und indirekt eine erweiterte Qualifikation: der Erstberuf durch die im Rahmen der Zweitausbildung vermittelten relevanten Inhalte, der Zweitberuf durch das inhaltliche Vorwissen aus dem Erstberuf. Laut Berufsbildungsgesetz (BBiG 2005, § 1, Abs. 1) wird eine solche Qualifizierung als berufliche Umschulung bezeichnet.

studiert haben, aber seine Erfüllung erst später beispielsweise in einem handwerklichen Beruf finden.[447]

- **Bedeutung der Ansätze zur Berufsforschung auf der horizontalen und vertikalen Ebene**

Wegen der Veränderung der Berufswelt durch das Vergehen und Entstehen von Berufen, aufgrund neuer Anforderungen im Beschäftigungs- und Gesellschaftssystem besteht auch ein Bedarf dazu, berufsebenenspezifische und berufsebenenübergreifende Untersuchungen vorzunehmen. Dieses sollte unter anderem wegen der Veränderungen in der Zuordnung von Berufen zu einer Ebene (Wechsel vom nicht-akademischen zum akademischen Beruf) und der Multidimensionalität des Berufsbegriffs bzw. des „komplexen Phänomens ‚Beruf'" (Fenger 1968, S. 328) erfolgen. Wegen den damit verbundenen Definitions-, Abgrenzungs- und Bedeutungsprobleme (vgl. dazu z. B. Dostal 2005a, 105 ff.) sind Untersuchungen zu Berufen, einschließlich der Ordnungsstruktur „Berufsfelder"[448] seit Beginn der 1970er Jahre immer bedeutender geworden. Mit einer Berufsforschung auf den verschiedenen Ebenen sind „multidisziplinäre Forschungsansätze mit dem gemeinsamen Materialobjekt *Beruf*" oder „angewandte, institutionalisierte Forschung" gemeint (Fenger 1971, S. 152 f.; Hervorhebungen im Original).

Insgesamt erfordert der Forschungsgegenstand „Beruf" einen umfassenden Forschungsansatz, der sich u. a. auch auf bestimmten Ebenen oder den Übergang von einer Ebene zur nächst höheren oder niedrigeren richtet. In diesem Rahmen muss die Berufsforschung höchst vielfältige und unterschiedliche Themen und Gegenstände analysieren und untersuchen, was wiederum die Einbeziehung unterschiedlicher Wissenschaftsdisziplinen und wissenschaftlicher Forschungsinstitutionen und -einrichtungen in den Forschungsprozess notwendig macht. Werden umfassendere Forschungsvorhaben avisiert, könnten eventuell die derzeit bestehenden interdisziplinären Forschungsansätze in Richtung transdisziplinärer Forschungsansätze erweitert werden.

---

[447] Entsprechenden Forschungen stehen in einem engen Zusammenhang zur Qualifikationsforschung (z. B. Rauner 2005c, S. 240 ff.) und zur Kompetenzforschung (z. B. Jenewein 2013, S. 826 ff.). Qualifikations- und Kompetenzforschung sind wiederum eng mit der Professionalisierungsforschung verbunden, d. h., mit Forschungen zur Herausbildung der jeweils notwendigen beruflichen bzw. berufsbezogenen Professionalität insbesondere beim Übergang in einen anderen und/oder qualitativ höherwertigeren Beruf. Letztlich ist auch die Durchlässigkeit des derzeit bestehenden Berufsbildungssystems u. a. hinsichtlich der Chancengleichheit bzw. Aufstiegsmöglichkeiten beruflicher Ausbildungsgänge kritisch-konstruktiv in den Blick zu nehmen.
[448] Das Ordnungskonstrukt „Berufsfeld" ist u. a. durch die Kultusministerkonferenz mit der „Rahmenvereinbarung über das Berufsgrundbildungsjahr" (KMK 1978) als Grundlage für die berufliche Grundbildung bzw. den Unterricht im BGJ bestimmt worden. Darüber hinaus gibt es jedoch außerhalb der berufsschulischen Provenienz ebenso den Begriff des Berufsfeldes, sodass es hier oft zu Irritationen kommt. Selbst das BIBB verwendet diese Bezeichnung für eine Ordnungskategorie, geht dabei aber von 54 Berufsfeldern aus (Tiemann u. a. 2008). Auch auf dem Markt der Bildungsanbieter tätige Unternehmen verwenden den Ausdruck, ohne dabei aber etwa auf den Terminus der KMK zu rekrutieren.

3.6.5 Forschungsprozesse

Auch für berufswissenschaftliche Untersuchungen sind Forschungsprozesse durch eine „Abfolge einzelner Phasen mit spezifischen Arbeitsschritten, die eine Reihe von ineinander verzahnter Entscheidungen darstellen" (Paier 2010, S. 23) gekennzeichnet.

Zu Beginn von Forschungsprozessen geht es um theoretische Erörterungen zur Bestimmung des Problems oder der Fragestellung, zur Festlegung des Gegenstandes der Forschung und der Formulierung des Forschungsproblems. Viele Forschungsprozesse stellen eine Abfolge von Arbeitschritten dar, die linear oder zirkulär ablaufen können (Abb. 80).

Die Sequenzierung lässt sich grobstrukturell durch wenige Phasen skizzieren. Dazu gehören im Wesentlichen die
- Situationsanalyse und Problembestimmung,
- Vornahme der Zielanalyse und Festlegung der Zielbereiche,
- Methoden und Methodenschritte,
- Zielerreichung.

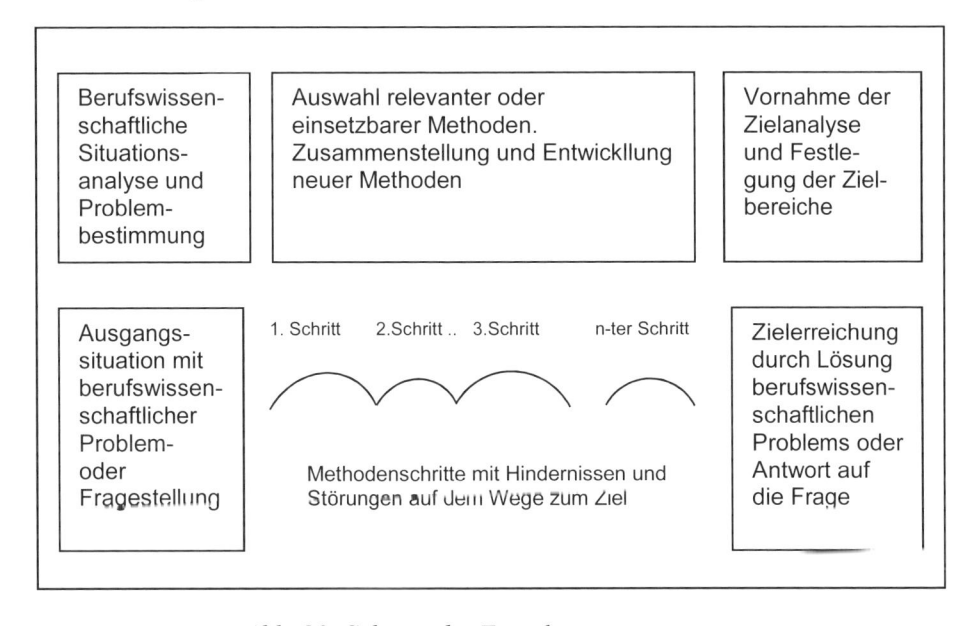

Abb. 80: Schritte des Forschungsprozesses

Idealtypisch lassen die einzelnen Forschungsschritte genauer bestimmen:
„- Theoretische Vorannahmen und Untersuchungsgegenstand,
  - Entscheidung für die Fragestellung und ihre Eingrenzung,
  - Annäherung an das Forschungsfeld,
  - Entscheidung für die Methode(n) der Datensammlung,
  - Fixierung der Daten,
  - Interpretation von Daten Geltungsbegründung,

- Verallgemeinerung und Darstellung,
- Geltungsbegründung, Verallgemeinerung und Darstellung,
- Forschung als sozialer und kommunikativer Prozeß.[449]

Die in diesen Stationen diskutierten Entscheidungen werden im Forschungsalltag häufig implizit oder durch A-priori-Setzungen des Forschers gefällt. Nur im Idealfall werden sie explizit und fragestellungs- bzw. gegenstandsbezogen getroffen." (Flick 1991, S. 148) Das gilt – soweit überschaubar – auch für berufswissenschaftliche Forschungsprozesse.

Bei Entscheidungen, in denen nur ein Forscher den Prozess bestimmt, sind in der Forschungspraxis Arbeitsschritte im Regelfall einfach und nicht selten linear. Lineare Forschungsabläufe werden eher bei quantitativen Forschungsvorhaben verwendet, wenn ursächliche Zusammenhänge zu entdecken oder Repräsentativität der Aussagen angestrebt werden. Es gibt aber auch andere Formen des Ablaufes von Forschung.

Häufig sind dabei mehrere Forscher an dem Projekt beteiligt. Damit können sich eine Erweiterung der Sichtweisen auf den Untersuchungsgegenstand und fortlaufenden Revisionen ergeben.

Die Zusammenarbeit mehrerer Forscher kann vor allem bei zirkulär angelegten Untersuchungsabläufen von Vorteil sein.[450] Diese Forschungsansätze sind eher in der qualitativen Forschung vorzufinden, bei der es um die Rekonstruktion und das Verstehen sozialer Prozesse geht. Die Rahmenbedingungen sind dabei zu Forschungsbeginn noch nicht eindeutig festgelegt. Sie werden während des Prozesses teilweise neu bestimmt.

Es muss eventuell auch vorher nicht Erkanntes aufgegriffen werden. Die dann erforderliche Anwendung von „Ad-hoc-Verfahren" muss nicht zwangsläufig „zum Verfall theoretischer Reflexion führen" (Schmid 1972, S. 263). Vielmehr stellen sie manchmal den einzigen Weg dar, „auf dem sich theoretischer Fortschritt bewegen kann; viele neue Ideen kommen gar nicht umhin, anders als ad hoc eingeführt zu werden" (Schmid 1972, S. 263). Dabei können inhaltliche und prozessuale Alternativen diskutiert werden. Nicht nur in diesem Zusammenhang werden „Alternativen als relevant für wissenschaftliche Forschungsprozesse erachtet" (Blanck 1994, S. 49). Während des Forschungsverlaufs können zwischen den Wissenschaftlerinnen und Wissenschaftlern Unstimmigkeiten auftreten, wenn es „über den genauen Ablauf und die Möglichkeiten der Bestimmung von Fortschritten (…) unterschiedliche Positionen" (ebd.) gibt. Sind die Unstimmigkeiten nicht grundsätzlicher Art und besteht über die Zielsetzung Konsens, kann die Konkurrenz von Alternativen produktiv genutzt werden. Bei einem derartig komplexen zirkulären Vorgehen müssen die Vorgänge ständig reflektiert und insbesondere dokumentiert werden.

---

[449] Einen Strukturvorschlag zum Forschungsablauf in fünf Schritten legt auch Peter Atteslander (2008, S. 46) vor (vgl. Kapitel 4.6.3).
[450] Unter zirkulärer Forschung werden teilweise auch solche Abläufe verstanden, bei denen eine zentrale Fragestellung im Mittelpunkt steht. Diese ist durch verschiedenste Wechselbeziehungen mit allen Prozessphasen direkt und permanent verbunden. Die zentrale Fragestellung ist der ständig herausragende und tragende Punkt des Forschungsprozesses. Dadurch dominiert die Fragestellung jede Forschungsphase.

Eine überaus anspruchsvolle „Möglichkeit der Dokumentation stellen dabei regelmäßig geführte Forschungstagebücher aller Beteiligten dar. Darin sollten der Prozeß der Annäherung an ein Feld, die Erfahrungen und Probleme im Kontakt mit den Beforschten und bei der Anwendung der Methode(n), sowie Wichtiges, Nebensächliches oder Verlorengegangenes bei der Interpretation, Geltungsbegründung, Verallgemeinerung und Darstellung der Ergebnisse etc. jeweils aus der Perspektive des einzelnen Forschers dokumentiert werden. Durch den Vergleich solcher Dokumentationen und der unterschiedlichen Sichtweisen, die darin zum Ausdruck kommen, wird der Forschungsprozeß intersubjektivierbar und explizierbar" (Flick 1991, S. 171) Mit der Dokumentation der Diskussionen lassen sich pointierte Aussagen eventuell verallgemeinern und der Forschungsprozess insgesamt bis ins Detail nachvollziehbar machen.

Durch Dokumentation und Reflexion der Vorgänge während der Forschung ergibt sich zugleich ein für die Sache produktiver Lernprozess[451] „für alle Beteiligten: Einerseits bleibt der Prozeß offen für authentische Beschreibungen des Untersuchten und dokumentiert, wo und warum die Ebene des Authentischen zugunsten von Abstraktion und Strukturierung verlassen wurde; andererseits bleibt er offen für Neues und für gegenstandsbegründete Strukturierungen, d. h. für Erkenntnisse, die über das, was der Forscher vorher wußte, aber auch über das Alltagswissen der Beforschten hinausreichen." (Flick 1991, S. 171)

Im Gegensatz zu dem aus pragmatischen Gründen häufig gewählten Forschungsablauf, zeigt Uwe Flick mit einem idealtypischen Ablaufplan (Abb. 81) des qualitativen Forschungsprozesses ein Konstrukt auf, das in der Abfolge von Entscheidungen die Möglichkeiten eines Ablaufes in der Praxis und insbesondere für die sich erst entwickelnde Berufswissenschaft überzieht. Mit diesem Theoriekonstrukt sind – wie der Autor sogleich anmerkt – „einzelnen Entscheidungen viel enger miteinander verzahnt, als es hier erscheinen mag. Die einzelne Entscheidung wird in der Regel nicht unabhängig an den anderen Punkten getroffen, sie hat auch Rückwirkungen. auf bereits getroffene Entscheidungen." (Flick 1991, S. 173)

Auch wenn die sehr detaillierte Darstellung des Forschungsprozesses nicht in allen Phasen bei Forschungsvorhaben durchlaufen werden sollte oder muss, kann dieser Plan dennoch eine Anregung für berufswissenschaftliche Untersuchungen darstellen. Da das Feld der Berufe und der damit zusammenhängenden Probleme und möglichen Forschungsfragen außerordentlich groß sowie komplex ist, kann damit auch der Forschungsprozess sehr vielschichtig werden.

---

[451] Da der Lernprozess auch die etablierten Forscher selbst betrifft, kann dieses als eine besondere Form Forschendes Lernen interpretiert werden. Dieses „zeichnet sich vor anderen Lernformen dadurch aus, dass die Lernenden den Prozess eines Forschungsvorhabens, das auf die Gewinnung von auch für Dritte interessanten Erkenntnissen gerichtet ist, in seinen wesentlichen Phasen – von der Entwicklung der Fragen und Hypothesen über die Wahl und Ausführung der Methoden bis zur Prüfung und Darstellung der Ergebnisse in selbstständiger Arbeit oder in aktiver Mitarbeit in einem übergreifenden Projekt – (mit)gestalten, erfahren und reflektieren" (Huber 2009, S. 11).

Stationen des qualitativen Forschungsprozesses

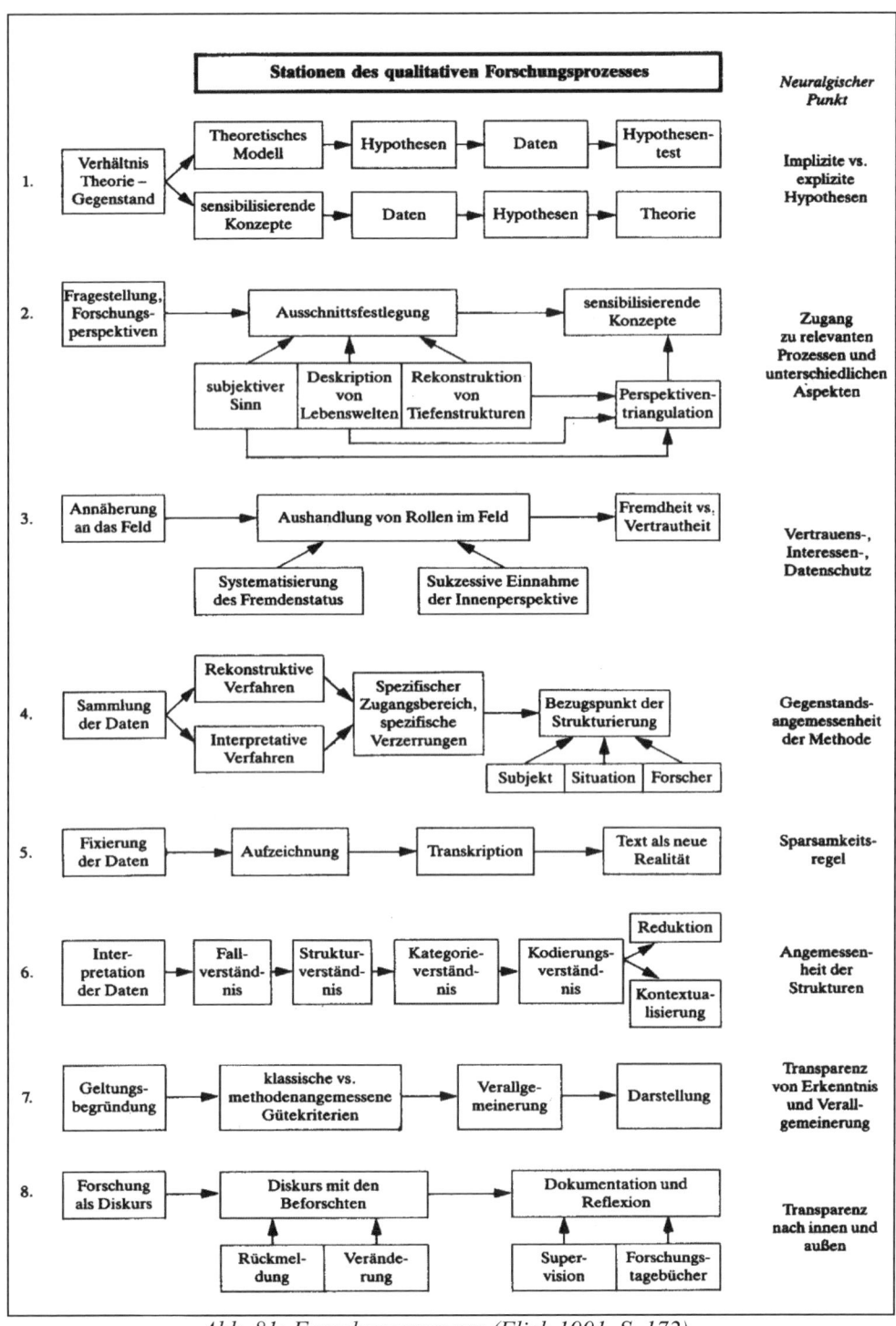

Nr.	Schritt	Ablauf	Neuralgischer Punkt
1.	Verhältnis Theorie – Gegenstand	Theoretisches Modell → Hypothesen → Daten → Hypothesentest sensibilisierende Konzepte → Daten → Hypothesen → Theorie	Implizite vs. explizite Hypothesen
2.	Fragestellung, Forschungsperspektiven	Ausschnittsfestlegung → sensibilisierende Konzepte; subjektiver Sinn, Deskription von Lebenswelten, Rekonstruktion von Tiefenstrukturen → Perspektiventriangulation	Zugang zu relevanten Prozessen und unterschiedlichen Aspekten
3.	Annäherung an das Feld	Aushandlung von Rollen im Feld → Fremdheit vs. Vertrautheit; Systematisierung des Fremdenstatus, Sukzessive Einnahme der Innenperspektive	Vertrauens-, Interessen-, Datenschutz
4.	Sammlung der Daten	Rekonstruktive Verfahren / Interpretative Verfahren → Spezifischer Zugangsbereich, spezifische Verzerrungen → Bezugspunkt der Strukturierung (Subjekt, Situation, Forscher)	Gegenstandsangemessenheit der Methode
5.	Fixierung der Daten	Aufzeichnung → Transkription → Text als neue Realität	Sparsamkeitsregel
6.	Interpretation der Daten	Fallverständnis → Strukturverständnis → Kategorieverständnis → Kodierungsverständnis → Reduktion / Kontextualisierung	Angemessenheit der Strukturen
7.	Geltungsbegründung	klassische vs. methodenangemessene Gütekriterien → Verallgemeinerung → Darstellung	Transparenz von Erkenntnis und Verallgemeinerung
8.	Forschung als Diskurs	Diskurs mit den Beforschten (Rückmeldung, Veränderung) → Dokumentation und Reflexion (Supervision, Forschungstagebücher)	Transparenz nach innen und außen

Abb. 81: Forschungsprozess (Flick 1991, S. 172)

Für die Berufswissenschaft bieten sich auch andere Vorgehensweisen an, über die im Regelfall praktikable Berufsforschungsprozesse angelegt werden können (Abb. 82). Diese sind meist übersichtlicher und handhabbarer.

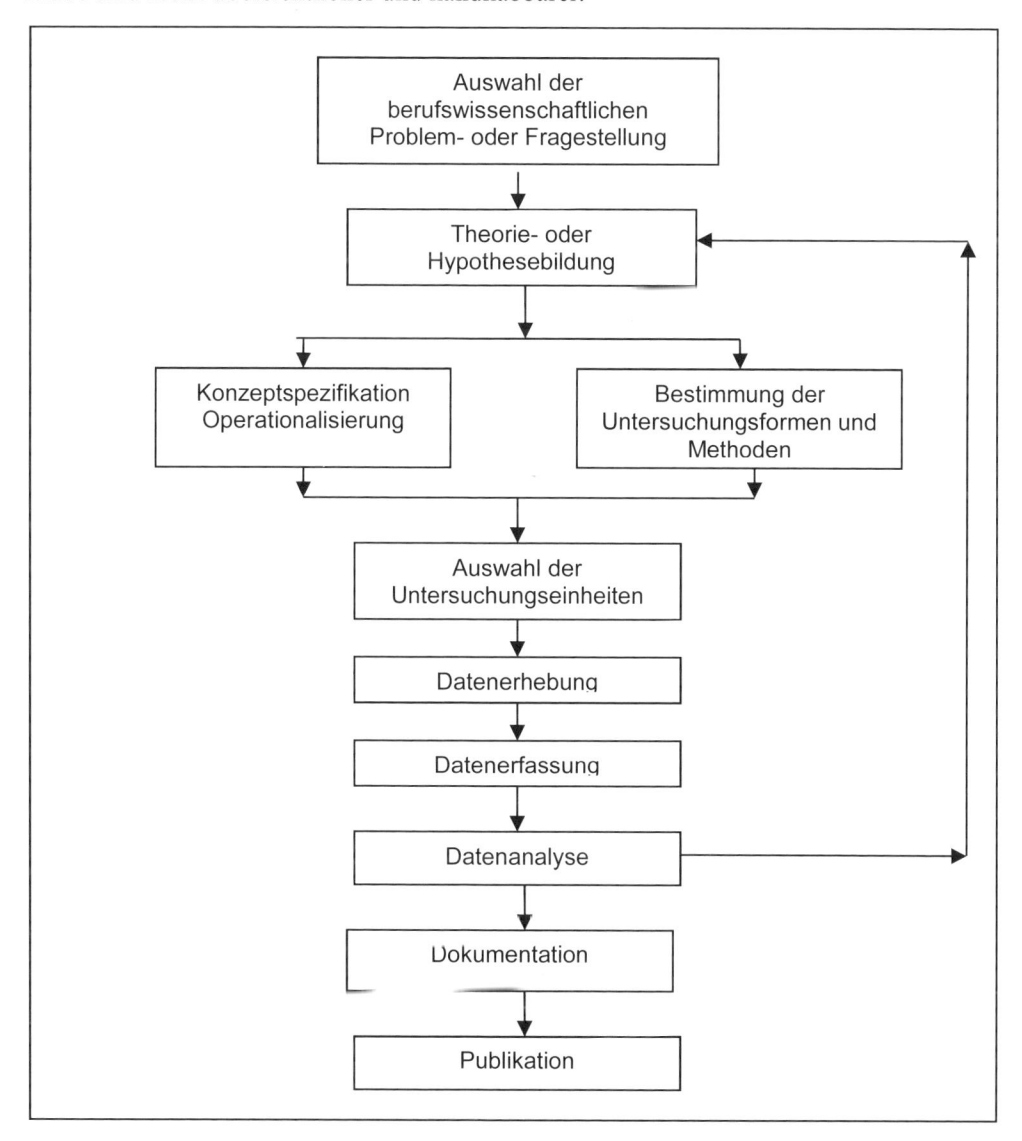

```
┌─────────────────────────────┐
│      Auswahl der            │
│  berufswissenschaftlichen   │
│  Problem- oder Fragestellung│
└─────────────────────────────┘
              ↓
┌─────────────────────────────┐
│      Theorie- oder          │ ←───────────┐
│      Hypothesebildung       │             │
└─────────────────────────────┘             │
        ↓           ↓                       │
┌──────────────┐  ┌──────────────────┐      │
│Konzeptspezi- │  │  Bestimmung der  │      │
│fikation      │  │Untersuchungsformen│     │
│Operationali- │  │   und Methoden   │      │
│sierung       │  │                  │      │
└──────────────┘  └──────────────────┘      │
        ↓           ↓                       │
┌─────────────────────────────┐             │
│      Auswahl der            │             │
│   Untersuchungseinheiten    │             │
└─────────────────────────────┘             │
              ↓                             │
┌─────────────────────────────┐             │
│       Datenerhebung         │             │
└─────────────────────────────┘             │
              ↓                             │
┌─────────────────────────────┐             │
│       Datenerfassung        │             │
└─────────────────────────────┘             │
              ↓                             │
┌─────────────────────────────┐             │
│       Datenanalyse          │─────────────┘
└─────────────────────────────┘
              ↓
┌─────────────────────────────┐
│       Dokumentation         │
└─────────────────────────────┘
              ↓
┌─────────────────────────────┐
│        Publikation          │
└─────────────────────────────┘
```

Abb. 82: Ablauf eines empirischen berufswissenschaftlichen Forschungsprozesses (in Anlehnung an Schnell/Hill/Esser 1999, S. 8)

Für alle paradigmatischen Vorschläge zu Forschungsverläufen gilt selbstverständlich, dass sie für das je spezifischen berufswissenschaftliche Forschungsvorhaben mit Blick auf das wissenschaftliche Thema oder die Fragestellung während der Planung oder im Verlauf des Forschungsgeschehens Veränderungen erfahren können.

- **Kontrolle des Forschungsablaufes**

Wie auch Forschungsablauf gestaltet und durchgeführt worden ist, eine Kontrolle[452] des Forschungsablaufs ist erforderlich. Die Forscher/-innen „müssen sich nicht nur Rechenschaft darüber ablegen, in welchem Umfeld sie Forschung betreiben, sondern haben – soweit es möglich ist – festzuhalten, was im Verlaufe eines dynamischen Einsatzes empirischer Methoden geschieht. Sie erhöhen damit die intersubjektive Überprüfbarkeit, mithin die Objektivität der Befunde." (Atteslander 2008, S. 57)

Dabei ist die spezifische Art der Durchführung und Kontrolle der einzelnen Forschungsschritte mit einer Dokumentation möglichst detailliert zu beschreiben. Diese Verfahrensweise und das damit verbundene Ziel sollte auch allen an dem Forschungsvorhaben beteiligten Mitarbeitern bekannt gemacht werden. Im Verlauf eines Projektes können neben wissenschaftlichen Vorgängen auch unwissenschaftliche oder ideologische Einflüsse Wirkungen entfalten. Selbst die persönlichen Schwierigkeiten und Probleme einzelner Mitarbeiter können ungewollte Wirkungen erzeugen. Die Zielsetzungen eines Untersuchungsvorhabens können also durch die Nebenwirkungen innerhalb derjenigen, die am Forschungsablauf beteiligt sind, aber auch von außen, durch diejenigen die an einem bestimmten Ergebnis interessiert sind, in verschiedenem Maße beeinflusst werden. Insbesondere bei Auftragsforschungen versuchen Auftraggeber auf das Forschungsvorhaben wegen ihrer spezifischen Interessenlage einzuwirken, selbst wenn sie bei hohen Komplexität des Forschungsprozesses die Qualität der mit der Forschung verbundenen Notwendigkeiten und Leistungen durch ein wissenschaftsadäquaten Vorgehens nicht objektiv beurteilen können.

Ziele und Umfang eines Forschungsprojektes haben Grenzen. Sie „ergeben sich nicht zufällig, die Forschungsmittel sind als Begrenzung darzustellen. Die Fähigkeiten der Forscher sind ebenfalls ein wesentliches Kriterium, wenn es um die Qualität der erhobenen Daten und deren Bewertung geht. Was inzwischen bei der Vergabe von Forschungsmitteln üblich geworden ist, nämlich Gesuche nach bestimmten Kriterien zu analysieren wie etwa Innovation des Forschungszieles, Verhältnis von Mitteln und dem Erreichen dieser Ziele. Auch Schwierigkeiten des Forschungsobjektes bezüglich des Zugangs zu den Menschen, die ins Forschungsprojekt einbezogen sind, gehören zu den Kriterien." (Atteslander 2008, S. 57) Insbesondere bei Auftragsforschung kann auch eine Kontrolle der Interviewer nötig sein, um zu vermeiden, dass durch bewusst oder unbewusst unkorrekt durchgeführte Interviews Untersuchungsergebnisse verfälscht werden (vgl. Sommer/Unholzer/Wiegand 1999, S. 44).[453] Es gibt eine Vielzahl von Varianten systematischer Kontrollen der Forschungsverlaufs [454] (Abb. 83).

---

[452] Es geht hier nicht um Forschungskontrolle durch staatliche Eingriffe oder durch Ethikkommissionen. Es handelt sich auch nicht um Fragen der Forschungsfreiheit.
[453] So meinen Rudolf Sommer, Gerhard Unholzer und Erich Wiegand (1999, S. 44), dass die „Arbeit der Interviewer bei Umfragen (…) routinemäßig zu kontrollieren" ist.
[454] Peter Atteslander (2008, S. 57) weist zu Recht darauf hin, dass es viele Möglichkeiten gibt, „wie die systematische Kontrolle geplant und gehandhabt werden kann. Sie im Einzelnen hier darzustellen, würde den Rahmen sprengen." Dieser Einschätzung wird auch hier gefolgt.

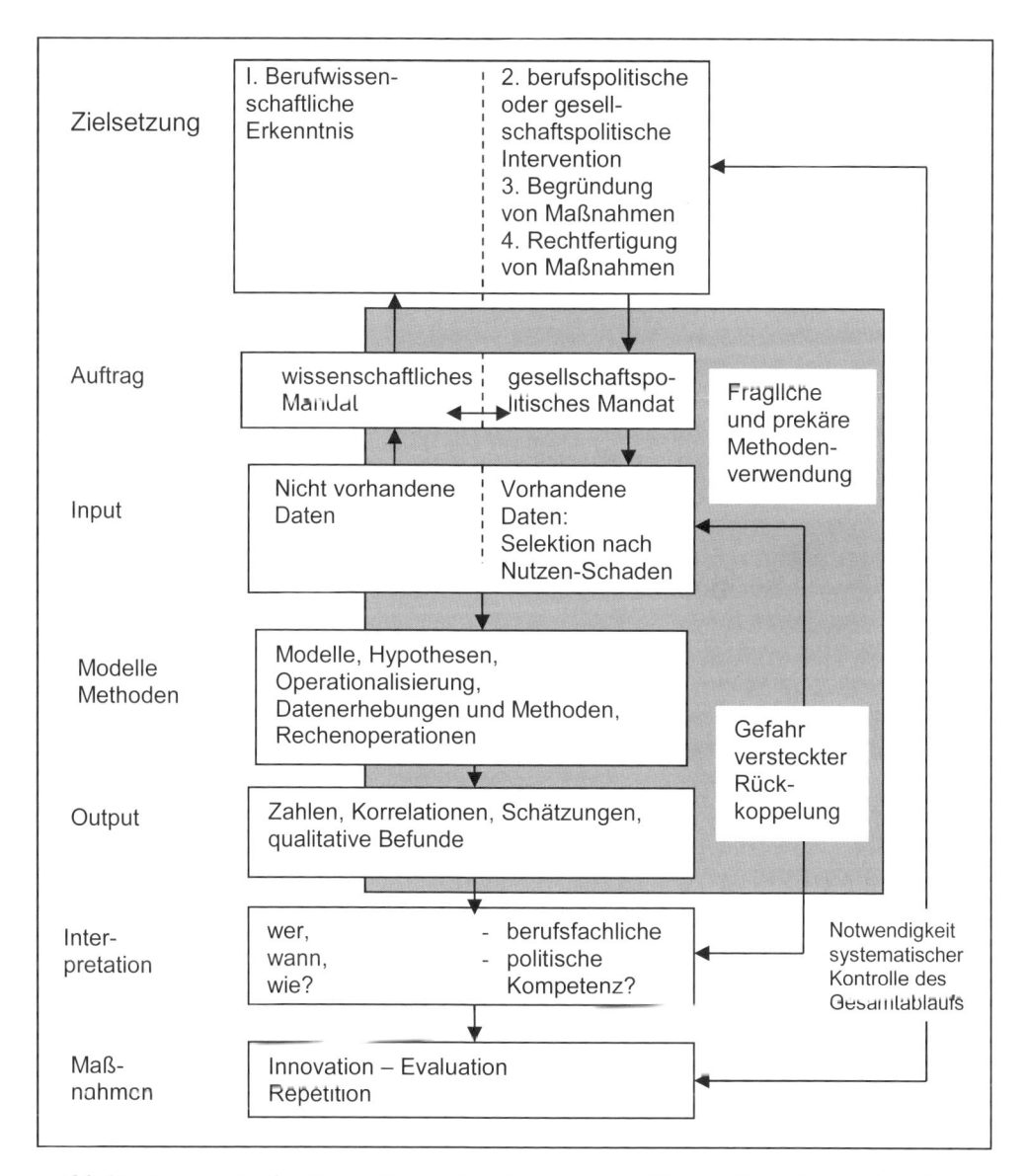

Berufsförmige Tätigkeiten und Berufe der Gegenwart

Zielsetzung	1. Berufwissenschaftliche Erkenntnis	2. berufspolitische oder gesellschaftspolitische Intervention 3. Begründung von Maßnahmen 4. Rechtfertigung von Maßnahmen	
Auftrag	wissenschaftliches Mandat ↔	gesellschaftspolitisches Mandat	Fragliche und prekäre Methodenverwendung
Input	Nicht vorhandene Daten	Vorhandene Daten: Selektion nach Nutzen-Schaden	
Modelle Methoden	Modelle, Hypothesen, Operationalisierung, Datenerhebungen und Methoden, Rechenoperationen		Gefahr versteckter Rückkoppelung
Output	Zahlen, Korrelationen, Schätzungen, qualitative Befunde		
Interpretation	wer, wann, wie?	- berufsfachliche - politische Kompetenz?	Notwendigkeit systematischer Kontrolle des Gesamtablaufs
Maßnahmen	Innovation – Evaluation Repetition		

Abb.83: Systematische Kontrolle des berufswissenschaftlichen Forschungsablaufes (in Anlehnung an Atteslander 2008, S. 58)

Für die Berufsforschung sind problemadäquate, realistische und leistbare Kontrollen der Forschungsabläufe vorzunehmen. Aber Kontrollen der Mitarbeiter können zur problematischen Eigendynamik führen, die dann kontraproduktiv sein kann.

Berufswissenschaften und Berufsforschung haben große beschäftigungs- und gesellschaftspolitische Bedeutung. Damit nicht zweifelhafte Aussagen in die Öffentlichkeit gebracht werden, die zu Irritationen im Beschäftigungs- und Gesellschaftssystem führen können, sind die Kontrollen der Forschungsverläufe, aber insbesondere der Forschungsergebnisse sehr wichtig. Gerade dann, wenn sich für das berufswissenschaftliche Forschungsgebiet herausstellt, dass es wegen seiner Komplexität schwieriger zu bearbeiten ist, als bei Projektbeginn angenommen, sollten die Untersuchungsprozesse vermehrt kontrolliert werden. Erfolgt keine systematische Kontrolle des Forschungsablaufes, werden Forschungsfehler nicht sichtbar, die durch fragliche oder prekäre Methodenverwendung entstanden sind bzw. „von einer mutilierten Methodenverwendung" (Atteslander 2008, S. 59).[455]

Wie auch immer sich der jeweilige Forschungsprozess einschließlich der systematischen Kontrolle im Einzelnen entwickelt, ist offen. Wenn der berufswissenschaftliche Forschungsprozess aber systematisch dokumentiert und reflektiert wird, kann er zugleich auch ein organisierter Lernprozesses für alle Beteiligten werden. Damit „bleibt der Forschungsprozess insgesamt offen (vgl.Flick 1991, S. 171).

3.6.6 Einordnung der Berufsforschung in das Wissenschaftssystem

Die Berufsforschung ist ein wesentlicher Aufgabenbereich der sich entwickelnden Berufswissenschaft. Berufswissenschaftliche Forschung hat vielfältige Verbindungen zu anderen Forschungsbereichen, vor allem, da sie aus diesen auch die Methodenkonzepte schöpft und weitere Anregungen für die Forschungsarbeit bezieht. Sie hat besondere Beziehungen zur Berufsbildungsforschung. Berufsforschung kann als Teilbereich der Arbeitsforschung angesehen werden.

Berufsforschung lässt sich jedoch auch als eigenständige oder kooperative Forschung der verschiedensten wissenschaftlichen Disziplinen einordnen. Im weitesten Sinne ist die Berufsforschung als wichtiges Arbeitsfeld der Berufswissenschaft ein Teil des Wissenschaftssystems.[456]

- **Berufsforschung als Teilbereich der Arbeitsforschung**

Berufsforschung lässt sich als Teil der Arbeitsforschung einordnen (Dostal 2013). Damit sind aber nicht alle Zusammenhänge, in denen die Berufsforschung steht, erfasst, denn Arbeit, Beruf, Arbeitsmarkt, Beschäftigungssystem, und Gesellschaftssystem stehen in einem nicht hintergehbaren Zusammenhang.
Daher ist eine Berufsforschung ohne die Orientierung an den Gegebenheiten, Entwicklungen und Anforderungen des Beschäftigungssystems und des Arbeitsmarktes nicht ausreichend. Die arbeitsmarktorientierte Berufsforschung bzw.

---

[455] „Von Mutilation (methodologische ‚Verstümmelung' (…) ist dann die Rede, wenn bewusst oder unbewusst, aus mangelnder Sorgfalt oder aus mangelnder Kenntnis, Methoden im Forschungsvorgang nur partiell oder unsystematisch zur Anwendung gelangen." (Atteslander 2008, S. 59)
[456] Diese Einschätzung erscheint selbstevident, denn das „Wissenschaftssystem erbringt vielfältige Leistungen. Forschung, Lehre, Transfer und Infrastrukturleistungen sind miteinander verwoben und werden in ihrer jeweiligen Bedeutung und Eigenheit gleichermaßen geschätzt und gefördert." (Wissenschaftsrat 2013, S. 8)

die Arbeitsmarkt- und Berufsforschung ist deshalb u. a. im Sozialgesetzbuch (SGB III) als Aufgabe der Bundesagentur für Arbeit (BA) verankert und in Form des Instituts für Arbeitsmarkt- und Berufsforschung (IAB) institutionalisiert worden.[457]

Heute hat die arbeitsmarktorientierte Berufsforschung vielfach die gleichen Aufgaben wie die „allgemeine" Berufsforschung. Darüber hinaus stehen zum Teil zusätzlich folgende vier Schwerpunkte im Forschungsfokus:
- „– Der Übergang Jugendlicher in Ausbildung und Erwerbstätigkeit
- die Veränderung von Berufs- und Qualifikationsstrukturen
- die Entwicklung des Qualifikationsbedarfs und des Arbeitskräfteangebotes und
- der Zusammenhang zwischen Ausbildung, Erwerbstätigkeit und Geschlecht."
(Kupka 2006, S. 630)

Die Berufsforschung am „Institut für Arbeitsmarkt- und Berufsforschung" (IAB) versteht sich auch nach ihrer Neuordnung weiterhin als Vertreter der „Querschnittsaufgabe für alle Forschungsaufgaben" (Euler u. a. 2010, S. 7). Im Vordergrund steht „zum einen die Verwertung beruflicher Kompetenzen und beruflicher Abschlüsse im Arbeitsleben. Zum anderen wird berufliche Mobilität und deren Auswirkung auf die sozioökonomische Stellung von Individuen untersucht" (Euler u. a. 2010, S. 7). In der derzeitigen Forschungspraxis sieht das Institut für Arbeitsmarkt- und Berufsforschung (IAB) die Berufsforschung als ein Teilgebiet ihres arbeitsmarktorientierten Forschungskonzeptes an. Diese Auslegung ergibt sich insbesondere aus dem Verwertungsinteresse des Staates und der Wirtschaft. Deshalb wird dort gegenwärtig die Berufsforschung als qualitativ herausgehobener Teil der Arbeitsforschung gesehen.
Neben dem IAB gibt es eine Reihe von Instituten, die u. a. auch Berufsforschung betreiben. Dazu gehört auch das Bundesinstitut für Berufsbildung (BIBB).

- **Eigenständige oder kooperative Forschung der Disziplinen**

Bislang findet man viele Ergebnisse eigenständiger Berufsforschung in den verschiedenen wissenschaftlichen Disziplinen, Fachbereichen oder Fakultäten. Das ist zwar positiv zu sehen, dennoch sollte sich nun die Bemühungen auch auf eine übergeordnete Systematik und interdisziplinäre Berufsforschung richten.

Die Entwicklung einer auf stärkerer Kooperation zwischen verschiedenen Forschungsstätten beruhenden wissenschaftlichen Berufsforschung ist bisher nicht genügend erfolgt oder bedacht worden. Umfassendere Ansätze dazu erscheinen bei veränderten und verbesserten Rahmenbedingungen aber durchaus möglich und sinnvoll. Eine ge-

---

[457] Erste Ansätze wissenschaftlich fundierter arbeitsmarktorientierter Berufsforschung gehen auf Fritz Molle zurück (1965, 1968) zurück. Entsprechende und schon interdisziplinär ausgestaltete Forschungen werden dann in den 1960er Jahren am IAB (Mertens; Fenger; später Stooß; Tessaring) sowie in der Berufssoziologie (u. a. Schelsky 1965) durchgeführt. Schwerpunkte waren u. a. der Übergang von der Berufskunde zur Berufsforschung sowie deren Abgrenzung, Begriffe und Theorien der Berufsforschung, Berufssystematik, Berufsklassifikation, berufliche Allokation sowie Berufsprognosen. Die Forschungsaktivitäten sind in den Folgejahren am IAB, zeitweise kontinuierlich weitergeführt worden.

meinsame Berufsforschung – hervorgehend aus der bislang relativ eigenständig betriebenen beschäftigungs- und arbeitsmarktorientierten Berufsforschung und den verschiedenen in anderen Wissenschaftsbereichen erkennbaren Forschungsansätzen – kann als neue eigenständige Forschungsdisziplin systemtheoretisch sowie praktisch sinnvoll und möglich sein.

Auf den ersten Blick bzw. unter den gegenwärtigen Rahmenbedingungen erscheint jedenfalls eine Eigenständigkeit von Forschungsdisziplinen am zweckmäßigsten. Weitere Forschungsfelder und -schwerpunkte dieser eigenständigen Forschungsdisziplinen könnten in Absprache mit anderen Einrichtungen, die auch Berufsforschung betreiben, festgelegt und bearbeitet werden. Dazu bedarf es des Daches einer Berufswissenschaft, mit der die verschiedenen Forschungsaufgaben, -vorhaben und -ergebnisse koordiniert und systematisch eingeordnet werden. Durch die Kooperation mit diesen eigenständigen Wissenschaftsdisziplinen könnten Dopplungen im Bereich der Forschung vermieden und Synergieeffekte genutzt werden. Dadurch, dass die Berufsforschung als völlig eigenständige und gleichberechtigte Disziplin neben der Berufsbildungsforschung und der Beschäftigungs- und Arbeitsmarktorientierten Berufsforschung entwickelt wird, könnte teilweise auch der vorhandenen inneren Logik der bisherigen Forschungsdisziplinen besser entsprochen werden, d. h. dem Verhältnis einer eigenständigen Berufsforschung zur Berufsbildungsforschung und zur beschäftigungs- und arbeitsmarktorientierten Berufsforschung sowie zu anderen etablierten Forschungsdisziplinen. Dieses bedürfte allerdings einer konstruktiven Diskussion.

- **Einordnung der Arbeitsfelder der Berufsforschung**

Durch die Vielfalt der Arbeitsfelder und Untersuchungsvorhaben erscheint die Einordnung der Berufsforschung in das Wissenschaftssystem nötig.[458] Normalerweise richtet sich gegenwärtige berufswissenschaftliche Forschung aus Erkenntnisinteresse oder pragmatischen Verwendungsinteresse auf spezifische vergangene, gegenwärtig bestehende und zukünftige Berufe. Dabei werden häufig sehr spezielle Themen bearbeitet, die sich auf ausgewählte Berufe beziehen. Darüber hinaus finden sich aber auch Ansätze zu einer systematischen historischen Berufsforschung (Grottker 2013, S. 49 ff.). Ein weiter gefasster Forschungsrahmen müsste vertieft auch Fragen des Berufseinstiegs, der Berufswege und -laufbahnen, der Berufskarriere sowie des Berufsendes mit Ausstiegs- und Wechselmöglichkeiten umfassen. Zu ausgewählten Aspekten beispielsweise der Berufslaufbahnforschung (Abele 2002 und Abele-Brehm 2008) und Berufskarriereforschung (Ihsen 2008) liegen – wie schon angesprochen – inzwischen

---

[458] Wie der Wissenschaftsrat hervorhebt, ist die Vielfalt des Wissenschaftssystems „eine unbedingt zu erhaltende Stärke. Dabei gewährleisten die Profilierung der unterschiedlichen Akteure und ihr arbeitsteiliges Zusammenwirken sowohl einen effektiven Umgang mit der Vielzahl und Mannigfaltigkeit der an das Wissenschaftssystem gerichteten Anforderungen als auch eine umfassende Bearbeitung wissenschaftlicher Fragestellungen. Profilierung kann sich auf eine oder mehrere Leistungsdimensionen und innerhalb der Leistungsdimensionen auf bestimmte Bereiche (z. B. fachliche Bereiche in der Leistungsdimension Forschung oder Weiterbildung in der Leistungsdimension Lehre) beziehen. Ein solchermaßen differenziertes System vermeidet eine einseitige Fokussierung auf einzelne Leistungsdimensionen oder auf einzelne Forschungsformate." (Wissenschaftsrat 2013, S. 26 f.)

erste Ergebnisse vor. Diese punktuellen Forschungen bedürfen einer Ausweitung über eine größere Zahl von Berufen und Berufsfeldern.

Die strukturellen Rahmenbedingungen für die möglichen Arbeitsweisen und Untersuchungsvorhaben bei der Berufsforschung sind u. a. und vor allem durch die Einordnung und Strukturierung bzw. Klassifikation der Berufe in nicht-akademische Berufe, akademische Berufe, Berufsgruppen und Berufsfelder weitgehend vorgegeben. Die bestehende Struktur bzw. Klassifikation der Berufe ist daher auch für die Untersuchungsansätze und das methodische Design der Berufsforschung von Bedeutung. Grundsätzlich können bei berufswissenschaftlichen Analysen und Untersuchungen bzw. Forschungen alle derzeit anerkannten sowie etablierten wissenschaftlichen Forschungsmethoden angewandt und eingesetzt werden. Möglich sind sowohl historisch-systematische, soziologische, arbeitswissenschaftliche als auch spezifische berufswissenschaftliche Methoden.

Für den Einsatz berufswissenschaftlicher Forschungsmethoden ist keine allgemeingültige Abfolge eines methodenspezifischen Handlungsplans vorhanden. Vielmehr sollte eine systematisch sinnvolle und themengerechte Auswahl von Methoden, eine Anpassung des Forschungsweges und -ablaufs an spezifische Bedingungen, eine regelmäßige Bewertung des Forschungsverlaufes und -standes sowie eine reflexive Bewertung der spezifischen Ansätze erfolgen. In der derzeitigen berufsbezogenen bzw. berufswissenschaftlichen Forschungspraxis ist hinsichtlich der Methoden – soweit erkennbar – kein einheitliches Forschungsdesign feststellbar und vielleicht auch gar nicht erwünscht. Die Wahl der Methoden bzw. des methodischen Gesamtansatzes hängt immer von den konkreten Untersuchungsfragen und -bedingungen ab, sodass eine Methode oder das gesamte Methodendesign auch nur im Gesamtkontext der jeweiligen Studie als sinnvoll oder weniger sinnvoll bewertet werden kann.

In diesem Kontext scheint zudem die Unterscheidung wichtig, ob die Kategorie „Beruf" eine erklärende unabhängige oder abhängige Variable ist. So können z. B. entweder soziologische Phänomene untersucht werden, bei denen der Beruf als Erklärung dient, oder es kann – quasi mit umgekehrter Deutungsrichtung – beispielsweise eine erfolgte Berufswahl aus einem Merkmalskomplex begründet werden. Beide Richtungen bieten interessante Forschungsansätze, die mit – quantitativen wie qualitativen – Methoden der empirischen Sozialforschung unter berufswissenschaftlicher Akzentuierung anzugehen sind.

3.6.7 Berufswissenschaftliche Forschungssystematik im Zusammenhang von Aufgaben, Zielen, Gegenständen und Methoden

Unabhängig davon, ob sich mit der Berufswissenschaft und der Berufsforschung auf theoriehaltige oder praxisbedeutsame Erkenntnisse, Aufgaben und Ziele gerichtet wird, gibt es bei der berufswissenschaftlichen Arbeit beziehungsreiche Verbindungen zwischen den wesentlichen und strukturgebenden Forschungsaufgaben, Zielen, Forschungsgegenständen und Methoden (Abb. 84). Dabei werden neue Ergebnisse der Berufsforschung in die Berufswissenschaft eingebracht, oder aber bestehende Ergebnisse falsifiziert.

```
                    ┌─────────────────────────┐
                    │  Forschungsziel,        │
                    │  Forschungsfragen,      │
                    │  Hypothesen             │
                    │  Forschungsaufgabe      │
                    │    „Berufstheorie"      │
                    └─────────────────────────┘
                        ↙             ↘
┌─────────────────────────────┐   ┌─────────────────────────┐
│ Forschungsgegenstände der   │   │      Arten von          │
│ Berufstheorie (eine Auswahl):│   │  Forschungsmethoden     │
│                             │   │    (eine Auswahl):      │
│  - Berufsbegriff            │   │                         │
│  - Berufsverständnis        │   │  - Qualitative Methoden │
│  - Berufsentwicklung        │↔  │  - Quantitative Methoden│
│  - Berufsstrukturen         │   │  - Fallstudien          │
│  - Berufsinhalte            │   │  - Vergleich            │
│  - Berufsausbildung         │   │                         │
│  - Beruflichkeit            │   │                         │
│  - Wesen und Formen der Berufe│ │                         │
└─────────────────────────────┘   └─────────────────────────┘
                        ↘             ↙
                    ┌─────────────────────────┐
                    │  Forschungsergebnisse   │
                    │ zu einzelnen Problemen, zu rahmen-│
                    │ gebenden Aussagen über die │
                    │ Berufstheorie sowie einer Theorie der │
                    │         Berufe          │
                    └─────────────────────────┘
```

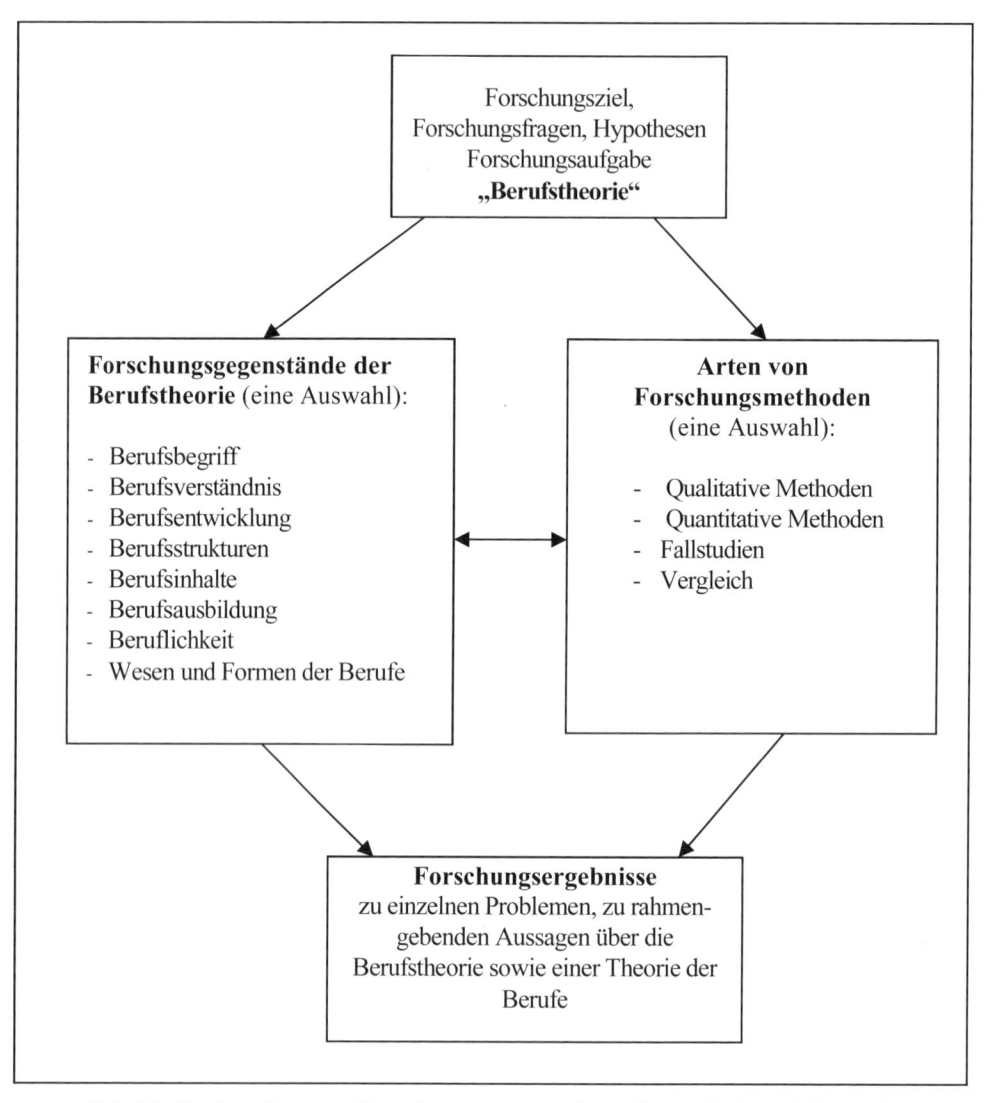

Abb. 84: Grobstruktur zur Forschungssystematik am Beispiel „Berufstheorie"

Art und Wahl von Forschungsfragen, Forschungsaufgaben und angestrebten Zielen ist weder unabhängig von der Art des gewählten Forschungsgegenstandes noch von der verfügbaren Forschungsmethoden und der vorhandenen Forschungstechnik, um an Informationen und Materialien heranzukommen. Forschungsgegenstände und Informationszugänge bzw. Materialien verhelfen dazu, bestimmte Fragen zu verfolgen. Fehlt Entsprechendes, so werden Fragen eventuell ausgeschlossen.

Die angestrebten Ziele können sich auf theoretische und praktische bzw. anwendungsbezogene Erkenntnisse richten. Theoretische Ziele richten sich u. a. auf das Verstehen und die Beschreibung des Phänomens „Beruf", auf berufswissenschaftliche Grundlagen, methodisches Vorgehensweisen sowie allgemeine berufs- und berufsweltrelevante Themen. Praktische Ziele dienen insbesondere der Entwicklung von spezifischen Berufskonzepten, der berufsbezogenen Gestaltung der Berufsausbildung, der Erleichterung von berufsförmiger Arbeit, dem Vermeiden von Entberuflichungstendenzen und der Gestaltung der Berufswelt nach humanorientierten Vorstellungen und Zielen.

Im Zusammenhang mit den formulierten Forschungszielen können Hypothesen als deskriptive Aussagen zu vermuteten Sachverhalten aufgestellt werden. Sie können über direkte Beobachtung hinausgehen und sich auf die Zukunft von Berufen beziehen oder theoretische Begriffe wie beispielsweise eine umfassende Berufstheorie – als generelles für alle Berufe bestehendes Problem – enthalten.

Gegenstände der Berufsforschung können also viele Bereiche, Strukturen und Zusammenhänge berufswissenschaftlicher Tätigkeit und Fragen sein. Dazu gehören u. a. Beruflichkeit, Berufsverständnis, Berufsentwicklung, Berufsstrukturen, Berufsinhalte, Berufsausbildung und Entberuflichung. „Allerdings können Forschungsergebnisse allein die Konstituierung von Berufen nicht begründen. Denn Berufe stellen nicht nur Bündel verschiedener Kompetenzen dar, sie repräsentieren auch unterschiedliche Aufgaben und Zuständigkeiten. Damit berühren sie Branchenstrukturen und Interessensphären." (Weiß 2009, S.4)

Die berufswissenschaftlichen Forschungsgegenstände stehen nicht nur mit den Forschungszielen und Forschungsaufgaben im Zusammenhang, sondern auch mit den Methoden. Insbesondere ist von Interesse, welche Methoden zur Untersuchung der Gegenstände und Beantwortung der Ausgangsfragen und Hypothesen geeignet sind. Forschungsergebnisse können zu neuen Forschungsfragen führen oder den Untersuchungsgegenstand unter einer anderen Perspektive sichtbar machen. Sie können aber auch zur Folge haben, dass die Methoden variiert oder modifiziert werden müssen. Die Forschungsergebnisse sind wohl unterschieden in den berufswissenschaftlichen Fundus einzuordnen, und zwar nach den Kriterien, mit denen geklärt werden kann, ob sie für die Theorie oder der Praxis relevant sind.

Um die vielfältigen Ansprüche an die Berufsforschung erfüllen zu können, sind entsprechende wissenschaftliche und organisatorische Strukturen zu schaffen. Im übergeordneten Zusammenhang und ganz allgemein verweist auch der Wissenschaftsrat auf die Bedeutung von Forschungsinfrastrukturen.[459]

---

[459] Zu Recht hebt der Wissenschaftsrat (2013, S. 95) hervor: „Die Bedeutung von Forschungsinfrastrukturen für die Leistungsfähigkeit von Wissenschaft und Forschung wächst – wissenschaftlich, da heute alle Disziplinen auf

3.6.8 Grundlagenforschung und Anwendungsforschung

Wie in der sozialwissenschaftlichen Forschung allgemein tritt auch in der spezifischen Form als berufswissenschaftliche Forschung die Frage „nach dem Zusammenhang und nach dem Unterschied von (theoretischem) Grundlagenwissen versus Praxiswissen bzw. von Grundlagenforschung versus anwendungsorientierter Forschung" (Kromrey 2007, S. 19) auf. Diese Unterscheidung erscheint schon bei einer ersten Sichtung der verschiedensten Forschungsvorhaben sinnvoll, und sie ist „u. a. deshalb von Bedeutung, weil Forschungslogik und –methodik weitgehend vor dem Hintergrund des Vorgehens in der Grundlagenforschung entwickelt und begründet worden sind, während andererseits der Großteil tatsächlicher Forschungen durch anwendungsorientierte Fragestellungen initiiert wird." (ebd.)[460] Die Aufteilung „in *Grundlagenforschung* und *angewandter Forschung*" ordnet Rudolf Stichweh (2013, S. 24; Hervorhebungen im Original) als eine Form der funktionalen Differenzierung ein.

- **Grundlagenforschung versus Anwendungsforschung**

Wenn ein Forschungsvorhaben „vor allem darauf ausgerichtet ist, zum wissenschaftlichen Kenntnisstand in einem bestimmten Forschungsbereich beizutragen, handelt es sich um sogenannte Grundlagenforschung" (Döring/Bortz 2016, S. 19). Mit Grundlagenforschung wird die erkenntnisorientierte und zweckfreie Forschung bezeichnet, bei welcher der reine Erkenntnisgewinn im Vordergrund steht, ohne dass eine besondere Verwendungsmöglichkeit in den Blick genommen wird. Grundlagenforschung ist eine Form von „reiner" Wissenschaft, die der Vermehrung des Basiswissens und der Kenntnisse dient.

Mit Grundlagenforschung sollten bislang unbekannte berufliche Basisfunktionen, übergreifende Eigenschaften von Berufen und Verhaltensweisen von Berufstätigen ermittelt werden. Die Grundlagenforschung dient der Erweiterung der wissenschaftlichen Kenntnisse und bildet das Fundament für die angewandte Forschung und Entwicklung. Zusammenhänge zwischen der Grundlagenforschung und der angewandten Forschung ergeben sich dadurch, dass die Grundlagenforschung das Wissen für die angewandte Forschung liefert und die angewandte Forschung unter anderem Impulsgeber für die Grundlagenforschung sein kann.

Bei der Grundlagenforschung sind die wissenschaftlichen Fragestellungen und Aussagen in besonderer Weise durch das Bemühen um Objektivität und Wertneutralität be-

---

den Einsatz von Forschungsinfrastrukturen angewiesen sind, organisatorisch, weil Forschungsinfrastrukturen immer komplexer werden, und finanziell, weil der Ressourceneinsatz immer größer wird."

[460] Deshalb kommt es – wie Helmut Kromrey (2007, S. 19) ausführt – dazu, „dass faktisches Forscherverhalten häufig darauf hinauslaufen muss, einen Kompromiss zu finden zwischen den Anforderungen, die sich einerseits aus der Methodologie und andererseits aus dem Gegenstand der Untersuchung ergeben. Zwar gehen anwendungsorientierte ebenso wie Grundlagenforschungs-Projekte prinzipiell von der gleichen Methodologie aus; doch führen Unterschiede in der Aufgabenstellung und in den Bedingungen der Projektdurchführung dazu, dass die methodologischen Prinzipien nicht in gleichem Maße realisiert werden können."

stimmt. Zur Überprüfung müssen Grundlagenforscher/-innen dem wissenschaftlichen Diskurs hinsichtlich des Forschungsvorgehens, der Forschungsstandards und der Schlüsse in besonderer Weise zugänglich sein. Mit einer theorieorientierten und quellenkritischen Forschung (Tenorth 2010, S. 136) kann versucht werden, abstrakte Fragestellungen zu lösen und begriffliche Auseinandersetzungen zu klären. Man könnte diese Form auch als grundlagentheoretische Forschung bezeichnen.

Bei der allein auf Theorien ausgerichteten zweckfreien und „reinen" Form geht es um Ansätze und Konzepte zur Fundierung der Berufsforschung. Dabei kann mit der Grundlagenforschung vorrangig die Aufstellung, Nachprüfung und Diskussion zu einer Systematik der Berufswissenschaft betrieben werden. „Grundlagenforschung begründet die Relevanz der von ihr aufgegriffenen Themen wissenschaftsimmanent aus bestehenden Lücken im bisherigen Wissensbestand bzw. aus Widersprüchen zwischen bisherigen Wissensbestandteilen." (Kromrey 2007, S. 20)

Anwendungsforschung richtet sich darauf, ein ganz konkretes berufliches Problem zu lösen oder eine Antwort auf eine spezielle berufswissenschaftliche Fragestellung zu erhalten. „Nicht allgemeiner wissenschaftlicher Erkenntnisgewinn, sondern die Beantwortung praxisorientierter Fragestellungen ist das Ziel der Anwendungsforschung." (Döring/Bortz 2016, S. 18) Übergeordnete Aufgaben und Ziele der Anwendungsforschung sollten sich auf konkrete Bereiche richten, mit denen wissenschaftliche Lösungsmöglichkeiten praktischer Art angeboten werden können.

Bei der anwendungsorientierten Forschung werden die Ergebnisse insbesondere von Praktikern unter dem Gesichtspunkt der Verwertbarkeit für die aktuell auftretenden Probleme bewertet. Für die Forschenden ergibt sich damit ein Konflikt zwischen den wissenschaftlichen Ansprüchen und denen der Praxis. Die Ergebnisse dieser Form von Wissenschaft können für die berufswissenschaftliche Grundlagenforschung dennoch von Interesse und auch ergiebig sein.

Anwendungsorientierte Berufsforschung ist durch ihre vielfältige Ausrichtung auf die Fragen des Verwertungsbezuges in der Praxis des Beschäftigungs- und Berufsbildungssystems bestimmt und zeichnet sich durch ihre Bedeutung für die Praxis aus. Eine weitergehende Form benennt Fritz Böhle (2013, S. 55) als „Forschung in und mit der Praxis, so wie dies beispielsweise im Rahmen wissenschaftlich begleiteter Organisationsentwicklung in Unternehmen der Fall ist."

„Bei anwendungsorientierter Forschung leiten sich die behandelten Fragestellungen aus den Bedürfnissen der Praxis her." (Kromrey 2007, S. 20) So kann bei praktischem Erkenntnisinteresse der Frage nachgegangen werden, warum bislang überproportional viele akademische Berufe von Angehörigen der Oberschicht ergriffen und ausgeübt werden.

Mit einer vergleichenden Gegenüberstellung können die Besonderheiten von Grundlagen- und Anwendungsforschung illustriert und herausgestellt werden (Abb. 85).

Grundlagenforschung	Anwendungsforschung
1. Forschungsthemen können von dem Forschenden meist relativ frei gewählt werden.	1. Forschungsthemen werden in der Regel von Auftraggebern vorgegeben.
2. Ziel ist es, einen Betrag zum wissenschaftlichen Erkenntnisgewinn zu leisten	2. Zielsetzung ist es, für Auftraggeber und Praxis nützliche Befunde zu produzieren.
3. Grundlagenwissenschaftliche Studien orientieren sich theoretisch und methodisch am aktuellen Forschungsstand und streben größtmögliche wissenschaftliche Strenge an.	3. Anwendungswissenschaftliche Studien sind durch die Randbedingungen des Auftrags (Zeit- und Finanzrahmen) sowie die Praxisbedingungen limitiert; es müssen oft Abstriche bei der wissenschaftlichen Strenge gemacht werden.
4. Die Beurteilung der Forschungsergebnisse erfolgt über Fachkollegen primär anhand wissenschaftsimmanenter Kriterien. Aber auch die praktische und gesellschaftliche Relevanz der Befunde kann ein Kriterium sein.	4. Die Beurteilung der Ergebnisse erfolgt durch Auftraggeber primär anhand praxisbezogener Erfordernisse. Auch an Anwendungsforschung werden jedoch Kriterien der Wissenschaftlichkeit angelegt.
5. Erfolgreiche wissenschaftliche Studien werden in Fachzeitschriften publiziert und in der Fachcommunity zitiert. Ihre Theorien, Methoden und/oder Befunde sind zudem indirekt praxisrelevant, Da Anwendungsforschung auf Rundlagenforschung aufbaut.	5. Erfolgreiche wissenschaftliche Studien liefern die Grundlage für Entscheidungen in der Praxis. Sie werden zuweilen aber auch publiziert und tragen ihrerseits zum wissenschaftlichen Erkenntnisgewinn bei.

Abb. 85: Vergleich zwischen Grundlagenforschung und Anwendungsforschung (Döring/Bortz 2016, S. 19)

Selbst vor dem Hintergrundwissen, dass eine hinreichende Trennschärfe und Grenzziehung zwischen den beiden idealtypischen Konstrukten nicht immer gegeben ist, lässt sich „die Unterscheidung zwischen Grundlagen- und Anwendungsforschung aufrechterhalten. Die Trennlinie ist sowohl durch den Modus der Problemwahl als auch mit den institutionellen Erfolgskriterien verknüpft. Beide zusammen begründen die begriffliche Unterscheidung zwischen erkenntnis- und anwendungsorientierter Forschung. Allerdings kann ein gegebenes Forschungsprojekt zugleich in beide Kategorien fallen, welche dann nicht disjunkt sind, sondern sich überlappen. Bei Voraussetzung dieser Unterscheidung wird das Verhältnis zwischen beiden zu einem wichtigen Untersuchungsgegenstand." (Carrier 2009, S. 44)

Mit der Aufteilung sind aber keine Subordinationsverhältnisse – hier das hochwertige Theoretische und dort das niedrige Praktische – begründet. Insbesondere ist diese Differenzierung auch dann vertretbar, wenn sie nach der Art der Objekte einer Untersuchung vorgenommen wird und keine zwangsläufige Kopplung oder Arbeits- oder

Rangfolge aufgebaut wird. Auf dieser Basis kann die Aufteilung in reine und angewandte Forschung eventuell sogar ein bedeutsamer Topos im Wissenschaftsdiskurs zur Berufsforschung werden. Es lassen sich bereits gegenwärtig für die grundlegende und die anwendungsorientierte Berufsforschung einige Arbeitsfelder benennen (Abb. 86).

Berufswissenschaftliche Grundlagenforschung		Praxis- und anwendungsorientierte Berufsforschung		
Allgemeine Forschung zu Analysen und Untersuchungsmethoden von Berufen. Systematisierung der Grundlagen der Berufsforschung. Methodologische Vorklärungen zur Berufsforschung.	Grundlagenforschung. Untersuchungen zu Wesen und Formen von Berufen. Untersuchungen zum Zusammenwirken von Berufswissenschaft und Berufsbildungswissenschaft.	Auftragsforschung in den Betrieben. Analysen zu Forschungsergebnissen anderer Arbeitsgruppen. Arbeiten zu speziellen Berufsbündelungen und Berufsfeldern.	Erprobung zum Einsatz von neuen Berufen in den Unternehmen. Untersuchungen zu Berufsinhalten und Arbeitsweisen in den Betrieben	Auswahl von bedeutsamen Forschungsergebnissen für Praxistests. Bewertung von Resultaten in der Praxis des Beschäftigungssystems.

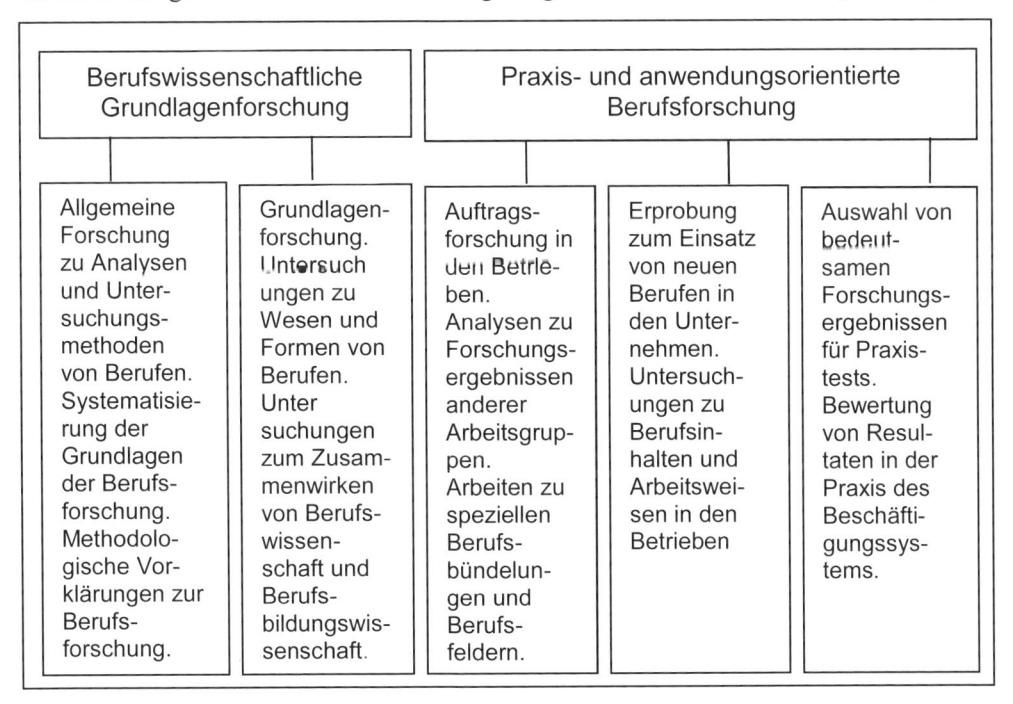

Abb. 86: Ausgewählte Felder der grundlegenden sowie der praxis- und anwendungsorientierten Berufsforschung

Innerhalb dieses Rahmens von grundlegender und angewandter Berufsforschung gibt es weitere wissenschaftsbedingte Grenzziehungen zwischen den Disziplinen, die auch die Berufswissenschaft und -forschung betreffen und eine mehr oder weniger große Affinität zu anderen Wissenschaftsbereichen haben. Infolgedessen ist für die Berufsforschung die Interdisziplinarität ein wichtiger Anspruch, der sich aus den jeweiligen Forschungsgegenständen ergibt. Die Forderung nach Interdisziplinarität ist sehr ambitioniert, aber vielleicht sogar problematisch. So kommt Klaus Fischer (2010, S. 37) zu der Einschätzung, dass nur die „Institute der angewandten und der ‚reinen' grundlegenden Forschung, die auf die Erfordernisse einer auf die Nachfrage des Marktes und seiner ‚Profile' ausgerichteten Lehre keine Rücksicht zu nehmen brauchen", eine entsprechende interdisziplinäre Forschung betreiben können.[461] Unter Berücksichtigung

---

[461] Insgesamt hat interdisziplinäre Forschung „in den heutigen Hochschulen einen schweren Stand. ‚Forschungsschwerpunkte', die quer zu den institutionalisierten Disziplinen verlaufen, bestehen oft nur auf dem Papier oder sind nach wenigen, in den üblichen Disziplinen verwurzelten ‚Projekten' bereits am Ende." (Fischer 2011, S. 37)

solcher Einschätzungen scheint – wegen des Fehlens solcher unabhängigen Einrichtungen der Berufsforschung – auch ein erhebliches Hindernis für die grundlegende Berufsforschung zu bestehen.

Das Besondere der bei der Beobachtung der Berufswelt und der Analyse von Phänomenen berufsförmiger Tätigkeiten gewonnenen anwendungsorientierten Forschungen wird vielfach darin bestehen, dass sie interdisziplinär ausgerichtet und in einem interdependenten Zusammenhang mit der grundlegenden und „reinen" Theorie verbunden sein werden. Einerseits kann – soweit wie vorhanden – dieser fundamentale Teil der Forschung bei einer kriterienorientierten Beobachtung und Analyse verwendet werden, andererseits wird die Forschung vor allem von der Analyse der Praxis beeinflusst, befruchtet und weiter ausgeformt.

Für Wissenschaften ist eine ständig fortschreitende disziplinäre Differenzierung charakteristisch. Dabei ist die Differenzierung der Berufsforschung in grundlegende Forschung sowie praxis- und anwendungsorientierte Forschung bzw. Grundlagen- und Anwendungsforschung nur ein erster Schritt der Aufgliederung. Dennoch ist diese Aufgliederung – selbst wenn Einschränkungen erkennbar sind – ein sinnvoller Ansatzpunkt für weitere Differenzierungen, da hiermit zumindest die Arbeitsfelder systematisiert einzelnen Forschungsbereichen zugeordnet werden können.

- **Vorhaben mit Grundlagen- und Anwendungsforschung**

Auch für die Berufswissenschaft und ihre theoretische Untermauerung gilt, dass der Aufbau einer Theorie weder empirisch noch theoretisch voraussetzungslos beginnen wird und kann. Die Theorieentwicklung „muss stets von den vorhandenen Wissensbeständen des Forschers ihren Ausgang nehmen" (Kelle 2008, S. 325). Ein Berufsforschungsvorhaben kann sowohl auf die Generierung und den Aufbau von Theorien einerseits oder die Anwendbarkeit von Forschungsergebnissen in der Berufswelt andererseits ausrichtet sein.

Zu Beginn eines Forschungsvorhabens entscheidet sich, ob die Forschung grundlegend[462] oder anwendungsorientiert angelegt wird. Es bietet sich zwar zunächst – wie für andere Wissenschaftsbereiche – diese idealtypische Unterscheidung von theorieorientierter und angewandter Forschung an. In der Forschungspraxis sind solche Trennungen allerdings nicht immer gegeben. Vielmehr zeigt sich häufig eine mehr oder weniger große Durchdringung von Theorie und Praxis.

Berufswissenschaftliche Grundlagenforschung und angewandte Berufsforschung stehen in Erkenntnis- und Funktionszusammenhängen zueinander. Für das Verhältnis der beiden Forschungsarten zueinander lässt sich „eine funktionale Komplementarität derart behaupten, daß Grundlagenforschung für die angewandte Forschung notwendiges

---

[462] Bei der Grundlagenforschung können Forschungen als anwendungsorientiert interpretiert werden, wenn sich deren Ergebnisse für den weiteren Theorieaufbau nutzen lassen.

Arbeitswissen sind; die Grundlagenforschung andererseits oft zur angewandten Forschung in einem rekonstruktiven Verhältnis steht" (Stichweh 2013, S. 25). Unabhängig davon operieren die Vertreter beider Forschungsrichtungen im Feld der allgemeinen Forschungs- und Wissenschaftstheorien (Abb. 87).

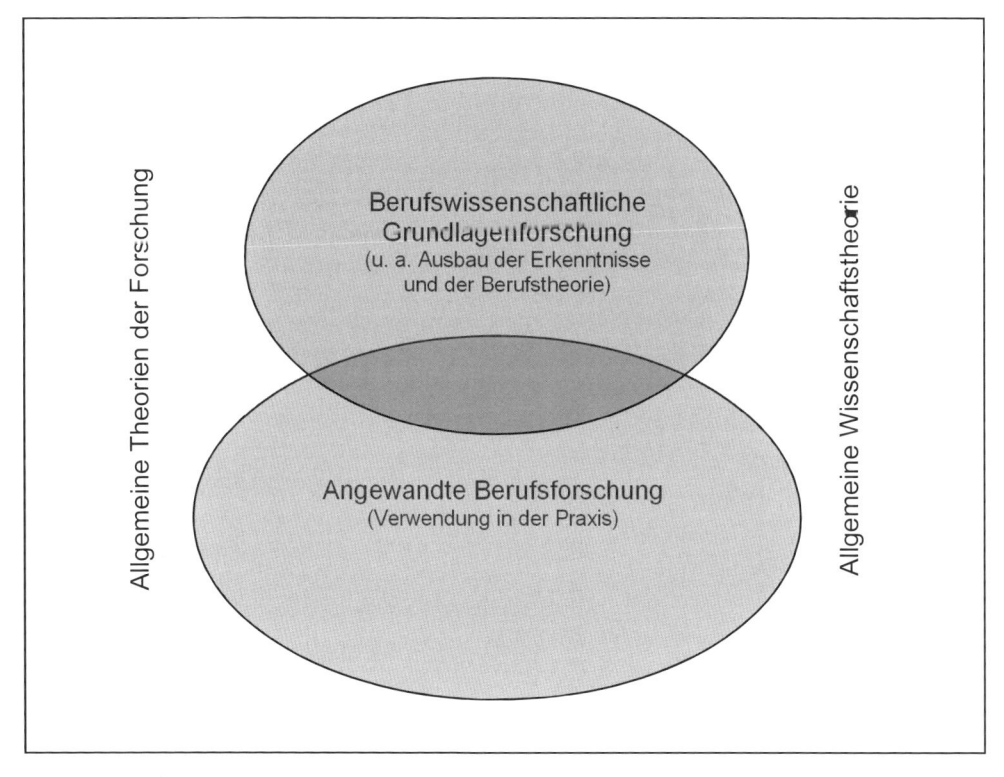

Abb. 87: Überschneidungen von grundlegender und angewandter Berufsforschung

Wird ein berufswissenschaftliches Forschungsvorhaben in Gang gesetzt, so kann dazu das Hintergrundwissen von übergeordneten Forschungstheorien hilfreich sein. Folgt man in dieser Hinsicht Udo Kelle (2008, S. 316), so lassen sich übergeordnete Theorien als „Orienting Strategies" nutzen. Die Orientierungsstrategien können als vorläufige Rahmengebung für eine Fragestellung dienen. Auf diese Weise lassen sich Theorien erweitern und darüber neue Anwendungsfelder erschließen. Mit diesem Konzept werden keine universellen Gesetze angestrebt. Das ist im Regelfall allerdings auch nicht die Zielsetzung berufswissenschaftlicher Forschung

Auch wenn sich Grundlagenforschung und Anwendungsforschung zum Teil überlappen, erscheint eine aus analytischen Gründen vorgenommene Trennung in „grundlegende" und „angewandte" Berufsforschung von Fall zu Fall erst einmal sinnvoll, auch wenn insgesamt ist die Berufsforschung durch ein besonderes „Theorie-Praxis-

Verhältnis gekennzeichnet ist. Das ergibt sich allein schon daraus, dass die einzelnen Felder durch sehr unterschiedliche Praxis-Theorie-Ansprüche bestimmt sind.
Im Forschungsvorhaben entscheiden sich dann die Vorgehensweisen aufgrund der realen Bedingungen und Gegebenheiten sowie der Art des Untersuchungsgegenstandes.

- **Entwicklungen und Perspektiven zu Konzepten der Berufsforschung**

Unabhängig von dem Ausbau der Wissenschaften für den Berufsbereich und der kritischen Anmerkungen zur Aufgliederung in theorie- und praxisbestimmte Forschungsbereiche erscheint es nicht gesichert, ob es ganz allgemein „zu einer Hierarchisierung zwischen Grundlagenforschung und anwendungsorientierter Forschung" kommt, denn im „Prozess reflexiver Modernisierung wird eine solche Ordnung des Wissens (…) zunehmend infrage gestellt" (Böhle 2013, S. 58).

Festzustellen ist: Für die sich erst aufbauende Berufsforschung fehlen bislang jedoch noch abgesicherte Ergebnisse einer elaborierten berufswissenschaftlichen Grundlagenforschung. In diesem Feld lassen sich aber in Anlehnung an Nicola Döring und Jürgen Bortz (2016, S. 17 f.) Forschungsaktivitäten benennen, die auf die Berufe und die Berufswelt bezogen sind. Dazu gehören
- Prüfung einer etablierten Theorie (Soziologische Berufsforschung) oder der Entwurf einer neuen Theorie,
- Recherchen nach spektakulären oder überraschenden empirischen Befunden zu Berufen und der Berufswelt,
- Entdecken und Aufzeigen von Forschungslücken, wie die Problematik der Systematik der Berufsfelder und Berufsgruppen,
- Zusammenfassung von Ergebnissen verschiedener Studien in das System der Berufswissenschaft und
- Weiterentwicklung von Konzepten zu den Forschungsmethoden (wie z. B. berufswissenschaftliche Sektoranalysen).

Tragfähige Ergebnisse der Berufsforschung sind bislang nicht sehr zahlreich und zeigen sich eher punktuell. Deshalb werden einige der wissenschaftlichen Grundlagen aus anwendungsorientierter Berufsforschung herausdestilliert sowie aus anderen Forschungsfeldern aufgegriffen und – wenn nutzbar – für die Grundlagenforschung adaptiert und für den Wissenschaftsbereich bearbeitet. Wegen der noch unzureichenden Grundlagenforschung ist eine solche „reine" Berufsforschung, die sich quasi mit sich selbst beschäftigt und von der Praxis mit möglichen „Verunreinigungen" frei und unabhängig ist, bislang kaum zu identifizieren. Der Ausbau der Grundlagenforschung und insbesondere der reinen Berufsforschung steht noch ganz in den Anfängen. Es muss deshalb auf Verwendbares anderer Disziplinen und deren Arbeitsergebnisse und -methoden zugegriffen werden. Dagegen findet – wenn auch nur punktuell – anwendungsorientierte Berufsforschung in den verschiedensten Disziplinen statt. Allein schon zur Selbstklärung ihres Berufsstandes haben sich in einigen Disziplinen spezielle Forschungsansätze entwickelt.

Mit der hier vor allem aus analytischen Gründen vorgenommenen Trennung von grundlegender und angewandter Berufsforschung soll die Weiterentwicklung von Forschungsansätzen nicht behindert werden. Vielmehr wird der von Fritz Böhle (2013, S. 54 f.) verfolgte Gedanke der wissenschaftlichen Weiterentwicklung bis hin als „Forschung in und mit der Praxis" – als für die Berufsforschung bedeutsam – aufgegriffen.[463]

Bei den gegenwärtig noch vorliegenden defizitären Verhältnissen wird weiterhin davon ausgegangen: Anwendungsorientierte Forschung auch und gerade in ihrer weiterentwickelten Form basiert im Regelfall auf wissenschaftlichen Forschungsgrundlagen. Die Grundlagenforschung stellt das Fundament für Entwicklungsmöglichkeiten anwendungsbezogener Forschung dar (Abb. 88).

Erkennbar wird aus kritischer Sicht zunehmend mehr, „dass Wissenschaft in modernen Gesellschaften pluralen und heterogenen Anforderungen unterliegt und dementsprechend auch die Kriterien der Wissenschaftlichkeit unterschiedlichen Anforderungen an Wissenschaft Rechnung tragen müssen – nicht im Sinne eines ‚Mehr-oder-Weniger', sondern unter Bezug auf unterschiedliche qualitative Merkmale, denen sie (je nach Anforderungen) jeweils genügen muss (…). Angesichts zunehmender gesellschaftlicher Erwartungen an die praktische Nützlichkeit wissenschaftlicher Forschung einerseits und der Ausweitung der Gegenstandsbereiche wissenschaftlicher Forschung andererseits lässt sich nicht mehr länger kaschieren, dass das traditionelle Leitbild der Wissenschaftlichkeit der faktischen Stellung von Wissenschaft in modernen Gesellschaften nicht gerecht wird." (Böhle 2013, S. 58)

Unabhängig von dieser kritischen Sichtweise wird es weiterhin insbesondere eine berufswissenschaftliche Forschung und eine Berufsforschung geben, deren Ergebnisse unmittelbar in der Praxis zur Anwendung kommen. Diese Entwicklung wird durch Forschung vor Ort, also dort wo berufsförmige Tätigkeiten, Berufe oder Professionen ausgeübt werden, fortgeführt. Sie kann dabei noch eine Weiterentwicklung erfahren, wo zusätzlich eine „Forschung in oder mit der Praxis" versucht wird. D. h. konkret, dass die Berufsforschung die Funktionen, Aufgaben und Tätigkeiten der Berufsinhaber beobachten, analysieren sowie dokumentieren müssen und darüber hinaus die im Arbeitsprozess Stehenden in das Forschungsvorhaben einbinden, indem sie das erfahrungsbedingte implizite Wissen der Berufstätigen als Insider aktivieren und in das Forschungsvorhaben einbringen lassen.

Dieses Erfahrungswissen ist außenstehenden Beobachtern – vor allem, wenn keine eigenen beruflichen Erfahrungen und Tätigkeiten in dem zu untersuchenden Bereich

---

[463] Damit wird die Differenz zwischen Wissenschaft einerseits und Praxis andererseits „nicht aufgelöst, aber es wird gleichwohl dem Tatbestand Rechnung getragen, dass nicht nur die Praxis von der Wissenschaft, sondern auch die Wissenschaft von der Praxis lernen kann. Es geht hier somit nicht nur darum – wie oft angenommen –, die praktische Nützlichkeit wissenschaftlicher Erkenntnis und deren Transfer in die Praxis zu fördern, etwa nach dem Grundsatz: Wenn die Betroffenen beteiligt sind, dann erhöht sich auch die Bereitschaft, wissenschaftliche Erkenntnisse in der Praxis anzuwenden." (Böhle 2013, S. 55)

vorliegen – nicht zugänglich. Idealerweise müssten die Forschenden selbst auch eine entsprechende berufliche Erfahrung vorweisen können. Da diese im Regelfall jedoch nicht vorhanden ist, kann das berufliche Erfahrungswissen deshalb nur unter Einschluss der Mittel einer „Forschung in und mit der Praxis" durch die Mitwirkung der jeweiligen Berufspraktiker/-innen erschlossen werden.

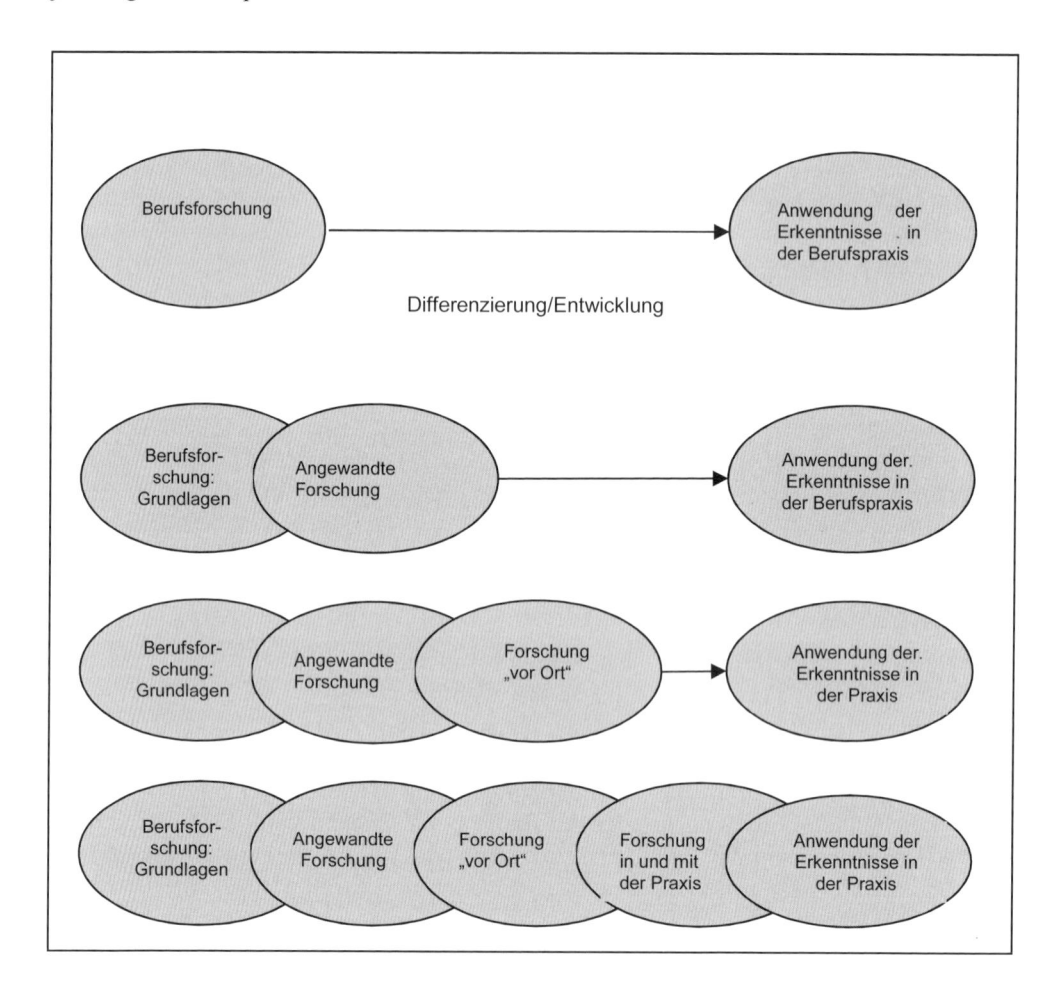

*Abb. 88: Entwicklung anwendungsbezogener Berufsforschung
(in Anlehnung an Böhle 2013, S. 55)*

Damit können sich Erkenntnisse ergeben, die mit den herkömmlichen Forschungsmodellen von außenstehenden und distanzierten Beobachtergruppen von vornherein verschlossen bleiben. Auf dieses Problem ist auch unter Berücksichtigung der besseren Möglichkeit durch die Erweiterung der Forschungsansätze aufmerksam zu machen.

So meint Fritz Böhle (2013, S.54) zu Recht: „In der traditionellen Trennung zwischen Grundlagenforschung und anwendungsorientierter Forschung stehen sich, trotz der Öffnung der Wissenschaft zur Praxis, gleichwohl wissenschaftliche Forschung und praktische Anwendung wissenschaftlicher Erkenntnisse als zwei institutionell getrennte Sphären gegenüber. Auch mit der Pluralisierung der Orte wissenschaftlicher Forschung wird dies nicht zwangsläufig aufgehoben."

Unter den Bedingungen, die derzeit noch für die Berufswissenschaft und die Berufsforschung bestehen, stellt sich die Frage nach der Pluralität von Orten berufswissenschaftlicher Forschung nur am Rande. Mit Orten ausgewiesener berufswissenschaftlicher Forschung ist die Wissenschaftslandschaft nur sehr dünn besiedelt. Es handelt sich für die Wissenschaftsbereiche, die sich mit den Berufe und der Berufswelt befassen, um kein Pluralisierungsproblem, sondern eher um ein Ressourcenproblem.

3.7 Studien zu berufswissenschaftlichen Forschungsvorhaben – Ein Beispiel zur Frage der Substituierbarkeit von Berufen oder Berufsteilqualifikationen durch Rechnereinsatz

3.7.1 Aussagen im Vorfeld der Studie

Es wurde bereits auf dem Vorwege der Studie mit dem zunehmenden Rechnereinsatz bereits vor längerem festgestellt, dass eine Reihe von Berufen wie der Setzer/-innen beim Buchdruck, die Schreibkräfte in den Büros der Kaufleute oder die Technischen Zeichner/-innen in den Konstruktionsbüros durch die neuen Textverarbeitungs- und Zeichenprogrammen obsolet wurden. Seit einigen Jahren wird eine für die Berufe weitere bedeutsame neue Etappe des technologischen Wandels debattiert, die vierte industrielle Revolution. Diese wird bestimmt sein, durch vermehrte Digitalisierung, Robotik, Sensorik sowie cyberphysische Systeme. Vernetzungen im Bereich von Arbeit und Technik, d. h. insbesondere bei der virtuellen und realen Fertigung und Instandhaltung nehmen seit Jahren ständig zu. Bei den global vernetzten Hochtechnologiestandorten wie Deutschland ist ein zunehmender vermehrter Einsatz von Informations- und Kommunikationstechnologien bei der industrieller Produktion, aber auch im Handwerk bis in die gewerblich-technischen Dienstleistungen festzustellen.

Insbesondere für die in den Berufsfeldern „Elektrotechnik", „Informationstechnik", „Kraftfahrzeugtechnik", „Metalltechnik" und „Versorgungstechnik" Tätigen sind einige Thesen, die zur Entwicklung des Wissenschaftlichen Beirats der Plattform Industrie 4.0 formuliert worden sind, von Interesse, denn auch für diese Technikbereiche wird unter anderem prognostiziert:

„- „Die Vernetzung und Individualisierung der Produkte und Geschäftsprozesse erzeugt Komplexität, die z. B. durch Modellierung, Simulation und Selbstorganisation bewirtschaftet wird. Ein größerer Lösungsraum kann schneller analysiert und Lösungen können schneller gefunden werden.
- Die Ressourceneffektivität und -effizienz kann kontinuierlich geplant, umgesetzt, überwacht und autonom optimiert werden."
- Intelligente Produkte sind aktive Informationsträger und über alle Lebenszyklusphasen adressier- und identifizierbar.
- Systemkomponenten sind auch innerhalb von Produktionsmitteln adressier- und identifizierbar. Sie unterstützen die virtuelle Planung von Produktionssystemen und -prozessen." (Wissenschaftlicher Beirat-Industrie 4.0)

3.7.2 Forschungsziel der Studie

Die Untersuchung hatte zum Ziel herauszufinden, welche Folgen und Auswirkungen die fortschreitende Digitalisierung für verschiedene Berufsbereiche auf die zukünftige Arbeitswelt haben wird. Untersucht werden soll auch, wie weit Berufe schon heute potenziell ersetzbar sind.

Die Studie bzw. das Forschungsprojekt, über die hier berichtet wird, ist im Institut für Arbeitsmarkt- und Berufsforschung (IAB) entstanden.[464]

3.7.3 Forschungsansatz der Untersuchung

Theoretischer Ausgangspunkt für die Studie stellt die Sichtung der Literatur zu bisherigen Forschungen zur Substituierbarkeit von Arbeitstätigkeiten durch Digitalisierung dar. Die durchgeführte Studie basiert auf den Daten und Informationen für Deutschland aus der Expertendatenbank BERUFENET der Bundesagentur für Arbeit, weil dieses u. a. Informationen über die zu erledigenden Aufgaben in der jeweiligen beruflichen Tätigkeit, über die verwendeten Arbeitsmittel, über die Gestaltung von Arbeitsbedingungen, über notwendige Ausbildungen oder rechtliche Regelungen enthält.

Außerdem wurde die sogenannte Anforderungsmatrix genutzt, in der sind „jedem Einzelberuf die Anforderungen zugewiesen, die für die Ausübung des entsprechenden Berufes erforderlich sind. Bei der Entscheidung, ob eine Arbeitsanforderung als Routine- oder Nicht-Routine-Tätigkeit verstanden werden soll, wurde explizit recherchiert, ob die jeweilige Arbeitsanforderung aktuell (im Jahr 2013) von Computern oder computergesteuerten Maschinen ausgeführt werden könnten." (Dengler/Matthes 2013, S. 11)

3.7.4 Auswertung der Materialien und Einzelergebnisse der Studie

Anzunehmen ist zweifelsfrei, dass die fortschreitende Digitalisierung weitreichende Auswirkungen auf die Arbeits- und Berufswelt haben wird. Bislang ist aber nicht davon auszugehen, dass kurzfristig sehr viele Berufe völlig durch Computer oder computergesteuerte Maschinen ersetzt werden. Es werden aber Qualifikationen, die als technischen Routinen zu den einzelnen Berufsbildern gehören, nicht mehr aufgegriffen.

Katharina Dengler und Britta Matthes (2015, S. 6) sprechen „deshalb von gegenwärtigen Substituierbarkeitspotenzialen und nicht zukünftigen Automatisierungswahrscheinlichkeiten". Sie bestimmen „das Substituierbarkeitspotenzial eines Berufes über den Anteil der in diesem Beruf typischerweise zu erledigenden Aufgaben, die bereits heute durch Computer erledigt werden könnten" (ebd.).

Die Entscheidung darüber, ob die indizierten Tätigkeiten im Beschäftigungssystem ersetzt werden, ist eine unternehmerische und hängt nicht allein von der technologischen Machbarkeit ab. Mit den Untersuchungen zur Substituierbarkeit von Teilqualifikationen werden „die Anteile an Routine-Tätigkeiten in den Berufen als Maß für die Ersetzbarkeit dieser Berufe" (Dengler/Matthes 2013, S. 11) interpretiert.

---

[464] Die Studie ist als Langfassung im IAB Forschungsbericht Aktuelle Ergebnisse aus der Projektarbeit des Instituts für Arbeitsmarkt- und Berufsforschung (IAB 12/2015) unter dem Titel „Folgen der Digitalisierung für die Arbeitswelt Substituierbarkeitspotenziale von Berufen in Deutschland" veröffentlicht worden.

3.7.5 Einzelbefunde der Studie

Betrachtet man zunächst die Kategorien der Helferberufe, Fachkraftberufe, Spezialberufe und Expertenberufe, so zeigt sich beim Vergleich von Helferberufen und Fachkräfte ein bemerkenswertes Bild. Die Fachkrafttätigkeit ist, nicht grundsätzlich besser gegen Digitalisierung geschützt als eine unqualifizierte Helfertätigkeit. Ein Grund dafür kann für den erstaunlichen Befund darin liegen, dass „Tätigkeiten, die von qualifizierten Fachkräften ausgeübt werden, stärker von der Digitalisierung betroffen sein können, weil diese besser in programmierbare Algorithmen zerlegt und damit leichter von Computern ersetzt werden können" (Dengler/Matthes 2015, S. 13). Dennoch müsste die Fachkraft auf dem Arbeitsmarkt mit einem etwas veränderten inhaltlichen Schwerpunkt noch immer gebraucht werden können.
„Helfer dagegen erledigen (auch) zu einem großen Teil Nicht-Routine-Tätigkeiten, die sich nicht so leicht automatisieren lassen." (Dengler/Matthes 2015, S. 13) Helfer werden aber auf dem Arbeitsmarkt immer weniger nachgefragt.

„Das Substituierbarkeitspotenzial bei den Berufen auf Spezialistenniveau (…), für die in Deutschland typischerweise eine Meister- oder Technikerausbildung oder auch ein weiterführender Fachschul- oder Bachelorabschluss Zugangsvoraussetzung ist, liegt dagegen bei etwas mehr als 30 Prozent. Noch niedriger, bei ca. 19 Prozent, ist das Substituierbarkeitspotenzial bei den Berufen auf Expertenniveau, die in der Regel ein mindestens vierjähriges abgeschlossenes Hochschulstudium erfordern." (ebd.)

Generell zeigt sich, dass bislang noch diejenigen Berufe, die durch größere mehrdimensionale Wissensbereiche gekennzeichnet sind und eine hohe Komplexität bei Arbeitsentscheidungen erfordern, nur zu kleinen Teilen durch rechnergestützte Maschinen von Routinearbeiten befreit werden können oder, um es positiv auszudrücken für den beruflichen Kern einen geringen Substanzverlust zu befürchten haben (Abb. 89).

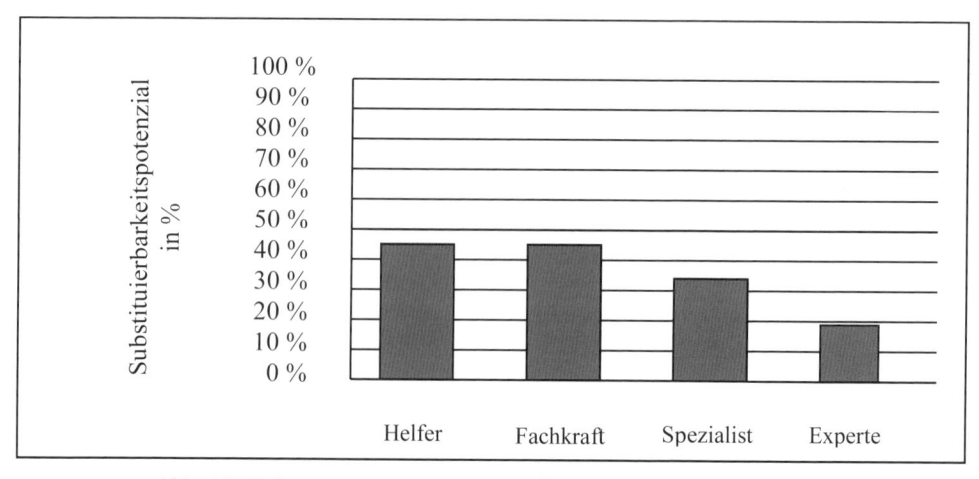

Abb. 89: Substituierbarkeitspotenziale nach Anforderungsniveau (Dengler/Matthes 2015 S. 13)

Betrachtet man Berufssegmente oder die Berufe in einzelnen Branchen, so unterscheiden sich die Substituierbarkeitspotenziale deutlich bei den beruflichen Teilarbeitsmärkten. Feststellbar ist in jedem Berufssegment ein durchschnittliches Substituierbarkeitspotenzial. Allerdings ist das Spektrum zwischen dem minimalen und maximalen Substituierbarkeitspotenzial in den Berufssegmenten durchaus unterschiedlich.

Im Einzelnen zeigt sich, dass bei den Fertigungsberufen das durchschnittliche Substituierbarkeitspotenzial mit mehr als 70 Prozent sehr hoch liegt, also ein großer Teil der Tätigkeiten in diesen Berufen schon durch Computer ersetzt werden können, wenn es wirtschaftlich und arbeitstechnisch opportun erscheint. Ähnlich liegen die Verhältnisse im Segment „Fertigungstechnische Berufe". Auch für diese Berufe zeigen sich große Substituierungsmöglichkeiten durch Computertechnologien insbesondere bei der Industrieproduktion.

Für viele andere Berufsgruppen bzw. Berufssegmente – wie IT – und naturwissenschaftliche Dienstleistungsberufe, unternehmensbezogene Dienstleistungsberufe, Land-, Forst- und Gartenbauberufe, Verkehrs- und Logistikberufe, Handelsberufe, Bau- und Ausbauberufe, Lebensmittel- und Gastgewerbeberufe, Medizinische und nichtmedizinische Gesundheitsberufe, Reinigungsberufe – liegt das durchschnittliche Substituierbarkeitspotenzial unter 50 Prozent. Die geringsten Möglichkeiten der Substituierbarkeit von Berufsqualifikationen durch den Rechnereinsatz ergeben sich für das Berufssegment „Soziale und kulturelle Dienstleistungsberufe". Die geringe Substituierbarkeit bei den Dienstleistungsberufen ist nicht verwunderlich, da personenbezogene Tätigkeiten bislang noch kaum von Computern geleistet werden können. Auch „Sicherheitsberufe" oder „Reinigungsberufe" sind im Wesentlichen durch Tätigkeiten bestimmt, die kaum als Routinen von Computern übernommen werden können. Als weiteres auffälliges und bemerkenswertes Ergebnis stellen Katharina Dengler und Britta Matthes (2015, S. 15) heraus, „dass es in fast allen Berufssegmenten Einzelberufe gibt, die noch nicht von Computern ersetzt werden können. In fast allen Berufssegmenten ist das minimale Substituierbarkeitspotenzial 0 Prozent." So weisen z. B. Altenpfleger im Berufssegment „Medizinische und nicht-medizinische Gesundheitsberufe" oder Lehrkräfte im Berufssegment „Soziale und kulturelle Dienstleistungsberufe" ein Substituierbarkeitspotenzial von 0 Prozent auf. Es wurden auch Berufssegmente untersucht. Von vierzehn Berufssegmenten liegt bei sechs von ihnen (Abb. 90) „das maximale Substituierbarkeitspotenzial bei 100 Prozent, was bedeutet, dass es dort mindestens einen Einzelberuf gibt, der bereits heute komplett durch Computer ersetzt werden könnte. Dies trifft z. B. auf den Korrektor im Berufssegment ‚Berufe in Unternehmensführung und -organisation' und z. B. auf den Aufbereitungsmechaniker für Steinkohle im Berufssegment ‚Fertigungsberufe' zu. Bringt man diesen Befund mit dem Ergebnis zusammen, dass die Substituierbarkeitspotenziale mit dem Anforderungsniveau variieren, liegt der Schluss nahe, dass das häufig weite Spektrum zwischen Minimum und Maximum auch darauf zurückzuführen ist, dass Tätigkeiten in den verschiedenen Anforderungsniveaus innerhalb der Berufssegmente mehr oder weniger gut durch Computer ersetzt werden können." (ebd.)

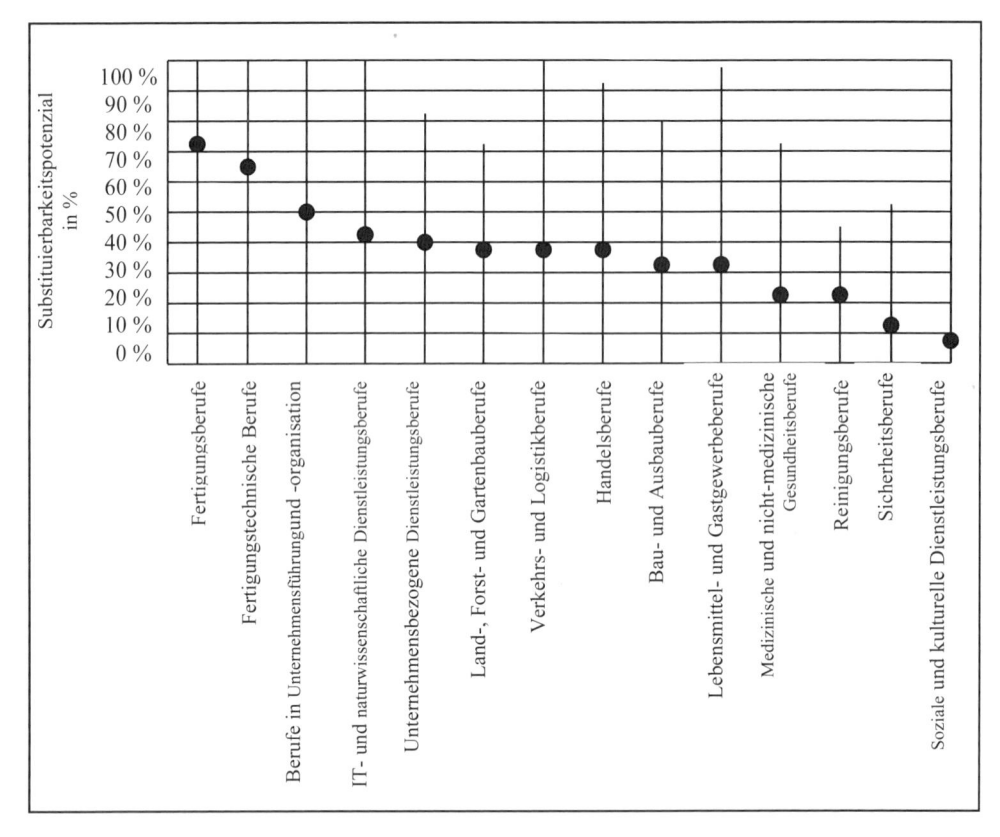

Abb. 90: Substituierbarkeitspotenziale nach Berufssegmenten
(Dengler/Matthes 2015, S. 14)

In den einzelnen Berufssegmenten und Berufen ist für eine genauere Betrachtung das Anforderungsprofil zu berücksichtigen, um präzisere Aussagen über die Substituierbarkeit von Teilqualifikationen zu erhalten. Betrachtet man die „Fertigungsberufe", so zeigt sich das bereits bekannte Phänomen, dass die Substituierbarkeit von Teilqualifikationen bei Helfer- und Fachkraftberufe etwa gleich hoch ist, sowie bei Spezialisten- und die Expertenberufe abnimmt.

Bei den Bau- und Ausbauberufen dagegen haben Helfer „das niedrigste Substituierbarkeitspotenzial, während die Spezialisten noch höheren Substituierbarkeitspotenzialen ausgesetzt sind als Fachkräfte. Erklärt werden kann das vor allem mit den technologischen Möglichkeiten, die sich bereits heute durch den Einsatz von Computern bei der Planung und Berechnung von Bauwerken für die Spezialisten ergeben." (Dengler/Matthes 2015, S. 15) Dieses steht im Gegensatz zu der allgemein unwidersprochenen Annahme, dass berufliche Qualifizierung die Existenzsicherung besser gewährleistet. Im Beschäftigungssystem scheint es nicht immer so sein, „dass die Helfer in einem Berufssegment ein höheres Substituierbarkeitspotenzial aufweisen als die Fachkräfte in diesem Berufssegment" (ebd.). Das hat sich bei den Produktionsberufen bereits bei Einführung und Einsatz von CNC-Werkzeugmaschinen gezeigt (Abb. 91).

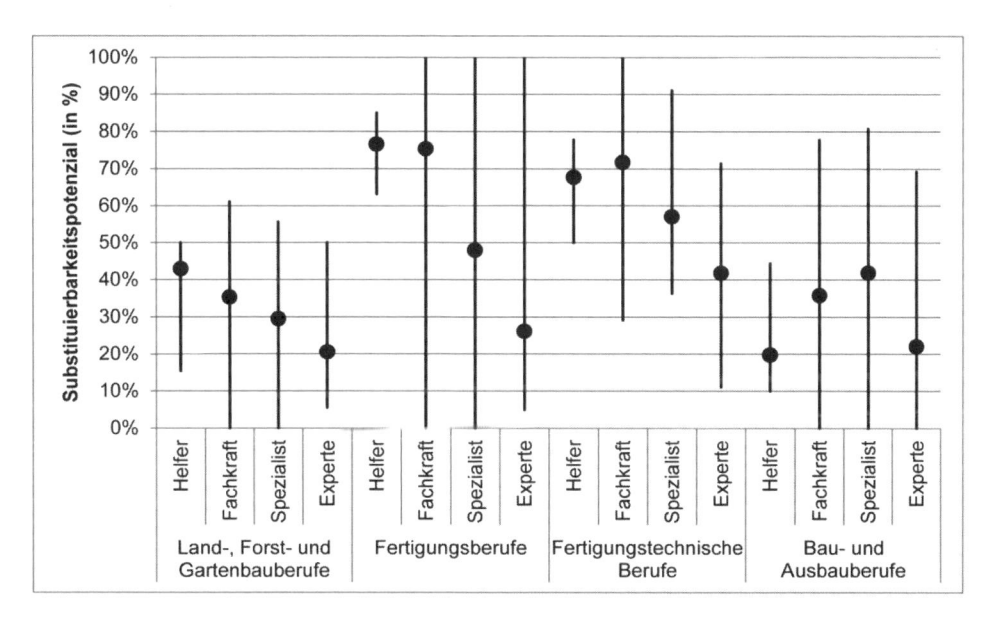

Berufsförmige Tätigkeiten und Berufe der Gegenwart 483

*Abb. 91: Substituierbarkeitspotenziale in den Produktionsberufen
(Dengler/Matthes 2015, S. 16)*

Anders sind die Substituierungspotenziale in den Dienstleistungsberufen (Abb. 92).

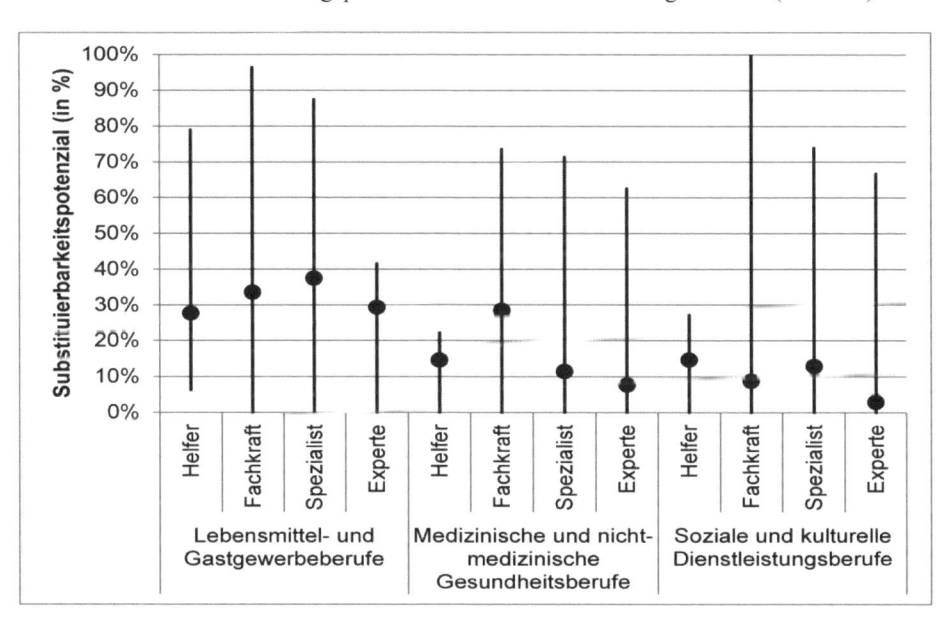

*Abb. 92: Substituierbarkeitspotenzial in den personenbezogenen Dienstleistungsberufen
(Dengler/Matthes 2015, S.17)*

Diese Tendenzen sind in den Handelsberufen sogar bei den Spezialisten und in besonderer Ausprägung bei den Experten feststellbar (Abb. 93).

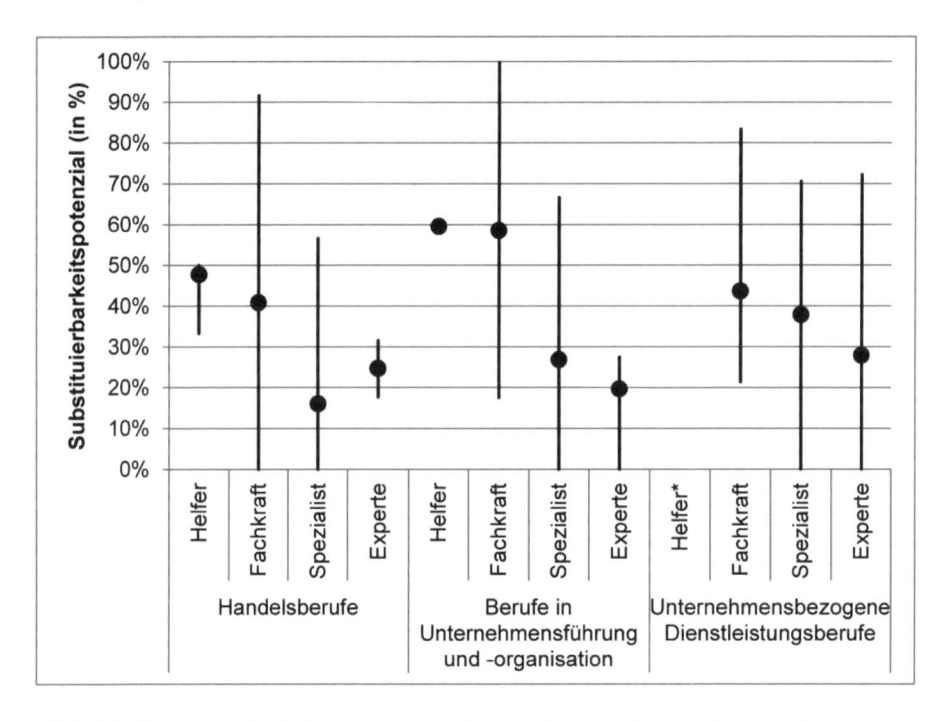

Abb. 93: Substituierbarkeitspotenzial in den kaufmännischen und unternehmensbezogenen Dienstleistungsberufen (Dengler/Matthes 2015, S.18)

„Aber auch Experten im Berufssegment ‚Unternehmensbezogene Dienstleistungsberufe', die auf Dienstleistungen für Unternehmen fokussiert sind (wie Versicherungs- und Finanzdienstleistungen, Dienstleistungen im Rechnungswesen, im Controlling, in der Steuerberatung, in der Rechtsberatung oder in der öffentlichen Verwaltung), sind mit ca. 30 Prozent durch Computer ersetzbar." (Dengler/Matthes 2015, S. 18 f.)

Fast zwei Jahrzehnte, nachdem mit großem Aufwand die damals als zukunftsträchtig und routinefrei angesehenen IT- Berufe wie „Fachinformatiker Anwendungsentwicklung", „Fachinformatiker Systemintegration", „IT-System-Elektroniker", „IT-System-Kaufmann" generiert worden sind, zeigt sich nun, „dass gerade der Berufssektor ‚IT- und naturwissenschaftliche Dienstleistungsberufe', sehr hohe Substituierbarkeitspotenziale aufweist"(Abb. 94). Die Ursache dafür liegt darin, dass inzwischen viele Tätigkeiten zu Routinen gemacht werden können. „So schreiben heute bereits viele IT-Fachkräfte Computerprogramme, die Routinen programmieren und sie damit von einfachen Programmieraufgaben entlasten." (Dengler/Matthes 2016, S. 19) Helferberufe gibt es in diesem Berufssegment kaum. Soweit überhaupt Helfer vorhanden sind, haben sie ein sehr großes Substituierbarkeitspotenzial.

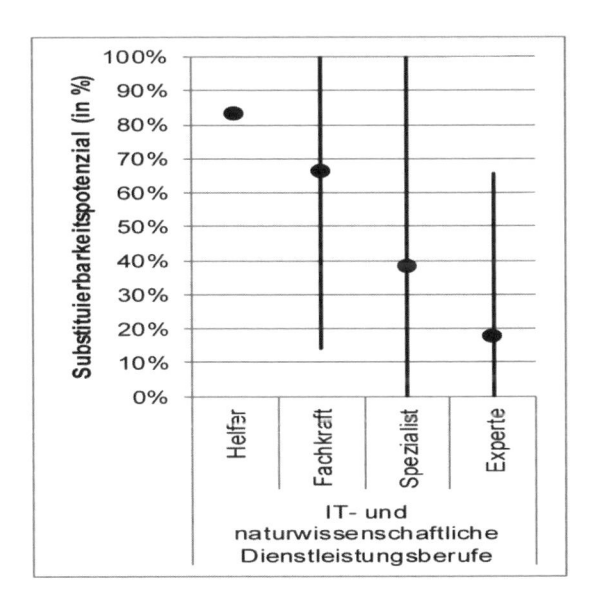

Berufsförmige Tätigkeiten und Berufe der Gegenwart 485

Abb. 94: Substituierbarkeitspotenzial in den IT- und naturwissenschaftlichen Dienstleistungsberufen (Dengler/Matthes 2015, S.19)

Im Sektor „Sonstige wirtschaftliche Dienstleistungsberufe" (Abb. 95) zeigt sich, dass die Helfer in den „Verkehrs- und Logistikberufen" also Lager- und Transportarbeitern oder (Post-)Boten ein hohes Risiko aufweisen, ersetzt zu werden.

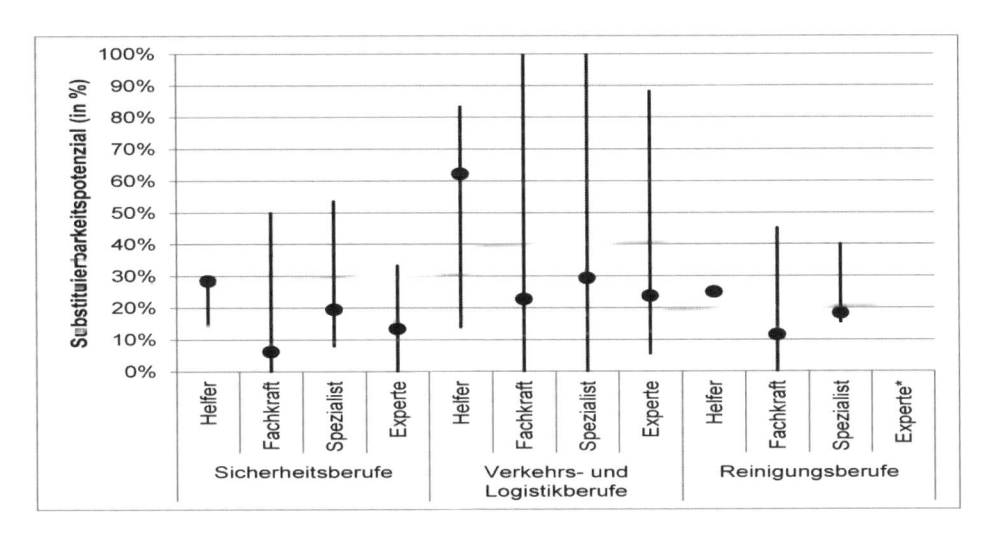

Abb. 95: Substituierbarkeitspotenziale in sonstigen wirtschaftlichen Dienstleistungsberufen (Dengler/Matthes 2015, S. 20)

„Alle anderen Berufssegment-Anforderungsniveau-Kombinationen haben Substituierbarkeitspotenziale von unter 30 Prozent, so dass man hier derzeit nicht davon ausgehen kann, dass diese Berufe in der nächsten Zeit von Computern ersetzt werden können. Auch wenn bereits heute Wachschutzroboter Alarm bei ungewöhnlichem Geschehen in Tiefgaragen oder auf Parkplätzen geben, ist es kaum vorstellbar, dass zukünftig im Justizvollzug oder bei polizeilichen Ermittlungen auf den Menschen verzichtet werden kann." (Dengler/Matthes 2015, S. 20) Ähnlich liegen die Verhältnisse bei den Reinigungsberufen.

3.7.6 Berufswissenschaftliches Gesamtergebnis der Studie

Katharina Dengler und Britta Matthes (2015, S. 24) vertreten zum Abschluss ihrer Untersuchungen die Ansicht, „dass es derzeit nur wenige Berufe gibt, die vollständig von Computern ersetzt werden könnten. Die meisten Berufe haben Tätigkeitsbestandteile, die (noch) nicht von Maschinen erledigt werden können."

Es ist feststellbar, dass die Substituierbarkeit von beruflichen Teilqualifikationen nicht erst durch den vermehrten Rechnereinsatz aufgetreten ist. Das Phänomen zeigte sich schon ansatzweise bei den Manufakturen der vorindustriellen Revolution und insbesondere durch die seit der ersten industriellen Revolution verwendeten Formen der Arbeitsteilung sowie vor allem bei den taylorisierten Automatierungsprozessen, die schon berufliche Teilqualifikationen und ganzheitliche Arbeitsvollzüge entbehrlich machten. Probleme können sich bei hohen Substituierungsmöglichkeiten für die Berufstätigen dann ergeben, wenn der nicht ersetzbare Qualifikationskern so klein wird, dass nur noch wenige Arbeitskräfte dafür benötigt werden. Positive Möglichkeiten zeigen sich, wenn der Beruf erhalten bleibt und zugleich von unbeliebten und körperlich anstrengenden Routinetätigkeiten befreit ist.

Bislang sind durch die Rechnertechnik nur verhältnismäßig wenige Berufe völlig verschwunden. Nicht wenige haben eine Verlagerung oder Veränderung des fachlichen Schwerpunktes oder sogar eine Umbenennung erfahren. Auch für einen vermehrtem Rechnereinsatz stellen Katharina Dengler und Britta Matthes plakativ in dem IAB-Kurzbericht (24/2015) fest: „In kaum einem Beruf ist der Mensch vollständig ersetzbar". Dieses erscheint bei allen nicht nur positiven Folgen der Digitalisierung in der Arbeitswelt tröstlich.

3.8 Berufswissenschaftliche Forschungslücken und Perspektiven

3.8.1 Lücken und Problem im Bereich der Berufsforschung

Forschung zu berufsförmigen Arbeitstätigkeiten bzw. Berufen findet, obwohl Berufe und die Berufswelt die Menschen und die Gesellschaft weitgehend bestimmen, bislang nur punktuell statt. Es zeigen sich zurzeit noch größere unbearbeitet Felder, Probleme und Forschungslücken. Richtet man die Berufsforschung sowohl auf allgemeine als auch spezifische Themen, zeigen sich verschiedene Bereiche, in denen Forschungsaktivitäten erforderlich sind. Zu den allgemeinen und grundlegenden berufswissenschaftlichen Forschungsbereichen und -gegenständen, die übergeordnete, berufsübergreifende Themen berücksichtigen können, zählen beispielsweise Fragen des Berufsfeldes, der Berufsethik, des Berufsprestiges oder des Berufserfolgs. Hingegen richten sich spezifische und anwendungsorientierte berufswissenschaftliche Forschungsfragen insbesondere auf einzelne nicht-akademische und akademische Berufe oder ausgewählte Berufsfelder sowie auf die damit im Zusammenhang stehenden Probleme.

Diese spezifischen berufswissenschaftlichen Betrachtungen lösten die berufskundlichen Vorgängerarbeiten ab. Forschungsergebnisse zu einzelnen spezifischen Berufen sind schon frühzeitig gewonnen worden, so zum Beispiel für den Beruf „Maschinenschlosser" in der ersten Hälfte des zwanzigsten Jahrhunderts. Federführend war dabei der Deutsche Ausschuß für Technisches Schulwesen (DATSCH). Diese Untersuchungen stellten zwar nur punktuelle und spezifische Arbeiten dar, die aber aus heutiger Sicht als berufswissenschaftlich interpretiert werden können. Gemessen an der Vielzahl der bestehenden Berufe sind die damals erreichten Ergebnisse allerdings in Umfang und Aussagekraft relativ bescheiden und die Forschungslücken groß.

Augenfällig wird nun, dass sich mit der großen Zahl der berufsförmigen Tätigkeiten, Berufe und Professionen ein fast unüberschaubares Gebiet für spezifische und anwendungsorientierte berufswissenschaftliche Forschungsaktivitäten eröffnet. Etwas anders verhält es sich im Bereich der allgemeinen und grundlegenden Berufswissenschaft und Berufsforschung, denn bereits auf einen ersten Blick sind einige Aussagen und Forschungsergebnisse einer allgemeinen Berufswissenschaft erkennbar, die sich übergeordneten Begriffen zuwenden und sich damit häufig auf mehrere Berufe oder Berufsgruppen beziehen. So scheinen hier zunächst weniger Forschungsaktivitäten nötig zu sein.

Dennoch ist die Situation in beiden Bereichen bei einer genaueren Defizitanalyse nicht ganz so unterschiedlich, wie sie bei einer ersten Sichtung erscheint. Auch die allgemeine und grundlegende Berufswissenschaft zeigt noch viele weiße Flecken auf ihrer Landkarte. Darüber hinaus ist zu vermuten, dass sich mit der Frage nach den Feldern, in dem Berufswissenschaft und die zugehörige Berufsforschung bzw. berufswissenschaftliche Forschung stattfinden, eine unübersehbare Fülle von Aspekten und Zielen ergibt, die sich erst bei detaillierten Betrachtungen offenbaren.

3.8.2 Anstöße zur berufswissenschaftlichen Forschung in wenig behandelten Bereichen[465]

- **Fokussierung auf Forschungsvorhaben der Berufswissenschaft**

Unbearbeitete oder nur defizitäre Bereiche der spezifischen Berufsforschung sind allein schon dann erkennbar, wenn man sich aus der Vielzahl der nicht-akademischen oder akademischen berufsförmigen Tätigkeiten willkürlich nur eine herausgreift und dann nach Veröffentlichungen und Ergebnissen recherchiert. Es ergibt sich dabei, dass die jeweilige Anzahl der wissenschaftlich vertieft untersuchten Berufe relativ zu den vorhandenen Ausbildungs- und Erwerbsberufen klein ist. Dennoch beschränken sich auch in diesem Bereich die Mehrzahl der berufswissenschaftlichen Betrachtungen häufig auf einige wenige Aspekte und Bereiche. Mit anderen Worten: Es harren hier große Aufgaben der Berufsforschung sowohl für nicht-akademische als auch für akademische Berufe.

Recherchiert man intensiver nach Themen allgemeiner berufswissenschaftlicher Forschung, indem man substantivierte Wortverbindungen zum Beruf auflistet, wie beispielsweise Berufsalltag, Berufsauffassung oder Berufsgeheimnis, und denkt man darüber hinaus auch an verwandte Themen, die die Berufe und die Beruflichkeit betreffen, so zeigen sich nur wenige singuläre Aussagen, die zudem häufig noch aus der Betrachtung über nur einen spezifischen Beruf abgeleitet sind. Rechercheergebnisse dieser Art sind insgesamt also eher enttäuschend. Darüber hinaus sind auch berufswissenschaftliche Themen allgemeiner Art wie etwa die Entwicklung der Berufswelt und der Berufe sowie auch berufsbezogene Fragen im internationalen Zusammenhang nur sehr wenig untersucht worden. In gleicher Weise enttäuscht eine Suche nach Forschungsergebnissen zu spezifischen Berufen die angesetzten Erwartungen.

Die Gebiete, auf die sich die allgemeine und die spezifische Berufsforschung richten können, sind dagegen sehr groß, sodass sich die erkennbaren Forschungsaufgaben von einzelnen bisher tätigen Berufswissenschaftlerinnen und -wissenschaftlern kaum lösen lassen. Es erscheint deshalb angeraten, Forschungsteams zu bilden oder Forschungsvorhaben interdisziplinär anzulegen. Umfassend oder gar vollständig wird es aber auch mit interdisziplinären Ansätzen kaum möglich sein, das große Feld zu bearbeiten. Damit zusammenhängende Aufgaben müssen vor allem Einrichtungen leisten, die mit entsprechenden Themen besonders verbunden sind. Auch Berufsverbände und Berufsorganisationen beispielsweise könnten entsprechende auf einen Beruf ausgerichtete Forschungsaufträge vergeben oder Forschungsmittel bereitstellen.

Auf große Ressourcen für Forschungsaufträge kann die Berufswissenschaft jedoch kaum allein bauen. Deshalb erscheint es sinnvoll, Anregungen und Anstöße für For-

---

[465] Die folgenden Ausführungen basieren auf dem einer Untersuchung, die im Handbuch Berufsforschung unter dem Titel „Forschungslücken bei Berufen und berufsrelevanten Themen" (Mersch/Pahl 2013, S. 954 ff.) vorgelegt worden ist.

schungsarbeiten zu geben, zu denen etwa im Rahmen von Dissertationsvorhaben oder vielleicht partiell auch in ambitionierten Studienabschlussarbeiten beigetragen werden kann. Bei der Vielzahl der sichtbar werdenden berufswissenschaftlichen Aufgaben sollten zudem zukünftig Möglichkeiten einer Forschungsplanung erwogen werden, um die bisher bestehenden Zufälligkeiten bei der Themenbehandlung zu vermeiden und eine Fokussierung auf bislang nicht bearbeitete oder in ihrer Wichtigkeit für spezifische Forschungsvorhaben unerkannte Themen der Berufswissenschaft vorzunehmen.

- **Wenig bearbeitete Themen der allgemeinen berufswissenschaftlichen Forschung**
  – **Recherche nach Forschungslücken allgemeiner berufsrelevanter Themen**

Allgemeine berufswissenschaftliche Untersuchungen richten sich auf Gegenstände und Themen aus einer übergeordneten, weiter gefassten Perspektive, die für viele Berufe von Bedeutung sind. Dazu gehören u. a. generalisierende Untersuchungen, die unabhängig vom einzelnen Beruf vorzunehmen sind. Entsprechend sind auch die Forschungsmethoden anzulegen. Eine geringere Berufsspezifik bedeutet hier zugleich, dass Forschungsarbeit nicht nur aus einer vorrangig arbeits- oder berufswissenschaftlichen Perspektive zu leisten ist, sondern zu einem größeren Teil auch geisteswissenschaftlich bzw. hermeneutisch ausgerichtet sein kann, was den Kreis hierfür ausgewiesener Forscher erweitern würde.

In den Jahrzehnten vor dem Einsetzen einer vertieften berufswissenschaftlichen Forschung wurde Wissen über Berufe mit der Berufskunde gesammelt, aufbereitet und dokumentiert, das sich auf allgemeine Themen bezog, die für Berufe von Interesse sind. Diese traditionellen berufskundlichen Felder, Methoden und Untersuchungen bildeten ein erstes Fundament zur Berufsforschung und Berufswissenschaft. Darauf aufbauend wurden bereits in den sechziger Jahren des vorigen Jahrhunderts Aufgaben- und Wissensgebiete benannt, die heute einer allgemeinen Berufsforschung zugerechnet werden können (Abb. 96).

Berufstheorie	Berufsnomenklatur
Berufsstruktur	Berufspsychologie
Berufsstatistik	Berufssystematik
Berufsnachwuchsförderung	Arbeits- und Berufsmedizin
Berufsprognostik	Berufspädagogik und -didaktik
Berufseignungskunde	Berufssoziologie
Berufsausbildung	Berufsrecht
berufsbezogenes Sozial- und Arbeitsrecht	Berufsausbildungsrecht
Berufsphilosophie	Berufsausübungsrecht
Berufsgeschichte	Berufsklassifikation

Abb. 96: Aufgaben- und Wissensgebiete der Berufskunde im Vorfeld einer umfassenden Berufsforschung – Auswahl (Molle 1968, 294 ff.)

Viele der benannten Bereiche sind bedauerlicherweise bis heute noch nicht vertieft bearbeitet worden. Darüber hinaus legt eine umfassendere Recherche nach Begriffen, die für die allgemeine Berufswissenschaft und Berufsforschung von Bedeutung sein können, eine erhebliche Erweiterung möglicher Untersuchungsbereiche und mit dieser zugleich auch eine Differenzierungsnotwendigkeit bei Begriffen nahe, die in ihrer Bedeutung umgangssprachlich nahe beieinander zu liegen scheinen. Allein eine Auflistung der Rechercheergebnisse zeigt ein großes berufswissenschaftliches Forschungsfeld auf (Abb. 97).

Berufsabschluss	Berufsmenschen
Berufsalltag	Berufsmoral
Berufsauffassung	Berufspraxis
Berufsaufgabe	Berufsprofil
Berufsausübung	Berufsqualifikation
Berufsbiografie	Berufsreife
Berufseignung	Berufsreputation
Berufserfahrung	Berufsrolle
Berufserwartungen	Berufsstand
Berufsfindung und Berufswahl	Berufssozialisierung
Berufsgeheimnis	Berufsstolz
Berufsidee	Berufsunfähigkeit
Berufsimage	Berufsverständnis
Berufskrankheit	Berufsvorstellungen
Berufslaufbahn	Berufswechsel

Abb. 97: Themen allgemeiner berufswissenschaftlicher Forschung – Rechercheergebnisse (Mersch/Pahl 2013, S.956 f.)

Die Auflistung der Aufgabenbereiche von Berufskunde und Berufsforschung verdeutlicht, dass ein relativ breiter Überschneidungsbereich besteht und viele der damaligen berufskundlichen Themen immer noch nicht vertieft wissenschaftlich bearbeitet oder gar nicht in den Blick genommen worden sind. Es zeigt sich mit der Vielzahl der aufgelisteten und wissenschaftlich kaum bearbeiteten Themen – sowie durch das außerordentlich breite Spektrum –, dass die Berufsforschung in diesem Bereich insgesamt interdisziplinär anzulegen ist.

- **Explikation von ausgewählter berufswissenschaftlicher Arbeitsfelder**

Aus der Vielzahl der bereits damals benannten Aufgaben und der inzwischen darüber hinaus erkannten Themen, die einer berufswissenschaftlichen Bearbeitung bedürfen, wurde zur Explikation eine Auswahl vorgenommen – auch, weil diese Aufgaben für viele Berufen bedeutsam sind. Zudem wurde deutlich, dass zumindest für einige der Themen eine Kurzcharakteristik vorgegeben werden kann, um auf die Forschungslücken noch deutlicher aufmerksam zu machen. Um damit aber den Rahmen des Kapitels und der auf die zukünftige Berufsforschung gerichteten Hinweise nicht zu sprengen, wurde die Auswahl auf vier Begriffe unter dem Aspekt zukünftiger Forschungserfordernisse eingegrenzt: Berufsalltag, Berufsauffassung, Berufslaufbahn und Berufsverständnis. Das kann sinnvoll und eine Anregung dafür sein, berufswissenschaftliche Überlegungen über noch nicht besetzte wissenschaftliche Arbeitsgebiete anzubahnen.

Berufsalltag

Der Berufsalltag sollte Thema der Berufswissenschaft und Berufsforschung werden, auch wenn das alltägliche Geschehen in der Lebenswelt und immer wieder auftretende Vorgänge in der Berufswelt kein besonderes gesellschaftliches Interesse zu erregen scheinen. Soweit erkennbar, sind generalisierende und vertiefte wissenschaftlich begründete Aussagen zum Berufsalltag als allgemeines Phänomen bisher nicht vorzufinden. Zwar liegen bezogen auf spezifische Berufe beispielsweise „Untersuchungen zum Berufsalltag von Musiklehrern" (Gembris 1991) oder auch zum „bibliothekarischen Berufsalltag" (Brücken 2001) vor. Ebenso ist eine Studie über den „Nutzen interkultureller Kompetenzen für den Berufsalltag" (Settelmeyer 2006) bekannt. Daneben existieren Veröffentlichungen zum Forschungsthema „Berufsalltag" über den Rahmen berufswissenschaftlicher Forschung hinaus – wie beispielsweise im Bereich der juristischen Berufsausbildung von Richterinnen und Richtern sowie Staatsanwältinnen und Staatsanwälten über die „Grundrechte im gerichtlichen Berufsalltag" (Buchinger u. a. 2010).

Diese Beispiele zeigen, dass der Berufsalltag zwar in spezifischen Untersuchungen berücksichtigt wird, aber eine explizit berufswissenschaftliche Thematisierung unter übergeordneten und von einzelnen Berufen unabhängigen Gesichtspunkten, also eine auf das allgemeine und fundamentale gerichtete berufswissenschaftliche Berufsforschung noch nicht stattgefunden hat. Von Interesse könnten Fragen nach der Bedeutung des Berufsalltages für die individuelle Zufriedenheit, nach der Bedeutung des Berufsalltages im Zusammenhang mit der Erfahrungsbildung in Berufen oder nach der Wahrnehmung des Berufsalltages in verschiedenen beruflichen Lebensphasen sein.

Das Thema „Berufsalltag" erscheint zugleich nicht nur aus wissenschaftlicher Sicht, sondern auch für Praktiker und die Betriebe bedeutsam. Deshalb könnte berufswissenschaftliche Forschung auch dadurch gestützt werden, dass aus berufspraktischen Erwägungen und Erkenntnisinteressen von Vertretern des Beschäftigungssystems Forschungsaufträge an die Wissenschaft vergeben werden.

Berufsauffassung

Die Berufsauffassung kann insbesondere als eine individuelle Größe angesehen werden, die durch den einzelnen Berufstätigen dargestellt wird. Sie kann durch die ihr zugrundeliegende Berufsidee bestimmt sein. So kristallisieren sich vier idealtypische Berufsideen heraus, die einer vertieften Forschung bedürften, nämlich

„1. die religiöse Berufsidee, die berufliches Handeln als Gottesdienst ansieht,
2. die traditionell-ständische Berufsauffassung, der zufolge berufliche Tätigkeit sozial gebunden ist und die historisch-aktuelle Ordnung stabilisiert,
3. die idealistisch-ganzheitliche Berufsvorstellung des Neuhumanismus mit ihrem Postulat der freien Berufswahl als Basis individueller Selbstverwirklichung und
4. die funktionelle Berufsauffassung, die den Erwerbscharakter des Berufs betont und Arbeitsteilung, technisch-ökonomische Entwicklungsprozesse und Rationalisierungstendenzen in der Arbeitswelt berücksichtigt." (Pätzold/Wahle 2013, S. 944)

Aufgaben einer Berufsforschung könnten – detailliert an einem spezifischen Beruf – etwa darin liegen, den Begriff „Berufsauffassung" von dem des Berufsverständnisses abzugrenzen. Zu überprüfen wäre auch, ob und wie sich idealtypische Berufsauffassungen bzw. Berufsideen auf einer realen Ebene der Berufsarbeit bzw. berufsspezifischer Betrachtungen konkretisieren lassen. Zu erfragen könnte ebenfalls sein, welche Verknüpfungen und Schnittmengen der aufgeführten Idealtypen in diesen Fällen zu erwarten sind.

Berufslaufbahn

Der Begriff der Berufslaufbahn wird im allgemeinen Sprachgebrauch in einen engen Zusammenhang mit den Wörtern „Berufsbiografie" und „Berufsleben" gestellt. Aus analytischen Gründen sind diese Termini genauer voneinander abzugrenzen. Für berufswissenschaftliche Untersuchungen kann ein Ausgangspunkt sein, dass es in aller Regel nicht mehr möglich ist, einen einmal gewählten Beruf für die Dauer eines dreißig- bis vierzigjährigen Arbeitslebens auszuüben. Vielmehr müssen im Laufe des Berufslebens immer wieder Entscheidungen getroffen werden.

Unter berufswissenschaftlichem Erkenntnisinteresse ist hierbei beispielsweise zu fragen, ob es möglich ist bzw. welche Bedingungen und Faktoren dazu führen können, dass mehrere Stationen beruflicher Beschäftigung einander ablösen oder auch stufenartig aufeinander aufbauen, wobei einzelne Phasen einer Berufsausbildung sowie einer beruflichen Weiterbildung und Berufstätigkeit einander ablösen können, diese unter Umständen aber auch miteinander verschmelzen. So kann die individuelle Berufslaufbahn durch wirtschaftliche und gesellschaftliche Faktoren beeinflusst werden, aber auch durch soziale Bedingungen und persönliche Dispositionen geprägt sein. Das könnte zu Brüchen in individuellen Berufslaufbahnen führen bzw. dazu, dass ein und dieselbe Person mehrere Berufslaufbahnen durchschreitet. Nicht nur aus Sicht der Berufsforschung wäre dabei von Interesse, wie es zu solchen Brüchen kommt und wie beispielsweise Wissenselemente beschaffen sind, die in unterschiedlichen Berufslaufbahnen gleichermaßen nutzbar sind bzw. genutzt werden. Wiederum werfen solche und ähnliche Sachverhalte die Frage auf, welche Anforderungen sich daraus für die Berufsbildungs- und Berufsforschung ergeben. Insgesamt zeichnen sich zum Begriff der Berufslaufbahn interessante Forschungsvorhaben ab, die mit Blick auf bestimmte Personen- und Berufsgruppen sowie Gesellschaftsschichten aus der Sicht einer entsprechend ausgerichteten Berufsforschung anzulegen wären.

Berufsverständnis

Im Unterschied zur individuellen Berufsauffassung kann das Berufsverständnis – auf einen ersten Blick – einerseits als Auffassung eines Berufes gelten, wie der Personenkreis ihn begreift, der ihn ausführt (z. B. die Angehörigen einer Zimmererinnung), andererseits aber auch als Begriff einer „Außensicht" aufgefasst werden, wie ein Beruf beispielsweise von der Gesellschaft verstanden wird (z. B. das Bild vom Lehrer oder das der Architektin).

Teilweise können diese beiden Arten des Berufsverständnisses identisch sein. Von diesem Alltagsverständnis ausgehend könnte es für die Berufsforschung dabei beispielsweise von Interesse sein, das historische Entstehen und den Wandel eines Berufsverständnisses in einem bestimmten Beruf im Laufe der Zeit zu beschreiben und Rahmenbedingungen hierfür zu erheben bzw. diese unter Umständen auch auf andere Berufe zu übertragen.

Neben der Unterscheidung einer Binnen- und Außensicht eines Berufsverständnisses lassen sich durchaus auch weitere Differenzierungen dieses Begriffes vornehmen. So stützt sich die Bundesagentur für Arbeit (BA 2010, S. 1) für ihre „Klassifikation der Berufe 2010" (KldB 2010) auf „ein spezielles Berufsverständnis, nach dem ein ‚Beruf' durch zwei zentrale Dimensionen beschrieben werden kann, nämlich die der Berufsfachlichkeit und des Anforderungsniveaus".
Welche Folgen sich hierdurch beispielsweise für Entscheidungen bei der Berufswahl ergeben oder welche Rolle ein Berufsverständnis im Berufsalltag spielt, könnten Themenstellungen weitergehender Untersuchungen innerhalb einer allgemeinen Berufsforschung sein, wobei sich deren Ergebnisse wiederum für bestimmte Berufe oder Berufsgruppen spezifizieren ließen.

- **Wenig bearbeitete Themen der Forschung zu spezifischen Berufen**

Zu dem überaus großen Forschungsfeld der spezifischen Berufsforschung gehören alle nicht-akademischen und akademischen Ausbildungs- und auch die Erwerbsberufe, deren genaue Anzahl nur zu schätzen ist und vermutlich in einem fünfstelligen Bereich liegt. Da dieses Arbeitsfeld zudem in eine spezifische Berufsforschung im weiteren und eine solche im engeren Sinne differenziert werden kann, ergeben sich zusätzliche Erweiterungen und Unterscheidungen.

Die Forschung zu spezifischen Berufen im weiteren Sinne richtet sich dabei auf alles, was zum jeweilig zu untersuchenden Beruf gehört. Die spezifische Berufsforschung im engeren Sinne fokussiert sich dagegen auf deren Zuliefereraufgabe zu berufspädagogischen Zwecken. Anzumerken ist allerdings, dass sich die Berufswissenschaft im engeren Sinne auf einen sehr begrenzten Kreis derer richtet, die für die didaktische Aufbereitung von Konzepten beruflichen Lehrens und Lernens eine entsprechende Bezugswissenschaft benötigen.

Der hohe Anspruch, dass diese großen Arbeitsfelder der spezifischen Berufswissenschaft insgesamt und vollständig erschlossen werden könnten, wird eine Utopie bleiben. Deshalb ist zu fragen, inwieweit es möglich ist, berufsspezifische Untersuchungen und Erkenntnisse zu bündeln, um sie auch für affine Berufe und Professionen nutzbar machen zu können.

Ein möglicher Lösungsweg ist, zunächst Forschungen zu jeweils einem Berufsfeld so anzulegen, dass sie Gültigkeit für möglichst viele der in diesem Bereich zusammengefassten Berufe erlangen. Darüber hinaus könnten Untersuchungen zu spezifischen Berufen so konzipiert sein, dass Erkenntnisse daraus bei wissenschaftlichen Betrachtungen zu weiteren Berufe hilfreich sind. Hierfür kämen z. B. Vorgehens-, Struktur- oder Organisationsprinzipien und wohl vor allem auch methodische Aspekte in Frage. Ein konkretes Beispiel wäre ein berufswissenschaftliches Vorhaben, in dem eine Untersuchungssystematik zum Erschließen beruflichen Arbeitsprozesswissens in einem spezifischen Beruf generiert wird. Dabei bestünde die Möglichkeit, die Ergebnisse in ihrer Grundstruktur so zu verallgemeinern, dass diese Wissenskategorie auch in verwandten Berufen erhoben werden kann.

Das Feld der spezifischen Berufsforschung wird allerdings noch größer und unübersichtlicher, wenn diejenigen Themen der allgemeinen berufswissenschaftlichen Forschung[466] zu spezifischen Forschungsanliegen werden, indem sie sich jeweils auf nur einen ausgewählten Beruf richten bzw. anhand eines spezifischen Berufes expliziert werden. Die Berufszufriedenheit, die Berufsehre, die Berufstradition, die Berufsbiografie oder der Berufsalltag sind nur wenige Beispiele, die sich anhand konkreter Berufsbilder oder auch Berufsbereiche spezifizieren lassen und hier hinsichtlich ihrer Besonderheiten spezifiziert erforscht werden können. Überdies erscheint es bei solchen Untersuchungen sinnvoll, einzelne Elemente daraus – z. B. Vorgehenssystematiken im Rahmen weiterer und anderer berufsspezifischer Forschungsvorhaben einzusetzen. Beispiele hierfür können spezifische Berufsforschungen sein, die unter historischer, gegenwärtiger und zukünftiger Perspektive erfolgen.

- **Berufsforschung und Berufsbildungsforschung**

Soll das Profil der Berufsforschung deutlicher konturiert werden, so ist diese von namentlich und inhaltlich verwandten Forschungsdisziplinen abzugrenzen. Die Disziplinen der Berufsforschung, der berufspädagogischen Forschung und der Berufsbildungsforschung[467] sind zwar institutionell, entwicklungsgeschichtlich und gesellschaftlich teilweise sehr unterschiedlich zu verorten. Zudem sind auch Konkurrenzen und Zielkonflikte vorhanden. Gleichzeitig aber weisen sie einige ähnliche Erkenntnisrichtun-

---

[466] Aus den Forschungsergebnissen für die allgemeine Berufswissenschaft könnten sich auch für eine Berufsforschung, die sich auf spezifische berufsförmige Tätigkeiten richtet, Anregungen ergeben.
[467] Die relativ jungen Begriffe „Bildungsforschung" und „Berufsbildungsforschung" konturieren sich erst in den 1960er Jahren. Zu dieser Zeit tauchen nicht nur als neue Bezeichnungen auf, die sich auch als neue Aufgabensetzung der Berufs- und Wirtschaftspädagogik zeigt.

gen auf und sind häufig aufeinander und auf die gegenseitigen Forschungsergebnisse angewiesen.

Gerade diese ambivalenten und oft indifferenten Verhältnisse machen die Schnittstellen und Bezüge zwischen den Disziplinen aus berufswissenschaftlicher Perspektive interessant. Von Bedeutung wären Ergebnisse aus entsprechenden Betrachtungen für die interne Weiterentwicklung der einzelnen Disziplinen, aber auch für eine aus Sicht der Berufswissenschaft zukünftige Ausgestaltung der Beziehungen zwischen ihnen. Berufe und Berufsbildung sowie damit auch Berufsforschung und Berufsbildungsforschung sind durch einen sehr engen Zusammenhang gekennzeichnet, d. h., fast alle Forschungsthemen, -felder und -aufgaben beider Bereiche überschneiden sich mehr oder weniger stark.

Bislang lassen sich keine ganz eindeutigen Grenzen „zwischen beiden Forschungsfeldern, sondern bestenfalls unterschiedliche Merkmale entlang eines Kontinuums definieren" (Frank u. a. 2010, S. 39). Durch Untersuchungen, mit denen Gemeinsamkeiten und Trennendes von Berufsbildungsforschung und Berufsforschung herausgehoben werden, könnten Klärungen erfolgen (vgl. Kapitel 5). Darüber hinausgehende vertiefte Analysen würden sich auf die Berufsforschung und Berufsbildungsforschung positiv auswirken.

3.8.3 Aussichten und Aspekte der Berufswissenschaft in der Gegenwart in ihrer gesamtgesellschaftlichen Bedeutung

- **Aspekte und Aussichten der Berufsforschung**

Obwohl die Zusammenhänge zwischen der arbeitsteiligen Gesellschaft mit den wirtschaftlichen sowie sozialen Unterschieden einerseits und den ausgeübte Berufen andererseits schon lange offensichtlich sind, haben Berufe erst seit dem letzten Jahrhundert vermehrte Aufmerksamkeit gewonnen. Damit entstanden auch erste berufskundliche Darstellungen. Zugleich wurde diskutiert, wie zwischen den Ansprüchen aus den individuellen Interessen der Berufstätigen einerseits und denen der Anforderungen einer funktional differenzierten Gesellschaft an die Berufswelt andererseits vermittelt werden kann und ob es – wenn auch nur partiell – so etwas wie ein gemeinschaftliches Wertesystem in der Berufsgesellschaft gibt.

Augenfällig wird die gesellschaftliche Bedeutung der Berufe nicht erst seit heute an ausgewählten Berufsbereichen erkannt. So riskieren Feuerwehrleute, Polizistinnen und Polizisten ihre Gesundheit, um Menschenleben zu retten, Schauspieler/-innen und Entertainer wollen Menschen Freude bereiten, Ärztinnen und Ärzte und Pflegekräfte tragen zur Gesundheit der Patienten bei. Auch die gesellschaftliche Bedeutung der sozialen Berufszweige wird immer wichtiger Zu den Themen der gesellschaftlichen Bedeutung von Berufen gehören auch die häufig zu hörenden Fragen von jungen Menschen, die vor der Berufswahl stehen, an Berufsvertreter nach der Sinnhaftigkeit der Tätigkeiten und der langfristigen gesellschaftlichen Bedeutung dessen, was in diesem Beruf zu leisten ist.

Durch die einschneidenden Veränderungen des Beschäftigungssystems in der postindustriellen Gesellschaft zeigt sich, dass die wirtschaftliche Leistungsfähigkeit einer Staates, dem es an natürlichen Ressourcen mangelt, vom Wissen und den Fähigkeiten aller Gesellschaftsangehörigen und damit den einzelnen Berufstätigen abhängt. Deutschland und vielleicht auch Europa hat nur als Wissensgesellschaft ökonomische Perspektiven. Deshalb sollte sich das gesellschaftliche und wissenschaftliche, aber zum Teil auch das individuelle Interesse auf den qualitativen Wandel der Berufe und der Berufswelt richten.

Erkennbar wurde in den letzten fünf Jahrzehnten die Notwendigkeit zu verstärkten Aktivitäten bei den berufswissenschaftlichen Tätigkeiten in umfassender allgemeiner, aber auch spezifischer Art, um vertiefte Erkenntnisse sowie anwendbare Aussagen und Daten über die Berufswelt und die Berufe zu erhalten. Dieses wird zunehmend wichtiger, denn Berufe haben in Deutschland eine große gesellschaftliche Relevanz. Die Berufe stellen darüber hinaus für die einzelnen Menschen, Organisationen und die Gesellschaft ein generelles Thema spezifischer Sinndeutung dar. Auch hiermit kann sich die allgemeine Berufswissenschaft befassen.

Die Art der Tätigkeit im Beschäftigungssystem bestimmt für jeden Einzelnen insbesondere Status- und Funktionszufriedenheit, führt aber auch zu Unsicherheiten in der Arbeits- und Lebenswelt. Selbst wenn angenommen werden kann, dass die meisten derer, die im Arbeitsleben stehen, auf die Anforderungen des Beschäftigungssystems angemessen und möglichst effizient reagieren möchten, so gelingt das nicht immer.

Die Anforderungen an die Berufe sind hoch. So gewinnen in der Gesellschaft die teilweise sehr hohen und neuen Anforderungen an die geistige und physische Flexibilität sowie Mobilität, an Kommunikation und Kooperation, Urteils- und Entscheidungsfähigkeit, Selbstorganisation und Selbstverantwortung der Beschäftigten zunehmend an Beachtung und Bedeutung. Wenn die Gesellschaft und die Einzelnen auf diese neuen Anforderungen angemessen antworten sollen, so sollten diese für die je spezifischen Berufe, berufsförmigen Tätigkeiten, Jobs und Arbeitsverrichtungen entstehenden Anforderungen gegenwärtig und zukünftig genauer berufswissenschaftlich erforscht werden.

- **Stand und Perspektiven berufswissenschaftlicher Forschung**

Derzeit ist festzustellen, dass für die allgemeine sowie grundlegende und spezifische sowie anwendungsorientierte Berufsforschung eine Vielzahl von bemerkenswerten Beiträgen und Ergebnissen vorliegt. Dennoch ist – soweit erkennbar –insgesamt noch erhebliche berufswissenschaftliche Arbeit erforderlich und zu bewältigen. Die Forschungslücken sind unübersehbar und die Ressourcen der öffentlichen Hand außerordentlich beschränkt. In dieser Situation erscheint es zudem sinnvoll, andere Ressourcen in Betracht zu ziehen, da auch Betriebe und Unternehmen ihr Wissen über Berufe und Berufsentwicklungen verbessern und berufswissenschaftlich fundieren müssen. Das wiederum kann für die Stellung der Wirtschaftsstandorte sehr bedeutsam sein und werden.

Für das Beschäftigungs- und das Gesellschaftssystem ist Berufsforschung eine wichtige Aufgabe. Dennoch werden momentan selbst unter dem Verwertungsaspekt allgemeine und erstaunlicherweise sogar spezifische Themen berufswissenschaftlicher Forschung kaum in den Blick genommen. Sie erscheinen den Vertretern des Beschäftigungssystems häufig als „zu abgehoben". Damit eventuell zu gewinnende Einsichten, Erkenntnisse und Theorien werden häufig schon im Vorfeld von Untersuchungsvorhaben – anders als bei Forschungsaufgaben, die sich unmittelbar auf konkrete Berufe beziehen – die Praxisrelevanz abgesprochen. Teilweise wird nicht erkannt, dass sich mit berufswissenschaftlichen Arbeiten Erkenntnisse gewinnen lassen, die für die Betriebe und Unternehmen von Vorteil sein können.

Viele der bislang noch kaum bearbeiteten Themen stellen gegenwärtig ein großes Aufgabenfeld für die Berufsforschung dar. Über die Einzelthemen hinaus können damit auch Erkenntnisse zum Wesenhaften von Beruf und Beruflichkeit gewonnen werden. Insgesamt deuten sich damit Perspektiven zur Entwicklung und zu einem systematischen Ausbau der Berufswissenschaft auf allen Ebenen an.

Unter erweiterter und zukunftsorientierter Perspektive erscheint es schließlich sinnvoll, unerkannte und bislang unbearbeitete Gegenstände berufswissenschaftlicher Forschung zu benennen und zu bearbeiten, um
- das berufswissenschaftliche Gegenstandsfeld auszuloten sowie einzugrenzen,
- defizitäre Bereiche berufswissenschaftlicher Forschung zu erschließen und zu benennen,
- zu vertiefter Forschung in den Defizitbereichen durch deren erste Ausleuchtung anzuregen,
- übergeordnete Intentionen und Ziele allgemeiner und spezifischer Berufsforschung zu konkretisieren,
- allgemeine Fragen einer übergeordneten Methodik berufswissenschaftlicher Forschung zu erörtern,
- zur Bestimmung und Abrundung des gesamten Feldes allgemeiner Berufswissenschaft beizutragen,
- einen Beitrag zur spezifischen Berufswissenschaft im weiteren und engeren Sinne zu leisten,
- Forschungslücken zu schließen und
- Orientierungen zur systematischen Einordnung weiterer Forschungsarbeiten zu geben.

Insgesamt wird es voraussichtlich mit Hilfe auch dieser Überlegungen dennoch kaum möglich sein, das weite Feld unbearbeiteter Themenstellungen vollständig zu erfassen, denn die Forschungsdefizite sind sehr groß. Ein erster Schritt zur Sammlung von Ergebnissen der Berufsforschung ist aber gemacht – es bleibt jedoch der Anspruch bestehen, daran vertieft zu arbeiten und die vielfältigen Felder der allgemeinen und spezifischen Berufsforschung weiterzuentwickeln, damit es auch bei den nicht zu vermeidenden Unvollständigkeiten gelingen kann, die Berufsforschung als eine mehr oder weniger etablierte Wissenschaftsdisziplin künftig weiter zu entfalten und zu gestalten.

3.8.4 Zukunftsbedeutung berufswissenschaftlicher Arbeit

Die Erkenntnis über Relevanz und Bedeutung der Berufswissenschaft, der Berufsforschung und der zugehörigen Lehre haben sich hierzulande in den letzten Jahrzehnten deutlich erhöht. Es erscheint möglich, dass berufswissenschaftliche Arbeiten zur Entwicklung sowie Veränderung berufsförmiger Tätigkeiten und der Berufe zukünftig aufgrund des ständigen Wandels im Beschäftigungssystem sowie der Europäisierung und Globalisierung der Institutionen und Märkte zu einem wichtigen Arbeitsfeld werden. Diese These mag erstaunen, weil „Beruf" im deutschen Verständnis ein eher spezifisches Phänomen ist, und es bereits vor vierzig Jahren selbst in der Bundesrepublik Prognosen gab, wonach die Zeit der Berufe vorüber sei und man nur noch in Kategorien von Jobs denken würde.

Davon unabhängig sollten aufgrund der weltweiten wirtschaftlichen Vernetzungen und zunehmender beruflicher Beschäftigungsmöglichkeiten außerhalb des nationalen Rahmens auch zukünftig Veränderungen im Bereich der berufsförmigen Arbeit, u. a. hinsichtlich des Berufsprinzips, der Beruflichkeit und möglicher Entberuflichungsprozesse, aufmerksam beobachtet werden. Es steht zu befürchten, dass das traditionelle deutsche Berufsprinzip zukünftig in Inhalt und Form an neue europäische und globale Rahmenbedingungen angepasst werden muss, wobei dieser Prozess auch als Chance zur Weiterentwicklung und Optimierung beruflicher sowie berufsbildender Strukturen und Prozesse gesehen werden kann.

Die gesamteuropäische Entwicklung im Bereich der Berufsbildung im Rahmen der Bologna- und Kopenhagen-Prozesse wird möglicherweise erhebliche Auswirkungen auf das deutsche Berufssystem haben. Um diesen Prozess sinnvoll begleiten zu können und Bewährtes nicht unbedacht aufzugeben, kommt der zukünftigen Berufsforschung eine wesentliche Bedeutung zu. Über den europäischen Horizont hinaus ist jedoch der globale Blick von beinahe noch größerem Interesse, zumal man in hochentwickelten Industrienationen wie den USA genauso ein Interesse an der Berufskultur deutscher oder wenigstens europäischer Prägung erkennt wie in aufkommenden Wirtschaftsmächten China, Indien oder in Entwicklungsländern.

Für die nähere Zukunft müssen sich die allgemeine und spezifische Berufswissenschaft sowie die zugehörige grundlegende und anwendungsorientierte Berufsforschung vor allem den in den Beschäftigungs- und Gesellschaftssystemen neu entstehenden und sich entwickelnden Herausforderungen und Aufgaben stellen. Die derzeit vorfindbaren Forschungsansätze und -ergebnisse sind deshalb auszubauen oder weiterzuentwickeln.

Unabhängig von diesen Einschätzungen stellt sich die Frage, ob Theorieansätze auch für die zukünftige Entwicklung berufsförmiger Tätigkeiten und der traditionellen Berufe, Berufsprinzipien sowie Berufsstrukturen in einigen Branchen noch zweckmäßig und erforderlich sind, oder ob nur eine Theorie der Berufe, zumindest für einzelne ausgewählte Berufe der postindustriellen Gesellschaft mit einem besonderen Schwerpunkt generiert werden sollten.

3.8.5 Entwicklungsperspektiven berufswissenschaftlicher Arbeit

Es sind zukünftig für die strukturelle, organisatorische und institutionelle Weiterentwicklung, Ausformung und Gestaltung der Berufsforschung und der Berufswissenschaft – wie schon ausgeführt – verschiedene Szenarien denkbar:
1. Ausbau einer beschäftigungs- und arbeitsmarktorientierte Berufsforschung.
2. Integration der Berufsforschung in die Berufsbildungsforschung.
3. Generierung einer eigenständigen und übergeordneten berufswissenschaftlichen Forschungsdisziplin zusammen mit der beschäftigungs- und arbeitsmarktorientierten Berufsforschung und der Berufsbildungsforschung.
4. Generierung einer übergeordneten berufswissenschaftlichen Forschungsdisziplin und ihrer Differenzierung in berufsspezifische Forschungen im engeren und im weiteren Sinne neben der ebenfalls eigenständigen beschäftigungs- und arbeitsmarktorientierten Berufsforschung und der Berufsbildungsforschung

Bei dem ersten Szenario würden der Verwertungsaspekt in den Vordergrund gestellt und damit berufsförmige Tätigkeiten, die weitgehend von arbeitsmarktpolitischen Erwägungen frei sind, beispielsweise künstlerische Berufe ausgeschlossen. Mit dem zweiten Szenario würde eine zu große oder sogar fast ausschließliche Fokussierung auf den Bildungsaspekt erfolgen.

Umfassender schon sind die Perspektiven beim dritten und vierten Szenario, die sich auch auf eine entstehende übergeordnete Berufswissenschaft mit ihrer Differenzierung in eine Berufswissenschaft im weiteren und engeren Sinne beziehen.

Insbesondere das dritte Szenario, das sich auf eine Zusammenarbeit von beschäftigungs- und arbeitsmarktorientierter Forschung und Berufsbildungsforschung zu einer gemeinsamen berufswissenschaftliche Forschungsdisziplin richtet, verdient besondere Beachtung, da es schon kurz- bis mittelfristig als realisierbar erscheint. Dieses Szenario ist bereits in Ansätzen in der Berufswelt erkennbar und organisatorisch in absehbarer Zeit auch realisierbar, wobei die derzeit gängige Unterteilung in die Forschungsbereiche durchaus beibehalten werden könnte. Im Vorfeld sollten allerdings die Vorteile und Nachteile einer solchen komplexen Forschungsdisziplin konstruktiv und kritisch reflektiert werden. Die Vorteile liegen u. a. und gleichzeitig vor allem in der organisatorischen Integration der Forschungsfelder und -aufgaben unter einem gemeinsamen Dach. Dadurch können Ressourcen, Kapazitäten und Strategien gebündelt, Dopplungen vermieden und gleichzeitig Synergieeffekte besser erkannt und genutzt werden. Nachteilig könnten sich dagegen die Aufgabenvielfalt und Größe der neuen Forschungsdisziplin und die damit verbundenen systemtheoretischen, strukturellen und organisatorischen Anforderungen erweisen.

Hinsichtlich der Forschungsperspektiven und -schwerpunkte im Rahmen einer übergeordneten Berufswissenschaft können zukünftig unabhängig von deren strukturellen und organisatorischen Status Untersuchungen und Analysen im weiteren Sinne benannt werden. Dazu gehören
- historische und systematische Aufarbeitung und Durchdringung der Berufe und Berufswelt sowie Analysen der Gewordenheit von Berufen,
- interdisziplinäre Analyse und Bearbeitung gegenwärtiger soziologischer, arbeitsrechtlicher und berufswissenschaftlicher Erkenntnisse und Ergebnisse,
- Analysen von Tätigkeiten, Aufgaben und Funktionen der derzeitigen nichtakademischen und akademischen Berufe,
- Rahmenbedingungen der Berufe (Klassifikation, Ordnungsmittel, rechtliche Grundlagen),
- Wirkungen auf den Beschäftigungs- und Arbeitsmarkt,
- Bedeutung für die Berufsbildung,
- Beziehungen zwischen Arbeitstätigkeiten, Berufen, Berufsausbildung und Arbeitsmarkt,
- Zusammenhänge zwischen Arbeit, Beruf, Berufsbildung sowie Beschäftigungssystem- und Arbeitsmarkt,
- Entwicklung berufsförmiger Arbeit im europäischen Kontext.

Zur den Analysen und Untersuchungen im Rahmen der Berufswissenschaft im engeren Sinne gehören
- zukünftig notwendige Inhalte, Funktionen, Strukturen und Formen der nichtakademischen und akademischen Berufe,
- Entwicklung von Beiträgen zu den berufsbestimmenden Faktoren von Arbeit, Sachgebiet und Berufsbildung
- Ausformung von Berufswissenschaften als Bezugswissenschaften für die jeweiligen nichtakademischen und teilweise auch akademischen Berufe.

Werden diese und andere Felder und Aufgaben der berufswissenschaftlichen Arbeit zukünftig in verstärktem Maße ausgebaut, so ist zu erwarten, dass sich damit eine positive Entwicklung ergibt, die sowohl für das Berufsbildungssystem und das Beschäftigungssystem als auch für das Gesellschaftssystem insgesamt eine große Bedeutung haben kann.

Bei den rasanten Veränderungen im Gesellschafts- und Beschäftigungssystem ist anzunehmen, dass sich fast zwangsläufig ein weiterer, langfristig kaum prognostizierbarer Wandel mit gravierenden Auswirkungen auf die Berufe, Berufsfelder und die Berufswelt ergibt. Deshalb sollte gegenwärtig und in naher Zukunft versucht werden, umfassende Beobachtungen aus der Berufswelt zusammenzutragen und sie dann zu prüfen, um festzustellen, ob sie unter den jeweiligen Bedingungen und Gegebenheiten (noch) sinnvoll oder wieder zu verwerfen sind. Dieses Beobachtungs- und Bewertungsverfahren mit Begründungs- und Rechtfertigungsansätzen für Berufe und ihre jeweiligen Besonderheiten, aber auch bei Theoriebildungsversuchen für relevante Themen, sind selbstverständlich schon immer angewandt worden, ohne ausdrücklich benannt worden zu sein. Nun sollten solche Verfahren aber berufswissenschaftlich bearbeitet werden.

Zukünftig sollte angestrebt worden, Ansatzmöglichkeiten und bestehende Konzepte für eine berufswissenschaftliche Theorieentwicklung aufzuzeigen, damit Anstöße zur vertieften Forschung zu geben und weitere Forschungsbeiträge zur Berufswissenschaft einzubringen. Hiermit sollte insbesondere erfasst werden, wie die Berufswissenschaft als Disziplin zu organisieren ist, wodurch sie sich trägt und legitimiert, wie die Akteure die Strukturen beeinflussen können, was bewahrt und was verändert werden muss, welche besonders gravierenden Probleme sowie Defizite bestehen und wie man diese beheben könnte, welche Veränderungs- und Reformpotenziale vorhanden sind und welche Perspektiven sich abzeichnen.

Unter entsprechenden Bedingungen können berufswissenschaftliche Theorieansätze und -bestandteile nicht nur zusammengetragen, neu gewonnen und zum Teil evaluiert werden, sondern auch die Verknüpfungen in Hinblick auf die Leistungsfähigkeit für das gesellschaftliche Gesamtsystem aufgezeigt und bewertet werden.

Durch die bisherigen Untersuchungen deutet sich zumindest an, dass für die Weiterentwicklung der Berufswissenschaft schon auf vielfältige Erfahrungen und Teiltheorien sowie Möglichkeiten für Forschungsansätze in systematisierter Form aufgebaut werden kann. Zu erwarten ist ein Wandel in den berufswissenschaftlichen Aufgabenbereichen und Untersuchungsfeldern. Es wird für die Zukunft davon ausgegangen, dass die vorhandenen aktuellen Sachverhalte und Ergebnisse auch weiter gesammelt, systematisiert, fortentwickelt und modifiziert, aber – bei neuem Erkenntnisgewinn – gegebenenfalls auch widerlegt werden müssen. Die damit gewonnenen singulären Erkenntnisse können dann in einen größeren Theorierahmen „Berufswissenschaft" eingefügt werden. Allein damit ergibt sich als große und anspruchsvolle Aufgabe, eine kaum abzuschließende und in vielen Teilen sich ständig verändernde Theorie weiter zu entwickeln, wobei nicht vorausgesehen werden kann, ob die jeweils erarbeitete Theorie dann langfristig Bestand haben wird. Solche kritischen Fragen werden sich immer wieder sowohl für den Überbau als auch die Bestandteile einer Theorie der Berufe und der Berufswissenschaft stellen.

4 Berufliches Lernen und Studieren als Gegenstand der Berufsbildungswissenschaft

4.1 Ausgangslage zur Entwicklung der Berufsbildungswissenschaft
– Entstehungszusammenhänge, wissenschaftliche Bestände und Ergebnisse

4.1.1 Von der Berufs- und Wirtschaftspädagogik zur Berufsbildungswissenschaft

Bis zum Beginn des zwanzigsten Jahrhunderts wurde im Zusammenhang mit beruflicher Ausbildung von Berufserziehung gesprochen. Erst in den 1920er Jahren kam der Begriff der Berufs- und Wirtschaftspädagogik langsam auf. Bis in die 1960 Jahre hinein wurde bei Ausbildungsfragen sowohl der Begriff „Berufserziehung" als auch der Ausdruck „Beruf- und Wirtschaftspädagogik" verwendet.

Die universitäre Berufs- und Wirtschaftspädagogik etablierte sich erst in der zweiten Hälfte des zwanzigsten Jahrhunderts. Dabei hielt sie an den in den zwanziger Jahren entstandenen Begriffen fest, wobei die von Dilthey[468] angestoßene Diskussion zu Verwissenschaftlichung der Pädagogik und damit auch der Berufspädagogik ständig lebendig gehalten und fortgeführt wurde.

Die Wirtschaftspädagogik, die sich bereits seit Beginn des zwanzigsten Jahrhunderts als Universitätsdisziplin etabliert hatte, indem sie damals wie auch teilweise noch heute die Eingliederung in wirtschaftswissenschaftliche Fakultäten betrieb, führt quasi ein Eigenleben. Damit musste und muss sie sich teilweise auch derzeit gegen den Eindruck verwahren, dass es sich bei der Wirtschaftspädagogik um einen Bereich der Wirtschaftswissenschaft handele, und Fragen zur Wirtschaft Vorrang vor dem Pädagogischen haben

Auch bei der Berufspädagogik sind – wie Ingrid Lisop mit einem kurzen geschichtlichen Rückblick feststellt – selbstkritische Reflexionen notwendig, denn es scheint „durchaus unterschiedliche Auffassungen bezüglich Rolle, Methodologie, Stellenwert und Radius der Berufs- und Wirtschaftspädagogik im Gefüge der Wissenschaften gegeben zu haben und zu geben. Das macht eine generalisierende Beurteilung der disziplinären Identität schwierig, zumal die Dynamik des Strukturwandels für eine Disziplin wie die Berufs- und Wirtschaftspädagogik eine permanente Herausforderung darstellt." (Lisop 2009, S. 2)

---

[468] Wilhelm Diltheys (1888) hatte mit seiner Schrift „Über die Möglichkeit einer allgemeingültigen pädagogischen Wissenschaft" die Unreife der Pädagogik als Wissenschaft beklagt. Er gab damit den Anstoß zu einer geisteswissenschaftlichen Pädagogik. Die in der Folge über Jahrzehnte andauernde Diskussion und Entwicklung führte nach dem Zweiten Weltkrieg zur Einrichtung erziehungswissenschaftlicher Lehrstühle und Institute sowie zu einer Verwissenschaftlichung der Pädagogik in den 1970er Jahren.

Für die Disziplinen „Berufspädagogik" und „Wirtschaftspädagogik" sind seit Anbeginn Tendenzen erkennbar, das Trennende herauszustellen und die Zusammenarbeit nicht als vorrangige Aufgabe zu sehen. Unabhängig vom Binnenverhältnis der Berufs- und Wirtschaftspädagogik werden gegenüber anderen Wissenschaften interdisziplinäre Arbeitsweisen zumindest nicht als vordringlich angesehen. Disziplinen, die eingebunden werden können, werden häufig nur selektiv befragt.

Dem Befund, dass es „durchaus unterschiedliche Auffassungen bezüglich Rolle, Methodologie, Stellenwert und Radius der Berufs- und Wirtschaftspädagogik im Gefüge der Wissenschaften gegeben zu haben und zu geben" (Lisop 2009, S. 2) scheint, ist zuzustimmen. Nicht nur deshalb ist zumindest eine grobstrukturelle Betrachtung der Berufspädagogik und der Wirtschaftspädagogik angezeigt.

An der Namensgebung „Berufspädagogik" sind drei Aspekte bemerkenswert und zwar, dass
- diese spezifische Wissenschaft zwar das Wort „Beruf" im Namen trägt, jedoch werden die Berufe, zu denen ausgebildet werden soll, im Einzelnen kaum vertieft betrachtet,
- mit der Aufnahme des Namensbestandteils „Pädagogik" wissenschaftlichen Bedenken ignoriert wurden und
- das übergeordnete Anliegen, Berufsbildung zu vermitteln, im Namen nicht sichtbar wird.

Auch bei Berücksichtigung dieser Kritik lässt sich feststellen: „Die herausragende Bedeutung des Berufes für die Berufspädagogik wird bereits in deren Bezeichnung deutlich signalisiert: Die beruflich verfasste Arbeit in der modernen Industriegesellschaft ist der Dreh- und Angelpunkt der Disziplin." (Arnold/Münk 2006, S. 20)

Auch an der Namensgebung „Wirtschaftspädagogik" kann eine entsprechende Kritik festgemacht werden. Zu dem bereits für die Disziplin „Berufspädagogik" Gesagten kommt noch hinzu, dass eine Pädagogik, die die Wirtschaft in das Zentrum der Arbeit stellt, besondere Probleme aufweist, weil sie weder den Beruf in seiner zentralen Bedeutung noch die Bildungsfrage mit der Namensgebung erkennbar werden lässt. Das aus dem Deutschen und Altgriechischen konstruierte Kompositums aus Beruf oder Wirtschaft einerseits und Pädagogik andererseits stellt den Zusammenhang von Bildung und Subjekt im Medium von beruflicher Arbeit und Sachgebiet nicht genügend heraus.

Die in den letzten Jahrzehnten immer wieder vorgenommenen Versuche mit Modebegriffen – wie Employability, Kompetenz, Handlungsfähigkeit, Lerngebiet und Lernfeld – übergeordnete Kategorien zu bilden, verwischten die Probleme einer fehlenden übergeordneten Kategorie. Das war in der Etablierung in den 1960er Jahren anders, da waren die „Diskurse in den großen Kontext des Verhältnisses von gesellschaftlichem Leitbild und Subjektbildung eingestellt. Das bewirkte wissenschaftliche Breite und Standfestigkeit, ferner Anschlussmöglichkeiten an die allgemeine Erziehungs- wie an die Gesellschaftswissenschaft. Nicht zuletzt ergaben sich daraus die Möglichkeiten, sich in den öffentlichen Diskurs über Bildung und Bildungspolitik einzubringen." (Lisop 2009, S. 14)

Festzustellen ist noch immer: In ihrer bisherigen Geschichte hat die Berufs-und Wirtschaftspädagogik „nicht zu einem einheitlichen Wissenschaftsverständnis gefunden, aber dennoch gibt es einen Aspekt, der die verschiedenen pädagogischen Theoriestränge über die Systemgrenzen hinweg assoziiert" (Kurtz 2000, S. 323). Die Berufs- und Wirschaftspädagogik "versteht sich von Ihrem Selbstverständnis her als eine *anwendungsbezogene Disziplin"* (ebd.; Hervorhebungen im Original).

Heute ergeben sich zusätzlich zu dem bisher Gesagten Probleme dieser beiden Wissenschaftsdisziplinen schon in der Namensgebung auch dadurch, dass jungen Menschen, die sich in der nicht-akademischen Ausbildung befinden, immer älter werden[469],das pädagogische und erzieherische Moment in den Hintergrund rückt und dafür die Berufsbildung wichtiger wird. Außerdem findet Berufsbildung auch im akademischen Bereich statt. Dennoch ist Berufsbildungsforschung traditionellerweise fast ausschließlich nur auf nicht-akademische Bereiche fokussiert, und akademische Berufe sind weitgehend ausgeblendet worden.

Eine an den Grundfesten der Disziplin ansetzende Kritik wird von soziologischer Seite zu der von der Pädagogik und damit auch der Berufs- und Wirtschaftspädagogik verwendeten Reflexionstheorie[470] formuliert. Niklas Luhmann und Eberhardt Schorr konstatieren, dass es einen Bezug zwischen dem Erziehungssystem und dem Wissenschaftssystem gibt. Dieses führt aber nicht zu „festen Formen intersubjektiv gewisser Selbsterkenntnis. Dadurch entsteht keine Wahrheit. So entsteht Dynamik" (Luhmann/Schorr 1988, S.342). Pädagogik ist in diesem Sinne zwar eine universitäre Disziplin, aber eben keine Wissenschaft.[471] Bei der durch deskriptive Methoden entstandenen Reflexionstheorie in der Wirtschafts- und Berufspädagogik handelt es sich um Produkte aus Prozessen der Selbstvergewisserung als einer universitären Lehr- und Forschungsdisziplin. Dabei hat sich zumindest eine beachtliche Reflexionstheorie herausgebildet. Man wird aber der „universitären Berufspädagogik nicht gerecht wenn man sie per se als Reflexionsdisziplin klassifizieren würde, sondern wir haben es hier mit einer Theorie mit ausgeprägtem *Wissenschaftsanspruch* und gleichzeitig gepflegtem *Reflexionsbewußtsein* zu tun. Diese Disziplin schwankt permanent zwischen den Polen Wissenschaft und Praxis, wobei man unterscheiden muß zwischen der Externalisierung der Gesamtdisziplin auf Wissenschaftlichkeit und den explizit wissenschaftlichen Forschungsansätzen innerhalb der Disziplin." (Kurtz 2000, S. 334;Hervorhebungen im Original)[472]

---

[469] In den 1950er Jahren verließen mehr als achtzig Prozent der „Kinder" mit vierzehn Jahren die allgemeinbildende Schule.
[470] Reflexionen zu Themen der Berufs- und Wirtschaftspädagogik waren ein wichtiges Konzept der Lehre für das Lehramt an Berufs-, Berufsfach- und Fachschulen, wie es auch der Autor in seiner Studienzeit Anfang der 1960er erlebt hat.
[471] Aussagen dergestalt, dass „Berufsbildungstheoretische Forschung (…) einen wesentlichen Beitrag zur Selbstvergewisserung der Disziplin" (Unger 2009, S. 1) leistet, erscheinen damit problematisch.
[472] „So gibt es hier auf der einen Seite Forschungsansätze, denen die Berufsbildung zwar als Objekt ihrer Beschreibung dient, die aber vom Referenzkontext Wissenschaft aus argumentieren und auf der anderen Seite solche, die in Form einer *reflexion engagee* argumentieren und damit in den Selbststeuerungsapparat des gesellschaftlichen Systemzusammenhanges der modernen Berufsbildung als Referenzkontext involviert sind. Diese über die Systemgrenzen hinausweisende Differenz zwischen Wissenschaft und Reflexion kann natürlich auch in Personalunion egalisiert werden

Thomas Kurtz vermutet, dass es vielleicht das Besondere an der Berufspädagogik ist und das „gegenüber wissenschaftlichen Disziplinen auszeichnende, daß sie mit ihren unterschiedlichen Ausformungen beide Seiten sehen kann." (Kurtz 2000, S. 334)

Bislang ist aber nicht versucht worden, diese Besonderheit zur Systematisierung der Disziplin zu nutzen. Berufs- und Wirtschaftspädagogik taumelt weiter zwischen Wissenschaft, Reflexionstheorie und Praxis. „Unter der Bezeichnung Berufs- und Wirtschaftspädagogik subsumieren sich sowohl wissenschaftliche Ansätze als auch Reflexionsansätze *aber die wissenschaftlichen* Theorien *über Berufsbildungsprozesse fungieren für die Einheit symbolisierende Disziplin Berufspädagogik in Form von Externalisierung als Grundlage für Ihre* Reformoptionen *der Berufsbildungsprozesse."* (Kurtz 2000, S. 334; Hervorhebungen im Original)

Der Disziplin „Berufs- und Wirtschaftspädagogik fehlt eine klare Herausstellung und Berücksichtigung der Differenz von Wissenschaft und Reflexion, um daraus Konsequenzen, aber ohne Rang- oder Wertfolgen zu ziehen. Die aus wissenschaftstheoretischer Sicht sinnvolle Unterscheidung, „die nichts anderes besagt, als das Wissenschaft und Reflexion von einem je eigenen Referenzkontext aus im Rahmen funktional unterschiedlich ausdifferenzierter gesellschaftlicher Teilsysteme ihre gesellschaftliche Umwelt beobachten und in theorieförmiger Form beschreiben" (Kurtz 2000, S. 335), sollte bei wissenschaftlichen Untersuchung als Berufsbildungswissenschaft einerseits und Konzepten, Beschreibungen und Reflexionen der pädagogischen Praxis andererseits berücksichtigt werden.

Mit den schon seit einigen Jahren erfolgten Überlegungen zur Namensgebung „Berufsbildungswissenschaft" anstelle der Berufs- und Wirtschaftspädagogik sollten darüber hinaus
- inhaltliche Akzentuierungen im Verhältnis von Arbeit, Sachgebiet und Bildung vorgenommen werden,
- neben der Fokussierung auf die berufliche Erstausbildung die Weiterbildung einen angemessenen Stellenwert erhalten und
- das Berufsbildungsgesamtsystem diskutiert werden.

Der Begriff der Berufsbildungswissenschaft ist keineswegs neu. Er wird schon seit einiger Zeit genutzt und auch bewusst thematisiert. So sprich Adolf Kell bereits seit mehr als zehn Jahren (s. Kell 2005) hiervon, und zwar explizit dazu, dass man „statt der additiven Bezeichnung BWP (Berufs- und Wirtschaftspädagogik/der Verfasser) einen integrativen Begriff BBW (Berufsbildungswissenschaft/der Verfasser) (...) verwenden" (Kell 2013a, S. 66) sollte. Er hebt hervor, „dass der Begriffsteil ‚Berufsbildung' als Wort im Sprachgebrauch der Praxis verankert ist (z. B. Berufsbildungspraxis, -planung, -politik, -forschung)" (ebd.), und erläutert weiter: „Während ‚Pädagogik' als Begriffsteil für die Praxis und die Theorie verwendet wird und deshalb im Kontext der Wortverwendung jeweils interpretiert werden muss, drückt ‚Wissenschaft' als Begriffsteil die Theorieposition klar aus." (ebd.)

Wie schon die einzelnen Betrachtungen zur Wirtschaftspädagogik und zur Berufspädagogik sichtbar werden lassen, bringt auch das sprachliche Konstrukt „Berufs- und Wirtschaftspädagogik" – wie zu kritisieren ist – „die faktische Binnendifferenzierung in der Berufsbildungswissenschaft aber nicht zum Ausdruck. Grundsätzlich geht es darum, in der Spannung von Einheit (Allgemeines) und Differenz (Spezielles) die Sektionsarbeit wissenschaftsorganisatorisch zu gestalten." (Kell 2014, S. 60) Hinzuzufügen ist dem Gedankengang, dass neben einer Binnendifferenzierung auch die Erweiterung des Aufgabengebietes der Berufsbildung vorgenommen werden sollte.

Die Diskussion um eine zutreffende Namensgebung der erziehungswissenschaftlichen Disziplin „Berufs- und Wirtschaftspädagogik" sollte also – wie Adolf Kell (2014, S. 60 ff.) auch in jüngster Zeit wieder ausgeführt hat – in Berufsbildungswissenschaft umbenannt werden. Kernaussage des Anliegens ist, dass der Name „Berufs- und Wirtschaftspädagogik" die historische Entwicklung der Disziplin berücksichtigt, jedoch nicht die im erziehungswissenschaftlichen Bereich geführte Wissenschaftsdiskussion widerspiegelt.

In der hergebrachten Disziplin der Berufs- und Wirtschaftspädagogik ist in den letzten sechs Dezennien ein Selbstverständnis entwickelt worden, das lautet: „Ihr Gegenstandsbereich ist die Berufsbildung, ihr Erkenntnisinteresse ist fokussiert auf die Subjektentwicklung – in der Umwelt von Berufsbildung und Berufsarbeit – und ihre normative Orientierung schließt an den Bildungsbegriff der (allgemeinen) Erziehungswissenschaft an – mit speziellen berufsbildungstheoretischen Begründungen." (Kell 2014, S. 60) Bernhard Bonz (2016, S. 216) kritisiert, dass der Name „Berufs- und Wirtschaftspädagogik" nicht erkennen lässt, „dass dort seither ein übergreifendes und einheitliches Wissenschaftsverständnis entstand, dass sich ein gemeinsames Selbstverständnis als erziehungswissenschaftliche (Teil-)Disziplin entwickelte".

Adolf Kell (2006, S. 453) hebt hervor, dass das Wort „Berufsbildung" für verschiedene Sachverhalte verwendet wird. Aus einer umfassenderen Sicht „sind vier Definitionen hervorzuheben:
(1) Berufsbildung ist eine (normative) Zielkategorie, die in der Spannung von Beruf und Bildung, von beruflicher Tüchtigkeit und beruflicher Mündigkeit berufspädagogisch zu begründen, zu legitimieren und zu konkretisieren ist (…).
(2) Berufsbildung ist eine (deskriptive) Dimension individueller Entwicklungsprozesse, insbesondere von beruflichen Lern- und Arbeitsprozessen, die mit Bezug auf die in (1) genannte Zielkategorie „Mündigkeit" als Berufsbildungsprozesse interpretiert werden können (…).
(3) Berufsbildung ist das Ergebnis (Produkt) solcher Entwicklungsprozesse, z. B. der selbständig planende, durchführende und kontrollierende Facharbeiter, der komplexe Arbeitsaufgaben bewältigen kann (…).
(4) Berufsbildung ist der Oberbegriff für die Organisation beruflicher Lernprozesse (für die institutionelle Struktur) in den drei Bereichen (Stufen): Vorberufliche Bildung (in den Sekundarbereichen I und II), berufliche Erstausbildung im Sekundarbereich II sowie akademische Berufsausbildung im Tertiärbereich) und berufliche Weiterbildung (berufliche Erwachsenenbildung im Quartärbereich)."

In allen vier Bereichen sind berufsbildungswissenschaftliche Arbeiten und eine berufsbildungswissenschaftliche Forschung festzustellen. In welchem Umfang und in welcher Tiefe Entsprechendes stattfindet, ist nicht so einfach zu beantworten.

Der Begriff der Berufsbildungsforschung ist also nicht neu (s. Kell 2010; Sloane 2010 Beck 2010) und es sollte nun der Schritt zur Namensänderung der Disziplin in Berufsbildungswissenschaft eingeleitet werden.[473] Wegen der großen Komplexität des Gegenstandsbereichs „Berufsbildung" ist eine detaillierte Sicht der Berufsbildungswissenschaft erforderlich. Bernhard Bonz (2016, S. 216) kommt zu dem Schluss: „Die große Komplexität der Berufsbildung führte zu einer Binnendifferenzierung der Disziplin. Auch die Differenzierung nach beruflichen Fachrichtungen ist in der Berufsbildungswissenschaft besser aufgehoben, weil nicht nur die „gewerblichen" Fachrichtungen in der Berufspädagogik sowie die Wirtschaftspädagogik namentlich zur Geltung kommen und gewerblich-nichttechnische Fachrichtungen oder die Fachrichtungen der personenbezogenen Dienstleistungen verborgen bleiben."

Eine Berufsbildungswissenschaft hat – wie jede Wissenschaftsdisziplin – an Hochschulen zwei Stränge der Berufsbildung zu verfolgen: die Lehre und die Forschung. Dabei beschreibt Berufsbildungsforschung die Grundlagen- und Vertiefungsforschung der Berufsbildungswissenschaft. Dazu müssen vielfältige Aufgaben geleistet werden, insbesondere wenn auch die akademische Berufsbildung bearbeitet wird. Insgesamt spricht also sehr vieles für eine längst fällige Namensgebung "Berufsbildungswissenschaft".

- **Zum inhaltlichen Wandel einer Disziplin - Desiderata**

Mit der eher formalen neuen Namensgebung kann zugleich aber eine inhaltliche Diskussion aufgenommen werden. Diese sollte sich auch auf eine Erweiterung des Aufgabengebietes der Disziplin richten.

Über das Formale der Namensgebung hinaus sind inhaltliche Vertiefungen vorzunehmen. Diese sollten sich zuvörderst an den Berufen und Professionen der verschiedenen Tätigkeitsbereiche in Hinblick auf die Bildung und die Menschen orientieren. Im Verein mit den dazu nötigen Untersuchungen der berufsförmigen Arbeit sind inhaltliche Konkretisierungen bei den zugehörigen Sachgebieten unter dem Bildungsaspekt einzuleiten. Die Beruflichkeit und die Tendenzen zur Entberuflichung sind ebenso wie die Professionalisierung und Deprofessionalisierung an konkreten Berufen zu untersuchen.

Rita Meyer und Uwe Elsholz (2009, S. 1) vertreten zu Recht die These: „Mit der Fokussierung der Berufs- und Wirtschaftspädagogik auf das duale System blendet die Disziplin relevante Bereiche der beruflichen Bildung aus. Dies gilt insbesondere für das Feld der

---

[473] Adolf Kell (2014, S. 61; Hervorhebungen im Original) verweist darauf: „Mit dem Vorschlag, die Sektion nicht als Berufs- und Wirtschaftspädagogik, sondern als Berufsbildungs*wissenschaft* zu bezeichnen, wird mit dieser Bezeichnung auch eine Entwicklung nachgeholt, die bei der Gründung der DGfE vor 50 Jahren zur sprachlichen Differenzierung zwischen *Pädagogik* als gesellschaftliche *Praxis* und Erziehungs*wissenschaft* als universitäre Disziplin geführt hat.

beruflich-betrieblichen Weiterbildung" und – wie man hinzufügen muss – das Feld der akademischen Berufs- und Weiterbildung.

Die bisher vorherrschende Fokussierung der Disziplin auf die berufliche Erstausbildung des nicht-akademischen Bereiches sollte aufgebrochen und damit auch die akademischen Erstausbildung und die Weiterbildung einbezogen werden. Durch eine verstärkte Zuwendung auf die Weiterbildung aller Qualifikationsstufen sollte dieser noch junge, aber zunehmend wichtigere Forschungsbereich einen angemessenen Stellenwert erhalten. So bieten inzwischen auch die Hochschulen verschiedene Formen der Weiterbildung an.[474]

Da Berufsbildung im nicht-akademischen Bereich und seit einigen Jahren vermehrt auch in der Lehre des Hochschulsystems stattfindet, sollten in der Berufsbildungswissenschaft das Berufsbildungsgesamtsystem diskutiert werden. Unter systemischer Perspektive ist allerdings mit Friedhelm Schütte (2013, S. 59) bislang feststellbar: „Die in der Bundesrepublik weitgehend unabhängig voneinander geführten Diskurse um die Transformation des Berufsbildungs- und Hochschulsystems blockieren eine breit angelegte Bildungsreform." Kontraproduktiv sind teilweise auch der bereits seit einigen Jahren mit dem europäischen Systemwechsel und der Adaption des angelsächsischen Modells eingeleiteten Wandlungen von Struktur und Verfassung nationaler Reproduktionsmodelle. Diese Entwicklungen „befördert weder die Weiterentwicklung des Systems beruflicher Bildung noch die des Hochschulsystems" (Schütte 2013b, S. 59). Für das herkömmliche nicht-akademische Berufsbildungssystem ist das weitgehend unproblematisch.

Nicht so einfach ist es für das Hochschulsystem. Traditionell waren für dieses bis vor wenigen Jahren die übergreifenden Ziele auf die Vorbereitung einer beruflichen Tätigkeit mit entsprechender Hochschullehre einerseits und die Forschung und Wissenschaftsförderung andererseits. Das hatte und hat ein ständiges und nicht aufhebbares Spannungsverhältnis zwischen den zwei Funktionen zur Folge. Bei hochschulischen Einrichtungen, die fast ausschließlich auf die Lehre ausgerichtet sind, trifft dies nicht zu. Dort wird fast nur „höhere" oder „akademisierte" Berufsausbildung angeboten.

Berufsbildungswissenschaft kann sich im Wesentlichen in drei verschiedenen Bereichen ausformen und zwar als
- „Allgemeine Berufsbildungswissenschaft", bei der übergreifenden Ergebnisse zum beruflichen Lehren, Lernen und Studieren gesammelt und systematisiert oder erforscht werden,
- „Vergleichende Berufsbildungswissenschaft" beispielsweise zwischen verschiedenen Fachrichtungen oder Ausbildungsstätten und historischen Perioden,

---

[474] Im Hochschulgesetz des Landes Nordrhein-Westfalens heißt es beispielsweise „Die Hochschulen bieten zur wissenschaftlichen oder künstlerischen Vertiefung und Ergänzung berufspraktischer Erfahrungen Weiterbildung in der Form des weiterbildenden Studiums und des weiterbildenden Masterstudienganges an. An Weiterbildung kann teilnehmen, wer ein Hochschulstudium erfolgreich abgeschlossen oder die erforderliche Eignung im Beruf erworben hat." (Hochschulgesetz – HG 2014, § 62, Abs. 1)

- „Spezifische Berufsbildungswissenschaft" mit der die jeweiligen Berufs- und Weiterbildungseinrichtungen in Betrieb, Schule oder Hochschule sowie berufliches Lehren, Lernen und Studieren zu ausgewählten Berufen und Professionen untersucht werden.

Für die Berufsbildungswissenschaft stellen berufsförmige Tätigkeiten, Berufe und Professionen eine zentrale Kategorie dar. Dazu kann die Disziplin auf bereits vorhandenen berufspädagogischen Kategorien und Ergebnisse zugreifen.

4.1.2 Bisherige Berufs- und Wirtschaftspädagogik – Wesentliche Ausgangspunkte von Berufsbildungswissenschaft und Berufsbildungsforschung

Für die Berufsbildungswissenschaft und Berufsbildungsforschung des akademischen und mehr noch des nicht-akademischen Bereiches stellen die bisher geleisteten Arbeiten eine ausgezeichnete und ergiebige Basis dar, die hier nur grob skizziert werden kann.

- **Anfänge der Forschung in der Berufs- und Wirtschaftspädagogik**

Schon zu Beginn des zwanzigsten Jahrhunderts hat es umfangreiche Untersuchungen zu den Fortbildungs- und späteren Berufsschulen gegeben. Erst durch Arbeiten von Georg Kerschensteiner, Eduard Spranger und Aloys Fischer zum Verhältnis von Berufs- und Allgemeinbildung ist die Bedeutung des Berufs für den Einzelnen und die Gesellschaft thematisiert worden.
Eine berufspädagogische akzentuierte Berufsbildungsforschung kann nach Antonius Lipsmeier „an sechs Befunden und Entwicklungen festgemacht werden:
– Der Übertragung der Handelslehrerausbildung (ab 1900; vgl. Pleiß 1963) und der Gewerbelehrerausbildung (ab 1834 mit vielen Unterbrechungen; endgültig erst und an nahezu allen Ausbildungsstandorten ab 1960; vgl. Lipsmeier 2003, 132 ff.) an wissenschaftliche Hochschulen mit der allmählichen Verwissenschaftlichung der entsprechenden Bezugsdisziplinen;
– dem mit dem Beschluss der Reichsschulkonferenz von 1920 (vgl. Lipsmeier 1970) nunmehr – nach langen Diskussions- und Entwicklungsprozessen – endgültig und anspruchsvoll formulierten und bis heute im Kern bestehenden Bildungsauftrag der Berufsschule, der intensive Forschungs- und Entwicklungsaktivitäten um die organisatorische, curriculare und didaktisch-methodische Stabilisierung dieser Institution zur Folge hatte (vgl. Thyssen 1954; Stratmann/Schlösser 1990);
– dem Entstehen eines sehr differenzierten Verbandswesens der Berufsschullehrerschaft seit 1880 mit beachtlichen Professionalisierungserfolgen für die Mitglieder (vgl. Baar 1923, 519 ff.);
  – dem Aufkommen eines mehr und mehr wissenschaftlichen Ansprüchen gerecht werden den berufspädagogischen Zeitschriftenwesens seit 1886 (vgl. Grüner 1974a, 328 ff.);
  – den frühen Versuchen zur Ordnung und Strukturierung von Informationen über die berufliche Bildung, auch auf verlässlichen (sekundär-)statistischen Erhebungen und sys-

tematischen Datensammlungen basierend (vgl. Pache 1896 - 1905; Statistik des Deutschen Reiches1897; 1909);
- den ersten, wissenschaftlichen Ansprüchen einigermaßen genügenden, das zeitgenössische Schrifttum einigermaßen vollständig berücksichtigenden „Fortbildungsschulkunden", also Recht, Organisation, Didaktik und Methodik umfassenden, systematischen Darstellungen (Siercks 1908; Schilling 1909; Mehner 1912), zu denen auch Abhandlungen über das Lehrlingswesen gehören (z. B. Jauch 1911)." (Lipsmeier 2005, S. 22)

Die dabei erhaltenen berufs- und wirtschaftspädagogischen Ergebnisse und Erkenntnisse werden teilweise noch heute genutzt. Außerdem sind damaliger Zeit Probleme der Berufserziehung untersucht worden. „Einen starken Impuls bekam die Verwissenschaftlichung des Reflektierens, Analysierens und Implementierens beruflicher Bildung mit den Aktivitäten des im Jahre 1908 gegründeten „Deutschen Ausschusses für technisches Schulwesen" (DATSch) mit seinen „Abhandlungen und Berichten" (Lipsmeier 2005, S. 22).

Seit der zweiten Hälfte des zwanzigsten Jahrhunderts und insbesondere seit Ende der 1960er Jahre sind die Untersuchungsgegenstände berufs- und wirtschaftspädagogischer Forschung die Berufsbildung in beruflichen und vorberuflichen Bildungsgängen sowie in der Weiterbildung. Gearbeitet wurde auch zu institutionstheoretischen Problemen.

Außerdem fanden Lehr-/Lernforschungen, historische Forschungen und vergleichende berufs- und wirtschaftspädagogische Untersuchungen statt. Festzustellen sind jedoch auch - unter Berücksichtigung des „noch insgesamt unbefriedigenden Zustandes der berufspädagogischen Berufsbildungsforschung in den 1950er und 1960er Jahren" (Lipsmeier 2005, S. 24) - erhebliche Defizite der Disziplin. Im Vergleich dazu hatte die sozialwissenschaftliche Berufsbildungsforschung schon damals einen ganz anderen Entwicklungsstand erreicht.

Mit der Errichtung des Bundesinstituts für Berufsbildungsforschung hat die berufspädagogisch akzentuierte Berufsbildungsforschung neue Anstöße erhalten. Für die nichtakademische Berufsausbildung wurden didaktische Modelle und eine Vielzahl methodischer Ausbildungs- und Unterrichtsverfahren entworfen und wissenschaftlich evaluiert.
Durch die noch bis zum Ende des Jahrhundert bestehenden Konzepte der Berufs- und Wirtschaftspädagogik zu den sogenannten Bezugswissenschaften (z. B. Ingenieurwissenschaften, Wirtschaftswissenschaften und Sozialwissenschaften) ergaben sich auch fachlich geprägte Forschungs- und Lehrbereiche.

Aus der traditionellen Diskussion zum Bildungs- und Berufsbildungsbegriff als Leitfunktion entstanden in den letzten Jahren Konzepte der Gestaltungs- und Handlungsorientierung zum beruflichen Lehren und Lernen, die erhebliche Forschungsaktivitäten erforderten. Ein relativ neuer Forschungsbereich wurde mit dem Aufkommen der Kompetenzdebatte die Kompetenzmessung eröffnet. Umfangreiche Diskussionen und Untersuchungen wurden zu Fragen der Beruflichkeit mit den Möglichkeiten und Gefahren zur Verberuflichung und Entberuflichung ausgelöst. Diese Diskussion wurde dadurch bestimmt, dass im Beschäftigungssystem in zunehmendem Maße nicht jede Erwerbstätigkeit auf der Basis berufsförmiger Arbeit oder eines Berufes erfolgt.

Berufe beruhen in Deutschland normalerweise auf einer geregelten Ausbildung. Im Grenzbereich von Berufsbildungsforschung und Berufsforschung wurde herausgearbeitet, dass moderne Beruflichkeit nicht nur eine beliebige Ansammlung von berufsbezogenen Merkmalen und Prinzipien ist, sondern sich auch auf die Abstimmung dieser Merkmale untereinander, richtet.[475]

- **Berufs- und wirtschaftspädagogische Forschungsschwerpunkte – Eine Auswahl**

Auch wenn die Berufe und die Berufswelt die Folie waren, auf welcher der berufs- und wirtschaftspädagogische Diskurs erfolgte, bestimmten viele sehr verschiedene spezifische Probleme die Debatte, die als interdisziplinäre Arbeiten teilweise bis in die Lernpsychologie und gruppensoziologische Felder reichten.

Für die Anerkennung der Berufsbildung als Disziplin war von besonderer Bedeutung, dass sich die Deutsche Forschungsgemeinschaft für die Arbeit der Berufs- und Wirtschaftspädagogik[476] interessierte, und dass vom Senat der Deutschen Forschungsgemeinschaft (DFG) 1986 eine Kommission für Berufsbildungsforschung eingerichtet wurde. Diese nahm im Folgejahr ihre Tätigkeit auf und legte nach zweijähriger Arbeit eine Denkschrift zur Entwicklung, zu den Aufgaben, den vorhandenen Ressourcen und dem Förderungsbedarf der Berufsbildungsforschung an den Hochschulen vor.

Mit der Denkschrift wurde vor allem das Ziel verfolgt, die Entwicklung der Berufsbildungsforschung voranzubringen und zu fördern. Dazu wurden auch die Möglichkeiten von Beiträgen der Universitäten und Hochschulen zur Berufsbildungsforschung zu künftigen Forschungsaktivitäten erwogen. Die Denkschrift bot zugleich Anregungen dafür, Forschungsaktivitäten an Hochschulen und Universitäten mit denen anderer wissenschaftlicher Einrichtungen zu vernetzen.[477]

Mit der Denkschrift wurden mit dem zweiten Kapitel „Zur Lage der Berufsbildungsforschung in der Bundesrepublik Deutschland" die historische Entwicklung der Berufsbildungsforschung, berufsbildungsrelevante Wissenschaftsdisziplinen und sozialwissenschaftliche Forschungsfelder im Berufsbildungsbereich aufgezeigt. Im dritten Kapitel „Zukünftige Herausforderungen der Berufsbildung" wurden die Bedingungen für die Entwicklung des Bildungswesens dargestellt. Im vierten Kapitel „Konsequenzen für die

---

[475] Diese kleine Übersicht über berufs- und wirtschaftspädagogische Forschung lässt erahnen, was in den letzten Jahrzehnten von den Akteuren der Berufs- und Wirtschaftspädagogik geleistet worden ist.
[476] „Fragen der Berufsbildungsforschung hat die Deutsche Forschungsgemeinschaft systematisch zuerst 1975 aufgegriffen, als eine Gruppe von Professoren der Berufs- und Wirtschaftspädagogik gebeten wurde, sich zur Lage ihrer Fächer zu äußern. Durch das Bundesministerium für Bildung und Wissenschaft angeregt, hat die DFG 1985 ein weiteres Mal eine Beurteilung des Forschungsstandes, angefordert." (Deutsche Forschungsgemeinschaft 1990, S.1)
[477] Die Senatskommission hebt hervor, dass die Herausforderungen an die Innovationskraft des Systems beruflicher Bildung von diesem nur so weit zuverlässig bewältigt werden können, wie Forschung die zu lösenden Probleme präzise beschreibt und analysiert.

Berufsbildungsforschung – Forschungsdesiderate" wurden Anforderungen für mögliche Forschungen und einen übergeordneten Forschungsschwerpunkt erhoben, der berufsrelevante Bildungsprozesse unter sich verändernden technischen, ökonomischen und gesellschaftlichen Bedingungen thematisiert. Mit dem fünften Kapitel „Personelle und institutionelle Defizite und Förderungsmöglichkeiten"' wurden die personellen und institutionellen Kapazitäten der Berufsbildungsforschung an Hochschulen und Universitäten untersucht. Im sechsten Kapitel „Zusammenfassung und forschungspolitische Konsequenzen"' wurde ein Katalog von Maßnahmen zur Effektivierung der Berufsbildungsforschung vorgeschlagen, der von finanziellen Sicherungen, über Forschungskooperation bis zu Verbesserungen bei der Entwicklung des wissenschaftlichen Nachwuchses an den Hochschulen und Universitäten sowie der Ausbildung von Berufsschullehrern und Betriebsausbildern reicht.

Im Verständnis der Autoren der Denkschrift stellte die Berufs- und Wirtschaftspädagogik nur einen Aspekt der Berufsbildungsforschung dar. Als ein übergreifender Schwerpunkt sollten Lernprozesse untersucht werden, die die professionelle Organisation gesellschaftlicher Arbeit in der Bundesrepublik unter sich verändernden Bedingungen zu stützen vermögen und die zugleich zur Persönlichkeitsbildung der Individuen beitragen.

Dazu wurden die Rahmenbedingungen für eine Berufsbildungsforschung festgeschrieben: „Wie jede anwendungsorientierte Wissenschaft betrachtet auch die Berufsbildungsforschung ihren Gegenstand, die beruflichen Lern- bzw. Bildungsprozesse (im weitesten Sinne), auf drei Ebenen.
Eine dieser drei Ebenen wird durch (anwendungsorientierte) Grundlagenforschung charakterisiert, innerhalb derer Theorien und Methoden systematisch weiterentwickelt werden. Auf einer zweiten Ebene werden aus den Ergebnissen der Grundlagenforschung Prognosen abgeleitet, mit denen praktische Aufgaben beruflicher Bildung bewältigt werden können. Schließlich werden auf einer dritten Ebene diese Strategien der Berufsbildung einer bewertenden Prüfung unterzogen, die Aussagen über ihre Effektivität zuläßt (Evaluationsforschung).
Diese drei Ebenen sind nicht unabhängig voneinander: Die Entwicklung von Prognosen setzt Grundlagenforschung voraus, Abweichungen zwischen Prognosen und Wirklichkeit fordern zu weiterer Grundlagenforschung heraus, und die Güte von Theorien und Prognosen läßt sich nur durch Evaluationsforschung bestimmen." (Deutsche Forschungsgemeinschaft 1990, S. 6)

Es ist wohl nicht verkehrt festzustellen, dass durch die Anstöße der Denkschrift in den nächsten Jahren vermehrt Forschungsaktivitäten zur Berufs- und Wirtschaft zu verzeichnen waren. Dieses zeigt sich auch daran, dass in der Folgezeit beispielsweise das „Handbuch der Berufsbildung" (Arnold/Lipsmeier 1995), das „Handbuch Berufsbildungsforschung" (Rauner 2005) und ein „Internationales Handbuch der Berufsbildung" (Grollmann/Frommberger 2006) herausgegeben wurde.

Zu den Aktivitäten in der berufs- und wirtschaftspädagogischen Forschung gehörten die vielfältigen Diskussionen, Überlegungen und Untersuchungen zum didaktischen Handeln in der Berufsbildung. (s. z. B. Arnold 1998; Bonz 1998; Bührdel/Reibetanz/Tölle 1988;

Czycholl/Ebner 2006; Fischer 2003; Harney/Hartz 2001;Kell 1997; Ott 2003; Pahl 1998, Rauner 2006; Riedl 2011, Tenberg 2011).

In diesem Zusammenhang wurden und werden noch heute unter didaktischem Handeln die „Aktivitäten in Wissenschaft und Praxis verstanden, welche die Zusammenhänge und Differenzen zwischen universitären Disziplinen und schulischen Lernfeldern bzw. Lerngebieten theoretisch fundiert herausarbeiten, zwischen beiden vermitteln, dabei vor allem Befunde der Berufs- und Wirtschaftspädagogik und der pädagogischen Psychologie integrieren, auf die Aufgaben beruflichen Unterrichts und die Lernbedingungen von Schülerinnen und Schülern berufsbildender Schulen beziehen und Entscheidungshilfen bereitstellen." (Pätzold 2016, S. 133) Berufliche Fachdidaktiken haben „sich als empirisch forschende Disziplin nur in Ansätzen entwickeln können. Es ist bis heute nicht gelungen, sie als eigenständige Wissenschaftsbereiche mit präzisen Aufgaben, Methoden und profilbildenden Standards in der Forschung systematisch zu verorten." (ebd.)

Berufliche Fachdidaktiken wurden insbesondere in den Beruflichen Fachrichtungen untersucht und gelehrt. Die Fachdidaktiken der Beruflichen Fachrichtung sollten und sollen noch immer „eine vielschichtige Brückenfunktion zwischen den Fachwissenschaften, den Bildungswissenschaften, der Unterrichtspraxis sowie der Berufspraxis und betrieblichen Ausbildung übernehmen" (Meyser 2016, S. 144).

Als Arbeitsfelder der Didaktiken beruflichen Lernens zählten „u. a. die Auswahl der Inhalte, das Bestimmen der zu erreichenden Lernziele, das Gestalten des Lernprozesses, einschließlich der Entscheidung über Methoden und einzusetzende Medien ebenso wie die nachfolgende Evaluation." (Vermehr 2016, S. 238) Eine Besonderheit stellt das Konstrukt der Berufsfelddidaktik dar. Mit dieser wurden die didaktischen Entscheidungen beruflichen Lehrens und Lernens erleichtert, „allerdings ohne die Fixierung auf den einen konkreten Ausbildungsberuf, sondern ausdrücklich unter dem Aspekt der Ausweitung und Übertragbarkeit auf vergleichbare Tätigkeitsfelder" (ebd.).

Hervorzuheben sind auch die im berufspädagogischen Diskurs der letzten drei Jahrzehnte behandelten Themen Bildung, Qualifikation und Kompetenz (vgl. Uhe 1994, S. 2). Dabei wurden die Kompetenzen und Qualifikationen in der Berufsbildung zu einem intensiv bearbeiteten Themenbereich (s. u. a. Baethge/Baethge-Kinsky 2006, Diettrich/Meyer-Menk 2002, Dobischat 1997, Dubs 2006; Georg /Sattel 2006; Meyer 2016; Nickolaus/Geißel/Abele/Nitzschke 2011; Pätzold 2006; Rauner 2010; Reetz 1990; Schelten 2008; Schlömer 2009).

Weitgehendes Einverständnis bestand darüber, dass Berufsqualifikationen durch Ausbildung erworben und durch Berufstätigkeit erweitert werden. „Im berufspädagogischen Diskurs wird der Begriff der Qualifikation von dem Begriff der Kompetenz abgegrenzt: Während Qualifikationen fachbezogen sind und von den Anforderungen des Arbeitsmarktes und des betrieblichen Arbeitsplatzes her definiert werden, bezeichnet Kompetenz die Befähigung des Einzelnen zu eigenverantwortlichem Handeln in privaten, beruflichen und gesellschaftlichen Situationen und ist demzufolge an das einzelne Subjekt gebunden." (Meyer 2016, S. 273) Dabei wird als Qualifikation „die Summe der Fähigkeiten, Kenntnisse und Fertigkeiten bezeichnet, die eine Person benötigt, um die an sie gestellten Anforderungen im Zusammenhang mit der Ausführung von Arbeitsaufgaben zu erfüllen. Der Qualifikationsbegriff etablierte sich in der Berufs- und Wirtschaftspädagogik Ende der 1960er Jahre als „Entgegnung auf den ‚Bildungsbegriff'" (Kuhlmeier 2016, S. 754). Qualifikationen sind im Zusammenhang mit dem Deutschen Qualifikationsrahmen (DQR) vor einiger Zeit wieder stärker diskutiert worden.

Mehr noch als Qualifikationen bestimmten in den letzten Jahren die Kompetenzen die Diskurse. Dieser Kompetenzbegriff war weitgehend kompatibel mit dem in den 1970er Jahren geprägten Leitbild der beruflichen Handlungsfähigkeit, die an der Ganzheitlichkeit des Denkens und Tuns orientiert ist. Die Anforderung nach Ganzheitlichkeit lässt sich auf Roth (1971) zurückführen, der eine Erziehung zur Handlungsfähigkeit über die Entwicklung von Sach-, Sozial- und Methodenkompetenz anstrebte. Kompetenzen zielten auf Handlungsfähigkeit in beruflichen Situationen ab. Damit war der Kompetenzbegriff „in der beruflichen Bildung über das allgemein anerkannte Ziel, dem Erwerb beruflicher Handlungskompetenz, fest verankert." (Berding 2016, S. 565) Der Kompetenzbegriff ist sehr stark ausdifferenziert worden. Unterschieden wurden u. a. die Selbstkompetenz, die Sachkompetenz und die Sozialkompetenz.

Mit Kompetenzprofilen ließen sich „sowohl differenzierte Niveaustufen als auch domänenspezifische Strukturausprägungen der Teilkompetenzen, über die Individuen verfügen sollten, um in Arbeits- und Geschäftsprozessen oder abgrenzbaren beruflich-betrieblichen Betätigungs- und Handlungsfeldern erfolgreich zu agieren" (Feldkamp/Porath 2016, S. 567), beschreiben. Nur wenig betrachtet und untersucht wurden informelle Kompetenzentwicklungen.[478] Darüber hinaus sind durch das Bundesministerium für Bildung und Forschung mit einem großen Projekt (ASCOT) „Forschungsaktivitäten zum Thema Kompetenzmodellierung und -erfassung" gefördert worden.[479]

Als weiterer zentraler Untersuchungsbereich standen die Lehr- und Lerninhalte schon allein wegen der ständigen Veränderungen in der Berufswelt im Zentrum der Betrachtung (Bonz/Ott 1998; Clemens 2006; Hauptmeier/Kell/Lipsmeier 1975; Kahlke//Kath 1984; Lipsmeier 2006; Pahl/Ruppel 1993, Rebmann 2006; Reetz/Seyd 2006; Zabeck 2006) in der Diskussion. Lerninhalte stellten „neben Lernzielen, Methoden und Medien ein wichtiges Strukturelement der mikrodidaktischen Entscheidungs- und Interaktionsfelder in der beruflichen Bildung dar. Sie können aus Einzelgegenständen oder Gegenstandskomplexen bestehen, konkret und abstrakt beschaffen sein, werden in vielfältigen Formen darge-

---

[478] „Informelle Kompetenzentwicklungsprozesse erfolgen durch ein Lernen in Handlungsprozessen ohne Lernintentionalität, Zielsetzungen und Lernorganisation. Während formelles Lernen zur Vermittlung festgelegter Lerninhalte und Lernziele in einem institutionell organisierten Rahmen wie z.B. in Seminaren die vorwiegende Lernform traditioneller Weiterbildungsformen darstellt, verlaufen informelle Lernprozesse vor allem ungeplant und zufällig. Der Lernkontext ist weder nach pädagogischen Kriterien organisiert noch wird der Lernprozess pädagogisch begleitet." (Schröder 2012, S. 82)
[479] Das Ministerium hebt in eigener Sache hervor: „ASCOT ist eine im Jahre 2011 gestartete und im Jahre 2015 abgeschlossene Forschungsinitiative des Bundesministeriums für Bildung und Forschung (BMBF). Dabei bezeichnet der Name ASCOT die technologieorientierte Kompetenzmessung in der beruflichen Bildung. Mit der Initiative hat das BMBF seine umfangreichen Forschungsaktivitäten zu dem wichtigen Thema der Kompetenzmessung und -modellierung substanziell ausgeweitet." (BMBF 2015, S. 5)

boten und für den Lernprozess verfügbar gemacht, sind austauschbar, jedoch i. d. R. nicht beliebig ersetzbar." (Pukas 2016, S. 528) Durch die Erörterungen über die Gegenwarts- und Zukunftsbedeutung von Lehr- und Lerninhalten wurden relevante Unterrichtsgegenstände mehrperspektivisch und im größeren Kreis von Fachleuten diskutiert.

Nicht zuletzt ergaben sich besonders umfangreiche Aktivitäten im Bereich der Vermittlungs- und Aneignungsprozesse (Arnold 2006; Bader 2006; Bonz 2006; Euler/Seufert/Wilbers 2006; Frieling 2006; Hoppe/Frede 2002, Lempert 2006, Lisop 2006; Müller 2006; Schelten 2006; Wolfgang Wittwer 2006). Dazu entwickelte sich eine didaktisch geprägte Diskussionsrichtung zur Lehr- und Lernvorgängen. Außerdem wurde in den letzten Jahren eine intensive Lehr- und Lernforschung betrieben (Abele 2011; Achtenhagen 2006; Ebbinghaus/Tschöpe/Velten 2011; Gschwendtner 2011; Krey/Rütters 2011; Nickolaus/Geißel/Abele/Nitzsche 2011; Patzold 2011; Petsch/Norwig/Nickolaus 2011; Riedl/Schelten 2011; Seeber/Lehmann 2011; Spöttl/Becker/Musekamp 2011; Strasser/Bojanowski 2011; Tenberg 2011). Neben diesen berufs- und wirtschaftspädagogischen Kategorien der Lehr-Lern-Forschung wurden weitere grundlegende Kategorien wie insbesondere die Begriffe „Arbeit", „Beruf" und „Beruflichkeit" diskutiert.

Rolf Arnold und Dieter Münk (2006, S. 16 ff.) zeigten mit einer übersichtgebenden Ausarbeitung die „berufspädagogische Kategorien didaktischen Handelns" und zugleich die Entwicklung dieser und weiterer Begriffe auf. Dazu betrachteten sie die Historie der Bildung und Berufsbildung einschließlich der Debatten um lebenslanges Lernen auf dem Weg zu einer wissensbasierten Gesellschaft. Als entscheidend für die in den letzten hundert Jahren vorfindbaren Bedingungen wurde die Arbeit als zweckgerichtete und bewusste Tätigkeit zur Sicherung der Existenzgrundlagen in ihrer Bedeutung für die Berufsbildung herausgestellt, obwohl sie als soziologische Kategorie eingeordnet wurde.

Ebenso wurde auch der Betrieb als sozialer Ort, an dem Arbeit in der fortgeschrittenen Industriegesellschaft am häufigsten ausgeübt wird, als Kategorie der Berufspädagogik eingestuft. Auch die berufspädagogischen Diskussionen zu den Kategorien der Qualifikation, der Schlüsselqualifikation und Kompetenz wurden vertieft. Weiterhin wurden die in der Tradition der Berufspädagogik verankerten Bezüge zu weiter angelegten Denkansätzen mit der Kategorie der Ganzheitlich gekennzeichnet. Es wurde die in der neueren Diskussion aufgeworfene Kategorie der Verantwortung mit ethischen und ökologischen Aspekten betrachtet. Mit dieser Sichtweise wurde „eine bereichsspezifische Konkretisierung anvisiert, die die vorstehend hervorgehobenen ‚berufspädagogischen Kategorien' praxis-, handlungs- und gestaltungsorientiert ‚wendet' und Berufsbildung damit von einem begrifflichen und kategorialen Rahmen her entfaltet, der auf einer die pädagogische, didaktische und berufsbildungspolitische Praxis fokussierenden Theoriebildung basiert" (Arnold/ Münk 2006, S. 27). Damit war zugleich auch deutlich geworden, dass zu jeder Kategorie umfangreiche Diskussionen und Untersuchungen erfolgen müssen, die zur Theorie der Berufsbildung beigetragen können.

Eine Besonderheit stellte die berufspädagogische Forschung in der Deutschen Demokratischen Republik dar, auch wenn im Wesentlichen in beiden deutschen Staaten übereinstimmend Beruf, Persönlichkeitsbildung und Lernprozessgestaltung im Zentrum der Arbeiten stand. Jedoch ist – wie Wolfgang Behrendt und Klaus Döge als Insider im Nachhinein feststellen – davon „auszugehen, daß berufspädagogische Forschung in der DDR in die zentrale Planung gesellschaftswissenschaftlicher Forschung integriert sein mußte und damit zentralistische Einflußnahme auf Wissenschaftsplanung, Kontrolle und Abrechnung der Forschungsergebnisse bestand. Daraus ergaben sich auch Vereinseitigungen in der methodologischen und theoretischen Anlage vieler Forschungen. Sie mussten sich **einer** Ideologie verpflichtet fühlen." (Behrend/Döge 1991, S. 29; Hervorhebungen im Original) Eine Meinungsvielfalt zu Forschungsfragen bestand nicht. „Die konzeptionelle Anlage von Lehre und Forschung wurde zentral koordiniert." (ebd.) Dennoch haben in der DDR gewonnene berufspädagogische Erkenntnisse, die insbesondere von politischen Ansprüchen nicht oder kaum tangiert waren, weiterhin Bestand.

Auch wenn hier nur einige wesentliche Forschungsaktivitäten und -richtungen angerissen werden können, ist unstrittig, dass nach mehr als einhundert Jahren seit den ersten Ansätzen und dem Entstehen der Berufs- und Wirtschaftspädagogik für den Berufsbildungsbereich viele fundierte und wichtige Forschungsergebnisse vorgelegt worden sind. Diese richteten sich jedoch im Wesentlichen auf die nicht-akademische Berufsbildung. Mit diesen Arbeiten sind die akademischen Berufe und die Hochschulausbildung kaum erfasst worden. Dennoch haben die im Rahmen der Berufs- und Wirtschaftspädagogik geleisteten Forschungsarbeiten große Bedeutung für die gesamte Berufsbildung, da einige Sachverhalte der nicht-akademischen und der akademischen Berufsbildung grobstrukturell ähnlich oder gleich und damit Bildungskonzepte transferierbar sind.

Wie weit sich die berufs- und wirtschaftspädagogischen Forschungen, vor allem in den vielfältigen Ausdifferenzierungen der fachdidaktischen, der vergleichenden oder der historischen Berufsbildungsforschung, der Modellversuchs- und Evaluationsforschung, der Qualifikationsforschung, der Lehr-Lern-Forschung, der Curriculumforschung, der Professionalisierungsforschung etc. niedergeschlagen hat, zeigt eine Vielzahl von Beiträgen im „Handbuch Berufsbildungsforschung" (Rauner 2005). Für die nicht-akademischen und akademischen Bereiche werden Gegenstände, Wirkungsfelder und Umfang des Gebietes der Berufsbildungswissenschaft in letzter Zeit intensiv diskutiert. Für die dazu gehörige Berufsbildungsforschung sind die Rahmenbedingungen, Ziele, Forschungsperspektiven und Einordnungen bereits erkennbar.

Die Diskussionen zur Berufsbildungswissenschaft, d. h. zur Berufsbildungsforschung sowie zur Lehre, sollten die vielfältig vorliegenden berufs- und wirtschaftspädagogischen Arbeiten und Ergebnisse wahrnehmen und – wenn sinnvoll – adaptieren. Dabei sollte sich auf die berufsförmiger Arbeit und die Berufe sowohl wie bisher des nicht-akademischen als auch nun vermehrt des akademischen Bereiches gerichtet werden.

- **Stellung der Berufsbildungswissenschaften in den Wissenschaften**

Die Berufs- und Wirtschaftspädagogik und die darauf teilweise aufbauenden Berufsbildungswissenschaften sind als spezifischer Teil der Erziehungswissenschaften schon seit längerem als Disziplin etabliert.[480] Die Berufsbildungswissenschaften unterscheiden sich von anderen Wissenschaftsdisziplinen durch die im Zentrum des Erkenntnisinteresses stehenden Gegenstände „Bildung", „Mensch" und „Beruf". Damit ist ein Ausschnitt der Realität definiert, mit dem sich die Berufsbildungswissenschaften in Forschung und Lehre auseinandersetzen muss. Die wesentlichen Elemente dieser Disziplin sind in ihrem Zusammenhang damit zu anderen Wissenschaften weitgehend disjunkt.

Um die Stellung einer Wissenschaft und insbesondere der Berufsbildungswissenschaft im Wissenschaftssystem zu erfassen und insbesondere zu begründen, ist emotionale Zurückhaltung angebracht. Es geht nicht um subjektive Einschätzungen und Bewertungen. Vielmehr sollte versucht werden, die Strukturen des Wissenschaftssystems möglichst objektiv zu thematisieren. Das ist jedoch grundsätzlich schwierig. Versuche zur Einordnung und Systematisierung oder Hierarchisierung von Wissenschaften finden sich in der Geschichte der Wissenschaften in großer Zahl.[481] Insofern stellt auch der hier vorgelegte Strukturierungsversuch nur einen Vorschlag zur Einordnung der Berufsbildungswissenschaft dar (Abb. 98).

Um die Berufsbildungswissenschaft in das Wissenschaftssystem einordnen zu können, sind einige strukturelle Aspekte zu vergegenwärtigen. Dazu gehört, dass unter übergeordneten Gesichtspunkten Wissenschaften in natürliche, reale und erfahrbare Disziplinen einerseits sowie metaphysische Disziplinen andererseits unterschieden werden können. Metaphysische Disziplinen sind die Theologie und teilweise die Philosophie. Die natürlichen Wissenschaften können wiederum in Formal- und Realwissenschaften unterteilt werden. Zu den Formalwissenschaften gehört insbesondere die Logik, aber auch die Mathematik. Realwissenschaften befassen sich mit den realen Personen und Gegenständen der natürlichen Umwelt (vgl. Raffée 1974, S. 23). Die Berufsbildungswissenschaften als Realwissenschaften setzen sich mit realen Gegenständen, Fragen und Problemen von Bildung und Beruf bzw. Berufsfeldern auseinander.

Die allgemeine Berufsbildungswissenschaft und die spezifischen Berufsbildungswissenschaften richten sich mit Forschung und Lehre sowohl auf die akademischen und nichtakademischen Berufsbildungsbereiche. Dabei werden u. a. gemeinsame und spezifische Ansprüche an die Bildung der Menschen beim beruflichen Lehren, Lernen und Studieren sowie die Einflüsse der beruflichen Umwelt aus Beschäftigungs- und Gesellschaftssystems thematisiert.

---

[480] „Berufsbildungsforschung als Wissenschaftsgebiet, auf dem relativ konsistente und kontinuierliche Aktivitäten zu erkennen sind, gibt es in der Bundesrepublik seit den sechziger Jahren. Wesentliche Anstöße gingen von der sozioökonomischen Forschung aus. Zunehmend wandten sich auch Vertreter der Berufs- und Wirtschaftspädagogik, deren zentraler Gegenstand die berufsrelevante Bildung in Schulen und Betrieben ist, der empirischen Untersuchung der Lern-, Sozialisations- und Bildungsprozesse in diesen Institutionen zu." (Deutsche Forschungsgemeinschaft 1990, S. 109)
[481] So haben sich u. a. bereits August Comte und Wilhelm Dilthey die Beziehungen der Wissenschaften zueinander reflektiert.

```
                        Wissenschaften
                    ┌────────┴────────┐
              erfahrbar-real      metaphysisch
              ┌─────┴─────┐       ┌─────┴─────┐
          Real-      Formal-    Philosophie   Theologie
       wissenschaft  wissenschaft (teilweise) (generell)
```

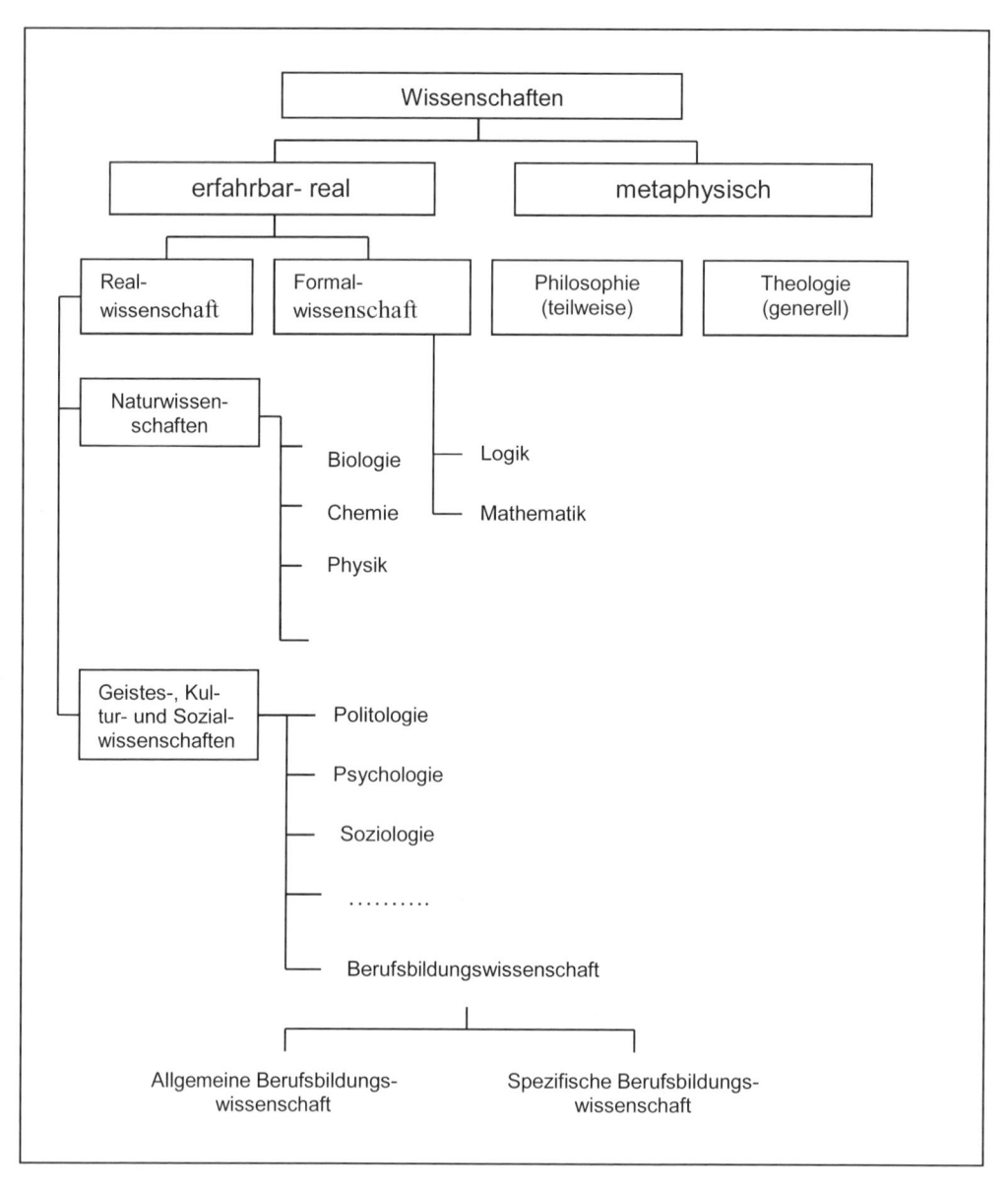

- Naturwissenschaften
  - Biologie
  - Chemie
  - Physik
- Formalwissenschaft
  - Logik
  - Mathematik
- Geistes-, Kultur- und Sozialwissenschaften
  - Politologie
  - Psychologie
  - Soziologie
  - ....
  - Berufsbildungswissenschaft
    - Allgemeine Berufsbildungswissenschaft
    - Spezifische Berufsbildungswissenschaft

Abb. 98: Einordnung der Berufsbildungswissenschaft in die Wissenschaften. (in Anlehnung an Raffée 1974, S.23)

4.2 Zum Stand der berufsbildungswissenschaftlichen Diskurse zu den nicht-akademischen und akademischen Berufen

4.2.1 Curriculare Überlegungen zum Berufsbildungsgesamtsystem

Mit curricularen Überlegungen im weitesten Sinne werden insbesondere sozialisationstheoretische, berufsbildungswissenschaftliche, didaktische, methodische, mediale und lernorganisatorische Themen berührt. Unter dem sozialisationstheoretischen Aspekt können curriculare Reflexionen für den gesellschaftlichen Reproduktionsprozess im nicht-akademischen und im akademischen Berufsbildungsbereich als das Bemühen um die Durchdringung von beruflichen Lern- und Studienprozessen sowie deren Organisation angesehen werden.

Sozialisationstheoretisch sind – wie Helmut Fend (1975, S. 94) ausführt – „dabei folgende Fragen besonders interessant:
1. Wie sieht die historische Genese der jeweiligen curriculumstheoretischen und curriculumspraktischen Bemühungen aus? In diesem Zusammenhang wäre jeweils zu fragen, welche Defizite diagnostiziert werden und von welchen theoretischen bzw. ethisch-politischen Bezugsrahmen diese Diagnose geleitet ist.
2. Im Kontext welcher historischen und gesellschaftlichen Entwicklungen stehen die wahrgenommenen Defizite?
3. Welche Gruppen der Gesellschaft sind Träger der Bemühungen um die Einführung oder Veränderung der veranstalteten Sozialisation?
4. Welche Problemlösungsvorschläge werden entwickelt, auf welche Bereiche wird zurückgegriffen, welche Mittel werden von wem neu konstruiert?
5. Wie haben sich die Bemühungen zur Institutionalisierung von neuen bzw. veränderten Inhalten realisiert? Welche unerwarteten Wendungen hat die Entwicklung genommen, was wurde in der erwünschten Weise rezipiert?
6. Läßt sich an diesem Prozeß der nicht erwarteten Nebenfolgen ablesen, wo das Selbstverständnis der Träger der Reform und die objektive Funktion veranstalteter Sozialisation nicht übereinstimmten und deshalb Intentionen formuliert wurden, die nicht zu realisieren waren?"

Forschungsfragen, die in den nicht-akademischen oder akademischen Bereichen sichtbar werden, können zu Lösungen führen, mit denen Einfluss auf die Gestaltung der Lehr-, Lern- und Studienkonzepte und das -geschehen genommen werden kann. Dabei wird davon ausgegangen, dass die Inhalte, die von den Bildungseinrichtungen vermittelt werden, „nicht etwas von Natur aus Vorgegebenes, sondern das Ergebnis menschlicher Schöpfungen über Jahrhunderte von Jahren" (Fend 1975, S. 96) sind.

Aus der geschichtlichen Betrachtung des akademischen und des nicht-akademischen Berufsbildungsbereiches heraus kann die These vertreten werden, dass durch die Form der kulturellen Reproduktion in diesem System mit seinen Berufen eine soziale Reproduktion erfolgt: indem „die privilegierten Klassen (...) privilegiertes Wissen erwerben, erhalten sie ihre Machtstellung und soziale Distanz zu den übrigen sozialen Klassen" (Fend 1975,

S. 96).[482] Allein schon durch die geschichtlich entstandene Spaltung in zwei Systeme, d. h. eine „niedere", nicht-akademische und eine „höhere", akademische Berufsbildung, werden solche Prozesse gefördert.

Durch die Berücksichtigung des gesamten Berufsbildungssystems, das als Einheit betrachtet wird und heute die Durchlässigkeit zwischen den Subsystemen begünstigt, können die sozialisationsbedingten Probleme und curricularen Rahmenbedingungen geöffnet sowie verbessert werden. Von diesen übergreifenden sozialisationstheoretischen Überlegungen sollten curricularen Überlegungen und Forschungsansätze zur Lern- und Studienorganisation ausgehen, auch wenn sie sich zwangsläufig bei Detailbetrachtungen auf die Subsysteme ausrichten muss.

- **Übergeordnete curriculare Aspekte**

Ein übergeordneter berufsbildungswissenschaftlicher Bezugsrahmen für curriculare Reflexionen, Untersuchungen und Forschungsvorhaben, muss die Situation und Stellung der Menschen mit ihren Berufen im Bildungs-, Beschäftigungs- und Gesellschaftssystem sein.
Derzeit ist die Situation in Deutschland insbesondere geprägt durch
– die fortschreitende Entwicklung von der Industrie- zur Dienstleistungsgesellschaft,
– den Wandel der Berufe, beruflicher Tätigkeiten, Qualifikationen und Kompetenzen,
– europäische Entwicklungen im Bereich der Bildungssysteme,
– neue Lernkonzepte und -formen (Stichwort: Lebenslanges Lernen),
– einen demographischen Wandel, d. h., die Berufsbildung und die Betriebe müssen sich auf ein alterndes Klientel einstellen,
– die Notwendigkeit, mehr Möglichkeiten für ein altersgerechtes Arbeiten und mehr Maßnahmen für eine altersgerechte Weiterbildung anzubieten,
– die Notwendigkeit einer verstärkten Ausländerintegration sowie
– eine stärkere Präsenz des Umweltschutzes (vgl. z. B. IAB 2007; Wingen 2007, S. 82 ff.).

Die in den verschiedenen Institutionen und Einrichtungen des gesamten Berufsbildungssystems geplanten Vorhaben der Berufsbildungsforschung werden von der Erwartung getragen, dass damit berufliches Lehren, Lernen und Studieren verbessert und die Berufsbildungswissenschaft neue Erkenntnisse gewinnt.

Berufsbildungswissenschaftliche curriculare Überlegungen und curriculare Forschung im Berufsbildungsbereich sind von dem, was unter Curriculumentwicklung[483] verstanden

---

[482] Dabei trennen das Schul- und auch das Hochschulsystem die Gesellschaft „in ‚Gebildete' und ‚Ungebildete', in eine Elite und in ‚Gewöhnlich-Sterbliche'; es bringt Spezialisten hervor und solche, die an differenzierten Wissens- und Interpretationssystemen nicht teilhaben" (Fend 1975, S. 96).
[483] Die Curriculumentwicklung als Gestaltungsvorgang hat wenig mit Forschung zu tun, es sei denn, sie ist Thema der Forschung. Sie wird nicht zuletzt durch übergeordnete Gesetze, Verordnungen und Rahmengebungen bestimmt. Wie bekannt, sind die Planung, Organisation und Durchführung der nicht-akademischen und der akademischen Berufsausbildung, wenn auch in verschiedenem Umfang und Akzentuierung, durch Bundes- und Landesgesetze sowie durch Verordnungen geregelt.

wird, abzugrenzen. Reflexionen zu Curricula im weiteren und im engeren Sinne sollten als Kern der Berufsbildungswissenschaft und Berufsbildungsforschung durch Erkenntnisinteressen und offene Diskurse bestimmt sein.

4.2.2 Bedingungen für berufsbildungswissenschaftliche Diskurse und Untersuchungen bei den nicht-akademischen Berufen

- **Berufsdidaktischer Diskurs zu den historisch entstandenen Bedingungen**

Berufsbildungswissenschaftliche Arbeiten können nicht voraussetzungslos geschehen. Das Wissen und die Erfahrungen über allgemeine didaktische Ansätze waren und sind für die Berufsbildung und auch für die berufsbildungswissenschaftlichen Arbeiten von Bedeutung. Berufsbildungswissenschaft, -forschung und -lehre müssen die historischen Bedingungen, aber auch derzeitigen Gegebenheiten wahrnehmen, berücksichtigen und auch kritisch untersuchen.[484]

Erste didaktische Konzepte sind für die nicht-akademische Berufsausbildung schon an der Wende zum zwanzigsten Jahrhundert entwickelt worden. Dabei war ein ganzes Bündel von Ansätzen beruflicher Didaktiken in der Diskussion und in der Anwendung, wobei aber die Termini nicht unbedingt in gleicher Weise interpretiert worden sind. In den 1920er Jahren wurden diese konzeptionellen Ansätze erstmals in einer systematischen und berufspädagogisch begründeten beruflichen Didaktik zusammengefasst, die unter der Bezeichnung „Frankfurter Methodik" bekannt wurde.

Grundlage dafür waren die Arbeiten, die sich insbesondere auf das Projektionszeichnen in Handwerkerschulen richteten. Diese Ansätze wurden durch die Berufspädagogen Richard Botsch, Ludwig Geißler und Jürgen Wissing gemeinsam überarbeitet, wobei auch „beträchtliche Anleihen bei Gagel gemacht wurden" (Grüner 1975, S. 15; vgl. dazu auch Pätzold 1992, S. 20).[485] Die Konzeption der „Frankfurter Methodik des werkkundlichen Unterrichts in gewerblichen Berufsschulen" (Botsch/Bürgener/Glunz 1950)[486] wies charakteristische Merkmale einer Didaktik auf, die sich in einer besonderen curricularen, lernpsychologischen und organisatorischen Struktur widerspiegelten. Der Frankfurter Methodik kann „wohl eine technikdidaktische Grundphilosophie, aber nur ein eingeschränkter Bezug zum Anspruch auf Ganzheitlichkeit bescheinigt werden" (Lütjens 1999, S. 159). Unter didaktisch-methodischer Perspektive muss man sie als die „bekannteste und weit-

---

[484] Dieses kann im Rahmen der historischen und systematischen Berufsbildungswissenschaft sehr vertieft – weit über das hier Mögliche und Sinnvolle – geschehen.
[485] Georg Gagel hatte 1929 ein Lehrplankonzept für den „Fachunterricht in der Maschinenschlosserklasse" erarbeitet und vorgestellt, bei dem eine Verschiebung zugunsten der Fachkunde erkennbar war, indem diese eine übergeordnete Position erhielt.
[486] Siehe hierzu auch die „informative Gesamtschau" von Schmale (1967) in der Zeitschrift „Die Deutsche Berufs- und Fachschule".

reichendste technikdidaktische Konzeption" (Ott 1997, S. 117) bezeichnen und sie, wie Dietrich Pukas (1988, S. 429) meint, als „berufsschulspezifische Fachdidaktik" einordnen.

Nach dem Zweiten Weltkrieg orientierte man sich wieder weitgehend an den Prinzipien der Frankfurter Methodik, wobei aber eine stärkere Fokussierung auf experimentelles Lernen und Arbeiten erfolgte. So entwickelte Franz Möller (1951a, 1952b) auf Basis der Frankfurter Methodik konzeptionelle Ansätze zum Werkstatt- und Demonstrationsunterricht, zur Unterrichtsgestaltung, zur Unterrichtsmethodik und zu den Lehrmitteln. Fritz Glunz (1962) modifizierte das Unterrichtskonzept „Experiment" entscheidend weiter, indem er es an die Bedingungen der Berufsschulwerkstatt und des Berufsschullaboratoriums anpasste.

Insbesondere aber Wilhelm Stein (1958, 1965) kommt das Verdienst zu, mit dem Unterrichtskonzept „Experimentelle Werkkunde" eine Grundform eines systematisierten technikdidaktischen Ansatzes für berufliches Lernen entwickelt zu haben. Sowohl der Wandel von Handwerk, Industrie, Handel und Dienstleistung als auch die Veränderungen der gesellschaftlichen und bildungspolitischen Ansprüche führten seit Anfang der 1960er Jahre zu neuen didaktischen Überlegungen. Die Diskussion zur Didaktik beruflichen Lernens brandete in der Mitte der 1960er Jahre auf und erhielt durch die gesellschaftlichen Veränderungen insbesondere im Zusammenhang mit der sogenannten „achtundsechziger Lehrergeneration" neue Anstöße. Im Mittelpunkt der sehr kontrovers geführten Diskussionen standen u. a. die Rückbesinnung auf den gesellschaftlichen allgemeinen und den berufsbildenden Bildungsauftrag sowie eine stärkere Orientierung an wissenschaftlichen Disziplinen und Fächern. Grundprinzip dieser fachwissenschaftsorientierten Ansätze. Die Ansätze der didaktischen Vereinfachung bzw. Reduktion (Hering 1959; Grüner 1978, S. 85 ff.) bestimmten die Schrittfolge „Fachwissenschaft → Sachanalyse (Stand der Forschung, Theorien, Entwicklung) → Didaktische Analyse/Reduktion (Fachsystematik, Sachstrukturen) → Strukturen, Inhalte der Berufsbildung" (Nickolaus 2006, S. 57).

Der fachdidaktische Ansatz genügte jedoch durch seinen engen Bezug auf eine Fachwissenschaft nur bedingt den didaktischen Anforderungen an eine umfassende und praxisgerechte Berufsausbildung. Dasselbe gilt für den ebenfalls Mitte der 1970er Jahre entwickelten berufsübergreifenden sachgebiets- bzw. sachbereichsorientierten didaktischen Ansatz. Hierauf haben u. a. Gerhard Hauptmeier, Adolph Kell und Antonius Lipsmeier (1975) mit den Ausführungen zur komplexen didaktischen Reduktion geantwortet.

Mit dem in den 1990er Jahren entwickelten und schon wesentlich erweiterten arbeits- und sachgebietsorientierten didaktische Ansatz wurden zwar neben dem Sachgebiet oder einzelnen Sachbereichen auch die zugehörige berufliche Arbeit, einschließlich damit verbundener Arbeitsprozesse, sowie die Bildungsinteressen des Individuums berücksichtigt. Er stellte aber einen relativ breiten Ansatz einer berufsübergreifenden Bereichsdidaktik dar, bei dem im Regelfall eine erhebliche Umformung und Reduktion auf die spezifischen Belange des jeweiligen Ausbildungsberufes erforderlich wurden. Dabei konnten jedoch nicht alle Berufe des Sachbereichs gleichermaßen berücksichtigt werden. Didaktisch sinnvoll erschien deshalb eine Berufsfelddidaktik als eine weitere didaktische Alternative für be-

rufliches Lehren und Lernen. Dieser Ansatz richtete sich auf ein bestimmtes Berufsfeld sowie auf die zugehörigen bzw. zugeordneten Berufe und stellte damit eine ordnungssystematisch klar abgegrenzte Bereichsdidaktik dar.
Es wurde in diesem Zusammenhang aber kritisch angemerkt, dass die Bezeichnung „Berufsfelddidaktik" als Didaktik eines Berufsfeldes relativ neu und wenig gebräuchlich ist. Sie wurde noch nicht durchgängig beim beruflichen Lehren sowie Lernen verwendet und auch teilweise kontrovers diskutiert. Obwohl in fachdidaktischen Diskussionen oftmals schon der Begriffsumfang von Berufsfelddidaktik gemeint war, wurde dennoch häufig weiterhin der herkömmliche Begriff von Fachdidaktik verwendet, unter anderem auch deshalb, weil dieser die Klärung einer didaktischen Position zur Berufsbildung erleichtert (vgl. Bonz 1998, S. 270).

In Anlehnung an die bildungstheoretische Didaktik (Weniger 1965, Klafki 1975) lässt sich mit Bezug auf Andreas Förner (1976, S. 25) die Berufsfelddidaktik in eine solche im weiteren sowie im engeren Sinne differenzieren. Danach umfasst die Berufsfelddidaktik im weiteren Sinn alle didaktischen und methodischen Bereiche. Eingeschlossen sind darin sowohl Fragen des Gesamtansatzes der Lernziel- und Lerninhaltsproblematik als auch der Methoden und Medien sowie der Lernorganisation. Die Berufsfelddidaktik im engeren Sinne sollte Fragen der Zielfindung, Zielformulierung und Evaluation, der Auswahl, des Ausschlusses und der Strukturierung von Lerninhalten sowie der Reduktion und der Transformation von Lerninhalten behandeln. Mit einer solchen Systematisierung kann nicht nur eine additive, sondern auch eine kritische sowie systemtheoretische Zusammenfassung und Verknüpfung bislang unverbundener didaktischer Bausteine geleistet werden (vgl. Förner 1976, S. 31).[487]

Berufsdidaktik und Berufsfelddidaktik sowie Methodik des Unterrichts im Berufsfeld standen und stehen – auch wenn sie aus wissenschaftlichen und insbesondere analytischen Gründen einzeln zu betrachten sind – letztlich für Planer von Ausbildungs- und Unterrichtsprozessen in Verbindung zueinander und können nur in ihrem interdependenten Zusammenhang, d. h. nicht unabhängig voneinander, gesehen und entwickelt werden. Eine Didaktik des Berufes und des Berufsfeldes sollte – und das gilt immer noch – „die Gemeinsamkeiten der einem Berufsfeld zugeordneten Ausbildungsberufe ermitteln" (Grüner 1981, S. 543).[488]

---

[487] Weiterhin gilt: Für die verschiedenen Lernbereiche steht die Berufsfelddidaktik im weiteren Sinne wiederum im Zusammenhang mit der Berufsfeldwissenschaft und der Allgemeinen Didaktik. Alle drei „Disziplinen" sind sowohl untereinander als auch durch ihr Verhältnis bzw. ihre Beziehungen zu Arbeit, Technik und Bildung eng miteinander verbunden.
[488] Für die zu entwickelnden Bildungswissenschaften des Berufsfeldes und Berufsfelddidaktiken sind die Untersuchungsgegenstände nicht nur auf das Sachgebiet und die zugehörige Arbeit allgemein auszurichten, sondern sie orientieren sich auch und insbesondere auf die in diesem Berufsfeld vorfindbaren Berufe. Mit Berufsbildungswissenschaften, Berufswissenschaften und Berufsdidaktiken orientiert man sich an spezifischen Berufen. In die Untersuchungen sind sowohl die entsprechenden korrespondierenden Fachwissenschaften als auch weitere berufsrelevante Bezugswissenschaften (Arbeitswissenschaften, Erziehungswissenschaften, Sozialwissenschaften) einzubeziehen. Mit einem solchen erweiterten Bezug auf mehrere Wissenschaften können Materialien, Aussagen und Erkenntnisse zusammengetragen und analysiert werden, die sich auf das Berufsfeld oder die Berufe und die damit verbundenen Tätigkeitsfelder sowie die zugehörigen Berufstheorien und Arbeitsbereiche bzw. -prozesse unter dem Bildungsaspekt richten.

Die systematisierten Ergebnisse von Tätigkeitsrecherchen sowie berufs- und berufsausbildungsrelevanten Aussagen von zusätzlich hinzugezogenen (Bezugs-)Wissenschaften bildeten die Basis für die Aufbereitung von umfassenderen Lerninhalten für die Ausbildungs- und Unterrichtspraxis im Vorfeld didaktisch-methodischer Entscheidungen. Bis zu einer weitergehenden systematisierten Ausformung einer Berufs- und Berufsfelddidaktik bestanden und bestehen für alle Berufsfelder und die Erstausbildungsberufe aber noch erhebliche Theoriedefizite und ein damit verbundener großer Forschungsbedarf. Insbesondere müssen schon zum Teil im Vorfeld der Didaktik mit Hilfe verschiedener Untersuchungsmethoden Folgendes berufswissenschaftlich erarbeitet werden:
- Analysen und Ergebnisse zu (neuen) Aufgaben- und Tätigkeitsbereichen von berufs- und berufsfeldbezogener, aber auch gewerke- oder branchenübergreifender Berufsarbeit,
- Analysen von Sachgebietsbereichen, die für die berufsspezifische Berufsarbeit in einem Berufsfeld und damit für berufliches Lernen relevant sind,
- Darstellungen von Innovationsfeldern aus berufs- und berufsfeldbezogenen Sach- und Arbeitsbereichen,
- historische, gegenwärtige und zukünftige Formen sowie Entwicklungen von beruflicher Arbeit, Arbeitsprozessen und Sachbereichen in einem Beruf oder Berufsfeld,
- Bewertungs- und Gestaltungsmöglichkeiten der Arbeit, Arbeitsprozesse und des Sachgebietes.

Darüber hinaus sind handlungsorientierte didaktisch-methodische Unterrichtskonzepte zu entwerfen und zu erproben.

Untersuchungen dazu, komplexe berufsfeldbezogene Tätigkeitsfelder und Arbeitsprozesse zu erfassen sowie deren lernrelevante didaktische Transformation zu Lerninhalten und Zielen für berufsschulisches Lernen vorzunehmen, stellten hohe Anforderungen an die Bildungsplaner und Lehrkräfte. Einen besonderen Impulsgeber für eine Berufsfelddidaktik und auch eine Berufsdidaktik stellte das Lernfeldkonzept mit seinem Anspruch auf Ganzheitlichkeit und Handlungsorientierung dar. Vorgänger der didaktischen Leitziele beruflicher Curricula war das Ende der 1980er Jahre entwickelte Konzept der „Lerngebiete". Schon mit diesem Konstrukt sollten ganzheitliche berufliche Handlungen aufgegriffen und die Fähigkeit zum beruflichen Handeln vermittelt werden.

Das Lerngebietsmodell wurde dann – ohne eine wissenschaftliche Begründung – durch die Lernfeldinitiative abgelöst, die der „Unterausschuss Berufliche Bildung" der KMK initiierte. Innerhalb weniger Jahre entstand danach ein pädagogisches Projekt, das einen – gemessen an bisherigen mehr oder weniger erfolglosen Modernisierungsinitiativen – beachtlichen Perspektivenwechsel im Bereich der beruflichen Bildung einleitete. Eine nur fachliche Sicht war nicht mehr angebracht, Unterrichtsfächer wurden aufgehoben und damit eigentlich auch eine Fachdidaktik. Der Beruf und das Berufsfeld stehen nun im Vordergrund, und hierdurch erlangt auch eine Berufs- oder Berufsfelddidaktik erheblich an Bedeutung.[489]

---

[489] Folgerichtig ist deshalb für die Ausbildung der Studierenden auch eine Berufsfeld- oder Berufslehre anzubieten (Fegebank 2004).

Im Rahmen der Einführung des Lernfeldkonzeptes waren die Notwendigkeit und Möglichkeit eines angepassten didaktischen Ansatzes für berufliches Lernen diskutiert worden. Es stellte sich außerdem wieder die altbekannte Frage, ob die Didaktik beruflichen Lernens eine eigenständige wissenschaftliche Disziplin oder ob sie nur ein Anhängsel der Allgemeinen Didaktik darstellt. Zu überlegen war und ist – und dabei fließen auch pragmatische Gesichtspunkte ein –, ob sich das Bildungsziel der „beruflichen Handlungskompetenz" eher durch einen berufs- bzw. berufsfelddidaktischen Ansatz oder durch einen allgemeinen didaktischen Ansatz, auf den die jeweiligen beruflichen Inhalte aufgesattelt werden, erreichen lässt.

Vorteil der Allgemeindidaktik war und ist, dass mehrere in sich geschlossene Theoriekonzepte vorliegen, wie beispielsweise die bildungstheoretische (Klafki), die lerntheoretische (Heimann/Otto/Schulz) oder die kommunikative Didaktik (Winkel), auf die man sich im Rahmen der beruflichen Ausbildung beziehen kann. Wenn sich über diese allgemeinen didaktischen Konzepte die geforderte berufliche Handlungskompetenz erreichen ließe, dann bedürfte es keiner speziellen didaktischen Theorien beruflichen Lernens. Die didaktischen Überlegungen würden sich lediglich darauf beziehen, wie die beruflichen Inhalte im Rahmen des allgemeinen didaktischen Konzeptes zu gestalten sind.[490] Forderungen oder sogar Wissenschaftsansprüche nach besonderen Didaktiken beruflichen Lernens – wie nach Berufs- oder Berufsfelddidaktiken – wären damit obsolet.

Doch nicht nur im Zusammenhang mit den Lernfeldern zeigte sich, dass die direkte Übertragung der allgemeinen didaktischen Ansätze auf den Berufsbildungsbereich zu Schwierigkeiten führen kann. Mit den auf allgemeinen didaktischen Theorien basierenden didaktischen Ansätzen beruflichen Lernens – wie in anderen Schularten praktiziert –, bei denen die Ziele und Inhalte der korrespondierenden Fachwissenschaften des jeweiligen Berufes in den Vordergrund gestellt wurden, zeigten sich zugleich weitere Probleme. Für die berufliche Erstausbildung verengte der fast ausschließlich auf fachtheoretische Ziele und Inhalte vorgenommene Zugriff die Lern- und Unterrichtsplanung. Man erkannte: Mit diesem Übertrag können der ganzheitliche und arbeitsorientierte Anspruch des Lernfeldkonzeptes, der Bezug auf das Sachgebiet und die Berufsarbeit, durch ein noch so gründlich geplantes berufliches Lehren und Lernen nicht realisiert werden.

Um das hochgesteckte Bildungsziel einer ganzheitlichen beruflichen Handlungsfähigkeit zu erreichen – oder anders formuliert: um neben dem erforderlichen Fachwissen auch Arbeits- und darüber hinaus Erfahrungswissen zu erlangen –, genügte es nicht, allgemeine didaktische Theorien auf fachliche Inhalte zu beziehen, selbst wenn diese durch weiterreichende fachübergreifende und allgemein bildende Aspekte ergänzt werden. Wendete man diesen Ansatz – in welcher Form auch immer – bei der beruflichen Erstausbildung ausschließlich an, so musste das Ergebnis eines solchen beruflichen Lehrens und Lernens defizitär bleiben, weil es sich nicht in genügender Weise auf konkrete berufliche Hand-

---

[490] Über solche Ansätze wird im Regelfall versucht, einen bestimmten Wissensbereich so aufzubereiten, dass dieser durch Frage- und Problemstellungen mehr oder weniger selbstgesteuert und eigenverantwortlich erlernt werden kann. Insoweit erscheint eine Übertragbarkeit der Allgemeinen Didaktik auf berufliches Lernen auf den ersten Blick hin denkbar.

lungen bezog, die im unmittelbaren Bezug zur Berufsarbeit im Sachgebiet stehen. Ein überblickgebendes Wissen über das Sachgebiet und die dabei zu leistende Arbeit in einem Beruf oder Berufsfeld waren so nicht zu vermitteln.

Hier musste eine spezifische Didaktik beruflicher Erstausbildung ansetzen. Das Lernfeldkonzept unterstützte diesen Anspruch, weil die berufliche Tätigkeit und die Handlungssystematik selbst zum Ausgangspunkt beruflicher Lernprozesse wurden. Berufliche Handlungskompetenz ließ sich besser und angemessener erwerben, wenn die berufliche Arbeit sowie die Arbeits- und Geschäftsprozesse im Bereich des Sachgebietes von den Lernenden selbstständig und praxisorientiert geplant und durchgeführt wurden.

In diesem Konzept der Handlungssystematik musste und muss aber auch die Fachsystematik ihren Platz haben (Schütte 2006, S. 140) und zwar immer dann, wenn die Lernenden Probleme mit dem Stoff haben, oder der Zeitaufwand zu groß ist. Die aus den Lernfeldern zu entwickelnden Lernsituationen ermöglichten es, sowohl die momentan bestehenden Anforderungen der Berufsarbeit als auch ihre weiteren Gestaltungsmöglichkeiten ausreichend zu berücksichtigen. Dabei standen nicht mehr nur aufzählbare und singuläre fachtheoretische Wissensinhalte im Mittelpunkt, sondern ganzheitlich eingebundene berufs- oder berufsfeldrelevante Kompetenzen. Die arbeitsorientierten Prinzipien ließen sich nicht allein durch allgemein didaktische Ansätze erreichen. Es wurden berufsbezogene didaktische Konzeptionen erforderlich. Zugleich wurde überlegt, ob der Beruf oder aber das Berufsfeld[491] nicht nur für die berufliche Grundbildung „der zentrale curriculare und didaktische Bezugspunkt" (Gerds 2002, S. 7) werden kann.

Konkret hieß das, es wurden unterschiedliche Ordnungskriterien angewandt, wie beispielsweise Werkstoffe, Branchen, Ingenieur- oder Naturwissenschaften. Das schlug sich auch in den Namensgebungen der Berufsfelder nieder. Die mangelnde wissenschaftstheoretische Fundierung und Begründung bei der Festlegung und Bezeichnung der Berufsfelder sowie die unterschiedlichen Abgrenzungsmerkmale bilden die Hauptkritikpunkte an diesem Konstrukt. Obwohl Mängel und Defizite festzustellen waren und sind, haben Berufsfelder vermutlich auch zukünftig ihre berufsbildungsbezogene Berechtigung. Jedoch können sie – wie Peter Gerds (2002) ausführt – keine normengebende Wirkung haben. Sie sollten ihre Bedeutung aber auch bei einem neuen Zuschnitt der Berufe oder einer Reduzierung der Anzahl von Berufen behalten.[492]

---

[491] Das unverbindliche Ordnungskonstrukt „Berufsfeld" der KMK bekommt dann besondere Bedeutung, wenn man sich klar macht, dass das „Großprojekt Entwicklung spezifischer Berufsdidaktiken" kurz- und mittelfristig nicht einlösbar ist oder vielleicht gar nicht in voller Breite versucht werden kann und sollte. Bei den Berufsfeldern allerdings muss man sich dessen bewusst sein, dass deren Bestimmung nicht auf der Grundlage wissenschaftlich-systematischer Kategorien erfolgte, sondern „von der vorhandenen Berufspragmatik" (Gerds 2002, S. 8) ausging.
[492] Ansätze für neue makrodidaktisch bedeutsame Ordnungskriterien sind jedoch bisher kaum entstanden. Ein mögliches Konstruktionsprinzip für Berufsfelder wäre beispielsweise, „die gemeinsamen Inhalte eines Berufsfeldes an den Bedürfnissen der Kunden und an ganzheitlichen Kundenaufträgen zu orientieren und nicht etwa an einem Technikbereich, einem Werkstoff oder einer Fachrichtung" (Borch 2000, S. 12). Auch Ansätze mit neuen Begriffen – wie „Berufsgruppen" ", die vom BIBB verwendet werden (Bretschneider/Grunwald/Zinke 2010, S. 12 ff.), – sind nur bedingt hilfreich.

Ausschließlich allgemeine didaktische Ansätze auf berufliches Lernen in der nicht-akademischen Erstausbildung anzuwenden, wird – wie bereits dargestellt – allein den Spezifikationen der Berufe oder der Berufsfelder nicht gerecht. Das heißt aber nicht, dass für Didaktiken beruflichen Lernens die Ergebnisse der Allgemeinen Didaktiken unberücksichtigt bleiben sollen. Sie behalten ihre übergeordnete Bedeutung. Dennoch: Wünschenswert und erforderlich sind langfristig spezifische berufliche Didaktiken, d. h. Berufsdidaktiken.

Da aufgrund der großen Zahl von Berufen in absehbarer Zeit wegen fehlender personeller Forschungsressourcen eine durchgängige Entwicklung von Berufsdidaktiken nicht realisierbar ist, sollte vorerst, zumindest unter dem Gesichtspunkt dessen, was geleistet werden kann, auf die Berufsfelder zurückgegriffen werden. Hierfür können eher spezifische Didaktiken entwickelt werden, die man dann als Berufsfelddidaktiken bezeichnen kann.

Der Begriff „Berufsfelddidaktik" ist – wie schon angemerkt – nicht völlig neu, denn bereits Gustav Grüner hat 1981 im Zusammenhang mit der Gliederung und Hierarchisierung didaktischer Ansätze von einer „Didaktik der Berufsfelder" gesprochen. Hier jedoch ist unter Berufsfelddidaktik – genauer schon – eine Didaktik für berufliches Lernen zu verstehen, die ihre exemplarischen Inhalte, Ziele, Methoden und Medien primär aus dem Berufsfeld, den darin verorteten Berufen, den zugehörigen Sachgebieten und der damit verbundenen berufsförmig organisierten Arbeit sowie den Arbeitsprozessen ableitet.

- **Bedingungen berufsbildungswissenschaftlicher Arbeit an curricularen Konzeptionen**

Berufsbildungswissenschaftliche Untersuchungen zu curricularen Konzeptionen müssen die Bedingungen und Möglichkeiten der Lernorganisation an den Institutionen und Einrichtungen der nicht-akademischen Ausbildung berücksichtigen. Beachtet werden muss, dass die Lernorganisation im Wesentlichen durch die Curricula, die materiellen Gegebenheiten vor Ort und durch die Ausbildungs- und Unterrichtsplanung bestimmt wird.[493] Es handelt sich um den bildungstheoretischen, bildungsphilosophischen und bildungspolitischen kaum ausgeleuchteten Hintergrund, vor dem das Curriculum, die Lehrplanung und letztlich die Planung der einzelnen Einheiten beruflichen Lehrens und Lernens geschieht.

Diese übergeordneten wissenschaftsorientierten, aber eher normativen Vorstellungen kristallisieren sich in den grundsätzlichen Zielen heraus, die mit Ausbildung und Unterricht erreicht werden sollen. Es geht dabei um Leitideen, die bei Bedarf berufsbildungswissenschaftlich auszuleuchten sind. Für eine wissenschaftliche Curriculumevaluation stellt sich dabei die Frage, wie die Ordnungsmittel des Lernens und Lehrens unter besonderer Berücksichtigung von übergeordneten Leitideen gestaltet worden sind.[494]

---

[493] Bereits davor sind aber durch die Lehrplanentwickler und -konstrukteure Entscheidungen getroffen worden, die für die Lehrkräfte am jeweiligen Lernort jedoch meist nicht besonders deutlich erkennbar sind oder von diesen im Tagesgeschäft der zu planenden und durchzuführenden Ausbildung und Unterrichte auch nicht vertieft reflektiert werden.
[494] Planungen der oberen Ebenen haben Auswirkungen auf die Lernorganisation im weitesten Sinne. Für die Akteure der beruflichen Schulen, aber zum Teil auch für die betriebliche Ausbildung ist es selbstverständlich, dass die Curriculumplanung, die Lehrpläne, Arbeitspläne, Ausbildungs- und Unterrichtspläne sowie Pläne der einzelnen Lernein-

Insgesamt kann die feststellbare Hierarchisierung der Planungsebenen berufsbildungswissenschaftlich hinterfragt und durchleuchtet werden. Dazu lassen sich außer der übergeordneten bildungstheoretischen und bildungspolitischen Ebene eine mittlere Ebene der Curriculumplanung sowie eine untere Ebene der Planungen zur Ausbildungs- bzw. Unterrichtsgestaltung identifizieren[495]. Rolf Dubs differenziert dabei in die Makro-, Meso- und Mikroebene (Abb. 99).

Ebene		Fragestellung	Arbeitsbereich
Makroebene (normativ) Bildungsphilosophie Bildungspolitik		Welche Ziele sollen mit Schule und Unterricht erreicht werden?	Leitideen
Instruktionsdesign	Mesoebene (curricular) Curriculumplanung	Wie soll der Lehrplan im Hinblick auf die Leitideen organisatorisch/ institutionell und lerntheoretisch gestaltet werden?	Lehrplanvorhaben (Richtlinien, Lernziele)
	Mikroebene (instruktional) Unterrichtsgestaltung	Wie sollen die Unterrichtseinheiten konkret gestaltet werden (Lehr-Lern-Situation)?	Unterrichtsgestaltung

Abb. 99: Drei Ebenen von Lehrplan und Unterricht (Dubs 2001, S. 52)

Ganz allgemein gilt: Lernorganisatorische Vorgaben in weiteren Sinne sind für die einzelne Lehrkraft an berufsbildenden Schulen durch die KMK-Rahmenpläne und die länderspezifischen Lehrpläne festgelegt. Für die betrieblichen Ausbilder wiederum sind die Ausbildungsordnungen des Bundes und die betrieblichen Ausbildungspläne verbindlich. Auf diesen rechtlich verbindlichen Grundlagen nehmen die Lehrkräfte dann Entscheidungen zur Lernorganisation im engeren Sinne vor (Unterrichtspläne, Arbeitspläne, Unterrichtsstundenentwürfe, Ausbildungsentwürfe).

Auch wenn alles festgezurrt zu sein scheint, so sind das doch nur von den Bildungsverwaltungen unter pragmatischen und teilweise wissenschaftsorientierten Kriterien Bedingungen entstandene Konstrukte. Sie sind deshalb unter berufsbildungswissenschaftlicher Perspektive vertieft zu untersuchen und zu evaluieren.

---

heiten auf verschiedenen Ebenen vorgenommen werden. Sie selbst sind aber im Regelfall nur in die ausbildungs- oder unterrichtsnahen Planungen, d. h. in die Lernorganisation im engeren Sinne, eingebunden. Mit den Arbeitsplänen wird der Stoff des Lehrplans auf eine Organisationszeit, d. h. den Halbjahres- oder Jahresplan verteilt. Die Ausbildungs- oder Unterrichtspläne werden auf der Basis der Arbeitspläne präzisiert, und die Ausbildungs- oder die Unterrichtsstundenplanungen werden für konkret zu gestaltende Unterrichts- oder Unterweisungseinheiten vorgenommen.
[495] Über diese für alle beruflichen Schulformen, aber mit Einschränkungen auch für die nicht-akademische betriebliche Ausbildung geltende Differenzierung in lernorganisatorisch bedeutsamen Ebenen hinaus gibt es spezifische Bedingungen. So erfolgt eine weitere Differenzierung der Curricula, Lehrpläne und auch der Art der Ausbildungs- bzw. Unterrichtsgestaltung durch die Berufsbildungseinrichtung und die Klientel, für die sie vorgesehen sind.

- **Untersuchungsbereiche zu übergeordneten Aspekten der Curricula**

Nicht nur den Akteuren der Berufsbildungswissenschaft, -forschung und -lehre, sondern allem, den mit der Berufsausbildung in den Lernorten „Betrieb" und „Schule" direkt und indirekt Befassten, ist bewusst, dass Curricula die lernorganisatorischen Strukturen der Berufsbildungsstätten wesentlich beeinflussen und deshalb auch der ständigen Evaluation bedürfen. Wie aber werden Curricula beruflichen Lehrens und Lernens entwickelt sowie evaluiert, und was ist der Ausgangspunkt für eine solche Curriculumkonstruktion? Insbesondere durch den Ausgangspunkt, von dem die Curriculumerstellung vorgenommen wird, ergeben sich spezifische Auswirkungen auf die Lernorganisation an den beruflichen Aus- und Weiterbildungseinrichtungen.

Die Ausarbeitung beruflicher Curricula kann über verschiedene Verfahren (z. B. Streben nach Verbindlichkeit oder Benutzung von Mustern als heuristische Mittel) sowie mit Hilfe unterschiedlicher Ordnungsinstrumente (z. B. „Zieltaxonomien" und „Ordnungsmatrizen") erfolgen (vgl. dazu Waterkamp 2000, S. 148 ff.). Aufgrund dieser unterschiedlichen Verfahren und Instrumente unterscheiden sich auch die erstellten Curricula hinsichtlich ihrer Ausformung und Ansprüche.

Für berufliches Lehren und Lernen finden sich als Curricula neben dem vorwiegend disziplinenorientierten auch fächerintegrierende Formen. Bei dem Organisationsprinzip der „Fächerverbindung bleibt die disziplinorientierte Fächergliederung beibehalten. Die Zergliederung der Lerninhalte wird aber zu überwinden versucht, indem die zueinander in Verbindung stehenden Fächer inhaltlich und zeitlich abgestimmt werden. Bei der Fächerfusion werden zwei oder mehrere Fächer zusammengefasst, damit eine interdisziplinäre Betrachtung möglich wird." (Dubs 2001, S. 55) Dabei wird der gesamte Lehrplan „ausschließlich nach Themenbereichen (Schwerpunktthemen) gegliedert, die zur gleichen Zeit in allen Fächern zu behandeln sind, damit die Interdisziplinarität verwirklicht werden kann. Beim ‚Core Curriculum' wird auf disziplinenorientierte Fächer vollständig verzichtet und der Lehrplan nur noch nach Themenbereichen (Problemfeldern) aufgebaut." (Dubs 2001, S. 55; vgl. auch Abb. 100)

Schulische Berufsausbildung liegt im Kompetenzbereich der Länder. Dabei haben die zentralen Vorgaben zur Curriculumentwicklung und -konstruktion durch die Kultusministerkonferenz nur empfehlenden Charakter, besitzen aber eine reaktiv starke Bindungswirkung. Die Länder können an den Rahmenlehrplänen orientierte, landesbezogene Lehrpläne erarbeiten und erlassen. Seit der Verabschiedung der „Handreichungen für die Erarbeitung von Rahmenlehrplänen (…)" (KMK 9. 5. 1996) werden im Regelfall die schulischen Lehrpläne lernfeldorientiert gestaltet. Mit der Einführung der Lernfelder für den berufsbezogenen Unterricht ergeben sich curricular abgesicherte lernorganisatorische Möglichkeiten zum handlungsorientierten beruflichen Lernen. Damit lassen sich inhaltliche Trennungen – wie bei einer Fächeraufteilung – zumindest teilweise überwinden. Beim Lernfeldkonzept „stehen bestimmte Handlungsfelder, die bei der beruflichen Tätigkeit und im privaten Leben bedeutsam sind, im Zentrum der Bestimmung von Lerninhalten. Sie werden didaktisch zu Lernfeldern aufbereitet, die interdisziplinär und handlungsorientiert zu

bearbeiten sind." (Dubs 2001 S. 55 f.) Die vorgegebene Orientierung der Lernfelder „an beruflichen Aufgabenstellungen und Handlungsabläufen" (KMK 1996/2007) führt im Prinzip dazu, dass das Situationsprinzip „eine dominierende Funktion bei der curricularen Strukturierung erhält" (Reetz/Seyd 2006, S. 229).
Es fehlt aber bislang eine berufsbildungswissenschaftliche fundierte Begründung für das Lernfeldkonzept und die curricularen Ansätze.

```
                          Organisationsprinzipien
         ┌──────────────┬──────────────┬──────────────┐
   Der                Der fächer-     Der themen-        Der
   disziplinen-       integrierende   orientierte        handlungs-
   orientierte        Lehrplan        (problem-          orientierte
   (fachbereichs-                     orientierte)       Lehrplan
   orientierte)                       Lehrplan
   Lehrplan

   — Systematischer   — Fächerver-    — Multidisziplinäre
     Lehrplan           bindung         Organisation
   — Spirallehrplan   — Fusion        — Core Curriculum
```

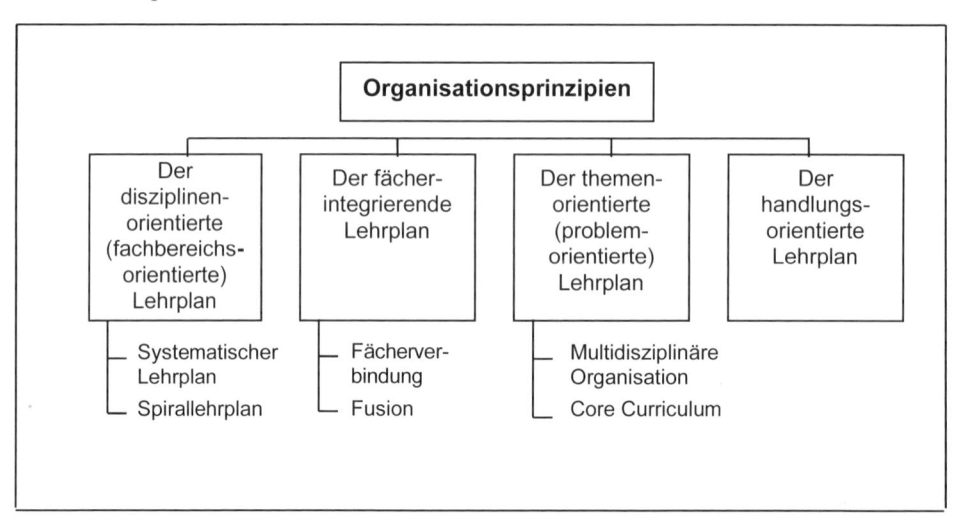

Abb. 100: Organisationsprinzipen für die Lehrplankonzeption (Dubs 2001, S. 55)

Durch die Einführung des Lernfeldkonzeptes haben sich Veränderungen auch auf der Mesoebene, also der Ebene der Schulorganisation und -entwicklung ergeben (vgl. Sloane 2000, S. 80 f.). Als wesentliche Aspekte lassen sich dabei nennen:
- Größere zeitliche Räume, um ganzheitliche Ansätze in einem Lernfeld zu ermöglichen;
- Bildung von Arbeitsgruppen für die Vorbereitung, Durchführung und Bewertung bzw. Auswertung des Unterrichts in den Lernfeldern;
- Bildung von Lerngruppen;
- Entwicklung von Fachraum- und Laborkonzepten.

Mit dem Lernfeldkonzept und den damit einhergehenden lernorganisatorischen Veränderungen verbunden ist ein Wandel von der fachlich eng begrenzten Fächerstrukturierung zur berufs- und fachübergreifenden Sachgebietsstrukturierung. Damit erlangen komplexe Lern- und Arbeitsaufgaben (z. B. in Form von Projekten, Fallstudien etc.) wesentlich an Bedeutung.

Für die curricularen Vorgaben der betrieblichen Berufsausbildung ist gemäß Berufsbildungsgesetz (BBiG 2005, § 5) bzw. Handwerksordnung (HwO, § 25) insbesondere das Bundesministerium für Wirtschaft und Arbeit in Abstimmung mit dem Bundesministerium für Bildung und Forschung zuständig. Die entsprechenden Rechtsverordnungen in

Form der Ausbildungsrahmenpläne setzen für die Betriebe Mindestnormen für die Gestaltung und Durchführung der Ausbildung. Die Betriebe können auf Grundlage der Ausbildungsrahmenpläne betriebs- und berufsbezogene Ausbildungspläne als curriculare Vorgaben für die betrieblichen Lehrkräfte entwickeln, was aber meist nur von Großbetrieben genutzt wird.

Da die curricularen Vorgaben für die betriebliche Berufsausbildung keine Orientierung am Lernfeldkonzept vorsehen, ist eine effiziente lernorganisatorische Abstimmung zwischen betrieblicher und schulischer Berufsausbildung insbesondere auf der Mikroebene, d. h. im didaktisch-methodischen Bereich, oft schwierig. Es erscheint für den curricularen Bereich alles sehr rigide und durch bildungspolitische Entscheidungen festgeschrieben zu sein.

Begründungen dazu aber stehen auf einem wissenschaftlich kaum gesicherten Fundament. Insbesondere deshalb sollten berufsbildungswissenschaftliche Untersuchungen das Bestehende hinterfragen.

- **Untersuchungsfelder und -möglichkeiten zum Gestaltungsrahmen für die Curricula des nicht-akademischen Berufsbildungsbereiches**

Berufsbildungswissenschaftliche Untersuchungen können sich auf die vorhandenen Curricula für den schulischen und – soweit vorhanden – für den betrieblichen Berufsbildungsbereich richten. Dabei kann es u. a. darum gehen, die Entstehung, die Inhalte und Ziele sowie die bildungspolitischen Bedingungen, unter denen Curricula entworfen worden sind, zu untersuchen.

Curricula im weitesten Sinne stellen das Gesamtkonzept beruflichen Lehrens und Lernens von der übergeordneten Rahmengebung bis zu Strukturelementen von Ausbildung und Unterricht dar. Das besondere Problem besteht für die Berufsausbildung im Dualen System darin, dass es im Regelfall für die betrieblichen und schulischen Lernorte verschiedene Arten von Plänen gibt. Verbindliche Basis für die strukturelle und curriculare Gestaltung der dualen Berufsausbildung an den Lernorten „Berufsschule" und „Betrieb" sind die staatlichen und landesbezogenen rechtlichen Rahmengebungen und Normen. Die entsprechenden curricularen Rahmenbedingungen und Strukturen manifestieren sich auf verschiedenen Ebenen (Abb. 101). Für die vollzeitlichen beruflichen Schulformen dagegen, an denen ebenfalls Berufsausbildungen angeboten werden, gibt es Abstimmungsprobleme mit den Betrieben eventuell nur bei den Betriebspraktika.

Wegen der starren Vorgaben der beruflichen Curricula sind Überlegungen zu freieren Gestaltungsformen der Ausbildungs- und Lehrpläne von ausbildungs- und unterrichtspraktischer Bedeutung. Es spricht sehr viel für offenere Lehrpläne, denn würde ein Plan alles ganz genau und bis ins Einzelne festlegen, was die Lehrkräfte in Ausbildung und Unterricht zu berücksichtigen hätten, gäbe es keinen Handlungsspielraum für besondere situative Gegebenheiten[496]. Dieses ist eine allgemein geteilte Meinung, aber es gibt fast keine umfassenden berufsbildungswissenschaftlichen Untersuchungen dazu.

Ebenen	Betrieb	Berufsschule
Gesetzliche Grundlagen/normative Ebene	BBiG HwO	Schulgesetze der Länder
Ebene der Ordnungsmittel	Ausbildungsrahmenplan	Rahmenlehrplan
Institutionelle Ebene	Ausbildungsbetrieb	Berufsschule
Entwicklungsebene	Betriebliche Ausbildungspläne	Landeslehrpläne
Normative Ebene	Fachlich zuständiger Bundesminister/in	KMK
Aufsichtsebene	Zuständige Stelle/ Wirtschaftskammer (mit Prüfungsordnung)	Schul-/Kultusbehörde mit Fachlehrplan
Lernortebene	Ausbildungsplatz: Ausbildungs- bzw. Unterweisungsentwurf	Unterricht: Arbeitsplan, Unterrichtsentwurf

Abb. 101: Institutionelle, normative und curriculare Manifestation beruflicher Bildung im Dualen System (in Anlehnung an Reetz/Seyd 2006, S. 231)

Verdeutlicht oder bestätigt werden kann durch entsprechende berufsbildungswissenschaftliche Untersuchungen, dass durch offenere Formen der Lehrpläne die Lernorganisation neue Impulse erhalten könnte. Die Pläne in ihrer Funktion als didaktische Steuerungsinstrumente verlören hiermit etwas an Rigidität. Statt von einseitiger Steuerung wäre dann eher von autonomer, situationsangemessener Regelung zu sprechen.

Darüber hinaus gibt es aber noch weitere Steuerungsinstrumente, mit denen die fachlichen Lerninhalte von Ausbildung und Unterricht bestimmt werden. Als ein dominierendes Instrument gelten die Leistungs- und Prüfungsanforderungen, denn die Arbeit der Lehrkräfte wird indirekt auch danach beurteilt, wie viele Schüler/-innen und Auszubildende die Prüfungen bestehen. Selbst die Lehrbücher für die Lernenden wirken als Steuerungsinstrumente. Zugleich können didaktisch aufbereitete und inhaltlich hochwertige Lehrbücher bei den Lernenden das Interesse an Ausbildung und Unterricht mit fachbezogenen Themen wecken und langfristig die Curricula verändern.

Nicht zuletzt wirken auch die Motivationen und die Neugierde sowie die Neigungen der Lernenden als regelnd. Sind oder werden die Lernenden an einem fachlichen Thema interessiert, so steigert sich die Lernmotivation erheblich. Indirekt ergeben sich damit auch Rückwirkungen auf die Lehrpläne.

---

[496] Sollte beispielsweise in Ausnahmefällen „sogar eine Korrektur des Lehrplans erforderlich werden, weil er infolge der Veränderungen sachlich unrichtig geworden ist, muß der Lehrer sie natürlich vornehmen; sie ist indessen nicht Bestandteil der methodischen Komponente der Stoffauswahl, weil sie mit Stoffauswahl unmittelbar noch nichts zu tun hat" (Rölke/Rößler 1993, S. 8 f.).

Die Entwicklung von Interesse und Motivation für neue Aufgabengebiete erscheint bedeutsam. Eine interessegeleitete Hinwendung zu solchen fachlichen Themen – die vorher nicht im Erwartungshorizont der Lernenden waren – fördert die Aufmerksamkeit in Ausbildung und Unterricht sowie die Mitarbeit in der betrieblichen oder schulischen Ausbildungsstätte.

In erheblichem Maße bestimmen auch die Erfahrungen und Kompetenzen der Lehrkräfte in Betrieb und Schule die lernorganisatorischen Entscheidungen über die fachlichen Lerninhalte und die Auslegung der Lehrpläne. Dazu zählen insbesondere die Berufserfahrung, das Studium mit seinen Schwerpunkten, die vertieft studierten Fächer, persönliche Neigungen, Engagement, Berufsethos und die Einstellung zur Ausbildungs- oder Unterrichtsarbeit sowie zu den Lernenden. Aktivitäten der Lehrkräfte, die dazu beitragen können, die Auswahl, Berücksichtigung oder Vertiefung fachlicher Lerninhalte des Lehrplanes zu regeln, ergeben sich durch die personengebundenen lernorganisatorischen Entscheidungen bei Auswahl sowie Einsatz von Ausbildungs- und Unterrichtsmethoden sowie Medien.

Es zeigt sich insgesamt eine erhebliche Faktorenkomplexion. Die Vielzahl der aufgeführten Aspekte ist bei berufsbildungswissenschaftlichen Untersuchungen zu berücksichtigen.

- **Untersuchungsfeld: Curricula für die berufsschulische Erstausbildung im nicht-akademischen Dualen System**

Schon allein wegen der großen Zahl von Berufen ist das berufsbildungswissenschaftliche Untersuchungsfeld der schulischen Erstausbildung sehr groß. Auch die Bedingungen, die bei berufsbildungswissenschaftlichen Arbeiten berücksichtigt werden müssen, sind sehr differenziert. Für wissenschaftliche Arbeiten deutet sich damit ein kaum überschaubares Untersuchungsfeld an.[497]
Schulen zeigen sich im Regelfall – anders als Betriebe – gegenüber Forschungsvorhaben aufgeschlossen. Schwierigkeiten treten dennoch auch an Schulen in großer Zahl auf, da u. a. die zum Teil sehr differierenden Rahmenbedingungen durch die Ordnungsmittel zu berücksichtigen sind. Für berufsbildungswissenschaftliche Untersuchungsvorhaben aber sind die im Berufsschulsystem vorliegenden Bedingungen und verfügbare Literaturaussagen zu der Institution in die Forschungsplanung unbedingt einzubeziehen

Rahmenlehrpläne der Kultusministerkonferenz

Berufsbildungswissenschaftliche Arbeitsfelder zu den Curricula sind sehr groß, denn für die Vielzahl der sogenannten anerkannten Erstausbildungsberufe im Dualen System gibt es allein schon jeweils spezifische KMK-Rahmenlehrpläne. Greift man beispielsweise einen Plan für einen Ausbildungsberuf wie den „Rahmenlehrplan für den Ausbil-

---

[497] Will man sich über diese von der Kultusministerkonferenz herausgehobenen Lehrpläne informieren, die in Abstimmung mit den Ausbildungsordnungen entstanden sind, kann man in den Dokumentationen der KMK z. B. im Internet recherchieren.

dungsberuf „Kaufmann für Spedition und Logistikdienstleistung/ Kauffrau für Spedition und Logistikdienstleistung" (Beschluss der Kultusministerkonferenz vom 30. April 2004) heraus, so wird mit den darin aufgeführten allgemeinen Vorbemerkungen darauf hingewiesen, dass den Schülerinnen und Schülern allgemeine und berufsbezogene Lerninhalte durch die Berufsschulen zu vermitteln sind. Dabei sind sich die Lehrplankonstrukteure bewusst, dass die Ziele und Inhalte für den Unterricht ständig weiterentwickelt werden müssen.

Für den allgemein bildenden Unterricht an Berufsschulen existieren keine Rahmenlehrpläne der Kultusministerkonferenz. Auch in die berufsbezogenen Rahmenlehrpläne sind keine speziellen Angaben zum allgemein bildenden Unterricht integriert.

Festgelegt ist aber, dass nach der „Rahmenvereinbarung über die Berufsschule" (KMK 12.03. 2015, S. 3) die Berufsschule „durchgängige Sprachbildung" ermöglichen soll. Außerdem heißt es, dass der Unterricht „die Fremdsprachenkompetenz entsprechend ihrer Bedeutung in dem jeweiligen Ausbildungsberuf" erweitern und vertieften soll (ebd., S. 5).

Landeseigene Lehrpläne

Die landespezifischen Lehr- und Bildungspläne stellen zum Teil sehr ambitionierte Vorhaben dar. Mit ihnen werden Vorgaben gemacht, „um die Standards der beruflichen Bildungsgänge zu gewährleisten und Freiräume für selbstbestimmtes Lernen und eigenverantwortliches Handeln der Schülerinnen und Schüler zu ermöglichen" (Bildungsplan Speditionskaufmann/Speditionskauffrau, Hamburg o. J., S. 5). Im Vorspann des Hamburger Bildungsplanes wird auch der Erziehungs- und Bildungsauftrag der beruflichen Schulen unter Bezug auf die Landesverfassung hervorgehoben. Ausdrücklich wird darauf hingewiesen, dass berufliche Schulen „im Rahmen des allgemeinen Erziehungs- und Bildungsauftrages berufsbezogene und allgemeine Kenntnisse, Fähigkeiten und Fertigkeiten" (Bildungsplan Speditionskaufmann/Speditionskauffrau, Hamburg o. J., S. 6) vermitteln.

Eine erste Konkretisierung erfährt dieser landesspezifische Bildungsgang „Speditionskaufmann/Speditionskauffrau" in Anlehnung an die Ziele des KMK-Rahmenlehrplanes, indem ausgeführt wird, dass die Schülerinnen und Schüler die notwendige Handlungskompetenz in der Berufsschule erlangen, „um auf ihrem Berufs- und Lebensweg, entsprechend ihrer Einsichten und Fähigkeiten, verantwortungsbewusst, selbstständig, kooperativ und qualitätsbewusst zu handeln" (Bildungsplan Speditionskaufmann/Speditionskauffrau, Hamburg o. J., S. 17). Spezifische Ausformungen zeigen sich bei diesem Lehrplan, denn dort sind „die Lerngebiete 1 bis 9 des Rahmenlehrplans (…) um Inhalte und Ziele der berufsübergreifenden Fächer Sprache und Kommunikation und Wirtschaft und Gesellschaft erweitert und zu insgesamt zwölf Lernfeldern konstruiert worden" (Bildungsplan Speditionskaufmann/Speditionskauffrau, Hamburg o. J., S. 19). Außerdem sind in die Lernfelder Schwerpunkte aus dem Fach „Sprache und Kommunikation" sowie „Kernprobleme unserer Zeit" aus dem Fach „Wirtschaft und Gesellschaft" integriert worden (ebd.).

Entsprechende landesspezifische Lehrpläne bestehen für die verschiedenen Berufe in den Bundesländern. Für den allgemein bildenden Unterricht an Berufsschulen können die

Länder die Lehrpläne selbst erstellen. Sie haben dabei einen relativ weiten Gestaltungsspielraum.[498]

Daher unterscheiden sich die Lehrpläne für den allgemein bildenden Unterricht der einzelnen Länder auch stärker voneinander als die sich aus KMK-Rahmenlehrplänen abgeleiteten Länderlehrpläne für den berufsbezogenen Unterricht. Die Länder formulieren die Pläne für den allgemein bildenden Unterricht selbst mehr oder weniger genau aus. So gibt es beispielsweise im Bundesland Hamburg einen „Rahmenplan Wirtschaft und Gesellschaft für Berufsschulen" (Rahmenplan 2003) sowie einen „Rahmenplan Sprache und Kommunikation für Berufsschulen" (Rahmenplan 2004). Mit den landesspezifischen Plänen für den berufsspezifischen und allgemein bildenden Unterricht sind erhebliche lernorganisatorische Vorgaben für die Lehrkräfte verbunden, aber auch hilfreiche Hinweise für unterrichtliches Handeln gegeben.
Schwierigkeiten und Begrenzungen für berufsbildungswissenschaftliche Untersuchungen türmen sich durch die bildungs- und ordnungspolitische Rahmengebungen auf. An rigiden Vorgaben durch Ordnungen können berufsbildungswissenschaftliche Ansprüche an Grenzen stoßen.

- **Untersuchungsfeld: Curricula für die betriebliche Erstausbildung im Dualen System**

Die Betriebe, die eine Erstausbildung anbieten, sind in Größe und Zielen sehr unterschiedlich ausgelegt. Sie reichen vom kleinen Handwerksunternehmen bis hin zu großindustriellen Werken. Für berufsbildungswissenschaftliche Arbeiten deutet sich damit ein riesiges und unübersichtliches Gebiet an, das in Untersuchungsfelder aufgeteilt werden muss. Viele Betriebe zeigen sich im Regelfall gegenüber Forschungsvorhaben sehr distanziert. Aber berufsbildungswissenschaftliche Untersuchungen können sich beispielsweise auf die Rahmenbedingungen durch die Ordnungsmittel richten – hierfür gibt es keine Einschränkungen. Für eventuelle berufsbildungswissenschaftliche Untersuchungsvorhaben lassen sich die für die betriebliche Ausbildung vorliegenden sehr unterschiedlichen Bedingungen in die Forschungsplanung einbeziehen.

Übergeordnete gesetzliche Rahmengebungen

Übergeordnete Rahmenbedingungen sind schon bei der Forschungsplanung zu berücksichtigen. Das Berufsbildungsgesetz (BBiG) stellt eine bundeseinheitliche Regelung zur Organisation und Durchführung der betrieblichen sowie überbetrieblichen Berufsausbildung im Dualen System dar. Mittelbar hat dieses Gesetz aber auch Rechtsgültigkeit für den Unterricht in den an der Dualen Berufsausbildung beteiligten Berufsschulen.

---

[498] Dabei sind insbesondere beim Fach „Religion" erklärlicherweise größere Unterschiede feststellbar. So ist beispielsweise nur im Schulgesetz des Bundeslandes Brandenburg das Fach „Lebensgestaltung-Ethik-Religion" staatliches Pflichtfach. In den meisten Bundesländern kann dagegen zwischen den Fächern „Lebensgestaltung und Ethik" oder „Religion" gewählt werden.

Für die Ausbildung in handwerklichen Berufen gelten neben dem Berufsbildungsgesetz zusätzlich die Bestimmungen der Handwerksordnung (HwO). Das Gesetz zur Ordnung des Handwerks wurde am 17.09.1953 verabschiedet und regelt „den Großen Befähigungsnachweis (Meisterprüfung), die handwerkliche Ausbildung und -weiterbildung, die Organisation des Handwerks und die Zuerkennung der öffentlich-rechtlichen Körperschaft für die Innungen, Kreishandwerkerschaften und Kammern" (Twardy 2006, S. 276).

Verantwortlich für die Ausbildung im Handwerk sind nach der HwO die (meist) kleineren oder mittelständischen Handwerksbetriebe sowie ihre Handwerksorganisationen (insbesondere Handwerkskammern und Handwerksinnungen). Die Gewerbe, die als Handwerk oder handwerksähnlich betrieben werden können und die jeweils zugehörigen handwerklichen Ausbildungsberufe sind in der Handwerksordnung (HwO, Anlagen A und B) verzeichnet.

Träger der Ausbildung sind Handwerksbetriebe und deren Inhaber sowie die Bildungsstätten der jeweiligen Handwerksorganisation. Dabei sind die „55 Handwerkskammern (…) für die Berufsausbildung aller Handwerke zuständig, wohingegen 6262 Innungen als Zusammenschlüsse gleicher oder ähnlicher Handwerke berufsspezifische Aus- und Weiterbildungsdienstleistungen übernehmen" (Twardy 2006, S. 274).

Untersuchungsfelder gibt es, auch wenn die Rahmenbedingung sehr einschränkend wirken, in großer Zahl. So kann es beispielsweise sehr wirkungsvoll und ertragreich sein, berufsbildungswissenschaftliche Forschung in Kooperation mit den Kammern zu planen und durchzuführen.

Ausbildungsordnungen und Ausbildungsrahmenpläne des Bundes

Im Vorfeld berufsbildungswissenschaftlicher Forschungsvorhaben zu den Ordnungsmitteln sind diese zu sichten und in ihrer Bedeutung für die Untersuchung einzuordnen.
Berufsbezogene Ausbildungsordnungen „als Grundlage für eine geordnete und einheitliche Berufsausbildung" (BBiG § 4 Abs. 1) werden vom Bundesministerium für Wirtschaft und Arbeit oder dem zuständigen Fachministerium im Einvernehmen mit dem Bundesministerium für Bildung und Forschung erlassen. Nach BBiG Paragraf 5 Absatz 1 müssen in Ausbildungsordnungen die Bezeichnung des Ausbildungsberufs, der anerkannt wird, die Ausbildungsdauer und die Prüfungsanforderungen festgelegt sein.

Darüber hinaus enthalten Ausbildungsordnungen Mindestanforderungen hinsichtlich der für die Ausübung eines bestimmten Ausbildungsberufs notwendigen beruflichen Handlungsfähigkeit in Form von Fertigkeiten, Kenntnissen und Fähigkeiten sowie eine Anleitung zur sachlichen und zeitlichen Gliederung der berufsrelevanten Ziele und Lerninhalte im jeweiligen Ausbildungsrahmenplan.

Entsprechende Ausbildungsrahmenpläne bilden die curriculare Grundlage für die Ausbildung in einem anerkannten industriellen oder handwerklichen Beruf. In ihnen werden die im Ausbildungsberufsbild definierten Teile bzw. Gegenstände der Ausbildung detailliert aufgeführt und diesen Fertigkeiten, Kenntnissen und Fähigkeiten zugeordnet, die den

Auszubildenden durch selbstständiges Planen, Durchführen und Kontrollieren so vermittelt werden sollen, dass diese zur Ausübung qualifizierter beruflicher Tätigkeit im Sinne des Paragrafen 1 Abs. 3 des BBiG befähigt werden. Darüber hinaus werden zeitliche Richtwerte (in Wochen) für das jeweilige Ausbildungsjahr vorgegeben.

Die betrieblichen Curricula in Form der Ausbildungsrahmenpläne haben allerdings nicht die Bedeutung wie die Curricula in der schulischen Ausbildung. Obwohl Ausbildungsrahmenpläne für Ausbilder/-innen in jedem Fall verbindlich sind, spielt bei der betrieblichen Ausbildung meist auch das Erfahrungswissen und die Vorbildfunktion der ausbildenden Lehrkraft eine wesentliche Rolle. Viele „gute" Ausbilder/-innen haben das bzw. ihr Curriculum im Kopf. Dementsprechend gestalten sie die Ausbildung auch auf Grundlage ihrer meist langjährigen beruflichen und ausbildungsbezogenen Erkenntnisse und Erfahrungen.

Routine und Eigenerfahrung dürfen aber nicht dazu führen, dass curriculare Vorgaben, d. h. Inhalte, Ziele und Methoden, der obligatorischen Curricula, nur zum Teil oder überhaupt nicht berücksichtigt werden. In solchen Fällen könnten Ausbilder/-innen die persönliche und fachliche Eignung zur Ausbildung verlieren (vgl. BBiG 2005, § 20).

Einzelbetriebliche Ausbildungspläne

Die Ausbildungsbetriebe können unter Beachtung der Regelungen und Bestimmungen der berufsbezogenen Ausbildungsordnungen und Ausbildungsrahmenpläne eigene und auf die speziellen Gegebenheiten im Betrieb abgestimmte Ausbildungspläne erstellen. Entsprechend den Vorgaben in der Ausbildungsordnung definiert der einzelbetriebliche Ausbildungsplan die Bezeichnung des Ausbildungsberufs, der anerkannt wird, die Ausbildungsdauer und die Prüfungsanforderungen sowie die sachliche und zeitliche Gliederung der Ausbildung für den jeweiligen Betrieb. Die sachliche Gliederung muss alle im Ausbildungsberufsbild und im Ausbildungsrahmenplan definierten und zu vermittelnden Fertigkeiten, Kenntnisse und Fähigkeiten enthalten. Die Vermittlung kann z. B. in Form von Arbeitseinheiten und Arbeitsprojekten erfolgen.

Im Regelfall wird mit dem Ausbildungsplan zusätzlich festgehalten, an welchen Maschinen, Werkzeugen und Arbeitsplätzen im Betrieb die erforderlichen Kenntnisse sowie Fertigkeiten vermittelt und erworben werden sollen. Darüber hinaus werden lehrgangs-, schul- und betriebsgebundene Ausbildungsabschnitte ebenso berücksichtigt wie Urlaubszeiten und gegebenenfalls Probezeiten. In der Ausbildungspraxis wird die Möglichkeit, einen eigenen Ausbildungsplan zu erstellen, aber nur von Großbetrieben genutzt.

Berufsbildungswissenschaftliche Forschungsvorhaben zu betrieblichen Ausbildungsplänen sollten sich auf die den curricularen Materialien und Vorgaben richten. Außerdem sollten in besonderer Weise die versteckten Curricula der Ausbilder und Ausbilderinnen untersucht und aufgedeckt werden.

- **Untersuchungsfeld: Curricula für die berufliche Erstausbildung im Schulberufssystem**

Wegen der Vielzahl der Berufe ist dieses Untersuchungsfeld auch sehr groß. Anders als beim Dualen System, sind die Betriebe aber nur für eventuelle Praktika in berufsbildungswissenschaftliche Untersuchungen einzubeziehen. Das erleichtert mögliche Untersuchungsvorhaben zu diesem System. Selbstverständlich sind die für berufsbildungswissenschaftliche Untersuchungsvorhaben im Schulberufssystem[i] vorliegenden Bedingungen und auch die vorangegangenen Diskussionsergebnisse bereits frühzeitig in die Forschungsplanung einzubeziehen.[499]

Übergeordnete Vorgaben und Ziele

Wichtige Orte für berufsbildungswissenschaftliche Arbeiten an Institutionen des Schulberufssystems sind die Berufsfachschulen. In diesen sollen sowohl allgemeine als auch fachliche, berufsübergreifende und berufsbezogene Inhalte vermittelt werden. Deshalb wird auch heute noch „der im engeren Sinne berufsqualifizierende Unterricht als ‚didaktische Mitte' angesehen, die auch den allgemeinen Unterricht beeinflusst" (Grüner 1983, S. 157). Durch die Differenzierung der Berufsfachschulen in teil- und vollqualifizierende Varianten und Bildungsgänge haben sich auch die curricularen und lernorganisatorischen Vorgaben in letzter Zeit stärker verändert. Heute haben Berufsfachschulen „das Ziel, Schülern und Schülerinnen Grundlagen für den Erwerb beruflicher Handlungsfähigkeit zu vermitteln und zu vertiefen, ihnen berufliche Grundqualifikationen für einen oder mehrere anerkannte Ausbildungsberufe zu vermitteln oder sie zu einem Berufsausbildungsabschluss in einem Beruf zu führen. Sie erweitern die vorher erworbene allgemeine Bildung und können einen darüber hinausgehenden Schulabschluss vermitteln." (KMK 2013, S. 3) Möglich ist ein teil- oder ein vollqualifizierender Abschluss.

Berufsbezogene und berufliche Abschlüsse anzustreben, ist aber nicht die einzige Aufgabe der Berufsfachschule. Weitere übergeordnete Ziele ergeben sich u. a. dadurch, dass in den verschiedenen Varianten dieser beruflichen Schulform auch allgemeine Berechtigungen erworben werden können, die denen der „Mittleren Reife" oder sogar denen der „Fachhochschulreife" entsprechen (vgl. KMK 07.12.2007, S. 3 f.).

Gesetzliche Rahmengebungen und KMK-Rahmenvereinbarungen

Bei berufsbildungswissenschaftlichen Arbeiten sind die ordnungspolitischen Vorgaben zu berücksichtigen oder diese zu berücksichtigen oder der Kritik zu unterziehen. Entsprechendes sollte schon im Vorfeld eines Forschungsvorhabens geschehen.

---

[499] Das so genannte Schulberufssystem und insbesondere die „Berufsfachschule" sind in ihren „Ausformungen und Entwicklungsmöglichkeit" (Pahl 2014) ist sehr unübersichtlich. Für Untersuchungsvorhaben bedarf es deshalb vor allem im Vorfeld der wissenschaftlichen Arbeit genauer Informationen und Detailkenntnisse über den ausgewählten Forschungsbereich.

Für Berufsfachschulen gibt es Gesetze und Regularien durch die Bundesministerien. Auf der Basis dieser Gesetze wurden für die Ausbildung und Prüfung in der vollqualifizierenden Variante dieser beruflichen Schulform durch die zuständigen Bundesministerien für einige Berufe Rahmenvereinbarungen erarbeitet und beschlossen wie z. B. die „Rahmenvereinbarung über die Ausbildung und Prüfung zum technischen Assistenten/zur technischen Assistentin an Berufsfachschulen" (KMK 26.06.2003). Darin sind übergeordnete Ziele, die Dauer der Ausbildung, Zulassungsvoraussetzungen sowie Lernbereiche und Zeitrichtwerte festgeschrieben. Danach gliedert sich der Unterricht in einen berufsübergreifenden und einen berufsbezogenen Lernbereich.

Für jeden staatlich geprüften Ausbildungsberuf sind spezifische Rahmenstundentafeln mit Zeitrichtwerten festgelegt. Ebenso sind der Zweck, die Durchführung und die Bewertung des Ergebnisses der Abschlussprüfung geregelt, so auch beispielsweise für den Beruf der pharmazeutisch-technischen Assistentin/des pharmazeutisch-technischen Assistenten. Die zugehörige Ausbildungs- und Prüfungsverordnung (BMB+F 23.09.1997) für diese Berufsausbildung enthält allgemeine Vorschriften zur Ausbildung und zur staatlichen Prüfung. Letztere regeln sehr ausführlich die Organisation und Durchführung der Prüfung, wie z. B. die Zusammensetzung des Prüfungsausschusses, die Zulassung zur Prüfung, die Benotung sowie die Struktur der einzelnen Prüfungsteile (schriftlicher, mündlicher und praktischer Teil).[500] Entsprechende Gesetze gibt es für die verschiedenen Berufe, die nur über eine schulische Ausbildung erlangt werden können.

Als Folge der unterschiedlichen Zielstellungen und der Abschlüsse der einzelnen Bildungsgänge an Berufsfachschulen unterscheiden sich teilweise auch die curricularen Vorgaben in den Stundentafeln (vgl. KMK 2003b, S. 2 ff.). Bei der Entwicklung der Lehrpläne für die teilqualifizierende Berufsfachschule werden bei den übergeordneten Zielen, Inhalten und der Methodik häufig die entsprechenden berufsbezogenen KMK-Rahmenlehrpläne oder die entsprechenden spezifizierten Landeslehrpläne für das erste Lehrjahr herangezogen.

---

[500] Im Laufe der Zeit sind eine Vielzahl von Vereinbarungen und Verordnungen zur Berufsfachschule entstanden und häufig ergänzt worden:
- Verordnung über die Anrechnung auf die Ausbildungszeit in Ausbildungsberufen der gewerblichen Wirtschaft und der wirtschafts- und steuerberatenden Berufe – Anrechnung des Besuchs einer zwei- und mehrjährigen Berufsfachschule mit einem dem Realschulabschluß gleichwertigen Abschluß (Berufsfachschul-Anrechnungs-Verordnung vom 4. Juli 1972,BGBl. I S. 1155) i. d. Fassung vom 10. 3. 1988
- Empfehlung zur Ausgestaltung der beruflichen Grundbildung in Berufsfachschulen (Beschluss der KMK vom 14.10.1977).
- Feststellung der Gleichwertigkeit von Bildungsabschlüssen (Abschlüsse der Bildungseinrichtungen für technische Assistenten/technische Assistentinnen) im Sinne des Art. 37 Abs. 1 des Einigungsvertrages (Beschluss der Kultusministerkonferenz vom 15.04.1994).
- Rahmenvereinbarung über die Ausbildung und Prüfung zum Staatlich geprüften kaufmännischen Assistenten/zur Staatlich geprüften kaufmännischen Assistentin an Berufsfachschulen (Beschluss der Kultusministerkonferenz vom 1.10.1999 i .d. F. vom 28.03. 2003).
- Rahmenvereinbarung über die Ausbildung und Prüfung zum technischen Assistenten/zur technischen Assistentin an Berufsfachschulen (Beschluss der Kultusministerkonferenz vom 12.06.1992 i. d. F. vom 26.06.2003).
- Rahmenvereinbarung über die Berufsfachschulen (Beschluss der Kultusministerkonferenz vom 17.10.2013).

Landeseigene Lehrpläne

Eine wichtige übergeordnete Richtlinie für die Entwicklung von landespezifischen Lehrplänen für die Berufsfachschulen sind die berufsbezogenen Rahmenlehrpläne der Kultusministerkonferenz (KMK). Die übergeordneten Ausbildungsziele sind auf die Entwicklung von beruflicher Handlungskompetenz gerichtet. Dabei besteht beispielsweise der im Bundesland Sachsen-Anhalt formulierte Bildungs- und Erziehungsauftrag des fachrichtungsübergreifenden Lernbereiches der Berufsfachschule darin, die Schüler/-innen auf Anforderungen der Berufs- und Arbeitswelt, des öffentlichen Lebens, der Familie und Freizeit vorzubereiten. Deshalb wird auch die Vernetzung von Lerngebieten und Fächern gefordert. Ein komplexes Thema, das zeitlich längerfristig zu bearbeiten ist, wird in den Mittelpunkt gestellt. Das Thema sollte so gewählt werden, dass einzelne Fächer oder Lerngebiete Beiträge zur Bewältigung der inhaltlichen Anforderungen leisten. Dabei können allgemeinbildende und berufliche Fächer miteinander verbunden werden.

Für die vollqualifizierende Berufsfachschule können die Länder auf der Grundlage der Berufsgesetze sowie der Ausbildungs- und Prüfungsordnung des Bundes eigene rahmengebende Lehrpläne entwickeln und verabschieden. Basis sind dabei die gesetzlichen Regelungen des Bundes (Gesetz über den Beruf sowie Ausbildungs- und Prüfungsordnungen). Hiermit kann auch die Einteilung in Fächer oder Kurse geregelt werden.

Für Bildungsgänge und Unterrichtsfächer, für die keine KMK-Vorgaben bestehen, werden Rahmenlehrpläne oder -richtlinien von den Ländern erstellt. So gelten z. B. in Niedersachsen Rahmenrichtlinien für die Unterrichtsfächer „Fachtheorie" und „Fachpraxis" der Fachrichtung Hauswirtschaft in der zweiten Klasse der zweijährigen Berufsfachschule (Niedersächsisches Kultusministerium 2003). Sie bauen auf den Rahmenrichtlinien für die einjährige Berufsfachschule (Hauswirtschaft) auf. Die Richtlinien weisen Mindestanforderungen auf und enthalten Zielformulierungen oder Ziele sowie Inhalte für den Unterricht in den jeweiligen Fächern, die verbindlich einzulösen sind. Die Zeitrichtwerte sowie die Hinweise zum Unterricht und zur Didaktik und Methodik stellen Empfehlungen und Anregungen für die Lehrkräfte dar.

Die niedersächsischen Rahmenrichtlinien beispielsweise sehen für den Unterricht in der zweiten Klasse der Berufsfachschule (Hauswirtschaft) fünf Lernfelder verbindlich vor. Für die Fachtheorie bestehen für jedes Lernfeld Zeitvorgaben, während beim Fachpraxisunterricht für die einzelnen Lernfelder keine Zeitrichtwerte angegeben werden. Es besteht dadurch die Möglichkeit, diesen auf ausgewählte Lernfelder zu konzentrieren. Nach Lernfeldern aufgebaut ist auch die „Rahmenrichtlinie Berufsfachschule" des Landes Sachsen-Anhalt, die am 1.8.2005 in Kraft getreten ist. Diese ist auf eine schulische Ausbildung von drei Jahren ausgelegt. Dort aufgeführte Ziele sind sehr anspruchsvoll.[501]

---

[501] Das angestrebte Niveau zeigt allein schon ein Ausschnitt der Ziele für das Lernfeld 1a:
„Aufgaben und Konzepte der Altenpflege.
Die Schülerinnen und Schüler ...
- verbinden das gerontologische und sozialwissenschaftliche Wissen mit der individuellen Lebenslage und Lebenswelt alter Menschen und beziehen dieses in ihr professionelles Handeln ein,

Bestehen gesetzliche Vorgaben durch den Bund und durch die Kultusministerkonferenz, dann haben die Länder auf der Basis der Vorgaben ihre Lehrpläne zu entwickeln. So ist beispielsweise auch der bayerische Lehrplan der zweijährigen Berufsfachschule für pharmazeutisch-technische Assistenten angelegt. Dieser definiert den Bildungs- und Erziehungsauftrag der Berufsfachschule, nennt die organisatorischen Rahmenbedingungen und die Stundentafel, formuliert Leitgedanken für den Unterricht, beschreibt den Aufbau und gibt eine Übersicht über die Fächer oder Lerngebiete. Festgelegt sind auch die lernorganisatorisch wichtigen Stundenanteile in den verschiedenen Schuljahren für den fachrichtungsübergreifenden und fachrichtungsbezogenen Unterricht.

Unter übergeordneter Perspektive erscheint es angebracht, die Pläne des Schulberufssystems berufsbildungswissenschaftlich zu untersuchen. Darüber hinaus ist in Kooperation mit berufswissenschaftlichen Forschungsvorhaben zu untersuchen, ob die curricularen inhaltlichen Vorgaben den Anforderungen des Beschäftigungssystems entsprechen.

- **Untersuchungsfeld: Schuleigene Curricula und Lehrpläne**

Schon mit der Einführung des Lernfeldkonzepts wurde gefordert, dieses Konstrukt einer wissenschaftlichen Untersuchung zu unterziehen. Wissenschaftliche Begleitungen bei der Einführung dieses Konzepts erschienen sinnvoll, weil frühzeitig steuerungspolitische Bestrebungen dahingehend feststellbar waren, die beruflichen Schulen stärker als zuvor in die Curriculumkonstruktion einzubinden. „Dadurch, dass Lehrerkollegien dezentral die inhaltliche Ausgestaltung und Konkretisierung der offen gehaltenen Lehrpläne übernehmen, sollen nicht nur regionale Besonderheiten spezifischer berücksichtigt werden, als dies früher der Fall war, sondern die Schulen erhalten Gelegenheit, ihre je besonderen Charakteristika in den Lehrplänen abzubilden und auf diese Weise sehr viel profiliertere Eigenheiten zu entwickeln." (Clement 2001, S. 197)
Eine berufsbildungswissenschaftliche Begleitung solcher Vorgänge erschien und erscheint sinnvoll, auch wenn curriculare Überlegungen in Form von schulspezifischen Curricula in Deutschland keinesfalls neu sind. Bei entsprechenden Forschungsvorhaben müssen deshalb vor allem die sich verändernden Bedingungen berücksichtigt werden.

Allerdings erfolgte bisher kaum eine Begleitforschung der curricularen Entwicklung an den beruflichen Schulen. Dieses meist im Rahmen von Schulentwicklungsprogrammen, in denen

---

- entwickeln Einstellungen zu Alter, Gesundheit, Krankheit, Behinderung und Pflegebedürftigkeit,
- kennen die Bedeutung der Pflegewissenschaft als Fachwissenschaft und deren Bezüge zu anderen Wissenschaften,
- verstehen die Pflegeforschung als einen wichtigen Bestandteil der Pflegewissenschaft,
- reflektieren Voraussetzungen und mögliche Konsequenzen für die Umsetzung von Forschungsergebnissen in den Handlungsfeldern der Altenpflege,
- integrieren Erkenntnisse aus den Lebenserfahrungen und der Lebensgeschichte älterer Menschen in den Pflegeprozess und entwickeln eine biografische Haltung,
- erkennen die Angemessenheit präventiver Maßnahmen und beherrschen den bedarfsgerechten Einsatz gesundheitsfördernder Angebote,
- sehen den Zusammenhang zwischen philosophischen, religiösen und anthroposophischen Orientierungen und berücksichtigen diesen beim professionellen Handeln." (Rahmenrichtlinien Berufsfachschule, Altenpflege, Sachsen-Anhalt 2005, S. 13)

eigenständige und teilautonome Schulprofile und Schulprogramme entwickelt wurden. Grundlage und Bedingung für die Entwicklung schuleigener Curricula sind die Berücksichtigung der Vorgaben der entsprechenden KMK-Rahmenlehrpläne und der länderspezifischen Lehrpläne, aber auch der schulspezifischen Gegebenheiten und Bedingungen der Lernenden bei geplanten Unterrichtsvorhaben. Dabei nehmen die Lehrkraft oder ein Team eine grobe fachliche und zeitliche Gliederung des Unterrichts für bestimmte Fächer oder Lernfelder vor. Gegenstand dieser Pläne ist die Organisation des gesamten Unterrichtsablaufs für eine Lernergruppe, also sowohl unter dem Zeitaspekt im Unterricht als auch der Lernorganisation innerhalb einer Schule.

Curriculare Überlegungen zur Entwicklung schuleigener Lehrpläne wurden schon seit längerem praktiziert. Der Gedanke, Curricula direkt an der Schule zu entwickeln, ist für die Akteure an den Berufsschulen expressis verbis jedoch erst seit kurzem im Gespräch, aber eigentlich auch nicht neu, weil – insbesondere von den spezialisierten und hochtechnologienahen Berufsschulen oder von Vertretern der aus mehreren Schulen gebildeten Lehrplanausschüsse – die Lehrpläne selbst geschrieben wurden. Dieses Vorgehen erschien sinnvoll, weil den Schulverwaltungen dafür im Regelfall der Sachverstand fehlt.[502] Solche berufsschuleigenen Ausarbeitungen haben für das Lernfeldkonzept große Bedeutung. Sie werden im Regelfall von den zuständigen Lehrkräften in Teamarbeit als übergeordneter Rahmen zur Unterrichtsvorbereitung für ein Lernfeld erstellt (Lernfeldplan) und eventuell bei Fach- oder Klassenkonferenzen abgestimmt.[503]

Anstöße dazu ergaben sich vor allem dadurch, dass damit auf die konkreten Bedürfnisse der Lehrenden, der Lernenden oder deren Umgebung besser eingegangen werden kann. Eine solche anspruchsvollere, bedürfnisorientierte Form der Curriculumentwicklung erfordert allerdings einen wesentlich höheren Aufwand und wird deshalb meist nach und nach erstellt, „indem einzelne Lerneinheiten konzipiert und vielleicht erprobt werden, die erst später zu einem Curriculum bzw. zu Programmen zusammengefügt werden" (Waterkamp 2000, S. 103). Die Frage war und ist nun, ob über das Lernfeldkonzept und den damit verbundenen Lernsituationen auch die Lehrpläne der beruflichen Schulen flexibilisiert und dynamisiert werden können. Basis solcher schuleigener und spezifischer Curricula bleiben aber weiterhin die entsprechenden schul-, berufs- und fachbezogenen KMK-Rahmenlehrpläne oder Landeslehrpläne.

Die Entwicklung und Anwendung berufschuleigener Curricula ist allerdings nicht unproblematisch. Insbesondere eine zu stark subjektiv beeinflusste Auslegung durch die berufsschulischen Lehrkräfte kann zu einer zu starken Modifikation oder gar Verfälschung der Inhalte führen. Grundsätzlich sind schuleigene Curricula aber ein geeignetes Instrument zur Sicherung und Verbesserung der Qualität berufsschulischer Lernorganisation einschließlich der Lernprozesse (vgl. dazu Pahl/Tärre 2011, S. 149 f.). Deshalb ist in allen

---

[502] „Nach einer Durchsicht, die sich auf das Formale beschränken musste, kamen die von den Fachberufsschulen entwickelten Lehrpläne als amtliche Ordnungsmittel zurück." (Pahl/Tärre 2011, S. 149)
[503] Siehe dazu z. B. den Beitrag „Vom KMK-Rahmenlehrplan über den schuleigenen Lernfeldplan zum Wochenplan – dargestellt an einem Lernfeld für Industriemechaniker/-innen" (Brehme u. a. 2011, S. 157 ff.).

Bundesländern in die landeseigenen Konzepte zur Prozess- und Qualitätsentwicklung an berufsbildenden Schulen auch der Qualitätsbereich „Schuleigene Curricula" integriert, wenn auch in unterschiedlicher Form und Ausgestaltung (vgl. dazu Pahl/Tärre 2011, S. 151).

Bislang fehlen zu den schuleigenen Curricula berufsbildungswissenschaftlich fundierte Forschungsergebnisse. Berufswissenschaftlich ist die Frage von Interesse, ob über das Lernfeldkonzept und den damit verbundenen Lernsituationen durch schuleigene Lehrpläne berufliches Lehren und Lernen flexibilisiert und dynamisiert werden kann. Erforderlich sind u. a. Vergleichsstudien zu Unterrichtsergebnissen bei herkömmlichen und schulinternen Curricula.

- **Untersuchungsfelder nicht-akademischer Berufsbildungsforschung**

Die Diskurse im nicht-akademischen Berufsbildungsbereich sind sehr breit angelegt und gehen teilweise über curriculare Fragen weit hinaus. So können sie sich beispielsweise auch auf die Gebäude beruflicher Schulen oder betriebliche Ausbildungsstätten richten. Durch solche und weitere Themen, die sich durch die Debatten der mit beruflicher Bildung Befassten ergeben, schälen sich ständig neue Themen heraus oder ältere werden wieder aufgegriffen. Damit ergeben sich fortlaufend weitere unbearbeitete Felder nicht-akademischer Berufsbildungsforschung.

4.2.3 Bedingungen für berufsbildungswissenschaftliche Diskurse und Untersuchungen bei den akademischen Berufen

- **Hochschuldidaktischer Diskurs**

Die Hochschulen und damit auch die hochschulische Ausbildung befinden sich zurzeit in einem gewaltigen Umstrukturierungsprozess. Damit hat sich zugleich ein intensiver hochschuldidaktischer Diskurs entwickelt, der auch Fragen zur akademischen Berufsbildung einschließt. Es ergaben und ergeben sich damit auch Überlegungen zu Ausbildungsfragen und Ansätze zu berufsbildungswissenschaftlichen Untersuchungen.

Viele Fragen und Probleme, die in den akademischen Diskursen auftreten, werden auch von der Öffentlichkeit wahrgenommen, und das Wochenblatt „Die Zeit" titelt: „Hochschulen in Deutschand haben sich verändert wie noch nie" (Hartung 2016, S. 1) in ihrer Geschichte.[504] Der Bologna-Prozess erfordert nicht nur eine Reform der Hochschulcurricula und der Lehre, sondern auch eine Änderung der didaktischen Ansätze, die verstärkt

---

[504] Dazu wird auch darauf verwiesen, dass es noch nie so viele Studierende gab: „2,8 Millionen lernen in 18000 Studiengängen, 2005 studierten nur zwei Millionen, 1980 nur eine Million. (…). Und nie gab es mehr Vielfalt: Statt *einer* Universität gibt es in Wirklichkeit sechs verschiedene Hochschultypen – von den Spitzen-Unis über regionale Universitäten, die sich vor allem um die Lehre kümmern, bis hin zu dualen Hochschulen, bei denen Studium und Ausbildung gekoppelt sind." (Hartung 2016, S. 1)

auf die Fähigkeiten, die in der Berufswelt erforderlich sind, gerichtet sind.[505] Aufgrund der Schwierigkeiten und Probleme bei der Implementation sind von der Bundesregierung große Forschungsprogramme aufgelegt worden.[506]

Mit der Einführung der Bachelor- und Masterstudiengänge erhielten herkömmliche hochschuldidaktische Überlegungen insbesondere in Hinblick auf eine spätere berufsförmige Tätigkeit verstärkte Impulse, die aber nicht sofort wirksam werden konnten, denn bislang „hat die Mehrzahl der Hochschullehrenden ausschließlich eine fachwissenschaftliche Ausbildung vorzuweisen und ist kaum mit fundierten pädagogischen Konzepten in Berührung gekommen" (Paetz/Ceylan/Fiehn/Schworm/Harteis 2011, S. 33). Dieses gilt weitgehend noch heute, obwohl didaktische Ansätze an den Hochschulen, die sich auch auf die Ausbildung zu einem akademischen Beruf richten, sehr weit zurückliegende Wurzeln haben sowie eine lange Tradition aufweisen, die in Deutschland auf die Ahnherrn der Berliner Universitätsgründung Anfang des neunzehnten Jahrhunderts zurückgeht.[507]

In den 1970er und zu Beginn der 1990er Jahre – und heute im verstärkten Maße – wird die Hochschuldidaktik meist in engem Zusammenhang mit der qualitativen Verbesserung der Hochschullehre analysiert und diskutiert (vgl. dazu z. B. Webler 1992, S. 154 ff.; Schmidt/Tippelt 2005, S. 103 ff.).

Nach der politischen Wende und der deutschen Wiedervereinigung offenbarten sich Reformdefizite im Bereich des neuen gesamtdeutschen Hochschulwesens, einschließlich der Hochschuldidaktik. Dabei wurde es verpasst, „die in den neuen Bundesländern vorfindliche Formen der Lehrorganisation als Reformimpulse für verkrustete Formen in den alten Bundesländern aufzugreifen" (Oehler/Bradatsch 1998, S. 442) oder nur zu diskutieren.

Seit Ende der 1990er Jahre „hat die Hochschuldidaktik mit der Umsetzung der Bologna-Beschlüsse zur europaweiten Einführung gestufter Studiengänge mit den Abschlüssen Bachelor und Master und den damit erforderlichen Änderungen wie Modularisierung der Studienangebote, studienbegleitendes Prüfungswesen, systematische Evaluation usw. er-

---

[505] Hierbei führt berufliche Kompetenzorientierung „nicht nur zu einer Didaktisierung des Lehrens und Lernens sondern auch des Prüfens" (Paetz/Ceylan/Fiehn/Schworm/Harteis 2011, S. 32).
[506] Dazu gehört beispielsweise vom Bundesministerium für Bildung und Forschung initiierte Projekt (ASCOT) „Forschungsaktivitäten zum Thema Kompetenzmodellierung und -erfassung", dass im Jahre 2011 gestartete und im Jahre 2015 abgeschlossen wurde. „Dabei bezeichnet der Name ASCOT die technologieorientierte Kompetenzmessung in der beruflichen Bildung. Mit der Initiative hat das BMBF seine umfangreichen Forschungsaktivitäten zu dem wichtigen Thema der Kompetenzmessung und -modellierung substanziell ausgeweitet." (BMBF 2015, S. 5)
[507] Jene wollten eine „konsistente Verbindung der drei Pole personale Bildung, Teilhabe an Wissenschaft, Befähigung zu praktischem gesellschaftlichem Handeln konzipieren" (Grammes 2009, S. 2). Diese pädagogischen und didaktischen Überlegungen richteten sich aber keinesfalls auf die Berufswelt, denn die deutschen Universitäten fühlten sich dem Humboldtschen Bildungsideal verpflichtet. Es wurde – mit Ausnahme der Ausbildung für die Juristen, Mediziner und Theologen – im Wesentlichen eine theorieorientierte Ausbildung vermittelt. Seit dem Ende des neunzehnten Jahrhunderts wurde die Diskussion um eine angemessene und wirksame Hochschuldidaktik unter dem Titel „Universitäts- bzw. Hochschulpädagogik" fortgeführt. In diesem Zusammenhang setzte sich die im Jahre 1910 gegründete „Gesellschaft für Hochschulpädagogik" insbesondere „damit auseinander, dass die Voraussetzungen dieser humboldtschen humanistischen Universität in der Realität immer schon gefährdet bzw. nicht gegeben waren" (Grammes 2009, S. 2).

neut stärkere Aufmerksamkeit erhalten" (Grammes 2009, S. 2). Berufe rückten wieder stärker in den Fokus von Studiengängen.

Dabei fragte z. B. Wolff-Dietrich Webler (1991b, S. 244), wie unter hochschuldidaktischer Perspektive grundlegende Studienziele zu gewinnen sind. In jedem Fall sind dabei die gesetzlichen Rahmenbedingungen durch das Hochschulrahmengesetz und die Hochschulgesetze der Bundesländer heranzuziehen und zu beachten. Darüber hinaus sollten die individuellen Vorstellungen, Ziele und Erwartungen der Studierenden an das Studium erfasst und berücksichtigt werden. Dies ist allerdings nur bedingt möglich, weil die Orientierungen der Studierenden meist subjektiv, interessengeleitet und daher sehr vielfältig sowie äußerst unterschiedlich sind.

Auch die Erwartungen der späteren Arbeitgeber an ein Studium und die geforderte Berufsorientierung sollten wahrgenommen werden.[508] Sie sind vertieft zu erforschen, zu bewerten und zu reflektieren. In diesem Zusammenhang spielen die Kompetenzen und die berufliche Verwertbarkeit eine wesentliche Rolle. Wie schon seit mehr als zwei Jahrzehnten diskutiert, können die Ziele eines Studiums und einer „guten Lehre" nicht nur auf Grundlage wissenschaftstheoretischer Erkenntnisse definiert werden, sondern es bedarf dazu auch der Einbeziehung und Berücksichtigung der sich oftmals verändernden Bedingungen aus dem unmittelbaren Umfeld (vgl. Webler 1991b, S. 244 ff.).

Im Rahmen der Diskussion zum Bologna-Prozess und zu den Themen „Qualität der Lehre", „Lehrevaluation" sowie „Schlüsselqualifikationen" hat die Hochschuldidaktik einen Auftrieb erfahren (vgl. Borchard 2002, S. 12 ff.). Dabei konnte u. a auch auf die schon in den 1970er Jahren entwickelten hochschuldidaktischen Konzepte zugegriffen werden.[509]

---

[508] Interessant ist, dass damalige Überlegungen zur Hochschulausbildung bereits unter dem Anspruch der Berufsorientierung standen. Für ein entsprechendes Konzept von Studiengängen – so meinte man – „zeichnet sich ein Konsens der Mehrheit der Betroffenen ab". Dass „die Hochschulen berufsorientiert ausbilden sollen, wird nur noch von Minderheiten bestritten; man sollte daher schleunigst in der Problemdiskussion zu den Tagesordnungspunkten übergehen, in denen es nicht mehr um das ‚ob', sondern um das ‚wie' der Berufsorientierung von Hochschulcurricula geht" (Fenger 1974, S. 117)

[509] Um das Verhältnis von Berufsforschung und Hochschuldidaktik auszuformen, sind Themen benannt worden, die die Basis für weitere didaktische Arbeiten im Bereich der Hochschulen bilden können. Dazu gehörten:
„1. Berufliche Handlungsspielräume und Autonomiegrade als Problem von Berufsforschung und Hochschuldidaktik
 2. Dimensionen von Dispositions- und Handlungsspielräumen der Arbeitskräfte an ihren Arbeitsplätzen und Möglichkeiten zu ihrer Operationalisierung und Messung (…).
 3. Makrotheoretische Überlegungen zu Funktionen des Ausbildungssystems, bes. der Hochschule, im Hinblick auf Realität und mögliche Veränderungen der Handlungsspielräume von hochqualifizierten Arbeitskräften (…).
 4. Die Entstehung von praxisbezogenen Qualifikationen im Ausbildungsgang hochqualifizierter Arbeitskräfte mit bes. Berücksichtigung der organisatorischen Formen ihrer Vermittlung (…).
 5. Die Zertifizierung der Qualifikationen hochqualifizierter Arbeitskräfte (mit besonderer Berücksichtigung der im Ausbildungsgang vermittelten praxisbezogenen Qualifikationen) und die daraus resultierenden Laufbahn- und Funktionsteilungsprobleme (…).
 6. Kategorien zur Beschreibung der ‚Praxis' hochqualifizierter Arbeitskräfte (…).
 7. Möglichkeiten und Ansätze der Operationalisierung sowie der Systematisierung, Klassifizierung bzw. Taxonomisierung von Einzelqualifikationen (…).
 8. Die im Ausbildungsgang hochqualifizierter Arbeitskräfte vermittelten Qualifikationen als Elemente komplexer Kompetenz- und Funktionsbündel bzw. Berufsrollen für einzelne Berufsbereiche (…).

Infolge der Einführung der Bachelor- und Masterstudiengänge nahmen die Hochschulrektorenkonferenz und der Wissenschaftsrat zu den nun anstehenden hochschuldidaktischen Fragen und Problemen Stellung. Dabei wurden viele hochschuldidaktische Überlegungen und Konzepte aufgegriffen, die bereits schon zuvor entwickelt und diskutiert worden waren.

Der Wissenschaftsrat legte eher allgemein gehalten „Empfehlungen zur Qualitätsverbesserung von Lehre und Studium" vor. Dabei verwies er u. a. auf die „Notwendigkeit,
- Lehrveranstaltungen so zu konzipieren, dass das Studium auch überfachliche Qualifikationen vermittelt;
- Ansätze des E-Learning und der Verbindung von Präsenzveranstaltungen und computergestützten Lehrangeboten (Blended Learning) weiterzuentwickeln und breiter zu nutzen;
- das Selbststudium sowie das Lernen in Kleingruppen zu fördern und Praxisprojekte stärker in die Lernprozesse zu integrieren sowie
- seitens der Hochschulen Studierende bei der Suche nach Praktikumsplätzen zu unterstützen." (Wissenschaftsrat 2008, S. 58)

Außerdem finden sich in den Empfehlungen – schon fast als selbstverständlich anzusehende bzw. banale Aussagen – wie: „Aufgabe der Lehrenden ist es, fachlich anspruchsvolle Studienangebote zu unterbreiten, die studentische Lernprozesse effektiv zu unterstützen, auf eine verbindliche Gestaltung des Studienwesens hinzuwirken und die Studierenden in die akademische Lern- und Arbeitskultur einzuführen und diese einzuüben." (Wissenschaftsrat 2008, S. 63)

Für die Gestaltung der Hochschuldidaktik sind auch die von der Hochschulrektorenkonferenz zur dritten Mitgliederversammlung (22. 4. 2008) formulierten Vorschläge „Für eine Reform der Lehre in der Hochschule" von Interesse. So wird von neuen Lernstrategien gefordert:
„- Lehrstrategien und -konzepte müssen heute durchgängig darauf ausgerichtet sein, die **Studierenden als selbständige, eigenverantwortliche Lerner** anzusprechen und herauszufordern (…).
- Lehre muss – auch unter schwierigen Bedingungen – den **Dialog mit den Studierenden** suchen (…).
- Studienprogramme sollten den Stand des Lernens und dem Vorwissen entsprechend den Studierenden **Orientierungshilfen** anbieten und zugleich individuelle Entfaltungsmöglichkeiten zulassen (…).

---

9. Qualifikationsanforderungen aus der Sicht des Beschäftigungssystems (mit besonderer Berücksichtigung explizierter und impliziter Anmeldung von Anforderungen, bes. auch im Hinblick auf ‚Praxisbezug') für einzelne Berufsbereiche
10. Systemimmanente Veränderungstendenzen im Hinblick auf Ausweitung oder Verengung der Handlungsspielräume für einzelne Berufsbereiche (…)
11. Systemkritische Ansätze zur Ausweitung oder Umverteilung der Handlungsspielräume mit besonderer Berücksichtigung der durch Ausbildungsreform gegebenen Möglichkeiten für einzelne Berufsbereiche" (Huber 1974, S. 8).

- Für den Lernerfolg der Studierenden ist die Gestaltung des Prüfungswesens so bedeutsam, wie die Auswahl der Lehr- und Lernformen." (Hochschulrektorenkonferenz 2008, S. 3 f.; Hervorhebungen im Original)

Für die Hochschulrektorenkonferenz ist die Lehrqualität ein wichtiges strategisches Ziel und der Studiengang die entscheidende Handlungsebene (Hochschulrektorenkonferenz 2008, S. 4). Unerlässlich erscheint aber auch, dass die Studierenden Verantwortung für den eigenen Lernprozess übernehmen (ebd. S. 6). So hat sich u. a. die Deutsche Gesellschaft für Hochschuldidaktik den aus gesellschaftlicher, hochschulpolitischer und wissenschaftlicher Sicht hochaktuellen Fragen der Lehre, Akkreditierungsverfahren und der Programmakkreditierung angenommen und ihre Ziele dargelegt.
Unter hochschuldidaktischer Perspektive besteht bei den Lehrenden ein weitgehender Konsens, dass bei der hochschulischen Lehrtätigkeit die Wissensvermittlung und das Lernen der Studierenden nicht auf das Nacharbeiten von Inhalten der Lehrveranstaltungen beschränkt sein sollten. Studienkonzepte zur Stärkung der Selbstständigkeit, Eigenverantwortlichkeit, Handlungsfähigkeit und Kreativität der Studierenden werden diskutiert und erprobt. Das Prinzip der überwiegend vortragenden Vermittlung von wissenschaftlichen Vorstellungen durch die Hochschullehrer/-innen wird meist nur noch partiell eingesetzt.

Die Frage nach der „guten Lehre" ist zentraler Bezugspunkt einer weiter zu entwickelnden Hochschuldidaktik und berufsbildungswissenschaftlicher Forschung. Dabei müssen aber nicht nur Aspekte der konkreten Gestaltung der Lehrveranstaltungen und Lernangebote, sondern auch deren Vorbereitung, Nachbereitung und Evaluation analysiert und bewertet werden. „Nur so kann eine dauerhafte Qualitätsentwicklung gewährleistet werden, wie sie auch im Bereich der Hochschullehre an Bedeutung gewinnt." (Schmidt/Tippelt 2005, S. 104) Zum einen haben die hochschulischen Rahmenbedingungen einen großen Einfluss auf die Möglichkeiten zur Gestaltung von Lehrveranstaltungen. Zum anderen wirken sich Zeit- und Stoffdruck und „lieb gewonnene Traditionen und Gewohnheiten" (Schmidt/Tippelt 2005, S. 105) meist negativ auf die Qualität von hochschulischen Lehrangeboten aus.

Obwohl es inzwischen eine Vielzahl hochschuldidaktischer Ansätze gibt, haben weiterführende Überlegungen nur bedingte Akzeptanz. „Aktuelle Diskussionen um Bildungsräume in Hochschulen sowie die Widerstände Hochschullehrender gegen ‚Kompetenzorientierung' und Bologna zeigen die Notwendigkeit, in hochschuldidaktischen Aus- und Weiterbildungen bildungstheoretische Auseinandersetzungen und vorhandene Lehrkonzeptionen der Hochschullehrenden zu berücksichtigen." (Stolz/Scholkmann 2015, S.2)

Im Mittelpunkt der derzeitigen Qualitätsdebatte stehen meist strukturelle, organisatorische und funktionale Aspekte der hochschulischen Lehre und des Studiums. Ein wesentlicher Grund für diese Akzentuierung liegt vermutlich darin, dass sich die akademischen Hochschulangehörigen primär als Wissenschaftler/-innen verstehen, deren „Reputation in der Fachwelt" und deren beruflicher Werdegang von den „Forschungsleistungen bestimmt werden" (Leitner 1998, S. 14). Darüber hinaus wird eine Pädagogisierung und didaktische

Regelung der wissenschaftlichen Lehre von einem Teil der Hochschullehrerinnen und Hochschullehrern als nicht notwendig erachtet oder sogar abgelehnt.

Gegenwärtig folgt die Hochschuldidaktik sehr unterschiedlichen gesellschaftspolitischen Intentionen und wissenschaftstheoretischen Orientierungen und nicht selten den Vorstellungen vom Beruf des Wissenschaftlers in der jeweiligen Disziplin. Das Studium steht häufig zwischen den Ansprüchen an Forschungsorientierung und Berufsbezug. Dies macht es schwierig, allgemeingültige Didaktiken für die einzelnen akademischen Bildungsinstitutionen und -einrichtungen oder wenigstens eine für alle Institutionen allgemeingültige und rahmengebende Hochschuldidaktik zu entwickeln.[510]

Gegenstand der Hochschuldidaktik sind alle Aspekte des Lehrens, Lernens und Studierens an Universitäten und Hochschulen. Mit entsprechenden didaktischen Konzepten sind die Rahmenbedingungen für die Lehre zu verbessern. Dazu gehören die Auseinandersetzung mit Zielen, Inhalten, Curricula und Studiengängen sowie die Auswahl, die Beschaffung und der Einsatz von Medien. Didaktisch und methodisch geht es um die Planung, Durchführung und Nachbereitung von hochschulischen Lehrveranstaltungen.

Über die praktischen Ziele der Hochschuldidaktik zur Verbesserung der einzelnen Lehrveranstaltungen hinaus ist es Aufgabe der Hochschuldidaktik, einen Beitrag zur Professionalisierung der akademischen Lehre zu leisten. Hochschuldidaktik richtet sich damit auf wissenschaftliche Selbstreflexion der akademischen Ausbildung und wissenschaftlich fundierte Studienreformen.

Jedoch hat die Hochschuldidaktik, auch nach der Einführung der Bachelor- und Masterstudiengänge, gegenwärtig noch keine anerkannte und gesicherte Stellung an den Hochschulen. Die bei Diskussionen nicht nur durch Hochschullehrer/-innen immer wieder erhobene „Kritik an der Trivialisierung von Wissenschaft durch Hochschuldidaktik" (Grammes 2009, S. 3) macht die zum Teil bestehende Geringschätzung deutlich.

---

[510] Unabhängig von den in den letzten Jahren entwickelten Konzepten sind viele der schon im vergangenen Jahrhundert gewonnenen Erkenntnisse und Erfahrungen zu hochschuldidaktischen Fragen und Problemen auch heute noch gültig und beachtenswert. Anfang der 1970er Jahre fand ein erstes Kolloquium im Zentrum für interdisziplinäre Forschung in der Universität Bielefeld mit einer Sondierung des Verhältnisses Berufsforschung und Hochschuldidaktik statt. Als Ergebnis wurde festgehalten, „daß
 – die Berufsforschung bisher nicht mit dem Anspruch und Ziel aufgetreten ist, Curriculumentwicklung im Tertiärbereich zu fördern,
 – die Hochschuldidaktik weder ihre Fragen an eine Berufsforschung so präzisiert hat, daß sie deren in anderem Zusammenhang gewonnenen Ergebnisse hätten nutzen können, noch daß sie ihren möglichen eigenen Beitrag zur Berufsforschung so genau bestimmt hat, daß er in deren Rahmen eingeordnet werden könnte,
 – eine Konfrontation von Berufsforschung und Hochschuldidaktik umso nötiger ist, als es zentrale Fragen und Probleme gibt, die nur unter Einbeziehung beider Wissenschaftsbereiche beantwortbar sein dürften" (Faltin/Herz 1974, S. 1).
Im Zusammenhang mit der Berufsorientierung der Hochschuldidaktik stellten die Dispositions- und Handlungsspielräume in den Berufen und Berufsbereichen zentrale Kategorien dar. Deshalb ist in der Hochschulforschung der 1970er Jahren schon nach Aussagen über Spielräume in verschiedenen Berufsfeldern und Berufen gefragt worden, „die von einer Hochschuldidaktik, die sich die kritische Veränderung der Berufspraxis zum Ziel gesetzt hat, zur Kenntnis genommen werden müssen" (Faltin/Herz 1974, S. 1 f.).

Die Frage ist, ob eine solche Bewertung ohne eine Berücksichtigung heutiger Bedingungsfaktoren und der Forderung nach größeren Zahlen von Studienabsolventen noch angebracht ist. Wenn man die These, dass sich die heutige Generation von Studienanfängern in ihren Lernvoraussetzungen nicht zum Positiven verändert hat, als tragfähig und zutreffend einschätzt (Gruschka 2007, S. 263 ff.), dann sind verstärkte Anstrengungen im Bereich der Hochschuldidaktik notwendig. Dadurch könnte auch die Einschätzung, Hochschuldidaktik „fördere die Trivialisierung von Wissenschaft und Studium anstelle notwendiger wissenschaftlicher Selbstbildungsprozesse" (Grammes 2009, S. 3), widerlegt werden.

Heute lässt sich Hochschuldidaktik differenzieren in eine allgemeine Hochschuldidaktik und die jeweils spezifischen Hochschulfachdidaktiken. Alle hochschulischen Didaktiken müssen seit der Einführung der Bachelor- und Masterstudiengänge auch die geforderte Berufsorientierung berücksichtigen.[511]

Hochschuldidaktik benötigt „eine Wissenschaftsdidaktik und wird durch diese Fokussierung zur disziplinspezifischen Hochschulfachdidaktik. Jede schulische Fachdidaktik hat so auch ihre zugeordnete Hochschulfachdidaktik" (Grammes 2009, S. 3) und, wie man ergänzen sollte, Berufsdidaktik sowie Hochschuldidaktik beruflichen Lehrens, Lernens und Studierens. Aufgabe der Hochschuldidaktik ist es seit längerem, „bestimmte Inhalte aus der Systematik einer Forschungsdisziplin auszuwählen, herauszulösen und im Kontext einer Lehrveranstaltung aufzubereiten" (Webler 1996, S. 21) sowie die berufsorientierten Aspekte zu thematisieren.

Noch immer sind bei der Entwicklung von Hochschuldidaktiken komplexe Entscheidungen auf folgenden Handlungsebenen erforderlich:
„– Zusammenhang von Bildungssystem (insbesondere Hochschulsystem) und anderen gesellschaftlichen Teilbereichen,
– Rahmenbedingungen und Strukturen des Hochschulsystems,
– Entwicklung von Studiengängen und Studiengangsmodellen,
– Teilcurricula,
– Lehrveranstaltungen,
– Lernsituationen" (Webler 1996, S. 22).

Notwendig ist, dass didaktisches Handeln an Hochschulen strategisch und methodisch gestaltet wird. Bausteine strategischen Handelns sind u. a. wechselseitige Rückmeldungen, konsequente Zielorientierung, Strukturierung des Ablaufs sowie eine durch Fragen und Impulse gelenkte Gestaltung der Lehrveranstaltungen (vgl. dazu Macke u. a. 2008, S.

---

[511] Schon vor vier Jahrzehnten entstand die „Forderung nach konsequenter Orientierung aller Hochschulausbildungen an den Erfordernissen der Berufspraxis ihrer Absolventen ist legitim und zwingend, solange andere Ziele von Hochschulausbildungen (,Selbstentfaltung', ,funktionsfreie Wissenschaft', ,Qualifizierung für außerberufliche Lebensbereiche' etc.) Privilegien einer Minderheit der Bevölkerung darstellen" (Fenger 1974, S. 117). Das Interesse an beruflich verwertbaren Studieninhalten und neuen Formen der Lehrveranstaltungen wurde durch die Studentenrevolten am Ende der 1960er Jahre und die damit verbundenen gesellschaftlichen Veränderungen geweckt. Dabei standen „eine kritische Auseinandersetzung mit Inhalten von Studiengängen und die Studienreform im Mittelpunkt" (Grammes 2009, S. 2). Es bildeten sich schon damals hochschuldidaktische Arbeitskreise.

65 ff.). Darüber hinaus sollten die Lehrveranstaltungen in methodischer Hinsicht handlungsoffen und abwechslungsreich gestaltet werden. Dazu steht inzwischen eine Vielzahl von zum Teil spezifischen hochschulischen Methoden zur Verfügung (vgl. dazu z. B. Macke u. a. 2008, S. 151 ff.).

Zur weiteren Entwicklung der Hochschuldidaktik wäre es wünschenswert, dass jede Habilitandin bzw. jeder Habilitand mit dem Qualifizierungsvorhaben zugleich auch an hochschuldidaktischen Veranstaltungen teilnehmen sollte. Der Wissenschaftrat (2008, S. 68) fordert deshalb u. a., dass der Zugang zum Hochschullehrerberuf „an den verlässlichen Nachweis von Lehrkompetenzen und bisherigen Lehrleistungen gebunden wird. Der Lehre ist im Berufungsverfahren ein hohes Gewicht beizumessen."

Eine grundlegende Denkfigur für die Entwicklung der Hochschuldidaktiken meinen Wolfgang Öchsner und Karin Reiber (2010, S. 117 f.) in der Übernahme von Konzepten aus dem allgemeinen und beruflichen Schulbereich zu erkennen (Abb. 102).

Hiermit weist die Hochschulbildung „immer eine dreifache Kompetenzorientierung auf (…).
Fachbezogene Kompetenzen
Im Bereich der fachbezogenen Kompetenzen sind die Wissensbestände, Fähigkeiten, Fertigkeiten und Einstellungen zu verorten, die sich aus dem Fach als wissenschaftlicher Disziplin herleiten. Dazu zählen u. a. der Umgang mit Materialien, Methoden bzw. Gegenständen der Disziplin, deren Sichtweisen und Werte verstehen, Forschungsergebnisse kritisch bewerten sowie wichtige Beiträge würdigen zu können.
Gesellschaftsrelevante Kompetenzen
Die gesellschaftsrelevanten Kompetenzen beinhalten u. a. ethische Urteilsfähigkeit, die Bereitschaft, sich für das eigene Verhalten verantwortlich zu fühlen; die Fähigkeit, eine fundierte und begründete Meinung zu aktuellen sozialen Fragen entwickeln und eigene Werte vertreten zu können.
Berufsorientierte Kompetenzen
Als dritter Bereich haben die berufsorientierten Kompetenzen nicht zuletzt durch den Bologna-Prozess massiv an Bedeutung gewonnen: Unter dem Schlagwort „Employability" muss nun jeder Studiengang ausweisen, in welcher Weise er für ein bestimmtes Berufsfeld qualifiziert. Diese Kompetenzen lassen sich schwerlich fachübergreifend beschreiben, sind sie doch nur im Hinblick auf eine bestimmte Disziplin und Profession zu konkretisieren." (Öchsner/Reiber 2010, S. 117 f.; Hervorhebungen im Original)

Wie Wolfgang Öchsner und Karin Reiber (2010, S. 118) meinen, lassen sich innerhalb dieser Systematik mit den drei Kompetenzbereichen die fachbezogene Hochschuldidaktik tendenziell eher den Bereichen fachbezogene und berufsorientierte Kompetenzen zuordnen, während die fach- übergreifende Hochschuldidaktik stärker zwischen gesellschaftsrelevanten und berufsorientierten Kompetenzen anzusiedeln wäre. Die Autoren betonen aber, dass dieses eine „idealtypische und keine dogmatische Zuordnung" (Öchsner/Reiber 2010, S. 118) ist.

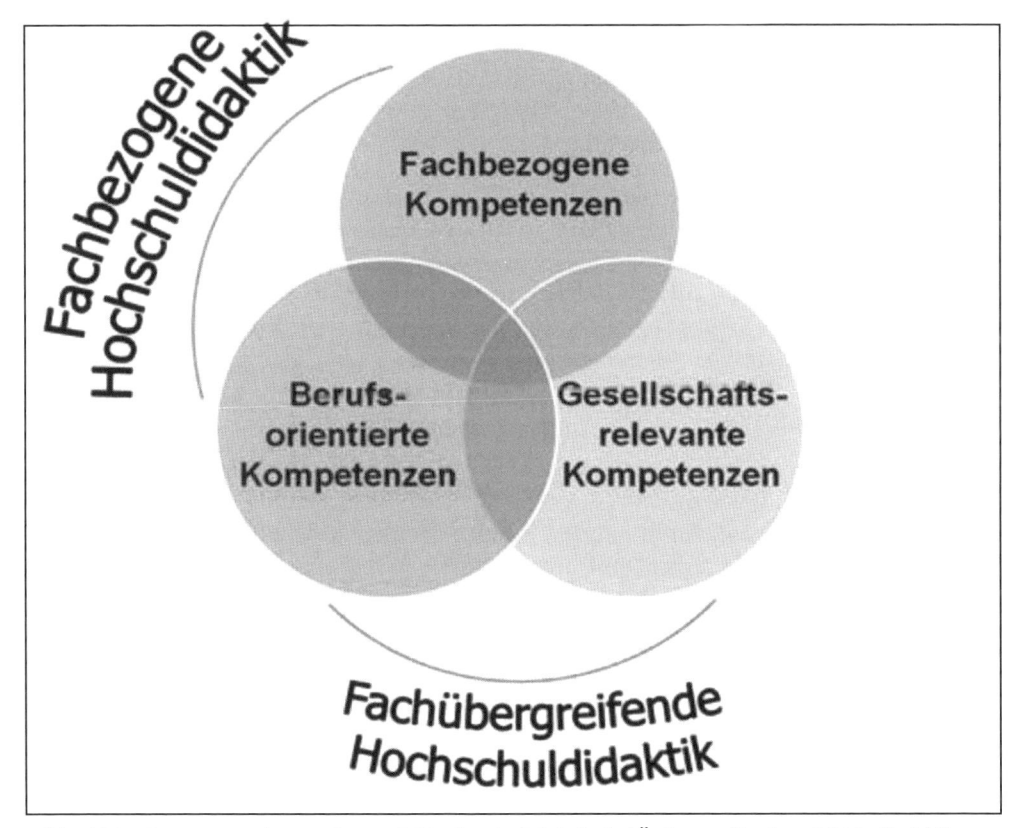

Abb. 102: Kompetenzbereiche und Hochschuldidaktik (Öchsner/Reiber 2010, S. 118)

Damit liegt zwar ein grobstruktureller Vorschlag zu einer kompetenzorientierten Hochschuldidaktik vor, mit dem die wesentlichen Momente der Lehre und ganzer Studiengänge aufbereitet werden sollen. Eine solche Übernahme aus dem Konzept beruflicher Schulen fordert aber geradezu berufsbildungswissenschaftliche Untersuchungen zum vorgenommenen Transfer heraus.

Unter Berücksichtigung dessen, dass sich die Hochschulen und ihre Konzepte bereits verändert haben und auch zukünftig weiter verändern werden, ist aus hochschuldidaktischer Sicht eine Ausdifferenzierung der Lehr- und Studienkonzepte möglich. „Bisher scheinen didaktische Formen und Instrumente zwischen den einzelnen Studienformen sehr ähnlich." (Klumpp/Rybnikova 2010, S. 168)
Durch die vielen hochschuldidaktischen Initiativen an den Universitäten und Hochschulen bekommt die von Ludwig Huber bereits frühzeitig gestellte Frage: "Kann man Hochschuldidaktik ‚institutionalisieren'" (1969), einen neuen Schub in Richtung einer Berufsorientierung.

Es scheint sich ein „Anstieg an Beiträgen der hochschuldidaktischen Lehr- und Lernforschung." (Urban/Stolz 2013, S. 14)[512] zu zeigen. Gegen diese etwas euphemistische Einschätzung spricht allerdings, dass sich der Wissenschaftsrat (2008) mit seinen „Empfehlungen zur Qualitätsverbesserung von Lehre und Studium" gegen eine Verwissenschaftlichung der Hochschuldidaktik ausgesprochen hat.

Inzwischen sind aber auf der Basis der bisherigen hochschuldidaktischen Debatten und Untersuchungen auch empirisch fundierte inhaltliche Konzepte zu hochschuldidaktischen Aus- und Weiterbildungsangebote für Hochschullehrende erarbeitet worden. Allerdings bleibt die Frage offen, inwieweit solche Angebote wahrgenommen und in wie weit sie umgesetzt werden.

- **Untersuchungsgegenstand: Curriculare Konzepte akademischer Ausbildung**

Berufsbildungswissenschaftliche Untersuchungen erscheinen erforderlich, da sich der curriculare Ansatz der akademischen Ausbildung vor allem durch den Bolognaprozess grundlegend verändert hat. Aufgrund des Wandels werden berufsbildungswissenschaftliche Untersuchungen erforderlich, mit denen die neuen und die historisch gewachsenen Bedingungen aufgegriffen, berücksichtigt und erforscht werden müssen.

Die akademische Berufsbildung wird durch Prüfungsordnungen, Studienordnungen und Studienpläne geregelt. Bildungs- bzw. studiengangbezogene Prüfungsordnungen und entsprechende Studienordnungen stehen in einem engen Zusammenhang. Beide Verordnungen beinhalten verbindliche Rahmenbedingungen für die Organisation, Gestaltung und Durchführung eines ordnungsgemäßen Studienverlaufs. Studienpläne haben allerdings bislang kaum durchgängig die Ausformung, Merkmale und Geschlossenheit von elaborierten Curricula, wie sie in anderen Ausbildungsbereichen anzutreffen sind.

Anhand der Studienordnungen können die Lehrkräfte die Studiengänge planen und Studienpläne für jedes Semester erstellen. Diese wiederum sind für die Studierenden Orientierungshilfen zur Planung ihres Studiums. Die Studienordnungen enthalten u. a. folgende Regelungen:
- Beschreibung der Studienziele,
- Studienbeginn,
- Regelstudienzeit und Umfang des Studiums,
- Gliederung des Studiums (Grund- und Hauptstudium, Bachelor- und Master-Phase),
- Definition von Lehrveranstaltungstypen,
- Inhalt des Studiums,
- Zulassungsvoraussetzungen zu einzelnen Lehrveranstaltungen,
- Studienplan (Stundenpläne oder Stundenplan-Empfehlungen),
- Studien- und Prüfungsleistungen.

---

[512] Diese optimistische Einschätzung kann auch dadurch beeinflusst sein, dass die Autorinnen mit dem Thema „Hochschuldidaktik" durch ihre Promotionsvorhaben eine besonders sensible Perspektive einnehmen.

Die in den Studienordnungen vorgegebenen Studienpläne sind die Basis zur curricularen Organisation und Gestaltung der fachrichtungsbezogenen Studiengänge. Dabei erfolgt ein curricularer Ansatz auf Basis von Fachrichtungen und Fächern. Bei den neuen Bachelor- und Master-Studiengängen werden Studienpläne nunmehr zusätzlich auf der Grundlage von thematisch und zeitlich zusammengefassten Stoffgebieten bzw. Modulen entwickelt.

Zum Problem kann werden, wenn Überlegungen „der Modularisierung eines Studienganges" davon ausgehen, „diesen als Prozess einer schrittweisen Entwicklung vorab definierter Kompetenzen zu betrachten" (Paetz/Ceylan/Fiehn/Schworm/Harteis 2011, S. 26). Damit kann sich eventuell ein formales Vorgehen entwickeln und verstetigen. Als negative Folge zeigt sich dann möglicherweise, dass aus Kompetenzlisten automatisch diejenigen Inhalte und Fähigkeiten abgeleitet werden, die die Studierenden als Kompetenzen erwerben sollen.
Hochschulcurricula sollten – so wird gefordert – durch modularisierte Studienangebote das Lernen „als einen permanenten Prozess im institutionellen Rahmen auch über das Erststudium hinaus ermöglichen. Ziel ist es, Studienbausteine nach persönlichem Interesse zu kombinieren und im Rahmen eines Studiengangs, als Weiterqualifizierung oder als spezifische Kompetenz erwerben zu können." (Paetz/Ceylan/Fiehn/Schworm/Harteis 2011, S. 26)

Aufgrund der weitgehenden Freiheit der Lehre haben die Hochschulen und deren Lehrpersonal einen relativ großen Gestaltungsspielraum bei der Entwicklung und Gestaltung der studiengangbezogenen Inhalte, Ziele und didaktischen Konzepte – also der Curricula. Es bestimmen nicht Bildungsverwaltungen, sondern die jeweiligen Wissenschaften die relevanten Themen. Da Wissenschaft zu beurteilen hat, was in einem Fachgebiet zu verifizieren oder zu falsifizieren ist, kann ein Curriculum auf wissenschaftlicher Basis über die Auswahl der Lerngegenstände, die Planung und Durchführung der Lehr- und Lernaktivitäten sowie die Überprüfung des Lernerfolgs genauer und fachgerechter befinden.

Diese traditionelle Auffassung über die Gestaltung von Curricula[513] und die von Lern- und Studiensituationen bricht sich teilweise mit dem im Bologna-Prozess erhobenen Ziel einer kompetenzorientierten akademischen Ausbildung, mit der das aktive Lernen und Studieren im Zentrum des Studiengeschehens stehen soll.

Wesentliche Bestandteile eines Hochschulcurriculums können manifestierte, jedoch im Sinne eines Curriculums revidierbare Ausführungen zu den Zielen, Kompetenzen, Inhalten sowie den Methoden sein. Insbesondere Ziele und Inhalte lassen sich dabei kaum losgelöst voneinander betrachten, wobei auch die Bedingungsfelder zu beachten sind. In jedem Fall sind im Sinne eines tendenziell offenen Curriculums die Ansprüche und Interes-

---

[513] Fast noch bis zum Ende des zwanzigsten Jahrhundert bezog sich „Curriculumdiskussion und -forschung (...) in der öffentlichen Fachdiskussion meist auf den Lernort der allgemein bildenden Schule. Die Hochschulen blieben in der Curriculumdiskussion der 60er und 70er Jahre weitgehend unberücksichtigt." (Pehlke-Milde 2009, S. 13) Kritisiert wurde seit Anfang der 1970er Jahre insbesondere „das universitäre Verständnis von Lehre, das frei von jeglicher pädagogischer Qualifikation der Lehrenden und ohne Bezug zur Qualifikationsforschung sei" (Pehlke-Milde 2009, S. 13).

sen der Studierenden zu berücksichtigen. Dabei ist den Anforderungen zu einem möglichst selbstorganisierten Studiums und selbstgesteuerten Studieren zu entsprechen.

Die Auswahl der Ziele und Inhalte kann nicht losgelöst von grundsätzlichen Fragen der Organisation und des Studienaufbaus gesehen werden. Unabhängig davon, für welches grundlegende Modell und für welche Organisation des Studiums man sich entscheidet, steht die Frage, welche konkreten Inhalte innerhalb eines bestimmten Themengebietes im Studium behandelt werden sollten. Es wäre jedoch wenig realistisch anzunehmen, dass ein vollständiges Hochschulcurriculum mit detaillierter und total durchstrukturierter Angabe aller Ziele und Inhalte vorgelegt werden kann und sollte.

Mit der Einführung der Bachelor- und Master-Studiengänge hat sich die didaktische Gestaltung der Studienordnungen und Studienpläne hin zu stärker ausgeformten Hochschulcurricula verändert. In diesem Zusammenhang wird aber von vielen an der Hochschule Lehrenden auch das Problem der mit dieser Entwicklung möglicherweise verstärkten Verschulung der Studiengänge als kritisch angesehen und entsprechend diskutiert.
Mit der Umstellung der Studiengänge auf das Bachelor- und Master-Modell sowie darüber hinaus der Zertifizierung und Akkreditierung sind hochschuldidaktische und damit auch curriculare Fragen verstärkt ins Blickfeld gelangt. Im Rahmen des damit verbundenen Umstrukturierungsprozesses sind insbesondere das Hochschulrahmengesetz sowie die länderspezifischen Hochschulgesetze und die einschlägigen Beschlüsse der KMK zu berücksichtigen.

Festgelegt ist z. B. im Rahmen der Zertifizierung und Akkreditierung eines Bachelor- oder Masterstudienganges, dass ein solcher jeweils „modularisiert und mit einem Leistungspunktesystem ausgestattet ist. Die Inhalte eines Moduls sind so zu bemessen, dass sie in der Regel innerhalb eines Semesters oder eines Jahres vermittelt werden können; in besonders begründeten Fällen kann sich ein Modul auch über mehrere Semester erstrecken. Die Studiengänge mit ihren Studienplänen sind so zu gestalten, dass sie Zeiträume für Aufenthalte an anderen Hochschulen und in der Praxis ohne Zeitverlust bieten." (KMK 2010, S. 8)

Die inzwischen erkennbare und sich verstetigende Praxis gibt allerdings auch Anlass zur Kritik. Insbesondere der „undifferenzierte Umgang mit Hochschulcurricula, die Standardisierung völlig unterschiedlicher Studiengänge, die Kanonisierung von Studieninhalten, die fachliche Gliederung des Studiums durch Module, die Organisation idealisierter Studienverlaufspläne und die Erfolgskontrolle auf Basis von Workloadkriterien etc. lassen nicht nur ein völlig anderes, ökonomisches Selbstverständnis von Studium erkennen, sie verweisen vor allem auf eine grandiose Nivellierung und Delegitimation von Fachkulturen" (Schütte 2010a, S. 115).

Hochschulcurricula mit technizistischen Konstruktionsprinzipien, engen Kriterien wirtschaftlicher Effizienz und einer fast ausschließlichen Anlehnung an nur eine Fachwissenschaft konterkarieren die Ansprüche an umfassend gebildete Akademiker/-innen. Als Folge solcher Curricula wird auch die Gefahr des „Fachidiotentums" gesehen.[514] Um die Situation zu verbessern, sollte ein Studium generale angeboten werden oder für die Fachwissenschaft eine Anreicherung mit weiteren Wissenschaftsbereichen erfolgen, um damit interdisziplinäre Ansätze zu ermöglichen. Es gibt Berufswissensbereiche und berufliche Kompetenzen, die für die Anforderungen im Berufsleben von Akademikern und Akademikerinnen einer Sparte typisch sind und die allein mit fachwissenschaftlicher Vertiefung nicht bewältigt werden können.

Jedoch lässt bereits die Aufgabe, eine oder mehrere wichtige zusätzliche Wissenschaften für eine Fachwissenschaft zu befragen, um damit bestimmen zu können, aus welchem Reservoir die entsprechenden wissenschaftlichen Aussagen für das interdisziplinäre Hochschulcurriculum entnommen werden sollten, nicht wenige Probleme erkennbar werden. Dennoch kann bei der Diskussion zu Hochschulcurricula nicht daran vorbei argumentiert werden können, dass sowohl berufsspezifische oder fachwissenschaftliche Aussagen als auch interdisziplinäre hochschuldidaktische Dimension zu berücksichtigen sind. Zumindest werden durch die Zusammenführung mehrerer Fachwissenschaften, die für die Kernkompetenzen des jeweiligen Berufes von Wichtigkeit sind, Einseitigkeiten der zwangsläufig fachlich orientierten Hochschulcurricula durch offen angelegte Studienpläne gemildert. Das Fachstudium, auf dem das Hochschulcurriculum im Wesentlichen basieren sollte, muss sowohl die Berufstätigkeit der zukünftigen Akademiker/-innen mit dem erforderlichen Erfahrungswissen als auch das Sachgebiet sowie Aussagen relevanter Wissenschaften unter dem Bildungsgesichtspunkt verbinden. Von besonderem Interesse sind hier der Problemkreis „Erforschung des Beruflichen" und derjenige der Möglichkeiten von spezifischen interdisziplinären Curricula. Berufe und die dazu erforderlichen Ausbildungseinrichtungen entstehen auch durch gesellschaftliche Veränderungen.

Zu beklagen ist, dass Theorie und Praxis der curricularen und didaktisch-methodischen Arbeit in den wissenschaftlichen Fachbereichen der Hochschulen sehr unterschiedlich organisiert und entwickelt sind. Das Spektrum reicht auch heute noch von einfachen Inhaltsbeschreibungen bis hin zu verhältnismäßig dezidiert ausformulierten Studienplänen als Hochschulcurricula. Langfristig gilt es deshalb, die curricularen Aussagen zur wissenschaftlichen Disziplin in größerer Breite und auf der Basis von berufswissenschaftlichen Untersuchungsergebnissen zu reflektieren.

Für die Hochschulcurricula sollten nicht nur aus diesem Grunde vertiefte berufsbildungswissenschaftliche Forschungen zu den hochschulischen Curricula erfolgen. Dabei sind unter dem Bildungsaspekt auch die Berufsfelder, Berufe, Berufsordnungen und spezifische Ausdifferenzierungen zu untersuchen. Hierzu gehört auch die Erforschung des Beruflichen der akademischen Tätigkeiten.

---

[514] „Statt curriculare Vielfalt zu befördern und den verschiedenen Traditionen Rechnung zu tragen, wird der curricularen Einfalt (…) gepflegt – von der Ägyptologie bis zur Zahnmedizin." (Schütte 2010a, S. 115)

- **Untersuchungsfeld: Ausdifferenzierungen bei den akademischen Berufen**

Mit der Ausdifferenzierung der Studiengänge und der Berufsorientierung ergeben sich grundsätzliche Fragen zur Gestaltung akademischer Ausbildung. Die damit verbundenen Entwicklungen bedürfen berufsbildungswissenschaftlicher Begleitung unter besonderer Berücksichtigung der Bedingungen und Spezialisierungen in den Fachgebieten und darüber hinaus.

Die curricularen Rahmenbedingungen an Hochschulen werden durch die Ausdifferenzierung des Studienangebotes in Studienphasen grobstrukturell vorbestimmt. Eine erste Ausdifferenzierung eines Hochschulcurriculums in ein zweistufiges Modell (1. Stufe Bachelorabschluss, 2. Stufe Masterabschluss) erlaubt eine höhere Flexibilität und Individualität im Studienaufbau. So werden die curricularen Rahmenbedingungen dadurch flexibilisiert und individualisiert, dass Möglichkeiten bestehen, sowohl zwischen der Bachelor- und Masterstudienphase einen Wechsel der Fächer vorzunehmen als auch den Zugang in das Masterstudium aus unterschiedlichen Lebens-, Berufs- und Bildungsphasen zur Fortsetzung der individuellen Qualifizierung zu seinem selbstbestimmten späteren Zeitpunkt zu wählen. Da die curricularen Rahmenbedingungen von Bachelor- und Masterstudiengängen zwar aufeinander bezogen, aber dennoch jeweils in sich geschlossen sind, ist zwar eine Fortsetzung des Bildungsweges durch Masterstudien möglich, jedoch nicht Bedingung. Bachelor- und Masterstudiengänge mit ihren Curricula können deshalb auch unabhängig voneinander eingerichtet werden. Damit eröffnen sich viele inhaltliche Optionen für neue Studienprogramme. Es ergeben sich die curricularen Rahmenbedingungen an Hochschulen für die einzelnen Studiengänge aus den Studienordnungen, den Studienplänen und teilweise auch aus den Stundenplänen der an den jeweiligen Institutionen vertretenen Fächer.

Im Rahmen der Bachelor- und Masterstudiengänge ist eine curriculare Strukturierung der Studiengänge und Studienpläne in Module festgeschrieben. Die Studiengänge und Studienpläne an den Hochschulen werden durch juristisch abgesicherte Prüfungsordnungen geregelt. Module werden als in sich abgeschlossene, strukturierte thematische Einheiten definiert, für die Lernergebnisse und Beurteilungskriterien festgelegt sind. Dabei besteht ein Modul aus einer oder mehreren Studieneinheiten. Die Module sollen so gestaltet werden, dass die Ziele, Inhalte und Themen der Studiengänge angemessen lehr-, studier- und prüfbar sind. Modularisierung stellt für akademische Studiengänge eine curriculare Rahmenbedingung dar, die Strukturierung und Sequenzierung in besonderer Weise fordert. Eine Gliederung in Module wird als vorteilhaft für den gesamten Studiengang erachtet. Mit den ausformulierten Modulen soll die curriculare Struktur deutlich werden. Module sind aber durchaus auch kritisch einzuschätzen, da sie Freiräume der Studierenden beschneiden und tendenziell zu rigider Anwendung führen können.

Im Berufsbildungsdiskurs des akademischen Bereichs zeigen sich widersprüchliche Entwicklungstendenzen und Perspektiven. Auch besteht im Rahmen der angestrebten Europäisierung und letztlich auch Internationalisierung der hochschulischen Bildungssysteme generell die Gefahr einer „Kommerzialisierung von Bildung" (Sackmann 2004, S. 62).[515]

Die Umstellung auf die inzwischen europaweit und international üblichen Bachelor- und Masterstudiengänge stand und steht noch immer in einer zum Teil sehr kontroversen Diskussion. Die in diesem Zusammenhang geführte Debatte zu den gestuften Studiengängen richtet sich unter dem Gesichtspunkt der Studienorientierung vor allem auf das Problem der „Akzeptanz der neuen Abschlüsse auf dem Arbeitsmarkt (…). Dabei ist jedoch noch unklar, inwieweit vor allem der Bachelorgrad tatsächlich von Arbeitgebern als vollwertiger, berufsqualifizierender Hochschulabschluss gesehen wird." (Rehburg 2006a, S. 9). Eine berufsnahe Ausbildung ist aber „eindeutig der Schwerpunkt bei den Erwartungen der Arbeitgeber an ein Hochschulstudium" (Rehburg 2006b, S. 212).

Viele an Bachelor- und Masterstudiengängen Beteiligte und dabei insbesondere, „auch die Hochschullehrenden und Studierenden, sind sich dessen bewusst, dass eine akademische Ausbildung mit Blick auf die Anforderungen des Arbeitsmarktes erfolgen sollte" (Rehburg 2006b, S. 217). Diese momentan vorherrschende und vielleicht nur temporäre Einschätzung, die keineswegs von allen Akteuren geteilt wird, führt an den Hochschulen oft zu organisatorischen, lernorganisatorischen und curricularen Problemen. „Da für viele Studiengänge kein fest definiertes Berufsbild vorliegt, bedeutet berufsnahe Bildung heute zumeist, fachliches Grundlagenwissen und methodisch-analytische Kenntnisse zu vermitteln sowie die Studierenden darin zu schulen, ihr erworbenes Wissen auf verschiedene Anwendungsgebiete zu übertragen." (Rehburg 2006b, S. 217)
Der Bachelorabschluss wird teilweise im Beschäftigungssystem und insbesondere in einigen Branchen mit Technikorientierung inzwischen hinsichtlich der Qualifikation und Einsetzbarkeit sehr kritisch gesehen.[516]

---

[515] Kommerzialisierung bedeutet wahrscheinlich u. a. eine stärkere Privatisierung der hochschulischen Bildungseinrichtungen und die Einführung marktwirtschaftlicher Komponenten in das Hochschulsystem, wie es in den USA und Großbritannien teilweise schon feststellbar ist (vgl. Sackmann 2004, S. 63)
[516] Beispielsweise zeigt eine Studie des Instituts Hommerich (BDIA 2015; Hervorhebungen im Original) zur Berufsbefähigung von Hochschulabsolventen der Architektur:
„Fehlende fachliche Qualifikation
Bachelor-Absolventen verfügen über weniger Grundlagenwissen sowie berufspraktische Fähig- und Fertigkeiten. Signifikante Defizite der Bachelorausbildung wurden sowohl von Arbeitgebern als auch den Berufsanfängern in den Bereichen Baukonstruktion, Baubetrieb und Entwurf genannt. So wurden Defizite in der Entwurfskompetenz bei 43 % der Bachelorabsolventen bemängelt, bei Masterabsolventen betrug diese Quote hingegen nur 17 %. Die Befragungsergebnisse zeigen kein Tätigkeitsprofil, für das sich Bachelorabsolventen als besonders qualifiziert oder geeignet erwiesen haben.
Fehlende persönliche Qualifikation
Bachelorabsolventen sind seltener in der Lage, Aufgabenstellungen selbstständig zu identifizieren und eigenständig zu bearbeiten. Darüber hinaus haben sie selbst seltener den Anspruch, sich diese Fähigkeiten anzueignen. Insbesondere in kleinen Architekturbüros mit weniger als 5 tätigen Personen, die 75 % der niedersächsischen Büros bilden, gibt es für die Bachelorabsolventen kaum eine Chance, die in sie gesteckten Erwartungen zu erfüllen.
Unbefriedigende Arbeitsverhältnisse
Bachelorabsolventen müssen sich deutlich häufiger bewerben, um eine Stelle zu finden. Im arithmetischen Mittel waren 9,8 Bewerbungen erforderlich, bei Diplomabsolventen lag diese Quote fast ein Drittel niedriger. Im Ergebnis werden Bachelorabsolventen häufiger mit Aushilfstätigkeiten und Zuarbeit betraut und eher befristet und ohne Langzeitperspektive eingestellt."

Insgesamt hat die Entwicklung zu einer Vielfalt von spezialisierten akademischen Berufen und „ zu erheblichen gesellschaftlichen Irritationen geführt. Mit dem neuen outcomeorientierten, informationsbasierten Kopfarbeiter scheint der akademische Intellektuelle verschwunden zu sein." (Svensson 2016, S. 15)

„Bedeutsam für die akademische Berufsbildung wird voraussichtlich auch der Deutsche Qualifikationsrahmen (DQR) werden." (Pasternack 2016, S. 450)[517]
Inzwischen ist – wie auch immer man zu der Reform steht – festzustellen, es handelt sich um die umwälzendste Hochschulreform in Deutschland mit Konsequenzen für die Hochschulen, die Studierenden und die Wirtschaft. Auch deshalb reißt die Diskussion nicht ab. Erforderlich sind nun umfassende Untersuchungen von unabhängigen Institutionen zu den verschiedenen erkennbaren Problembereichen.

- **Untersuchungsfeld: Professionelle Hochschullehre**

Akademisierung und Verwissenschaftlichung bei der Hochschuldidaktik zeigen Professionalisierungstendenzen durch die partielle Aufwertung der eigentlich schon seit mehr als vier Jahrzehnten bestehenden Arbeits- und Tätigkeitsfelder. Nun aber werden sogar Professionalisierungsbestrebungen und -tendenzen der Hochschuldidaktik als Berufsfeld und Wissenschaftsdisziplin erkennbar. Gegenwärtig, aber auch mittel- bis langfristig geht es darum, auf der Basis hochschuldidaktischer Erkenntnisse und Konzepte die Professionalität der Hochschullehre zu fördern.

Damit „steht die Frage im Raum, welche Kompetenzen Hochschullehrenden künftig insbesondere vor dem Hintergrund des Bologna-Prozesses abverlangt werden" (Paetz/Ceylan/ Fiehn/Schworm/Harteis 2011, S. 39). Hierbei scheinen hochschuldidaktische Kompetenzmodelle eine Schlüsselstellung einzunehmen.
Wie Katrin Stolz und Antonia Scholkmann (2015, S. 4 f.) meinen, sollen Lehrende nach einer hochschuldidaktischen Weiterbildung dazu befähigt „sein:
- Kompetenzziele für Lehrveranstaltungen, Module und Studiengänge zu bestimmen und zu formulieren,
- kompetenzorientierte und am intendierten Lernergebnis ausgerichtete Lehr-Lern-Arrangements und Prüfungsformate zu konzipieren,
- auf der Mikroebene des didaktischen Handelns (…) Lehren und Lernen kompetenzorientiert zu gestalten,
- die Lehre an einem Rollenverständnis als Lernbegleiter auszurichten, d. h. den Einsatz lernprozessförderlicher Arrangements und Methoden konsequent umzusetzen,
- Studierende kompetenzorientiert zu prüfen, geeignete Prüfungsformate und Aufgaben und das konkrete Prüfungssetting kompetenzförderlich zu konzipieren,

---

[517] Mit dem DQR werden die Qualifikationen der verschiedenen Bildungsbereiche acht Niveaustufen zugeordnet. Die Niveaus 6, 7 und 8 des Deutschen Qualifikationsrahmens entsprechen den Studienabschlüssen Bachelor, Master und Promotion. Dazu fordert die HRK mit der Empfehlung "Zur Weiterentwicklung des Deutschen Qualifikationsrahmens (DQR)" (23.02.2010: „Der Prozess der Erarbeitung des DQR muss so gestaltet werden, dass dieser auch von den Hochschulen akzeptiert werden kann. Dies kann nötigenfalls länger dauern als geplant. Es muss besser gelingen, sich bildungsbereichsübergreifend zu verständigen und die unterschiedlichen Akteure jeweils angemessen zu beteiligen."

- die durch die Modularisierung notwendiger gewordene Teamarbeit und organisationsentwickelnden Maßnahmen bei der Entwicklung eines Curriculums zu berücksichtigen,
- kompetenzorientierte Lehre zu reflektieren und weiterzuentwickeln."

Mit den Verschlägen zur Kompetenz der Lehrenden an Hochschulen werden vielfach „spezifisch auf (hochschulische) Lehrtätigkeit ausgerichtete Kompetenzstrukturmodelle" (Paetz/Ceylan/Fiehn/Schworm/Harteis 2011, S. 58) erkennbar. Diese „orientieren sich häufig am Vier-Komponenten-Modell aus Fach-, Methoden-, Sozial- und Selbstkompetenz, das im berufspädagogischen Diskurs zur Beschreibung von Handlungskompetenz weit verbreitet ist" (ebd.) (Abb. 103).

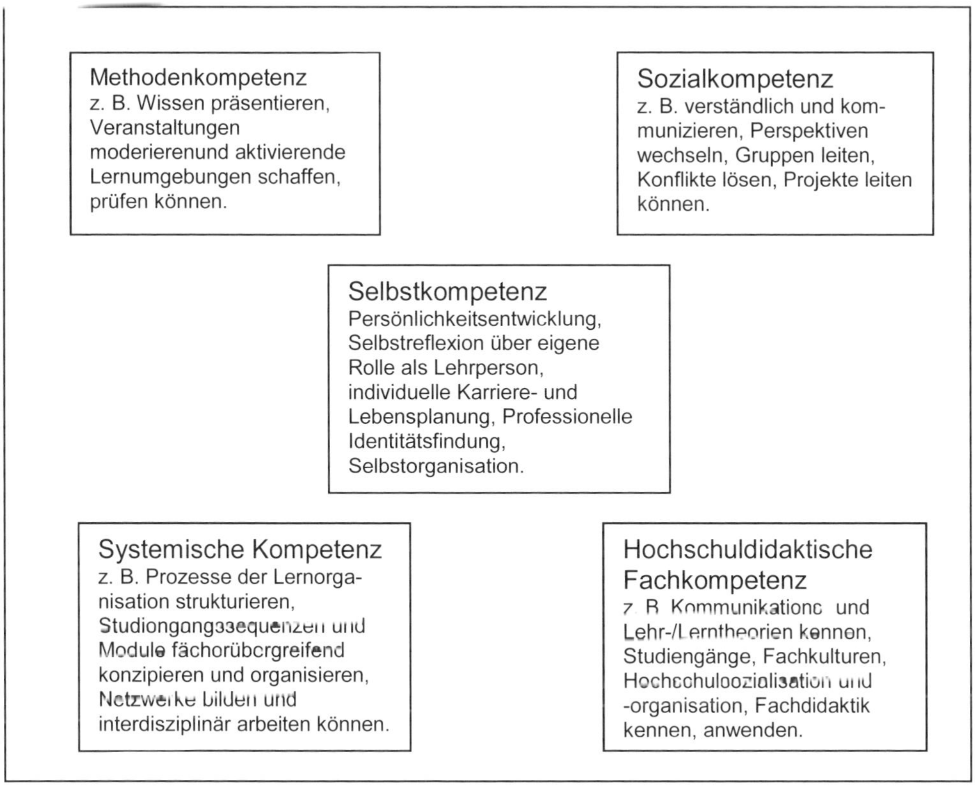

Methodenkompetenz z. B. Wissen präsentieren, Veranstaltungen moderieren und aktivierende Lernumgebungen schaffen, prüfen können.		Sozialkompetenz z. B. verständlich und kommunizieren, Perspektiven wechseln, Gruppen leiten, Konflikte lösen, Projekte leiten können.
	Selbstkompetenz Persönlichkeitsentwicklung, Selbstreflexion über eigene Rolle als Lehrperson, individuelle Karriere- und Lebensplanung, Professionelle Identitätsfindung, Selbstorganisation.	
Systemische Kompetenz z. B. Prozesse der Lernorganisation strukturieren, Studiengangssequenzen und Module fächerübergreifend konzipieren und organisieren, Netzwerke bilden und interdisziplinär arbeiten können.		Hochschuldidaktische Fachkompetenz z. B. Kommunikations- und Lehr-/Lerntheorien kennen, Studiengänge, Fachkulturen, Hochschulsozialisation und -organisation, Fachdidaktik kennen, anwenden.

Abb. 103: Lehrkompetenzmodell (Stahr 2009, S. 80)

Damit bieten sich einfache und problemlose Transfermöglichkeiten an, die zugleich auch Entlastungen von hochschuldidaktischer Grundlagenforschung vertretbar erscheinen lassen. Die Kritik an entsprechenden Modellen richtet sich allerdings darauf, dass diese empirisch nicht fundiert sind, sich auf die Beschreibung bestehender Kompetenzen beschränken, keinen Raum für zukünftige Entwicklungen lassen, die aufgeführten Kompetenzen nicht gewichten und eine geringe Trennschärfe ausweisen. Diese aus der nicht-akademischen Berufsbildung abgeleiteten „Kompetenzmodelle sind beliebig differenzierbar und bieten daher eine wenig an die spezifischen Anforderungen der Hochschullehre angepasste Definitions- und Messgrundlage hochschuldidaktischer Performenz" (Paetz/Ceylan/Fiehn/ Schworm/Harteis 2011, S. 59).

Das Manko der bisherigen Reformpraxis, top-down-Umsetzungen zu bevorzugen, muss überwunden und geändert werden. Deshalb sollte es Ziel hochschuldidaktischer Arbeit sein, diejenigen Kompetenzen zu identifizieren, die für professionelles Handeln von Hochschullehrern gegenwärtig und zukünftig eine hohe Qualität der Lehre gewährleisten. Wie aus den Ergebnissen der Delphi-Studie über die Zukunft der Hochschullehre festgestellt wird, kann dieses durch eine verstärkte Beteiligung und Mitwirkung der Lehrenden an der Umsetzung der Bologna-Reformen geschehen. Eine bottom-up-Umsetzung von Reformen kann hilfreich sein, aber nur, wenn dafür auch die notwendigen Rahmenbedingungen geschaffen werden.

Durch die großen Veränderungen im Hochschulbereich erhalten die Diskurse zur akademischen Ausbildung eine neue Dimension in Richtung einer akademischen Beruflichkeit oder sogar Professionalität. Diese Debatten im akademischen Berufsbildungsbereich sind sehr breit angelegt und gehen über die curricularen Fragen weit hinaus, da sie auch das Selbstverständnis insbesondere der Universitäten berühren. Wie Peter Tremp (2015) effektvoll titelt, geht es um „Forschungsorientierung und Berufsbezug im Studium". Dabei sieht er „Hochschulen als Orte der Wissenschaftsgenerierung und der Vorstrukturierung von Berufstätigkeit". Er benennt dabei zwei Stränge einer Hochschuldidaktik, und zwar die „Forschungsorientierte Didaktik" (Tremp 2015, S. 24 ff.) und die „Berufsbezogene Didaktik" (ebd., S. 29 ff.). Hiermit richten sich die Debatten auf grundlegende Fragen akademischer Ausbildung und das Verhältnis von Forschung und Lehre. Durch solche und weitere Themen, die sich durch die Diskurse an den Hochschulen ergeben, schälen sich ständig neue Themen von Ausbildung und Lehre heraus oder ältere werden wieder belebt. Damit ergeben sich viele Fragen und Probleme, die einer vertieften akademischen Berufsbildungsforschung der Lehre bedürfen.

4.2.4 Ausgangslage für die berufsbildungswissenschaftlichen Arbeiten zu Funktionen und Aufgaben des Berufsbildungsgesamtbereichs

- **Übergeordnete Aufgaben des Berufsbildungssystems**

Für berufsbildungswissenschaftliche Betrachtungen und Untersuchungen des Gesamtsystems in dem Berufsbildung stattfindet, bedarf es übergeordneter ganzheitlicher Sichtweisen. Hierzu sind philosophisch-gesellschaftliche und interdisziplinäre Reflexionen und Untersuchungsansätze auf das bereits Bestehende mit seinen historisch gewachsenen, anthropologischen und sozio-kulturellen Bedingungen nötig. Zugleich ist auch das zukünftig Erforderliche zu berücksichtigen.

Schon früher und auch noch heute bestimmen gesellschaftlich notwendige Bildungsaufgaben sowohl die nicht-akademischen als auch die akademischen Berufsbildungsstätten.

Will man deren Sinn und Wesen, also Funktionen, Aufgaben Ziele sowie die Legitimation analysieren und reflektieren, so bedarf es sehr unterschiedlicher Herangehensweisen. Man kann die Entstehungsgeschichte einer Berufsbildungsstätte als erkenntnisgebend verstehen und nutzen, denn mit Hilfe dieser lassen sich die Absichten, Ansprüche und Erfordernisse bei der Einrichtung einer solchen Institution hinterfragen und darstellen.

Im Unterschied dazu bietet eine Erforschung des aktuellen Standes von Theorie und Praxis einer Berufsbildungsstätte Möglichkeiten, sich die momentanen Aufgaben und Funktionen bewusst zu machen. Zweifelsfrei ist, dass mit dem Berufsbildungssystem gesellschaftlich notwendige Aufgaben und Funktionen übernommen werden, indem sich seine Akteure an grundlegenden gesellschaftlichen Anforderungen, Normen und Werten orientieren. Besondere Aufgaben der Institutionen für die berufliche Ausbildung und Weiterbildung kristallisieren sich dabei heraus und werden immer mehr ausdifferenziert.

In allen Berufsbildungsstätten stehen die übergeordneten Funktionen und Aufgaben, aber auch die jeweils spezifischen in einem relativ engen Wirkungszusammenhang, der zudem noch von außen durch gesellschaftliche Gruppen (Parteien, Gewerkschaften, Vereine, Religionsgemeinschaften, Familien, Interessengruppen, Betrieb usw.) beeinflusst wird. Generell lässt sich darüber hinaus für alle Berufsbildungsstätten ein Problem durch zwei eigentlich nicht vereinbare Organisationsformen erkennen, und zwar die der beruflichen Ausbildungs- und Weiterbildungsstruktur (in Form von Qualifikations-, Selektions-, Integrations-, und Kulturüberlieferungsfunktion) auf der einen Seite sowie die einer Verwaltungs-, Wirtschafts- und Autonomiestruktur auf der anderen Seite.

Nicht nur wegen dadurch zu befriedigender sehr unterschiedlicher Ansprüche sind Funktionsanpassungen und -erweiterungen den Berufsbildungsstätten systemimmanent und zumindest im Detail häufig erforderlich, um angemessen reagieren zu können. Daneben sind auch berufsbildungswissenschaftliche Untersuchungen zur Klärung offener Fragestellungen erforderlich.

- **Untersuchungs- und Vermittlungsaufgabe: Berufsbildung**

Berufsbildung zu gewährleisten, ist eine wichtige Aufgabe für die Gesellschaft. Unter Berufsbildung oder beruflicher Bildung lässt sich alles subsumieren, was mit beruflichem Lehren, Lernen und Studieren im nicht-akademischen und akademischen Ausbildungs- und Weiterbildungsbereich zusammenhängt. Dabei wird auf den Begriff „Berufsbildung" zurückgegriffen, wie er traditionell für den nicht-akademischen Bereich entstanden ist. Eine genauere Beschreibung dessen, worauf sich die Berufsbildung richtet, findet man beispielsweise im Berufsbildungsgesetz (BBiG 2005).

Ein grundlegendes Verständnis, wonach Berufsbildung der Oberbegriff für berufliche Vorbereitung, Erstausbildung und Weiterbildung ist, kann heute schon weitgehend als konsensfähig gelten. Es besteht inzwischen in Ansätzen auch für den akademischen Bereich. Dieses zeigen auch die Ausführungen zur akademischen Weiterbildung in den Landeshochschulgesetzen.

Schon seit langem werden die primären Ziele der Berufsbildung „aus dem Qualifikationsbedarf des Beschäftigungssystems abgeleitet, dessen Veränderungen aus dem technischen Fortschritt resultieren, letztlich also auf das Streben nach wirtschaftlichem Wachstum zurückzuführen sind" (Lempert 1974, S. 204). Hauptziel der Berufsbildung ist von daher die Befähigung der Absolventinnen und Absolventen zu einer qualifizierten beruflichen Tätigkeit in einem bestimmten Fach- und Arbeitsgebiet.

Soll eine solche Befähigung zum ersten Mal erworben werden, so handelt es sich um eine berufliche Erstausbildung. Inhaltliche und qualifikatorische Ergänzungen oder Erweiterungen der Erstausbildung werden als berufliche Weiterbildung bezeichnet. In beiden Fällen genügt jedoch die Orientierung am allgemeinen Qualifizierungsbedarf allein nicht, denn Berufsbildung muss darüber hinaus auch die Aufgabe erfüllen, die Lernenden und Studierenden zur eigenverantwortlichen Teilnahme am gesellschaftlichen Leben zu motivieren und zu befähigen.

Deshalb muss in der beruflichen Aus- und Weiterbildung ein – über die enge fachliche Qualifizierung als Verwertungsgrundlage für den Arbeitsmarkt hinausgehender – Bildungsanspruch umgesetzt werden. Es geht dabei nicht nur um „Bildung für den Beruf", sondern auch um die „Idee einer Bildung durch den Beruf" (Blankertz 1960, S. 14). Diese ursprünglich nur auf den nicht-akademischen Bereich fokussierten Intentionen und Anforderungen sollten auch für die akademische Berufsbildung gelten.

- **Untersuchungs- und Vermittlungsaufgabe: Fachbildung**

Da es in der heutigen offenen Gesellschaft keinen allgemein verbindlichen Bildungskanon mehr gibt, wird sogar die Aufgabe der Fachbildung an den Berufsbildungsstätten gegenwärtig sehr unterschiedlich bestimmt und bewertet. Das gilt für die berufliche Erstausbildung des nicht-akademischen und akademischen Bereichs gleichermaßen, aber mehr noch für die berufliche Weiterbildung in ihrer vollen Breite und Vielfältigkeit. Weiterbildungsangebote der verschiedenen Bildungsanbieter richten sich an Personen sehr unterschiedlicher Vorbildung und bedienen ein weites Themenfeld, das sich von allgemeinbildenden Kursen bis hin zu eng ausgerichteten und sehr fachspezifischen Lehrgängen der Betriebe erstreckt.

Wenn die Bedeutung der Fachbildung für Berufe zu stark betont wird, können Defizite in Bezug auf ein ausgewogenes Verhältnis von Allgemein- und Berufsbildung entstehen. Um dieses zu vermeiden, sollte von einem umfassenden und ganzheitlichen Verständnis über Inhalte und Ziele der Berufsbildung ausgegangen werden. Dazu gehört für die nicht-akademischen und akademischen Berufe gleichermaßen, dass sich die Lernenden oder Studierenden vertieft in die Berufswelt mit ihren fachlichen Anforderungen, Gegenständen, Herausforderungen und Problemen hineinfinden. Darüber hinaus sollten aber auch besondere lebensweltliche Fähigkeiten angestrebt werden, mit der Positionen des Beschäftigungs- und Gesellschaftssystems ausgefüllt werden können.

- **Untersuchungsaufgabe: Integration von Berufs-, Fach- und Allgemeinbildung**

Berufsbildungswissenschaftliche Untersuchungen sollten sich auf Fragen des Verhältnisses von Berufs- und Allgemeinbildung richten. Auszugehen ist dabei davon, dass Berufsbildung im Regelfall nach einer vorausgegangenen Allgemeinbildung beginnt und sie zugleich auch eine neue Form der Allgemeinbildung beinhaltet, die beim Lernen oder Studieren primär auf die Fachbildung bezogen ist und damit zu einer neuen Qualität der Allgemeinbildung führen kann. Hieran zeigt sich, dass Berufsbildung und Allgemeinbildung keineswegs konträre, sondern eng miteinander verbundene Bildungsanliegen sind.

Für die nicht-akademische Berufsbildung stellte das ungelöste Verhältnis von allgemeiner und beruflicher Bildung lange Zeit einen wichtigen bildungstheoretischen Betrachtungs- und Reflexionsgegenstand dar. Für die akademische Berufsbildung wurde das Verhältnis von Allgemeinbildung und Berufsbildung als eher unproblematisch angesehen. Zur Klärung dieses insbesondere im nicht-akademischen Bereich auftretenden Problems werden seit einiger Zeit „Aspekte der Berufsbildungstheorie in Verbindung mit einer realistischen Analyse der Berufswirklichkeit, einer kulturkritischen Gegenwartsanalyse und einer Diversifikation der Perspektiven einer konzeptionellen Einheit von Bildung und Beruf" (Pätzold 2006b, S. 138) vermehrt diskutiert.

Heute herrscht weitgehend Konsens darüber, dass im Rahmen des beruflichen Lehrens, Lernens und Studierens die Berufs-, Fach- und Allgemeinbildung in einem engen Zusammenhang stehen (Abb. 104).

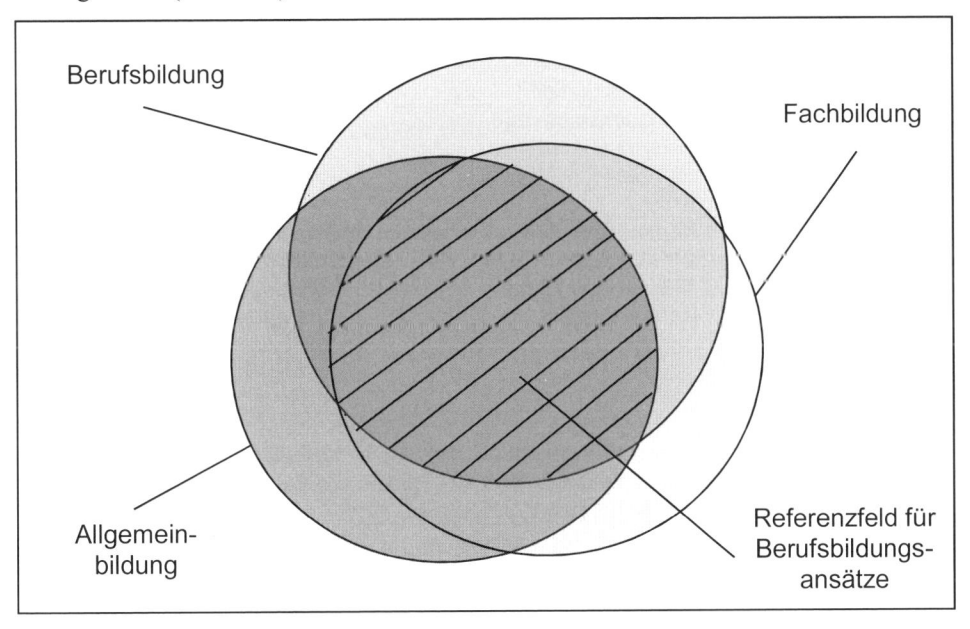

Abb. 104: Berufsbildung, Fachbildung und Allgemeinbildung als Referenzbereiche für Bildungsansätze

Die Aufgabe besteht nun darin, alle drei Bereiche in didaktisch angemessener Form zu verbinden. Die dabei auftretende Schnittmenge bildet das Referenzfeld für ganzheitliche didaktische Entscheidungen bzw. ganzheitliche didaktische Bildungsansätze und -konzepte.

Betrieblich-berufliches Lernen oder Studieren unterscheidet sich vom schulischen und hochschulischen durch einen verstärkten Bezug und eine Akzentuierung oder Ausrichtung auf die Praxis (Abb. 105).

Merkmale \ Lernorte	Betrieblich-berufliches Lernen und Studieren	Schulisches und hochschulisches berufliches Lernen und Studieren
Berufsbildungsziel	Berufsfähigkeit mit berufspraktischer und konkreter Gestaltungs- und Handlungskompetenz	Polyvalente Berufs- oder Berufsfeldfähigkeit mit wissenschaftlicher und eher abstrakter Handlungskompetenz
Kompetenzentwicklung	erfahrungsbasierte und praxisbezogene Kompetenzentwicklung mit Hilfe begleitender Lehr-, Lern- und Studienanweisungen oder -phasen	wissensbasierte und theorieorientierte Kompetenzentwicklung durch schulische und hochschulische Lehr-, Lern- und Studienprozesse mit geringem betrieblichen Erfahrungshintergrund
Motivation	Aufforderung durch Praxisbezug, Ernstcharakter und Echtheit der Lern- und Studiensituation	Theorieansprüche und Interesse auf Selbstverwirklichung in Experimentiercharakter
Lerngeschehen	arbeitsprozess- und praxisbestimmt, ganzheitlich (nur bei nicht taylorisierter Arbeit)	systematisch, theorieorientiert, sequentielle Abfolge der Lehre
Sozialisation in der Berufswelt	Kontinuierlicher Rollenwechsel vom Lernenden und Studierenden zum Berufstätigen	Direkter Übergang vom Studierenden zum Berufstätigen. Betriebliche Einarbeitung nach Abschlusszertifikat oder Nachqualifizierung im Arbeitsprozess
Berechtigungen	Tätigkeitsbezogen Zertifikate, berufliche, schulische und hochschulische Anerkennungen	Schulische oder akademische Abschlüsse und Zertifikate

Abb. 105: Betriebliches versus schulisches und hochschulisches berufliches Lernen und Studieren

Dieser Befund gilt unabhängig davon, ob es sich um eine nicht-akademische oder akademische Aus- und Weiterbildung handelt. Mit der organisatorischen Aufteilung in betriebliche oder schulische und hochschulische Lernorte ist eine Schwerpunktsetzung auf Praxis oder Theorie verbunden.

Das zeigt sich schon bei den Berufsbildungszielen und der Kompetenzentwicklung. Aber auch die Motivation, das Lerngeschehen und die spätere Sozialisation in der Berufswelt sind davon bestimmt. Dieses Faktum besagt aber noch nicht, dass in den verschiedenen Einrichtungen der Aus- und Weiterbildung eine Integration von Berufspraxis und Berufstheorie unmöglich ist. Vielmehr herrscht in den Berufsbildungsbereichen der verschiedenen Lernorte weitgehend Konsens darüber, dass für Berufe und die damit verbundene Beruflichkeit im Regelfall sowohl praktische als auch theoretische Fähigkeiten kennzeichnend und erforderlich sind.

Im Rahmen berufswissenschaftlicher Forschungen sollte das Verhältnis von Berufspraxis und -theorie in ihrem Zusammenhang zum beruflichen Lehren, Lernen und Studieren untersucht werden. Die Aufgabe der Berufsbildungswissenschaft besteht nun u. a. darin, didaktisch-methodische Konzepte zur Integration von Theorie und Praxis in den nicht-akademischen und akademischen Berufsbildungsbereichen zu sichten, zu vergleichen und zu bewerten. Auch erscheinen Untersuchungen von Lern- oder Studieninhalten in Hinblick auf ihren Bildungsgehalt angebracht.

Untersuchungsfeld: Berufsbildungstheorie

Eine Theorie der Berufsbildung ist leicht gefordert, aber nur mit Schwierigkeiten so zu entwickeln, dass sie längere Zeit bestand hat. Ist mit der Verwendung des Theoriebegriffs in den Wissenschaften und wie hier mit dem Begriff der Berufsbildungstheorie die Vorstellung verbunden, „das mit ihm Bezeichnete hebe sich durch eine besondere Qualität von umgangssprachlichen Bedeutungen ab (Gültigkeit, Genauigkeit, Durchdachtheit, eindeutige Kommunizierbarkeit etc.), muss ein Kriterium zur Feststellung solcher Merkmale angegeben werden können" (Beck 2006, S. 578).

Solche Merkmale – wie Widerspruchsfreiheit, Konzeptuelle Einbindungsmöglichkeit in bestehende Theorien, Bestätigung durch Anwendung in der Praxis oder Überprüfung auf Inkonsistenzen – sind in der Berufsbildungswissenschaft bislang explizit noch wenig berücksichtigt worden und ziehen eine weitere Ausformung der Beurteilungskriterien aus anderen, meist sozialwissenschaftliche Disziplinen, nach sich. Theorien müssen sich sowohl auf ihre Gültigkeit hin prüfen, als auch im berufspraktischen Handlungsfeld verwerten lassen.

Die Berufsbildungstheorie für den nicht-akademischen Bereich ist seit mehr als hundert Jahren immer wieder Gegenstand teilweise kontroverser Diskussionen. Dabei war und ist auch „die Rekonstruktion der Berufsbildungstheorien und das Problem ihrer politischen Instrumentalisierung" (Lipsmeier 2005, S. 23) ein Thema. Durch Modifikationen der klassischen Berufsbildungstheorie und die verstärkte Berufsbildungsforschung der letzten drei Jahrzehnte mit ihren vielen punktuell beachtlichen Ergebnissen stellt die sich entwickelnde spezielle Bildungstheorie ein wesentliches theoretisches Fundament für den Bereich der Berufsausbildung dar.

Da sich die theoretischen Untersuchungen, Analysen und Schlussfolgerungen bisher im Wesentlichen aber nur auf die nicht-akademische berufliche Erstausbildung richteten, können die bisher entwickelten Theorien nur als Teilfundament für den Gesamtbereich, in dem Berufsbildung stattfindet, angesehen werden. Ergänzende Untersuchungen für den Bereich der akademischen Berufsausbildung sind kaum vorhanden. Es ist für den akademischen Bereich, in dem Berufsbildung stattfindet, schon vor dem Bolognaprozess „deutlich geworden, daß fundierte wissenschaftliche Forschungsergebnisse (…) überwiegend nicht vorhanden, aber dringend notwendig sind" (Buchmann 1999, S. 264). Es sollten darüber hinaus Forschungen im Kontext des gesamten Berufsbildungssystems, also der integrativen Einbeziehung des nicht-akademischen und des akademischen Systems, initiiert werden.

Durch die herkömmliche Berufsausbildung, die berufliche Weiterbildung sowie die Erwachsenenbildung können Anregungen für bereichserweiternde Theoriekonzepte gewonnen werden. Unabhängig davon steht die Berufsbildungsforschung vor vielfältigen ungelösten Aufgaben (Rauner 2005, S. 9 ff.). Die bisherige sehr umfangreiche Berufsbildungsforschung mit ihren neueren Schwerpunkten richtet sich kaum auf den akademischen Bereich und schon gar nicht speziell auf die dort stattfindende berufliche Weiterbildung.[518] Dieses Faktum ist bemerkenswert, zeigt sich doch damit zugleich ein großes und wenig bearbeitetes Forschungsfeld. Zur Abrundung der Berufsbildungstheorie sind deshalb insbesondere Forschungen zur beruflichen Weiterbildung nach der beruflichen Erstausbildung im nicht-akademischen und akademischen Berufsbildungsbereich angebracht.

Eine Berufsbildungstheorie, mit der den nicht-akademischen und akademischen Berufsbildungsstätten und der Berufsbildung insgesamt gleichermaßen gedient werden kann, sollte sich auf die Bedingungen und die Praxis an den verschiedenen Bildungsinstitutionen beziehen. Dabei sollte diese, die auf der klassischen Berufsbildungstheorie von Kerschensteiner, Fischer und Spranger basiert, kritisch betrachtet werden, da noch nach dem Zweiten Weltkrieg die Ideologie sozial-konservativer Ordnungsvorstellungen[519] und die „kulturpädagogisch konzipierte Berufsbildungstheorie das Verhältnis des Menschen zur Berufswirklichkeit mit harmonisierender Tendenz verschleiert und verzeichnet hatte" (Zabeck 2006, S. 275).

Dennoch kann die klassische Berufsbildungstheorie in Teilen zweifellos noch immer Anregungen für die gegenwärtige Forschung im nicht-akademischen, aber darüber hinaus vermutlich auch im akademischen Bereich geben. Sie muss jedoch an neue bildungstheoretische Erkenntnisse angepasst werden. Dazu ist eine Modifikation insofern erforderlich, als basale Elemente des in das klassische Theoriekonstrukt eingeschlossenen statischen Begabungsbegriffes aufgegeben und die Fremdsteuerungselemente zurückgenommen werden sollten. Zudem muss angestrebt werden, die „angesichts der rasanten Entwicklung der

---

[518] Dieses zeigt auch schon ein erster Blick in das „Handbuch Berufsbildungsforschung" (Rauner 2005).
[519] Die erst nach 1945 sogenannte „Berufsbildungstheorie" war durch „Modifikationen, Spezifikationen und Differenzierungen des von Kerschensteiner intendierten Grundansatzes" (Arnold/Münk 2006, S. 17) bestimmt und reproduzierte dadurch auch deren zentrale Schwächen.

Wirtschaft und der Gesellschaft (...) immer größer werdenden Lücken zwischen Theorie und Realität zu schließen" (Pätzold 2006b, S. 137). In diesem Zusammenhang sind in den letzten Jahrzehnten verschiedene modifizierte Theorieansätze entwickelt worden (vgl. dazu z. B. Pätzold 2006b, S. 137 f.).

Die Schwerpunktverlagerung und Akzentverschiebung im Bereich der Berufsbildungstheorie ergibt sich aufgrund gewandelter gesellschaftlicher und insbesondere psychologischer Sichtweisen sowie Erkenntnisse über die Bildungskonzepte für die nichtakademischen, aber auch akademischen Berufsbildungsstätten mit ihren Bildungsvorstellungen und -theorien. Die Berufsbildungskonzepte sollten dynamischer angelegt sein sowie Formen des selbst organisierten Lernens und Studierens ermöglichen.

Mit einer neuen Perspektive der Bildungstheorie auf Berufe können weiterreichende Ziele – wie der Erwerb beruflicher Handlungskompetenz und die Befähigung, in der Berufs- und Lebenswelt angemessen zu agieren – langfristig vermutlich besser eingelöst werden. Durch solche Intentionen kann die möglichst selbstständige Auseinandersetzung der einzelnen Lernenden mit sich und den gesellschaftlichen sowie individuellen Bedingungen als Ziel des Lehrens, Lernens und Studierens angestrebt werden.
Dabei „findet der Modus der Selbstorganisation in der Wandlungsfähigkeit des Menschen sein primäres Ziel" (Mayer 2000, S. 347). Hierzu können gerade die in den letzten Jahren entwickelten Konzepte zur Selbststeuerung und Selbstorganisation beruflichen Lernens und Studierens beitragen (z. B. Pätzold/Lang 2005; Lang/Pätzold 2006; Lang 2006).

Selbststeuerung ist eine wesentliche Voraussetzung für effizientes und wirksames lebenslanges Lernen und Studieren. Dabei erkennen die Lernenden oder Studierenden anhand einer Aufgabe oder Problemstellung selbst, was sie lernen müssen. Sie planen selbstständig die dazu notwendigen Lernschritte und Methoden, führen diese durch, überwachen die eigenen Lernfortschritte und korrigieren, wenn notwendig, ihre Lernstrategie (vgl. Dubs 2006, S. 438). Beim selbstorganisierten Lernen müssen im Laufe des Lern- und Studienprozesses zusätzlich weitere Ziele durch alle Akteure definiert werden, deren Festlegung aufgrund der Komplexität der Aufgabe oder des Problems zu Beginn des Lern- und Studienvorgangs noch nicht möglich war.
Insbesondere in den letzten Jahren hat sich gezeigt, dass zur Entwicklung der Berufsbildungstheorie unter Berücksichtigung der Allgemeinbildung sowohl Konstanz als auch Veränderung zugleich notwendig sind. Hierbei sollten sich die Bemühungen nicht nur auf die berufliche Erstausbildung und Weiterbildung der nicht-akademischen Berufe, sondern auch auf die Berufsbildung im akademischen Bereich richten. Damit könnte durch berufsbildungswissenschaftliche Forschungen zu einem tragfähigen Theoriefundament beigetragen werden, auf dem sich langfristig ein bildungstheoretisches Gesamtkonzept, d. h. eine Berufsbildungstheorie, aufbauen ließe.

„Letztlich müsste eine umfassend angelegte Berufsbildungstheorie nicht nur die Einordnung der nicht-akademischen, sondern ebenso der akademischen beruflichen Bildung in gesellschaftliche und individuelle Kontexte diskutieren. Darüber hinaus sind auch Aspekte wie Berufsbildungsrecht und -politik sowie Systeme, Akteure, Lernorte, Profession,

Pädagogik bzw. Didaktik und Geschichte der Berufsbildung aufzugreifen." (Herkner 2016, S. 214)

Mit den Vorbetrachtungen zu einer umfassenden Berufsbildungstheorie wird ein großes berufsbildungswissenschaftliches Forschungsfeld erkennbar. Dieses kann – wenn überhaupt – nur durch sukzessive einzelne Forschungsvorhaben oder durch einen Gesamtansatz eines oder mehrerer Institute bearbeitet werden.

Berufliches Lernen und Studieren als Gegenstand der Berufsbildungswissenschaft

4.3 Vergleichende Betrachtungen, Vorstudien und Untersuchungsansätze zu den wesentlichen Berufsbildungsmerkmalen und Ausbildungskonzepten des akademischen und nicht-akademischen Bereichs

4.3.1 Analogien bei wesentlichen Berufsbildungsmerkmalen im nicht-akademischen und akademischen Berufsbildungssystem

Vergleiche gehören zum häufig eingesetzten wissenschaftlichen Methodenarsenal auch in der Berufsbildungswissenschaft. Die im Folgenden dargestellten Betrachtungen zu den Merkmalen akademischer und nicht-akademischer Berufsbildung lassen sich als vorläufige und kleine vergleichende Studien einordnen. Sie stellen erste Untersuchungsansätze dar, die als Impulse für größere Forschungsprojekte wirken können.

Mit einer vergleichenden Beschreibung, Untersuchung und Bewertung der Berufsbildung im nicht-akademischen und akademischen Bereich können u. a. die jeweiligen Qualifikationsziele, Bildungsziele, Kompetenzen sowie die Organisation der Berufsbildungsprozesse als wesentliche Merkmale herangezogen und erforscht werden.

Die vergleichende Betrachtung einiger grundlegender Merkmale nicht-akademischer und akademischer Berufsbildung zeigt schon auf einem ersten Blick deutliche und teilweise große Übereinstimmungen. Viele übergeordnete Qualifikationsziele, Bildungsziele und angestrebte Kompetenzen sind bis auf den Wissenschaftsbezug in beiden Systemen der Berufsbildung nahezu identisch. . (Abb. 106).

Subsystem / Merkmal	nicht-akademisches Berufsbildungssystem	akademisches Berufsbildungssystem
Qualifikationsziel	Befähigung zur kompetenten Ausübung eines Berufes	Befähigung zur professionellen Ausübung eines Berufes und zu wissenschaftlicher Arbeit
Bildungsziel	Berufsbezogene Fachbildung, konzeptionell und curricular geforderte Erweiterung der Allgemeinbildung, der vielseitig gebildete Mensch als Bürger in der Gesellschaft	Berufsbezogene wissenschaftliche Fachbildung, der vielseitig gebildete Akademiker als Mensch und als Bürger in der Gesellschaft
Kompetenzen	Handlungs-, Fach-, Personal-, Sozial- und Methodenkompetenz	Wissenschaftliche Handlungs-, Fach-, Personal-, Sozial- und Methodenkompetenz
Berufsbildungsprozess	Fremd- und teilweise selbstgesteuertes berufliches Lehren und Lernen	Stark selbstgesteuertes und selbstorganisiertes berufliches Lehren und Studieren

Abb. 106: Merkmale der Berufsbildung im nicht-akademischen und akademischen Bereich

Lediglich bei der grundlegenden Organisation und Gestaltung der Bildungsprozesse sind Differenzen insbesondere bei der fachlichen Vertiefung in die durchaus unterschiedlichen Wissensbereiche erkennbar: Während im nicht-akademischen System fremdgesteuerte Organisationsformen dominieren, erfolgt im akademischen Bereich Lernen und Studieren eher selbstgesteuert und selbstorganisiert.[520]

Darüber hinaus ist festzustellen, dass der Beruf und die damit verbundene Beruflichkeit Leitgrößen zur Organisation sowie Ausgestaltung der Bildungsgänge an den Berufsbildungsstätten sowohl des nicht-akademischen als auch des akademischen Bereiches sind. Zum Erreichen der Bildungsziele tragen in beiden Systemen die Lernorganisation im weiteren Sinne, die curriculare Ausgestaltung, die didaktisch-methodischen Konzepte und die Lern- und Studienorganisation im engeren Sinne bei. Es zeigen sich bei der Betrachtung des akademischen und nicht-akademischen Berufsbildungssystems Parallelitäten.

Der Untersuchungsansatz zu den Analogien bei wesentlichen Berufsbildungsmerkmalen im nicht-akademischen und akademischen Berufsbildungssystem kann als Rahmen oder Ausgangspunkt für vertiefte berufsbildungswissenschaftliche Arbeiten genutzt werden. Auf dieser Basis können die Gemeinsamkeiten und Differenzen im nicht-akademischen und akademischen Bereich untersucht und bestimmt werden. Darüber hinaus lassen sich von hier aus berufsbildungswissenschaftliche Detailstudien generieren.

4.3.2 Untersuchungsansatz: Analogien zwischen der curricularen Organisation im nicht-akademischen und akademischen Berufsbildungsbereich

Ohne eine vertiefte berufsbildungswissenschaftliche Untersuchung vorgenommen zu haben, zeigen sich schon bei einem ersten Untersuchungsansatz zu der Organisation des nicht-akademischen und des akademischen Berufsbildungsbereichs große strukturelle Ähnlichkeiten, wenn man die ordnungspolitischen und curricularen Gegebenheiten betrachtet.

Curricula sowohl beruflichen Lernens als auch beruflichen Studierens erhalten Anstöße zu ihrer Entwicklung sowie zur Festlegung von Lerninhalten und Lernzielen primär aus den beruflichen Gegebenheiten, Anforderungen und Entwicklungen im Beschäftigungssystem. Die Berufswelt und die vorhandenen oder sich wandelnden sowie entstehenden Berufe erfordern jeweils spezifische curriculare Überlegungen. Dieses Faktum gilt für die beruflichen Lehr- und Studienpläne im nicht-akademischen und akademischen Bereich grobstrukturell in gleicher Weise. Für die Curricula der einzelnen Berufsbildungsstätten gelten zwar vergleichbare Rahmen- und Strukturvorgaben, sie unterscheiden sich aber durch inhaltliche Besonderheiten und die Vertiefung oder Akzentuierung bei der Themenbehandlung zum Teil gravierend.

Bei der Auswertung der vergleichenden Untersuchung (Abb. 107) zeigt sich, dass die Curricula der Bildungsgänge des nicht-akademischen Subsystems und der Studiengänge des akademischen Subsystems sowohl gleiche als auch differierende Merkmale aufweisen. So gelten für die Curricula der beiden Subsysteme der Berufsbildung im Prinzip ähnliche

---

[520] Allerdings werden seit der Bachelor- und Masterstudienreform zunehmend Verschulungstendenzen beklagt.

rechtliche Rahmenbedingungen und vergleichbar strukturierte Ordnungsmittel. Auch der grundlegende Bezug der Inhalte der Curricula ist strukturell weitgehend übereinstimmend.

Ordnungsmittel und Curricula / Vergleichskriterium	nicht-akademisches Berufsbildungsbereich	akademisches Berufsbildungsbereich
Rechtliche und lernorganisatorische Rahmenbedingungen	GG, BBiG, HwO Schulgesetze der Länder Weiterbildungsgesetze der Länder	GG, HRG Hochschulgesetze der Länder Weiterbildungsgesetze der Länder
Curriculare Ordnungsmittel	Rahmenlehrpläne Lehrpläne der Länder Ausbildungsordnungen/Ausbildungsrahmenpläne Betriebliche Ausbildungspläne	Studienordnungen Prüfungsordnungen Studienpläne Modulhandbücher
Curriculare Konzeption	Eher halboffene und geschlossene Konzepte	Eher offene Konzepte
Curriculare Leitlinien	Handlungsorientierung, Selbststeuerung und Selbstorganisation als übergeordnete Prinzipien (teilweise integriert)	Handlungsorientierung, Selbststeuerung und Selbstorganisation (durchgängig integriert)
Zielvorgaben (Kompetenzansprüche)	hohe berufliche und soziale Handlungskompetenz	sehr hohe berufliche, soziale und methodische Handlungskompetenz, hohe berufswissenschaftliche Kompetenz
Inhalte	praxisbezogen und theorieorientiert	theoriebezogen sowie praxis- und wissenschaftsgeleitet
Methoden	handlungs- und wissenschaftsorientiert	handlungs- und wissenschaftsrelevant
Medien	theorie- und praxisorientiert, handlungsorientiert	theorie-, praxis- und wissenschaftsorientiert, handlungsorientiert
Curriculumentwicklung	durch KMK, BMBF, Länder, Ausbildungsbetriebe	durch Länder, Hochschulen, Impulse durch Akkreditierung und Zertifizierungsanforderungen
Evaluation	eher fremdbestimmt	fremd- und selbstbestimmt
Revision/Weiterentwicklung	extern	intern

Abb. 107: Vergleichender Untersuchungsansatz zur curricularen Organisation im nichtakademischen und akademischen Berufsbildungsbereich

In beiden Subsystemen werden die Inhalte theorie- und praxisorientiert generiert, allerdings zum Teil mit unterschiedlich hoher Gewichtung. In den Curricula des akademischen

Bereichs geht es nicht nur um Wissenschaftsorientierung sondern darüber hinaus um den Wissenschaftsbezug. Auch in methodischer Hinsicht ist eine grundlegende curriculare Übereinstimmung festzustellen. In beiden Subsystemen werden handlungs- und wissenschaftsorientierte Methoden eingesetzt, wobei in der akademischen Berufsausbildung der Wissenschaftsbezug unabdingbar ist. Prinzipielle Übereinstimmung ist auch bei den Medien zu erkennen, die in beiden Bildungssystemen theorie-, praxis- und handlungsorientiert gestaltet und ausgewählt werden. Den Curricula beider Subsysteme ebenfalls gemeinsam ist das grundlegende curriculare Konzept der beruflichen Handlungsorientierung. Dementsprechend wird mit beiden Curricula als Ausbildungsziel die Vermittlung von beruflicher und sozialer Handlungskompetenz in einem bestimmten Beruf verfolgt.
Im akademischen Bereich wird darüber hinaus zusätzlich die Vermittlung von (berufs-)wissenschaftlicher Kompetenz unbedingt angesteuert. Aufgrund der wissenschaftsbezogenen Ausbildung sind im akademischen Bereich die Ansprüche an die zu vermittelnden Kompetenzen hoch. Hinsichtlich der zu vermittelnden Inhalte sowie der dabei eingesetzten Methoden und Medien dagegen sind in den Curricula prinzipiell keine größeren Unterschiede feststellbar. In beiden Subsystemen wird ein an dem jeweiligen Beruf ausgerichteter Theorie- und Praxisbezug zumindest angestrebt. In beiden Bereichen werden in immer stärkeren Maße Methoden und Medien angewandt, die von den Lernenden oder Studierenden Selbstständigkeit und Selbstorganisation fordern und dadurch deren berufliche und soziale Handlungskompetenz fördern.

Im Gegensatz zur akademischen Ausbildung wird ein curricularer Ansatz zur Selbstorganisation im nicht-akademischen Bereich allerdings (noch) nicht durchgängig verfolgt. Grundsätzlich unterschiedlich gestaltet sind lediglich Evaluation und Revision der Curricula. Während im nicht-akademischen Subsystem Curricula eher fremdbestimmt evaluiert und von externer Seite her revidiert oder weiterentwickelt werden, zeigen sich im akademischen System selbstbestimmte Evaluationen sowie interne Revisionen. In dieser Beziehung ist die Autonomie im akademischen Bildungssystem für Lehrende und Lernende noch immer wesentlich stärker ausgeprägt als im nicht-akademischen Subsystem. Jedoch gibt es im akademischen Bereich auch das Instrument der externen Evaluation und Akkreditierung.

Zusammenfassend zeigt sich bereits – ohne dass ein umfassenderes Forschungsvorhaben angelegt worden ist –, dass bei der Entwicklung, Gestaltung, Evaluation und Revision der Curricula für Bildungsgänge der nicht-akademischen und der akademischen Berufsausbildung Gemeinsamkeiten, aber auch Differenzen bestehen. So hat die Dissemination der Curricula im nicht-akademischen Bereich große Bedeutung und dagegen im akademischen Bereich nur eine eher geringe. Da jedoch – wie gezeigt – grundlegende curriculare Leitlinie sowie inhaltliche, methodische und mediale Ansätze im Wesentlichen übereinstimmen, deuten sich auch Synergieeffekte an, die bei Entwicklung, Evaluation und Revision der jeweiligen Curricula der beiden Subsysteme unbedingt genutzt werden sollten.

Der vorliegende Untersuchungsansatz sollte weiter verfolgt werden. Dazu können neben der Untersuchung der didaktischen Materialien auch vergleichende empirische Forschungen zur Realisierung von Curricula in der Praxis beruflichen Lehrens, Lernens und Studierens vorgenommen werden. Außerdem wären vertiefte berufsbildungswissenschaftliche Forschungen wünschenswert, mit denen auch historische und verwaltungstechnisch entstandene Strukturen hinterfragt werden.

4.3.3 Untersuchungsansatz: Analogien zwischen den didaktisch-methodischen und lernorganisatorischen Konzeptionen im nicht-akademischen und akademischen Berufsbildungsbereich

Betrachtet man unter berufsbildungswissenschaftlicher Perspektive die derzeitigen Strukturen, Ansätze und Konzeptionen im gesamten Berufsbildungssystem und ihre wesentlichen Gestaltungselemente unter didaktisch-methodischen und lernorganisatorischen Kriterien, dann sind zwischen den Subsystemen sowohl Gleichartigkeiten als auch Differenzen feststellbar.

- **Didaktisch-methodische Vorbetrachtungen zu Untersuchungsvorhaben**

Mit einer kleinen Vorstudie lassen sich die Didaktikansätzen im nicht-akademischen und akademischen Berufsbildungssystem vergleichen (Abb. 108).

Didaktik Vergleichs-Kriterium	nicht-akademischer Berufsbildungsbereich	akademischer Berufsbildungsbereich
didaktische Leitlinien	Praxisbezug, Lernfeldkonzept, Selbststeuerung und Selbstorganisation, konkrete Handlungs- und Kompetenzorientierung, Berufsbezug: Arbeits- und Geschäftsprozesse	Praxisorientierung, Modulmodell, Selbststeuerung und Selbstorganisation, abstrakte Handlungsorientierung, berufliche Professionalität: Wissenschafts- und Forschungsbezug
Integration allgemeiner Didaktikkonzepte	intensive Rezeption in den schulischen Berufsbildungsstätten	Kenntnisnahme im Hochschulbereich
Didaktikansätze	Didaktiken beruflichen Lernens	Hochschuldidaktik
berufliche Didaktikkonzepte	Berufs- und Fachdidaktik	Hochschuldidaktik für spezifische Akademikerberufe

Abb. 108. Vergleichende Vorstudie zu Didaktikansätzen im nicht-akademischen und akademischen Berufsbildungssystem

Weitgehend gleichartig ist die bildungstheoretische Leitidee der integrativen Vermittlung von Allgemeinbildung und Berufsbildung auf der curricularen Basis der Berufe und der damit verbundenen Beruflichkeit oder Professionalität. Gleiches gilt für den Anspruch von weitestgehender Selbststeuerung und Selbstorganisation der Lehr-, Lern- und Studierprozesse. Eng damit verbunden ist das curriculare Konzept der Handlungs- und Kompetenzorientierung, das sich ebenfalls in beiden Subsystemen der Berufsbildung etabliert hat.

Für berufswissenschaftliche Forschungsvorhaben mit hinreichender Breite und Tiefe können sich auf der Basis der skizzierten Vorstudie interessante Fragestellungen ergeben, die in Vielfalt und Dimension im Detail kaum überschaubar oder erkennbar sind. Es könnten

u. a. berufswissenschaftliche Vergleiche zu didaktischen Konzepten des beruflichen Lehrens und Lernens mit solchen des hochschuldidaktischen Lehrens und Studierens vorgenommen werden. Für das Entscheidungsfeld der Methoden kann von Interesse sein, welche Vermittlungskonzepte aus dem jeweils anderen Subsystem übernommen werden, und welche besonderen Ausformungen bei dem Einsatz entstehen.

Lernorganisatorische Vorbetrachtungen zu Untersuchungsvorhaben

Mit einer kleinen Vorstudie lassen sich die lernorganisatorischen Ansätze im nicht-akademischen und akademischen Berufsbildungssystem in ihrer Grobstruktur vergleichen (Abb. 109).

Methodik / Vergleichs-Kriterium	nicht-akademisches Berufsbildungssystem	akademisches Berufsbildungssystem
allgemeine Methodikansätze	Übernahme und Anpassung allgemeiner Methoden	Übernahme allgemeiner Methoden
berufliche Methodenkonzepte	Einsatz spezifischer beruflicher Methodenkonzepte oder Umformung allgemeiner Methoden durch inhaltliche „Einfärbung"	Einsatz wissenschaftsorientierter Methoden und Anwendung allgemeiner Methoden
Medien	Einsatz allgemeiner, herkömmlicher und spezifischer Medien aus der Berufswelt sowie neuer medialer Angebote im Internet	Einsatz allgemeiner sowie herkömmlicher und insbesondere neuer medialer Angebote im Internet, Entwicklung von Lernmedien
Lernorganisation/ Ausbildungsorganisation im engeren Sinne	Planung durch die Lehrkräfte (Arbeitspläne, Unterrichtspläne, Unterrichtsstundenpläne), sächliche und materielle Vorbereitung, Durchführung, Nachbesinnung, Nachbereitung	eigenständige Planung der Lehrveranstaltungen durch die Hochschullehrer: sächliche und materielle Vorbereitung, Durchführung, Nachbereitung
Lernerfolgskontrollen, Studienerfolgskontrollen/Zwischenprüfungen	Klassenarbeiten, Tests, Klausuren, Referate, evtl. Zwischenprüfungen	Referate, Klausuren, Belege etc., modulbezogene Zwischenprüfungen, Vordiplom
Abschlussprüfungen	Facharbeiter-, Gesellen-, Gehilfenprüfungen, Staatliche Prüfungen für Berufsfach- und Fachschulabschlüsse	Staatsprüfungen, Diplomhauptprüfungen, Bachelor- und Masterprüfungen, Weiterbildungsprüfungen

Abb. 109: Vergleichende Vorstudie zu methodischen, medialen und lernorganisatorischen Ansätzen im nicht-akademischen und akademischen Berufsbildungsbereich

Auch der große Bereich der Lernorganisation im engeren Sinne, d. h. der Planung, Organisation und Durchführung von Lehrveranstaltungen zeigt noch viele offene Forschungsfelder, die über die bisherige Bereiche der Lehr-, und Lernforschung hinausgehen können. Dazu sind noch viele herkömmliche Lehr- und Lernbereiche, aber auch diejenigen zu betrachten, die durch die neuen Medien dringend bearbeitet werden sollten.

Ein berufsbildungswissenschaftlicher Beitrag dazu könnte beispielsweise durch einen Vergleich von nicht-akademischen und akademischen Konzepten zu Lehrveranstaltungen erfolgen. Erkennbar sind schon im Vorfeld aufgrund eines grobstrukturellen Vergleichs von methodischen, medialen und lernorganisatorischen Ansätzen weitgehende Übereinstimmungen. Untersuchungen könnten sich auch darauf richten, welche lernorganisatorischen Konzepte beim Lernen oder Studieren in den beiden Systemen angewandt werden, und welche besonderen Ausformungen bei dem Einsatz entstehen.

4.3.4 Untersuchungsansatz: Grobstrukturelle Übereinstimmungen des nicht-akademischen und akademischen Subsystems

Voruntersuchungen zu den nicht-akademischen und akademischen Bereichen in denen Berufsbildung angeboten wird, verweisen auf Ähnlichkeiten und Homologien. Die Darstellungen zum gesamten Bereich, in dem Berufsbildung stattfindet, und die vergleichenden und kriterienbezogenen Untersuchungsansätze des nicht-akademischen und akademischen Systems zeigen im Einzelnen neben einigen grundlegenden Unterschieden viele Gemeinsamkeiten oder zumindest Gleichartigkeiten (Abb. 110).

Weitgehend gleichartig sind die jeweiligen bildungstheoretischen Leitlinien, die die Integration von Berufsbildung und Allgemeinbildung auf der curricularen Basis der Berufe und der damit verbundenen Beruflichkeit oder Professionalität verfolgen. Das Gleiche gilt für die curricularen Leitlinien, denn in beiden Subsystemen werden in den Ausbildungs- und Unterrichtseinheiten sowie den Lehrveranstaltungen Praxisbezüge, Selbststeuerung und Selbstorganisation sowie das Konzept der Handlungs- und Kompetenzorientierung angestrebt.

Teilsystem Vergleichs- kriterium	nicht-akademisches Berufsbildungssystem	akademisches Berufsbildungssystem
Rechtliche Rahmenbedingungen	Grundgesetz, Berufsbildungsgesetz, Handwerksordnung, Landesverfassungen, Schulgesetze der Länder, Weiterbildungsgesetze der Länder SGB III	Grundgesetz, (noch)Hochschulrahmengesetz, Hochschulgesetze der Länder, Prüfungsordnungen, Studienordnungen
Administration	Kultusministerien der Länder, Regierungspräsidien der Länder, Schulverwal-	Kultusministerien der Länder, relativ große Autonomie bei Verwaltung, Aufsicht und Ge-

	tungsbehörden der Länder	staltung (Freiheit von Wissenschaft, Lehre und Forschung)
Systemtheoretischer Ansatz	Berufsbildungssystem als eigenständiges System der nicht-akademischen beruflichen Aus- und Weiterbildung	Hochschulsystem als eigenständiges System der akademischen bzw. wissenschaftlichen Bildung mit Subsystem der Berufsbildung (Berufslehre)
Struktur bzw. Lernorte	Berufsschule mit Grundbildung und Berufsvorbereitung, Berufsfachschule, Fachschule, Ausbildungsbetrieb, ÜBS	Universität, Gesamthochschule, Technische Hochschule, Wirtschaftshochschule, Pädagogische Hochschule, Musik- und Kunsthochschule, Fachhochschule, Berufsakademie
Bildungs- bzw. Studiengänge	Berufsorientierung, Berufsvorbereitung, Berufsgrundbildung, Ausbildung in anerkannten Ausbildungsberufen und Assistentenberufen, Zusatzausbildung, fachschulische und betriebliche Weiterbildungsgänge	Studienvorbereitung, Akademische Berufsausbildung in Berufen mit Diplom-, Bachelor- und Masterabschluss, Zusatzausbildung, Wissenschaftliche Weiterbildungsgänge
Lernende bzw. studierende Akteure	aus allen sozialen Schichten, Jugendliche, Heranwachsende, und Erwachsene	Fast aus allen sozialen Schichten, zum großen Teil aber aus bildungs- und kulturnahen Schichten, ausschließlich Erwachsene
Lehrkräfte	Berufsschullehrer/-innen, Ausbilder/-innen, Ausbildende Fachkräfte	Hochschullehrer/-innen, Fachlehrkräfte, Honorarlehrkräfte
Abschlüsse	Berufsabschluss mit Facharbeiter-, Gesellen-, Kaufmanns- oder Gehilfenbrief, Berufsabschluss als staatlich geprüfte(r) Assistent/-in. Fachhochschulreife und weitere allgemein bildende Schulabschlüsse	Bachelor, Master, Diplom, Magister, Staatsexamen
bildungstheoretische Leitlinien	Berufs- und Allgemeinbildung integriert und fest verankert. Berufsbildung als Menschenbildung Basis: Beruf und Beruflichkeit (Definition durch Berufsbild und Verordnungen	Berufsbildungskonzepte beim Bachelorstudium ausgeprägt vorhanden, ohne sich nur auf einen Beruf auszurichten („Polyvalenz". Beim Masterstudium wissenschaftliche Bildung Basis: Beruf, Beruflichkeit und

	über die Ausbildungsberufe)	berufliche Professionalität (Definition durch Prüfungsordnungen und staatliche Zulassungen). Gewinn beruflicher Ethik.
Lern- und Ausbildungsorganisation im weiten Sinne	weitgehend von den Lehrenden bestimmt, eingegrenzte Möglichkeiten der Selbstorganisation	von den Lehrenden bestimmt, aber große Freiräume zur Selbstorganisation.
lernorganisatorische und curriculare Rahmenbedingungen	BBiG, HwO, schultypbezogene KMK-Rahmenvereinbarungen, berufsbezogene KMK-Rahmenlehrpläne, Lehrpläne der Länder, Ausbildungsordnungen, Ausbildungsrahmenpläne.	Hochschulgesetze der Länder, fakultäts- und studiengangbezogene Prüfungsordnungen und Studienordnungen, Studienpläne Modulhandbücher
curriculare Leitlinien	Praxisbezug, Lernfeldkonzept, Selbststeuerung und Selbstorganisation, konkrete Handlungs- und Kompetenzorientierung, Beruflichkeit. Bezug: Arbeits- und Geschäftsprozesse	Praxisorientierung, Modulmodell, Selbststeuerung und Selbstorganisation, abstrakte Handlungs- und Kompetenzorientierung, berufliche Professionalität Wissenschafts- und Forschungsbezug
allgemeine Didaktikkonzepte	intensive Rezeption in den schulischen und nur geringe in den betrieblichen Berufsbildungsstätten	Kenntnisnahme in den hochschulischen Bildungsstätten
Didaktikansätze	Didaktiken beruflichen Lernens	Hochschuldidaktiken des Studierens
berufliche Didaktikkonzepte	Fachdidaktik Berufs- und Berufsfelddidaktik	Hochschuldidaktik für spezifische Akademikerberufe
allgemeine Methodik- und Methodenansätze	Übernahme und Adaption allgemeiner Methoden	Übernahme allgemeiner Methoden
berufliche Methodenkonzepte	Einsatz spezifischer beruflicher Methodenkonzepte oder Umformung allgemeiner Methoden durch inhaltliche Anpassung	Einsatz wissenschaftsorientierter Methoden und Anwendung allgemeiner Methoden
Medien	Einsatz allgemeiner, herkömmlicher und spezifischer Medien aus der Berufswelt sowie neuer medialer Angebote im Internet	Einsatz allgemeiner und herkömmlicher Medien sowie insbesondere Multimedia (E-Learning). Entwicklung von Lernmedien
Lernorganisation/ Ausbildungsorganisation im engeren Sinne	Planung durch die Lehrkräfte (Arbeitspläne, Unterrichtspläne, Unterrichtsstundenpläne), sächliche und materielle	eigenständige Planung der Lehrveranstaltungen durch die Hochschullehrer/-innen: sächliche und materielle Vorbereitung,

	Vorbereitung, Durchführung, Nachbesinnung, Nachbereitung	Durchführung, Nachbereitung
Lernerfolgskontrollen/ Zwischenprüfungen	Wiederholungen (mündlich. und schriftlich), Referate, Tests, Klassenarbeiten, Klausuren, Multiple-Choice-Aufgaben, eventuell Zwischenprüfung	Referate, Belege, Klausuren, Teilmodulprüfungen
Abschlussprüfungen	betriebliche Facharbeiter-, Gesellen-, Gehilfen-, Kaufmannsprüfungen, Prüfungen an Berufsschulen, staatlich anerkannte Abschlussprüfungen (BFS) staatlich anerkannte Abschlussprüfungen in den Gesundheitsberufen	Modulabschlussprüfungen, wissenschaftliche Abschlussarbeit, Doktorprüfung (Rigorosum und Verteidigung), Habilitation

Abb. 110: Untersuchungsansatz für einen Vergleich des nicht-akademischen und akademischen Berufsbildungssystems

Selbst im Bereich der Lernorganisation im engeren Sinne, d. h. der Planung, Organisation und Durchführung von nicht-akademischen Ausbildungs- und Unterrichtsveranstaltungen oder akademischen Lehrveranstaltungen, besteht eine weitgehende Übereinstimmung. Das Gleiche gilt für den Einsatz von Medien, denn in beiden Systemen werden im Wesentlichen allgemeine und herkömmliche Medien eingesetzt. Aufgrund der höheren Selbststeuerung und Selbstorganisation beim Studium ist an Hochschulen der Anteil von telekommunikativen Lehr- und Studienformen sowie Formen des E-Learnings und damit auch der Einsatz entsprechender „multimedialer Medien" höher als beim beruflichen Lehren und Lernen im nicht-akademischen Bereich.

Bei den internen Akteuren sowie den didaktischen und methodischen Ansätzen und Konzepten dagegen sind wegen der unterschiedlichen Bedingungsfaktoren nur teilweise Übereinstimmungen festzustellen. Seit einigen Jahren ist jedoch beim altersmäßigen und sozialen Status der Klientel beider berufsbildender Subsysteme eine Annäherung festzustellen, d. h., auch im nicht-akademischen System sind verstärkt Erwachsene und Teilnehmer aus traditionell eher bildungsnahen Schichten anzutreffen, während ein Teil der Bachelorstudierenden wegen der Verkürzung der gymnasialen Schulzeit jünger wird.

Die didaktischen und methodischen Konzepte beider Systeme stimmen nur zum Teil überein. Während in beiden Systemen vielfach didaktische Konzepte aus dem allgemein bildenden Bereich übernommen oder dann an die jeweiligen Intentionen angepasst werden, sind im Bereich spezifischer und beruflicher Didaktikkonzepte aufgrund der unterschiedlichen Berufsprofile zwangsläufig Unterschiede, aber auch eine gegenseitige Übernahme von didaktischen Ansätzen festzustellen. Das Gleiche gilt für die eingesetzten methodischen Konzepte, Verfahren und Medien. Verhältnismäßig ähnlich organisiert und gestaltet sind sogar die Strukturen und Konzepte zur Lernerfolgskontrolle sowie zu den Abschlussprüfungen.

Bei einigen Kriterien bestehen in beiden Systemen aber auch erhebliche Unterschiede. Dies betrifft vor allem die rechtlichen und curricularen Rahmenbedingungen, die Lernorganisation im weiteren Sinne, die Lernorte, die Abschlüsse, die Lernerfolgskontrollen und die Abschlussprüfungen. So besitzen beispielsweise die Lehrkräfte an den Hochschulen u. a. aufgrund des Postulats der „freien Lehre und Forschung" wesentlich größere Freiräume und Möglichkeiten Selbststeuerung und Selbstorganisation zu generieren oder zu gewährleisten.

Obwohl größere strukturelle Gleichartigkeiten und gegenseitige Beeinflussungen der beiden Berufsbildungssysteme festzustellen sind, erfolgt derzeit immer noch eine Abgrenzung zwischen dem nicht-akademischen Berufsbildungssystem und dem Hochschulsystem. Diese unter systemtheoretischen Aspekten eher willkürliche Interpretation entspricht den rahmengebenden, strukturellen, curricularen und didaktisch-methodischen Gegebenheiten und Entwicklungen immer weniger.

Spätestens mit der Einrichtung der dual ausbildenden Berufsakademien, dualer Studiengänge an verschiedenen Hochschulen, der Einrichtung der Bachelor- und Master-Studiengänge und des damit verbundenen Modulssystems sowie der fortschreitenden Wissenschaftsorientierung der Berufe ist in einigen Bereichen eine weitere Annäherung der lernorganisatorischen und curricularen Strukturen beider Berufsbildungssysteme festzustellen. Dieses gilt insbesondere für die Hochschulen, bei denen die Lehre im Zentrum steht, und Forschung kaum betrieben wird. Mit dieser Entwicklung deuten sich Schritte an, die zur Interpretation des Berufsbildungssystems als einem ganzheitlichen Gesamtberufsbildungssystem führen können. Genauer zu prüfen ist allerdings durch berufsbildungswissenschaftliche Arbeiten, ob wegen der angesprochenen grundlegenden Unterschiede und der besonderen Aufgaben durch Forschungsaufgaben zwischen beiden Systemen Grenzziehungen – zumindest mit Blick auf die Universitäten – unumgänglich sind.

Insgesamt bedürfen Betrachtungen zu den Übereinstimmungen und Homologien des nicht-akademischen und akademischen Subsystems einer tiefer gehenden und grundsätzlichen berufsbildungswissenschaftlichen und vergleichenden Gesamtuntersuchung einerseits und ausgewählter Komponenten andererseits. Darüber hinaus sind auch Untersuchungen zur Kompatibilität und Durchlässigkeit der Subsysteme angebracht.

4.3.5 Analyse und Bewertung der Gemeinsamkeiten und Unterschiede des nicht-akademischen und akademischen Berufsbildungssystems

Gemeinsamkeiten und Unterschiede des nicht-akademischen und akademischen Berufsbildungssystems bedürfen einer genaueren Betrachtung sowie einer vertieften berufswissenschaftlichen Untersuchung. Auch wenn für wichtige Felder gezeigt werden konnte, dass sich der nicht-akademische und akademische Berufsbildungsbereich in wesentlichen systemischen Grobstrukturen kaum unterscheidet, so bestehen insgesamt nicht zu übersehende Unterschiede (Abb. 111).

Berufsbildungs-subsystem / Vergleichskriterium	nicht-akademischer Bereich	akademischer Bereich
subjektive und systemische Zuordnung der Akteure zu einem Berufsbildungsbereich	Berufsbildungssystem	Hochschulsystem
Voraussetzungen der Lernenden bzw. Studierenden	sehr heterogen (ohne schulischen Abschluss, Hauptschulabschluss, Realschulabschluss, Abitur)	hoch (Abitur, Berufsabschluss, Berufserfahrung)
grundlegende curriculare Leitidee	meist konkrete Handlungsorientierung	eher abstrakte Handlungsorientierung
thematisches bzw. inhaltliches Niveau	zuweilen didaktisch reduziert	meist vertieft und dadurch hoch
Theoriebezug	niedrig bis hoch	unumgänglich und meist hoch bis sehr hoch
Wissenschaftsbezug	Wissenschaftsorientierung in der Spannweite von „gering bis mittel" vorhanden	Grundsätzliche Bedingung und daher hoch bis sehr hoch
Praxisbezug	meist hoch, vor allem in den Ausbildungsbetrieben	unterschiedlich: Universität eher gering, Fachhochschule relativ hoch und Berufsakademie sehr hoch
fachliche Vertiefung	unterschiedliche, aber eher geringere oder mittlere Vertiefung fachlicher Inhalte	hoch (z. B. im Rahmen berufsfachlicher Vertiefungsrichtungen)
Forschungsanspruch	nicht gefordert und daher im Regelfall nicht vorhanden	in höheren Semestern im Regelfall vorhanden (außer an Berufsakademien)
Mitwirkung der Akteure an Forschungsvorhaben	nicht gefordert und deshalb keine Mitwirkung	Studierende in unteren Semestern kaum; Studierende in höheren Semestern häufig
Einschätzung des Qualifikationsniveaus	mittleres Niveau	meist hoch
Kompetenzeinschätzung über Zertifikate	eher niedrig bis hoch	eher hoch
Gesellschaftliche Bewertung und Anerkennung der Abschlüsse	einige Abschlüsse werden als eher niedrig bewertet (einfache Berufsabschlüsse), andere höher eingeschätzt (Hochtechnologieberufe und Fachschulabschlüsse)	Abschlüsse genießen im Regelfall ein hohes Ansehen

Abb. 111: Grundlegende Unterschiede zwischen den nicht-akademischen und akademischen Subsystemen der Berufsbildung

Das gilt insbesondere für die formale Bezeichnung und Zuordnung der beiden Bereiche in denen Berufsbildung stattfindet. Es betrifft vor allem die Voraussetzungen der Lernenden bzw. Studierenden, das inhaltliche und methodische Niveau, die Art der Wissenschaftsorientierung, den Wissenschafts- und Forschungsanspruch, die Einschätzung des erreichbaren Qualifikationsniveaus sowie die Bewertung und Anerkennung der erreichbaren Abschlüsse. Es gibt aber auch unterschiedliche gesellschaftliche und individuelle Bewertungen, die teilweise ideologischen Charakter haben.

Da sich zeigt, dass in bestimmten Bereichen zwischen dem nicht-akademischem und dem akademischem Berufsbildungssystem durchaus Differenzen bestehen, muss berufsbildungswissenschaftlich analysiert und bewertet werden, ob und wie sich diese Unterschiede auf das Wesen und den Charakter eines Berufsbildungsgesamtsystems auswirken und dadurch dessen Zusammenführung unter systemtheoretischer Perspektive unmöglich machen könnten. Unterschiede zeigen sich insbesondere bei der Einschätzung und Zuordnung durch die Akteure und die Öffentlichkeit. Diese ergeben sich auch durch die Art, wie mit Themen und Inhalten unter Berücksichtigung der Lern- und Studienvoraussetzungen umgegangen wird. Differenzen werden aber ebenfalls in der fachlichen und thematischen Vertiefung und den Theorieansprüchen erkennbar.

Bei Forschungsfragen werden die Unterschiede der Thematisierung von beruflichen Inhalten besonders deutlich. Die zwischen den beiden Subsystemen vorhandenen Unterschiede betreffen jedoch nicht das Prinzip der Berufsbildung an sich, sondern nur die Ausformung, die fachliche und thematische Vertiefung sowie die Spezifizierungen für bestimmte Berufe und Berufsgruppen. Jedoch stellen diese Unterschiede die grundsätzliche Struktur und Organisation eines Gesamtberufsbildungssystems keinesfalls in Frage. Für das Wesen eines solchen ganzheitlichen Systems stellen diese Unterschiede kein Problem dar, vielmehr tragen sie sogar zur Vielfalt bei und bereichern damit die übergeordneten Ziele der gesamten beruflichen Aus- und Weiterbildung.

Insgesamt kann aus den vorangegangenen Darstellungen, Untersuchungen, und Bewertungen geschlossen werden, dass die beiden Subsysteme grundsätzliche Übereinstimmungen in der Organisation aufweisen. Es zeigen sich Homologien. Diese Einschätzung kann bisher nur als eine These angesehen werden, die vertiefter berufsbildungswissenschaftlicher Untersuchungen bedarf.

Unter systemtheoretischer Perspektive ist aufgrund der kleinen Vorstudie anzunehmen, dass sich die aufgezeigten Unterschiede nicht auf den grundsätzlichen Systemcharakter auszuwirken. Es sollte deshalb als Hypothese für berufsbildungswissenschaftliche Forschungsvorhaben davon ausgegangen werden, dass das nicht-akademische und das akademische Berufsbildungssystem zu einem Gesamtsystem zusammengefasst werden kann. Untersucht werden sollte zugleich, welche Bedeutung die erkennbaren Unterschiede für das Berufsbildungsgesamtsystem haben.

4.3.6 Betrachtungen und Ansätze zum Berufsbildungsgesamtsystem – Ein wachsendes Forschungsfeld

In der hierarchisch geordneten Welt, dem Kosmos des Mittelalters, gab es „gelahrte" bzw. „gelehrte". Berufe und „zünftige Berufe", wobei diese auf einer gottgegebenen „Berufung" basierten. Die damit entstandenen von einander getrennten Ausbildungsformen haben sich bis in die Gegenwart erhalten. Traditionell waren und sind auch heute noch im System der Berufsbildung akademische und nicht-akademische Ausbildungsbereiche weitgehend voneinander abgegrenzt. Die vorangegangenen ersten Untersuchungsansätze zeigen aber für den akademischen und nicht-akademischen Berufsbildungsbereich viele gemeinsame Merkmale, aber auch Unterschiedliches.

Das novellierte Berufsbildungsgesetz subsumiert unter Berufsbildung „die Berufsausbildungsvorbereitung, die Berufsausbildung, die berufliche Fortbildung und die berufliche Umschulung" (BBiG 2005, § 1 Abs. 1). Soweit lässt sich interpretieren, dass sich der Gesetzestext sowohl auf die nicht-akademische als auch die akademische Berufsbildung richtet. Mit den Paragrafen 2 und 3 dieses Gesetzes wird aber klargestellt, dass das BBiG nur wesentliche Bereiche der nicht-akademischen Berufsaus- und Weiterbildung ordnet. Umgekehrt ist indirekt zu schließen, dass es eine Berufsbildung an Hochschulen geben muss, denn im Paragrafen 3 des Berufsbildungsgesetzes heißt es: „Dieses Gesetz gilt nicht für (...) die Berufsbildung, die in berufsqualifizierenden oder vergleichbaren Studiengängen an Hochschulen auf der Grundlage des Hochschulrahmengesetzes und der Hochschulgesetze der Länder durchgeführt wird."

Ordnungsmittel des Bundes für den akademischen Bereich wie das Hochschulrahmengesetz wiederum spezifizieren den Begriff „Berufsbildung" nicht. Dort wird von Studium gesprochen. Seit Einsetzen des Bologna-Prozesses finden sich in den Hochschulgesetzen der Bundesländer jedoch Aussagen zu „polyvalenten Berufsinhalten" und „berufsqualifizierenden Abschlüssen".

Ein erster Ansatz zur Beschreibung des Systems der Berufsbildung in seiner Gesamtheit ist bereits von Adolf Kell (2006, S. 453) formuliert worden. Für ihn gehören zur Berufsbildung „Vorberufliche Bildung (in den Sekundarbereichen I und II), berufliche Erstausbildung im Sekundarbereich II sowie akademische Berufsausbildung im Tertiärbereich und berufliche Weiterbildung (berufliche Erwachsenenbildung im Quartärbereich)".

Inzwischen ist festzustellen, dass Konzepte zu dualen Lernangeboten sowie didaktischen Leitideen, wie sie im nicht-akademischen Bereich anzutreffen sind, auch in den akademischen Bereich eindringen. Es ist eine „schleichende Konvergenz von nicht akademischen und akademischen Bildungsgängen" (Schütte 2013b, S. 46) beobachtbar. Darüber hinaus sind auch „zwischen den beiden bisher abgegrenzten Bildungsbereichen bzw. Subsystemen „(nicht-akademische) Berufsbildung" und „(akademische) Hochschulbildung" vielfältige funktionale, strukturelle, lernorganisatorische, curriculare und didaktisch-methodische Gleichartigkeiten und Ähnlichkeiten feststellbar. Vergleichbar sind insbesondere die übergeordneten Bildungsaufgaben (berufsfachliche Qualifizierung), die Bildungsansprüche (integrative Berufs- und Allgemeinbildung), die Bildungsziele (berufli-

che Handlungskompetenz) sowie die Gestaltung der Bildungsprozesse." (Rauner 2016, S. 212)
Außerdem sind infolge internationaler Überlegungen mit Vereinbarungen zu Qualifikationsniveaus die Übergänge vom nicht-akademischen zum akademischen System und umgekehrt erleichtert worden. Der Europäische und der Deutsche Qualifikationsrahmen können als Orientierungsinstrument zur Strukturierung der beruflichen Bildung als Ganzes dienen, womit weitgehend unabhängig von der Berufsbildungsstätte eine Einordnung über die Fähigkeiten und Kenntnisse erfolgt. Die traditionellen Trennungen lösen sich auf, was vor allem an der Stufe 6 des Deutschen Qualifikationsrahmens sichtbar wird, in dem der Bachelor-Abschluss und Meister-/Technikerabschluss gleichgestellt sind. Unabhängig davon sind aber die Bildungseinrichtungen bislang insgesamt nur wenig auf ein Kontinuum lebensbegleitender Fortbildung oder Umschulung nicht-akademischer und akademischer Berufe ausgerichtet.

Betrachtet man das Geschehen an den verschiedenen Orte, in denen Berufbildung stattfindet systemisch, so kann das Gesamtsystem „Berufsbildung" als ein geordneter Verbund heterogener Subsysteme angesehen werden, die im vielen Bereichen grobstrukturelle Gemeinsamkeiten bei der Ausbildung zu Berufen aufweisen. Für einige Felder wird bereits heute deutlich erkennbar: „Homologe curriculare Strukturen liefern die Basis für eine systematische Annäherung von klassischer Berufsbildung und Hochschulstudium." (Schütte 2013b, S. 59)[521]
Neben der Vertiefung in die einzelnen Subsysteme können die Zusammenhänge des Gesamtsystems für die singulären Betrachtungen von Bedeutung sein. Außerdem können Synergieeffekte auftreten, wie sie beispielsweise in den letzten Jahren bei der Übernahme didaktischer Konzepte des nicht-akademischen Bereiches, d. h. der Methodenvielfalt, Kompetenz- und Handlungsorientierung, durch den akademischen Bereich sichtbar wurden. Damit deuten sich auch Angleichungen der Subsysteme an.[522]

Mit einer ganzheitlichen Betrachtung der Subsysteme kann zugleich ein Verständnis für das Gesamtsystem entwickelt werden. Zu einem Berufsbildungsgesamtsystem gehören nicht nur interne Gestaltungsebenen sondern auch die Umgebung des Systems, die Ziele und Strukturen, selbst wenn sie kontextspezifisch beeinflusst sind. Mit Sicht „auf das (Gesamt-)Berufsbildungssystem der Bundesrepublik Deutschland erscheint das zumindest perspektivisch angemessen und notwendig. Aufgrund der vielfältigen gleichartigen oder zumindest ähnlichen strukturellen und lernorganisatorischen Merkmale, Prinzipien und Konzepte können Synergieeffekte entstehen sowie zur Weiterentwicklung und Optimierung der beiden Subsysteme und des Gesamtsystems genutzt werden. Darüber hinaus ist eine stärkere Integration und Kooperation beider Subsysteme (…) zu erwarten." (Rauner 2016, S. 212)

---

[521] Curriculare und didaktische Gemeinsamkeiten lassen sich „in affinen Berufsfeldern identifizieren. Auf der curricularen Ebene sind die Grenzen und Niveaus teilweise fließend, wie am Beispiel der Medizintechnik aufgezeigt" (Schütte 2013b, S. 60) werden kann.
[522] Dieses schließt auch die Entwicklungen im Bereich berufsbildender Ausbildungs- und Studiengänge ein, bei denen in den letzten Jahren weitere curriculare Annäherungen oder zumindest strukturelle Gleichartigkeiten feststellbar sind. So ist in einigen nicht-akademischen Bildungsgängen z. B. eine stärkere Akademisierung der Inhalte zu verzeichnen. Die akademischen Bachelorstudiengänge wiederum sind durch eine stärkere Praxis- bzw. Berufsbezogenheit geprägt.

Die grundlegenden Ausbildungsformen der „nicht-akademischen Berufsausbildung" im schulischen und betrieblichen Berufsbildungssystem[523] und die „akademischen Berufsausbildung" im „Hochschulsystem"[524] können zwar als Subsysteme des Gesamtsystems „Berufsbildung" betrachtet werden, zwischen ihnen bestehen aber bislang nicht durchgängige organisatorische Verbindungen und gesetzliche Be- und Abstimmungen. So dürfte – wie Wolf-Dietrich Greinert 2016, S. 412) meint – die „Neugestaltung des quantitativen und qualitativen Verhältnisses von „beruflicher" und „akademischer" Qualifizierung (…) eine der zentralen Herausforderungen sein, mit der die Gesellschaftspolitik der Republik in den nächsten zehn Jahren konfrontiert sein wird." Dafür spricht u. a. auch, dass schon seit einiger Zeit eine „Konkurrenz[525] von akademischer und nicht akademischer Bildung" (Schütte 2013b, S. 58) feststellbar ist.

Unabhängig davon, wie sich die Grenzlinien berufsorientierter Ausbildungsformen im nicht-akademische Berufsausbildungssystem und Teilen des akademischen Hochschulsystems ausbilden, können die Teilbereiche als Subsysteme des Gesamtsystems „Berufsbildung" betrachtet werden.

Unter systemischer Perspektive ist allerdings mit Friedhelm Schütte (2013, S. 59) feststellbar: „Die in der Bundesrepublik weitgehend unabhängig voneinander geführten Dis-

---

[523] Das nicht-akademische Berufsbildungssystem umfasst das „Duale Ausbildungssytem" von Betrieb und Schule, sowie alle Ausbildungsformen an beruflichen Schulen und in den Betrieben. „Unter institutionell-organisatorischem Aspekt umfasst das Berufsbildungssystem alle öffentlichen und privaten Einrichtungen von Bildungsmaßnahmen, die direkt oder indirekt an einer beruflichen Qualifizierung beteiligt sind. Die Qualifizierungsmaßnahmen zielen auf das Erreichen beruflicher Abschlüsse auf verschiedenen Stufen mit den entsprechenden formalen Berechtigungen. Daneben geht es um die Ausbildung einer kurzfristigen, tätigkeitsbezogenen Anpassung (Flexibilität) sowie einer beruflichen Beweglichkeit (Mobilität). Die Qualifizierungsmaßnahmen beziehen sich dabei auf stufenweise fortschreitend aufgebaute vorberufliche Bildung, Vorbereitung auf eine Ausbildung bzw. berufliche Tätigkeit, berufliche Erstausbildung (diese besitzt innerhalb der dualen Berufsbildung den quantitativ größten Stellenwert), Vermittlung von Studienzugangsberechtigungen, gehobene Berufsbildung (berufliche Weiterbildung, berufliche Fortbildung, berufliche Umschulung)." (Klenk; download 26.07.2016)
[524] Das Hochschulsystem wird im Diploma Supplement (2015, S. 4) folgendermaßen beschrieben: „Die Hochschulausbildung wird in Deutschland von drei Arten von Hochschulen angeboten.
- Universitäten, einschließlich verschiedener spezialisierter Institutionen, bieten das gesamte Spektrum akademischer Disziplinen an. Traditionell liegt der Schwerpunkt an deutschen Universitäten besonders auf der Grundlagenforschung, so dass das fortgeschrittene Studium vor allem theoretisch ausgerichtet und forschungsorientiert ist.
- Fachhochschulen konzentrieren ihre Studienangebote auf ingenieurwissenschaftliche und technische Fächer, wirtschaftswissenschaftliche Fächer, Sozialarbeit und Design. Der Auftrag von angewandter Forschung und Entwicklung impliziert einen klaren praxisorientierten Ansatz und eine berufsbezogene Ausrichtung des Studiums, was häufig integrierte und begleitete Praktika in Industrie, Unternehmen oder anderen einschlägigen Einrichtungen einschließt.
- Kunst- und Musikhochschulen bieten Studiengänge für künstlerische Tätigkeiten an, in Bildender Kunst, Schauspiel und Musik, in den Bereichen Regie, Produktion und Drehbuch für Theater, Film und andere Medien sowie in den Bereichen Design, Architektur, Medien und Kommunikation."
Mit einer Fußnote wird dort außerdem festgestellt:" Berufsakademien sind keine Hochschulen, es gibt sie nur in einigen Bundesländern. Sie bieten Studiengänge in enger Zusammenarbeit mit privaten Unternehmen an. Studierende erhalten einen offiziellen Abschluss und machen eine Ausbildung im Betrieb. Manche Berufsakademien bieten Bachelor-Studiengänge an, deren Abschlüsse einem Bachelor-Grad einer Hochschule gleichgestellt werden können, wenn sie von einer deutschen Akkreditierungsagentur akkreditiert sind."
[525] Für Friedhelm Schütte (2013, S. 58) hat die „Konkurrenz von akademischer und nicht akademischer Bildung (…) im Kern mindestens drei Dimensionen: eine ordnungspolitische Dimension von (langfristiger) gesamtgesellschaftliher Relevanz; eine systemische Dimension mit Auswirkungen auf Struktur und Verfassung des Systems beruflicher Bildung respektive des Hochschulsystems; schließlich drittens eine curriculare Dimension mit vitalen Konsequenzen für das Verhältnis von vorwissenschaftlicher und wissenschaftlicher Aus- und Weiterbildung"

kurse um die Transformation des Berufsbildungs- und Hochschulsystems blockieren eine breit angelegte Bildungsreform." Kontraproduktiv ist außerdem auch der bereits seit einigen Jahren mit dem europäischen Systemwechsel und der Adaption des angelsächsischen Modells eingeleitete Wandel von Struktur und Verfassung nationaler Reproduktionsmodelle. Diese Entwicklung „befördert weder die Weiterentwicklung des Systems beruflicher Bildung noch die des Hochschulsystems" (Schütte 2013b, S. 59).

Für das herkömmliche nicht-akademische Berufsbildungssystem ist das weitgehend unproblematisch. Nicht so eindeutig ist es für das Hochschulsystem. Traditionell waren für dieses bis vor wenigen Jahren die übergreifenden Ziele auf die Vorbereitung auf eine berufliche bzw. wissenschaftliche Tätigkeit mit entsprechender Hochschullehre einerseits und die Forschung und Wissenschaftsförderung andererseits. Das hatte und hat ein ständiges Spannungsverhältnis zwischen den zwei Funktionen zur Folge. Inwieweit die Hochschulen beide Funktionen erfüllen können, war und „ist eine immer wieder diskutierte Frage" (Lundgreen 2008, S. 63). Um Klarheit zu erzeugen: Für ein Berufsbildungsgesamtsystem ist nur der Bereich des Hochschulsystems von Bedeutung, der sich auf die akademische Berufsqualifizierung richtet (Abb. 112).

Nicht-akademischer Berufsbildungsbereich Auf einen speziellenBeruf ausgerichtete nicht-akademische praxis- und theoriebezogende Berufsausbildung	Semi-akademischer Berufsbildungsbereich	Akademischer Berufsbildungsbereich. Berufsorientierung bei der Hochschullehre zur Anwendung wissenschaftlicher Erkenntnisse und Methoden im Beruf und im Beschäftigungssystem	Hochschulische kontinuierliche Forschung sowie an der Forschung orientierte Lehre

Hochschulsystem (umfasst akademischen Berufsbildungsbereich und hochschulische Forschung/Lehre)

Berufsbildungsgesamtsystem

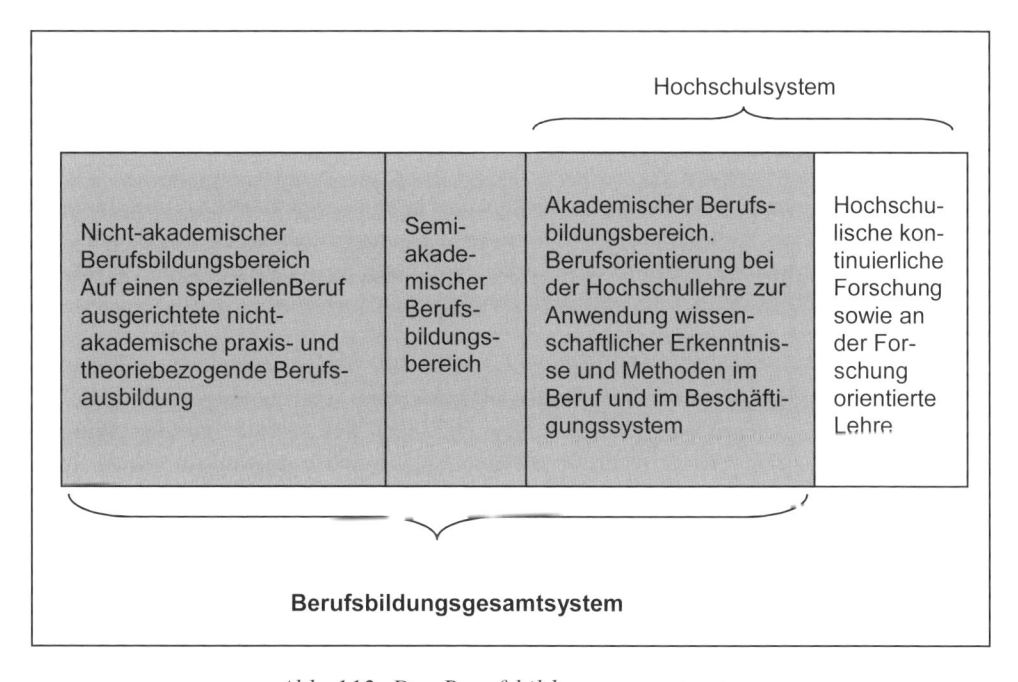

Abb. 112: Das Berufsbildungsgesamtsystem

Seit den in den letzten zwei bis drei Jahrzehnten finden gewaltige Reorganisations- und Umorganisationsprozesse durch die Globalisierung der Wirtschaft statt. Hinzu kommt, dass sich durch den Umbruch von der Industrie- zur Dienstleistungsgesellschaft die verschiedenen Bereiche, in denen Berufsbildung stattfindet, verändern. Um dieses Geschehen berücksichtigen zu können, sind ganzheitliche Betrachtungsweisen erforderlich. So ergeben sich beispielsweise durch die Etablierung eines europaweiten Bildungs- und Beschäftigungssystems „weitreichende Konsequenzen für die Verfassung der beruflichen Bildung und des Hochschulsystems. Das Verhältnis von nicht akademischer und akademischer Bildung ist davon unmittelbar betroffen" (Schütte 2013b, S. 57).

Berufsbildungswissenschaftliche Forschung müsste sich darauf richten, die Inhalte, Funktionen und Aufgaben der Subsysteme beruflicher Bildung unter dem Anspruch eines Gesamtberufsbildungssystems mittel- bis langfristig zu untersuchen. Die Aufgaben der Forschung an den Hochschulen insgesamt sind davon nicht tangiert.

Auch wenn erste berufsbildungswissenschaftliche Überlegungen, Vorstudien und Untersuchungsansätze zur Homologie des akademischen und nicht-akademischen Systems reflektiert werden, muss festgestellt werden: „Eine Theorieentwicklung für das System ‚Gesamtberufsbildung' ist derzeit jedoch nicht einmal in Ansätzen erkennbar." (Rauner 2016, S. 213)

Alle mit der Berufsbildung Befassten sollten für eine „umfassend angelegte Berufsbildungstheorie nicht nur die Einordnung der nicht-akademischen, sondern ebenso der akademischen beruflichen Bildung in gesellschaftliche und individuelle Kontexte diskutieren. Darüber hinaus sind auch Aspekte wie Berufsbildungsrecht und -politik sowie Systeme, Akteure, Lernorte, Profession, Pädagogik bzw. Didaktik und Geschichte der Berufsbildung aufzugreifen." (Herkner 2016, S. 214)

Die sehr verschiedenen Handlungen der Akteure im Berufsbildungsbereich und die organisatorischen Festlegungen beeinflussen die Form des nicht-akademischen und akademischen Systems. Zudem werden ihre Strukturen, Funktionen, Kompetenzen und Handlungen durch die jeweilige Systemumwelt beeinflusst.

Das Berufsbildungssystem hat sich in seinen Grenzen und bei neuen Grenzziehungen keinesfalls nur rational zielorientiert, sondern auch geschichts- und interessenabhängig entwickelt. Das zeigt sich auch daran, dass Entscheidungen der Akteure im gesamten Berufsbildungssystem stets retrospektiv hinsichtlich Situationen erfolgen, die schon eingetreten sind und eventuell die Grenzen schon verändern. Die bestehenden Grenzen der Subsysteme und des Gesamtsystems der Berufsbildung wurden und werden einerseits und immer noch durch traditionelle Entscheidungen und Entwicklungen bestimmt und gehalten, andererseits durch Reformen und Modernitätsansprüche angepasst oder verändert. Partielle Veränderungen in den Subsystemen haben im Regelfall Auswirkungen auf das gesamte Berufsbildungssystem.

In den Subsystemen und im Gesamtsystem des Berufsbildungsbereichs werden sich die Strukturen weiterentwickeln, und zugleich definieren sich durch die Kompetenzen und Handlungen der Akteure die Grenzen der einzelnen Subsysteme und des gesamten Berufsbildungssystems. Indem die Akteure handeln, legen sie auch fest, was zum Systeminneren und was zu dessen Umwelt gehört. Dabei ist es sinnvoll, den beiden Teilsystemen eine möglichst große Autonomie zu belassen, gleichzeitig aber eine bessere Vernetzung und dadurch auch eine bessere Durchlässigkeit innerhalb des Gesamtsystems anzustreben.

Angezeigt erscheinen nun weiterreichende und vertiefte berufsbildungswissenschaftliche Untersuchungen mit einer umfassende Sicht auf das gesamte System in dem berufliches Lehren, Lernen und Studieren stattfindet. Dazu sind auch Abstimmungen der Forschenden in beiden Subsystemen erforderlich und von großer Bedeutung. Unter dieser Perspektive eröffnet sich für das Gesamtsystem „Berufsbildung" mit seinen Subsystemen ein großes berufsbildungswissenschaftliches Entwicklungs- und Forschungsfeld. Für vertiefte Forschungsvorhaben kann von den Ergebnissen der bisherigen Untersuchungen, Reflexionen, Diskurse und bestehenden Untersuchungsansätzen ausgegangen werden.

4.4 Berufsbildungswissenschaft und Theorie beruflichen Lehrens und Lernens

4.4.1 Relevanz, Bedeutung und Wirkung berufsbildungswissenschaftlicher Forschungen

Berufsbildung hat eine außerordentlich hohe gesellschaftliche, wirtschaftliche, berufsbildungspolitische und individuelle Bedeutung. Deshalb kommt auch der Berufsbildungswissenschaft bzw. der berufsbildungswissenschaftlichen Forschung und Lehre eine sehr große Relevanz zu, wobei die Forschungsansprüche und -interessen in den verschiedenen Bereichen des Bildungsgesamtsystems jedoch sehr vielfältig sind und in den Zeitläufen immer wieder neu akzentuiert werden müssen.

Als Folge von Veränderungen des Gesellschafts- und Beschäftigungssystems, d. h. insbesondere der Berufswelt mit ihren berufsförmigen Tätigkeiten, geht es bei jeder Reflexion und jedem neuen Ansatz zur „Berufsbildungstheorie um die Beantwortung der Leitfragen, was genau unter dem Anspruch auf Bildung im und durch den Beruf verstanden werden muss und welches die Bedingungen der Möglichkeit von Berufsbildung sind" (Unger 2009, S. 1).

Das Gebiet der Berufsbildung umfasst alle Bereiche und Formen der praktischen und wissenschaftlichen Tätigkeiten (Abb. 113). Dazu gehören auf der praktischen Seite alle Formen und Handlungsfelder der Berufsbildung. Die Berufsbildungspraxis lässt sich differenzieren in die Arbeit der Lehrkräfte für Ausbildung, Unterricht und Studium einerseits und die Umsetzung der Praxiskonzepte andererseits.

Zum theoretischen Teil gehören sämtliche berufsbildungswissenschaftlichen Arbeiten zur Erfassung, Durchdringung, Einordnung und Systematisierung der Berufswirklichkeit und -theorie. Diese Arbeiten dazu lassen sich differenzieren in solche, die bei Forschung und Lehre verrichtet werden oder der Theorieentwicklung einer Lehre an den Berufsbildungsstätten dienen. Hierzu gehören u. a. Entwicklung von theorieorientierten didaktischen bzw. hochschuldidaktischen sowie methodischen Konzepten und die Analyse der bestehenden Praxiskonzepte.

Die Berufsbildungswissenschaft ist eine Spezialdisziplin der Bildungswissenschaft. Der Fokus richtet sich mit der Berufsbildungswissenschaft bzw. die „forschende Berufspädagogik derzeit u. a. auf
- Berufsbildungstheorie und -geschichte,
- Berufsbildungssysteme in nationalen und internationalen Zusammenhängen,
- Konzepte zur Beruflichkeit sowie zur Aus- und Weiterbildung unter historischen und gesellschaftlichen Bedingungen des vielfältigen Wandels,
- Entwicklungen beim beruflichen Lernen und Lehren in formalen und informellen Kontexten,
- Berufsbildung unter besonderen sozialen und erzieherischen Aspekten." (Herkner 2016, S. 269)

Dabei können mit der Berufsbildungswissenschaft allgemeine Themen, die für alle Berufe gleichermaßen relevant sind, oder spezielle Bereiche untersucht werden.

Berufliches Lernen und Studieren als Gegenstand der Berufsbildungswissenschaft 589

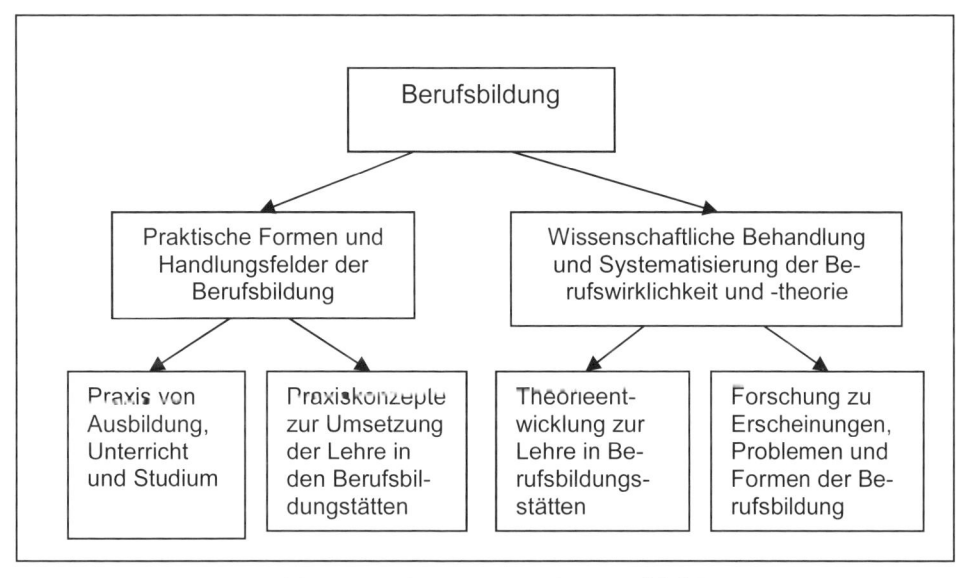

Abb. 113: Arbeitsgebiete der Berufsbildung

Aus den Arbeitsgebieten der Berufsbildung und aufgrund von Anstößen aus der Praxis generieren sich Forschungsfragen (Abb. 114).

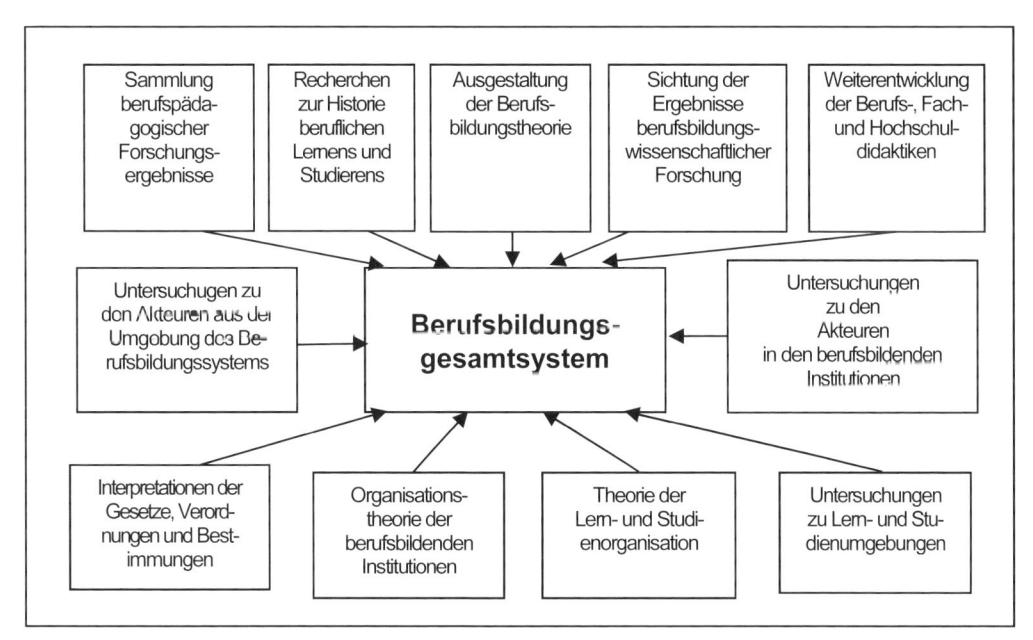

Abb.114: Berufsbildungswissenschaftliche Felder von Forschung und Lehre im Rahmen einer Gesamttheorie der Berufsbildung (Auswahl)

Diese können sich durch berufsbildungswissenschaftliche Forschung und Lehre ergeben. Sie können aber auch aus verschiedenen anderen Disziplinen kommen. Zu diesen Disziplinen gehören beispielsweise die Geschichtswissenschaft, die Arbeitswissenschaft, die Hochschul- sowie Berufs- und Fachdidaktik, die Methodik, die Berufs- und Wirtschaftspädagogik, die Berufs- und Berufsbildungswissenschaften.

Allein schon wegen der großen Zahl von berufsbildungswissenschaftlichen Aufgaben erscheint eine Differenzierung in eine Allgemeine und eine Spezielle Berufsbildungswissenschaft angebracht. Zur Allgemeinen Berufsbildungswissenschaft kann insbesondere die systematische, die historische und die vergleichende Berufsbildungswissenschaft gezählt werden. Dazu gehören aber u. a. auch Untersuchungen zu den Bedingungen und Veränderungen der Berufswelt unter dem Wandel im Beschäftigungs- und Gesellschaftssystem und die Fragen zur Beruflichkeit sowie Entberuflichung.
Mit der Speziellen Berufswissenschaft werden die Themenbereiche der akademischen und nicht-akademischen beruflichen Erstausbildung und der Weiterbildung, die Didaktiken und Methodiken für betriebliche Ausbildung, Unterricht und Studium bearbeitet. Außerdem u. a. die Entwicklungen zum formalen und informellen beruflichen Lernen und Studieren sowie zu ausbildungsrelevanten Besonderheiten von speziellen akademischen und nicht-akademischen Berufen (Abb. 115).

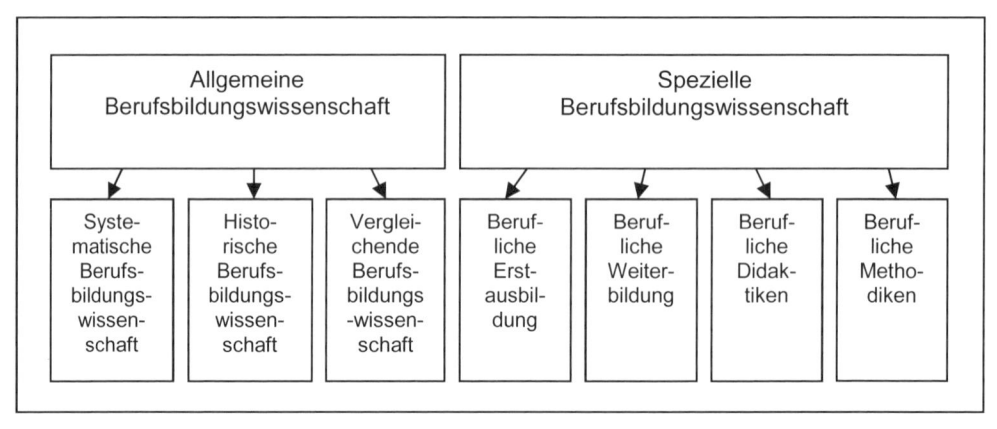

Abb. 115: Wesentliche Subdisziplinen der Berufsbildungswissenschaft (Auswahl)

Darüber hinaus zeigt sich eine Vielzahl aktuell wichtiger Arbeitsfelder der Berufsbildungswissenschaft (Abb. 116), die insbesondere auch in den Beruflichen Fachrichtungen aufgegriffen werden sollten. Dazu gehören wegen der Bedeutung für die Lehrerbildung insbesondere die Berufs-, Fach- und Hochschuldidaktiken, die Methoden und die Medien.

Berufsbildungswissenschaftliche Forschungsergebnisse haben im Regelfall Einfluss auf die Gestaltung und Weiterentwicklung von berufsförmiger Arbeit und Berufsbildern sowie von Berufsausbildungsstrukturen und entsprechenden rechtlichen, lernorganisatorischen und curricularen Regelungen. Von Relevanz sind auch Forschungen und Forschungsergebnisse zur zukünftigen Entwicklung der berufsförmigen Tätigkeiten und der

Berufe im Arbeitsmarkt- und Beschäftigungssystem, weil dadurch strukturelle und organisatorische Fehlentwicklungen bei der Berufsgenerierung und/oder -veränderung, Berufsauswahl und Berufsausbildung verhindert oder zumindest vermindert werden können. Eine weitere Bedeutung berufswissenschaftlicher Forschung liegt in deren Einflussmöglichkeiten auf die zukünftige (Neu-)Ordnung und (Neu-)Klassifizierung der Berufe insbesondere vor dem Hintergrund aktueller europäischer berufs- und berufsbildungspolitischer Entwicklungen. Im Rahmen dieser Entwicklungen stehen das traditionelle deutsche Berufsprinzip und Berufsbildungssystem in jedem Fall vor großen Herausforderungen.

Berufsbildungswissenschaftliche Arbeitsfelder (Auswahl)			
Untersuchungen zu den Beruflichen Schulformen	Untersuchungen zu den betrieblichen Ausbildungsstätten	Forschungen zu den hochschulischen Berufsbildungseinrichtungen	Forschungen zu den berufsorientierten Bachelorstudiengängen
Forschungen zu den Masterstudiengängen verschiedener Disziplinen	Analysen der Weiterbildungsangebote für akademische und nichtakademische Berufe	Biografieorientierte Berufsbildungsforschung	Analysen zur interkulturellen Berufsbildung
Lernen und Studieren in formalen und informellen Situationen	Berufliche Inhalte beruflichen Wissens und Könnens	Berufsbildungsforschung unter besonderen sozialen Aspekten	Berufsbildungsforschung zu Zusatzausbildungen

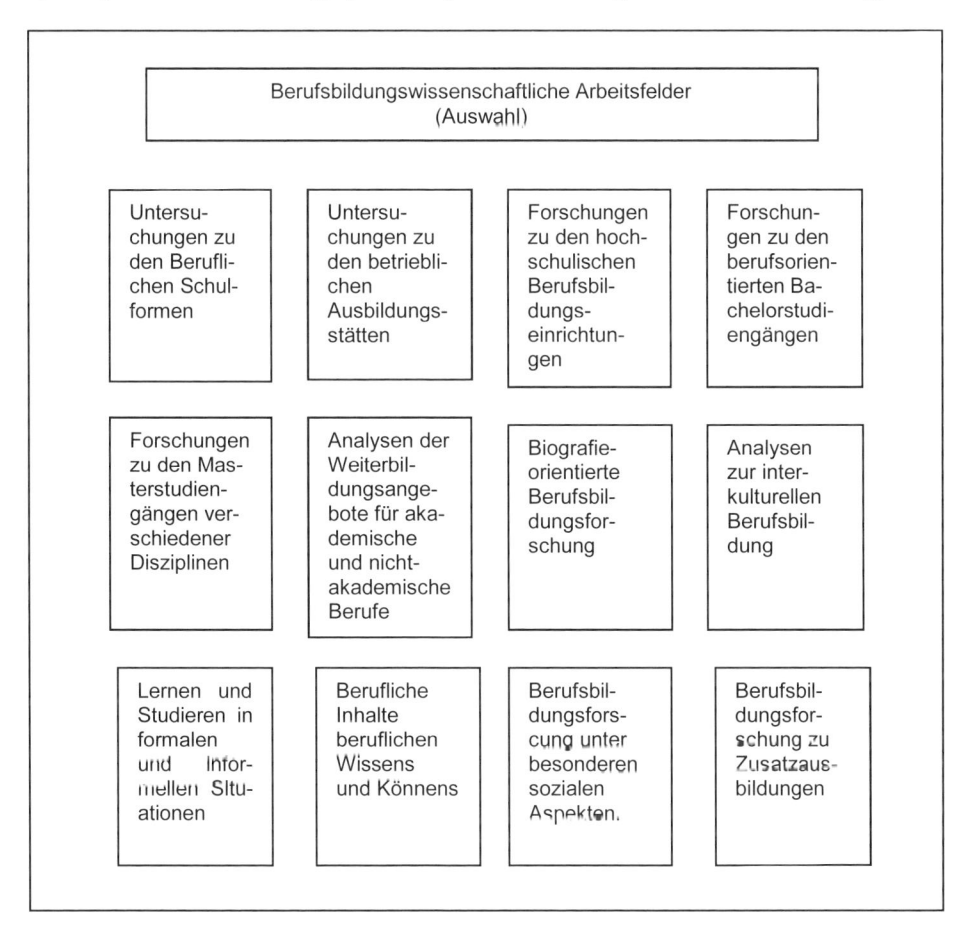

Abb. 116: Auswahl wesentlicher Arbeitsfelder der Berufsbildungswissenschaft

Die Generierung einer berufsbildungswissenschaftlich ausgerichteten Forschungskultur kann die Voraussetzungen dazu schaffen, Untersuchungsfelder im Einzelnen oder in einem größeren Zusammenhang zu untersuchen. Auf dieser Basis lässt sich einen wesentlicher „Beitrag zur Weiterentwicklung des Berufsprinzips, der Berufsbilder, der Ausbildungs- und Erwerbsberufe sowie zur Professionalisierung der Berufsausbildung und zur Ausbildung von berufsbildenden Lehrkräften leisten. Grundlage und Voraussetzung dafür ist ein zielgerichtetes sowie strukturell und methodisch effizient organisiertes Forschungsdesign (vgl. dazu z. B. Spöttl/Windelband 2013, S. 189 ff.). Wenn entsprechende Ergebnisse aus Forschung und Lehre in den Arbeitsbereichen vorliegen, sollten diese dann den grundlegenden und der angewandten Berufsbildungswissenschaft zuordnet werden.

4.4.2 Rahmengebungen für die Berufsbildungswissenschaft

- **Entstehung und Themenkennzeichnung der Berufsbildungswissenschaft**

Erste Wurzeln der Berufsbildungswissenschaft zeigten sich bereits zum Ende des neunzehnten Jahrhunderts mit der Berufserziehung. Entsprechende Arbeitsfelder sind dabei schon frühzeitig benannt worden. Aufgrund der zunehmenden Ausdifferenzierung der gesellschaftlichen Handlungsfelder seit dem auslaufenden neunzehnten Jahrhundert und der Verlagerung der Erziehung in den Pflichtbereich des Staates war, die Aufgabe der Berufserziehung, das Hineinwachsen und die Integration der Jugendlichen in den Beruf und damit zugleich in die Gesellschaft zu reflektieren und zu untersuchen. Der Begriff „Berufserziehung" wurde mehrere Jahrzehnte verwendet und selbst noch dann noch, als sich die Disziplin „Berufs- und Wirtschaftspädagogik" an den Hochschulen etablierte.

Die Berufserziehung verstand sich als ein besonderer Teilbereich der Pädagogik, der sich – zumindest vom Begriff her – auf den Beruf richtet. Es ist festzustellen, dass sich beispielsweise schon Georg Kerschensteiner des Berufsgedankens annahm. Die Berufspädagogik hat sich aber erst nach dem Ersten Weltkrieg u. a. durch die rechtliche Neuordnung des beruflichen Ausbildungs- und Schulwesens sowie die Verwissenschaftlichung sowohl des Erziehungswesens als auch der betrieblichen Arbeitsorganisation und der Unternehmensführung als eigenständiger Arbeits- und Forschungsbereich entwickelt. Die Wirtschaftspädagogik nahm eine Sonderstellung ein.[526]

Als Aufgabe der Berufs- und Wirtschaftspädagogik wurde angesehen, den Beruf als Mittel der Existenzsicherung, zur Standortbestimmung des Einzelnen im sozialen Leben und zur Sinngebung der Arbeit zu verstehen. Aufgrund der Sinnentleerung der Arbeit war aber der enge Bezug auf den Beruf handwerklicher Prägung zu einem Problem geworden. Die Orientierung am (handwerklichen) Beruf wurde deshalb später von Eduard Spranger (1960, S. 144) selbst als „fragwürdig geworden" bezeichnet, denn die jeweils aktuellen Gegebenheiten in einem bestimmten Beruf – bzw. die „Tatsachen am Arbeitsplatz" (Abel 1963, S. 3) – konnten so kaum angemessen erfasst werden. In jener Zeit wurde die Berufspädagogik als Oberbegriff der „Wissenschaft von der Berufserziehung" (Schlieper

---

[526] Zentraler Untersuchungsgegenstand bzw. Aufgabe und Ziel der Wirtschaftspädagogik sind „die Erforschung und die Analyse der Beziehungen zwischen Erziehung und Wirtschaft" (Kaiser 2006, S. 486). Im Mittelpunkt stehen somit weniger die berufliche Arbeit, berufliche Tätigkeiten und Anforderungen sowie die berufliche Aus- und Weiterbildung. Diese Felder sind eher Forschungsgegenstände der Betriebspädagogik (Abraham 1953, Riedel/Schneider 1957), der Arbeitspädagogik (Weinstock 1954) und insbesondere der Berufspädagogik.

1963, S. 12) verstanden. Spätestens in den sechziger Jahren des vorigen Jahrhunderts wurde das Berufsproblem allgemein bewusst, und das Bemühen um einen „zeitkonformen Berufsbegriff" (Abel 1963, S. 197) ist angemahnt worden. Hiermit sollte insbesondere versucht werden, die Dynamisierung des Berufes und der Arbeitswelt zu berücksichtigen. Diesen Gedanken hatte der Deutsche Ausschuß für das Erziehungs- und Bildungswesen 1964 aufzugreifen versucht. In der Diskussion um die Entwicklung der „modernen" Arbeitswelt wurde deutlich, dass der Beruf und die Berufsarbeit von allzu idealistischen Vorstellungen befreit werden mussten.

Bereits nach dem Zweiten Weltkrieg und insbesondere in den siebziger Jahren des zwanzigsten Jahrhunderts gab es Positionen, nach denen die Berufs- und Wirtschaftspädagogik den Anspruch erhob, eine eigenständige und besondere Erziehungswissenschaft darzustellen. Die Berufs- und Wirtschaftspädagogik[527] wurde in der Folge in der Erziehungswissenschaft als eine „arbeitsteilig bedingte didaktisch-methodische und empirisch feststellende Disziplin der Pädagogik" (Fischer 1970, S. 131) verortet. Auch Karlwilhelm Stratmann (1983, S. 186 f.) folgte dieser Ansicht über die Berufs- und Wirtschaftspädagogik als „Teildisziplin der Erziehungswissenschaft".

Mit der Forderung nach berufs- und wirtschaftspädagogischer Forschung wurde versucht eine neue Schwerpunktsetzung zu erreichen. Der auch nach der postulierten Forschungsausrichtung für viele berufspädagogische Aussagen weiterhin kennzeichnende Verzicht auf eine systematische empirische Unterfütterung der Aussagen führte teilweise dazu, auf eine deskriptive Analyse und auf die eigenen, empirisch kaum gestützten Setzungen zu bauen. Damit wurden die jeweils vorfindbare Beruflichkeit, die Gegebenheiten und die Entwicklung in der Wirtschaft sowie die Ausbildungswirklichkeit nicht angemessen erfasst.

Für Jürgen Zabeck (2006, S. 366) ist die Berufs- und Wirtschaftspädagogik gegenwärtig „ihrem Wissenschaftscharakter nach Teil der Erziehungswissenschaft (...) und diese wiederum Teil der pragmatischen Sozialwissenschaften". Ihre Aufgabe ist es, „den Prozess der Eingliederung der nachwachsenden Generation in die beruflichen und betrieblichen Leistungsstrukturen des Beschäftigungswesens per Forschung in Erkenntnis zu überführen und zugleich – abgehoben auf die für die Pädagogik konstitutive Humanitätsidee – sinnauslegend und sinnsetzend zu begleiten" (ebd.). Als Teildisziplin – so wurde angenommen – besitzt sie allerdings „keine eigene Methodologie und damit auch kein spezielles methodisches Aggregat" (ebd.). Mit der in den zwanziger Jahren des vorigen Jahrhunderts beginnenden Entwicklung bediente sie sich fast ausschließlich hermeneutischer Methoden. Ende der 1960er Jahre rückte die dialektische Methode in den Vordergrund. Es wurde eine realistische Wende in der Pädagogik (Roth 1962) gefordert und ab Mitte der 1980er Jahre dann immer stärker eine empirische Forschung angestrebt. „Eine systemthe-

---

[527] Nach Karlwilhelm Statmann (1983, S. 186) ist die Berufs- und Wirtschaftspädagogik „jene Teildisziplin der Erziehungswissenschaft, die die pädagogischen Probleme beruflicher Bildungs- und Sozialisationsprozesse, vor allem Jugendlicher, erforscht, reflektiert und konstruktiv zu klären versucht". Ganz pragmatisch vereinfachend geht Stratmann darüber hinaus davon aus, dass die Berufspädagogik der gewerbliche und die Wirtschaftspädagogik der kaufmännische Zweig dieser erziehungswissenschaftlichen (Teil-)Disziplin ist.

oretisch verfahrende pädagogische Evaluationsforschung hat sich noch nicht durchsetzen können." (ebd., S. 367)

Der Fokus der Berufs- und Wirtschaftspädagogik richtete sich insbesondere auf die bildungstheoretische Diskussion. Betrachtet man ihre wesentlichen Arbeits- und Forschungsfelder, so erhält man eine – zugegebenermaßen – nur grobe Themenauswahl. Hierbei war und ist ein Großthema im Rahmen einer Berufsbildungsforschung insbesondere die Erforschung von beruflicher Pädagogik, Berufsbildung und von berufsbildungsbezogenen wirtschaftlichen Entwicklungen sowie die Systematisierung dieser speziellen Form der Erziehungswissenschaft. Im Einzelnen geht es um Fragen der
– Berufsbildungstheorie und Organisationstheorie beruflicher Bildung,
– Internationalisierung von Berufsbildung,
– Entwicklungen beim Lernen und Lehren in den beruflichen Schulen, in Ausbildungsbetrieben, in der Hochschule und im Beschäftigungssystem,
– Konzepte der Beruflichkeit und der damit verbundenen Lehr- und Lernkonzepte unter den allgemeinen gesellschaftlichen Rahmenbedingungen technologischen Wandels,
– Systematik der beruflichen Bildung, des beruflichen Schul- sowie Hochschulwesens und der betrieblichen Bildung sowie
– Berufsbildung vor allem unter besonderen sozialen, internalisierenden und erzieherischen Aspekten.

Insofern kann die aus der Berufserziehung sowie Berufs- und Wirtschaftspädagogik hervorgegangene Berufsbildungswissenschaft als eine spezielle Erziehungswissenschaft aufgefasst werden, die ihren Schwerpunkt in gesellschaftlich relevanten beruflichen Fragen sieht.

- **Zum Rahmen des Arbeitsfeldes der Berufsbildungswissenschaft**

Die bereits sehr weitgehend bearbeitete oder reflektierte Berufs- und Wirtschaftspädagogik bzw. die nicht-akademische Berufsbildungswissenschaft umfasst – wie auch die Berufswissenschaft – im Wesentlichen zwei Arbeitsbereiche, das sind die Lehre an der Hochschule und die Forschung. Beide Bereiche haben notwendigerweise große Entwicklungsfreiräume.[528] Die Berufsbildungswissenschaft stellt als anerkannte Disziplin, ein sehr großes und unübersichtliches Feld dar, das sich nicht zuletzt auf der Basis der Freiheit von Forschung entsprechend entwickelt hat.[529] Die Freiräume von Wissenschaft, Forschung und Lehre sind durch das Grundgesetz (GG Art. 5 Abs. 3 Satz 1) und durch das Hochschulrahmengesetz (HRG, § 4) geregelt. Berufsbildungswissenschaftliche Forschung

---

[528] Die Freiräume von Wissenschaft, Forschung und Lehre sind durch das Grundgesetz (GG, und das Artikel 5 Abs. 3 Satz 1) Hochschulrahmengesetz (HRG, § 4) geregelt.
[529] Dennoch „fällt es heute immer noch schwer, auf viele naheliegende Fragen zur Qualität der beruflichen Bildung und zu Weiterentwicklungsperspektiven fundierte Antworten zu erhalten, denn es gibt in Deutschland viel zu wenig empirische Forschung zur beruflichen Bildung. Besonders unzureichend ist der Stand der Forschung zur gewerblich-technischen Berufsbildung und dies vor allem im pädagogischen Bereich, also dort, wo man sich zum Beispiel Erkenntnisse aus Studien über wirksame Lehr-Lern-Konzepte erhoffen würde." (Prenzel 2013, S. 11)

„umfaßt insbesondere die Fragestellung, die Grundsätze der Methodik sowie die Bewertung des Forschungsergebnisses und seine Verbreitung." (HRG; § 4, Abs. 2)[530]
Die berufsbildungswissenschaftliche Lehre richtet sich, mit den zu erfüllenden Lehraufgaben vor allem auf „die Abhaltung von Lehrveranstaltungen und deren inhaltliche und methodische Gestaltung sowie das Recht auf Äußerung von wissenschaftlichen und künstlerischen Lehrmeinungen." (HRG, § 4, Abs. 3)[531] Aus der berufsbildungswissenschaftlichen Lehre ergeben sich aber auch Anregungen für die Forschung.

Die traditionelle Disziplin „Berufs- und Wirtschaftspädagogik" stellt, wie die vorangegangen Darstellungen gezeigt haben, ein sehr großes und unübersichtliches Feld dar, dass sich nicht zuletzt auf der Basis von Forschung sowie der gesellschaftlichen Bedingungen und Veränderungen im Beschäftigungssystem im geschichtlichen Prozess entsprechend entwickelt hat. Die Berufs- und Wirtschaftspädagogik ist eine etablierte Disziplin, jedoch – wie im Vorausgegangenen dargelegt – weniger eine anerkannte Wissenschaft. Dennoch stellt sie mit ihren vielfältigen Arbeitsergebnissen eine wichtige Basis für die Berufsbildungswissenschaft dar.

Zwischen der Berufsbildungswissenschaft und der Berufsbildungsforschung einerseits sowie der Berufsbildungswissenschaft und der zugehörigen Lehre andererseits bestehen Wechselbeziehungen. Dabei fließen die von der Berufsbildungsforschung gewonnen Ergebnisse teilweise in das Reservoir der Berufsbildungswissenschaft. Auch kommen aus der Berufsbildungswissenschaft Anregungen für neue Forschungsvorhaben. Entsprechendes gilt für die Wechselbeziehungen zwischen der Berufsbildungswissenschaft und der Berufsbildungslehre (Abb. 117).

Das Feld berufsbildungswissenschaftlicher Tätigkeiten ist kaum zu überblicken. Es betrifft insbesondere die Bereiche der Berufspädagogik, Wirtschaftspädagogik, Arbeitspädagogik, Betriebspädagogik, Erwachsenenpädagogik und der Sozialpädagogik. Außerdem gibt es eine Reihe von Wissenschaften, die sich mit dem Gegenstand des Berufes und der zugehörigen Ausbildung befassen, so beispielsweise die
- Psychologie (insbesondere Arbeitspsychologie, Entwicklungspsychologie),
- Soziologie (vor allem Mikrosoziologie),
- Arbeitswissenschaften (z. B. Arbeitspsychologie, -medizin),
- Formen der Wirtschaftswissenschaften (so die Arbeitsmarktforschung)

Mit berufsbildungswissenschaftlichen Arbeiten werden Aussagen zur Realität und Theorie der Bildungsbemühungen zu Berufen und der Berufswelt gesammelt, verglichen und

---

[530] „Entscheidungen der zuständigen Hochschulorgane in Fragen der Forschung sind insoweit zulässig, als sie sich auf die Organisation des Forschungsbetriebes, die Förderung und Abstimmung von Forschungsvorhaben und auf die Bildung von Forschungsschwerpunkten beziehen; sie dürfen die Freiheit im Sinne von Satz 1 nicht beeinträchtigen. Die Sätze 1 und 2 gelten für künstlerische Entwicklungsvorhaben und für die Kunstausübung entsprechend." (HRG, 4, Abs. 2)
[531] „Entscheidungen der zuständigen Hochschulorgane in Fragen der Lehre sind insoweit zulässig, als sie sich auf die Organisation des Lehrbetriebes und auf die Aufstellung und Einhaltung von Studien- und Prüfungsordnungen beziehen; sie dürfen die Freiheit im Sinne von Satz 1 nicht beeinträchtigen." (HRG, § 4, Abs. 3)

systematisiert. Die durch die Berufsbildungswissenschaften entwickelten Theorien, die sich auf die Wirklichkeit des Beschäftigungs- und Ausbildungssystems beziehen, sollten konkrete oder allgemeingültige Informationen enthalten. Solche Ergebnisse gelingen nicht mit der Produktion von Aussagen mit großem Informationsgehalt für einzelne Nutzer.

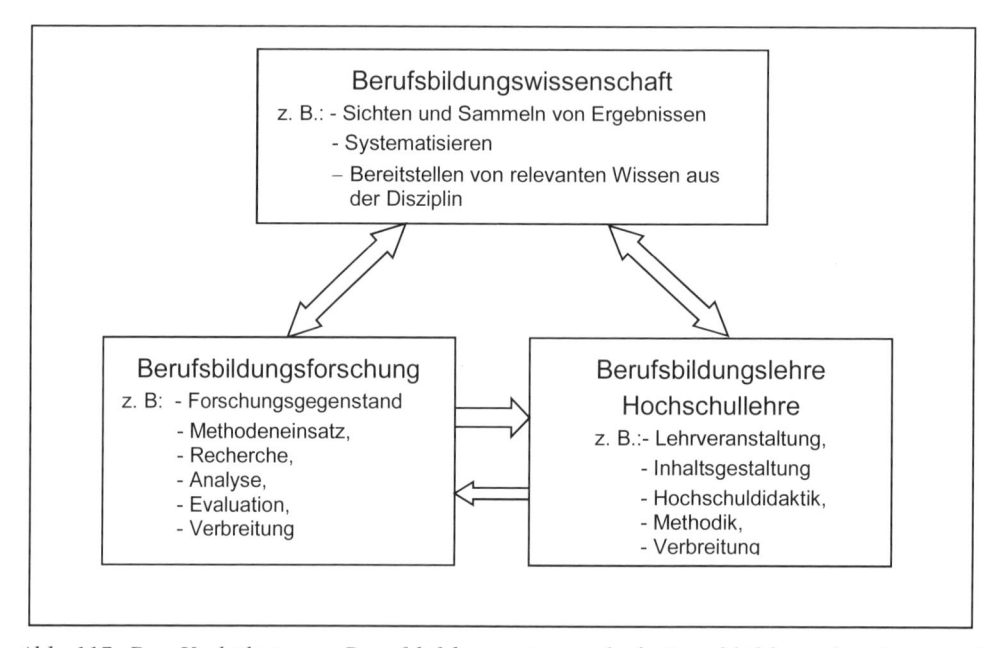

```
                    ┌─────────────────────────────────────────┐
                    │       Berufsbildungswissenschaft        │
                    │  z. B.: - Sichten und Sammeln von       │
                    │           Ergebnissen                   │
                    │         - Systematisieren               │
                    │         – Bereitstellen von relevanten  │
                    │           Wissen aus der Disziplin      │
                    └─────────────────────────────────────────┘
                              ↕                 ↕
  ┌──────────────────────────────┐       ┌──────────────────────────────┐
  │   Berufsbildungsforschung    │  →    │     Berufsbildungslehre      │
  │   z. B: - Forschungsgegen-   │       │       Hochschullehre         │
  │           stand              │  ←    │  z. B.:- Lehrveranstaltung,  │
  │         - Methodeneinsatz,   │       │         - Inhaltsgestaltung  │
  │         - Recherche,         │       │         - Hochschuldidaktik, │
  │         - Analyse,           │       │         - Methodik,          │
  │         - Evaluation,        │       │         - Verbreitung        │
  │         - Verbreitung        │       │                              │
  └──────────────────────────────┘       └──────────────────────────────┘
```

Abb. 117: Das Verhältnis von Berufsbildungswissenschaft, Berufsbildungsforschung und Hochschullehre

Gute Wahrheitswerte haben im Regelfall Aussagen zur geschichtlichen Gewordenheit der Berufe. Diejenigen zur Gegenwart ändern sich in der nicht-akademischen Berufsbildung schnell und insbesondere im Hochschulbereich in den letzten zwei Jahrzehnten so gravierend wie nie zuvor in deren Geschichte (Hartung 2016, S. 1). Noch risikoreicher sind die Prognosen zur Zukunft spezifischer Entwicklungen in den akademischen und nicht-akademischen Berufsbildungsbereichen hinsichtlich der Tragfähigkeit des Wahrheitswertes.

Im Zentrum des Neuerwerbs von Wissensbeständen für den Bereich akademischer und nicht-akademischer Berufsbildung stehen für die Berufsbildungswissenschaft entsprechende Forschungen. Die Lehre soll damit in ihrer Bedeutung für die Berufsbildungswissenschaft aber nicht ausgeblendet werden.

Die Berufsbildungswissenschaft stellt einen noch relativ neuen Arbeitsbereich dar. Hinzu kommt, dass nun Berufsbildungsfragen – anders als bei der herkömmlichen Berufs- und

Wirtschaftspädagogik für nicht-akademischen Bereich – auch für die akademische Berufsbildung einen hohen Stellenwert bekommen.

- **Probleme und wichtige Themenbereiche der Berufsbildungswissenschaft**

Berufspädagogische Untersuchungen, mit denen Berufsbildungsfragen und Ausbildungsprobleme im Beschäftigungssystem betrachtet werden, sind schon seit längerem bekannt. Allerdings sind inzwischen Defizite der Berufs- und Wirtschaftspädagogik deutlich geworden, die in einer zu geringen oder zu allgemeinen Thematisierung der Berufe bei der bisherigen Forschung liegen.

Es geht nun um einem neuen und erweiterten Aufgaben- und Arbeitsbereich, zu spezifischen Forschungsfragen von Bildung und Beruf. Die damit geforderten Untersuchungen sollten sich empirisch und systematisch auf die Beruflichkeit richten, denn was einen speziellen Beruf ausmacht, also das darin enthaltene wissenschaftsorientierte und erfahrungsbestimmte Wissen, ist bisher nicht umfassend und schlüssig geklärt.

Das Defizit besteht bisher vor allem darin, „dass in der berufspädagogischen Diskussion eine kategorial schlüssige, möglichst auch empirische Forschung anweisende Vermittlung zwischen dem konventionell sehr eingeengten Wissensbegriff und einem entfalteten Konzept beruflicher Kompetenz und Kompetenzentwicklung noch aussteht" (Rauner/Bremer 2004, S. 150). Hierauf müssen sich berufs- oder berufsbildungswissenschaftliche Untersuchungen und insbesondere entsprechende Arbeitsstudien mit Aufgabenanalysen und Arbeitsprozessstudien zur berufsförmig organisierten Arbeit richten.

Welche speziellen Themenbereiche hat nun die Berufsbildungswissenschaft zu bearbeiten? Ohne dass bereits eine umfassende thematische Analyse durchgeführt wurde, lässt sich sogleich sagen, dass im Zentrum berufsbildungswissenschaftlicher Forschung der Beruf, die Berufsarbeit und die Berufsbildung stehen müssen. Durch diesen Bezug ist auch die übergeordnete Thematik für die berufsbildungswissenschaftliche Forschung vorgegeben: Berufe, Berufsinhalte, Berufsfelder, Bildung und berufliche Tätigkeiten (Arbeitsaufgaben) in den Sachgebieten sowie deren didaktisch-methodische Umsetzung zu berufsbezogenen Konzepten für berufliches Lernen.[532]

Arbeitswissenschaftlich orientierte Analysen beruflicher Tätigkeiten dominierten auch nach dem Zweiten Weltkrieg und mündeten in den 1970er Jahren in die so genannte Qualifikationsforschung, die durch das BIBB initiiert worden ist. Dort erfolgten detaillierte sozialwissenschaftlich orientierte Arbeitsplatz- und Tätigkeitsuntersuchungen, um daraus berufsspezifische Lernziele und Lerninhalte zu entwickeln. Mit Hilfe dieser industriesozi-

---

[532] Wurzeln zu solchen Untersuchungen können im angelsächsischen Bereich beispielsweise in der wissenschaftlich begründeten Methodik der Selektion und Instruktion von Berufstätigen zur Ermittlung von optimalen eng abgegrenzten Tätigkeitsfeldern und Qualifikationen gesehen werden (Taylor 1913). Die Taylor'schen Methoden fanden auch in Deutschland Beachtung, wurden zur Ermittlung von beruflichen Qualifikationsanforderungen allerdings nicht übernommen. Stattdessen wurden die in der industriellen Praxis existierenden Berufe in detaillierter Form durch aus entsprechenden Tätigkeitsfeldern abgeleiteten Kenntnissen, Fähigkeiten und Fertigkeiten beschrieben.

ologisch orientierten Forschung war allerdings nur eine Iststandsanalyse möglich. Anhaltspunkte für die Weiterentwicklung von Berufen und Ordnungsmitteln waren über diesen Weg kaum zu erhalten (vgl. dazu z. B. Grünewald 1979). Ein modifiziertes Konzept der Qualifikationsforschung erlebte seit Mitte der 1990er Jahre insbesondere im Rahmen von Modellversuchen und -projekten eine Erweiterung und einen neuen Aufschwung. Bei diesen berufsbildungswissenschaftlich orientierten Forschungen und Entwicklungen stehen nun – wenn man die relevanten Themenbereiche betrachtet – Berufe, Berufsfelder sowie berufs- und berufsfeldbezogene Tätigkeitsfelder und Qualifikationen einschließlich deren Entwicklungstendenzen im Mittelpunkt. Eine so definierte Qualifikationsforschung geht über eine sozialwissenschaftlich orientierte hinaus, aber sie verfehlt noch die subjektiv erfahrenen Besonderheiten von Berufsarbeit.

Mit einem erweiterten Ansatz – auch aus berufswissenschaftlicher Perspektive – wurden erste Konturen eines Forschungsprogramms, d. h. von Hypothesen und methodischen Regeln zur Forschung auf der Basis der bestehenden Berufe und der Berufsfelder, sichtbar. Baut man nun auf den Ergebnissen auf und verfolgt die ursprüngliche Intention, so kann sich eine weitere Entwicklung berufsbildungswissenschaftlicher Theorien abzeichnen.

Im Einzelnen sind dazu von einer Berufsbildungswissenschaft und der zugehörigen Berufsdidaktik z. B. folgende Themen aufzubereiten und zu bearbeiten:
1. – grundlegende Themenbereiche wie beispielsweise:
   – Gegenstand, Ziele, Aufgaben und Perspektiven spezifischer Berufsbildungsforschung,
   – Verhältnis bzw. Zusammenhang von Berufsarbeit, Sachgebiet und Berufsbildung unter berufsbildungswissenschaftlicher, einschließlich -didaktischer und methodischer Perspektive,
   – spezielle (berufsbezogene) Inhalte, Ziele, Methoden/Verfahren und Medien beruflichen Lernens.
2. – spezielle Themenbereiche wie z. B.:
   – historische und gegenwärtige Formen sowie zukünftige Entwicklungen von beruflicher Arbeit und Arbeits- und Bildungsprozessen in den entsprechenden Berufen,
   – Qualifikationsanforderungen in den Berufen als Basis für Anforderungen an berufliches Lernen in einem Beruf sowie Kompetenzentwicklungen vom Novizen zum Experten in einem Beruf,
   – typische Sach- und Arbeitsgebiete der gegenwärtigen Berufe und Berufsfelder,
   – (neue) Ordnungsstrukturen für Berufe und Berufsfelder,
   – (neue) Aus- und Weiterbildungskonzepte für Auszubildende, Fachkräfte und Lehrkräfte.
3 – spezielle berufs- oder berufsfelddidaktische Themenbereiche wie z. B.:
   – zukünftig notwendige Formen und Strukturen des Lernens in einem bestimmten beruflichen Tätigkeitsfeld,
   – (modifizierte) Ausbildungsordnungen und Curricula,
   – didaktisch-methodische (handlungsorientierte und differenzierte) Ausbildungs- und Unterrichtsstrukturen und -konzepte,
   – (berufsspezifische) Ausbildungs- und Unterrichtsmethoden bzw. -verfahren.

Die Forderung nach einer berufsbildungswissenschaftlichen und berufs- oder berufsfelddidaktischen Forschung ist keineswegs neu und in der Vergangenheit von verschiedener Seite immer wieder angemahnt worden. Eine entsprechende Forschung soll dazu beitragen, das traditionelle Berufsverständnis an die gegenwärtigen und zukünftigen beruflichen Gegebenheiten anzupassen, Bildungsfragen zu analysieren und – wenn möglich – zu beantworten sowie vor allem für die Entwicklung von Ausbildungs- Unterrichts- und Studienkonzepten das Bezugswissenschaftsproblem besser zu lösen. Gerade letzteres stellte sich in den vergangenen beiden Jahrzehnten zunehmend als gravierendes Defizit für berufliches Lehren und Lernen heraus. Obwohl längst akzeptiert wird, dass für die Didaktiken beruflichen Lernens die bestehenden Bezugswissenschaften inhaltlich nicht ausreichend sind, ist es bisher nur ansatzweise gelungen, über die Berufswissenschaft[533] eine angemessene und in sich geschlossene wissenschaftliche Grundlage speziell für berufliches Lernen zu entwickeln. Inzwischen existiert aber für diesen Bereich eine Vielzahl von profunden, aber weitgehend insulären Forschungsergebnissen. Die berufsbildungswissenschaftlichen Forschungsarbeiten sollten nun – eventuell gemeinsam mit berufswissenschaftlichen Untersuchungen – unter besonderer Berücksichtigung des Arbeits- und Sachgebietszusammenhangs intensiviert, weiter konkretisiert und zusammengefasst werden.

Fazit: Im Mittelpunkt eines berufsbildungswissenschaftlichen und berufsdidaktischen Forschungsansatzes müssen die Berufe, die Berufsbilder, das in der Berufsarbeit inkorporierte Wissen und die Begründung von Inhalten, Zielen, Methoden und Strukturen beruflichen Lernens und Studierens stehen. Eine so definierte (berufsbildungswissenschaftliche) Qualifikationsforschung beschränkt sich nicht nur auf die Analyse beruflicher Tätigkeiten, sondern reflektiert auch die subjektive Dimension von Berufsarbeit, nämlich die berufliche Kompetenz und die Kompetenzentwicklung. In diesem Zusammenhang können auch berufswissenschaftliche Ergebnisse von den Berufsbildungsforschern genutzt werden. Dazu notwendige Forschungsmethoden gibt es in großer Zahl (s. auch Kapitel 3). Das schon bestehende umfangreiche wissenschaftliche Methodenset braucht nur modifiziert zu werden.

Es gilt auch hier: In allen Wissenschaften geht es um inhaltliche Fragen. Diese müssen die Forscher jeder Wissenschaft mit sich selbst ausmachen.[534] Für die Berufsbildungswis-

---

[533] Was mit Berufswissenschaft gemeint sein soll, ist für Berufsbildungswissenschaftler dabei keineswegs durchgängig selbsterklärend. So meinen diese, es könnte die Theorie und Praxis über die verschiedenen Berufe oder die Theorie und Praxis vom Entstehen, Werden und Vergehen der Berufe und deren Zusammenwirken sein. Es könnte darunter aber auch das gesamte Berufswissen von professionell arbeitenden Personen verstanden werden. Schließlich kann genauso die Theorie und Praxis vom Entstehen, Werden und Vergehen eines speziellen Berufes und seines Zusammenwirkens mit „verwandten" Berufen usw. intendiert sein. Oder aber in einem engen Verständnis ist es die Theorie und Praxis eines einzigen ausgewählten Berufs mit der Kernfrage, welches berufliche Wissen zu diesem Beruf zählt; daher auch Berufswissenschaft – hier ginge es also verstärkt um die Wissenskomponente, in der sich auch die Berufsdidaktik wieder finden würde. Vergleiche zu den Unsicherheiten mit dem Begriff z. B. Dieter Grottker (2004).
[534] Um ein konkretes Beispiel darzulegen: Kaum in Zweifel zu ziehen ist, dass dringender Forschungsbedarf „hinsichtlich der unterschiedlichen Bildungsintentionen einer beruflichen Grundbildung und Fachbildung" besteht (Nickolaus/Riedl/Schelten 2005, S. 519). Eine grundsätzliche Diskussion kann auch auf der Ebene berufspädagogischer

senschaft bedeutet dieses, dass deren Akzeptanz steigt, wenn durch sie vor allem spezifische Forschungsfragen sowie -inhalte bearbeitet werden und die Ergebnisse dokumentiert und veröffentlicht werden.

4.4.3 Zusammenhänge von Berufsbildungstheorie und Berufsbildungswissenschaft

- **Wege zu einer Theorie der Berufsbildung**

Gegenwärtig werden viele Bereiche der Berufs- und Lebenswelt durch Wissenschaft und Technik sowie die darauf basierenden Theorien bestimmt. Dieses Faktum erscheint fast allen gesellschaftlichen Gruppen selbstverständlich. Auch wenn nur teilweise von einem theoriegeleiteten Tun und Denken in Betrieben, Institutionen und anderen gesellschaftlichen Bereichen gesprochen werden kann, wird zumindest ein Wechselverhältnis von Praxis und Theorie – auf welcher Reflexionsstufe auch immer – nicht bestritten. Die Notwendigkeit einer Theorie der Berufsbildung ist von daher eigentlich selbstevident. Anstöße für entsprechende Vorhaben ergeben sich bereits aus der pädagogischen Theoriebildung der vergangenen einhundert Jahre, die mit Josef L. Blaß (1978, S. 193) als „eine historisch-empirisch-antimetaphysische Entwicklungsphase" bezeichnet werden kann.

Berufsbildungstheorien der verschiedensten Ausformung und Vertiefung finden sich fast so viele, wie es Lehrkräfte gibt. Diese Theorien sind u. a. durch individuelle Sichtweisen und Meinungen bestimmt und nicht immer sehr elaboriert oder wissenschaftlich fundiert.

Eine Annäherung an eine allgemeine Berufsbildungstheorie dagegen kann nur mit der Hinwendung auf die faktisch vorzufindende Berufswelt und Wirklichkeit beruflichen Lehrens, Lernens und Studieren in Übereinstimmung mit der gegenwärtigen Theorieentwicklung erfolgen. In einem derartigen Vorgang ist auch eine Bestandsaufnahme des historisch Gewachsenen eingeschlossen. Eine Sichtung und Kenntnisnahme bereits bestehender Theorieelemente, die für die Berufsbildungstheorie und damit für die Berufsbildungswissenschaft bedeutsam sein könnten, müsste – um einen breiten und fächerübergreifenden Diskurs zu gewährleisten – deshalb möglichst von allen beteiligten Akteuren an den berufsbildenden Institutionen des akademischen und nicht-akademischen Bereichs erwartet werden.

Eine „Gesellschaft" von Akteuren, die miteinander wissenschaftliche Ziele der Berufsbildungstheorie verfolgen und dabei wissenschaftliche Aufgaben sowie Funktionen reflektieren sowie weiterentwickeln, ließe sich als ein System interpretieren, das durch die über einen bestimmten Zeitraum geplanten und erhaltenen Resultate organisiert wird. Die Orte der berufsbildungswissenschaftlichen Forschung und Lehre mit den darin wirkenden Menschen, die so

---

Überlegungen geführt werden. Werden jedoch konkrete Berufe betrachtet und Ausbildungsinhalte platziert, so sollten berufswissenschaftliche, einschließlich berufsdidaktischer Aspekte unbedingt hinzutreten.

funktionierten, wäre – wie schon auf den ersten Blick erkennbar – als ein ideales System anzusehen, bei dem alles vernunftgemäß abläuft, bei dem auch die Praxis durch die Ratio und eine dahinter stehende Theorie bestimmt ist. Eine dabei vorausgesetzte gesellschaftliche Vereinigung direkt und indirekt wirkender Akteure könnte zu einwandfreien Resultaten gelangen und keiner besonderen Anstöße zu einer Theorie mehr bedürfen. Hier wäre für eine lediglich auf die bisherigen Bedingungen festgeschriebene Theorie ein nur noch bescheidener Platz einzuräumen, da diese nur das repetieren kann, was im Bewusstsein der Akteure als Plan oder als Realität bereits vorhanden ist. Anzustreben wäre stattdessen eine dynamische und prospektive wissenschaftliche Haltung zur Praxis und Theorie der Berufsbildung.

Die Realitäten sind allerdings anders. Betrachtet man das tatsächliche Verhalten der Akteure, so zeigt sich schnell, dass die Theorie und Praxis in ihren Abläufen häufig von Idealvorstellungen gravierend abweichen können. An vielen Hochschulen sowie Instituten berufsbildungswissenschaftlicher Forschung und Lehre sowie Berufsbildungseinrichtungen herrschen gegenüber dem dargestellten Idealkonstrukt individuell und gesellschaftlich bestimmte Realverhältnisse. Allein schon die Ziele und Zwecke der verschiedenen direkt oder indirekt wirkenden Akteure differieren durch die jeweils individuelle Sicht und gesellschaftliche Position. Unter den gegebenen gesellschaftlichen Verhältnissen verfolgen die Akteure bewusst oder unbewusst ihre manchmal höchst subjektiven Ziele. Diese entsprechen nicht zwangsläufig den gesellschaftlichen Aufgaben der Institution als Ganzheit.

Entscheidend für die Entwicklung von Berufstheorien sind insbesondere die vorhandenen materiellen und personellen Ressourcen. So ist zum Teil sehr wenig Freiraum für die Berufsbildungsforschung und berufsbildungswissenschaftliche Tätigkeiten an den Hochschulen, deshalb müssen sich die Hochschulen auf die Lehre beschränken, die Schulen auf den täglichen Unterricht.

Auch wenn vielen Akteure der Institutionen systemintern das berufsbildungswissenschaftliche Reflexions- und Forschungsdefizit bewusst ist oder von ihnen beklagt wird, sind die Mängel durch fehlende Ressourcen kaum zu vermindern oder zu beseitigen. Die Akteure müssen sich zu zusätzlichen Forschungsleistungen bereitfinden. Dieses geschieht auch, muss aber in vielen Fällen als Selbstausbeutung eingeschätzt werden. Es führt im Regelfall dazu, dass die Akteure mit einer Zunahme der Komplexität ihrer Aufgaben überlastet werden und andere wichtige Pflichten der Lehre vernachlässigen müssen. Aber selbst wenn alle aktuell anstehenden Einzelaufgaben gelöst werden, würde durch die Partialanalysen zur Berufsbildungstheorie allein die Erforschung von Berufsbildungstheorien als Ganzes kaum gewährleistet sein.

Als ein umfassender Ansatz zur Annäherung an eine geschlossene Theorie der Berufsbildung bietet sich eine Erforschung des Gesamtsystems an. Dabei verlangen nicht nur aufgrund der immer wieder auftretenden Brüche in den akademischen und nicht-akademischen Ausbildungsstätten, die Disparitäten zwischen Theorie und Praxis sowie die ständigen Veränderungen im Berufsbildungsbereich nach besonderen wissenschaftlichen Anstrengungen zur Analyse der bestehenden Praxis und einer übergeordneten Theorie. Schon allein das zwingt zu einem Perspektivenwechsel bei den Aktivitäten sowie zu neuen Anstrengungen zur Approximation an die Theorie der Berufsbildung.

Wie sich bei anderen Problemen und Theorieentwicklungen zeigt, gibt es auch für einen neuen berufsbildungswissenschaftlichen Entwurf zu einer Theorie mehrere Annäherungsmöglichkeiten. Mit dem ersteren Weg nähert man sich dem Stande der Wissenschaft und dabei vor allem ihren bisherigen Theorieelementen. Mit dem zweiten Ansatz sind Vorstellungen darüber zu entwickeln, wie das Endergebnis und der Überbau einer solchen Theorie – soweit es sich heute abschätzen lässt – aussehen könnte.

- **Annäherung an eine Theorie über bestehende Theorieteile**

Ein Weg einer Annäherung an eine Berufsbildungstheorie richtet sich auf bereits vorhandene Theoriebestände. Hierbei werden die Einzelergebnisse gesammelt und gesichtet. Aufgrund der Erfassung aller Ergebnisse und deren Zusammenfassung wird additiv oder auf induktivem Wege das Zustandekommen der Gesamttheorie angenommen. Es gibt eine Reihe von Theorieansätzen zur Berufsbildung. Um diese zu nutzen, ist zuerst einmal auf die hier bereits geleistete Bestandsaufnahme zurückzugreifen. Zu den zu untersuchenden Feldern mit Theorieansätzen, aber auch mit Theoriebedarf gehören insbesondere

- die Genese und Entwicklung der Berufsbildung und des Berufsbildungssystems,
- die Verfasstheit der Berufsbildungsbereiche durch Rechtsvorschriften wie Gesetze, Verordnungen, Ausführungsvorschriften, Rundschreiben etc.,
- die Aufbau- und Ablauforganisation der Ausbildungsstätten und Institutionen,
- interne und externe Akteure,
- Curricula und Lehrpläne,
- materielle Rahmenbedingungen (u. a. Gebäude, Räume mit Ausstattungen, Medien) sowie
- verschiedene Didaktiken und Methodiken.

Hierzu liegen diverse analytische Betrachtungen und Zusammenträge für die akademische und nicht-akademische Berufsbildungsbereich vor. Allerdings ist zu bedenken, dass es eine Vielfalt von Varianten gibt. Es wird daher schnell die Schwierigkeit sichtbar, dass eine Theorie der Berufsbildung nicht alle Besonderheiten dieses großen Arbeitsfeldes sogleich berücksichtigen kann. Auch sollten deterministische Ansprüche an die Theorie nicht gestellt werden; es kann sich stets nur um Wahrscheinlichkeits- und Tendenzaussagen handeln. Eine Sammlung der bisherigen Abhandlungen zu bedeutsamen Theorieelementen selbst beim Ausblenden von Einzelfällen sowie punktuell auffindbaren Erscheinungen konstituiert im Regelfall noch keine Theorie. Mit einer Sammlung von singulären Theorieelementen sind die Beziehungen der für eine Theorie der Berufsbildung wichtigen Elemente und Ansätze noch nicht geklärt. Die Summe der einzelnen Theorieelemente ist weniger als eine Gesamttheorie.

- **Annäherung an eine Berufsbildungstheorie durch Konstruktion eines Überbaus**

Der zweite Weg zur Annäherung an eine Theorie eröffnet sich mit der Gestaltung eines Überbaus als Rahmenbedingung und Voraussetzung für ein geschlossenes Konstrukt, mit dem die Untersuchungsfelder für eine Berufsbildungstheorie miteinander vernetzt werden (Abb. 118).

Berufliches Lernen und Studieren als Gegenstand der Berufsbildungswissenschaft 603

```
                    ┌─────────────────────────────────┐
                    │  Analysen und Ergebnisse der    │
                    │  allgemeinen Bildungsforschung  │
                    └─────────────────────────────────┘
                                    ↕
                    ┌─────────────────────────────────┐
                    │ Analyse bestehender Theorieansätze │
                    │        zur Berufsbildung        │
                    └─────────────────────────────────┘
```

Theorie der Allgemeinbildung — Beiträge zur Theorie der Berufsbildung

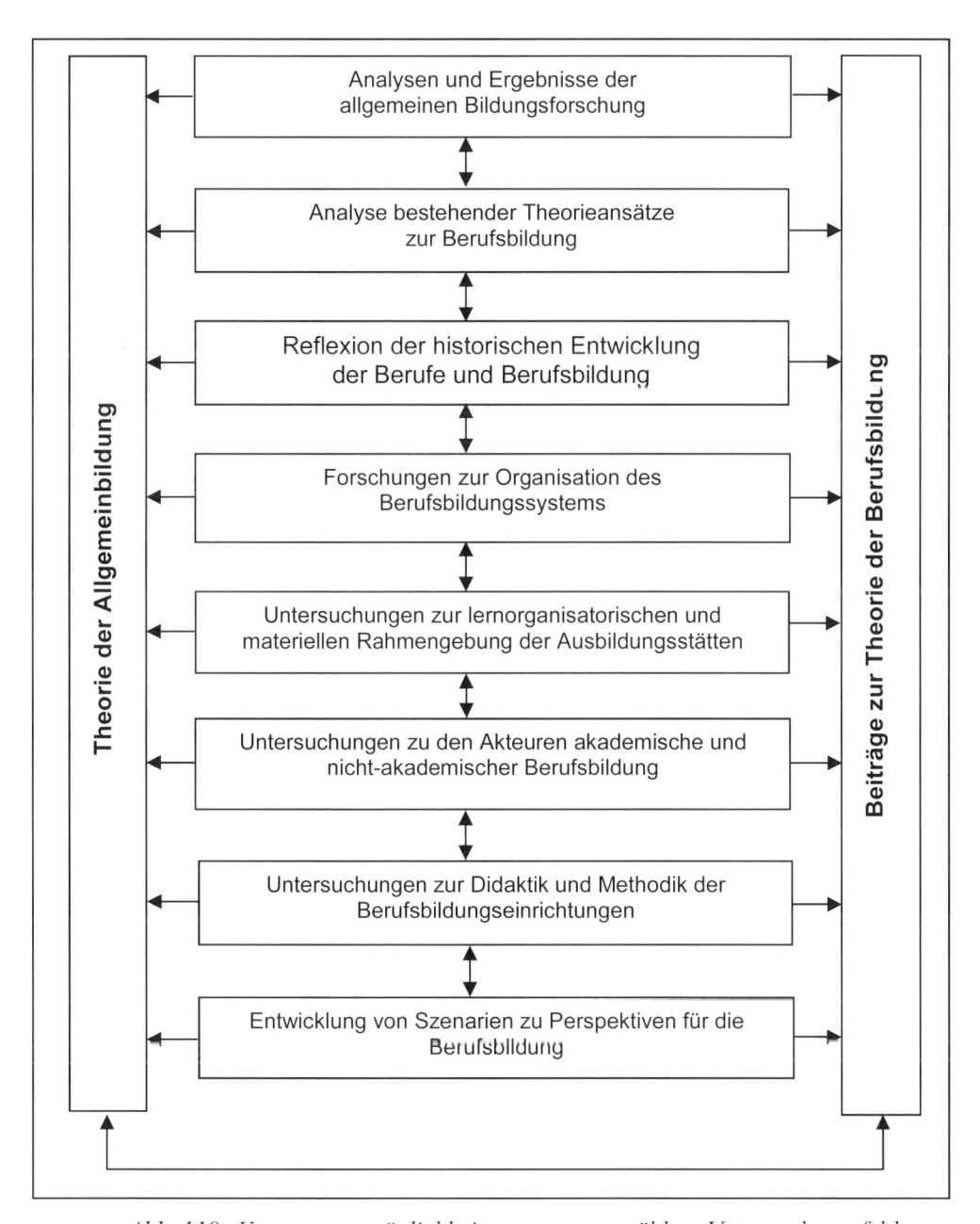

- Analysen und Ergebnisse der allgemeinen Bildungsforschung
- Analyse bestehender Theorieansätze zur Berufsbildung
- Reflexion der historischen Entwicklung der Berufe und Berufsbildung
- Forschungen zur Organisation des Berufsbildungssystems
- Untersuchungen zur lernorganisatorischen und materiellen Rahmengebung der Ausbildungsstätten
- Untersuchungen zu den Akteuren akademische und nicht-akademischer Berufsbildung
- Untersuchungen zur Didaktik und Methodik der Berufsbildungseinrichtungen
- Entwicklung von Szenarien zu Perspektiven für die Berufsbildung

Abb. 118: Vernetzungsmöglichkeiten von ausgewählten Untersuchungsfeldern für einen Berufsbildungstheorie

Ein Überbau erscheint sinnvoll, da die bisherige Darstellung von wissenschaftlichen Einzelergebnissen, die für die Berufsbildung wichtig sind, nur eher zufällige Bausteine für eine Theorie aufzeigen. Dabei bleibt unbeantwortet, was die singulären Aussagen verbindet und wie die gesamte Theorie ausgelegt ist. Deutlich werden muss, wie und wodurch die Elemente miteinander verbunden sind sowie welche verknüpfenden Relationen bestehen.[535] Auf der Basis eines Überbaus können sich dann Forschungsbereiche und Ansätze für Analysen, Untersuchungen, Reflexionen für ein Gesamtkonzept ergeben.

- **Annäherungsmöglichkeiten an eine umfassende Berufsbildungstheorie**

Soll eine Theorie zur Berufsbildung entwickelt werden, so stellen bereits die ersten Überlegungen dazu eine Annäherung an das Problem und die angestrebten wissenschaftlichen Aussagen dar. Durch die Bestandsaufnahme der Konzepte bestehender Praxis und vorliegender Forschungsergebnisse, die bedeutsam sein können einerseits und die weitergehenden Zielvorstellungen eines wie auch immer gearteten Überbaus andererseits, ergibt sich eine Annäherung von zwei Seiten. Mit dem ersten Ansatz nähert man sich dem Stande der Wissenschaft über bereits vorhandene Einzelergebnisse. Über das zweite Konzept entwickelt sich durch die Zusammenfassung und Verknüpfung der Einzelheiten unter einem gemeinsamen Dach ein ganzheitliches berufsbildungswissenschaftliches Vorgehen.

Da beide Wege bislang nicht in gleicher Weise verfolgt wurden, sind Vorstellungen darüber, wie das Endergebnis eines entsprechenden wissenschaftlichen Forschungsvorhabens zur Berufsbildungstheorie – soweit es sich heute abschätzen lässt – aussehen könnte, momentan noch nicht präzise und schon gar nicht über alle Bereiche darstellbar. Dabei ist das Maß der Annäherung an eine Theorie über Einzelprobleme der Berufsbildung, wie zum Beispiel die Didaktiken beruflichen Lernens und Studierens, noch einigermaßen exakt bestimmbar. An solche Theorieteile kann gut angeschlossen werden, das geforderte Gesamtbild wird dadurch allerdings nur partiell klarer.

Anders ist es mit der Entwicklung eines Überbaus, in den einzelne Theorieelemente eingeordnet werden. Wenn der Überbau tragfähig ist – wie beispielsweise eine Universaltheorie – besteht die Aussicht auf eine erfolgreiche Annäherung an eine geschlossene Theorie der Berufsbildung von zwei Seiten als zukunftsträchtige Perspektive.

Damit stellt sich eine Möglichkeit zur Entwicklung einer geschlossenen Theorie mit spezifischen Ausformungen dar. Jedoch ist die mehrseitige Annäherung an eine Theorie ein aufwändiges und beschwerliches Forschungsvorhaben. Es erfordert einen langen Atem, denn es werden mit Sicherheit auch unerwartete Probleme auftreten. Als

---

[535] Dabei ist reflektiert worden, inwieweit durch das Aufgreifen anderer sozialwissenschaftlicher Theorien ein Überbau oder eine Strukturvorgabe entwickelt werden kann, die zu einem Überbau und einer disziplinübergreifenden Betrachtung führen kann. So wird beispielsweise versucht die Systemtheorie insbesondere Luhmanns als auch die Handlungstheorie von Habermas einzubinden. Zudem gibt es Versuche, konstruktivistische Erkenntnisse für den pädagogischen Bereich nutzbar zu machen. Die Möglichkeiten, auf andere wissenschaftliche Theorien und Gedankengebäude zuzugreifen, sind groß. Ob mit einem solchen Überbau eine tragfähige Berufsbildungstheorie generiert werden kann, wäre zu untersuchen.

Folge können sich für spezifische Theorieansätze neue Gewichtungen oder Bewertungen ergeben.[536]

4.4.4 Kritisch-systemische Berufsbildungstheorie als Überbau

In einer kritischen Theorie der Berufsbildung geht es um die Aufgaben und Zweckbestimmung für den Einzelnen und die Allgemeinheit. Damit steht im Zentrum der Theorie der Bildung und damit auch der Berufsbildung „das Problem einer Vermittlung zwischen der individuellen und der gesellschaftlichen Bestimmung des Menschen, die die Individuen weder der Gesellschaft opfert, noch die menschliche Gesamtpraxis auf ein Spielfeld individueller Willkür und Selbstverwirklichung reduziert" (Benner 1987, S. 123).

Das Spannungsfeld zwischen den Ansprüchen der Individuen einerseits und denen der Gesellschaft andererseits kann durch Ideologien und Wertungen bestimmt sein. Deshalb sollten bereits im Ansatz systemische Überfrachtungen und Strapazierungen vermieden werden. Es bedarf einer realisierbaren kritischen Berufsbildungstheorie.

Die Konstitution von Wirklichkeit im Allgemeinen und die des Berufsbildungssystems im Besonderen, die sich in der Synthese von verschiedenen relevanten Wissenschaftsbereichen aufbaut, darf „den Axiomen der *Identität* und *Differenz*, denen zufolge die Erziehungswirklichkeit anthropologisch und politisch bestimmt, zugleich aber auch eindeutig unterscheidbar sein muß, nicht widersprechen. Diese Forderung impliziert einerseits das *Verbot der vollständigen Mediatisierung* wie andererseits das *Verbot des Totalitätsanspruchs* eines einzelnen Begründungsfaktors." (Blaß 1978, S. 198; Hervorhebungen im Original)

Für einen Überbau zu einer Berufsbildungstheorie sollte – berücksichtigt man diesen noch heute gültigen Einwand – nur eine möglichst universelle Theorie herangezogen werden. Versucht man dieses und beleuchtet dabei verschiedene Theorien mit universalem Anspruch, so besteht dabei zusätzlich die Möglichkeit, dass durch die Rezeption der Ergebnisse und der Diskussion aus anderen Wissenschaftsbereichen die Theorieentwicklung der Berufsbildung neue Impulse erhält und in Bewegung kommt. Für Wissenschaftler/-innen kann das anregend sein. Es ist aber nur schlecht abzuschätzen, wie die eventuellen Nutzer/innen der Theorie, die Praktiker im Berufsbildungssystem, reagieren. Einerseits kann es wirkungsvoll sein, die Grundstrukturen einer universellen wissenschaftlichen Theorie aufzugreifen, wenn die in der Institution Interagierenden damit die Möglichkeit sehen, an der Realitätskonstruktion und vielleicht an der Theoriekonstruktion im Detail teilzuhaben. Erscheinen andererseits der Übertrag und die Rezeption des theoretischen Überbaus für die Praktiker subjektiv schwierig oder kaum möglich, so wird die aufgestellte Theorie für die Praxis folgenlos. Zufälle und negative Entwicklungen können im Berufsbildungssystem vermutlich eher dann auftreten, wenn der Überbau für die Theorie der Institution nicht tragfähig ist.

---

[536] Beispielsweise kann die Betonung des selbstständigen und selbstorganisierten Lernens nicht nur die Berufs- und Fachdidaktiken oder die Hochschuldidaktiken verändern, sondern zugleich auch die Ansprüche an Medien sowie Lern- und Studienumgebungen. Zwischen den Theorieelementen besteht bekanntermaßen ein interdependenter Zusammenhang.

Es sind nun Möglichkeiten für einen Überbau zu benennen und zu diskutieren. Zuerst wird von der These ausgegangen, dass Theoriegebäude von Institutionen auf der Basis umfassender Theorien entwickelt und elaboriert werden können. Wird außerdem angenommen, dass für die Entwicklung einer Theorie verschiedene Ansätze in Frage kommen können, die umfassender angelegt sind, so sollten mehrere mögliche „Überbautheorien" in den Blick genommen werden. Es könnte nach einer Sichtung ein solcher berufsbildungswissenschaftlicher Ansatz beispielsweise auf einer Theorie des kommunikativen Handelns, des Konstruktivismus oder derjenigen der Systeme aufbauen. Schon diese drei ausgewählten Bereiche zeigen: Es gibt vielfältige Möglichkeiten und Perspektiven für einen Überbau und damit neue Ansätze zur Theorieentwicklung.[537] Teilweise wird im Bereich der Erziehungswissenschaft versucht, solche Überbautheorien zusammenzuführen.

Der Konstruktivismus ist im Bereich der Berufs- und Wirtschaftspädagogik bereits zur Aufhellung des Lerngeschehens rezipiert worden (vgl. Dubs 2006; Reich 1996). Diese Überlegungen lassen sich auch auf das Berufsbildungsgesamtsystem anwenden. Versucht man beispielsweise einen konstruktivistischen Angang für einen Überbau zu einer Theorie des Berufsbildungssystems, so wird sogleich erkennbar, dass wir unsere Wahrnehmungen, Vorstellungen und unser Wissen über die Institution nicht als eine Kopie der Wirklichkeit von Schule und Schulungen verstehen können, sondern eher als ein Ergebnis von Anpassung. Das entstehende Produkt einer konstruktivistischen Theorie soll die Wahrnehmungen über die akademischen sowie nicht-akademischen Ausbildungsstätten und Curricula mit den Komponenten, aus denen sie bestehen, in ihren Verbindungen, Interaktionen, spezifischen Eigenschaften und Beziehungen erklären.

Dabei sind die Überprüfungskriterien nicht ihre vollständige – bestenfalls eine angenäherte – Übereinstimmung mit der Realität, sondern auch ihre Brauchbarkeit und Kapazität für Problemlösungen, die in der Institution auftreten können.[538] Die in den akademischen und nicht-akademischen Ausbildungsstätten erkannte Wirklichkeit wird von vornherein in Frage gestellt, und dadurch verändern sich eventuell auch Sichtweisen und Wahrgenommenes.[539] Wenn aufgrund einer Kritik die neuen Wahrnehmungen und Überlegungen realitätsgerechter sind, so kann dieses vorteilhaft sein.[540] Insofern lässt sich feststellen, dass selbst bei einer in

---

[537] So wird beispielsweise von Reich (1996, S. 192 ff. und S. 256 ff.) eine „systemisch-konstruktivistische Pädagogik" entwickelt. Martin Hohendorf (2003, S. 76 ff.) zeigt die Möglichkeiten zur Selbstorganisation von Simulationsspielen unter dem systemisch-konstruktivistischem Aspekt im berufsbildenden Schulwesen auf.
[538] Wegen der bei einer konstruktivistischen Theorie der Berufsbildung vorzunehmenden erkenntnistheoretischen Grundlegungen müssen die Prozesse von den Akteuren innerhalb der Institution als solche der Erzeugung von Realitäten wahrgenommen und in der Folge als darauf abgestimmte Handlungen verstanden werden.
[539] Insofern müssen sich Lehrkräfte sowohl des akademischen als auch des nicht-akademischen Berufsbildungsbereichs, die sich auf die konstruktivistische Theorie beziehen, bei der Wahrnehmung des Lern- oder Studiengeschehens mit den Fragen ihrer Wahrnehmung und in der Folge mit denen der Selbstorganisation und Autonomie befassen.
[540] Die Vorteile derartiger Überlegungen zur Wahrnehmung – auch für das Vorhaben, eine Theorie der beruflichen Bildung weiter zu entwickeln – ist daran zu sehen, „dass die Aufmerksamkeit von der Frage nach der ‚wirklichen Wirklichkeit' und *was* von ihr erkannt wird, auf die Frage danach gelenkt wird, *wie* Systeme in sich Wirklichkeitsvorstellungen erzeugen, sie in ihr Handeln einbauen und mehr oder weniger dauerhaft stabilisieren" (Hejl 2005, S. 15; Hervorhebungen im Original). Neben der wissenschaftstheoretischen Sichtweise für die Entwicklung einer Theorie der beruflichen Bildung kann man Ähnliches auf der Ebene der Lerngestaltung erkennen. Mit dem Trend zur Kompetenzentwicklung gewinnen auch entsprechende konstruktivistische Lerntheorien an Bedeutung. Lernende und Studierende sollen demnach die Möglichkeit erhalten, ihr Bild von der Welt selbst zu konstruieren.

sich widersprüchlichen Debatte über den Konstruktivismus ein auch für die Berufsbildung eventuell als hilfreich anzusehender Versuch zur Theorieabrundung unternommen werden könnte.

Bei der Entscheidung, eine der universellen Theorien – wie den Konstruktivismus, die Theorie kommunikativen Handeln oder die Systemtheorie – als Überbau für die Theorie der Berufsbildung aufzugreifen, sind neben ihrer Brauchbarkeit und Angemessenheit auch die Akzeptanz durch die Nutzer zu berücksichtigen. Es ist also eine kritische Betrachtung eines jeden Theorieansatzes auch unter dem Aspekt der Adaption der an der Berufsbildung Teilnehmenden angebracht und erforderlich.

Für den Konstruktivismus spricht, legt man ihn extensiv aus, dass es an Einrichtungen beruflicher Bildung so viele individuelle Theorien wie Akteure gibt. Jeder einzelne Akteur hat sich bereits irgendwann seine eigene Theorie „konstruiert". Damit ergibt sich einerseits ein Anknüpfungspunkt zum Ausbau der Theorie. Andererseits ergeben sich Probleme, wenn der Überbau einzig über individuelle Theorien erfolgt.[541] Probleme ergeben sich mit Sicherheit darüber hinaus durch die Übernahme radikal-konstruktivistischer Überlegungen (Diesbergen 2002). Solche Ansätze erscheinen – soweit erkennbar – nicht nur den Praktikern kaum generierbar, sondern ganz allgemein eher als Vision oder utopisch. Die Probleme mit einer konstruktivistischen Berufsbildungstheorie sind kaum erfassbar.

Entsprechende Vorbehalte werden bei dem Verweis darauf, die Systemtheorie oder die Handlungstheorie zu bemühen, nicht geäußert. Für solche Theorieansätze bestehen keine vergleichbaren Barrieren. Von vielen Praktikern wird mit den Begriffen „Handlungsfähigkeit" und „Handlungskompetenz" täglich gearbeitet und ganz selbstverständlich vom Berufsbildungssystem gesprochen. Sie erfahren ständig, dass viele Beziehungen, Ereignisse und Phänomene, die im Gesellschaftssystem[542] erkennbar sind, auch auf das Berufsbildungssystem mit seinen Akteuren wirken. Der Systembegriff ist vielen mit der Berufsbildung Befassten vertraut, hat er doch in den Wissenschaften, die die Bezugswissenschaften für die didaktischen Arbeiten darstellen, Eingang gefunden. Außerdem ist die Theorie der Systeme auch von der Erziehungswissenschaft rezipiert worden. Entsprechendes gilt allerdings auch für die Theorie kommunikativen Handelns.[543] Für einen rahmengebenden Überbau bietet sich ein Ansatz für die Theorie der Berufsbildung über die Systemtheorie an, die durch Berücksichtigung der Handlungstheorie auch systemkritisch angelegt sein sollte.

Die hiermit angedeutete Präferenz für einen kritisch-systemischen Überbau der Berufsbildung bedeutet aber nicht, dass aus anderen Theorien bzw. aus anderen Wissenschaftsbereichen

---

[541] Bei der Anwendung des Konstruktivismus, insbesondere des radikalen Konstruktivismus, würden sich aber Probleme zeigen.
[542] Es wird dabei davon ausgegangen, dass eine soziale Systemtheorie universell anwendbar sein müsste, um dem Anspruch an eine facheinheitliche Theorie gerecht zu werden. Niklas Luhmann (1990, S. 378) beschreibt zwar die Reichweite der Systemtheorie als „Anspruch auf universelle Anwendbarkeit". Als problematisch anzusehen ist allerdings, ob diese Theorie soweit auf einen Teilbereich heruntergebrochen werden kann und ob es dadurch nicht zu Verzerrungen kommt.
[543] Habermas als ein Vertreter der kritischen "Frankfurter Schule" legt 1981 eine Theorie des kommunikativen Handelns vor. Er geht von der Grundfrage aus, wie soziales Zusammenleben von Menschen möglich ist. Seine Handlungstheorie teilt mit dem dialektischen Materialismus die Auffassung, dass der handelnde Mensch sowohl Produkt als auch Schöpfer seiner sozialen Umwelt ist. Habermas unterscheidet gegenstandsbezogenes oder instrumentelles Handeln von strategischem.

nicht auch Überlegungen aufgegriffen werden sollten, die für eine berufsbildungswissenschaftliche Theorie relevant sein können.[544] Auch wenn die Rezeption des Systembegriffes nicht zwangsläufig für das Vorhaben zum Erfolg führen muss, erscheint die Anwendbarkeit der Systemtheorie – soweit abschätzbar – möglich. Deshalb wird bei dem folgenden Versuch zu einem Überbau diese universelle Theorie herangezogen. Es sollen dabei auch Ergebnisse der kritischen Theorie des instrumentellen, strategischen und kommunikativen Handelns (Habermas) sowie solche aus anderen Wissenschaftsbereichen berücksichtigt werden.

Mit einem Ansatz zu einer berufsbildungswissenschaftlichen Theorie sollte man sich darüber im Klaren sein, dass eine im Grundansatz erfahrungswissenschaftliche Theorie prinzipiell scheitern kann. Erfahrungswissenschaftliche Theorien „müssen Kriterien folgen, die sich selbst gut lebenspraktisch bewährt haben." (Lenk 1986, S. 24)[545] Auch und gerade unter Berücksichtigung dieser Anmerkungen folgt der hier vertretene strukturelle Gesamtansatz systemischen Überlegungen.[546]

- **Ansätze zu kritisch-systemischer Theorieentwicklung für die Berufsbildung**

Seit mehr als vier Jahrzehnten hat sich umgangssprachlich der Systembegriff etabliert, aber auch die Theorie dazu an kritischen Einwendungen abgerieben. An den für Berufsbildung relevanten Institutionen spricht man u. a. vom Bildungssystem und Hochschulsystem. Wissenschaftlich aber sind das Berufsbildungsgesamtsystem oder Subsysteme davon nur von wenigen Autoren unter dem systemischen Aspekt betrachtet worden, schon gar nicht über einen in sich geschlossenen systemtheoretischen Ansatz. Eine Ausnahme stellt insbesondere Stephan Kösel dar, der konsequent systemische Kategorien bei seinen Reflexionen anwendet.[547]

Schon vor längerem wurde festgestellt, dass die Systemforschung (vgl. Blaß 1978, S. 195) für die Theoriebildung bedeutsam sein kann. Für die Berufsbildung bedeutet dieser Hinweis, dass diese dabei teilweise wie andere Systeme anzusehen ist, „die alle elementaren Einheiten, aus denen sie bestehen, durch ein Netzwerk eben dieser Elemente reproduzieren und sich dadurch von der Umwelt abgrenzen – sei es in der Form von Leben, in der Form von Bewusstsein oder (im Falle sozialer Systeme) in der Form von

---

[544] Mit dem systemischen Ansatz sollen andere Sichtweisen nicht negiert werden. Ein besonderes Anliegen dieses Anganges ist es, zu untersuchen, warum und wie die Institution funktioniert. Aufgabe des Konstruktivismus kann es in diesem Rahmen sein, die Wahrnehmung von Wirklichkeit zu reflektieren. Aufgabe einer eher kritischen Theorie der Berufsbildung ist es, zu klären, welche Konsequenzen die Absichten und Handlungen der mit der mit dem Thema Befassten haben und welche Folgen es zeitigt, wenn die Akteure das eine oder andere in einer bestimmten Situation tun.

[545] Das ist einerseits eine Forderung, die der eigenen Absicherung dient. Andererseits ist eine Theorie – so meint der kritische Rationalismus – je kühner sie ist, desto empfehlenswerter, solange sie nicht falsifiziert ist. Vor solchen hohen Erwartungen ist für eine systemische Theorie der Berufsbildung aber zu warnen.

[546] Systemtheoretische Überlegungen werden – wie jegliche menschliche Beschäftigung und damit also auch bei wissenschaftlichen Arbeiten – von Personen betrieben und unterliegen dabei häufig Moden. In diesem Fall wird nicht der Systemtheorie und vor allem Luhmann deshalb gefolgt, weil es in der Epoche der letzten fünfundzwanzig Jahre modisch geworden ist, sondern weil damit ein besonderer Ansatz verbunden ist, über den insbesondere mit der Komplexität des Berufsbildungssystems sinnvoll umgegangen werden kann. Die systemische Theorie erscheint als eine solche, als ein angemessener und handhabbarer Rahmen und Überbau angesehen werden kann.

[547] Kösel wendet die systemtheoretischen Überlegungen aber nicht konstruktiv bzw. synthetisch zur Entwicklung einer Theorie der Berufsschule, sondern ausdrücklich zur Analyse an.

Kommunikation." (Luhmann 1986, S. 226) Alle Systeme – wie auch das Berufsbildungssystem – grenzen sich also von ihrer Umwelt ab, um sich selbst zu erhalten und ihre Identität und Eigenständigkeit zu bewahren.

Es erscheint also die Übertragung der Erkenntnisse über soziale Systeme auf die Berufsbildung sinnvoll, jedoch muss geklärt werden, ob und inwieweit die verschiedenen für den Gegenstandsbereich wichtigen Komponenten „von der Systemtheorie – gemessen am Strukturgesetz pädagogischer Theoriebildung – adäquat oder nur verkürzt aufgefasst werden können." (Blaß 1978, S. 192)

Mit einem auf das Berufsbildungssystem angepassten Ansatz lässt sich nutzen, was die Systemtheorie leisten und bieten kann. Niklas Luhmann (2002) geht in seinem vor wenigen Jahren posthum erschienenen Buch „Das Erziehungssystem der Gesellschaft" davon aus, dass es sich bei dem Bildungssystem um ein sinnorientiertes System handelt. Für ihn ist es aber bemerkenswert, dass es in der einzelnen Institution des Bildungssystems als soziales System zu einer Verbindung mit den psychischen Systemen der Lehrenden und Lernenden kommen kann.[548] Personale und soziale Systeme zeichnen sich dadurch aus, dass sie Beobachtungen über sich selbst machen können, also zur Selbstreflexivität fähig sind.

Hervorgehoben werden muss, dass Bildungssysteme soziale Ordnungen darstellen, die von Akteuren verschiedener Provenienz geschaffen worden sind, also nicht nur von den Lehrkräften. Sonderheiten ergeben sich dadurch, dass das Berufsbildungssystem nicht ausschließlich nach Mechanismen eines schulischen oder hochschulischen Systems funktioniert sondern auch das betriebliche Ausbildungssystem berücksichtigen muss. Bildung bzw. Sozialisation sind wichtige Kenngrößen beruflichen Lehrens, Lernens und Studierens an allen Lernorten.

Das Berufsbildungssystem lässt sich wegen ihrer Aufgaben, Funktionen und Leistungen als Subsystem des Gesellschaftssystems interpretieren.[549] Welchen Sinn das Berufsbildungssystem in der funktional differenzierten Gesellschaft hat, muss beleuchtet werden. Sogleich feststellbar ist, dass das Berufsbildungssystem Subsysteme und zwischen diesen vielfältige Vernetzungen aufweist.

Zu vermeiden ist bei einer Betrachtung der Gegebenheiten und Vernetzungen eine Vermengung der unterschiedlichen Systemebenen. Es sind außerdem Differenzierungen innerhalb des Berufsbildungssystems vorzunehmen. Zu einer ersten Differenzierung gehören im Wesentlichen die Systemumwelt, das Innere des Systems und ihre Organisation.

Für Betrachtungen zum Berufsbildungssystem und für eine Theorieentwicklung sind wesentliche Strukturbegriffe die Berufe, das Beschäftigungs- und Berufsbildungssystem, die Zielsetzungen, die Didaktiken beruflichen Lehrens, Lernens und Studierens, die

---

[548] Für Luhmann bleibt „die Einsicht, daß die getrennt operierenden Systeme, hier die psychischen und die sozialen Systeme, eine Innenansicht ihrer wechselseitigen Abhängigkeiten entwickeln müssen, gleichsam eine vereinfachte Version dessen, was in ihrer Umwelt hochkomplex und für sie intransparent abläuft" (Luhmann 2002, S. 51).
[549] Die entsprechende berufs- und wirtschaftspädagogische Erziehungswissenschaft wäre dabei als Teil der Sozialwissenschaft zu interpretieren.

Lernorte betrieblicher Ausbildung, die Lernorte „Schule" und „Hochschule", die Ausbildung der Lehrkräfte, die Berufsbildungspolitik sowie die Rahmenbedingungen nichtakademischer und akademischer Berufsbildung (Abb. 119).

Auch wenn aus analytischen Gründen hierzu Einzelbetrachtungen, bei denen die jeweiligen Akteure nicht vergessen werden dürfen, notwendig sind, muss die Bedeutung der Interdependenzen für eine Untersuchung des gesamten Systems der Berufsbildung beispielsweise mit den Nebenwirkungen bei der Anwendung von Verwaltungsvorschriften, Störungen durch Einwirkungen aus der Umgebung und Rückkoppelungen zwischen Lehrenden und Lernenden mit berücksichtigt werden.

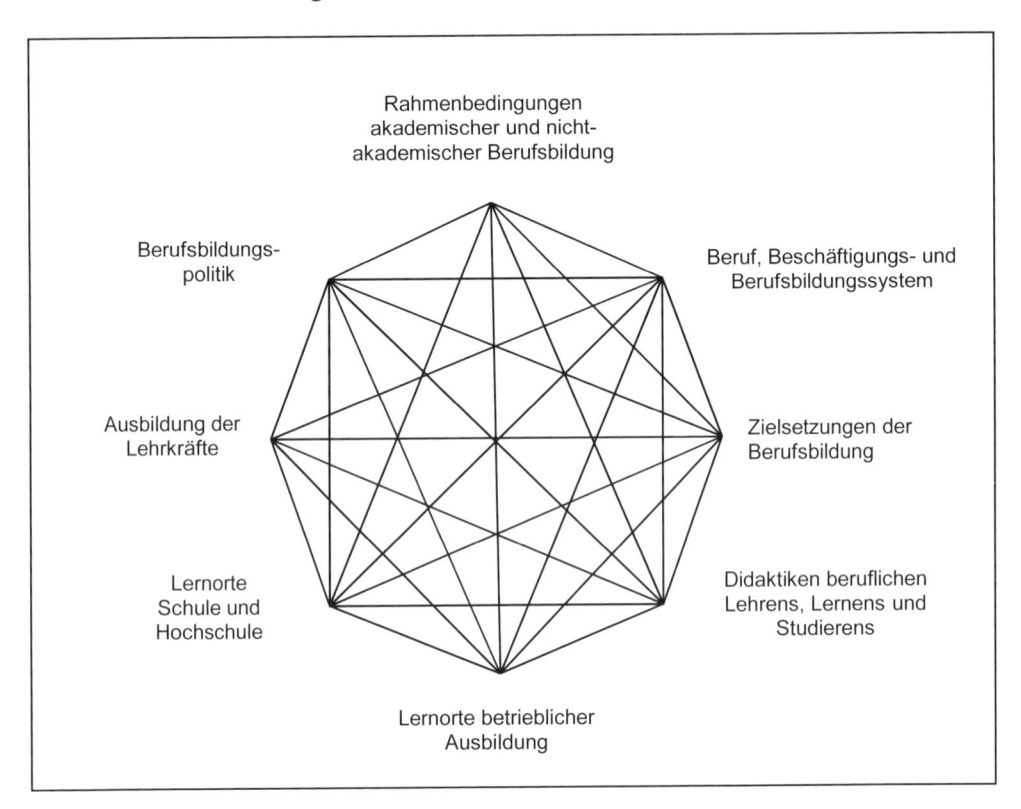

Abb. 119: Strukturbegriffe der Berufsbildung
(in Anlehnung an Rebmann/Tenfelde/Uhe 3005, S. 121)

Bei der Erfassung des Gesamtzusammenhanges sind solche einzelnen Momente wichtig. Darüber hinaus ist für die Systemerfassung neben der Betrachtung der Vernetzungen auch eine Berücksichtigung der Motivation, der Handlungen und der Bewertungen aller Akteure innerhalb des Systems erforderlich. Dazu gehören Fragen des Konsenses über die Funktionen der Ausbildungsstätten, der Attraktivität der Aufgaben, der Zufriedenheit oder Unzufriedenheit mit den Bedingungen an der Institution sowie zur Berufs- und Lebensqualität.

Um darüber hinaus den vielfältigen Ansprüchen der anderen gesellschaftlichen und sozialen Systeme zu genügen oder zu begegnen, ist ein behutsames Vorgehen empfehlenswert und sind unsystemische Strategien zu vermeiden, bei denen die Aufmerksamkeit „unter Vernachlässigung des Systemzusammenhangs auf isolierte Eingriffe ausgerichtet" (Vester 2001, S. 61) wird.

Ein kritisch-systemischer Ansatz zu einer berufsbildungswissenschaftlichen Theorie sollte möglichst ganzheitlich angelegt sein. Schon aus diesen Erwägungen heraus müssen die Ansprüche der Individuen besonders berücksichtigt werden. Darüber hinaus können wiederum die einzelnen Menschen mit ihren berufsbiografischen Erfahrungen auf das System wirken und damit zur Ausgestaltung der Berufsbildungstheorie beitragen.

- **Wege zu einer Berufsbildungstheorie – Forschungsbedarf**

Berufsbildungsforschung auf der Ebene des Berufsbildungssystems

Der Weg zu einer Berufsbildungstheorie durch die Bezugnahme auf die Systemtheorie ist sehr hypothetisch angelegt und begrifflich eher formal-logisch ausgerichtet. Die Komplexität des Systems bestimmt die Erschließung der Struktur, den Zugang und die Verbindungen zu den Teilbereichen und die methodischen Pfade. Die Untersuchungen werden durch die vielfachen Vernetzungen, aber auch die teilweise vorhandene Rigidität des Systems diffizil.

Auch wenn sich mit dem systemtheoretischen Ansatz ein Überbau für eine Berufsbildungstheorie anzudeuten scheint, sind mit diesen Überlegungen erst einmal nur ein großes Aufgabenfeld umrissen und eine vorläufige berufsbildungswissenschaftliche Strukturierungsvorgabe vorhanden. Der wissenschaftliche Arbeitsbereich ist in Umrissen erfasst, aber die gesamte Forschungsaufgabe ist damit keineswegs bestimmt und – nicht einmal ansatzweise – gelöst. Bis man zu einer Theorie des Berufsbildungsgesamtsystems kommt, sind vielfältige Forschungsbemühungen notwendig.[550]

Unter den momentanen Gegebenheiten kann – soweit erkennbar – ein systemtheoretischer Überbau für die Berufsbildungswissenschaft tragfähig und hilfreich sein, wenn er reflektiert und kritisch angewendet wird. Jedoch muss dieser Ansatz immer wieder in Frage gestellt werden können.

Unter dieser Voraussetzung bietet sich diese universelle Theorie an. Sie stellt den Rahmen dafür dar, dass überhaupt erst ein Ansatz zu einer geschlossenen Theorie der Berufsbildung aus den vielen zusammenzutragenden wissenschaftlichen Einzelergebnissen entwickelt werden kann. Qualitativ angelegt Reflexionen und Forschungsaktivitäten wären dabei hilfreich.

---

[550] Auch sind mit der Hinwendung zu einem systemischen Ansatz und der Anwendung einer solchen universellen oder sich als eine solche generierende Theorie kritische Überlegungen immer wieder angebracht. Um die Ergebnisse zusammenzufassen und in einen Gesamtzusammenhang einzubinden, muss der übergeordnete Rahmen gesichert sein.

Berufsbildungsforschung auf der Basis von Berufs- und Lebensorientierungen

Ein ganz anderer Zugang zur Berufsbildungsforschung eröffnet sich unter der Annahme, dass das Gesellschafts- und Beschäftigungssystem immer größere Veränderungen erfährt, und damit fragmentale Strukturen auftreten, die zu Erosionserscheinungen von Beruf, Beruflichkeit und Berufsbildung führen.[551] Unstrittig ist: Die krisenhaften Tendenzen im Gesellschafts- und Beschäftigungssystem wirken hinein „bis in die Mikrostruktur biographischer Lern- und Bildungsprozesse" (Marotzki 1990, S. 25). Winfried Marotzki entwickelt in der Folge den Rahmen einer strukturalen Bildungstheorie auf der Basis einer biographietheoretischen Auslegung von Bildungsprozessen in hochkomplexen Gesellschaften (ebd., S. 232), die auch für die Berufsbildung bedeutsame Perspektiven eröffnet.

Heinz-Herrmann Krüger und Winfried Marotzki (2006, S. 8) sehen für die Erziehungswissenschaften, d. h. also auch für die Berufsbildungswissenschaft und ihren Nachbardisziplinen, die Biographieforschung als ein Instrument zur wissenschaftlichen Auseinandersetzung mit den Auswirkungen postmoderner Gesellschaften. Biographien können auf der Schnittstelle von Subjektivität und gesellschaftlicher Objektivität verortet werden. Die dort auftretenden Probleme können – so die Annahme – mit dem Instrumentarium der „erziehungswissenschaftlichen Biographieforschung empirisch untersucht werden" (ebd.).

Die erziehungswissenschaftliche Biografieforschung kann „Berufsbildungstheoretikern ein neues Verständnis von Bildungsprozessen, die sich in den hochkomplexen beruflichen Sozialwelten postmoderner Gesellschaften vollziehen können" (Unger 2009, S. 7) eröffnen. Nicht nur über das System, sondern vom einzelnen Menschen im System kann die Berufsbildung über die Identitätsentwicklung und biografischen Erfahrungen in der Berufswelt entwickelt werden. Der Mensch erhält Freiheitserweiterungen oder Möglichkeiten zu Freiheiten.
Greift man die Überlegungen zur biographieorientierten Forschung aus der allgemeinen Erziehungswissenschaft auf, kann – wie Tim Unger (2009, S. 13) meint – diese Form der Bildungsforschung „große Potenziale zur Weiterentwicklung der Berufsbildungstheorie" aufzuweisen. Das zentrale Erkenntnisinteresse „einer erfahrungswissenschaftlichen Berufsbildungsforschung besteht darin, über die Bedingungskonstellationen für Bildungsprozesse in der Sozialwelt des Berufs aufzuklären" (Unger 2009, S. 15).

Systemische und biografieorientierte Berufsforschung
  – Beiträge zu einer Berufsbildungstheorie

Die Überlegungen zu eine biographieorientierten Berufsbildungsforschung sind gewissermaßen noch im status nascendi. Ob sich daraus ein Beitrag zur Berufsbildungstheorie

---

[551] So geht Winfried Marotzki(1990, S. 23) mit seinem Entwurf einer strukturalen Bildungstheorie davon aus, dass das „Verhältnis von Bildungsinstitution und Subjekt zunehmend als Widerspruch erlebt wird, der formelle Bildungssektor gegenwärtig stärker an den formellen Sektor des Beschäftigungssystems angeschlossen wird und damit in zunehmende Dissonanz zum informellen Sektor gesellschaftlicher Reproduktion gerät" (Marotzki 1990, S. 23).

entwickelt kann, wird sich – auch wenn das Unger (2009, S. 7) eher euphemistisch sieht – vermutlich erst im Laufe der Zeit zeigen. Falls das geschehen sollte, wird die Frage virulent, ob die Ergebnisse beider Forschungsansätze zusammengeführt und die biographieorientierte Berufsbildungsforschung als Theorieimport in die kritisch-systemische Forschung eingeordnet werden kann und sollte. Als wohl unterschiedene Bereiche, die nebeneinander bestehen, könnten aber auch „Bildungstheorie und moderne Biographieforschung zu fruchtbarer Kooperation gelangen" (Marotzki 1990, S. 18), die damit auch für die Berufsbildungstheorie Bedeutung haben könnte.

Durch die Betonung der biographischen Erfahrungen werden zugleich mit der Wende auf das Subjekt die Frage nach der Möglichkeit von Objektivität und diejenige nach Verallgemeinerungen zu einem zentralen Problem. Unstrittig erscheint, dass jede berufsbildungswissenschaftliche Theorienentwicklung der pragmatischen Dimension des Blicks auf die Menschen bei berufsförmiger Arbeit bedarf. Eine biographietheoretisch inspirierte Berufsbildungstheorie ist aber mit einer extensiven Einzelfallauslegung verbunden. Damit besteht jedoch ein Problem für die berufsbiografischen Aussagen hinsichtlich der Möglichkeit von Verallgemeinerungen, die wissenschaftlich tragfähig sind.

Das Verhältnis von Allgemeinem und Besonderen bestimmen auch dasjenige von kritisch-systemischer einerseits und biographieorientierter Berufsbildungsforschung andererseits. Es muss aber nun berufsbildungswissenschaftlich untersucht werden, ob die beiden Theorieansätze durchgängig kompatibel sind. Unabhängig davon können durch beide Forschungsansätze sinnvolle Beiträge zur Berufsbildungswissenschaft geleistet werden.

4.5 Methoden berufsbildungswissenschaftlicher Tätigkeiten – Ein Assortiment

4.5.1 Berufsbildungswissenschaftliche Forschungsschwerpunkte und einsetzbare Methoden

- **Berufsbildungswissenschaftliche Forschungsgegenstände und Forschungsfragen**

Berufsbildungswissenschaftliche Forschungsvorhaben richten sich auf spezifische Forschungsgegenstände und zeichnen sich durch besondere Forschungsfragen und -aufgaben aus. Insbesondere durch den Bezug auf die Berufswelt ergibt sich eine ständige Erweiterung des Spektrums von Fragen zur Berufsbildung.

Dieses Spektrum der Forschungsgegenstände, Forschungsaufgaben und Forschungsfragen im Berufsbildungsbereich ist höchst vielfältig, und es vergrößert sich ständig durch technologische, arbeitorganisatorische und gesellschaftliche Veränderungen. In neuen Forschungsgegenständen kann auch eine Motivation zu innovativer wissenschaftlicher Arbeit unter anderen Perspektiven liegen. Damit kann die wissenschaftliche Position, die Forscher/-innen zum Forschungsgegenstand bzw. zu dem betrachteten Erkenntnisobjekt aufbauen, Einfluss auf die Akzentuierung der Forschungsarbeit haben. Forschungsfragen entwickeln sich an dem Forschungsgegenstand aus subjektiven und objektiven Ansprüchen, Interessen, Anstößen. Sie können auch aus Erfahrungen der eigenen beruflichen Praxis erwachsen oder dadurch spezifische, aber auch individuelle Akzentuierungen erfahren.

Der Umgang mit den Forschungsobjekten sollte kritisch vorgenommen und reflektiert werden, denn diese sind Ergebnis eines Auswahlvorgangs. Wird versucht, die Komplexität der Forschungsgegenstände auf kontrollierbare oder manipulierbare Vereinfachungen zu reduzieren, können sich Probleme ergeben. So kann beispielsweise eine aus experimentellen Gründen vorgenommene Freischneidung des Forschungsobjektes von den Randbedingungen ein „Laborergebnis" hervorbringen, das einer Überprüfung unter realen Bedingungen nicht standhält und eine Rekontextualisierung nicht zulässt. Entsprechendes kann sich durch eine Dekontextualisierung der Forschungsgegenstände ergeben. Um derartige Probleme zu vermeiden, sind die Gegenstandsangemessenheit und forschungsstrategische Nützlichkeit von Fragestellungen frühzeitig zu reflektieren.

Forschungsschwerpunkte und Forschungsaufgaben können durch differenzierende Betrachtungen der wesentlichen Strukturbegriffe der Berufsbildung eine Rahmensetzung erhalten. Dazu gehören u. a. die Titel „Berufe", „Beschäftigungs- und Berufsbildungssystem", „Zielsetzungen der Berufsbildung", „Didaktiken beruflichen Lehrens, Lernens und Studierens", „Lernorte betrieblicher Ausbildung", „Lernorte Schule und Hochschule", „Ausbildung der Lehrkräfte", „Berufsbildungspolitik" sowie die Rahmenbedingungen nicht-akademischen und akademischen Berufsbildung.

Das Feld der berufsbildungswissenschaftlichen Gegenstände und Forschungsfragen ist, groß und kaum überschaubar. Das gilt aber nur für die Berufsbildungsforschung im nicht-akademischen Berufsbereichen, dagegen sind die Forschungsgegenstände und Forschungsfragen zu dem akademischen Berufsbildungsbereich bisher eher bescheiden und übersichtlich.

Für die nicht-akademische Berufsbildungsforschung zeigt sich bei einem ersten Blick in die einschlägige Literatur[552] und beispielsweise durch die von Dieter Euler (2008, S. 46 ff.) vorgenommene Untersuchung zum Bundesinstitut für Berufsbildung, dass mit „exemplarisch ausgewählten Forschungsfragen die Gegenstandsstruktur" der Berufsbildungsforschung konturiert wird. Allein schon die aufgeführten fünf Schwerpunkte dieses Institutes lassen die Vielfalt der Forschungsarbeit und -schwerpunkte erkennbar werden:
„1. Schwerpunkt: Systemische Einbettung der Berufsbildung in Bildung und Beschäftigung.
2. Schwerpunkt: Strukturfragen in Partialsystemen der Berufsbildung.
3. Schwerpunkt: Kompetenzentwicklung, Lehren und Lernen.
4. Schwerpunkt: Vergleichende Betrachtungen.
5. Schwerpunkt: Innovations-, Implementations-, Transferprozesse." (Euler 2008, S. 46 ff.)

Betrachtet man nur einen dieser Schwerpunkte, so zeigen sich schon mehrere Bereiche, die viele Untersuchungsgegenstände beinhalten können, und diverse Forschungsfragen, auch und gerade deshalb, weil sie nur eine Auswahl darstellen.
So ist es z. B. bei dem dritten Schwerpunkt. Dort heißt es:
„*3.Schwerpunkt: Kompetenzentwicklung, Lehren und Lernen*
Forschungsbereiche, u. a.
- Lehren und Lernen in formellen und informellen Kontexten.
- Bildungsstandards, curriculare Ordnungsarbeit.
- Ausbildungskonzepte.
- Prüfung, Diagnostik, Assessment.
Ausgewählte Forschungsfragen, u. a.
  Inwieweit beeinflussen medientechnologische Angebote das Lernverhalten von Jugendlichen?
- Inwieweit können Curricula bzw. Ordnungsgrundlagen in der Berufsbildung kompetenzbasiert formuliert werden?
- Inwieweit sind (neue) didaktische Methoden, betriebliche Bildungskonzepte o. Ä. im Hinblick auf spezifische Lern- und Transferziele wirksam?
- Sind technisch unterstützte Lernmethoden (etwa im Kontext von ‚e learning' bzw. 'blended learning') wirksamer als ‚traditionelle' Lernmethoden?

---

[552] Die Gegenstandsbereiche der Berufsbildungsforschung werden in Auflistungen und Systematisierungen aufgeführt, die sich teilweise überschneiden. Dazu gehören u. a. die Forschungsaufgaben aus der DFG-Denkschrift zur Berufsbildungsforschung an den Hochschulen in Deutschland (Deutsche Forschungsgemeinschaft, 1990), die Delphi-Studie des BIBB über die Bedarfsperspektiven der Berufsbildungsforschung (Brosi/Krekel/Ulrich 2002).

- Inwieweit können bestehende bzw. vorgeschlagene Prüfungsformen einschlägige Gütekriterien erfüllen?" (Euler 2008, S. 48; Hervorhebungen im Original)

Die mit den Schwerpunkten aufgeführten Forschungsfragen betreffen die nichtakademische Berufsbildung. Forschungsgegenstände und Forschungsfragen sind aber auch für den akademischen Berufsbildungsbereich und den Berufsbildungsgesamtbereich zu entwickeln. Bislang können dazu nur erste Hinweise und Beispiele gegeben werden (Abb. 120).

	Forschungsgegenstand/ Forschungsfeld	Fragestellung (zum Beispiel)
Nicht-akademischer Berufsbildungsbereich	Interaktion zwischen Lehrenden und Lernenden	In welcher Weise beeinflusst die Wartezeit nach einer Fragestellung die Qualität der Antworten der Lernenden?
	Kulturtechniken als Grundfähigkeiten beruflichen Lernens	In welchem Maße kann beim Vorliegen einer Lese- und Rechtschreibschwäche durch technische Medien der Erwerb von Fachkompetenz verbessert werden?
	Fachkompetenz	In welchen Situationen greifen Lernende zur Bewältigung fachlicher Probleme auf das Wissen von Mitlernenden zurück?
	Lerneffizienz	Ist das implizite oder das explizite Lernen bei der fachpraktischen Ausbildung effektiver?
Akademischer Berufsbildungsbereich	Studieren und berufliche Handlungskompetenz	Inwieweit kann das Studieren von ausgewählten didaktischen Modellen an der Hochschule das Handeln der Lehrkräfte beeinflussen?
	Studieninteresse und Berufsarbeit	Inwieweit beeinflussen das im Studium geweckte Erkenntnisinteresse die Art und Weise, in der Lehrkräfte versuchen, ihre Auszubildenden oder Schüler/-innen zu motivieren?
	Studien- und Berufsziele	Wird das Ziel des Studierens im Erkenntnisgewinn oder im Erreichen des Berufsausbildungsabschlusses gesehen?
	Akademisches Berufsbildungssystem	In welchem Verhältnis steht das Hochschulsystem zum akademischen Berufsbildungssystem?
Berufsbildungsgesamtbereich	Wissenschaftstheorie	Inwiefern gestaltet sich durch das Verhältnis von Berufswissenschaft zu Berufsbildungswissenschaft die Art und Möglichkeit der Zusammenarbeit?
	Berufsbildungsgesamtsystem	Welche Synergieeffekte ergeben sich durch Betrachtungen und Untersuchungen des Berufsbildungsgesamtsystems?
	Berufliche Didaktiken und Hochschuldidaktiken	Welche strukturellen Entsprechungen gibt es zwischen den Didaktiken der nicht-akademischen und akademischen Berufsbildungsbereiche bei spezifischen Berufsfeldern?
	Lernen und Studieren	Wie unterscheidet sich die Effektivität akademischer und nicht-akademischer Ausbildungswege im Hinblick auf Zielgrößen wie z. B. Berufsbefähigung, Handlungskompetenzen, soziale Integration, Einmündung ins Beschäftigungssystem?

Abb. 120: Berufsbildungswissenschaftliche Forschungsgegenstände und Fragestellungen (Auswahl)

Forschungsgegenstände und Forschungsfragen akademischer Berufsbildungsforschung sind zu benennen, um darüber eine entsprechende Berufsbildungsforschung zu initiieren. Bei der Genderforschung deuten sich erste Ansätze an. So wurde beispielsweise die Chancengleichheit im Beruf von Männern und Frauen gleicher akademischer Ausbildung untersucht (Könekamp 2007, S. 30).

- **Forschungstypen**

In Anlehnung an Peter F. E. Sloane (2006) können bezogen auf die Erkenntnis- und Handlungsinteressen für die Modellversuchsforschung drei Forschungstypen benannt werden, die sich durch spezifische Beziehungen zwischen wissenschaftlicher Theorie und beruflicher Praxis unterscheiden und zwar:
- Distanzierte Forschung betrachtet die Praxis als Objekt von Forschung. Wesentliches Ziel ist die Theorieüberprüfung, nachgeordnet wird auch die Theoriebildung als Forschungsaktivität akzeptiert.
- Intervenierende Forschung folgt dem Ansatz der Handlungsforschung. Die Praxis ist hier Gegenstand von Veränderung und Verbesserung durch den Forschenden. Wichtige Bestandteile des Vorgehens sind der Diskurs mit den Akteuren und die Durchführung von Aktionen. In den Aktionen verwischt die Differenz zwischen Wissenschaft und Praxis. Im Zentrum steht primär die Theorieanwendung.
- Responsive Forschung verbindet Erkenntnisgewinnung mit Praxisgestaltung im Rahmen der Entwicklung, Erprobung und Evaluation von Innovationsprojekten. Evaluationsergebnisse werden nach diesem Verständnis an die Praxis zurückgespiegelt und bilden den Gegenstand gemeinsamer Reflexion. Dabei bleibt die Praxis jedoch unverändert für ihre Handlungen und Entscheidungen verantwortlich.

Wissenschaftliche Forschung bezieht sich in diesem Verständnis eines responsiven Ansatzes auf die Handlungsschwerpunkte Theoriebildung, -überprüfung und auch auf die konkrete Anwendung (vgl. Sloane 2006, S. 623).

- **Forschungsmethoden**

Es gibt eine Vielzahl von Methoden, die in anderen Wissenschaftsdisziplinen eingesetzt werden (s. Kapitel 3.6) und auch für berufsbildungswissenschaftliche Untersuchungen tragfähig sind. Im Rahmen berufsbildungswissenschaftlicher Forschungen können sowohl historisch-systematische, vergleichende, soziologische, arbeitswissenschaftliche, naturwissenschaftliche und empirische als auch spezifische berufswissenschaftliche Methoden sinnvoll und zweckmäßig sein.

Die Berufsbildungswissenschaft als Real- und Wirklichkeitswissenschaft kann als Sozialwissenschaft eingeordnet werden. Insofern bietet sich für die Berufsbildungsforschung der Zugriff auf sozialwissenschaftliche Methoden an. Die Sozialwissenschaften verfügen „heute über ein sehr breites Methodenarsenal, das kontinuierlich erweitert und verbessert wird" (Baur/Blasius 2014, S. 45). Die dort vorfindbaren Methoden müssen vor einer Übernahme und Anwendung – wenn nötig – an die besonderen berufsbildungswissenschaftlichen Anforderungen angepasst werden. Diese Vorgehensweise erscheint notwendig, denn die Berufsbildungsforschung ist hinsichtlich ihrer Methodik noch nicht sehr ausgeformt. Außerdem hat sie in der Wissenschaftsgemeinschaft ein bescheidenes Renommee.[553]

Generell und unabhängig von den Transformationsproblemen müssen die Forschenden „eine der Fragestellung, dem Gegenstand und der Theorie angemessene Methode wählen und ein Untersuchungsdesign aufstellen, also den Gesamtforschungsprozess planen" (Baur/Blasius 2014, S. 45). Zu den dafür eventuell auszuwählenden Methoden gehören u. a. die historisch-genetische Methode, die hermeneutische Methode, die deskriptive Methode, die Fallstudie, das Interview, die Inhaltsanalyse, die Vergleichsmethode, die Szenariomethode. Bei Anwendung in der Berufsbildungswissenschaft bedürfen diese Verfahren meist einer Anpassung an die spezifischen berufsbildungswissenschaftlichen Fragestellungen und Probleme. Es können viele der allgemeinen Methoden, die auch für berufswissenschaftliche Arbeiten eingesetzt werden (s. Ausführungen Kapitel 3), für die Berufsbildungswissenschaft genutzt werden.

Unter Berücksichtigung eines Untersuchungsvorhabens ist zu entscheiden, ob ein qualitativer oder ein quantitativer Ansatz gewählt werden sollte. Für den berufsbildungswissenschaftlichen Bereich geht es mit qualitativen Verfahren um das Beobachten, Beschreiben, Interpretieren und Verstehen von Begrifflichkeiten, Problemen, Konnexen und Kontexten von berufsförmigen Arbeiten im Berufsbildungssystem. Ein qualitatives Vorgehen erlaubt es, den Untersuchungsprozess sehr offen zu gestalten.

Für die berufsbildungswissenschaftlichen Arbeiten sind qualitative Ansätze überall dort geeignet, wo man eine differenzierte und ausführliche Beschreibung berufsbildender Tätigkeiten sowie individueller Meinungen und Eindrücke zu beruflichen Lern- und Ausbildungsfeldern benötigt. Sind Entwicklungsprozesse bei den akademischen und nichtakademischen Ausbildungsstätten zu ermitteln, lassen sich qualitative Methoden in nahezu allen Phasen sinnvoll einsetzen. Qualitative Verfahren zeichnen durch die Bearbeitung nicht von vornherein festgelegter Vorgehensweise aus. Mit quantitativen Methoden wird „versucht, die Subjektivität der Forschenden möglichst weitergehend auszuschalten" (Baur/Blasius 2014, S. 46). Für die Berufsbildungswissenschaften können sie dann genutzt werden, wenn beispielsweise differenzierte und ausführliche Aussagen über individuelle Meinungen und Eindrücke zu Ausbildungsproblemen erfasst werden sollen.

Quantitative Untersuchungen können bei den Befragungen und Erhebungen zu Inhalten, Kenntnissen und Wissensgebieten einzelner berufsbildungsrelevanter Fragen angesetzt

---

[553] Wie Dieter Euler (2008, S. 46) zu Recht anmerkt kann die Berufsbildungsforschung in Deutschland „als ein Wissenschaftsbereich gekennzeichnet werden, der in der akademischen Welt noch am Katzentisch sitzt und deren Nutzen auch in der Praxiswelt umstritten und daher von nur bedingtem Einfluss ist. Unter Praxis wird dabei die institutionelle Berufsbildungspraxis der Lernorte und Entscheidungsträger in den Bereichen Didaktik, Bildungsmanagement und Berufsbildungspolitik verstanden. Die Forschungsgemeinschaft ist im engeren Bereich der Berufs- und Wirtschaftspädagogik sehr überschaubar, im weiteren Sinne stellt sie sich sowohl wissenschaftsdisziplinär als auch institutionell als äußerst heterogen und fragmentarisch dar."

werden, die zur Bestätigung von theoretischen oder hypothetischen Aussagen durch signifikante sowie durch Zahlenwerte bestimmte Ergebnisse führen (s. auch Kapitel 3.6). Qualitative Verfahren setzen „bei der Erkenntnis an, dass eine vollkommene Ausschaltung der Subjektivität der Forschenden nicht möglich ist und sich Gegenstände permanent verändern" (Baur/Blasius 2014, S. 47). Für diese Methode ist zu betonen, „dass die Subjektivität der Forschenden auch eine wichtige Forschungsressource ist" (ebd.). Qualitative Methoden und insbesondere Befragungen, lassen sich für die berufsbildungswissenschaftliche Forschung gut einsetzen. Für entsprechende Fragestellungen kann auf standardisierte Messinstrumente beispielsweise in Form von Fragebögen zugegriffen werden, für die bereits in anderen Wissenschaftsbereichen umfangreiche Erfahrungen vorliegen.

In der ersten Hälfte des zwanzigsten Jahrhunderts wurde mit Bezug auf Wilhelm Diltheys[554] in der Pädagogik die hermeneutische, die deskriptive, die dialektische und phänomenologische Methode präferiert. Diese Wissenschaftsmethoden sind mit der realistischen Wende in der Pädagogik (Roth 1962) in den Hintergrund getreten. Mit empirischen und analytischen Methoden richtet man sich nun auf die konkrete Auseinandersetzung mit der Wirklichkeit, in der Bildung und Berufsbildung geschieht.

Wegen der Vielzahl und des ständigen Anwachsens der Forschungsmethoden kann hier nur eine Auswahl vorgestellt werden, die für den Berufsbildungsbereich relevant sein kann. Besondere Bedeutung haben seit Anbeginn erziehungswissenschaftlichen Denkens die Beobachtung, die Befragung und die Überprüfung. Hieraus sind die wissenschaftlichen Beobachtungs-, Befragungs- und die Testmethoden entstanden. Diese Methoden haben bis heute in den Bildungswissenschaften weiterhin Bedeutung und werden deshalb hier expliziert.[555]

4.5.2 Methoden zentraler berufsbildungswissenschaftlicher Bedeutung[556]

- **Beobachtungsmethode**

Beobachten als Vorform von Wissenschaft

Seit den Anfängen der Menschheit unterliegt die Umwelt, aber auch Arbeiten und Lernen der Beobachtung. Ganz allgemein können Vorgänge, Sachverhalte, Verhaltensweisen und sozialen Prozesse, die sich in der Berufs- und Lebenswelt zeigen, beobachtet werden.[557]

---

[554] Als Basis diente vermutlich auch die eingängige erkenntnistheoretische und methodologische Kernaussage Diltheys „Die Natur erklären wir, das Seelenleben verstehen wir." (Dilthey 1957, S. 144)
[555] Weitere Methoden finden sich in Darstellung der berufswissenschaftlichen Forschung (Kapitel 3.5), nicht wenige davon werden auch für die berufsbildungswissenschaftliche Forschung seit längerem genutzt.
[556] Verwiesen werden muss in diesem Zusammenhang insbesondere auf das von Andreas Frey, Urban Lissmann und Bernd Schwarz herausgegebene „Handbuch Berufspädagogische Diagnostik", das dazu beiträgt, das „Feld der Diagnostik zu ordnen, zu systematisieren und wissenschaftlich zu fundieren" (2013, S. 18).
[557] In der Alltagswelt ist das Beobachten von Vorgängen, wie beispielsweise des Straßenverkehrs unumgänglich. Im täglichen Leben gibt es auch die beliebige und zum Teil freischwebende Beobachtungsneugier.

Systematisches und methodisches Beobachten, das zielgerichtet ist, bestimmt die wissenschaftliche Beobachtung bei Forschung, aber auch bei Lehre und Unterricht. Nicht nur in der Berufsbildungswissenschaft wird in den verschiedensten Feldern mit Beobachtungen gearbeitet.[558]
Beim Einsatz der Beobachtungsmethode in der Berufsbildungswissenschaft ist das Beobachtungsobjekt festzulegen, ob Interpretationen zulässig sind und wie die Beobachtungen festgehalten werden sollen.

Kennzeichen der Beobachtungsmethode

Urban Lissmann (2013, S. 87 f.) nennt vier Kriterien einer wissenschaftlichen Beobachtung:
„Erstens verfolgt sie einen Zweck. Bei diesem Kennzeichen handelt es sich um das Ziel bzw. die Fragestellung: Was soll beobachtet werden?
Sie muss zweitens sorgfältig geplant sein. Die Beobachtung darf nicht zufällig erfolgen, und ein Plan gewährleistet, wann und wie beobachtet werden soll. Man unterscheidet Zeit- und Ereignisstichproben. Im Rahmen einer Zeitstichprobe wird in bestimmten Abständen beobachtet.[559] (…).
An dritter Stelle wäre die systematische Aufzeichnung der Beobachtungen zu nennen. Soll die Beobachtung anschließend zur Verfügung stehen, muss sie aufgezeichnet werden.[560] (…).
Viertens muss die Überprüfung der Gütekriterien möglich sein. Die Gütekriterien der Objektivität, Reliabilität und Validität gelten nämlich auch für die Verhaltensbeobachtung.[561] Die Überprüfung der Gütekriterien ist nicht zwingend vorgeschrieben, soll jedoch durch Transparenz und Regelhaftigkeit im Prozess der Beobachtung ermöglicht werden."

Formen der Beobachtungsmethode

Folgt man Peter Atteslander (2010, S. 86 ff.) so lassen sich drei Varianten der Beobachtungsmethode unterscheiden, und zwar die Strukturiertheit, Offenheit und Teilnahme. Den Forschern sind bei der strukturierten Beobachtung die Beobachtungskategorien möglichst präzise vorgegeben. Dazu kann ein Beobachtungsschema (vgl. Schöne 2003, 7/20)

---

[558] Beobachten ist eine basale Tätigkeit von Lehrkräften. Sie beobachten laufend das verbale und nonverbale Verhalten von Schüler/-innen zumindest im Unterricht und darüber hinaus. Auch die Lehrkräfte werden ständig nicht nur von den Lernenden beobachtet. Die Unterrichtsbeobachtung ist traditionell ein wichtiges Geschehen zur Erfassung der Lehrbefähigung.
[559] „Wenn beispielsweise die Lehrer-Lerner-Interaktion jeweils nach neun Minuten eine Minute lang beobachtet wird, dann besteht eine Berufsschulstunde aus fünf einminütigen Beobachtungen. Im Rahmen einer Ereignisstichprobe liegt das Interesse an der vollständigen Erfassung eines bestimmten Verhaltens. Welches Beobachtungsintervall gewählt wird, wird in der Regel vom Untersuchungszweck bestimmt." (Lissmann 2013, S. 87)
[560] „Die Registrierung der Beobachtungen kann schriftlich oder durch Ankreuzen, als Ton- oder Videoaufzeichnung erfolgen. Die Aufzeichnung der Beobachtungen ist eine Voraussetzung für die Überprüfung ihrer Güte." (Lissmann 2013, S. 87)
[561] „Eine Beobachtung ist objektiv, wenn mehrere Beobachter dasselbe Verhalten beobachten und registrieren. Die Beobachtung gilt als reliabel, wenn ein und derselbe Beobachter zu verschiedenen Zeitpunkten dasselbe beobachtet und registriert. Eine Beobachtung ist valide, wenn das, was beobachtet werden soll, auch tatsächlich erfasst" (Lissmann 2013, S. 88) wird.

erarbeitet werden. Nach den Vorgaben werden die Beobachtungskriterien abgearbeitet und dann aufgezeichnet.

Auch bei der sogenannten unstrukturierten, offenen Beobachtung „müssen die theoretischen Forschungsfragen operationalisiert werden; aus abstrakten Begriffen müssen konkrete Beobachtungsfragen entwickelt werden. Diese können dann in einem so genannten Beobachtungsleitfaden festgehalten werden." (Schöne 2003, 7/20)

Bei einem offener angelegten Beobachtungauftrag werden lediglich Grobstrukturen vorgegeben, sodass die Beobachter nicht völlig festgelegt sind und im Detail Entscheidungsfreiräume haben. Bei solchen Vorhaben tritt der Beobachter als Forscher auf und gibt den Grund seiner Anwesenheit bekannt. Bei verdeckt geplanten Beobachtungsaufträgen geben die Beobachter ihre wissenschaftliche Identität nicht Preis.

Urban Lissmann (2013, S. 88) unterscheidet außerdem zwischen passivem und aktivem Beobachten. Diese Differenzierung beschreibt die Form der Partizipation „des Beobachters an der sozialen Realität. Der Partizipationsgrad des Beobachters ist hoch, wenn er selbst aktives Mitglied der Gruppe ist. Die Beobachtung mit hohem Partizipationsgrad nennt man deshalb auch aktiv-teilnehmende Beobachtung. Umgekehrt ist der Partizipationsgrad des Beobachters niedrig, wenn er nicht aktiv am Gruppenleben teilnimmt und bewusst Distanz hält." (Lissmann 2013, S. 88)[562]

Die teilnehmende Beobachtungsmethode ist kaum zu formalisieren. Bei der teilnehmenden Beobachtung kann die erforderliche Vorgehensweise selten in schematische Schritte aufgeteilt werden, Sie „lässt sich, etwa im Vergleich zu statistischen Verfahren, nur schwer systematisch lehren und sie liefert keine unter denselben Bedingungen verifizierbaren Ergebnisse" (Schöne 2003, 18/20).

Von berufsbildungswissenschaftlichem Interesse kann auch die Unterscheidung zwischen Selbst- und Fremdbeobachtung sein. „Bei der Selbstbeobachtung ist der Blick auf die eigene Person, bei der Fremdbeobachtung auf eine andere Person bzw. auf andere Personen gerichtet. Die Methode der Selbstbeobachtung, die man auch Introspektion nennt und die anfänglich in der Psychoanalyse zu Hause war, ist heute aus der Diagnostik nicht mehr wegzudenken. In den Selbsteinschätzungen beruflicher Kompetenzen, berufsbezogener Interessen und Motive spielt sie eine wichtige Rolle." (Lissmann 2013, S. 88 f.)[563] Das gilt für die Prozesse bei Forschung und Lehre gleichermaßen.

---

[562] Beobachtungsformen mit einer geringen Partizipation „nennt man auch passiv-teilnehmende Beobachtung" (Lissmann 2013, S. 88).

[563] Das zeigt auch ein Beispiel aus dem berufsbildenden Bereich auf, das an beruflichen Schulen in ähnlicher Form häufig praktiziert wird: „Die Formen, Verbreitungsgrade und Folgen der Leistungsrückmeldung von Berufsschullehrern waren der Mittelpunkt der empirischen Untersuchung. Die Beobachter besuchten über fünf Monate hinweg in regelmäßig wiederkehrenden Abständen den Unterricht der Abschlussklassen in Mathematik und erfassten mit einem Kategoriensystem alle mündlichen Leistungsrückmeldungen der Berufsschullehrer. Das Ziel der Untersuchung war bekannt und der Zweck ihrer Anwesenheit offensichtlich. Mehr noch, die Beobachter sprachen mit den Lehrkräften die aufgezeichneten Leistungsrückmeldungen durch (Lösung: strukturierte, offene, passiv-teilnehmende Beobachtung und Fremdbeobachtung)." (Lissmann 2013, S. 89)

Möglichkeiten und Grenzen der Beobachtungsmethode

Für berufsbildungswissenschaftliche Arbeiten kann die Beobachtungsmethode in vielfältiger Form in Forschung und Lehre bzw. Unterricht angewandt werden. Schon frühzeitig sind – wenn auch noch nicht in der derzeitigen elaborierten Form – Beobachtungen für Antworten auf Fragen im Bereich der Berufsbildung genutzt worden. Auch gegenwärtig ist das Beobachten wichtig. Insbesondere wenn „es darum geht, beruflich relevante Abläufe oder Prozesse empirisch zu untersuchen, sollte auf deren Inaugenscheinnahme nicht verzichtet werden, vor allem, wenn Fragen der Arbeitsorganisation oder die technologische Entwicklung den Untersuchungsgegenstand prägen können. Dann vor allem ist mit Ungleichzeitigkeiten der Entwicklung zu rechnen, also bereits mit einem ersten Befund." (Bremer 2005, S. 592) Für die Berufsbildungsforschung ist die Beobachtungsmethode ein wichtiges Instrument, deren Möglichkeiten noch keinesfalls ausgeschöpft worden sind.

Quantitative Beobachtungen können mit Hilfe eines fest vorgegebenen Beobachtungskataloges durchgeführt werden. Ziel der quantitativen Beobachtung ist es, genaue Aussagen über die Verteilung der beobachteten Eigenschaften zu erhalten. Qualitativ angelegte Beobachtungen richten sich auf grundlegende Informationen über Eigenschaften eines Untersuchungsfeldes.

Mit der Beobachtungsmethode kann bereits bei der Datenerhebung zum konkreten Verhalten von Individuen und Gruppen, die im Lehr-, oder Lernprozess als Lehrende oder Lernende stehen, angesetzt werden. So wird seit längerem bei den „Unterrichtsforschungen, die sich von den Arbeiten vorangegangener Perioden unterscheiden, (…) auf systematische Verhaltensbeobachtung von Schülern und Lehrern im Unterricht großer Wert gelegt" (Bellak 1972, S. 211). Der Beobachtungsmethode sind aber „auch Grenzen gesetzt:
- Sie kann nicht, wie z. B. die Befragung, zur Erfassung von Meinungen und Einstellungen herangezogen werden.
- Die Beobachtung ist personalintensiv in der Durchführung und beansprucht zusätzliche finanzielle Mittel, wenn technisches Handwerkszeug benötigt wird. (…).
- Die Anwesenheit des Beobachters beeinflusst die soziale Situation, in der beobachtet wird.
- Spontanes Verhalten lässt sich unter Umständen nicht erfassen, wenn eine Zeitstichprobe gezogen wurde." (Lissmann 2013, S. 89)

Eine generelle Grenze besteht darin, dass man nur beobachten kann, was man sieht. Deshalb „kommt es bei der Methode des Beobachtens darauf an, den Anteil des Nichtsichtbaren abzuschätzen, damit komplementäre oder auch kompensatorische Methoden erwogen werden können, die geeignet sind, auch den unsichtbaren Teil des Untersuchungsgegenstands zu erfassen" (Bremer 2005, S. 592).

Einsatzbereiche der Beobachtungsmethode

Im Bereich der Berufsbildung wird die Beobachtungsmethode für die Vorgänge bei Ausbildung, Unterricht und Studium eingesetzt. Sie findet u. a. auch Verwendung bei der Untersuchung des Lehr- und Lernverhaltens sowie bei der Erstellung von Arbeitsproben am Ende einer Ausbildungsphase.

Insgesamt ist festzustellen, dass die Beobachtungsmethode – obwohl schon seit langem in der Berufsbildungsforschung genutzt – in ihren Potentialen noch keineswegs ausgeschöpft worden ist. Diese Methode sollte unter berufsbildungswissenschaftlicher Perspektive weiter ausgebaut werden.

- **Befragungsmethode**

Befragungen sind in der Erziehung seit Anbeginn und vor allem dann vorgenommen worden, wenn die Verhaltensbeobachtung keine Auskünfte für das Verstehen einer Information erbrachte und von einer Person Aussagen darüber verlangt wurden, ob diese das Gelernte verstanden hat.[564] Die für Unterricht und Lehre schon seit langem verwendeten Befragungen erfolgen nur selten systematisch, vielmehr häufig situativ unter Berücksichtigung der Fähigkeiten der jeweils Befragten. Die Befragung ist eine Methode, um Informationen über Wissensbestände, Meinungen, Werthaltungen und Verhalten zu gewinnen.

Die wissenschaftliche Befragung als Methode ist systematisch und zielgerichtet auf Erkenntnisgewinn ausgerichtet. Sie wird nach ihrer methodischen Form und der Art der Durchführung klassifiziert und kann mündlich sowie schriftlich erfolgen.

Interviews als Befragungsform

Die Befragung stellt eine Kommunikation zwischen mehreren Personen dar. Mit den Fragen wird zu Antworten herausgefordert. Zusätzlich kann der Befragte durch verbale oder bildhafte Stimuli zu Reaktionen veranlasst werden.

Mündliche Befragungen können nach Kriterien geordnet werden (vgl. Atteslander 2010, S. 133 ff.). Angelegt werden können Befragungen
- offen oder geschlossen,
- standardisiert oder nicht standardisiert,
- wenig strukturiert, teilstrukturiert oder stark strukturiert und
- als Individualerhebung oder Gruppenerhebung.
Mit dieser Auflistung werden die Extrempositionen benannt. Dazwischen können Mischformen entwickelt werden.

---

[564] Vermutlich schon in prähistorischen Zeiten und auch heute noch wird rückversichernd gefragt: „Hast Du das verstanden?"

Durch offene Fragestellungen wird durch eindeutige Formulierungen keine Antwortauswahl vorgegeben. Das Kriterium der Offenheit betrifft den mit der Frage ermöglichten Antwortspielraum. Bei geschlossenen Fragestellungen sind durch eine vorgegebene Auswahl von Antwortmöglichkeiten die Antworten schon vorbestimmt.

Beim standardisierten Ablauf der Befragung werden die Fragen, um eine gute Vergleichbarkeit zu ermöglichen, nach Kriterien klassifiziert. Wegen der vorgegebenen Antworten sind keine Alternativen oder zusätzlichen Abstufungen möglich. Beim nicht standardisierten Vorgehen dagegen werden die konkreten individuellen Antworten aufgenommen und dokumentiert.

Beim wenig vorstrukturierten Interview kontrollieren die Fragenden das Geschehen – es genügen wenige Leitfragen. Ein Fragebogen ist nicht erforderlich und die Interviewer haben die Möglichkeit, sich mit den Fragen an die Befragten individuell anzupassen. Aus der Antwort auf eine Frage kann sich sogar die nächste Frage ergeben. Hierbei geht es meist um einen qualitativen Aspekt.

In dem teilstrukturierten Interview können die Anzahl, Reihenfolge und Formulierung der Fragen bei verschiedenen Abschnitten variieren. Häufig sind die Fragen vorformuliert, aber die Reihenfolge bleibt offen.

Beim stark strukturierten Interview wird vor der Befragung ein Fragebogen erstellt. Dabei werden Inhalt, Anzahl und Abfolge der Fragen und die Art der Formulierung der Fragen sowie die Verwendung der Antwortmöglichkeiten festgelegt. Mit dem Verfahren orientiert man sich verstärkt an quantitativen Aspekten.

Bei der Individualerhebung richtet sich die Befragung jeweils auf einzelnen Personen. Diese Auswahl geschieht, wenn Einzelinterviews geplant sind, bei denen die Themen eine persönliche Atmosphäre und eventuell sogar Diskretion erfordern. Mit der Gruppenerhebung wird bewusst auf Gruppen zugegriffen, die bereit sind, für den Interviewer Fragen in der Gruppensituation beantworten. Die Erhebung kann auch auf Gruppen zielen, deren Gruppenmitglieder nicht nur in der Lage sind, Fragen zu beantworten, sondern selbst Fragen zu stellen. Die Interviews können persönlich, telefonisch und schriftlich geführt werden.

Schriftliche Befragungen

Bei der schriftlichen Befragung wird den zu Befragenden ein Fragebogen vorgelegt, den sie selbst beantworten sollen. Die Beantwortung kann mündlich oder schriftlich erfolgen. Bei Befragungen, die Schätzskalen enthalten, antwortet der Befragte beispielsweise durch Ankreuzen eines Skalenpunktes zwischen den Extrempunkten. Die schriftliche Befragung mittels Fragebogen hat – wie die mündliche Befragung – als Interview spezifische Vorteile und Nachteile, die schon im Vorfeld einer Entscheidung und der Erstellung eines Fragebogens bedacht werden sollten.

Einsatzbereiche

Die mündliche und schriftliche Befragung hat bei der berufsbildungswissenschaftlichen Arbeit große Bedeutung. Sie können in den Kernbereichen der Berufsbildung wie curricularen, didaktischen und lehr- und lernorganisatorischen Fragen von Ausbildung, Unterricht und Studium, aber auch bei Randbereichen, die das Feld der Berufsbildung tangieren wie „a) bei der Besetzung von Einstiegspositionen und höheren Positionen, b) bei Beförderungen, c) zur Auswahl von Schulungsteilnehmern und d) im Rahmen der Berufsplanung" (Lissmann 2013, S. 97) eingesetzt werden.

Unter forschungsökonomischem Blick auf „Einsatz und Ertrag sind Befunde, die aus verbaler Kommunikation bezogen wurden, mit Abstand am effizientesten zu gewinnen. Unter der Voraussetzung, dass der Gehalt einer Frage präzise bemessen werden kann, und die Antwort eindeutig auf die Intention der Frage zielt, lassen sich auf diese Weise Informationen, Haltungen und Meinungen, auch kontrastiv oder konfligierend, erheben." (Bremer 2005, S. 593) Rainer Bremer beklagt aber, dass die Voraussetzungen dazu nicht immer eindeutig gegeben sind, dennoch werden viele Befragungen auf unsicherer Basis durchgeführt. Dagegen sind für berufsbildungswissenschaftliche Untersuchungen „Fachinterviews" (Niethammer 2005, S. 595 ff.) und „Handlungsorientierte Fachinterviews" (Becker 2005, S. 601) in der Sache angemessener.

- **Testverfahren**

Test sind auch im Berufsbildungsbereich eine seit Langem etablierte Methode für Ausbildung, Unterricht und Studium. „Tests werden meist nach Merkmalen oder Verwendungszwecken eingeteilt, wie z. B. Schulleistungstests, berufsbezogene Tests, Entwicklungs-, Intelligenz-, Konzentrations- und Eignungstests. Es lassen sich bezugsgruppenorientierte, kriterienorientierte und informelle Tests zu unterscheiden. Diese differieren durch die Vergleichsperspektive und das Konstruktionsprinzip.
- Beim bezugsgruppenorientierten Test wird die Leistung einer Person mit der Leistung einer sozialen Bezugsgruppe verglichen. (…).
- Beim kriteriumsorientierten Test wird die Leistung einer Person mit einem vorgegebenen Kriterium verglichen." (…).
- Der informelle Test schließlich kann bezugsgruppen- oder kriteriumsorientierten sein, aber die Testkonstruktion geschieht nach vereinfachten Regeln bzw. Formeln." (Lissmann 2013, S. 103 f.)

Testaufgaben

Testaufgaben – wie bei Unterricht und Studium üblich – sollten in Umfang und Form variabel gestaltet werden. Es gibt Kurz- und Langformen als Ankreuz- und Lückentext sowie Beantwortungsaufgaben und die Beantwortung als Essay.

Beim Lückentext sind fehlende Teile eines Worts oder das fehlende Wort schriftlich einzutragen. „Bei einer Ergänzungsaufgabe wird beispielsweise das fehlende Satzende hingeschrieben. Die Zuordnungsform (...) rechnet man schon zur gebundenen Antwortform, weil die Lösung nicht mehr hingeschrieben, sondern ausgewählt werden muss.

Für die Antwort-Auswahl-Aufgabe gilt, dass die Lösung aus vier bis fünf vorgegebenen Antworten ausgewählt werden soll." (Lissmann 2013, S. 105) Essays in freier Form können sehr umfangreich werden. „Bei strukturierten Essays werden die Antworten auf eine komplexe Fragestellung durch mehrere Teilfragen unterstützt." (ebd.)

Einsatzbereiche

Die aufgeführten Testverfahren können im Berufsbildungsbereich sowohl als wissenschaftliche Methoden oder Lernkontrollen für Ausbildung, Unterricht und Lehre eingesetzt werden. Tests spielen insbesondere bei der „Diagnostik für die Eignungsbeurteilung und die Prognostik, die Personalauslese, die Personalberatung und -entwicklung eine große Rolle" (Schwarz 2013, S. 35).

- **Pädagogische Versuche oder Experimente**

Empirische Versuche können unter einer das berufsbildungswissenschaftliche Interesse beanspruchenden Fragestellung erfolgen. Mit dem pädagogischen Experiment auf der Basis von empirischen Forschungsmethoden soll sichergestellt werden, dass alle am Wissenschaftsprozess Beteiligten das Zustandekommen der Ergebnisse der Forschung nachvollziehen können. Auch solche Forschungsmethoden stellen planmäßige und systematische Versuche dar, um wissenschaftliche Erkenntnisse zu gewinnen. Diese Versuche finden möglichst unter Realbedingungen statt. Voraussetzung ist, dass im Vorfeld die Beteiligten über Art und Weise des Vorhabens aufgeklärt und durch die Versuche die beteiligten Personen in ihren Persönlichkeitsrechten nicht geschädigt werden.

Pädagogische Versuche können zu beruflichen Ausbildungs-, Unterrichts- und Lehrkonzepten durch den Vergleich zweier Lern- oder Studienansätze unter möglichst gleichen anthropogenen und soziokulturellen Bedingungen vorgenommen werden. Ähnlich kann bei Einzelproblemen – wie dem Verhalten der Lernenden oder Lehrenden – vorgegangen werden. Für Lehrkräfte können beispielsweise über Mitschauanlagen wiederholt vorgenommene vorkonstruierte und simulierte Lehr- und Lernphasen erprobt und daraus Erkenntnisse zum Verhalten der Lehrenden gewonnen werden.

Die Möglichkeiten und Einsatzbereiche in berufsbildungswissenschaftlichen Arbeitsfeldern sind vermutlich sehr groß, aber bisher noch keinesfalls umfassend ausgeufert und ausgelotet worden. Hier ist noch wissenschaftliche Kreativität gefordert. Grenzen des Einsatzes liegen jedoch da, wo Individualrechte nicht beachtet oder moralische Grundsätze[565] verletzt werden.

---

[565] Bekannt ist das aus ethischen Gründen sehr umstrittene sogenannte Milgram Experiment der Psychologie. Der Sozialpsychologe Stanley Milgram wollte in den 1960er Jahren klären, warum ganz normale Menschen die Bereitschaft zeigen, sich einer Autorität zu beugen und offensichtlich „unmenschliche" Anordnungen zu befolgen.

4.5.3 Wissenschaftliche Methodenansätze für randständige Felder der Berufsbildung

Die Frage, was zentrale und was periphere Felder der Berufsbildung und der Berufsbildungswissenschaft sind, ist nicht zuletzt auch durch die Perspektive der Forscher bestimmt. Subjektiv ist das jeweils aktuell bearbeitete Forschungsfeld von besonderer Wichtigkeit.

- **Komplexe Diagnosemethoden der Berufseignung**

Reinhold Jäger und Andreas Frey (2013, S. 165) werten die pädagogisch-psychologische Diagnostik als „ein wichtiges Anwendungsfeld". Richtig daran ist, auch wenn man es auf den um den akademischen Bereich erweiterten Berufsbildungswissenschaft als Teildisziplin der Erziehungswissenschaft bezieht, dass damit u. a. die Aufgabe verbunden ist, Probleme beruflicher Bildungs- und Sozialisationsprozesse von berufstätigen Menschen in Kontexten beruflichen Lehrens, Lernens und Studierens zu erforschen und zu reflektieren.

Die dabei eingesetzten „Verfahren und Erhebungsmethoden erstrecken sich aber nicht nur auf objektive Tests oder Fragebögen, zunehmend werden Messverfahren benachbarter Disziplinen ausgelotet und übernommen. In den letzten Jahren haben sich deshalb nicht nur bildgebende und tätigkeitsorientierte Verfahren etabliert, sondern auch assessment- sowie computer- und internetbasierte Verfahren." (Jäger/Frey 2013, S. 165) In den verschiedensten Bereichen des Berufsbildungssystems geht es um die Beschreibung und Erklärung von Merkmalen und das Ziel, Ursachen von Verhaltens-, Arbeits- und Erlebensweisen zu erkunden. So kommt den Merkmalsunterschieden von Jugendlichen und Erwachsenen bei Berufsbildungsfragen Bedeutung zu. Von Interesse ist auch das Verhalten von Lerngruppen, Klassen, Institutionen, Organisationen und darüber hinaus Situationsentwicklungen sowie Interaktives innerhalb und außerhalb des Berufsbildungssystems.

Für die diagnostischen Arbeiten werden verschiedene wissenschaftliche Methoden herangezogen und in Hinblick auf das Untersuchungsziel kombiniert. Der diagnostische Prozess umfasst eine Reihe von Vorgehensweisen, die ihrerseits raum-zeitliche, zielgerichtete, organisatorische, strategische und personale Elemente aufweisen, um von einer zunächst vorgegebenen allgemeinen sowie präzisierten diagnostischen Fragestellung am Ende zu deren Beantwortung und zu in der Praxis anwendbaren Ergebnissen zu kommen.

- **Persönlichkeitsstrukturtests**

Persönlichkeitseigenschaften spielen „im gesellschaftlichen und speziell im beruflichen Leben eine wesentliche Rolle" (Hossiep/Schulz 2013, S. 196). Ganz allgemein erfahren im alltäglichen Leben und in der Berufswelt Persönlichkeitsmerkmale besondere Aufmerksamkeit. Einen herausgehobenen Stellenwert haben Persönlichkeitsmerkmale für Erfolge und Misserfolge im Beschäftigungssystem. Da angenommen wird, dass die vorhandenen Merkmale an die berufliche Leistung gekoppelt sein können, erscheint es sinnvoll, die Persönlichkeitsstruktur „möglichst exakt in ihren beruflich relevanten Dimensionen zu erfassen" (Hosiep/Schulz 2013, S. 196).

Die Persönlichkeitsstrukturen sind im Regelfall sehr komplex, deshalb sollte und kann nicht nur eine wissenschaftliche Methode angewandt werden, um die Vielzahl von Verhaltensweisen einer Person erfassen zu können. Aus diesem Grund spielt für diesen Untersuchungsbereich „die Multimethodalität eine wesentliche Rolle, denn der Einsatz verschiedener Methoden, z. B. die Analyse des Lebenslaufes, Rollenspiele im Assessment-Center oder das Bearbeiten von Persönlichkeitsverfahren, decken unterschiedliche Informationsfacetten ab, die dazu beitragen, sich einem zutreffenden Gesamtbild weitaus exakter zu nähern, als dies auf Basis lediglich einer Informationsquelle möglich wäre" (Hosiep/Schulz 2013, S. 196). Die Tests können in dem wissenschaftlichen Methodenkonglomerat eine herausgehobene Bedeutung entwickeln.

- **Assessmentmethode**

Die Assessmentmethode ist ein diagnostisches Verfahren zur „Beurteilung von Personen im Hinblick auf ihre fachliche und persönliche Eignung für eine bestimmte berufliche Position oder zur Feststellung von Potenzialen bei bestehenden Mitarbeiterinnen bzw. Mitarbeitern" (Scholz 2016, S. 63). Die Einsatzmöglichkeiten dieser „Methode liegen in drei Bereichen: Personalauswahl, Potenzialanalyse, Personalentwicklung" (Obermann 2013, S. 216). Die Methode wird für die Personalauswahl u. a. bei der Einstellung von Auszubildenden, Hochschulabsolventen und bei berufserfahrenen Personen sowie Führungskräften, aber auch für die Personalentwicklung angewandt.

Dabei ist die Festlegung des Anforderungsprofils der erste Schritt bei der Anwendung der Assessmentmethode. Hierzu werden als Anforderungskriterien u. a. die Intelligenz, die Sozialkompetenz, emotionale Belastbarkeit und Kommunikation herangezogen. Mit dem nächsten Schritt sollen am festgelegten Anforderungsprofil die Fähigkeiten der Probanden gemessen werden. Dafür stehen diverse Instrumente zur Verfügung. Diese lassen sich „in drei Klassen von Elementen gliedern: Simulationen, berufsbiografische Verfahren sowie psychometrische Verfahren (Fragebogen, Tests)" (Obermann 2013, S. 223). Das Ergebnis der Assessmentmethode ist nicht zuletzt von den Fähigkeiten der Planer und der Moderatoren abhängig. Die Qualität des Assessmentverfahrens wird insbesondere von den Moderatoren bestimmt. Durch diese werden Objektivität in Durchführung und Auswertung gesteuert.

Die Kritik an der Assessmentmethode richtet sich auf methodische und ideologische Aspekte. Zentrale Punkte der Kritik an der Methode sind die „prognostische Validität, die für Selektionszwecke bei Einstellungs-, Beförderungs- und Plazierungsentscheidungen (…) von Belang ist, und die Konstrukt-Validität, die für Modifikationsfragen der Personalentwicklung (…) bedeutsam ist" (Sarges 2001, S. XI). Die prognostische Validität ist nicht immer überzeugend und es ist bei den Instrumenten dieser Methode „nicht klar, welche psychologischen Merkmale bzw. Konstrukte sie eigentlich erfassen" (ebd.). Die Kritik entzündet sich auch „an der Diskrepanz zwischen der – gemessen an dem hohen

Aufwand – geringen Effizienz der Prognose und der Beliebtheit der Methode bei den anwendenden Unternehmen" (Sarges 2001, S. XI).[566]

Auch unter Berücksichtigung der aufgeführten Kritik ist die Assessmentmethode ein entwicklungsfähiges berufsbildungswissenschaftliches Instrument, das sich u. a. auf Lernpotentiale und Qualitätssicherung richtet. Die Möglichkeiten dafür sollten zukünftig berufsbildungswissenschaftlich untersucht und ausgebaut werden.

- **Wissenschaftliche Komplexmethoden der berufsbildungsrelevanten Diagnostik**

In den letzten Jahren ist eine Reihe von berufsbildungswissenschaftlichen Arbeitsweisen zur Diagnostik weiter ausgeformt worden, die nicht ein Methode präferieren. Die Diagnostiken zeichnen sich jeweils durch spezifische Methodenkonglomerate aus.[567]

Zu den Diagnostiken, die sich auf die berufsbildungsbedeutsame Forschungsgegenstände richten, gehört eine Reihe von interessanten Verfahren. Diese sind insbesondere auch auf berufliche Fragen und Probleme ausgerichtet. Es findet sich für den Berufsbildungsbereich u. a. „Eignungsdiagnostische Verfahren", „Interessendiagnostik", die „Motivationsdiagnostik", Lern- und Leistungsdiagnostik, „Diagnostik individueller Lernformen", „Diagnostik kooperativer Lernformen", „Arbeits- und Tätigkeitsdiagnostik", „Managementdiagnostik", „Förderdiagnostik" (vgl. Frey/Ertelt 2013, S. 441).

Den meisten diagnostischen Verfahren ist gemeinsam, dass sie mehrere wissenschaftlichen Methoden und Arbeitsverfahren verwenden, wobei das sehr flexibel geschehen kann. Es kann zu Recht von „Multimethodalität" (Hosiep/Schulz 2013, S. 196) gesprochen werden, womit sich eine besondere Akzentuierung berufsbildungswissenschaftlich einsetzbarer Methoden ergibt.

---

[566] Aus der Perspektive des Unternehmenskultur-Ansatzes kann das Verfahren als „eine zivilisierte Form uralter Bewährungsproben und Mannbarkeitsriten gesehen" werden (Sarges 2001, S. XI). Damit dient das Verfahren „u. a. der (versteckten) Prüfung der Loyalität der Teilnehmer sowie der (unhinterfragten) Stabilisierung der Hierarchie – eher ein machtpolitisches als ein technisch-diagnostisches Phänomen" (ebd.).
[567] Zu unterscheiden ist die wissenschaftliche Diagnostik mit ihren vielfältigen Untersuchungsmethoden von der pädagogischen Diagnostik, die in Ausbildungsstätten angewandt wird. Die Besonderheit der Pädagogischen Diagnostik besteht insbesondere darin, „dass sie **in den Schulalltag eingebettet** und damit **Aufgabe der Lehrkraft** ist. Es ist hierbei nicht zielführend, nur die Zusatzqualifikationen einzelner Lehrkräfte, wie beispielsweise Beratungslehrer oder Schulpsychologen, in den Blick zu nehmen." (Vogt 2011, S. 2; Hervorhebungen im Original)

4.6 Berufsbildungsforschung

4.6.1 Historische Entwicklung der Berufsbildungsforschung

Berufliche Arbeits- und Bildungsprozesse haben seit Jahrhunderten Aufmerksamkeit erzeugt. Dass damit „also bereits auch Früh- oder Vorformen der *Berufsbildungsforschung* existieren, liegt auf der Hand" (Dobischat/Düsseldorf 2010, S. 387; Hervorhebungen im Original). Aber erst durch die mit der ersten industriellen Revolution aufkommende technische sowie wirtschaftliche Entwicklung und die damit zunehmende Differenzierung der Berufe sowie der sich in der Folge ausformenden Berufsausbildung gewann die Berufsbildungsforschung langsam an Profil. Allerdings entwickelte sich dennoch bis zur zweiten Hälfte des zwanzigsten Jahrhunderts kein bemerkenswerter oder auffälliger gesellschaftlicher Bedarf an einer systematischen Berufsbildungsforschung. Jahrhunderte lang waren die Bedingungen im Beschäftigungssystem fast unverändert geblieben, sodass eine Einfügung der neuen Berufe in die vorgefundene Berufsordnung anscheinend nicht hinterfragt wurde oder werden musste.

Ein erster gut erkennbarer Ansatz zur Berufsforschung und nur bedingt zur „Berufsbildungsforschung ist die statistische Abbildung der Berufsstruktur nach Berufsarten und beruflichen Qualifikationsstufen. Die 1882 eingeführte und in den Jahren 1895 und 1907 wiederholte Reichsberufszählung wurde zunächst den aus berufspädagogischer Sicht zu stellenden Anforderungen nicht gerecht, da man Beruf und Gewerbe (Branche), Industrie und Handwerk, Groß- und Einzelhandel je als Einheit erfaßte. Erst mit der Berufszählung von 1925 wurde auf der Grundlage einer revidierten Berufssystematik die notwendige Verbesserung erreicht." (Deutsche Forschungsgemeinschaft 1990, S. 9)

Bereits mit der „1896 vollzogenen Gründung des ‚Deutschen Verbandes für das kaufmännische Unterrichtswesen' (seit 1914: ‚Deutscher Verband für das kaufmännische Bildungswesen') wurde auf Initiative der Handelskammer Braunschweig eine statistische Bestandsaufnahme des kaufmännischen Schulwesens durchgeführt. Der von Regierungen, Kommunen, Kammern, Verbänden, Schulen sowie Firmen und persönlichen Mitgliedern getragene Verband hatte sich zur Aufgabe gesetzt, das kaufmännische Unterrichts- bzw. Bildungswesen zu fördern und systematisch auszubauen." (Deutsche Forschungsgemeinschaft 1990, S. 10)

Zu Beginn des zwanzigsten Jahrhunderts waren die Anforderungen der komplexen technisierten und industrialisierten Arbeitswelt so gravierend, dass damit die Probleme der Berufsausbildung nicht nur von Handel und Industrie erkannt wurden, sondern auch in das öffentliche Bewusstsein rückten. Der Deutsche Ausschuß für technisches Schulwesen (DATSCH) wurde 1908 von verschiedenen Verbänden und Vereinen (u. a. VDI, VDMA) in Berlin mit dem Ziel gegründet, die bis dahin nicht geordnete Ausbildung für technische Berufe zu vereinheitlichen. „Dieses Anliegen betraf damals nicht nur die Facharbeiterlehre. So waren z. B. Fragen der technischen Hochschulen ebenso inbegriffen wie solche der gewerblichen Fortbildungsschulen, aus denen sich nach dem Ersten Weltkrieg die Berufsschulen entwickelten." (Herkner 2016, S. 350) In der Folge aber richtete sich das Interesse der gesellschaftlichen Mächte des Beschäftigungssystems stärker auf die nichtakademischen als auf die akademischen Berufsbereiche.

Für den technischen Bereich wurde am 06.10.1925 „in Düsseldorf auf Initiative der Schwerindustrie das ‚Deutsche Institut für technische Arbeitsschulung' (DINTA)[568] gegründet" (Grottker 2016, S. 369). Das DINTA verbreitete „neue Ausbildungsmethoden, veränderte Berufsbilder sowie neue Erziehungsdoktrinen der beruflichen Bildung. Während sich der Deutsche Ausschuß für Technisches Schulwesen (DATSCH) vor allem als beratendes pädagogisches Organ für alle Fragen der Facharbeiterausbildung und des technischen Schulwesens verstand, war das DINTA mehr eine konzeptionell und analytisch tätige Institution zur Vorbereitung und Durchsetzung von Verfügungen und Verordnungen auf dem Gebiet des Lehrlingswesens." (ebd.)

Bei diesen Prozessen spielte Industrie und Handel, die Industrie- und Handelskammern und der Deutsche Industrie- und Handelstag (DIHT) eine wesentliche Rolle. Im Zusammenhang mit den Lehrabschlußprüfungen im gewerblichen und kaufmännischen Bereich ging es u. a. auch um das Problem der verbindlichen Festlegung von Dauer und Inhalt der Berufsausbildung.

Seit der sogenannten Machtergreifung der Nationalsozialisten erfolgte eine stärkere Ideologisierung und Politisierung des Lehrlingswesens, des Studiums und der Berufsbildung allgemein. Zwar erreichte der DATSCH als zuständiges quasi nationales Gremium für alle Belange der Ausbildung von Ge-, An- und Ungelernten auf gewerblich-technischem Gebiet große Bedeutung, „obgleich er durch den Gesetzgeber dazu nicht berufen war. Zeitweise waren über 50 Vereine und Verbände im DATSCH integriert, was ihn zu einer bedeutenden Interessenvertretung der deutschen Wirtschaft werden ließ. Daher erklärte der Reichswirtschaftsminister 1935 ihn zu seinem beratenden Organ. Anfang 1939 wurde er offiziell in ein Reichsinstitut für Berufsausbildung in Handel und Gewerbe umgewandelt, das bis zum Frühjahr 1945 bestand." (Herkner 2016, S. 350) Bereits einige Jahre zuvor waren an den beruflichen Schulen eine verstärkte Rationalisierung und Anpassung der Zugangsvoraussetzungen und der Bildungsgänge zu verzeichnen.[569] Im Laufe der nationalsozialistischen Herrschaft kam es auch im akademischen Bereich zu immer stärkeren Eingriffen in das Geschehen an den Universitäten und Hochschulen ohne wissenschaftliche Begründungen. Erhebliche qualitative Defizite ergaben sich insbesondere durch Berufsverbote.

Die in der ersten Hälfte des zwanzigsten Jahrhunderts erfolgten Aktivitäten zur Berufsbildung waren wichtig. Sie beruhten aber meist nicht auf systematisch oder wissenschaftlich

---

[568] „1933 wurde das DINTA in die „Deutsche Arbeitsfront" (DAF) eingegliedert und hieß seither „Deutsches Institut für nationalsozialistische technische Arbeitsschulung". (…). Die ordnungspolitische Wirksamkeit dieses Amtes betraf zahlreiche Details der Neuregelung der Berufserziehung. So hatte es auch einen großen Anteil an der Erarbeitung eines von der DAF 1935 für verbindlich erklärten Lehrvertragsmusters." (Grottker 2016, S. 369

[569] Für die schulische, aber auch die betriebliche nicht-akademische Berufsausbildung kann aus heutiger Sicht resümiert werden, dass es in der NS-Zeit durch verschiedene diktatorische Reformen, Maßnahmen und Regelungen zu einer Vereinheitlichung und Gleichschaltung, aber auch zu einer starken Abhängigkeit des beruflichen Schulwesens von der Politik und den staatlichen Behörden kam.

gewonnenen Erkenntnissen. Sie können deshalb bestenfalls als vorwissenschaftlich eingeschätzt werden.

Nach dem Zweiten Weltkrieg erteilte die alliierte Kommandantur in Berlin „die Lizenz für das Institut für Berufsbildung als eingetragener Verein; es wird in den Ostteil der Stadt verlagert" (BIBB 2010b, S. 298). Mit der Gründung der beiden deutschen Staaten (BRD und DDR) entwickelten sich die Berufsbildungsstrukturen zunächst nur teilweise unterschiedlich. Ähnlich waren noch Konzepte, die Voraussetzungen zur wissenschaftlichen Durchdringung der Berufsbildung zu schaffen.

Es wurden die Arbeitsstelle für Betriebliche Berufsausbildung (ABB) und hieraus das Bundesinstitut für Berufsbildungsforschung (BBF) in der Bundesrepublik Deutschland und aus dem Institut für Berufsbildung nach mehrfachen Umbenennungen das „Deutsche Zentralinstitut für Berufsbildung" (ZIB) in der Deutschen Demokratischen Republik gegründet.

In Westdeutschland beginnt die „Institutionalisierung und die inhaltliche Systematisierung der *Berufsbildungsforschung* zaghaft, pragmatisch und punktuell mit der seit 1953 sogenannten *Arbeitsstelle für Betriebliche Berufsausbildung (ABB)* und auch mit der 1951 vollzogenen Gründung des *Instituts für Berufserziehung im Handwerk*, wobei die *ABB* – trotz eigentlich rechtlicher Gleichstellung mit dem *Institut für Berufserziehung im Handwerk* – die berufsbildungspolitisch eindeutigeren und nachhaltigeren Akzente setzte. Beide Institutionen waren in der Gründungsphase der Bundesrepublik zentral verantwortlich für die Vorbereitung der staatlich anerkannten Ordnungsmittel der betrieblichen Berufsausbildung, die *ABB* für den industriellen und kaufmännischen Bereich, das Handwerksinstitut für die Ausbildung im Handwerk. Forschungsmethodisch orientierten sich beide Institutionen überwiegend *nicht* am Primat empirischer Bildungsforschung." (Dobischat/Düsseldorf 2010, S. 388; Hervorhebungen im Original)

In Ostdeutschland erfolgt eine Ausgliederung des Deutschen Zentralinstituts für Berufsbildung (DZfB) „aus dem Staatssekretariat und Umbenennung in ‚Deutsches Institut für Berufsausbildung', 1964 in ‚Deutsches Institut für Berufsbildung – DIB' und 1974 (bis 1990) in ‚Zentralinstitut für Berufsbildung der DDR' (ZIB)" (BiBB 2010b, S. 299). Da die Didaktik der DDR durch normative Forschungsansätze der „Akademie der Pädagogischen Wissenschaften" geprägt war, konnte das ZIB nur bedingt eigenständig arbeiten (vgl. Hortsch/Kerstin 1996, S. 256 f.)[570].

Durch das Bundesinstitut für Berufsbildungsforschung wurde Forschung zu den Berufen betrieben und die dabei gewonnenen Ergebnisse genutzt. Die dort bis in die sechziger Jahre des vorigen Jahrhunderts geleisteten Arbeiten können mit Anspruch auf Systematik und Aussagekraft aber auch nur teilweise als wissenschaftlich angesehen werden.

---

[570] Aussagen wie „Eigenständige Auffassungen in der Berufspädagogik in der DDR, hier ist speziell die Dresdner Schule zu nennen, führten quasi ein Eigenleben" (Hortsch/Kerstin 1996, S. 256) erscheinen geschönt, wie der Autor während der Tätigkeit in Dresden seinerzeit in vielen Gesprächen mit anderen Institutsangehörigen über die Zeit der DDR erfuhr.

- **Anfänge der systematischen Berufsbildungsforschung**

Von Berufsbildungsforschung im Sinne eines sich selbst tragenden wissenschaftlichen Geschehens konnte erst seit Mitte der 1960er Jahre die Rede sein. Von jetzt an gab es eine Kontinuität und einen Facettenreichtum der auf die Probleme beruflicher Bildung gerichteten Untersuchungen. Die Verfasser der Denkschrift (Deutsche Forschungsgemeinschaft 1990, S. 12) betonen, dass die Berufsbildungsforschung nicht zeitlich genau festzulegen war, wie sie meinten, erwuchs die Forschung „vielmehr aus einem Prozeß, in dem einzelne Untersuchungen von paradigmatischer Bedeutung wirkungsgeschichtlich Zeichen setzten". Diese Vorgänge wurden verstetigt „durch die Gründung spezieller Institute, deren Kapazitäten und Programme nur Teile des Gegenstandsbereichs der Berufsbildungsforschung" (ebd.) abdeckten. „Dabei ist zwischen sozioökonomisch akzentuierten und im engeren Sinne berufs- und wirtschaftspädagogischen Forschungen zu unterscheiden." (ebd.) Während dieser einige Jahre andauernden Phase lagen die Initiativen eindeutig bei der soziologischen Forschung, während die Berufs- und Wirtschaftspädagogik sich zu Ansprüchen auf Berufsbildungsforschung passiv, abwartend oder zögerlich verhielt.

- **Sozial- und wirtschaftswissenschaftliche Forschung**

Infolge der sozio-technischen Entwicklungen nach der Wiederaufbau- und der Restaurationsphase wurde durch wirtschafts- und sozialwissenschaftliche Studien wichtige Fragen und Probleme erkannt und behandelt, die auch für einen größeren Kreis der mit Berufsbildung Befassten von Bedeutung waren. Insbesondere solche empirischen „Forschungen, in deren Mittelpunkt der Status und die Prozessbildung der industriegesellschaftlichen Realität der entwickelten westlichen Industriegesellschaften standen, nahmen seit Beginn der 1950er Jahre insgesamt einen qualitativen wie auch einen quantitativen Aufschwung." (Dobischat/Düsseldorf 2010, S. 389)

Herausgestellt wurden mit der Gedenkschrift der Deutschen Forschungsgemeinschaft (1990, S. 13) für diese Zeit „drei Forschungsrichtungen:
(1) Seit der von Helmut Schelsky geleiteten Untersuchung des Deutschen Gewerkschaftsbundes über ‚Arbeitslosigkeit und Berufsnot der Jugend' aus der ersten Hälfte der 50er Jahre wurden mehrfach in soziologischen Untersuchungen mit industriesoziologischen, regionalsoziologischen, schichtungs- und mobilitätsorientierten oder bildungssoziologischen Fragestellungen wichtige Teilaspekte, Prozesse und Strukturen des Berufsbildungssystems behandelt.
(2) Bei den im Anschluß an die Automationsdebatte der späten 50er Jahre in wachsender Zahl durchgeführten Untersuchungen über ‚soziale Auswirkungen des technischen Fortschritts' spielte in aller Regel die Frage nach Veränderungen in den benötigten Qualifikationen eine erhebliche Rolle. Aus der Analyse ausgewählter betrieblicher Innovationsfälle (oder aus der Gegenüberstellung der Verhältnisse an alten und neuen Produktionsanlagen gleicher Art) schienen sich auch klare Tendenzen des Wandels der Berufs- und Arbeitsplatzstruktur abzuzeichnen, denen sich das Berufsbildungssystem anpassen müßte.
(3) Endlich demonstrierten ausländische Vorbilder, daß die wachstumstheoretischen Modelle der Nationalökonomie, sofern ausreichend zuverlässige statistische Daten über die

volkswirtschaftliche Arbeitskräftestruktur vorlagen, auch dazu genutzt werden konnten, längerfristige Prognosen des gesamtwirtschaftlichen Bildungs- und Ausbildungsbedarfs zu erstellen."

Wirtschafts- und sozialwissenschaftliche Diskurse – teilweise mit bildungssoziologischen Themen – entstanden (vgl. Dahrendorf) 1965). Mit dem vierzehnten Deutschen Soziologentag 1959 in Berlin, der schon im Vorfeld durch Richtungskämpfe (z. B. Rücknahme eines Beitrages von Schelsky) bestimmt war, wurden auch Fragen der beruflichen Mobilität und die der Arbeitslosigkeit sowie der Berufsnot der Jugend aufgrund von ersten Forschungsergebnissen zur beruflichen Qualifizierung thematisiert.

Mit der Anfang der 1960er Jahre anlaufenden Diskussion zu einer Bildungsreform erhielten Forschungen zur Berufsbildung zunehmend an Bedeutung. „Die großen sozialwissenschaftlichen ‚Lehrlingsstudien' legten zugleich zentrale Struktur- und Steuerungsdefizite des traditionellen Systems beruflicher Bildung offen, wie beispielsweise große Diskrepanzen zwischen der Berufsstruktur der Lehrlinge und der Erwerbstätigen oder extreme Varianzen in den Ausbildungsbedingungen und Ausbildungskosten, die als Indikator gravierender Qualitätsmängel bei vielen Ausbildungsverhältnissen gedeutet wurden." (Deutsche Forschungsgemeinschaft 1990, S. 13)

Berufsbildung und deren Forschungsergebnisse wurden zum gesellschafts- und bildungspolitischen Thema. Insbesondere die „in soziologischen und ökonomischen Innovationsstudien formulierte These einer fortschreitenden Polarisierung der benötigten Qualifikationen bei gleichzeitiger Erosion des Mittelfeldes berufspraktischer Ausbildungen vom Typ des Facharbeiters oder Fachangestellten geriet zu einem beherrschenden Thema der bildungspolitischen Diskussion. Auf diese Weise wurde nicht nur die Reformbedürftigkeit der Berufsbildung öffentlich bewußt gemacht, sondern auch die Bedeutung empirischer Befunde für die Reform wirksam demonstriert und der Wunsch nach weiterer reformrelevanter Forschung geweckt." (Deutsche Forschungsgemeinschaft 1990, S. 13)

Als Einrichtung der Bundesanstalt für Arbeit (BA)[571] wurde 1967 das Institut für Arbeitsmarkt- und Berufsforschung (IAB) gegründet, dessen Aufgaben im Arbeitsförderungsgesetz (AFG) im Jahr 1969 bestimmt und gesetzlich geregelt wurden. Aufgabe des Instituts war – wie es der Name ausdrückte – Arbeitsmarkt- und Berufsforschung zu betreiben.

Von den verschiedensten Seiten wurden in der Folgezeit Untersuchungen vorgenommen, „deren Erträge erste Prognosen über die volkswirtschaftliche Arbeitskräftestruktur ermöglichten und den Zusammenhang zwischen gesamtwirtschaftlicher Entwicklung, Bildungs- und Ausbildungsbedarf und politischer Steuerung offenlegten" (Dobischat/Düsseldorf 2010, S. 389). Dazu gehörten auch die von der Bildungskommission im Jahre 1969 aus-

---

[571] Die damalige Bundesanstalt für Arbeit ist eine Nachfolgerin der „Reichsanstalt für Arbeitsvermittlung und Arbeitslosenversicherung", die am 16.Juli 1927) als selbstständige Körperschaft mit Selbstverwaltung errichtet wurde.

gesprochenen „Empfehlungen zur Verbesserung der Lehrlingsausbildung", die sich bereits auf die Ergebnisse von empirischen Befunden stützen konnten.

Die Studien und Untersuchungen entstanden allerdings nach keinem übergeordneten Konzept, ließen keinen systematisierten Zusammenhang sowie eindeutige Forschungskontinuitäten erkennbar werden und waren unter dem bildungspolitischen Aspekt nicht sehr wirksam (Bolte 1997). Anders war es mit der von Georg Picht (1964) vorausgesagten „Bildungskatastrophe", die große öffentliche Aufmerksamkeit erfuhr.

Im Rahmen der sogenannten „großen Bildungsreform" in den 1970er Jahren hat der Deutsche Bildungsrat Strukturen, Aufgaben und Ziele in einen Zusammenhang mit der Bildungsforschung gebracht.[572] In einzelnen soziologischen Studien wurden auch die berufsbildungspolitischen Interessen und Strategien von Verbänden, Parteien sowie der Exekutive analysiert. Mit den sich auflösenden Strukturen der Restaurationsphase wurde die sich entfaltende soziologische Berufsbildungsforschung schon seit der Mitte der 1960er Jahre „von einer breiten und rasch zunehmenden öffentlichen Förderung getragen, und zwar auf zweifache Weise:
- Zum einen wurden von verschiedenen Stellen, Auftraggebern und Förderinstanzen weit mehr Mittel zur Finanzierung von einschlägigen Forschungsprojekten bereitgestellt als bisher; dies spielte nicht zuletzt auch bei der Entstehung und Konsolidierung einiger hochschulfreier sozialwissenschaftlicher Forschungsinstitute in der zweiten Hälfte der 60er Jahre eine wichtige Rolle;
- zum anderen wurden im Rahmen der öffentlichen Verwaltung neue, zum Teil groß dimensionierte Kapazitäten für Berufsbildungsforschung geschaffen; weitaus am wichtigsten war in diesem Zusammenhang die Gründung des heutigen Bundesinstituts für Berufsbildung (ursprünglich: Bundesinstitut für Berufsbildungsforschung) 1970." (Deutsche Forschungsgemeinschaft 1990, S. 14)

Die Entwicklung der Berufsbildungsforschung verstärkte sich mit dem Beginn der gesellschaftlichen Modernisierung und der Aufwertung der Berufsbildung (Bremer 2005, S. 78). Berufsbildungsforschung wurde als Innovationsprozess begriffen (Laur-Ernst 2005, S. 82 ff.). Wie Antonius Lipsmeier (2005, S. 24) herausstellte, bestand „weitgehend Konsens darüber, dass durch die Errichtung des Bundesinstituts für Berufsbildungsforschung im Jahre 1971 nicht nur die berufswissenschaftlich orientierte, sondern auch die berufspädagogisch akzentuierte Berufsbildungsforschung neue Impulse bekommen hat."

Über die Wirkung und Nachhaltigkeit der sozio-ökonomischer Berufsbildungsforschung, die bis in die Anfangszeit der 1970er Jahre reichte, gab es widerstreitende Meinungen. In der Denkschrift der Deutschen Forschungsgemeinschaft heißt es: „Auf der einen Seite hat

---

[572] Damit ging die Bildungskommission des Deutsche Bildungsrates und die schon „1965 institutionalisierte Bildungskommission über das hinaus, was der Deutsche Ausschuß für das Erziehungs- und Bildungswesen seit 1953 zur Grundlage seiner Empfehlungen gemacht hatte. Das vom Deutschen Ausschuß für das Erziehungs- und Bildungswesen 1964 erstattete ‚Gutachten über das Berufliche Ausbildungs- und Schulwesen' enthielt jedoch schon – im Vergleich mit anderen Empfehlungen dieses Gremiums - einen ausgeprägten Bezug zum Erkenntnisstand der damals eben erst ansetzenden Berufsbildungsforschung." (Deutsche Forschungsgemeinschaft 1990, S. 14)

sich insbesondere dort, wo um 1970 spezialisierte und institutionell abgesicherte Forschungskapazitäten entstanden waren, der ursprüngliche Impetus zu einer Berufsbildungsforschung partiell stabilisiert: Orientierung an praktisch-politischen Aufgaben und Notwendigkeiten, Überschreitung der Fachrichtungsgrenzen.

Dies gilt vor allem für zwei Forschungsrichtungen, die sich schlagwortartig als ‚sozioökonomische Struktur- und Planungsforschung' und ‚Erforschung von beruflichen Sozialisationsprozessen' charakterisieren lassen (…). Allerdings blieben die diesen Forschungsrichtungen zuzurechnenden Wissenschaftler und wissenschaftlichen Arbeiten überwiegend Außenseiter in der institutionalisierten Forschung und wissenschaftlichen Debatte, die sich im Laufe der 70er Jahre zunehmend auf die herkömmlichen Disziplinen zentrierte. Sie hatten demzufolge kaum eine Chance, auf die innere Entwicklung ihrer Disziplinen einzuwirken.

Auf der anderen Seite folgte bei allen anderen an Berufsbildung und Berufsbildungspolitik orientierten Fragestellungen dem Aufschwung um 1970 ein weitgehendes Erlahmen von Forschungsinteressen und Forschungsintensität." (Deutsche Forschungsgemeinschaft 1990, S. 14 f.) Weil das gesellschaftspolitische Interesse erlosch, „kam es dann auch in keiner der wirtschafts- und sozialwissenschaftlichen Fachrichtungen zur Herausbildung einer eigenständigen berufsbildungsbezogenen Spezialrichtung, die ihre spezifischen Konzepte und Theoreme hätte entwickeln, geeignete Informationsquellen pflegen und Informationsbestände aufbauen und ihre internen Diskussionen strukturieren können" (Deutsche Forschungsgemeinschaft 1990, S. 15).

Bemerkenswert für den damaligen Stand der Berufsbildungsforschung sind die Qualifikations- und Arbeitsanalysen, die aus der gemeinsamen Arbeit des Bundesinstitutes für Berufsbildungsforschung (BBF), dem Institut für Arbeitsmarkt- und Berufsforschung (IAB) sowie der für solche Fragen zuständigen Unterabteilung der Bundesanstalt für Arbeit (BA) hervorgingen (Autorengemeinschaft 1974, S. 164 ff.). In der Folgezeit wurden Qualifikationsermittlungen mit Hilfe von Arbeitsplatzuntersuchungen für die Elektroberufe (Pfeuffer 1975, S. 272 ff.) und für die Metallberufe (Löns 1975, S. 276 ff.) vorgenommen, um daraus Lernziele zu entwickeln. Schließlich erhob Walter Volpert den Anspruch, mittels Handlungs- und Aufgabenstrukturanalysen „Tätigkeitsmerkmale so zu formulieren, dass diese ohne Transformation unmittelbar als Lernziele gelten können" (Volpert 1974, S. 72). Auch bei Berücksichtigung dieser Aktivitäten ist festzustellen: Es spielten „Fragestellungen aus der Berufsbildung in der theoretischen, methodischen und empirischen Entwicklung der Wirtschafts- und Sozialwissenschaften seit der Mitte der 70er Jahre nur noch eine marginale Rolle" (Deutsche Forschungsgemeinschaft 1990, S. 15). In den Wirtschafts- und Sozialwissenschaften wendete sich das Erkenntnisinteresse nun anderen zu, denn seitdem bestimmten insbesondere der industrielle und technologische Wandel und die damit verbundene Beschäftigungskrise die Öffentlichkeit und die Wissenschaft.

Für die Berufsbildungsforschung ergaben sich erst mit der Wiedervereinigung und dem 1990 wirksam werdenden Einigungsvertrag zwischen der Deutschen Demokratischen Republik und der Bundesrepublik Deutschland neue Impulse. Diese richteten sich in der Folgezeit u. a. wegen der Globalisierung und der europäischen Angleichungen vor allem auch auf die Fragen nach dem deutschen Berufskonzept, der Ver- und Entberuflichung und vermehrt auf diejenigen nach den Tätigkeitsprofilen auf dem Arbeitsmarkt. Einen erheblichen Bedeutungszuwachs hatte seit der Jahrtausendwende und hat auch heute noch immer die Kompetenzforschung in der Berufsbildung auf nationaler sowie europäischer Ebene erfahren.

Die Förderung der Berufsbildungsforschung verlagerte sich zunehmend von der nationalstaatlichen auf die europäische Ebene. Diese Entwicklung lässt „sich nicht eindeutig als Förderung der Berufsbildungsforschung durch die EU interpretieren. Zwar werden von der EU nach wie vor erhebliche Mittel in Aktionsprogramme wie LEONARDO DA VINCI investiert, aber der Anteil der Forschung ist dort zumindest zeitweise zugunsten von Entwicklungsaktivitäten reduziert worden." (Fischer/Münk 2005, S. 95) Von der Europäischen Union wird die Berufsbildungsforschung bedauerlicherweise vorwiegend hinsichtlich ihrer Verwertbarkeit gesehen. Sie weist „der Berufsbildungsforschung damit einen instrumentellen Charakter für politische Zwecke zu, die sich nach wie vor im Spannungsfeld von Divergenz und Konvergenz der Berufsbildung in Europa bewegen, jedoch deutlicher als früher in eine Richtung weisen: Die Berufsbildungsforschung wird unter dem Titel ‚Transparenz und Vergleichbarkeit von Bildungsabschlüssen' für die Herstellung eines gemeinsamen europäischen Arbeitsmarkts funktionalisiert." (ebd.) Welche Entwicklung die Berufsbildungsforschung im nationalen, europäischen und darüber hinaus in der Entwicklungszusammenarbeit (Georg 2005, S. 95 ff.) in nächster Zeit nehmen wird, bleibt noch abzuwarten.

- **Berufs- und wirtschaftspädagogische Forschung**

Die Akteure der sich erst in den 1950er Jahren etablierenden Berufs- und Wirtschaftspädagogik wendeten sich im Vergleich zu den Soziologen und Wirtschaftswissenschaftlern erst relativ spät der Berufsbildungsforschung zu. „Die Hindernisse für eine Entfaltung der Berufsbildungsforschung in diesen Disziplinen der Erziehungswissenschaft sind sowohl in den Definitionen ihrer primären Aufgaben und in den institutionellen Bedingungen der Aufgabenerfüllung als auch (…) im wissenschaftlichen Selbstverständnis ihrer maßgeblichen Vertreter zu sehen." (Deutsche Forschungsgemeinschaft 1990, S. 16)[573]
Die personellen und materiellen Ressourcen waren sehr knapp und auch haushaltstechnisch primär für die Lehre vorgesehen. Berufsbildungsforschung konnte nur durch Einzel-

---

[573] „Die Berufspädagogik und die Wirtschaftspädagogik sind erziehungswissenschaftliche Teildisziplinen, die sich erst im 20. Jahrhundert entwickelt haben. Ihre Entstehung geht auf die Aufgabe zurück, Lehrer für Gewerbe- und Handelsschulen pädagogisch zu qualifizieren. In die Ausbildung von Diplom-Handelslehrern an den Handelshochschulen sowie in diejenige von Gewerbelehrern an Gewerbelehrerseminaren – seit Ende der zwanziger Jahre: Berufspädagogische Institute – wurden zunächst didaktisch-methodische Studieninhalte aufgenommen, die zunehmend einen an der Idee der Menschenbildung durch den Beruf orientierten, in sich geschlossenen Studienschwerpunkt bildeten, für den seit Beginn der dreißiger Jahre der Anspruch wissenschaftlicher Selbständigkeit erhoben wurde. Die auf die Ausbildung für gewerblich-technische Tätigkeiten konzentrierte Berufspädagogik und die dem kaufmännisch-verwaltenden Sektor zugeordnete Wirtschaftspädagogik nahmen anfangs voneinander getrennt verlaufende Wege, wobei die Wirtschaftspädagogik in besonderer Weise ihre Selbständigkeit gegenüber der Allgemeinen Pädagogik betonte. Gemeinsam blieb ihnen über den Entstehungszusammenhang hinaus die Einbindung in die Lehrerbildung. Von dieser Aufgabe her wurden die Zahl der Professuren und die Kapazität der Lehrstühle bemessen; auch die eigentlichen Forschungsinteressen waren – wo sie sich überhaupt entfalten konnten – in diesem Kontext verankert." (Deutsche Forschungsgemeinschaft 1990, S. 16)

initiativen der Hochschullehrer und durch die Vergabe von Promotionsthemen erfolgen. Mit dem Ende der 1960er Jahre beginnenden Ausbau der Berufs- und Wirtschaftspädagogik änderten sich die Bedingungen, die Zahl der Professuren nahm zu, und der Mittelbau wurde etwas aufgestockt. Aber die rasch wachsende Anzahl der Studierenden führten zu einer Situation, die zwar Lehre ermöglichte, jedoch kaum Berufsbildungsforschung zuließ.

„Da sich aber innerhalb der Disziplin ein breiter Konsens hinsichtlich der Notwendigkeit und Dringlichkeit berufs- und wirtschaftspädagogischer Berufsbildungsforschung durchsetzte, wurde – im Unterschied zur vorangegangenen Epoche – vielerorts der Versuch unternommen, durch die Einwerbung von Drittmitteln die personellen und sächlichen Voraussetzungen für die Beteiligung am Forschungsprozeß zu schaffen." (Deutsche Forschungsgemeinschaft 1990, S. 17)

Die Vertreter der Berufs- und Wirtschaftspädagogik vollzogen zugleich eine realistische Wende, und richteten sich mit den wissenschaftlichen Arbeitsmethoden an der Methodologie der empirischen Sozialwissenschaft aus. Wegen der weiterhin unzureichenden Rahmenbedingungen konnten an den Universitäten allerdings nur singuläre und thematisch eng angelegte Vorhaben zur Berufsbildungsforschung angesetzt werden. Forschungsinstituten wurden kaum Mittel bereitgestellt. Deshalb gründeten die Bundesländer im Laufe der 1970er Jahre staatliche Institute für Schulpädagogik, in denen auch die Berufspädagogik berücksichtigt werden sollte. In der Zeit der Wiedervereinigung Deutschlands erfolgte „Berufsbildungsforschung an den Universitäten insbesondere mit Modellversuchen, und zwar durch die Übertragung der für sie regelmäßig vorgesehenen wissenschaftlichen Begleitungen. Allerdings verband sich damit die Gefahr, in politische Abhängigkeiten zu geraten. Die meist enge pragmatische Perspektive der wissenschaftlichen Begleitforschung und die auf sie zugeschnittenen finanziellen Mittel und Zeitvorgaben erlaubten es nur in günstigen Einzelfällen, gleichzeitig auch die berufs- und wirtschaftspädagogische Grundlagenforschung voranzubringen." (Deutsche Forschungsgemeinschaft 1990, S. 18)

In den 1990er Jahren ist im Bereich der Berufs- und Wirtschaftspädagogik eine Vielzahl von wissenschaftlichen Modellversuchen etc. durchgeführt worden.[574] Da die Projekte häufig nur singuläre Probleme aufgriffen, untereinander nicht abgestimmt waren und eine übergeordnete Forschungsstruktur nicht erkennbar wurde, ergaben sich auch Überlegungen zu Forschungsprogrammen.

Mit der von Frank Achtenhagen und Wolfgang Lempert (2000) in fünf Bänden herausgegebenen „Programmschrift" zum „Lebenslanges Lernen im Beruf" war beispielsweise intendiert, Vorschläge für Forschungsprojekte und Reformmaßnahmen zu entwickeln

---

[574] „Die Berufsbildung als wichtiges gesellschaftliches Subsystem ist vor allem von der Erziehungswissenschaft (einschließlich der Berufs- und Wirtschaftspädagogik), der Psychologie, den Humanwissenschaften und der Anthropologie als Forschungsgegenstand bearbeitet worden. Aber auch Soziologie, Rechtswissenschaft, Politikwissenschaft sowie Wirtschafts- (…) und Ingenieurwissenschaften haben die Bedeutung der Berufsbildung für gesellschaftliche Strukturen und Entwicklungen thematisiert." (Buchmann 2002, S. 5 f.)

Berufliches Lernen und Studieren als Gegenstand der Berufsbildungswissenschaft 639

(Achtenhagen/Lempert 2000. Bd. I, S. 24). Die Herausgeber nannten sechs „Module" für Forschungsprojekte (ebd., S. 130):
(a) Zusammenhänge zwischen sinnstiftendem Wissen im Schulwesen und Förderung von selbstorganisiertem Lernen,
(b) Zusammenhänge zwischen arbeitsbezogenem Lernen im Betrieb und selbstorganisiertem Lernen,
(c) Zusammenhänge zwischen Lernen am Arbeitsplatz während der beruflichen Erstausbildung und selbstorganisiertem Lernen,
(d) Zusammenhänge zwischen Lernen am Arbeitsplatz während der späteren Erwerbstätigkeit und selbstorganisiertem Lernen,
(e) Erschließung bildungs- und berufsbiographischer Datenbestände,
(f) Erschließung institutioneller Informationen.

Das begrüßenswerte Ziel der Herausgeber war es, das Feld der Arbeiten in der Berufs- und Wirtschaftspädagogik im weitesten Sinne neu zu vermessen und zu bewerten, um in der Folge Vorschläge zur Überwindung des unbefriedigenden Forschungsstandes zu entwickeln.[575] Diese Programmschrift ist – wenn sie auch Kritik und Ablehnung von den verschiedensten Seiten der Hochschulen und Ministerien erfuhr – sehr verdienstvoll, denn sie erbringt einen umfassenden Überblick über die damalige Debatte und Anregungen für zukünftige berufsbildungswissenschaftliche Arbeit.

Insgesamt bestanden aber für die Berufs- und Wirtschaftspädagogik weiterhin Probleme bei Forschungskonzeptionen. Diese Probleme waren grundsätzlicher Art und lagen – wie Thomas Kurtz (vgl. 2000, S. 343 ff.) meint – in der Vermengung von der Reflexionstheorie über Pädagogik und dem Anspruch auf wissenschaftliche Berufsforschung.[576] Unabhängig von den Problemen der Berufs- und Wirtschaftspädagogik jedoch ist die Berufsbildungsforschung – wie Felix Rauner (2005) mit der Herausgabe des Handbuches Berufsbildungsforschung im Vorwort feststellt – „mittlerweile ein etablierter Schwerpunkt der Bildungsforschung".

Auch in der Alltagssprache und in der Terminologie der Berufsbildungspraktiker entwickelte sich inzwischen eine weitgehende Übereinstimmung über den Begriff „Berufsbildungsforschung", die für entsprechende Kommunikationsvorgänge ausreicht. Für „wissenschaftliche Arbeiten ist jedoch eine präzise Definition des Begriffs erforderlich, zumindest wünschenswert, und zwar in Bezug auf alle drei Wortteile: Beruf – Bildung – Forschung sowie deren spezifischen Beziehungen und Verbindungen." (Kell 2005, S. 55) Nicht nur für Adolf Kell bietet sich aus den vorhandenen Definitionen noch immer diejenige an, auf die sich eine von der Deutschen Forschungsgemeinschaft (DFG) eingesetzte interdisziplinäre Wissenschaftlergruppe verständigt hat, und auf der die Denkschrift über

---

[575] Sehr anregend kann für Projektdesigns die abschließende Liste von Forschungs- und Reformaufgaben (Achtenhagen/Lempert 2000, Bd. I, S. 121-152) sein.
[576] Diese aus gesellschaftstheoretischen Betrachtungen entwickelte Unterscheidung besagt, „dass Wissenschaft und Reflexion von einem je eigenen Referenzkontext aus im Rahmen funktional unterschiedlich ausdifferenzierter gesellschaftlicher Teilsysteme ihre gesellschaftliche Umwelt beobachten und in theorieförmiger Form beschreiben" (Kurtz 2000, S. 335) und berücksichtigen sollte.

„Berufsbildungsforschung an den Hochschulen der Bundesrepublik Deutschland" (Deutsche Forschungsgemeinschaft 1990, S. 1) basiert. Dort heißt es:
„Berufsbildungsforschung untersucht die Bedingungen, Abläufe und Folgen des Erwerbs fachlicher Qualifikationen sowie personale und soziale Einstellungen und Orientierungen, die für den Vollzug beruflich organisierter Arbeitsprozesse bedeutsam erscheinen."
An welchen Orten und mit welchen Schwerpunkten Berufsbildungsforschung betrieben wird, ist seit einem Vierteljahrhundert fast unverändert geblieben. Als Fazit ist noch immer „festzuhalten: Zwar hat sich die Berufsbildungsforschung in der Bundesrepublik an einigen Stellen etabliert, (...); ihr Potential reicht aber bei weitem nicht aus, um auch nur die besonders vordringlichen Forschungsaufgaben, die ihr durch die derzeitigen Entwicklungen in ihrem Gegenstandsbereich gestellt werden, zu bewältigen." (Deutsche Forschungsgemeinschaft 1990, S. 111 f.)

- **Berufsbildungsforschung als systematisches und überprüfbares Handeln**

Eine wesentliche Regelung für die Berufsbildungsforschung gibt das Berufsbildungsgesetz. Im Berufsbildungsgesetz (BBiG) von 1969 i. d. F. vom 23. März 2005 wird die Berufsbildungsforschung durch einen Zielkatalog beschrieben.
Unter dem Titel „Ziele der Berufsbildungsforschung" heißt es:
„Die Berufsbildungsforschung soll
1. Grundlagen der Berufsbildung klären,
- inländische, europäische und internationale Entwicklungen in der Berufsbildung beobachten,
- Anforderungen an Inhalte und Ziele der Berufsbildung ermitteln,
- Weiterentwicklungen der Berufsbildung in Hinblick auf gewandelte wirtschaftliche, gesellschaftliche und technische Erfordernisse vorbereiten,
- Instrumente und Verfahren von Berufsbildung sowie den Wissens- und Technologietransfer fördern." (BBiG 2005, § 84)

Damit sind übergeordnete und formale Rahmenbedingungen zukünftiger Berufsbildungsforschung – in welchen Disziplinen und wissenschaftlichen Zusammenhängen auch immer – vorläufig festgeschrieben, die – cum grano salis – auch auf den akademischen Bereich bezogen werden können

Einschränkend muss aber der unter wissenschaftlicher Sicht zeitlich und inhaltlich begrenzte Aussage- du Wahrheitswert von Gesetzen berücksichtigt werden. Selbst wenn sinnvolle gesetzliche Vorgaben bestehen, muss die Berufsbildungsforschung darüber hinaus eventuell für neue, bisher nicht erkannte Untersuchungsbereiche offen bleiben. Insofern stellt Forschung ein methodisch begründetes rationales Handeln dar, welches zur Theoriebildung führen kann, das bestehendes Wissen und auch Gesetze ergänzen, verändern oder in Frage stellen kann.

Für die Arbeitsweise und die Art sowie Qualität der Berufsbildungsforschung ist die Person der Forscherin bzw. des Forschers von überragender Bedeutung.[577] Deren Engagement, Grundvorstellungen und Denkstil bestimmen, was als Gegenstand und auf welche Weise untersucht werden soll. Dadurch „fließen spezifische Motive und Erkenntnisinteressen in das Handeln ein" (Sloane 2006, S. 614). Der Denkstil einer Forscherin bzw. eines Forschers „ist i. d. R. das Ergebnis einer wissenschaftlichen Sozialisation und Ausdruck einer Zugehörigkeit zu einer Denkstilgemeinschaft (Schule, Disziplin etc.)" (ebd.). Die Rationalitätsmodelle von Forscher/-innen „lassen sich dabei an Zielen und Forschungsidealen festmachen" (ebd.). Die Forschungsrationalität kann hypothetische, plausibilistische oder dialektischen Aspekte aufweisen. Ergebnisse forschungsrationaler Arbeit „sind Theorien, Konzepte und/oder Modelle zum Forschungsgegenstand, hier zur Berufsbildung." (ebd.) Demzufolge müssen die Forschungsergebnisse systematisch und nachvollziehbar dargestellt werden. Durch die Rückkopplung dieser „Produkte" zum Denkstil zeigt sich wiederum, dass die soziale „Wirklichkeit eine Rückwirkung auf das Denken und Handeln des Forschenden hat" (ebd.) (Abb. 121). Die wissenschaftlichen Rationalität als Ganzheit jedoch drückt „sich in der Einheit von Forschungsrationalität und Darstellungsrationalität" (Mittelstraß 2014, S. 279) aus.

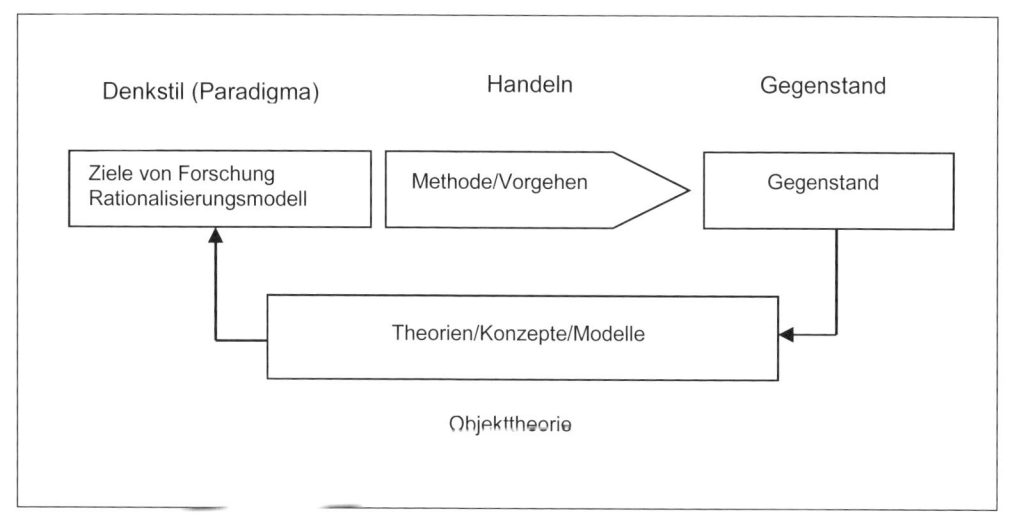

Abb. 121: Forschung als rationales Handeln (Sloane 2006, S. 614)

Für die Berufsbildungswissenschaft als anwendungsorientierte Disziplin geht es neben der Forschungsrationalität insbesondere auch um die Darstellungsrationalität, das heißt im Einzelnen um die Vermittlungs-, Durchsetzungs- und Anwendungsrationalität. Hierbei ist der Einfluss der handlungs- und anwendungsorientierten Seite der Berufsbildungswissenschaft auf die Wechselwirkungen zwischen Berufsbildungstheorie und Berufsbildungs-

---

[577] Aber auch das Alltagsverständnis kann beim wissenschaftlichen Arbeiten und Denken eine größere Rolle spielen, als es gemeinhin angenommen wird.

wirklichkeit zu reflektieren, zu erfassen und zu verstehen. Damit können gegebenenfalls Fehlanwendungen in der Berufsbildungspraxis vermieden werden.

4.6.2 Arbeitsfelder der Grundlagen- und Anwendungsforschung

- **Einordnung der berufsbildungswissenschaftlichen Forschungsfelder – Ein Systematisierungsansatz**

Die Vielzahl von meist singulären Modellversuchen und Projekten, die bereits im letzten Jahrhundert entstanden, ergaben sich häufig aus spezifischen Fragestellungen verschiedener Disziplinen. Dadurch waren das Forschungsgeschehen und auch die Forschungsergebnisse kaum überschaubar. Viele Themen entstanden quasi naturwüchsig. Es erfolgten bislang auch nur erste Ansätze zur systematischen Einordnung von Ergebnissen der Berufsbildungsforschung in einen größeren und systematischen Zusammenhang.

An diesen bedauerlichen Zuständen entzündet sich die Kritik. So stellen beispielsweise Mona Granato, Dieter Münk und Reinhold Weiß (2011, S. 27) fest: Es „sind erhebliche Forschungsdefizite und ‚weiße Flecken' in der Forschungslandschaft der beruflichen Bildung zu konstatieren. Denn in der Gesamtschau betrachtet, sind die vorweisbaren Forschungsansätze trotz ihrer Qualität, die sie jeweils für sich in Anspruch nehmen können, disparat und dilatorisch, sie entspringen keiner klaren, die Forschungsinstitutionen übergreifenden systematischen Konzeption, es existieren keine summarischen und durch Konsens der Scientific Community erzielten Prioritätensetzungen, geschweige denn so etwas wie ein klar konturiertes Forschungsprogramm."

Bereits um die Jahrtausendwende haben Jürgen van Buer und Adolf Kell (2000, S. 54) einen Vorschlag zur thematischen Klassifikation von Forschung entwickelt. Sie unterscheiden fünf Forschungsfelder der Berufsbildung, und zwar die vorberufliche Bildung, die nicht-akademische Berufsausbildung, die akademische Berufsausbildung, die berufliche Weiterbildung und die wissenschaftliche Weiterbildung.
Diesen fünf Forschungsfelder sind als System-Dimension die Ebenen Mikrosystem (berufliches Lehren und Lernen), Mesosystem (Organisationen und Institutionen), Exosystem (Gestaltung und Politik) sowie Makrosystem (Reflektion und Theorie) zuzuordnen. Dadurch entsteht eine Strukturmatrix zur Klassifizierung von Forschungsfeldern (Abb. 122).[578]

---

[578] Mikrosystem ist das unmittelbare System, in dem das sich entwickelnde Individuum lebt, arbeitet, lernt oder studiert. Das Mesosystem besteht aus zwei oder mehreren Organisationen und Umgebungen, denen das Individuum angehört. Das Exosystem wirkt als Umgebung, auf die die jungen Menschen keinen Einfluss haben, die das Individuum aber indirekt beeinflussen. Das Makrosystem prägt alle drei ihm untergeordneten Systeme. Es wirkt auf alle Individuen direkt oder indirekt durch Reflexion und Theoriebildung.

	1. vorberufliche Bildung	2. nicht-akademische Berufsausbildung	3. akademische Berufsausbildung	4. nicht-akademische Weiterbildung	5. akademische und wissenschaftliche Weiterbildung
1. Mikrosystem: Berufliches Lehren und Lernen					
2. Mesosystem: Organisationen und Institutionen					
3. Exosystem: Gestaltung – Politik					
4. Makrosystem: Reflexion – Theorie					

Abb. 122: Strukturmatrix zur thematischen Klassifikation der Berufsbildungsforschung (in Anlehnung an van Buer/Kell 2000, S. 54)

Mit dieser Matrix ist erstmals ein Rahmen vorgegeben, mit dem grobstrukturell gegenwärtige und zukünftig mögliche Forschungsfelder des Berufsbildungsgesamtsystems umfasst und eingeordnet werden können. Für die Forschung im Berufsbildungsgesamtsystem erscheint eine solche Systematisierung und Differenzierung in Forschungsbereiche sinnvoll und vielleicht auch anregend.

Entsprechendes fordern auch Mona Granato, Dieter Münk und Reinhold Weiß (2011, S. 28), wenn sie ausführen, es bedarf „einer vertieft differenzierten Kartierung der vorhandenen erkundeten ‚Forschungsinseln', d. h. einer weiteren Präzisierung der Terra incognita, also der weißen Flecken in der Forschungslandschaft. Im Rahmen einer solchen Kartierung fehlt ferner eine Systematik, aus der sich nachvollziehbar und forschungsbasiert so etwas wie eine Prioritäten- und damit Aufgabenliste (...) extrahieren ließe. Denn es ist am Ende bei beschränkten Ressourcen nicht möglich und im Übrigen auch forschungsstrategisch durchaus nicht sinnvoll, alles zu beforschen, was irgendwie beforscht werden kann."

Mit der Strukturmatrix können Projekte der Berufsbildungsforschung klassifiziert und wenig bearbeitetet Forschungsfelder erkennbar werden. Über die Strukturmatrix konnte aufgezeigt werden, dass der Schwerpunkt der Forschung bislang in der nicht-akademischen Berufsbildung liegt (vgl. van Buer/Kell 2000, S. 54). Zur nicht-akademischer Berufsbildung wurden in den letzten Jahrzehnten in allen Forschungsfeldern wissenschaftliche Untersuchungen durchgeführt. Aufgrund der Arbeit mit der Strukturmatrix zeigte sich u. a. zugleich ein erhöhter Forschungsbedarf im akademischen Berufsbildungsbereich.

Wie in anderen Wissenschaftssystemen (Vergleiche Kapitel 3.6.8, S. 468 ff.) sollte zur weiteren Differenzierung eine Aufgliederung in grundlegende Berufsbildungsforschung und anwendungsorientierte Berufsbildungsforschung vorgenommen werden.[579]

- **Grundlagenforschung**

Grundlagenforschung für die Berufsbildungswissenschaft, stellt die zweckfreie Tätigkeit mit den methodischen Mitteln der Disziplin dar. Sie ist nicht geleitet durch eine konkrete und spezifische spätere Anwendung. Vielmehr wird sich mit grundsätzlichen Fragen von Berufsbildung beschäftigt. Die erkenntnisorientierte und zweckfreie Grundlagenforschung ist auf reinen Erkenntnisgewinn über berufliches Lehren, Lernen und Studieren gerichtet. Teilweise besteht kein konkretes Projektziel, sondern ein eher globaler Problembereich. Durch Grundlagenforschung wird das Basis- und Elementarwissen generiert und auch verallgemeinert, das für eine weitergehende Berufsbildungsforschung für spezifische und auch anwendungsorientierte Problemlösungen benötigt wird.

Berufsbildungsforschung steht in einem interdisziplinären Forschungszusammenhang. Wegen der Schwierigkeiten, „die die Beherrschung der Multi- oder Interdisziplinarität aufwirft, gab es schon früh Überlegungen, der Berufsbildungsforschung durch grundlegende Fragestellungen, wie die nach der beruflichen Sozialisation (...), und Aufgabendefinitionen eine wahrnehmbare Gestalt zu geben" (Bremer 2005, S. 81). Bereits in den 1960er Jahren nahm das Max-Plank-Institut für Bildungsforschung Fragen der Berufsbildung in seine „Grundlagenforschung auf (z. B. Entwicklungspsychologie, Lehr-Lernforschung, ‚Optimierung des menschlichen Potentials; zur Zeit auch ‚Bildung, Arbeit und gesellschaftliche Entwicklung')" (ebd.). Damit deutete sich schon früh ein Ansatz zur Grundlagenforschung für den Berufsbildungsbereich an. Darin kann auch zum Teil der Versuch gesehen werden, Komplexitäten der Berufsbildungsforschung zu bewältigen. In Anlehnung an andere Forschungsbereiche lässt sich unfassbare zu fassbarer Komplexität unterscheiden. Fassbare Komplexität kann bearbeitet werden.

Aufgabe der Erziehungswissenschaft – und damit zugleich auch für die Berufsbildungswissenschaft sowie der zugehörigen „Grundlagenforschung ist es, eingeschliffene Muster dessen, was in der Wissenschaft bzw. in der Gesellschaft für selbstverständlich gehalten wird, ans Licht zu bringen und das daraus hervorgebrachte Diskutable (...) zu analysieren und zu erweitern" (Heyting 1999. S. 730). Die Grundlagenforschung im Berufsbildungsbereich ist aber noch immer sehr anfänglich, da dafür die personellen und materiellen Möglichkeiten sehr begrenzt sind.[580] Unabhängig von den kaum vorhandenen Ressourcen

---

[579] Dieter Euler (2008, S. 53) kritisiert allerdings für die Berufsbildung das Begriffspaar Grundlagen- versus Anwendungsforschung, denn – wie er meint –so eingängig die Unterscheidung auf den ersten Blick erscheint, „so diffus sind die vorgenommenen Abgrenzungen", insbesondere weil „vermutlich die Resultate nicht mehr in ihrem Bezug zur Praxis zu unterscheiden sein" werden. Da diese Unterscheidung wissenschaftsanalytisch für die Theoriebildung sinnvoll und in der Wissenschaft gebräuchlich ist, wird sie dennoch auch unter Berücksichtigung der Kritik verwendet.
[580] So beklagte bereits die Deutsche Forschungsgemeinschaft (1990, S. 18) in ihrer Denkschrift: „Die Entfaltung der Berufsbildungsforschung an den Universitäten ist vornehmlich im Zusammenhang mit Modellversuchen erfolgt, und zwar durch die Übertragung der für sie regelmäßig vorgesehenen wissenschaftlichen Begleitungen. Allerdings verband sich damit die Gefahr, in politische Abhängigkeiten zu geraten. Die meist enge pragmatische Perspektive der wissenschaftlichen Begleitforschung und die auf sie zugeschnittenen finanziellen Mittel und Zeitvorgaben erlaubten

ist festzustellen, dass es Aufgabe der Grundlagenforschung nicht sein kann, „einen systematisch geschlossenen fundierenden Rahmen zu ermitteln, sondern die verschiedenen Annahmen, die in einem System eine Rolle spielen, als solche zu ermitteln und dann jeweils kontextbezogen zu interpretieren. Solche Grundlagenforschung deckt kontextabhängige Strukturen des Selbstverständlichen und des dazu gehörigen Diskutablen auf." (Heyting 1999, S. 724)

Es sollte für das, was das Elementare und Grundlegende der Berufsbildungswissenschaft sein kann, der Versuch eine vorläufigen Bestimmung erfolgen, auch oder gerade deshalb weil über die Lösung spezifischer Probleme zur Einordnung junger Menschen in das Beschäftigung- und Gesellschaftssystem erhebliche wissenschaftliche Kontroversen bestehen.[581]

Frieda Heyting stellt bei der Suche nach Antworten, welchen „Beitrag erziehungswissenschaftliche Grundlagenforschung" (1999, S. 720) zur Klärung wissenschaftlicher Fragen leistet, am Beispiel der Moral- und Identitätsentwicklung, die auch ein Kennzeichen von Berufsbildung ist, fest, es bedarf „nicht nur der Begriff der Moral, sondern auch jener der Identität – in bestimmten Kontexten jedenfalls – einer Dynamisierung. Identität erweist sich nämlich zuweilen nicht nur als stabiler Kern einer Persönlichkeit, sondern in der Form unterschiedlicher und variierender, kontext-abhängiger Selbstbeschreibungen. (…) Herkömmliche Identitätsbegriffe reichen darum nicht aus, um solch unterschiedliche Selbstbeschreibungen zu erklären. Die Entwicklung dynamischer Konzepte zur Erfassung von Moral- und Identitätsentwicklungen stellt darum eine wichtige Aufgabe der Erziehungswissenschaften dar. Durch sie wird sich vielleicht eines Tages zeigen lassen, wie paradoxale Prozesse mehrfacher Selbstbeschreibung verlaufen und zu verstehen sind und wie die parallel zu ihnen stattfindende Einheitserfahrung der Person möglich und zu interpretieren ist." (Heyting 1999, S. 730)

Themen der berufsbildungswissenschaftlichen Grundlagenforschung sind u. a. solche wie zur beruflichen Moral oder beruflichen Identität oder grundlagentheoretische Aussagen zur Allgemeinen, Historischen oder Vergleichenden Berufsbildungswissenschaft. Die dabei entstehenden Ergebnisse der Grundlagenforschung im Berufsbildungsbereich müssen dokumentiert und im Regelfall veröffentlicht werden, damit sie in einen größeren berufsbildungswissenschaftlichen Zusammenhang diskutiert und eingeordnet werden können.

---

es nur in günstigen Einzelfällen, gleichzeitig auch die berufs- und wirtschaftspädagogische Grundlagenforschung voranzubringen."

[581] Beim System einer grundlegenden Erziehung zur Gesellschaftlichkeit, auch im Berufsbildungsbereich, lassen sich kollektivistische und individualistische Sichtweisen unterscheiden. „Kommunitaristische Richtungen in der Debatte gehen von der Annahme aus, daß innerhalb einer Gesellschaft zumindest eine Basis allgemein geteilter und akzeptierter moralischer Regeln nachweisbar sein soll. Folglich wird dann der Inhalt der Diskussion – das Diskutable – durch die Frage nach dem Inhalt dieser allgemeingültigen Regeln und ihrer Rechtfertigung beherrscht. Liberale Richtungen definieren das Gebiet moralischen Urteilens und Handelns hingegen anders. Sie rücken die Bedeutung authentisch-persönlicher und individuell verantworteter Überzeugungen in das Zentrum der Diskussion und fragen nach Formen einer persönlich abgelegten Rechenschaft. Kommunitaristischen Auffassungen zufolge erscheint alles von allgemeinen Regeln abweichende Verhalten als problematisch. Folgerichtig wird die Lösung der mit solcher Abweichung verbundenen Verhaltensprobleme in der Wiederherstellung einer richtigen Kollektivität und Normativität gesehen. Liberale Konzepte rücken hingegen die Frage nach der moralischen Selbstverpflichtung der Jugendlichen ins Zentrum ihrer Untersuchungen." (Heyting 1999, S. 725)

- **Anwendungsforschung**

Angewandte berufsbildungswissenschaftliche Forschung richtet sich auf spezifische praktische Fragen, die zur Generierung, Aneignung und Anwendung neuen Wissens durchgeführt werden. Sie soll mit den gewonnenen spezifischen Forschungsergebnissen bei besonderen Problemen beruflichen Lehrens, Lernens und Studierens hilfreich sein sowie Nutzen stiften. Mit der Anwendungsforschung ist das Bemühen verbunden, für ein ganz konkretes Problem der Berufswelt eine Lösung zu finden.

Auftragsforschung ist eine besondere Form der angewandten Forschung, die aufgrund der Interessen der Auftraggeber eng an der Verwertbarkeit orientiert ist. Dazu gehören u. a. Erprobungen von Lernkonzepten mit dem Ziel der Verankerung der Ergebnisse mit Übernahme in Hand- und Lehrbücher sowie bei der Aus- und Weiterbildung der Lehrkräfte. Die Auftraggeber der öffentlichen Hand (wie z. B das Bundesministerium für Bildung und Wissenschaft) und insbesondere große Industrieunternehmen (z. B. Siemens; Projekt Petra) haben meist dezidierte Fragestellungen, zu denen sie fundierte Lösungen suchen. Deshalb sollten die Ziele eines berufsbildungswissenschaftlichen Forschungsprojektes bei Beginn des Vorhabens genau formuliert werden und darüber hinaus muss im Forschungsverlauf ständig überprüft werden, ob die Zielrichtung eingehalten wird. Die Beurteilung praxisorientierter Fragestellungen steht im Zentrum solcher Forschungsvorhaben.

Die Ergebnisse der angewandten Forschung werden teilweise veröffentlicht. Bei behördeninternen Untersuchungen ist manchmal aus bildungspolitischen Gründen eine breite Veröffentlichung nicht erwünscht. Bei der Auftragsforschung von Unternehmen kann eine Veröffentlichung sogar verhindert werden, wenn damit betriebliche Interna berührt werden können. Teilweise wird von den Firmen bereits bei Auftragsvergabe sogar eine Veröffentlichung ausgeschlossen.

- **Forschungsfelder im Berufsbildungsbereich**

Zwischen den aus analytischen Gründen getrennten Feldern der Grundlagen- und Anwendungsforschung bestehen realer Zusammenhänge. So fließen berufsbildungswissenschaftliche Erkenntnisse der Grundlagenforschung in die angewandte Forschung und anwendungsorientierte Forschungsergebnisse können Anregungen für erweiterte Grundlagenforschung geben. Die Arbeitsebenen „sind nicht unabhängig voneinander: Die Entwicklung von Prognosen setzt Grundlagenforschung voraus, Abweichungen zwischen Prognosen und Wirklichkeit fordern zu weiterer Grundlagenforschung heraus, und die Güte von Theorien und Prognosen läßt sich nur durch Evaluationsforschung bestimmen." (Deutsche Forschungsgemeinschaft 1990, S. 6)

Über die Zuordnung von Themen der Berufsbildung zur Grundlagen- und zur Anwendungsforschung sind nur globale Aussagen möglich (Abb. 123). Für alle Themen ist im je spezifischen Fall zu entscheiden, welche Form der Forschung anzusetzen ist. Zur inhaltlichen Bewertung von Vorhaben berufsbildungswissenschaftlichen Grundlagen- oder Anwendungsforschung können Kriterien herangezogen werden, um sich darüber Klarheit zu verschaffen, ob das Thema sinnvoll ist oder welche Stellung und Rangfolge es bei einem größerem Projekt einnehmen sollte.

Berufliches Lernen und Studieren als Gegenstand der Berufsbildungswissenschaft 647

Grundlegende Forschung		Praxis- und anwendungsorientierte Forschung		
Grundlagenforschung für erkenntnisorientierte Aussagen wie zur beruflichen Moral oder Identität. Grundlagentheoretische Aussagen zur Allgemeinen, Historischen oder Vergleichenden Berufsbildungswissenschaft.	Allgemeine Forschung zu Ausbildung, Unterricht und Studium. Analysen zum Kompetenzbegriff, Kompetenzarten und der Kompetenzmessung. Theorie der beruflichen Handlungs- und Gestaltungsorientierung.	Laborforschung zu Ausbildung, Unterricht und Studium in Versuchseinrichtungen der beruflichen Ausbildungsstätten (Betriebe, beruflichen Schulen, Hochschulen) für bestimmte Berufe mit ausgewählten Lehrkräften	Untersuchungen in spezifischen Berufsbildungssituationen, d. h. Feldforschung zu Ausbildung, Unterricht und Studium in den Ausbildungsstätten von Betrieben, beruflichen Schulen und Hochschulen	Analysen zu Berufsbildungskonzepten für ausgewählte Berufe. Erprobungen von Lernkonzepten mit dem Ziel der Verankerung der Ergebnisse mit Übernahme in Hand- und Lehrbücher sowie bei der Aus- und Weiterbildung der Lehrkräfte

Abb. 123: Felder der Forschung zu Ausbildung, Unterricht, Studium der grundlegenden sowie der praxis- und anwendungsorientierten Berufsbildungswissenschaft (Eine Auswahl)

Zu solchen Fragen können gehören:
- Gibt es bereits berufsbildungswissenschaftliche Ergebnisse zu dem Untersuchungsgegenstand?
- Sind berufsbildungsrelevante Literaturaussagen zu berücksichtigen?
- Ist anzunehmen, dass das Untersuchungsvorhaben einen berufsbildungswissenschaftlichen Erkenntniszuwachs liefert?
  Können mit dem Forschungsansatz berufsbildungswissenschaftlich relevante Ziele erreicht werden?
- Ist auf dem Vorwege eine Gewichtung der angestrebten Einzelziele vorzunehmen?
- Welche bekannten Forschungsmethoden und Arbeitsverfahren lassen sich anwenden?
- Hat das Thema für die Lehre im akademischen und nicht-akademischen Berufsbildungsbereichen Relevanz?
- Ist das Thema für die grundlegende oder die angewandte Berufsbildungswissenschaft von Interesse?

Besondere Abgrenzungsprobleme zwischen Grundlagen- und Anwendungsforschung können sich – wie schon die Deutsche Forschungsgemeinschaft (1990, S. 6) festgestellt hat – für den Berufsbildungsbereich ergeben, denn wie „jede anwendungsorientierte Wissenschaft betrachtet auch die Berufsbildungsforschung ihren Gegenstand, die beruflichen

Lern- bzw. Bildungsprozesse (im weitesten Sinne)", auf verschiedenen Ebenen.[582] Für die anwendungsorientierten Wissenschaften kann die Grundlagenforschung auch anwendungsorientiert angelegt sein.

Nach der Klärung, ob ein ausgewähltes Vorhabens als Grundlagen- oder Anwendungsforschung für Fragestellungen aus dem Bereich der Berufsbildungswissenschaft angelegt werden sollte, geht es um Gestaltungsfragen des Vorhabens und den Ablauf des Forschungsprozesses.

4.6.3 Forschungsdesign und Forschungsabläufe

- **Forschungsdesign**

Mit Forschungsdesign wird die Form bezeichnet, in der ein Untersuchungsvorhaben geplant und angelegt ist. Damit wird die Gesamtheit aller Entscheidungen über das Vorgehen und den geplanten Ablauf einer Untersuchung dargelegt. „Als Ergebnis der verschiedenen Entscheidungen entsteht ein spezifisches *Forschungsdesign* (auch *Untersuchungsdesign* oder *Untersuchungsanordnung* genannt)." (Stein 2014, S. 135; Hervorhebungen im Original) Dazu gehören zu Beginn eines Forschungsvorhabens die Vorüberlegungen zur erkenntnisleitenden Fragestellung, zur Bedeutung der Themenstellung, zum bisherigen Stand der Forschung sowie zum theoretischen Rahmen und zur methodischen Vorgehensweise. Das Forschungsdesign hängt von der Fragestellung und den zur Verfügung stehenden Ressourcen ab. Es kann dazu beitragen, „sich das Ineinandergreifen der verschiedenen Schritte des Forschungsablaufs klar zu machen und diesen auf seine Stimmigkeit hin zu überprüfen. Damit bietet es eine Leitlinie, auf die im Verlauf der Forschung immer wieder zurückgegriffen werden" (Przyborski/Wohlrab-Sahr 2014, S. 118) kann. Forschungsdesigns können qualitativ oder quantitativ angelegt werden. Qualitative Forschungsdesigns weisen eine eher zirkuläre Struktur auf, während quantitative Designs häufig linear aufgebaut sind. Für berufsbildungswissenschaftliche Forschung können beide Formen für bestimmte Fragestellungen und Probleme sinnvoll sein.

Qualitativ angelegte Forschungsdesigns

Berufsbildungswissenschaftliche Fragestellungen und Probleme sind häufig nicht grundlegend neu, sondern akzentuieren sich aufgrund von Veränderungen im Beschäftigungs- und Gesellschaftssystem und sich wandelnder Sichtweisen. Deshalb müssen Gegebenheiten und Konzepte wie beispielsweise Formen des beruflichen Lernens und Studierens, die bislang sinnvoll waren, durch neue Entwicklungen und Konzepte in Frage gestellt sowie in ihren historischen und gesellschaftlichen Zusammenhängen sowie Kontexten rekon-

---

[582] Eine dieser „Ebenen wird durch (anwendungsorientierte) Grundlagenforschung charakterisiert, innerhalb derer Theorien und Methoden systematisch weiterentwickelt werden. Auf einer zweiten Ebene werden aus den Ergebnissen der Grundlagenforschung Prognosen abgeleitet, mit denen praktische Aufgaben beruflicher Bildung bewältigt werden können. Schließlich werden auf einer dritten Ebene diese Strategien der Berufsbildung einer bewertenden Prüfung unterzogen, die Aussagen über ihre Effektivität zulässt." (Deutsche Forschungsgemeinschaft 1990, S. 6)

struiert werden. Da die Bedingungen, die dazu geführt haben, in ihren Zusammenhängen meist sehr komplex sind, können monokausale Ansätze für eine Hinterfragung problematisch sein. Deshalb muss im Regelfall bereits bei dem Formulieren einer Fragestellung für das Untersuchungsvorhaben eine offene mehrdimensionale Problembehandlung angestrebt werden.

Als wissenschaftliche Methode bieten sich dabei qualitative Ansätze an, die selbst rekonstruktiv angelegt sind. Mit qualitativen Ansätzen sind kritische Fragen danach zu stellen, aufgrund welcher Entscheidungen oder Vorgehensweisen man zu bestimmten Zwischen- oder Endergebnissen gekommen ist. Auf diese Weise rekonstruieren die Forscher/-innen auch das Forschungshandeln. Sie versuchen es dadurch theoretisch zu erfassen und zu bewerten. Das hat wichtige Konsequenzen für das Forschungsdesign. Auch für berufsbildungswissenschaftliche Arbeiten ist das Entwerfen eines Forschungsdesigns das „Ergebnis
1. einer Auseinandersetzung mit dem eigenen Erkenntnisinteresse und dessen Übersetzung in eine Fragestellung,
2. einer entsprechenden methodologischen Positionierung,
3. der Bestimmung des Forschungsfeldes,
4. einer im Hinblick auf ihre Implikationen reflektierten Wahl der Erhebungs- und Auswertungsverfahren,
5. von Entscheidungen über das Sampling und die damit möglichen Schritte der Generalisierung bis hin zur Theoriebildung sowie
6. der grundlagentheoretischen Einbettung der Forschung" (Przyborski/Wohlrab-Sahr 2014, S. 118)

Quantitative Forschung im Berufsbildungsbereich kann sich zwar auf die Anwendung von Ergebnissen praktischer Fragen richten. Im Kern geht es aber darüber hinaus um Aussagen von allgemeiner Gültigkeit. Von daher sind die qualitativ angelegten Vorhaben für die berufsbildungswissenschaftliche Grundlagenforschung von besonderem Interesse. Auslöser für die Entwicklung qualitativer Forschungsdesign können beispielsweise empirisch-qualitativ angelegte Fragestellungen sein

Besondere Bedeutung für die Berufsbildungsforschung haben die Verfahren qualitativer Forschung, mit denen sich die Forscher/-innen zwecks „kommunikativer Validierung der Ergebnisse einer Befragung noch einmal bei den Beteiligten rückzuversichern. Dies kann durch erneute Gespräche, Gruppendiskussion etc. geschehen, wobei auch strukturierende Elemente eingesetzt werden." (Heinemann 2005, S. 573)

Quantitativ angelegte Forschungsdesigns

Quantitative Designs sind in ihrer Grundstruktur in der Regel linear aufgebaut. Im Rahmen der Entwicklung eines quantitativen Forschungsdesign „müssen alle Forschungsinstrumente *vor* der Datenerhebung festgelegt werden, weil möglicherweise auftretende

Probleme im Lauf des Forschungsprozesses wesentlich schwerer (und oft auch gar nicht) korrigiert werden können" (Przyborski/Wohlrab-Sahr 2014, S. 49).[583]

Zur Bestimmung des quantitativen Forschungsdesigns sind verschiedene Entscheidungen unter Berücksichtigung der Hauptaufgabe, die in der Überprüfung einer Theorie oder Hypothese liegt, zu treffen. Dabei „sind die folgenden Grundfragen zu beantworten:
1. In welchem Zeitraum sollen die manifesten Indikatoren zur Überprüfung der Hypothesen erhoben werden?
2. Mit welchem Messinstrument soll die Überprüfung durchgeführt werden?
3. Wie häufig soll die Erhebung erfolgen?
4. An welchen Objekten soll die Messung stattfinden?" (Stein 2014, S. 138)

Zu den Vorüberlegungen im „Rahmen des Forschungsdesigns wird hierzu die Art der Untersuchungsmethode (z. B. echtes experimentelles Design, Querschnitts- oder Längsschnittdesign) festgelegt" (ebd.).

Forschungsdesigns quantitativer Forschungen im Bereich der Berufsbildung können sich aufgrund von Fragestellungen zu Ist-Zuständen und damit verbundener Zusammenhänge ergeben.

Auslöser von Fragestellungen können beispielsweise sein:
- Erfahrungsberichte von jungen Menschen, von Lehrkräften in Schule und Hochschule oder Ausbildungsverantwortliche und Personalleiter in den Betrieben (z. B. Arbeit und Identität. Lebensperspektiven und Interessenorientierungen von Jugendlichen) (Witzel 2005, S. 545 ff.).
- Empirische Studien zu berufsbildungsrelevanten Forschungsfragen.(Probandengruppen (z. B. zur „Neuordnung der fahrzeugtechnischen Berufe") (Rauner/Becker/Spöttl 2002).
- Explorative Studien in Form von Befragungen ausgewählter (z. B. die sogenannte Maschinenschlosserstudie) (Lempert 1969).

Es können aber auch Methoden das Forschungsdesign bestimmen, die auf Hypothesenprüfungen ausgerichtet sind. (z. B. Evaluation beruflicher Kompetenzentwicklung in der Erzieherausbildung) (Karsten 2005, S. 501 ff.).

Als weiteres lassen sich Feldstudien nennen, die u. a durch Einsatz von Fragebögen zur Feststellung von Ursache-Wirkung-Zusammenhängen sowie als Vorarbeit für nachfolgende Studien eingesetzt werden können. (z. B. Lehr-Lern-Prozesse in der kaufmännischen Erstausbildung) (Dubs 2005, S. 538 ff.)

Forschungsdesigns durch gemischte Methoden

Forschungsdesigns aus Kombinationen von qualitativen und quantitativen Ansätzen werden auch „mixed methods" genannt. „Die Kombination von qualitativen und quantitativen

---

[583] Es empfiehlt sich eine erste Kontrolle vor der eigentlichen Untersuchung vorzunehmen Damit können etwaige Mängel schon bei der Formulierung der Ausgangsfrage aufgespürt werden.

Methoden in einer empirischen Studie ist eine seit vielen Jahren geübte Praxis in der Sozialforschung" (Kelle 2014, S. 153) und wie hinzuzufügen ist, der Berufsbildungsforschung im Rahmen von Modellversuchen. Evaluationen und Reflexionen während des Aufbaus des Forschungsdesigns sind dadurch eher möglich.

Für die Einführung von Reflexionsmechanismen in die Forschung gilt selbstverständlich wiederum, „dass Methoden nicht vom methodologischen Ideal, sondern von der Sache abhängen. Entsprechend ist die Wahl der Art und Weise, wie das Verhältnis von Nähe und Distanz je zu entwickeln ist, vom jeweiligen Forschungsgegenstand abhängig. Es zu entwickeln, ist allerdings gerade für die Berufsbildungsforschung eine notwendige Aufgabe." (Heinemann 2005, S. 574).

Auch das Verhältnis von qualitativen und quantitativen Anteilen in einem Forschungsprojekt ist abzuwägen. Über den Stellenwert der qualitativen und quantitativen Methoden in einem Forschungsdesign gibt es sehr unterschiedliche Meinungen.[584]

- **Forschungsabläufe**

Forschungsverläufe können sehr differieren. Idealtypisch lassen sich hinsichtlich der Forschungsabläufe lineare und zirkuläre Ansätze einerseits und Phasenmodelle andererseits unterscheiden.
Unter berufsbildungswissenschaftlicher Perspektive können lineare oder zirkuläre Forschungsabläufe und Strategien tragfähig und sinnvoll sein (Abb. 124).
„Das lineare Vorgehen besteht darin, dass im Wesentlichen zu Beginn der Forschung ein umfassender Plan (das Forschungsdesign) entworfen wird, mit dem eine bestimmte Fragestellung, eine bestimmte Untersuchung bzw. ein bestimmtes Projekt bearbeitet werden soll." (Witt 2001, Abs. 13)
Zirkuläres Vorgehen bedeutet, „dass eine bestimmte Aufeinanderfolge von Forschungsschritten mehrmals durchlaufen wird, und der jeweils nächste Schritt von den Ergebnissen des jeweils vorherigen Schrittes abhängt" (ebd., Abs. 15).

Mit einem linearen Forschungsansatz kann als berufsbildungswissenschaftliche Problemstellung beispielsweise untersucht werden, wie viele nicht-akademische Ausbildungsberufe und berufsförmige Tätigkeiten es gibt, und in wie weit sie sich hinsichtlich der Ausbildungsspezifika voneinander unterscheiden. Dafür wäre bei linearer Folge die Hypothese zu formulieren, die Auswahl der Verfahren und zu befragenden Personen zu treffen, die Datenerhebung und -auswertung vorzunehmen und abschließend die Hypothesen zu prüfen. Ein solches lineares Forschungsvorhaben müsste eher quantitativ angelegt werden.

---

[584] Udo Kelle (2014, S. 160) befürchtet jedoch: „Die Differenzierung nach Wertigkeit oder Bedeutung des jeweiligen methodischen Ansatzes in einem Mixed Methods-Design kann allerdings den Methodenstreit leicht wieder aufleben lassen."

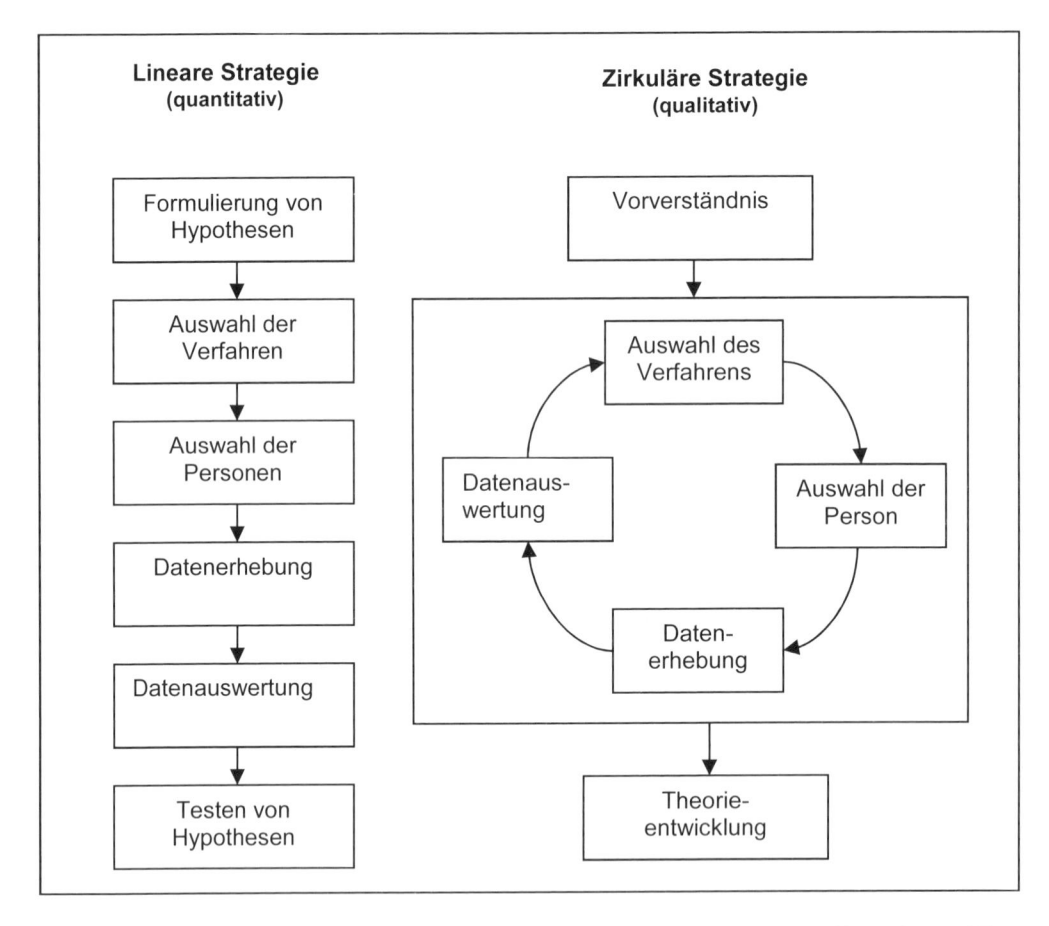

Abb. 124: Schematische Darstellung der Forschungsstrategien (Witt 2001, Absatz 15)

Mit einem zirkulären Forschungsansatz, der qualitativ angelegt ist, kann das Vorverständnis über Berufe oder einem spezifischen Beruf genutzt werden. Für einen Untersuchungsgegenstand „Berufsethos eines spezifischen Berufes" heißt das, dass über das eigene Berufsverständnis des Forschers die Auswahl des Verfahrens und der Personen sowie die Datenerhebung beeinflusst werden. Sind auf die Weise schon Aussagen im ersten Durchgang möglich, so stellen diese einen Beitrag zur Theorieentwicklung dar.

Ist die Datenerhebung noch nicht ertragreich genug, wird eine Datenauswertung vorgenommen und ein neuer Durchgang – beginnend mit eine Auswahl der Verfahren – eingeleitet. Durch das kummulative Verfahren mit eventuell mehreren Zyklen können die qualitativen Aussagen zum Berufsethos systematisch verfeinert, vertieft und verbessert werden, sodass das Ergebnis schließlich zur Formulierung von allgemeineren Aussagen in Form von Theorien für den einen ausgewählten Beruf und darüber hinaus führen kann.

Sowohl beim linearen als auch beim zirkulären Forschungsablauf lassen sich ähnliche in sich aber jeweils deutlich unterschiedene Phasen[585] benennen.

So unterscheidet Peter Atteslander (2008, S. 46) fünf Phasen des Forschungsablauf:
1. Problembenennung,
2. Gegenstandbenennung,
3. Durchführung und Anwendung von Forschungsmethoden,
4. Analyse und Auswertungsverfahren und
5. Verwendung der Ergebnisse.

Dabei ist die erste durch den Entdeckungszusammenhang, die dritte durch den Begründungszusammenhang und die fünfte durch den Verwertungszusammenhang gekennzeichnet. Innerhalb der Phasen des Forschungsprozesses macht er die Dimensionen Gegenstandsbezug, Logik, Methode und Organisation aus (Abb. 125).
Auch bei der Berufsbildungsforschung sind die Abläufe im Wesentlichen von den Untersuchungsgegenständen, den Zielen, den Methoden und der Organisation abhängig. Unabhängig davon unterscheiden sich bei den konkreten Untersuchungen die Forschungsverläufe durch die spezifischen Probleme und Aufgabenstellungen.

Gerade in einem solch komplexen Feld wie der Berufsbildungsforschung wird der ideale Ablauf durch Abweichungen, die sich durch die ständigen Wandlungen in der Berufswelt ergeben, verändert. Diese können sich durch den auf einen Beruf oder ein Berufsfeld und Ausbildungsfragen bestimmten Forschungsgegenstand, aber auch durch die berufs- und lebensweltlichen oder durch die Ausbildungsvoraussetzungen gegebenen Vorerfahrungen und Voreinstellungen der Forscher/-innen zu einem Untersuchungsgegenstand entwickeln.

Durch das intensive Befassen mit einem bestimmten Forschungsthema ergeben sich aufgrund die Interaktionen insbesondere mit den Untersuchungsteilnehmern, die direkt mit beruflicher Arbeit befasst oder sogar in dem Forschungsfeld berufstätig sind, Abweichungen vom idealen Forschungsablauf. Diese sind nicht grundsätzlich als negativ zu bewerten, werden die Abweichungen vom geplanten Forschungsverlauf aber gravierend, so sind Korrekturmaßnahmen einzuleiten.

Abweichungen müssen nicht die Qualität des Ergebnisses ändern. Wird die Untersuchungssituation als Interaktion der Forscherpersonen mit dem Gegenstandsfeld interpretiert und thematisiert, so können sich durch die Komplexität des Berufsbildungsbereiches positive Effekte zeigen. Durch flexible Abweichungen von dem idealisierten Forschungsverlauf können sogar zusätzliche und nicht erwartete Erkenntnisse gewonnen werden, die bei einem rigiden Festhalten an Ablaufschemata nicht hätten erfasst werden können. Es ist damit zugleich verbunden, dass bei Abweichungen durch spezifische individuelle An-

---

[585] Es finden sich in der Literatur diverse im Prinzip fast strukturgleiche Vorschläge.

sprüche im Forscherteam subjektive und objektive Erkenntnisinteressen sichtbar gemacht werden sollten.

Phase \ Dimensionen		Gegenstandsbezug der berufsbildungswissenschaftlichen Forschung	Logik der Berufsforschung	Methode der Berufsforschung	Organisation der Forschung
1. Berufsbildungsproblem – Benennung	Entdeckungszusammenhang	Soziales Problem, Auftrag	Berufsbildungswissenschaftliches Problem	Methodologisches Problem	Kontaktaufnahme mit potentiellen Interessenten
2. Gegenstandsbenennung		Wissenschaftliche Problemformulierung. Festlegung des Gegenstandsbereichs	Berufstheorie Hypothesen	Wahl des Forschungsdesigns	Abklärung des Feldzugangs. Sicherung materieller Ressourcen
3. Durchführung und Anwendung von berufsbildungswissenschaftlich nutzbaren Forschungsmethoden	Begründungszusammenhang	Arbeit an und mit dem Gegenstandsbereich	Begriffe Operationalisierung	Wahl der Methoden, Untersuchungseinheiten, Erhebungsinstrumente Empirische Feldarbeit	Erarbeitung, Anwendung der Arbeiten im Feld
4. Berufsbildungswissenschaftliche Analysen und Auswertungsverfahren			Prüfen der Hypothesen	Aufbereitung der gewonnenen Daten zu Befunden	Schreiben des Forschungsberichts
5. Verwendung der Ergebnisse für berufsbildungswissenschaftliche Praxis und Theorie	Verwertungszusammenhang	Formulierung von Problemlösungen	Neue Hypothesen	Evaluation des Forschungsablaufes	Veröffentlichung

Abb. 125: Dimensionen des Forschungsverlaufes
(in Anlehnung an Atteslander 2008, S. 46 f.)

Forschungsverläufe sind keineswegs von vornherein festgeschrieben, denn es gibt bei der berufsbildungswissenschaftlichen Arbeit beziehungsreiche Verbindungen zwischen den wesentlichen und strukturgebenden Forschungsaufgaben, Zielen, Forschungsgegenständen und Methoden. Dieses zeigt sich beispielsweise bei einem Forschungsvorhaben mit dem Ziel einen Beitrag zu „Theorie der Berufsschule" zu liefern.

Dabei sind Forschungsgegenstände zu benennen und auch -methoden abzuleiten, um durch vertiefte Untersuchungen zu Forschungsergebnissen zu kommen. Für ein Forschungsvorhaben zur Theorie der Berufsschule können sehr unterschiedliche Forschungsmethoden angewandt werden, um insbesondere die organisatorische und didaktisch-methodische Praxis, das Verhalten, die Einstellungen und Motive der Akteure an der Berufsschule zu untersuchen (Abb. 126).

```
                    ┌─────────────────────┐
                    │   Forschungsziel    │
                    │   „Theorie der      │
                    │    Berufsschule"    │
                    └─────────────────────┘
```

Forschungsgegenstände (eine Auswahl):
- schulischer und öffentlicher Bildungsauftrag der Institution
- historische Entwicklung der Schulform
- äußere und innere Organisation der Berufsschule
- Berufschülerinnen und Berufsschüler als Akteure der Berufsschule
- Lehrkräfte
- Sonstige direkt oder indirekt wirkende Akteure der Berufsschule
- Sozialisation, Qualifikation und Bildung
- Selektions- und Integrationsfunktion
- Berufsschulrecht
- Reproduktion von Qualifikationen, Sozialisationsstrukturen, Normen und Wertvorstellungen, Organisationen
- Bezugswissenschaften
- Vernetzung der für die Berufsschule
- Berufswissenschaften
- Didaktik und Methodik des Berufsschulunterrichts
- Curricula
- lernorganisatorische und materielle Rahmengebungen
- Berufsschulischer Unterricht
- Gesellschaftliche Funktion der Institution relevanten einzelnen Theorieaspekte
- Innovationen

Arten von Forschungsmethoden (eine Auswahl):
- hermeneutische Methode
- historisch-hermeneutische Methode
- erfahrungswissenschaftlich-empirische Methoden
- sozialwissenschaftliche Methoden

Forschungsergebnisse
zu einzelnen Problemen, zu rahmengebenden Aussagen sowie einer geschlossenen Theorie der Berufsschule

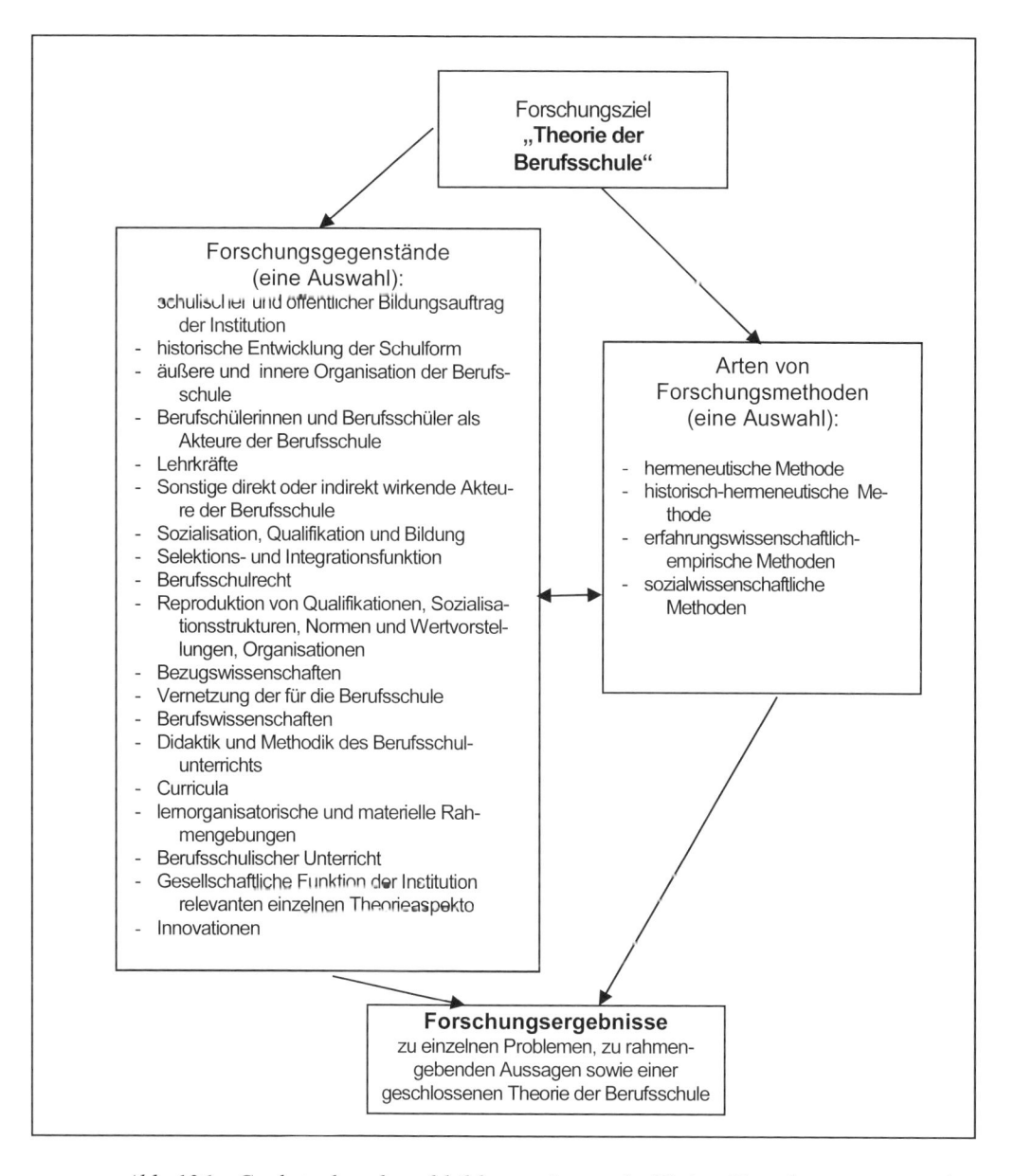

Abb. 126: Grobstruktur berufsbildungswissenschaftlicher Forschungssystematik am Beispiel „Theorie der Berufsschule"

Anders kann es bei interdisziplinären Vorhaben sein, wenn die Sinnfragen von den beteiligten Disziplinen abgeklärt werden sollten, dann brauchen die Fachwissenschaften einander, denn es bedarf einer Grundlage, einer gemeinsamen Sicht.

Die Sinnfrage wird in einigen Disziplinen verstärkt diskutiert, dazu gehören insbesondere die Psychotherapie und Theologie, aber auch für andere Wissenschaftsbereiche erscheint Entsprechendes erforderlich. Im Rahmen von grundlegenden Forschungsfragen zur Berufsbildung sind solche Überlegungen auch angebracht. Aufgabe grundlegender Berufsbildungswissenschaft ist es u. a. berufs- und lebensweltliche Orientierungen in der Berufs- und Lebenswelt anzubieten und Sinnfragen zu beantworten.

Es ist aber nicht Aufgabe von empirischen berufsbildungswissenschaftlichen Arbeiten, Grundfragen zu stellen. Schon gar nicht ist es angebracht, zu versuchen, Sinnfragen mit Hilfe von Methoden zu beantworten. Dennoch sind Sinnfragen für berufliche und für die berufsbildungswissenschaftlichen Tätigkeiten, bei denen der Mensch häufig im Zentrum der Betrachtungen steht, außerordentlich wichtig. Schon zu Beginn einer Untersuchung kann bei qualitativen Forschungsansätzen zu Problemen der Berufsbildung nach dem subjektiven, sozialen und objektiven Sinn des Forschungsvorhabens gefragt werden. Der subjektive Sinn wird durch die individuellen Erkenntnisinteressen der Forscher/-innen und diejenigen der Berufsinhaber oder Aspiranten eines beruflichen Bildungsganges gesehen und eingeschätzt. Da die Fragen des Forschungsvorhabens jeden Beteiligten als Menschen in seiner Beruflichkeit auch außerhalb des Forschungsprozesses berühren, sind die Einschätzungen zum Ziel und den Arbeitsweisen mehr oder weniger stark subjektiv ausgelegt. Der objektive Sinn eines Forschungsvorhabens ergibt sich eher durch die Bedeutung der Berufsbildung für das Beschäftigungs- und das Gesellschaftssystem.

Die Frage nach dem Sinn eines Forschungsvorhabens kann bei interdisziplinären Forschungsansätzen – wie beispielsweise denen einer Zusammenarbeit von Berufswissenschaft und Berufsbildungswissenschaft – von großer Bedeutung sein. Dabei sollten die Sinnfragen der beteiligten Disziplinen zueinander abgeklärt werden. Es bedarf dazu einer Grundlage, einer gemeinsamen Problemsicht und eines Konsenses über die Ziele.

4.6.4 Institutionen berufsbildungswissenschaftlicher Forschung

Berufsbildungswissenschaftliche Forschung kann in etablierten Forschungsinstitutionen oder -einrichtungen verschiedener Disziplinen quasi als Neben- oder Zusatzaufgabe betrieben werden, oder sie erfolgt in spezifischen berufsbildungswissenschaftlichen Forschungsinstitutionen in gezielter Form. Solche Forschungsinstitutionen und -einrichtungen gibt es derzeit in einer großen Anzahl.[586] Laut Deutschem Akademischen

---

[586] Auch viele Großunternehmen wie Siemens, BMW, VW, Bosch haben eigene Forschungseinrichtungen, an denen unterschiedliche Forschungsfelder wie auch die Berufsbildung thematisiert und bearbeitet werden. Forschungsaktivitäten kleinerer und mittlerer Unternehmen werden vor allem von der Arbeitsgemeinschaft industrieller Forschungsvereinigungen (AiF) gefördert.

Austauschdienst (DAAD) befinden sich in der Bundesrepublik Deutschland derzeit etwa 750 öffentlich finanzierte Forschungseinrichtungen sowie verschiedene Forschungs- und Entwicklungszentren, die von Industriekonzernen, Wirtschaftsverbänden, Gesellschaften, Gemeinschaften, Stiftungen, Gewerkschaften, Parteien u. a. Einrichtungen finanziert und getragen werden.

Das kaum zu überblickende Spektrum von forschenden Institutionen erstreckt sich von den großen und bekannten, teils staatlich getragenen Forschungseinrichtungen wie zum Beispiel dem Bundesinstitut für Berufsbildung (BIBB), dem Institut für Arbeitsmarkt- und Berufsforschung (IAB), der Bundesanstalt für Arbeit, dem Rationalisierungs-Kuratorium der deutschen Wirtschaft (RKW), dem Institut der deutschen Wirtschaft (IW), der Arbeitsgemeinschaft Qualifikations-Entwicklungs-Management (AG QUEM), dem Deutschen Institut für Erwachsenenbildung (DIE), dem Soziologischen Forschungsinstitut (SOFI) über die Projektaktivitäten einzelner Bildungsträger und -einrichtungen, kleiner kommerzielle Forschungsgruppen bis hin zu den spezifischen Arbeiten an einzelnen Universitäten.

Institute in freier Trägerschaft sind diejenigen Forschungseinrichtungen, „die von verschiedenen gesellschaftlichen Institutionen und Verbänden getragen werden oder im engeren Sinne private Träger haben. (…). Diese Institute betreiben (u. a. auch) Berufsbildungsforschung, wenngleich nicht immer das ganze Institut, sondern bestimmte Abteilungen oder zumindest Referate." (Zedler 2004, S. 103 f.)

Standorte staatlicher Forschung sind vor allem auch Universitäten, Fachhochschulen, außeruniversitäre Einrichtungen, sowie ministerienbezogene Bundes- und Länderinstitute. Im universitären Bereich werden Forschungsaktivitäten und -maßnahmen insbesondere durch die Akademien der Wissenschaften koordiniert und unterstützt. Zentrale Organisation zur Förderung der wissenschaftlichen Forschung an Hochschulen ist die Deutsche Forschungsgemeinschaft (DFG). Außeruniversitäre Einrichtungen sind z. B. die Fraunhofer-Gesellschaft, die Helmholtz-Gemeinschaft Deutscher Forschungszentren, die Leibniz-Gemeinschaft und die Max-Planck-Gesellschaft. Der Bund wiederum finanziert derzeit über fünfzig öffentliche Forschungsinstitute. Auch die Bundesländer finanzieren und betreiben eine Reihe von landeseigenen Forschungseinrichtungen, die auf vielen Forschungsfeldern aktiv sind. Die Forschungsaktivitäten an öffentlichen Institutionen werden ebenfalls durch die Deutsche Forschungsgemeinschaft gefördert. Verschiedene Institutionen und Einrichtungen bündeln ihre Forschungsaktivitäten in Netzwerken oder Clustern, um die Effektivität und Effizienz der Forschung zu erhöhen, Dopplungen oder Überschneidungen von Forschungsaufgaben zu vermeiden und die Forschungsergebnisse schnell in die Praxis transferieren zu können.

Speziell in den Bereichen nicht-akademischer berufsförmiger Arbeit sowie der Berufsforschung und der Berufsbildungsforschung zu nichtakademischen Berufen sind seit Jahren – wie schon erwähnt – das Bundesinstitut für Berufsbildung (BIBB) und das Institut für Arbeitsmarkt- und Berufsforschung (IAB) der Bundesagentur für Arbeit die wichtigsten Institutionen wissenschaftlicher Forschungsaktivitäten.

Schwerpunkte der Forschungen am IAB sind im Wesentlichen die Felder
- Berufskunde und Berufsforschung,
- Beruf in der Berufsforschung,
- Beruf in der Berufssoziologie,
- Berufe in der Berufsbildungsforschung,
- Beruf in der Arbeitsmarktforschung,
- Beruf in der Berufswahlforschung (vgl. Dostal 2005, S. 27 ff.).

Das Bundesinstitut für Berufsbildung wiederum ist in Deutschland das anerkannte Kompetenzzentrum zur Erforschung und Weiterentwicklung der beruflichen Aus- und Weiterbildung zu nicht-akademischen Berufen. Das Institut untersteht der Rechtsaufsicht des Bundesministeriums für Bildung und Forschung (BMBF). Zurzeit bestimmen fünf Themenschwerpunkte bzw. Forschungsbereiche die Arbeit des Bundesinstituts:
- Ausbildungsmarkt und Beschäftigungssystem,
- Modernisierung und Qualitätsentwicklung der beruflichen Bildung,
- Lebensbegleitendes Lernen, Durchlässigkeit und Gleichwertigkeit der Bildungswege,
- Berufliche Bildung für spezifische Zielgruppen,
- Internationalität der beruflichen Bildung.

Wissenschaftliche Forschung zu akademischen Berufen und zur Berufsbildung in akademischen Berufen wird vorrangig an den entsprechenden Einrichtungen der Universitäten, Hochschulen und Fachhochschulen betrieben. Die zentrale Organisation zur Förderung der wissenschaftlichen Forschung an Universitäten, Hochschulen und Fachhochschulen ist die Deutsche Forschungsgemeinschaft.

- **Besonderheiten der Berufsbildungsforschung**

Berufsbildungsforschung für den Bereich der Hochschulen ist ein spezifischer Teil der Hochschulforschung. „Der Forschungsbereich Berufsbildungsforschung ist aufgrund neuerer Ansätze in der Wissenschaftsorganisation, die den Negativfolgen der Spezialisierung in den Wissenschaften durch die Schaffung multidisziplinärer Forschungsbereiche zu begegnen versuchen, mit verschiedenen anderen **Forschungsbereichen** verflochten." (Buchmann 1999, S. 69; Hervorhebungen im Original) (Abb. 127). Auch deshalb scheint es sinnvoll zu sein, dass man Entwicklungen in der Hochschulforschung und „das Verhältnis von Berufsbildungsforschung und Hochschulforschung näher erörtert" (Buchmann 1999, S. 70).

Viele Ergebnisse der Berufsbildungsforschung, die bisher vor allem durch Untersuchungen der nicht-akademischen Berufen gewonnen wurden, können in dem Teil der Hochschulforschung als Anregung verwendet werden, in dem die akademischen Berufsbildung erforscht wird. Dabei ergeben sich Synergieeffekte und deshalb nimmt für die Berufsbildungsforschung im akademischen Bereich von allen beteiligten Wissenschaften bislang die Berufs- und Wirtschaftspädagogik bzw. nicht-akademische Berufsbildungswissenschaft eine herausragende Stellung ein, weil ihre Forschungstätigkeit auf die Berufsbildung konzentriert ist.

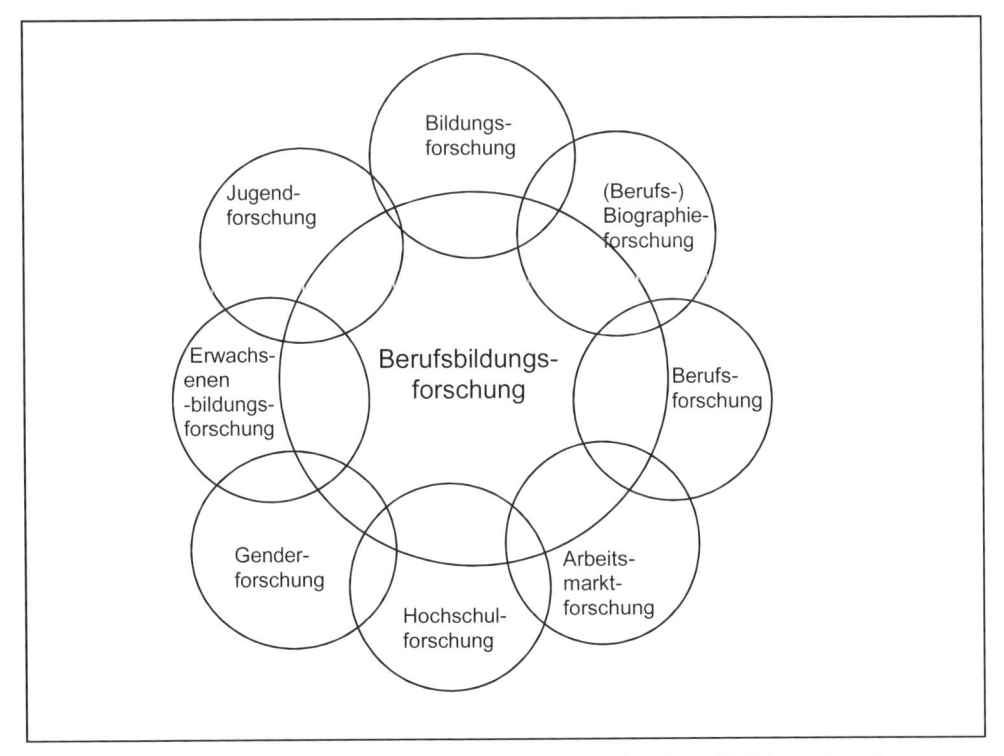

Abb. 127: Bereichsbezogene Verflechtungen in der Berufsbildungsforschung (in Anlehnung an van Buer/Kell 1999, S. 32)

Um die Vernetzungsmöglichkeiten und positiven Effekte einschätzen zu können, sind die zentralen Begriffe „Beruf" und „Bildung" in ihren spezifischen Spannungsverhältnissen und Verflechtungen zu bestimmen. Hinzuzufügen ist allerdings, dass es zwischen jeder Wissenschaft mit jeder anderen Wissenschaft Schnittmengen geben kann bzw. gibt.

- **Hochschulforschung und Berufsbildungswissenschaft**

Berufswissenschaftliche Arbeit wird in den verschiedensten Instituten und an den Hochschulen geleistet. Dabei sind die Beziehungen zwischen Hochschule und Wissenschaftssystem „in den letzten zehn Jahren in besonderer und bemerkenswerter Weise in Bewegung geraten. Zahlreiche von Bund und Ländern zusätzlich finanzierte Programme und Initiativen, wie die Exzellenzinitiative und der Pakt für Forschung und Innovation, aber auch der Bologna Prozess, haben komplexe Veränderungsprozesse mit zum Teil weit reichenden Folgen vor allem für die Hochschulen in Gang gesetzt." (Wissenschaftsrat 2013, S. 6). Die damit verbundenen Prozesse haben alle Disziplinen an den Hochschulen erfasst. Diese umbruchartigen Entwicklungen – wie insbesondere der Bologna- Prozess – werden aber an den Hochschulen teilweise massiv kritisiert. Das gilt auch für die Disziplinen, bei denen die Berufe und die Berufsbildung nicht im Zentrum wissenschaftlicher Arbeit stehen. Für die Berufsbildungswissenschaften zeigen sich damit Möglichkeiten, an den allgemeinen Prozessen und Beziehungen zwischen Wissenschaftssystem und Hochschulen mitzuwirken.

Der Wissenschaftsrat (2013, S. 8) verweist unabhängig von einer speziellen Disziplin auf die Möglichkeiten von Wissenschaftssystem und Hochschule:
„1 – Das Wissenschaftssystem erbringt vielfältige Leistungen. Forschung, Lehre, Transfer und Infrastrukturleistungen sind miteinander verwoben und werden in ihrer jeweiligen Bedeutung und Eigenheit gleichermaßen geschätzt und gefördert. Es werden geeignete personenorientierte und institutionelle Instrumente zur Verfügung gestellt, um die Leistungsfähigkeit in allen genannten Dimensionen zu sichern und weiterzuentwickeln.
2 – Hochschulen spielen im Wissenschaftssystem eine konstitutive Rolle. Sie sind handlungsfähige, profilierte Akteure, die diese Funktion nicht zuletzt durch vielfältige Verknüpfungen und Kooperationen mit ihren außeruniversitären Partnern ausfüllen. Die außeruniversitären Forschungseinrichtungen und eine differenzierte Hochschullandschaft unterstützen sich gegenseitig."

Damit werden Möglichkeiten zur Hochschulforschung auch für den Bereich der Berufsbildungswissenschaft erkennbar. Entsprechende erste Aktivitäten entwickelten schon vor mehreren Jahrzehnten andere Wissenschaftsbereiche. „An den Universitäten entschied sich in den 1970er Jahren eine bemerkenswerte, in den 1980er-Jahren dann eine geringe und seit den 1990er-Jahren eine wieder anwachsende Zahl von Wissenschaftlerinnen und Wissenschaftlern, vor allem aus der Erziehungs-, Geschichtswissenschaft, Psychologie, Soziologie, politischen Wissenschaft, Wirtschafts- und Rechtswissenschaft, für die Hochschulforschung als einen wichtigen oder sogar als ihren zentralen Gegenstandsbereich." (Teichler 2013, S. 16)

Damaliger Zeit wurden für die Hochschuldidaktiken die Lernsituationen und -umgebungen der Studierenden, deren Ziele und Aufgaben sowie ihre Beziehungen untereinander in den Blick genommen. Auch wurden die zur Verfügung stehenden zeitlichen, räumlichen und finanziellen Ressourcen etc. thematisiert. Eine Zwischenbilanz „der Hochschulforschung nannte als verbreitete Gegenstandsbereiche Studierende, Zugang und Zulassung, Lehre und Studium, Hochschule und Beruf" (Teichler 2013, S. 17).
Die hochschuldidaktischen Forschungen waren thematisch mit der Berufsbildungsforschung verflochten und verfolgten Erkenntnisinteressen, die noch heute Bedeutung haben. Damit wird zugleich auch das Verhältnis von Berufsbildungsforschung und Hochschulforschung deutlich. Es lässt sich davon ausgehen, dass es einen gemeinsamen Arbeitsbereich von Berufsbildungsforschung und Hochschulforschung gibt.

Die Hochschulforschung wird aber auch durch das Beschäftigungssystem sowie durch Entwicklungen im Bildungssystem und in anderen gesellschaftlichen Subsystemen beeinflusst. Aktuell wird in Folge des Bologna-Prozesses insbesondere die akademische Berufsbildung ein Gegenstand der Berufsbildungsforschung. Dadurch stellt sich die Frage nach den spezifischen Beziehungen der Hochschulen zum Beschäftigungs- und Berufsbildungssystem.

Zur Klärung des Verhältnisses von Berufsbildungsforschung und Hochschulforschung ist von besonderem Interesse, wie in beiden Forschungsbereichen die Beziehungen zwischen Bildungs- und Beschäftigungssystem bzw. zwischen Ausbildung und Erwerbsarbeit bisher bewertet und bearbeitet worden sind. Die Beziehungen zwischen Hochschule und Beschäftigungssystem sind allerdings nicht nur für die Berufsbildungsforschung von Interesse, sondern auch für die Arbeitsmarktforschung.

Die Annahme eines Zusammenhang zwischen dem Bildungsstand, Wirtschaftswachstum und Arbeitsmarktgeschehen führte in der Hochschulforschung schon nach der Mitte des vorigen Jahrhunderts zu quantitativen und strukturellen Betrachtungen der Beziehung von Hochschulbildung und Arbeitsmarkt (Teichler 1995, S. 61) und zur Proklamierung des Bildungsnotstandes in der Bundesrepublik (Picht 1964). Das führte in der Folge seit den 1970er Jahre zur sogenannten „Bildungsexpansion": Die ansteigenden Studierendenzahlen führten in der Hochschulforschung zu bildungsökonomischen Untersuchungen.

Die akademische Ausbildung als Gegenstand der Berufsbildungsforschung hatte ihren Ausgangspunkt in einer Reihe von Bedarfsstudien. Es baute sich damit zugleich eine Kritik an den entwickelten Ansätzen zum Arbeitskräftebedarf (vgl. Teichler 1995) auf. Kritisiert wurden auch die fehlende Berücksichtigung der Zusammenhänge zwischen Studienplänen und den Arbeitsplatzanforderungen in den Qualifikationsansätzen. Die Berufsanalysen in einigen industriesoziologischen Untersuchungen (Lutz 1976; Beck/Brater 1977) sowie wenige Studien zu Berufs- und Qualifikationsanalysen im Hochschulbereich (Teichler 1980) thematisierten unterschiedliche Qualifikationsmerkmale der Berufsarbeit. Diskutiert wurde insbesondere, dass der „Beruf durch der Rationalität von Arbeitsvollzügen und der Kohärenz von Qualifikationen bestimmt ist" (Teichler 1995, S. 65).

Bei einer nach berufsbildungswissenschaftlichen Kriterien vorgenommenen Bewertung zeigte sich, dass die von der Hochschulforschung in Bezug auf Berufe geleistete Arbeit nur ansatzweise Fragen zum Hochschulstudium als akademische Berufsausbildung und als Teil des Berufsbildungssystems behandelte oder die Berufsbildung fast völlig ausgeblendet hat.
Erst mit der durch den Bologna-Prozess eingeführten Bachelor- und Masterstudiengänge ergab sich ein gravierender Wandel in den Betrachtungen der Hochschulforschung und des Wissenschaftssystems. Die Studienganggestaltung auch unter Berücksichtigung von beruflicher Qualifizierung, Beruflichkeit und Professionalität erhielt nun größere Bedeutung.

- **Die akademische Berufsausbildung als Gegenstand wissenschaftlich orientierter Berufsbildungsforschung**

Akademische Berufsausbildung findet in der Hochschule statt, die als Institution des Tertiärbereichs und als spezieller Teil des Berufsbildungssystems (vgl. Kell 1995) eine spezifische Binnenstruktur aufweist. Diese Struktur der Hochschulen ist wesentlich gekennzeichnet durch Studiengänge, die analog zu den Berufsbildungsgängen im Sekundarbereich II als gesellschaftlich konstruierte Entwicklungsrahmen (Kell 1984, S. 31 ff; Kell 1991, S. 303 ff; Buchmann/Kell 1997, S. 595) die Studiensituationen beeinflussen.

Dabei bezeichnet unter dem institutionellen Aspekt der Ausdruck Bildungsgang „eine curricular strukturierte und rechtlich geordnete Organisationsform eines längeren, in der Regel mehrjährigen Qualifikations- und Sozialisationsprozesses, der zu einem Abschluß mit zumeist zertifizierten Berechtigungen führt. In subjektbezogener Betrachtung wird unter Bildungsgang der in institutionalisierten Bildungsgängen vollzogene individuelle Entwicklungsprozeß verstanden, in dessen Verlauf sich der Lernende komplexe fachliche Kompetenzen und damit verbundene Verhaltens- und Einstellungsmuster aneignet." (Kell/Fingerle/Kutscha/Lipsmeier/Stratmann 1989, S. 23) Damit entsprechen Bildungsgänge weitgehend Studiengängen.

Mit der Einführung der Bachelor- und Masterstudiengänge drängten sich berufsbildungswissenschaftliche Forschungsfragen auf. So wurde beispielsweise in Frage gestellt, ob mit dem Bachelor als erstem berufsqualifizierenden Studienabschluss problemlos in den Beruf eingestiegen werden kann oder direkt im Anschluss an das Bachelorexamen der Master als ein höherer akademischer und berufsqualifizierender Grad angestrebt werden sollte, da der vorausgegangene Bachelorstudiengang fachlich und beruflich unzureichend ist.

4.6.5 Berufliche Fachrichtungen als spezifische Orte berufsbildungswissenschaftlicher Forschung und Lehre

- **Funktion und Ort beruflicher Fachrichtungen**

Berufliche Fachrichtungen als wissenschaftliche Disziplinen im Rahmen der Ausbildung der Lehrkräfte an berufsbildenden Schulen sind fest in der Hochschullandschaft etabliert und Orte spezifischer berufswissenschaftlicher und berufsbildungswissenschaftliche Forschung. Sie sind ordnungspolitische und curricular-didaktische Konstrukte, die Systematisierungsprinzipien folgen.

Die Gliederung in Berufliche Fachrichtungen hat auch eine Ausdifferenzierung der Berufsbildungsforschung zur Folge. Diesen Differenzierungsvorgängen „einerseits in eine Vielzahl von Forschungs- und Entwicklungsfeldern (…) und andererseits in den jeweils spezifischen beruflichen Fachrichtungen liegen sowohl Erkenntnis- als auch ein Gestaltungsinteresse zu Grunde." (Rauner 2010, S. 100) [587] Berufliche Fachrichtungen umfassen dabei diejenigen beruflichen Fächer bzw. Fachgebiete im Studium an Universitäten und Hochschulen, die für das „Höhere Lehramt an beruflichen Schulen" als sogenanntes

---

[587] Die Bezeichnung „Berufliche Fachrichtungen" gibt es schon seit Anfang der 1970er Jahre, als die Kultusministerkonferenz (KMK) in einer Rahmenvereinbarung (KMK 05.10.1973) die Begrifflichkeit verwendete. In dieser Vereinbarung wurde außerdem bestimmt, dass sich Berufliche Fachrichtungen an den in der „Rahmenvereinbarung über das Berufsgrundbildungsjahr" (KMK 06.09.1973) festgelegten 13 Berufsfeldern orientieren sollen. Für einige dieser Berufsfelder sind in der Rahmenvereinbarung über das Berufsgrundbildungsjahr (KMK 19.05.1978) Schwerpunkte festgelegt worden.

"Erstfach" – mitunter auch als "Zweitfach" oder sogar als "affines Zweitfach" – gewählt werden können.

Eine Aktualisierung, Erweiterung und teilweise Anpassung der Liste der Beruflichen Fachrichtungen erfolgte erst Mitte der 1990er Jahre im Zusammenhang mit der „Rahmenvereinbarung über die Ausbildung und Prüfung für Lehrämter der Sekundarstufe II (berufliche Fächer) oder für die beruflichen Schulen (Lehramtstyp 5)" (KMK 12.05.1995). Darin wurden die Anzahl der Fachrichtungen auf sechzehn erweitert und die Bezeichnung „Berufliche Fachrichtung" endgültig etabliert. Eine Orientierung an Berufsfeldern blieb bestehen. Auch in der aktuellen Fassung der Rahmenvereinbarung (KMK 07. 03. 2013) gibt es sechzehn Fachrichtungen, eine Orientierung an den Berufsfeldern wird aber nicht mehr verlangt. Berufliche Fachrichtungen und Berufsfelder werden dennoch teilweise synonym verwendet.

Das bestehende Konstrukt der Beruflichen Fachrichtungen schafft die Basis dafür, das Lehramtsstudium für berufsbildende Schulen berufsfeldorientiert und damit praxisorientiert sowie fachlich-inhaltlich auszugestalten. Obwohl die Beruflichen Fachrichtungen inzwischen an den Hochschulen etabliert sind, werden zu Recht auch Defizite hinsichtlich der Systematik und dem Umfang des Konstrukts „Beruflichen Fachrichtungen" einschließlich ihrer fachrichtungsbezogenen Fachgebiete benannt (vgl. dazu Herkner 2010a, S. 53 ff.). In den Beruflichen Fachrichtungen kann berufsbildungswissenschaftliche Arbeit geleistet werden, die der Forschung und Lehre dient. Betrachtet werden in allen Beruflichen Fachrichtigen die didaktischen Zusammenhänge von Berufsarbeit, Sachgebiet und Berufsbildung.

Die aktuelle KMK-Ordnungsstruktur der Beruflichen Fachrichtungen ist zwar für die Organisation der Lehrerbildung für berufliche Schulen weitgehend verbindlich, lässt den Ländern aber vielfältige Gestaltungsspielräume. So heißt es in dieser Rahmenvereinbarung z. B.: „Die Länder können weitere berufliche Fachrichtungen zulassen." (KMK 2013, S. 3) Außerdem kann anstelle „des Unterrichtsfaches (zweites Fach) (...) eine zweite berufliche Fachrichtung oder eine sonderpädagogische Fachrichtung gewählt werden" (ebd., S. 2).

Die Arbeitsweisen, Schwerpunkte und Konzepte in den einzelnen ausgewählten Beruflichen Fachrichtungen sind sehr unterschiedlich. Das betrifft vor allem die Berücksichtigung der Zusammenhänge von Berufsarbeit, Sachgebiet und Bildung sowie die berufsbildungswissenschaftliche Forschung. Das wird bereits deutlich, wenn man sich für einen ersten Überblick einige ausgewählte Berufliche Fachrichtungen unter dem Gesichtspunkt spezifischer Arbeitsweisen im Einzelnen anschaut. Berücksichtigt man dabei, dass die Ausbildung der Lehrkräfte für berufsbildende Schulen so anzulegen ist, dass sie den wissenschaftlichen Erkenntnissen sowie der beruflichen Praxis Rechnung tragen und zu einer fachlich und pädagogisch professionellen Handlungskompetenz führen (KMK 2012, S. 3 f.) sollen, erstaunen die inhaltlichen Unterschiede an den einzelnen Standorten

- **Berufliche Fachrichtungen und Vertiefungsrichtungen**

Es erscheint sinnvoll die Beruflichen Fachrichtungen und Vertiefungsrichtungen bzw. Fachrichtungsbereiche im Einzelnen zu betrachten. Bei einer ersten grobstrukturellen Sichtung der Ausformung und Zustandes in ihren wesentlichen Aufgaben- und Forschungsfeldern –unabhängig von der fachlichen Spezifizierung – ergibt sich, auch wenn man die Ausführungen wesentlicher Fachvertreter heranzieht, ein sehr uneinheitliches Bild (vgl. Handbuch Berufsforschung 2010).

Berufliche Fachrichtung „Agrarwirtschaft"
Das Aufgabengebiet der Beruflichen Fachrichtung „Agrarwirtschaft" ist sehr groß. Wegen der Vielfalt der Lehrgebiete wird als Schwierigkeit benannt, „das gleichnamige Berufsfeld abzubilden" (Svensson 2016, S. 136). In dieser Beruflichen Fachrichtung wird dem späteren Einsatzort an beruflichen Schulen „hauptsächlich durch eine breite fachwissenschaftliche Grundlagenbildung Rechnung getragen. Umso dringlicher müssen die Aufgaben der Fachdidaktik benannt werden." (Svensson 2016, S. 136) Da schon die Berücksichtigung der Fachdidaktik problematisch erscheint, sind berufsbildungswissenschaftliche Themen völlig unterpräsentiert. Es werden herkömmliche fachwissenschaftliche und fachdidaktische Analysen vorgenommen (Bräuer 2010, S. 617). Ergebnisse berufsbildungswissenschaftlicher Arbeit und insbesondere Forschungen liegen nicht vor.

Berufliche Fachrichtung „Bautechnik"
Bei der Beruflichen Fachrichtung „Bautechnik" steht die Fachlichkeit im Vordergrund (Kuhlmeier 2010, S. 387 ff.). Ein fachwissenschaftsbezogene „Ausbildung der Lehrkräfte für das berufliche Schulwesen erfolgt nach der Rahmenvereinbarung der Kultusministerkonferenz" (Kuhlmeier 2013, S. 137). Als problematisch wird gesehen, dass die „fachimmanente, an den Ingenieurwissenschaften orientierte Inhaltsstruktur (…) nur einen unzureichenden Bezug zur Berufsarbeit in der Bautechnik und zu den Arbeitsprozessen auf der Ausführungsebene herstellt" (ebd.). Berufsbildungsfragen werden – soweit möglich – über die Fachdidaktik thematisiert. Es wird selbstkritisch festgestellt, dass sich in der Beruflichen Fachrichtung „Bautechnik" zukünftig intensiver mit Prozessen und Auswirkungen bautechnischer Arbeit und Bildung beschäftigt werden muss. Allerdings gibt es erste Forschungsergebnisse „in Form eines Entwurfs für einen sektoralen Qualifikationsrahmen für die Bauwirtschaft" (Kuhlmeier/Uhe 2010, S. 386).

Berufliche Fachrichtung „Labor-/Prozesstechnik"
Für die Berufliche Fachrichtung „Chemietechnik" bzw. "Berufliche Fachrichtung Labor-/Prozesstechnik" sind „Chemieberufe, chemiebezogene Facharbeit in den verschiedenen Branchen sowie deren naturwissenschaftlich-technischen Wissensgrundlagen (…) als profilbestimmende Faktoren in der Fachrichtungsgenese anzusehen" (Storz 2016, S. 138). Es wurde „die Programmatik berufliches Lehren und Lernen bei Chemieberufen in Korrelation zur chemiebezogenen Facharbeit als Anliegen für Lehre und Forschung in der Beruflichen Fachrichtung entwickelt. (…). Durchgesetzt hat sich weitgehend der Begriff ‚Berufliche Didaktik'" (ebd.). Es sind viele Ansätze zur berufswissenschaftlichen und berufsbildungswissenschaftlichen Forschung erkennbar. In zahlreichen „bildungsbezogenen

Projekten wurden exemplarische, typische Arbeitsaufgaben auf ihre handlungsleitenden/handlungsbegründenden und somit bildungsrelevanten Inhalte analysiert" (Niethammer/Storz 2010, S. 501). Der berufsbildungswissenschaftliche Forschungsschwerpunkt liegt in der Berufsdidaktik. Entsprechendes ist in den Fachrichtungsbereichen „Labortechnik" (Röben 2010, S. 718 ff.) und „Prozesstechnik" (Lang 2010, S. 731 ff.) entwickelt worden.

Berufliche Fachrichtung „Elektrotechnik"
In der Beruflichen Fachrichtung „Elektrotechnik" orientiert man „sich an dem gleichnamigen Berufsfeld und verleiht die Unterrichtsbefähigung für dessen Ausbildungsberufe und weitere im System der berufsbildenden Schulen eingeführten elektrotechnischen Bildungsgänge" (Jenewein 2016, S. 139). Die inhaltlichen Arbeiten „beziehen sich auf die Theoriebildung für Bildungsgegenstände (…), die sich der unmittelbaren menschlichen Wahrnehmung entziehen und mit hohen Anforderungen an die Abstraktionsfähigkeit der Lernenden einhergehen" (ebd., S. 140). In dieser Fachrichtung finden sich beachtliche Ansätze berufsbildungswissenschaftlicher Forschung zu drei Kompetenzbereichen. Das „betrifft die Analyse, Gestaltung und Evaluation
- von beruflichen Lern-, Bildungs- und Qualifizierungsprozessen,
- von beruflichen Arbeits- und Geschäftsprozessen sowie
- von Technik Gegenstand von Arbeits- und Lernprozessen" (Jenewein 2010, S. 419).

Berufsbildungswissenschaftliche Forschung richtet sich insbesondere auf die Lern- und Qualifizierungsprozesse von Arbeit und Technik unter dem Berufsbildungsaspekt. Jedoch scheinen für eine weitere positive Entwicklung der Vertiefungsrichtungen der Elektrotechnik auch Akzente zu „einer berufswissenschaftlichen Studiengangentwicklung erforderlich" (Vollmer 2010, S. 661).

Berufliche Fachrichtung „Ernährung und Hauswirtschaft"
Für die Berufliche Fachrichtung „Ernährung und Hauswirtschaft" hat die Ausrichtung auf ein Berufsfeld, spezifische Berufe oder berufsbildende Schulen „zur Folge, dass an den verschiedenen Studienstandorten der Beruflichen Fachrichtung ‚Ernährung und Hauswirtschaft' nicht nur unterschiedliche Bezeichnungen eingeführt wurden, sondern auch die didaktischen Konzepte variieren" (Fegebank 2016, S. 141). Neben dem Fachwissenschaftlichen ist die berufsfelddidaktische Ausbildung ein Schwerpunkt der Arbeit in der Beruflichen Fachrichtung. Gefordert wird schon seit langerem, dass sich Berufsfelddidaktik in der Forschung und Lehre „auf das Einsatzfeld der künftig Lehrenden, die berufsbildenden Schule konzentrieren" (Fegebank 2010, S. 584) sollte. In dieser Beruflichen Fachrichtung, so wird festgestellt, hat „die Forschung noch zahlreiche Aufgaben zu bewältigen, um das berufsfelddidaktische Konzept inhaltlich füllen, konkretisieren sowie der Lernortorientierung gerecht werden zu können" (ebd.). In der Vertiefungsrichtung bzw. dem Fachrichtungsbereich „Ernährungs- und Hauswirtschaft" steht eine „Systematisierung aus didaktischer Perspektive (…) noch aus" (Stomporowski/Meyer 2010, S. 770). „Eine eigene Didaktik mit Schwerpunkt Ernährung existiert derzeit nicht." (ebd., S. 767) Im Fachrichtungsbereich „Hauswirtschaft" befindet man sich noch im Vorfeld von Forschungskonzepten. Entsprechendes gilt für den Fachrichtungsbereich „Hauswirtschaft" (Kettschau 2010, S. 772 ff.).

Berufliche Fachrichtung „Fahrzeugtechnik"
Die Berufliche Fachrichtung „Fahrzeugtechnik" wurde erst im Jahr 2007 in die Liste der studierbaren und länderübergreifend anerkannten Fachrichtungen neu aufgenommen. Zuvor studierten angehende Lehrkräfte für das Unterrichten im Berufsfeld „Fahrzeugtechnik" die berufliche Fachrichtung „Metalltechnik". „Bis heute überwiegt an den meisten Studienstandorten das Modell, die Fahrzeugtechnik als Vertiefungsrichtung der Metalltechnik oder als zweite Berufliche Fachrichtung zu studieren." (Becker/Dreher 2016, S. 142) Zur Berufsarbeit im Berufsfeld „Fahrzeugtechnik" liegen „durch berufswissenschaftliche Untersuchungen bereits umfangreiche Forschungsergebnisse vor" (Becker 2010, S. 476). Selbstkritisch wird festgestellt: die Fachrichtung „befindet sich noch im Anfangsstadium notwendiger Entwicklungen. Die Etablierung einer durch Berufswissenschaften begründeten und abgesicherten sowie beruflich ausgerichteten Fachdidaktik, mit deren Hilfe das Ziel der Entwicklung beruflicher Handlungsfähigkeit in der Berufsausbildung verfolgt werden kann, bildet eine der wichtigsten Aufgabenstellungen für die Zukunft." (Becker 2010, S. 476)

Berufliche Fachrichtung „Farbtechnik, Raumgestaltung und Oberflächentechnik"
In der Beruflichen Fachrichtung „Farbtechnik, Raumgestaltung und Oberflächentechnik" kommt neben den ingenieurwissenschaftlichen Bezügen „den berufspädagogischen, berufswissenschaftlichen und fachdidaktischen Fragestellungen und Studienanteilen (…) eine besondere Bedeutung zu" (Meyser 2016, S. 143). Für dieses Lehramtsstudium gibt keine korrespondierende Ingenieur- oder Fachwissenschaft.
„Systematische und empirische berufswissenschaftliche Studien zu den Inhalten und Organisationsformen der Arbeit erfolgten wegen der besonderen Strukturen im Berufsfeld Farbtechnik und Raumgestaltung bislang eher selten." (Meyser 2010, S. 414) Entsprechendes gilt auch für die Vertiefungsrichtungen „Oberflächentechnik und Farbtechnik" (Baabe-Meijer 2010, S. 621 ff.) und „Raumgestaltung" (Gillen 2010, S. 632 ff.). Dieses liegt zum Teil an den fehlenden materiellen und personellen Ressourcen. Auch wenn die Rahmenbedingungen als kritisch einzuschätzen sind, „konnten in den letzten Jahren dennoch eine Reihe von berufswissenschaftlichen und didaktisch-methodischen Fragestellungen bearbeitet und entsprechende Forschungsarbeiten vorgelegt werden" (Meyser 2010, S. 415).

Berufliche Fachrichtung „Gesundheit und Körperpflege"
In der Beruflichen Fachrichtung „Gesundheit und Körperpflege" sind die bis dahin getrennten Fachbereiche „Gesundheit" und „Körperpflege" zusammengeführt. Dies hat im Fachbereich „Gesundheit" zu teilweise gravierenden Problemen geführt, die in der Bestimmung geeigneter Bezugswissenschaften und der „Schwierigkeit der Entwicklung einer Fachdidaktik Gesundheit als forschungsbezogene Disziplin" (Bals/Weyland 2010, S. 533) liegen. Es muss festgestellt und „deutlich kritisiert werden, dass es eine Fachdidaktik Gesundheit bisher nicht gibt und insofern auch die Forschungslandschaft geradezu dürftig ist. Allerdings konnte eine Vielzahl möglicher Forschungsperspektiven aufgezeigt werden, die im Zusammenhang mit der Entwicklung einer Fachdidaktik Gesundheit wesentlich sind." (ebd.)

Für den Bereich der Körperpflege dagegen zeigen „ausgewählte Forschungs- und Modellprojekte (...) deutliche fachdidaktische Bezüge für die Berufliche Fachrichtung Körperpflege auf" (Wulfhorst 2010, S. 552). Hierzu haben insbesondere einschlägige Dissertationen und mehrere Forschungs- und Modellprojekte beigetragen (vgl. Wulfhorst 2010, S. 551 ff.).

Berufliche Fachrichtung „Holztechnik"
Die Berufliche Fachrichtung „Holztechnik" stellt einen „Strukturrahmen für die universitäre Lehre und Forschung im Zusammenhang mit der gewerblich-(holz-)technischen Berufsausbildung" (Mersch 2016, S. 146). Im Mittelpunkt stehen die hochschuldidaktischen Aufgabenstellungen der Beruflichen Fachrichtung „Holztechnik". Darüber hinaus werden auch Aufgaben der beruflichen (Fach-) Didaktik gesehen, „die das Spektrum der beruflichen Aus- und Weiterbildung von Facharbeitern im Berufsfeld Holztechnik betreffen".
In didaktischer Hinsicht wird die Aufbereitung von Inhalten für berufliches Lehren und Lernen weiterentwickelt. „Basis zur Bearbeitung dieser Inhalte sind einerseits wissenschaftliche Erkenntnisse berufspädagogischer und allgemein didaktischer Art." (Mersch 2010, S. 397) Selbstkritisch wird darauf hingewiesen, „dass dem Umfang notwendiger und überfälliger berufsdidaktischer Tätigkeiten im Berufsfeld „Holztechnik" ein vergleichsweise geringer Umfang an Forschungs- sowie Entwicklungsarbeit und damit verbundener Erkenntnisse und Aussagen gegenüberstehen. Ursachen für diesen Sachverhalt liegen zweifellos im bescheidenen Umfang des Berufsfeldes „Holztechnik" und der „vergleichsweise geringen Anzahl der berufsdidaktisch tätigen Akteure" (Mersch 2010, S. 397).

Berufliche Fachrichtung „Informationstechnik"
Die Berufliche Fachrichtung „Informationstechnik" kann „auf die sich eigentlich schon seit den 1960/70er Jahren erstmals gebildeten und dann in den 1980er und 1990er Jahren verstärkt weiterentwickelten und meist heute noch so genannten neuen ‚IT-Berufe'" (Petersen 2010, S. 431 f.) zurückgeführt werden. Die neue Fachrichtung „Informationstechnik" wurde 2007 unvermittelt und ohne Rückgriff auf deren inhaltliche und „berufliche" Entwicklung von der KMK eingeführt. „So verwundert es nicht, dass es seitens der KMK bis heute nicht klar ist, ob und welche der technisch wie wirtschaftlich orientierten IT-Berufs- und Arbeitsbereiche nun eigentlich in der neuen Beruflichen Fachrichtung ‚Informationstechnik' mitgedacht wurden bzw. von ihr abgedeckt werden sollen." (Petersen 2010, S. 433) Unabhängig davon wurden mit dem Ausbau der Beruflichen Fachrichtung für die darin aufgelisteten Berufe berufswissenschaftliche Überlegungen vorgenommen. Jedoch wird – wie Willi Petersen 2010, S. 435) beklagt – „an den Hochschulen überwiegend ein Ansatz für das Studium der Beruflichen Fachrichtungen praktiziert, der die vorhandenen und so genannten ‚korrespondierenden' Ingenieur- oder Wirtschaftswissenschaften als Bezugs- und Fachwissenschaften nutzt. Eine eigenständige curriculare Ausstattung der Beruflichen Fachrichtungen mit Wissenschaften, die man sinnvoll dann auch als Berufswissenschaften benennen sollte, findet dagegen an den Hochschulen bis heute so gut wie nicht statt." Auch in den Vertiefungsrichtungen „Wirtschaftsinformatik" werden didaktisch-methodische Herausforderungen gesehen (Siemon 2010, S. 681 f.) und in

ähnlicher Weise auch in der Vertiefungsrichtung „Informationstechnologie" (Tärre 2010, S. 694).

Berufliche Fachrichtung „Medientechnik"
Das Studium in der beruflichen Fachrichtung „Medientechnik" bezieht sich auf die neuen Formen der Berufstätigkeiten in der Medienbranche. Bei den Studieninhalten sind somit neben den technologischen Sachverhalten der Medientechnik auch die Aspekte der beruflichen Tätigkeiten zu berücksichtigen. „In der Berufswissenschaft werden Methoden und Werkzeuge zur Analyse, Beschreibung und Gestaltung dieser komplexen Zusammenhänge vermittelt, um entsprechende Qualifizierungs- und Berufsbildungsmaßnahmen ableiten zu können." (Knudsen 2010, S. 516) Der didaktisch-methodische Ansatz richtet sich auf die aktive, selbstständige und zielgerichtete Bearbeitung von Themen. In der vergleichsweise jungen Beruflichen Fachrichtung „Medientechnik" sind das Forschungsprofil und das curriculare sowie das didaktische Konzept noch nicht sehr ausgeprägt.

Berufliche Fachrichtung „Metalltechnik"
Der Beruflichen Fachrichtung „Metalltechnik" werden von den zuvor drei Fachrichtungsbereichen – Produktions-/Fertigungstechnik, Versorgungstechnik, Fahrzeugtechnik – zurzeit nur die ersten beiden dem Berufsfeld „Metalltechnik" zugeschrieben, denn die Fahrzeugtechnik besteht seit 2007 als eigenständige Berufliche Fachrichtung. In der Beruflichen Fachrichtung „Metalltechnik" bilden die beruflichen Tätigkeitsdomänen „die Grundlage für berufspädagogische und didaktische Überlegungen im Rahmen beruflicher Erstausbildung und Weiterbildung. Sowohl curriculare Entscheidungen als auch die Konstitution von Unterrichtskonzepten sind inhaltlich wie methodisch rückgebunden an die Spezifika metalltechnischer Ausbildungsberufe, die Berufsfeldbereiche Produktions- und Versorgungstechnik" (Schütte 2010b, S. 447) In der Beruflichen Fachrichtung „Metalltechnik" sind durch Forschungsprojekte und Dissertationen berufsbildungswissenschaftliche und didaktische Konzepte entstanden. In der Vertiefungsrichtung „Fertigungs- und Produktionstechnik" sind exemplarisch Konzepte zum selbstständigen Studieren facharbeitsrelevanter Aufgaben und Problemstellungen entwickelt (Schlausch 2010, S. 705) worden und in der Vertiefungsrichtung „Heizungs-, Klima- und Lüftungstechnik" spezielle Berufliche Didaktiken (Hartmann 2010, S. 717 f.).

Berufliche Fachrichtung „Pflege"
Die Berufliche Fachrichtung „Pflege" ist sehr unübersichtlich und unstrukturiert aufgebaut. Die Disziplin versteht sich „erstens als Teildisziplin der Pflegewissenschaft, zweitens als sozialwissenschaftliche Integrationswissenschaft von Pflegewissenschaft und Erziehungswissenschaft und drittens als Arbeitsfeld bzw. Teildisziplin der Berufspädagogik und somit Subdisziplin der Erziehungswissenschaft" (Dieterich/Kreißl 2010, S. 562).
Auch unter Berücksichtigung der strukturellen Unübersichtlichkeit und unterschiedlicher Einflussnahmen ist festzustellen, dass dennoch in den vergangenen Jahren Bemühungen um die Lösung des Bezugswissenschaftsproblems und eine didaktische Theorienbildung erfolgten. Mit „diesen ersten Ansätzen pflegedidaktischer Theoriebildung ist die Etablierung der Pflegepädagogik an Hochschulen rapide vorangeschritten und im Zuge dessen auch das Spektrum pflegedidaktischer Konzepte" (Dieterich/Kreißl 2010, S. 561). Jedoch

gibt es wegen „der kurzen Zeit seit der Etablierung von Pflegepädagogik und dem geringen Anteil von didaktischer Forschung in diesem Bereich (…) kaum gesicherte Befunde" (Dieterich/Kreißl 2010, S. 564).

Berufliche Fachrichtung „Sozialpädagogik"
Die Berufliche Fachrichtung „Sozialpädagogik" hat durch die Expansion der sozialen Berufe und der Entwicklung zur Dienstleistungsgesellschaft erheblich an Bedeutung gewonnen.
„Insgesamt ist dabei die Entwicklung der Beruflichen Fachrichtung Sozialpädagogik als einer der ‚jüngeren' Fachrichtungen eng mit dem Ausbau der sozialen Berufe und der Entwicklung zur Dienstleistungsgesellschaft verknüpft." (Gängler 2010, S. 567) Da die Fachrichtung noch relativ jung ist, „nimmt das Thema ‚Didaktik' einen sehr bescheidenen Raum ein." (Gängler 2010, S. 571) Aus den Diskursen und Überlegungen zu Untersuchungs- und Forschungsfragen wird deutlich: „Es gibt mehr Fragen als Antworten, mehr Forschungsbedarf denn als gesichert geltende Wissensbestände zu einer Didaktik der Sozialpädagogik." (Gängler 2010, S. 574) Aus diesem Grunde sind Perspektiven auf mögliche Arbeitsprogramme entwickelt worden, „um den interdisziplinären Diskurs um eine Didaktik der Sozialpädagogik zu bestärken" (ebd.).

Berufliche Fachrichtung „Textil- und Bekleidungstechnik"
Die Lehrerbildung in der beruflichen Fachrichtung „Textil- und Bekleidungstechnik" orientiert sich weitgehend an ingenieurwissenschaftlichen Fachrichtungen. „Die Didaktik und Methodik in dieser beruflichen Fachrichtung werden durch die Handlungsorientierung und Lernfeldkonzeption bestimmt." (Grundmeier 2016, S. 149)
Die Lehrerausbildung in der Fachrichtung „Textil- und Bekleidungstechnik" erfordert „eine kontinuierliche Weiterentwicklung der Fachdidaktik, in der Kooperation von didaktischer Transfer- und empirischer Bildungsforschung an Hochschulen und Universitäten" (Grundmeier/Hayen 2010, S. 491). Da es inzwischen nur noch einen Standort für das Studium der Textil- und Bekleidungstechniker gibt, besteht dringender Handlungs- und Forschungsbedarf.

Fachrichtung „Wirtschaft und Verwaltung"
In der beruflichen Fachrichtung „Wirtschaft und Verwaltung" werden Studierende ausgebildet, die im Lehramt später das Spektrum von den Industriekaufleuten über die Händlerberufe und Bankkaufleute zu den Bürokaufleuten und den Verwaltungsfachberufen abdecken sollen.
Für die Vertiefungsrichtung „Wirtschaft" gibt es ein großes Spektrum didaktischer Konzepte (vgl. Bank 2010, S. 588 ff.). Für die zweite Vertiefungsrichtung ist allerdings „zu überlegen, ob der Verwaltungsbereich stärker ins Zentrum des Interesses gerückt bzw. explizit als Ausbildungsschwerpunkt ausgewiesen werden sollte" (Fürstenau/ Grzanna 2010, S. 760). Weitgehend unbeantwortet, ist für beide Vertiefungsrichtungen dabei, „die Frage, welche Form einer Hochschuldidaktik zu einer solchen Qualifizierung genutzt werden sollte" (Sloane/Becker/Krakau 2010, S. 747).
Da sich Gemeinsamkeiten zwischen der beruflichen Erstausbildung im Dualen System und einer Hochschulbildung finden, eröffnen sich Perspektive für „eine Übertragung cur-

ricularer und didaktischer Prinzipien der beruflichen Bildung auf die Hochschulbildung" (Sloane/Becker/Krakau 2010, S. 747). Ein solches Transferkonzept bedarf aber umfangreicher und tiefgehender berufsbildungswissenschaftlicher Untersuchungen.

- **Entwicklungsstand Beruflicher Fachrichtungen in Forschung und Lehre**

Forschung und Lehre werden in den Beruflichen Fachrichtungen – wie sich durch die kleine, überblickgebende Darstellung gezeigt hat – sehr unterschiedlich wahrgenommen und entwickelt. Deshalb differiert auch der Entwicklungsstand Beruflicher Fachrichtungen in Forschung und Lehre erheblich.

Die Spannweite bei der Lehre reicht von Strukturorientierung an der Fachlichkeit der jeweiligen Bezugswissenschaft bis hin zum Einsatz von hochschuldidaktischen Konzepten. Die Forschung kann in vielen Beruflichen Fachrichtungen, deren personelle Möglichkeiten sehr begrenzt oder sogar zu gering sind, um damit die Lehre abzudecken, kaum oder nur durch Dissertationen geleistet werden. In einigen etablierten Fachrichtungen dagegen findet berufswissenschaftliche, berufsbildungswissenschaftliche, didaktische und sogar hochschuldidaktische Forschung statt. Entsprechenden Projekte werden meist über Drittmittel finanziert. Noch immer gilt: „Geht man von den momentan bestehenden Gegebenheiten bei den Beruflichen Fachrichtungen mit ihren Vertiefungsrichtungen bzw. Fachrichtungsbereichen aus, so zeigen sich für die bislang noch relativ gering oder defizitär ausgeformten Bereiche einige Perspektiven allein schon darin, dass sie sich an den elaborierteren Beruflichen Fachrichtungen orientieren können, um zu versuchen, ein vergleichbares berufs- und berufsbildungswissenschaftliches Niveau zu erreichen." (Herkner/Pahl 2010, S. 847)

Damit zeigen sich Ansatzpunkte für die weitere Entwicklung. der Beruflichen Fachrichtungen, Vertiefungsrichtungen und Fachrichtungsbereiche an den deutschen Hochschulen. Es könnte sich aufgrund einer solchen Ausformung „durch berufsbildungswissenschaftliche Forschung eine sehr wirkungsvolle berufs- und berufsbildungswissenschaftliche Lehre für angehende Lehrkräfte an beruflichen Schulen ergeben. Dazu muss zukünftig die Forschung in den einzelnen Beruflichen Fachrichtungen verstärkt betrieben und zwischen den damit befassten Instituten ein intensiver „Austausch über die Ergebnisse ermöglicht werden, sodass sich auch Synergieeffekte ergeben." (Herkner/Pahl 2010, S. 847)

Wie sich die Beruflichen Fachrichtungen ausgestalten, wird von den gesellschaftlichen, wirtschaftlichen und technischen Entwicklungen, aber auch von der dort vertretenen Lehre und Berufsbildungsforschung abhängig sein. Dazu kann auch forschendes Lernen beitragen (Huber 2004, S. 29 ff.; Tremp 2015, S. 26 ff.). Mit den in einigen Ländergesetzen festgeschriebenen sogenannten Praxissemestern liegt zum einen der „Fokus auf dem Erwerb eigener Unterrichtserfahrungen, zum anderen auf der ‚Lehr- und Unterrichtsforschungsprojekte' (…). Damit eröffnen sich unterschiedliche qualitative und quantitative Zugänge zum Forschungsfeld Lehren und Lernen." Schütte 2016, S. 93) Über diesen neuen, aber noch sehr schmalen Pfad könnten sich langfristig in den Beruflichen Fachrichtungen Anregungen und Beiträge zu vertiefter Forschung ergeben. Friedhelm Schütte merkt allerdings zu Recht an: „Forschendes Lernen im Rahmen des Praxissemesters durchzuführen heißt, aktuell: ein Modell zu erproben. – Wir stehen erst am Anfang!" (ebd., S. 96)

Der Werdegang Beruflicher Fachrichtungen ist auch zukünftig von den gesellschaftlichen, wirtschaftlichen und technischen Entwicklungen abhängig. Probleme ergeben sich dadurch, dass das gesellschaftliche Interesse an der Ausbildung von Lehrkräften für berufliche Schulen sehr gering ist. Nicht nur deshalb sind die Beruflichen Fachrichtungen auch an den Universitäten nur randständig angesiedelt und Forschungsmittel rar. Gesellschaftliche Entwicklungen auf dem Arbeitsmarkt und das soziale Ansehen dieses spezifischen Lehramtsstudiums bestimmen auch die Entscheidungen von Studienanfängern.[588]

Unabhängig von diesen Problemen sind von entscheidender Bedeutung für die Wirksamkeit und den Erfolg berufsbildungswissenschaftlichen Forschungen in den Beruflichen Fachrichtungen – und zwar zu welchem Themenbereich auch immer – deren strukturelle und methodisch multi-, inter- und transdisziplinäre Ausrichtung und Organisation. Außerdem muss neben der Definition zentraler Begrifflichkeiten der Untersuchungsfelder „Beruflicher Fachrichtungen" eine Abstimmung zwischen den Fachvertretern und „eine Präzisierung von Erkenntnisziel und Forschungsfragen erfolgen, um geeignete Wege des Forschungsprozesses zu identifizieren" (Kelle u. a. 2013, S. 176).

---

[588] Die Anzahl derer, die ein Studium für das höhere Lehramt an berufsbildenden Schulen aufnehmen, ist alarmierend gering. Anspruchsvolle innovative Fachrichtungen wie die der Elektrotechnik, Informationstechnik, Kraftfahrzeugtechnik und Metalltechnik leiden unter dem Mangel an Studierenden. Das zeigt sich u. a. auch daran, dass lange Zeit die Studierendenzahlen in den gewerblich-technischen Fachrichtungen dominierten, während derzeit ein deutliches Interesse der Studierenden an den „personenbezogenen Dienstleistungen" zu verzeichnen ist.

4.7 Ausgewählte berufsbildungswissenschaftliche Forschungsfelder
4.7.1 Grundlagenforschungsfeld: Allgemein- und Berufsbildung im nichtakademischen Bereich

Tiefgründige Untersuchungen auf der Grundlage deskriptiver Forschungsarbeiten zur Integration von Allgemeinbildung und Berufsbildung erfolgten – insbesondere bereits zu Beginn des zwanzigsten Jahrhunderts – im Rahmen der Entwicklungen der Reformpädagogik im Allgemeinen und erster Ansätze der sogenannten „klassischen" Berufsbildungstheorie im Besonderen. Dieses konzeptionelle Fundament ist insbesondere durch Eduard Spranger erarbeitet und „mit den neuhumanistischen Kategorien der Individualität, Universalität und Totalität der Bildung durch den Beruf" (Pätzold 2006b, S. 137) weiterentwickelt worden.

Eduard Spranger verfolgte den Ansatz der Integration von Allgemein- und Berufsbildung. Für ihn führte der Weg zu der höheren Allgemeinbildung „über den Beruf und nur über den Beruf" (Spranger 1968, S. 8). Menschliche Bildung basierte für ihn auf einer grundlegenden Bildung (erste Phase) und einer darauf aufbauenden Berufsbildung (zweite Phase). Erst von dieser aus sollte der Mensch „in die Weite der Allgemeinbildung (dritte Phase) streben" (Pätzold 2006b, S. 137). Aloys Fischer wiederum erweiterte die berufsbildungstheoretischen Ansätze um die Aufgabe bzw. Notwendigkeit der Humanisierung der Berufstätigkeit, um so die Menschenbildung human und sozial auszugestalten. Theodor Litt leistete einen weiteren Beitrag zur Entwicklung von Bildung und Erziehung. Für ihn standen (berufliche) Bildung und (allgemeine) Erziehung in einem engen Zusammenhang. Berufsbildung sollte demnach gleichzeitig Erziehung zur Sachgerechtheit, Arbeitsmoral und Pflichterfüllung beinhalten (vgl. Litt 1958).

Aufgrund dieser großen Reflexionsleistungen ist seitdem die Verbindung von Allgemeinbildung und Berufsbildung – insbesondere an den nicht-akademischen berufsbildenden Institutionen – ein wichtiges Thema. In dieser Diskussion wird allerdings selten die genuin didaktische Frage aufgeworfen, „ob es neben dem Beruf als einer historischen und gesellschaftlichen Form spezifizierter Arbeit nicht noch allgemeine, d. h. beruflich, historisch und gesellschaftlich übergreifende Bildungsinhalte gibt, deren Vermittlung sowohl aus anthropologischen als auch gesellschaftlichen Gründen im Rahmen der Berufsbildung geboten ist" (Weinbrenner 1995, S. 245). Peter Weinbrenner verweist auf die „eigentümliche Dialektik", die einer solchen Fragestellung innewohnt: „Gesucht sind die Bildungsinhalte, die das *Allgemeine der Berufs- und Arbeitswelt* als einen höchst differenzierten und spezialisierten Gesellschaftsbereich beschreiben und erklären und damit für Lernprozesse verfügbar machen." (ebd.; Hervorhebung im Original) Es geht also hierbei nicht darum, die seit jeher vorherrschende Privilegierung der Allgemeinbildung nur zu thematisieren oder die oft angemahnte Integration von Allgemein- und Berufsbildung – z. B. durch so genannte doppelqualifizierende Bildungsgänge – zu schaffen. Mit einem inhaltlich integrativen Ansatz soll vielmehr – wie Rolf Arnold (1994, S. 57) treffend formuliert – eine „Erblast", nämlich die „Privilegierung der Allgemeinbildung vor der Berufsbildung", abgebaut werden. Unter dem didaktischen Aspekt beruflichen Lernens geht es dabei um die Beziehung zwischen berufsorientierten und allgemeinbildenden Inhalten und

Fächern an den beruflichen Schulen.[589] Unstrittig scheint, dass im Spezifischen der Berufe das Allgemeine der Bildung enthalten ist. Andreas Gruschka (1987) hat diese Auffassung auf den Punkt gebracht, wenn er von „Bildung im Medium des Berufes" spricht.[590]

Im Laufe der Zeit wurden von Didaktikern aus dem nicht-akademischen berufsbildenden Bereich Ziele für eine Ausbildung mit einem sehr weitgehenden und hohen Anspruch formuliert. Ein Indiz dafür war die Debatte über die Schlüsselqualifikationen vom Beginn der siebziger bis gegen Ende der achtziger Jahre des vorigen Jahrhunderts. Auch die über mehr als dreißig Jahre heftig geführte Diskussion im Rahmen des Kollegschulversuchs in Nordrhein-Westfalen (1972),[591] bei dem die Integration beruflicher und allgemeiner Bildung angestrebt wurde, zeigt die Entwicklungsrichtung auf.

Um den unbestrittenen Anspruch auf Allgemeinbildung in beruflichen Ausbildungsstätten stärker zu verankern, hatte man in den sechziger und siebziger Jahren des zwanzigsten Jahrhunderts in den beruflichen Schulformen in einigen Bundesländern – über die Staatsbürgerkunde hinaus – allgemeinbildende Unterrichtsfächer eingeführt. Außerdem sind weitere berufliche Schulformen eingerichtet worden, in denen die allgemeinbildenden Unterrichtsfächer mit beruflicher Akzentuierung dominieren. Nicht nur allein aufgrund dieser Entwicklung ist zu fragen, ob die lernorganisatorische Unterscheidung von berufsbildenden und allgemeinbildenden Fächern an beruflichen Schulformen zur didaktischen Trennung oder Integration geführt hat.

Unter den sich wandelnden und teilweise neoliberalen Verhältnissen im Beschäftigungs- und Gesellschaftssystem, durch Migrationsprobleme sowie insbesondere der Bedrohungen durch eine Veränderung von Berufen zu sinnentleerten Tätigkeiten und Jobs, erscheint es angebracht, die Fragen zur Berufsbildung im nicht-akademischen Bereich zu einer wichtigen Forschungsaufgabe zu machen.

Es liegen zum Verhältnis von Allgemein- und Berufsbildung im nicht-akademischen Bereich zwar viele Diskussions- und Reflexionsergebnisse vor. Das genügt allein nicht. Berufsbildungswissenschaftlichen Untersuchungen sind notwendig. Mit diesen sollte sich nun beispielsweise vertieft darauf gerichtet werden, welche Inhalte einzelner Berufe einen allgemeinen Bildungsgehalt und Bildungswert haben. Auch ist zu analysieren, in welchem Umfang die ermittelten Bildungsinhalte in auch in andere Berufe eines Berufsfeldes und darüber hinaus transferierbar sind.

---

[589] In der Bewertung durch die Gesellschaft schien die Dominanz der Allgemeinbildung lange ungebrochen. Dennoch wird die Frage ihrer Erweiterung durch berufliche Bildung immer wieder aufgeworfen, wie der Blick zurück auf eine fast zweihundertjährige Debatte zeigt. Wie Blankertz im Buch „Berufsbildung und Utilitarismus" (1963) darstellt, wurde der Vorrang der Allgemeinbildung bereits Anfang des neunzehnten Jahrhunderts festgeschrieben.
[590] Betrachtet man die intensive Diskussion zur Bildungsbedeutsamkeit des Berufes, so ist es erstaunlich, mit welcher Zähigkeit sich noch heute das vermeintliche Ideal der so genannten allgemeinen Bildung hält, und dass dabei gleichzeitig Berufsbildung immer noch als etwas weniger Wertvolles gilt.
[591] Der Kollegschulversuch wurde im Jahre 1972 im Bundesland Nordrhein-Westfalen initiiert. Grundlage des Modells der Kollegschule als Schulversuch waren die Empfehlungen der „Planungskommission Kollegstufe NW" (1972, 1974, 1975). Die Versuchs-Kollegschulen wurden im Jahre 1998 in das neu gegründete Berufskolleg integriert.

Die damit zusammenhängende Bearbeitung von konkreten Themen zu einer grundlegenden Berufsbildungsforschung im Sinne einer Grundlagenforschung zu den übergeordneten Prinzipien könnten u. a. vom Bundesinstitut für Berufsbildung übernommen werden. Das Bundesinstitut ist dazu nach dem Berufsbildungsgesetz (BiBG, § 90, Abs. 2) für solche Aufgaben aufgerufen oder sogar verpflichtet.

4.7.2 Grundlagenforschungsfeld: Allgemein- und Berufsbildung im akademischen Bereich

In einer Zeit, in der infolge des Bologna-Prozesses die Studierenden durch das Nadelöhr vielfacher enger Prüfungsabschnitte und spezieller schmalspuriger Studiengänge[592] gezogen werden, sind grundsätzliche Überlegungen zu den Rahmengebungen der akademischen Ausbildung notwendig. Für den akademischen Bereich ist die Art und die Breite der Ausformung von Berufen eine wichtige, das Selbstverständnis und das gesellschaftliche sowie wissenschaftliche Interesse berührende Frage.

In traditioneller Weise wurde für die Hochschulen davon ausgegangen, dass allein schon durch den Besuch einer höheren Schule und vor allem des Gymnasiums die Allgemeinbildung hinreichend gefördert worden sei. Studierende hatten im Vergleich zum größten Teil derer, die eine nicht-akademische Berufsausbildung anstrebten, bereits eine umfassendere Allgemeinbildung erworben, die mit der allgemeinen Hochschulreife oder der Fachhochschulreife attestiert wird. Aus diesem Grunde war die Frage des Verhältnisses von Allgemein- und Berufsbildung für die akademische Ausbildung bis in das neunzehnte Jahrhundert nicht und erst in der zweiten Hälfte des zwanzigsten Jahrhundert vermehrt thematisiert worden. Unter dem Eindruck verengter und spezialisierter Studien, haben rahmengebende Untersuchungen zu den Konzepten von Berufen besondere Bedeutung. Mit der Frage nach dem grundlegenden Aufbau von akademischen Berufen eröffnen sich auch Forschungsansprüche zur Allgemein- und Berufsbildung.

Im Zusammenhang mit den Überlegungen zu einem Studium generale, mit dem der Blick über den eingegrenzten Horizont des Fachstudiums hinaus erweitert werden sollte, wurde nach dem Zweiten Weltkrieg an den Hochschulen zugleich ansatzweise eine Diskussion zur Gleichwertigkeit sowie zur Integration von Allgemein- und Fachbildung auch im akademischen Berufsbildungsbereich ausgelöst.

Ein solches Studium, das mit seinem Allgemein- und Grundwissen über das jeweilige Fachgebiet hinausgeht, soll aber das Fachstudium nicht reduzieren oder sogar ersetzen. Allgemeinbildung geschieht durch die Berufsbildung während des Fachstudiums und darüber hinaus durch das Studium generale. Eine Integration von Allgemein- und Berufsbil-

---

[592] So weisen Dieter Euler und Eckart Severing (2015, S. 9) beispielsweise darauf hin, dass „insbesondere auf der Bachelor-Ebene zum einen breit und generisch angelegte Studiengänge, zum anderen aber auch solche, die auf ein eng definiertes, spezialisiertes Berufsfeld ausgerichtet sind", entstehen.

dung während des Studiums hat langfristig große gesellschaftliche, politische und wirtschaftliche Bedeutung, weil dadurch der Rahmen dafür geboten wird, das Fachliche in größere Zusammenhänge einzuweben oder mit anderen Wissensbereichen zu vernetzen.

Spätestens mit der Hochschulrektorenkonferenz (HRK) und der auf dem 167. Plenum am 6.07.1992 beschlossenen „Öffnung der Hochschulen für Berufstätige ohne formale Hochschulzugangsberechtigung" wurde das Problem ungenügender Allgemeinbildung – allerdings nur auf eine bestimmte Klientel bezogen – deutlich erkannt und benannt.
Die Öffnung des akademischen Berufsbildungssystems wurde u. a. damit begründet, dass dadurch auch beruflich Qualifizierte ihre bereits erworbenen berufstheoretischen und berufspraktischen Kenntnisse durch ein Studium erweitern können. [593]

Interessant ist, dass die Allgemeinbildung weder in dem Hochschulrahmengesetz (HRG) noch in den Hochschulgesetzen der Länder ausdrücklich Erwähnung findet. So sind nach dem Hochschulrahmengesetz Aufgaben der Hochschulen und Ziel des Studiums lediglich die „Vorbereitung auf berufliche Tätigkeiten" (HRG 2005, § 2, Abs. 1) und die „Vermittlung dafür erforderlicher fachlicher Kenntnisse, Fähigkeiten und Methoden" (HRG 2005, § 7 Abs. 1). Weitgehend ähnliche Bestimmungen sind auch in den Hochschulgesetzen der Länder zu finden. Aufgrund der Freiheit der Lehre besitzen aber die akademischen Lehrkräfte einen sehr großen Gestaltungsspielraum zur integrativen Vermittlung von beruflichen und allgemeinbildenden Inhalten, den sie auch nutzen sollten.

Durch die Einführung der Bachelor- und Masterstudiengänge sowie durch die damit einhergehende stärkere Verschulung der Studiensituation, bleibt den Studierenden derzeit jedoch für den Besuch von Veranstaltungen oder eigene Recherchen zur stärkeren Integration von Allgemein- und Berufsbildung wenig Freiraum.

Unter den Bedingungen der zeitlich engen Studienpläne werden zusätzliche Studien problematisch. Dadurch besteht die Gefahr einer fachlichen Verengung, die sich nach dem Studium bei der Suche nach einer Arbeitsstelle negativ auswirken kann. Hinzu kommt, dass für einige Studienrichtungen im Beschäftigungs- und Gesellschaftssystem vielfach nur prekäre Arbeitsverhältnisse oder Jobs angeboten werden. In dieser Situation erscheint es angebracht, die Fragen zur Berufsbildung und Allgemeinbildung hinsichtlich größerer Flexibilisierungsmöglichkeiten auf der Basis einer erweiterten Breite des Studiums zu einer wichtigen und grundlegenden Forschungsaufgabe zu machen.

---

[593] Darüber hinaus wurde damit eine Gleichwertigkeit der Abschlüsse im Sekundarbereich I und II im Hinblick auf Studienmöglichkeiten angestrebt. Das auf der Hochschulrektorenkonferenz beschlossene Hochschulzugangsmodell erkennt zwar die Qualifikationen der Berufsausbildung teilweise an, verbindet den Zugang aber mit einer fachgebundenen Hochschuleingangsprüfung (vgl. Husemann u. a. 1995, S. 149 ff.).

4.7.3 Forschungsfeld: Ausbildung und Unterricht im nicht-akademischen Bereich

Für eine Theorie von Ausbildung und Unterricht wird erwartet, dass mit ihr möglichst viele Erscheinungen ausgeleuchtet und in ihren Zusammenhängen deutlich werden. Hier geht es aber nicht nur um das weite Feld einer Theorie von Ausbildung und Unterricht allgemein, sondern gezielt auch um eine solche der Ausbildungs- und Unterrichtsgestaltung beruflichen Lehrens und Lernens in spezifischen Arbeitssektoren.

Durch diese Eingrenzung auf Ausbildung und Unterricht ergibt sich aber nur auf den ersten Blick eine vereinfachte Theorie. Eine möglicherweise vorgenommene Fehleinschätzung wird sofort korrigiert, wenn man sich klar macht, dass eine derartige Theorie der Gestaltung von Ausbildung und Unterricht sich insbesondere auf die Planung, Durchführung, Beobachtung, Analyse, Nachbesinnung und Kontrolle beruflichen Lehrens und Lernens an den Lernorten „Betrieb" und „Schule" sowie zugleich auf sehr unterschiedliche Lernende richten sollte. Mit diesem Aufgabenumfang wird sichtbar, dass sich eine entsprechende Theorie durch eine überaus große Komplexität auszeichnen kann. Neben der Vielzahl der zu berücksichtigenden Felder kommt erschwerend hinzu, dass die dabei zu beachtenden Prozesse als Abläufe mit eigener Dynamik und keinesfalls als statische Gegebenheiten einzuschätzen sind. Die Vorgänge bei der Gestaltung von Ausbildung und Unterricht sind vor allem bei der Durchführung mit ihren situativen Besonderheiten durch eine hohe Komplexität bestimmt, die mit spezifischen berufsbildungswissenschaftlichen Untersuchungen zu berücksichtigen sind.

Insgesamt ist in diesem Feld eine Theorie der Ausbildungs- und Unterrichtsgestaltung durch ein besonderes „Theorie-Praxis-Verhältnis" charakterisiert. Das ergibt sich allein schon durch die Lernorte „Schule" und „Betrieb", die durch sehr unterschiedliche Praxis-Theorie-Ansprüche gekennzeichnet sind.

Auch die Vermittlungsarbeit der Lehrkräfte zeigt Besonderheiten. So ist beispielsweise die Planung beruflichen Lehrens und Lernens eher theoretisch angelegt, die Durchführung dagegen im Wesentlichen durch ausbildungs- und unterrichtspraktische sowie situativ auftretende Gesichtspunkte beeinflusst. Diese Komplexitäten müssen Forschungsvorhaben zur Ausbildungs- und Unterrichtsgestaltung berücksichtigen, und zwar als grundlegende Forschung sowie als praxis- und anwendungsorientierte Forschung.

Berufsbildungswissenschaftliche Forschung zu Ausbildung und Unterricht betrifft neben Untersuchungsfeldern auch mögliche Forschungsverfahren z. B. zur „Beobachtung und Analyse" sowie „Interpretation und Selbstreflexion" (vgl. Terhart 2005, S. 87 ff.).[594] Unabhängig davon unterscheiden sich im Allgemeinen bei den konkreten Untersuchungen die Forschungsverläufe allein schon durch die Lehr- und Lerngegenstände.

---

[594] Auch im Bereich der Ausbildungs- und Unterrichtsforschung bieten sich u. a. lineare, zirkuläre und kumulative Forschungsabläufe an, bei denen sich ähnliche, in sich aber jeweils deutlich unterschiedene Phasen benennen lassen. Dazu finden sich in der Literatur diverse im Prinzip fast strukturgleiche Vorschläge, wie etwa diejenigen von Kleining 1982/1995, Kleining/Witt 2001 oder Atteslander 2010, die sich mit Forschungsabläufen vorwiegend aus Sicht der quantitativen und qualitativen Sozialforschung befassen.

Insbesondere Aufgabenstellungen einer Allgemeinen Forschung zu Ausbildung und Unterricht – beispielsweise zum beruflichen Lehren und Lernen der Auszubildenden bzw. Schüler/-innen in unterschiedlichen Ausbildungsphasen – legen Untersuchungsabläufe nahe, die sich mit entsprechenden Phasenfolgen beschreiben lassen.

Ergebnisse der reinen bzw. grundlegenden Berufsbildungsforschung mit generalisierenden Aussagen sind für eine Lern- und Ausbildungstheorie wegen ihrer Aussagen zu den Berufen und der Beruflichkeit von übergeordneter Bedeutung. Damit und mit den Ergebnissen der spezifischen Berufsbildungsforschung können berufsrelevante Grundlegungen für Konzepte zum beruflichen Lehren und Lernen oder zu den Lernenden an beruflichen Lernorten vorgelegt werden. Die dabei gewonnenen berufsbildungswissenschaftlichen Erkenntnisse werden für die Lehrkräfte an betrieblichen Ausbildungsstätten eher selten im Zentrum des Interesses stehen. Etwas anders verhält es sich vermutlich mit allgemeinen Aussagen zu den Besonderheiten von schulischen Ausbildungsstätten beruflichen Lehrens und Lernens, weil damit auch die jeweilige Arbeits- und Wirkungsstelle der Lehrenden gekennzeichnet wird.

Praxis- und anwendungsorientierte Forschungsergebnisse dagegen finden eher die Aufmerksamkeit der Lehrkräfte und werden – wenn bekannt und nicht zu komplex – in den Ausbildungsstätten angewandt. Dazu gehören vor allem Erkenntnisse zur Didaktik und Methodik beruflicher Lehr- und Lernprozesse, die etwa in Versuchseinrichtungen entwickelt, in realen Ausbildungs- und Unterrichtssituationen erprobt und in Form von Beispielen Eingang in die einschlägige Fachliteratur finden.

Das können z. B. Aussagen sein
- zu übergeordneten Intentionen beruflichen Lehren und Lernens wie etwa Handlungs- und Gestaltungsorientierung, Lernortkooperation oder Individualisierung beruflichen Lernens,
- zur Identifizierung, Auswahl und Aufbereitung neuer fachlicher Themen und Inhalte beruflichen Lernens,
- für die Entwicklung schul- und betriebsinterner Ausbildungscurricula,
- über die Planung, Durchführung oder Nachbereitung einzelner Phasen beruflicher Lehr- und Lernprozesse,
- zu neuen Medien für berufliches Lernen z. B. in informationstechnologischen Bereichen (CAD, CAM, CNC, HSC),
- zur Evaluation beruflicher Lehr- und Lernprozesse.

Die Ergebnisse der grundlegenden Forschung tragen allerdings auch zur Abrundung einer möglichst in sich geschlossenen allgemeinen Theorie von Ausbildung und Unterricht bei. Das ist – allerdings nur punktuell – auch von den praxis- und anwendungsorientierten Forschungen zu erwarten. Sie können aber zugleich zur Lösung von Fragen zum beruflichen Lehren und Lernen genutzt werden.

Das Besondere der bei der Beobachtung von spezifischen Lernprozessen und der Analyse von Phänomenen der für die Ausbildungs- und Unterrichtsgestaltung gewonnenen Forschungsergebnisse besteht überdies darin, dass sie in einem interdependenten Zusammenhang mit einer allgemeinen berufsbildungsorientierten Theorie verbunden sind. Einerseits wird dieser Teil der Ausbildungs- und Unterrichtstheorie bei einer kriterienorientierten Beobachtung und Analyse des Lerngeschehens verwendet, andererseits wird die Theorie vor allem von der Analyse beeinflusst, befruchtet und weiter ausgeformt.

Ziel der Analyse ist vor allem, praxisgerechte und theoriegeleitete Aussagen zu durchgeführten Ausbildungs- und Unterrichtsvorhaben zu erhalten. Dieses erfolgt teilweise schon seit längerem, indem „die Praxis' in ‚die Theorie' und ‚die Theorie' in ‚die Praxis' " (Hartmann 2005, S. 545) hineingeholt wird.

Für die Theorie der Gestaltung von Ausbildung und Unterricht ergeben sich durch Analysen viele Möglichkeiten, vorhandene Erkenntnisse und Ergebnisse in der Wirklichkeit der Ausbildungsstätten zu überprüfen und darüber hinaus durch erkennbare offene Fragestellungen viele Anregungen für Untersuchungen sowie neue Forschungsgebiete aus der Praxis zu erhalten.

Für eine Theorie der Gestaltung von Ausbildung und Unterricht ist zu fragen, wie diese zu den herkömmlichen Überlegungen von Didaktik und Methodik steht. Die didaktischen Theorien beruflichen Lehrens und Lernens haben auch in der spezifischen Theorie von Ausbildung und Unterricht ihren Platz. Sie umfassen aber nur ein Teil dessen, was durch eine Ausbildungs- und Unterrichtstheorie zu leisten ist. Andererseits sind sie für die wissenschaftsorientierte Gestaltung von Ausbildung und Unterricht unverzichtbar. Jedoch ist ihre Einordnung und Bedeutung besonders zu reflektieren und flexibel vorzunehmen. Dabei ist unter ideologiekritischer Perspektive erkennbar, dass die didaktischen und methodischen Theorieansätze – wie traditionellerweise häufig geschehen – keinesfalls als monodidaktische und monomethodische Konzepte für Ausbildung und Unterricht verstanden sowie angewandt werden können und sollen. Ausbildung und Unterricht sowie deren Gestaltung ist durch Komplexität und nicht zuletzt auch durch Kontingenz, d. h. auch durch nicht vorhersehbare Zufälle, gekennzeichnet. Ausbildung und Unterricht sind keineswegs durch lineare Abläufe bestimmt, die durch eine Vorprogrammierung erzwungen werden können.

Durch bisher erarbeitete Theoriekonzepte, die allerdings bisher eher punktuell angelegt waren, wurde erkennbar: Ausbildungs- und Unterrichtsgestaltung ist mehrperspektivisch sowie komplex und sollte deshalb insbesondere in der betrieblichen Ausbildung nicht mehr nur fachlich sowie linear angelegt werden. Sie hat vielmehr neben didaktischen, methodischen und medialen Aspekten auch soziale, personale, emotionale, lernorganisatorische, situative, räumliche und sogar lernatmosphärische Momente zu berücksichtigen. Diese zahlreichen Faktoren sind in ihren Zielsetzungen nur schwer zu bündeln und miteinander zu vereinbaren.

Insgesamt ist dabei – nicht nur wegen dieser Schwierigkeiten – der Bereich der betrieblichen Ausbildung noch weniger vertieft untersucht worden, als der des nichtakademischen schulischen Unterrichts. Die Theoriebildung für die Lernorte beruflicher Bildung insgesamt gerät dadurch in eine Schieflage. Von einer berufsbildungswissenschaftlichen Theorie der Ausbildungs- und Unterrichtsgestaltung, die praktisch werden soll, muss langfristig verlangt werden, dass sie möglichst viele Erscheinungen und Probleme beruflichen Lehrens und Lernens einbezieht und in ihren Zusammenhängen verständlich macht.

4.7.4 Forschungsfeld: Lehre im akademischen Bereich

Die Lehre spielte über Jahrhunderte in Universitäten traditionell – wenn man von den mittelalterlichen und neuzeitlichen Formen von Disputationen und Vorlesungen absieht – eine geringere Rolle. Erst in der zweiten Hälfte des zwanzigsten Jahrhunderts sind verstärkte hochschuldidaktische Aktivitäten zu vermerken. Nach der Einführung der Bachelor- und Masterstudiengänge sowie der Berufsorientierungs- und Employability-Debatte richtete sich die Diskussion verstärkt auf die Veränderung der Lehre. Mit der Implementierung der Bologna-Reformen wurde von den Hochschulen verlangt, in eine Verbesserung der Lehre zu investieren, die zumindest an den Universitäten traditionell nach der Forschung – auch wegen der Reputation – erst an zweiter Stelle immer kam und noch kommt.

Die Qualitätssicherung der Lehre sollte insbesondere durch das Instrument der Akkreditierung erfolgen. Mit der Akkreditierung von Studiengängen war die Intention verbunden, das Studienangebot der Hochschulen u. a. auch curricular und qualitativ zu untermauern. Zusätzlich legte die Bundesregierung zur Qualitätsverbesserung der Lehre Forschungsprogramme auf, die durch das Bundesministerium für Bildung und Forschung gefördert wurden.[595] Dadurch sind an den Universitäten und Fachhochschulen größere Forschungsaktivitäten zu Konzepten der Hochschullehre erfolgt. Hierbei ging es auch um grundlegende Untersuchungen, vor allem jedoch um Anwendungsforschung.

Untersucht wurden eher Allgemeines – aber nicht gezielt Grundlegendes – von Lehre und Studium. Der Blick richtete sich nur punktuell auf spezifische Fachrichtungen. Erarbeitet wurden inzwischen u. a. empirische Befunde zur Bologna-Reform in Deutschland (Winter 2011, S. 20 ff.), Wirkungen von Bologna auf Studierende (Witte/Westerheijden/Coshan 2011, S. 36 ff.), Studiengestaltung und Studierverhalten in den Bachelorstudiengängen (Sandfuchs/Witte/Mittag 2011, S. 58 ff.), Empirische Untersuchungen durch Zeitbudget-Analysen von Studierenden (Metzger/Schulmeister 2011, S. 68 ff.), Auswirkungen des Bologna-Prozesses auf die Hochschuldidaktik (Ceylan/Fiehn/Paetz/Schworm/Harteis 2011, S. 106 ff.), Studienerfolg aus Studierendensicht (Bülow-Schramm/Merkt/Rebenstorf 2011, S. 167 ff.) und Untersuchungen zum Verhältnis von Studium und Beruf (Oechsle/Scharlau/Hessler/Günnewig 2011, S. 178 ff.).

---

[595] Zur „Lehre" (Pressemitteilung BMBF vom 6.11.2015) heißt es: „Mit dem Bund-Länder-Programm für bessere Studienbedingungen und mehr Qualität in der Lehre (Qualitätspakt Lehre) werden Hochschulen aus ganz Deutschland dabei unterstützt, die Betreuung der Studierenden und die Qualität der Lehre zu verbessern. Hierfür benötigen die Hochschulen zusätzliches, für die Aufgaben in Lehre, Betreuung und Beratung qualifiziertes Personal. Ziele des Programms sind eine bessere Personalausstattung von Hochschulen, ihre Unterstützung bei der Qualifizierung und Weiterqualifizierung ihres Personals sowie die Sicherung und Weiterentwicklung einer qualitativ hochwertigen Hochschullehre."

Es entstanden auch einige grundlegende Forschungsergebnisse, die insbesondere auf die inhaltlichen Ansprüche von Hochschulen zugeschnitten sind – wie beispielsweise empirische Erkenntnisse zu den Möglichkeiten der Kreativitätsförderung in der Lehre (Jahnke/Haertel/Winkler 2011, S. 138). Aus den erfolgten Experteninterviews, die mit dem Ziel geführt wurden, Hinweise auf unterschiedliche Facetten von Kreativität in der Hochschullehre zu erhalten, können übergeordnete Möglichkeiten zur Kreativitätsförderung identifiziert werden, die nicht an spezifischen Studiengänge gekoppelt sind. Ein Ergebnis dieser qualitativen Studie ist, dass es damit ermöglicht wird „die kreative Vernetzung bislang nicht verknüpfter Ideen oder Gedanken bis hin zu der Fähigkeit, auf Dinge und Zusammenhänge aus anderen Perspektiven heraus zu schauen, gewohnte Denkmuster zu verlassen und schließlich gänzlich neue, noch nie dagewesene Ideen zu schaffen und umzusetzen" (Jahnke/Haertel/Winkler 2011, S. 141) (Abb. 128).

Mit Blick auf die im letzten Jahrzehnt abgelaufene Forschungstätigkeit zur Lehre im akademischen Bildungsbereich stellt Sigrun Nickel (2011, S. 13) etwas euphemistisch fest: „Obwohl im deutschen Hochschulsystem bei der Umsetzung der Bologna-Reformen zweifelsohne eine Reihe von Fehlentwicklungen zu beobachten ist, lassen sich dennoch bemerkenswert viele positive Effekte für Studierende erkennen. Möglicherweise hat dazu beigetragen auch der vom Bologna-Prozess intendierte Paradigmenwechsel hin zu einer studierendenzentrierten, aktivierenden und kompetenzorientierten Lehre."

Aufgrund der verstärkten Förderung durch die Bundesregierung sind in relativ kurzer Zeit viele Arbeiten zur Lehre aus der Hochschulforschung entstanden. Auch wenn mit den momentan laufenden Projekten zur Hochschullehre die Lehr-/Lernprozessgestaltung im Mittelpunkt steht oder gestanden hat, sollten nun die Zielstellungen konkreter auf didaktisch-methodische Aussagen des Studierens ausgerichtet werden. Spezielle Konzepte zur Hochschuldidaktik einzelner Disziplinen sind zu entwickeln. Darüber hinaus zeigt auch die Evaluierung der Studiengänge, dass die „Hochschulforschung als Beitrag zur Professionalisierung der Hochschullehre" (BMBF 2013, S. 10) eingeschätzt werden kann.

Die in den letzten Jahren gewonnenen Ergebnisse bedürfen des Transfers in die Hochschulpraxis. Es geht nun darum, die Anwendbarkeit der Konzepte zu evaluieren. Erst beim Einsatz neuer Lehr-/Lern-Konzepte und neu entwickelter Medien kann festgestellt werden, ob es dadurch zu breiter angelegten hochschuldidaktischen Qualifizierungsansätzen kommen kann. Das durch die Offensive zur Hochschullehre binnen weniger Jahre Erreichte ist beachtlich, aber dennoch erst der Anfang zu einer in sich geschlossenen Hochschuldidaktik. Um weitergehende Ansprüche zu verwirklichen, die auf konkrete Konzepte ausgerichtet sind, müssen noch vertiefte und vermehrte Forschungsarbeiten geleistet werden.[596]

---

[596] Zwar meinte die Mitgliederversammlung der Hochschulrektorenkonferenz am 22.04.2008 bereits frühzeitig, dass die „Hochschul- und Unterrichtsforschung zeigt, wie viel effektiver eine studierendenzentrierte Lehre im Verhältnis zur traditionellen reinen Wissensvermittlung ist." Aufgrund der inzwischen geleisteten Forschungsarbeit, die nur einen Zwischenstand darstellt, erscheint die Aussage aber keinesfalls angemessen.

Facetten der Kreativitätsförderung	Beschreibung	Beispiele aus den Interviews „Was ist für Sie eine kreative Leistung Ihrer Studierenden?"
6. originelle, völlig neue Ideen entwickeln	- kann nicht erzwungen werden - die Möglichkeit des Anflugs vorbereiten - Fehler zulassen	- andere Lösungswege nutzen/darlegen - Stoff für eine Geschichte ausdenken - ungewöhnliche, originelle Themen für Hausarbeiten etc. - neue Produkte entwickeln
5. die Förderung einer neuen Denkkultur	- neue Haltung zur Vielperspektivität - Reflexion über eigene Kreativität und eigene Denkstruktur (divergente, konvergente Pfade; verrücktes Denken)	- Studierende betrachten ein Thema aus mehreren Perspektiven - Norm-/Konsensabweichung - sinnvolle Abänderung von Routinen/Regeln - Studierende stellen Bezüge zu anderen Disziplinen her
4. die Förderung kreierenden Lernens	- etwas „Schaffen" - Texte, Präsentationen, Forschungsarbeiten, Szenarien, Lösungen u. v. m.	- Studierende „schaffen" etwas zum Thema - z.B. Tagungsplanung/-durchführung; E-Infrastruktur-Konzept; Podcast-Beiträge; Gestaltung einer Unterrichtsstunde für Lehrer(innen)
3. (Forschungs-) Neugier und Begeisterung fördern – Lernmotivation steigern	- abwechslungsreiche Lehre - interessante Frage-/ Problemstellungen - Reflexion über individuelle Lernmotivation	- Praxis-/Erfahrungsbezug ermöglichen - Studierende darin fördern, für sich die effektivste Lernmethode herausfinden zu können - es gelingt, Studierende zu begeistern
2. Förderung selbstständigen Lernens	- Lernprozesse eigenverantwortlich steuern - eigene Entscheidungen treffen	- Thema selbstständig suchen - eigene Fragestellungen entwickeln - Lücken im Wissensstand aufdecken - Studierende recherchieren selbst zum Thema - Studierende organisieren ihren Lernprozess selbst - eigene Lernziele formulieren
1. Förderung reflektierenden Denkens	- Wissen erarbeiten - inneren Dialog führen - Querdenken, Bekanntes hinter fragen	- nicht repetitiv; kritisches Hinterfragen - Vorurteile, Annahmen erkennen - über Aufgabenstellung hinaus arbeiten

Abb. 128: Sechs Facetten der Kreativitätsförderung in der hochschulischen Lehre (Jahnke/Haertel/Winkler 2011, S. 141)

Für die in den letzten Jahren geförderte Hochschulforschung zur Lehre kann zusammenfassend festgestellt werden, dass sich die Projekte in einem Spannungsfeld von grundlegendem Theorie- und Anwendungsbezug bewegen, wobei im Hinblick auf das Ziel der Theorieentwicklung eine gewisse begriffliche Unschärfe und damit verbundene divergente Definitionen verbunden sind. So wird teilweise nicht trennscharf genug zwischen den Begriffen der allgemeinen Theorieentwicklung und denen zur Weiterentwicklung von Theorien im Bereich der Hochschulforschung und Hochschuldidaktik unterschieden.

4.7.5 Forschungsfeld: Berufsbildung und Arbeitsmarkt

Berufe, Berufswelt und die Arbeitsmärkte sind anpassungsfähig, aber auch veränderlich. Den immer wieder erhobenen „Unkenrufen über ein angebliches Ende der berufsförmig organisierten Arbeitswelt zum Trotz bilden Berufe nach wie vor ein zentrales Element der Strukturierung von Arbeitsmärkten. Allerdings ist die Berufelandschaft mehr denn je in Bewegung. Neue Erwerbsberufe entstehen, andere verschwinden oder wandeln sich in ihren Tätigkeitsmerkmalen, ihren Anforderungen und ihren Strukturen." (Weiß 2009, S. 3)

Wie aber sind die Zusammenhänge zwischen den Berufen, der Berufsbildung und dem Arbeitsmarkt? Das sind Fragen, die für die Berufsbildungsforschung von Interesse sein müssen.

- **Berufsbildungsforschung und Arbeitsmarktanforderungen**

Die Ausbildung zu beruflichen Tätigkeiten und der Arbeitsmarkt stehen in der modernen Gesellschaft in besonders enger Wechselbeziehung zueinander. „In Deutschland wird dieser Zusammenhang im Wesentlichen über die ausbildungs- und erwerbsstrukturierende Funktion des Berufes hergestellt." (Georg/Sattel 2006, S. 125) Dabei ergibt sich mit „dem ausdifferenzierten System der Berufsbildung eine Spezialisierung, die auf die in Lohnarbeitsformen organisierte gesellschaftliche Arbeit bezogen ist. Zentralen Fragen, die sich aus dem Vermittlungsprozeß zwischen der Nachfrage des Arbeitsmarktes und den gesellschaftlichen und individuellen Qualifizierungsinteressen ergeben, widmet sich die Bildungsplanung" (Rützel/Schapfel 1996, S. 18) auch mit den Mitteln der Berufsbildungsforschung.

Mit einer derartig ausgerichteten Forschung stehen das Verhältnis von Berufsbildung und Beschäftigungssystem bzw. Arbeitsmarkt und Ausbildungsstellenangebote im Vordergrund. Die Einflussfaktoren für das Verhältnis von Arbeitsmarkt zur Berufsbildung sind sehr vielfältig und komplex (Abb. 129). Da der Arbeitsmarkt und die Berufswelt nicht gut überschaubar und darüber hinaus durch gesellschaftliche Brüche sowie Ungleichgewichte auf dem Arbeitsmarkt und die verschiedenen Mächte der Gesellschaft bestimmt sind, ergeben sich aus bildungswissenschaftlicher Sicht Probleme für die Forschung.

Das Verhältnis von Arbeitsmarkt und Berufsbildung ist nicht nur durch seine Komplexität sondern auch durch die vielfachen Widersprüche gekennzeichnet. Zu den Widersprüchen[597] gehören u. a. „Arbeitslosigkeit, Beschäftigungskrise, ‚Arbeitsmarktproblemgruppen' einerseits, Arbeitskräftemangel (z. B. Facharbeitermangel), offene Stellen, unbesetzbare Arbeitsplätze andererseits" (Georg/Sattel 2006, S. 132).

---

[597] Diese Widersprüche dürfte es nach der neoklassischen Arbeitsmarkttheorie gar nicht geben, denn diese „geht vom Modell des Arbeitsmarktgleichgewichts aus, das sich bei Störungen durch den ausgleichenden Angebot-Nachfrage-Mechanismus und den Lohn als Regulator immer wieder quasi selbsttätig einpendelt" (Georg/Sattel 2006, S. 132).

Für das Verhältnis von Berufen zum Arbeitsmarkt unter dem Berufsbildungsaspekt steht das Problem der Passung im Zentrum der Betrachtung. Das beinhaltet „die Frage danach, welche Anforderungen das Beschäftigungssystem an die Qualifikationen der Arbeitskräfte und an das System der beruflichen Qualifizierung stellt und mit welchen Qualifikationen die nachwachsende Generation die Institutionen der beruflichen Bildung verlässt, um in das Beschäftigungssystem einzumünden" (Buchmann/Huisinga 2006, S. 1).

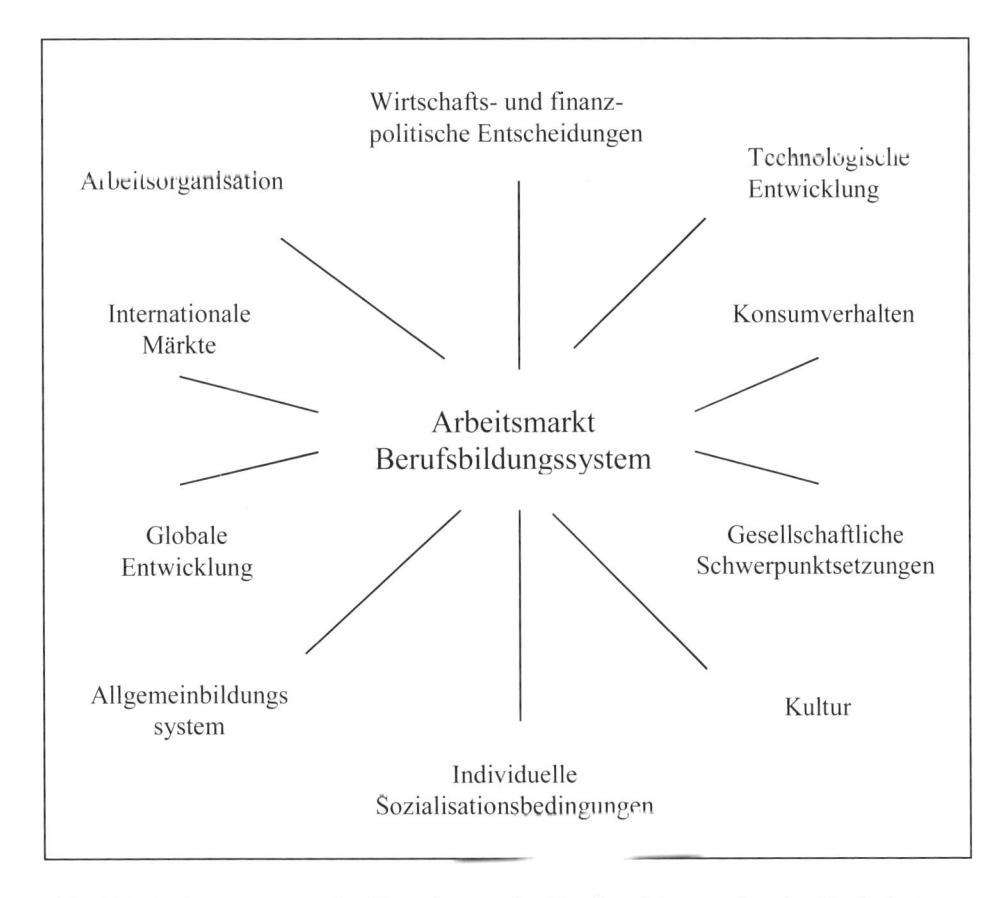

Abb. 129: Näherungen an die Komplexität der Einflussfaktoren für das Verhältnis von Arbeitsmarkt und Berufsbildung (Rützel/Schapfel 1996, S. 21)

Weitere Forschungsthemen zum Verhältnis von Arbeitsmarkt und Beruf ergeben sich durch die Probleme, Berufsbildung für möglichst viele Jugendlichen anzubieten und sie zu einer sie befriedigenden Berufstätigkeit zu bringen. Hierbei zeigen sich große gesellschaftliche und individuelle Aufgaben.

Insbesondere finden viele junge Erwachsene ohne oder mit einem kaum ausreichenden Berufsabschluss in konjunkturell schwachen Wirtschaftsphasen auf einem angespannten Arbeitsmarkt – wenn überhaupt – nur Jobs im Niedriglohnsektor. Für junge Menschen, die Behinderungen aufweisen und auf dem freien Arbeitsmarkt keinen Zugang finden, gibt es einen staatlich geförderten „zweiten" Arbeitsstellenmarkt. Für diese Klientel sind Forschungen zur Inklusion beim Lernen und Studieren an beruflichen Schulen und Hochschulen erforderlich.

Aber auch Akademiker, die ein Studienfach unabhängig von der Nachfrage auf dem Arbeitsmarkt ausschließlich aufgrund ihrer besonderen Interessenlage gewählt haben, können in problematische Lebens- und prekäre Arbeitssituationen gelangen.

Ansprüche an Berufsbildung und Anforderungen des Beschäftigungssystems sowie des Arbeitsmarktes sind keinesfalls immer in Einklang zu bringen. Dennoch muss die berufs- und berufsbildungswissenschaftliche Forschung die Bedingungen des Arbeitsmarktes wahrnehmen und gegebenenfalls in besonderer Weise berücksichtigen. Dadurch lassen sich beispielsweise unrealistische Konzeptionen für die Ausbildung zu Berufen oder die Ausgestaltung von Berufsbildern vermeiden, aber auch Fehlentwicklungen des Arbeitsmarktes benennen, reduzieren und eventuell sogar korrigieren.

4.8 Berufsbildungswissenschaftliche Forschung – am Beispiel „Szenarien zur Weiterentwicklung der Berufsbildung im Rahmen von Industrie 4.0"

4.8.1 Ausgangshypothese und Untersuchungsmethode

Untersuchungsgegenstände berufsbildungswissenschaftlicher Forschung können sich auf historische, gegenwärtige oder zukünftige Fragestellungen oder Probleme richten. Für die jeweilige Forschungsfrage und das Forschungsvorhaben sind passende Methoden auszuwählen. Die Untersuchungen zu Technik- und Gesellschaftsentwicklungen durch die Digitalisierung erfordern spezielle zukunftsorientierte wissenschaftliche Methoden.

Die Hypothese – mit der im Rahmen einer umfassenden Auftragsforschung zu den Anforderungen und Auswirkungen von „Industrie 4.0" geforscht wurde und über die hier berichtet wird – lautet: Auf dem Weg zu Industrie 4.0 und einer Gesellschaft 4.0 in der alle wichtigen Lebensbereiche digitalisiert sind, ändern sich zukünftig die Anforderungen an die Unternehmen und an jeden einzelnen Arbeitnehmer. Das ausgewählte Beispiel ist im Rahmen einer umfassenden Auftragsforschung zu den Anforderungen und Auswirkungen von „Industrie 4.0" entstanden.[598] Es wurde davon ausgegangen, dass die Berufsbilder eine zentrale Herausforderung durch Industrie 4.0 erfahren und Veränderungen unterworfen sein werden.

Mit der Szenario-Methode kann unter berufsbildungswissenschaftlicher Perspektive der Versuch unternommen werde, zukünftig mögliche Entwicklungen in der Berufswelt zu prognostizieren. Dazu müssen die Ausgangslage erfasst und die wesentlichen Probleme dargestellt werden. Szenarien stellen dabei für den dargestellten Bereich der Untersuchung die eine Methode dar, um Zukunftsbilder zu entwickeln.

4.8.2 Szenarien zu Berufsbildern bei Industrie 4.0.

In den nachfolgenden Abschnitten werden in Anlehnung an die Szenariomethode[599] Möglichkeiten und Wege aufgezeigt, wie in der Berufsbildung auf Entwicklungen von Industrie 4.0 reagiert werden kann. Die vorliegenden empirischen Ergebnisse aus den Fallstudien und Expertengesprächen dienen als Ausgangspunkt, um auf der Basis gesammelter Informationen Entwicklungen hin zu zukunftsorientierten Überlegungen anzustellen, die sich auf die Reorganisation von Berufsbildern konzentrieren.

---

[598] Das folgende Beispiel stellt einen Ausschnitt aus der sehr umfassenden berufswissenschaftlichen und berufsbildungswissenschaftlichen Auftragsforschung „Industrie 4.0 – Auswirkungen auf Aus- und Weiterbildung in der M+E Industrie" (Georg Spöttl/Christian Gorldt/Lars Windelband/Torsten Grantz/Tim Richter 2016) dar. Der folgende Text wurde – nach Genehmigung durch Georg Spöttl – weitgehend unverändert aus dem Original übernommen, um die Arbeit so darzustellen, wie sie in das Gesamtprojekt eingebaut worden ist. Es sind nur redaktionelle Änderungen und graphische Angleichungen vorgenommen worden.
[599] vgl. Möhrle, M. G.; Isenmann, R.: Technologie-Roadmapping: Zukunftsstrategien für Technologieunternehmen. Berlin, Heidelberg. 2008, S. 10 ff.

Ziel ist es, verschiedene Szenarien zu erarbeiten und zu konkretisieren, um Aussagen über eine zukünftige Ausgestaltung von Berufsbildern machen zu können. Es soll damit deutlicher werden, welche Veränderungen einerseits möglich, andererseits aber auch sehr wahrscheinlich sind. Mit Hilfe der Szenarientechnik wird der Rahmen der relevanten Entwicklungsmöglichkeiten und -notwendigkeiten ausgelotet. Dreh- und Angelpunkt sind dabei die Erkenntnisse aus den Fallstudien und Expertengesprächen. Insgesamt konnten vier Szenarien zu den Berufsbildern aus den Fallstudien und Expertengesprächen abgeleitet werden, die in einem Experten-Workshop zur Diskussion gestellt wurden.

Szenario 1: Keine Veränderung von Berufsbildern

Von den befragten Personen wurde in einigen Fällen die Position vertreten, dass die bisherigen Berufsbilder für die Industrie so gestaltet sind, dass sich Veränderungen in der industriellen Produktion in die Berufsbilder aufnehmen lassen, ohne dass weitere Maßnahmen erforderlich sind:

„Ich bin felsenfest davon überzeugt, dass wir keine neuen Berufe benötigen. Wir sollten die Freiheiten der Berufe nutzen, die wir heute haben. Dies ist völlig ausreichend. Wenn ich heute einen neuen Beruf entwickeln wollte, würde dieser auf einer wackligen Basis stehen, da noch gar nicht klar ist, was die Digitalisierung für die Unternehmen bedeutet.

Ein Beruf braucht drei bis vier Jahre bis er durch alle Instanzen ist, vier Jahre bis die Ausbildung fertig ist, nach acht Jahren kann man nicht mehr garantieren, was dann gefragt ist. Nutzt die Freiheiten der Berufe aus. Und führt keine akademische Diskussion über neue Berufe." (Experte1; vgl. auch Firma C)[600]

Gerade die Offenheit der Berufsbildbeschreibungen lässt nach einigen Experten Anpassungen und Veränderungen zu, die zu keinen Neuordnungsverfahren führen würden. Als wichtiges Gestaltungselement wurden die sogenannten „Einsatzgebiete" genannt, die jeder Betrieb für sich auswählen und auch für sich ausgestalten kann, so wie es jeweils erforderlich ist. Dieses Instrument wurde als große Chance gesehen, ohne eine Neuordnung auf die veränderten Anforderungen in der Produktion Rücksicht nehmen zu können.

„Man sollte nicht viel in der Ausbildung ändern, grundsätzliche Dinge und das Verständnis für die Arbeit bleiben bestehen. Die Komplexität wird durch Industrie 4.0 zunehmen, während sich das Produkt immer mehr selbst steuert. IT-Verständnis kann nicht in den drei Jahren der Ausbildung erworben werden, hier ist nur ein kurzer IT-Überblick möglich." (Firma C)

„Der Ruf nach neuen Berufsbildern wird als noch zu früh angesehen, jedoch sollten die Lehrpläne für viele produktionstechnischen Ausbildungsberufe an die Anforderungen der Digitalisierung und damit auch an die Entwicklungen von Industrie 4.0 angepasst werden, wie in den einschlägigen Ausbildungsberufen: Industriemechaniker, Mechatroniker, Pro-

---

[600] Die Namen der Experten und der Firmen wurden anonymisiert.

duktionstechnologe und entsprechenden Weiterbildungsberufen. Viele Ausbildungsordnungen sind offen genug gestaltet, um die Erprobung und Anwendung neuer Technologien im Zuge von Industrie 4.0 zu ermöglichen. Neuordnungen werden bis auf weiteres eher nicht notwendig sein." (Experte 8)

„Es gibt bisher keine Überlegungen zu neuen Berufsprofilen, hier wird kein Bedarf für das Unternehmen gesehen." (Experte 10)

Gleichzeitig wurde neben den klassischen M+E Berufen in der Produktion auch der Produktionstechnologe als Beruf für die Herausforderungen von Industrie 4.0 genannt, der schon heute nach Aussage des Experten 1 eine gute Basis für die zukünftigen Herausforderungen liefert.
„Der Produktionstechnologe hat die IT-Prozesse als zentrales Handlungsfeld. Der Beruf ist jedoch drei bis vier Jahre zu früh gekommen. Es gab zwar schon viele SAP- und PPS-Systeme in den Unternehmen, jedoch wurden in der Verordnung ein paar Fehler gemacht. Die Beschreibungen sind sehr akademisch formuliert. Damit wurde die Abgrenzung zum Ingenieur nicht deutlich." (Experte 1)

Vorteile Szenario 1

Der Vorteil dieser Position ist, dass kein Neuordnungsverfahren initiiert werden muss und die bisherigen Berufsbilder stabil bleiben. Akzeptanzprobleme bei den Unternehmen durch einen neuen Beruf oder einen langen Neuordnungsprozess gäbe es in diesem Falle nicht. Die Komplexität in vielen Bereichen der Produktion nimmt durch die Entwicklungen von Industrie 4.0 erheblich zu, so dass eine Spezialisierung nach Aussage einiger Experten erst in der Berufspraxis möglich ist. Dieses Szenario unterstützt eine breite Grundqualifikation mit einer Trennung von mechanischen, elektronischen und IT-basierten Aufgaben.

Nachteile Szenario 1

Der Nachteil ist, dass das Risiko besteht, dass die aktuelle Gestaltung der Berufsbilder im Gesamten nicht der Dynamik gerecht wird, die aufgrund der Implementierung von Industrie 4.0 real stattfindet. Damit kann auch kein Signal nach außen gegeben werden, dass die Berufsbildung auf die Entwicklungen von Industrie 4.0 reagiert, auch wenn diese Entwicklungen nur zu kleinschrittigen Veränderungen in den Unternehmen führen. Dadurch werden Insellösungen wie Zusatzqualifikationen bzw. unternehmensspezifische Lösungen über Einsatzgebiete gefördert, die gerade von klein- und mittelständischen Unternehmen nicht immer umgesetzt werden können.

Szenario 2: Berufsbilder ändern und den Entwicklungen anpassen

Das zweite Szenario baut auf die bestehenden Berufsbilder der Metall- und Elektroindustrie auf. Die Mehrheit der befragten Personen in den Fallstudien und den Expertengesprächen war der Meinung, dass die bisherigen Berufsbilder in ihrer Struktur bestehen bleiben können, jedoch inhaltlich auf die Anforderungen der Industrie 4.0-Entwicklungen angepasst werden sollten.

„Endgültig überwunden werden muss das Prinzip von ‚Befehl und Gehorsam'. Es gab von 1989 bis 2003 / 2004 bei der Neuordnung einen Quantensprung. Ein weiterer Quantensprung ist im Zusammenhang mit Industrie 4.0 notwendig. Es ist also eine Modifikation von Ausbildungsordnungen notwendig." (Firma A)

Nach der Auffassung praktisch aller Befragten muss vor allem die Prozessorientierung stärker als bisher zum Tragen kommen, sowie die Überwachung des Anlagenbetriebes über Netzwerke, ein stärkerer IT-Bezug und die verstärkte Implementierung von CPS als Gesamtes in den Blick genommen werden. Dabei wurde immer wieder bekräftigt, dass die Grundlagen der Metallbearbeitung, Elektrotechnik und die Elektronik nicht wegfallen dürfen.
„Zunehmend wird überlegt, wie die Ausbildung mit IT-Technik angereichert werden kann. Kenntnisse zu Werkstoffen, Verstehen der Funktion von Maschinen, Prozessvernetzung, Ablaufsicherheit und andere Faktoren werden immer wichtiger, sodass auch in der Qualifizierung junger Fachkräfte diese Entwicklungen mit berücksichtigt werden müssen." (Firma E)

Als Empfehlung für die Berufsausbildung im Kontext von Industrie 4.0 nennen mehrere der interviewten Personen folgende Punkte:
- „Die Berufsbilder müssen den Basisbezug behalten, damit nach wie vor die Grundlagen in dem bisherigen Schwerpunkt bei hoher Qualität vermittelt werden.
- Gleichzeitig wird eine Reorganisation von Berufsbildern für erforderlich gehalten, die in einem engen Zusammenhang mit Industrie 4.0 gesehen wird.
- Der Zerspanungsmechaniker soll auch in Automatisierung ausgebildet werden.
- Der Industriemechaniker soll etwas Elektrotechnik mit auf den Weg bekommen, am besten gleichzeitig zur Elektrofachkraft ausgebildet werden." (Firma E)

„Für diejenigen, die im technischen Bereich verbleiben, wie z. B. Mechatroniker, die Instandhaltungsaufgaben wahrnehmen, kommt es darauf an, dass sie den Umgang mit Software beherrschen. Überhaupt ist es erforderlich, die Ausbildungsberufe – auch Fachinformatiker – durch Konzentration auf Software und Elektrotechnik in diesem Felde zu stärken." (Experte 3; vgl. auch Experte 2, Experte 9, Firma E, Firma C)

„Bei den jetzigen Netzstrukturen kommt es bei Mitarbeitern sehr darauf an, dass sie Probleme bei nicht funktionierenden Netzkommunikationen bewältigen können. Besonders wichtig ist dieses bei Instandhaltern. Sie müssen die Kommunikation zwischen den Geräten nachvollziehen können. Der frühere Beruf ‚Nachrichtentechniker' wäre dafür bestens geeignet, wenn er auf die heutigen Strukturen angepasst würde." (Experte 4)

Vorteile Szenario 2

Der Vorteil liegt darin, dass die Berufsbilder an die veränderte Situation in den Unternehmen angepasst werden können. Sowohl technologische als auch arbeitsorganisatorische Innovationen können Berücksichtigung finden. Zudem können die zunehmend komplexeren Anforderungen aufgenommen werden. Die Entwicklungen hin zur Digitalisierung (Vernetzung, IT-Schwerpunkte, ...) kann bei einer Veränderung von Berufsbildern berücksichtigt werden. Durch unterschiedliche Fachrichtungen oder Einsatzgebiete wäre sogar eine geeignete Binnendifferenzierung möglich.
Eine große Chance bei einer Fortschreibung von Berufsbildern besteht darin, Berufe softwaretechnisch auszurichten. Das hätte allerdings zur Folge, dass Berufe in der Struktur zu verändern sind und bspw. an Arbeitsprozessen ausgerichtet werden. Das käme auch einer stärkeren softwarespezifischen Orientierung entgegen.

Nachteile Szenario 2

Vom ersten Schritt einer Veränderung bis hin zur Fertigstellung modifizierter Berufsbilder könnte ein sehr langer Zeitraum vergehen. Dieser würde ausgefüllt sein mit einem intensiven Verhandlungsprozess zwischen den Sozialpartnern, um sich auf die geeigneten Schwerpunkte eines Berufsbildes zu verständigen.

Szenario 3: Kombination existierender Berufsbilder

Dieses Szenario wurde von vielen Gesprächspartnern auf unterschiedliche Art und Weise ins Kalkül gezogen. Favorisiert wurde die Kombination des Mechatronikers mit anderen Berufen. Der Mechatroniker wurde durchaus als der „Generalberuf" betrachtet, der per Ausweitung um Softwareschwerpunkte und veränderte Ansprüche an den Umgang mit Software und Netzwerktechnik umgestaltet werden sollte. Hierbei, so die Überlegungen, sollte die Struktur der Ausbildung zum Mechatroniker prozessorientierter werden, da der bisherige Beruf diesen Anspruch nur ansatzweise erfüllt.

„Beim Mechatroniker war die Zielsetzung, dass die Elektrotechnik, die Mechanik, die IT-Technik und die Steuerungstechnik zusammenwachsen. Vor allem die Integration der IT-Technik ist bis heute nicht gelungen. Im Zusammenhang mit Industrie 4.0 sind weitere Anstrengungen zu unternehmen, dieses Profil zusammenwachsen zu lassen." (Experte 5

„Das Berufsbild der Fachkräfte auf der Ebene der Produktion wandelt sich, weil immer weniger mechanische Kompetenzen dafür aber mechatronische und elektronische notwendig sind. Zukünftig müssen Facharbeiter über explizites Wissen zur Steuerungstechnik verfügen." (Firma D)
„Mechanische und elektrotechnische Grundbildung wäre für neue Mitarbeiter sehr gut, weil die Qualität der Ausbildung divergiert. IT-Kompetenzen und hier speziell Netzwerktechnik, Router-Konfigurationen, Firewall-Technik, getrennte Netze, Network-Translation kommen dazu." (Firma D)

Aufgrund der Tatsache, dass die Unternehmen teilweise keine geeigneten Berufsbilder für die Anforderungen der Digitalisierung sehen, werden eigene Lösungen kreiert, wie das bei einem der Unternehmen der Fall ist. Hier bildet ein IT-Beruf die Basis und wird mit produktionstechnischen Aspekten ergänzt. Darüber denken auch andere Unternehmen nach.

„Diese Initiative (Ausbildung zum Fachinformatiker) ist eine Antwort auf die Tatsache, dass reine Mechatroniker oder reine Elektroniker nicht mehr ausreichen. In die Berufsprofile müssen Informatikinhalte integriert werden. Mithilfe des neuen Berufsprofils soll es gelingen, eine Brücke vom Bedienen, von der Anlagenführung bis hin zum Umgang mit Netzwerkstrukturen zu schaffen. Deshalb muss die Ausbildung in der Fertigung angesiedelt werden." (Experte 4)

„Intensiv nachgedacht werden muss über ein Vermischen der Berufe. Bisher wollen Softwareleute nichts mit Hardware zu tun haben und umgekehrt. Solche Hürden müssen überwunden werden." (Firma F)

„Großen Bedarf sieht der Ausbildungsleiter in der Verbindung zwischen klassischer Elektronik und Informatik. Bisher lebt der Fachinformatiker in der IT-Welt und hat keine Verbindung zur Elektronik, aber die digitale Welt kommt immer stärker zum Tragen und die Verbindung dazu ist herzustellen." (Firma A)

„Derartige Überlegungen führen dazu, dass größere Unternehmen ihr innerbetriebliches Bildungswesen umbauen, um für die Anforderungen aus der Intensivierung der Digitalisierung gerüstet zu sein." (vgl. Firma C)

Vorteile Szenario 3

Der Vorteil des Szenarios ist, dass mehrere Berufsbilder zu einem verschmelzen können. Damit wird dem Ziel, die Anzahl der Berufsbilder weiter zu reduzieren, Rechnung getragen. Die Entwicklungen und Anforderungen durch Industrie 4.0 an eine Verschmelzung von Metalltechnik, Elektrotechnik und Informatik / Netzwerktechnik könnten erfüllt werden. Der Mechatroniker wird z. B. als „Generalberuf" gesehen, der durch Schwerpunkte der IT-Berufe mit Software und Netzwerktechnik ergänzt werden soll.

Nachteile Szenario 3

Wie bei Szenario 2 gilt hier, dass bei einer Kombination von Berufen sehr komplexe Berufsbilder entstehen würden. Aktuell ist das Ausbildungspersonal dafür nicht qualifiziert und auch längerfristig wird es in vielen Firmen, vor allem in kleinen Betrieben, kaum möglich sein, nach solch komplexen Berufsbildern die Ausbildung zu gestalten.

Eine Gefahr der Erweiterungen der Berufsbilder wäre eine Überfrachtung der Ausbildung. Ein ausreichender Tiefgang wäre kaum möglich, da Schwerpunkte der Metalltechnik, Elektrotechnik und Informatik / Netzwerktechnik vermittelt werden müssten.

Szenario 4: Ein Berufsbild Industrie 4.0 schaffen

In wenigen Einzelfällen wurde genannt, dass ein eigenes Berufsbild Industrie 4.0 geschaffen werden sollte. Dieses mögliche Berufsbild wird im Szenario 4 beschrieben und dessen Vor- und Nachteile werden dargestellt. Ein Vorschlag aus den Erhebungen war, über einen „Prozesstechnologen" nachzudenken, der für den Erhalt und die Anpassung der Produktionsprozesse verantwortlich ist.

„Der Ausbilder hält es nicht für machbar, dass in einem Berufsbild alle Herausforderungen vereinigt werden, die für Industrie 4.0 relevant sind. Ihm schwebt ein Beruf vor, in dem Prozesse im Mittelpunkt stehen (,Prozesstechnologe')." (Firma E)
„Systemverständnis für immer komplexere Zusammenhänge ist unabdingbar. Es ist ein neuer Beruf erforderlich, der womöglich aus dem ehemaligen Nachrichtentechniker entstehen könnte. Zentrum des neuen Berufes muss die Klärung der Frage sein, wie Datenpakete von A nach B gebracht werden können." (Experte 4)
Wird ein neues Berufsbild verfolgt, dann muss die Frage geklärt werden, ob dieses ein vorhandenes Berufsbild ersetzt oder nicht. Die Experten gingen in der Bewertung der Szenarien davon aus, dass dieser Beruf zusätzlich geschaffen wird.

Vorteile Szenario 4

Der Vorteil von Szenario 4 ist, dass ein hoch spezialisiertes Berufsbild, das sich explizit an den Anforderungen von Industrie 4.0 ausrichtet, etabliert werden kann. Das Berufsbild wäre sehr zukunftsorientiert und insgesamt wahrscheinlich akzeptiert. Facharbeiter würden frühzeitig auf die komplexen Anforderungen der Arbeitswelt vorbereitet. Die Möglichkeit, die Prozessorientierung und die Software in den Mittelpunkt zu stellen, wäre in diesem Falle gegeben.

Nachteile Szenario 4:

In den Betrieben dürfte bei diesem Szenario die Entscheidung noch schwerer fallen, nach welchem Berufsbild ausgebildet werden soll. Außerdem wird die Ausgestaltung eines Industrie 4.0-Berufsbildes erhebliche Zeit durch ein Neuordnungsverfahren in Anspruch nehmen. Das Anspruchsniveau wäre sicherlich zudem sehr hoch. Die Akzeptanz dafür in kleineren Unternehmen zu erlangen, wird sehr schwierig sein, da dort die Entwicklung noch nicht soweit ist. Unternehmen mit einer geringen Diffusion von Industrie 4.0 (bspw. bisher Stufe 2 erreicht) hätten sicherlich Schwierigkeiten, die Ausbildung in der erforderlichen Breite umzusetzen.

4.8.3 Studienergebnis: Schlussfolgerungen aus den Szenarien.

Die vier Szenarien bildeten die Grundlage für eine Bewertung durch unterschiedliche Experten aus der Berufsbildung, der Wissenschaft und der Wirtschaft. Mithilfe einer tabellarischen Präsentation (siehe Abb. 130).

Szenario	1	2	2 und 3	3	4
	Keine Veränderung von Berufsbildern	Berufsbilder ändern	Berufsbilder ändern oder Kombination	Kombination existierender Berufsbilder	Berufsbild Industrie 4.0 schaffen
Beispiele für Berufe	Produktionstechnologe/-in	Fachinformatiker/-in der Fachrichtung Systemintegration + Elektrofachkraft	Mechatroniker/-in mit Erweiterung IT	Hybridberuf Mechatroniker/-in und Elektroniker/-in für Automatisierungstechnik	neuer Beruf „Industrie 4.0"
Schwerpunkte Industrie 4.0	• Planen industrieller Produktionsprozesse, Einrichten und Inbetriebnahme von Produktionsanlagen • Programmierung von P-Anlagen • Aufbereiten von Daten für die Produktionsplanung und -steuerung • Gestaltung und Sicherung von Produktionsprozessen im jeweiligen Einsatzgebiet	• Planen und Konfigurieren von IT-Systemen • Systematische Analyse von auftretenden Störungen und deren Behebung unter Einsatz von Experten- und Diagnosesystemen • Verstehen von Prozesszusammenhängen • Betreuung von Netzwerken (Anwendung Cloud-Computing)	• Vernetzung von komplexen Fertigungssteuerungen • Prüfen, Einstellen und Inbetriebnahme von CP-Systemen • Programmieren von mechanischen Steuerungen und IT-Systemen • Durchführen von System- und Netzwerkanalysen	• Vernetzung von komplexen Automatisierungssystemen • Konfigurieren und Programmieren von mechatronischen Systemen und CPS-basierten AutomSyst. • Instandhalten und Optimieren von mechatronischen Systemen und CPS-basierten AutomSyst. • Prüfen und Inbetriebnehmen von mechatronischen Systemen und CPS-basierten AutomSyst.	• IT-gestützte Fehlerdiagnose (Datenanalyse und -interpretation) • Instandhaltung von Produktionsanlagen • Analysieren, Überwachen und Instandhalten der vernetzten Produktionssysteme • Anwenden von Wissens- und Dokumentationssystemen
Mögliche Ausrichtung	Produktionsplanung Prozesssicherung	Prozesssicherung	Prozesssicherung Instandhaltung	Prozesssicherung und -steuerung Instandhaltung	Prozesssicherung Instandhaltung

Abb. 130: Übersicht über Szenarien und beispielhaft ausgewählte Berufe

Es wurde innerhalb des zweiten Experten-Workshops aufgezeigt, welche Berufe für Industrie 4.0 für Szenario 1, Szenario 2, 3 oder 4 in Frage kommen werden. Das Bewertungsergebnis kann in tabellarischer Form dargestellt werden (Abb. 131).

Szenarien	Stimmenverteilung (je Teilnehmer eine Stimme)	Hinweise
Szenario 1 Geeignete Berufe (Einzelnennungen)	5 (2 mal Doppelung mit 2)	Elektroniker/-in für Betriebstechnik, Mechatroniker/-in, Elektroniker/-in für Automatisierungstechnik, Industriemechaniker/-in, Fachkraft für Lagerlogistik, „IT-Elektroniker/-in".
Szenario 2 (Berufsbilder anpassen / ändern)	12 (2 mal Doppelung mit 1; 2 mal Doppelung mit 3)	Modifikationen folgender einzelner Berufe Elektroniker/-in Automatisierungstechnik, Mechatroniker/-in, Industriemechaniker/-in, IT-Berufe, Fachinformatiker/-in und Elektrotechnik, (für virtuelle Inbetriebnahme), Zerspanungsmechaniker/-in, Produktionstechnologe/-in, alle M+E Berufe, Instandhalter/-in, Mechatroniker/-n (Vertiefung Steuerungstechnik). Generalist/-in, Aktualisierung des/der Elektronikers/in für Betriebstechnik.
Szenario 3 (Kombination von Berufen – Hybrid)	4 (3 mal Doppelung mit 2; 1 mal Doppelung mit 4)	Gefahr der Überfrachtung, Informatik & Elektrik ausbauen und virtuelle Inbetriebnahme beachten, Instandhalter/-in, Generalist/-in, Prozessinstandhalter/-in (Mechatronik, IT, EAT, plus 4.0 Qualis), Elektroniker/-in für Betriebstechnik, FISI-Industrie, Hybridisierung über Berufsfelder hinweg.
Szenario 4 (Berufsbild Industrie 4.0)	2 (1 mal Doppelung mit 3)	Nicht unterstützt

Abb.131: Bewertung der Szenarien durch die Experten im Experten-Workshop.[601]

---

[601] Die Benennungen der Berufe wurden so in die Tabelle übernommen, wie sie von den Teilnehmern vorgenommen wurden. Eine Korrektur erfolgte auch dann nicht, wenn die Bezeichnung nicht mit der regulären Berufsbezeichnung übereinstimmte.

Spezifische Konfigurationen, die dabei möglich sind, wurden in einem ersten Zugang knapp skizziert. Bei diesen, aus den empirischen Erhebungen resultierenden Szenarien galt es vor allem festzustellen, wie sie von den anwesenden Experten bewertet wurden.

Die Mehrheit der Experten votierte für Szenario 2. Das Szenario 4 spielte mehr oder weniger keine Rolle. Auf Szenario 1 entfiel rund ein Viertel der Stimmen, ähnlich wie beim Szenario 3.

In der abschließenden Diskussion stellte sich heraus, dass diejenigen, die für Szenario 1 gestimmt hatten, davon ausgingen, dass es aufgrund der Offenheit der Berufe und der Möglichkeit mit Einsatzgebieten zu arbeiten, ausreichend Flexibilität gibt, um die Berufe ohne neues Ordnungsverfahren zu modifizieren. Es waren vor allem die Befürchtungen vor einem langen Ordnungsverfahren, die zu letztlich zu dieser Bewertung geführt haben.

In der Diskussion dominierten die Positionen zugunsten von Szenario 2 mit folgender Schwerpunktsetzung:
- Es kommt darauf an, etablierte Berufe mit Schwerpunkten zur Instandhaltung auszustatten, die auf Industrie 4.0-Anlagen zielen.
- Alle Metall- und Elektroberufe sollen mit IT Schwerpunkten ausgestattet werden.
- Alle Metall- und Elektroberufe sollen durch Schwerpunkte ergänzt werden, die für Industrie 4.0 von Bedeutung sind.
- Es sollte kurzfristig mit Zusatzqualifikationen gearbeitet und auch die Offenheit der Berufe genutzt werden.

Zur Kombination von vorhandenen Berufen (Schaffung neuer Hybridberufe – Szenario 3) gab es neben der Zustimmung einige kritische Stimmen, die Bedenken äußerten, weil dieses Szenario zu Berufsbildern führen könnte, die von Betrieben, Ausbildern und Auszubildenden nicht mehr bewältigt werden können. Die Befürchtung, dass Hybridberufe zu „mächtig" werden, wurde des Öfteren geäußert.

Ein Diskussionsschwerpunkt richtete sich auf die Tatsache, dass sich die Aufgabengebiete für Fachkräfte in der Produktion oft verbreitern und sie „multifunktionale" Aufgaben wahrzunehmen haben. Diese Entwicklung führt in der Regel zu anspruchsvollen Berufen, deren Komplexität in der Ausbildung nicht zu realisieren ist.

Bei Szenario 3 sollte, so die Argumentation, sehr gründlich überlegt werden, wie die Berufe inhaltlich auszugestalten sind, damit sie sowohl von Auszubildenden als auch von den ausbildenden Betrieben und Ausbildern bewältigt werden können. Sichergestellt werden muss, dass es möglich ist, die geforderte Handlungskompetenz zu entwickeln, um Anlageninstandhaltung, Anlagenbedienung, Aufbau von Anlagen usw. zu betreiben und die Prozesse zu beherrschen.

Auffallend war, dass es bezüglich der Prozesszugänge und des Prozessverständnisses für die Workshop-Teilnehmer selbstverständlich war, dass sowohl Auszubildende als auch bereits Ausgebildete nicht nur Zugänge zu Arbeitsprozessen haben müssen, sondern diese auch von ihnen beherrscht werden müssen. Dass Arbeitsprozesse als Grundlage und zur Strukturierung von Ausbildungsberufen genutzt werden können, war nicht Gegenstand der Diskussion. Auch Modelle wie Kernberufe und Basisberufe wurden nicht erwähnt.

Aufgrund der länger dauernden Neuordnungsverfahren wurde von einzelnen Teilnehmern vorgeschlagen, in jedem Falle kurzfristig Industrie 4.0-Inhalte als „Zusatzqualifikationen" in die Berufsprofile einzubauen und dafür auszubilden. In einer zweiten Phase, so die Vorschläge, kann dann eine Neuordnung initiiert werden.

4.8.4 Empfehlungen zur weiteren Gestaltung von Berufsbildern

Die vier Szenarien weisen bei der Gestaltung von Berufsbildern auf unterschiedliche Möglichkeiten hin, auf die Veränderungen in der Arbeitswelt aufgrund zunehmender Vernetzung und Implementierung von CPS zu reagieren. Die Bewertungen im Experten-Workshop und die Ergebnisse der qualitativen Untersuchungen zeigen ein sehr deutliches Bild:
- die Digitalisierung hat zur Folge, dass die metall- und elektrotechnischen Ausbildungsberufe an die Entwicklungen in der Arbeitswelt angepasst werden müssen und
- die Experten sehen keine Notwendigkeit für die Entwicklung eines neuen Berufsbildes „Industrie 4.0".

Diese Positionierung ist auch so zu verstehen, dass von der Mehrheit der Experten die Möglichkeit ausgeschlossen wird, keinerlei Anpassungen bei den Berufsbildern vorzunehmen. Einzelne Experten vertraten zwar die Auffassung, dass die bisherigen Formulierungen in den Ordnungsmitteln offen genug sind, um notwendige Modifikationen ohne Anpassungsprozess durch die Sozialpartner vorzunehmen, allerdings fand diese Position keine mehrheitliche Zustimmung.

Dieses Ergebnis deckt sich mit den Erkenntnissen bei den Erhebungen in den Unternehmen. Die Unternehmen waren mehrheitlich der Auffassung, dass der Perspektivwechsel in der Produktion zur Konsequenz haben muss, dass die Berufsbilder dieser Entwicklung angepasst werden.

Das Szenario 2, das die Weiterentwicklung der bestehenden Berufsbilder der Metall- und Elektroindustrie zum Gegenstand hat, wurde von der Mehrheit der befragten Personen in den Fallstudien und den Expertengesprächen unterstützt. Kernaussage war, die bisherigen Berufsbilder bestehen zu lassen, jedoch inhaltlich auf die Anforderungen der Industrie 4.0-Entwicklungen auszurichten, was womöglich nur durch deren strukturelle Veränderung möglich ist. Damit grenzt sich Szenario 2 von der Verschmelzung von Berufen (Szenario 3) ab. Szenario 3 wurde zwar durchaus ins Kalkül gezogen, jedoch gab es auch zahlreiche kritische Stimmen wegen einer Überfrachtung zusammengesetzter Berufsbilder.

Der Instandhaltungsbereich wurde von vielen Experten als (aktueller) Kernbereich für das Zusammenwachsen der Vernetzung und Digitalisierung innerhalb der industriellen Produktion gesehen.

Bei der Bewertung der Szenarien war diese Tätigkeit oftmals im Hinterkopf der Akteure. Trotz der komplexen Aufgaben bei der Instandhaltung gab es nur sehr wenige Stimmen zugunsten eines eigenständigen Ausbildungsberufes für den Instandhaltungsbereich. Begründung war dabei, dass durch die fortschreitende Vernetzung der Spezialisierungsgrad der Anlagen zunimmt und diese nur noch durch eine Zusammenarbeit mehrerer Experten aus verschiedenen Berufen in Teams gemeistert werden können. Vor allem Produktionsleiter verfolgten diese Argumentationslinie und nannten Industriemechaniker, Mechatroniker, Elektroniker, Elektroniker für Automatisierungstechnik u. a. als „Startberufe".

Gemeinsame Klammer bei allen vier Zukunftsvarianten war immer eine starke Orientierung an den betrieblichen Arbeitsprozessen. Eine Beherrschung der Komplexität in der industriellen Produktion ist nur möglich, wenn innerhalb der beruflichen Ausbildung ein umfassendes Prozessverständnis entwickelt wird. Hier muss durch die Ausbildung ein Grundstein gelegt werden, der nach und nach im Unternehmen und in der Weiterbildung erweitert und vertieft werden muss. Die Erweiterungen in den Berufsbildern dürfen also nicht allein technologiegetrieben sein, sondern müssen immer im Kontext der Arbeitsprozesse und deren Implementierung innerhalb der Wertschöpfungskette gesehen werden.

Aufgrund der Bewertung der Szenarien und der Ergebnisse aus den Fallstudien und Expertengesprächen liegt es auf der Hand, Szenario 2 in das Zentrum zu stellen: Metall- und elektrotechnische Berufe sollten fortgeschrieben werden und die Veränderungen aufgrund der Digitalisierung und Vernetzung von Produktion und Arbeit müssten mit aufgenommen werden, wobei die Prozessorientierung im Fokus stehen sollte.

4.9 Perspektiven für das gesamte Berufsbildungssystem und die Berufsbildungswissenschaft

4.9.1 Berufsbildungswissenschaftliche Forschungsaufgaben im Berufsbildungsgesamtsystem

Ein Blick in die Zukunft der Berufsbildung kann dadurch möglich werden, dass man aktuelle Bildungsplanungen sichtet. Mit Berufsbildungsplanungen lassen sich allerdings, wegen der ständigen Veränderungen im Beschäftigungssystem, nur kurz- bis mittelfristigen Perspektiven erfassen. Dagegen wird ein weiter oder in die ferne Zukunft gerichteter Blick schnell hypothetisch. Darüber hinaus ergibt sich als Schwierigkeit, dass mit Bildungsplanung „vielfältige Aktivitäten unterschiedlicher Akteure im Bildungswesen" (Klebl/Popescu-Willigmann 2015, S. 10) umschrieben werden.[602]

Aussagen über Perspektiven für das Berufsbildungssystem und die Berufsbildungswissenschaft sind – wie auch bei der Betrachtung der nicht-akademischen und akademischen Aus- und Weiterbildung erkennbar wird – über größere Zeiträume in ihrer prognostischen Validität begrenzt. Entsprechendes gilt auch für die im gesamten Berufsbildungssystem aufzugreifenden Forschungsaufgaben. Kurzfristig lassen sich Forschungsvorhaben – wie beispielsweise zur Akademisierung einiger bisheriger beruflicher Ausbildungsgänge an Fachschulen[603] – mit einiger Sicherheit formulieren. Entsprechende Aufgaben unter mittel- bis langfristiger Perspektive zu benennen, erscheint fast unmöglich.

Mehr noch gilt das für die Entwicklung einer Theorie für das gesamte zukünftige Berufsbildungssystem. Hierfür ist derzeit eine noch offene Ausgangssituation zu konstatieren. Es wird normalerweise kaum im größeren Rahmen die Frage aufgeworfen, ob man das Berufsbildungssystem und Teile des akademischen Hochschulsystems in Zukunft als getrennte berufsbildende Systeme betrachten oder einer gemeinsamen Analyse unterziehen sollte. Entsprechende Einschätzungen oder sogar ein Konsens über solche Fragestellungen sind in absehbarer Zeit nicht zu erwarten. Unsicherheiten sind auch dadurch bedingt, dass infolge der weiteren Ausdifferenzierung der beiden Subsysteme neue Systembrüche bzw. Widersprüche in einigen Bereichen entstanden sind oder entstehen können.

---

[602] Generell ist zu fragen, welche Maßstäbe „gelten für die intentionale und inhaltliche Gestaltung des beruflichen Lehrens und Lernens? Es ist offensichtlich, dass sich diese Frage in demokratischen, durch (post-)industrielle Produktion sowie den freien Austausch von Gütern, Arbeitskraft und Ideen geprägten Gesellschaften nicht durch einen ‚Universalplan Bildung' beantworten lässt. Allein schon der Föderalismus hat in (West-) Deutschland technokratische Zugänge zur Bildungsplanung stets verhindert. Und selbst wenn das staatliche Schulwesen in den Bundesländern tendenziell zentralistisch organisiert ist, ist die berufliche Bildung in der sozialen Marktwirtschaft durch Wettbewerb, Kooperation und Konsens unterschiedlicher Akteure geprägt – durch Marktmechanismen und insbesondere durch die Einflussnahme der Tarifpartner. Bildungsplanung lässt sich daher jenseits technokratischer Bildungspolitik nur beschreiben, erklären, kritisieren und gestalten, wenn man Zugänge auf unterschiedlichen Ebenen des Bildungswesens in den Blick nimmt." (Klebl/Popescu-Willigmann 2015, S. 11)

[603] Dazu gehören Untersuchungen, wie sie beispielsweise von Karsten König und Peer Pasternack (2008) zur „Akademisierung der elementarpädagogischen Ausbildung in Deutschland" vorgelegt worden sind.

Unter systemtheoretischer Sichtweise sowie aufgrund vieler gleichartigen Funktionen und Aufgaben sollten beide Subsysteme in ein Gesamtsystem eingeordnet und dementsprechend mittel- bis langfristig reflektiert sowie ausgestaltet werden. Dieser Ansatz wird auch den Entwicklungen im Bereich berufsbildender Bildungs- und Studiengänge gerecht, bei denen in den letzten Jahren weitere curriculare Annäherungen oder zumindest strukturelle Gleichartigkeiten und Parallelitäten feststellbar sind. So ist in einigen nicht-akademischen Bildungsgängen z. B. eine stärkere Akademisierung der Inhalte zu verzeichnen. Die akademischen Bachelorstudiengänge wiederum sind durch eine stärkere Praxis- bzw. Berufsbezogenheit geprägt. Für die Berufsbildungsforschung eröffnet sich damit ein großes Untersuchungsfeld.

Begreift man Berufsbildung als übergeordneten Bereich für die Organisation beruflicher Lernprozesse im nicht-akademischen (vorberufliche Bildung und berufliche Erstausbildung), akademischen (Hochschulen) und im Weiterbildungsbereich (vgl. Kell 2006, S. 453), so wird ein umfassendes und komplexes System erkennbar, in dem sich sehr verschiedenartige Berufsbildungsprozesse abspielen können.

Das gesamte Berufsbildungssystem erscheint durch Kontingenz, d. h. durch eine sehr große Vielfalt der Möglichkeiten und Zufälle ihrer Ausformung, bestimmt zu sein. Dieses betrifft allerdings nicht allein die grundsätzliche Einordnung in ihre Umwelt, in das übergeordnete Bildungssystem und das Gesellschaftssystem.

Berufsbildungsinstitutionen und -einrichtungen können als besondere Systemformen oder Subsysteme innerhalb größerer Systeme aufgefasst werden.[604] Sie sind unter den historischen Bedingungen funktionaler gesellschaftlicher Differenzierung entstanden. Das gilt für berufliche Schulformen, Hochschulen sowie betriebliche oder private Ausbildungsstätten fast gleichermaßen. Es wird dabei – und das gilt auch für jede Berufsbildungsstätte – „aus der Perspektive des einzelnen Funktionssystems das innergesellschaftliche System/Umwelt-Verhältnis bestimmt. Zusätzlich gibt es aber noch Beziehungen zwischen den einzelnen Funktionssystemen, also System-zu-System-Beziehungen, die durch strukturelle Koppelungen sehr verschiedener Art konkretisiert werden." (Luhmann 2002, S. 124) Dazu gehört beispielsweise die Zusammenarbeit von beruflichen Schulen und Hochschulen bei der Einwerbung von Betrieben zu einer Kooperation für das jeweilige nicht-akademische und das akademischen System. Die Vielfalt der Verbindungen ist kaum überschaubar, aber mit einem systemtheoretischen Überbau können eher Überblicke und Ansatzmöglichkeiten zur Forschung für eine Theoriebildung des gesamten Berufsbildungssystems geschaffen werden.

---

[604] Organisationen sind, wie Luhmann (2000, S. 9) ausführt, „nicht kalkulierbare, unberechenbare, historische Systeme, die jeweils von einer Gegenwart ausgehen, die sie selbst erzeugt" haben. Die auffallende Mehrdeutigkeit des Organisationsbegriffes resultiert aus den verschiedenen Forschungsperspektiven, von denen aus man ein System betrachten kann. Es haben sich drei grundlegende Begrifflichkeiten etabliert, durch die eine differenziertere Betrachtung von Organisationen möglich wird: die institutionale (Organisation als Struktur), die funktionale (Organisation als Tätigkeit) und die instrumentale bzw. strukturale (Organisation als konkretes soziales Gebilde). Diese Begrifflichkeiten lassen sich auch auf Schule und Hochschule anwenden.

Allerdings wird bei einer solchen Betrachtungsweise sogleich erkennbar, dass es durch den Umfang, die Größe und die Vielgestaltigkeit des Berufsbildungsbereiches schwierig ist, eine Systemerfassung vorzunehmen.[605] Die Systemprozesse innerhalb des Berufsbildungssystems ergeben sich zwar auch durch die Einwirkung der Umwelt, jedoch ist die Umwelt nicht Teil des Systems. Aktionen der Umwelt fügen sich nicht in die Systemprozesse beruflicher Bildung ein und sind nicht ständig und direkt auf die innere Reproduktion der Berufsbildungseinrichtungen zugeschnitten. Akteure, die nicht im System verankert sind, versuchen aber auf die inneren Gegebenheiten der Berufsbildungsstätten dennoch Einfluss zu nehmen und „repräsentieren zusammen Opportunitäten und Restriktionen" (Fend 2006, S. 181). Die Vielzahl der zu berücksichtigenden Parameter erschwert die Forschungsansätze.

Aufgrund der Entwicklungen – insbesondere auch durch den europäischen und deutschen Qualifikationsrahmen – kann davon ausgegangen werden, dass die Praxis- und Theorieentwicklung für das gesamte System „Berufsbildung" und die darin integrierten Berufsbildungsstätten zu einer wichtigen Aufgabe erwächst. Dabei sind unter systemischer Sichtweise zunächst Analysen zum Bestehenden und zum Bewahrenden zu initiieren sowie Anschlussmöglichkeiten an Bestehendes auszuloten.

Die berufsbildungswissenschaftliche und insbesondere die berufs- und wirtschaftspädagogische Forschung richteten sich bislang vorwiegend auf die nicht-akademische Berufsbildung. Werden zukünftig auch verstärkt entsprechende Forschungen zum akademischen Berufsbildungsbereich und zum gesamten Berufsbildungssystem aufgelegt, so werden sich durch das größer gewordene Feld auch die Forschungsaufgaben erweitern, und das wird vermutlich nicht nur quantitativ erfolgen. Mit den neuen Aufgaben werden die qualitativen Anforderungen an die Forschung einerseits sowie die Zahl der berufsbildungswissenschaftlichen Fragestellungen und in der Folge eventuell auch der Untersuchungsgegenstände sowie der damit verbundenen Schwierigkeiten andererseits wachsen. Diese sind im Laufe der Zeit im Einzelnen zu entfalten und zu benennen. Die Forschungsziele werden durch die Berücksichtigung der akademischen Berufsbildung eine veränderte Fokussierung erhalten. Ob ein übergeordnetes Forschungsziel wie eine Theorie des Berufsbildungsgesamtsystems realisiert werden kann, ist noch nicht absehbar.

Die Forschungsmethoden, die für berufs- und wirtschaftspädagogische und berufsbildungswissenschaftliche Untersuchungen im nicht-akademischen Berufsbildungssystem angewandt worden sind, werden zum Teil auch auf das gesamte Berufsbildungssystem transferierbar sein und sich aller Voraussicht nach kaum entscheidend verändern. Anzunehmen ist aber, dass durch die erweiterte Sicht auf den akademischen Bereich sowie dadurch entstehende Synergieeffekte bislang unbekannte oder nicht beachtete For-

---

[605] Erste Schritte dazu sind zwar bereits erfolgt. Schon vorliegende Ergebnisse – wie z. B. der Zusammenarbeit von Fachschulen und Fachhochschulen bei der Anerkennung von Studienleistungen – sind bei einer ganzheitlichen Untersuchung von System und Umwelt zu berücksichtigen. Hierbei sind die Abgrenzungen zur Umwelt des Berufsbildungssystems zu markieren.

schungsfelder erkennbar werden und sich in der Folge neue Forschungsergebnisse zeigen werden.

Durch den interdependenten Zusammenhang von Forschungszielen, Forschungsgegenständen, Forschungsmethoden und Forschungsergebnissen werden auch jetzt schon ständig neue Erkenntnisse gewonnen und weiterreichende Perspektiven entwickelt. Wie zukünftig zu erwartende Forschungsergebnisse auf die nicht-akademischen und akademischen Subsysteme des gesamten Berufsbildungsbereiches wirken, ist nicht absehbar. Von ganzheitlichen Untersuchungen zu übergeordneten Aspekten der Berufsbildung sind aber zumindest Anregungen in den einzelnen Berufsbildungsstätten erwarten, da hiermit der Blick auf größere Zusammenhänge geschärft wird.

4.9.2 Weiterentwicklung des gesamten Berufsbildungssystems durch vermehrte Forschungsaktivitäten

- **Berufsbildungsforschung als Schwerpunkt der Bildungsforschung**

Im Berufsbildungsbereich sind noch vor einigen Jahrzehnten vorwiegend die Konzepte und Ergebnisse der allgemeinen Bildungsforschung adaptiert und genutzt worden. Das zeigt sich insbesondere an der Rezeption und Anwendung der allgemeinen didaktischen Modelle.
Wie festzustellen ist, hat die Berufsbildungsforschung in den letzten Jahrzehnten zunehmend an Bedeutung gewonnen, und es sind inzwischen vielfältige Einzelergebnisse vorgelegt worden (vgl. Kell 2005, 55 ff.). Erträge aus diesen Forschungsbereichen können wesentlich dazu beitragen, die Rahmenbedingungen des Systems direkt zu verändern, indem beispielsweise eine Berufsbildungsstätte aufgrund einer wissenschaftlichen Evaluation ihrer Leistungsfähigkeit von einer nicht-akademischen in eine akademische Institution oder Einrichtung umgewidmet wird.

Die zu erwartende „Akademisierung der Berufswelt" mit ihren möglichen positiven und negativen Erscheinungen auf die nicht-akademischen Berufswelt[606], wird zukünftig ein Problem und wichtiges Arbeitsfeld der Berufsforschung und der Berufsbildungsforschung. Dabei kann aller Voraussicht nach die These erhärtet oder abgelehnt werden, dass bereits ein Überschneidungsbereich zwischen nicht-akademischer und akademischer Berufsbildung besteht, sich dieser vergrößert hat und sich zukünftig weiter vergrößern wird.

Indirekt können die Rahmenbedingungen auch infolge spezifischer Feldforschungen im Berufsbildungsbereich, wie beispielsweise zur Entwicklung von handlungsorientierten Lern- und Studienkonzepten, konkretisiert oder verändert werden, da hiermit traditionelle curriculare Ansätze in Frage gestellt werden oder sich zugleich grundsätzliche Probleme zeigen. Veränderungen der Rahmenbedingungen im Berufsbildungssystem infolge der

---

[606] Sehr verbreitet ist in der Gesellschaft die Meinung, dass nur eine Hochschulausbildung den Königsweg ins Berufsleben gewährleiste. Hierfür steht auch die Diskussion unter dem Kürzel „Akademikerwahn" (Nida-Rümelin 2014).

Berufsforschung und der Berufsbildungsforschung sind auch dadurch möglich, dass diese Forschungsbereiche einerseits unmittelbar auf die Berufsbildung und andererseits direkt und indirekt auf die Berufsbildungspolitik wirkt, wie Ulrike Buchmann (1999, S. 65 f.) für die Berufsbildungspolitik im Bereich der akademischen Berufsausbildung als Teilbereich der Hochschulpolitik aufweist.

Die Berufsbildungsforschung „als systematisches und überprüfbares Problemlösehandeln" (Sloane 2006, S. 613) im Bereich des beruflichen Lehrens und Lernens hat sich in den vergangenen Jahrzehnten stark weiterentwickelt. Darüber hinaus hat sie in letzter Zeit insbesondere für die Berufsbildung im Bereich akademischer und subakademischer Berufe zunehmend an Bedeutung und Kontur gewonnen. Berufsbildungsforschung betreiben – wie schon an anderer Stelle beschrieben – die akademischen Institutionen, d. h. deren berufs- und wirtschaftspädagogische Institute, Lehrstühle oder Seminare, die Landesinstitute der Kultusministerien, das Bundesinstitut für Berufsbildung (BIBB) und das Institut für Arbeitsmarkt- und Berufsforschung (IAB) der Bundesagentur für Arbeit. Außerdem werden an einer Vielzahl von freien Instituten, wie z. B. dem Institut der Deutschen Wirtschaft in Köln, Forschungen im Bereich der Berufsbildung durchgeführt (vgl. Sloane 2006, S. 618 f.).

Berufsbildungsforschung hat sich inzwischen als ein wichtiger Bereich der Bildungsforschung etabliert. Diese Tendenz hat ihre Ursache u. a. darin, dass die Berufsbildungsforschung nicht nur für Schulen, Hochschulen und Betriebe, sondern auch für den Staat und die Wirtschaft von großem Interesse ist. Feststellen lässt sich: „Das staatliche und internationale Interesse an der Berufsbildungsforschung resultiert aus der unmittelbaren Verzahnung der beruflichen Bildung nicht nur mit der Bildungs-, sondern auch der Wirtschafts- und Arbeitsmarktpolitik." (Rauner 2005, S. 9) In jüngster Zeit ist zu diagnostizieren, dass sich ein Diskurs der Frage zur Entwicklung von Bildungsorganisationen verstärkt zuwendet (vgl. Gerholz 2011, S. 351 ff.). Dort aber müssen die Ergebnisse der Forschung auch wahrgenommen werden und ankommen.

- **Berufsbildungsforschung und Berufsbildungspraxis**

Ergebnisse der Bildungsforschung und Berufsbildungsforschung haben seit dem Bestehen dieser Disziplin schon immer Eingang in die Praxis beruflichen Lehrens, Lernens und Studierens gefunden. Dieses waren aber häufig eher zufällige Erscheinungen.

Aufgabe der Forschung im Bereich der Berufsbildung wird es zukünftig verstärkt sein, die in einem wechselseitigen Prozess stehenden Entwicklungen im Beschäftigungs- und Berufsbildungssystem zu beobachten und zu beschreiben, diese von der konkreten Wirklichkeit zu abstrahieren, und dabei Erkenntnisse zu generieren sowie angemessene Begriffe zu entwickeln (vgl. Meyer/Elsholz 2009, S. 5).

Die Verbindung von Theorie und Praxis stellt eine große Herausforderung für die Berufsbildungswissenschaft dar. Dazu „gilt es, die theoretischen Erkenntnisse aufzuarbeiten, sie für die Praxisgestaltung bereitzustellen, ihre Umsetzung und Anwendung in der Praxis zu

erfassen, zu analysieren und die Ergebnisse wiederum so aufzubereiten, dass sie ihrerseits zur Weiterentwicklung der Theorie beitragen" (Meyer/Elsholz 2009, S. 5) können.
Bei solchen zyklischen Prozessen während der Forschung treten – wenn es das Zusammenwirken oder Abstimmen von Theorie und Praxis betrifft – eher interne Problem des Vorgehens und der Berücksichtigung der Praxis während eines Forschungsvorhabens auf. Anders stellt sich das Theorie-Praxis-Verhältnis dar, wenn es darum geht Forschungsergebnisse in die Berufsbildungspraxis zu implementieren. Zwischen Theoretikern und Praktikern gibt es in solchen Fällen häufig Verständigungsprobleme, die es zu überwinden gilt.

Die Verständigungsschwierigkeiten zwischen denen, die Theorieentwicklung betreiben und denen, die Theorie anwenden möchten oder sollen, „führen dazu, dass die verfügbaren wissenschaftlichen Theorien für eine Praxisgestaltung zwar nicht wertlos, aber doch unzulänglich sind." (Euler 2008, S. 58) Für Praktiker stellen Theorien und Theorieergebnissen wegen des erforderlichen Zeitaufwandes beim Rezipieren und der elaborierten Sprache häufig eine Anwendungsbarriere dar. Deshalb werden inzwischen Vermittlungskonzepte diskutiert, mit denen intendiert wird, verfügbare wissenschaftliche Theorien der Praxis aufbereitet zur Verfügung zustellen (Abb. 132).

Eine Möglichkeit, die Hindernisse und Transferprobleme zu vermindern, bietet sich in einer schrittweisen Bearbeitung der Probleme von der Bereitstellung der berufsbildungswissenschaftlichen Theorien, über didaktische Vermittlungskonzepte und Austauschkonzepte zur Förderung der Transferkompetenz bis hin in die Einbringung in die Berufsbildungspraxis (vgl. Euler 2008, S. 59).

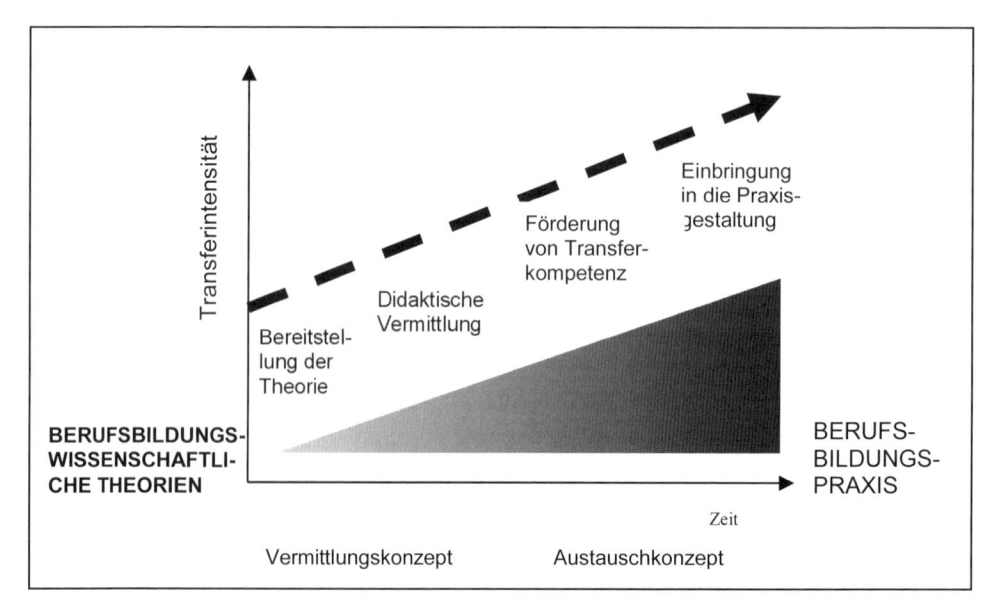

Abb. 132: Konzepte zur Anwendung wissenschaftlicher Theorien in der Berufsbildungspraxis (in Anlehnung an Euler 2008, S. 59)

Da Berufsbildungsforschung und Berufsbildungspraxis insbesondere vor dem Hintergrund der bildungspolitischen Entwicklungen im Rahmen der Europäischen Union stark an Bedeutung gewonnen haben, sind in den Mittelpunkt entsprechender Forschungsaktivitäten Untersuchungen und Analysen zu europäischen Berufsbildungssystemen und europaweit vergleichbarer beruflicher Bildungsgänge und Bildungseinrichtungen sowie der Analyse und Gestaltung vorhandener Bildungs- und Lernprozesse gerückt worden. Auch werden verstärkte Forschungen zu europaweit vergleichbaren Berufen, Berufsstrukturen und beruflichen Kompetenzfeststellungen vorgenommen.

4.9.3 Theorieentwicklung für das gesamte Berufsbildungssystem als Zukunftsaufgabe

Theorieentwicklung und -überprüfung sind ständige Aufgaben der Wissenschaften. Für die Berufsbildungswissenschaft ist eine Theorieentwicklung schon seit längerem betrieben worden. Dieses geschah insbesondere für die nicht-akademischen Berufsbildung. Jedoch lässt sich die Forschungslage und Theorieentwicklung dennoch als „disparat und defizitär" (Kutscha 2009, S. 3) einschätzen. Entsprechendes kann mehr noch für die akademische Berufsbildung, die erst in den letzten Jahren vermehrt in den Blick genommen wird, festgestellt werden.

Verbunden mit dem unbefriedigenden Zustand, ist das Entstehen von neuen Widersprüchen innerhalb bestimmter Bereiche der Subsysteme. Eine Theorie für das gesamte Berufsbildungssystem muss daher auch die bestehenden oder neu entstehenden Widersprüche im System aufgreifen und beheben. Aber alle Widersprüche sind nicht zu lösen. So ist beispielsweise der Widerspruch zwischen Anforderungen einerseits an projektorientierte, selbstbestimmte oder selbstorganisierte Lehr-, Lern- und Studienformen sowie genuine subjektive Bildungsansprüche und andererseits an rigide inhaltliche und zeitliche Vorgaben kaum aufhebbar.[607]

Ein Versuch, eine systemische Theorie für den gesamten beruflichen Bildungsbereich zu entwickeln, ist bislang kaum angedacht und schon gar nicht – auch nicht ansatzweise – vorgenommen worden. Zudem kann die Entwicklung einer solchen Theorie aufgrund des momentan noch ungenügenden Standes der Analysen keineswegs als zwangsläufig angenommen werden. Der Anspruch einer über einen längeren Zeitraum bestehenden Allgemeingültigkeit der zu entwickelnden Theoriekonzepte kann schon gar nicht erfüllt werden. Hierzu ist ein – wenn überhaupt möglich – noch erheblicher berufsbildungswissenschaftlicher Forschungsaufwand zu leisten. Ein solch ambitioniertes Vorhaben ist aber derzeit aufgrund des hohen organisatorischen, personellen und finanziellen Aufwandes – und auch wegen anderer Prioritätensetzungen – kaum in angemessener Form zu realisieren.

---

[607] Insbesondere dann, wenn man das Kriterium beachtet, dass umfassende Berufsbildung und nicht nur eng angelegte Ausbildung stattfinden sollte.

Durch die bisherigen Untersuchungen und Ergebnisse zeigt sich jedoch, dass für den Berufsbildungsbereich als Ganzes schon vielfältige Informationen, Erkenntnisse, Erfahrungen und Theorienansätze sowie Möglichkeiten für partielle Forschungen in systematisierter Form vorhanden sind. Perspektivisch sollten die derzeit verfügbaren und aktuellen Sachverhalte und Ergebnisse weiterhin gesammelt, systematisiert, fortentwickelt und modifiziert sowie – bei neuem Erkenntnisgewinn – gegebenenfalls auch widerlegt werden. Die dadurch gewonnenen, meist singulären Erkenntnisse können dann in einen größeren Rahmen des gesamten Berufsbildungssystems (vgl. Kap. 6.4.2) eingefügt werden, sodass nachfolgend eine erste Annäherung an eine Theorie für dieses Gesamtsystem möglich erscheint und entwickelt werden könnte.

4.9.4 Zukünftige Aufgaben der Berufsbildungswissenschaft – Ausblick

Noch immer und vermutlich auch zukünftig gilt: „Die Komplexität des Aufgabenfeldes der Berufsbildungsforschung verlangt sowohl ein interdisziplinäres als auch ein intradisziplinäres organisatorisches Vorgehen." (Deutsche Forschungsgemeinschaft 1990, S. 113) Betrachtet man heute unter berufsbildungswissenschaftlicher Entwicklungsperspektive im Gesamtberufsbildungssystems die organisatorischen, rechtlichen und lernorganisatorischen Rahmengebungen, die Ansprüche und Anforderungen der Akteure sowie die curricularen und didaktisch-methodischen Konzepte der nicht-akademischen und akademischen Berufsbildung, so zeigen sich zumindest grobstrukturell viele Möglichkeiten einer interdisziplinären Zusammenarbeit zwischen den verschiedenen Akteuren und zugleich viele neue Forschungsaufgaben. Die bisher geleisteten berufs- und wirtschaftspädagogischen bzw. berufsbildungswissenschaftlichen Aufgaben müssen weitergeführt werden.

Um zukünftige Forschungsarbeiten effektiver zu gestalten, sollten die nicht-akademische und akademische berufliche Aus- und Weiterbildung – wenn möglich und sinnvoll – in einen Gesamtzusammenhang von Bildung gestellt werden. Wird die berufliche Aus- und Weiterbildung mit allen ihren Facetten in ihrem Gesamtzusammenhang bei Forschungsvorhaben wahrgenommen, so kann der Blick von dort aus auch besser auf Forschungsdetails und singuläre berufsbildungswissenschaftliche Untersuchungen gerichtet werden. Bei ganzheitlichen Untersuchungen kann darüber hinaus genutzt werden, dass Struktur, Funktion, Lernorganisation sowie didaktische und methodische Ansätze an vielen Berufsbildungsstätten – ob akademisch oder nicht-akademisch – strukturell ähnlich oder sogar gleich sind.

Dieses darf aber nicht dazu führen, dass Forschungsvorhaben vernachlässigt werden, mit denen der Focus auf berufsbildungswissenschaftliche Einzelprobleme gerichtet wird. Diese müssen nach begründeten analytischen Gesichtspunkten aus dem Gesamtzusammenhang herausgeschnitten werden. Die Forschungsergebnisse können danach in die Systematik der Berufsbildungswissenschaft eingefügt werden.

Für berufsbildungswissenschaftliche Arbeitsaufgaben im Gesamtberufsbildungssystem scheint zukünftig u. a. angezeigt,

- Berufsbildungsforschung sowohl auf den nicht-akademischen als auch den akademischen Bereich zu richten,
- Berufsbildungsansätze als Vorgänge in allen Arbeitsfeldern vergleichend zu erforschen,
- Berufsbildungsforschung auf die Lehre in den verschiedenen beruflichen Ausbildungsstätten zu richten,
- eine subjektorientierte und emanzipatorische Berufsbildungstheorie zu entwickeln,
- Forschungen zu Inklusion junger Menschen in Berufsbildungsgänge zu initiieren,
- curriculare Ansätze der verschiedenen Berufsbildungsstätten zu analysieren,
- Untersuchungen zur beruflichen Handlungsorientierung zu betreiben,
- didaktisch-methodische Konzepte hinsichtlich der Anwendbarkeit in verschiedenen Berufsbildungsstätten zu evaluieren,
- Möglichkeiten der Kompetenzmessung zu bestimmen,
- Untersuchungen zur Durchlässigkeit zwischen den Berufsbildungsstätten vorzunehmen,
- Aufgaben und spezifischen Funktionen der verschiedenen Berufsbildungsstätten zu untersuchen.

Dazu erscheint nun eine intensive Ausrichtung der Forschungsaktivitäten auf das Gesamtberufsbildungssystem angebracht. Zusätzlich sollte die interdisziplinäre Zusammenarbeit – wo immer möglich – und insbesondere diejenige von Berufswissenschaft und Berufsbildungswissenschaft ermöglicht und verstärkt werden.

Berufsbildungsforschung ist im nicht-akademischen als auch im akademischen Bereich für verschiedenen Berufen sowie Professionen des Beschäftigungssystems notwendig. Die Förderung der Forschung zu Berufen und zur Berufsbildung durch die Gesellschaft sowie die Politik ist gegenwärtig und mehr noch zukünftig außerordentlich wichtig, da bislang an allen Forschungseinrichtungen die Ressourcen zu gering waren und noch immer sind.

5 Zusammenhänge zwischen Berufswissenschaft und Berufsbildungswissenschaft

5.1 Rahmengebende Überlegungen zum Verhältnis von Berufswissenschaft und Berufsbildungswissenschaft

5.1.1 Wandel der Berufs- und Lebenswelt – Anforderungen an die Berufs- und Berufsbildungswissenschaft

Themen der Berufs- und Berufsbildungswissenschaft sind von den Bedingungen in der Berufs- und Lebenswelt abhängig. Das Beschäftigungs- und Gesellschaftssystem veränderte sich schon immer und wandelt sich auch weiterhin. Dabei zeigten sich Erscheinungen, die in vielen Fällen sicher nicht neu sind. Auffällig sind aber die Phänomene und Folgen durch die Globalisierung, den demographischen Wandel, den wirtschaftlichen Strukturwandel und durch neue Technologien (Abb. 133).

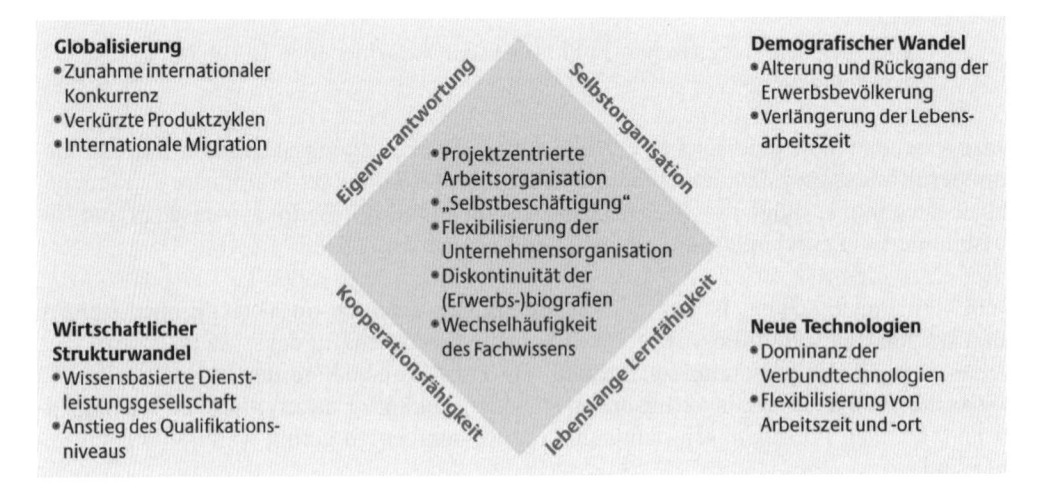

Abb. 133: Veränderung der Arbeits- und Berufswelt (BMFSFJ 2005, S. 13)

Vertreter der Berufswissenschaft und Berufsbildungswissenschaft sind durch die Veränderung der Arbeits- und Berufswelt zu neuen Untersuchungen aufgefordert, da verstärkte internationale Beziehungen zu einem Wandel von beruflichen Tätigkeiten und deren Bedeutung im Beschäftigungssystem geführt haben.[608]

Akteure der Berufswissenschaft und der Berufsbildungswissenschaft müssen insbesondere neue Forschungsfelder in den Blick nehmen und bearbeiten, u. a. da viele Dienstleistungs-

---

[608] Sehr viele früher wichtige Produktions- und Fertigungsberufe sind praktisch bedeutungslos geworden. Auch die Art der Arbeitstätigkeiten verändert sich rasant. Waren noch bis in die Mitte des zwanzigsten Jahrhunderts viele berufliche Tätigkeiten durch schwere körperliche Tätigkeiten gekennzeichnet, geht seitdem der Trend im Beschäftigungssystem hin zu größeren Anteilen an psychischer Arbeit.

berufe⁶⁰⁹ neu entstanden sind und auf dem Arbeitsmarkt stetig an Relevanz gewonnen haben.

Die Berufsforschung muss sich darauf ausrichten, dass einerseits ein Übergang oder sogar Umschlag von normaler Berufsarbeit in außerordentlich vielfältige Formen von häufig wechselnder Arbeit und verschiedenen Jobs stattfindet, aber auch andererseits neue Berufe entstehen. Berufswissenschaftlich untersucht werden sollte auch, welche Folgerungen sich dadurch ergeben, dass Verschiebungen der Bedeutung von ganzen Berufsbereichen, nicht nur der von einzelnen Berufen (Bundesagentur 2011, S. 6) und Verunsicherungen über die Berufsperspektiven⁶¹⁰ stattgefunden haben.

Mit den Veränderungen der Arbeits- und Berufswelt zeichnen sich auch für die Berufsbildungswissenschaft weiterreichende Anforderungen ab, denn das lebenslange Umdenken, Lernen bzw. Studieren bestimmt immer mehr das Berufsleben jedes einzelnen.⁶¹¹ Hinzu kommt u. a., dass sich mit den Angleichungsmaßnahmen im Euroraum die Bedingungen für die Anerkennung der Berufe und die Art der Berufs(aus)bildung in einem zuvor nicht gekannten Ausmaß verändern.

Bemerkenswert ist nun eine zunehmende Geschwindigkeit des Wandels im Beschäftigungs- und Gesellschaftssystem. Diese Veränderungen haben Folgen für die Berufe und die Berufsausbildung. Berufswissenschaft und Berufsbildungswissenschaft müssen von daher ihre Aktivitäten einzeln oder gemeinsam auf die sichtbar werdenden Probleme ausrichten. Um die negativen gesellschaftlichen Folgen dieser Entwicklung zu mindern und das gesellschaftlich, kulturell und individuell bedeutsame Konstrukt „Beruf" nicht zu beschädigen, muss mit verstärkten Aktivitäten in den Bereichen der Berufsforschung und der Berufsbildungsforschung geantwortet werden. Insofern kann den beiden wissenschaftlichen Disziplinen, insbesondere wenn sie aufeinander abgestimmte Projekte kooperativ bearbeiten, eine erhebliche gesellschaftspolitische Bedeutung zugesprochen werden.

5.1.2 Disziplinbestimmte Ansichten zum Verhältnis von Berufsforschung und Berufsbildungsforschung

Seit mehr als zwei Jahrzehnten besteht eine an Profil gewinnende Debatte zur Berufswissenschaft und zur Berufsbildungswissenschaft. Die damit verbundenen Forschungskonzepte haben inzwischen auch an Kontur gewonnen. Bei den Diskussionen über Berufsforschung und Berufsbildungsforschung sowohl im nicht-akademischen als auch akademi-

---

⁶⁰⁹ Damit ist das bisherige Paradigma von Arbeit in industriellen Gesellschaften (Lutz 2001, S. 2) im Schwinden.
⁶¹⁰ Noch bis vor einigen Jahrzehnten war es für die meisten Arbeitnehmer möglich, ein Leben lang den einmal erlernten Beruf auszuüben. Durch die Entwicklung der Technik jedoch vollziehen sich zunehmend mehr gravierende Veränderungen im Beschäftigungssystem und bei den Berufen. Auch Unternehmen, die bislang stabil erschienen, verändern sich durchgreifend oder verschwinden vom Markt. Hierdurch wird es immer unwahrscheinlicher ein Leben in einem Unternehmen zu bleiben. Schon von daher ist zumindest von Zeit zu Zeit eine Weiter- oder Zusatzausbildung nötig.
⁶¹¹ Darüber hinaus haben durch den gesellschaftlichen Wertewandel teilweise materielle Werte an Bedeutung verloren und ideelle Werte – wie beispielsweise Selbstverwirklichung und Gleichberechtigung – gewonnen.

schen Bereich zeigt sich – wie seit längerem erkennbar –, dass die beiden Wissenschaftsdisziplinen in einem sehr engen Zusammenhang stehen und sich teilweise gegenseitig bedingen. Viele Forschungsfelder und -schwerpunkte beider Disziplinen überschneiden sich mehr oder weniger stark. Jedoch gibt es viele Forschungsthemen, die jeweils nur von einer Disziplin aufgegriffen werden. So stellt beispielsweise die Berufsgenese ein Arbeitsfeld der Berufswissenschaft dar, während Lehren, Lernen und Studieren beruflicher Inhalte ein solches der Berufsbildungswissenschaft ist. Berufsforschung befasst sich im Kern mit dem Phänomenen „Beruf" und „Profession", dabei kann es sowohl um „formalisierte (Ausbildungs-/Studien-)Berufe" (reglementierte Berufe) als auch um nicht-formalisierte oder nach der Ausbildung ergriffene Erwerbsberufe gehen. Für die Berufsbildungsforschung sind curriculare und didaktische Fragen berufliches Lehrens, Lernens und Studierens zentrale Untersuchungsgegenstände. Sie behandelt vorwiegend formalisierte Bildungsvorgänge, die meistens zu Abschlüssen in Ausbildungs-, Fortbildungs- oder Studienberufen führen, aber ebenso – wenngleich bislang eher seltener – nicht-formales oder informelles berufliches Lernen und Studieren, das häufig nicht durch Validierungsverfahren in Form von Abschlüssen sichtbar gemacht wird.

Festzustellen ist heute, die Begriffe „Berufswissenschaft" und „Berufsbildungswissenschaft" werden kaum mehr synonym gebraucht.[612] Sie werden wohl unterschieden verwendet.

Aus der Sicht der jeweiligen wissenschaftlichen Disziplin allerdings bestehen teilweise konträre Ansichten über die Einordnung des je anderen Arbeitsfeldes und der Verhältnisse zueinander. So findet man die diametral zueinander stehenden Aussagen wie

- die Berufsforschung ist ein Teilbereich der Berufsbildungsforschung,
- die Berufsbildungsforschung ist ein Teilgebiet der Berufsforschung.

Dass aus der Perspektive der Vertreter/-innen der jeweiligen Disziplin ihre Wissenschaft sowie Forschung und Lehre als besonders wichtig und vorrangig angesehen wird, ist ein allgemeines und schon seit langem bekanntes Phänomen.[613] Wie wird aber die Stellung von Berufsforschung zu Berufsbildungsforschung im momentanen Diskurs gesehen?

Standpunkt: Berufsforschung als Teilbereich der Berufsbildungsforschung

Es wird diskutiert, dass die Berufsforschung zukünftig anderen Forschungsbereichen und dabei insbesondere der Berufsbildungsforschung zuzuordnen ist. Eine Integration in diesen Forschungsbereich erscheint sinnvoll, da durch die Einrichtung des Max-Planck-Instituts für Bildungsforschung (1963), sowie die Einrichtung des Bundesinstituts für Berufsbildung (BBF, 1970) und des Bundesinstituts für Berufsbildung (BIBB 1970) „eine

---

[612] Zwar zeigt sich bei Diskussionen, dass die Begriffe manchmal synonym gebraucht werden, aber dann sind das häufig Versprecher.
[613] Bereits Auguste Comte hat darauf hingewiesen, dass der Wissenschaftsstand die Einschätzung zu den Wissenschaftsbereichen bestimmt. Dabei betrachtete er die Beziehungen und Abhängigkeiten, in denen die Wissenschaften zueinander stehen, und verwies darauf, dass die Mathematik in einer Rangfolge der Wissenschaften zwar ganz oben steht, aber von anderen Disziplinen nur als Hilfswissenschaft angesehen und genutzt wird.

empirisch ausgerichtete Bildungs- resp. Berufsbildungsforschung" (Sloane 2006, S. 610) entwickelt werden kann, die auch berufswissenschaftliche Forschung beinhaltet.

In der derzeitigen Forschungspraxis wird die Berufsforschung häufig von der Berufsbildungsforschung als ein Teilgebiet der Forschungskonzepte dieser Institute beansprucht. Institutioneller Ort dieser Strukturierung und Organisation ist vor allem das Bundesinstitut für Berufsbildung (BIBB), an dem Berufsforschung als ein Teil der Berufsbildungsforschung stattfindet. In diesem Rahmen ist die Berufsforschung „auf die berufliche Strukturierung von Bildungsprozessen, das Wechselspiel zwischen Berufsbildung und Arbeitsmarkt, Arbeiten und Lernen ausgerichtet" (Euler u. a. 2010, S. 7).

Standpunkt: Berufsbildungsforschung als Teilgebiet der Berufsforschung

Beschreibungen von Berufen gibt es schon lange, und zwar vermutlich bevor über Berufsbildung überhaupt nachgedacht wurde. Berufe, Berufsbilder, Berufsfelder, Berufsinhalte und Berufsklassifikationen aber stehen viel später im Zentrum berufskundlichen und wissenschaftlichen Interesses. Die dazu gehörige Berufsbildung stellt aus der Sicht der Berufsforscher einen Teilbereich der Berufsforschung dar, der sich auf Ausbildungsfragen richtet. Die Analysen und Untersuchungen von Berufen lassen ein multi- und interdisziplinäres wissenschaftliches Arbeitsfeld sichtbar werden. Berufsforschung findet in den verschiedensten Disziplinen statt.

Schwerpunkte der Berufsforschung liegen bei dieser Sichtweise z. B. in der Historie und Genese der Berufe, der Berufsgruppen und Berufsfelder, die Klassifikation und Einordnung der Berufe. Arbeitsfelder sind darüber hinaus die vergleichende Berufsforschung, die Ausbildungs- und Weiterbildungsforschung sowie berufsbildungsbezogene lernorganisatorische, curriculare sowie didaktisch-methodische Themen.

5.1.3 Verhältnisse zwischen Berufsforschung und Berufsbildungsforschung

Beim derzeitigen Stand der Ansätze zur Berufswissenschaft und Berufsbildungswissenschaft erscheint es angebracht, das Verhältnis dieser beiden wissenschaftlichen Disziplinen und Forschungsbereiche genauer zu klären. Geht man das Problem unter formallogischem Gesichtspunkt an, so ergeben sich fünf Möglichkeiten der Beziehungen zueinander.

Konstrukt 1: Berufs- - und Berufsbildungswissenschaft sind identisch.
Konstrukt 2: Berufs- und Berufsbildungswissenschaft sind wohl unterschieden beziehungsweise disjunkt. Sie haben keine Gemeinsamkeiten.
Konstrukt 3: Berufswissenschaft ist eine Teildisziplin der Berufsbildungswissenschaft.
Konstrukt 4: Berufsbildungswissenschaft ist eine Teildisziplin der Berufswissenschaft.
Konstrukt 5: Berufswissenschaft und Berufsbildungswissenschaft haben gemeinsame und unterschiedliche Arbeits- und Forschungsbereiche.

Zuerst zu dem gedanklichen Konstrukt, das Berufs- und Berufsbildungswissenschaft identisch sind. Zur Falsifizierung dieser These reicht nur ein Partikularisator bzw. ein Fall aus. Es genügt beispielsweise der Hinweis darauf, dass die Historie der Berufe und insbesondere diejenige einzelner Berufe kein Thema der Berufsbildungswissenschaft ist. Schon damit ist das Konstrukt abzulehnen.

Zweitens ist das gedankliche Konstrukt, dass die Berufswissenschaft und die Berufsbildungswissenschaft wohl unterschieden sind, zu betrachten. So dürfen in der jeweils einen Disziplin keine relevanten Bereiche und Elemente der anderen Disziplin enthalten sein. Die Berufsbildungswissenschaft dürfte also keine Ergebnisse und Gegenstände der Berufswissenschaft über die Berufe beinhalten. Aber Erkenntnisse und Wissen über Berufe sind wesentliche Bestandteile der Berufsbildungswissenschaft und berufsbildungswissenschaftlichen Forschung. Damit lässt sich unmittelbar folgern, dass das Konstrukt der völlig unterschiedlichen Arbeitsbereiche von Berufswissenschaft und Berufsbildungswissenschaft realiter nicht tragbar ist.

Betrachtet man nun das dritte Konstrukt, so werden Akteure, die im pädagogischen oder erziehungswissenschaftlichen Bereich tätig sind, dazu tendieren, dass die Berufswissenschaft eine Teildisziplin der Berufsbildungswissenschaft ist (Abb. 134).

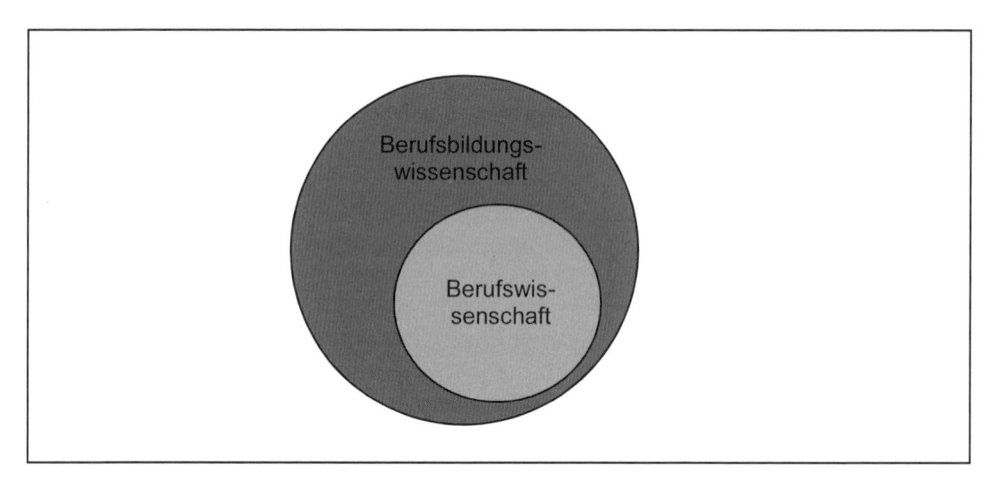

Abb. 134: Konstrukt 3: Berufswissenschaft als Teildisziplin Berufsbildungswissenschaft

Dieses Denkmodell beinhaltet, dass für die Berufsbildungswissenschaften alle Aussagen der Berufswissenschaft relevant sein müssten. Die Erstellung von Berufsstatistiken ist beispielsweise eine Aufgabe der Berufswissenschaft und nicht der Berufsbildungswissenschaft. Da es allein schon diesen einen speziellen Bereich gibt, der nur dem berufswissenschaftlichen Arbeits- und Forschungsbereich zugeordnet ist, wird der Anspruch des dritten Konstruktes nicht erfüllt. Die Berufswissenschaft ist keine echte Teilmenge bzw. Subdisziplin der Berufsbildungswissenschaft.

Untersucht man das vierte Konstrukt, bei der Berufsbildungswissenschaft als Teildisziplin der Berufswissenschaft angenommen wird, so erscheint dieses aus der Sicht der Berufswissenschaftler zunächst plausibel (Abb. 135).

Nun lässt sich aber feststellen, dass es im Berufsbildungsbereich beispielsweise auch um spezifische lernorganisatorische Fragen wie beispielsweise der Größe von Lerngruppen geht, die einen Berufswissenschaftler bei seinen Arbeits- und Forschungsvorhaben gar nicht tangieren und interessieren. Schon aufgrund dieses einen Beispiels, aber auch vieler weiterer möglicher Beispiele ist die Berufsbildungswissenschaft nicht vollständig in der Berufswissenschaft aufgehoben. Die Berufsbildungswissenschaft ist keine echte Teilmenge bzw. Subdisziplin der Berufswissenschaft.

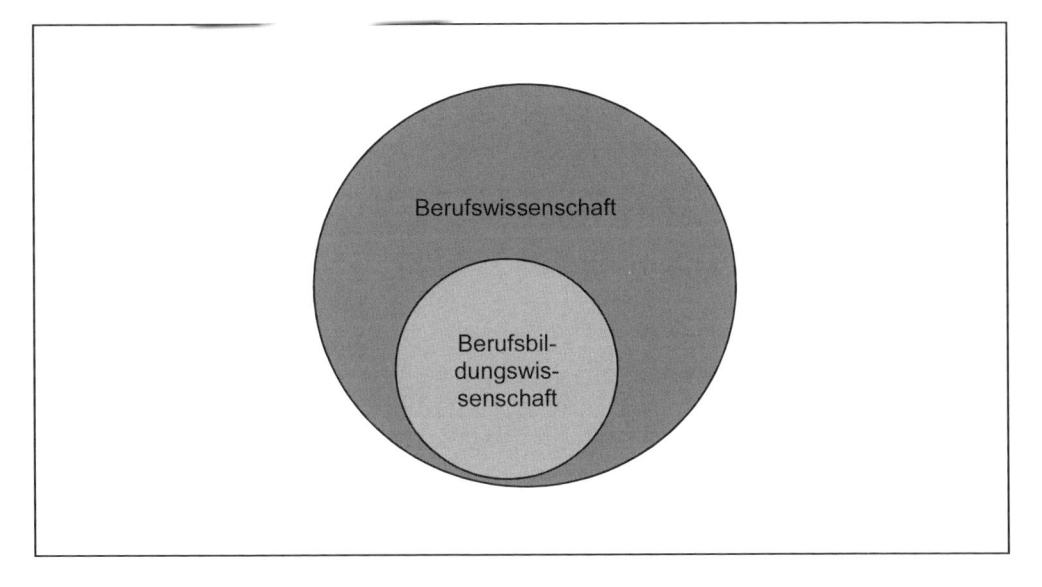

Abb. 135: Konstrukt 4: Berufsbildungswissenschaft als Teildisziplin Berufswissenschaft

Dem fünften Konstrukt liegt die Annahme zugrunde, dass Berufswissenschaft und Berufsbildungswissenschaft gemeinsame und unterschiedliche Arbeits- und Forschungsbereiche aufweisen.(Abb. 136) Diese Einschätzung wird auch dadurch erhärtet, dass die Konstrukte drei und vier keine echten Teilmengen der jeweils subordinierten Wissenschaft darstellen, da es jeweils mindestens ein Beispiel gibt, das die Zuordnungslogik zunichte macht. Aufgrund der gesichteten und untersuchten Konstrukte scheint die Denkfigur des fünften Konstruktes den Gegebenheiten zwischen den Disziplinen der Berufswissenschaft sowie der Berufsbildungswissenschaft respektive der Berufsforschung und der Berufsbildungsforschung am besten zu entsprechen und die geringsten Probleme aufzuweisen. Die ersten vier Denkmodelle haben, auch wenn das Konstrukt drei und vier vom subjektiven Standpunkt der jeweiligen Wissenschaftler einer Disziplin überzeugend erscheint, formal-logische Probleme. Das fünfte Konstrukt weist derartige Schwächen nicht auf.

Aufgrund der gesichteten und untersuchten Konstrukte scheint die Denkfigur des fünften Konstrukts, d. h. von gemeinsamen und trennenden Arbeits- und Forschungsfeldern, den Gegebenheiten zwischen den Disziplinen der Berufswissenschaft und der Berufsbildungswissenschaft am besten zu entsprechen. Es lässt sich feststellen, dass von den fünf untersuchten theoretischen Modellen nur das letzte Konstrukt nicht abgelehnt werden kann. Mehrere Forschungsfelder und -schwerpunkte beider Disziplinen überschneiden sich realiter mehr oder weniger stark.

Die Entscheidung für das fünfte Konstrukt zum Verhältnis von Berufswissenschaft und Berufsbildungswissenschaft erfolgt außerdem auch deshalb, weil
- in den beiden Disziplinen bislang relativ unabhängig voneinander gearbeitet und geforscht wurde,
- eine Vielzahl spezifischer, sowohl separierter als auch gemeinsamer berufswissenschaftlicher und berufsbildungswissenschaftlicher Ergebnisse vorliegen sowie
- auf der Basis von zwei Disziplinen mit gemeinsamen und unterschiedlichen Tätigkeitsbereichen die Zuordnung zu relevanten oder interdisziplinären Arbeits- und Forschungsfragen erleichtert wird.

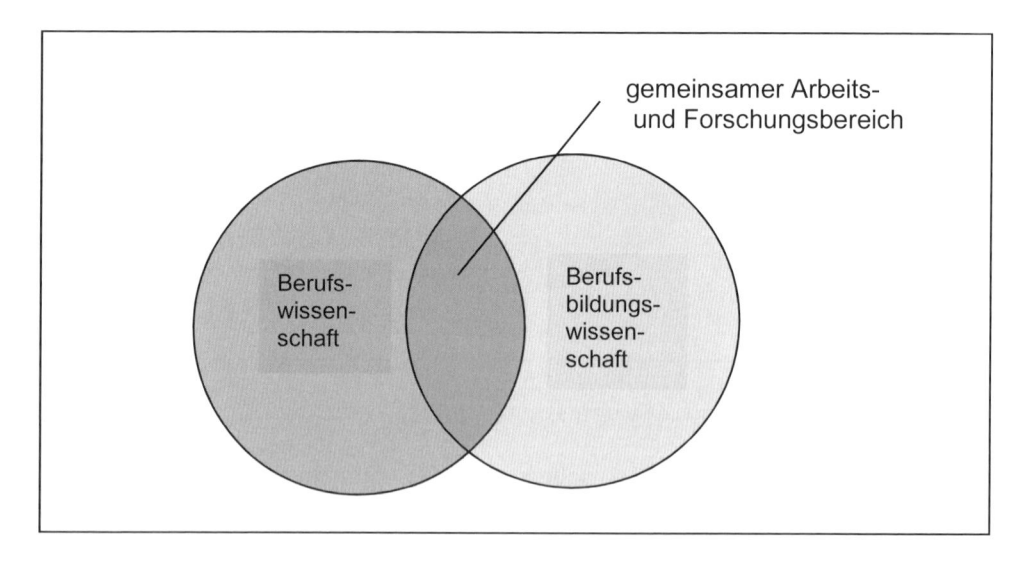

Abb. 136: Konstrukt 5: Berufswissenschaft und Berufsbildungswissenschaft mit gemeinsamen und unterschiedlichen Arbeits- und Forschungsbereichen

Es zeigt sich, dass neben den vorhandenen Gemeinsamkeiten dennoch disziplinäre Besonderheiten sowohl bei der Berufsforschung als auch Berufsbildungsforschung bestehen, d. h. Möglichkeiten der Differenzierung einerseits und der Integration von Wissenschaften (Stichweh 2013, S. 25 f.) andererseits vorhanden sind.

5.1.4 Berufswissenschaft und Berufsbildungswissenschaft – Zwischen Differenzierung und Integration

Die Strukturen gegenwärtiger Wissenschaften sind durch zunehmende interne und funktionale Differenzierung bestimmt. Sie bilden sich um Gegenstands- bzw. Wissensbereiche sowie Problemstellungen herum aus, wobei die Ausdifferenzierung sich selektiv auch auf die Fragen richtet, die noch zu stellen sind. Eine generelle Differenzierung von Grundlagenforschung und angewandter Forschung – wie sie auch bei der Berufswissenschaft und der Berufsbildungswissenschaft vorzufinden ist – reicht dafür nicht aus und ist zu formal. Die Differenzierung muss an Gegenständen der Berufswelt und Berufsinhalten im Detail erfolgen.

Da Berufswissenschaft und Berufsbildungswissenschaft durch den Gegenstandbereich, dessen was alles mit dem Beruf zusammenhängt, verbunden sind, stellen sich die Fragen der Differenzierung in besonderer Weise. Um ihr Profil zu wahren, müssen die beiden Disziplinen eine besondere Ausdifferenzierung und Geschlossenheit aufweisen. Es geht für diese Wissenschaften um eine Differenzierung auf der Basis der spezifischen und herauszuarbeitenden Ungleichheiten.
Differenziert wird infolgedessen auch bei Berufswissenschaft und Berufsbildungswissenschaft zunächst jeweils „nach *Funktionen im System* und nicht nach *Leistungs- und Austauschbeziehungen*, die das System mit seiner Umwelt unterhält. D. h. die Subsysteme des Systems spezialisieren sich nicht etwa auf Leistungs- und Austauschbeziehungen mit je einem anderen System in der Umwelt des Systems, vielmehr wählen sie als Ansatzpunkte für Spezifikationen systeminterne Problemvorgaben. Diese beziehen sich natürlich immer auch auf die Erhaltung der System-Umwelt-Differenz." (Stichweh 2013, S. 20; Hervorhebungen im Original) Damit kann quasi eine Autonomie der jeweiligen Wissenschaften ausgebaut und erreicht werden.[614]
Wie bei anderen Wissenschaften auch, geht es mit der Differenzierung von Berufswissenschaft und Berufsbildungswissenschaft um den Ausbau kognitiv ungleicher und wohl unterschiedener Wissenschaftsfelder, die in sich „segmentiert sind und zwischen denen ausgeprägte Interdependenzunterbrechungen existieren" (Stichweh 2013, S. 24).

Für die Berufswissenschaft und Berufsbildungswissen sind Differenzierungsbemühungen wie für jede andere Wissenschaft – existentiell. Allgemein gilt: Einzelne Wissenschaften sind, in einem die jeweiligen differenzierten Einheiten übergreifenden Systemzusammenhang von Wissenschaft eingebunden und müssen sich zu anderen Wissenschaften und der Umwelt öffnen. Insofern ist zu klären, „ob und in welchem Maße integrative Mechanismen zwischen den Disziplinen etabliert sind, deren Wirksamkeit es erlaubt, von Wissenschaft als einem die differenzierten Einheiten übergreifenden Systemzusammenhang zu sprechen" (Stichweh 2013, S. 25). Dabei wird sowohl ein spezifischer gemeinsamer, aber auch ein allgemein bestehender „Integrationsbedarf aus Anforderungen der Kommunika-

---

[614] „Von Autonomie kann insofern die Rede sein, als die Annahme impliziert, daß die Ordnung der Umwelt des Systems nicht unmittelbar nach innen übernommen wird." (Stichweh 2013, S. 20)

tion mit der gesellschaftlichen Umwelt der Wissenschaft erkennbar" (Stichweh 2013, S. 25).

Für die Notwendigkeit der Integration von hoch ausdifferenzierten Einzelwissenschaften in das Wissenschaftssystem nennt Rudolf Stichweh drei Gründe, die auch für das Verhältnis von Berufswissenschaft und Berufsbildungswissenschaften bedeutsam sind.

Erstens darf die Differenzierung „nicht so weit vorangetrieben werden, daß unabsehbar wird, ob es möglich ist, diese Partialperspektiven in einer Weise zu rekombinieren, die es erlaubt, daß sie für die Lösung der vergleichsweise kompakten außerwissenschaftlichen Probleme fruchtbar gemacht werden. (…)

Ein Zweites ist, daß Wissenschaft einer integrativen Identitätsartikulation bedarf, die die Abgrenzungsleistungen gegenüber Nicht-Wissenschaft stabilisiert. (…).

Eine dritte zentrale Funktion der Integration der Wissenschaft sollte hier noch benannt werden. Dabei geht es um die Institutionalisierung wechselseitigen Lernens zwischen Disziplinen." (Stichweh 2013, S. 26)

Wendet man diese Kriterien sowohl auf die Berufswissenschaft als auch auf die Berufsbildungswissenschaft an, so ist festzustellen: Es besteht jedoch bisher noch kaum ein durchgängiges Problem durch eine zu große Differenzierung. Beide Disziplinen bedürfen dennoch der Integration, um sich zu stabilisieren. Zwischen dem gesamten Wissenschaftssystem – und insbesondere dem Überlappungsbereich von Berufswissenschaft und Berufsbildungswissenschaft – kann Kommunikation und wechselseitiges Lernen stattfinden.

Die Zusammenhänge zwischen den beiden Disziplinen sind unhintergehbar. Integrationsanforderungen können für die Berufs- und die Berufsbildungswissenschaft jeweils aus zwei Gründen als bedeutsam angenommen werden, und zwar
- zur Einordnung in das gesamte Wissenschaftssystem,
- zum Diskurs der beiden Wissenschaften miteinander.

Insbesondere wegen der teilweise großen thematischen Nähe von Berufswissenschaft und Berufsbildungswissenschaft kann sich ein spezifischer Integrationsbedarf aus Anforderungen der Kommunikation mit der beruflichen Umwelt ergeben. Damit bleiben jedoch für jede Disziplin, d. h. der Berufswissenschaft und der Berufsbildungswissenschaft, besondere Differenzierungen und genügend Möglichkeiten, thematische, inhaltliche sowie methodische Spezifika zu bearbeiten, um einerseits für Arbeits- und Forschungsfelder ein originäres Profil zu wahren und andererseits zu ausgewählten Berufs- und Berufsbildungsbereichen zu arbeiten. Das Verhältnis von Berufswissenschaft und Berufsbildungswissenschaft kann damit in besonderer Weise produktiv werden.

5.2 Themen berufswissenschaftlicher und berufsbildungswissenschaftlicher Forschung – Betrachtungen zu zwei Arbeitsfeldern

5.2.1 Berufs- und Berufsbildungsforschung als gesellschaftlicher Auftrag und wissenschaftliches Thema

In den letzten Jahren hat sich in zunehmendem Maße eine Diskussion über Ziele, Aufgaben und Methoden der Berufsforschung und der Berufsbildungsforschung entwickelt. Dabei sind Forschungsinitiativen und -aufgaben vielfach durch Institutionen (wie das BiBB) und Gremien (wie die KMK und BLK) oder Arbeitsgemeinschaften (GTW) angeregt oder angestoßen worden.[615]

Da im Bereich der Berufe und der Berufsbildung immer neue Fragestellungen aufkommen oder alte wieder aufgegriffen werden, ist eine systematische Abstimmung von Berufsforschung und Berufsbildungsforschung heute mehr denn je gefordert. Solche Forschungsstrategien sind nicht zuletzt deshalb nötig, weil auch ein Großteil schon länger bestehender Probleme und Themen im Bereich der Beruflichkeit, der Berufe sowie des beruflichen Lehrens, Lernens und Studierens konzentrierter behandelt sowie viele Fragen dazu besser beantwortet werden können.

Themen, die für die Theorie sowie Praxis der Berufswelt und der Berufsbildung relevant sein können, werden auch durch einzelne Wissenschaftler/-innen aufgeworfen, die nicht nur in diesen Feldern wirken oder sogar spezielle Themen anderer Wissenschaftsbereiche für sich reklamieren. Dieses ist durchaus nicht als negativ anzusehen, denn so kann vielleicht ein fruchtbarer interdisziplinärer Disput entstehen, wodurch die bisherigen Forschungsbereiche expliziert und umfassender evaluiert werden können. Außerdem lassen sich daraus neue und relevante Themen erkennen und formulieren. Sie können bestimmten Arbeitsbereichen wie beispielsweise den Sozialwissenschaften, den Wirtschaftswissenschaften oder den Ingenieurwissenschaften zugeordnet oder als Aufgabe einer gemeinsamen Arbeit definiert werden.

Aus dem entstehenden Szenarium für einen solchen wissenschaftlichen Disput können nach einer Betrachtung der Thematik sowohl die berufsbildungswissenschaftliche als auch die berufswissenschaftliche Forschung hinsichtlich der Bedeutung der von ihnen vertretenen Arbeitsgebiete gestärkt hervorgehen.

Relevant ist dabei insbesondere die Frage, ob und gegebenenfalls welche Arbeitsgebiete zweckmäßiger- und sinnvollerweise an die berufsbildungswissenschaftliche Forschung einerseits oder an die berufswissenschaftliche Forschung andererseits vergeben werden sollten. Darüber hinaus ist über die gemeinsame Schnittmenge der Wissenschaftsbereiche nachzuden-

---

[615] Zusätzlich bilden politische Prioritätensetzungen und der Blick aus unterschiedlichen Forschungskontexten, verbunden mit den Analysen und Prognosen zu künftigen Entwicklungen „die Basis für die Darstellung der laufenden und geplanten Handlungsfelder der Berufsbildungspolitik und der darauf bezogenen Berufsbildungsforschung" (Dobischat 2016, S. 201).

ken. In diesem Zusammenhang sind dafür zugleich geeignete Methodeninstrumente zu reflektieren.

5.2.2 Zur berufsbildungswissenschaftlichen und berufswissenschaftlichen Forschung – Thematische Betrachtungen

- **Thematische Abgrenzung von Berufswissenschaft und Berufsbildungswissenschaft**

Das Feld der Berufsforschung und Berufsbildungsforschung umfasst derzeit eine Vielzahl von Themen berufs- und wirtschaftspädagogischer sowie genuin arbeits- und berufswissenschaftlicher Provenienz. Damit ist nicht ausgeschlossen, dass es langfristig darüber hinaus noch weitere eigenständige bzw. spezifische Felder der Berufs- oder der Berufsbildungsforschung geben könnte.

Richtet sich der Blick auf die Forschungsfelder mit berufsbildungswissenschaftlichen und berufswissenschaftlichen Schwerpunkten, so ist die Frage: Welche Themen gehören zu welchem Wissenschaftsbereich? Dazu kann jeweils eine thematische Betrachtung in analytischer Absicht vorgenommen werden.[616] Für beide Forschungsbereiche, die einer ersten thematischen Untersuchung unterzogen werden sollen, ist der Beruf wichtig, aber in verschiedenem Maße. Zu klären ist konkret, welche Gemeinsamkeiten und Unterschiede bestehen. Zentral ist insbesondere bei wissenschaftlichen Erörterungen zur Trennschärfe zweier Gebiete die Frage nach der Differenz (Luhmann 1997, S. 595 ff.). Deshalb richtet sich der Blick zunächst darauf, wie sich diese beiden Wissenschaftsbereiche unterscheiden.[617]

Dazu ist immer wieder zu vergegenwärtigen, was unter „Beruf" und „Berufsbildung" zu verstehen ist. Der Beruf ist für die Berufswissenschaft und Berufsbildungswissenschaft ein bedeutender, aber nicht gleichermaßen wichtiger gemeinsamer Bezugspunkt.[618] Der gravierende Unterschied beider Disziplinen besteht darin, dass mit der Berufswissenschaft, der Beruf umfassend in seinem Bedingungsgefüge untersucht und erforscht wird. Die Berufsbildungswissenschaft dagegen richtet sich primär auf Bildung, Damit wird ins-

---

[616] Die analytische Methode (z. B. Holten 1981) – mit der man komplexe Gebilde und ganze Wissenschaftsbereiche wie z. B. die Berufsbildungsforschung und die Berufsforschung untersuchen kann, indem die Auflösung und Zergliederung in deren berufsbildungs- und berufswissenschaftsrelevante Bestandteile vorgenommen wird – ist als methodisches Instrument in der Wissenschaftsgeschichte bekannt.
[617] Beim Vergleich zweier Dinge wird allgemein die Vielzahl gemeinsamer Merkmale oftmals vernachlässigt, hingegen die in Relation dessen eher wenigen und manchmal auch nur geringen Unterschiede hervorgehoben und besonders gewichtet (vgl. z. B. Luhmann 1997, S. 615), sodass in der Wahrnehmung eine Verzerrung entsteht. Auch für diesen Fall gilt: Berufsbildungswissnschaft und Berufswissenschaft haben mehr Gemeinsamkeiten als Unterschiede. Die Differenzen sind aus wissenschaftlicher Sicht jedoch besonders bedeutsam und daher an dieser Stelle interessant.
[618] Der Beruf verliert allerdings seinen ein Leben lang prägenden Charakter. Heute können die Beschäftigten im Laufe ihrer Lebensarbeitszeit mehrere Berufe ausüben, die sich zu einer zusammenhängenden Berufsbiographie fügen sollten. Daher müssten Berufswissenschaft und Berufsbildungswissenschaft besser sich nicht auf „den einen Beruf", sondern die Berufsbiographie der Individuen beziehen.

besondere die Berufsausbildung und berufliche Weiterbildung betrachtet, analysiert und untersucht.

Bei einer ersten vertieften Analyse dessen, was die Berufsforschung und Berufsbildungsforschung konkret leisten soll, stößt man auf thematische Elemente, die sich einerseits mehr auf die Berufsbildung richten sowie andererseits auf Aussagen beziehen, die die Genese sowie die gegenwärtige und zukünftige Entwicklung der Berufe mit der dabei zu verrichtenden Arbeit und den zugehörigen Sachgebieten betrachtet. Dieses ist allerdings noch immer nur eine sehr grobe Verortung, denn die verschiedenen Themen mit ihren Elementen können eine vielfältige und auch übergreifende Textur aufweisen. Sie haben außerdem eine gemeinsame Schnittmenge von berufsrelevanten Arbeitsfeldern. Die damit verbundenen Probleme und Möglichkeiten besser sichtbar zu machen und dabei eine präzisere Aufgabenzuweisung bzw. -abgrenzung zu erreichen sowie bisher vernachlässigte Bereiche zu bestimmen und zu bearbeiten, ist eine wichtige Aufgabe der berufsbildungswissenschaftlichen und berufswissenschaftlichen Untersuchungen und ihrer Forscher/-innen.

Wie aber wählt man nun bedeutsame Themen für den berufsbildungswissenschaftlichen und den berufswissenschaftlichen Forschungsbereich aus? Dazu ist zunächst zu betonen, dass Forschungsthemen etwas anderes als eine Darstellung von Inhalten sind. Forschungsthemen richten sich als Aspekte „wissenschaftlicher Tätigkeit auf die Verfahren zur Geltungssicherung von Aussagen und damit auf das Beschreiben (lehren) der Gegenstände" (Lorenz 1980, S. 663). Sie entwickeln sich nicht ausschließlich naturwüchsig oder sachgesetzlich. Forschungsthemen und die dabei eingesetzten Forschungsmethoden werden vielmehr nicht selten in starkem Maße durch die Interessen sowie Handlungsziele der Forscher/-innen geprägt und ergeben sich aus Situationen sowie Beiträgen der Beteiligten. Sie erhalten darüber ihre Dynamik sowie Akzentuierung und tragen somit den Diskurs. Forschungsthemen und die zugehörigen Methoden können aber genauso auch wieder an Dynamik verlieren und sogar verloren gehen. Schon dadurch ergeben sich Varianten bei berufswissenschaftlichen oder berufsbildungswissenschaftlichen Forschungsansätzen.

Wie ein Thema gefunden wird, wie es sich entwickelt, wie es variiert werden kann, ist vor allem von den Anschluss- und Transfermöglichkeiten des jeweiligen Themenbereichs sowie den Interessen der damit befassten Forschern bzw. Forscherinnen und den Situationen, in denen sie stehen, abhängig. So kann eine Akzentuierung stärker auf den Beruf, eine andere vertieft auf die Berufsbildung erfolgen. Es können aber auch Ereignisse, die mehr oder weniger zufällig eintreten und ursächlich gar nicht mit den Forschungsinteressen im Zusammenhang stehen, dafür sorgen, dass sich etwas zu einem Thema entwickelt.[619]

---

[619] So haben z. B. die europäische „Großwetterlage" und der politische Wille, Vergleichbarkeit von Bildungsabschlüssen herzustellen, maßgeblich dazu beigetragen, den Forschungen über Kompetenzentwicklung, Stufen beruflicher Handlungskompetenz und die „Messung" von Kompetenzen einen solchen Schub zu geben, dass sie aktuell „Megathemen" sowohl in der berufspädagogischen als auch in der berufswissenschaftlichen Berufsbildungsforschung sind.

Eventuell ist im Vorfeld einer Untersuchung eine thematische Analyse erforderlich. Haben sich auf den Beruf oder die Berufsbildung bezogene Themen für die Praxis oder Theoriebildung als bedeutsam herausgestellt, so sollten sie bearbeitet werden.[620] Nimmt man eine erste thematische Untersuchung im Vorfeld einer noch zu leistenden Analyse im Bereich der beiden Forschungsfelder „Berufsbildungswissenschaft" und „Berufswissenschaft" vor, so kann diese – insbesondere im Schnittbereich der beiden Disziplinen – von Kontroversen zwischen rivalisierenden Erklärungen und Lehrmeinungen beeinflusst sein.[621]

Eine Trennung in eine berufsbildungswissenschaftliche auf der einen und eine berufswissenschaftliche Forschung auf der anderen Seite sowie eine entsprechende Thematisierung erscheinen dann für viele Inhalte durchaus diskutierbar.[622] Dennoch sollten auch gemeinsame Arbeitsfelder von Berufswissenschaft und Berufsbildungswissenschaft besonders aufmerksam diskutiert und abgestimmt werden. Es geht um Differenzierung der beiden Disziplinen einerseits und Integration andererseits.

- **Zur Abgrenzung und Zusammenarbeit der beiden Forschungsbereiche – Ansätze zu einer vergleichenden thematischen Betrachtung**

Schon auf den ersten Blick – also ohne eine vertiefte thematische Analyse – ist erkennbar, dass sich einige Aufgaben, Felder, aber auch Methoden berufswissenschaftlicher Forschung mit denen berufsbildungswissenschaftlicher Forschung überschneiden. Andere wiederum können voneinander abgegrenzt werden. Dabei kann das Vergleichen der Konzepte der Berufsforschung und Berufsbildungsforschung (Georg 2005, S. 187 f.) zu ähnlichen wissenschaftlichen Fragestellungen hilfreich sein.

Gemeinsame Felder, in denen sowohl die Berufsforschung als auch die Berufsbildungsforschung aktiv sein können – wenn auch mit unterschiedlicher Perspektive und Zielvorstellung –, ergeben sich bei einer globalen Betrachtung bei der Ermittlung von Berufsinhalten, Arbeitssicherheit, Arbeitstätigkeiten, Arbeitsmethoden sowie bei Qualifikations- und Kompetenzuntersuchungen, soweit es sich aus berufsbildungswissenschaftlicher Sicht um Untersuchungen im Vorfeld von Didaktik und Methodik handelt.[623] Mit einer Synopse

---

[620] Sie ist aber dennoch von dieser abzugrenzen. Während die (qualitative oder quantitative) Inhaltsanalyse im Wesentlichen eine Methode zur Untersuchung von bestimmten Themen und Sachverhalten darstellt, erfordert die thematische Analyse einen über die zu untersuchenden Inhalte hinausreichenden Umgang mit den wissenschaftlichen Analysemethoden sowie den zu erstellenden Dokumenten.
[621] Eine solche „Beharrungstendenz der Meinungssysteme", wie es Ludwik Fleck (1994, S. 40) benennt, kann verschiedene Grade aufweisen, die selbst eine „magische Versachlichung der Ideen" (ebd., S. 46) einschließen. So kann eine andere wissenschaftliche Disziplin als überflüssig abgewertet werden, wenn Forscher erklären, dass bereits die eigene Wissenschaft alle Wunschträume erfüllt habe (ebd.).
[622] Überlegungen zu einer zusätzlichen und eigenständigen berufswissenschaftlichen Forschung stellte beispielsweise bereits Udo Müllges (1975, S. 810) an, wobei er gleichzeitig die Befürchtung als gegenstandslos bezeichnete, „daß sich die Berufspädagogik als überflüssige Disziplin herausstellt". Es sollte aber eine sinnvolle Abgrenzung zwischen beiden Wissenschaftsdisziplinen sichtbar gemacht werden.
[623] Es erscheint sinnvoll und ertragreich, nun eine thematische Betrachtung möglicher Forschungsfelder vorzunehmen.

werden die im Schnittbereich für beide Disziplinen bedeutsamen Arbeits- und Forschungsfelder mit den besonderen Akzentuierungen deutlich (Abb. 137).

Berufswissenschaft	Berufsbildungswissenschaft
Arbeitsprozesse (als Analyseobjekte der Arbeitsvorgänge)	Arbeitsprozesse (als didaktische Leitvorstellung)
Arbeitsmethoden (zur Optimierung von berufsförmiger Arbeit)	Arbeitsmethoden (als Strukturvorgabe für Ausbildungsmethoden)
Berufe (als Forschungsgegenstand)	Berufe (als zentrale Kategorie der Berufsbildung)
Berufsfelder	Berufsfelder
Berufsinhalte	Berufsinhalte (im Vorfeld von Didaktik)
Berufliche Handlungsanalysen (als Instrumente zur Bewertung der Berufsarbeit)	Handlungsanalysen (z. B. für das Konzept der Handlungsorientierung)
Berufsbilder (zur Klassifizierung der Berufe)	Berufsbilder (als Beschreibung der Ausbildungsziele)
Historie nicht-akademischer und akademischer Berufe	Historie nicht-akademischer und akademischer Berufe (zur Aufbereitung als Lehrgegenstand)
Kompetenzen (für Bewertungen bei Personalentscheidungen)	Kompetenzen (als anzustrebende Befähigung zum Kompetenzerwerb)
Qualifikationen (z. B. als Einordnungskriterium in den Arbeitsprozess)	Qualifikationen (als Ausbildungsziele)

Abb. 137: Gemeinsame Forschungsfelder der Berufs- und Berufsbildungswissenschaft – Auswahl

Ohne eine spezifische und vertiefte Analyse oder größere Untersuchung lässt sich schon jetzt festhalten: Wissenschaftliche Großthemen im Rahmen der Berufsbildungsforschung sind insbesondere die Entwicklung einer Berufsbildungstheorie, curriculare Arbeiten, die Lehr- und Lernforschung, didaktische, methodische und mediale Probleme und die beruflichen Ausbildungsstätten. Hinsichtlich berufswissenschaftlicher Themen wiederum ist grundsätzlich zu sagen: Großthemata sind vor allem eine Berufstheorie, der Stand und die (Weiter-)Entwicklung konkreter Berufe, Berufsfelder und der Berufsarbeit insbesondere unter berufsqualifikatorischen Aspekten und denen des beruflichen Kompetenzerwerbs.

Diese und weitere Themen der Disziplinen sind aufgrund zunehmender berufs- und berufsbildungswissenschaftlicher funktionaler Differenzierung wohl unterschieden. Die hier nur skizzenhaft dargelegte Synopse ausgewählter Themen beider Wissenschaftsbereiche mit ihren speziellen Arbeits- und Forschungsfeldern sind nicht nur aus illustrativen Gründen sinnvoll. Sie zeigt auch die Bandbreite der Besonderheiten der beiden Disziplinen mit separaten Themen auf (Abb. 138).

Berufsbildungswissenschaft	Berufswissenschaft
Theorieentwicklung beruflichen Lernens und beruflicher Bildung	Allgemeine Entwicklungen in der Berufs- und Arbeitswelt
Entwicklung spezifischer berufsbezogener Lernkonzeptionen	Untersuchungen zu den Zusammenhängen von Fachlicher Arbeit und Sachgebiet
Evaluation des Berufsbildungssystems als Ganzes	Entwicklungen des Beschäftigungs- und des Berufssystems als Gesamtes
Evaluation einzelner Bildungsgänge zur berufsqualifizierenden Aus- und Weiterbildung und zur Beruflichkeit im Allgemeinen	Genese in den einzelnen Sektoren und Domänen der Berufswelt
Curriculumentwicklung	Entwicklungen spezieller Berufe
Allgemeine Entwicklungstendenzen im Gesellschafts- und Beschäftigungssystem unter der Berufsbildungsperspektive	Berufs- und berufsfeldspezifische Entwicklungstendenzen unter Nennung konkreter berufsspezifischer Teilkompetenzen
Organisation berufsbildender Einrichtungen	Berufsspezifika in einzelnen Branchen und Arbeitsbereichen
Duales System im akademischen und nichtakademischen Berufsbildungsbereich	Besonderheiten in einzelnen Berufsbereichen
Historische Entwicklung beruflichen Lernens und beruflicher Bildung	Genese und Historie einzelner Berufe oder Berufsfelder
Allgemeine Didaktiken, Berufs- und Berufsfelddidaktiken beruflichen Lernens	Veränderungen und Substituierbarkeit von Berufen
Allgemeine Ausbildungs- und Unterrichtsmethoden mit beruflichen Themen	Beruflichkeit von ausgewählten Berufen
Berufsbildungstheorie	Berufstheorie

Abb. 138: Separate Forschungsfelder der Berufsbildungswissenschaft und der Berufswissenschaft – Auswahl

Aber in Hinblick auf die Arbeitsfelder berufsbildungswissenschaftlicher und berufswissenschaftlicher Forschung ist nicht nur Trennendes hervorzuheben. Es ist auch vergleichend zu untersuchen, ob es Besonderheiten bei den Forschungsrichtungen bzw. -gebieten sowie Forschungsmethoden gibt. Dazu ist z. B. das Verhältnis bei gemeinsamen Arbeitsfeldern, der Berufsbildungsforschung und Berufsforschung, näher zu bestimmen. Aussagen, die einer wissenschaftlichen Überprüfung standhalten, also intersubjektiv sind, lassen sich allerdings erst treffen, wenn entsprechende Indikatoren erarbeitet worden sind. Möglicherweise gibt es derzeit noch einen Vorsprung bei der Entwicklung der Berufsbildungsforschung, der z. T. auch in der längeren Forschungstradition dieser Disziplin und ihrer Vorgängereinrichtungen begründet ist.

Neben der berufsbildungswissenschaftlichen Forschung entwickelt sich aber – wenn auch langsam – eine spezifische berufswissenschaftliche Forschung. Felix Rauner stellte bereits vor einem Jahrzehnt fest: „Der *berufswissenschaftlichen Forschung* kommt in der Berufsbildungsforschung eine zentrale Bedeutung zu, da hier eine Auseinandersetzung mit den Inhalten und Formen der beruflichen Bildung auf der Basis konkreter Berufe und Berufsfelder geschieht." (Rauner 2005, Hervorhebungen im Original, S. 15)

Es deutet sich an, dass im berufsbildungswissenschaftlichen und berufswissenschaftlichen Bereich spezifische Fragestellungen entstanden sind und weiterhin entstehen werden, die

– ohne einen Methodenzwang (Feyerabend 1999) fordern oder propagieren zu wollen –
vorzugsweise mit darauf zugeschnittenen besonderen Methoden in den spezifischen Forschungsfeldern der beiden Disziplinen angemessen bearbeitet werden können.

Die dabei verwendeten Instrumentarien basieren zwar auf herkömmlichen Methoden, heben sich aber auf spezifische Weise durch die Schwerpunktbildung bei den Forschungsaufgaben ab. Eine Ausdifferenzierung der Methoden der Berufsforschung und Berufsbildungsforschung bleibt dabei eine wesentliche Zukunftsaufgabe. Die Akzentuierung, Bedeutung und der Einsatz der Forschungsmethoden in der Berufsbildungswissenschaft einerseits sowie der Berufswissenschaft andererseits sind dabei teilweise unterschiedlich und werden auch bei weiterer Differenzierung vermutlich unterschiedlich bleiben.

Spezifische berufs- und berufswissenschaftliche Arbeitsweisen wirken dabei auf das Denken und Forschen der Wissenschaftler zurück. Je tiefer in ihr Wissensgebiet Wissenschaftler/-innen eindringen, desto stärker wird auch deren „Denkstilgebundenheit" mit der Folge, dass sich „Denkkollektive" bilden. Diese kann man auch als Forschungsgemeinschaften bezeichnen (Fleck 1980) Dieses Phänomen ist zunächst positiv zu bewerten, denn damit vermehrt sich das Wissen. Auf solche Weise kann sich überhaupt ein wissenschaftlicher Zirkel, also auch ein berufswissenschaftlicher oder berufsbildungswissenschaftlicher Arbeitskreis erst formieren.

Mit dem Entstehen einer eigenen „Community" werden jedoch Denk- und Handlungsweisen sowie Termini für Außenstehende eines sich entwickelnden Wissenschaftsbereiches wie der Berufswissenschaft oder der Berufsbildungswissenschaft immer schwerer nachvollziehbar.[624] Dieses ist der Akzeptanz von Berufswissenschaften durch andere Wissenschaftsdisziplinen sowie deren interdisziplinärer Ausrichtung und der Kooperation beispielsweise mit der Berufsbildungswissenschaft vermutlich eher hinderlich als förderlich.

- **Zur Abfolge berufs- und berufsbildungswissenschaftlicher Arbeit**

Im geschichtlichen Prozess zeigte sich, dass in gesellschaftlichen Verbänden zuerst spezielle Tätigkeiten einzelnen Personen zugeordnet wurden. Daraus entstanden berufsförmige Arbeiten, die sich in der Folge zu je spezifischen Berufen ausgestalteten. Berufe entstanden also vor der Berufsausbildung, in welcher Form sich Letztere auch entwickelte.

Die Abfolgen von aktuellen berufswissenschaftlichen und berufsbildungswissenschaftlichen Tätigkeiten jedoch sind aus der historischen Entwicklung keinesfalls unmittelbar abzuleiten, die Verhältnisse sind so einfach nicht. Auch entwickelte sich Berufsforschung erst nach der Entstehung beruflicher Ausbildung, Berufs- und Wirtschaftspädagogik und Berufsbildungsbildungsforschung. Seitdem wurden – wenn auch anfänglich eher zufällig

---

[624] Dennoch ist „der Frage nachzugehen, warum bereits vorhandene Forschungsbefunde in der betrieblichen und schulischen (Aus-)Bildungspraxis (und oft auch von der jeweils anderen Forschungsgemeinschaft/d. V.) bisher nicht oder nicht hinreichend rezipiert werden. Vermutlich ist dies u. a. auf die Stärke subjektiver Theorien und Überzeugungen (‚beliefs') der involvierten Agenten zurückzuführen." (Seifried/Sembill/Nickolaus/Schelten 2005, S. 602)

und unsystematisch – berufskundliche, industriesoziologische und berufswissenschaftliche Arbeiten geleistet.

Inzwischen werden berufswissenschaftliche Arbeitsergebnisse von der Berufsbildungswissenschaft genutzt. Zum Teil erfolgen auch erste Rückmeldungen aus dem Bildungsbereich zur Berufswissenschaft und Berufsforschung (Abb. 139).

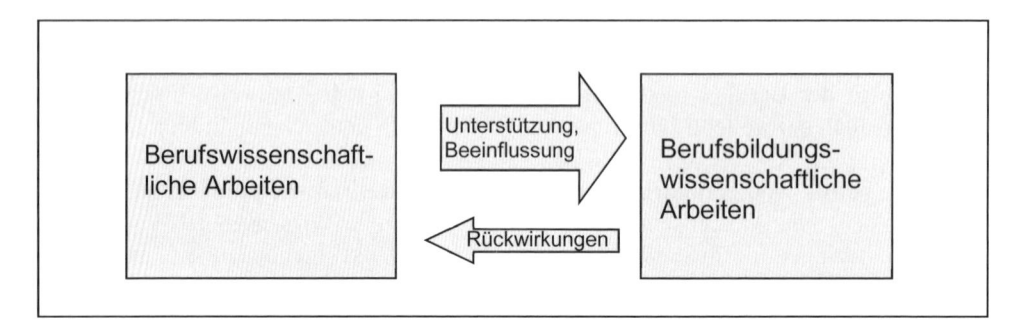

Abb. 139: Mögliche Abfolge berufs- und berufsbildungswissenschaftlicher Arbeiten

Es zeigt sich, dass berufswissenschaftliche Ergebnisse von der Berufsbildungswissenschaft genutzt werden. Bei einer Zusammenarbeit ergibt sich teilweise eine zeitliche Abfolge, bei der häufig zuerst ein berufswissenschaftlicher Anstoß oder die berufswissenschaftliche Arbeit erfolgt. Die erhaltenen Ergebnisse können dann die Ausgangsbasis berufsbildungswissenschaftlicher Untersuchungen darstellen.

Dabei können sich Rückmeldungen der Berufsbildungswissenschaft ergeben, die zur Revision oder erneuten Betrachtung der berufswissenschaftlichen Ergebnisse führen können. Auch werden durch Rückmeldungen Impulse für neue Themen der Berufswissenschaft aufgezeigt und angestoßen. Insgesamt sind für eine Zusammenarbeit gegenseitige Kontakte, Rückmeldungen und Kooperationen sinnvoll.

5.2.3 Zusammenwirken der spezifischen Berufsforschung und der Didaktik beruflichen Lernens und Studierens

Mit immer neuen Tätigkeitsfeldern, die im Beschäftigungssystem entstehen, muss die Frage der Inhalte und Ziele beruflicher Arbeit ständig neu gestellt werden. Die jederzeit entstehenden Berufsinhalte und Berufsziele sind ein wichtiges Thema der Berufswissenschaft und haben auch für die Berufsbildungswissenschaft insbesondere zur Gestaltung didaktischer und curricularer Konzepte große Relevanz. Sowohl die spezifische Berufsforschung als auch die Berufs- und Fachdidaktiken sowie die Hochschuldidaktiken sind damit in ganz besonderer Weise gefordert.

- **Zur Bedeutung der Ergebnisse der spezifischen Berufsforschung für die didaktischen Konzepte beruflichen Lernens und Studierens**
  – Berufswissenschaft als Bezugswissenschaft

Die spezifische Berufswissenschaft im weiten Sinne sowie die zugehörige Forschung und Lehre richtet sich im Wesentlichen auf die Theorie sowie Praxis der Fachinhalte und die damit verbundene Arbeit sowie bzw. das Fach- bzw. Sachgebiet eines jeweils spezifischen Berufes. Sie umfasst insbesondere die Fachinhalte des spezifischen Berufs und der damit verbundenen beruflichen Arbeit sowie die in diesem Beruf erforderlichen fachlichen Qualifikationen und Kompetenzen Mit ihr werden berufs- bzw. fachwissenschaftliche Erkenntnisse im Vorfeld von Didaktik und Methodik behandelt, die u. a. letztlich die Basis für konkrete curriculare Ausgestaltung sowie praxisorientierte Konzepte beruflichen Lehrens, Lernens und Studierens bilden.

Die spezifische Berufswissenschaft im engen Sinne mit ihrer Forschung und Lehre ist wiederum vor allem für Lehrkräfte im Bereich der beruflichen Aus- und Weiterbildung von Bedeutung und Relevanz. Sie kann einerseits als systematisierte und abgegrenzte Berufsbildungstheorie für einen spezifischen Beruf interpretiert werden. Andererseits kann die spezifische Berufswissenschaft im engeren Sinne als Bezugswissenschaft für eine Berufs- und Fachdidaktik für einen spezifischen Beruf definiert und eingesetzt werden. Die entsprechende Berufs- und Berufsbildungstheorie umfasst die konkreten zu vermittelnden Fachthemen, -inhalte und -gegenstände, wie z. B. kennzeichnende Geschäfts- und Arbeitsprozesse, Arbeitsorganisation, Arbeitssicherheit, technische und technologische Komponenten und Merkmale (vgl. dazu Pahl 2013, S. 24 ff.).

Die spezifischen Berufswissenschaften sollten eng mit entsprechenden berufsbildungswissenschaftlichen Arbeiten verbunden werden. Im Rahmen einer solchen Berufsforschung können berufs- und berufsbildungsrelevante Inhalte, Aussagen und Erkenntnisse aus berufsbezogenen namensähnlichen oder namensgleichen sogenannten korrespondierenden Fachwissenschaften sowie aus Arbeitswissenschaften, Sozialwissenschaften und Erziehungswissenschaften herangezogen werden. Dazu bedarf es der Analyse, Identifikation und Bewertung der ermittelten Daten, Erkenntnisse und Ergebnisse. Über derart strukturierte Forschungen soll und kann das wissenschaftliche Fundament für berufliches Lehren, Lernen und Studieren verbessert werden. Wünschenswert ist es noch immer, dass sich zukünftig hinsichtlich der bislang fehlenden Bezugswissenschaft für die Didaktiken beruflichen Lernens und Studierens eine „berufsbildungs- und arbeitsprozessorientierte Berufswissenschaft" (Martin u. a. 2000, S. 22) herausbildet.

Zentrale Arbeitsbereiche im Bereich der Berufe, Berufsfelder und der Berufsbildung sollten die berufswissenschaftliche Forschung und Lehre, aber auch die Forschung zur Berufsdidaktik mit zugehöriger Methodik sein. Berufswissenschaftliche und berufsdidaktische Forschung – so kann angenommen werden – stehen im Regelfall sowohl untereinander in enger Verbindung als auch und zwangsläufig in einem engen Zusammenhang zur Berufsbildungsforschung und zu anderen Teilbereichen der Erziehungswissenschaft und damit sogar auch der Allgemeinen Didaktik.

Wesentliche berufswissenschaftliche Forschungsgegenstände müssen das Sachgebiet, die Inhalte berufsbezogener Arbeit und Arbeitsprozesse sowie die arbeitsorganisatorischen Formen und Strukturen in entwicklungslogischer Perspektive und unter dem Bildungsaspekt sein. Die entsprechenden Fragestellungen und Methoden sollten daher stärker „unter Bezugnahme auf die Praxis der zu qualifizierenden Profession der Berufspädagogen beruflicher Fachrichtungen entwickelt" (Martin u. a. 2000, S. 27) werden.[625]

Eine Schrittfolge zur methodischen Einordnung berufswissenschaftlicher Arbeitsstudien hat bereits Felix Rauner vorgelegt (vgl. Kap.3.2.2, S. 349). Eine derart strukturierte spezifische berufswissenschaftliche Forschung stellt eine berufsbezogene und damit realistische Form der Berufsforschung im Gegensatz zu der bisher eher sozialwissenschaftlich und soziologisch orientierten Qualifikationsforschung dar (vgl. Rauner 2002a, S. 317 ff.; Rauner 2002b, S. 443 ff.). Es bietet sich eine konkrete und schrittweise Vorgehensweise an, um die Inhalte und Aussagen zum Sachgebiet und zur Berufsarbeit für einen bestimmten Problembereich systematisch zu erfassen (s. auch Kap. 3.2.2., S. 350). Die auf diese Art und Weise zu erhaltenen spezifischen berufswissenschaftlichen Forschungsergebnisse sollten abschließend unter Berücksichtigung der hinzugezogenen wissenschaftlichen Methoden reflektiert und kontrolliert werden. Aber nicht alles, was berufswissenschaftlich erforscht und von Bedeutung ist, hat für die Berufsbildung und ihre Didaktik Relevanz. Berufsbildungswissenschaftlich muss nun untersucht werden, ob die neuen Gegenstände unter dem Bildungsaspekt exemplarische, fundamentale und zukünftige Bedeutung haben. Zum Schluss könnte eine Bewertung unter den Ansprüchen der Berufsbildung und der Berufsbildungsforschung erfolgen. Es scheint, dass mittels derartiger berufsspezifischer Forschungsmethoden in den letzten Jahren auch „der Curriculumentwicklung inhaltlich und methodisch neue Impulse" (Rauner 2002b, S. 452) verliehen werden konnten, sodass die Didaktiken beruflichen Lernens und Studierens davon profitierten und sich ausformen konnten.

Das gemeinsame Anliegen und der Weg zu einer systematischen berufswissenschaftlichen und berufsbildungswissenschaftlichen Forschung liegt letztlich im Sammeln, Selektieren, Analysieren (Auswerten und Bewerten), Ordnen, Katalogisieren und Vermehren vorhandener berufswissenschaftlicher und methodologischer Erkenntnisse. Das bereichert die Berufswissenschaft und die Berufsbildungswissenschaft mit ihren Didaktiken.

- **Ansätze und Ergebnisse der Berufsforschung als Grundlage zur Aufbereitung von berufsbildungswissenschaftlich relevanten Inhalten im Vorfeld beruflichen Lehren und Lernens im nicht-akademischen Bereich**

Die bisherigen Reflexionen in der berufsbildungswissenschaftlichen Diskussion für den nicht-akademischen sind sehr weitreichend. Sie finden zum Teil in der Berufsforschung ihren Niederschlag. Spezifische Untersuchungen in den beruflichen Fachrichtungen und

---

[625] Beim momentanen Stand der Forschung erscheint es allerdings noch immer sinnvoll und zweckmäßig, insbesondere auf schon vorhandene Erkenntnisse und Methoden aus den Fachwissenschaften, Arbeitswissenschaften und Erziehungswissenschaften zuzugreifen.

in den Berufsfeldern zu der Trias von Berufsarbeit, Sachgebiet und Berufsbildung sind aber noch immer nur selten systematisch angelegt, sondern auch heute noch eher durch Tradition, Pragmatik und Kontingenz geprägt.

Schwierigkeiten ergeben sich insbesondere durch das Problem der Bezugswissenschaften für berufliches Lernen und Lehren im nicht-akademischen Ausbildungsbereich. Dabei ist die Forderung nach eigenständigen spezifischen Berufswissenschaften an Stelle der bisherigen korrespondierenden oder namensähnlichen Bezugswissenschaften nicht neu (Pahl 1993, S. 52 f.). Die einseitige Orientierung an verschiedenen Fachwissenschaften als Basis für didaktisch-methodische Konzepte genügt den Anforderungen an ein handlungsorientiertes berufliches Lehren, Lernen längst nicht mehr, denn im Zentrum der Überlegungen zur Berufsbildung steht nun einmal nicht ein Fach, sondern der Beruf.[626]

Die Generierung einer eigenständigen und spezifischen Berufswissenschaft, deren Ergebnisse für curriculare und didaktische Fragen der Berufsbildungswissenschaft genutzt werden können, ist deshalb ein – wenngleich langfristig – anzustrebendes Ziel. Dazu sind systematische berufswissenschaftliche, berufsdidaktische und berufsmethodische Untersuchungen nicht nur zum Sachgebiet, sondern auch zum Bereich der berufsbezogenen bzw. berufsförmig organisierten Arbeit nötig (Rauner 2002b, S. 445).

Der spezielle berufswissenschaftliche Forschungsansatz zielt im Kern darauf, „einen Zusammenhang herzustellen zwischen den in der Berufsarbeit inkorporierten Kompetenzen, der Entwicklung von Berufsbildern und der Begründung von Inhalten, Zielen und Strukturen beruflicher Bildung" (Rauner 2002a, S. 317).[627] Die Forschungsarbeiten müssen deshalb um arbeitswissenschaftliche bzw. -arbeitspsychologische, ausbildungsordnungsbezogene, industriesoziologische, berufspädagogische und subjektorientierte Felder erweitert werden (vgl. dazu Rauner 2013a, S. 159 ff.). Mit einer derartig erweiterten Arbeitsmarkt-, Berufs-, Ausbildungs-, Qualifikations- und Kompetenzforschung kann es eventuell auch gelingen, die der Berufswissenschaft zugedachte Rolle zur Professionalisierung der Arbeit in den beruflichen Fachrichtungen (Martin u. a. 2000, S. 27; vgl. auch Gerds u. a. 1998) und in der Berufsbildungswissenschaft auszufüllen.

---

[626] Fachwissenschaften berücksichtigen logischerweise nur das aus wissenschaftlichen Gründen isolierte Fach, die berufliche Praxis aber gar nicht oder nur am Rande. Gegen alle Kritik und in Erkenntnis der deutlich sichtbaren Defizite wurde in Ermangelung von berufsbezogenen Bezugswissenschaften an den fachlichen Disziplinen festgehalten. Mehr noch: Zur Rehabilitierung oder Abstützung dieses Ansatzes wurde versucht, sie als zweckrational und wertfrei darzustellen. Bestenfalls wurde der Kritik insoweit zugestimmt, dass Fachwissenschaften explizit keinen Bildungsauftrag enthalten. Das wesentliche Defizit ist, dass zum eigentlichen Sachgebiet und zur Berufsarbeit bzw. zur beruflichen Tätigkeit nur ein geringer Bezug besteht, wird vielfach hingenommen. Immer deutlicher wird in den letzten Jahren jedoch, dass neben dem unbestritten erforderlichen beruflichen Sachgebietswissen auch berufliches Arbeits-, Arbeitsprozess- und Erfahrungswissen aufgegriffen und erfasst werden muss. Für Konzepte beruflichen Lernens reicht es nicht aus, allgemeine didaktische Theorien auf fachliche Inhalte zu beziehen, selbst wenn diese durch weitreichende fachübergreifende und allgemein bildende Aspekte ergänzt oder erweitert werden.

[627] Eine solche Qualifikationsforschung geht über eine nur sozialwissenschaftlich bzw. soziologisch orientierte Qualifikationsforschung hinaus, denn diese „beschränkt sich auf die Analyse beruflicher Tätigkeiten und verfehlt die subjektive Dimension von Berufsarbeit: *die berufliche Kompetenz und Kompetenzentwicklung*" (Rauner 2002a, S. 318; Hervorhebung im Original). Das gilt insbesondere für eine Ausbildungsordnungsforschung im Sinne des § 6 des Berufsbildungsförderungsgesetzes (BerBiFG 1981 i. d. F. vom 28. 01. 2013).

Berufswissenschaftliche Ergebnisse, die berufsbildungswissenschaftlichen Ansprüchen genügen, sind bisher nur bei verhältnismäßig wenigen Themen erarbeitet worden. Bei dem momentanen Entwicklungsstand der spezifischen Berufswissenschaften müssen bei den Lernplanungen teilweise noch immer auf Aussagen aus den Fach- und Arbeitswissenschaften sowie anderen jeweils relevanten Wissenschaften zugegriffen werden, um unter dem Bildungsaspekt eine Gesamtaussage zu gewinnen, die annähernd berufswissenschaftlichen und berufsbildungswissenschaftlichen Anforderung genügen kann.

In den Feldern der spezifischen Berufsforschung sowie denjenigen der curricularen und didaktischen Bereiche der Berufsbildungswissenschaft bestehen viele Berührungspunkte und gemeinsame Interessen. Die curricularen und didaktischen Fragen der Berufsbildungswissenschaft können von der Berufswissenschaft aufgegriffen und beantwortet werden. Die Berufswissenschaft wiederum erhält Rückmeldungen darüber, ob ihre Ergebnisse unter dem Bildungsaspekt als fundamental oder exemplarisch bewertet werden können.

5.2.4 Bewertungen berufsbildungs- und berufswissenschaftlicher Forschung – Zwischen Realismus und Skepsis

Die Ausgangsfrage richtete sich darauf, welche Arbeits- und Forschungsgebiete sowie Wissenschaftsmethoden den beiden in der Betrachtung stehenden Wissenschafts- bzw. Forschungsdisziplinen, also der berufsbildungswissenschaftlichen sowie der berufswissenschaftlichen Forschung, zugeordnet werden sollten. Dabei wird von der Annahme ausgegangen, dass es zwei verschiedene Arbeits- und Forschungsbereiche, aber auch Überschneidungsbereiche gibt. Bei der Einschätzung der Wissenschaftsbereiche und ihrer Trennschärfe verspricht eine genauere thematische Analyse neue und realistische Sichtweisen. Die hier allerdings noch sehr grob vorgenommene Ausleuchtung der spezifischen Aufgaben im Vorfeld einer breit angelegten thematischen Analyse zeigen bereits, dass es im Wesentlichen zwei unterschiedliche Arbeitsbereiche gibt, die durch jeweils spezielle Gegenstände, Ziele, Inhalte und Methoden bestimmt sind, aber dennoch auch gemeinsame Felder wissenschaftlichen Interesses aufweisen.

Da von der Berufsbildungsforschung zum großen Teil berufsspezifische wissenschaftliche Themengebiete bisher eher nur am Rande behandelt und bearbeitet werden, ist unter realistischer Sicht anzunehmen, dass auch eine relativ eigenständige Wissenschaftsdisziplin der Berufe mit spezifischen Forschungsmethoden an eigenem Profil gewinnen kann. Dieses sollte unabhängig davon geschehen, dass sich im Bereich der Didaktik und Methodik beruflichen Lernens vor allem thematische und inhaltliche Überschneidungen aufzeigen lassen. Aufgabe der Berufsbildungswissenschaft ist es, mit einer Aufgabenteilung die historische und systematische Forschung der Bildung unter dem Einfluss des Beruflichen weiter voranbringen. Da sie mit Ausnahme der sehr vertieft vorgenommenen Lehr-/Lernforschung nur im geringen Maße– zumindest bislang – empirisch angelegt ist, warten viele offene und zentral wichtige berufsbildungswissenschaftliche Fragen auf eine Beantwortung. Dabei werden Untersuchungen zur Entstehung, Ausformung und Veränderung der Berufe eher als marginal angesehen werden. Dieses muss wiederum die Berufsforschung leisten, die im Kern auch berufswissenschaftlich orientierte Untersuchungsergebnisse benötigt. Berufswissenschaft stellt insofern eine Hilfswissenschaft für die Berufsbildungswissenschaft dar. Sie leistet in dieser Lesart Zulieferdienste, um insbesondere die curriculare Arbeit für spezifische Berufe zu fundieren sowie abgesicherte Grundlagen für die didaktisch-methodische Ausbildung in den Betrieben, beruflichen Schulen und in den Hochschulen bereitzustellen. Im Zentrum dieser Forschungsdisziplin stehen die akademischen und nicht-akademischen Berufe und Berufsfelder sowie die damit verbundenen beruflichen Arbeitsaufgaben, Inhalte und Tätigkeiten im jeweiligen beruflichen Sachgebiet.

Normalerweise wird heute im Rahmen wissenschaftlicher Forschungen und politischer Entscheidungen die Möglichkeit, Berufswissen über einen Gegenstandsbereich der Berufswelt zu erwerben, nicht angezweifelt. Die berufswissenschaftlichen Ansätze haben aber noch keine lange Tradition und – was noch bedeutungsvoller sein kann – kaum Förderung oder Ressourcen zu erwarten. Insofern bauen sich für die entstehende neue Disziplin auch wissenschaftspolitische Barrieren auf. Realismus und Geduld sind bei der Einführung der Berufswissenschaft angebracht. Dieses hat auch eine positive Seite, denn mit Realismus kann sich Weg zum Skeptizismus und zu kritisch-konstruktiven berufswissenschaftlichen Konzepten eröffnen.

Ob sich in den nächsten Jahren die berufswissenschaftlichen Ansätze weiterentwickeln und etablieren können, sei dahingestellt. Skepsis ist allerdings aus pragmatischer Sicht angebracht, und skeptische Argumente sind insbesondere von Vertretern der herkömmlichen Berufs- und Wirtschaftspädagogen zu hören.[628] Aber Skeptizismus ist grundsätzlich bei allen neuen wissenschaftlichen Konstrukten angezeigt. Dieser wird verstärkt vor allem dann, wenn eine thematische Bindung bei den Forschern vorliegt. Es ist jedoch davon auszugehen, dass das für Vertreter der Berufs- und Wirtschaftspädagogik bzw. der Berufsbildungswissenschaften und der Berufswissenschaft gleichermaßen gilt.

Nicht erst seit heute ist festzustellen, dass die thematische Bindung der an der Berufsbildungsforschung Beteiligten von großer Langlebigkeit und starkem Optimismus, für eine sinnvolle Sache zu arbeiten, gekennzeichnet ist. Skepsis wird meist eher für die anderen Forschungsgebiete aufgebracht.

Wird ein Wissenschaftsgebiet wie beispielsweise die Berufs- und Wirtschaftspädagogik von Forschern schon frühzeitig gewählt, so ist anzunehmen, dass insbesondere die Themen, die dort traditionellerweise bearbeitet werden, wiederum zum Ausgangspunkt von

---

[628] Die Kritik, dass z. B. weder das theoretische noch das empirische Fundament für eine Berufswissenschaft vorliegen würden (Tenberg 2006, S. 86), ist ebenso ernst zu nehmen wie die Folgerung, durch eine synthetisierende Berufswissenschaft seien fachwissenschaftliche und fachdidaktische Aspekte eher schadhaft vermengt (ebd.), weshalb die Didaktiken technischer Fachrichtungen geschwächt werden würden (ebd., S. 91). Eine solche Einschätzung zeigt, dass die Berufswissenschaft noch immer ein zweiseitiges Problem hat: Sie muss einerseits ihre spezifischen Leistungen im Gefüge der Berufsbildungsforschung noch klarer finden und sie muss andererseits diese zugleich besser kommunizieren, um von den außerhalb der berufswissenschaftlichen Forschungsgemeinschaft Stehenden verstanden zu werden.

neuen Forschungsbereichen erklärt werden. Damit kann aber eine Immunisierung gegenüber neuen Arbeitsbereichen – wie der akademischen Berufsbildung – erfolgen.[629]

Obwohl bei der Diskussion zwischen Vertretern der klassischen Berufs- und Wirtschaftspädagogik, vielleicht aber auch bei denjenigen der Berufsbildungswissenschaft und der Berufswissenschaft auf den ersten Blick ein historisch entstandener Dissens angenommen werden könnte, besteht realiter zwischen diesen Wissenschaftsbereichen kein gegensätzliches oder antinomisches Verhältnis. Deshalb können sich auch die unter verschiedenen Akzentuierungen erhaltenen Forschungsergebnisse von Berufsbildungswissenschaft und Berufswissenschaft ergänzen.[630] Immer ist aber ein – auch kritischer – Blick auf den jeweils anderen Arbeits- und Forschungsbereich zu empfehlen.[631]

Jeder Arbeitsbereich, also sowohl die Berufsbildungswissenschaft als auch die Berufswissenschaft, sollte das jeweils zugehörige Forschungsfeld so gut wie möglich abdecken. Darüber hinaus werden auch Forschungen in den Überschneidungsbereichen beider Disziplinen erfolgen. Dazu sind Absprachen wünschenswert, nicht nur um Ressourcen zu schonen, sondern um auch die Sache zu befördern. Im Sinne des Gesamtanliegens einer ergebnisorientierten Berufsbildungsforschung und Berufsforschung lässt sich bei ausgewählten und wichtigen größeren Themengebieten des Überschneidungsbereiches über eine Analyse zu ihrer Verortung jeweils entscheiden, ob Themen getrennt oder vereint bearbeitet werden sollen.

Insgesamt könnten sich durch die unter verschiedener Perspektive gemeinsam, komplementierend oder konkurrierend bearbeiteten Forschungsfelder auch Vorteile für beide Disziplinen und darüber hinaus sogar ein Beitrag für das gesamte Wissenschaftssystem ergeben.

---

[629] Bei der Auswahl von Forschungsfeldern kann – unter ausdrücklicher und bewusster Verwendung eines umfassenderen Begriffes von Berufswissenschaften – angenommen werden, „dass ein großer, vielleicht der größte Teil der thematischen Vorstellungskraft von Forschern sich noch während des Lebensabschnitts, bevor sie zu Berufswissenschaftlern werden, ausbildet" (Holten 1981, S. 42). Damit ist hier mit einem weitergehenden und zum Teil anderen Verständnis von Berufswissenschaft gemeint, dass man Wissenschaftler aus Berufung werden kann. Deshalb muss man aber für den berufswissenschaftlichen Bereich ausdrücklich hinzufügen: Wissenschaftler der Berufe.
[630] Auch Felix Rauner (2002, S. 462), ein erklärter Berufswissenschaftler, meint: „Da die Berufswissenschaften ihre Forschung mit dem Ziel verfolgen, Qualifizierungs- und Bildungspotentiale für die Qualifizierungs- und Arbeitsprozesse zu erkunden und zu gestalten, ist berufswissenschaftliche Forschung auf die Kooperation mit der Berufspädagogik verwiesen."
[631] So verhilft – wie schon für andere Wissenschaftsbereiche festgestellt – „ein bewußtes Kenntnisnehmen von manchmal mit geradezu obstinater Treue festgehaltenen Themata dazu, den besonderen Charakter der Diskussion zu wissenschaftlichen Gegnern viel besser zu erklären, als es der wissenschaftliche Gehalt und die gesellschaftliche Umwelt es zu tun erlauben" (Holten 1981, S. 26).

5.3 Berufe, Berufswissenschaft und Berufsbildungswissenschaft im Fokus von Erkenntnisinteressen – Zum Ausbau der spezifischen Wissenschaften

5.3.1 Erkenntnisinteressen, Aufgaben und Forschungsbereiche der Berufs- und Berufsbildungswissenschaft – Gemeinsamkeiten und Unterschiede

Festzustellen ist, dass Berufsforschung und Berufsbildungsforschung punktuell und an verschiedenen Wissenschaftsstandorten und in unterschiedlichen Wissenschaftsdisziplinen stattfindet. Soweit erkennbar, sind einige Wissenschaftsbereiche an Aussagen über diejenigen Berufe interessiert, zu denen sie Studienangebote bereitstellen. Da eine Abklärung der verstreuten und singulär auftretenden, aber vermutlich vielfältigen Interessen sowie eine Übersicht über den gegenwärtigen Stand der Berufsforschung und Berufsbildungsforschung kaum zu leisten sind, müsste zunächst versucht werden, die Vielfalt der Erkenntnisinteressen allein schon aus forschungspragmatischen Gründen auf wenige übergeordnete Gesichtspunkte zu reduzieren und zu bündeln.

Beleuchtet man die berufs- und berufsbildungswissenschaftlichen Erkenntnisinteressen, so lassen sich diese differenzieren und als technische, praktische sowie emanzipatorische Ausgangslagen identifizieren und interpretieren (Habermas 1968).
Unter dem technischen Erkenntnisinteresse geht es um das Erschließen der Wirklichkeit der Berufswelt unter dem Aspekt der Verwertbarkeit von beruflichem Wissen, dem Anspruch an zuverlässiger Voraussage und Kontrolle von Ereignissen in der Berufswelt, um die Ausbildung und die materielle Reproduktion des Lebens sicherzustellen oder zu erweitern.
Durch das praktische Erkenntnisinteresse kann das Erschließen der Berufswirklichkeit unter dem Bedürfnis der Handlungsfähigkeit sowie des Sinnverständnisses von berufsförmiger Arbeit und der Herstellung der Intersubjektivität in der Lebenswelt erfolgen.
Mit dem emanzipatorischen Erkenntnisinteresse lässt sich das Erschließen der Wirklichkeit des Beschäftigungssystems mit der damit verbundenen berufsförmigen Arbeit unter der Forderung nach Selbstbestimmung der Menschen in ihrem beruflichen Tun durch Selbstreflexion und Einsicht in die Notwendigkeit von berufsförmiger Arbeit in einer modernen Gesellschaft betrachten.

Mit der Differenzierung nach Erkenntnisinteressen können sich für die Berufsforschung und die Berufsbildungsforschung aus Gesamtheit der im Beschäftigungssystem vorhandenen berufsförmigen Tätigkeiten, Ausbildungs- und Erwerbsberufe thematische Bündelungen ergeben, die zu einem Ansatz von Systematisierung führen können. Dieses erscheint notwendig, da von der überaus großen Zahl von Berufen bislang nur einige wenige eher punktuell und keinesfalls nach einem übergeordneten Plan systematisch bearbeitet worden. Vielmehr ist bislang aufgrund von eher zufälligen und spezifischen Interessenlagen gearbeitet oder geforscht worden. Vielfach stehen solche Arbeiten unter spezifischen Fragestellungen von Institutionen und werden einer breiteren Öffentlichkeit nicht bekanntgegeben, da sie für die Gesellschaft noch nicht von Interesse zu sein scheinen. Unter anderem aus diesem Grunde „werden die Forschungsergebnisse oftmals noch nicht so aufbereitet, dass sie für die wissenschaftliche Diskussion zur Verfügung stehen und dadurch eine externe Validierung gewährleistet ist" (Weiß 2009, S. 4).

Mit den jeweiligen Interessen von Wissenschaftlern bzw. Forschungseinrichtungen ergeben sich spezifische Aufgaben- und Fragestellungen und damit auch Präzisierungen des Erkenntnisgegenstandes „Beruf". Werden die Erkenntnisinteressen vermischt oder durch verschiedene Wissenschaftler/-innen vertreten, so können sich Interessenskonflikte ergeben. Ursache davon können unterschiedliche Vorlieben, Rechte und Verpflichtungen der einzelnen Wissenschaftlerinnen und Wissenschaftler oder der Ziele von Auftraggebern und Sponsoren sein. An Fragen zu Berufen und der jeweiligen Ausbildung sind auch Arbeitgeber- und Arbeitnehmervereinigungen, vorzugsweise aus beschäftigungs- und tarifpolitischen Gründen interessiert. Dies ist nicht von vornherein als negativ einzuschätzen. Als Positiva können dadurch andere und neue Sichtweisen auftreten. Wichtig ist der angemessene Umgang mit unterschiedlichen oder eventuell kollidierenden Interessen. Eine angemessene Themenbehandlung kann insbesondere in den Bereichen geschehen, in denen die Berufswissenschaften und Berufsbildungswissenschaften gemeinsame, komplementierende oder konkurrierende Arbeits- und Forschungsbereiche aufweisen (Abb. 140). Dabei sind die jeweiligen Vorgehensweisen und Ergebnisse nach Möglichkeit disziplinenübergreifend zu kommunizieren.

Untersuchungen zu Berufen werden sowohl unter berufswissenschaftlicher als auch berufsbildungswissenschaftlicher Sicht schon seit längerem – wenn auch im geringen Umfang – mit spezifischen Aufgabenstellungen vorgenommen. Dabei fokussierten sich die Arbeiten in den letzten Jahrzehnten sowohl aus arbeitswissenschaftlicher, soziologischer als auch aus berufs- und wirtschaftspädagogischer Sicht auf den nicht-akademischen Sektor. Aber auch die für Bildungsfragen geleistete berufswissenschaftliche Forschung weist seit einigen Jahren erste Ergebnisse auf und geschieht insbesondere im Zusammenhang mit der Berufsbildungsforschung. Dieses kann positiv bewertet werden, ist aber – wie bereits dargelegt – aufgrund der gesamtgesellschaftlichen Entwicklung nicht mehr ausreichend.

Für Berufsforschung und insbesondere für Berufsbildungsforschung geht es gegenwärtig und zukünftig darum, unabhängig von der Qualität der Ausbildung zu Berufen und berufsförmiger Arbeit, relevante Forschungsfelder zu suchen und zu generieren. Die einschlägige Forschung untersucht „die Grundlagen der Berufsentwicklung und analysiert dazu die Strukturierung von Arbeitsaufgaben und Tätigkeiten. Die Stellung von Berufen im Beschäftigungssystem und ihrer Bedeutung im strukturellen Wandel sind ebenso Forschungsgegenstand wie die Verzahnung von Bildungs- und Beschäftigungssystem sowie Berufswechsel und Weiterbildung im Lebenslauf. Berufsforschung muss sich aber auch individuellen Perspektiven widmen, insbesondere der Entwicklung beruflicher Identitäten und Einstellungen sowie der Gestaltung von Berufsbiografien im Kontext des lebensbegleitenden Lernens." (Weiß 2009, S. 3)

Die bisherige Ausrichtung der Berufs- und Wirtschaftspädagogik auf genuine Fragen der Berufsbildung zeigt allerdings, dass nur ein kleiner Ausschnitt der vorhandenen Ausbildungsberufe in den Blick genommen wurde und darüber hinaus, was für die Wissenschaftsdisziplin erstaunlich ist, die Betrachtungen sich fast ausschließlich nur auf die nicht-akademische Berufsausbildung richten.[632]

Gesamtheit der berufsförmigen Tätigkeiten, Ausbildungs-, Studien und Erwerbsberufe

Gemeinsamer Bereich von Berufsforschung und Berufsbildungsforschung

Berufe im Focus allgemeiner und spezifischer Berufsforschung

Berufe der berufsbildungswissenschaftlichen Forschung

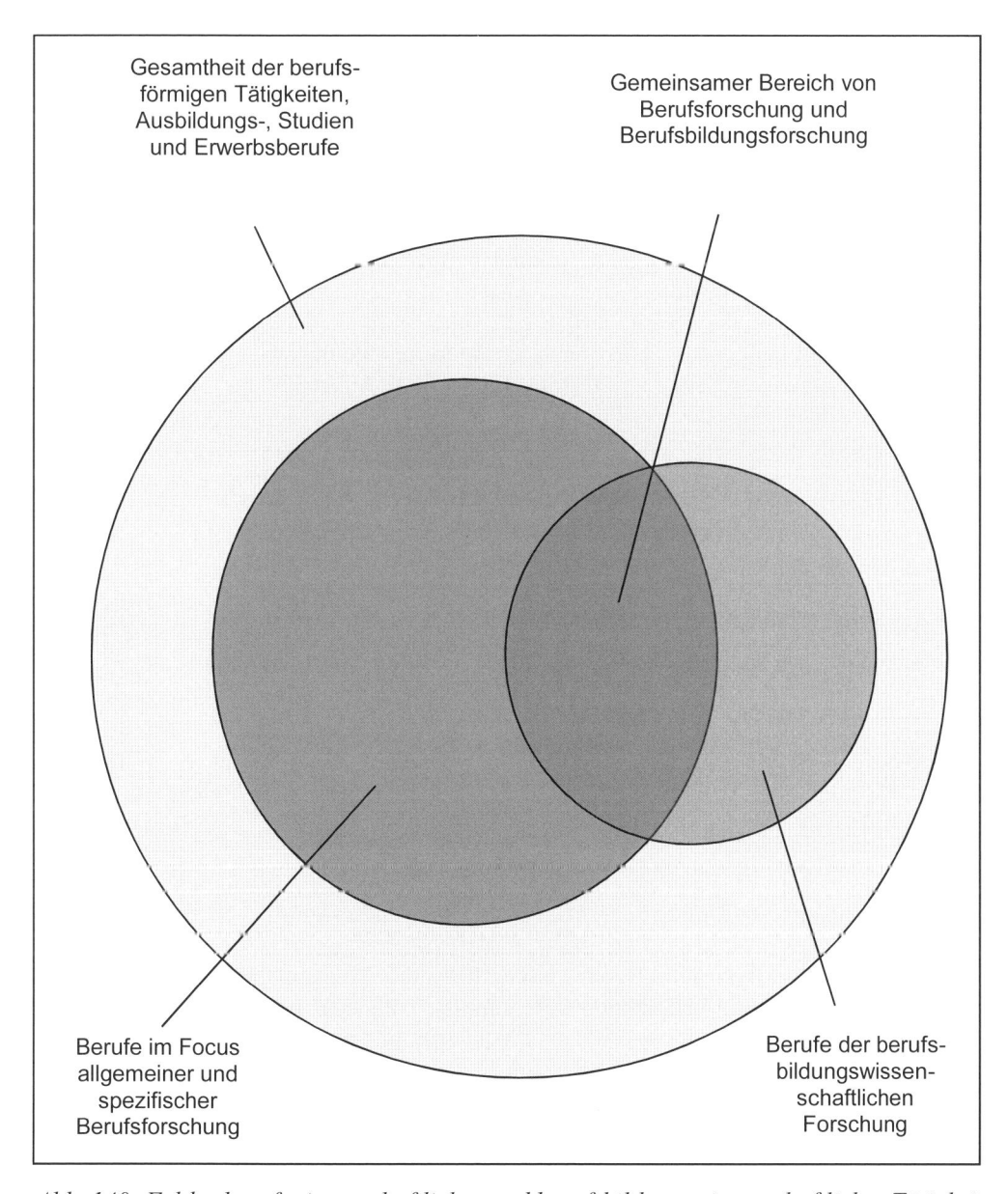

Abb. 140: Felder berufswissenschaftlicher und berufsbildungswissenschaftlicher Tätigkeit

---

[632] Das ist aber von der Sache her nicht gerechtfertigt, die Berufs- Wirtschaftspädagogik scheint auf dem einen Auge, das sich auf die akademischen Studienberufe richten müsste, blind zu sein.

Akademische Berufe stehen aber bereits – wenn auch nur punktuell – im Focus sowohl allgemeiner oder spezifischer Berufsforschung als auch der Berufsbildungsforschung. Unabhängig von diesen kritischen Anmerkungen ist die „Relevanz der Berufsforschung für die berufliche Bildung (…) offenkundig. Gleichwohl ist die Berufsforschung in weiten Teilen des Berufsbildungsbereichs eher unterentwickelt. Das hat eine Reihe von Gründen. Einer besteht darin, dass Berufsforschung disziplinär nicht eindeutig zu verorten ist, sondern Bezüge zu unterschiedlichen Wissenschaften aufweist und aufweisen muss. Ein anderer Grund liegt darin, dass Berufsforschung mittelbar oder unmittelbar umsetzungsorientiert ist." (Weiß 2009, S. 3) Ein weiterer Grund darin zu sehen, dass diese Disziplin von der Berufs- und Wirtschaftspädagogik bislang kaum wahrgenommen wurde.

Insgesamt ist für die Berufsforschung – und das, trotz aller Einschränkungen – positiv zu vermerken, dass sich mit dem bisher Geleisteten für den gesamten Berufsbereich eine Entwicklung andeutet, die als Entwurf zu einer übergeordneten Theorie der Berufe angesehen werden kann, die insbesondere auch für die Berufsbildungswissenschaft relevant ist. Dabei sind Theorien zu Berufen systematisch geordnete Aussagen über Sachverhalte, die mit den Grundbegriffen der Berufe und der Berufswelt, aber auch mit dem Berufsbildungsbereich in Beziehung stehen. Berufswissenschaftliche Tätigkeiten scheinen sich inzwischen auf die verschiedenen Bereiche, in den Berufe von Bedeutung sind, zu fokussieren. Mit der Vielfalt der anstehenden Arbeiten gilt als eine Grundlage: „Berufsforschung ist auf belastbare Daten über die Strukturen und die Entwicklung der Beschäftigung sowie der Erwerbstätigkeit angewiesen." (Weiß 2009, S. 4)

Mit den bisherigen Ergebnissen der Berufs- und Berufsbildungsforschung liegt für den nicht-akademischen Bereich durch die Arbeiten zur Berufs- und Wirtschaftspädagogik ein wesentliches und tragfähiges Fundament für eine weitergehende Berufsbildungsforschung vor. Im Rahmen der akademischen Berufsforschung und der Berufsbildungsforschung sind die vorhandenen Arbeiten zu sammeln, außerdem ist zu erfassen, welche Forschungskonzepte und Arbeitsergebnisse aus der berufs- und wirtschaftspädagogischen Disziplin auf den akademischen Bereich übertragbar sind.

5.3.2 Gemeinsame und komplementierende Untersuchungen

Unabhängig davon, ob sich die Berufswissenschaft oder die Berufsbildungsforschung auf theoriehaltige oder praxisbedeutsame Erkenntnisse, Aufgaben und Ziele richtet, gibt es beziehungsreiche Verbindungen zwischen den Disziplinen mit den wesentlichen und strukturgebenden Forschungsaufgaben, Zielen, Forschungsgegenständen und Methoden. Dabei können neue Forschungsergebnisse teilweise zugleich in die Berufswissenschaft und in die Berufsbildungswissenschaft eingebracht, oder aber bestehende Ergebnisse falsifiziert werden.

Für beide Disziplinen, d. h. Berufswissenschaft und Berufsbildungswissenschaft, sind Art und Wahl von Forschungsfragen, Forschungsaufgaben und angestrebten Zielen von der Art des gewählten Forschungsgegenstandes, von den verfügbaren Methoden und der vorhandenen Forschungstechnik, um an Informationen und Materialien heranzukommen, abhängig. Forschungsgegenstände und Informationszugänge bzw. Materialien verhelfen dazu, bestimmte Fragen zu verfolgen. Fehlt Entsprechendes, so werden andere Fragen praktisch ausgeschlossen.

Die sowohl von der Berufswissenschaft als auch der Berufsbildungswissenschaft angestrebten Ziele können sich auf theoretische und praktische bzw. anwendungsbezogene Erkenntnisse richten. Theoretische Ziele orientieren sich u. a. auf das Verstehen und die Beschreibung des Phänomens „Beruf", auf berufswissenschaftliche Grundlagen, methodologisches Vorgehen, allgemeine berufs- und berufsweltrelevante Themen. Praktische Ziele dienen insbesondere der Entwicklung von Berufskonzepten, Tätigkeiten in den Berufsfeldern, der Gestaltung der Berufsausbildung, der Erleichterung von berufsförmiger Arbeit, dem Vermeiden von Entberuflichungstendenzen und der Gestaltung der Berufswelt nach humanen Zielen.

Im Zusammenhang mit den gemeinsam oder einzeln formulierten Zielen durch Berufsforschung und Berufsbildungsforschung können Hypothesen als deskriptive Aussagen zu vermuteten Sachverhalten aufgestellt werden. Sie können über direkte Beobachtung hinausgehen und sich auf die Zukunft von Berufen beziehen oder theoretische Begriffe wie beispielsweise die Berufstheorie – als ein generelles, für alle Berufe bestehendes schwieriges Problem – enthalten (Abb. 141).

Gegenstände der Berufs- und Berufsbildungsforschung mit gemeinsamen oder sich ergänzenden Zielen können viele Bereiche, Strukturen und Zusammenhänge wissenschaftlicher Tätigkeiten und Fragen sein. Dazu gehören u. a. Beruflichkeit, Berufsverständnis, Berufsentwicklung, Berufsstrukturen, Berufsinhalte, Berufsausbildung Lehr- und Lernkonzepte und Entberuflichung. „Allerdings können Forschungsergebnisse allein die Konstituierung von Berufen nicht begründen. Denn Berufe stellen nicht nur Bündel verschiedener Kompetenzen dar, sie repräsentieren auch unterschiedliche Aufgaben und Zuständigkeiten. Damit berühren sie Branchenstrukturen und Interessensphären." (Weiß 2009, S. 4)

Bei Konfliktsituationen wird deutlich, dass viele gesellschaftliche Mächte Verwertungsansprüche an die Berufs- und Berufsbildungsforschung haben. Es erscheint von daher sinnvoll, dass Untersuchungsgegenstände insbesondere Objekte gemeinsamer oder komplementierender Forschung werden, wenn sie sich auf die Theorie- aber auch die Praxisebene der Berufsfelder projizieren lassen. Dann geht es um die Erweiterung des Wissens über neue berufsrelevante Gegenstände oder Erscheinungen. Dabei können Gegenstände eventuell auch anders untersucht werden, wenn sie aus einem veränderten „Blickwinkel" heraus erfasst und ausgeleuchtet werden.

Die Forschungsgegenstände gemeinsamer oder abgestimmter und arbeitsteiliger Berufs- und Berufsbildungsforschung stehen nicht nur mit den Forschungszielen und Forschungsaufgaben im Zusammenhang, sondern auch mit den Methoden. Insbesondere muss abgestimmt werden, welche Methoden zur gemeinsamen Untersuchung der Gegenstände und Beantwortung der Ausgangsfragen und Hypothesen geeignet sind.

Im Detail differierende Forschungsergebnisse können zu neuen Forschungsfragen führen oder ermöglichen den Untersuchungsgegenstand unter einer anderen Perspektive zu betrachten. Sie können aber auch zur Folge haben, dass die Methoden variiert oder modifiziert werden müssen. Die Forschungsergebnisse sind – soweit sinnvoll – wohl unterschieden in die Berufswissenschaft und die Berufsbildungswissenschaft einzuordnen.

5.3.3 Aktuelle Forschungsfelder der Berufs- und Berufsbildungswissenschaft

Berufs- und berufsbildungswissenschaftliche Aktivitäten richten sich aus praktischen Interessen häufig auf ausgewählte Felder berufsförmiger Arbeit sowie die Ausbildungs- und Erwerbsberufe. Untersucht werden sollten dabei einzelne Berufe und Berufsfelder[633] in ihren Besonderheiten, Ausprägungen und Ausbildungsformen.

Soweit sich diese Forschungsansätze auf konkrete Berufe beziehen, müssen die dabei entwickelten Fragestellungen sehr berufsspezifisch ausgerichtet werden. Es sind teilweise auch nur besondere Aspekte einer berufsförmigen Tätigkeit, die im Forschungsfokus stehen können. Das gesamte Feld, in dem spezifische Forschungen zur berufsförmigen Arbeit sowie Ausbildungs- und Erwerbsberufe unter dem Bildungsaspekt stattfinden können, ist allein schon wegen der Vielzahl der beruflichen Tätigkeiten außerordentlich groß. Hinzu kommt, dass jede einzelne berufsförmige Tätigkeit unter unterschiedlichen Gesichtspunkten und sehr differierenden Schwerpunkten untersucht werden kann, wodurch sich eventuell das Forschungsfeld noch weiter vergrößert wird. Es kann nicht alles erforscht werden, Schwerpunktsetzungen sind deshalb erforderlich.

Neben den berufs- und berufsbildungswissenschaftlichen Aktivitäten, die sich auf spezifische Berufe und deren Ausbildung ausrichten, lassen sich auch Forschungsfelder identifizieren, bei denen es u. a um Phänomene, Fragestellungen und Probleme geht, die bei vielen Berufen vorzufinden sind. Dazu gehören z. B. unabhängig vom einzelnen Beruf vorzunehmende übergeordnete Untersuchungen zum Berufsalltag und zum Berufsverständnis, zur Berufsauffassung, zum Berufsaufstieg und zum Berufserfolg, zu Berufskarrieren, zur Berufslaufbahn, zur Weiterbildung und zur Berufs- und Genderforschung bis hin zum Verhältnis von Berufsforschung zur Berufsbildungsforschung in je spezifischen Themenbereichen. Hierbei sind zusätzliche Aussagen unabhängig von speziellen Berufen zu erwarten, die generalisierend und allgemeingültig sein können.

Zum Feld der gemeinsamen oder abgestimmten berufs- und berufsbildungswissenschaftlichen Untersuchungen gehören auch solche, die sehr spezifisch sind und sich eng auf die Inhalte von Berufen richten, die für berufliche Ausbildung im nicht-akademischen und für das berufsorientierte Studium im akademischen Bereich bedeutsam sind. Diese Themenbereiche haben, gemessen selbst an den anderen großen und umfassenden Aufgaben, keineswegs marginalen Charakter.

---

[633] Der hier verwendete Berufsfeldbegriff ist nur bedingt mit dem curricularen pädagogischen Berufsfeldbegriff in Übereinstimmung.

Fragt man nach dem gesamten Feld, in dem Berufswissenschaft und Berufsbildungswissenschaft an gleichen Themen arbeiten können, so ergeben sich eine Fülle von Aspekten, Verknüpfungen und Zielen. Damit erscheinen die Arbeitsbereiche zu den Berufen, Berufsfeldern, der Beruflichkeit und den Ausbildungsformen in Betrieben, beruflichen Schulen und Hochschulen mit allem was damit zusammenhängt wesentlich farbenreicher, aber eventuell auch uneindeutiger. Für eine erste Übersicht können aber bereits allgemeine und spezifische Bereiche der Berufswissenschaft und -forschung aufgezeigt werden, wobei die spezifischen Bereiche die auf einzelne Berufe gerichtet sind, noch eine differenzierte Betrachtung und Untersuchung im weiteren und engeren Sinne erfahren können (Abb. 141).

Spezifische Themen berufswissenschaftlicher Forschung zu je einem bestimmten Beruf	Spezifische Themen zum Erhalt berufsbildungswissenschaftlicher Aussagen zu bestimmten Berufen
Entberuflichung	Akademische Berufsausbildung
Entstehung einzelner Berufe	Abschlussprüfung
Enrichment	Ausbildungsreife/Studienreife
Beruflichkeit	Berufliche Fort- und Weiterbildung
Beruf, Profession	Beruflicher Kompetenzerwerb
Berufliche Qualifizierung	Berufliche Weiterbildung
Beruflicher Aufstieg	Beruflichkeit
Berufsansehen	Berufsausbildung
Berufsarbeit	Berufsausbildungsrecht
Berufseigenschaften	Berufsbildung
Berufsentwicklung	Berufsbildungstheorie
Berufsethos ausgewählter Berufe	Berufsbildungswissenschaft
Berufsgeschichte	Berufsdidaktik
Berufsrecht	Berufseignung
Berufstheorie	Berufslehre
Berufswissenschaft	Berufskompetenzentwicklung
Dequalifizierung	Berufsmethodik
Erwerbsberufe	Berufspädagogik
Kompetenzanforderungen	Berufsreife
Niederlassungsrecht	Berufs- und Wirtschaftspädagogik
Veränderungen von Berufen	Qualifikationsvermittlung
Verberuflichung	Wahlbereiche beruflichen Lernens
Wandel der Berufe	Zusatzausbildung

Abb. 141: Begriffe und Themen der Berufs- und Berufsbildungswissenschaft (Auswahl)

Mit der Ausrichtung der Berufswissenschaft und Berufsforschung sowohl auf allgemeine und vom einzelnen Beruf unabhängige Themen einerseits als auch jeweils berufsspezifische Themen einzelner Berufe andererseits, ergeben sich grobstrukturell auch verschiedenen Möglichkeiten für Aktivitäten, die bereits erste Recherchen in Umrissen deutlich werden lassen. Innerhalb dieser Felder der Grobstruktur gibt es spezifische Themen und Begriffe, die im Einzelnen untersucht und bearbeitet werden müssen.[634]

Allgemeine berufsbedeutsame Themen sind eher dem Bereich der Grundlagenforschung zuzuordnen, während die spezifischen auf einen konkreten Beruf bezogenen Themen häufig anwendungsorientiert sind. Das heißt, die allgemeinen Themen und Begriffe berufswissenschaftlicher und berufsbildungswissenschaftlicher Forschung werden erst durch Untersuchungen an spezifischen Berufen konkret und mit praxisorientierter Bedeutung versehen. Dabei zeigen sich zugleich Möglichkeiten gemeinsamer oder komplementierender Forschung zwischen vielen Disziplinen. insbesondere aber der Berufswissenschaft und der Berufsbildungswissenschaft.

5.3.4 Berufs- und berufsbildungswissenschaftliche Tätigkeiten – Möglichkeiten gemeinsamer oder komplementierender Forschung

Berufswissenschaftliche und berufsbildungswissenschaftliche Tätigkeiten umfassen Arbeiten, die sich auf die Forschung und Lehre zu den Berufen, berufsförmigen Arbeiten und den berufliche Ausbildungen richten. Zur Vorbereitung der Lehre wird dabei auf das bisher vorhandene Wissen über die Berufe und die Berufswelt, den Fundus der Berufswissenschaft und der Berufsbildungswissenschaft zugegriffen. Es können aber auch neue Forschungsergebnisse verwendet werden, die noch nicht systematisiert in das Wissenschaftsgefüge eingearbeitet worden sind.

Möglich ist – wenn auch als Ausnahme –, dass im Rahmen einer Lehrveranstaltung ein ausgewählter Forschungsgegenstand bearbeitet wird. [635]
Im Zentrum des Neuerwerbs von Wissensbeständen stehen größer angelegte berufs- und berufsbildungswissenschaftlichen Forschungen. Zur inhaltlichen Bewertung eines Forschungsvorhabens können Kriterien herangezogen werden, um sich darüber Klarheit zu verschaffen, ob das berufs- oder berufsbildungswissenschaftliche Thema sinnvoll ist oder welche Rangfolge es jeweils bei einem größerem Projekt einnehmen sollte.

Zu solchen Bewertungskriterien können u. a. Fragen gehören wie:
- Gibt es bereits Ergebnisse zu dem Untersuchungsgegenstand?
- Sind themenrelevante Literaturaussagen zu berücksichtigen?

---

[634] Um zu erfahren, welche Begriffe und Themen im Einzelnen für Berufswissenschaft und Berufsforschung einerseits und die Berufsbildungswissenschaft und Berufsbildungsforschung andererseits von Interesse sein und in ihrer Bedeutung und in ihrem Zusammenhang zu Berufen untersucht werden könnten, sind wesentliche Themen und Begriffe der Berufswelt zu recherchieren. Differenzieren lässt sich dabei u. a. in allgemeinbedeutsame, spezifische einzelberufsbezogene und ausbildungsrelevante Begriffe und Themen, auch wenn sich teilweise die daraus ableitbaren Untersuchungsgegenstände überlappen werden. Auf der Basis der Recherche sind den Bereichen sowie Arbeitsfeldern mögliche Forschungsthemen zuzuordnen.
[635] So eröffnen beispielsweise Forschungen im Rahmen des Studium „qualitative und quantitative Zugänge zum Forschungsfeld Lehren und Lernen" (Schütte 2016, S. 93).

- Ist anzunehmen, dass das Untersuchungsvorhaben einen berufswissenschaftlichen Erkenntniszuwachs liefert?
- Können mit dem Forschungsansatz berufs- und/oder berufsbildungswissenschaftlich relevante Ziele erreicht werden?
- Ist das Thema für die reine oder die angewandte Berufs- oder Berufsbildungswissenschaft von Interesse?
- Ist auf dem Vorwege eine Gewichtung der angestrebten Einzelziele vorzunehmen?
- Welche bekannten Methoden und Arbeitsverfahren lassen sich anwenden?

Nach der Klärung eines ausgewählten Forschungsvorhabens aus Berufs- und/oder Berufsbildungswisssenschaft geht es um den Ablauf des Forschungsprozesses. Forschungsverläufe können sehr differieren. Idealtypisch lassen sich hinsichtlich der Forschungsabläufe lineare und zirkuläre Ansätze einerseits und Phasenmodelle andererseits unterscheiden. Berufswissenschaftlich und auch berufsbildungswissenschaftlich können lineare oder zirkuläre Forschungsabläufe für gemeinsame Untersuchungen tragfähig und sinnvoll sein.

Immer dann, wenn die Arbeiten zur Berufsforschung oder zur Berufsbildungsforschung im gemeinsamen wissenschaftlichen Arbeitszusammenhängen stehen, sind die Abläufe im Wesentlichen ähnlich, können und müssen aber im Detail differieren. Eine Zusammenarbeit beider Disziplinen hat dadurch meist positive Effekte und kann dann zu Synergieeffekten führen.

Welche strukturellen Gemeinsamkeiten zwischen Berufswissenschaft und Berufsbildungswissenschaft bestehen, kann man auch durch einen Vergleich der fünf Phasen des Forschungsablauf ersehen, wie sie Peter Atteslander (2008, S. 46 f.) vorschlägt. Diese werden in der bekannten Abfolge von Problembenennung, Gegenstandbenennung, Durchführung und Anwendung von Forschungsmethoden, Analyse und Auswertungsverfahren, Verwendung der Ergebnisse, phasenweise dargestellt (Abb. 142).

In komplexen Feldern wie der Berufs- und Berufsbildungsforschung können sich durch die wissenschaftlichen Kontakte zwischen den Vertretern der beiden Disziplinen neue Perspektiven ergeben. Diese können sich unter anderem durch den auf einen Beruf oder ein Berufsfeld und Ausbildungsfragen bestimmten Forschungsgegenstand, aber auch durch die berufs- und lebensweltlichen oder Ausbildungsvoraussetzungen gegebenen Vorerfahrungen und Voreinstellungen der Forscherinnen und Forscher zu einem Untersuchungsgegenstand entwickeln. Durch das gemeinsame Befassen mit einem für beide Disziplinen relevanten Forschungsthema ergeben sich durch die Interaktionen insbesondere mit den Untersuchungsteilnehmern zwar Abweichungen des von jeder Disziplin vorgesehen Forschungsablaufes, was aber nicht zu negativen sondern eher zu positiven Folgen führen kann. Werden die Untersuchungssituationen als Interaktionen der Forscherpersonen mit dem Gegenstandsfeld interpretiert und thematisiert, so können sich durch die Komplexität des Beruflichen und der Berufsbildung Synergieeffekte zeigen. Es ist damit zugleich verbunden, dass bei Abweichungen durch spezifische individuelle Ansprüche im Forscherteam sowohl gemeinsame als auch unterschiedliche oder subjektive und objektive Interessen zu dem Beruf und der Berufsbildung sichtbar gemacht werden können. Auch bei gemeinsamen oder komplementierenden Forschungsvorhaben an einem Thema bleibt die Sinnfrage zentral.

Disziplin Forschungsablauf	Berufswissenschaft	Berufsbildungswissenschaft
1. Problembenennung	Problem des Beschäftigungs- und Gesellschaftssystems	Soziales und pädagogisches Problem, Wissenschaftliches Problem,
2. Gegenstandsbenennung	Festlegung des berufsrelevanten Themas oder Problems als den zentralen Forschungsgegenstand. Abklärung des Feldzugangs	Benennung des Berufsbildungsthemas im allgemeinen oder an einem speziellen Beruf als zentrale Kategorie Abklärung des Feldzugangs
3. Durchführung und Anwendung von Forschungs-methoden	Wahl berufswissenschaftlich relevanter Methoden; Untersuchungseinheiten; Erhebungsinstrumente; Empirische Arbeiten an oder mit dem berufsrelevanten Gegenstandsbereich, dem Phänomen „Beruf"	Wahl deskriptiver, sozialwissenschaftlicher, und empirischer Methoden, Untersuchungseinheiten, Erhebungsinstrumente Empirische Feldarbeit Arbeit an oder mit dem Berufsbildungsbereich, gegebenenfalls unter berufswissenschaftlicher Ergebnisse
4. Analysen und Auswertungsverfahren	Prüfen berufswissenschaftlicher Hypothesen; Aufbereitung der gewonnenen Daten zu Befunden; Schreiben des Forschungsberichts	Prüfen der berufsbildungswissenschaftlichen Hypothesen; Aufbereitung der gewonnenen Daten zu Befunden; Schreiben des Forschungsberichts
5. Verwendung der Ergebnisse	Verwertungszusammenhang in der beruflichen Praxis und Theorie; Formulierung von Problemlösungen; Evaluation des Forschungsablaufes, Veröffentlichung	Verwertungszusammenhang in pädagogischer Praxis; Formulierung von Problemlösungen; Evaluation des Forschungsablaufes, Veröffentlichung

Abb. 142: Forschungsverlauf berufs- und berufsbildungswissenschaftlicher Arbeiten (in Anlehnung an Atteslander 2008 S.46 f.)

Zu Beginn einer Untersuchung kann bei den Forschungsansätzen nach dem subjektiven, sozialen und objektiven Sinn des Untersuchungsvorhabens für die Forscher/-innen der beiden Disziplinen gefragt werden.[636] Auch Ideologiekritik ist teilweise angebracht.

---

[636] Der subjektive Sinn wird durch die individuellen Erkenntnisinteressen der Forscher/-innen und diejenigen der Berufsinhaber gesehen. Da die Fragen eines Forschungsvorhabens jeden Beteiligten als Menschen in seiner Beruflichkeit auch außerhalb des Forschungsprozesses berühren, sind die Einschätzungen zum Ziel und zu den Arbeitsweisen mehr oder weniger stark subjektiv ausgelegt. Der soziale Sinn zeigt sich durch den unter den Menschen vorhandenen gesellschaftlichen Konsens über Deutungsmuster zu Berufen, zur Berufsbildung, zu beruflichen Erfahrungsräumen

Gemeinsame, aber auch ergänzende berufs- und berufsbildungswissenschaftliche Tätigkeiten müssen als hochkomplex eingeschätzt werden. Im Regelfall werden mit der Entwicklung des Forschungsvorhabens über die einzelne Disziplin hinaus vielfältigen Dimensionen des Forschungsverlaufs zu erwarten sein.[637]

Zur gemeinsamen oder komplementierenden Forschung sind genaue Absprachen zwischen den Forschergruppen erforderlich. Zur Bearbeitung einer Forschungsfrage und eines Forschungsziels gehört, dass der aktuelle Forschungsstand ermittelt und abgeglichen werden muss, um die notwendige Untersuchung zu verorten und zu begründen. Dazu gehört auch die Frage und Antwort, ob es sich um ein allgemeines oder spezifisches Problem von Berufs- oder/und Berufsbildungswissenschaft handelt. So kann z. B. der Forschungsstand zu spezifischen Fragen wie beispielsweise zur Ethik für einen speziellen oder einige spezielle Berufe betrachtet werden. Zugleich lässt sich dadurch auch der Wissensstand zu allgemeinen Aussagen zur Berufsethik erweitern. Eventuell verhilft hierbei die Beschäftigung mit dem Forschungsstand dazu, die Forschungsfragen anzupassen und zu präzisieren oder neue Forschungsfragen und -ziele zu formulieren.

Aus dem gemeinsamen oder komplementierend erarbeiteten Forschungsstand lassen sich für die weitere Arbeit wesentliche Annahmen und Hypothesen ableiten, die als theoretischer Rahmen einer weiteren Untersuchung zugrunde gelegt werden können.

---

und zu berufsbestimmten Lebenswelten. Diese Deutungen und Bewertungen sind subjektiv geprägt, dabei tragen Berufe u. a. zur Identitätsbildung bei. Der objektive Sinn eines Forschungsvorhabens für das Beschäftigungs- und Gesellschaftssystem ergibt sich durch die Bedeutung der Berufe und der Berufsausbildung. Gesichertes Wissen trägt zur gesellschaftlichen Kommunikation, zu Basisregeln und zum gesellschaftlichen Konsens bei.
[637] In der Forschung im Allgemeinen sowie damit auch in der Berufs- und Berufsbildungsforschung im Besonderen sind die Arbeitsweisen und Methoden im Wesentlichen durch die Forschungsfragen und -ziele bestimmt. Diese sollten für die Berufe und die Berufstätigen aktuell bedeutsam sein. Es sind also Themen aufzugreifen, die Auswirkungen auf das aktuelle Beschäftigungs- und Gesellschaftssystem haben, in denen die Menschen arbeiten und leben. Zugleich sollte gemeinsame oder komplementierende Berufsforschung auch einen spezifischen Beitrag zum Ausbau der Berufswissenschaft und Berufsbildungswissenschaft leisten.
Um diesen Ansprüchen zu genügen, sollte die jeweils ausgewählte Frage- und Zielstellung präzise formuliert und spezifisch genug sein, um eindeutige und valide Antworten bzw. Erkenntnisse und Ergebnisse im Rahmen des Forschungsvorhabens zu erhalten. Durch die Auswahl einer spezifischen Frage- und Zielstellung wird die Auswahl von Forschungskonzepten, -bereichen und -methoden sowie die Art der Sammlung, Verknüpfen, Koordinierung und Dokumentation von Daten weitgehend bestimmt.

5.4 Berufe, Berufswissenschaft und Berufsbildungswissenschaft im Gestaltungszusammenhang – Perspektiven

- **Offene Entwicklungsmöglichkeiten und Probleme in beiden Disziplinen**

Formen, Ausprägungen, Felder sowie Arbeits- und Vertiefungsgebiete der Berufswissenschaft und Berufsbildungswissenschaft sind keine langzeitig konstanten Größen. Durch neue Forschungsvorhaben und -ergebnisse können sich zukünftig einzelne Arbeitsgebiete und Untersuchungsgegenstände inhaltlich und thematisch verändern. Dadurch werden sich auch die Zielrichtungen und Aufgabenstellungen teilweise neu justieren.

Hierbei kann es möglich werden, dass die aus analytischen Gründen gezogenen Differenzierungen und Grenzziehungen in allgemeine und spezifische Formen der Untersuchungsaufträge die Verortung bestimmen. Die Trennungen von Berufswissenschaft einerseits und der Berufsbildungsforschung andererseits können sich dabei im Schnittbereich beider Disziplinen auflösen. Das zeigt sich beispielsweise dann, wenn bei spezifischen Untersuchungen Ergebnisse auftreten, die von der Berufswissenschaft erarbeitet worden sind und dort oder in der Berufsbildungswissenschaft zu neuen Forschungsfragen führen.[638]

Wie festzustellen ist, hat die Berufsforschung und die Berufsbildungsforschung in den letzten Jahrzehnten zunehmend an Bedeutung gewonnen, und es sind inzwischen vielfältige Einzelergebnisse zu den Berufen, der Berufswelt und der Berufsausbildung vorgelegt worden. Ergebnisse und Befunde aus diesen Forschungsbereichen können wesentlich dazu beitragen, die Untersuchungen zur Entstehung und Entwicklung der Berufe, Berufsforschung und Berufsbildungsforschung zu verstetigen. Die mögliche und zu erwartende „Akademisierung der Berufswelt" ist zukünftig ein wichtiges Problemfeld der Berufsforschung und der Berufsbildungsforschung. In diesem Rahmen kann aller Voraussicht nach die These erhärtet werden, dass ein Überschneidungsbereich zwischen nicht-akademischer und akademischer Berufsbildung besteht, sich dieser vergrößert und sich zukünftig weiter vergrößern wird.

Indirekt können die Rahmenbedingungen auch infolge spezifischer Feldforschungen im Berufsbereich und dem Berufsbildungsbereich, wie beispielsweise Untersuchungen zu beruflichen Handlungsfeldern im Beschäftigungssystem einerseits zur Entwicklung von handlungsorientierten Lern- und Studienkonzepten führen, andererseits konkretisiert oder verändert werden, da damit traditionelle Meinungen zur Berufsarbeit sowie bisherige curriculare Ansätze in Frage gestellt werden oder sich zugleich grundsätzliche berufswissenschaftliche und/oder berufsbildungswissenschaftliche Probleme zeigen. Veränderungen der Rahmenbedingungen im Beschäftigungssystem und im Berufsbildungssystem infolge

---

[638] Dadurch zeigen sich neue Perspektiven und Aufgabenbereiche für die Berufswissenschaft allein durch bisher schon erkannte Forschungslücken. Es können sich zusätzlich aufgrund der Veränderungen in der Berufswelt und bei den Berufen zukünftig neue berufswissenschaftliche Aufgaben zeigen. Aufgabenbereiche verschiedener Arten und Formen sind aber auch für die Berufsbildungswissenschaft durch gesellschaftlichen Wandel und insbesondere durch Veränderungen im akademischen Bereich denkbar und zu erwarten.

der Arbeiten und Ergebnisse Berufsforschung und der Berufsbildungsforschung erscheinen dadurch möglich, dass diese Forschungsbereiche einerseits unmittelbar auf die Berufsbildung und andererseits direkt und indirekt auf die Berufsbildungspolitik wirken, wie Ulrike Buchmann (1999, S. 65 f.) für die Berufsbildungspolitik im Bereich der akademischen Berufsausbildung als Teilbereich der Hochschulpolitik aufweist.

Die bislang erkennbar werdenden Probleme bei Berufen, Berufswissenschaft und Berufsbildungswissenschaft im Gestaltungszusammenhang bedürfen tiefer gehender Forschungen und umfassenderer Untersuchungen. Vieles ist noch nicht bearbeitet, oder nicht entdeckt. Die Verhältnisse lassen sich mit der Metapher des Eisbergs veranschaulichen. Die unter der Oberfläche versteckten Erkenntnisprobleme sind groß (Abb. 143).

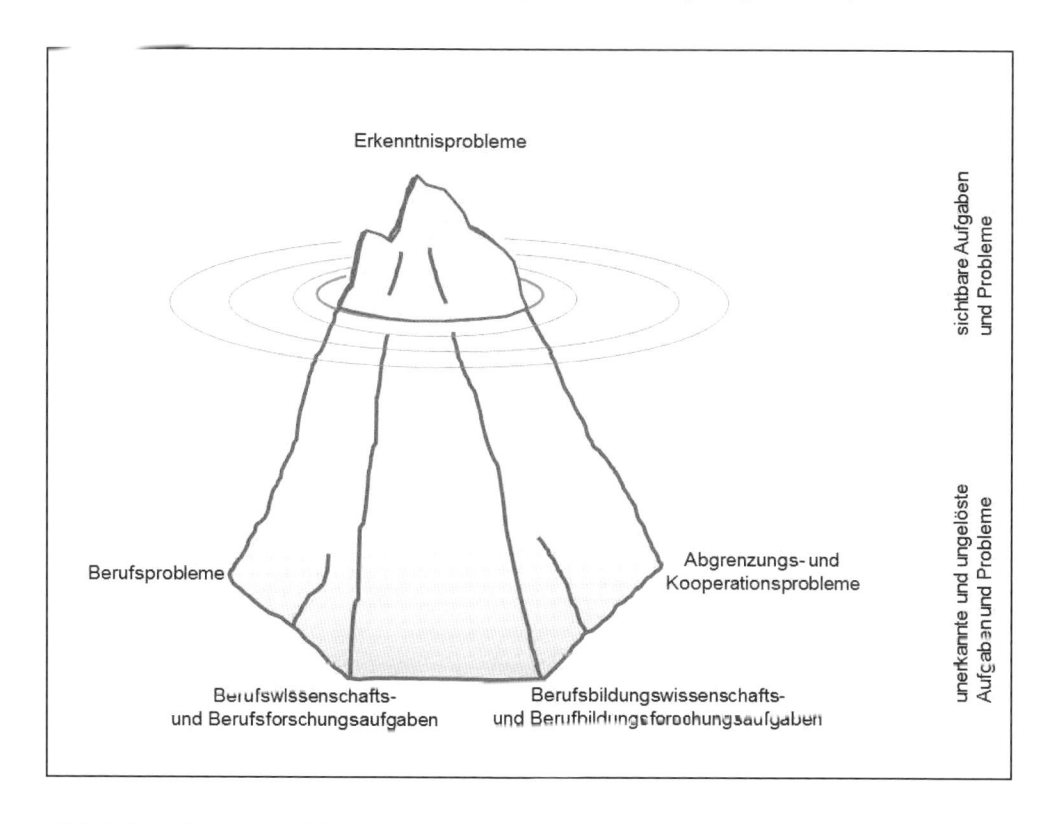

Abb. 143: Erkenntnisprobleme bei Berufen, Berufswissen- und Berufsbildungswissenschaften (in Anlehnung an Bachmann 2009, S. 166)

Anzunehmen ist, dass die momentan sichtbaren oder eingelösten Aufgaben und Erkenntnisse sowie Erkenntnisprobleme im Vergleich zu den unerkannten und ungelösten Problemen, die zukünftig sichtbar werden können, für die Berufe, Berufs- und Berufsbildungswissenschaft sowie die Abgrenzungs- und Kooperationsaufgaben eher klein sind.
In den Bereichen von Berufswissenschaft und Berufsbildungswissenschaft und den jeweiligen Forschungsfeldern werden sich noch viele, bislang unerkannte Aufgaben zeigen.

Zukünftig sind weiterhin – wie bereits auch schon gegenwärtig geschehen – verschiedene Wege zu gehen, und zwar
- der Entwicklungspfad „Berufsforschung"
- der Entwicklungspfad „Berufsbildungsforschung" sowie die
- gemeinsamen Entwicklungspfade von Berufs- und Berufsbildungsforschung

Dem zukünftig entstehenden berufs- und berufsbildungswissenschaftlichen Fundus an Erkenntnissen scheinen keine theoretischen Grenzen gesetzt zu sein, wohl aber ideologische, ökonomische und ethische.

- **Berufe, Berufswissenschaft und Berufsbildungswissenschaft**
  - Zukunftsperspektiven

Die Menschen jeder Epoche träumten die Folgende. Sie wünschten eine bessere Zukunft. Allerdings waren derartige Vorstellungen nicht selten eher Utopie und Wunschdenken. Hörbar wurden dabei auch immer wieder Stimmen, die das Ende der Berufe und der Beruflichkeit einerseits oder eine Gesellschaft ohne die Mühen der Arbeit andererseits verkündeten.639 Generell versucht jede vorangegangene Generation der nachkommenden eher realistisch etwas von dem Erreichten sowie von den materiellen und geistigen Werten weiterzugeben. Dabei wird utopisches Denken einem pragmatischen Denken gegenüber gestellt, das vor allem die Versorgung der Nachkommen im Blick hat.

Unabhängig von futuristischen Utopien ist bei sachlicher und wirklichkeitsnaher Betrachtung festzustellen, dass sich in den letzten Jahrzehnten große Veränderungen in der Berufswelt und gewandelte Orientierungen in der beruflichen Bildung zeigen. Das betrifft sowohl die nicht-akademischen als auch die akademischen Berufe und die Berufsbildung. Die damit erkennbaren Trends werden sich – vermutlich beschleunigt – fortsetzen.

Hiermit zeigt sich ein zukünftiges wachsendes Aufgabenfeld für die Berufe, Berufswissenschaft und die Berufsbildungswissenschaft zur Aufklärung und Lösung aktueller Problemstellungen. In der Moderne müssen Veränderungen der Arbeitswelt und der Berufe verstärkt Thema sowohl der Berufswissenschaft und Berufsforschung als auch der Berufsbildungswissenschaft und Berufsbildungsforschung werden.

Soweit erkennbar, werden schon kurz- bis mittelfristig viele Berufe insbesondere vom Wandel des Beschäftigungssystems durch den Rechnereinsatz sowie die Digitalisierung betroffen sein.
Die Veränderungen im Beschäftigungs- und Gesellschaftssystem erfordern fortlaufend neue und übergreifende Ansätze berufswissenschaftlicher und berufsbildungswissenschaftlicher Forschung zur Zukunft der berufsförmiger Arbeit, der Berufe und ihrer Ausbildung.

6 Literaturverzeichnis

Abel, H.: Das Berufsproblem im gewerblichen Ausbildungs- und Schulwesen Deutschlands (BRD). Eine Untersuchung. Braunschweig 1963

Abel, H.: Die Beschulung der Jugendlichen ohne Lehrverhältnis. In: Blättner, F./Kiehn, L./Monsheimer, O./Thyssen, S.(Hrsg.): Handbuch für das Berufsschulwesen. Heidelberg 1960, S. 219-235

Abele, A. E. (2002). Ein Modell und empirische Befunde zur beruflichen Laufbahnentwicklung unter besonderer Berücksichtigung des Geschlechtsvergleichs. Psychologische Rundschau, 53(3), S. 109-118.

Abele, St.: Hängt die prognostischen Validität eignungsdiagnostischer Verfahren von der Operationalisierung des Ausbildungserfolgs ab? In: Zeitschrift für Berufs- und Wirtschaftspädagogik 25. Beiheft. Stuttgart 2011, S. 13-35

Abele-Brehm, A. E./Dette-Hagenmeyer, D. E.:. Macht beruflicher Erfolg zufrieden? Berufserfolg und Lebenszufriedenheit. In: Genkova, P./Abele, A.E. (Hrsg.): Lernen und Entwicklung im globalen Kontext. "Heimliche Lehrpläne" und Basiskompetenzen. Lengerich 2008, S. 194-206

Abraham, K.: Wirtschaftspädagogik. Grundfragen der wirtschaftlichen Erziehung. Heidelberg 1960

Abraham, M./ Damelang, A. / Schulz, F.: Wie strukturieren Berufe Arbeitsmarktprozesse? Eine institutionentheoretische Skizze. Bundesagentur für Arbeit (November 2011) LASER Discussion Papers - Paper No. 55

Abrahamsohn, K.: Das Keilschriftrecht. Recht und Gesetz im III. und II. Jahrtausend v. Chr. im Alten Orient. In: Erste europäische Internetzeitschrift für Rechtsgeschichte. 20. März 2002 . http://www.rewi.hu-berlin.de/FHI/zitat/ 0003 abrahamsohn.htm

Achtenhagen, F.: Lehr-Lern-Forschung. In: Rolf Arnold, R./Lipsmeier, A. (Hrsg.): Handbuch der Berufsbildung. 2., überarbeitete und aktualisierte Auflage. Wiesbaden 2006, S. 586-609

Achtenhagen, F./Lempert, W. (Hrsg.): Lebenslanges Lernen im Beruf. Eine Grundlegung im Kindes- und Jugendalter. Bd. I-V. Opladen 2000.

Adolph, G.: Voraussetzungen und Konsequenzen eines arbeitsteiligen Bildungsprozesses. In: Rauner, F./Drechsel, R./Gronwald, D./Krüger, H. (Hrsg.): Berufliche Bildung. Perspektiven für die Weiterentwicklung der Berufsschule und die Ausbildung ihrer Lehrer. Bremen 1979, S.91-101

Adorno, T. W., Albert, H., Dahrendorf, R., Habermas, J., Pilot, H. & Popper, K. R. (Hrsg.): Der Positivismusstreit in der deutschen Soziologie. Neuwied/Berlin 1969

Adorno, T. W., Albert, H., Dahrendorf, R., Habermas, J., Pilot, H. & Popper, K. R. (Hrsg.): Der Positivismusstreit in der deutschen Soziologie. Neuwied/Berlin 1969

AGG: Allgemeines Gleichbehandlungsgesetz vom 14. August 2006 (BGBl. I S. 1897), das zuletzt durch Artikel 8 des Gesetzes vom 3. April 2013 (BGBl. I S. 610) geändert worden ist

Ahrens, D./Spöttl, P. (2012): Beruflichkeit als biographischer Prozess. Neue Herausforderungen für die Berufspädagogik am Beispiel des Übergangssystems. In: Bolder, A. et al. (Hrsg.): Beruflichkeit zwischen institutionellem Wandel und biographischem Projekt. Wiesbaden 2012, S. 87- 103.

Albert, M. Krankenpflege auf dem Weg zur Professionalisierung. Eine qualitative Untersuchung mit Studierenden der berufsintegrierten Studiengänge „Pflegedienstleitung/Pflegemanagement" und „Pflegepädagogik" an der Katholischen Fachhochschule Freiburg. Freiburg 1998

Alesi, B./Schomburg, H./Teichler, U.: Humankapitalpotenziale der gestuften Hochschulabschlüsse in Deutschland: Weiteres Studium, Übergang in das Beschäftigungssystem und beruflicher Erfolg von Bachelor- und Master-Absolventen Internationales Zentrum für Hochschulforschung Kassel 2010

Allgemeines Gleichbehandlungsgesetz vom 14. August 2006 (BGBl. I S. 1897), das zuletzt durch Artikel 8 des Gesetzes vom 3. April 2013 (BGBl. I S. 610) geändert worden ist

Almendinger, J./Giesecke, J./Hipp, L./Leuze, K./Stuth, St.: Mehr Jobs oder nur mehr schlechte Jobs? Die Entwicklung atypischer Beschäftigung in Europa. WZBrief Arbeit 13. August 2012

Alt, R.: Bilderatlas zur Schul- und Erziehungsgeschichte. Band 1. Berlin (Ost) 1960

Amman, J.: Eygentliche Beschreibung aller Stände auff Erden hoher und niedriger, geistlicher und weltlicher, aller Künsten, Handwerken und Händeln ... Ständebuch. Mit Versen von Hans Sachs. Faksimilereproduktion der Originalausgabe, Franckfurt am Meyn, aus dem Jahre MDLXVIII (1568). Edition Leipzig 1966

Amthor, R. C.: "Erziehung, Bildung und Menschenrechte" - Zur Rolle der Erzieherin/ des Erziehers und anderer sozialer Berufe während der nationalsozialistischen Terrorjahre

Anger, C./Konegen-Grenier, C.: Die Entwicklung der Akademikerbeschäftigung. In: IW-Trends – Vierteljahresschrift zur empirischen Wirtschaftsforschung aus dem Institut der deutschen Wirtschaft Köln, 35. Jahrgang, Februar 2008, S. 1-15

Antidiskriminierungsstelle (Hrsg.): Agg-Wegweiser. Erläuterungen und Beispiele zum Allgemeinen Gleichbehandlungsgesetz. Berlin 2010

Arbeitsmarktservice Österreich: Berufe nach Abschluss eines Studiums. Berufslexikon, Band 3, 10. Auflage, Wien 2013

Arbeitsmarktservice Österreich: Berufe nach Abschluss eines Studiums. Berufslexikon, Band 3, 10. Auflage, Wien 2014/2015

Architektengesetz: Architektengesetz von Baden-Würthemberg in der Fassung vom 28. März 2011

Arimond, H. (1959): Vom Zweck der Berufskunde. In: V. Siebrecht: Handbuch der Arbeitsvermittlung und Berufsberatung, Band 2. München, S. 201-206.

Aristoteles: Politik. In: Rolfes, E. (Hrsg.): Philosophische Schriften in 6 Bänden. Hamburg, Bd. 4., 1995

Aristoteles: Nikomachische Ethik. In: Rolfes, E. (Hrsg.): Philosophische Schriften in 6 Bänden. Hamburg, Bd. 3. 1995b.

Arnold, R./Lipsmeier, A. (Hrsg.): Handbuch der Berufsbildung 2., überarbeitete und aktualisierte Auflage Wiesbaden 2006

Arnold, R.: Kompetenzentwicklung. Anmerkungen zur Proklamation einer konzeptionellen Wende in der Berufs- und Erwachsenenpädagogik. In: ZBW 94, Nr. 4. 1998 S. 496–504

Arnold, R.: Berufsbildung. Annäherung an eine Evolutionäre Berufspädagogik. Baltmannsweiler 1994

Arnold, R./Lipsmeier, A. (Hrsg.): Handbuch der Berufsbildung. Opladen 1995

Arnold, R./Münk, D.: Berufspädagogische Kategorien didaktischen Handelns. In: Arnold, R./Lipsmeier, A. (Hrsg.) Handbuch der Berufsbildung. 2., überarbeitete und aktualisierte Auflage, Wiesbaden 2006, S. 13-32

Aßländer, M.S.: Bedeutungswandel der Arbeit. Versuch einer historischen Rekonstruktion. München 2005

Astor, M./Steiner, M.: Work-Life-Balance als Motor für wirtschaftliches Wachstum und gesellschaftliche Stabilität Zusammenfassung. Berlin / Basel, 19.04.2005

Atteslander, P.: Methoden der empirischen Sozialforschung 13. Auflage, Berlin 2010

Atteslander, P.: Methoden der empirischen Sozialforschung. 12. Auflage. Berlin 2008.

Ausbildungs- und Prüfungsverordnung für die Berufsfachschulen des Landes Berlin (Berufsfachschulverordnung - APO-BFS) vom 14. Juli 2009

Austin, M./Vidal-Naquet, P.: Hierarchie der Berufe In: Steuer, H /Zimmermann, U.(Hrsg.): Streifzüge durch die frühen Hochkulturen. 2. Auflage, München. 1997. S. 311-317

Auth, D.: Ökonomisierung der Pflege – Formalisierung und Prekarisierung von Pflegearbeit. In: WSI-Mitteilungen, Jg. 66, H 6, 2013, S. 412-422

Autor, D./Handel, M.: Putting Tasks to the Test: Human Capital, Job Tasks, and Wages. Journal of Labor Economics vol 31. No. 2. Chicago. 2013, S. 59–96.

Autorenkollektiv: Autorenkollektiv unter Leitung von Lorenz, Peter und Schneider, Gottfried: Sozialistische Berufsbildung – Facharbeiterberufe – Lehrplanwerk. Berlin (Ost) 1983

Bundesagentur für Arbeit: Klassifikation der Berufe 2010 – Band 1. Systematischer und alphabetischer Teil mit Erläuterungen, Nürnberg 2011

Baabe-Meijer, S.: Vertiefungsrichtung Oberflächentechnik und Farbgestaltung. In: Pahl, J.-P./Herkner, V. (Hrsg.): Handbuch Berufliche Fachrichtungen. Bielefeld, S. 621-631

Baar, E.: Vereinsbildungen und Vereinsarbeit auf dem Gebiet des Berufs- und Fachschulwesens. In Kühne, A.(Hrsg.):Handbuch für das Berufs- und Fachschulwesen. Leipzig 1923, S. 519-532

Bachmann, H. W.: Konzeptionelle Überlegungen zum Aufbau einer systemrelevanten Hochschuldidaktik. In: Das Hochschulwesen. Forum für Hochschulforschung, -praxis und -politik 57. Jahrgang. 5/2009, S. 162-167

Backhaus, K./Erichson, B./Plinke, W./Weiber, R.: Multivariate Analysemethoden. Eine anwendungsorientierte Einführung. 8. verb. Aufl., Berlin/Heidelberg/New York, 1996

Bader, R.: Lehrende an beruflichen Schulen. In: Arnold, R./Lipsmeier (Hrsg.): Handbuch der Berufsbildung. 2., überarbeitete und aktualisierte Auflage. Wiesbaden. 2006, S. 384-400

Baethge, M./Baethge-Kinsky, V. (1995). Ökonomie, Technik, Organisation: Zur Entwicklung von Qualifikationsstruktur und qualitativem Arbeitsvermögen. In R. Arnold & A. Lipsmeier (Hrsg.), Handbuch der Berufsbildung. Wiesbaden 2006, S. 153-173

Baethge, M.: Qualifikationsentwicklung im Dienstleistungssektor. In: Baethge, M./ Wilkens, I. (Hrsg.): Die große Hoffnung für das 21. Jahrhundert?: Perspektiven und Strategien für .die Entwicklung der Dienstleistungsbeschäftigung. Wiesbaden 2001, S. 85-106

Baethge, M.: Subjektivität als Ideologie. Von der Entfremdung in der Arbeit zur Entfremdung auf dem (Arbeits-)Markt? In: Schmidt, G. (Hrsg.): Keine Ende der Arbeitsgesellschaft. Arbeit, Gesellschaft und Subjekt im Gestaltungsprozess. Berlin 1999. S. 29–44

Baethge, M./Baethge-Kinsky, V.: Jenseits von Beruf und Beruflichkeit? – Neue Formen von Arbeitsorganisation und Beschäftigung und ihre Bedeutung für eine zentrale Kategorie gesellschaftlicher Integration – Mitteilungen aus der Arbeitsmarkt- und Berufsforschung (MittAB). Heft 3. 31. Jg., Nürnberg 1998, S. 461-472

Bals, T./ Weyland, U.: Berufliche Fachrichtung Gesundheit. In: Pahl, J.-P./Herkner, V. (Hrsg.): Handbuch Berufliche Fachrichtungen. Bielefeld, S. 521-531

Bals, T. /Wulfhorst, B: Gesundheitsförderung als Beruf. In: Bals, T./Hanses, A./Melzer, W. (Hrsg.): Gesundheitsförderung in pädagogischen Settings. Weinheim 2008, S. 113-134

Bank, V.: Berufsfeld „Wirtschaft und Verwaltung". In: Pahl, J.-P. (Hrsg.) Lexikon Berufsbildung. 3. Auflage. Bielefeld 2016, S. 250-251

Bank, V.: Berufliche Fachrichtung Wirtschaft und Verwaltung. In: Pahl, J.-P./Herkner, V. (Hrsg.) Handbuch Berufliche Fachrichtungen. 2. Auflage. Bielefeld 2010, S. 588-605

Bannwitz, A./ Rauner, F. (Hrsg.): Wissenschaft und Beruf. Bremen 1993

Bargel, T.: Wandel politischer Orientierungen und gesellschaftlicher Werte der Studierenden. Studierendensurvey: Entwicklungen zwischen 1983 und 2007. Bonn/Berlin 2008.

Baumgart, B.: Altenbilder und Altenhilfe: : zum Wandel der Leitbilder von Altenhilfe seit 1950. Opladen.1997

Baur, N./Blasius, J.: Methoden der empirischen Sozialforschung. Ein Überblick. In: Nina Baur, N./Blasius, J. (Hrsg.): Handbuch Methoden der empirischen Sozialforschung. Wiesbaden 2014, S.41-64

BBiG: Berufsbildungsgesetz vom 23. März 2005 (BGBl. I S. 931), das zuletzt durch Artikel 436 der Verordnung vom 31. August 2015 (BGBl. I S. 1474) geändert worden ist.

BDIA: Der Bachelor reicht nicht. Studie des Instituts Hommerich untersucht Berufsbefähigung von Hochschulabsolventen 27. Juli 2015

https://bdia.de/der-bachelor-reicht-nicht-studie-des-instituts-hommerich-untersucht-berufsbefaehigung-von-hochschulabsolventen/

Beck, K.: Theorieansätze. In: Arnold, R./Lipsmeier, A. (Hrsg.): Handbuch der Berufsbildung. 2., überarbeitete und aktualisierte Auflage. Wiesbaden, 2006, S. 577-585.

Beck, K.: Berufsbildungsforschung im Paradigma des Kritischen Rationalismus. In: Nickolaus, R./Pätzold, G./Reinisch, H./Tramm, T. (Hrsg.): Handbuch Berufs- und Wirtschaftspädagogik. Bad Heilbrunn. 2010, S. 373-378.

Beck, K. 1995: Theorieansätze. In: Arnold, R./Lipsmeier, A. (Hrsg.): Handbuch der Berufsbildung. Opladen, S. 457–464

Beck, U./Brater, M./Bolte, K. M.: Berufliche Arbeitsteilung und soziale Ungleichheit. In: Beck, U./Brater, M. (Hrsg.): Die soziale Konstitution der Berufe. Materialien zu einer subjektbezogenen Konstitution der Berufe. Band 2. Frankfurt a. M./New York 1980. S. 5-24

Beck, U.: Risikogesellschaft. Frankfurt a. M. 1986

Beck, U./Brater, M. (1977): Problemstellungen und Ansatzpunkte einer subjektbezogenen Theorie der Berufe. In: Beck, Ulrich/Brater, Michael (Hrsg.): Die soziale Konstitution der Berufe. Materialien zu einer subjektbezogenen Theorie der Berufe, Band 1, Frankfurt a. M. 1977, S. 5-62

Beck, U./Brater, M./Daheim, H.: Soziologie der Arbeit und der Berufe. Grundlagen, Problemfelder, Forschungsergebnisse. Reinbeck, 1980

Beck, U./Brater, M./Daheim, H.: Subjektorientierte Berufstheorie. In: Arnold, Rolf (Hrsg.): Ausgewählte Theorien der beruflichen Bildung. Baltmannsweiler, 1997, S. 25-44

Becker, M.: Forschung zu den nicht-akademischen Berufen der Fahrzeugtechnik. In: Pahl, J.-P/Herkner, V. (Hrsg.): Handbuch Berufsforschung. Bielefeld. 2013, S. 616 - 627

Becker, M.: Berufliche Fachrichtung Fahrzeugtechnik. In: Pahl, J.-P./Herkner, V. (Hrsg.): Handbuch Berufliche Fachrichtungen. Bielefeld 2010, S. 461-476

Becker, M.: Handlungsorientierte Fachinterviews. In: Rauner, F. (Hrsg.): Handbuch Berufsbildungsforschung. Bielefeld 2005, S. 601-606)

Becker, M./Dreher, R.: Berufliche Fachrichtung „Fahrzeugtechnik". In: Pahl, J.-P. (Hrsg.): Lexikon Berufsbildung. 3. Auflage. Bertelsmann 2016, S. 142-143

Becker, M./Spöttl, G.: Berufswissenschaftliche Forschung. 2. unveränderte Auflage. Frankfurt a. M. 2015

Becker, M.; Spöttl, G.: Berufswissenschaftliche Forschung und deren empirische Relevanz für die Curriculumentwicklung.2006 In: bwp @ online. Nr. 11

Behrendt, W./Doege, K.: Berufsbildungsforschung in den neuen Bundesländern im Lichte der Denkschrift der Deutschen Forschungsgemeinschaft. BWP Sonderheft. 1991, S.25-29

Beichelt, T.: Kultur und Kontext? Strategien zur Einbeziehung komplexer Umwelten in die Vergleichende Methode. In: Kropp, S. / Minkenberg, M. (Hrsg.): Der Vergleich in der Politikwissenschaft, Wiesbaden, 2005, S 218-233.

Bellack, A.: Methoden zur Beobachtung des Unterrichtsverhaltens von Lehrern und Schülern. In: Wulf, Ch. [Hrsg.]: Evaluation. Beschreibung und Bewertung von Unterricht, Curricula und Schulversuchen. München : 1972, S. 211-238

Beneke, O.: Von unehrlichen Leuten Kulturhistorische Studien und Geschichten aus vergangenen Tagen deutscher Gewerbe und Dienste. Hamburg 2011

Benner, H.: Ausbildungsberuf. In: Kaiser, F.-J./Pätzold, G. (Hrsg.): Wörterbuch Berufs- und Wirtschaftspädagogik. Bad Heilbrunn 2006, S. 43-46

Benner, H.: Allgemeine Pädagogik. Eine systematisch-problemgeschichtliche Einführung in die Grundstruktur pädagogischen Denkens und Handelns. Weinheim/München 19871987

Benner, H.: Der Ausbildungsberuf als berufspädagogisches und bildungsökonomisches Problem. Hannover 1977

Berding, F.: Kompetenz in der beruflichen Bildung. In: Pahl, J.-P. (Hrsg.): Lexikon Berufsbildung, Bielefeld 2016, S. 565-566

Berufsbildungsbericht: Berufsbildungsbericht 2012. Berlin/Bonn 2012

Berufsbildungsgesetz (BBiG): Berufsbildungsgesetz vom 23. März 2005 (BGBl. I S. 931), das zuletzt durch Artikel 436 der Verordnung vom 31. August 2015 (BGBl. I S. 1474) geändert worden ist

Ministerium für Arbeit, Soziales, Gesundheit, Frauen und Familie, Land Brandenburg: „Berufsgesetz" (Download vom 04.05.2015, 9.10 Uhr)

Berufslexikon: Berufslexikon 2014/2015– Akademische Berufe. Berufe nach Abschluss des Studiums, Bd. 3, Arbeitsmarktservice Österreich. Wien 2013

Berufsqualifikationsfeststellungsgesetz (BQFG): Gesetz über die Feststellung der Berufsfachschul-Anrechnungs-Verordnung (BerFSchulAnrV): Verordnung über die Anrechnung auf die Ausbildungszeit in Ausbildungsberufen der gewerblichen Wirtschaft und der wirtschafts- und steuerberatenden Berufe – Anrechnung des Besuchs einer zwei- oder mehrjährigen Berufsfachschule mit einem dem Realschulabschluß gleichwertigen Abschluß Vom 4. Juli 1972 (BGBl. I S. 1155)

BIBB – Bundesinstitut für Berufsbildung: Bekanntmachung des Verzeichnisses der anerkannten Ausbildungsberufe und des Verzeichnisses der zuständigen Stellen Vom 19. Juni 2015

BIBB – Bundesinstitut für Berufsbildung: Bekanntmachung des Verzeichnisses der anerkannten Ausbildungsberufe und des Verzeichnisses der zuständigen Stellen vom 19. Juni 2015 nach § 90 Absatz 3 Nummer 3 des Berufsbildungsgesetzes (BBiG) vom 23. März 2005 (BGBl. I S. 931), zuletzt geändert durch Artikel 22 des Gesetzes vom 25. Juli 2013 (BGBl. I S. 2749)

BIBB – Bundesinstitut für Berufsbildung: Neu abgeschlossene Ausbildungsverträge. Stand 13.12.2010a

BIBB – Bundesinstitut für Berufsbildung: 40 Jahre Bundesinstitut für Berufsbildung: 40 Jahre Forschen – Beraten – Zukunft gestalten. Bonn 2010b

Bildungsplan Speditionskaufmann/Speditionskauffrau - Zur Erprobung ab 1. August 2002 - Freie und Hansestadt Hamburg Behörde für Bildung und Sport Amt für Berufliche Bildung und Weiterbildung Hamburg, 2002

Binding, G.: Bauwissen im Früh- und Hochmittelalter. Renn, J. / Osthues, W.: Hermann Schlimme (Hrsg.): Wissensgeschichte der Architektur Band III: Vom Mittelalter bis zur Frühen Neuzeit. Berlin 2014, S. 9-84

Blanck, B.: Erwägen von Alternativen und Wissenschaft. In: Benseler, F./Blank, B./Loh, W. (Hrsg.): Alternativer Umgang mit Alternativen. Aufsätze zu Philosophie und Sozialwissenschaften. Opladen 1994, S. 49-68

Blank, F./Schulz, S. E.: Soziale Sicherung unter dem Brennglas Altersarmut und Alterssicherung bei Beschäftigten im deutschen Sozialsektor. Expertisen und Dokumentationen zur Wirtschafts- und Sozialpolitik. Wiso Diskurs. Friedrich Ebert Stiftung. Januar 2015

Blankertz, H.: Zur Geschichte der Berufsausbildung. In: Ellwein, T./Groothoff, H. H.(Hrsg.) Erziehungswissenschaftliches Handbuch. Bd. 5.Königstein 1979, S. 256-286

Blankertz, H.: Der Deutsche Ausschuss und die Berufsbildung ohne Beruf. In: Die berufsbildende Schule, 17, 5, 1965, S.314-321.

Blankertz, H.: Berufsbildung und Utilitarismus: problemgeschichtliche Untersuchungen. Weinheim1963

Blankertz, H.: Neuhumanistisches Bildungsdenken und die Berufsschule. In: Die berufsbildende Schule, 12. Jg., Heft 1, 1960, S. 7-14.

Blaß, J. L.: Modelle pädagogischer Theoriebildung. Band II: Pädagogik zwischen Ideologie und Wissenschaft. Stuttgart/Berlin/Köln/Mainz 1978

Blättner, F., Über die Berufserziehung des Industriearbeiters. In: Archiv für Berufsbildung 1954, 33-42

Bloch, R „Natürlich möchte man es auch gern im Lebenslauf stehen haben …" – Bedeutungen des Praktikums für Studierende. In: Bayerisches Staatsinstitut für Hochschulforschung und Hochschulplanung. Beiträge zur Hochschulforschung. Heft 4, 29. Jg. München 2007, S. 82- 107

Brandt, R.: Handwerk und Arbeit. Anmerkungen zur deutschsprachigen Handwerksgeschichtsschreibung und zur Geschichte des vorindustriellen Handwerks im Mitteleuropa während der Frühen Neuzeit. In: Laude, C./Heß, G. (Hrsg.): Konzepte von Produktivität im Wandel vom Mittelalter in die Frühe Neuzeit. Berlin 2008, S 289-314

Blecher, J.: Vom Promotionsprivileg zum Promotionsrecht Das Leipziger Promotionsrecht zwischen 1409 und 1945 als konstitutives und prägendes Element der akademischen Selbstverwaltung. Halle-Wittenberg 2006

BMFSF- Bundesministerium für Familie, Senioren, Frauen und Jugend. Work Life Balance. Motor für wirtschaftliches Wachstum und gesellschaftliche Stabilität. Analyse der volkswirtschaftlichen Effekte – Zusammenfassung und Ergebnisse. Berlin 2005

BMBF – Bundesministerium für Bildung und Forschung: Technologiebasierte Kompetenzmessung in der beruflichen Bildung (ASCOT). Ergebnisse und Bedeutung für Politik und Praxis. Bonn 2015

BMBF – Bundesministerium für Bildung und Forschung: Evaluierung der BMBF-Förderlinie „Hochschulforschung als Beitrag zur Professionalisierung der Hochschullehre -Abschlussbericht" Bonn 2013

BMBF – Bundesministerium für Bildung und Forschung: Evaluierung der BMBF-Förderlinie „Hochschulforschung als Beitrag zur Professionalisierung der Hochschullehre" – Abschlussbericht Bonn 2013

BMBF – Bundesministerium für Bildung und Forschung (Hrsg.): Ausbildung und Beruf. Rechte und Pflichten während der Berufsausbildung. Berlin 2005

BMBF – Bundesministerium für Bildung und Forschung (Hrsg.): Grund- und Strukturdaten. Bonn.1997

BMWT: Bericht der Bundesregierung zur Lage der Freien Berufe. Berlin 2013

Böckelmann, I./Seibt, R.: Methoden zur Indikation vorwiegend psychischer Berufsbelastung und Beanspruchung – Möglichkeiten für die betriebliche Praxis. Dresden, 2011

Böhle, F.: Was ist Wissenschaft? Anregungen zu einer (Re-)Definition der Wissenschaftlichkeit anwendungsorientierter Bildungsforschung. In: Severing, E./Weiss, R. (Hrsg.): Qualitätsentwicklung in der Berufsbildungsforschung. Bonn 2013, S. 49-59

Bolder, A./ Dobischat, R./Kutscha, G./Reutter, G. (Hrsg.):Beruflichkeit zwischen institutionellem Wandel und biographischem Projekt. Wiesbaden 2012

Bollnger, H./Hohl, J.: Auf dem Weg von der Profession zum Beruf: Zur Deprofessionalisierung des Ärzte-Standes. In: *Soziale Welt,* 32. Jahrg., H. 4 (1981), pp. 440-464

Bolte, K. M.: Subjektorientierte Soziologie im Rahmen soziologischer Forschung – Versuch einer Verortung. In: G.G. Voß/ H.J. Pongratz (Hrsg.) (1997): Subjektorientierte Soziologie. Karl Martin Bolte zum siebzigsten Geburtstag. Opladen. 1997, S. 31-40

Bolte, K. M./Hradil, St.: Soziale Ungleichheit in der Bundesrepublik Deutschland. Wiesbaden. 1988

Bolte, K. M./Aschenbrenner, K./Kreckel, R./Schultz-Wild, R.: Beruf und Gesellschaft in Deutschland: Berufsstruktur und Berufsprobleme. Reihe B der Sozialkunde. Wandel der Gesellschaft. Band 8. 0pladen 1970

Bolte, M.: Sozialer Aufstieg und Abstieg: eine Untersuchung über Berufsprestige und Berufsmobilität. Stuttgart 1959

Bonz, B.: Berufsbildungswissenschaft. In: Pahl, J.-P.(Hrsg.): Lexikon Berufsbildung. Bielefeld. 2016, S. 215- 216

Bonz, B.: Methoden in der schulischen Berufsbildung. In: Handbuch der Berufsbildung. 2., überarbeitete und aktualisierte Auflage. Wiesbaden 2006, S. 328-341

Bonz, B./Ott, B. (Hrsg.): Allgemeine Technikdidaktik - Theorieansätze und Praxisbezüge. Baltmannsweiler 2003

Bonz, B.; Ott, B. (Hrsg.): Fachdidaktik des beruflichen Lernens. Stuttgart 1998

Bonz, B.: Didaktik der Berufsbildung, Fachdidaktik und Berufsfelddidaktik – Stand und Perspektiven. In: Bonz, B./Ott, B.(Hrsg.): Fachdidaktik des beruflichen Lernens. Stuttgart 1998, S. 268-287

Borch, H.: Integration der Elektroberufe und der IT-Berufe in ein gemeinsames Berufsfeld? In: lernen & lehren, 15. Jg. (2000), Heft 59, S. 9-17

Borchard, C.: Hochschuldidaktische Weiterbildung – Akzeptanz und Wirkung. Münster/Hamburg/London 2002.zgl. Diss. Universität Braunschweig 2001

Botsch, R./Bürgener, W./Glunz, F.: Methodik des Fachzeichenunterrichts für Maschinenbauer. Teil I, Zweiter Abschnitt, Bemerkungen zur Unterrichtsarbeit, Modelle, Musteraufnahmen, Lösungen für die Arbeitsblätter: Abwicklungen, Umklappungen, Verstreckungen von Werkstücken. Weinheim 1950

Brack-Bernsen, L.: Zur Entstehung der babylonischen Mondtheorie: Beobachtung und theoretische Berechnung von Mondphasen. Stuttgart 1997

Brämer, R./Nolte, G./Tillmanns, P.: Zwischen Wissenschaft und Gesellschaft. Zur Typologie naturwissenschaftlicher Studenten. Marburg 1980

Brandt, R.: Handwerk und Arbeit. Anmerkungen zur deutschsprachigen Handwerksgeschichtsschreibung und zur Geschichte des vorindustriellen Handwerks in Mitteleuropa während der frühen Neuzeit. In: Laude, C./Heß, G. (Hrsg.): Konzepte von Produktivität im Wandel vom Mittelalter in die Frühe Neuzeit. Berlin 2008, S. 389-314

Brater, M./Beck, U.: Berufe als Organisationsformen menschlichen Arbeitsvermögens. In: W. Littek, W. Rammert, G. Wachtler (Hrsg.): Einführung in die Arbeits- und Industriesoziologie, 2., erweiterte Auflage, Frankfurt/New York, 1983, S. 208-224.

Bräuer, M.: Berufliche Fachrichtung „Agrarwirtschaft". In: Pahl, J.-P./Herkner, V. (Hrsg.) Bielefeld 2010, S. 606-618

Brehme, V./Heydt, E./Kruse, D./Metzlaff, H.-J./Seefelder, W./Stoof, V.: Vom KMK-Rahmenlehrplan über den schuleigenen Lernfeldplan zum Wochenplan. In: lernen&lehren. Elektrotechnik-Informatik/Metalltechnik. 26. Jg., Heft 103 S. 157-164

Bremer, R.: Arbeit − Bildung − Qualifikation Ein interdisziplinärer Forschungszusammenhang. In: Rauner, F. (Hrsg.): Handbuch Berufsbildungsforschung. Bielefeld 2005, S. 76-82)

Bremer, R.: Implementation grundlegender Methoden in der Berufsbildungsforschung (beobachten, experimentieren, befragen, Inhaltsanalyse. In: Rauner, F. (Hrsg.): Handbuch Berufsbildungsforschung. Bielefeld 2005, S. 588- 601

Bremer, R./Rauner, F. : Bildung im Medium beruflicher Arbeitsprozesse. Die berufspädagogische Entschlüsselung beruflicher Kompetenzen im Konflikt zwischen bildungstheoretischer Normierung und Praxisaffirmation. In: Zeitschrift für Pädagogik. Heft 2. 2004, S.149-161.

Bretschneider, M./Grunwald, J.-G./Zinke, G.: Entwicklung eines möglichen Strukturkonzepts für die Bildung von Berufsgruppen. Abschlussbericht des Entwicklungsprojektes 4.0.895, Wissenschaftliche Diskussionspapiere, Heft 113, Bonn, 31. März 2010

Bretschneider, M./Grunwald, J.-G./Zinke, G.: Wie entwickelt man eine Berufsgruppe? Ein mögliches Strukturkonzept. Berufsbildung in Wissenschaft und Praxis. Heft 4. 2010, S. 12-15

Brockhaus: Brockhaus Enzyklopädie in 21 Bänden. Band 3. 21. Aufl., Leipzig/Mannheim 2006

Bröcher, N.: Berufsbezeichnungen. In Pahl, J.-P. (Hrsg.): Lexikon Berufsbildung. Bielefeld 2016, S. 190-191

Brödner, P.: Alternative Wege zur rechnerintegrierten Produktion. In: Hoppe, M./Erbe, H._H. (Hrsg.): Rechnergestützte Facharbeit. Wetzlar 1986, S. 71-78

Brosi, W./Krekel, E./Ulrich, J.G.: Sicherung der beruflichen Zukunft: Anforderungen an Forschung und Entwicklung. Berufsbildung in Wissenschaft und Praxis, 1, 2002 S. 5-11.

Brötz, R.: Sind 350 Berufe zu viel? Identifizierung und Schaffung von Berufsfamilien. Didactica − die Bildungsmesse, 13. Februar 2009

Brötz, R.: Berufliche Flexibilisierung und Berufsprinzip. In: BWP, Heft 4, Bonn 2005, S. 11-14

Brötz, R./Schapfel-Kaiser, F./Schwarz, H.: Berufsfamilien als Beitrag zur Stärkung des Berufsprinzips. In: BWP Heft, Bonn 2008, S. 23-26

Bruch v., R.: Gelehrtenpolitik, Sozialwissenschaften und akademische Diskurse in Deutschland im 19. und 20. Jahrhundert. Stuttgart 2006

Bruchhäuser, H.-P. (Hrsg.): Die Berufsbildung deutscher Kaufleute im Mittelalter und in der frühen Neuzeit. Quellen und Dokumente zur Geschichte der Berufsbildung in Deutschland. In: Stratmann, K. (Hrsg.): Reihe C, Band 4, Köln/Weimar/Wien 1992

Brücken, S.: 2001 Soft Skills im bibliothekarischen Berufsalltag Kölner Arbeitspapiere zur Bibliotheks- und Informationswissenschaft. Fachhochschule Köln 2001

Bruggemann, A./Groskurth, P./Ulich, E.: *Arbeitszufriedenheit.* Hans Huber, Bern 1975

Brunswig, A.: Das Vergleichen und die Relationserkenntnis. Leipzig/Berlin1910.

Buchinger, K./Hodasz, M./Steinkellner, A./Tretter, H./Tschohl, Ch./Apostolovski, V./Kumar, S./Star, K./Czech, P./Schöpfer, E. Ch.: Grundrechte im gerichtlichen Berufsalltag Skriptum zum RiAA-Grundrechtsmodul 2010. 2., neu bearbeitete Auflage, Wien 2010

Buchmann, U.: Neue Steuerungslogik im Bildungssystem: New Public Management und die Konsequenzen für das disziplinäre Selbstverständnis der Berufs- und Wirtschaftspädagogik . In: bwp@Berufs- und Wirtschaftspädagogik Berufs- und Wirtschaftspädagogik – online, Ausgabe 16, 2009

http://www.bwpat.de/ausgabe16 /buchmann _bwpat16.pdf

Buchmann, U.: Kooperation als erster Schritt zur Wissensintegration: Die Herausforderung moderner Gesellschaften? In: Büchter, K./Gramlinger, F./Kipp, M./Tramm, T. (Hrsg.): Kooperation in der beruflichen Aus- und Weiterbildung - Anspruch und Realität einer Reformbedingung. In: bwp@Berufs- und Wirtschaftspädagogik, Ausgabe Nr. 3, 2002

http://www.bwpat.de/ausgabe3/buchmann_bwpat3.shtml

Buchmann, U.: Die akademische Berufsausbildung aus der Sicht der Parteien. Eine empirisch-sprachanalytische Studie zur Hochschulpolitik in Parteiprogrammen. Diss. Siegen 1999

Buchmann, U./Huisinga, R.: Bildungswissenschaftliche Qualifikationsforschung als Basis für eine nachhaltig-innovative Curriculumentwicklung. In: bwp@Berufs- und Wirtschaftspädagogik Ausgabe, Nr. 11, 2006

http://www.bwpat.de/ausgabe11/abstract_buchmann_huisinga_bwpat11.shtml

Buchmann, U./Kell, A.: Studieren in der Spannung von Beruf und Bildung. Akademische Berufsausbildung als Gegenstand der Berufsbildungsforschung. In: Zeitschrift für Berufs- und Wirtschaftspädagogik, 93,1997, Heft,587-606

Buchner, T.: Arbeit, Ordnung – Produktivität? Ein Vergleich von niederländischem Merkantilismus und deutschsprachigem Kameralismus im 17. Jahrhundert. In: Laude, C./Heß, G. (Hrsg.): Konzepte von Produktivität im Wandel vom Mittelalter in die Frühe Neuzeit. Berlin 2008, S.315 346

Bücher, K.: Die gewerbliche Bildungsfrage und der industrielle Rückgang. Eisenach 1877

Büchter, K./Frommberger, D./Kremer, H.-H.: Akademisierung der Berufsbildung. bwp@Berufs- und Wirtschaftspädagogik, Ausgabe Nr. 23, 2012, S. 1-7

Bührdel, C./Reibetanz, H./Tölle, H. (Hrsg.): Unterrichtsmethodik Maschinenwesen. Berufstheoretischer Unterricht. Berlin (Ost) 1988

Bührig, C.: Fokus: Bauzeichnungen auf Tontafeln. In: Renn, J./Osthues, W./ Schlimme, H. (Hrsg.): Wissensgeschichte der Architektur. Band I: Vom Neolithikum bis zum Alten Orient. Berlin 2014, S. 335-406

Bülow-Schramm, M./Merkt, M./Rebenstorf, H.: Studienerfolg aus Studierendensicht – Ergebnisse der ersten Erhebungswelle des Projekts USUS. In: Nickel, S. (Hrsg.): Der Bologna-Prozess aus Sicht der Hochschulforschung Analysen und Impulse für die Praxis. Güteroh. 2011, S. 167-177

Bulla, Simon : Freiheit der Berufswahl. Baden-Baden 2009

Bullinger, H.-J. (Hrsg.): Qualifikationsoffensive. Bedarf frühzeitig erkennen – zukunftsorientiert handeln Bielefeld 2002

Bullinger, H.-J. (Hrsg.): Qualifikationen erkennen. Berufe gestalten. Bielefeld 2000

Bundesagentur für Arbeit (a): Klassifikation der Berufe 2010 (KldB 2010). Band 1: Systematischer und alphabetischer Teil mit Erläuterungen. Bundesagentur für Arbeit. Nürnberg 2011a

Bundesagentur für Arbeit (b): Klassifikation der Berufe 2010 (KldB 2010). Band 2: Definitorischer und beschreibender Teil. Bundesagentur für Arbeit. Nürnberg 2011b

Bundesagentur für Arbeit (b): Klassifikation der Berufe 2010 (KldB 2010). Band 2: Definitorischer und beschreibender Teil. Bundesagentur für Arbeit. Nürnberg 2011b

Bundesagentur für Arbeit (Hrsg.): Klassifikation der Berufe 2010 – Band 2: Definitorischer und beschreibender Teil. Nürnberg 2011

Bundesagentur für Arbeit (Hrsg.): Berufs- und Tätigkeitsverzeichnis. Stand: 02.04.2015; download 25.5.2015, 10.30 Uhr

Bundesagentur für Arbeit (Hrsg.): Klassifikation der Berufe 2010 – Band 1:

Bundesärzteordnung: Bundesärzteordnung in der Fassung der Bekanntmachung vom 16. April 1987 (BGBl. I S. 1218), die zuletzt durch Artikel 2 der Verordnung vom 21. Juli 2014 (BGBl. I S. 1301) geändert worden ist"

Bundesinstitut für Berufsbildung (BIBB): Fortbildungsordnungen und wie sie entstehen. Bonn 2013

Bundesministerium für Wirtschaft und Energie (Hrsg.) : Bericht der Bundesregierung zur Lage der Freien Berufe, Berlin 2013

Bundesverfassungsgericht: BVerfGE 50, 290 – Mitbestimmung Urteil 1. März 1979

Burckhard, J. Weltgeschichtliche Betrachtungen. Berlin 1963

Busch, U./Busch, U: Die Brakteaten des Mittelalters – ein historisches Phänomen von aktueller Bedeutung? In: Zeitschrift für Sozialökonomie. 39. Jahrgang, 135. Folge Dezember 2002, S. 15- 23.

Can, O./Azrak, A. Ü./Sabuncu, Y./Depenheuer, O./Sachs, M. (Hrsg.): Analysa - Verfassung als Freiheitsordnung, Festschrift für Fazil Saglam zum 65 Geburtstag, Ankara 2006, S. 219-232.

Carrier, M.: Theoretische Durchdringung und praktische Nutzung. Zum Verhältnis von Allgemeinem und Besonderem in der Anwendungsforschung. Desler, M. (Hrsg.): Wissenschaftstheorie und -praxis. Anspruch und Alltag empirischer Erkenntnisgewinnung. Stuttgart 2009

Carrier, M.: Wissenschaftstheorie zur Einführung. Hamburg 2006

Carr-Saunders, A. M./Wilson, P. A. (ed.): The professions. Oxford 1933

Chaberney, A./Fenger, H./Kaiser, M.: Substitutionshinweise in Stellenangeboten. In: Institut für Arbeitsmarkt- und Berufsforschung (IAB): Mitteilungen aus der Arbeitsmarkt- und Berufsforschung (MittAB), 1. Jg., Heft 4, Nürnberg 1971, S. 81-129

Childe, V. G.: Man makes himself. London, 1936

Christ, K.: Geschichte der römischen Kaiserzeit: von Augustus bis zu Konstantin. 6. aktualisierte Auflage. München 2009.

Ceylan, F./Fiehn, J./Paetz, N.-V./Schworm, S./Harteis, Ch.: Die Auswirkungen des Bologna-Prozesses – Eine Expertise der Hochschuldidaktik. In: Nickel, S. (Hrsg.): Der Bologna-Prozess aus Sicht der Hochschulforschung Analysen und Impulse für die Praxis. Gütersloh. 2011, S. 106-122

Çig, M./Kizilyay H./Landsberger, B.: Zwei altbabylonische Schulbücher aus Nippur. Ankara 1959

Clement, U: Curricula für die berufliche Bildung – Fächersystematik oder Situationsorientierung? In: Arnold, R./Lipsmeier, A. (Hrsg.): Handbuch der Berufsbildung. 2., überarbeitete und aktualisierte Auflage. Wiesbaden 2006, S. 260-268

Computerberufe im System der dualen Berufsausbildung und die Zukunft der DV-Kaufleute. Berlin 1996, S.7-24

Crusius, R.; Wilke, M. 1979: Plädoyer für den Beruf. Aus Politik und Zeitgeschichte, Nr. 48. 1979, S. 3–13

Czycholl, R./Ebner, H. G.: Handlungsorientierung in der Berufsbildung. In: Arnold, R./ Lipsmeier, A. (Hrsg.), Handbuch der Berufsbildung. 2. überarb. und akt. Aufl.. Wiesbaden 2006, S. 44-54

Dahlheim W.: Die Römische Kaiserzeit. München 2013

Dahrendorf, R.: Die Unabhängigkeit der Wissenschaft. In: Die Zeit. 21. Mai 1976, S. 53

Dahrendorf, R.: Bildung als Bürgerrecht. Plädoyer für eine aktive Bildungspolitik. Osnabrück. 1965

Dandl, H.: Arbeit und Beruf im historischen Prozess. Studie zur inhaltlichen und formalen Gestaltung des sozialen, politischen, ökonomischen und technologischen Kontextes im Ausstellungskonzept des Modellversuchs „VISUBA". München 2004

DATSCH (Hrsg.): Arbeiten auf dem Gebiete des technischen niederen Schulwesens. Abhandlungen und Berichte über technisches Schulwesen, Band III. Leipzig 1912

Dauenhauer, E. (1994). Wohin driftet das duale System? In: Wirtschaft und Erziehung., 46, H.12, 1994, S. 399-403.

Dehnbostel, P.: Informelles Lernen. In: Pahl, J.-P.(Hrsg.): Lexikon Berufsbildung. 3. Auflage. Bielefeld 2016, S. 524-525

Deißinger, T.: Beruflichkeit als "organisierendes Prinzip" der deutschen Berufsausbildung. Markt Schwaben. 1998

Dengler K./Matthes B.: Folgen der Digitalisierung für die Arbeitswelt Substituierbarkeitspotenziale von Berufen in Deutschland. : IAB-Forschungsbericht 11/2015. S. 4-30

Deutsche Forschungsgemeinschaft (DFG): Berufsbildungsforschung an den Hochschulen der Bundesrepublik Deutschland. Denkschrift. Weinheim/Basel/New York 1990.

Deutschland (Deutsches Reich) Statistisches Reichsamt: Berufszählung: Volks-, Berufs- und Betriebszählung vom 16. Juni 1925. Die berufliche und soziale Gliederung der Bevölkerung in den Ländern und Landesteilen ; Teil 3, Süddeutschland und Hessen, Bände 2-3. Band 405 von Statistik des Deutschen Reichs / Neue Folge. 1928

Dickmann, T.: Controllingintegration nach M&A Transaktionen. Eine empirische Analyse. Frankfurt a. M. 2010

Die bayerische Generalität im Übergang von der Frühen Neuzeit zur Moderne am Beispiel ihres Karriereverlaufs. In: Militär und Gesellschaft in der Frühen Neuzeit e. V.(Hrsg.): Militär und Gesellschaft in der Frühen Neuzeit. Potsdam 2010, S. 85-126

Dieterich, J./Kreißl, M.: Berufliche Fachrichtung Pflege. In: Pahl, J.-P./Herkner, V. (Hrsg.): Handbuch Berufliche Fachrichtungen. Bielefeld, S.553-566

Diederich, S.: Römische Agrarhandbücher zwischen Fachwissenschaft, Literatur und Ideologie. Berlin 2007

Diesbergen, C.: Radikal-konstruktivistische Pädagogik als problematische Konstruktion. Eine Studie zum Radikalen Konstruktivismus und seiner Anwendung in der Pädagogik. Frankfurt a.M./Bern1998

Diettrich, A./Meyer-Menk, J: Berufliches Lernen in Netzwerken und Kooperationen – Ansatzpunkte zur Kompetenzerfassung und –zertifizierung. http://www. bwpat. de - bwp@Berufs- und Wirtschaftspädagogik Nr. 3., 2002

Dilthey, W.: Das Wesen der Philosophie. Hamburg 1984

Dilthey, W.: Gesammelte Schriften. Die geistige Welt. Einleitung in die Philosophie des Lebens. 2. Auflage. Band 5. Leipzig 1957

Dilthey,W. (1988): Über die Möglichkeit einer allgemeingütigen pädagogischen Wissenschaft. Weinheim 1961

Diploma Supplement: Hochschulrektorenkonferenz (31.12.2015)
  https://www.hrk.de/uploads/media/Diploma_Supplement_neue_Fassung_2015.pdf

Dobischat, R.: Berufsbildungsbericht. In: Pahl, J.-P. (Hrsg.): Lexikon Berufsbildung. Ein Nachschlagewerk für die nicht-akademischen und akademischen Bereiche. Bielefeld 2016, S. 200-201

Dobischat, R.: Berufliche Erfahrungen im Arbeitsförderungsgesetz. Erfahrungen aus dem Transformationsprozess in den neuen Bundesländern. In: Arnold, R./Dobischat, R./Ott, B.(Hrsg.):Weiterungen der Berufspädagogik. Von der Berufsbildungstheorie zur internationalen Berufsbildung. Stuttgart 1997, S. 67- 84

Dobischat, R./Düsseldorf, K.: Berufliche Bildung und Berufsbildungsforschung. In: Tippelt, R. (Hrsg.): Handbuch Bildungsforschung. Opladen 2010, S. 315-331

Dombradi, E.: Die Darstellung des Rechtsaustrags in den altbabylonischen Prozeßurkunden. Stuttgart 1996

Döring, N./Bortz, J.: Forschungsmethoden und Evaluation in den Sozial- und Humanwissenschaften. 5. Auflage. Berlin/Heidelberg 2016

Döhler, M.: Die Regulierung von Professionsgrenzen: Struktur und Entwicklungsdynamik von Gesundheitsberufen im internationalen Vergleich. – Frankfurt/Main/ New York, 1997

Donsbach, W./Rentsch, M.: Journalist/-in als Beruf – Ein Forschungsüberblick. In: Pahl, J.-P./Herkner, V. (Hrsg.): Handbuch Berufsforschung. Bielefeld 2013, S. 717-726

Dormeyer, D./Siegert, F./de Voss, C. (Hrsg.):Arbeit in der Antike, in Judentum und Christentum. Münster 2006

Dormeyer, D. / Siegert, F. / de Voss, C. (Hrsg.):Arbeit in der Antike, in Judentum und Christentum. Münster 2006

Dörschel, A. (1976): Geschichte der Erziehung im Wandel von Wirtschaft und Gesellschaft. 2. Auflage, Berlin

Dostal, W.: Berufsethik. In: Pahl, J. (Hrsg.): Lexikon Berufsbildung, Bielefeld 2016, S. 226-227

Dostal, W.: Berufsförmige Arbeit. In: Pahl, J. (Hrsg.): Lexikon Berufsbildung, Bielefeld 2016, S. 252-253

Dostal, W.: Erwerbstätigkeit. In: Pahl, J. (Hrsg.): Lexikon Berufsbildung, Bielefeld 2016, S. 413-414

Dostal, W.: Ansätze der Berufsforschung in der Bundesrepublik Deutschland. In: Pahl, J.-P./Herkner, V. (Hrsg.): Handbuch Berufsforschung. Bielefeld 2013, S.95-106

Dostal, W.: Phänomen Beruf – neue Perspektiven. In: Oberliesen, R.; Schulz, H.-D. (Hrsg.): Kompetenzen für eine zukunftsfähige arbeitsorientierte Allgemeinbildung. Baltmannsweiler. 2007, S. 45 – 70.

Dostal, W.: Berufsgenese: ein Forschungsfeld der Berufsforschung, erläutert am Beispiel der Computerberufe. Nürnberg 2006

Dostal, W./Stooß, F./Troll, L. (1998): Beruf – Auflösungstendenzen und erneute Konsolidierung. In: Sonderdruck aus: Mitteilungen aus der Arbeitsmarkt- und Berufsforschung. 31.Jg., Heft 3. 1998, S. 438-460

Dostal, W.. Berufsforschung. In: Rauner, F. (Hrsg.): Handbuch Berufsbildungsforschung. Bielefeld 2005a, S. 105-112

Dostal, W.: Facetten des Berufsbegriffs Vielfalt von Berufsbezeichnungen erschwert die Orientierung. In: BWP, Heft 4, 2005b, S. 15-18

Dostal. W.: Berufsforschung. IAB: Beiträge zur Arbeitsmarkt- und Berufsforschung, Beitrag IAB 296, Nürnberg 2005

Dostal. W.: Der Berufsbegriff in der Berufsforschung des IAB. In: Kleinhenz, G. (Hrsg.): IAB-Kompendium Arbeitsmarkt- und Berufsforschung. Beiträge zur Arbeitsmarkt- und Berufsforschung, BeitrAB 250, Nürnberg 2002, S. 463-474

Dostal, W.: Wandel der Personalqualifikationen durch flexibel automatisierte Fertigungssysteme. In: Hoppe, M./Erbe, H.-H.(Hrsg.): Neue Qualifikationen Alte Berufe.

Rechnergestützte Arbeiten und Konsequenzen für die Berufsausbildung. Wetzlar 1984, S. 27-39

DQR-Handbuch: Handbuch zum Deutschen Qualifikationsrahmen Struktur – Zuordnungen – Verfahren – Zuständigkeiten. Bonn 2013

Dreier, H.: Kanonistik und Konfessionalisierung – Marksteine auf dem Weg zum Staat. In: Juristen Zeitung. Heft 1. 57. Jahrgang, 4. Januar 2002, S. 1–13

Dreier, V.: Empirische Politikforschung. München /Wien 1997

Dubs, R.: Entwicklung von Schlüsselqualifikationen in der Berufsschule. In: Arnold, R./Lipsmeier, A. (Hrsg.): Handbuch der Berufsbildung Handbuch der Berufsbildung. 2., überarbeitete und aktualisierte Auflage. Wiesbaden. 2006, S. 191-203

Dubs, R.: Die Führung einer Schule: Leadership und Management. 2., überarbeitete Auflage. Zürich 2005

Dürnberger, H.: Forschendes Lernen unter Einsatz digitaler Medien beim Verfassen der Bachelorarbeit – Potenziale für die Schlüsselkompetenzentwicklung. Friedrichshafen 2014 (Download 15. 06. 2016)

Dütsch, M./Liebig, V./Struck, O.: Erosion oder Stabilität der Beruflichkeit? Eine Analyse der Entwicklung und Determinanten beruflicher Mobilität. Working Paper – No. 8. Bamberg 2012 Reden, Sitta von: Antike Wirtschaft. Berlin 2015.

Ebbinghaus, M./Tschöpe, T./Velten, St.: Qualität betrieblicher Ausbildung - Forschungsgegenstand und Perspektiven einer Zwischenbilanz. In: Zeitschrift für Berufs- und Wirtschaftspädagogik 25. Beiheft. Stuttgart 2011, S. 199-210

Ehmer, J.: Das Alter in Geschichte und Geschichtswissenschaft. In:. Staudinger, U. M., Häfner, H. (Hrsg.): Was ist Alter(n)? Neue Antworten auf eine scheinbar einfache Frage. Berlin 2008, S.149-172

Ehmer; J.: Lebenstreppe. In: Jaeger, F. (Hrsg.): Enzyklopädie der Neuzeit. Stuttgart 2006, S. 50-53

Ehmer, J./Gutschner, P. : Befreiung und Verkrümmung durch Arbeit. In: Dülmen, Richard van (Hrsg.): Die Erfindung des Menschen. Schöpfungsträume und Körperbilder 1500-2000. Wien u. a. 1998, S. 283-303

Eichberg, E.: Über das Vergleichen im Unterricht. Hannover 1972

Eifert, Ch.: Deutsche Unternehmerinnen im 20. Jahrhundert. München 2011

Einkommensteuergesetz (EStG): Einkommensteuergesetz in der Fassung der Bekanntmachung vom 8. Oktober 2009 (BGBl. I S. 3366, 3862), das zuletzt durch Artikel 7 des Gesetzes vom 31. Juli 2016 (BGBl. I S. 1914) geändert worden ist

Einigungsvertrag: Einigungsvertragsgesetz vom 23. September 1990 – BGBl. II, S. 885.

Eisenhardt, K. M.: Building Theories From Case Study Research. In: Academy of Management. The Academy of Management Review. Oct. 1989, pp. 532-550

Eisermann, Sonja Iris: Berufsbezeichnungen für Frauen vom 16. - 19. Jahrhundert. Eine sprachhistorische Untersuchung insbesondere des in Derivationsmorphems unter Berücksichtigung prototypensemantischer Aspekte beim Bedeutungswandel. Oldenburg 2003

Elkar, R. S./Keller, K./Schneider, H.: Handwerk. Von den Anfängen bis zur Gegenwart. Darmstadt 2014

Ellenkamp, M.: Industriearbeit, Krankheit und Geschlecht: Zu den sozialen Kosten der Industrialisierung: Bremer Textilarbeiterinnen 1870-1914. Göttingen 1991

Ellwein, T.: Die deutsche Universität. Vom Mittelalter bis zur Gegenwart. Frankfurt a. M. 1992

Euler, D.: Berufsprinzip. Pahl, J.-P.: Lexikon Berufsbildung, Bielefeld 2016, S. 272-273

Euler, D.: Ist das Berufsprinzip noch zeitgemäß? In: Pahl, J.-P./Herkner, V. (Hrsg.): Handbuch Berufsforschung. Bielefeld 2013, S. 264-273

Euler, D./Walwei, U./Weiß, R. (Hrsg.):Berufsforschung für eine moderne Berufsbildung – Stand und Perspektiven. Zeitschrift für Berufs- und Wirtschaftspädagogik. Beiheft 24, Stuttgart 2010

Euler, D.: Unter Weißkittel- und Blaukittelforschern: Aufgaben und Stellenwert der Berufsbildungsforschung. In: BIBB. Wissenschaftliche Diskussionspapiere (Hrsg.): Neue Forschungsverständnisse in den Sozialwissenschaften: Konsequenzen für die Berufsbildungsforschung im Bundesinstitut für Berufsbildung, Bonn 2008, S. 43 -74

Euler, D./Severing, E.: Berufliche und akademische Bildung Hintergrundpapier im Rahmen der Initiative „Chance Ausbildung – jeder wird gebraucht!" Gütersloh 2015

Euler, D./Seufert, S./Wilbers, K.: eLearning in der Berufsbildung. In R. Arnold & A. Lipsmeier (Hrsg.):Handbuch der Berufsbildung. 2. Aufl., Wiesbaden 2006, S. 432–450

Europäische Kommission: Post - Umfassende Sektoranalyse der neuen Kompetenzen und der wirtschaftlichen Aktivitäten innerhalb der Europäischen Union Zusammenfassung 2009

Europäischer Gerichtshof (EuGH): Urteil vom 11. Oktober 2011, Rs. C-267/99, Rdn. 42, insbesondere Definition der Freien Berufe 2011

Europäischer Wirtschafts- und Sozialausschuss: Die Lage der freien Berufe in ihrer Funktion und Bedeutung für die europäische Zivilgesellschaft. Brüssel 2014

Faltin, G./Herz, G.: Berufsforschung und Hochschuldidaktik. In: Faltin, G./Herz, O. (Hrsg.): Berufsforschung und Hochschuldidaktik. Sondierung des Problems. Bielefeld 1974, S. 4-25

Faulstich, P.: Weiterbildungsforschung. In: Rauner, F. (Hrsg.): Handbuch Berufsbildungsforschung. Bielefeld 2005

Federspiel, R.: Soziale Mobilität im Berlin des zwanzigsten Jahrhunderts: Frauen und Männer in Berlin Neukölln 1905 – 1957 Berlin/New York 1999

Fegebank, B.: Berufliche Fachrichtung „Ernährung und Hauswirtschaft". In: Pahl, J.-P. (Hrsg.): Lexikon Berufsbildung, Bielefeld 2016, S. 141-142

Fegebank, B.: Forschungen zu nicht-akademischen ernährungs- und hauswirtschaftlichen Berufen. In: Pahl, J.-P./Herkner, V. (Hrsg.): Handbuch Berufsforschung. Bielefeld 2013, S.605-615

Fegebank, B.: Berufliche Fachrichtung Ernährung und Hauswirtschaft. In: Pahl, J.-P./Herkner, V. (Hrsg.): Handbuch Berufliche Fachrichtungen. Bielefeld 2010, S. 575-587

Fegebank, B.: Berufslehre Ernährung und Hauswirtschaft. Baltmannsweiler 2004

Feldkamp, D./Porath, J.: Kompetenzprofil. In: Pahl, J.-P. (Hrsg.): Lexikon Berufsbildung, Bielefeld 2016, S. 566-567

Fenger, H.: Der Transformationsprozeß. In: Sonderdruck aus: Mitteilungen aus der Arbeitsmarkt- und Berufsforschung. 4. Jg. Nürnberg 1971, S. 366-372

Fenger, H.: Arbeitsmarktforschung – Berufsforschung – Bildungsforschung. Versuch zur Bestimmung von Schwerpunkten, Abgrenzungen und Überschneidungsbereichen. Mitt (IAB), Heft 5. Dezember. Nürnberg 1968. S. 325–335

Fend, H.: Gesellschaftliche Voraussetzungen und Folgen einer Curriculumreform in sozialisationstheoretischer Sicht. In K. Frey (Hrsg.), Curriculum-Handbuch. München 1975, S. 92-104

Feyerabend, P. K.: Wider den Methodenzwang. Skizze einer anarchistischen Erkenntnistheorie. Frankfurt a. M. 1999

Fischer, A.: Entwicklung, Aufgabe und Aufbau der Berufserziehung. In: Nohl, H./Pallat, L. (Hrsg.): Handbuch der Pädagogik, Bd. 3. Langensalza u. a. 1930, S. 458-497

Fischer, B. (Hrsg.): Alter und Altern. Historische und heutige Perspektiven des Alters und Alterns. Studium generale: Projekt. Download 06.08.2016 – 12 Uhr

Fischer, K.: Interdisziplinarität im Spannungsfeld zwischen Forschung, Lehre und Anwendungsfeldern. In: Fischer, K./Laitko, H./Parthey Hrsg.): Interdisziplinarität und Institutionalisierung der Wissenschaft. Wissenschaftsforschung Jahrbuch 2010, Berlin 2011, S. 37-58

Fischer, M./Münk, D.: Berufsbildungsforschung im Prozess der europäischen Intergration. In: Rauner, F. (Hrsg.): Handbuch Berufsbildungsforschung. In: Bielefeld 2005, S. 88-94

Fischer, M.: Grundprobleme didaktischen Handelns und die arbeitsorientierte Wende in der Berufsbildung. http://www.bwpat.de, Nr. 4, 2003

Fläschendräger, W./Straube, M.: Die Entwicklung der Universitäten, Hochschulen und Akademien im Spiegel der hochschulgeschichtlichen Forschungen (1960-1969). Berlin (Ost) 1970

Fleck, L.: Entstehung und Entwicklung einer wissenschaftlichen Tatsache. Einführung in die Lehre vom Denkstil und Denkkollektiv. Frankfurt a. M. 1980

Flick, U.: Stationen des qualitativen Forschungsprozesses. In: Flick, Uwe (Ed.) ; Kardoff, E. von/Keupp, H./ Rosenstiel, L. von/Wolff, St.(Ed.): Handbuch qualitative Sozialforschung : Grundlagen, Konzepte, Methoden und Anwendungen. München. 1991, S. 147-173

Fragniere, G./Sellin, B.: Der Ingenieur in der Europäischen Gemeinschaft. Soziales Selbstbild, Beruf, Ausbildung. Hannover/Darmstadt/Dortmund/Berlin 1974

Frank, I./Walden, G./Weiß, R.: Berufsforschung und Berufsentwicklung: Perspektiven für die Arbeit des Bundesinstituts für Berufsbildung. In: Euler, D./Walwei, U./ Weiß, R. (Hrsg.): Berufsforschung für eine moderne Berufsbildung – Stand und Perspektiven. Zeitschrift für Berufs- und Wirtschaftspädagogik (ZBW), Beiheft 24, Stuttgart 2010, S. 37-60

Franz, H.: Zwischen Markt und Profession: Betriebswirte in Deutschland im Spannungsfeld von Bildungs- und Wirtschaftsbürgertum, Göttingen 1998: Frenzel, E. M.: Das Definieren von Rechtsbegriffen – Beispiele aus dem Verfassungsrecht. In:

Zeitschrift für das Juristische Studium – www.zjs-online.com. Ausgabe 5, 2009, S.487-493

Frenzel, E. M.: Das Definieren von Rechtsbegriffen – Beispiele aus dem Verfassungsrecht. In: Zeitschrift für das Juristische Studium – www.zjs-online.com. Ausgabe 5, 2009, S.487-493

Frevel, Chr.: Du wirst jemand haben, der dein Herz erfreut und dich im Alter versorgt (Rut). Alter und Altersversorgung im Alten/Ersten Testament. In: Kamping, R./Middelbeck-Varwick, A. (Hrsg.): Alter - Blicke auf das Bevorstehende. Frankfurt a. M. 2009, S. 11- 44

Frey, A./Ertelt, B.-J.: Diagnostik und Prävention von Ausbildungsabbrüchen. In: Frey, A./ Lissmann, U./Schwarz, B. (Hrsg.): Handbuch Berufspädagogische Diagnostik. Weinheim/Basel 2013, S. 441-475

Frey, A./Lissmann, U./Schwarz, B. (Hrsg.): Handbuch Berufspädagogische Diagnostik. Weinheim/Basel 2013

Frieling, E./Buch, M./Wieselhuber. J.: Alter(n)sgerechte Arbeitssystemgestaltung in der Automobilindustrie - die demografische Herausforderung bewältigen. Kassel 2006

Frijhoff, W.: Der Lebensweg der Studenten. In: Rüegg, W. (Hrsg.) : Geschichte der Universität in Europa. Band 2. Von der Reformation bis zur französischen Revolution. 1500-1800. München 1996, S. 287-334

Frijhoff, W.: Grundlagen. In: Rüegg, W. (Hrsg.) : Geschichte der Universität in Europa. Band 2. Von der Reformation bis zur französischen Revolution. 1500-1800. München 1996, S. 53-102

Fröse, E.: Das Naturverständnis im Wechsel wissenschaftlicher Rationalität: philosophische Untersuchungen des Verhältnisses von Subjekt und Objekt im wissenschaftstheoretischen Diskurs. Überlegungen zu einer ökologisch orientierten Gesellschaftskonzeption. Frankfurt a. M./Berlin/Bern/New York/Paris/Wien, 1996

Fuchs, M./Lamnek, S./Luedtke, J.: Schule und Gewalt. Realität und Wahrnehmung eines sozialen Problems. Opladen 1996,

Fürstenberg, F.: Berufsgesellschaft. In: Pahl, J.-P. (Hrsg.): Lexikon Berufsbildung, Bielefeld 2016, S. 255-256

Fürstenberg, F.: Berufsgesellschaft – Forschungsfelder und Befunde. In: Pahl, J.-P./Herkner, V. (Hrsg.): Berufsforschung. Bielefeld 2013, S. 38-46

Fürstenau, B./Grzanna, C.: Vertiefungsrichtung Verwaltung. In: Pahl, J.-P./Herkner, V. (Hrsg.): Handbuch Berufliche Fachrichtungen. Bielefeld 2010, S. 748-759

Gadamer, H.-G.: Hermeneutik I. Wahrheit und Methode. Bd. 1. 6. Auflage. Tübingen 1990

Gängler, H.: Etablierung akademischer Berufe in der Sozialpädagogik. In: Pahl, J.-P./Herkner, V. (Hrsg.): Berufsforschung. Bielefeld 2013, S. 899-912

Gängler, H.: Berufliche Fachrichtung Sozialpädagogik. In: Pahl, J.-P./Herkner, V. (Hrsg.): Handbuch Berufliche Fachrichtungen. Bielefeld, S. 567-574

Gagel, G.: Der Lehrplan der Fachkunde [1929]. In: Grüner, G. (Hrsg.): Curriculumproblematik der Berufsschule. bzp 6. Stuttgart 1975, S. 76-85

Gahlen, G./Winkel, C.: Militärische Eliten in der Frühen Neuzeit: Einführung. In: Militär und Gesellschaft in der Frühen Neuzeit e. V.(Hrsg.): Militär und Gesellschaft in der Frühen Neuzeit. Potsdam 2010, S. 7-31

Garbe, 1891 S. 30 Garbe, R.: Die Erziehung der gewerblichen (männlichen) Jugend. In: Verhandlungen des 2. Evangelisch-sozialen Kongresses Berlin 1891. Berlin 1891

Gardey, D.: Ein Blick zurück: Zur Geschichte der Frauenarbeit. In: Krais, B./ Maruani, M. (Hrsg.): Frauenarbeit – Männerarbeit. Neue Muster der Ungleichheit auf dem europäischen Arbeitsmarkt. Frankfurt/NewYork 2001, S. 36-59.

Garz, D.: Entwicklungslinien qualitativ empirischer Sozialforschung. In König, E./Zedler, P. (Hg), Bilanz qualitativer Forschung. Band I: Grundlagen qualitativer Forschung. Weinheim 1995 S. 11-31

Geisen, Th.: Arbeit und Subjektwerdung in der Moderne. Ein dialogue imaginaire zwischen Karl Marx und Hannah Arendt. Wiesbaden 2011

Geisler, K.: Karriere - ein Zusammenspiel aus Individualität und organisationaler Struktur. München 2009

Gembris, H.: Biographische Untersuchungen zum Berufsalltag von Musiklehrern. In: Kraemer, R.-D. (Hrsg.): Musikpädagogische Forschung, Bd. 12: Musiklehrer. Berufsbild - Berufsalltag - Berufsverlauf, hg. v. R.-D. Kraemer, Essen 1991, S. 57-72

Gemeinhardt, P.: Das lateinische Christentum und die antike pagane Bildung. Tübingen 2007

Gemeinschaftsarbeit der Akademie der Pädagogischen Wissenschaften u. a.: Das Bildungswesen der Deutschen Demokratischen Republik. Berlin (Ost) 19189

Gemmel, G.: Strategisches Informationsmanagement in Großprojekten der Industrie. Berlin 2013

Georg, W./Kunze, A.: Sozialgeschichte der Berufserziehung. Eine Einführung. München 1981

Georg, W./Sattel, U.: Berufliche Bildung, Arbeitsmarkt und Beschäftigung. In: Arnold, R./Lipsmeier, A. (Hrsg.): Handbuch der Berufsbildung. Wiesbaden. 2006, S.125-152

Georg, W.: Berufsbildungsforschung in de Entwicklungszusammenarbeit. In: Rauner, F. (Hrsg.): Bielefeld 2005, S. 95-103

Gerds, P.: Berufsfelder und Berufliche Fachrichtungen – auflösen oder neu schneiden? In: Becker, M./Schwenger, U./Spöttl, G./Vollmer, T. (Hrsg.): Metallberufe auf dem Weg zur Neuordnung. Dokumentation zu den 12. Hochschultagen Berufliche Bildung 2002, Band 10. Bielefeld 2002, S. 5-21

Gerds, P./Heidegger, G./Rauner, F.: Berufsfelder von Auszubildenden und Bedarfe in den Fachrichtungen der Berufsschullehrerinnen und –lehrer zu Beginn des nächsten Jahrtausends in Norddeutschland. Reformbedarf in der universitären Ausbildung von Pädagoginnen und Pädagogen beruflicher Fachrichtungen in Norddeutschland. Gutachten im Auftrag der Länder Bremen, Hamburg, Mecklenburg-Vorpommern, Niedersachsen und Schleswig-Holstein. Bremen: Institut Technik und Bildung 1998

Gerstenberger, E.S.: Der bittende Mensch. Bittritual und Klagelied des Einzelnen im Alten Testament. (Neukirchen-Vluyn) 1980

Geschka, H./Hammer, R. (1997): Die Szenario-Technik in der strategischen Unternehmensplanung. In: Hahn, v.D./Taylor, B. (Hrsg.): Strategische Unternehmensplanung. Strategische Unternehmensführung. 7. Aufl., Heidelberg 1997, S. 467-476.

Gesetz über die Hochschulen des Landes Nordrhein-Westfalen (Hochschulgesetz – HG) Vom 16. September 2014

Gesetz gegen den unlauteren Wettbewerb (UWG): Gesetz gegen den unlauteren Wettbewerb in der Fassung der Bekanntmachung vom 3. März 2010 (BGBl. I S. 254), das zuletzt durch Artikel 4 des Gesetzes vom 17. Februar 2016 (BGBl. I S. 233) geändert worden ist

Gewerbeordnung (GewO): Gewerbeordnung in der Fassung der Bekanntmachung vom 22. Februar 1999 (BGBl. I S. 202), die durch Artikel 5 des Gesetzes vom 21. Oktober 2016 (BGBl. I S. 2372) geändert worden ist.

Gibis, B./Jacob, R./Müller, C. H.: Berufserwartungen von Medizinstudierenden. Ergebnisse einer bundesweiten Befragung. Deutsche Ärzteblatt Int. 2012; 109 (18): S. 327–332.

Gibbons, E.: History of the decline and fall of the roman empire. New York 1836

Giesecke, H.: Leben nach der Arbeit. Ursprünge und Perspektiven der Freizeitpädagogik. München 1983

Gilbreth, F. B.: Motion Study. New York 1911

Gillen, J.: Vertiefungsrichtung Raumgestaltung. In: Pahl, J.-P./Herkner, V. (Hrsg.): Handbuch Berufliche Fachrichtungen. Bielefeld, S. 632-643

Glaser, E./Herrmann, U.: Konkurrenz und Dankbarkeit. Die ersten drei Jahrzehnte des Frauenstudiums im Spiegel von Lebenserinnerungen – am Beispiel der Universität Tübingen. In: Zeitschrift für Pädagogik, Jg. 34, 1988, Nr. 2, S. 205-226

Gleichwertigkeit von Berufsqualifikationen. Berufsqualifikationsfeststellungsgesetz vom 6. Dezember 2011 (BGBl. I S. 2515), das durch Artikel 23 des Gesetzes vom 25. Juli 2013 (BGBl. I S. 2749) geändert worden ist

Glunz, F.: Das Berufsschullaboratorium für metallgewerbliche Klassen. Studien zur Berufspädagogik, Heft 7, Weinheim/Bergstr. 1962

Goebel, J./Grabka, M./Schröder, C: Einkommensungleichheit in Deutschland bleibt weiterhin hoch – junge Alleinlebende und Berufseinsteiger sind zunehmend von Armut bedroht. In: DIW Wochenbericht Wirtschaft, Politik, Wissenschaft Nr. 25 2015, Berlin, S. 571-586,

Goethe-Gesellschaft: Goethes Werke B. in sechs Bänden, o. O. 1950

Goody, J. (Hrsg.): Literacy in traditional Societies. Cambridge. 1990, S. 198-264

Grabner-Haider, A./Davidowicz, K./ Prenner, K.: Kulturgeschichte der frühen Neuzeit. Göttingen 2014

Grammes, T.: Editorial: Ausbildungsdidaktiken – Themen und Aufgaben einer Hochschulfachdidaktik der Sozialwissenschaften in der Lehrerausbildung. In: Grammes, T. (Hrsg.): Ausbildungsdidaktiken: Lehrerausbildung Didaktik Sozialwissenschaften Educating Social Science Educators. Volume 8, Number 2. 2009, S. 2-22

Granato, M./ Münk, D./Weiß, R.: Berufsbildungsforschung in der Einwanderungsgesellschaft – Entwicklung und Perspektiven In: Granato, M./Münk, D./Weiß, R. (Hrsg.): Migration als Chance. Bonn 2011, S. 9-35.

Grass, M.: Medizinische Versorgung in den Herrschaften Forchtenstein, Eisenstadt und Hornstein in der Frühen Neuzeit bis zum Sanitätshauptnormativ von 1770", Vortrag, 17.01.08, Wien 2008

Grass, M.: Medizinische Versorgung in den Herrschaften Forchtenstein, Eisenstadt und Hornstein in der Frühen Neuzeit bis zum Sanitätshauptnormativ von 1770. Band 94 der Burgenländischen Forschungen, herausgegeben vom Burgenländischen Landesarchiv. 2007

Grzanna, C./Fürstenau, B.: Berufsforschung zum Bereich „Verwaltung". In: Pahl, J.-P./Herkner, V. (Hrsg.): Handbuch Berufsforschung. Bielefeld 2013, S. 701-714

Greinert, W.-D.: Erwerbsqualifizierung. In: Pahl, J.-P. (Hrsg.): Lexikon Berufsbildung, Bielefeld 2016, S. 412-413

Greinert, W.-D. : Erwerbsqualifizierung jenseits des Industrialismus. Zu Geschichte und Reform des deutschen Systems der Berufsausbildung, 2. Auflage, Frankfurt a. M. 2012

Greinert, W.-D.: Erwerbsqualifizierung jenseits des Industrialismus. Zu Geschichte und Reform des deutschen Systems der Berufsbildung, Frankfurt am Main 2007

Greinert, W.-D.: Berufsqualifizierung und dritte industrielle Revolution. Baden-Baden 1999

Greinert, W.-D.: Grundmodelle formalisierter Berufsbildung. Ein neuer Anlauf zu einer Typologie. In: Greinert, W.-D./Heitmann, W./Stockmann, R. (Hrsg.): Ansätze betriebsbezogener Ausbildungsmodelle. Beispiele aus dem islamisch-arabischen Kulturkreis. Berlin 1996, S. 30-42

Greinert, W.-D.: Das „deutsche System" der Berufsausbildung. Geschichte, Organisation, Perspektiven. Baden-Baden 1993

Greshoff, R.: Methodische Überlegungen zum Theorienvergleich in den Sozialwissenschaften. In: F. Benseler, F./Blanck, B./ Greshoff, R./Loh, W (Hrsg.): Alternativer Umgang mit Alternativen. Opladen. 1994, S. 125-140

Grollmann, Ph./Frommberger, D. (Hrsg.): Internationales Handbuch der Berufsbildung. Bielefeld 2006

Grottker, D.: DINTA. In: Pahl, J.-P. (Hrsg.): Lexikon Berufsbildung, Bielefeld 2016, S. 369-370

Grottker, D.: Methodische Probleme historischer Berufsforschung. In: Pahl, J.-P./ Herkner, V. (Hrsg.): Handbuch Berufsforschung. Bielefeld 2013, S. 197-208

Grottker, M.:, Wasserwirtschaftliche Anlagen am Tell Hujayrat al-Ghuzlan, Aqaba, Jordanien, ImpulsE 9, Heft 1, 2004, S. 50-55

Gruber, H./Rehrl, M.: Netzwerkforschung. In: Tippelt, R./Schmidt, (Hrsg.): Handbuch Bildungsforschung, 3. durchgesehene Auflage. Wiesbaden 2010

Grunder, H.-U./Bieri, Th.: 1995 Zufrieden in der Schule? Zufrieden mit der Schule? Bern u .a. 1995

Grundmeier, A.: Berufliche Fachrichtung „Textil- und Bekleidungstechnik". In: Pahl, J.-P.: Lexikon Berufsbildung, Bielefeld 2016, S. 152-153

Grundmeier, A.-M./Reuter, Ch.: Berufsforschung im nicht-akademischen Berufsfeld Textil und Mode. In: Pahl, J.-P./Herkner, V. (Hrsg.): Handbuch Berufsforschung. Bielefeld 2013, S. 692-700

Grundmeier, A./Hayen, H.: Berufliche Fachrichtung Textiltechnik und -gestaltung. In: Pahl, J.-P./Herkner, V. (Hrsg.): Handbuch Berufliche Fachrichtungen. Bielefeld, S. 476-490

Grüner, G.: Problem Berufstheorie. Deutsche Berufs- und Fachschule. Heft 5 1976, S. 335-345

Grüner, G.: Das berufliche Schulwesen. In: Jeserich, K. G. A./Pohl, H./Unruh, G.-C. v. (Hrsg.): Deutsche Verwaltungsgeschichte, Band V: Die Bundesrepublik Deutschland. Stuttgart 1986, S. 643-653

Grüner, G.: Schulen, gewerbliche. In: Lenzen, D. (Hrsg.): Enzyklopädie Erziehungswissenschaft. Handbuch und Lexikon der Erziehung in 11 Bänden und einem Registerband. Band 9: Sekundarstufe II – Jugendbildung zwischen Schule und Beruf. Teil 2: Lexikon. Stuttgart 1983, S. 471-474

Grüner, G.: Didaktik des Ausbildungsberufes? In: Zeitschrift für Berufs- und Wirtschaftspädagogik, 77. Band (1981), Heft 7, S. 543-547

Grüner, G.: Bausteine zur Berufsschuldidaktik. Trier 1978

Grüner, G.: Einführung. In: Grüner, G. (Hrsg.): Curriculumproblematik der Berufsschule. bzp 6. Stuttgart 1975, S. 7-23

Grüner, G.: Das Problem der Modernität der Lerninhalte beruflicher Schulen. In: Die Deutsche Berufs- und Fachschule, 63. Band (1967b), Heft 12, S. 908-912

Grüner, G.: Die didaktische Reduktion als Kernstück der Didaktik. In: Die Deutsche Schule, 59. Jg. (1967c), Heft 7/8, S. 414-430

Gruschka, A.: Verstehen lehren. Ein Plädoyer für guten Unterricht. Stuttgart 2012

Gruschka, A.: Schule, Didaktik, Kulturindustrie. In: Vierteljahresschrift für wissenschaftliche Pädagogik, 83.. Jg., Heft 2, 2007 S. 253-278

Gruschka, A.: Erlassene Hausaufgaben gegen unterlassene Pädagogik. In: Pädagogische Korrespondenz. H. 2, 1987, S. 16-22

Gschwendtner, T.: Die Ausbildung zum Kraftfahrzeugmechatroniker im Längsschnitt. Analysen zur Struktur von Fachkompetenz am Ende der Ausbildung und Erklärung von Fachkompetenzentwicklungen übe die Ausbildungszeit. In: Zeitschrift für Berufs- und Wirtschaftspädagogik 25. Beiheft. Stuttgart 2011, S. 55-76

Gundel H.-G: Aus der Vor- und Frühgeschichte. In: Elze, R./Repgen, K. (Hrsg.): Eine europäischen Weltgeschichte. Band 1: Vor- und Frühgeschichte, Altertum, Mittelalter. Stuttgart 1999, S. 2-11

Gundel, H.-G./Callies, H.: Altertum. In: Callies, H./Boockmann, H./Gundel, H.-G./Leuschner, J./Pitz (Hrsg.): Studienbuch Geschichte. Band I. Vor- und Frühgeschichte., Altertum, Mittelalter. Stuttgart. Fünfte Auflage. 1999

Gundel, H.-G./Callies, H.: Altertum. In: Callies, H./Bookmann, H./Gundel, H.-G./Leuschner, J./Pitz (Hrsg.): Studienbuch Geschichte. Band I. Vor- und Frühgeschichte., Altertum, Mittelalter. Stuttgart. Fünfte Auflage. 1999

Gurjewitsch, A. J.: Das Individuum im europäischen Mittelalter. München 1994

Haas, V.: Babylonischer Liebesgarten: Erotik und Sexualität im alten Orient. München 199

Haasler, S./Haasler, B.: Forschungen zur beruflichen Identität. In: Pahl, J.-P./Herkner, V. (Hrsg.): Handbuch Berufsforschung. Bielefeld 2013, S. 505-516

Habermas, J.: Theorie des kommunikativen Handelns. (Bd. 1 und 2). Frankfurt a. M. 1981

Habermas, J.: Erkenntnis und Interesse. Frankfurt a. M. 1968

Hackel, M./Bertram, B./Blötz, U./Laaser, I./Reymers, M./Tutschner, H./ Wasiljew, E.: Diffusion neuer Technologien. Veränderungen von Arbeitsaufgaben und Qualifikationsanforderungen im produzierenden Gewerbe (DifTech) Zwischenbericht. Bonn 2012

Hahn, H.-W.: Die Industrielle Revolution in Deutschland. München 2011

Halle, J. S.: Kunst und Handwerk. Sechzehnter Band. Berlin 1788

Hammerstein, N.: Die Hochschulträger. In: Rüegg, W. (Hrsg.) : Geschichte der Universität in Europa. Band 2. Von der Reformation bis zur französischen Revolution. 1500-1800. München 1996, S. 109-113

Handbuch Bildungsforschung. 3. durchgesehene Auflage. Wiesbaden 2010

Handbuch der Verfassung und Verwaltung in Preußen und dem Deutschen Reiche.

Harney, H./Stefanie Hartz, St.: Beruf, Organisation und Aneignung – Betriebliches Geschehen zwischen Expertise, Management und mentaler Mitgliedschaft. In: Faulstich, P./Wiesner, G./Wittpoth, J.: (Hrsg.) Wissen und Lernen, didaktisches Handeln und Institutionalisierung Befunde und Perspektiven der Erwachsenenbildungsforschung. Bielefeld 2001, S. 115-128

Harney, K.: Beruf und Berufsbildung. Situationen, Reformperspektiven, Gestaltungsmöglichkeiten. Reihe Zeitschrift für Pädagogik, Beiheft 40, Weinheim/Basel 1999

Harney, K.: Beruf. In: Kaiser, F.-J./Pätzold, G. (Hrsg.): Wörterbuch Berufs- und Wirtschaftspädagogik. Bad Heilbrunn 2006, S. 62-64

Harney, K./Hartz, St./Weischet, M.: Analysen und Beiträge zur Aus- und Weiterbildung. Bd. 1: Beziehungen zwischen Berufsbildungs- und Hochschulsystem im Medium dualer Studiengänge. Recklinghausen 2001

Harney, K. Tenorth, H.-E. (Hrsg.): Beruf und Berufsbildung. Situation, Reformperspektiven, Gestaltungsmöglichkeiten. Zeitschrift für Pädagogik, Beiheft; 40. Weinheim u. a. 1999

Harney, K./Tenorth, H.-E.: Beruf und Berufsbildung. Zur Einleitung in das Themenheft. In: Harney, K. Tenorth, H.-E. (Hrsg.): Beruf und Berufsbildung. Situation, Reformperspektiven, Gestaltungsmöglichkeiten. Zeitschrift für Pädagogik, Beiheft; 40. Weinheim u. a. 1999, S. 7-10

Hartmann, M.: Vertiefungsrichtung Heizung-, Klima- und Lüftungstechnik. In: Pahl, J.-P./Herkner, V. (Hrsg.): Handbuch Berufliche Fachrichtungen. Bielefeld, S. 706-717

Hartmann, M.: Theorie der Praxis. Entwurf einer Reflexionsstufentheorie am Beispiel der Berufsbildung. Baden-Baden 2005

Hartmann, U.: Das palmyrenische Teilreich. In: Johne, K.-P. (Hrsg.):Die Zeit der Soldatenkaiser: Krise und Transformation des Römischen Reiches. Band 1, Berlin 2008, S. 343-378...

Hartung, M.: Die dritte Mission. In „Die Zeit" Nr. 19, 28. April 2016, S.1

Hauer, W.: Lokale Schulentwicklung und städtische Lebenswelt: das Schulwesen in Tübingen von seinen Anfängen im Spätmittelalter bis 1806. Tübingen 2000

Hauer, W.: Lokale Schulentwicklung und städtische Lebenswelt: das Schulwesen in Tübingen von seinen Anfängen im Spätmittelalter bis 1806. Tübingen 2000

Hauptmeier, G./Kell, A./Lipsmeier, A.: Zur Auswahlproblematik von Lerninhalten und zur didaktischen Reduktion wissenschaftlicher Aussagen. In: Die Deutsche Berufs- und Fachschule 71.Jg., Heft 12, 1975 S. 897 – 922

Hebammengesetz – HebG: Hebammengesetz vom 4. Juni 1985 (BGBl. I S. 902), das zuletzt durch Artikel 18 des Gesetzes vom 18. April 2016 (BGBl. I S. 886) geändert worden ist.

Hecker, U.: Berufswechsel – Chancen und Risiken. Ergebnisse der BIBB/IAB-Erhebung 1998/99. In: Berufsbildung und Wissenschaft und Praxis (BWP), 29. Jg., 2000, Heft 4, S. 12-17

Hegel, G., W., F.: Vorlesungen über die Philosophie der Weltgeschichte. Band I. Die Vernunft in der Geschichte. Hamburg 1994

Hegelheimer, A.: Berufsausbildung in Deutschland. Ein Struktur-, System- und Reformvergleich der Berufsausbildung in der Bundesrepublik und der DDR. 2., unveränderte Aufl., Frankfurt a. M. 1973

Heidenreich, M.: Berufskonstruktion und Professionalisierung – Erträge der soziologischen Forschung. In: Apel, H.-J./Horn, K.-P./Lundgreen, P./Sandfuchs, U. (Hrsg.): Professionalisierung pädagogischer Berufe im historischen Prozeß. Bad Heilbrunn/Obb., 1999, S. 35-58

Heidenreich, M.: Berufskonstruktion und Professionalisierung – Soziologische Perspektiven am Beispiel des Ingenieurberufs. In: Pahl, J.-P./Herkner, V. (Hrsg.): Handbuch Berufsforschung. Bielefeld 2013, S. 313-327

Heilpraktikergesetz: Gesetz über die berufsmäßige Ausübung der Heilkunde ohne Bestallung (Heilpraktikergesetz - HPG) vom 17.02.1939 (Bundesgesetzblatt Teil I, Seite 251) in der Fassung des Änderungsgesetzes vom 02.03.1974 (Bundesgesetzblatt Teil I, Seite 469). Heilpraktikergesetz in der im Bundesgesetzblatt Teil III, Gliederungsnummer 2122-2, veröffentlichten bereinigten Fassung, das zuletzt durch Artikel 15 des Gesetzes vom 23. Oktober 2001 (BGBl. I S. 2702) geändert worden ist.

Heimann, P./Otto, G./Schulz, W.: Unterricht, Analyse und Planung. Hannover 1965

Hein, D.: Arbeit, Fleiß und Ordnung. In: Hans-Werner Hahn, Dieter Hein (Hrsg.): Bürgerliche Werte um 1800. Entwurf – Vermittlung – Rezeption. Köln, Weimar, Wien 2005. S. 239-252

Heine, Ch.: Übergang vom Bachelor- zum Masterstudium. Forum Hochschule 7/2012. Berlin 2012

Heinemann, L.: Nähe. und Distanz in der Berufsbildungsforschung. In: Rauner, F. (Hrsg.): Handbuch Berufsbildungsforschung. Bielefeld 2005, S. 586-574

Heinzelmann, M. : Das Altenheim – immer noch eine „Totale Institution" ? Eine Untersuchung des Binnenlebens zweier Altenheime. Göttingen 2004

Heisler, D.: „Friseur/-in" und „Kosmetiker/-in": Berufsarbeit und prekäre Beschäftigung. In: Pahl, J.-P./Herkner, V. (Hrsg.): Handbuch Berufsforschung. Bielefeld 2013, S. 628-635

Heisler, D.: Körperpflege – Genese eines (semi-)akademischen Berufsfeldes. In: Pahl, J.-P./Herkner, V. (Hrsg.): Handbuch Berufsforschung. Bielefeld 2013, S. 739-746

Hejl, P. M.: Konstruktion und Universalien – eine Verbindung contre nature? In: Hejl, P. (Hrsg.): Universalien und Konstruktivismus. Frankfurt a. M. 2005, S. 7-67

Hempel, C. G.: Aspekte wissenschaftlicher Erklärung. - Berlin/New York. 1977

Henke, W. (2006): Evolution und Verbreitung des Genus Homo – Aktuelle Befunde aus evolutionsökologischer Sicht. In: Conard, N. J. (Hrsg.): Woher kommt der Mensch? 2. Auflage, Tübingen, S. 104-142.

Hering, D.: Zur Faßlichkeit naturwissenschaftlicher und technischer Aussagen. Eine Einführung in das Problem der Wissenschaftlichkeit und Faßlichkeit der Aussagen im naturwissenschaftlichen und technischen Unterricht. Beiträge zur Theorie und Praxis der Berufsbildung, Heft 2, Berlin 1959

Herkner, V.: Berufsbildungstheorie. In: Pahl, J.-P. (Hrsg.): Lexikon Berufsbildung, Bielefeld 2016, S. 213-214

Herkner, V.: Berufspädagogik. In: Pahl, J.-P. (Hrsg.): Lexikon Berufsbildung, Bielefeld 2016, S. 268-269

Herkner, V.: Deutscher Ausschuß für Technisches Schulwesen (DATSCH). In: Pahl, J.-P. (Hrsg.): Lexikon Berufsbildung, Bielefeld 2016, S. 350-351

Herkner, V.: Berufsethos als Forschungsthema. In: Pahl, J.-P./Herkner, V. (Hrsg.): Handbuch Berufsforschung. Bielefeld 2013, S. 496-504

Herkner, V.: Berufspädagogische Wurzeln und Entwicklungen der Beruflichen Fachrichtungen. In: Pahl, J.-P./Herkner, V. (Hrsg.): Handbuch Berufliche Fachrichtungen. 2. Auflage. Bielefeld 2010a, S. 35-55

Herkner, V.: Berufspädagogische Perspektiven für Berufliche Fachrichtungen. Flensburg 2010b

Herkner, V./Pahl, J.-P.: Vorüberlegungen zu einer Allgemeinen Theorie der Berufe. In: Zeitschrift für Berufs- und Wirtschaftspädagogik. 110. Band, Heft 1, Stuttgart 2014, S. 98-113

Herkner, V./Pahl, J.-P.: Struktur und Entwicklungsmöglichkeiten der Beruflichen Fachrichtungen – Analysen und Vergleiche. In: Pahl, J.-P./Herkner, V. (Hrsg.): Handbuch Berufliche Fachrichtungen. 2. Auflage. Bielefeld 2010, S. 832-847

Herkner, V./Vermehr, B. (Hrsg.): Berufsfeldwissenschaft – Berufsfelddidaktik – Lehrerbildung. Beiträge zur Didaktik gewerblich-technischer Berufsbildung. Bremen 2004

Herkner, V.: Deutscher Ausschuß für Technisches Schulwesen. Untersuchungen unter besonderer Berücksichtigung metalltechnischer Berufe. Hamburg 2003, zgl. Diss., Technische Universität Dresden 2003

Herre, W./Röhrs, M.: Haustiere – zoologisch gesehen. Berlin/Heidelberg 2013

Herrmann-Otto, E.: Grundfragen der antiken Sklaverei. Hildesheim 2015

Herrmann-Otto, E.: Die Ambivalenz des Alters. Gesellschaftliche Stellung und politischer Einfluß der Alten in der Antike. In: Herrmann-Otto (Hrsg.): Die Kultur des Alterns von der Antike bis zur Gegenwart. ST. Ingbert 2004, S. 3-17

Herrmann-Otto, E.: Ex ancilla natus. Untersuchungen zu den „hausgeborenen" Sklaven und Sklavinnen im Westen des römischen Kaiserreiches. Forschungen zur antiken Sklaverei. Band 24. Stuttgart 1994

Herzog, W.: Wissenschaftstheoretische Grundlagen der Psychologie. Wiesbaden 2012

Heß, E./Spöttl, G.: Kernberufe als Baustein einer europäischen Berufsbildung. In: Berufsbildung in Wissenschaft und Praxis (BWP), 37. Jg., 2008, Heft 4, S. 27-30

Hesse, H. A. 1972: Berufe im Wandel. Ein Beitrag zur Soziologie des Berufes, der Berufspolitik und des Berufsrechts. 2. Aufl. Stuttgart 1972

Hejl, P. M.: Konstruktion und Universalien – eine Verbindung contre nature? In: Hejl, P. (Hrsg.): Universalien und Konstruktivismus. Frankfurt a. M. 2005, S. 7-67

Heyting, F.: Die Zweiheit des Selbstverständlichen und des Diskutablen Ein Beitrag zur erziehungswissenschaftlichen Grundlagenforschung. In: Zeitschrift für Pädagogik Jahrgang 45 - Heft 5 - September/Oktober 1999, S. 717-732

Hillebrecht, M.: Aszendentenunterhalt: Eine Kritik der normativen Grundlagen. Berliner Juristische Universitätsschriften, Grundlagen des Rechts. Berlin 2012)

Hilligen, W.: Zur Didaktik des politischen Unterrichts. Wissenschaftliche Voraussetzungen Didaktische Konzeptionen Unterrichtspraktische Vorschläge. Wiesbaden 1985

Hobbensiefken, G.: Berufsforschung: Einführung in traditionelle und moderne Theorien. Wien, New York, 1980

Hochschulbildungsreform 2020, Ausgabe 2014):

Hochschulgesetz: Gesetz über die Hochschulen des Landes Nordrhein-Westfalen (Hochschulgesetz – HG) vom 16. September 2014

Hochschul-Bildungs-Report: Hochschul-Bildungs-Report 2020 des Stifterverbandes für die Deutsche Wissenschaft | Ausgabe 2014, Handlungsfeld: Beruflich-akademische Bildung und Berufsforschung 31, Heft 3, 1998 S. 461-472 HRG (1976):

HRG (2007): Hochschulrahmengesetz in der Fassung vom 18. April 2007

HRG (2005): Hochschulrahmengesetz in der Fassung vom 26. Januar 2005

HRG (2002): Hochschulrahmengesetz in der Fassung vom 08. August 2002

HRG (1999): Hochschulrahmengesetz in der Fassung vom 31. März 1999

HRG (1985): Hochschulrahmengesetz in der Fassung vom 1. Juli 1985

Hochschulrahmengesetz in der ursprünglichen Fassung vom 26. Januar 1976

Hochschulrektorenkonferenz (HRK): Für eine Reform der Lehre in den Hochschulen. Entschließung der 3. HRK-Mitgliederversammlung vom 22.4.2008

Hochschulrektorenkonferenz (HRK): Zur Weiterentwicklung des Deutschen Qualifikationsrahmens (DQR). Empfehlung des 114. Senats am 23.02.2010

Hofbauer, H./Kraft, H./Thiem, H.: Über Ausbildungskombinationen und den Zusammenhang zwischen Ausbildung und Beruf bei männlichen Erwerbspersonen. In: Institut für Arbeitsmarkt- und Berufsforschung (IAB): Beiträge zur Arbeitsmarkt- und Berufsforschung (BeitrAB), 1. Jg., Band 3, Nürnberg 1970, S. 173-211

Hohendorf, M.: (Selbst-)organisation von Simulationsspielen unter systemisch-konstruktivistischem Aspekt dargestellt an einer Analyse von Unterrichtsentwürfen im sozialkundlichen Unterricht, die im Rahmen der Ausbildung von Studienreferendaren am Staatlichen Studienseminar für das berufsbildende Schulwesen in Hamburg erstellt wurden. Dissertation. Lüneburg 2003

Hohm, H. J.: Politik als Beruf: Zur soziologischen Professionalisierungstheorie der Politik. Wiesbaden 1987

Holten, G.: Thematische Analyse der Wissenschaft. Die Physik Einsteins und seiner Zeit Frankfurt a. M.1981

Hoppe, M./Frede, W.: Handlungsorientiert Lernen. Über Aufgabenstellungen zur beruflichen Handlungskompetenz. Konstanz 2002

Hortsch, H./Kerstin, St.. Lernen im Prozeß der Arbeit. Forschungsergebnisse. In: Arbeitsgemeinschaft Qualifikations-Entwicklungs-Management (Hrsg.): Aspekte der beruflichen Bildung in der DDR. Anregungen, Chancen und Widersprüche einer gesamtdeutschen Weiterbildungsdiskussion. Berlin 1996, S. 245-280

Howe, F.: Elektroberufe im Wandel. Ein Berufsfeld zwischen Tradition und Innovation. Hamburg 2004

Hossiep, R./Schulz, R.: Persönlichkeitsinventare, -strukturtests. In: Frey, A./Lissmann, U./Schwarz, B. (Hrsg.): Handbuch Berufspädagogische Diagnostik. Weinheim/Basel 2013, S. 196-214

Hradil, S.: Soziale Ungleichheit in Deutschland. 8. Auflage (Nachdruck). Wiesbaden 2005

Huber, L.: Warum Forschendes Lernen nötig und möglich ist. In: Huber, L/Hellmer, J./Schneider, F. (Hrsg.): Forschendes Lernen im Studium. Bielefeld 2009, S. 9-35

Huber, L.: Forschendes Lernen 10 Thesen zum Verhältnis von Forschung und Lehre aus der Perspektive des Studiums. In: die hochschule 2/2004, S. 29-48

Huber, L.: Berufsforschung und Hochschuldidaktik. Handlungsspielräume als Zielkategorie. In: Faltin, G./Herz, O. (Hrsg.). Berufsforschung und Hochschuldidaktik II, Bielefeld 1974, S. 3-8

Huber, L.: Kann man Hochschuldidaktik „institutionalisieren"? (AHD: Blickpunkt Hochschuldidaktik 5). Hamburg 1969

Hummel-Liljegren, H.: Zumutbare Arbeit. Das Grundrecht der Arbeitslosen. Schriften zum Sozial- und Arbeitsrecht. Band 56. Berlin 1981

Husemann, R./Münch, J./Pütz, C. (Hrsg.): Mit Berufsausbildung zur Hochschule. Argumente zur Gleichwertigkeit allgemeiner und beruflicher Bildung. Frankfurt a. M. 1995

HwO: Gesetz zur Ordnung des Handwerks (Handwerksordnung) in der Fassung der Bekanntmachung vom 28. Dezember 1965 (BGBl. Teil I, S. 1 ff.), zuletzt geändert durch Art. 6 des Gesetzes vom 21. Dezember 2008 (BGBl. Teil I, S. 2917

IAB-Kurzbericht: 24/2015 (Dengler, Katharina; Matthes, Britta) Folgen der Digitalisierung für die Arbeitswelt: In kaum einem Beruf ist der Mensch vollständig ersetzbar

IAB-Kurzbericht: 23/2007 (Lott, M./Spitznagel, E.) Arbeitsmarktpolitik: Wenig Betrieb auf neuen Wegen der beruflichen Weiterbildung

Ibler, M.: Die Bindung des Gesetzgebers an die Grundrechte des Grundgesetzes. In: Can/Azrak/Sabuncu/Depenheuer/Sachs (Hrsg.),. Analyse - Verfassung als Freiheitsordnung, Festschrift für Fazil Saglam zum 65 Geburtstag, Ankara 2006, S. 219-232.

IGM (Hrsg.): Erweiterte moderne Beruflichkeit. Ein gemeinsames Leitbild für die betrieblich-duale und die hochschulische Berufsbildung. Diskussionspapier. Frankfurt a. M 2014

Ihsen, S.: Ingenieurinnen und Ingenieure im Spannungsfeld zwischen Karriere und Familie. In: Pahl, J.-P./Herkner, V. (Hrsg.): Handbuch Berufsforschung. Bielefeld. 2013, S. 535 - 544

Ihsen, S./Buschmeyer, A./Gebauer, S.: Leading Positions for Female Engeneers through Research and Practic. In: Hutchinson, J. (Ed.): Engeering Leadership Conference Proceedings. Perth.2008, pp. 251-258

Ingenieurgesetz – IngG: Gesetz zum Schutze der Berufsbezeichnung „Ingenieur und Ingenieurin" Berlin. 1. November 2011 (GVBl. Nr. 30 vom 29.11.2011 S. 690; 07.02.2014 S. 39 ;09.05.2016 S. 226)

Isenmann, E.: Die deutsche Stadt im Mittelalter. 2. Auflage. Wien, Köln, Weimar 2014

Jacob, M./Kupka, P. (Hrsg.): Perspektiven des Berufskonzepts – Die Bedeutung des Berufs für Ausbildung und Arbeitsmarkt. IAB: Beiträge zur Arbeitsmarkt- und Berufsforschung, BeitrAB 297, Nürnberg 2005

Jäger, R./Frey, A.: Pädagogisch-psychologische Diagnostik. In: Frey, A./ Lissmann, U./ Schwarz, B. (Hrsg.): Handbuch Berufspädagogische Diagnostik. Weinheim/Basel 2013, S. 137- 165

Jähnert, M.: Szenario-Methode in der Verkehrswissenschaft. Inadäquater Einsatz – ungenutzte methodische Potentiale In: Internationales Verkehrswesen. (66) 3 2014, S. 93-95

Jahnke, I./Haertel, T./Winkler, M.: Sechs Facetten der Kreativitätsförderung in der Lehre – empirische Erkenntnisse. In S. Nickel (Hrsg.), Der Bologna-Prozess aus Sicht der Hochschulforschung, Analysen und Impulse für die Praxis (S. 138-152). Gütersloh, CHE gemeinnütziges Centrum für Hochschulentwicklung, Arbeitspapier Nr. 148, Gütersloh.2011, S. 138-152.

Janich, P.: Möglichkeiten und Grenzen quantitativer Methoden. In: Mittelstraß, J. (Hrsg.). Methodenprobleme der Wissenschaften vom gesellschaftlichen Handeln. Frankfurt a. M. . 1979, S. 370-383

Janich, P.: Der Mensch als Thema der Naturwissenschaften. In: Thim-Mabray, Ch./Brack-Bernsen/Täuber, D. (Hrsg.): Naturwissenschaftliche Aussagen und sozial verantwortbare Entscheidungen. Norderstedt 2010, S. 17-42

Janson, C.-H./Keim, W.-D.: Aufgaben der Berufsausbildung bei der Gestaltung der entwickelten sozialistischen Gesellschaft. In: Einheit. Organ des Zentralkomitees der SED, 26, Jg., 1971, S. 844

Janssen, T.: Die Berufsverbände. In: Müller-Benedict, V.: Die akademischen Prüfungen. In: Müller-Benedict, V./Jansen, J./Sander, T.(Hrsg.): Datenhandbuch zur deutschen Bildungsgeschichte. Band VI. Akademische Karrieren in Preußen und Deutschland 1850-1940. Göttingen 2008, S. 53-58

Jarausch, K. H.: Der Lebensweg der Studierenden. In: Rüegg, W. (Hrsg.): Geschichte der Universität in Europa: Vom 19. Jahrhundert zum Zweiten Weltkrieg. 1800-1945. Band 3. München 2004, S. 301-321

Jarausch, K. H.: Die unfreien Professionen. Überlegungen zu den Wandlungsprozessen im deutschen Bildungsbürgertum. In: Kocka, J.: Bürgertum im 19. Jahrhundert: Wirtschaftsbürger und Bildungsbürger. 1995, S. 200-222

Jauch, B.: Das gewerbliche Lehrlingswesen in Deutschland. Freiburg 1911

Jenewein, K.: Berufliche Fachrichtung „Elektrotechnik". In: Pahl, J.-P. (Hrsg.): Lexikon Berufsbildung, Bielefeld 2016, S. 139-140

Jenewein, K.: Forschungen zu Qualifikationen und Kompetenzen im Beruf „Elektroingenieur". In: Pahl, J.-P./Herkner, V. (Hrsg.): Handbuch Berufsforschung. Bielefeld, S. 826- 838

Jenewein, K.: Berufliche Fachrichtung Elektrotechnik. In: Pahl, J.-P./Herkner, V. (Hrsg.): Handbuch Berufliche Fachrichtungen. Bielefeld 2010, S. 416-430

Jenewein, K.: Forschungen zum Berufsfeld Elektrotechnik unter besonderer Berücksichtigung des Berufs „Systemelektroniker/-in". In: Pahl, J.-P./Herkner, V. (Hrsg.): Handbuch Berufsforschung. Bielefeld 2013, S. 591-604

Jenewein, K.: Forschungen zu Qualifikationen und Kompetenzen im Beruf „Elektroingenieur/-in". In: Pahl, J.-P./Herkner, V. (Hrsg.): Handbuch Berufsforschung. Bielefeld 2013, S. 826-838

Jessen, R.: Diktatorischer Elitewechsel und universitäre Milieus. Hochschullehrer in der SBZ/DDR (1945-1967). In: Geschichte und Gesellschaft, 24. Jg., 1998, Heft 1, S. 24-54

Johne, K.-P. (Hrsg.):Die Zeit der Soldatenkaiser; Krise und Transformation des Römischen Reiches. Band 1, Berlin 2008

Jost, W.: Quellen und Dokumente zur Geschichte der technischen Bildung in Deutschland. Teil 1: Das gewerbliche Fachschulwesen. Köln/Weimar/Wien 2003

Jursa, M.: Die babylonische Priesterschaft im ersten Jahrtausend v. Chr. . In: Kaniuth, K./Löhnert, A./Miller, J.L./Otto, A./Roaf, M./Sallaberger, W. (Hrsg.): Tempel im Alten Orient. 7. Colloquium. Band 7, München. 2009, S. 151-166

Kaelble, H.: Der Wandel der Erwerbsstruktur in Europa im 19. und 20. Jahrhundert. In: Gerhard, H.-J. (Hrsg.):Struktur und Dimension. Festschrift für Karl Heinrich Kaufhold. Band 2. Neunzehntes und zwanzigstes Jahrhundert. Stuttgart 1997

Kaelble, H.: Gesellschaftsepochen und soziale Mobilität. In: Bergmann, J./Brockstedt, J./Kaeble, H./Rupieper, H.-J./Steinbach, P./Volkmann, H. (Hrsg.): Arbeit, Mobilität, Partizipation, Protest: Gesellschaftlicher Wandel in Deutschland im 19. und 20. Jahrhundert. Opladen 1986, S. 66-97

Kahlke, J./Kath, F. M.: Didaktische Reduktion und methodische Transformation. Quellenband. Darmstadt 1984

Kaiser, F. J./Pätzold, G. (Hrsg.): Wörterbuch Berufs- und Wirtschaftspädagogik" . 2. überarbeitete und erweiterte Auflage, Bad Heilbrunn 2006

Kaiser, F.: Beruf, Zeit und Persönlichkeit – Kritisch-subjektive Berufsforschung zum Zusammenhang von Zeit und Beruf. In: Pahl, J.-P./Herkner, V. (Hrsg.): Handbuch Berufsforschung. Bielefeld 2013, S. 409-417

Kaiser, F./Brötz, R.: Ordnungsbezogene Berufsforschung am Beispiel der Ordnungsmittelanalyse kaufmännisch-betriebswirtschaftlicher Berufe. In: Pahl, J.-P./Herkner, V. (Hrsg.): Handbuch Berufsforschung. Bielefeld 2013, S. 229-239

Kaiser, F.-J.: Fallmethode und Fallprinzip. In: Mickel, W. W. (Hrsg.). Handbuch zur politischen Bildung, Bonn 1999, S. 354-357

Kaiser, F.-J.: Entscheidungstraining. Die Methoden der Entscheidungsfindung, Fallstudie – Simulation –Planspiel, Bad Heilbrunn 1973

Kalisch, C.: Frauen- und Männerberufe: Berufswissenschaftliche Dimensionen und Implikationen geschlechtsspezifischer Arbeitsmarktsegregationen. In: Pahl, J.-P./Herkner, V. (Hrsg.): Handbuch Berufsforschung. Bielefeld 2013, S. 551-564

Kalkowski, P.: Arbeitspapier zur Klärung der Begriffe „Beruflichkeit und Professionalisierung" in der Fokusgruppe 1: „Beruflichkeit und Professionalisierung im Rahmen des BMBF-Förderprogramms ‚Dienstleistungsqualität durch professionelle Arbeit'". Göttingen 2010

Kambartel, F.: Wissenschaft. In: Mittelstraß, J. (Hrsg.): Enzyklopädie Philosophie und Wissenschaftstheorie, Bd. 4. Mannheim/Wien/Zürich 1996, S. 719-721

Karle, I.: Der Pfarrberuf als Profession. Eine Berufstheorie im Kontext der modernen Gesellschaft. 3. Auflage. Stuttgart 2011

Karle, I.: Pfarrberuf als Profession. In: Pahl, J.-P./Herkner, V. (Hrsg.): Handbuch Berufsforschung. Bielefeld 2013, S. 878-888

Karsten, M.-L.: Evaluation beruflicher Kompetenzentwicklung in der Erzieherausbildung. In: Rauner, F. (Hrsg.): Handbuch Berufsbildung. Bielefeld 2005, S. 501-509

Kaser, K.: Balkan und Naher Osten Einführung in eine gemeinsame Geschichte. Wien/Köln Weimar 2011

Kath, F. M./Kahlke, J.: Das Umsetzen von Aussagen und Inhalten. Didaktische Reduktion und methodische Transformation - Eine Bestandsaufnahme. Alsbach/Bergstraße, 1984

Kell, A.: Arbeit und Beruf aus Sicht ökologischer Berufsbildungswissenschaft. In: *bwp@Berufs- und Wirtschaftspädagogik* Berufs- und Wirtschaftspädagogik – online, Ausgabe 29,0215, S.1-32. (15-12-2015) http://www.bwpat.de/ausgabe29/kell_beitrag2_bwpat29.pdf

Kell, A.: Grenzgänge, Traditionen und Zukünfte in der Deutschen Gesellschaft für Erziehungswissenschaft. Kongresse zur Reflexion - auch für die Sektion Berufs- und Wirtschaftspädagogik? Erziehungswissenschaft. 25. 2014. 49, S. 49-64

Kell, A.: Betriebspädagogik zwischen Ökonomie und Pädagogik – theoretische Positionierungen aus berufsbildungswissenschaftlicher Sicht. In: Niedermair, Gerhard (Hrsg.): Facetten berufs- und betriebspädagogischer Forschung. Linz 2013a, S. 59-84

Kell, A. : Berufsforschung aus der Perspektive berufsbildungswissenschaftlicher Curriculumentwicklung. In: Pahl, J.-P./Herkner, V. (Hrsg.): Handbuch Berufsforschung. Bielefeld 2013b, S. 384 -395

Kell, A.: Berufsbildungsforschung: Gegenstand, Ziele, Forschungsperspektiven In: Nickolaus, R./ Pätzold, G./Reinisch, H./Tramm, T. (Hrsg.): Handbuch Berufs- und Wirtschaftspädagogik. Bad Heilbrunn 2010, S. 355-367.

Kell, A.: Organisation, Recht und Finanzierung der Berufsbildung. In: Arnold, R./Lipsmeier, A. (Hrsg.): Handbuch der Berufsbildung. 2., überarbeitete und aktualisierte Auflage, Wiesbaden 2006, S. 453-484

Kell, A.: Organisation und Institutionen der Berufsbildungsforschung. In: Rauner, F. (Hrsg.): Handbuch Berufsbildungsforschung. Bielefeld. 2005, S. 55- 61

Kell, A.: Ausbildung der Ausbilder als Gegenstand der Berufsbildungsforschung In: Arnold, R./Dobischat, R./Ott, B. (Hrsg.):Weiterungen der Berufspädagogik. Von der Berufsbildungstheorie zur internationalen Berufsbildung. Stuttgart 1997, S. 267- 279

Kell, A.: Organisation, Recht und Finanzierung der Berufsbildung. In: Arnold, Rolf/Lipsmeier, Antonius (Hrsg.): Handbuch der Berufsbildung. Opladen 1995, S. 369 - 397

Kell, A.: Berufsbezug in der Kollegschule. Theoretische Begründungen und konzeptionelle Konsequenzen. In: Die berufsbildende Schule 43. (1991), 5, S. 296-319.

Kell, A./Fingerle, K./Kutscha, G./Lipsmeier, A./Stratmann, K. (1989): Berufsqualifizierung und Studienvorbereitung in der Kollegschule - Zur Weiterentwicklung des didaktisch-curricularen Konzepts aus berufs- und wirtschaftspädagogischer Sicht. (Abschlussbericht der Assoziierten Wissenschaftlergruppe Berufs- und Wirtschaftspädagogik zum Modellversuch Kollegschule).Soest 1989

Kell, A.: Einstellungen zu Arbeit und Beruf. Versuch einer Zwischenbilanz aufgrund vorliegender Studien. In: Kell, A./Lipsmeier, A.(Hrsg.): Berufliches Lernen ohne berufliche Arbeit? Beiheft 5 zur Zeitschrift für Berufs- und Wirtschaftspädagogik. Stuttgart 1984 S. 29 - 40.

Kell, A.: Die Zukunft der Berufsbildung. Schule und Betrieb vor dem Hintergrund neuerer Entwicklungen in Wissenschaft und Wirtschaft. In: Heimerer, L./ Kusch, W. (Hrsg.): Die Zukunft der beruflichen Bildung. Neusäß 1997, S. 12 – 27

Kell, A./Fingerle, Kh./Kutscha, G./Lipsmeier, A./Stratmann, K.: (Hrsg.): Berufsqualifizierung und Studienvorbereitung in der Kollegschule : Zur Weiterentwicklung des didaktisch–curricularen Konzeptes aus berufs- und wirtschaftspädagogischer Sicht. Soest 1989

Kelle, U.: Mixed Methods. In: Nina Baur, N./Blasius, J. (Hrsg.): Handbuch Methoden der empirischen Sozialforschung. Wiesbaden 2014, S. 153-164

Kelle, U.: Strukturen begrenzter Reichweite und empirisch begründete Theoriebildung. In: Kalthoff, H. et al. (Hrsg.): Theoretische Empirie. Frankfurt. 2008, S. 312-337. U Kelle - Qualitative Datenanalyse: computergestützt, 2007 - Springe

Kelle, U.: Die Integration qualitativer und quantitativer Methoden. Handlungstheoretische und methodologische Grundlagen. Wiesbaden 2007

Kelle, U./Langfeldt, B./Reith, F.: Qualitative und quantitative Methoden empirischer Berufsforschung. In: Pahl, J.-P./Herkner, V. (Hrsg.): Handbuch Berufsforschung. Bielefeld 2013, S. 176-186

Keller, A.: Frühe Neuzeit: Das rhetorische Zeitalter. Berlin 2008

Kern, H./Michael Schumann, M: Das Ende der Arbeitsteilung? - Rationalisierung in der industriellen Produktion, Bestandsaufnahme, Trendbestimmung. München 1984

Kerschensteiner, G.: Berufs- oder Allgemeinbildung [1904]. In: Georg Kerschensteiner – Berufsbildung und Berufsschule. Ausgewählte pädagogische Schriften, Band 1. Besorgt von G. Wehle. Paderborn 1966, S. 89-104

Kersting, F.-W.: Militär und Jugend im NS-Staat. Rüstungs- und Schulpolitik der Wehrmacht. Wiesbaden 1989

Kettschau, I.: Fachrichtungsbereich Hauswirtschaft. In: Pahl, J.-P./Herkner, V. (Hrsg.): Handbuch Berufliche Fachrichtungen. Bielefeld, S. 772-780

Kipp, M./Miller-Kipp, G. (1995): Erkundungen im Halbdunkel. Einundzwanzig Studien zur Erziehung und Pädagogik im Nationalsozialismus. Frankfurt a. M. 1995

Kipp, M.: Ganzheitliche Facharbeiterausbildung im Volkswagen-Vorwerk Braunschweig – Best Practice-Beispiel der Deutschen Arbeitsfront bwp Ausgabe 9. Dezember 2005, S. 1-63

Kircher, E.: Studien zur Physikdidaktik. Erkenntnis- und wissenschaftstheoretische Grundlagen. Kiel 1995

Kirchhof, St.: Forschungen zum Polizeiberuf. In: Pahl, J.-P./Herkner, V. (Hrsg.): Handbuch Berufsforschung. Bielefeld 2013, S. 762- 773

Kirstein, R.: Junge Hirten und alte Fischer: Gedichte 27, 20 und 21 des Corpus Theocriteum Berlin 2007

Klafki, W.: Studien zur Bildungstheorie und Didaktik. 10. Auflage. Weinheim 1975

Klassifikation der Berufe: KLDB 2010 – Band 1: Systematischer und alphabetischer Teil mit Erläuterungen. Bundesagentur für Arbeit, Nürnberg 2011

Klassifizierung der Berufe: Systematisches und alphabetischen Verzeichnis der Berufsbenennungen. Nürnberg 1988

Klassifizierung der Berufe: Systematisches und alphabetischen Verzeichnis der Berufsbenennungen. Stuttgart und Mainz. Ausgabe 1975

Klebl, M./Popescu-Willigmann, S.: Bildungsplanung: Ziele und Inhalte der Beruflichen Bildung gestalten. In: Klebl, M./Popescu-Willigmann, S.(Hrsg.): Handbuch Bildungsplanung. Ziele und Inhalte beruflicher auf unterrichtlicher, organisationaler und politischer Ebene. Bielefeld 2015, S. 9-16

Kleining, G.: Umriss zu einer Methodologie qualitativer Sozialforschung. In: Kölner Zeitschrift für Soziologie und Sozialpsychologie 34 (1982), 2, pp. 224-253.

http://nbn-resolving.de/urn:nbn:de:0168-ssoar-8619

Kleining, G./Witt, H.: Discovery as Basic Methodology of Qualitative and Quantitative Research. Forum: Qualitative Social Research, 2001

http://www.qualitative-research.net/fqs-texte/1-01/1-01kleiningwitt-d.htm

Kleinschmidt, Chr.: Technik und Wirtschaft im 19. und 20. Jahrhundert. Enzyklopädie Deutsche Geschichte. 79. Band. München 2007

Klenk, J.: Stichwort: Berufsbildungssystem. In: Gabler Wirtschaftslexikon, online im Internet (online: 26.07.2017):

http://wirtschaftslexikon.gabler.de/Archiv/822/berufsbildungssystem-v13.html

Klimesch, S.: Erfolg durch Kompetenz bei Fach- und Führungskräften. In: Pahl, J.-P./Herkner, V. (Hrsg.).: Handbuch Berufsforschung. Bielefeld 2013, S. 424-434

Klingenberg, A.: Sozialer Abstieg in der römischen Kaiserzeit. Risiken der Oberschicht in der Zeit von Augustus bis zum Ende der Severer. Paderborn/München/Wien/Zürich. 2011

Klockner, C.: Fachhochschule. In: Kaiser, F.-J./Pätzold, G. (Hrsg.): Wörterbuch Berufs- und Wirtschaftspädagogik. 2., überarbeitete und erweiterte Auflage, Bad Heilbrunn 2006a, S. 243-244

Klockner, C.: Fachhochschulreife. In: Kaiser, F.-J./Pätzold, G. (Hrsg.): Wörterbuch Berufs- und Wirtschaftspädagogik. 2., überarbeitete und erweiterte Auflage, Bad Heilbrunn 2006b, S. 244-245

Klodt, H.: Informationsgesellschaft. In: Gablers Wirtschaftslexikon 2015

Kloft, H.: Die Wirtschaft des Imperium Romanum. Mainz 2006

Klumpp, M./Rybnikova, I.: Differenzierte Studienformen. Eine empirische Forschungserhebung in Deutschland. Bielefeld 2010

KMK (2015): Rahmenvereinbarung über die Berufsschule (Beschluss der Kultusministerkonferenz vom 12.03.2015)

KMK (2013): Rahmenvereinbarung über die Berufsfachschulen (Beschluss der Kultusministerkonferenz vom 17.10.2013)

KMK (2013): Empfehlungen zur Eignungsabklärung in der ersten Phase der Lehrerausbildung (Beschluss der Kultusministerkonferenz vom 07.03.2013)

KMK (2012): Ländergemeinsame Anforderungen für die Ausgestaltung des Vorbereitungsdienstes und die abschließende Staatsprüfung. Beschluss der Kultusministerkonferenz vom 06.12.2012

KMK (2010): Ländergemeinsame Strukturvorgaben für die Akkreditierung von Bachelor- und Masterstudiengängen. Beschluss der Kultusministerkonferenz vom 10.10.2003 i. d. F. vom 04.02.2010

KMK (1996/2007/2011): Handreichungen für die Erarbeitung von Rahmenlehrplänen der KMK für den berufsbezogenen Unterricht in der Berufsschule und ihre Abstimmung mit Ausbildungsordnungen des Bundes für anerkannte Ausbildungsberufe. Sekretariat der Ständigen Konferenz der Kultusminister der Länder in der Bundesrepublik Deutschland. Bonn 1996, 2007 und 2011

KMK (2010): Ländergemeinsame Strukturvorgaben für die Akkreditierung von Bachelor- und Masterstudiengängen (Beschluss der Kultusministerkonferenz vom 10.10.2003 i. d. F. vom 04.02.2010)

KMK (2009): Sekretariat der Ständigen Konferenz der Kultusminister der Länder in der Bundesrepublik Deutschland Rahmenvereinbarung über Fachschulen (Beschluss der Kultusministerkonferenz vom 07.11.2002 i. d. F. vom 09.10.2009)

KMK (2007): Sekretariat der Ständigen Konferenz der Kultusminister der Länder in der Bundesrepublik Deutschland Rahmenvereinbarung über die Berufsfachschulen (Beschluss der Kultusministerkonferenz vom 28.02.1997 i. d F. vom 07.12.2007)

KMK (2004): Sekretariat der Ständigen Konferenz der Kultusminister der Länder in der Bundesrepublik Deutschland. Rahmenlehrpläne der Ständigen Konferenz der Kultusminister der Länder für den berufsbezogenen Unterricht in der Berufsschule Anlagenmechaniker/Anlagenmechanikerin (Beschluss der Kultusministerkonferenz vom 25. März 2004)

KMK (2003) (Rahmenvereinbarung über die Ausbildung und Prüfung zum Staatlich geprüften technischen Assistenten/ zur Staatlich geprüften technischen Assistentin an Berufsfachschulen (Beschluss der Kultusministerkonferenz vom 12.06.1992 i. d. F. vom 26.06.2003)

KMK (2003): Ländergemeinsame Strukturvorgaben für die Akkreditierung von Bachelor- und Masterstudiengängen der Kultusministerkonferenz vom 10.10.2003 i. d. F. vom 04.02.2010

KMK 1999 Rahmenvereinbarung über die Ausbildung und Prüfung zum Staatlich geprüften kaufmännischen Assistenten/ zur Staatlich geprüften kaufmännischen Assistentin an Berufsfachschulen (Beschluss der Kultusministerkonferenz vom 01.10.1999 i. d. F. vom 01.02.2007)

KMK (1995):): Sekretariat der Ständigen Konferenz der Kultusminister der Länder in der Bundesrepublik Deutschland. Rahmenvereinbarung über die Ausbildung und Prüfung für ein Lehramt der Sekundarstufe II (berufliche Fächer) oder für die beruflichen Schulen (Lehramtstyp 5) (Beschluss der Kultusministerkonferenz vom 12.05.1995)

KMK (1991): Sekretariat der Ständigen Konferenz der Kultusminister der Länder in der Bundesrepublik Deutschland Rahmenvereinbarung über die Berufsschule (Beschluss der Kultusministerkonferenz vom 15.03.1991):

KMK (1978): Sekretariat der Ständigen Konferenz der Kultusminister der Länder in der Bundesrepublik Deutschland. Rahmenvereinbarung über das Berufsgrundbildungsjahr. Beschluss der KMK vom 19.5. 1978. In: Sammlung der Beschlüsse der KMK. Neuwied o. J. Nr. 321

KMK (1973): Kultusministerkonferenz: Rahmenvereinbarung über die Ausbildung und Prüfung für das Lehramt mit Schwerpunkt Sekundarstufe II – Lehrbefähigung für Fachrichtungen des beruflichen Schulwesens –, Beschluß der Kultusministerkonferenz vom 5.10.1973

KMK (1971): Sekretariat der Ständigen Konferenz der Kultusminister der Länder in der Bundesrepublik Deutschland. Rahmenvereinbarung über die Berufsfachschulen (Beschluss der Kultusministerkonferenz vom 03.11.1971)

Knudsen, S.: Berufliche Fachrichtung Medientechnik. In: Pahl, J.-P./Herkner, V. (Hrsg.): Handbuch Berufliche Fachrichtungen. Bielefeld, S. 509-520

Kocka, J.: Unternehmer in der deutschen Industrialisierung. Göttingen 1975

Köbler, G.: Deutsches Etymologisches Wörterbuch. Nürnberg 1995

König, K./Pasternack, P.: Die Akademisierung der elementarpädagogischen Ausbildung in Deutschland. Mit einer Fallstudie: Der Studiengang „Erziehung und Bildung im Kindesalter" an der Alice Salomon Hochschule Berlin (HoF-Arbeitsbericht 5'08)., Wittenberg 2008

Kösel, S.: Ist die Berufsschule noch zukunftsfähig? Eine systemtheoretische Analyse der Dualen Lernorte in der Wissensgesellschaft. Bielefeld 2005

Koch, H.-A.: Die Universität. Geschichte einer europäischen Institution. Darmstadt 2008

Koller, L./Rudolph, H.: Arbeitsaufnahmen von SGB-II-Leistungsempfängern: Viele Jobs von kurzer Dauer. (IAB-Kurzbericht, 14/2011), Nürnberg, 2011

Komorowski, M.: Silesia academica. In: Aurnhammer, A./Garber, K./Kühlmann, W./Müller, J.-D./Vollhardt, F.(Hrsg.): Frühe Neuzeit. Tübingen 2005, S. 321-360

Konietzka, D.: Ausbildung und Beruf. Die Geburtsjahrgänge 1919 – 1961 auf dem Wege von der Schule in das Erwerbsleben. Opladen/Wiesbaden 1999

Könekamp, B.: Chancengleichheit in akademischen Berufen. Wiesbaden 2007

König, K./Pasternack, P.: Die Akademisierung der elementarpädagogischen Ausbildung in Deutschland. Mit einer Fallstudie: Der Studiengang „Erziehung und Bildung im Kindesalter" an der Alice Salomon Hochschule Berlin (HoF-Arbeitsbericht 5'08). Hrsg. vom Institut für Hochschulforschung (HoF) an der Martin-Luther-Universität Halle-Wittenberg, Wittenberg 2008

Kraus, M.: Die Demographie des Alten Ägypten Eine Phänomenologie anhand altägyptischer Quellen. Göttingen 2004

Krause, Erwin (1966): Berufsforschung. In: Die Deutsche Berufs- und Fachschule, 62. Band, Heft 1, S. 22-30

Krey, J./Rütters, K.: Qualitätssicherung und -entwicklung an berufsbildenden Schulen – Niedersachsen als Beispiel. In: Zeitschrift für Berufs- und Wirtschaftspädagogik 25. Beiheft. Stuttgart 2011, S. 211-227

Kroll, N.: Vorwort. In: Beneke, O.: Von unehrlichen Leuten Kulturhistorische Studien und Geschichten aus vergangenen Tagen deutscher Gewerbe und Dienste. Hamburg 2011. S. 7- 8

Kromrey, H.: Empirische Sozialforschung Modelle und Methoden der standardisierten Datenerhebung und Datenauswertung. 11. überarbeitete Auflage. Stuttgart 2007

Kromrey, H.: Evaluation in Wissenschaft und Gesellschaft. Vortrag bei der Feierstunde zur Eröffnung des Centrums für Evaluation am 21.2.2003 in Saarbrücken / zur Veröff. in: ZfEv, Zeitschrift für Evaluation, H. 1/2003

Krottenthaler, U.: Eine militärische Elite zwischen Stagnation und Wandel. In: Zeitschrift für historische Forschung. 1998, S. 389- 420

Krüger, H.-H./Marotzki, W. (Hrsg.): Entwicklungslinien, Forschungsfelder und Perspektiven der erziehungswissenschaftlichen Biographieforschung. In: Krüger, H.-H./Marotzki, W. (Hrsg.): Handbuch erziehungswissenschaftliche Biographieforschung. Opladen, S. 13-33

Krüger, H.-H./Marotzki, W. (Hrsg.): Handbuch erziehungswissenschaftliche Biographieforschung. Opladen 1999.

Kuchenbuch, L./Sokoll, T.: Vom Brauch-Werk zum Tauschwert: Überlegungen zur Arbeit im vorindustriellen Europa. In: König, H./v. Greiff, B./Schauer, H. (Hrsg.): Sozialphilosophie der industriellen Arbeit. Opladen , 1990, S. 26-50

Kuhlmann, E.: Profession und Geschlechterdifferenz. Eine Studie über die Zahnmedizin. Wiesbaden 1999

Kuhlmeier, W./Uhe: Berufliche Fachrichtung Bautechnik. In: Pahl, J.-P./Herkner, V. (Hg.): Handbuch Berufliche Fachrichtungen. 2. Auflage. Bielefeld 2010, S. 375-387.

Kuhlmeier, W.: Berufsfeld Bautechnik. In: Pahl, J.-P. (Hg.): Lexikon Berufsbildung. Ein Nachschlagewerk für die nicht-akademischen und akademischen Bereiche.. Bielefeld, 2016, S. 235-236

Kuhlmeier, W.: Qualifikation. In: Pahl, J.-P. (Hrsg.): Lexikon Berufsbildung, Bielefeld 2016, S. 754-755

Kuhlmeier, W./Uhe, E.: Berufliche Fachrichtung Bautechnik. In: Pahl, J.-P./Herkner, V. (Hrsg.): Handbuch Berufliche Fachrichtungen. Bielefeld, S. 375-386

Kuhn, H.: Teil Deutsche Demokratische Republik. In: Bundesinstitut für Berufsbildung/BIBB (Hrsg.): Begriffe der Berufsbildung in der Bundesrepublik Deutschland und in der Deutschen Demokratischen Republik. Sonderveröffentlichung, Berlin/Bonn 1990, S. 45-80

Kühne, A. (Hrsg.): Handbuch für das Berufs- und Fachschulwesen. 2., erweiterte Auflage. Leipzig 1929

Kühne, A.: Das Berufs- und Fachschulwesen. In: Zentralinstitut für Erziehung und Unterricht (Hrsg.): Die Reichschulkonferenz in ihren Ergebnissen. Leipzig o. J., S. 76-86

Kühnel, F.: Kranke Ehre?: Adlige Selbsttötung im Übergang zur Moderne. München 2013

Kümmel, K. (Hrsg.): Quellen und Dokumente zur Berufsbildung in Deutschland, Reihe A, Band 2: Quellen und Dokumente zur schulischen Berufsbildung in Deutschland 1918-1945, Köln/Wien 1980

Kupka, P.: Arbeitsmarkt- und Berufsforschung. In: Arnold, R./Lipsmeier, A. (Hrsg.): Handbuch der Berufsbildung. 2., überarbeitete und aktualisierte Auflage. Wiesbaden 2006, S. 628-643

Kupka, P.: Berufskonzept und Berufsforschung. Soziologische Perspektiven. In: M. Jacob & P. Kupka (Hrsg.), Perspektiven des Berufskonzepts. Die Bedeutung des Berufs für Ausbildung und Arbeitsmarkt, Beiträge zur Arbeitsmarkt- und Berufsforschung, 297, Nürnberg, 2005, S. 17-38.

Kupka, P.: Arbeit und Subjektivität bei industriellen Facharbeitern. In: Dostal, W./Kupka, P. (Hrsg.): Globalisierung, veränderte Arbeitsorganisation und Berufswandel. Beiträge zur Arbeitsmarkt- und Berufsforschung (BeitrAB 240), Nürnberg 2001, S. 99-113z

Kurapkat, D.: Bauwissen im Neolithikum Vorderasiens. In: Renn, J./Osthues, W. Schlimme, H. (Hrsg.): Wissensgeschichte der Architektur. Band I: Vom Neolithikum bis zum Alten Orient. 2014, S. 75-128

Kurtz, Th.: Die Berufsform der Gesellschaft. Weilerswist, 2005

Kurtz, Th.: Berufssoziologie. Bielefeld, 2002

Kurtz, Th.: Die Vermittlung von Beruf und Bildung im disziplinären Kontext der Gesellschaft. In: Zeitschrift für Berufs- und Wirtschaftspädagogik. 96. Jg., Heft 3, 2000, S. 321-339

Küster, H.: Geschichte des Waldes. Von der Urzeit bis zur Gegenwart. München 2003

Kutscha, G.: Erweiterte moderne Beruflichkeit – Eine Alternative zum Mythos „Akademisierungswahn" und zur „Employability-Maxime" des Bologna-Regimes. in bwp@Berufs- und Wirtschaftspädagogik, Ausgabe 29, 2015; S. 1-22
http://www.bwpat.de/ausgabe29/kutscha_bwpat29.pdf

Kutscha, G.: Arbeit und Beruf – Konstitutive Momente der Beruflichkeit im evolutionsgeschichtlichen Rückblick auf die frühen Hochkulturen Mesopotamiens und Ägyptens und Aspekte aus berufsbildungstheoretischer Sicht. In: Zeitschrift für Berufs- und Wirtschaftspädagogik, 104. Band, Heft 3, 2008, S. 333-357.

Kutscha, G.: Beruflichkeit als regulatives Prinzip flexibler Kompetenzentwicklung – Thesen aus berufsbildungstheoretischer Sicht. bwp@Berufs- und Wirtschaftspädagogik, Ausgabe 14, 2008, S. 1-12

Kutscha, G.: Berufsbildungssystem und Berufsbildungspolitik in Deutschland. Seminarskript für das Wintersemester 2008/09. Universität Duisburg-Essen. Download 05.02. 2016, S. 1-43

Kutscha, G.: ‚Entberuflichung' und ‚Neue Beruflichkeit' – Thesen und Aspekte zur Modernisierung der Berufsbildung und ihrer Theorie. In: Zeitschrift für Berufs- und Wirtschaftspädagogik, 88. Band, Heft 7, 1992, S. 535-548

Kutscha, G.: Zur Professionalisierung des Berufspädagogen. In: Die berufsbildende Schule, 41. Jg., Heft 12, 1989, S. 762-775

Lahner, M./Ulrich, E.: Analyse von Entwicklungsphasen technischer Neuerungen. In: Institut für Arbeitsmarkt- und Berufsforschung (IAB): Mitteilungen aus dem Institut für Arbeitsmarkt- und Berufsforschung 6, Nürnberg 1969, S. 417-446

Lamnek, S.: Qualitative Sozialforschung. 4., vollständig überarbeitete Auflage, Weinheim Basel, 2005

Lamprecht, W.: Wissenschaftspolitik zwischen Ideologie und Pragmatismus. Die III. Hochschulreform (1965-71) am Beispiel der TH Karl-Marx-Stadt. Dissertationsschrift, Münster/New York/München/Berlin 2007

Landesarbeitsamt Sachsen-Anhalt (Hrsg.): Handbuch der Berufe, Band 1: Berufe mit Volks-, Mittel- oder höherer Schulbildung. Magdeburg 1927a

Landesarbeitsamt Sachsen-Anhalt (Hrsg.): Handbuch der Berufe, Band 2: Akademische Berufe. Bearbeitet vom Sächsischen Auskunftsamt für Studien- und Berufsfragen. Magdeburg 1927b

Lang, M.: Fachrichtungsbereich Prozesstechnik. In: Pahl, J.-P. (Hrsg.): Lexikon Berufsbildung, Bielefeld 2016, S. 731-737

Lang, M. (Hrsg.): Wege zur Förderung selbstgesteuerten Lernens in der beruflichen Bildung. Bochum/Freiburg 2006

Lang, M./Pätzold, G.: Selbstgesteuertes Lernen – theoretische Perspektiven und didaktische Zugänge. In: Euler, D./Lang, M./Pätzold, G. (Hrsg.): Selbstgesteuertes Lernen in der beruflichen Bildung. Zeitschrift für Berufs- und Wirtschaftspädagogik (ZBW), Beiheft 20, 2006, S. 9-36

Lassnigg, L.: Beruflichkeit in Österreich: Institutioneller Rahmen für komplexe Koordination und vieldeutige Versprechungen. In: Bolder, A./Dobischat/Kutscha, G./Reutter, G. (Hrsg.), Beruflichkeit zwischen institutionellem Wandel und biographischem Projekt. Wiesbaden 2012, S. 189-217

Laur-Ernst, U.: Berufsbildungsforschung als Innovationsprozess. In: Rauner, F. (Hrsg.): Handbuch Berufsbildungsforschung. Bielefeld. 2005, S. 82-88)

Laur-Ernst, U.: Das Berufskonzept – umstritten, widersprüchlich, aber zukunftsfähig: auch für Jugendliche mit schlechten Startchancen. In: Informationen für die Beratungs- und Vermittlungsdienste der Bundesagentur für Arbeit. Nürnberg.2002, H. 8, S. 661-670

Lauth, H.-J./Winkler, J. R.: Methoden der Vergleichenden Regierungslehre. In: Lauth, H.-J. (Hrsg.): Vergleichende Regierungslehre, Wiesbaden 2002, S. 41-79 .

Lechler, E.: Hexen. Alte Frauen in der Frühen Neuzeit. In Pelizäus-Hoffmeister, H. (Hrsg.): Der ungewisse Lebensabend? Alter(n) und Altersbilder aus der Perspektive von (Un-)Sicherheit im historischen und kulturellen Vergleich. Wiesbaden 2014, S. 87-106

Leitner, E.: Die Hochschuldidaktik und die Qualität der Hochschullehre. In: Michl, W./Krupp, P./Stry, Y. (Hrsg.): Didaktische Profile der Fachhochschulen. Projekte, Produkte, Positionen. Neuwied/Kriftel/Berlin 1998, S. 9-24

Lempert, W.: Berufliche Sozialisation. Persönlichkeitsentwicklung in der betrieblichen Ausbildung und Arbeit. Baltmannsweiler 2006

Lempert, W.: Berufliche Bildung als Beitrag zur gesellschaftlichen Demokratisierung. Vorstudien für eine politisch reflektierte Berufspädagogik. Frankfurt/M. 1974

Lempert, W.: Berufliche Erfahrung und gesellschaftliches Bewusstsein (Maschinenschlosser, Berlin 1969

Lenk, H.: Zwischen Wissenschaftstheorie und Sozialwissenschaft. Frankfurt a. M. 1986

Liebs, D.: Älius Marcian. Ein Mittler des römischen Rechts in die hellenistische Welt. In: Zeitschrift der Savigny-Stiftung für Rechtsgeschichte/Romanische Abteilung 128. 2011, S. 39-82

Lipsmeier, A.: Berufliche Fachrichtung als Wissenschaft (Berufswissenschaft) – Über den Export eines fragwürdigen deutschen Konstrukts in asiatische Länder. Zeitschrift für Berufs- und Wirtschaftspädagogik. Band 110. 2014. Heft 3, S. 449–461

Lipsmeier, A.: Didaktik gewerblich-technischer Berufsausbildung (Technikdidaktik). In: Arnold, R./Lipsmeier, A.(Hrsg.): Handbuch der Berufsbildung. 2., überarbeitete und aktualisierte Auflage. Wiesbaden 2006, S. 281-298

Lipsmeier, A.: Genese der berufspädagogischen Forschung. In: Rauner, F. (Hrsg.): Handbuch Berufsbildungsforschung. Bielefeld 2005, S. 19-27

Lipsmeier, A.: Ausbildung von Diplomgewerbelehrern in Karlsruhe. Desillusionierung einer Legende und Restrukturierung einer Tradition in Etappen. In: Clement, U./Lipsmeier, A. (Hrsg.): Berufliche Bildung zwischen Struktur und Innovation. Stuttgart 2003 (ZBW, Beiheft 17), S. 132-149.

Lipsmeier, A.: Die Berufsschulforderungen der Reichsschulkonferenz von 1920. Ein Programm in fünfzig Jahren Berufsschulgeschichte. In: Die Deutsche Berufs- und Fachschule, 66 (70), 11, S. 857-874.

Lisop, I. (2009): Identität und Krisenanfälligkeit der Berufs- und Wirtschaftspädagogik im Spiegel der Kategorien Kompetenz und Employability. In: bwp@Berufs und Wirtschaftspädagogik Berufs- und Wirtschaftspädagogik – online, Ausgabe 16, 1-18, (30-06-2009) unter:
http://www.bwpat.de/ausgabe16/lisop_bwpat16.pdf

Lisop, I.: Lehren in schulischen Vermittlungsprozessen. In: Arnold, R./Lipsmeier, A.(Hrsg.): Handbuch der Berufsbildung. 2., überarbeitete und aktualisierte Auflage. Wiesbaden 2006, S .370-383

Lissmann, U. : Forschungs- und Erhebungsmethoden. In: Frey, A./Lissmann, U./Schwarz, B. (Hrsg.): Handbuch Berufspädagogische Diagnostik. Weinheim/Basel 2013, S. 87-125

Litt, Th.: Berufsbildung, Fachbildung, Menschenbildung. Bonn 1958

Loeber, H.-D.: Abschied vom Beruf? Auf dem Weg zu einer neuen sozialen Verfassung der Arbeit. In: Busch, Friedrich W./Schwab, Herbert (Hrsg.): Intellektualität und praktische Politik. Oldenburg 2001, S. 157-175

Löns, R.: Qualifikationsermittlung mit Hilfe von Arbeitsplatzuntersuchungen am Beispiel der Metallberufe. In : Frey, K. (Hrsg.) Curriculum-Handbuch. Bd. 2. München 1975, S. 276 - 281

LogopG.: Gesetz über den Beruf des Logopäden vom 7. Mai 1980 (BGBl. I S. 529), das zuletzt durch Artikel 52 des Gesetzes vom 6. Dezember 2011 (BGBl. I S. 2515) geändert worden ist

Lorenz, K.: Forschung. In: Mittelstraß, J. (Hrsg.): Enzyklopädie Philosophie und Wissenschaftstheorie, Bd. 1. Mannheim/Wien/Zürich 1980, S. 663-664

Lorenz, K.: Methode. In: Mittelstraß, J. (Hrsg.): Enzyklopädie Philosophie und Wissenschaftstheorie, Bd. 2. Mannheim/Wien/Zürich 1984, S. 876-897

Ludewig, R./Heiland, P.: Forschung zu Berufsbelastungen und Bewältigungsstrategien von Richterinnen und Richtern. In: Pahl, J.-P./Herkner, V.(Hrsg.): Handbuch Berufsforschung. Bielefeld 2013, S. 888-898

Luhmann, N.: Das Erziehungssystem der Gesellschaft. Frankfurt a. M. 2002

Luhmann, N.: Organisation und Entscheidung. Opladen 2000

Luhmann, N.: Soziale Systeme. Grundriß einer allgemeinen Theorie. 7. Auflage, Frankfurt a. M. 1999

Luhmann, N.: Die Gesellschaft der Gesellschaft. Band 1. Frankfurt a. M. 1997

Luhmann, N.: Die Gesellschaft der Gesellschaft. Band 2. Frankfurt a. M. 1997

Luhmann, N.: Systemtheoretische Argumentationen. Eine Entgegnung auf Jürgen Habermas. In: Habermas, J./Luhmann, N.: Theorie der Gesellschaft oder Sozialtechnologie – Was leistet die Sozialforschung? 10. Auflage. Frankfurt a. M. 1990, S. 291-405

Luhmann, N/Schorr, K. E.: Reflexionsprobleme im Erziehungssystem. Frankfurt a. M.1988

Luhmann, N.: Ökologische Kommunikation: Kann die moderne Gesellschaft sich auf ökologische Gefährdungen einstellen? Opladen 1986

Luhmann, N.: Soziale Systeme. Grundriß einer allgemeinen Theorie. Frankfurt a. M. 1984

Luhmann, N.: Systemtheoretische Argumentationen. Eine Entgegnung auf Jürgen Habermas. In: Habermas, J./Luhmann, N.: Theorie der Gesellschaft oder Sozialtechnologie – Was leistet die Sozialforschung? 10. Auflage. Frankfurt a. M., 1982, S. 291-405

Luhmann, N.: Soziologische Aufklärung 1. Aufsätze zur Theorie sozialer Systeme. 10. Aufl., Opladen 1970

Luhmann, N./Schorr, K.-E.: Reflexionsprobleme im Erziehungssystem. Stuttgart 1979

Lundgreen, P.: Die Lehrer an den Schulen in der Bundesrepublik Deutschland 1949–2009. Datenhandbuch zur deutschen Bildungsgeschichte. Band. Band 11. Göttingen 2013

Lundgreen, P.: Studium zwischen Forschungsorientierung und Berufskonstruktion. In: vom Bruch, R./Müller-Luckner, E. (Hrsg.): Die Berliner Universität im Kontext der deutschen Universitätslandschaft nach 1800, um 1860 und um 1910. München 2010, S. 111- 127

Lundgreen, P.: Professoren, Wissenschaftler, Hochschullehrer, Bildungsbürger. In: Thom, I./Weining, K. (Hrsg.): Mittendrin. Eine Universität macht Geschichte: Eine Ausstellung anlässlich des 200-jährigen Jubiläums der Humboldt-Universität zu Berlin: 16. April bis 15. August 2010, Jacob- und Wilhelm-Grimm-Zentrum. Berlin 2010, S. 248-255

Lundgreen, P./Scheunemann, J./Schwibbe, G.: Berufliche Schulen und Hochschulen in der Bundesrepublik Deutschland 1949-2001. Datenhandbuch zur deutschen Bildungsgeschichte. Band 9, Göttingen 2008

Lundgreen, P.: Schule im 20. Jahrhundert Institutionelle Differenzierung und expansive Bildungsbeteiligung. In: Benner, D./Tenorth, H.-E. (Hrsg.): Bildungsprozesse und Erziehungsverhältnisse im 20. Jahrhundert. (Zeitschrift für Pädagogik, Beiheft) Weinheim 2000, S. 140-165.

Lundgreen, P.. Fachschulen. In: Jeismann, K.-E./Peter Lundgreen, P. (Hrsg.). Handbuch der deutschen Bildungsgeschichte. Band III: 1800-1870. München 1987, S. 293-306

Lütjens, J. (1999): Berufliche Erstausbildung in komplexen Lehr- und Lernsituationen. Die „Lernfabrik" als produktions- und prozessorientiertes Qualifikationskonzept im Berufsfeld Metalltechnik. Bremen. 1999

Luther, M.: Die Bibel oder die ganze Heilige Schrift des Alten und Neuen Testaments. Revidierte Fassung der deutschen Übersetzung von Martin Luther. Stuttgart 1912

Lutz, B.: Einleitung. In: Lutz, B. (Hrsg.): Entwicklungsperspektiven von Arbeit. Deutsche Forschungsgemeinschaft. Berlin 2001, S. 1-29

Lutz, B.: Bildungssystem und Beschäftigungsstruktur in Deutschland und Frankreich. In: Mendius, H.-G. u. a. (Hrsg.). Betrieb –Arbeitsmarkt - Institution, München 1976

Macke,G./Hanke, U./Viehmann, P.: Hochschuldidaktik. Lehren, vortragen, prüfen. Weinheim/Basel 2008

Maelicke, B./Wein, Ch.: Komplexleistung Resozialisierung. Im Verbund zum Erfolg. Baden-Baden 2016

Maier, H. 1996: Der Bildungswert des Berufs. Frankfurter Allgemeine Zeitung 280 vom 30.11.96

Mann, F. K.: Zur Soziologie des Berufs. In: Jahrbücher für Nationalökonomie und Statistik 138 1933, 481–500,

Manske, A.: Prekäre Perspektiven. Die Arbeit von Kreativen und die „Neu-Erfindung" der Arbeitsgesellschaft. Eröffnungsvortrag am 22. Juni 2009 auf der Konferenz des Österreichischen Bundesministeriums für Unterricht, Kunst und Kultur zum Thema Soziale Lage von Kreativen. Wien 2009

Marotzki, W.: Bildungstheorie und allgemeine Biographieforschung. In: Krüger/ Marotzki, W (Hrsg.): Handbuch erziehungswissenschaftlicher Biographieforschung.2. Auflage. Wiesbaden 2006, S. 59-70

Marotzki, W.: Entwurf einer strukturalen Bildungstheorie. Biographietheoretische Auslegung von Bildungsprozessen in hochkomplexen Gesellschaften. Weinheim 1990

Martin, W./Pangalos, J./Rauner, F.: Die Entwicklung der Gewerblich-Technischen Wissenschaften im Spannungsverhältnis von Technozentrik und Arbeitsprozessorientierung. In: Pahl, J.-P./Rauner, F./Spöttl, G. (Hrsg.): Berufliches Arbeitsprozesswissen. Baden-Baden 2000, S. 13-30

Marx, K./Engels, F.: Die deutsche Ideologie Kritik der neuesten deutschen Philosophie in ihren Repräsentanten Feuerbach, B. Bauer und Stirner, und des deutschen Sozialismus in seinen verschiedenen Propheten. Berlin 1962

Masseur- und Physiotherapeutengesetz vom 26. Mai 1994 (BGBl. I S. 1084), das zuletzt durch Artikel 45 des Gesetzes vom 6. Dezember 2011 (BGBl. I S. 2515) geändert worden ist.

Maul, St.: Die Alten ehren. Wie die frühen Hochkulturen die Alterssicherung regelten. In: Alt & Jung. Forschungsmagazin. Heidelberg. Ausgabe 1, Oktober 2012

Mayer, C.: Berufsbildungstheorie unter dem Eindruck sozio-technologischen Wandels. Hamburg 2000

Mayring, P.: Kombination und Integration qualitativer und quantitativer Analyse. Forum Qualitative Sozialforschung/Forum: Qualitative Social Research (Online Journal),2(1), 11 Seiten. 2001

Mehner, M.: Fortbildungsschulkunde. Handbuch für Fortbildungsschullehrer. Leipzig 1912

Meinken, H.: Vorwort. In: Bundesagentur für Arbeit (Hrsg.): Klassifikation der Berufe 2010 – Band 1: Systematischer und alphabetischer Teil mit Erläuterung. Nürnberg 2011 S. 6-8

Meisel, K./Reutter, G.: Arbeit. In: Arnold, R./Nolda, S./Nuissl, E. (Hrsg.): Wörterbuch Erwachsenenpädagogik. Bade Heilbrunn/Obb. 2001, S. 23- 26

Meißner, B.: Die technologische Fachliteratur der Antike. Struktur, Überlieferung und Wirkung technologischen Wissens in der Antike. Berlin 1999

Mejstrik, A./Wadauer, S. /Buchner, Th. (Hrsg.): Die Erzeugung des Berufs / Production of „Beruf". In: Österreichische Zeitschrift für Geschichtswissenschaften. 24. Jg., Heft 1. 2013, S. 5-12

Meldungen zur Sozialversicherung – Ausgabe 2010, Nürnberg 2011

Merkt, M.: ePortfolios - der "rote Faden" in Bachelor- und Masterstudiengängen. In: Merkt, M. et al. (Hrsg.). Studieren neu erfinden - Hochschule neu denken. Münster 2007

Mersch, F. F.: Berufliche Fachrichtung „Holztechnik". In: Pahl, J.-P. (Hrsg.): Lexikon Berufsbildung, Bielefeld 2016, S. 146-147

Mersch, F. F.: Forschung zu Tätigkeitsbereichen in den Berufen „Zimmerer/Zimmerin" und „Trockenbaumonteur/-in". In: Pahl, J.-P./Herkner, V. (Hrsg.): Handbuch Berufsforschung. Bielefeld 2013, S. 636-647

Mersch, F. F.: Berufliche Fachrichtung Holztechnik. In: Pahl, J.-P./Herkner, V. (Hrsg.): Handbuch Berufliche Fachrichtungen. Bielefeld, S. 387-401

Mersch, F. F./Pahl, J.-P.: Forschungslücken bei Berufen und berufsrelevanten Themen – Bestandsaufnahme und Perspektiven. In: Pahl, J.-P./Herkner, V.(Hrsg.): Handbuch Berufsforschung. Bielefeld 2013, S. 954- 963

Mersch, F. F./Pahl, J.-P.: Berufliche Schulen als Kernthemen der Lehre und Forschung in den Beruflichen Fachrichtungen. In: Pahl, J.-P./Herkner, V.(Hrsg.): Handbuch Berufliche Fachrichtungen. 2. Auflage. Bielefeld 2010

Mersch, F. F.: Zusammenhänge von Arbeit, Technik und Bildung im Bauwesen. Berufswissenschaftliche Grundlagen für didaktische Entscheidungen im Leichtbau. Hamburg 2008

Mertens, D.: Schlüsselqualifikationen. Thesen zur Schulung für eine moderne Gesellschaft. In: Mitteilungen aus der Arbeitsmarkt- und Berufsforschung 7, 1,1974

Mertens, D.: Zur Topographie der Arbeitsmarktforschung. In: Institut für Arbeitsmarkt- und Berufsforschung (IAB): Mitteilungen aus der Arbeitsmarkt- und Berufsforschung (MittAB), 3. Jg., Heft 1, Nürnberg 1970, S. 3-9

Mertens. D.: „Berufsprognosen": Relativierung und Modifikation. In: Institut für Arbeitsmarkt- und Berufsforschung (IAB): Beiträge zur Arbeitsmarkt- und Berufsforschung (BeitrAB), 1. Jg., Band 2, Nürnberg 1969, S. 405-416

Mertens, D.: Empirische Grundlagen für die Analyse der beruflichen Flexibilität. In: Institut für Arbeitsmarkt- und Berufsforschung (IAD): Beiträge zur Arbeitsmarkt- und Berufsforschung (BeitrAB), 1. Jg., Band 1, Nürnberg 1968, S. 276-284

Meseth, W.: Aus der Geschichte lernen. Über die Rolle der Erziehung in der bundesdeutschen Erinnerungskultur. Frankfurt a. M. 2005

Mesner, M.: Aufbau-Familien: Geschlechterverhältnisse im Ost-West-Konflikt. In: István Majoros/ Zoltán Maruzsa/ Oliver Rathkolb (Redaktion): Österreich und Ungarn im Kalten Krieg. Wien – Budapest, 2010, S. 83-100

Metzger, Ch./Schulmeister, R.: Die tatsächliche Workload im Bachelorstudium. Eine empirische Untersuchung durch Zeitbudget-Analysen. . In: Nickel, S. (Hrsg.): Der Bologna-Prozess aus Sicht der Hochschulforschung Analysen und Impulse für die Praxis. Gütersloh. 2011, S. 68-78

Meyer, R.: Berufsqualifikationen. In: Pahl, J.-P. (Hrsg.): Lexikon Berufsbildung, Bielefeld 2016, S. 273-274

Meyer, R.: Erwerbsberufe. In: Pahl, J.-P. (Hrsg.): Lexikon Berufsbildung, Bielefeld 2016, S. 411

Meyer, R./Elsholz, U.: Berufliche und betriebliche Weiterbildung als Gegenstand der Berufs- und Wirtschaftspädagogik – Desiderata und neue Perspektiven für Theorie und Forschung. In: bwp@Berufs- und Wirtschaftspädagogik Berufs- und Wirtschaftspädagogik – online, Ausgabe 16, 1-15. Online: http://www.bwpat.de/ausgabe16/meyer_elsholz_bwpat16.pdf (30-06-2009).

Meyer, R.: Bedeutet die Erosion des Fachprinzips das Ende der Berufe? In: Reinisch, H./Beck, K./ Eckert, M./Tramm, T. (Hrsg.): Didaktik beruflichen Lehrens und Lernens. Reflexionen, Diskurse und Entwicklungen. Opladen 2003, S. 83-93

Meyer, R.: Qualifizierung für moderne Beruflichkeit. Soziale Organisation der Arbeit von Facharbeiterberufen bis zu Managertätigkeiten. Münster u. a. 2000

Meyser, J.: Berufliche Fachrichtung „Farbtechnik, Raumgestaltung und Oberflächentechnik". In: Pahl, J.-P. (Hrsg.): Lexikon Berufsbildung, Bielefeld 2016, S. 143-144

Meyser, J.: Berufliche Fachrichtung Farbtechnik, Raumgestaltung und Oberflächentechnik. In: Pahl, J.-P./Herkner, V. (Hrsg.): Handbuch Berufliche Fachrichtungen. Bielefeld 2010

Michor, H.: Geschichte des Dorfes Feistritz/Gail und Hofchronik. Feistritz/Gail 1951

Miebach, B.: Konfliktpotential zwischen Studenten und Hochschullehrern. In: Elting, A. (Hrsg.): Handeln und Sozialstruktur. Leonard Lowinski zum 60. Geburtstag. Opladen 1986, S. 207-234

Militärregierung Deutschland – Amerikanische Zone: Gesetz Nr. 8. Verbot der Beschäftigung von Mitgliedern der NSDAP in geschäftlichen Unternehmen und für andere Zwecke, mit Ausnahme der Beschäftigung als gewöhnliche Arbeiter. Frankfurt a. M. 1945

Minks, K.-H./Netz, N./Völk, D. Berufsbegleitende und duale Studienangebote in Deutschland: Status quo und Perspektiven. HIS: Forum Hochschule 11. Hannover 2011

Mittelstraß, J.: Die griechische Denkform: Von der Entstehung der Philosophie aus dem Geiste .der Geometrie Berlin/Boston 2014.

Mittelstraß, J.: Methodenstreit. In: Mittelstraß, J. (Hrsg.): Enzyklopädie Philosophie und Wissenschaftstheorie, Bd. 2. Mannheim/Wien/Zürich 1984, S. 886-887

Möhrle, M.G.; Isenmann, R.: Technologie-Roadmapping: Zukunftsstrategien für Technologieunternehmen. Berlin, Heidelberg. 2008, S.10 ff.

Molle, F.: Definitionsfragen in der Berufsforschung dargestellt am Beispiel der Begriffe Beruf und Berufswechsel. In: Sonderdruck aus: Mitteilungen aus der Arbeitsmarkt- und Berufsforschung. Nürnberg 1968, S. 148-159

Molle, F.: Forschungsfeld: Beruf. In: Archiv für Berufsbildung, Jahrbuch 1968, Braunschweig 1969, S. 74-80

Molle, F.: Handbuch der Berufskunde. Köln u. a. 1968a

Molle, F.: Leitfaden zur Berufsanalyse. Köln/Opladen 1965

Molle, F.: Wörterbuch der Berufs- und Tätigkeitsbezeichnungen. Wolfenbüttel 1975

Möller, F.: Unterrichtslehre für Berufsschulen. 2. Auflage, Braunschweig/Berlin/Hamburg/Kiel, 1951a

Möller, F.: Berufsschul-Methodik. Metallgewerbe. Braunschweig/Berlin/Hamburg/Kiel, 1951b

Möller, J./Paulus, W.: Perspektiven einer modernen Berufsforschung. In: Euler, D./Walwei, U./Weiß, R. (Hrsg.): Berufsforschung für eine moderne Berufsbildung – Stand und Perspektiven. Stuttgart 2010, S. 11-36

Monsheimer, O.: Drei Generationen Berufsschularbeit. Gewerbliche Berufsschulen. Weinheim/ Bergstraße o. J.

Mudra, P.: Personalentwicklung: Integrative Gestaltung betrieblicher Lern- und Veränderungsprozesse. München 2004

Müller, R.: Die Welt der Technai und die Technik. Antike und moderne Elemente in Herders Kulturtheorie Vortrag in der Klasse für Sozial- und Geisteswissenschaften am 11. Mai 2006. In: Sitzungsberichte der Leibniz-Sozietät 87 (2006), S. 23–46

Müller, W.: Multivariate Statistik im Quantitativen Marketing - Teil I: Regressionsanalyse, Band 6 des Instituts für Angewandtes Markt-Management Dortmund 2004

Müller, H.: Gesellschaftliche Moral und individuelle Lebensführung. Ein Vergleich von Emile Durkheim und Max Weber. Zeitschrift für Soziologie, Jg. 21, Heft 1, Februar 1992, S 49-60

Müller, R. A.: Geschichte der Universität. Von der mittelalterlichen Universitas zur deutschen Hochschule. München 1990

Müller, R.: Die Welt der Technai und die Technik. Antike und moderne Elemente in Herders Kulturtheorie Vortrag in der Klasse für Sozial- und Geisteswissenschaften am 11. Mai 2006. In: Sitzungsberichte der Leibniz-Sozietät 87 (2006), S. 23–46

Müller-Benedict, V.: Die akademischen Prüfungen. In: Müller-Benedict, V./Jansen, J./Sander, T.(Hrsg.): Datenhandbuch zur deutschen Bildungsgeschichte. Band VI. Akademische Karrieren in Preußen und Deutschland 1850-1940. Göttingen 2008, S. 31-41

Müllges, U.: Berufstatsachen und Erziehungsaufgabe – das Grundproblem einer Berufspädagogik als Wissenschaft In: Die Deutsche Berufs- und Fachschule, 71. Band (1975), Heft 11, S. 803-820

Münch, R.: Akademischer Kapitalismus. Über die politische Ökonomie der Hochschulreform Berlin 2011

Münch, R.: Transnationale Rationalitäten, nationale Traditionen: ein Dilemma der Mehrebenen Governance. In: Zeitschrift für Staats- und Europawissenschaften 7 (3-4), 2009, S. 597-621

Münk, D.: Beruf und Kompetenz. In: Clement/Arnold (Hrsg.): Kompetenzentwicklung in der beruflichen Bildung. Wiesbaden 2002, S. 203- 228

Münsterberg, H.: Psychologie und Wirtschaftsleben: ein Beitrag zur angewandten Experimental-Psychologie. Leipzig 1913

Nastansky, H.-L.: Über die Möglichkeit eines interessenhermeneutischen Einstieges in praktische Diskurse. In: Mittelstraß, J.: Methodenprobleme der Wissenschaften vom gesellschaftlich Handeln. Frankfurt a. M. 1979, S. 77-121

Neuburger, A.: Technik im Altertum. Leipzig 1919

Nickel, S.: Zwischen Kritik und Empirie – Wie wirksam ist der Bologna-Prozess? In: Nickel, S. (Hrsg.): Der Bologna-Prozess aus Sicht der Hochschulforschung Analysen und Impulse für die Praxis. Gütersloh 2011, S. 8-17

Nickolaus, R./Geißel, B./Abele, St./Nitzschke, A.: Fachkompetenzmodellierung und Fachkompetenzentwicklung bei Elektronikern für Energie- und Gebäudetechnik im Verlauf der Ausbildung – Ausgewählte Ergebnisse einer Längsschnittstudie.

Nickolaus, R., Knöll, B. & Gschwendtner, T.: Methodische Präferenzen und ihre Effekte auf die Kompetenz- und Motivationsentwicklung – Ergebnisse aus Studien in anforderungsdifferenten elektrotechnischen Ausbildungsberufen in der Grundbildung. In: Zeitschrift für Berufs- und Wirtschaftspädagogik, 102. Bd., H. 4, 2006, S. 552-577

Nickolaus, R.: Didaktische Präferenzen in der beruflichen Bildung und ihre Tragfähigkeit. In: Zeitschrift für Berufs- und Wirtschaftspädagogik 25. Beiheft. Stuttgart 2011, S. 159-175

Nickolaus, R.: Didaktik – Modelle und Konzepte der beruflichen Bildung. Orientierungsleistungen für die Praxis. Baltmannsweiler, 2006.

Nickolaus, R./Geißel, B./Abele, St./Nitzschke, A.: Fachkompetenzmodellierung und Fachkompetenzentwicklung bei Elektronikern für Energie- und Gebäudetechnik im Verlauf der Ausbildung – Ausgewählte Ergebnisse einer Längsschnittstudie. In: Zeitschrift für Berufs- und Wirtschaftspädagogik. Beiheft 25. Lehr-Lernforschung in der gewerblich-technischen Berufsbildung, 2011, S. 77- 95

Nickolaus, R./Riedl, A./ Schelten, A.: Ergebnisse und Desiderata zur Lehr-Lernforschung in der gewerblich-technischen Berufsausbildung. In: Zeitschrift für Berufs- und Wirtschaftspädagogik 101(4), 2005, S. 507 – 532

Nida-Rümelin, J.: Eine Alternative zum Mythos „Akademisierungswahn" und zur „Employability-Maxime" des Bologna-Regimes. Vortrag: Internationale Tagung der Gesellschaft für Bildung und Wissen e.V. „Bildungsexpansion oder Akademikerwahn" am 23./24.01.2015 in Frankfurt am Main (download 12. 06. 2016)

Nida-Rümelin, J.: Der Akademisierungswahn: Zur Krise beruflicher und akademischer Bildung. Hamburg 2014

Niedersächsisches Beamtengesetz (NBG): Niedersächsisches Beamtengesetz vom 25. März 2009 (Art. 1 des Gesetzes vom 25.3.2009 - Nds.GVBl. 6/2009 S.72)

Niedersächsische Heilpraktikergesetz: Richtlinie zur Durchführung des Verfahrens zur Erteilung einer Erlaubnis nach dem Heilpraktikergesetz vom 25.02.2015 (Niedersächsisches Ministerialblatt. Nr. 11/2015

Niethammer, M.: Fachinterviews. In: Rauner, F. (Hrsg.): Handbuch Berufsbildungsforschung. Bielefeld 2005, S. 595-601)

Niethammer, M./Storz, P.: Berufliche Fachrichtung Labortechnik/Prozesstechnik. Pahl, J.-P./Herkner, V. (Hrsg.): Handbuch Berufliche Fachrichtungen. Bielefeld 2010, S. 491-508

Nittel. D.: Von der Mission zur Profession? Stand und Perspektiven der Verberuflichung in der Erwachsenenbildung. Bielefeld 2000

Nolte, E./Weyer, R.: Musikalische Unterweisung im Altertum. Mesopotamien-China-Griechenland Peter Lang 2010

Nolte, E.: Zeugnisse musikalischer Unterweisung im alten Mesopotamien (ca. 3500-3000) v. Chr.). In: v. Schoenebeck, M. (Hrsg.):Vom Umgang des Faches Musikpädagogikgeschichte. Essen 2001, S. 43-61

Oberlander, W.: Prestige der Freien Berufe. In: Pahl, J.-P./Herkner, V. (Hrsg.): Handbuch Berufsforschung. Bielefeld 2013, S. 564 – 575

Oberliesen, R./Schulz; H.-D.: Kompetenzen für eine zukunftsfähige arbeitsorientierte Allgemeinbildung, Baltmannsweiler 2007

Obermann, Chr.: Assessment Center. In: Frey, A./ Lissmann, U./ Schwarz, B. (Hrsg.): Handbuch Berufspädagogische Diagnostik. Weinheim/Basel 2013, S. 216-233

Oechsle, M./Scharlau, I/Hessler, G./Günnewig, K. (2011): Wie sehen Studierende das Verhältnis von Studium und Beruf? Praxisbezug und Professionalität in den Subjektiven Theorien Studierender. In: Nickel, Sigrun (Hrsg.): Der Bologna-Prozess aus Sicht der Hochschulforschung. Analysen und Impulse für die Praxis. CHE Arbeitspapier Nr. 148. Gütersloh 2011, S. 178-191.

Öchsner, W./Karin Reiber: Synergie-Effekte und wechselseitige Ergänzung von Hochschuldidaktik und Medizindidaktik. In: Zeitschrift für Hochschulentwicklung ZFHE Jg.5 / Nr.3. Sept. 2010, S. 116-127

Oehler, Ch./Bradatsch, Ch.: Die Hochschulentwicklung nach 1945. In: Christoph Führ, Ch./ Furck, C.-L. (Hrsg.): Handbuch der deutschen Bildungsgeschichte. Bd. VI: 1945 bis zur Gegenwart, Erster Teilband: Bundesrepublik Deutschland, München, 1998, S. 412-446.

Oesthus, W.: Bauwissen im Antiken Rom. In: Renn, J./Osthues, W./Schlimme, H. (Hrsg.): Wissensgeschichte der Architektur. Band II: Vom Alten Ägypten bis zum Antiken Rom. Berlin 2014, S. 265-422

Oexle, O. G.: Die mittelalterliche Zunft als Forschungsproblem. Ein Beitrag zur Wissenschaftsgeschichte der Moderne. Blätter für deutsche Landesgeschichte 118. 1982, S. 1-44

Oppenheimer, J. R.: Über Wissenschaft und Kultur. In H. Kreuzer (Hrsg.), Die zwei Kulturen. Literarische und naturwissenschaftliche Intelligenz. München 1987, S. 153-165

Osterhammel, J.: Die Verwandlung der Welt. Eine Geschichte des 19. Jahrhunderts. München 2011

Osthues, W.: Bauwissen im Antiken Griechenland. In: Renn, J./Osthues, W./Schlimme, H. (Hrsg.): Wissensgeschichte der Architektur. Band II: Vom Alten Ägypten bis zum Antiken Rom. Berlin 2014, S. 127-234

Osthues, W.: Bauwissen im Antiken Griechenland. In: Renn, J./Osthues, W./Schlimme, H. (Hrsg.): Wissensgeschichte der Architektur. Band II: Vom Alten Ägypten bis zum Antiken Rom. Berlin 2014, S. 127-234

Ott, B.: Grundlagen des beruflichen Lernens und Lehrens. Ganzheitliches Lernen in der beruflichen Bildung. Berlin 1997

Paetz, N.-V./Ceylan, F/Fiehn J./Schworm, S./Harteis, Ch.: Kompetenz in der Hochschuldidaktik. Ergebnisse einer Delphi-Studie über die Zukunft der Hochschullehre. Wiesbaden 2011

Pätzold, G.: Berufliche Fachdidaktiken. In: Pahl, J.-P. (Hrsg.):Lexikon Berufsbildung, Bielefeld 2016, S. 133-134

Pätzold, G.: Berufe als Vergesellschaftung menschlicher Tätigkeit und als Handlungschance. In: Pahl, J.-P./Herkner, V. (Hrsg.): Handbuch Berufsforschung. Bielefeld 2013, S. 253-264

Pätzold, G.: Unterrichtsqualität zwischen kausalem Bewirken und Freiheit. In: Zeitschrift für Berufs- und Wirtschaftspädagogik 25. Beiheft. Stuttgart 2011, S. 177-196

Pätzold, G.: Ausbilder. In: Kaiser, F.-J./Pätzold, G. (Hrsg.): Wörterbuch Berufs- und Wirtschaftspädagogik. 2., überarbeitete und erweiterte Auflage, Bad Heilbrunn 2006a, S. 34-36

Pätzold, G.: Berufsbildungstheorie. In: Kaiser, F. - J./Pätzold, G. (Hrsg.): Wörterbuch Berufs- und Wirtschaftspädagogik. 2., überarbeitete und erweiterte Auflage, Bad Heilbrunn 2006b, S. 136-139

Pätzold, G.: Berufspädagogik. In: Kaiser, F.-J./Pätzold, G. (Hrsg.): Wörterbuch Berufs- und Wirtschaftspädagogik. 2., überarbeitete und erweiterte Auflage, Bad Heilbrunn 2006c, S. 155-158

Pätzold, G. (Hrsg.): Berufsschuldidaktik in Geschichte und Gegenwart: Richtlinien, Konzeptionen, Reformen. Bochum 1992 und 1994

Pätzold, G./Lang, M.: Selbstgesteuertes Lernen in der Aus- und Weiterbildung. In: berufsbildung. Zeitschrift für Praxis und Theorie in Betrieb und Schule, 59. Jg., 2005, Heft 94/95, S. 3-6

Pätzold/Wahle: Zur Zukunft von Arbeit und Beruf. In: Pahl, J.-P./Herkner, V. (Hrsg.): Handbuch Berufsforschung. Bielefeld 2013, S. 942-953

Pahl, J.-P.: Berufsfachschule. Ausformungen und Entwicklungsmöglichkeiten. Bielefeld. 2. Auflage 2014

Pahl, J.-P./Herkner, V. (Hrsg.): Handbuch Berufsforschung. Bielefeld 2013

Pahl, J.-P.: Berufsbildung und Berufsbildungssystem. Darstellung und Untersuchung nicht-akademischer und akademischer Lernbereiche, Bielefeld. 2012

Pahl, J.-P.: Berufsfachschule. Ausformungen und Entwicklungsmöglichkeiten. Bielefeld. 2009

Pahl, J.- P.: Zur Genese berufswissenschaftlicher und berufsdidaktischer Forschung. In: Handbuch Berufsbildungsforschung. Bielefeld 2005

Pahl, J.- P.: Berufsfelddidaktik zwischen Berufsfeldwissenschaft und Allgemeiner Didaktik. In: Bonz, B./Ott, B.(Hrsg.): Fachdidaktik des beruflichen Lernens. Stuttgart 1998, S. 60-87

Pahl, J.-P./Rauner, F. (Hrsg.): Betrifft: Berufsfeldwissenschaften. Beiträge zur Forschung und Lehre in den gewerblich-technischen Fachrichtungen. Bremen 1998

Pahl, J.-P./Rauner, F./Spöttl, G. (Hrsg.): Berufliches Arbeitsprozesswissen. Ein Forschungsgegenstand der Berufsfeldwissenschaften. Baden-Baden 2000

Pahl, J.-P./Vermehr, B.: Vergleichsmethoden in der Berufsforschung – Möglichkeiten des Einsatzes. In: Pahl, J.-P./Herkner, V. (Hrsg.): Handbuch Berufsforschung. Bielefeld 2013, S. 208-221

Pahl, J.-P./Herkner, V. (Hrsg.) : Handbuch Berufsforschung. Bielefeld 2013

Pahl, J.- P./Herkner, V. (Hrsg.): Handbuch Berufliche Fachrichtungen. 2. Auflage. Bielefeld. 2010

Pahl, J.-P.: Fachdidaktiken ohne Berufswissenschaften. Ein Kernproblem beruflichen Lernens. In: berufsbildung. Zeitschrift für Praxis und Theorie in Betrieb und Schule 47. Jg.Heft 19, S. 52-53

Pahl, J.- P./Ruppel, A.: Bausteine beruflichen Lernens im Bereich Technik. Unterrichtsplanung und technikdidaktische Elemente. Alsbach 1993

Pahl, J.-P./Tärre, M.: Schuleigene Curricula für die Berufsschule. In: lernen & lehren, 26, Heft. 103, 2011, 148-156.

Pahl, K.-A./Völlmar, Th.: Entwicklung und Perspektiven des Architekturberufs. In: Pahl, J.-P./Herkner, V. (Hrsg.): Handbuch Berufsforschung. Bielefeld. 2013, S. 791-802

Paier, D.: Quantitative Sozialforschung. Eine Einführung. Wien 2010

Palla, R.: Verschwundene Arbeit. Wien/München 2010

Palla, R.: Das Lexikon der untergegangenen Berufe. Frankfurt a. M. 1998

Palla, R.: Falkner, Köhler, Kupferstecher. Ein Kompendium der untergegangenen Berufe. Frankfurt a. M. 1997

Partnerschaftsgesellschaftsgesetz PGG): Gesetz über Partnerschaftsgesellschaften Angehöriger Freier Berufe vom 25. Juli 1994 (BGBl. I S. 1744), das zuletzt durch Artikel 7 des Gesetzes vom 22. Dezember 2015 (BGBl. I S. 2565) geändert worden ist

Pasternack, P.: Akademisierte Beruflichkeit. In: Pahl, J.-P. (Hrsg.): Lexikon Berufsbildung. 3. erweiterte Auflage. Bielefeld 2016, S. 19-20

Pasternack, P.: Beruflichkeit im Wissenschaftsbetrieb. In: Pahl, J.-P.. (Hrsg.): Lexikon Berufsbildung. 3. Auflage. Bielefeld 2016, S. 177-179

Pasternack, P.: Föderalismus und akademische Berufsbildung. In: Pahl, J.-P. (Hrsg.): Lexikon Berufsbildung. 3. erweiterte Auflage. Bielefeld 2016, S. 449-450

Pasternack, P.: Erzieher/-in" – Ein Beruf im semi-akademischen Bereich. In: Pahl, J.-P.. (Hrsg.): Lexikon Berufsbildung. 3. Auflage. Bielefeld 2016, S. 717-727

Pasternack, P.: „Erzieher/-in" – Ein Beruf im semi-akademischen Bereich. In: Pahl, J.-P./Herkner, V. (Hrsg.): Handbuch Berufsforschung. Bielefeld 2013, S. 717-726

Paul-.Kohlhoff, A./Zybell, U.: Der männliche Berufsbegriff – eine Barriere für die Geschlechtergerechtigkeit. In: Thema Forschung, Heft 2, 2005, S. 22-24

Paulsen, F. [1902]: Die deutschen Universitäten und das Universitätsstudium. Hildesheim 1966a

Paulsen, F. [1909]: Das deutsche Bildungswesen in seiner geschichtlichen Entwicklung. 3. Auflage, Darmstadt 1966b

Pehlke-Milde,J.: Ein Kompetenzprofil für die Hebammenausbildung: Grundlage einer lernergebnisorientierten Curriculumentwicklung. Diss. Berlin 2009

Petersen, A.W: Berufliche Fachrichtung Informationstechnik. In: Pahl, J.-P./Herkner, V. (Hrsg.): Handbuch Berufliche Fachrichtungen. Bielefeld, S. 430-445

Petsch, C./Norwig, K./Nickolaus, R.: (Wie) Können Auszubildende aus Fehlern lernen? Eine empirische Interventionsstudie in der Grundstufe Bautechnik. In: Zeitschrift für Berufs- und Wirtschaftspädagogik 25. Beiheft. Stuttgart 2011, S. 129-146

Pfadenhauer, M.: Professionalität: Eine wissenssoziologische Rekonstruktion institutionalisierter Kompetenzdarstellungskompetenz. Wiesbaden 2003

Pfeifer, G: Judizielle Autorität im Gegenlicht: Richter in altbabylonischer Zeit (19. août 2010). In: forum historiae iuris,
http://www.forhistiur.de/fr/2010-08-pfeifer/?l=de

Pfeiffer, S./Schütt, P./Wühr, D.: Innovationsarbeit unter Druck braucht agile Forschungsmethoden. „Smarte Innovationsverlaufsanalyse" als praxisnaher und partizipativer Ansatz explorativer Forschung. In: Arbeits- und Industriesoziologische Studien Jg. 4, Heft 1, Februar 2011, S. 19-32.

Pfeuffer, H. Qualifikationsermittlung mit Hilfe von Arbeitsplatzuntersuchungen am Beispiel der Elektroberufe. In : Frey, K. (Hrsg.): Curriculum-Handbuch. Bd. 2. München 1975, S. 272 - 276

Pflüger, J./Pongratz, H./ Trinczek, R.: Methodische Herausforderungen arbeits- und industriesoziologischer Fallstudienforschung. Arbeits- und Industriesoziologische Studien. Jg. 3, Heft 1, August 2010, S. 5-13

Pflicht, H./Schreyer, F.: Methodische Probleme der Erfassung von Adäquanz der Akademikerbeschäftigung. In: Kleinhenz, G. (Hrsg.): IAB-Kompendium Arbeitsmarkt- und Berufsforschung. Beiträge zur Arbeitsmarkt- und Berufsforschung, BeitrAB 250, 2002, S. 531-545

Picht, G: Die deutsche Bildungskatastrophe. Analyse und Dokumentation. Olten/Freiburg i. Breisgau 1964

Piekenbrock, D.: Analyse-Methoden. In: Springer (Herausgeber), Gabler Wirtschaftslexikon, online: 35/Archiv/119078/analyse-methoden-v3.html (download am 03.06.2016)

Pientka-Hinz, R.: Fokus: Architekturwissen am Anfang des 2. Jahrtausends v. Chr. In: Renn, J./Osthues, W./ Schlimme, H. (Hrsg.): Wissensgeschichte der Architektur. Band I: Vom Neolithikum bis zum Alten Orient. Berlin 2014, S. 297-334

Pierenkemper, T.: Gewerbe und Industrie im 19. und 20. Jahrhundert. München 2007

Pleiß, U.: Entwicklung der Diplomhandelslehrerausbildung in Deutschland aus der Sicht des Hochschulortes Berlin. Berlin 1963

Pongratz Arbeitskraftunternehmer. In: Pahl, J.-P. (Hrsg.): Lexikon Berufsbildung, 3. erweiterte Auflage. 2016, S. 44-45.

Pongratz, H.J./Voß, G. G.: Arbeitskraftunternehmer – Erwerbsorientierungen in entgrenzten Arbeitsformen. Berlin 2003

Popper, R.: Logik der Forschung. 10. verbesserte und vermehrte Auflage Tübingen 1994

Preißer, K.-H. : Praxis des wissenschaftlichen Arbeitens. Regensburg. 1993

Prenzel, M.: Grußwort des Dekans der TUM School of Education. In: Riedl, A./Tenberg, R. (Hrsg.): Berufspädagogische Praxis in wissenschaftlicher Reflexion. Stuttgart 2013, S. 11-12

Pressemitteilung BMBF 06.11.2015

Przyborski, A./Wohlrab-Sahr, M.: Qualitative Sozialforschung. Ein Arbeitsbuch. 4., erweiterte Auflage. München 2014

Przyborski, A./Wohlrab-Sahr, M.: Forschungsdesigns für die qualitative Sozialforschung. Ein Arbeitsbuch. München 2008

Pukas, D.: Die gewerbliche Berufsschule der Fachrichtung Metalltechnik: Ihre Entstehung um die Jahrhundertwende und ihre Entwicklung bis zur Gegenwart. Alsbach/Bergstr. 1988

Pukas, D.: Inhaltsauswahl. In: Pahl, J.-P. (Hrsg.): Lexikon Berufsbildung, Bielefeld 2016, S. 528-529

Raddatz, R.: Berufsbildung im 20. Jahrhundert. Eine Zeittafel Bielefeld 2000

Raffée, H. (1974): Grundprobleme der Betriebswirtschaftslehre, Göttingen 1974.

Rahmenplan: Rahmenplan Wirtschaft und Gesellschaft für Berufsschulen - Zur Erprobung ab 01. August 2003, Freie und Hansestadt Hamburg. Amt für Bildung Abteilung Berufliche Bildung und Weiterbildung Hamburg, 2003

Rahmenplan: Rahmenplan Sprache und Kommunikation für Berufsschulen - Zur Erprobung ab 01. August 2004. Freie und Hansestadt Hamburg. Amt für Bildung Abteilung Berufliche Bildung und Weiterbildung Hamburg, 2004

Rahmenrichtlinien Berufsfachschule, Altenpflege, Sachsen-Anhalt 2005, S. 13

Rahmenvereinbarung über die Berufsfachschulen: Beschluss der Kultusministerkonferenz vom 28.02.1997 i. d. F. vom 07.12.2007

Raschert, J.: Bildungspolitik im kooperativen Föderalismus. Die Entwicklung der länderübergreifenden Planung und Koordination des Bildungswesens der Bundesrepublik Deutschland. In: Projektgruppe Bildungsbericht (Hg.): Bildung in der Bundesrepublik Deutschland. Daten und Analysen. Reinbek 1980, S. 103-215

Rauner, F.: Berufsbildungssystem. In: Pahl, J.-P.. (Hrsg.): Lexikon Berufsbildung. 3. Auflage. Bielefeld 2016, S. 212-213

Rauner, F.: Formen und Richtungen der Berufsforschung. In: Pahl, J.-P./Herkner, V. (Hrsg.): Handbuch Berufsforschung. Bielefeld 2013a, S. 159-168

Rauner, F.: Kernberufe – Eine Antwort der Berufsforschung auf geschäftsprozessorientierte Unternehmensstrukturen. In: Pahl, J.-P./Herkner, V. (Hrsg.): Handbuch Berufsforschung. Bielefeld 2013b, S. 338-351

Rauner, F.: Wurzeln der Berufsforschung und -entwicklung. . In: Pahl, J.-P./Herkner, V. (Hrsg.): Handbuch Berufsforschung. Bielefeld 2013c, S. 88-94

Rauner, F.: Akademisierung beruflicher und Verberuflichung akademischer Bildung – widersprüchliche Trends im Wandel nationaler Bildungssysteme. In: bwp@Berufs- und Wirtschaftspädagogik Berufs- und Wirtschaftspädagogik – online, Ausgabe 23, S. 1-19. Online: http://www.bwpat.de/ausgabe23/rauner_bwpat23.pdf (12-12-2012).

Rauner, F.: Demarkationen zwischen beruflicher und akademischer Bildung und wie man sie überwinden kann. In: A+B Forschungsberichte Nr. 7, Bremen/Heidelberg/Karlsruhe 2010

Rauner, F. :Gestaltung von Arbeit und Technik. In: Arnold, R./Lipsmeier, A. (Hrsg.): Handbuch der Berufsbildung. 2., überarbeitete und aktualisierte Auflage 2006, S. 55-71

Rauner, F.: Berufsbildungsforschung – Eine Einleitung. In: Rauner, F. Hrsg.): Handbuch der Berufsbildungsforschung. Bielefeld 2005, S. 9-16

Rauner, F.: Qualifikationsforschung und Curriculum. In: Fischer, M./Rauner, F. (Hrsg.): Lernfeld: Arbeitsprozess. Ein Studienbuch zur Kompetenzentwicklung von Fachkräften in gewerblich-technischen Aufgabenbereichen. Baden-Baden 2002a, S. 317-430

Rauner, F.: Berufswissenschaftliche Forschung – Implikationen für die Entwicklung von Forschungsmethoden. In: Fischer, M./Rauner, F. (Hrsg.): Lernfeld: Arbeitsprozess. Ein Studienbuch zur Kompetenzentwicklung von Fachkräften in gewerblich-technischen Aufgabenbereichen. Baden-Baden 2002b, S. 443-476

Rauner, F.: Zur methodischen Einordnung berufswissenschaftlicher Arbeitsstudien. In: Pahl, J.-P./Rauner, F. (Hrsg.): Betrifft: Berufsfeldwissenschaften. Beiträge zur Forschung und Lehre in den gewerblich-technischen Fachrichtungen. Bremen 1998, S. 13-30

Rauner, F.: Technik und Bildung. In: R. Bremer (Hrsg.): Schritte auf dem Weg zu einer gestaltungsorientierten Berufsbildung. Bremen 1997, 12–35

Rauner, F./Becker, M./Hitz, H./ Spöttl, G.: Wissenschaftliche Begleitung zur Neuordnung der fahrzeugtechnischen Berufe: Aufgabenanalyse für die Neuordnung der Berufe im Kfz-Sektor. Abschlussbericht. Expertise 3. Bremen, Flensburg. 2002

Rauner, F. : Reformbedarf in der beruflichen Bildung. In: Arnold, R./Dobischat, R./Ott, B. (Hrsg.): Weiterungen der Berufspädagogik. Festschrift für A. Lipsmeier, Stuttgart, 1997, S. 124-139

Rauschenbach, Th.: Soziale Berufe im Umbruch. In: (Ed.) ; Akademie für Sozialarbeit und Sozialpolitik e.V. (Ed.): Soziale Gerechtigkeit: Lebensbewältigung in der Konkurrenzgesellschaft. Verhandlungen des 1. Bundeskongresses Soziale Arbeit. Bielefeld 1994, pp. 35-46. URN: http://nbnresolving.de/urn:nbn:de: 0168-ssoar-56044

Reble, A.: Zunfterziehung. In: Lexikon der Pädagogik. Hrgg. vom Willmann-Institut München-Wien. Vierter Band. Freiburg/Base/Wien 1971, S. 406

Rebmann, K.: . Berufliche Umweltbildung. In: Arnold, R./Lipsmeier, A. (Hrsg.), Handbuch der Berufsbildung. 2. Auflage. Wiesbaden. 2006, S. 299-312

Rebmann, K./Tenfelde, W./Uhe, E. (2005). Berufs- und Wirtschaftspädagogik. Eine Einführung in Strukturbegriff. 3. neu überarbeitete Auflage. Wiesbaden 2005

Reetz, L.: Zur Bedeutung der Schlüsselqualifikationen in der Berufsbildung. In: Reetz, L., Reitmann, T. (Hrsg.): Schlüsselqualifikationen: Fachwissen in der Krise? Dokumentation eines Symposiums in Hamburg, Hamburg 1990, S. 16-35

Reetz, L./Seyd, W.: Curriculare Strukturen beruflicher Bildung. In: Arnold, R./Lipsmeier, A. (Hrsg.): Handbuch der Berufsbildung. 2., überarbeitete und aktualisierte Auflage, Wiesbaden 2006, S. 227-259

Rehburg, M.: Bachelor- und Masterstudiengänge in Deutschland: Einschätzungen von Studierenden, Professoren und Arbeitgebern. Eine qualitative Kurzstudie. Universität Kassel. Online Publikation: Juli 2006a (www.uni-Kassel. de/incher)

Rehburg, M.: Hochschulreform und Arbeitsmarkt. Die aktuelle Debatte zur Hochschulreform und die Akzeptanz von konsekutiven Studienabschlüssen auf dem deutschen Arbeitsmarkt. Bonn 2006b

Reiber, K./Remme, M.: Das erziehungswissenschaftlich-berufspädagogische Selbstverständnis der Pflegepädagogik – Empirische Befunde und wissenschaftstheoretische Positionierungen . In: bwp@Berufs- und Wirtschaftspädagogik Berufs- und Wirtschaftspädagogik – online, Ausgabe 16, S. 1-28. Online: http://www.bwpat.de/ausgabe16/ reiber_remme_ bwpat16.pdf (30-06-2009)

Reich, K.: Systemisch-konstruktivistische Pädagogik. Einführung in die Grundlagen einer interaktionistisch-konstruktivistischen Pädagogik. 5. Auflage, Weinheim und Basel 2005

Reich, K.: Systemisch-konstruktivistische Pädagogik. Einführung in die Grundlagen einer interaktionistisch-konstruktivistischen Pädagogik. Neuwied 1996

Reichsinstitut für Arbeitsvermittlung und Arbeitslosenversicherung (Hrsg.): Handbuch der Berufe, Band 1: Berufe mit Volks-, Mittel- oder höherer Schulbildung. Magdeburg 1927a

Reichsinstitut für Arbeitsvermittlung und Arbeitslosenversicherung (Hrsg.): Handbuch der Berufe, Band 2: Akademische Berufe. Bearbeitet vom Sächsischen Auskunftsamt für Studien- und Berufsfragen. Magdeburg 1927b

Reif, H.: Adel im 19. und 20. Jahrhundert. 2. und um einen Nachtrag erweiterte Auflage. München 2012

Reinisch, H./Götzl, M.: Berufsgruppenbildung im Bereich kaufmännisch-betriebswirtschaftlicher Berufe aus historischer Sicht. In: BWP 3/2013, S. 20-23

Reinisch, H.: Geschichte der kaufmännischen Berufe Studie zur Geschichte vornehmlich der deutschen Kaufleute, ihrer Tätigkeiten, ihrer Stellung in der Gesellschaft sowie ihrer Organisation und Qualifizierungsstrukturen von den Anfängen bis zum Ausgang der 19. Jahrhunderts. Bonn 2011

Renger, J.: Als David aber alt geworden war und hochbetagt. Altwerden und Altsein im Alten Orient. In: Wissenschaftsmagazin fundiert. Berlin 2/2004

Renger, J.: Untersuchungen zum Priestertum in der altbabylonischen Zeit. 1. Teil. In: Zeitschrift für Assyriologie und Vorderasiatische Archäologie. Band 58, Heft 1, Jan. 1967, S. 110–188

Renn, J./Valleriani, M.: Elemente einer Wissensgeschichte der Architektur. In: Renn, J./Osthues, W. Schlimme, H. (Hrsg.): Wissensgeschichte der Architektur. Band I: Vom Neolithikum bis zum Alten Orient. 2014, S.

Riedel, J./Schneider, U.: Arbeits- und Berufsanalyse in berufspädagogischer Sicht. Braunschweig, 1957

Riedl, A.: Didaktik der beruflichen Bildung. Stuttgart 2011

Riedl, A./Schelten, A.: Das Münchner Forschungsprogramm zur Qualitätssicherung von Lehr-Lern-Prozessen in der gewerblich-technischen Berufsausbildung. In: Zeitschrift für Berufs- und Wirtschaftspädagogik 25. Beiheft. Stuttgart 2011, S. 147-158

Rieß, W.: Stadtrömische Lehrer zwischen Anpassung und Nonkonformismus: Überlegungen zu einer epigraphischen Ambivalenz. In: Alföldy, G./Panciera, S. (Hrsg.): Inschriftliche Denkmäler als Medien der Selbstdarstellung in der römischen Welt. Stuttgart 2001, S. 163-208

Röben, P.: Arbeits- und Geschäftsprozesse in den gewerblich-technischen Fachrichtungen. In: Pahl, J.-P./Herkner, V. (Hrsg.): Handbuch Berufliche Fachrichtungen. 2. Auflage. 2010, S.133-150

Röbken. H.: Methoden angewandter Bildungsforschung. Oldenburg 2014

Rölke, S./Rößler, S.: Grundsätze der Stoffauswahl – Überlegungen für den wirtschaftskundlichen Unterricht. In: Wirtschaft und Erziehung, Zeitschrift des Bundesverbandes der Lehrer an Wirtschaftsschulen, 45. Jg., 1993, Heft 35, S. 7-36

Röllig, W.: Die Keilschrift und die Anfänge der Alphabetschrift. In: Studium Generale 18, 1965, S. 729-742

Roesler, R. 1913: Vorwort: Das Taylor-System – Eine Budgetierung der menschlichen Kraft. In: F. W. Taylor (Hrsg.): Die Grundsätze wissenschaftlicher Betriebsführung. München, Berlin. 1913, S. VII–XX

Rosendahl, A./ Wahle, M.: Erosion des Berufes: Ein Rückblick auf die Krisenszenarien der letzten vierzig Jahre. In: Bolder, A./Dobischat, R./Kutscha, G./Reutter, G. (Hrsg.):Beruflichkeit zwischeninstitutionellem Wandel und biographischem Projekt. Wiesbaden 2012, S. 25-48

Rossi, P.: Die Geburt der modernen Wissenschaft in Europa. München 1997

Roth, H: Entwicklung und Erziehung, Hannover 1971

Roth, H.: Die realistische Wendung in der Pädagogischen Forschung. In: Becker, H./Blochmann, E./Bollnow, O. F./Heimpel, E./Wagenschein, M. (Hrsg.): Neue Sammlung. Göttinger Blätter für Kultur und Erziehung.2. Jg., Göttingen 1962

Rötzer, A: Die Einteilung der Wissenschaften. Analyse und Typologisierung von Wissenschaftsklassifikationen. Passau 2006

Rudolph, Wolfgang (Leiter eines Redaktionskollegiums) u. a.: Berufspädagogik. Berlin (Ost) 1987

Rüegg, W.: Neue Formen wissenschaftlicher Kommunikation. In: Rüegg, W. (Hrsg.) Geschichte der Universität in Europa. Band 2. Von der Reformation bis zur französischen Revolution. 1500-1800. München 1996, S.

Rüegg, W. (Hrsg.): Geschichte der Universität in Europa: Vom 19. Jahrhundert zum Zweiten Weltkrieg. 1800-1945. Band 3. München 2004

Rüegg, W. (Hrsg.): Geschichte der Universität in Europa. Band 2. Von der Reformation bis zur französischen Revolution. 1500-1800. München 1996

Rützel, J./Schapfel, F.: Die Rolle und Funktion beruflicher Standards in der Bundesrepublik Deutschland bezogen auf Berufsbildung und Arbeitsmarkt – Gutachten, Berlin 1996

Sachs, H.: Eygentliche Beschreibung Aller Stände auff Erden. Erscheinungsort Franckfurt am Mayn 1568

Sackmann, Sonja A. & Bertelsmann Stiftung: Erfolgsfaktor Unternehmenskultur. Mit kulturbewusstem Management Unternehmensziele erreichen und Identifikation schaffen. Sechs Best Practice-Beispiele. Wiesbaden 2004

Sallaberger, W.: Bierbrauen und Schafzucht im Alten Orient. In: Akademie Aktuell 02-2015, S. 16-20

Sander, T.: Das Einkommen. Müller-Benedict, V.: Die akademischen Prüfungen. In: Müller-Benedict, V./Jansen, J./Sander, T.(Hrsg.): Datenhandbuch zur deutschen Bildungsgeschichte. Band VI. Akademische Karrieren in Preußen und Deutschland 1850-1940. Göttingen 2008, S. 49-52

Sandfuchs, G./ Witte, J./ Mittag, S.: Stand und Perspektiven bayerischer Bachelorstudiengänge – Eine exemplarische Untersuchung. In: Nickel, Sigrun (Hrsg.): Der Bologna-Prozess aus Sicht der Hochschulforschung – Analysen und Impulse für die Praxis, Gütersloh. 2011, S. 58–67

Sarges, W. (Hrsg.):. Weiterentwicklungen der Assessment Center-Methode (2. überab. u. erw. Aufl., Göttingen 2001

Schade, G.: Die griechischen Papyri und die antike Schule. Pegasus-Onlinezeitschrift IV/2 . 2004, S. 55 -63

Schanz, H.: Institutionen der Berufsbildung. Vielfalt in Gestaltungsformen und Entwicklung. Baltmannsweiler 2015

Schapfel-Kaiser, F.: Haben Berufe ihre eigene Zeit? : Ergebnisse einer Pilotstudie zu Zeitkulturen am Beispiel von Hebammen, Künstlern, Bauleitern und Straßenbahnfahrerinnen und -fahrern. In: *Sozialwissenschaftlicher Fachinformationsdienst* (2010), Berufssoziologie 2010/1, pp. 9-21. URN: http://nbn-resolving.de/urn:nbn:de:0168-ssoar-201603

Scheer, C. A.: Hält die Polizei, Hält die Polizei, was sich was sich Polizisten von ihr versprochen haben? Dortmund 2009

Schelsky, H.: Auf der Suche nach Wirklichkeit. Gesammelte Aufsätze zur Soziologie der Bundesrepublik. München 1979

Schelsky, H. Schule und Erziehung in der industriellen Gesellschaft. 5. Auflage. Würzburg 1965

Schelten, A.: Zielvorstellung Beruf. In: Die berufsbildende Schule (DbSch), 62. Jg., 2010, Heft 2, S. 37-38

Schelten, A.: Lehrerkompetenzen und Lehrereignung für berufliche Schulen. In: Die berufsbildende Schule 60 Jg., Heft 10, 2008, S. 275 – 276.

Schelten, A.: Berufsmotorisches Lernen. In: Arnold, R./Lipsmeier, A. (Hrsg.): Handbuch der Berufsbildung. 2., überarbeitete und aktualisierte Auflage Wiesbaden 2006

Schelten, Andreas: Begriffe und Konzepte der berufspädagogischen Fachsprache. Eine Auswahl. Stuttgart 2000

Schemme, D.: Differenzierung und Dynamisierung der Berufsbildung mittels Zusatzqualifikationen. In: Schemme, D./García-Wülfing, I. (Hrsg.): Zusatzqualifikationen. Ein Instrument zum Umgang mit betrieblichen Veränderungen und zur Personalentwicklung. Berichte des BBIB zur beruflichen Bildung, Heft 249. Bielefeld 2001, S. 5-19

Schenz, C.: Zur Struktur professionellen Handelns im Lehrerberuf. In: Schrittesser, I. (Hrsg.): Professionalität und Professionalisierung. Frankfurt a. M. u. a. 2009, S. 37-60

Scherberich, K.: Zur sozialen Bewertung der Arbeit bei Cicero. In: Dormeyer, D./Siegert, F./de Vos, C. (Hrsg.): Arbeit in der Antike, im Judentum und Christentum. Berlin 2006, S. 86-97

Schicke, H.: Beruflicher Übergang im Kontext reflektiert. In: von Felden, H./Schäffter, O./Schicke, H. (Hrsg.): Denken in Übergängen: Weiterbildung in transitorischen Lebenslagen. Wiesbaden 2014, S. 85-110

Schiller, F.: Was heisst und zu welchem Ende studiert man Universalgeschichte? Akademische Antrittsrede. Jena 1789

Schilling, F.: Das deutsche Fortbildungsschulwesen. Leipzig 1909

Schilling, Th.: Zum Verhältnis von professionsbezogenen Leitbildern in der Pflege, den subjektiven Orientierungen der Pflegenden in der ambulanten Pflege und den individuellen Handlungsstrategien im pflegerischen Berufsalltag. (Diss.) Halle-Wittenberge 2008

Schlag, T.: Pastorale Professionalität in pluralen Verhältnissen Praktisch-theologische Überlegungen zur akademischen Ausbildung für den Pfarrberuf. In: PThI Pastoraltheologische Informationen (PThI) 35. Jahrgang, 2015-1, S. 97–110

Schlausch, R.: Vertiefungsrichtung Fertigungs- und Produktionstechnik. In: Pahl, J.-P./Herkner, V. (Hrsg.): Handbuch Berufliche Fachrichtungen. Bielefeld, S. 695-705

Schlieper, F. 1963: Allgemeine Berufspädagogik. Freiburg

Schlömer, T.: Berufliches Handeln und Kompetenzen für nachhaltiges Wirtschaften: Ein Referenzmodell auf der Grundlage theoretischer und empirischer Exploration. München/Mering 2009

Schmale, W.: Die Frankfurter Methodik. Eine informative Gesamtschau. In: Die Deutsche Berufs- und Fachschule, 63. Band (1967), Heft 3, S. 204-214

Schmid, G.: Untersuchungen zur Profession des Arztberufes aus rechtlicher Sicht. In: Pahl, J.-P. (Hrsg.): Handbuch Berufsforschung. 2013, S. 802-813

Schmid, M.: Ad-hoc-Verfahren und Falsifikationismus im Forschungsprozeß. In: Zeitschrift für Soziologie. Jg. 1, Heft 3, 3. Juli 1972, S. 263-27

Schmidt, L.: Technologie als Prozess Eine empirische Untersuchung organisatorischer Technologiegestaltung am Beispiel von Unternehmenssoftware. Berlin 2006

Schmidt, B./Tippelt, R.: Besser lehren – Neues von der Hochschuldidaktik. In: Teichler, U./Tippelt, R. (Hrsg.), Hochschullandschaft im Wandel. 50. Beiheft der Zeitschrift für Pädagogik. Weinheim u. a. 2005, S. 103-114

Schneider, A.: Staatsbürger-, Gesetzes- und Berufskunde für Fachberufe im Gesundheitswesen. 6. Auflage. Berlin/Heidelberg 2003

Schneider, G./Lorenz, P.: Grundlegende Aspekte und Tendenzen der perspektivischen Entwicklung der Facharbeiterberufe in der DDR. In: Forschung der sozialistischen Berufsbildung, 12. Jg., Heft 3, 1978, S. 1-16

Schnell, R./Hill, P. B./Esser, E.: Methoden der empirischen Sozialforschung, 6. Aufl., München/Wien 1999

Schnitger, M./ Windelband, L.: Fachkräftemangel auf Facharbeiterebene im produzierenden Sektor in Deutschland: Ergebnisse der Sektoranalyse aus dem Projekt „Shortage of Skilled Workers" Bremen: Institut Technik und Bildung (ITB), Universität Bremen, 2008

Schönbeck, M.: Forschungen zum Maler- und Lackiererberuf. In: Pahl, J.-P./Herkner, V.: Handbuch Berufsforschung. Bielefeld. 2013, S. 660-670

Schönburg, K.: Techniken der Wandmalerei am Bauwerk. Planung, Ausführung und Bewertung. Berlin/Wien/Zürich 2012

Schöne, Helmar. Die teilnehmende Beobachtung als Datenerhebungsmethode in der Politikwissenschaft. Methodologische Reflexion und Werkstattbericht [58 Absätze]. Forum Qualitative Sozialforschung 2003 / Forum: Qualitative Social Research, 4(2), Art. 20, http://nbnresolving.de/urn:nbn:de:0114fqs0302202.

Scholz, F.: Assessment Center. In: Pahl, J.-P. (Hrsg.): Lexikon Berufsbildung. 3. erweiterte und aktualisierte Auflage. Bielefeld 2016, S. 63-64

Schorn-Schütte, L.: Geschichte Europas in der Frühen Neuzeit: Studienhandbuch 1500-1789, Paderborn 2009

Schorr, M. : Urkunden des altbabylonischen Zivil- und Prozessrechts. Leipzig 1913

Schrenk, F.: Auf den Spuren der ersten Menschen. In: Conard, N. J. (Hrsg.): Woher kommt der Mensch? 2. Auflage, Tübingen, 2006, S. 11-35

Schröder, T.: Perspektiven für eine Validierung informell und nonformal erworbener Kompetenzen bei Jugendlichen ohne Berufsausbildung. Münster / New York / München / Berlin 2012

Schüßler, I.: Studierenden- und Absolvent/inn/enbefragungen unter professionstheoretischer Perspektive. In: Egetenmeyer, R.; Schüßler, I. (Hrsg.): Akademische Professionalisierung in der Erwachsenenbildung/Weiterbildung. Baltmannsweiler, 2012, S. 109-147

Schulmeister, R./Metzger, Ch. (Hrsg.): Die Workload im Bachelor: Zeitbudget und Studierverhalten. Eine empirische Studie. Münster / New York / München / Berlin 2011

Schulz, C.-N.: Agentur für Arbeit. In: Pahl, J.-P. (Hrsg.): Lexikon Berufsbildung, Bielefeld 2016, S. 12-13

Schulz, R.: Entlastungsmöglichkeiten für Lehrende im Berufsvorbereitungsjahr – Effekt methodischer Variationen. Ein empirischer Vergleich der handlungsorientierten und schülerzentrierten Lernzirkel-Methode mit dem traditionellen Frontalunterricht. Hamburg 2003

Schütte, F.: Forschendes Lernen – ein Ansatz zur Professionalisierung von Lehrkräften. In: lernen & lehren. Elektrotechnik – Informationstechnik – Metalltechnik - Fahrzeugtechnik. Heft 123 – 31 Jahrgang. Heft 3. 2016, S. 92-96

Schütte, F.: Methodologische Anmerkungen zur Berufsforschung – Forschungsansätze und deren Reichweite. In: Pahl, J.-P./Herkner, V. (Hrsg.): Handbuch Berufsforschung. Bielefeld. 2013a, S. 239-250

Schütte, F.: Konkurrenz von akademischer und nicht akademischer Bildung – mehr als ein Phänomen? In: Severing, Eckart; Teichler, Ulrich (Hrsg.): Akademisierung der Berufswelt? Bonn 2013b, S. 43-62

Schütte, F.: Metalltechnische Berufe des nicht-akademischen Bereichs – Wandel, Struktur, Reproduktion. In: Pahl, J.-P./Herkner, V. (Hrsg.): Handbuch Berufsforschung. Bielefeld 2013c, S. 670-681

Schütte, F.: Zerstörung der Autonomie. Die ‚neue' Hochschule zwischen Selbstverantwortung und Benchmarking. In: Zeitschrift für sozialistische Politik im Bildungs-, Gesundheits- und Sozialbereich, 30. Jg., März 2010a, Heft 115, S. 103-120

Schütte, F.: Berufliche Fachrichtung Metalltechnik. In: Pahl, J.-P./Herkner, V. (Hrsg.) S. Handbuch Berufliche Fachrichtungen. Bielefeld 2010b, S. 446-460

Schütte, F.: Berufliche Fachdidaktik. Theorie und Praxis der Fachdidaktik Metall- und Elektrotechnik Stuttgart 2006

Schütte, F.: Technisches Bildungswesen in Preußen-Deutschland. Aufstieg und Wandel der Technischen Fachschule 1890-1938. Köln/Weimar/Wien 2003a

Schütte, F. (Hrsg.): Quellen und Dokumente zur Geschichte der technischen Bildung in Deutschland, Teil 2: Das technische Fachschulwesen 1890-1945. Reihe Quellen und Dokumente zur Geschichte der Berufsbildung in Deutschland. In: Pätzold, G. (Hrsg.). Reihe C. Band 8.2. Köln/Weimar/Wien 2003b

Schütz, J. : Arbeits- und Berufszufriedenheit: Theoretische Grundlagen und Bestandteil beruflicher Selbstbeschreibungen. In: Pahl, J.-P./Herkner, V. (Hrsg.): Handbuch Berufsforschung. Bielefeld 2013, S. 517- 526

Schütz, J.: Pädagogische Berufsarbeit und Zufriedenheit: Eine bildungsbereichsübergreifende Studie. Bielefeld. 2009

Schwarz, B.: Tests als Messinstrumente. In: Frey, A./ Lissmann, U./ Schwarz, B. (Hrsg.): Handbuch Berufspädagogische Diagnostik. Weinheim/Basel 2013, S. 35-56

Schwarz, H.: .Ausbildung und Einsatz von DV-Kaufleuten. In: Schwarz, H. (Hrsg.) Computerberufe im System der dualen Berufsausbildung und die Zukunft der DV-Kaufleute. Heft 20. Berlin 1996, S. 7-24

Schweppe, C.: Biographie und Alter(n) auf dem Land: Lebenssituation und Lebensentwürfe. Wiesbaden 2000

Schwinn, T.: Ständische Verhältnisse und Ordnungsbildung vom Mittelalter bis in die Neuzeit. In: Differenzierung und soziale Ungleichheit. 4. Auflage. Frankfurt a. M. 2011, S. 71- 102

Sdvizkov, D.: Das Zeitalter der Intelligenz. Zur vergleichenden Geschichte der Gebildeten in Europa bis zum ersten Weltkrieg. Göttingen 2006

Seeber, S./Lehmann, R.: Determinanten der Fachkompetenz in ausgewählten gewerblich-technischen Berufen. In: Zeitschrift für Berufs- und Wirtschaftspädagogik 25. Beiheft. Stuttgart 2011, S. 95-111

Seel, N.M/Hanke, U.: Erziehungswissenschaft. Lehrbuch für Bachelor-, Master- und Lehramtsstudierende. Berlin/Heidelberg 2015

Seidenfaden, F.: Der Vergleich in der Pädagogik. Braunschweig 1966

Seiffert, H.: Einführung in die Wissenschaftstheorie, Bd. 2: Geisteswissenschaftliche Methoden, Phänomen München 1973, S. 79 – 80

Seifried, J./Sembil, D. /Nickolaus, R. / Schelten, A.: Analysen systemischer Wechselwirkungen beruflicher Bildungsprozesse. Zeitschrift für Berufs- und Wirtschaftspädagogik, 101. Band, Heft 4. 2005, S. 601-618

Selzner, C.: Die Deutsche Arbeitsfront. Idee und Gestalt. Kurzer Abriß des Wollens des Reichsorganisationsleiters der NSDAP, Dr. Robert Ley., Berlin 1935

Sender, W.:Entberuflichung. In: Pahl, J.-P. (Hrsg.): Lexikon Berufsbildung, Bielefeld 2016, S. 388-389

Sender, W.: Fachhochschulen. In: Pahl, J.-P. (Hrsg.): Lexikon Berufsbildung, Bielefeld 2016, S. 425-426

Sender, W.: Forschungen zum Soldatenberuf. In: Pahl, J.-P./Herkner, V. (Hrsg.): Handbuch Berufsforschung. Bielefeld 2013, S. 774-787

Settelmeyer, A./Hörsch, K./Dorau, R.: Interkulturelle Kompetenzen von Fachkräften mit Migrationshintergrund Einsatz und Wahrnehmung. In: Berufsbildung. Zeitschrift für Praxis und Theorie in Betrieb und Schule. Jg. 60, Heft 3. 2006, S. 14-17

Severing, E./Teichler, U.: Akademisierung der Berufswelt? Verberuflichung der Hochschulen? In: Eckart Severing, Ulrich Teichler (Hrsg.) Akademisierung der Berufswelt? Bielefeld 2013, S. 7 – 18

Severing, E.: Entberuflichung der Erwerbsarbeit – Folgerungen für die betriebliche Bildung. In: Arbeitsgemeinschaft betriebliche Kompetenzentwicklung. Münster, New York 2002, S. 2-46

Seydewitz, B.: Martin Luther ein Lebensbild. Cambridge 1936

Seyed-Ashraf, H.: Metropolen des alten Orients. Hamburg 2015

Seymour, W. D.: Verkürzung der Anlernzeit. Berlin 1960

Siegrist, H.: Bürgerliche Berufe. Die Professionen und das Bürgertum. In: Siegrist, H. (Hrsg.): Bürgerliche Berufe. Zur Sozialgeschichte der freien und akademischen Berufe im internationalen Vergleich. Göttingen 2011, S. 11-50

Siegrist, H.: Geschichte des geistigen Eigentums und der Urheberrechte. Kulturelle Handlungsrechte in der Moderne. In: Hofmann, J. (Hrsg.): Wissen und Eigentum. Geschichte, Recht und Ökonomie stoffloser Güter. Bonn 2006, S. 64-80

Siemon, J.: Vertiefungsrichtung Wirtschaftsinformatik. In: Pahl, J.-P./Herkner, V. (Hrsg.): Handbuch Berufliche Fachrichtungen. Bielefeld, S. 674-681

Siercks, H.: Das Deutsche Fortbildungsschulwesen. Leipzig 1908

Sievertsen, U.: Bauwissen im Alten Orient. In: Renn, J./Osthues, W. Schlimme, H. (Hrsg.): Wissensgeschichte der Architektur. Band I: Vom Neolithikum bis zum Alten Orient. 2014, S. 132-180

Sloane, P. F. E.: Avanti dilettanti: die Reform der Lehrerbildung. In: Zeitschrift für Berufs- und Wirtschaftspädagogik (ZBW), 106. Band, 2010a, Heft 1, S. 1-10

Sloane, P. F. E: Vertiefungsrichtung Wirtschaft. In: Pahl, J.-P./Herkner, V. (Hrsg.): Handbuch Berufliche Fachrichtungen. Bielefeld 2010b, S. 748-759

Sloane, P. F. E.: Berufsbildungsforschung. In: Arnold, R./Lipsmeier, A. (Hrsg.): Handbuch der Berufsbildung. 2., überarbeitete und aktualisierte Auflage. Wiesbaden 2006, S. 610 - 627.

Sloane, P. F. E.: Lernfelder und Unterrichtsgestaltung. In: Die berufsbildende Schule, 52. Jg., 2000, Heft 3, S. 79-85

Sloane, P. F. E./Becker, P. K./Krakau, U.: Vertiefungsrichtung Wirtschaft. In: Pahl, J.-P./Herkner, V. (Hrsg.): Handbuch Berufliche Fachrichtungen. Bielefeld 2010, S. 738-747

Sodan, H.: Freie Berufe als Leistungserbringer im Recht der gesetzlichen Krankenversicherung. Ein verfassungs- und verwaltungsrechtlicher Beitrag zum Umbau des Sozialstaates. Tübingen 1997

Sombart, Werner: Beruf. In: Vierkandt, Alfred (Hrsg.): Handwörterbuch der Soziologie. Stuttgart. 1959, S. 25-31

Sommer, R./Unholzer, G./Wiegand, E.: Standards zur Qualitätssicherung in der Markt- und Sozialforschung. Frankfurt a. M. 1999

Sozialgesetzbuch III: Drittes Buch Sozialgesetzbuch - Arbeitsförderung - Artikel 1 des Gesetzes vom 24.03.1997 (BGBl. I S. 594, 595) zuletzt geändert durch Gesetz vom 31.07.2016 (BGBl. I S. 1939) m. W. v. 06.08.2016

Spies, E.: Frau und Beruf. Der Wandel des Problems in Wissenschaft und Massenmedien. Frankfurt/Main ; New York, 1988

Spöttl, G.: Berufsbild. In: Pahl, J.-P. (Hrsg.): Lexikon Berufsbildung, Bielefeld 2016, S. 191-192

Spöttl, G.: Das Duale System der Berufsausübung als Leitmodell. Struktur, Organisation und Perspektiven der Entwicklung und europäische Einflüsse. Frankfurt a. M/Berlin/ Bern/Bruxeles/New York/Oxford/Wien 2016

Spöttl, G.: Sektoranalysen. In: Rauner, F. (Hrsg.): Handbuch Berufsbildungsforschung. Bielefeld 2005, S. 112-118

Spöttl, G./Gorldt, Ch./, Windelband, L./ Grantz, T./Richter, T.: Studie: Industrie 4.0 – Auswirkungen auf Aus- und Weiterbildung in der M+E Industrie. Bremen 2016, S. 119-132

Spöttl, G./Windelband, L.: Berufswissenschaftliche Forschung und Methoden. In: Pahl, J.-P./Herkner, V. (Hrsg.): Handbuch Berufsforschung. Bielefeld 2013, S. 186-197

Spöttl, G./Becker, M./Musekamp, F.: Anforderungen an KFZ-Mechatroniker und Implikationen für die Kompetenzerfassung. In: Zeitschrift für Berufs- und Wirtschaftspädagogik 25. Beiheft. Stuttgart 2011, S. 37-53

Spöttl, G./Blings, J.: Kernberufe. Ein Baustein für ein transnationales Berufsbildungskonzept. Frankfurt a. M. u. a. 2011

Spranger, E. (1963): Umbildungen im Berufsleben und in der Berufserziehung (1950). In: Röhrs, Hermann (Hrsg.): Die Bildungsfrage in der modernen Arbeitswelt. Frankfurt a. M., S. 181-190

Staat, Y.: Die Freiheit von Mittelgrün. In: Frankfurter Allgemeine Sonntagszeitung, 4.August 2013, Nr.31, S. 12

Stahr, I.: Academic Staff Development: Entwicklung von Lehrkompetenz. In: Schneider, R./Szcyrba, B./Welbers, U./Wildt, J. (Hrsg.): Wandel der Lehr- und Lernkulturen. Bielefeld 2009, S. 70-87

Stake, R. E.: The Art of Case Study Research, Sage Publications, London, 1995

Statistisches Jahrbuch für das Deutsche Reich: Band 1897, Herausgegeben vom Kaiserlichen Statistischen Amte. Achtzehnter Jahrgang. Berlin 1898

Statistisches Jahrbuch für das Deutsche Reich: Band 1909, Herausgegeben vom Kaiserlichen Statistischen Amte. Dreißigster Jahrgang. Berlin 1910

Steuerberatungsgesetz (StBerG): Steuerberatungsgesetz in der Fassung der Bekanntmachung vom 4. November 1975 (BGBl. I S. 2735), das durch Artikel 31 des Gesetzes vom 18. Juli 2016 (BGBl. I S. 1679) geändert worden ist.

Steger, F.: Asklepiosmedizin: medizinischer Alltag in der römischen Kaiserzeit. Stuttgart 2004

Stein, P.: Forschungsdesigns für die quantitative Sozialforschung. In: Nina Baur, N./Blasius, J. (Hrsg.): Handbuch Methoden der empirischen Sozialforschung. Wiesbaden 2014, S. 135-151

Stein, W. L.: Experimentelle Werkkunde für Berufsschulen – Maschinenbau. Braunschweig 1965

Stein, W. L.: Experimentelle Werkkunde für Berufsschulen (Maschinenbau). In: Berufspädagogische Beiträge der Berufspädagogischen Zeitschrift (BPZ), Heft 6, Braunschweig 1958

Steiner, E.: Erkenntnisentwicklung durch Arbeiten am Fall. Ein Beitrag zur Theorie fallbezogenen Lehrens und Lernens in Professionsausbildungen mit besonderer Berücksichtigung des Semiotischen Pragmatismus von Charles Sanders Peirce. Zürich 2004

Steinringer, J./ Schwarzmayr, E.: Qualifizierung von Beraterinnen und Beratern für Bildung und Beruf. Wien 2001

Stichweh, R: Wissenschaft, Universität, Professionen. Soziologische Analysen. Unveränderte 2. Auflage. Bielefeld 2013.

Stichweh, R.: Professionen in einer funktional differenzierten Gesellschaft. In: Combe, A./Helsper, W. (Hrsg.): Pädagogische Professionalität. Untersuchungen zum Typus pädagogischen Handelns. Frankfurt a. M., 1996, S. 49-69

Stöckli, W.: Abfall als prähistorische Quelle. In: Rusterholz, P./Moser, R. (Hrsg.): Abfall. Bern/Berlin/Bruxelles/Frankfurt a. M./ New York/Oxford/Wien 2004, S. 131-152

Stolz, K./Scholkmann, A.: Modulübergreifende Studiengangsentwicklung – das Beispiel hochschuldidaktischer Planungskompetenz. In: die hochschullehre. Interdisziplinäre Zeitschrift für Studium und Lehre. (www.hochschullehre org) Jg. 1. Nr. 1. 2015, S. 2-14

Stomperowski, St./Meyer, H.: Vertiefungsrichtung Ernährung. In: Pahl, J.-P./Herkner, V. (Hrsg.): Handbuch Berufliche Fachrichtungen. Bielefeld, S. 760-771

Stooß, F.: Instrumente zur Analyse und Beschreibung beruflicher Makrostrukturen unter besonderer Berücksichtigung des Tätigkeitsschwerpunkt-Konzepts des IAB, in: Mertens, D. (Hrsg.): Konzepte der Arbeitsmarkt- und Berufsforschung, Nürnberg. 1982, S. 576–605.

Stooß, F./Stothfang, E.: Berufskunde. Stuttgart/Berlin/Köln/Mainz 1985

Stooß, F.: „Verliert der ‚Beruf' seine Leitfunktion für die Integration der Jugend

Storz, P.: Akademische Berufe. In: Pahl, J.-P. (Hrsg.): Lexikon Berufsbildung, Bielefeld 2016, S 15-16

Storz, P.: Berufliche Fachrichtung „Chemietechnik". In: Pahl, J.-P. (Hrsg.): Lexikon Berufsbildung. Bielefeld 2016, S. 138-139

Storz, P.: Berufsforschung in der DDR: Entwicklungsdarstellung und Forschungsansätze. In: Pahl, J.-P./Herkner, V. (Hrsg.): Handbuch Berufsforschung. Bielefeld 2013, S. 108-118

Storz, P.: Berufsforschung im Bereich der Chemietechnik In: Pahl, J.-P./Herkner, V. (Hrsg.): Handbuch Berufsforschung. Bielefeld 2013, S. 579-591

Storz, P.: Berufliche Fachrichtung „Chemietechnik". In: Pahl, J.-P. (Hrsg.): Lexikon Berufsbildung. 3. erweiterte und aktualisierte Auflage. Bielefeld 2016, S. 138- 139

Strafgesetzbuch: Mißbrauch von Titeln, Berufsbezeichnungen und Abzeichen. Besonderer Teil (§§ 80 - 358). . Abschnitt - Straftaten gegen die öffentliche Ordnung (§§ 123 - 145d.) hier: § 132

Strasser,P./Bojanowski, A.: Benachteiligte Jugendliche – Förderstrategin und ihre empirische Fundierung. In: Zeitschrift für Berufs- und Wirtschaftspädagogik 25. Beiheft. Stuttgart 2011, S. 113-128

Stratmann, K.: Die gewerbliche Lehrlingserziehung in Deutschland. Modernisierungsgeschichte der betrieblichen Berufsbildung. Band I: Berufserziehung in der ständischen Gesellschaft (1648-1806). Frankfurt a. M. 1993

Stratmann, K: „Zeit der Gärung und Zersetzung". Arbeiterjugend im Kaiserreich zwischen Schule und Beruf. Weinheim 1992

Stratmann, K.: Curriculum und Curriculumprojekte im Bereich der beruflichen Aus- und Weiterbildung. In: Frey, K. (Hrsg.): Curriculum-Handbuch, Band III, München 1975, S. 335-349

Stratmann, K./Schlösser, M.: Das Duale System der Berufsbildung. Eine historische Analyse seiner Reformdebatten. Frankfurt a. M. 1990

Streckeisen, U./Estermann, J./Plage, J.: Alte und Neue Gesundheitsberufe. Eine Einführung. In: Estermann, J./Page, J./Streckeisen, U. (Hrsg.) Alte und neue Gesundheitsberufe. Soziologischen und gesundheitswissenschaftliche Beiträge zum Kongress ‚Gesundheitsberufe im Wandel'. Winterthur 2012. Luzern/Münster/Zürich 2013. S. 7-19

Strengmann-Kuhn, W.: Armut trotz Erwerbstätigkeit. Analysen und sozialpolitische Konsequenzen. Frankfurt a. M./New York 2003

Stuth, St./ Hennig, M./ Allmendinger, J.: Die Bedeutung des Berufs für die Dauer von Erwerbsunterbrechungen. Discussion Paper P 2009–001 Wissenschaftszentrum Berlin für Sozialforschung (2009)

Svensson, K.: Akademiker. In: Pahl, J.-P. (Hrsg.): Lexikon Berufsbildung, Bielefeld 2016, S. 14-15

Svensson, K.: Berufliche Fachrichtung „Agrarwirtschaft". In: Pahl, J.-P. (Hrsg.): Lexikon Berufsbildung, Bielefeld 2016, S. 135-137

Tärre, M.: Berufserziehung. In: Pahl, J.-P. (Hrsg.): Lexikon Berufsbildung, Bielefeld 2016, S. 223-224

Tärre, M.: In: Pahl, J.-P./Herkner, V. (Hrsg.): Handbuch Berufsforschung. Bielefeld 2013, S. 648-659

Tärre, M.: Berufstheorie – Theorie der Berufe. In: Pahl, J.-P./Herkner, V. (Hrsg.): Handbuch Berufsforschung. Bielefeld, 2013, S. 463-475

Tärre, M.: Vertiefungsrichtung Informationstechnologie. In: Pahl, J.-P./Herkner, V. (Hrsg.): Handbuch Berufliche Fachrichtungen. Bielefeld, S. 682-694

Taupitz, J: Die Standesordnungen der freien Berufe: geschichtliche Entwicklung, Funktionen, Stellung im Rechtssystem. Berlin, New York 1991

Taylor, F. W.: Die Grundsätze der wissenschaftlichen Betriebsführung. München/Berlin 1913

Teichler, U.: „Hochschulforschung ist ohne Praxisnähe nicht denkbar" In: DZHW – Deutsches Zentrum für Hochschul- und Wissenschaftsforschung Erhebungen, Forschung, Service. Berlin 2013, S. 16-17

Teichler, U. (1995). Qualifikationsforschung. In: Arnold, R./Lipsmeier, A. (Hrsg.): Handbuch der Berufsbildung. Opladen 1995, S. 501-508

Teichler, U.: Aufgaben der Hochschulpolitik und -planung. In: Grohs, G./Schwertfeger, J./ Strohm, Th. (Hrsg.): Kulturelle Identität im Wandel. Stuttgart 1980, S. 227-235

Tenberg, R.: Vermittlung fachlicher und überfachlicher Kompetenzen in technischen Berufen. Theorie und Praxis der Technikdidaktik. Wiesbaden 2011

Tenberg, R.: Didaktik lernfeldstrukturierten Unterrichts. Theorie und Praxis beruflichen Lernens und Lehrens. Bad Heilbrunn 2006

Tenfelde, W./Rebmann, K./ Uhe, E.: Berufs- und Wirtschaftspädagogik. Eine Einführung in Strukturbegriffe. 3. neu überarbeitete Auflage. Wiesbaden 2005

Tennstedt, F.: Vom Proleten zum Industriearbeiter. Arbeiterbewegung und Sozialpolitik in Deutschland 1800 bis 1914. Düsseldorf 1983

Tenorth, H.-E.: Historische Bildungsforschung. In: Tippelt, R./ Schmidt, B. (Hrsg.): Handbuch Bildungsforschung. Opladen. 2009, S. 135–153.

Terhart, E.: Die Lehre in den Zeiten der Modularisierung. In: Teichler, U./Tippelt, R. (Hrsg.): Hochschullandschaft im Wandel. Weinheim u. a. 2005, S. 87-102

Tessaring, M.: Qualifikationsspezifische Arbeitslosigkeit in der Bundesrepublik Deutschland. Sonderdruck aus: Mitteilungen aus der Arbeitsmarkt- und Berufsforschung. 10. Jg.. Heft 2. Nürnberg 1977, S. 229-242

Thyssen, S.: Die Berufsschule in Idee und Gestaltung. Essen 1954

Tiemann, M.: Die Entwicklung von Beruflichkeit im Wandel der Arbeitswelt. In: Bolder, A./Dobischat, R./Kutscha, G./Reutter, G. (Hrsg.): Beruflichkeit zwischen institutionellem Wandel und biographischem Projekt. Wiesbaden. 2012, S. 49-72

Tiemann, M./Schade, H.-J., Helmrich, R./Hall, A./ Braun, U./Bott, P.: Berufsfeld-Definitionen des BIBB auf Basis der KldB 1992 Zweite Fassung, Stand: 29. Mai 2008. Bonn 2008

Tiemann, M./Kaiser, F.: Klassifikation der Berufe – Begriffliche Grundlagen, Vorgehensweise, Anwendungsfelder. In: Pahl, J.-P./Herkner, V. (Hrsg.): Handbuch Berufsforschung. Bielefeld 2013, S. 290-297

Tippelt, R. (Hrsg.): Handbuch Bildungsforschung. Opladen 2002

Titze, H.: Der Akademikerzyklus. Historische Untersuchungen über die Wiederkehr von Überfüllung und Mangel in akademischen Karrieren. Göttingen1990

Trier, M.: Weiterbildungssystem der DDR. In: Arnold, R./Nolda, S./Nuissl, E. (Hrsg.): Wörterbuch Erwachsenenpädagogik. Bad Heilbrunn 2001, S. 335-336

Trojeka, E.: Beruflichkeit in neuen Arbeitswelten. In: Pahl, J.-P. (Hrsg.): Lexikon Berufsbildung, Bielefeld 2016, S. 177-180

Trojeka, E.: Landwirt/-in – Modernisierungsaspekte eines traditionellen Berufes. In: Pahl, J.-P./Herkner, V. (Hrsg.): Handbuch Berufsforschung. Bielefeld 2013, S. 747-773

Tremp, P. (Hrsg.):Forschungsorientierung und Berufsbezug im Studium. Hochschulen als Orte der Wissenschaftsgenerierung und der Vorstrukturierung von Beruflichkeit. Bielefeld 2015

Ueberschaer, F.: Weisheit aus der Begegnung. Bildung nach dem Buch Ben Sira, Berlin 2007

Uhe, E.: Beruflichkeit im nichtakademischen Tätigkeitsbereich. In: Pahl, J.-P.: Lexikon Berufsbildung, Bielefeld 2016, S. 176-177

Uhe, E: Qualifikation – Kompetenz – Bildung. Auf die Bildung kommt es an. In: berufsbildung. Zeitschrift für Praxis und Theorie in Betrieb und Schule, Heft 28/1994, S. 2

Ulich, E. Über den Wandel des Bildes vom arbeitenden Menschen, In: Däumling, A. (Hrsg.) Seelenleben und Menschenbild: Festschrift zum 60. Geburtstag von Philipp Lersch, München 1958, S. 171-182

Uhlig, H.: Grundfragen der Fachschulgeschichte der Deutschen Demokratischen Republik (Studienmaterial für das postgraduale Studium „Fachschulpädagogik"). Schriftenreihe des Instituts für Fachschulwesen. Reihe: Beiträge zur Geschichte des Fachschulwesens der DDR, Heft 8, Karl-Marx-Stadt 1983

Uhlig, H.: Geschichte der Fachschulbildung von 1945 bis 1949 auf dem Gebiet der Deutschen Demokratischen Republik und wesentliche Aspekte ihrer Vorgeschichte. Textteil. Schriftenreihe des Instituts für Fachschulwesen. Reihe: Beiträge zur Geschichte des Fachschulwesens der DDR, Heft 11/1, Karl-Marx-Stadt 1985a

Uhlig, H.: Geschichte der Fachschulbildung von 1949 bis zur Schaffung des qualitativ neuen Fachschulwesens in der Deutschen Demokratischen Republik 1955/56. Schriftenreihe des Instituts für Fachschulwesen. Reihe: Beiträge zur Geschichte des Fachschulwesens der DDR, Heft 13, Karl-Marx-Stadt 1985b

Ulrich, E.: Deckungsanalyseuntersuchungen für Ausbildungsinhalte als Elemente einer beruflichen Beiträge zur Arbeitsmarkt- und Berufsforschung (BeitrAB), 2. Jg., Band 1, Nürnberg 1969, S. 339-352 und Berufsforschung 31, Heft 3, 1998 S. 461-472

Unger, T.: Anschluss verpasst? Plädoyer für eine berufsbildungstheoretische Aufarbeitung der biografieorientierten Bildungsforschung. In: bwp@Berufs- und Wirt-

schaftspädagogik Berufs- und Wirtschaftspädagogik – online, Ausgabe 16, S. 1-19.
http://www.bwpat.de/ausgabe16/unger_bwpat16.pdf (30-06-2009).

Urban R, D./ Stolz, K.: Wohin des Weges, Hochschuldidaktik? Über Profilbildungsprobleme und Perspektiven der Professionalisierung – zwei Dissertationsvorhaben. In: Junge Hochschule und Mediendidaktik. Forschung und Praxis im Dialog, 2013 (download 23.2.2016)

UWG: Gesetz gegen den unlauteren Wettbewerb in der Fassung der Bekanntmachung vom 3. März 2010 (BGBl. I S. 254), das zuletzt durch Artikel 6 des Gesetzes vom 1. Oktober 2013 (BGBl. I S. 3714) geändert worden ist

Vajda, L.: Untersuchungen zur Geschichte der Hirtenkulturen, Wiesbaden 1968

van Buer, J. / Kell, A.: Abschlussbericht zum Projekt "Berichterstattung über Berufsbildungsforschung", Siegen/ Berlin 1990

van Buer, J. / Kell, A.: Wesentliche Ergebnisse des Projektes „Berichterstattung über Berufsbildungsforschung" – Thematische, institutionelle und methodologische Analysen und Kritik. In: Kaiser, Franz-Josef (Hrsg.): Berufliche Bildung in Deutschland für das 21. Jahrhundert. Dokumentation des 4. Forums Berufsbildungsforschung 1999 an der Universität Paderborn, Nürnberg 2000: Beitrag 238, S. 47-73

van Dülmen, R.: Kultur und Alltag in der frühen Neuzeit: Das Haus und seine Menschen. 4. Auflage, München 2005

Vermehr, B.: Berufsfelddidaktik. In: Pahl, J.-P. (Hrsg.): Lexikon Berufsbildung, Bielefeld 2016, S. 237-238

Ven, Frans van der: Sozialgeschichte der Arbeit. 3 Bände: Band 1 Antike und Frühmittelalter, 1972

Verein für Sozialpolitik: Band 11. Verhandlungen von 1875, Leipzig 1875

Versicherungsvertragsgesetz: Fassung aufgrund des Gesetzes zur Modernisierung der Finanzaufsicht über Versicherungen vom 01.04.2015 (BGBl. I, S. 434, in Kraft getreten am 01.01.2016

Vester, F.: Die Kunst vernetzt zu denken. Ideen und Werkzeuge für einen neuen Umgang mit Komplexität, Stuttgart 2001

Vester, M.: Soziale Milieus im gesellschaftlichen Strukturwandel: zwischen Integration und Ausgrenzung, Frankfurt a. M. 2001

Vicari, B.: Berufsklassifikation. In: Pahl, J.-P. (Hrsg.): Lexikon Berufsbildung, Bielefeld 2016, S. 260-261

Vicari, B./Matthes, B.: Job und Berufe. In: Pahl, J.-P. (Hrsg.): Lexikon Berufsbildung, Bielefeld 2016, S. 545-546

Vogt, K.: Pädagogische Diagnostik – Potentiale entdecken und fördern. In: bwp@Berufs- und Wirtschaftspädagogik Spezial 5 – Hochschultage Berufliche Bildung 2011, Fachtagung 11, hrsg. v. Kettschau, I./ Gemballa, K., 1-9.
http://www.bwpat.de/ht2011/ft11/vogt_ft11-ht2011.pdf (26-09-2011)

Völker-Rasor, A.: Frühe Neuzeit, München 2010

Volmer, J./Spurk, D./Abele, A. E.: Ansätze der Berufslaufbahnforschung. In: Pahl, J.-P./Herkner, V. (Hrsg.) Handbuch Berufsforschung, Bielefeld 2013, S. 418-424

Vollmer, Th.: Berufsfachlichkeit. In: Pahl, J.-P. (Hrsg.): Lexikon Berufsbildung, Bielefeld 2016, S. 228-229

Vollmar, Th.: Vertiefungsrichtung Energietechnik. In: Pahl, J.-P. (Hrsg.): Lexikon Berufsbildung, Bielefeld 2016, S. 644-660

Volpert, W.: Von der Aktualität des Taylorismus. In: F. W. Taylor: Die Grundsätze wissenschaftlicher Betriebsführung, Weinheim 1977, IX–LI

Volpert, W.: Die "Humanisierung der Arbeit" und die Arbeitswissenschaft, Köln 1974

vom Bruch, R.: Bürgerlichkeit, Staat und Kultur im Deutschen Kaiserreich, Stuttgart 2005

von Henninges, H./Stooß, F./Troll, L.: Berufsforschung im IAB – Versuch einer Standortbestimmung. Sonderdruck aus: Mitteilungen aus der Arbeitsmarkt- und Berufsforschung. 9. Jg.. Heft 1., Nürnberg 1976, S. 1-18

von Humboldt, W.: Schriften zur Politik und zum Bildungswesen. Werke in fünf Bänden. In: Flitner, A./Giel, K. (Hrsg.): Band IV, Stuttgart 1964

von Kleist, B.: Wenn der Wecker nicht mehr klingelt: Partner im Ruhestand, 4. Auflage, Berlin 2006

von Pöhlmann, R.: Geschichte der sozialen Frage: Antiker Kommunismus und Sozialismus, 1912

von Reden, S.: Antike Wirtschaft, Berlin 2015.

von Saldern, M. Qualitative Forschung–quantitative Forschung: Nekrolog auf einen Gegensatz. In: Empirische Pädagogik,1992, Soest, S. 377-399

Vonken, M.: Handlung und Kompetenz. Theoretische Perspektiven für die Erwachsen- und Berufspädagogik, Wiesbaden 2005

Voß, G. G.: Individualberuf und subjektivierte Professionalität : zur beruflichen Orientierung des Arbeitskraftunternehmers. In: Bolder, A./Dobischat, R./Kutscha, G./Gerhard Reutter, G.(Hrsg.): Beruflichkeit zwischen institutionellem Wandel und biographischem Projekt, Wiesbaden 2012, S. 319-335

Voß, G. G.: Auf dem Wege zum Individualberuf? Zur Beruflichkeit des Arbeitskraftunternehmers. In: Kurz, Th. (Hrsg.): Der Beruf in der Moderne, Opladen, 2002, S. 287-314

Voß, G.G.: Die Entgrenzung von Arbeit und Arbeitskraft. Eine subjektorientierte Interpretation des Wandels der Arbeit. Sonderdruck aus: Mitteilungen aus der Arbeitsmarkt- und Berufsforschung.,Nürnberg 31. Jg./1998

Voß, G. G. / Pongratz, H. J.: Der Arbeitskraftunternehmer. Eine neue Grundform der Ware Arbeitskraft? In: Kölner Zeitschrift für Soziologie und Sozialpsychologie, 50. Jg., 1998, S. 131-158.

Wahle, M.: Beruflichkeit im akademischen Bereich. In: Pahl, J.-P.: Lexikon Berufsbildung, Bielefeld 2016, S. 175-176

Walden, G.: Ausbildung und Qualifikationsentwicklung im Dienstleistungsbereich. Gesprächskreis Arbeit und Qualifizierung der Friedrich-Ebert-Stiftung zum Thema „Perspektiven der Erwerbsarbeit – Facharbeit in Deutschland, Berlin, 12. Oktober 2009

Walther, R.: Arbeit – Ein begriffsgeschichtlicher Überblick von Aristoteles bis Ricardo. In: König, H./v.Greiff, B./ Schauer, H. (Hrsg.):Sozialphilosophie der industriellen Arbeit, Wiesbaden 1990, S. 3-25

Wanken, S. / Kreutz, M. / Meyer, R ./ Eirmbter-Stolbrink, E.: Strukturen wissenschaftlicher Weiterbildung – Wissenschaft und Praxis, Trier 2011

Waschkies, H.-J: Anfänge der Arithmetik im alten Orient und bei den Griechen, Amsterdam 1989

Waterkamp, D.: Bildung in nationaler Perspektive. Arbeitspapier 26: Berufs- und Erwachsenenbildung im internationalen Vergleich. Vorlesung im Wintersemester 2001/2002, Dresden 2002

Waterkamp, D.: Organisatorische Verfahren als Mittel der Gestaltung im Bildungswesen: Ein Ansatz der Strukturierung aus der Sicht der Vergleichenden Erziehungswissenschaft, Münster/New York/München/Berlin 2000

Weber, G. / Hillebrandt, F.: Soziale Hilfe – Ein Teilsystem er Gesellschaft? Wissenssoziologische und systemtheoretische Überlegungen, Wiesbaden 1999

Weber, M.:   Wissenschaft als Beruf. [1919]. In: Baier, H./Lepius, R./Mommsen, W./Schluchter, W./Winkelmann (Hrsg.): Max Weber Gesamtausgabe. Bd. 17, Tübingen 1992, S. 71-112

Weber, M. [1922]: Wirtschaft und Gesellschaft. Frankfurt a. M. 2005

Weber, M.: Die protestantische Ethik und der Geist des Kapitalismus, Erffstadt 2005

Weber-Kellermann, I.: Frauenleben im 19. Jahrhundert: Empire und Romantik, Biedermeier, Gründerzeit, 4. Auflage, München 1998

Webler, W.-D.: Curriculare Form des Kompetenzerwerbs für die Lehre: Modularisierter Auf- und Ausbau der Lehrkompetenz. Institut für Wissenschafts- und Bildungsforschung Bielefeld (IWBB), Bielefeld 2008

Webler, W.-D.: Ansätze, Themen und Arbeitsformen hochschuldidaktischer Aus- und Weiterbildung in der Bundesrepublik. In: Schulz, R. (Hrsg.): Verbesserung von Studium und Lehre, Oldenburg 1996, S. 19-36

Webler, W.-D.: Zwischen Lehrkultur und Leistungstransparenz: Identitäts- und Selbststeuerungsprobleme der Hochschulen. In: Webler, W.-D. (Hrsg.): Hochschulkultur und Qualität der akademischen Lehre. Beurteilungskriterien, Fördermöglichkeiten, Leistungstransparenz als Instrument der Hochschulen, Bielefeld 1992

Webler, W.-D.: Die Hochschuldidaktik in der Bundesrepublik: interdisziplinäre Bildungs- und Ausbildungsforschung, Theorie der Bildung und Ausbildung, Studienreformbewegung. In: Buck-Bechler, G./Malek, R. (Hrsg.): Neue akademische Bildungskonzepte und Hochschulpädagogik, Dresden 1992, S. 23-36

Webler, W.-D.: Zur Steigerung des Prestiges von Lehrleistungen an deutschen Hochschulen – Bielefelder Memorandum der AHD. In: Webler, W.-D./Otto, H.-U. (Hrsg.): Der Ort der Lehre in der Hochschule. Lehrleistungen, Prestige und Hochschulwettbewerb, Weinheim 1991a, S. 75-102

Webler, W.-D.: Kriterien für gute Lehre. In: Das Hochschulwesen, Heft 6, 1991b, S. 243-249

Webler, W.-D. / Otto, H:-U: (Hrsg.): Der Ort der Lehre in der Hochschule. Lehrleistungen, Prestige und Hochschulwettbewerb. Weinheim 1991.

Wegner, G: Fürsorglich arbeiten – Gute Arbeit in der Perspektive Evangelischer Sozialethik. In: Zeitschrift für Arbeitswissenschaft. Jg. 67, Heft 1 .2013, S. 9-14

Weigel, C. Abbildung der Gemein-Nützlichen Haupt-Stände (...) biß auf alle Kuenstler und Handwerker. Faks. Neudruck der Ausgabe Regensburg 1698, Dortmund 1977

Weigel, C.: Ständebuch von 1698. Das ist Abbildung der gemein-nützlichen Haupt-Stände von allerley Stands-, Ambts- und Gewerbs-Persohnen. Mit beygedruckter Lehr und mäßiger Vermahnung durch Abraham a Santa Clara. ... Ausgew. von Fritz Helbig, Ebenhausen bei München [1698] 1936

Weinbrenner, P.: Allgemeinbildende Inhalte in der beruflichen Bildung. In: Arnold, R./ Lipsmeier, A. (Hrsg.): Handbuch der Berufsbildung, Opladen 1995, S. 245-253

Weingart, P.: Verwissenschaftlichung und Reflexivität der Praxis als Strukturprinzipien von Lernprozessen – Zur Begründung der Notwendigkeit von Weiterbildung. In: Deutscher Bildungsrat: Gutachten und Studien der Bildungskommission. Band 46: Umrisse und Perspektiven der Weiterbildung, Stuttgart 1975, S. 36-52

Weiß, R.: Forschung für und über Berufe. In: BWP Berufsbildung und Wissenschaft und Praxis, 38. Jahrgang, Heft 3, 2009, S. 3-4

Weniger, E.: Didaktik als Bildungslehre, Weinheim 1965

Weyrather, I.: „Erfreuliche Bilder deutschen Neuaufbaus" –Frauenarbeit in „Männerberufen nach 1945. In: König, H./v.Greiff, B./ Schauer, H. (Hrsg.): Sozialphilosophie der industriellen Arbeit, Wiesbaden 1990, S. 133-148

Wiemer, H.-U: Staatlichkeit und politisches Handeln in der römischen Kaiserzeit – Einleitende Bemerkungen. In: Wiemer, H.-U. (Ed.): Staatlichkeit und politisches Handeln in der römischen Kaiserzeit, Berlin 2006, S. 1-39

Wiemer, S. / Schweitzer, R. / Pauls, W.: Die Klassifikation der Berufe 2010 – Entwicklung und Ergebnis In: Statistisches 274 Bundesamt, Wirtschaft und Statistik, März 2011, S.274-288

Wienecke-Janz, D. (Hrsg.): Die große Chronik – Weltgeschichte: Blüte und Herbst des Mittelalters 1204-1492, Gütersloh/München 1996

Willich, J./Minks, K.-H.: Die Rolle der Hochschulen bei der beruflichen Weiterbildung von Hochschulabsolventen. HIS Kurzinformation A7/2004, Hannover 2004

Willms, A.: Historische Berufsforschung mit amtlicher Statistik : Rekonstruktion der Entwicklung der Berufsstatistik in Deutschland und Entwurf einer Klassifikation vergleichbarer Berufsfelder 1925-1980, Mannheim 1983

Wilpert, P.: Vorwort. In: Wipert, P.(Ed.): Beiträge zum Bewusstsein der mittelalterlichen Menschen, Berlin 1964, S. VII-XII

Winckler, H.: Die Weltanschauung des alten Orients, Leipzig 1904

Wingen, R.: Betriebliche Weiterbildung von Goldschmidt unter Berücksichtigung sozialen Wandels (1970-2000). Dissertation, Universität der Bundeswehr Hamburg, Hamburg 2007

Winkel, R.: Antinomische Pädagogik und kommunikative Didaktik. Studien zu Widersprüchen und Spannungen in Erziehung und Schule, Düsseldorf 1986.

Winter, M.: Die Revolution blieb aus: Überblick über empirische Befunde zur Bolognareform in Deutschland. In: Nickel, S. (Hrsg.): Der Bologna-Prozess aus Sicht der Hochschulforschung Analysen und Impulse für die Praxis, Gütersloh 2011, S. 20-35

Wirtschaftsprüferordnung: Gesetz über eine Berufsordnung der Wirtschaftsprüfer (Wirtschaftsprüferordnung) Wirtschaftsprüferordnung in der Fassung der Bekanntmachung vom 5. November 1975 (BGBl. I S. 2803), das zuletzt durch Artikel 12 des Gesetzes vom 10. Mai 2016 (BGBl. I S. 1142) geändert worden ist.

Wissel, R.: Des alten Handwerks Recht und Gewohnheit. Band 4., 2. Aufl., Berlin 1985 (4 Bände 1971-1985)

Wissenschaftlicher Beirat: Neue Chancen für unsere Produktion. 17 Thesen für unsere Produktion des Wissenschaftlichen Beirats der Plattform Industrie 4.0, Berlin 2015

Wissenschaftsrat (WR): Perspektiven des deutschen Wissenschaftssystems, Braunschweig 2013, S. 5-109

Wissenschaftsrat (WR): Empfehlungen zu hochschulischen Qualifikationen für das Gesundheitswesen, Berlin, 13.07.2012, S. 5-99

Wissenschaftsrat (WR): Empfehlungen zur Qualitätsverbesserung von Lehre und Studium, Berlin, 04.07.2008, S. 7- 112

Wissenschaftsrat (WR): Stellungnahme zum Institut für Arbeitsmarkt- und Berufsforschung (IAB), Nürnberg, Frankfurt a. M., 9.11.2007

Wissenschaftsrat (WR): Empfehlungen zur Reform der staatlichen Abschlüsse. Saarbrücken 15.11.2002 Konzept zur Entwicklung der Hochschulen in Deutschland, Beschluß des 167. Plenums vom 6. Juli 1992

Witt, H. (2001). Forschungsstrategien bei quantitativer und qualitativer Sozialforschung [36 Absätze]. Forum Qualitative Sozialforschung / Forum Qualitative Social Research, 2(1), Art. 8, 2001
http://nbn-resolving.de/urn:nbn:de:0114-fqs010189.

Witte, J. / Westerheijden, D. / McCoshan, A.: Wirkungen von Bologna auf Studierende: Eine Bestandsaufnahme in 48 Hochschulsystemen. In: Nickel, S. (Hrsg.): Der Bologna-Prozess aus Sicht der Hochschulforschung Analysen und Impulse für die Praxis, Gütersloh 2011, S. 36-49

Witthaus, U.: Berufe. In: Pahl, J.-P. Hg.): Lexikon Berufsbildung, Bielefeld 2016, S.129-130

Wittwer, W.: Vom Lernen zum Lehren und zurück – Formen der Lehre in der beruflichen Weiterbildung. In: Nuissl. E. (Hrsg.) Vom Lernen zum Lehren Lern- und Lehrforschung für die Weiterbildung, Bielefeld 2006, S. 193-207

Witzel, A.: Jugend: Arbeit und Identität. Lebensperspektiven und Interessenorientierungen von Jugendlichen – ein SOFI-Projekt. In: Rauner, F. (Hrsg.): Handbuch Berufsbildungsforschung, Bielefeld 2005, S. 545-554

Wohlgenannt, R.: Was ist Wissenschaft? Braunschweig 1969

Wolf, W.: Qualitative versus quantitative Forschung. In: König, E/Zedler, P. (Hg): Bilanz qualitativer Forschung. Band I: Grundlagen qualitativer Forschung, Weinheim 1995, S. 309-329

Wolfsteiner, M.: Die Analyse von Berufsbeschreibungen Eine Methode für den Vergleich von Berufen. Sonderdruck aus: Mitteilungen aus der Arbeitsmarkt- und Berufsforschung, 10. Jg., Heft 3. 1977, S. 442-454

Wulfhorst, B.: Berufliche Fachrichtung Körperpflege. In: Pahl, J.-P./Herkner, V. (Hrsg.): Handbuch Berufliche Fachrichtungen, Bielefeld, S. 533-552

Yin, Robert K. Case study research: design and methods.-4th ed. Thousand Oaks/New Delhi/London/Singapore 2009

Zabeck, J.: Geschichte der Berufserziehung und ihrer Theorie, Paderborn 2009

Zabeck, J.: Didaktik kaufmännisch-verwaltender Berufsausbildung. In: Arnold, R./Lipsmeier, A. (Hrsg.): Handbuch der Berufsbildung. 2. überarbeitete und aktualisierte Auflage, Wiesbaden 2006, S. 269-280

Zedler, J. H.: Großes vollständiges Universal-Lexikon aller Wissenschaften und Künste, welche bishero durch menschlichen Verstand und Witz erfunden und verbessert wurden, Leipzig 1731-1754

Zedler, R.: Stand und Perspektiven der Berufsbildungsforschung aus der Sicht von Instituten in freier Trägerschaft. In: Czycholl, R./Zedler, R. (Hrsg.): Stand und Perspektiven der Berufsbildungsforschung. Beiträge zur Arbeitsmarkt- und Berufsforschung, BeitrAB 280, zugleich: Beiträge zur Berufsbildungsforschung der AG BFN Nr. 5, 2004, S. 103-122.

Zollitsch, W.: Arbeiter zwischen Weltwirtschaftskrise und Nationalsozialismus. Ein Beitrag zur Sozialgeschichte der Jahre 1928 bis 1936, Göttingen 2011

7 Sachwortverzeichnis

A

Akademiker 50, 128, 156 ff., 161 f., 166, 196, 230, 250, 273, 276 f., 283 ff., 321, 407, 450, 556, 570, 574, 578, 686, 702, 748, 813
Akademische Prüfung
Akkreditierung 288, 555, 572 f., 681, 782 f.
Analogievergleich 40
Anlernberuf 108, 133, 135, 143
Anwendungsforschung 9 f., 469 ff., 473 f., 644, 646, 648 ff., 681, 759
Anwendungswissenschaft 471
Arbeitsförderung 241, 810
Arbeitskraftunternehmer 131, 162, 190, 195, 237, 387, 800, 817
Arbeitsmensch 32
Arbeitsverhältnis 55, 87, 96, 102, 124, 130, 138, 161, 202, 205 f., 228, 236 f., 240, 242, 254, 276, 386, 388, 558, 677
Artisten 70, 75, 378
Artistenfakultät 70, 74, 90, 93
Assessmentmethode 630 f.
Assistentenberuf 226, 268, 291, 577
Ausbildungsberuf 7, 72, 124, 126, 147, 154, 156, 168, 186, 194 f., 200, 204, 207, 216, 218, 221, 223, 226, 241, 243 f., 247 f., 250, 252 ff., 266 ff., 274 f., 278, 288, 290, 318, 325, 353, 355, 359, 373, 375 f., 391, 407, 437, 446, 449, 514, 523 f., 534 f., 537 ff., 577 f., 653, 667, 670, 688, 690, 697 f., 752 f., 770, 795, 850
Aufstiegsleiter 189
Ausbildungsordnung 266, 268, 376, 444, 529, 534, 537 f., 572, 578, 600, 689 f., 727, 782
Ausbildungsrahmenplan 532 f., 537 f., 572, 578

B

Bachelor 127, 229, 235, 238, 248, 278, 330 f., 385, 545, 547, 549 f., 553 ff., 558 f., 571, 575, 577, 580, 585, 663 f., 676 f., 681, 748, 751, 773, 782 f., 791, 802, 807, 809
Berufe, banausische 46
Bauerkultur 31
Baugewerkeschule 108 f., 143
Befragungsmethode 397, 625
Beobachtungsmethode 621 ff.
Bereich, akademisch 445, 581
Bereich, semi-akademisch 445, 450 f., 454
Berufe, akademische 6 f., 69, 87, 92, 109 ff., 159, 165, 205, 245, 276 ff., 288, 328 f., 331, 347, 356, 360, 384, 407, 409, 411, 413, 415, 417, 451, 466, 470, 488 f., 505, 734, 752, 787, 803, 812
Berufe, freie 7, 115, 162, 189, 218, 269 f., 279 f., 282, 330, 450, 810
Berufe, handwerklichen 39, 47, 56, 62
Berufe, kaufmännische 128, 287
Berufe, nicht-akademische 6 f., 80, 102, 104, 121, 128, 133, 135, 137, 222, 227, 266 f., 415, 449, 466, 849
Berufe, semi-akademische 188, 255, 288, 445, 450 f., 454
Berufliche Arbeitsteilung 31, 751
Berufliche Fortbildung 583, 585
Berufliche Handlungskompetenz 325, 526 f., 584, 618
Berufliche Schulform 151, 675, 700
Beruflichkeit 7 f., 31, 59 f., 97, 125, 127, 129 ff., 133, 156, 182, 188 ff., 193 f., 203 f., 208, 211 f., 215, 219 ff., 253 f., 267, 278, 321, 324 f., 327, 329 f., 344, 353, 372, 376, 382 ff., 388, 390, 431, 443, 447, 452 ff., 467 f., 489, 498 f., 508, 511 f., 516, 561, 566, 571, 574, 576, 578, 590 f., 595 f., 599, 614, 658, 663, 679, 717, 722, 735, 737, 740, 744, 748, 750, 755, 760, 763, 776, 779, 786 f., 793, 798, 804, 814 f., 817, 850

Sachwortverzeichnis

Berufsakademie 222, 249, 277, 577, 580 f., 585
Berufsauffassung 105, 187, 203, 370, 407, 489, 491 ff., 736
Berufsbegriff 7, 25, 80, 103, 176 ff., 181 f., 184 f., 187 f., 190 ff., 204 ff., 208, 252, 258, 266, 276, 299, 320 f., 327, 332 ff., 350, 354, 455, 467, 594, 762, 799, 850
Berufsbenennung 7, 131, 245 ff., 257 f., 263 f., 781
Berufsbereich 35, 196, 258 f., 276, 278, 295, 313, 376, 410 f., 415 ff., 419, 433, 440, 444, 450, 475, 479, 495 f., 546 f., 549, 617, 633, 709, 722, 734, 742, 850
Berufsbeschreibung 6, 197 ff., 246, 315 f., 821
Berufsbildung – akademisch 114, 129, 168, 238, 508, 521, 553, 559, 563 f., 583, 598, 662, 705, 798
Berufsbildung – nicht-akademisch 517, 564, 584, 701
Berufsbildungsforschung 10 ff, 21, 318, 320, 322, 331 ff., 371, 426, 444, 463, 465, 495 f., 500, 505, 508, 510 ff., 521 f., 544, 561, 566 f., 593, 595, 597 f., 600, 603, 613 ff, 624 f., 632, 634 f., 637 ff., 650 f., 653, 655, 659 ff., 672, 676, 679, 684, 700, 702 f., 705 ff., 713 f., 717 ff., 725 ff., 738 f., 741 ff., 751 f., 754, 756, 758, 760 ff., 767, 769, 773, 780, 787 f., 796 f., 801, 810, 816, 821, 853 f.
Berufsbildungsgesetz 149 f., 200, 247, 266 ff., 271 f., 274, 376, 449, 454, 531, 536 f., 562, 576, 583, 642, 676, 751 ff.
Berufsbildungskonzept 127, 142 f., 304, 568, 578, 649, 811
Berufsbildungssystem 10 f., 127, 142, 149 f., 152 ff., 162, 185, 215, 221, 227, 237, 255, 266, 275, 321, 327, 345, 371, 416, 455, 470, 501, 509, 521, 561 f., 567, 570 f., 574 ff., 579 ff., 585 f., 588, 590 ff., 604 f., 607 ff., 616, 618, 620, 629, 635, 662 f., 677, 685, 699 ff., 705 f., 722, 742, 782, 786, 797, 801, 853

Berufsbildungstheorie 10, 150, 184, 232, 373, 564, 566 ff., 587, 589 ff., 596, 602 ff., 609, 613 ff., 643, 674, 707, 721 f., 725, 737, 761, 773, 780, 791, 798
Berufsbildungswesen 115, 152
Berufsbildungswissenschaft 5, 9 ff., 14 f., 17, 21, 308, 319, 332, 349, 353, 472, 503, 506 ff., 517 ff., 521 f., 524, 530, 566, 570, 589 ff., 596 ff., 613 ff., 622, 629, 643, 646 f., 649 f., 658, 661 f., 699, 703, 705 ff., 718, 720 ff., 726 ff., 730 ff., 734 ff., 755, 779, 852 ff.
Berufsbildungswissenschaftliche Lehre 596, 672
Berufswissenschaftliche Lehre 420
Berufserziehung 6, 40, 70 ff., 84, 102 f., 105 ff., 142, 146, 148, 321, 503, 511, 594, 596, 633 f., 754, 765, 767, 811, 813, 821, 849
Berufsethik 80, 342 f., 370 f., 403, 446, 448, 452, 488, 741, 761
Berufsethos 14, 21, 65 f., 188, 209, 211, 245, 323, 331, 344, 363, 369, 371, 373, 377, 414, 417, 443, 448, 534, 654, 737, 774
Berufsfachlichkeit 34, 191, 206, 223 f., 258 ff., 378 f., 383, 494, 816
Berufsfachschule 147, 149, 151, 155 f., 222, 248, 261, 267 ff., 290 f., 375, 539 ff., 577, 749, 753, 782 ff., 797, 801, 850
Berufsfamilie 215, 239, 332, 375, 757
Berufsfeldbefähigung 229, 329
Berufsfelddidaktik 514, 523 ff., 528, 578, 667, 722, 755, 774, 797, 816
Berufsförmige Tätigkeit 5 f., 12 ff., 17, 21, 25, 30 f., 51 f., 56 f., 61, 98, 102, 134, 176, 189, 199, 201, 217 f., 235, 245, 251, 257 f., 276, 299 f., 304, 306, 325, 332, 371, 446, 476, 495, 500, 510, 545, 653, 736
Berufsbezeichnung 7 f., 21, 35, 39, 48, 55, 57, 125, 129, 133, 135 f., 158, 160, 183, 186, 188, 196, 198 f., 201, 215, 218, 223, 226, 239, 245 ff., 249 ff., 254 f., 262 f., 269 ff., 274, 278, 288 f., 291

ff., 375 f., 381, 695, 756, 763, 777, 812, 850
Berufsforschung 5, 8 f., 11 ff., 17, 20, 190, 199, 236, 246, 251 ff., 260, 262, 265, 285, 308 f., 313 ff., 325, 331 ff., 354, 359, 361, 364, 367 ff., 375 f., 379, 381 f., 391 f., 395 f., 400 f., 403 f., 407 f., 412, 414, 416 ff., 425, 427, 432, 435, 439 ff., 448 ff., 462 ff., 470, 472 ff., 480, 488 ff., 512, 546, 549, 614, 632, 636, 638, 641, 656, 659 ff., 666, 702 f., 709 ff., 713 f., 717 ff., 722 ff., 728, 730 ff., 741 ff., 750 f., 759, 761 ff., 769 ff., 773 ff., 784, 786 f., 789, 792 ff., 796 ff., 806 ff., 811 ff., 819 ff., 851f
Berufsgesellschaft 241, 316, 353, 360, 496, 766
Berufsgruppe 20, 34, 36, 62, 70, 80, 87, 111, 120, 126, 141, 145, 158, 182, 188 f., 210, 225, 252, 258 f., 266, 269, 275, 279 f., 283, 287, 328, 332, 360, 375, 381, 392, 395, 407, 436, 452, 454, 466, 475, 482, 488, 493 f., 527, 582, 711, 756, 850
Berufsidee 187, 209, 302 f., 324, 389, 491 ff.
Berufsklassifikation 7, 127, 191, 199, 205, 246, 257 f., 260, 262 ff., 376, 464, 490, 711, 816
Berufskompetenz 737
Berufskunde 8, 197 f., 308, 311, 314 ff., 319, 342, 350, 403, 407, 464, 490 f., 660, 749, 793, 806, 812, 851 f.
Berufslaufbahn 162, 277, 329, 331, 370, 407, 447, 454, 491 ff., 736
Berufsmensch 32, 303, 361, 491
Berufsmerkmal 257, 376 ff., 381
Berufsposition 135, 189
Berufsprestige 189, 213, 323, 370, 378, 417, 488, 755
Berufsprinzip 129 f., 156, 186, 203, 206, 236, 238, 241 f., 320 f., 324 ff., 383, 499 f., 592 f., 757, 763
Berufsschule 108, 142 ff., 151, 153 ff., 170, 185, 226, 266 f., 279, 352, 375, 510, 522, 532 f., 535 f., 543, 577, 579, 610, 632, 656 f., 747, 753, 762, 767, 770, 781 ff., 793 f., 798, 800 f., 811, 814, 854
Berufstheorie 8, 208, 314, 323, 338, 342 ff., 352 f., 355 ff., 362 f., 369, 373, 432, 439, 467 f., 474, 490, 524, 566, 603, 656, 721 f., 735, 737, 751, 770, 779, 813, 852
Berufs- und Wirtschaftspädagogik 9, 14, 215, 323, 325, 382, 495, 503 ff., 510 ff., 517 f., 591, 594 ff., 608, 620, 635, 639 ff., 661, 723, 729 f., 732, 734, 737, 747, 757 f., 763, 765, 770 f., 774, 778 ff., 782, 784, 786 ff., 792, 795, 798 f., 801 ff., 808 ff., 814 f.
Berufsunfähigkeit 117, 184, 253, 275, 345, 373, 491
Berufsverbände 110, 123, 134, 188, 204, 216, 245, 257, 489, 777
Berufsverständnis 14, 171, 188, 193, 205 f., 225, 303, 341, 370, 386, 408, 467 f., 491 ff., 600, 654, 735
Berufsvorbereitende Bildungsgänge
Berufsvorbereitungsjahr 151, 155, 807
Berufswechsel 224, 252, 275, 332, 491, 732, 772, 793
Berufswissenschaft 8 f., 11 f., 14 f., 92, 262, 308, 314 ff., 323, 325, 327 f., 332, 334, 336 ff., 341 ff., 352 f., 360 ff., 372 f., 375 f., 381 f., 393 ff., 408, 411 f., 418, 421, 425, 427, 432, 439 ff., 458, 460, 462 f., 465 ff., 470, 472 f., 475, 478, 488 ff., 494 ff., 524, 591, 596, 601, 618, 657 f., 668 ff., 707 ff., 718, 720 ff., 734 ff., 741 ff., 788, 797, 851, 854
Berufswissenschaftliche Forschung 8, 315, 318, 331, 334, 345, 348 f., 360f., 368, 372, 384, 386, 394 ff., 399 f., 407, 425, 441, 443, 463, 465, 469, 476, 488, 492, 711, 717, 720, 722, 725 f., 730, 732, 752, 801, 811
Berufung 61, 65 f., 77 f., 87, 177, 181 f., 193, 203, 209, 251, 302 f., 321, 370, 445, 452, 583, 730

Betriebsakademie 152
Betriebsberufsschule 148 f., 152 ff.
Bildungstheoretisch 113, 526, 528 f., 548, 564, 567 f., 574, 576, 578, 595, 674
Bildungsverein 105
Biographisierung 240
Bologna-Prozess 215, 235, 241, 248, 278 f., 329, 385 f., 544, 546, 551, 554, 559, 583, 661 ff., 676, 681 f., 758 f., 777, 792, 795 f., 805, 820
Bologna-Reform 330, 561, 681 f.
Brotstudie 92

C

Core Curriculum 530 f.
Curriculum 49, 72, 85, 195 f., 528, 530, 538, 543, 554, 560, 765, 789, 799, 801, 813

D

Delphi-Methode 399, 401, 440
Deprofessionalisierung 110, 157, 212, 219, 235, 238, 388 f., 392, 508, 755
Disputation 681
Dienstleistungsberuf 87, 128, 137 ff., 244, 269, 482 ff., 849, 852
Domschulen 72
Duales System 150, 722

E

Ehrliche Berufe 65 f., 82 f., 88, 849
Employability 233, 236, 324, 329, 385, 390, 504, 551, 681, 786, 788, 795
Entberuflichung 105, 127, 129, 136, 156, 174, 208, 212, 215, 223, 233, 235 ff., 242, 304, 327, 356, 358, 386, 388 ff., 443, 454, 468, 508, 511, 591, 639, 735, 737, 786, 809
Entprofessionalisierung
Erwerbsarbeit 51, 95, 103, 120, 130, 135, 182, 185 f., 196 f., 201, 212, 219, 222, 226, 235, 240, 244, 253 f., 275, 316, 321 f., 324, 327, 333, 353 f., 382, 388, 390 f., 663, 809, 817
Erwerbsberuf 7, 194 f., 201, 204, 216, 222, 242, 244, 251 ff., 257, 270, 274 ff., 288, 289, 297, 321 f., 326, 353 f., 372, 382, 411 f., 433, 443, 446, 449 ff., 489, 494, 593, 684, 710, 731, 733, 736 f., 792
Erwerbsqualifizierung 251 f., 769
Erwerbstätigkeit 45, 118, 130, 141, 175, 181, 189, 198 f., 202 ff., 206, 212, 240, 252, 254, 304, 322, 328 f., 391, 443, 445, 448, 464, 512, 641, 734, 762, 813
Erwerbsunfähigkeit 75, 95, 253, 275
Experiment 371, 523, 628
Expertenwissen 31

F

Fabrikarbeiter 98
Fachbildung 182, 563 f., 570, 601, 676, 788, 853
Fachhochschule 132, 151, 158, 168, 170, 221 f., 231, 249, 276 ff., 295, 329, 385, 388, 450, 577, 581, 585, 659, 660, 681, 701, 748, 757, 782, 788, 809
Fachkompetenz 111, 191, 206, 211, 219, 223, 255, 259, 325, 359, 412, 415, 560, 618, 771, 808
Fachschule 101, 108 f., 132, 143 ff., 147, 149 ff., 156, 158, 166, 168, 172 f., 270 f., 278, 293 f., 375, 450, 505, 522, 577, 699, 701, 770, 772, 783 f., 788, 790, 794, 806, 808, 850
Fachschulwesen 108, 143, 145 ff., 154, 185, 750, 778, 785, 808, 815
Fähigkeit 22, 25, 28, 33, 36, 42 f., 45, 49, 72, 79, 86, 105, 130 f., 136, 139, 157 f., 176, 179, 182, 188 f., 193, 195 f., 199 f., 203 ff., 208 ff., 213, 216 f., 224 f., 230, 233 f., 252, 277, 286, 288, 299 ff., 304 f., 321 f., 328, 334, 343, 360, 371, 373, 387, 390, 416, 422, 445, 450, 461, 497, 514, 525, 535, 537 f., 545, 551, 554, 558, 563, 566, 584, 599, 625, 630, 677, 682
Fallstudie 8, 399, 402 f., 405 f., 419 ff., 424 ff., 430 ff., 437 ff., 467, 531, 620, 687 ff., 697 f., 779, 784
Fallstudienforschung 370, 403, 420 ff., 432, 799, 851
Fertigkeiten 40, 49, 72, 105, 130, 135, 187, 191, 196, 200, 206, 239, 242, 255,

259 ff., 299 f., 304, 317, 328, 416, 450, 514, 535, 537 f., 551, 558, 599
Fertigungsberuf 126, 139, 141, 482 f., 708, 849
Forschung 8 ff., 14, 21, 49, 90 f., 93, 110 f., 113 f., 116, 119, 162 ff., 167, 169 ff., 198, 230, 234, 237, 248, 256, 262, 266, 272, 279, 284, 287, 296, 309, 312 ff., 317 f., 320, 322, 328 ff., 333 ff., 337 f., 341 ff., 345, 347 ff., 354, 356, 360 f., 365 ff., 379, 382, 384 ff., 391 ff., 403, 405, 407 f., 417 ff., 425 f., 432 ff., 439 ff., 443, 445, 447, 450, 452 ff., 461, 463 ff., 468 ff., 480, 488 ff., 494 f., 497 f., 500, 502, 505, 508 ff., 521, 523, 531, 537, 545, 548 f., 556, 561, 566 ff., 573 f., 577, 580, 585 ff., 589 ff., 595 ff., 602 f., 605, 614 f., 619, 621 ff., 628, 634 ff., 638 f., 641 ff., 648 ff., 656, 658 ff., 664 ff., 669, 671 ff., 678 f., 681, 684, 686 f., 700 f., 703 ff., 710 ff., 717 ff., 722, 725 f., 728 ff., 732 f., 735 ff., 741, 743 f., 747, 751 f., 754 ff., 764 f., 767, 769, 771 f., 774, 776, 778 f., 781, 785, 788, 789, 792, 797, 799 ff., 804, 806 f., 809, 811, 813, 815, 817, 819, 821, 851 ff.
Forschungsablauf 11, 432, 457 f., 461 ff., 650, 653, 655 f., 678, 739 f., 852
Forschungsansatz 9, 308 f., 334, 348, 368, 370, 384, 396, 400, 404, 407 ff., 411 ff., 417, 424, 426 f., 432, 444, 453, 455, 457, 466, 475, 477, 480, 499, 502, 505, 521, 601, 615, 634, 644, 649, 653 f., 658, 701, 719, 727, 736, 739 f., 807, 812, 851
Forschungsdesign 11, 399 f., 417 f., 432, 439 ff., 466, 593, 650 ff., 656, 800, 811, 852
Forschungsfeld 10 ff., 21, 342, 370 ff., 411, 416, 418, 443 f., 453, 456, 465, 475, 491, 494, 496, 500, 512, 567, 569, 576, 583, 588, 595, 618, 629, 644 f., 648, 651, 655, 658 f., 666, 672, 674, 678, 681, 684, 708, 710, 714, 716, 718, 720 ff., 730, 732, 736, 738, 743, 762, 766, 785, 793, 854
Forschungsmethode 318, 332, 340, 350, 361, 394 ff., 402, 407, 419, 421, 427, 433, 440 ff., 453, 466 f., 475, 490, 601, 619, 621, 628, 649, 655 ff., 701 f., 719, 722 f., 726, 728, 739, 761, 799, 801, 851

Forschungstypen 619
Frankfurter Methodik 144 f., 522 f., 806
Frauenberuf 132, 141

G

Gesundheitsberuf 272, 292, 482 f., 579, 761, 813
Gewerbefreiheit 102 f., 105, 107
Gewerbeordnung 102 f., 107, 768
Gewerbliche Fortbildungsschulen 106 ff., 142, 632
Gewerbliche Sonntagsschulen 106
Gilde 5, 48, 61, 63 ff., 68, 70 ff., 79 f., 85, 96, 321
Grundlagenforschung 9, 469 ff., 513, 560, 585, 640, 646 ff., 676, 715, 738, 774, 852
Grundlagenwissen 70, 469, 558
Gymnasialisierung 324

H

Handlungskompetenz 111, 211, 219 f., 222, 233, 248, 273, 325 f., 329, 412, 414, 515, 526 f., 535, 541, 560, 565, 568, 572 f., 584, 609, 618, 665, 696, 719, 775
Handwerksordnung 149, 247, 268, 271 ff., 449, 531, 537, 576, 776
Hanse 63, 65, 79, 96
Hausbaukultur 27
Hochschule 50, 73, 90, 101, 108, 110 f., 115 ff., 119, 124, 128, 130, 143, 149, 154, 162 ff., 177, 210 f., 220, 222, 228 f., 234 f., 248 f., 277 ff., 284, 287 f., 295, 328 ff., 335, 341, 345, 348, 385, 387, 411, 450, 472, 508 ff., 512 f., 544 ff., 552, 554 ff., 572, 577, 579 f., 583, 585 ff., 594, 596, 603, 612, 616 ff., 632 f., 641 f., 649, 652, 659 ff., 669 ff., 676 f., 681 f., 686, 700, 703, 729, 737, 760, 765, 768, 773, 775 f., 784, 790 f., 793 f., 808 f., 815, 818 ff.,
Hochschuldidaktik 169, 346, 373, 545 ff., 559, 561, 574, 578, 591 f., 598, 607, 618, 662, 671, 681 ff., 724, 750, 759, 764, 776, 788, 790, 796 ff., 806, 815, 818, 853
Hochschulrahmengesetz 170, 248, 284, 345, 546, 555, 576, 583, 596, 677, 775
Homologievergleich 409
Horden 22, 24 ff., 299

Horizontale Arbeitsteilung 301

I
Imitationslernen 49
Individualberuf 190, 195 ff., 216 f., 817
Industriegesellschaft 102, 119, 244, 504, 516, 635
Industrielle Revolution 97, 101, 105, 113, 182, 479, 769, 771
Industrieschule 105
Informelles Lernen 289, 760
Interview 387, 397, 399, 402 f., 406, 430, 440, 461, 620, 625 f., 683

J
Job 6, 13, 18, 130, 161 f., 188 ff., 194, 197, 201 ff., 212, 213 ff., 217, 244, 257 f., 304, 322, 326, 353, 355, 358, 445 f., 449, 497, 499, 675, 677, 685, 709, 748 f., 784, 816, 850
Job-Enrichment 203
Jobhobber 202
Jobrotation 202 f.

K
Kasuistik 419 f.
Kernberuf 127, 156, 215, 238, 697, 774, 801, 811
Kinderarbeit 58, 99, 103, 443
Kleriker 79, 86, 88
Klosterschule 63, 73, 177
Kompetenz 14, 53, 90, 97, 146, 153, 155, 189, 208, 223 ff., 235 f., 239, 243, 251 f., 255 f., 275, 282 ff., 330, 332, 334, 342 ff., 373 f., 377 ff., 381, 406, 412, 414 ff., 434, 439, 444, 448 f., 451 f., 462, 464, 468, 492, 504, 514 ff., 521, 527, 534, 546, 551, 554, 556, 559 ff., 570, 572 f., 588, 599, 601, 623, 664, 691, 719, 721, 725, 727, 735, 752, 756, 762, 764, 778, 782, 788, 794, 796 ff., 806 f., 809, 814 f., 817, 850 f.
Konstruktivismus 608 ff., 761, 773 f.
Kulturmensch 32, 181

L
Laborexperiment 321
Lebensberuf 187, 383

Lehrberuf 40, 221, 266, 357
Lehre 11, 38, 40, 72, 76, 91, 93, 108, 110, 119, 143, 153, 164, 167, 169 ff., 211, 230, 234, 248, 259, 279, 284, 304 f., 325, 328, 330, 338 ff., 342, 345 ff., 361, 368, 393 f., 403, 409, 418 ff., 432, 463, 465, 472, 499, 505, 508 f., 517 f., 522, 530, 544, 546 ff., 551 ff., 559 ff., 565, 577, 580, 587, 589 ff., 593, 596 ff., 602 f., 622 ff., 628, 640, 649, 662, 664 ff., 669, 672, 677, 681 ff., 707, 710, 725, 738, 765, 775 ff., 792, 797, 801, 812, 814, 818 ff., 853 f.
Lehrlingsordnung 85
Lernen, informelles 289, 760
Lernen, schulisches 565
Lernen, betriebliches 565
Lernfeldinitiative 525
Lerngebietsmodell 525

M
Magister 54, 64, 70, 73 ff., 88, 577
Makroebene 406, 529
Makrosystem 644 f.
Männerberuf 135, 779, 819
Manufaktur 81, 85, 109, 487
Master 248, 545, 559, 577, 664
Meister 63 f., 68, 70, 72 f., 98, 100, 152, 182, 261, 293, 481, 584, 850
Mesoebene 529
Methode, empirische 371, 396, 657
Methode, qualitative 396, 398, 405, 467, 620 f.
Methode, quantitative 398, 467, 781
Methodenmix 400
Methodenvielfalt 419, 584
Merkantilismus 85, 104, 758
Mikroebene 529
Militärische Handwerke 81
Modellversuch 371, 394, 517, 599, 640, 644, 646, 653, 760, 780

N
Naturmensch 32
Nebenberuf 182 f.
Nebenjob 203
Nicht-akademische Berufsausbildung 106, 149, 226, 522, 633, 644, 676, 733

Nomaden 5, 25 ff., 29, 31
Novizen 42, 63 f., 70, 600

P
Persönlichkeitsstrukturtest 629
Pflegeberuf 138, 141, 244, 401, 451
Pfründnerverträge 95
Praxiswissen 469
Prekariat 161, 285
Produktionsberuf 128, 139 f., 483 f., 852
Profession 6 f., 18, 77, 87, 110 f., 130, 157 f., 177, 188 ff., 193, 197, 201, 205, 209 ff., 219, 221 f., 231, 234 ff., 239, 255, 269, 278 ff., 321, 324, 328 f., 355, 357 f., 370, 384, 386 f., 391, 400, 445, 452, 476, 488, 495, 508, 510, 551, 568, 588, 707, 710, 726, 737, 755, 766, 778 f., 785, 796, 806, 809, 812, 850
Professionalisierung 87, 90, 100, 119, 138, 170, 205, 211 f., 216, 236, 276, 319, 321, 324, 356, 386, 388, 392, 444, 508, 549, 593, 682, 727, 748, 754, 772 f., 779, 787, 805, 807, 815
Prüfungsnormierung 117

Q
Qualifikation 17, 68, 97, 104 ff., 110, 123, 125 f., 128, 133, 152, 155, 158, 161, 172, 186 f., 189 ff., 193 ff., 204 ff., 208 f., 219 f., 226 f., 230 f., 238, 243, 252, 254 ff., 260 f., 266, 268 f., 275, 279, 284 ff., 304, 313, 328, 332, 342, 344 f., 358, 373 ff., 388, 390 f., 398, 413, 416, 433, 444, 446, 449, 451, 453 f., 480, 514 ff., 521, 546 f., 554, 558 f., 599 f., 635 f., 642, 657, 663, 677, 685, 721, 725, 756, 758, 762, 778, 785, 815, 820
Qualifikationsrahmen 7, 255 f., 262, 450, 515, 559, 584, 666, 701, 762, 775
Qualifizierungsanforderungen 98, 318, 389, 391, 547, 599 f., 771
Quasi-Experiment 371

R
Rahmenrichtlinien 541 f., 801
Referendariat 114, 222
Risikogesellschaft 31, 751

Ritterakademien 69, 71, 73

S
Scholare 64, 90
Schule 38, 40, 45 f., 50, 54, 69 ff., 79, 85, 87 ff., 99, 101, 103, 105 f., 119, 143, 145, 147 f., 162, 165, 185, 200, 211, 248, 266 ff., 271, 305, 319, 330, 348, 426, 505, 510, 514, 518, 528 ff., 534 f., 542 ff., 552, 554, 585, 596, 603, 608 f., 612, 616, 623, 632, 633 f., 643, 649, 652, 664 ff., 672 f., 675 f., 678, 686, 700, 703, 729, 737, 750, 753, 762, 766, 770, 780, 783 f., 787, 790, 792, 799, 805, 809 f., 813, 815, 820
Schulen, klerikalen 70, 72
Sektorenanalyse 9, 404 f., 432 ff., 437 ff., 475, 764, 806, 810, 852
Soldatenberuf 54 f., 451, 809
Sozialkompetenz 187, 190 f., 219, 255, 325, 412, 415, 515, 560, 630
Staatlich anerkannter Ausbildungsberuf 124, 247, 266, 290
Staatsexamen 92, 110, 113 f., 129, 234, 238, 248, 262, 330, 577
Studienberuf 7, 110, 204, 230, 244, 247 ff., 252 f., 261, 278, 286, 372, 433, 443, 710, 733
Studieren 9, 12, 49, 69, 74, 77, 115, 232, 289, 385, 503, 509 f., 518, 521, 550, 554 f., 562, 564 ff., 568, 570 f., 573, 575 f., 578, 588, 591, 593, 601 f., 606, 611 f., 616, 618, 629, 646, 648, 650, 668, 670, 682, 686, 703, 709 f., 717, 724 ff., 758, 791, 853
Substituierbarkeitspotenzial 480 ff., 760, 852
Szenariomethode 399, 403 ff., 440, 620, 687

T
Tagelöhner 65, 67, 83, 96, 98, 201
Tarifrecht 265
Tarifpolitik
Test 575, 579, 627 ff., 749, 808

U

Übergangssystem 152, 748
Unehrliche Berufe 68, 849
Universität 61, 68 ff., 73 ff., 79, 87 ff.,
101, 104, 109 f., 113 ff., 119, 157, 162 ff.,
173 f., 177, 221 f., 228, 231, 234 f., 239,
276 ff., 295, 302, 305, 328 ff., 388, 512 f.,
544 f., 549, 552, 561, 577, 580 f., 585,
633, 640, 646, 659 f., 662, 664, 671, 673,
681, 755, 763, 765 f., 768, 771, 774, 777,
784, 786, 790, 794, 799, 802, 804, 807,
812, 816, 820
Universitätstypus 116, 163
Untersuchung 9 f., 12 ff., 17, 45, 125, 141
f., 162, 198, 200, 210, 215, 248, 257 f.,
260, 265, 275, 281, 299, 308 f., 313 f., 316
ff., 320, 331 ff., 335, 338, 346, 348 ff., 355
f., 360, 364, 368, 371 f., 374, 376 f., 379,
382, 384, 387 ff., 391, 393 ff., 398, 402,
405 ff., 411 ff., 415 ff., 421 ff., 425 f., 430,
432 ff., 439 f., 442, 444 f., 447 f., 451 f.,
455 f., 458, 466, 468 f., 471 f., 479 f., 487,
489 f., 492 ff., 501 f., 506, 508, 510 f.,
513, 516, 518, 521 f., 524 f., 528, 532 ff.,
536 f., 539, 542, 544, 552 f., 559, 561 ff.,
566 f., 570 f., 573, 576, 580 ff., 588, 591,
593, 598 f., 601, 605 f., 612 f., 617 ff.,
623, 625, 627, 635 ff., 645, 647 ff., 652 f.,
655 f., 658, 660, 663, 668, 672, 674 ff.,
678, 680 f., 687, 697, 699, 701 f., 705 ff.,
711, 718 ff., 724, 726 ff., 732, 734 ff., 747
f., 753, 755, 763, 766 f., 773 f., 792, 797,
803, 805 f., 812, 814, 816
Untersuchungsdesign 395, 400, 620, 650
Urberufe 13, 29, 31, 215, 299

V

Verberuflichung 8, 31, 129, 212, 234 f.,
238, 303 f., 352, 356, 358, 386 ff., 391 f.,
403, 511, 737, 796, 801, 809
Vergleich 31, 40, 55, 72, 84, 88, 129, 132,
156, 158, 192, 204, 219, 286, 299, 306,
324, 365, 371, 376, 379, 384, 397, 407 ff.,
431, 433, 458, 467, 471, 481, 570, 575 f.,
579, 601, 623, 628, 637, 639, 676, 718,
739, 743, 752, 758, 761, 774, 787, 794,
807, 809, 818, 821, 851 ff.
Vermittlungsmethode 319
Versuch 26, 108, 124, 142, 144, 198, 317,
322, 375, 504, 510, 518, 606, 609 f., 628,
640, 646 f., 687, 705, 749, 755, 765, 780,
817
Vertikale Arbeitsteilung 33
Vertragsverhältnisse 96
Vikariat 222
Volkshochschule 105, 120, 152
Vorstudie 10, 570, 574 ff., 583, 587, 788,
853

W

Wanderarbeiter 98 f.
Wirtschaftspädagogik 9, 13 f., 215, 323,
325, 382, 495, 503 ff., 510 ff., 517 f.,
591, 594 ff., 608, 620, 635, 639 ff., 661,
723, 729 f., 732 f., 734, 737, 747, 751 f.,
757 f., 763, 765, 770 f., 774, 778 ff.,
782, 784, 786 ff., 792, 795, 798 f., 801
ff., 808 ff., 814 f.

8 Namensverzeichnis

A

Abel, H. 185, 323, 343, 594
Abele, St. 343, 348, 447, 465, 514, 516
Abele-Brehm, A. E. 465
Abraham, K. 594
Abraham, M. 447
Abrahamsohn, K. 42
Achtenhagen, F. 516, 641
Adorno, T. W. 395
Ahrens, D. 186, 220, 326 f.
Almendinger, J. 130
Alt, R. -
Amman, J. 66, 309 f., 315
Amthor, R.C. 134
Anger, C. 286
Apostolovski, V.
Arimond, H. 198
Aristoteles 45 f., 49, 90, 305, 361
Arnold, R. 504, 513, 516, 567, 674
Aßländer, M. S. 45 f., 51
Atteslander, P. 457, 461 ff., 622, 625, 655 f., 678, 739 f.
Austin, M. 46 f.
Auth, D. 138
Autor, D. 201

B

Baabe-Meijer, S. 608
Bachmann, H. W. 743
Backhaus, K. 435
Bader, R. 516
Baetge, M. 186
Baethge-Kinsky, V. 186, 240, 514
Bals, T. 216, 668
Bank, V. 383
Bargel, T. 328
Baumgart, B. 76
Baur, N. 619 ff.
Beck, K. 31, 239, 321, 508, 566
Beck, U. 25, 321, 323, 352 f., 356, 663
Becker, M. 208, 402, 405 f., 426, 429, 434, 437 f., 439, 450, 516, 627, 652, 668, 671 f.

Beckmann, J. 91, 309
Behrend, W. 516 f.
Beichelt, T. 418 f.
Beneke, O. 84
Benner, H. 247 f., 266, 325, 607
Berding, F. 515
Bertram, B. 348, 439, 448
Bieri, Th. 407
Biermann, H. 153
Binding, G. 60, 62
Blank, F. 141
Blankertz, H. 72, 232, 323, 563, 675
Blasius, J. 619 ff.
Blaß, J. L. 602, 607, 610 f.
Blättner, F. 323
Blecher, J. 74 f., 90, 115, 117, 163
Blings, J. 215, 238
Bloch, R. 196
Böhle, F. 364 ff., 470, 475 ff.
Bojanowski, A. 516
Bolder, A. 201, 221, 226, 239 f., 382, 384
Bollnger, H. 157, 219
Bolte, K. M. 62, 135, 637
Bonz, B. 507 f., 513, 515 f., 524
Borch, H. 527
Borchard, C. 546
Bortz, J. 469 ff., 475
Botsch, R. 144, 522
Brack-Bernsen, L. 36 ff.
Bradatsch, Ch. 545
Brämer, R. 169
Brandt, R. 84
Brater, M. 25, 321, 323, 352 f., 356, 6638
Bräuer, M. 666
Brehme, V. 543
Bremer, R. 599, 624, 627, 637, 646
Bretschneider, M. 527
Bröcher, N. 199, 245 ff., 263
Brödner, P. 126
Brosi, W. 617
Brötz, R. 215, 238 f.
Bruchhäuser, H.-P. 70, 73, 79, 85
Brücken, S. 492
Brunswig, A. 408

Bücher, 106
Buchinger, K. 492
Buchmann, U. 328, 567, 640, 660, 664, 685, 703, 743
Buchner, T. 322
Büchter, K. 235
Bührdel, C. 513
Bührig, C. 36
Bulla, S. 355
Bullinger, H.-J. 444
Bülow-Schramm, M. 681
Bürgener, W. 522
Busch, U. 60

C

Carrier, M. 362, 367 f., 471
Carr-Saunders, A. M. 210,
Ceylan, F. 401, 545, 554, 559 ff.
Christ, K. 52
Çig, M. 41
Clement, U. 542
Comte, A. 518, 710
Crusius, R. 321
Czech, P.
Czycholl, R. 513

D

Daheim, H. 321, 323, 352 f., 356
Dahlheim, W. 54
Dahrendorf, R. 62, 356 f., 636
Damelang, A. 447
Dandl, H. 25, 79 f., 194 f.
Dauenhauer, E. 324
Davidowicz, K. 78 ff., 86
Dehnbostel, P. 289
Deißinger, T. 227, 233, 324 f., 384
Dengler, K., 480 ff.
Dickmann, T. 422
Diederich, S. 53
Diesbergen, C. 609
Dieterich, J. 670 f.
Diettrich, A. 514
Dilthey, W. 503, 518, 621
Dobischat, R. 201, 221, 226, 239 f., 382, 384, 514, 632, 634, 635 f., 717

Döge, K. 516 f.
Döhler, M. 321
Dombradi, E. 37
Donsbach, W. 451
Döring, N. 469 ff., 475
Dörschel, A. 31, 35, 39
Dostal, W. 125, 129, 175, 177, 181 f. 187, 190 f., 197 f., 201 f., 207 f., 237 f., 246, 253 f., 314 f., 319 ff., 332 ff., 343, 402, 448, 455, 463, 660
Dreher, R. 668
Dreier, H. 86
Dreier, V. 338, 363
Dubs, R. 514, 529 ff., 568, 608, 652
Dürnberger, H. 423
Dütsch, M. 239
Düsseldorf, K. 632, 634, 635 f.

E

Ebbinghaus, M. 414, 516
Ebner, H., G. 513
Ehmer, J. 43, 49 f., 58, 93 ff., 118, 174 f.
Eichberg, E. 409
Eifert, Ch. 159
Eirmbter-Stolbrink, E.
Eisenhardt, K., M. 421, 429 f.
Elkar, R., S. 27, 48, 55 f., 67, 79, 81 f., 84
Ellenkamp, M. 98
Ellwein, M. 73, 89, 114 ff., 163 f., 166 f., 170, 235
Elsholz, U. 508, 703 f.
Eölstermann, J.
Engels, F. 62, 744
Erichson, B. 435
Ertelt, B.-J. 631
Esser, E. 460
Euler, D. 326, 384, 464, 516, 617 ff., 646, 676, 704, 711

F

Faltin, G. 549
Federspiel, R. 132
Fegebank, B. 417, 450, 525, 667
Feldkamp, D. 515
Fend, H. 701

Fenger, H. 315, 333 ff., 350, 355, 464, 546, 550
Feyerabend, P. K. 394, 408, 440, 723
Fichte, G. 113, 182
Fiehn, J. 401, 545, 554, 559 ff., 681
Fläschendräger, W. 89
Fleck, L. 720, 723
Flick, U. 457 ff., 463
Förner, A. 524
Fragniere, G. 115
Frede, W. 516
Freiling, T. 288
Frenzel, E. M. 192
Frevel, Chr. 51
Frey, A. 621, 629
Frey, K. 631
Frieling, E. 516
Frijhoff, W. 87, 93
Frommberger, D. 235, 513
Fürstenau, B. 450, 671
Fürstenberg, F. 205, 241 f., 316

G

Gadamer, H. G. 442
Gagel, G. 144, 552
Gahlen, G. 86
Gängler, H. 417, 453, 671
Garbe, R. 106
Gardey, D. 121 f., 126, 157
Garz, D. 396
Geisen, Th. 303
Geisler, K.
Geißel, B. 514, 516
Gembris, H. 492
Gemeinhardt, P. 54
Gemmel, G. 425
Georg, W. 71, 106, 120, 144, 147, 150, 639, 684, 720
Gerds, P. 527, 727
Gerholz, K.-G. 703
Gerstenberger, E. S. 37
Geschka, H. 404
Gibbons, E. 51
Gibis, B. 418 f.
Gilbreth, F. B. 317

Gillen, J. 668
Glaser, E. 165 f.
Glunz, F. 522 f.
Goebel, J. 141
Goody, J. 38
Gorldt, C. 434, 687
Götzl, M. 67, 72
Grabka, M. 141
Grabner-Haider, A. 78 ff., 86
Grammes, T. 545 f., 549 f.
Granato, M. 644 f.
Grantz, T. 434, 687
Grass, M. 68
Greinert, W.-D. 72, 85, 105 ff., 127, 142 ff., 150, 156, 168, 252, 359, 585
Grollmann, Ph. 513
Grottker, D. 37, 308 f., 341, 403, 465, 601, 633
Gruber, H. 399
Grunder, H.-U.
Grundmeier, A. 450, 671
Grundwald, J.-G. 253
Grüner, G. 143, 146, 148, 352, 510, 522 ff., 528, 539
Gruschka, A. 327, 550, 675
Grzanna, C. 671
Gschwendtner, T. 516
Gundel, H.-G. 39
Günnewig, K. 681
Gurjewitsch, A. J. 73

H

Haasler, B. 448
Haasler, S. 448
Habermas, J. 606, 609 f., 731
Haertel, T. 682 f.
Hahn, H.-W. 97 f.
Hammer, R. 404
Hammerstein, N. 93
Handel, M. 201
Hanke, U. 35, 40
Harney, H. 66, 103, 185 f., 208, 266, 325, 513
Harney, K. 66, 103, 185 f., 208, 266, 325, 513

Harteis, Ch. 401, 545, 554, 559 ff.
Hartmann, U. 51, 670, 680
Hartung, M. 544, 598
Hartz, S. 513
Hauer, W. 80, 85
Haumann, E. 144
Hauptmeier, G. 515, 523
Hayen, U. 671
Hecker, U. 287
Hegel, G. W. F. 20
Hegelheimer, A. 152, 154
Heidenreich, M. 189, 205
Helland, P. 453
Heimann, P. 526
Hein, D. 109
Heinemann, L. 651, 653
Heinzelmann, M. 75, 93 ff., 118
Heisler, D. 450 f.
Hejl, P., M. 608
Hempel, C. G. 361 f.
Henke, W. 22
Hennig, M. 207, 223, 225 f., 241
Hering, D. 523
Herkner, V. 77f., 108, 147, 185, 212, 218, 265, 313, 334, 348, 352, 354, 357 f., 448, 569, 588, 590, 632 f., 665, 672
Herre, W. 22, 27
Herrmann, U. 165 f.
Herrmann-Otto, E. 50, 52, 57 f.
Herz, G. 549
Herzog, W. 352
Heß, F. 215
Hesse, H. A. 321
Hessler, G. 681
Heyting, F. 646 f.
Hill, P. B. 460
Hillebrandt, F. 76, 94, 117 f.
Hillebrecht, M. 50, 94
Hilligen, W. 420
Hipp, L. 130,
Hobbensiefken, G. 17, 102, 198 f., 318 ff., 334 ff., 352 ff., 443
Hobbes, T. 88
Hohendorf, M. 608
Hohl, J. 22, 157, 219

Holten, G. 718, 730
Hoppe, M. 516
Hossiep, R. 629
Howe, F. 217, 450
Huber, L. 458, 547, 552, 672
Huisinga, R. 685
Hummel-Liljegren, H. 52

I
Ibler, M. 192
Ihsen, S. 348, 448, 466
Imhof, S. 288
Isenmann, E. 68 f., 83 f.
Isenmann, R. 687

J
Jacob, B. 244, 325
Jacob, M. 244, 325
Jäger, R. 629
Jähnert, M. 404
Jahnke, I. 682 f.
Janich, P. 29, 418
Janson, C.-H. 154
Janssen, T. 123
Jarausch, K. H. 92 f., 100, 110 ff., 234, 276
Jenewein, K. 450, 452, 455, 667
Jessen, R. 171
Jost, W. 106, 309
Jursa, M. 35

K
Kaelble, H. 87, 101, 119, 130
Kahlke, J. 515
Kaiser, F. 290, 253, 419
Kaiser, F. J. 420, 447, 594
Kalisch, C. 448
Kalkowski, P. 205
Kambartel, F. 360
Karle, I. 343, 348, 453
Karsten, M.-L. 652
Kaser, K. 30, 51
Kath, F. M. 515
Keim, W.-D. 154
Kell, A. 515, 523

Kelle, U. 395 f., 400 f., 418, 473 f., 653, 673
Keller, A. 27, 48, 55 f., 67, 79, 81 f., 84, 87
Keller, K. 27, 48, 55 f., 67, 79, 81 f., 84, 87
Kerschensteiner, G. 108, 142, 184, 232, 510, 567, 594
Kersting, R. 166
Kipp, M. 148
Kircher, E. 409
Kirstein, R. 45, 48
Kizilyay, H. 41
Klafki, W. 524, 526
Klebl, M. 699
Kleining, G. 678
Kleinschmidt, Chr. 102, 120 ff.
Klenk, J. 585
Klimesch, S. 418, 447
Klingenberg, A. 52
Klockner, C. 168
Klodt, H. 129
Klumpp, M. 552
Knudsen, S. 670
Köbler, G. 177
Koch, H.-A. 76, 90, 116, 163 ff., 169, 174
Kocka, J. 317
Koller, L. 214
Komorowski, M. 91
Konegen-Grenier, C. 286
Könekamp, B. 385, 619
Koniezki, D. 390
König, K. 699
Kraus, M. 184, 233
Krause, E. 265, 407
Krekel, E. 617
Kremer, H. 235
Kreißl, M. 670 f.
Krey, J. 516
Kroll, N. 83
Kromrey, H. 308, 312 f., 364, 469 f.
Krottenthaler, U. 95
Krüger, H.-H. 614
Kruse, W. 267

Kuchenbuch, L. 33, 44 ff., 59
Kuhlmann, E. 348, 379
Kuhlmeier, W. 515, 666
Kuhn, H. 155
Kühne, A. 144 f.
Kühnel, F. 84
Kümmel, K. 147
Kunze, A. 71, 106, 120, 144, 147, 150
Kupka, P. 129, 238, 244, 325, 464
Kurapkat, D. 26
Kurtz, Th. 61, 325, 354, 505 f., 641
Küster, H. 29
Kutscha, G. 26, 31, 194, 201, 221, 226 f., 239 f., 325, 382, 384 ff., 391, 664, 705

L

Lamprecht, W. 171 f.
Lamnek, S. 428
Landsberger, B. 41
Lang, M. 568, 667
Langfeldt, B. 395 f., 400 f.
Lassnigg, L. 221 f.
Laur-Ernst, U. 266, 637
Lauth, H.-J. 408 f.
Lechler, E. 67
Lehmann, R. 516
Leitner, E. 548
Lempert, W. 107, 142, 516, 563, 641, 652
Lenk, H. 409, 610
Leuze, K. 130
Liebig, V. 239
Liebs, D. 54
Lipsmeier, A. 515, 523
Lisop, I. 503 f., 516
Lissmann, U. 621 ff., 627 f.
Litt, T. 184, 674
Löns, R. 638
Lorenz, K. 354, 357, 361, 393, 408, 719
Lorenz, P. 354, 357, 361, 393
Ludewig, R. 453
Luhmann, N. 410, 505, 606, 609 ff., 700, 718
Lundgreen, P. 93, 101, 114, 119, 586
Luther, M. 65 f., 73, 77 f., 88, 177, 179 ff., 209, 302 f., 321, 452

Lütjens, J. 522
Lutz, B. 663, 709

M
Macke, G. 550 f.
Maier, H. 321
Mann, F. K. 188
Manske, A. 196
Marotzki, W. 240, 614 f.
Martin, W. 725 ff.
Marx, K. 62, 744
Matthes, B. 130, 201 ff., 480 ff.
Maul, St. 42 ff., 177
Mayring, P. 398
Mehner, M. 511
Meinken, H. 264
Meisel, K. 105
Meißner, B. 48 f.
Mejstrik, A. 322
Melanchthon, P. 88 f.
Merkt, M. 169, 681
Mersch, F. F. 417, 450, 489, 491, 669
Mertens, D. 186, 333, 464
Meseth, W. 20
Metzger, Ch. 681
Meyer, H. 251 ff., 275, 323, 382, 514, 667
Meyer, R. 156, 194, 508, 514, 703 f.
Meyer-Menk, J. 514
Meyser, J. 514, 668
Michor, H. 25
Miebach, B. 430
Minks, K.-H. 284, 288
Mittag, S. 681
Mittelstraß, J. 396, 643
Möhrle, M., G. 687
Molle, F. 177, 183 f., 309, 314 f., 333, 375, 464, 490
Möller, F. 523
Möller, J. 182, 321, 395
Monsheimer, O. 146
Mudra, P. 203
Müller, H. 47, 90, 389, 435 f., 516
Müller-Benedict, V. 92, 108, 112 ff.
Müllges, U. 720

Münch, R. 127, 129, 238
Münk, D. 194, 504, 516, 567, 639, 644 f.
Münsterberg, H. 317
Musekamp, F. 516

N
Netz, N. 284,
Neuburger, A. 34, 53
Nickel, S. 682
Nickolaus, R. 514, 516
Nida-Rümelin, J. 702
Niethammer, M. 341, 627, 667
Nittel, D. 384, 386, 713
Nitzschke, A. 514, 516
Nolte, E. 40 f., 169
Nolte, G. 40 f., 169
Norwig, K. 516

O
Oberlander, W. 281, 283, 448
Obermann, Chr. 630
Öchsner, W. 551 f.
Oechsle, M. 681
Oehler, Ch. 545
Oexle, O. G. 65
Oppenheimer, J. R. 320
Osterhammel, J. 96 ff., 100, 110 f.
Osthues, W. 44, 52 f.
Ott, B. 513, 515, 523
Otto, G. 526

P
Pache, O. W. 108, 511
Paetz, N. V. 401, 545, 554, 559 ff.
Pahl, J.-P. 15, 77 f., 151, 212, 218, 265, 334, 348, 352, 354, 358, 410, 452, 489, 491, 513, 515, 539, 543 f., 672, 725, 727
Paier, D. 456
Palla, R. 61, 63, 66, 359 f.
Pasternack, P. 228 ff., 325, 328 ff., 385, 451, 559, 699
Pätzold, G. 187, 239, 241, 243 f., 493, 514, 516, 522, 564, 568, 674
Paul-Kohlhoff, A. 188
Pauls, W. 257 f., 262, 376

Paulsen, F. 74, 89 ff., 113
Paulus, W. 182, 321, 395
Pehlke-Milde, J. 554
Pestalozzi, J. H. 341
Petersen, W. 669
Petsch, C. 516
Pfadenhauer, M. 231, 385
Pfeifer, G. 37
Pfeiffer, S. 441
Pfeuffer, H. 638
Pflüger, J. 425, 432
Picht, G. 637, 663
Piekenbrock, D. 435
Pientka-Hinz, R. 36 f.
Pierenkemper, T. 97 f., 119, 121
Plage, J. 111, 160
Pleiß, U. 510
Pongratz, H. J. 425, 432
Popescu-Willigmann, S. 699
Popper, R. 363
Porath, J. 515
Prenner, K. 78 ff., 86
Prenzel, M. 596
Przyborski, A. 650 ff.
Pukas, D. 515, 523

R

Raddatz, R. 144, 148 f., 152
Raffée, H. 341, 518 f.
Raschert, J. 169
Rauner, F. 215, 234 f., 277, 318, 348, 353, 371, 383, 387, 455, 513 f., 517, 567, 584 ff., 599, 641, 652, 664, 703, 722, 726 f., 730
Rauschenberg, Th. 128
Rebenstorf, H. 681
Reble, A. 70
Rebmann, K. 515, 612
Reetz, L. 514 f., 531, 533
Rehburg, M. 229, 558
Rehrl, M. 399
Reiber, K. 451, 551 f.
Reibetanz, H. 513
Reif, H. 87, 122
Reinisch, H. 67, 72

Reith, F. 395 f., 400 f.
Renger, J. 35, 39, 42 ff.
Rentsch, M. 451
Reuter, Ch. 450
Reutter, G. 105, 201, 221, 226, 239 f., 382, 384
Richter, T. 434, 687
Riedel, J. 594
Riedl, A. 513, 516, 601
Rieß, W. 54
Röben, P. 667
Röbken, H. 397 f.
Roesler, R. 318
Röhrs, M. 22, 27
Rölke, S. 533
Röllig, W. 34, 41
Rosendahl, A. 176, 186, 235 f., 323 ff.
Rossi, P. 69, 73, 88 f.
Rößler, S. 533
Roth, H. 515, 595, 621
Rötzer, A. 316, 319, 340
Rudolph, H. 148, 214, 357
Rudolph, W. 148, 214, 357
Rüegg, W. 87, 93
Ruppel, A. 515
Rütters, K. 516
Rützel, J. 684 f.
Rybnikova, I. 552

S

Sachs, H. 80, 308 f.
Sackmann, S. A. 558
Sallaberger, W. 35
Sander, T. 156
Sandfuchs, G. 681
Sarges, W. 630 f.
Sattel, U. 514, 684
Schade, G. 45
Schanz, H. 29
Schapfel, F. 684 f.
Schapfel-Kaiser, F. 357
Scharlau, I. 681
Scheer, C. A. 379 f.
Schelsky, H. 185, 207, 464, 635 f.
Schelten, A. 187, 514, 516, 601, 723

Schemme, D. 156
Schenz, C. 210
Scherberich, K. 51
Schicke, H. 193
Schilling, F. 511
Schlag, T. 385
Schlausch, R. 670
Schlieper, F. 594
Schlömer, Th. 514
Schlösser, M. 510
Schmale, W. 522
Schmidt, B. 545, 548
Schmidt, L. 545, 548
Schneider, H. 27, 48, 55 f., 79, 81 f., 84, 132, 309, 354, 357, 594
Schnell, R. 460
Schnitger, M. 433, 439
Scholkmann, A. 548, 559
Scholz, F. 630
Schönbeck, M. 450
Schönburg, K. 70
Schöne, H. 622 f.
Schorr, M. 37
Schorr, E. 505
Schrenk, F. 22
Schreyer, F. 286 f.
Schröder, C. 141
Schröder, T. 515
Schulmeister, R. 681
Schüßler, I. 384
Schütte, F. 146 f., 166, 400, 443 f., 450, 509, 527, 555 f., 584, 586 f., 670, 672, 738
Schütz, J. 447
Schwarz, B. 124, 126, 136, 621, 628
Schwarzmayr, E. 190
Schweitzer, R. 257 f., 262, 376
Schweppe, C. 95
Schwinn, T. 80, 86, 101, 129
Schworm, S. 401, 545, 554, 559 ff.
Sdvizkov, D. 157
Seeber, S. 516
Seel, N. M. 35, 40
Seidenfaden, F. 410
Seiffert, H. 399

Sellin, B. 115
Sender, W. 235, 278, 327, 389, 451
Settelmeyer, A. 492
Seufert, S. 516
Severing, E. 237, 239, 387 f., 676
Seyd, W. 515, 531, 533
Seyed-Ashraf, H. 43
Seymour, W. D. 317
Siegrist, H. 69, 96 f.
Siemens, C. 117, 317
Siemens, W. 117, 317
Siemon, J. 669
Siercks, H. 511
Sievertsen, U. 36 f., 40 ff.
Sloane, P. F. E. 508, 531, 619, 643, 671 f., 703, 711
Sodan, H. 115
Sokoll, T. 33, 44 ff., 59
Sombart, W. 355
Sommer, R. 461
Spöttl, G. 151, 200, 208, 215, 220, 238, 266, 326 f., 400, 402 f., 405 f., 425 f., 429, 434, 437 ff., 516, 593, 652, 687
Spranger, E. 184, 232, 353, 510, 567, 594, 674
Stahr, I. 560
Star, K.
Steger, F. 53
Stein, P. 650, 652
Stein, W. L. 523
Steiner, E. 421, 428, 430 f.
Steinringer, J. 190
Stichweh, R. 77, 110, 114, 157, 209, 385, 469, 474, 714 ff.
Stöckli, W. 22 f.
Stolz, K. 548, 553, 559
Stomporowski, St. 667
Stooß, F. 175, 177, 181 f., 186 f., 197 f., 202, 246, 314, 335, 464
Storz, P. 249, 321, 329 f., 335, 416, 450, 666 f.
Stothfang, E. 314
Strasser, P. 516
Stratmann, K. 510
Straube, M. 89

Streckeisen, U. 111, 160
Strengmann-Kuhn, W. 141
Struck, O. 239
Stuth, St. 207, 223, 225 f., 241

T
Tärre, M. 106, 356, 414, 450, 543 f., 670
Taupitz, J. 49
Taylor, F. W. 121, 144, 309, 317 f., 599
Teichler, U. 229 f., 387, 662 f.
Tenfelde, W. 612
Tennstedt, F. 96, 98
Tenorth, H.-E. 325, 470
Terhart, E. 678
Tessaring, M. 464
Thyssen, S. 90, 510
Tiemann, M. 205, 220, 252 ff., 333, 455
Tillmanns, P. 169
Tippelt, R. 545, 548
Titze, H. 92
Tölle, H. 513
Toynbee, A. 100
Tremp, P. 561, 672
Trier, M. 152
Trinczek, R. 425, 432
Trojeka, E. 227
Troll, L. 175, 177, 181 f., 187, 197 f., 202, 335
Tschöpe, T. 516
Twardy, M. 537

U
Ueberschaer, F. 38, 40
Uhe, E. 220, 227, 382 f., 514, 612, 666
Uhlig, E. 149, 155, 171
Ulich, H. 98
Ulrich, E. 333
Ulrich, J., G. 617
Unger, T. 505, 589, 614 f.
Unholzer, G. 461
Urban, R. D.

V
Vajda, L. 26
van Buer, J. 644 f., 661

van Dülmen, R. 76, 93 f.
Velten, St. 516
Ven, F. 48
Vermehr, B. 407, 514
Vester, M. 613
Vial-Naquet, P. 46
Vicari, B. 130, 194, 201 ff., 257
Vogt, K. 631
Völk, D. 284
Völker-Raser, A. 84
Völlmar, Th. 452
Volpert, W. 317, 638
vom Bruch, R. 109, 162
von Bismarck, O. 99, 118
von Goethe, J. W. 313
von Humboldt, W. 104, 113, 169, 328
von Kleist, B. 117
von Pöhlmann, R. 55
von Reden, S. 48
von Seckendorff, V. L. 90
von Seydewitz, M. Baroness 77
Vonken, M. 61
Voß, G. G. 177, 182, 190, 193, 195, 210, 217, 236 f., 387

W
Wadauer, S. 322
Wahle, M. 107, 176, 186 f., 235 f., 323 ff., 385, 493
Walther, R. 51
Wanken, S. 284
Waschkies, H.-J. 39
Waterkamp, D. 530, 543
Weber, G. 76, 94, 117 f., 185, 329
Weber, M. 184, 230, 237, 321, 328 f., 452
Weber-Kellermann, I. 101
Webler, W.-D. 211, 545 f., 550
Weiber, R. 435
Weigel, C. 66, 80, 177, 310 ff., 315
Weinbrenner, P. 674
Weingart, P. 109, 111, 234
Weinstock, H. 594
Weiß, R. 468, 644 f., 684, 732, 734 f.
Westerheijden, D. 681
Weyer, R. 41

Weyland, U. 668
Weyrather, I. 135
Wiegand, E. 461
Wiemann, G. 151
Wiemer, H.-U. 55
Wiemer, S. 257 f., 262, 376
Wienecke-Janz, D. 76
Wilbers, K. 516
Willich, J. 284, 288
Wilke, M. 321
Wilpert, P. 61
Wilson, P. A. 209 f.
Winckler, H. 34
Windelband, L. 400, 402 f., 405, 433 f., 439, 593, 687
Winkel, C. 86
Winkler, J. R. 408 f.
Winkler, M. 682 f.
Winter, M. 681
Wissell, R. 103, 309
Wissing, J. 144, 522
Witt, H. 653 f., 678
Witte, J. 681
Witthaus, U. 203, 205, 208 f., 222
Wittwer, W. 516
Witzel, A. 652
Wohlgenannt, R. 338
Wohlrab-Sahr, M. 650 ff.
Wolf, W. 396
Wolfsteiner, M. 198 f.
Wühr, D. 441
Wulfhorst, B. 216, 669

Y
Yin, R. K. 421, 423 f.

Z
Zabeck, J. 31 f., 35, 38, 40, 46 ff., 60 ff., 71 f., 98 f., 103, 105, 181 f., 192, 515, 567, 595
Zedler, J. H. 178 ff.
Zedler, R. 639
Zinke, G. 253, 527
Zollitsch, W. 133 f.
Zuse, K. 357
Zybell, U. 188

9 Abbildungsverzeichnis

Abb. 1	Arbeitsteilung in der frühzeitlichen Horde	24
Abb. 2	Formen zunehmender Arbeitsteilung in der Frühgeschichte der Menschheit	28
Abb. 3	Berufe in der babylonischen Hochkultur (Auswahl)	39
Abb. 4	Berufe in der griechischen Antike - Auswahl	47
Abb. 5	Antike römische Berufe – Auswahl	57
Abb. 6	Hierarchische Ordnung bei den beruflichen Tätigkeiten des Ritterstandes	64
Abb. 7	Hierarische Ordnung bei den beruflich Tätigkeiten im Mittelalter	64
Abb. 8	Ehrliche Berufe im Mittelalter – Auswahl	66
Abb. 9	Unehrliche Berufe im Mittelalter – Auswahl	68
Abb. 10	Höhere Berufe im Mittelalter	70
Abb. 11	Struktur der ständisch orientierten Berufserziehung im Mittelalter (in Anlehnung an Georg/Kunze 1981, S. 23)	71
Abb. 12	Mindestalter für eine gelehrte bzw. universitäre Bildung im Mittelalter (Blecher 2006, S. 32)	74
Abb. 13	Mindestalter in Jahren für die Berufsbildung zum Theologen, Juristen und Mediziner im Mittelalter nach vorausgegangener Artistenausbildung. (in Anlehnung an Blecher 2006, S. 73)	75
Abb. 14	Äußere und innere Seite von Beruf (Herkner/Pahl 2014 , S. 100	78
Abb. 15	Ehrliche und angesehene Berufe in der frühen Neuzeit – Auswahl	82
Abb. 16	Unehrliche und andere Berufe in der Frühen Neuzeit - Auswahl	83
Abb. 17	Höhere Berufe und Ämter in der Frühen Neuzeit - Auswahl	88
Abb. 18	Nicht-akademische Berufe im 19. Jahrhundert aufgrund der industriellen Revolution und des zunehmenden Handelsverkehrs - Auswahl	104
Abb. 19	Aufkommende akademische und höhere Berufe sowie Amtstitel im 19. Jahrhundert – Auswahl	112
Abb. 20	Neue nicht-akademische Berufe mit elektronischer oder informationstechnischer Ausrichtung am Ende des zwanzigsten Jahrhunderts – Auswahl	137
Abb. 21	Nicht-akademische Dienstleistungsberufe am Ende des 20. Jahrhunderts – Auswahl	138
Abb. 22	Entwicklung des Ausbildungsangebots in den Dienstleistungs- und Fertigungsberufen (Walden 2009, o. J)	139
Abb. 23	Neu abgeschlossene Ausbildungsverträge in Produktions- und Dienstleistungsberufen von Frauen und Männern – Ausschnitt (Datenreport zum Berufsbildungsbericht 2012)	140
Abb. 24	Neue akademische Berufe und ihre Spezialisierungen im 20. Jahrhundert – Auswahl (in Anlehnung an das Berufslexikon 2013 Bd. 3, S. 387 ff.)	159
Abb. 25	Differenzierung der Arztberufe für Humanmedizin durch die Spezialisierung in Fachärzte (In Anlehnung an das Berufelexikon 2011, Bd. 3, S. 149 ff.)	160

Abb. 26	Titelseite von Zedlers Universal-Lexikon (1732- 1754)	178
Abb. 27	Beruff (Zedler 1733, Bd. 3, Spalte 1449/1450)	179
Abb. 28	Vieldimensionalität von Beruf (in Anlehnung an Dostal 2002, S. 463)	190
Abb. 29	Zweidimensionaler Berufsbegriff (nach Dandl 2006, S. 49)	194
Abb. 30	Mögliche Übergangsprozesse zwischen Job, Beruf (i. e. S.) und Profession (Herkner/Pahl 2014, S. 107)	211
Abb. 31	Ansehen und Qualifikationserfordernisse von Job, Beruf und Profession	213
Abb. 32	Phasenmodell der Berufsentwicklung in innovativen Berufen (Bals/Wulfhorst 2008, S. 118)	216
Abb. 33	Verhältnisse von Berufen und Beruflichkeit	220
Abb. 34	Ungeschützte Berufsbezeichnungen (Auswahl)	253
Abb. 35	Einordnung von Berufen nach Kompetenzen in Niveaustufen (in Anlehnung an den DQR 2013)	255
Abb. 36	Quellen des Berufsverzeichnisses der Klassifikation der Berufe 2010 (Wiener/Schweizer/Pauls 2011, S. 285)	256
Abb. 37	Berufsbereiche der KldB 2010 (Bundesagentur für Arbeit 2011a, S. 17)	258
Abb. 38	Übersicht über die Anzahl der Berufshauptgruppen, Berufsgruppen, Berufsuntergruppen und Berufsgattungen je Berufsbereich (Bundesagentur für Arbeit 2011, S. 18)	258
Abb. 39	Gegenüberstellung „erweiterte berufskundliche Gruppe" und „Anforderungsniveau" (Bundesagentur für Arbeit 2011a, S. 40)	260
Abb. 40	Anforderungsniveau (in Anlehnung an Arbeitsagentur 2011, S. 27 f.)	261
Abb. 41	Auszug aus der alphabetischen Auflistung von ca. 27000 Berufs- und Tätigkeitsbezeichnungen vom 27.06. 2011 der Agentur für Arbeit (Klassifikation der Berufe 2010)	262
Abb. 42	Anzahl der Selbstständigen in Freien Berufen in Deutschland in den Jahren 2000 und 2012 (Bericht der Bundesregierung zur Lage der Freien Berufe 2013, S. 9)	281
Abb. 43	Staatlich anerkannte oder als staatlich anerkannt geltende Ausbildungsberufe (BIBB 2015 -Auszug)	289
Abb. 44	Landesrechtlich geregelte Berufsbezeichnungen (Rahmenvereinbarung über die Berufsfachschulen, 2013, Anlage 2, S. 12ff.)	290
Abb. 45	Bezeichnungen der nicht-akademischen Gesundheitsfachberufe	291
Abb. 46	Berufsbezeichnungen von Weiterbildungsberufen (Auszug)	291
Abb. 47	Berufsbezeichnungen von Meistern (Auszug)	292
Abb. 48	Berufsbezeichnungen der Weiterbildungsberufe nach Abschluss der Fachschule - Auszug (KMK 09.10. 2009, Anlage)	293
Abb. 49	Fort- und Weiterbildungsberufe auf der Grundlage von Verordnungen (Auszug)	294
Abb. 50	Differenzierungen bei den akademischen Berufen- eine Auswahl (Arbeitsmarktservice Österreich 2014/2015, S. 387 – 405)	295

Abb. 51	Differenzierung der akademischen Berufe im Bereich der Informatik - Auszug (Berufslexikon 2013)	296
Abb. 52	Funktionale Differenzierungen bei den ärztlichen Berufen (Berufslexikon 2014/15; Auszug)	297
Abb. 53	Tendenzen der Entwicklung von Berufen im geschichtlichen Verlauf – Eine Grobabschätzung	299
Abb. 54	Fachrichtungsspezifische Quellen historischer Forschungsansätze (Grottker 2013, S. 207)	308
Abb. 55	Eygentliche Beschreibung aller Stände auf Erden (Amman 1568 Titelblatt)	309
Abb. 56	Abbildung und Beschreibung der gemein-nützlichen Stände von den Regenten biß auf alle Künstler und Handwercker (Weigelt 1698, Titelblatt)	310
Abb. 57	Doctor (Weigelt 1698, S. 120)	311
Abb. 58	Der Lehr- und Schulmeister (Weigelt 1698, S. 108)	311
Abb. 59	Entwicklungsphasen von der Berufskunde zur Berufswissenschaft	315
Abb. 60	Bedeutungen von Berufswissenschaft in Anlehnung an Raffee (1974, S. 13f.)	340
Abb. 61	Allgemeine Berufswissenschaft sowie spezifische Berufswissenschaft im weiteren und engeren Sinne	343
Abb. 62	Das Verhältnis von Berufswissenschaft, Berufsforschung und Hochschullehre	345
Abb. 63	Wissenschaftliche Verflechtungen der Berufswissenschaft	348
Abb. 64	Möglicher berufswissenschaftlicher Arbeitsaufbau bzw. -ablauf	350
Abb. 65	Beispiel einer Theorie: Lebenslauf eines Berufes (Herkner/Pahl 2014, S. 110)	356
Abb. 66	Heterogene Ansprüche und Anforderungen an die Wissenschaften in modernen Gesellschaften (Böhle 2013, S. 54)	364
Abb. 67	Kriterien der Wissenschaftlichkeit bei anwendungsorientierter Forschung (Böhle 2013, S. 57)	365
Abb. 68	Befragung nach Merkmalen des Polizeiberufs – ein Auszug (Scheer 2009, Anhang 8:Fragebogen)	379
Abb. 69	Vor-. und Nachteile quantitativer und qualitativer Forschungsmethoden (in Anlehnung an Röbken 2014, S. 15)	397
Abb. 70	Ablaufmodell der Delphi-Befragungen (Paetz/Ceylan/Fiehn/Schworm/Harteis 2011, S. 63)	400
Abb. 71	Szenariotrichter (in Anlehnung an Geschka / Hammer 2005, S. 468)	403
Abb. 72	Berufswissenschaftlich angelegte Forschungsinstrumente bzw. Großmethoden und Beispiele für Methoden (in Anlehnung an Becker / Spöttl 2008, S. 69)	405
Abb. 73	Vergleich von Kompetenzen – Gegenüberstellung erster Hypothesen	414
Abb. 74	Basistypen der Fallstudienforschung (Yin 2009. S. 46)	423
Abb. 75	Prozess der Theoriebildung durch Fallstudienforschung (Eisenhardt 2009, S. 533)	428
Abb. 76	Phasen eines fallbezogenen Vorgehens im Rahmen eines Untersuchungs- oder Forschungsprozesses (Anlehnung an Steiner 2004, S.117)	430

Abb. 77	Synopse ausgewählter Analyseverfahren (in Anlehnung an Müller 2004, S. 223)	435
Abb. 78	Methodisches Vorgehen bei berufswissenschaftlichen Sektoranalysen (Becker/Spöttl 2015, S. 87)	437
Abb. 79	Berufswissenschaftliches Forschungsdesign (Becker/Spöttl 2015, S. 74	438
Abb. 80	Schritte des Forschungsprozesses	455
Abb. 81	Forschungsprozess (Flick 1991, S. 172)	458
Abb. 82	Ablauf eines empirisch berufswissenschaftlichen Forschungsprozesses (in Anlehnung an Schnell/Hill/Esser 1999, S. 8)	459
Abb. 83	Systematische Kontrolle des berufswissenschaftlichen Forschungsablaufes (in Anlehnung an Atteslander 2008, S. 58)	461
Abb. 84	Grobstruktur zur Forschungssystematik am Beispiel „Berufstheorie"	466
Abb. 85	Vergleich zwischen Grundlagenforschung und Anwendungsforschung (Döring/Bortz 2016, S. 19)	470
Abb. 86	Ausgewählte Felder der reinen sowie der praxis- und anwendungsorientierten Berufsforschung	471
Abb. 87	Grundlegende und angewandte Berufsforschung	473
Abb. 88	Entwicklung anwendungsbezogener Berufsforschung (in Anlehnung an Böhle 2013, S. 55)	476
Abb. 89	Substituierbarkeit nach Anforderungsniveau (Dengler/Matthes 2015, S. 13)	480
Abb. 90	Substituierbarkeit nach Berufssegmenten (Dengler/Matthes 2015, S. 14)	482
Abb. 91	Substituierbarkeitspotenziale in den Produktionsberufen (Dengler/Matthes 2015, S. 17)	483
Abb. 92	Substituierbarkeitspotenzial in den personenbezogenen Dienstleistungsberufen (Dengler/Matthes 2015, S. 17)	483
Abb. 93	Substituierungspotenziale in den kaufmännischen und unternehmensbezogenen Dienstleistungsberufen (Dengler/Matthes 2015, S. 18)	484
Abb. 94	Substituierbarkeitspotezial in den IT- und naturwissenschaftlichen Dienstleistungsberufen (Dengler/Matthes 2015, S. 19)	485
Abb. 95	Substituierbarkeitspotenziale in sonstigen wirtschaftlichen Dienstleistungsberufen (Dengler/Matthes 2015, S. 20)	485
Abb. 96	Aufgaben- und Wissensgebiete der Berufskunde im Vorfeld einer umfassenden Berufsforschung – Auswahl	489
Abb. 97	Themen allgemeiner berufswissenschaftlichen Forschung - Rechercheergebnisse	490
Abb. 98	Einordnung der Berufsbildungswissenschaft in die Wissenschaften (in Anlehnung der Raffee S. 1974, S. 23)	518
Abb. 99	Drei Ebenen von Lehrplan und Unterricht (Dubs 2001, S. 52)	528
Abb. 100	Ordnungsprinzipien für die Lehrplankonzeption (Dubs 2001, S. 55)	530

Abb. 101	Institutionelle, normative und curriculare Manifestation beruflicher Bildung im Dualen System (in Anlehnung an Reetz/Seyd 2006, S. 231)	532
Abb. 102	Kompetenzbereiche und Hochschuldidaktik (Öchsner/Reuber 2010, S. 118)	551
Abb. 103	Lehrkompetenzmodell (Stahr 2009, S. 80)	559
Abb. 104	Berufsbildung, Fachbildung und Allgemeinbildung als Referenzbereiche für Bildungsansätze	563
Abb. 105	Betriebliches versus schulisches und hochschulisches berufliches Lernen und Studieren	564
Abb. 106	Merkmale der Berufsbildung im nicht-akademischen und akademischen Bereich	569
Abb. 107	Vergleichender Untersuchungsansatz zur curricularen Organisation im nicht-akademischen und akademischen Berufsbildungsbereich	571
Abb. 108	Vergleichende Vorstudie zu Didaktikansätzen im nicht-akademischen und akademischen Berufsbildungssystem	573
Abb. 109	Vergleichende Vorstudie zu methodischen, medialen und lernorganisatorischen Ansätzen im nicht-akademischen und akademischen Berufsbildungsbereich	574
Abb. 110	Untersuchungsansatz für einen Vergleich des nicht-akademischen und akademischen Berufsbildungssystems	578
Abb. 111	Grundlegende Unterschiede zwischen den nicht-akademischen und akademischen Systemen der Berufsbildung	580
Abb. 112	Berufsbildungsgesamtsystem	585
Abb. 113	Arbeitsgebiete in der Berufsbildung	589
Abb. 114	Berufsbildungswissenschaftliche Felder der Forschung und Lehre im Rahmen einer Gesamttheorie der Berufsbildung (Auswahl)	590
Abb. 115	Wesentliche Subdisziplinen der Berufsbildungswissenschaft (Auswahl)	590
Abb. 116	Auswahl wesentlicher Arbeitsfelder der Berufsbildungswissenschaft	591
Abb. 117	Das Verhältnis von Berufsbildungswissenschaft, Berufsbildungsforschung und Hochschullehre	596
Abb. 118	Vernetzungsmöglichkeiten von ausgewählten Untersuchungsfeldern zu einer Theorie der Berufsbildung	603
Abb. 119	Strukturbegriffe der Berufsbildung (in Anlehnung an Tenfelde/Rebmann/Uhe 2005, S. 121)	610
Abb. 120	Berufsbildungswissenschaftliche Forschungsgegenstände und Fragestellungen - Auswahl	616
Abb. 121	Forschung als rationales Handeln (Sloane 2006, S. 614)	641
Abb. 122	Strukturmatrix zur thematischen Klassifikation der Berufsbildungsforschung (in Anlehnung an van Buer/Kell 2000, S. 54)	643
Abb. 123	Felder der Forschung zu Ausbildung, Unterricht, Studium der grundlegenden sowie der praxis- und anwendungsorientierten Berufsbildungswissenschaft (Eine Auswahl)	647
Abb. 124	Schematische Darstellung der Forschungsstrategien (Witt 2001, Absatz 15)	652

Abb. 125	Dimensionen des Forschungsverlaufes (in Anlehnung an Atteslander 2008, S.) S. 46 f.)	654
Abb. 126	Grobstruktur berufswissenschaftlicher Forschungssystematik am Beispiel „Theorie der Berufsschule"	655
Abb. 127	Bereichsbezogene Verflechtungen in der Berufsbildungsforschung (in Anlehnung an Buer/Kell 1999, S. 32)	659
Abb. 128	Näherungen an die Komplexität der Einflussfaktoren für das Verhältnis von Arbeitsmarkt und Berufsbildung (Rützel/Schapfel 1996, . 21)	681
Abb. 129	Sechs Facetten der Kreativitätsförderung in der hochschulischen Lehre (Jahnke/Haertel/Winkler 2011, S. 141)	683
Abb. 130	Übersicht über Szenarien und beispielhaft ausgewählte Berufe	692
Abb. 131	Bewertung der Szenarien durch die Expertenworkshops	693
Abb. 132	Konzepte zur Anwendung wissenschaftlicher Therien in der Berufsbildungspraxis (in Anlehnung an Euler 2008, S.59)	702
Abb. 133	Veränderungen der Arbeits- und Berufswelt (BMFSFJ 2005, S. 13)	706
Abb. 134	Konstrukt 3: Berufswissenschaft als Teildisziplin der Berufsbildungswissenschaft	710
Abb. 135	Konstrukt 4: Berufsbildungswissenschaft als Teildisziplin der Berufswissenschaft	711
Abb. 136	Konstrukt 5: Berufswissenschaft und Berufsbildungswissenschaft mit gemeinsamen und unterschiedlichen Arbeits- und Forschungsbereichen	712
Abb. 137	Gemeinsame Forschungsfelder der Berufs- und Berufsbildungswissenschaft – Auswahl	719
Abb. 138	Spezifischen Forschungsfelder der Berufswissenschaft und Berufsbildungswissenschaft - Auswahl	720
Abb. 139	Mögliche Abfolge berufs- und berufsbildungswissenschaftlicher Arbeiten	722
Abb. 140	Felder der berufswissenschaftlicher und berufsbildungswissenschaftlicher Tätigkeit -	731
Abb. 141	Begriffe und Themen der Berufs- und Berufsbildungswissenschaft - Auswahl	735
Abb. 142	Forschungsverlauf berufs- und berufsbildungswissenschaftlicher Arbeiten	738
Abb. 143	Erkenntnisprobleme bei Berufen, Berufswissen und Berufsbildungswissenschaften (in Anlehnung an Bachmann 2009, S.166)	743

10 Bildnachweis

Die Textinhalte und Bilddateien des Zedler Lexikons wurden mit freudlicher Genehmigung des Münchner Digitalisierungszentrums abgedruckt.